교육심리학

이론과 실제

EDUCATIONAL PSYCHOLOGY: THEORY AND PRACTICE

제10판

교육심리학

이론과 실제

Robert E. Slavin 지음 | 강갑원 · 김정희 · 김종백 · 박희순 · 이경숙 · 이경화 옮김

Σ 시그마프레스

교육심리학 : 이론과 실제, 제10판

발행일 | 2013년 3월 5일 1쇄 발행
2014년 8월 5일 2쇄 발행

저자 | Robert E. Slavin
역자 | 강갑원 · 김정희 · 김종백 · 박희순 · 이경숙 · 이경화
발행인 | 강학경
발행처 | (주) 시그마프레스
편집 | 이미수
교정 · 교열 | 김은실

등록번호 | 제10-2642호
주소 | 서울특별시 영등포구 양평로 22길 21 선유도코오롱디지털타워 A401~403호
전자우편 | sigma@spress.co.kr
홈페이지 | http://www.sigmapress.co.kr
전화 | (02)323-4845, (02)2062-5184~8
팩스 | (02)323-4197

ISBN | 978-89-97927-64-7

EDUCATIONAL PSYCHOLOGY, Theory and Practice, 10th edition

* 책값은 뒤표지에 있습니다.

역자 서문

이 책은 Robert E. Slavin의 『Educational Psychology: Theory and Practice』 제10판(2012)을 번역한 것이다. Slavin 교수는 미국의 존스홉킨스대학교의 교수이자 교육 연구 및 개혁 연구센터의 책임자이며, 영국 요크대학교의 효과적 교육연구소 소장을 겸직하고 있다. 20여 권의 저서와 2008년과 2009년에 각각 AERA(American Educational Research Association) 학술지에서 최우수 논문상인 Palmer O. Johnson Award와 AREA 연구상을 각각 수상하는 등 연구에도 탁월한 교수이다.

이 책은 미국에서 널리 교재로 사용되고 있는 것으로 알려져 있다. 제10판을 거쳐 오는 동안 내용이 많이 수정되고 보완되어 그 이전의 어느 판의 내용보다 알찬 것으로 보인다. 이 책의 주요 장점이자 특징은 다음과 같다.

첫째, 교육심리학에서 다루고 있는 주제를 대체로 망라하고 있다. 둘째, 각 주제는 이론적 측면 이외에 이것을 교육 현장에서 어떻게 적용할 것인가에 대하여 많은 생각을 하도록 해주고 있다. 셋째, 독자가 이해하기 쉽게 서술하고 있으며 적절한 예를 제시하고 있다. 넷째, 각 장마다 다양한 삽화와 만화를 게재하여 독자로 하여금 흥미를 유발하도록 하고 있다. 다섯째, 각 주제마다 주요한 핵심 용어를 잘 선정하고 있다. 여섯째, 비교적 이론과 실제를 쉽게 이해할 수 있도록 간결하면서도 조리 있게 서술해 주고 있다. 일곱째, 각 장끼리 관련이 있는 내용은 쉽게 확인할 수 있도록 그 위치를 안내해 주고 있다. 일곱째, 각 장마다 독자 스스로 이해도를 확인해 볼 수 있도록 간략하게 평가할 수 있도록 하고 있다.

다만 일부의 예가 미국의 상황인 것이 한계로 보이나 다른 한편으로는 미국의 실제적 예를 통해서 우리 나라의 교육 현실과 비교해 볼 수 있는 계기가 된다고 본다면 한계로만 볼 필요는 없다. 예를 들면 일부 미국 교육부의 학교의 교육 책무성에 대한 정책과 그 정책의 긍정적 측면과 부정적 측면에 대한 소개는 우리 나라 교육의 책무성 정책에 대해서도 많은 시사점을 준다.

이 책은 14개 장으로 구성되어 있어서 한 학기 15주 수업을 하는 우리 나라 대학의 경우 1주에 1개 장 정도로 수업 진도를 잡는다면 편리하다. 역자들은 가능한 원 저자의 의도를 훼손하지 않는 범위 내에서 한국 독자들이 이해하기 쉽도록 번역하려고 노력하였다. 몇 사람이 공동으로 번역하였지만 역자 간의 용어는 통일하였으며 가능한 한국 교육심리학 분야에서 공통적으로 사용하고 있는 용어를 사용하였다.

문장의 표현이 역서와 같은 느낌이 들지 않도록 한글 표현 습관에 맞도록 최선을 다하였으므로 독자들이 이해하기에는 별 어려움이 없을 것으로 감히 기대해 본다. 많은 독자들이 이 책을 통해서 교육심리학을 보다 잘 이해할 수 있기를 바란다.

끝으로 본 역서가 나오기까지 아낌없이 지원해 주신 (주)시그마프레스 임직원들께 감사드리고 특히 이 책의 교정을 꼼꼼히 봐주신 편집부 여러분들께 감사를 드린다.

2013년 3월 역자 일동

저자 서문

나는 처음부터 한 가지 분명한 목적을 가지고 『Educational Psychology : Theory and Practice』를 썼다. 그 목적은 교사가 될 사람들에게 유능한 교사가 되기 위해 갖추어야 할 이론적 기초와 실천적 전략을 전달하려는 것이었다. 내가 이 책을 쓰기 시작하던 당시에 출판된 대부분의 책들은 내용이 너무 무겁거나 아니면 너무 가벼운 것들로 뚜렷하게 구별되었다. 내용이 너무 무거운 책들은 연구에 대한 설명은 풍부했지만 교실에 적용하기에 부적절하거나 실천적인 지침 없이 장황하게 구성되어 있었다. 반면에 내용이 너무 가벼운 책들은 내용이 간결하고 읽기는 쉬웠지만 연구 결과에 의해 나타난 갈등적인 문제에 대한 내용이 잘 설명되어 있지 않았다. 다시 말해서 "이렇게 해 보세요!" 하는 실천적인 전략을 제시하고 있지만 그런 전략의 효과에 대한 검증은 고려하지 않고 있었다.

나는 다음과 같은 목적 하에 이 책을 썼다.

- 연구에 초점을 둔 교재로서 최신 정보를 충실하게 제공하는 동시에 읽기 쉽고, 실천적이며 주요 아이디어에 관한 예와 설명이 풍부한 내용을 제공한다.
- 실천적인 제안을 제시한다. 실천적인 제안이란 직접 교실 연구에서 얻은 결과를 상식과 조화시킨 것을 말하며, 독자들이 실행에 옮기면 효과가 있다고 나는 확신한다.
- 많은 예를 들어 이론과 실천의 관련성을 분명하게 제시함으로써 교육심리학에서 배운 것을 실천에 옮길 수 있도록 한다. 나는 1970년대 중반 이래로 계속적으로 연구를 해오고 있지만, 교실에서 일어나는 실례를 들어주지 않으면 교육에서 설명하는 이론이나 개념을 결코 이해할 수가 없었다. 이 점에 대해서는 대부분의 동료들도(물론 교사가 되기 위해 공부하는 학생들도) 마찬가지로 느낄 것이다. 따라서 이 책에서는 '예를 들어' 라는 말이 많이 등장한다.
- 독자들에게 가까이 다가갈 수 있도록 한다. 독자들이 이 책을 읽으면서 학생들의 목소리를 들을 수 있고 점심을 준비하고 있는 학교 식당의 냄새를 맡을 수 있도록 써보려고 노력했다.

이러한 목적은 이 책의 제1판에서부터 제10판에 걸쳐 변함이 없다. 매번 새 판이 나올 때마다 새로운 예를 제시하고, 글을 다듬고, 오래되거나 중요하지 않은 자료들을 제외시키는 등의 수정을 해왔다. 나는 책의 내용을 최신으로 만들기 위해 제10판에 2,000개 이상의 참고문헌을 인용했으며, 그중 55%가 2000년 이후의 것들이며 제9판까지 포함되지 않았던 참고문헌 656개를 새로 첨가했다. 인용에 대해서 관심이 없는 독자들도 있지만, 학생들과 교수들은 본문에서 내가 진술하는 내용을 뒷받침하는 어떤 연구가 있는지 그리고 어디에서 부가적인 정보를 찾을 수 있는지 알고 싶어 할 것이다.

최근 몇 년간 교육심리학과 교육 실천에 많은 변화가 있었으며, 나는 제10판에서 이런 변화를 반영하려고 애썼다. 몇 년 전에는 직접 교수법과 교수 효과에 대한 연구가 교육심리학에서 주류를 이루었다. 그 이후에는 발견학습, 포트폴리오와 수행평가 그리고 다른 인본주의 전략이 돌아왔다. 현재는 교사들에게 목표를 세우고 계획적으로 가르칠 것을 요구하는 책무성을 강조하고 있다. 이 책무성은 내가 제10판에서 '의도적 교수'라는 말을 붙여서 강조하고 있는 것과 마찬가지의 성격이다. 이 책의 초기에 나온 판에서는 그 당시의 직접 교수법의 인기에도 불구하고, 나는 발견학습과 인본주의 교수법을 완전히 버려서는 안 된다고 주장했다. 그 이후의 개정판에서는 그와 정반대의 주장을 했다. 즉 능동적인 학생중심 교수법과 구성주의 교수법이 인기가 있었지만 직접 교수법을 완전히 버려서는 안 된다고 말했다. 나는 균형적인 교수 접근법을 계속적으로 주장한다. 경험 있는 교사들은 자신의 교육철학이 무엇이든 관계없이, 교사라면 여러 가지 교수 방법을 능숙하게 그리고 깊이 생각하고 사용해야 한다는 것을 알고 있다.

제10판은 많은 주제들에 대한 새로운 연구 결과와 실제 상황에 적용하는 내용을 담고 있다. 또한 전체적으로 교육심리학과 교수를 변화시킨 '인지적 혁명(cognitive revolution)'을 반영한다. 이 책의 조직을 개념도로 나타내면 뒤의 그림과 같다.

교사가 중요하고 교사의 행동이 학생의 학업 성취에 커다란 영향을 미친다는 것을 부정하는 사람은 아무도 없을 것이다. 학생들에게 긍정적인 영향을 주기 위해서 교사들은 중요한 심리학적 원리를 깊이 이해하고 교육에 적용해야 하며, 이런 원리들이 어떻게 적용될 수 있는지 분명한 감각을 갖고 있어야만 한다. 의도적인 교사는 자신이 실천하는 것에 대해 끊임없이 반성하고 이런 실천이 학생들에게 어떻게 영향을 주는지에 대한 분명한 개념을 가지고서 교수 결정을 한다. 효과적인 교수란 책략이 들어 있는 가방도 아니고 추상적인 원리의 집합도 아니다. 그것은 원리를 충분히 이해하고서 실제 요구에 대처하는 지적 적용이다. 나는 이 교재가 이 세상에서 가장 중요한 직업이라 할 수 있는 교사에게 도움이 되는 지적이고 실천적인 기술들을 개발하는 데 도움이 될 수 있기를 바란다.

새롭게 추가된 내용

제10판에 새로 소개되거나 추가된 주제들은 다음과 같다.

- 21세기 기능(제1장)
- 초등학교 시기의 언어와 식자 발달(제2장)
- 이중 언어 교육에 대한 새로운 연구(제4장)
- 신경과학에서의 새로운 연구(제6장)
- 학습 전략에 대한 내용 확장(제6장)
- 협동 학습에 대한 최근 연구(제8장)
- 읽기 능력이 부족한 학생에 대한 튜터링과 소집단 보충학습에 대한 새로운 연구(제9장)

- 더 다양한 강의법(제9장)
- 테크놀로지 적용에 대한 새로운 소개(제9장)
- 중재의 반응에 대한 내용 확장(제11장)
- 자폐 스펙트럼 장애에 대한 내용 확장(제11장)
- 가치부가 사정에 대한 내용 확장(제13장)
- 656개의 새 참고문헌 소개, 그중 55%가 2000년도 이후 출판된 문헌

이 책은 어떻게 조직되어 있는가

이 책의 각 장은 학생, 교수, 학습(개념도 참조)의 세 가지 주요 주제를 다룬다. 각 장은 주요 이론을 논의하고 이 이론들이 교실 수업에 적용되는 많은 예를 들고 있다.

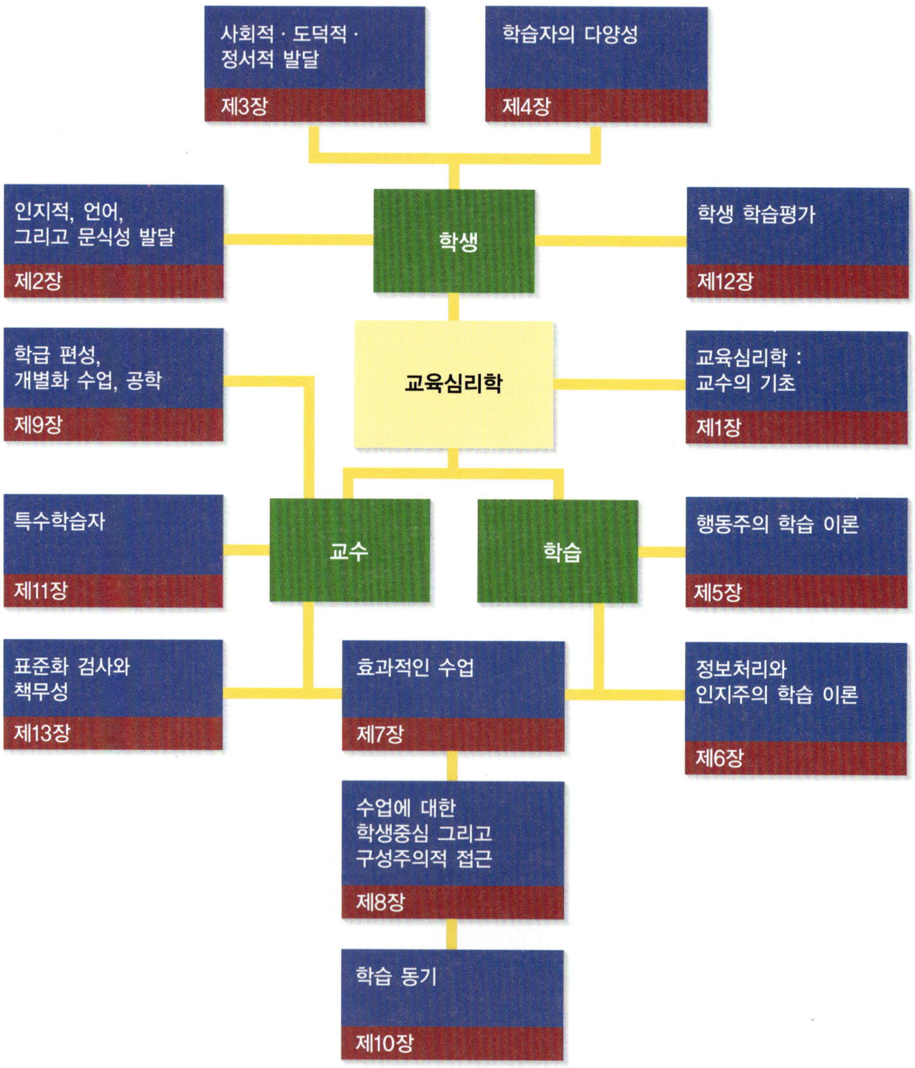

이 책은 수업을 개선하기 위해 이론과 연구를 지혜롭게 사용할 것을 강조한다. 본문 내용 중 약 1/3은 교수에 대한 것이고, 나머지 장들은 모두 이론의 의미와 연구 실행에 관련된 것이다. 이 책은 이렇게 해보라고 그냥 제안하는 것이 아니라 평가받고 또한 효과가 검증된 특별한 프로그램들과 전략들을 가능한 한 많이 소개하고 있다.

저자에 대하여

Robert Slavin은 존스홉킨스대학교(미국) 부설 Center for Research on Education of Students Placed at Risk의 소장이며, 요크대학교(영국) 부설 Institute for Effective Education의 소장, 그리고 Success for All Foundation의 회장이다. 그는 존스홉킨스대학교에서 사회적 관계로 1975년에 박사학위를 받았고, 그 이후 협동 학습, 능력별 배치, 학교와 학급 조직, 인종차별 철폐, 통합 교육, 연구비평, 증거중심 개혁 등에 관련한 200편 이상의 논문과 책을 발표했다. Slavin의 단독 및 공동 저서로는 『협동 학습』, 『학교와 학급 조직』, 『위험에 처한 학생들을 위한 효과적인 프로그램』, 『초기의 학업 실패 예방』, 『증거를 보여줘 : 미국 학교를 위한 검증되고 유망한 프로그램』, 『200만 아동 : 모두를 위한 성공, 라틴계 학생들을 위한 효과적인 프로그램』, 『책무성 시대의 교육 연구』 등을 포함한 총 20권이 있다. Slavin은 1985년에 미국 교육심리학회에서 수여하는 Raymond Cattell Early Career Award for Programmatic Research 상을 받았다. 1988년에는 미국 교육심리학회의 최우수 논문상인 Palmer O. Johnson Award를 받았다. 1994년에는 Charles A. Dana Award, 1998년에는 Education Commission of the States가 수여하는 James Bryant Conant Award, 그리고 2000년에는 Council of Chief State School Officers가 수여하는 Distinguished Service Award를 받았다. 2008년에는 또다시 미국 교육심리학회의 최우수 논문상인 Palmer O. Johnson Award를 받았으며, 2009년에는 미국 교육심리학회의 Review of Research 상을 받았다.

요약 차례

차례

제 3 장

사회적 · 도덕적 · 정서적 발달 52

제 4 장

학습자의 다양성 78

제 9 장

학급 편성, 개별화 수업, 공학 258

제 10 장

학습 동기 298

제 11 장

특수학습자 330

제 12 장

학생 학습평가 372

제 13 장

표준화 검사와 책무성 420

교육심리학

Education Psychology

무엇이 훌륭한 교사를 만드는가
- 교과 내용 지식
- 숙달된 교수법
- 교육을 통해 훌륭한 교사를 만드는 것이 가능한가
- 의도적 교사
- 21세기가 요구하는 기술

교육심리학의 역할은 무엇인가
- 교육심리학의 목적
- 교육심리학이 교사에게 주는 의미
- 의사결정으로서의 교수
- 연구 + 상식 = 효과적인 교수
- 효과적인 프로그램에 대한 연구
- 연구가 교육적 실천에 미치는 영향

교육심리학에서는 어떤 연구 방법이 사용되는가
- 실험연구
- 상관연구
- 기술연구
- 실행연구

1

교육심리학 : 교수의 기초

GeoStock/Photodisc/Getty Images

학습 목표

이 장을 공부하고 나면 다음과 같은 것을 할 수 있다.

- 효과적인 교사의 특성을 확인할 수 있다.
- 교육 연구가 교실 수업에 어떻게 영향을 미치는지 설명할 수 있다.
- 교육심리학에서 사용되는 연구 방법을 설명할 수 있다.
- 의도적 교사가 될 수 있는 방법을 논의할 수 있다.

GeoStock/Photodisc/Getty Images

새로 부임한 마티스 선생님은 3학년을 맡아서 학생들에게 창의적인 글짓기에 대해 열심히 가르쳤다. 그런데 학생들의 글을 읽어 보니 상상력도 부족하고 문법이나 맞춤법에도 오류가 많은 것을 발견했다. '나의 여름방학' 이라는 제목을 받은 학생들은 예를 들어 "여름방학 동안에 나는 개 한 마리를 길렀다. 나는 수영하러 개를 데리고 갔고 나는 수영장에서 벌에 쏘였다." 수준의 글을 썼다.

마티스 선생님은 학생들에게 글짓기를 가르치기 전에 얼마 동안 띄어쓰기와 맞춤법부터 먼저 가르쳐야 하는 것이 아닐까 고민하고 있었다. 그런데 어느 날 교실 복도를 지나다가 워싱턴 선생님이 맡고 있는 옆 반 학생들이 쓴 글들이 복도 벽에 붙여져 있는 것을 읽어 보게 되었다. 같은 3학년인데도 불구하고 워싱턴 선생님 반 학생들의 글 솜씨는 마티스 선생님 반 학생들보다 훨씬 좋았다. 우선 글의 제목이 다양하고 길이도 길었다. 그래서 마티스 선생님은 워싱턴 선생님을 만나서, "선생님은 어떻게 가르치시기에 학생들이 그렇게 글을 잘 씁니까?" 라고 물었다.

워싱턴 선생님은 학생들이 흥미를 가지고 있는 주제에 대하여 글을 쓰게 하고 조금씩 더 좋은 글을 쓸 수 있도록 가르쳐 나가는 방법을 사용하고 있다고 설명했다. 워싱턴 선생님은 학생들을 작은 집단으로 나누고 집단 내에서 구성원들끼리 서로 도와줄 수 있도록 했다. 학생들은 각자 쓴 글을 서로 비평해 주고 수정을 한 후에 최종 작품을 탄생시켰다.

워싱턴 선생님은 "다음에 우리 반 작문 시간에 오셔서 수업하는 것을 한번 보세요."라고 제안했다.

그래서 마티스 선생님은 워싱턴 선생님의 작문 수업을 참관하기로 했다. 마티스 선생님은 교실에 들어서자마자 학생들의 활동 모습에 깜짝 놀랐다. 학생들이 각자 책상 위에 공책을 펴고 조용히 글을 쓰고 있는 것이 아니라 교실 바닥에 앉아 있는 학생도 있고 책상 위에 앉아 있는 학생도 있고 친구와 떠들고 있는 학생들도 있었다. 워싱턴 선생님은 한 학생과 이야기를 나누고 있었다. 마티스 선생님은 학생들의 어깨 너머로 학생들이 쓰고 있는 글을 볼 수 있었다. 어떤 학생은 자기가 키우고 있는 애완동물에 대해 쓰고 있고, 어떤 학생은 닌자에 대한 잔혹한 이야기를 쓰고 있고, 또 어떤 학생은 자신의 꿈에 대해 쓰고 있었다. 멕시칸계 미국인이라 스페인어를 잘 하는 마르타 델그라도는 그의 2학년 담임선생님이 스페인어를 우습게 발음했던 이야기에 대해 쓰고 있었다. 마침 여름방학에 대하여 아주 상세하게 글을 쓰고 있는 학생도 있었다!

방과 후에 마티스 선생님은 워싱턴 선생님께 여러 가지 질문을 했다. "어떻게 학생들이 그렇게 글을 잘 쓸 수 있도록 할 수 있어요? 그렇게 시끄러운 속에서 다양한 활동을 어떻게 할 수 있어요? 그런 교수법을 어떻게 배웠어요?"

"작문 교수법에 대한 여러 가지 연수를 받았어요. 그러나 생각해 보면 제가 하고 있는 것은 모두 기본적인 교육심리학이에요."라고 워싱턴 선생님은 말했다.

"교육심리학이라구요?" 마티스 선생님은 놀랐다. "저는 대학 다닐 때 교육심리학 수업에서 A학점을 받았는데 교육심리학이 도대체 작문 수업과 무슨 관계가 있는지 모르겠어요."

"우선 저는 교육심리학에서 배운 동기 전략을 많이 사용하고 있어요. 예를 들어 올해 학기 초 작문 시간에, 학생들의 호기심을 불러일으키기 위해 다른 반 학생들이 쓴 재미있고 호기심을 자극하는 이야기를 읽어 주었어요. 학생들의 동기를 유발시키기 위해 학생들이 각자 원하는 주제를 선택하도록 하고, 다 쓴 후에는 '작문 파티' 를 해서 학생들이 각자 쓴 글을 친구들 앞에서 읽고 칭찬과 평가를 받도록 했어요. 저에게 교육심리학을 가르쳐 주신 교수님은 항상 학생들의 요구에 맞추어야 한다고 말씀하셨어요. 그래서 저는 학생들과 이야기하고 그들이 가지고 있는 구체적인 문제를 가지고 직접적으로 도와주려고 해요. 저는 협동 학습에 대하여 교육심리학 수업에서 처음 배웠고 나중에는 연수도 받았어요. 저는 협동 학습 집단을 이용하여 학생들이 서로의 글에 대해 피드백을 빠르게 주고받고, 서로에게 효과적인 모델이 되고 서로 글쓰기를 격려하도록 해요. 집단 활동은 또한 서로 과제에 집중할 수 있게 해 주고 학급에서 일상적으로 일어나는 여러 가지 일들을 처리해 줄 수 있기 때문에 학급관리에 대한 문제를 많이 해결해 주죠. 교육심리학 시간에 평가에 대해서도 배웠어요. 저는 평가를 융통성 있게 해요. 모든 학생들에게 작문 점수 A를 결국 줍니다. 하지만 학생들은 A를 받기까지 여러 번 수정해서 제출해야 하고 높은 기준에 도달했을 때에 비로소 A를 받게 돼여. 그리고 저는 교육심리학 수업에서 아동 발달에 대해 배운 것을 거의 매일 적용하고 있어요. 예를 들어 학생의 발달 수준과 문화적 배경을 고려해서 학생들이 관심을 가지고 있는 것에 대한 글을 쓰게 합니다. 현재 공룡이나 비디오 게임에 관심을 관심을 가지고 있으면 그것에 대한 글을 쓰라고 합니다. 만일 크리스마스 시즌인데 크리스마스에 대해 심적으로 불편함을 느끼는 회교도나 유태인인 학생이 있다면 그 학생들은 그 주제에 대한 글을 쓰라고 합니다."

마티스 선생님은 워싱턴 선생님과 이야기를 나누면서 많은 것을 배웠다. 그후 마티스 선생님과 워싱턴 선생님은 상대방의 수업을 서로 관찰하고 의논하는 시간을 몇 번 더 가졌다. 얼마 후에는 마티스 선생님 반 학생들도 워싱턴 선생님 반 학생들만큼 작문을 잘하게 되었다. 그러나 마티스 선생님에게 특히 의미 있었던 것은 교육심리학이 매 수업마다 큰 도움이 된다고 깨닫게 되었다는 점이다. 그녀는 오래된 교육심리학 책을 끄집어 내어 다시 읽게 되었고 교육심리학을 배울 당시에는 이론적이고 추상적이라고 생각했던 내용들이 실제로 자신이 현재 가르치고 있는 수업에 적용해 보면 많은 도움이 된다는 것을 깨닫게 되었다.

생각해 보기

워싱턴 선생님이 자신의 작문 수업에 대해 설명한 것을 기초로 해서 교육심리학이란 무엇인가 그리고 이번 학기에 교육심리학 수업에서 무엇을 배울 것인가에 대해 다른 사람들과 함께 브레인스토밍을 해 보시오. 지침 : (1) 더 많은 아이디어를 생각해 낼수록 더 좋다. (2) 다른 사람들이 낸 아이디어들을 개선하거나 혼합해서 새로운 아이디어를 생각해 보시오. (3) 지금 바로 그런 아이디어에 대한 평가를 하지 마시오. 한 학기 동안 몇 회에 걸쳐서 이 목록을 꺼내놓고 검토하고 평가하고 혹은 더 많은 아이디어를 첨가해 보시오.

교육심리학(educational psychology)이란 무엇인가? 교육심리학을 학문적으로 정의하면 학습자, 학습, 그리고 교수에 대한 연구라 할 수 있다(Reynolds & Miller, 2003). 그러나 현직 교사나 미래에 교사가 되고자 하는 학생에게는 교육심리학의 의미가 이보다 더 클 것이다. 교육심리학은 모든 교사가 교육 현장에서 부딪치는 매일 매일의 문제를 현명하게 해결하기 위해 갖추고 있어야 하는 지식과 지혜 그리고 실천적 이론이다. 교육심리학이 교사에게 이럴 때는 이렇게 하라고 말을 해 주지는 않지만, 의사결정 과정에 도움이 되는 원리와 자신의 경험과 생각을 논의할 수 있는 언어를 제공한다. 마티스 선생님과 워싱턴 선생님의 사례를 생각해 보라. 이 책은 물론이고 어떤 교육심리학 책도 특정한 3학년 학생들에게 창의적인 작문을 가르치는 구체적인 방법을 말해 주지 않는다. 그러나 워싱턴 선생님은 작문을 가르치는 방법을 생각하거나 부딪히는 문제점을 해석하고 해결하는 데 있어서 그리고 마티스 선생님에게 자신의 교수 방법을 설명하는 데 있어서 모두 교육심리학의 개념을 사용하였다. 교육심리학자들이 연구한 학생의 성격과 효과적인 교수법에 대한 결과는 교수 원리를 이해하는 데 도움이 되고 교사들이 자신의 교수 방법을 판단하고 결정하기 위한 정보를 제공한다(Alexander, 2004).

무엇이 훌륭한 교사를 만드는가

교육심리학

교수와 학습에 대한 연구

무엇이 훌륭한 교사를 만드는가? 따뜻함과 유머 그리고 사람을 보살필 수 있는 능력인가? 계획과 노력과 자기수양인가? 지도력, 열의, 강렬한 학습애, 그리고 말하는 능력은 어떤가?

대부분의 사람들은 이런 모든 것들이 훌륭한 교사가 되기 위해 필요하다고 동의할 것이며 이는 물론 옳은 말이다 (Wayne & Youngs, 2003 참조). 그러나 이런 것들만으로는 충분하지 않다.

Bob Daemmrich Photography

이 교사는 훌륭한 교육 전문가로서 어떤 특징을 가지고 있는가? 이 교사의 어떤 행동이 훌륭한 교사라는 것을 나타내는가?

■ 교과 내용 지식

아래와 같은 오래된 농담이 있다.

질문 : 말을 가르치기 위해서는 무엇을 알아야 합니까?
답 : 말보다 더 많이 알면 됩니다.

이 농담은 교사는 무엇보다도 학습자가 가지고 있지 않은 어떤 지식이나 기술을 가지고 있어야 한다는 것을 분명하게 지적하고 있다. 교사는 가르치려고 하는 교과 내용을 알아야 한다. 그러나 만일 당신이 말을(혹은 아이를) 가르친다고 가정해 보면 교과서적인 지식이 필요한 건 분명하지만 그것으로 충분하지 않다는 것을 곧 알게 될 것이다. 비록 어떤 목동이 말의 습성과 행동에 대해 잘 안다고 해도, 훈련받지 않은 겁먹고 사나운 말을 순한 승마용 말로 만들 수 있는 기술이 없다면 수고를 해 봤자 갈비뼈가 부러지고 몸에는 상처만 남을 것이다. 아이들은 말보다 훨씬 똑똑하고 조금 더 관대하지만, 아이를 가르치는 것과 말을 가르치는 것에는 공통점이 있다. 정보와 기술을 전달하는 방법에 대한 지식이 정보와 기술 그 자체에 대한 지식만큼 중요하다. 우리는 매우 똑똑하고 자신의 분야에 대해서 풍부한 지식을 가지고 있지만 잘 가르치지 못하는 교사들(불행하게도 대부분 대학 교수들)을 쉽게 볼 수 있다. 마티스 선생님이 좋은 글짓기에 대하여 워싱턴 선생님만큼 많이 알고 있을 수도 있지만 3학년 학생들에게 글짓는 방법을 어떻게 가르칠 것인가에 대해서는 배워야 할 것이 많다.

효과적인 교사에게 있어서 교과 지식이란 걸어 다니는 백과사전과 같은 것이 아니다. 지식은 쉽게 구할 수 있다. 효과적인 교사는 교과에 대한 지식을 가지고 있을 뿐만 아니라 학생들에게 지식을 전달할 수도 있어야 한다. 유명한 고등학교 교사 제이미 에스칼란테는 로스앤젤레스 멕시칸계 지역의 학생들에게 땅에 구멍을 파는, 예를 들어서 그 흙더미를 +1로 그리고 그 구멍을 −1로 비유해서 양수와 음수의 개념을 설명했다. 구멍을 흙으로 다시 메우면 무엇이 남는가? 바로 영(zero)이다. 음수와 양수라는 추상적인 개념을 학생들의 경험과 연결시키는 에스칼란테 선생님에게서 우리는 지식을 전달하는 능력이 단순히 그 사실을 아는 것을 뛰어넘는다는 것을 알 수 있다.

■ 숙달된 교수법

교사가 학생들이 배우기를 바라는 것과 학생들의 실제 학습을 연결시켜 주는 것이 교수 혹은 **교수법**(pedagogy)이다. 효과적인 교수란 더 많은 지식을 가지고 있는 사람이 그 지식을 단순히 다른 사람에게 전달하는 문제가 아니다. 만일 말하는 것이 곧 가르치는 것이라면 이 책은 불필요할 것이다. 효과적으로 가르치기 위해서는 많은 전략이 필요하다.

교수법
수업에 적용할 수 있는 교수와 학습에 대한 연구

예를 들어 폴라가 4학년 학생들에게 통계를 가르치려 한다고 생각해 보자. 폴라는 여러 가지 일을 해야 한다. 학생들을 조용히 시켜야 하고 학생들에게 무엇을 배울 것인지 이해시켜야 하며, 또한 학생들에게 선수학습이 되어 있는지 확인해야 한다. 예를 들어 통계를 배우려면 학생들은 더하기, 빼기를 할 수 있어야 하고 평균을 낼 수 있어야 한다. 그런 선수학습이 되어 있지 않다면 학생들에게 그런 기술을 가르치는 방법을 찾아야 한다. 그녀는 학생들에게 주사위 굴리기, 카드 놀이, 혹은 실험에서 자료 수집하기 등과 같이 통계를 이해하는 데 도움이 되는 활동도 시키고 학생들이 배운 것을 잘 기억하도록 돕는 교수 전략도 짜야 한다. 수업에서는 일반적인 4학년 학생들의 지적 · 사회적 · 문화적 특성뿐만 아니라 각 학생들이 가지고 있는 고유한 특성들도 고려해야만 한다. 폴라는 학생들이 이 수업에 흥미를 느끼고 통계를 학습할 동기가 유발되도록 해야 한다. 가르치고 있는 것을 학생이 잘 배우고 있는지 알아보기 위해서 질문을 하거나 간단한 퀴즈를 내고 혹은 학생들로 하여금 실험을 설계하게끔 해서 제대로 이해했는지 확인하기도 한다. 만일 이런 평가에서 학생들의 어려움이 발견되면 그에 대한 적절한 대처를 해야 한다. 통계 수업이 끝나고 난 후에도 폴라는 학생들이 학습한 것을 잊어버리지 않도록 가끔 복습을 시켜 주어야 한다.

학생들의 동기를 유발시키고, 학급을 관리하고, 선수지식을 평가하고, 아이디어를 효과적으로 소통하고, 학습자의 특성을 고려하고, 학습 결과를 평가하고 검토하는 일들은 학교 안팎의 모든 교육 수준에서 수반되어야 한다. 우주비행사를 훈련할 때와 마찬가지로 읽기를 지도하는 데도 이런 일들이 적용된다. 그러나 이런 일들이 적용되는 방법은 학생들의 연령, 교수 목적, 그 외 여러 가지 요인에 따라 다르다.

연결해서 더 보기
효과적인 수업에 대해서는 제7장을 참조하시오.

훌륭한 교사를 만드는 것은 효과적인 교수법과 관련된 모든 일을 수행하는 능력이다(Burden & Byrd, 2003; Kennedy, 2006). 온정과 열의 그리고 보살핌(Cornelius-White, 2007; Eisner, 2006)은 교과 내용 지식 및 아동의 학습 방법에 대한 이해(Wiggins & McTighe, 2006)와 함께 매우 중요한 요소이다. 그러나 효과적인 수업이 되기 위해서는 이 모든 것들을 성공적으로 해내야만 가능하다.

"교육심리학 책만 볼 수 있다면…"

■ 교육을 통해 훌륭한 교사를 만드는 것이 가능한가

어떤 사람은 훌륭한 교사는 타고나는 것이라고 생각한다. 아주 뛰어난 교사들은 가끔 보통 사람들에게는 불가능한 마술이나 카리스마를 가지고 있는 것같이 보인다. 그러나 그 '마술' 교사를 만들어 내는 구체적인 행동과 기술을 찾아내기 위한 연구가 시작되었다(Boram & Kimball, 2005). 우수 교사들이라고 해서 보통 교사들이 할 수 없는 무슨 특별한 것을 하는 것은 아니다. 우수 교사들은 효과적인 교수 원리를 알고 그것을 적용하는 방법을 안다는 것이 보통 교사들과의 차이점이다. 작은 예를 하나 들어 보자. 고등학교 역사 시간에 교실 뒤에 앉은 학생 두 명이 파리조약에 대해 토론하지 않고 서로 귓속말을 하고 있다. 교사는 그 두 학생을 쳐다보지도 않고 수업을 계속하면서 천천히 그들 가까이로 걸어간다. 그 두 학생은 귓속말을 그만두고 수업에 집중한다. 그냥 보면 그 교사가 학생들을 수업에 집중하게 할 수 있는 교묘한 방법을 가지고 있는 것처럼 보이지만, 사실 그 교사는 누구라도 쉽게 배울 수 있는 학급 운영 원리를 잘 적용했을 뿐이다. 수업의 흐름을 유지하면서 효과적이고도 가벼운 중재를 하고, 더 큰 문제로 확대되기 전에 작은 문제를 해결한 것이다. 제이미 에스칼란테(역주 : 영화 〈스탠드 업〉에 나오는 수학 선생님. 이 영화는 로스앤젤레스에 있는 한 고등학교에 실제로 근무했던 제이미 에스칼란테라는 선생님의 이야기를 내용으로 한다)가 양수와 음수의 개념을 설명하기 위해 구멍을 파는 예를 들었을 때도 몇 가지 중요한 교육심리학의 원리를 적용했던 것이다. 즉 추상적인 아이디어는 여러 가지 구체적인 예를 들어 설명하라, 수업 내용을 학생들의 배경과 관련시켜라, 수식으로 표시하고, 예를 들어 주고 수식으로 다시 표현하라는 것이다. 훌륭한 교사가 되도록 가르칠 수 있는가? 그 대답은 당연히 '예'이다. 훌륭한 교사가 되기 위해서는 관찰도 하

그림 1.1 좋은 교수법의 구성 요인

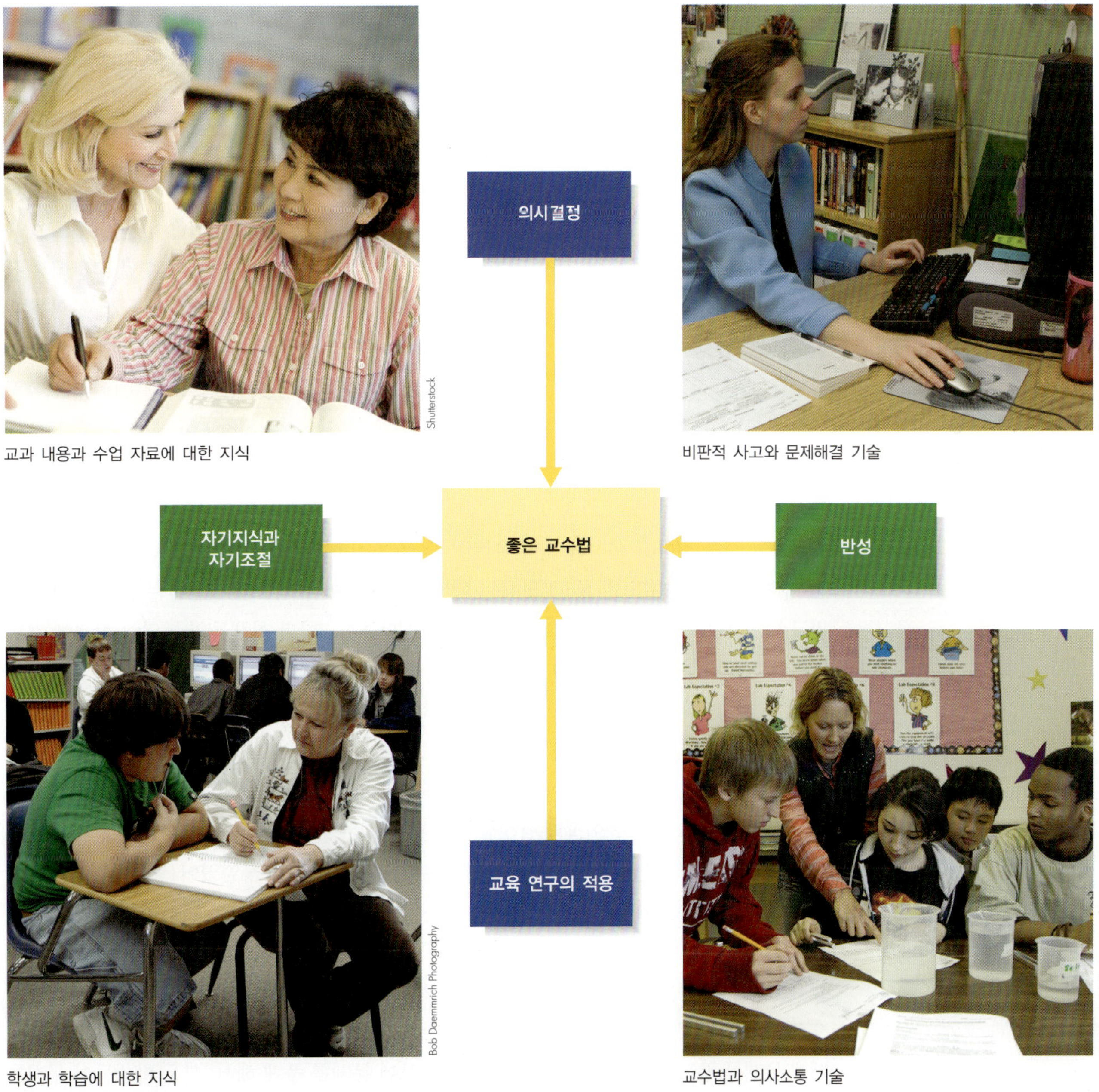

고 훈련도 받아야 하지만, 교수 원리를 습득하고 그것들을 수업에 적용할 수 있어야 한다. 효과적인 교수 방법을 구성하는 주요 요소들이 그림 1.1에 잘 요약되어 있다.

■ 의도적 교사

훌륭한 교사가 되기 위한 일정한 공식이나 '올해의 우수 교사'가 되기 위한 7단계 같은 것은 없다. 수업은 계획하고 준비하며 매 시간 수많은 의사결정을 하는 활동이다. 훌륭한 교사가 가지고 있는 한 가지 특성이 있는데 그것은 바로 **의도성**(intentionality)이다. 의도성이란 어떤 목적을 가지고 의도적으로 행동하는 것을 의미한다. 의도적 교사는 학생들에게서 무엇을 원하는지 그리고 각 의사결정이 학생들에게 어떤 영향을 미치는지 끊임없이 생각한다. 의도적 교사는 학생들이 우연히 배울 수 있다고 생각하지 않는다. 물론 아이들이 항상 계획적으로 학습하는 것은 아니며, 형편없이 가르쳐도 잘 배우는 아이들이 있을 수 있다. 그러나 학생이 흥미를 가지고 힘껏 노력하고 또한 새로운 지식을 완전히 이해하고 잘 기억하도록 하기 위해서 교사는 계획하고, 숙고하고, 유연하게 대처해야 한다. 한 마디로 의도적인 교사가 되어야 한다.

교사들은 항상 목표를 가지고 행동해야 한다는 것이 이론적으로는 당연하게 보인다. 하지만 실제로 모든 학생들이 항상 목표 수준에 도달할 수 있도록 하는 것은 쉽지 않은 일이다(Kennedy, 2008). 교사들이 수업 시간만 채우거나 비효율적으로 수업을 하는 경우도 종종 있다. 한 가지 예를 들어 보자. 여러 면에서 우수한 한 3학년 교사가 국어 수업 시간에 학생들에게 집단 학습 과제를 내주었다. 학생들에게 네모 안에 단어들이 쓰여 있는 두 장의 종이를 주고서 한 종이에 있는 단어를 네모로 잘라서 다른 종이에 있는 그 단어의 동의어 위에 붙이도록 했다. 동의어를 찾아서 모두 바르게 붙이면, 붙여진 단어판들 위의 선들이 이어져서 고양이 모양이 나타나게 되어 있었으며 학생들에게 고양이를 색칠하도록 했다. 그러나 몇 개의 동의어를 찾아 붙이기만 하면 고양이 모양이 드러나게 되어 있어서 단어에 주목하지 않고도 나머지 동의어를 찾아 완성할 수 있었다. 중요한 1시간 수업 동안 이 아이들은 즐겁게 가위질하고 풀을 칠하고 색칠을 했다. 이런 활동은 3학년 학생들에게는 고수준의 기술을 요하는 어려운 것이 아니다. 물론 그 교사는 학생들이 동의어를 배우고 연습하는 것이 수업 목표라고 말할 수도 있을 것이다. 그러나 사실 그런 활동이 3학년 학생들의 동의어 학습에 효과적이었다고 할 수는 없을 것이다. 마찬가지로 몇몇 학생만 앞에 나와서 칠판에 열심히 문제를 풀게 하고 나머지 학생들은 아무 중요한 활동도 하지 않고 시간만 보내게 하는 교사들도 많다. 그런가 하면 새로운 내용은 가르치지도 않고 숙제 검사 내지 자율학습만으로 수업을 끝내는 교사들도 많다. 다시 말하지만 이런 교사들은 다른 면에서 훌륭할지 몰라도 정작 목표가 무엇이고 그 목표를 어떻게 달성할 것인지는 모르는 교사들이다.

의도적 교사는 자신과 학생들이 추구하는 목표가 무엇인지 끊임없이 생각한다. 즉 수업이 학생들의 배경지식 및 능력과 요구에 비추어 적절한지, 활동이나 숙제가 수업 목표와 일치하는 분명한 의미가 있는지, 그리고 시간이 현명하게 잘 사용되었는지 생각한다. 의도적 교사는 두 명의 학생이 짝이 되어 주어진 동의어들을 함께 철저히 공부하게 한 후에 개인적으로 퀴즈를 풀게 하고 그다음에 더 어려운 동의어 수업을 한다. 의도적 교사는 모든 학생들에게 문제를 주고 한 학생에게는 앞에 나가 칠판에 문제를 풀게 해서, 모든 학생들이 문제를

의도성

목적 의식을 가지고 행동을 하는 것. 의도성을 가지고 있는 교사는 성취하고자 하는 목표를 기초로 한 계획적인 행동을 한다.

푸는 과정과 답을 함께 비교할 수 있도록 할 것이다. 의도적 교사는 학생들이 집에서 해 온 숙제는 수업 시간에 학생들이 바로 답을 맞춰 보도록 해서 맞은 학생들은 손을 들게 해서 확인한 후에는 시간을 절약하기 위해 많은 학생들이 틀린 문제만 복습시킨 후에 그날 학습할 내용을 수업한다. 의도적 교사는 교수 방법, 경험, 숙제와 자료들을 다양하게 사용하여 인지적 학습 목표뿐만 아니라 정서적 학습 목표를 달성하기 위해 노력한다. 인지적 목표는 학생들이 단순 지식에서부터 적용, 창의성까지 획득하는 것이고 정서적 목표는 학생들이 배우는 것을 즐기고, 타인을 존중하며 책임감을 배우는 것이다.

Jose L. Pelaez/Corbis

의도적 교사가 되기 위해서 당신 학생들에 대한 어떤 것을 알아야 되겠는가? 학생들의 성공적인 성취를 위해 어떻게 도와줄 수 있겠는가?

연구에 의하면 학생들에게 미치는 교사의 영향을 가장 잘 예측하는 것 중 하나는 자신의 행동이 변화를 일으킬 수 있다는 교사 스스로의 믿음이다. 이 믿음을 **교사 효능감**(teacher efficacy)(Henson, 2002; Tschannen-Moran & Woolfolk Hoy, 2001)이라고 하며 의도적 교사란 무엇인가 하는 문제의 핵심이다. 학생들이 공부를 잘 하기 위해서는 교사 자신의 노력이 가장 중요한 열쇠라고 믿는 교사는 학생의 타고난 머리가 좋아야 하고 가정환경이 좋아야 하며 교사의 영향을 받지 않는 어떤 다른 요인들이 있어야 한다고 믿는 교사들과는 가르치는 방법에 차이가 있을 것이다. 자신의 효능감을 강하게 믿는 의도적 교사들은 끊임없이 노력하고, 장애에 부딪쳐도 인내하며 모든 학생들이 성공할 때까지 포기하지 않을 것이다(Bandura, 1997). 의도적 교사는 자신의 수업 결과를 지속적으로 평가함으로써 효능감을 갖게 된다(Schmoker, 1999). 의도적 교사는 이전의 교수법이 효과가 없으면 새로운 전략을 찾는다. 또한 자신의 교수법을 강화하기 위해 동료들로부터 그리고 책이나 잡지, 워크숍 등을 통해 아이디어를 구한다(Corbett, Wilson, & Williams, 2005). 집단적 효능감은 학생들의 성취도에 특히 커다란 영향을 줄 수 있다(Godard, Hoy, & Hoy, 2000). 한 초등학교의 모든 교사들이나 어떤 교육 부서의 교육자들이 다 함께 그들의 활동과 결과를 조사하고, 전문성을 개발하고, 서로 협동하여 성공을 성취함으로써 집단적 효능감을 획득할 수 있다(Borko, 2004; Sach, 2000; York-Barr, Sommerness, & Hur, 2008 참조).

이 책의 가장 중요한 목표는 의도적이고 효과적인 교사가 되는 데 도움이 되는 연구와 이론과 실천적인 지혜에 대한 기초 지식을 제공하는 것이다. 효과적인 수업, 토론, 프로젝트 그리고 여러 학습 경험을 계획하고 실행하기 위해서 교사들은 많은 것을 알고 있어야 한다. 가르치는 교과 내용은 물론 학생들의 발달 수준과 요구를 이해해야 한다. 또한 학습, 기억, 문제해결 기술 그리고 창의성이 어떻게 획득되는지 그리고 그런 것들을 어떻게 향상시킬 수 있는지 알아야 한다. 또한 목표를 설정하는 방법, 그 목표를 달성하기 위해 학생들의 활동을 조직하는 방법 그리고 목표에 도달하는 과정을 평가하는 방법도 알아야 한다. 학생들의 동기를 유발하는 방법, 수업 시간을 효과적으로 사용하는 방법 그리고 학생들 간의 개인차에 대처하는 방법을 알아야 한다. 의도적 교사는 교수법의 문제를 해결하기 위해 지속적으로 전략들을 실험하고 그 전략들이 효과가 있는지 관찰한다(Duke, 2000). 그들은 효과적인 교수법에 대

교사 효능감

교사 자신의 노력이 학생들의 성공을 결정한다고 믿는 그 믿음의 정도

한 연구 결과에 관심을 가지고 연구 결과를 실제 적용해 본다(Fleischman, 2006). 이 장 앞머리의 예화 속 워싱턴 선생님과 같은 의도적 교사는 교육심리학의 원리에 대한 지식, 경험과 창의성을 조화시켜서 의사결정을 하고 학생들이 열정적이고 효과적인 학습자가 될 수 있도록 노력한다.

이 책은 교육심리학과 교육심리학에 관한 연구의 중심이 되는 아이디어들을 강조한다. 또한 효과적이라고 평가받은 아이디어들이 이론이나 시사점에 그치지 않고 가르치는 데 실제로 적용되는 예들을 보여 준다. 이 책은 독자들이 실천이나 연구에서 발견하는 많은 갈등상황에 대해 논리적이고 체계적인 접근을 할 수 있도록 하는 **비판적 사고**(critical thinking) 기술을 개발하는 데 도움이 되도록 설계되었다. 교수에 대한 정답을 제공해 줄 수 있는 교과서는 있을 수 없지만, 이 책은 옳은 질문을 제기하고 현실적인 대안과 개념, 그 뒷받침이 되는 연구 결과를 보여 줌으로써 깊은 생각을 하게 한다.

전문가 교사와 초보 교사의 차이점과 더 효과적인 교사와 덜 효과적인 교사의 차이점에 대한 많은 연구들이 있다. 이런 연구에서 공통적으로 발견된 점은 전문가 교사들이 비판적으로 사고한다는 것이다(Hogan, Rabinowitz, & Craven, 2003; Mosenthal, Lipson, Torncello, Russ, & Mekkelsen, 2004; Shulman, 2000). 의도적 교사들은 끊임없이 자신의 교수 방법을 검토하고 새로운 아이디어를 얻기 위해 공부하고 연수를 받고, 학생들의 반응을 기초로 해서 자신의 교수법을 결정한다. 20년 경력이 있는 교사가 있고 1년 경험을 20년간 반복하는 교사가 있다는 옛말이 있다. 매년 발전하는 교사들은 새 아이디어를 받아들이고 자신의 교수법을 비판적으로 보는 교사이다. 아마도 이 책의 가장 중요한 목표는 반성적으로 생각하는 것을 습관화하도록 만들어서 미래의 전문가 교사가 되도록 하는 것이다.

■ 21세기가 요구하는 기술

내가 어렸을 때 나는 21세기는 20세기와 완전히 다른 세상이 될 것이라고 생각했다. 예를 들어 〈Jetsons〉(역주 : 미국에서 1962~1963년 처음 방영된 시트콤 만화)는 기술이 놀랍도록 발전해서 자동차가 하늘을 날 수 있고, 집집마다 로봇이 가사일을 돕는 모습을 보여 주었다. 좀 더 신중한 미래학자들도 거의 비슷한 모습을 예측했다. 현실은 그만큼 놀랍게 변하지 않았지만 기술과 세계화의 발전은 우리의 경제와 사회의 중요한 측면들을 극적으로 변화시켰다. 특히 개인과 국가를 위한 경제적인 안정은 혁신과 창의성 그리고 디자인에 더 많이 의존하게 되었다. 다른 사람들과 협동해서 일하고, 문제들에 대한 많은 해결책을 찾고, 신속한 변화에 융통적으로 대처하는 능력들이 성공을 위한 열쇠가 되고 있어서 전통적인 '강한 신체'를 요구하는 직업은 사라지고 '강한 정신'을 필요로 하는 직업으로 대체되었다.

이 모든 변화는 교육에 상당한 의미를 제공했다. 따라서 교육자들은 새로운 노동시장의 환경에 적응하기 위한 기술, 태도, 일하는 방식에 대하여 더 많은 가치를 부여하게 되었다. 학생들은 테크놀로지에 대한 더 광범위한 경험을 필요로 하게 되었다. 하지만 이것으로 충분하지 않다. 학생들은 집단적으로 일하고, 문제를 해결하고, 그리고 비판적으로나 창의적으로 사고하는 것을 배워야 한다. 역설적이게도 이런 것들은 20세기 초로 돌아가서 John Dewey와 여러 학자들이 주장한 진보적인 철학의 핵심적인 요소이다(Rotherham & Willingham,

비판적 사고

문제와 증거와 해결 방법을 논리적이고 체계적으로 검토한 결과에 대한 평가

2009). 변한 것은 이 아이디어가 이제 더 이상 선택적인 것이 아니라 오늘날에는 회사의 최고 책임자에서 가게 점원까지 모든 사람이 필요로 하는 기술이라는 점이다.

교육심리학의 역할은 무엇인가

의도적이고 비판적으로 사고하는 교사들은 교육심리학에 대한 지식을 갖추고 교사가 된다. 매년 교육심리학자들은 교육을 실천하는 교사들에게 도움이 되는 교수 학습 원리를 발견하거나 개선한다. 이런 원리 중에는 상식적인 것에다 증거만 뒷받침한 것도 있지만 매우 놀라운 것도 있다. 교육심리학자들이 마주치는 한 가지 문제는 거의 모든 사람들이 자신을 교육심리학의 어떤 주제에 대한 전문가로 생각한다는 점이다. 대부분의 성인들은 학교에서 여러 해 동안 교사들의 행동을 지켜 봐 왔고, 그 위에 인간 특성에 대한 얼마간의 지식도 가지고 있다. 모든 사람들이 아마추어 교육심리학자인 셈이다. 이런 이유 때문에 전문적인 교육심리학자들은 종종 뻔한 것을 연구한다는 비난을 받는다(Ball & Forzani, 2007 참조).

그러나 우리가 지겹게 들어 왔듯이, 그 뻔한 것이 항상 진실인 것은 아니다. 예를 들어 대부분의 사람들은 학생들을 능력에 따라 교실에 배치하면 같은 교실에 있는 아동들의 능력이 비슷하기 때문에 교사가 학생들의 수준에 맞는 수업을 할 수 있고 학생들의 성취도가 높아질 것이라고 생각한다. 그러나 이 생각은 잘못된 것으로 밝혀졌다. 또한 많은 교사들은 학생들의 잘못된 행동에 대해 꾸중을 하면 그 행동이 고쳐질 것이라고 생각한다. 실제로 꾸중을 들으면 행실을 고치는 학생들도 많지만, 어떤 학생들에게는 꾸중이 오히려 보상이 되어 그런 행동을 더욱 부추기게 만든다. '뻔한' 진리 중에는 서로 상충되는 것도 있다. 예를 들어 대부분의 사람들은 혼자 공부하는 것보다 선생님의 강의를 듣는 것으로 더 잘 배울 수 있다는 데 동의할 것이다. 이것은 교실 전체 학생을 대상으로 가르치는 교사중심의 직접적인 교수 전략을 지지하는 생각이다. 하지만 또한 대부분의 사람들은 학생 개개인의 요구에 맞춘 교수 방법이 필요할 때도 종종 있다는 데 동의할 것이다. 이 생각이 또한 옳다면 교사가 수업 시간을 쪼개서 학생 개개인을 지도하거나 학생들의 필요성에 따라 집단별로 나누어 지도해야 한다. 그러나 이렇게 한다고 해도 결국 교사가 어떤 학생들을 가르치고 있는 동안에 학생들 중에 누군가는 독립적으로 공부해야 한다. 만일 수업 시간에 학생 개개인에게 개인 교사를 제공할 수 있다면 교사중심의 직접적인 교수 방법과 개별적인 교수 방법이 공존할 수 있을 것이다. 하지만 실제로는 한 교사에 보통 20명 이상의 학생들로 한 학급이 구성된다. 따라서 직접적인 교수법(첫 번째 목표)이 더 많이 사용되고 개별적인 학습(두 번째 목표)은 덜 사용될 수밖에 없는 현실이다. 의도적 교사의 과제는 이런 경쟁적인 목표를 특정한 학생과 특정한 상황의 요구에 맞게 균형을 이루는 것이다.

연결해서 더 보기
능력별 집단 편성에 대해서는 제9장을 참조하시오.

연결해서 더 보기
학생들의 수업 방해 행동에 대한 효과적인 대처 방법에 대해서는 제5장을 참조하시오.

■ 교육심리학의 목적

교육심리학 연구의 목적은 학습에 영향을 미치는 요인들에 대한 아이디어를 객관적인 방법을 사용하여 애매한 문제뿐만 아니라 명백한 문제에 대해서도 주의 깊게 조사하는 것이다

(Levin, O'Donnell, & Kratochwill, 2003; McComb & Scott-Little, 2003). 이런 연구의 산출물은 원리, 법칙 그리고 이론들이다. **원리**(principle)는 대안적인 평가 시스템이 학생들의 동기에 미치는 영향과 같이 요인 간의 관계를 설명한다. 법칙은 철저하게 검증되고 여러 상황에서 적용된 원리다. **이론**(theory)은 학습, 행동 등의 광범위한 측면을 설명하는 관련된 원리와 법칙의 집합(set)이다. 이론이 없다면 발견된 사실과 원리들은 캔버스 위에 묻어 있는 얼룩에 불과하다. 이론은 이런 사실과 원리를 함께 묶어 우리에게 큰 그림을 보여 준다. 그러나 같은 사실과 원리들이 다른 이론가에 의해 다른 방법으로 해석될 수도 있다. 다른 과학과 마찬가지로 교육심리학의 발전 역시 느리고 불안정적이므로(Carroll, 1993 참조), 한 연구가 획기적인 진전을 이루는 경우는 거의 없다. 시간이 경과하면서 한 주제에 대한 증거가 누적되고 이론가들이 그들의 이론을 개선하고 확대해 나가는 것이다.

■ 교육심리학이 교사에게 주는 의미

교사가 배우는 중요한 지식은 교생 실습 기간 중에 혹은 교사가 된 첫 해에 거의 다 배운다는 말이 아마도 정확할 것이다(Darling-Hammond, Gendler, & Wise, 1990). 그러나 교사들은 매일 수백 가지의 결정을 하며, 각 결정 뒤에는 그 교사가 의식하든 의식하지 못하든 그것을 뒷받침하는 이론들이 숨어 있다. 그 이론들의 질, 정확성 그리고 유용성이 궁극적으로 그 교사의 성공을 결정한다. 예를 들어 한 교사는 출석에 보상이 따르면 출석률이 증가한다는 이론을 근거로 출석률이 가장 높은 학생에게 상을 줄 수 있다. 다른 교사는 출석하도록 하기 위한 유인가를 가장 필요로 하는 학생은 출석률이 낮은 학생이라는 이론을 근거로 출석률이 가장 향상된 학생에게 보상을 해 준다. 세 번째 교사는 출석에 대해서 누구에게도 보상해 주지 않고 수업을 더 재미있게 해서 출석률을 높이려고 할 수도 있다. 어느 교사의 계획이 가장 성공적일까? 그것은 교실의 특성을 구성하는 요인의 독특한 배합을 이해하고 가장 적절한 이론을 적용하는 교사의 능력에 달려 있다.

■ 의사결정으로서의 교수

교육심리학의 목적은 다양한 이론을 시험하여 교사와 교육 관계자의 행동에 도움이 되는 정보를 제공하는 것이다. 교사가 교육심리학을 어떻게 활용할 수 있는지를 보여 주는 다음과 같은 일반적인 예가 있다.

해리스 선생님은 중학교 2학년 사회 과목을 가르친다. 그에게는 수업 태도가 나쁜 톰이 문제였다. 오늘 수업 중에 톰은 해리스 선생님이 등을 돌린 사이에 종이비행기를 만들어서 교실 반대쪽으로 날려서 학급이 웃음바다가 되었다.

해리스 선생님은 어떻게 해야 할까?

이 문제를 해결하기 위해 의도적 교사로서 해리스 선생님은 여러 가지 생각을 한다. 톰이 왜 그런 행동을 하는지 그리고 어떻게 톰의 행동을 고칠 수 있을 것인가를 설명하는 동기 이론들을 근거로 한 여러 가지 대안을 생각할 수 있다.

원리

대안적 평가 시스템이 학생들의 동기에 미치는 영향과 같이 변인 간의 관계에 대한 설명

이론

관련된 어떤 현상을 설명하는 원리의 집합

행동	이론
1. 톰을 꾸짖는다.	1. 꾸중은 벌의 한 형태이다. 톰은 벌을 피하기 위한 행동을 할 것이다.
2. 톰을 무시한다.	2. 관심은 톰에게 보상이 될 수도 있다. 그를 무시하는 것이 보상을 뺏는 것이다.
3. 톰을 교무실로 부른다.	3. 교무실에 가는 것은 벌이다. 교무실로 보내면 친구들의 지지를 못 받게 된다.
4. 좋은 학습 환경을 유지하는 것은 학생들 모두의 책임이며, 수업 태도가 나쁜 학생 한 명당 쉬는 시간 5분을 줄인다고 말한다.	4. 톰은 급우들의 관심을 받기 위해 나쁜 수업 태도를 보이는 것이다. 만일 학급 전체가 불이익을 받게 된다면 학급 전체가 톰의 행동을 저지시킬 것이다.
5. 톰의 행동은 모든 학생들이 배우는 수업을 방해하고 있을 뿐만 아니라 학년 초에 세웠던 학급 규칙에도 어긋난다고 학생들에게 설명한다.	5. 그 학급은 톰의 행동 그리고 톰의 행동에 대한 학급 전체의 반응 두 가지에 관련한 행동 기준을 가지고 있다. 모든 학생들의 학습권과 학년 초에 만든 규칙을 상기시켜 줌으로써 급우들이 실은 그의 행동을 지지하지 않는다는 것을 톰이 스스로 깨닫게 한다.

잘못된 수업 태도에 대한 위와 같은 일반적인 반응 중에서 어느 이론(그리고 어느 이론에 따른 어떤 행동이)이 옳은가?

중요한 사실은 톰의 잘못된 행동에 대해 급우들이 웃었다는 것이다. 이 반응은 톰이 그들의 관심을 받고 싶어 한다는 한 단서이다. 만일 해리스 선생님이 톰을 야단친다면, 이는 급우들 속에서 톰을 우쭐하게 만들어 줄 수 있으며 그의 행동에 대한 보상이 될 수 있다. 잘못된 행동을 무시하는 것은 만일 톰이 교사의 관심을 끌기 위해 그런 행동을 했을 경우라면 효과가 있다. 하지만 이 사례에서 톰은 급우의 관심을 받고 싶어 하는 것 같다. 톰을 교무실로 부르는 것은 그를 급우들의 관심에서 벗어나게 할 수 있기 때문에 효과가 있을 수도 있다. 그러나 만일 톰이 교실에서 공부하기 싫어서 그랬다면 어떨까? 급우들의 분명한 지지를 얻기 위해 권력에 대항하는 과시욕을 보인 것이라면? 한 학생의 행동에 대하여 학급 전체에게 책임을 묻는다면 톰은 급우들의 지지를 잃게 되고 행동을 개선할 수도 있겠지만, 한 학생이 저지른 잘못된 행동 때문에 다른 사람이 벌을 받는 것은 불공평하다고 생각하는 학생들이 있을 수 있다. 마지막으로 그 학급이 실제로 학업 성취와 바른 행동을 중요하게 생각한다면 톰을 포함한 학급 전체 학생들에게 학습권과 행동 규칙을 상기시키는 것이 효과가 있을 것이다.

교육학과 심리학의 연구 결과는 해리스 선생님의 의사결정에 직접적인 영향을 준다. 발달 연구는 학생들이 청소년기에 들어서면 또래 집단의 중요성이 무엇보다도 커지기 때문에, 성인의 통제로부터 독립하기 위해 종종 규칙을 무시하거나 반항 행동을 한다고 지적한다. 행동주의 학습 이론의 기초적인 연구에 의하면 어떤 행동이 여러 번 반복적으로 나타나는 것은 반드시 그 행동을 강화하는 보상이 있기 때문이며, 그 행동을 소거하기 위해서는 우선 보상이 무엇인지 확인하고 그것을 제거해야만 한다. 또한 행동주의 학습 이론은 해리스 선생님에게 바람직하지 않은 행동을 멈추게 하기 위해서는 벌(예를 들어 꾸중)을 사용할 수 있다고 제

Richard Hutchings/PhotoEdit

교사들은 매일 어렵고 종종 생각지도 못했던 결정을 하게 되는데 또한 그 결정은 신속하고 적절해야 한다. 당신은 어떻게 의도적인 교사가 될 수 있겠는가?

안한다. 구체적인 교실 관리 전략에 관한 연구는 우선 톰과 같이 수업을 방해하는 학생이 없도록 예방하고 또한 그런 행동이 발생했을 때는 대처할 수 있는 효과적인 방법을 제시한다. 마지막으로 규칙 설정이나 학급 규범에 관한 연구에 의하면 학생들이 참여하여 규칙을 만들면 학급 전체가 학업 성취와 행동 규범이 중요하다는 것을 학생들 스스로 각자 깨닫게 되고, 학생 개개인이 올바른 수업 태도를 갖게 되는 데 도움이 된다고 한다.

이런 정보로 잘 무장되어 있는 해리스 선생님은 톰이 그런 행동을 하는 이유와 이런 상황에 대처할 수 있는 전략을 알고 있기 때문에 톰의 행동에 대해 적절한 반응을 할 수 있다. 그가 옳은 선택을 할 수도 있고 아닐 수도 있지만, 톰의 행동을 설명해 줄 수 있는 몇 가지 이론을 알기 때문에 그는 그의 전략의 결과를 관찰할 수 있고, 만일 그것이 효과가 없다면 다른 전략을 시도해 볼 수 있을 것이다. 연구들이 해리스 선생님에게 구체적인 해결책을 제시해 주지는 않는다. 문제를 해결하기 위해서는 자신의 경험과 판단이 필요하다. 그러나 연구들은 해리스 선생님에게 톰의 행동에 대한 동기를 이해하는 데 도움이 되는 인간 행동에 대한 기초적인 개념과 그 문제를 해결할 수 있는 검증된 방법들을 제시해 줄 수 있다. 교수 과정에서 연구의 도움을 얻어서 의사결정을 하는 것은 해리스 선생님이 교사로서 자신의 효능감을 성취하는 한 방법이다.

적용해 보기

의사결정으로서의 교수

만일 해결해야 할 교육 문제가 없다면 교사들이 전문가일 필요가 없을 것이다. 전문가와 비전문가의 차이 중 하나는 전문가는 자신의 일을 수행하는 과정에 영향을 미치는 의사결정을 해야만 한다는 사실이다.

교육자들은 다음과 같은 것들을 결정해야만 한다. (1) 문제를 어떻게 인식할 것인가, (2) 다양한 관점에서 어떻게 상황을 고려할 것인가, (3) 관련된 전문지식을 바탕으로 어떻게 행동할 것인가, (4) 어떻게 가장 적절한 행동을 취할 것인가, (5) 결과를 어떻게 판단할 것인가가 그것이다.

오하라 선생님의 사회 과목 수업에 샤니카라는 학생이 있다. 수업 시간에 샤니카는 대부분 조용하고 소극적이다. 그녀의 생활기록부를 보면 학업 능력이 높은데 잠깐 관찰해 봐서는 그녀가 공부를 잘한다는 것을 알 수가 없다. 오하라 선생님은 다음과 같은 질문을 해 본다.

1. 무엇이 문제일까? 샤니카가 지루한가, 피곤한가, 흥미가 없는가 혹은 부끄럼을 타는가 아니면 내가 혹은 다른 학생들이 무엇을 잘못했거나 무언가를 안 해서 가만히 있는 것일까?

연결해서 더 보기

더 많은 문화적 다양성에 대해 대해서는 제4장을 참조하시오.

어떤 교육심리 이론이 적용될 수 있을까?

2. 샤니카는 이 수업을 들으면서 무얼 생각하고 있을까? 소외당하고 있다고 생각할까? 이 과목을 좋아할까? 교사나 다른 학생들이 그녀의 조용한 태도에 대해 어떤 생각을 하고 있는지 생각을 할까? 그렇다면 왜 그리고 그렇지 않다면 또 왜? 어떤 동기 이론이 나의 의사결정에 도움이 될까?
3. 내가 알고 있는 이론, 연구 혹은 경험 중에 어떤 것이 샤니카가 더 적극적으로 수업에 참여하도록 하기 위해 도움이 될까?
4. 샤니카가 참여하도록 하기 위해 이 상황에서 나는 어떻게 행동해야 할까?
5. 샤니카를 수업에 적극적으로 참여하도록 하는 데 성공했다면 그것을 어떻게 알 수 있을까?

만일 오하라 선생님이 이 문제를 질문하고 답을 얻기 위해 애쓴다면 — 샤니카 사례뿐만 아니라 다른 경우에도 — 실제로 해 봄으로써 자신의 일에 대해 더 많은 것을 배울 수 있는 기회가 되었을 것이다. 철학자 John Dewey는 교사들이 직면하는 문제는 자연스럽게 반성적 탐구를 위한 자극이 된다고 가르쳤다. 의도적 교사는 도전을 받아들이고 그것에 대하여 생산적으로 생각한다.

■ 연구 + 상식 = 효과적인 교수

해리스 선생님의 사례에서 볼 수 있듯이, 어떠한 이론이나 연구나 책도 어떤 상황에서 어떻게 하라고 교사에게 말해 줄 수 없다. 적절한 의사결정은 문제가 발생하는 상황, 교사가 생각하는 목표 그리고 다른 많은 요인들을 교육적인 상식에 비추어 판단하느냐에 달려 있다. 예를 들어 수학 교수 방법에 대한 연구에서 수업 흐름을 빠르게 하면 성적이 오르는 것으로 나타났다(Good, Grouws, & Ebmeier, 1983). 그러나 교사가 매우 중요한 개념을 설명하기 위하여 혹은 학생들이 스스로 수학적 원리를 발견하도록 하기 위하여 많은 시간을 할애할 수 있다. 일반적으로는 학생들에게 기술이나 정보를 직접적으로 가르치는 것이 학생들이 스스로 발견하도록 하는 것보다 훨씬 효율적이다(즉 시간이 적게 든다). 그러나 만일 교사가 학생들이 한 주제에 대하여 깊이 이해할 수 있도록 하거나 정보를 찾는 방법과 스스로 발견하는 방법을 가르치기 원한다면 수업 속도에 대한 그 연구 결과는 잠시 보류해야 한다.

교육심리학 연구가 교실에 바로 적용되는 경우도 있지만, 그 원리를 적용할 때는 풍부한 상식과 함께 누구에게 무엇을 그리고 왜 가르치는가에 대한 분명한 관점을 갖고 있어야 한다는 점이 중요하다.

■ 효과적인 프로그램에 대한 연구

교육심리학 연구는 효과적인 실천 원리에 대한 증거를 제시할 뿐만 아니라 특별한 프로그램이나 실천의 효과에 대한 검증도 제공한다(Fleischman, 2006). 예를 들어 이 장 서두에 있는 예화에서 워싱턴 선생님은 전체적으로 철저하게 평가된 창의적인 작문 교수법을 사용한다(Harris & Graham, 1996a). 다시 말해 그런 방법을 사용하는 교사한테 배우는 아동들이 전통적인 접근을 사용하는 교사한테 배우는 아동들보다 평균적으로 글짓기를 더 잘한다는 근거가 있다는 것이다. 특정한 교과목의 교수 방법에서부터 학교 전체의 개선 전략에 이르기

"학급 규모에 대한 연구에 의하면 학생 수가 많으면 좋지 않다고 했으니까. 우리가 수업을 빼먹는 것은 우리 반 친구들이 더 공부 잘하게 도와주는 일이야!"

까지 널리 사용되는 수많은 프로그램의 효과성에 대한 증거가 있다(예, Dynarski, 2008/2009; Ellis, 2001b; Gunter, Estes, & Schwab, 2003; Slavin, Cheung, Groff, & Lake, 2008; Slavin & Lake, 2008; Slavin, Lake, Chambers, et al., 2009; Slavin, Lake, & Groff, 2009 참조). 의도적 교사는 자신이 가르치는 과목과 대상 학년을 위한 프로그램에 대한 연구를 알고 있어야 하며, 아동들에게 도움이 된다고 밝혀진 방법들을 배울 수 있는 전문성 개발 기회를 기꺼이 찾아나서야 한다.

■ 연구가 교육적 실천에 미치는 영향

많은 연구자들과 교육자들은 교육심리학 연구가 교사들의 실천에 제한적인 영향을 미친다는 사실에 대해 유감스럽게 생각한다(예, Kennedy, 2008 참조). 교육학 연구의 영향은 의학 관련 연구가 영향을 미치는 정도에 비교할 수가 없다는 점은 분명한 사실이다(Riehl, 2006). 그러나 교사들이 실감하지 못한다 해도 교육 연구는 교육적 실천에 커다란 간접적인 영향을 미친다(Hattie & Marsh, 1996). 그것은 교육 정책, 전문적인 프로그램 개발 그리고 수업 자료에 영향을 준다. 예를 들어 초등학교 저학년의 학급 규모가 학생들의 학업 성취에 중요한 영향을 미친다는 결과를 발견한 Tennessee 학급 규모 연구(Finn, Pannozzo, & Achilles, 2003)는 학급 규모를 줄이기 위한 정책 제안에 직접적인 영향을 주었다. 초기 글 읽기에 관한 연구(National Reading Panel, 2000)는 이 과목에 대한 교육과정, 교수 방법 그리고 전문적인 프로그램 개발에 획기적인 변화를 일으켰다. 고등학교 학생들을 위한 진로 교육에 대한 연구(Kemple, 1997)의 영향으로 그와 비슷한 많은 프로그램이 개발되었다.

교육자들은 연구 결과나 전문가의 말을 하늘에서 떨어지는 진실로 받아들이지 말고 연구에 대한 현명한 소비자가 되는 것이 중요하다(Fleischman, 2000). 다음에는 교육자들에게 도움이 되는 연구를 하기 위한 연구 방법에 대해서 간단하게 설명하겠다.

적용해 보기

교육심리학 연구에 대한 현명한 소비자가 되는 방법

당신이 새 차를 사기 위해 자동차 시장에 나왔다고 가정하자. 당신은 힘들게 번 돈을 내놓기 전에 아마도 여러 가지 소비자 리포트를 살펴보려고 할 것이다. 충돌 검사를 받은 차인지, 마일리지는 얼마인지, 혹은 팔 때 중고차 가격은 얼마인지 등을 알아보고 난 후에야 거액을 투자할 결심을 하게 될 것이다. 이런 경험이 있다면 당신은 아마도 이런 조사를 위해 시간을 투자하는 것이 어떤 차를 살 것인가 결정하는 데 도움이 된다는 것을 알 것이다.

교사들은 의사결정을 하기 위해 이와 비슷한 소비자 성향을 적용해야만 한다. 교사들은 아마도 매일 이런 결정을 수백 가지는 해야 할 것이다. 어떤 자동차를 살 것인가 결정하기 위해서 타당한 연구 결과와 상식의 조화를 이루어야 하는 것과 같이 교수와 학습에 대한 결정을 하는 데 있어서도 마찬가지이다. 교수와 학습은 다양한 요인들의 영향을 받는 복잡한 개념이기 때문에 연구에 대한 지식을 가지고 있으면 현명한 의사결정을 하는 데 도움이 된다.

연구+상식=효과적인 교수라는 간단한 공식을 아는 것이 당신이 더 현명한 교육심리학 소비자가 되는 데 어떻게 도움이 될까? 이 공식을 실천하는 방법에 대한 몇 가지를 소개하면 다음과 같다.

1. **관련된 연구의 소비자가 되라.** 자신이 모르는 것을 적용할 수 없는 것은 당연하다. 전문가로서 당신은 항상 관련된 연구에 대한 지식을 갖추고 있어야 하는 책임이 있다. 교육심리학 교재도 물론 중요하지만 교육심리학 분야의 전문 저널과도 친숙해야 한다. 또한 얼굴을 직접 마주하거나 인터넷을 통한 다른 교사들과의 네트워킹의 중요성을 간과해서 안 된다. 마티스 선생님과 워싱턴 선생님의 예는 당신의 연구 기반을 확장하기 위해 교사들 간의 협조가 중요하다는 것을 잘 보여 준다.
2. **의도적으로 가르쳐라.** 잘 가르치기 위한 훌륭한 처방전이 있는 것은 아니지만, 의도적인 교사가 가장 그것에 근접하는 방법이다. 의도적 교사는 사려가 깊다. 해리스 씨와 마찬가지로 교실 상황에 대한 다양한 관점을 고려해야만 한다. 행동을 할 때에는 목적적이라야 하고 무엇을 왜 하는지 생각해야 한다. 의도적 교사는 어떤 행동이 바람직한 결과를 가져왔는지 평가하고 조심스럽게 반성하고 난 후에 행동을 한다. 당신은 아마 고등학교 시절에 '과학적인 방법'에 대해 배웠을 것이다. 의도적 교사는 그런 과학적인 방법을 사용하여 가르치고, 관찰과 배경 지식을 기초로 가설을 설정하고, 그 가설을 검증하기 위해 자료를 수집하고, 자료를 효과적으로 조직하고 분석하고, 자료를 기초로 결론을 이끌어 내고, 그 결론을 기초로 행동을 한다. 경험이 많은 교사에게는 이런 절차가 자동적이고 내면화되어 있다. 체계적으로 적용되면 이런 절차는 연구와 이론을 타당화시킬 수 있고, 그 결과 당신의 전문적인 지식의 기반을 확대시킨다.
3. **자신의 경험을 공유하라.** 연구의 지식과 당신의 전문 상식을 결합하면 더 효과적으로 가르치는 교사가 될 수 있다. 학생들에게 가르친 경험이 성공적이면 그 경험을 다른 사람들과 공유하라. 공유하는 방법은 아주 많다. 전문 학회지나 잡지에 논문을 출판하는 것 이외에 현장 발표 수업을 할 수도 있고, 교사 연수 프로그램에서 발표할 수도 있다. 그밖에 인터넷을 통해 교사들끼리 논의의 장이 마련되어 있는 곳에 발표하는 방법도 있다.

교육심리학에서는 어떤 연구 방법이 사용되는가

교육심리학에서 우리가 배우는 것들은 어떻게 알게 되었을까? 다른 과학 분야와 마찬가지로 지식은 여러 원천에서 나온다. 연구자들은 학교, 교사 혹은 학생들을 있는 그대로 연구하기도 하고, 특별한 프로그램을 사용하는 **처치**(treatment)를 하고 그것이 하나 혹은 그 이상의 **변인**(variable : 연령, 성별, 성취도 수준 혹은 태도같이 하나 이상의 값을 가질 수 있는 그 무엇)에 미치는 영향을 연구하기도 한다. 가장 좋거나 가장 유용한 한 가지 연구 방법은 없다. 문제에 적절한 방법을 사용하는 것이 중요하다(Kennedy, 1997). 교육 연구자들이 학교, 교사, 학생, 수업을 연구할 때 주로 사용하는 방법은 실험연구, 상관연구, 기술연구이다(Henig, 2008/2009; Mertler & Charles, 2011; Slavin, 2008b 참조).

처치
실험에서 사용되는 특별한 프로그램

변인
하나 이상의 값을 가지는 그 무엇

실험연구
처치의 효과를 검사하기 위한 연구

■ 실험연구

실험연구(experiment)에서 연구자는 특별한 처치를 하고 그 효과를 분석한다. 한 고전적인 연구에서 Lepper, Greene과 Nisbett(1973)은 아동들에게 매직펜으로 그림을 그리도록 하는 실험 상황을 만들었다. 실험 집단(처치를 받는 집단) 아동들은 그림을 그리고 나서 상을 받았다. 통제 집단 아동들은 상을 받지 않았다. 그 후에 모든 아동들에게 매직펜을 포함한 여러 가지 기구들을 주고서 자유롭게 선택하여 놀도록 했다. 상을 받은 아동들은 상을 받지 않은 아동들에 비해 절반 정도만 매직펜을 가지고 그림 그리기를 했다. 이 결과는 이미 좋아하는 과제 수행에 대해 보상을 해 주면 보상이 주어지지 않는 상황에서는 그 과제를 수행하는 흥미가 줄어들 수 있다는 것으로 해석되었다.

Lepper 연구는 실험에서의 몇 가지 중요한 특징을 보여 준다. 첫째, 아동들은 상을 받는 집단이나 상을 받지 않는 집단에 무선적으로 배치되었다. 예를 들어 아동들의 이름을 각각 쪽지에 써서 그 쪽지들을 모자에 담아놓고 쪽지를 무선적으로 하나씩 뽑아서 '유상 집단'에 배치하거나 '무상 집단'에 배치한다. **무선 배치**(random assignment)는 두 집단의 상황이 실험 전에는 같았다는 것을 보증한다. 만일 이 두 집단의 실험 전 상황이 다르다면 상이 후속 행동의 차이의 원인이라고 말할 수 없을 것이기 때문에 균등성을 확인하는 것이 중요하다.

이 연구의 두 번째 특징은 처치(상)의 유무를 제외하고는 유상 집단과 무상 집단의 모든 실험 과정이 동일하다는 것이다. 아동들은 같은 장난감이 있는 같은 방에서 같은 성인이 입실한 상황에서 놀았다. 연구자는 유상 집단과 무상 집단의 아이들이 그림 그리는 것을 동일한 시간 동안 관찰했다. 단지 그 집단이 상을 받느냐 받지 못하느냐만 달랐다. 목표는 그 두 집단 간의 차이를 설명할 수 있는 것이 다른 어떤 요인도 아닌 처치라는 것을 확실하게 하는 것이다.

실험실 실험 Lepper와 동료들(1973)의 연구는 **실험실 실험**(laboratory experiment)의 한 예이다. 학교 건물 내에서 실험을 했지만 연구자는 짧은 시간 동안 매우 인위적이고 구조화된 상황을 조성했다. 실험실 실험의 장점은 연구자가 그 연구에 관계되는 모든 요인을 매우 높은 수준으로 통제할 수 있다는 것이다. 그런 연구는 **내적 타당도**(internal validity)가 높다. 내적 타당도가 높다는 것은 다른 어떤 요인보다도 처치 때문에 결과에 차이가 생겼다고 확신한다는 의미이다. 실험실 실험의 가장 큰 제한점은 실험이 너무 인위적이고 기간 또한 너무 짧기 때문에 그 결과가 실생활 상황과는 거리가 있다는 점이다. 예를 들어 추후에 반복된 Lepper와 동료의 연구는 보상을 주다가 철회하게 되면 보상이 오히려 흥미를 감소시킬 수 있다는 이론을 지지하기 위해 사용되었다. 이 이론은 교실에서 성적이나 별표 같은 보상을 사용하는 것을 비판하는 근거로 사용되었다. 그러나 훗날 보상을 사용한 실제 교실에서 수행한 연구에서는 일반적으로 같은 결과를 발견하는 데 실패했다(Cameron & Pierce, 1994 참조). 이런 연구 결과는 Lepper와 동료의 연구가 잘못되었다는 것이 아니라 인위적인 실험실 실험을 기초로 한 이론은 실생활의 모든 상황에 적용할 수 있는 것은 아니며 반드시 실제 상황에서 검증되어야만 한다는 것을 보여 준다.

무선 현장 실험 교육연구에서 자주 사용되는 또 하나의 실험 유형은 **무선 현장 실험**(randomized field experiment)이다. 무선 현장 실험에서는 교육 프로그램이나 실제적인 처치가 비교적 오랜 기간에 걸쳐 교실에서 실제 일어나는 일들을 평가한다(Levin et al., 2003;

무선 배치
집단의 균등성을 보증하기 위해 무선적으로 선택하여 다른 처치 집단에 배치하는 것

실험실 실험
조건이 엄격하게 통제되는 실험

내적 타당도
실험 결과의 원인을 다른 요인이 아니라 실험 처치에 돌릴 수 있는 정도

무선 현장 실험
실제 상황 속에서 무선적으로 다르게 배치하여 다른 처치나 프로그램을 적용하는 실험

Mosteller & Boruch, 2002). 예를 들어 Pinnell, Lyons, DeFord, Bryk과 Seltzer(1994)는 읽기를 잘 못하는 1학년 학생들을 대상으로 읽기 지도에 대한 네 가지 접근을 비교했다. 그중 하나인 읽기 보충 프로그램(Reading Recovery)은 읽기를 잘 못하는 1학년생들을 대상으로 일대일 개별 지도를 통한 집중적 훈련이었다. 먼저 10개 학교에서 가장 읽기 성적이 낮은 학생들 열 명씩을 뽑은 다음 무선적으로 네 명은 읽기 보충 프로그램을 사용하는 **실험 집단**(experimental group)에 배치하고 여섯 명은 통제 집단에 배치했다. **통제 집단**(control group) 학생들은 계속해서 해 오던 방식의 읽기 수업과 보충 수업을 받았다.

4개월 후에 모든 아동들이 검사를 받았다. 읽기 보충 프로그램 집단 아동들은 통제 집단 아동들보다 네 가지 측정에서 유의미하게 높은 점수를 받았다. 다시 8개월 후에 학생들을 검사했을 때에도 읽기 보충 프로그램 집단 학생들이 통제 집단 학생들보다 여전히 유의미하게 높은 성적을 보여 주었다.

Pinnell과 동료들(1994)의 무선 현장 실험과 Lepper와 동료들(1973)의 실험실 실험의 유사점과 차이점을 주목해 보라. 두 연구 모두 실험 집단과 통제 집단이 실험이 시작될 때 본질적으로 균등하다는 것을 확실히 하기 위해 무선배치를 했다. 두 연구 모두 처치를 제외하고는 실험 집단과 통제 집단의 모든 요소가 같도록 애썼지만 Pinnell과 동료들의 연구에서는 (현장 실험으로서의 성격상) 실험 집단과 통제 집단의 차이가 좀 있었다. 예를 들어 실험 집단을 가르친 교사와 통제 집단을 가르친 교사가 달랐다. 참여한 교사들이 많기 때문에 이 요인의 효과가 통제될 수도 있겠지만, 현장에서는 실험실에서만큼 통제하기가 쉽지 않다는 점은 분명하다(Pressley & Harris, 1994 참조). 한편 Pinnell과 동료들이 실제로 교실에서 오랜 기간에 걸쳐 연구했다는 사실은 Lepper와 동료들의 연구보다는 **외적 타당도**(external validity)(실생활 타당도)가 훨씬 높다는 것을 의미한다. 즉 Pinnell과 동료들의 연구 결과는 읽기를 잘 못하는 1학년 학생들의 읽기 수업과 직접적인 관련이 있다는 것이다.

실험실 연구와 무선 현장 실험 모두 교육심리학에 중요한 공헌을 한다. 실험실 실험은 우선적으로 연구자들이 이론을 형성하고 검증하는 데 중요한 반면, 무선 현장 실험은 실천적인 프로그램이나 교수 방법 개선을 평가하는 엄밀한 검증이다. 예를 들어 워싱턴 선생님이 사용하고 있던 글짓기 교수법은 전통적인 방법과 비교하여 여러 번 검증되었으며 매우 효과적인 것으로 나타났다(Harris, Graham, & Pressley, 2001). 이 연구 결과는 이 방법이 모든 상황에서 효과적이라는 것을 보장하는 것이 아니라 교육자들이 학생들에게 글쓰기를 더 잘할 수 있게 가르칠 수 있는 좋은 지침을 제공한다.

무선 배치에 비해서 대응(matching)은 훨씬 더 실시하기가 용이하다. 그러나 한 가지 방법을 어떤 집단의 교사들은 사용하는데 다른 집단의 교사들은 사용하지 않는 데에는 어떤 이유가 있을 수 있기 때문에 그 결과를 조심스럽게 해석해야 한다. 처치 집단의 교사들이 더 동기화되있는가? 혹은 더 많은 자원을 가지고 있었는가? 혹은 새로운 무인가를 질실하세 시도하려고 했는가? 대응 연구에서는 이런 가능성들을 찾아내고 되도록이면 많이 배제해야 한다(Mertler & Charles, 2011).

단일 사례 실험 교육 연구에서 가끔 사용되는 한 가지 실험 유형이 **단일 사례 실험**(single-case experiment)이다(Franklin, Allison, & Gorman, 1997; Neuman & McCormick,

실험 집단

실험 연구에서 처치를 받는 집단

통제 집단

실험 연구에서 특별한 처치를 받지 않는 집단

외적 타당도

실험 결과가 실제 상황에 적용될 수 있는 정도

단일 사례 실험

한 사람이나 한 집단을 대상으로 처치 전, 처치 중, 처치 후의 행동을 대조시킴으로써 그 처치의 효과를 연구하는 실험

1995 참조). 이 실험의 대표적인 형태는 한 학생의 행동을 며칠간 관찰하는 것이다. 그 후에 특별 프로그램이 투입되고 프로그램이 진행되는 동안 학생의 행동을 관찰한다. 마지막에는 그 프로그램이 철수된다. 만일 특별 프로그램 하에서는 학생의 행동이 개선되지만 그 프로그램이 철수되면 학생의 행동이 원래대로 돌아간다면 그 프로그램이 학생의 행동에 영향을 주었다는 것을 시사한다. 가끔 그 '단일 사례'는 몇몇 학생들이나, 반 전체 혹은 한 학교를 대상으로 같은 처치를 할 수 있다.

대표적인 단일 사례 실험 연구로 Barrish, Saunders와 Wolf(1969)의 연구가 있다. 이 연구에서는 4학년 한 반이 단일 사례이다. 관찰자들은 국어 시간과 수학 시간에 이야기를 하거

그림 1.2 성공적인 단일 사례 실험 결과

4학년 학생들의 수학 시간과 국어 시간에 보상을 준 효과가 이 그래프에 잘 나타나 있다. 특별 프로그램으로 올바른 태도 게임이 투입되기 전의 기저선 기간 동안에는 수업 태도가 나쁜 것을 보여 준다. 게임이 투입되기 전인 국어 시간 13차에 관찰 시간 동안 거의 100%가 자리 이탈이었다. 그러나 게임이 투입되고 있는 국어 시간 53차에 관찰 시간 동안 자리 이탈은 0%에 접근했다. 빈번한 측정이 가능한 행동에 영향을 미치는 처치에 관한 단일 사례 연구에서 나타나는 이런 그래프는 처치의 효과를 입증한다.

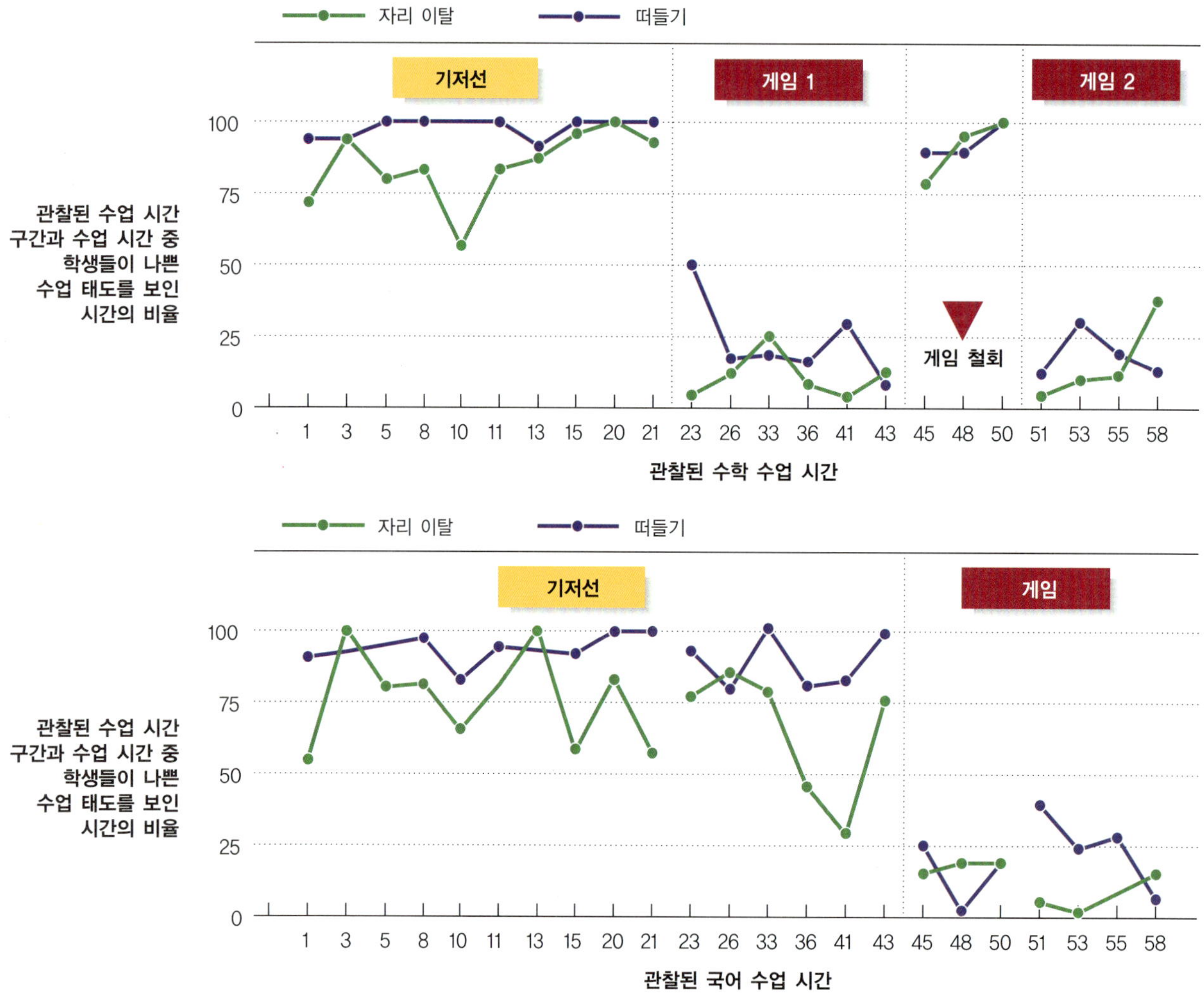

출처 : H. H. Barrish, M. Saunders, & M. M. Wolf(1969). "Good Behavior Game: Effects of Individual Contingencies for Group Consequences on Disruptive Behavior in a Classroom," *Journal of Applied Analysis, 2*, pp. 119-124.

나(선생님의 허락 없이) 자리에 앉아 있지 않는 사람이 한 사람이라도 있으면 그 시간을 기록했다. 10일 후에 특별 프로그램(Good Behavior Game)이 투입되었다. 반 전체 학생을 두 집단으로 나누어, 집단 내의 어느 한 명이라도 수업 태도가 나쁘면 그 학생이 속한 집단에 체크 표시를 하였다. 매일 수업이 끝난 후에는 체크 표시를 적게 받은 집단에게 혹은 두 집단 모두 체크 표시가 5개 이하일 경우에는 두 집단 모두에게 30분의 자유시간을 주었다.

이 연구 결과가 그림 1.2에 나타나 있다. 특별 프로그램이 시작되기 전(기저선)에는 수학 시간에 허락 없이 이야기하는 학생이 한 명이라도 있는 시간이 수업 시간의 96%를 차지했고, 허락 없이 자리에 바로 앉아 있지 않는 학생이 한 명이라도 있는 시간이 수업 시간의 82%나 되었다. 그런데 수학 시간에 그 프로그램이 투입되면서 학생들의 태도가 극적으로 개선되었다. 그 프로그램이 철회되자 학생들의 행동은 다시 나빠졌고 재투입되자 다시 좋아졌다. 국어 시간에도 그 프로그램이 소개되었을 때 학생들의 행동이 개선된 것을 주목하라. 수학 시간과 국어 시간에 모두 영향을 주었다는 사실은 그 프로그램이 효과가 있다는 것을 더 잘 보여 준다.

단일 사례 실험의 한 가지 중요한 제한점은 자주 측정할 수 있는 행동을 연구하는 데만 사용될 수 있다는 것이다. 이 이유 때문에 많은 단일 사례 연구는 떠들기나 자리에서 이탈하기와 같이 매일 혹은 하루 중에도 여러 번 측정 가능하고 관찰 가능한 행동을 연구하는 데 사용된다.

■ 상관연구

아마도 교육심리학에서 가장 자주 사용되는 연구 방법은 **상관연구**(correlational study)일 것이다. 한 변인이 다른 변인에 어떻게 영향을 주는지 살펴보기 위해 연구자가 한 변인을 조작하는 실험연구와 다르게, 상관연구는 변인을 조작하지 않고 있는 그대로의 상태에서 변인들 간에 어떤 관계가 있는지 보려고 한다. 변인들은 정적으로 상관이 있을 수도 있고 부적으로 상관이 있을 수도 있으며 혹은 아무런 상관이 없을 수도 있다. **정적 상관**(positive correlation)의 예로 읽기 성적과 수학 성적의 관계를 들 수 있다. 일반적으로 읽기를 보통 수준 이상으로 잘하는 학생은 수학에서도 보통 수준 이상으로 잘할 것이다. 물론 수학을 잘하지만 읽기를 잘 못하는 학생도 있고 그 반대도 있을 수 있다. 그러나 평균적으로 볼 때 한 영역에서의 학업 능력은 다른 영역의 학업 능력과 정적인 상관이 있다. 즉 한 변인이 높으면 다른 변인도 역시 높다는 것이다. **부적 상관**(negative correlation)의 예는 결석수와 학점이다. 결석하는 날이 많으면 많을수록 그 학생의 성적은 내려간다. 즉 한 변인이 높아지면 다른 변인은 낮아지는 경향이 있다. 대조적으로 **무상관 변인**(uncorrelated variable)은 서로 상관이 없다. 예를 들어 경상남도 진주 학생들의 성취도와 강원도 춘천 학생들의 학습 동기와는 전혀 상관이 없을 것이다.

상관연구의 고전적인 예로 Lahaderne(1968)의 연구가 있다. 그녀는 학생들의 수업에서의 집중도와 성취도 그리고 IQ의 관계를 조사했다. 그녀는 6학년 4개 반의 학생 125명을 대상으로 수업 중에 학생들이 주의집중하는 시간을 관찰했다(예 : 수업 중에 교사가 말하는 것을 열심히 듣고 지시를 따르기). 그리고 나서 그녀는 집중도와 읽기, 산수, 언어 성취도와 상관을 시키고 학생들의 IQ와 학교에 대한 태도와도 상관을 시켰다. 상관연구의 장점은 연구

상관연구
자연스럽게 일어나는 변인들 간의 관계에 대한 연구

정적 상관
한 변인의 수준이 높으면 다른 변인의 수준도 높은 관계

부적 상관
한 변인의 수준이 높으면 다른 변인의 수준은 낮은 관계

무상관 변인
한 변인의 수준의 변화가 다른 변인의 수준과 관계가 없는 변인

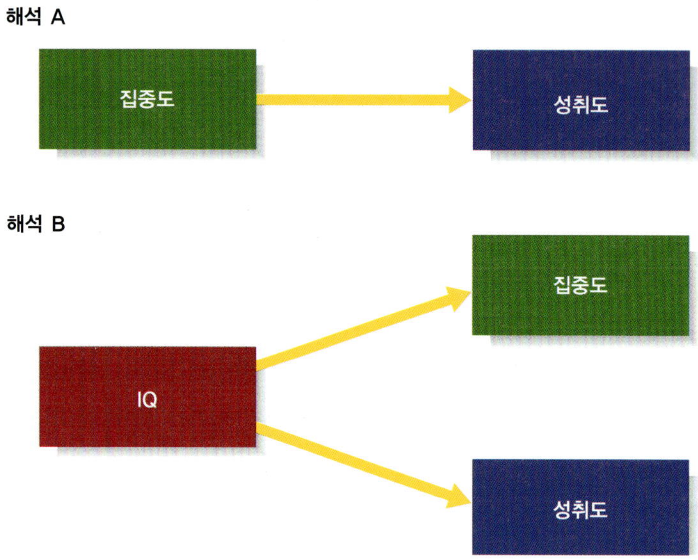

그림 1.3 집중도, 성취도, IQ 간의 상관에 대한 가능한 해석

상관연구는 변인들 간의 관계가 있다는 것을 보여 줄 수 있지만 무엇이 원인이고 무엇이 결과인지는 증명할 수 없다. 예를 들어 Lahaderne(1968)의 연구에서 학생의 집중도가 성취도의 원인인가?(해석 A) 아니면 제3요인인 지능이 집중도와 성취도를 결정하는가?(해석 B). 두 가지 해석 모두 부분적으로 옳다.

자들이 상황을 인위적으로 조작하지 않고 있는 그대로의 변인들을 연구할 수 있다는 것이다. 많은 중요한 연구 문제들은 상관연구 방법으로만 연구하는 것이 가능하다. 예를 들어 성별과 수학 성취도 간의 관계를 연구하고 싶다고 할 때 학생들을 소년이나 소녀로 무선 배치하는 것은 불가능한 일이다! 또한 상관연구는 동시에 여러 가지 변인들 간의 관계를 알아보는 것이 가능하다.

상관연구 방법의 가장 큰 단점은 두 변인 간에 상관이 있다는 것을 말해 줄 수 있지만, 어떤 변인이 원인이고 어떤 변인이 결과인지는 알 수 없다는 것이다. 집중도, 성취도, IQ에 대한 Lahaderne의 연구는 이런 문제를 제기한다. 학생들의 집중도가 원인이 되어 높은 성취도를 나타내는지, 아니면 능력이 있고 성취도가 높은 학생들이 다른 학생들보다 집중도가 더 높을 뿐인지? 상관연구는 이런 문제에 대해 완전하게 대답할 수 없다. 그러나 상관연구자들은 무엇에 영향을 미치는지 알아내기 위해 통계적 방법을 사용한다. Lahaderne의 연구에서 같은 IQ를 가진 학생들 중에서 집중도가 성취도와 상관이 있는지 알아볼 수 있을 것이다. 예를 들어 평균 지능을 가진 두 학생 중에서 집중도가 더 높은 학생이 성취도도 높은 경향이 있는가? 그렇지 않다면 집중도와 성취도 간의 관계는 단지 높은 IQ를 가진 학생들이 다른 학생들보다 집중도와 성취도가 더 높은 것일 뿐이라는 결론을 내릴 수 있으며, 집중도가 원인이 되어 성취도에 영향을 준다고 결론을 내릴 수는 없다.

그림 1.3은 집중도, 성취도, IQ 간의 상관에 대하여 두 가지 가능한 해석을 보여 준다. 해석 A에서는 집중도가 성취도에 영향을 준다. 반면 해석 B에서는 집중도와 성취도 모두 제3의 변인인 IQ의 영향을 받는 것으로 보인다. 어느 것이 옳은가? 이 관계에 대한 다른 연구에 의하면 두 설명이 다 부분적으로 옳다고 할 수 있다. 즉 IQ의 영향이 제거되어도 학생의 집중도는 성취도와 상관이 있다.

Lubienski와 Lubienski(2006)의 연구도 상관연구의 좋은 예를 보여 준다. 그들은 공립학교와 사립학교 중 어느 학교가 읽기 성취도와 수학 성취도가 높은지 연구했다. 물론 사립학교 학생들이 더 높은 성취도를 나타냈다. 하지만 학생들의 인종, 경제 수준과 다른 배경 요인들을 통계적으로 처리했을 때 연구자들은 공립학교 학생들과 사립학교 학생들의 성취도 차이를 발견하지 못했다.

■ 기술연구

실험연구와 상관연구는 변인들 간의 관계를 연구한다. 그러나 교육심리학자들 중에는 연구 대상에 대한 기술에만 관심이 있는 사람들도 있다. Mosenthal과 동료들(2004)은 읽기 점수에서 꾸준히 높은 성적을 나타내는 여섯 학교를 관찰하고 그 학교의 교사들은 자신의 교수 방법을 끊임없이 평가하는 것을 발견했다. **기술연구**(descriptive research)의 한 가지 유형은 조사연구(survey)이다. 문화기술지(ethnography)라고 부르는 또 하나의 기술연구는 사회적 환경(교실이나 학교 같은)을 오랜 기간에 걸쳐 관찰하는 방법이다. Anagnostopoulous(2006)는 시험에 합격해야만 상급 학년에 올라갈 수 있도록 하는 새로운 정책에 대한 반응을 알아보기 위해서 1년 동안 시카고에 있는 한 고등학교의 교사와 학생들을 관찰하고 인터뷰를 했다. 그녀는 학생들과 교사들 모두가 유급된 학생들을 두 집단으로 나누어 생각하고 있었다. 즉 한 부류는 마땅히 유급을 받아야 하는 소위 나쁜 학생인 '진짜 유급생'이고 다른 한 부류는 유급 받을 마땅한 이유가 없는데 잘못 판단된 학생들이었다. 이러한 기술연구들은 연구 결과를 차갑고 딱딱한 숫자로 요약해 내는 연구들보다도 학교와 교실에서 일어나는 모순을 훨씬 더 충실하게 제공한다. 기술연구는 일반적으로 상관연구나 실험연구들이 가지고 있는 과학적인 객관성이 결여되어 있다. 그러나 이런 결점을 자세한 설명과 충실한 해석으로 보충하고 있다(Creswell, 2002; Northcutt & McCoy, 2004; Rossman & Rallis, 2003).

발달심리학자들은 연령에 따른 아동의 특성을 살펴보기 위해 기술연구를 많이 사용한다. 발달심리학에서 가장 대표적인 연구는 스위스 심리학자 Jean Piaget(1952b)의 연구로, 그는 자신의 아이들을 대상으로 세밀하게 관찰했다. 관찰 결과 그는 유아기에서 청소년기에 걸친 아동의 인지발달을 기술하는 이론을 개발했다(Wadsworth, 2004).

■ 실행연구

실행연구(action research)는 기술연구의 특별한 유형으로 교사들이 교실이나 학교에서 수행하는 연구이다(A. P. Johnson, 2009; Mills, 2007; Stringer, 2008). 실행연구에서는 교사나 교장이 새로운 교수 방법이나 학교 조직 전략을 시험해 보고, 그것이 어떻게 작용하는가에 대한 정보를 수집하고, 이 정보를 다른 사람들에게 전달한다. 교육자들 자신이 실험에 관계하기 때문에 다른 유형의 연구에서 추구하는 객관성이 부족하지만, 외부인에 의한 연구에서는 볼 수 없는 제일선에 있는 경험이 풍부한 교사나 행정가들이 가지고 있는 깊은 통찰력을 제공할 수 있다.

기술연구

관심 주제에 대한 확인과 상세한 정보 수집을 목표로 하는 연구

실행연구

교사들이 교실이나 학교에서 수행하는 연구

요약

무엇이 훌륭한 교사를 만드는가

훌륭한 교사는 교과 내용도 알고 교수 방법도 잘 알아야 한다. 교사들은 효과적인 교수를 하기 위해 온정과 열의 그리고 보살핌을 가지고 여러 가지 일을 해낸다. 그들은 의도적 교사들이며, 의사결정을 할 때나 가르칠 때 교육심리학의 원리를 사용한다. 그들은 연구와 상식을 통합할 줄 안다.

교육심리학의 역할은 무엇인가

교육심리학은 학습자, 학습, 교수에 관한 체계적인 연구다. 교육심리 연구는 교실에서 교사와 학생 사이에 일어나는 정보, 기술, 가치, 태도의 전달 과정에 중점을 두고 또한 심리학의 원리를 실제 교수 활동에 적용하는 것에 중점을 둔다. 이런 연구는 교육 정책, 전문가 개발 프로그램 그리고 교수 자료를 만드는 데 영향을 미친다.

교육심리학에서는 어떤 연구 방법이 사용되는가

실험연구는 특별한 교육 프로그램이나 처치를 검증한다. 실험 대상자들을 검사하기 전에 집단들에 무선 배치함으로써 그 집단들이 동등하고 실험 결과가 타당하다는 것을 보여 줄 수 있다. 처치를 받는 실험 집단은 처치를 받지 않는 통제 집단과 대응된다. 실험실 실험은 매우 구조적이고 짧은 기간 동안에 수행되며 관련된 모든 변인들은 엄격하게 통제된다. 무선 현장 실험은 덜 구조적이며 모든 변인들이 통제될 수 없는 현실적인 조건 하에서 오랜 기간에 걸쳐 이루어진다. 단일 사례 실험은 한 학생이나 한 집단을 처치 전과 처치 후 일정한 기간에 걸쳐 관찰한다. 상관연구는 변인들의 상관이 있는지 알아본다. 변인들은 정적 상관이나 부적 상관 혹은 무상관 관계를 가질 수 있다. 상관연구는 변인들을 조작하거나 인위적인 상황을 만들지 않고 변인들에 대한 정보를 제공한다. 그러나 변인들 간의 원인과 결과의 관계를 밝히지 못한다. 기술연구는 조사, 면접 혹은 관찰법을 사용하여 사회적 상황에서의 행동을 기술한다.

주요용어

교사 효능감(teacher efficacy)
교수법(pedagogy)
교육심리학(educational psychology)
기술연구(descriptive research)
내적 타당도(internal validity)
단일 사례 실험(single-case experiment)
무상관 변인(uncorrelated variable)
무선 배치(random assignment)
무선 현장 실험(randomized field experiment)
변인(variable)
부적 상관(negative correlation)
비판적 사고(critical thinking)
상관연구(correlational study)
실행연구(action research)
실험실 실험(laboratory experiment)
실험연구(experiment)
실험 집단(experimental group)
외적 타당도(external validity)
원리(principle)
의도성(intentionality)
이론(theory)
정적 상관(positive correlation)
처치(treatment)
통제 집단(control group)

자기평가 : 교수학습원리

이 장의 서두에 있는 예화를 다시 읽고 다음 질문에 답하시오.

1. 첫 번째 단락에서 마티스 선생님은 학생들이 쓴 글이 왜 그렇게 짧고 상상력이 부족한지 이해하지 못한다. 교육심리 연구에 따르면, 다음 중에서 마티스 선생님에게 가장 부족한 교사 특성은 무엇인가?
   a. 학급 경영 기술
   b. 교과 내용 지식
   c. 의도성
   d. 상식
2. 워싱턴 선생님은 마티스 선생님과 학생들이 재미있게 글짓기를 할 수 있게 하는 방법에 대하여 이야기한다. 다음 진술 중 워싱턴 선생님의 작문 교수 방법을 가장 잘 요약한 것은 무엇인가?
   a. 학생들에게 적절하고 학생들의 동기를 유발시킬 수 있는 교수법, 학습 활동, 수업자료를 선택한다.
   b. 비슷한 능력을 가진 학생들이 함께 공부하도록 능력별 집단으로 나누어 각 집단의 요구에 맞춘 수업을 한다.
   c. 글짓기 활동을 할 때는 교사가 수업의 중심이 된다.
   d. 개별화 수업이 첫 번째 목표이고 직접 교수 방법은 두 번

째 목표이다.

3. 전문성 발달에 대한 연구에 의하면, 초보 교사와 전문가 교사를 구별하는 특성은 무엇인가?
   a. 초보 교사들은 전문가 교사들보다 가지고 있는 내용 지식이 더 간단하기 때문에 가르치는 기술에 의존하는 경향이 있다.
   b. 전문가 교사들의 사고방식은 초보 교사들보다 더 복잡하기 때문에 단기 기억의 처리 용량이 더 많다.
   c. 전문가 교사는 '가장 훌륭한 방법'을 사용하는 반면, 초보 교사는 지속적으로 자기 자신의 교수법을 개선하고 검토해야 한다.
   d. 전문가 교사는 비판적으로 생각한다.

4. 교육심리학자들은 종종 상식적인 것을 연구한다는 비난을 받는다. 그러나 그들은 상식적인 것이 항상 진실인 것은 아니라는 것을 밝혀냈다. 다음 중 하나만 제외하고 모두 다 상식적이지만 진실은 아니다. 다음 중 상식적이면서 연구에서도 지지를 받는 것은 무엇인가?
   a. 학생들을 능력별 집단으로 나누어 가르치면 성취도가 증가한다.
   b. 학생의 잘못된 행동에 대해 야단치면 학생의 행동이 좋아진다.
   c. 일제 교수법이 개별화 교수법보다 더 효과적이다.
   d. 의도적 교사는 특별한 학생들의 요구와 상황에 따라서 경쟁 목표를 조정한다.

5. 워싱턴 선생님은 마티스 선생님과 교수 전략에 대해 많이 논의한다. 워싱턴 선생님은 교수를 의사결정 과정으로 본다는 것을 우리는 쉽게 알 수 있다. 그녀는 문제점을 인식하고, 여러 가지 관점에서 상황을 고려하고, 행동을 처방하기 위해 그녀의 전문적인 지식을 동원한다. 그리고
   a. 가장 적절한 행동을 선택하고 그 행동의 결과에 대해 판단한다.
   b. 그녀가 가지고 있는 교수법에 대한 개인적인 믿음과 일치하는 전략을 선택한다.
   c. 그녀의 행동 계획을 도와줄 수 있는 전문 교사와 행정가들의 조언을 구한다.
   d. 학생들의 흥미와 요구를 바탕으로 해서 학생들이 교육적 결정을 하도록 한다.

6. 연구 결과가 원리, 법칙, 이론이 된다. 워싱턴 선생님은 마티스 선생님과 학생들에게 작문 수업에 대한 여러 가지 교육심리학 원리와 이론을 설명한다. 마티스 선생님이 어려움을 가지고 있는 수업 활동은 무엇인지(예 : 마티스 선생님은 모든 학생에게 같은 주제를 준다) 그리고 그녀가 학생들과 신나고 의미 있는 수업을 하기 위해 사용할 수 있는 원리와 이론에 대해 기술하시오.

7. 교육심리학 연구의 목적은 객관적인 방법을 사용하여 교수와 학습에 대한 질문을 탐구하는 것이다. 이런 연구 방법에는 실험연구, 상관연구, 기술연구, 실행연구가 있다. 한 가지 연구 문제를 생각하고, 위의 연구 방법을 사용하여 당신의 연구 문제에 대해 어떻게 답을 찾아나갈지 기술하시오.

8. 의도적 교사는 전문적인 학습을 위한 자료들을 알고 있다. 의도적 교사는 모든 학생들의 요구를 충족시키기 위하여 끊임없이 교육적 실천방법을 개선한다. 영어 실력이 부족한 학생들을 가르치기 위한 정보를 찾을 수 있는 네 가지 활동을 열거하시오.

아동들의 인지발달은 어떻게 이루어지는가
- 발달의 관점
- 발달의 쟁점

인지발달에 관한 Piaget의 관점은 무엇인가
- 발달은 어떻게 발생하는가
- Piaget의 발달 단계

오늘날 Piaget의 연구는 어떻게 이해되고 있는가
- Piaget 이론의 비판과 수정
- 신Piaget 이론가들의 발달에 대한 관점

인지발달에 관한 Vygotsky의 관점은 무엇인가
- 어떻게 발달이 발생되는가

언어와 문식성은 어떻게 발달하는가
- 취학 전 아동의 언어와 문식성 발달
- 초등학교와 중학교 시기의 언어와 문식성 발달

2

인지, 언어, 그리고 문식성 발달

Shutterstock

학습 목표

이 장을 공부하고 나면 다음과 같은 것을 할 수 있다.

- Vygotsky와 Piaget의 인간 발달 이론을 기술할 수 있다.
- 유 · 아동의 문식성 발달을 촉진하는 교실을 구성하는 방법을 확인할 수 있다.
- 초등과 중등 시기의 언어와 문식성 발달 전략을 확인할 수 있다.

Shutterstock

패트리샤 윙은 그녀가 맡고 있는 3학년 학생들에 대한 자긍심이 매우 크다. 학생들은 국가고시에서 매우 좋은 성적을 냈고, 대부분의 과목에서도 좋은 성과를 거뒀으며, 특히 그녀 자신이 가장 좋아하는 과학 과목에서 훌륭한 성과를 냈다. 그래서 그녀는 학생들에게 그들 스스로가 즐길 수 있는 하나의 도전 과제를 주기로 결정했다.

그녀는 "여러분, 선생님은 여러분 모두가 과학에서 보여 준 성과로 인해 말할 수 없이 기쁘답니다. 그래서 오늘 선생님은 여러분이 팀별로 풀어야 하는 문제들을 줄 거예요, 나는 여러분이 그 문제를 풀 수 있다고 확신해요."라고 말했다.

"각 테이블마다 무게가 다른 몇 개의 추와 스톱워치가 있을 거예요. 여러분은 추의 무게나 추의 길이를 바꿀 수 있고, 추가 움직일 수 있도록 힘을 주어 밀 수도 있으며, 뭐든지 여러분이 원하는 대로 해도 좋아요. 내가 여러분에게 던지는 문제는 이거예요. 1분 동안에 추가 몇 번이나 왔다 갔다 하는지 그 횟수를 결정하는 것은 무엇인가라는 문제예요."

학생들은 매우 신나서 문제 풀기에 여념이 없었다. 그들은 추의 무게를 늘여 보기도 하고, 줄여 보기도 했고, 세게 밀거나 약하게 밀어 보기도 했으며, 추의 길이를 늘이거나 줄여 보기도 했다. 각 팀들은 1분 동안 추가 얼마나 흔들리는지를 기록하는 '시간 기록원'을 정했다. 학생들은 추가 왔다 갔다 하는 횟수를 결정하는 것이 추의 무게이다, 추를 미는 힘이다, 추의 길이다라고 하며 열띤 토론을 벌였다. 그러나 어느 누구도 정답을 찾은 학생은 없었다(그것은 단지 줄의 길이와 관계된 문제였는데 말이다).

패트리샤는 학생들이 과학에 관해 많은 것을 알고 있으며, 문제를 풀기 위해 애썼고, 협동을 잘 했음에도 불구하고 문제를 풀지 못했다는 사실에 깜짝 놀랐다.

생각해 보기

- 패트리샤 윙의 학생들이 문제를 풀지 못한 이유가 무엇이라고 생각하는가?
- 위와 같은 패트리샤 윙의 경험에서, 교사가 학생들을 가르칠 때 아동들의 발달 단계를 고려해야 하는 이유에 관해 제안하고 있는 것은 무엇인가?

아동들은 전 일생 중에서 초기 약 18년 동안에 걸쳐 놀랄 만한 변화를 해 나간다. 신체가 커지고 두뇌가 명석해지며 사회 적응력이 생기는 등 이러한 변화는 두드러진다. 그러나 많은 아동들은 각각 그 방향과 비율에 있어서 발달상 개인차가 있으며, 발달은 문화, 부모의 양육 태도, 교육 그리고 다양한 요인에 의해 영향을 받게 된다. 모든 교사들은 어떻게 아동들이 자라나는지를 이해할 필요가 있으며, 어떻게 아동들이 학습하고 어떻게 가르치는 것이 최선의 방법인지에 대한 이해가 필요하다(Comer, 2005).

아동들의 인지발달은 어떻게 이루어지는가

발달(development)이란 인간이 전 생애에 걸쳐서 신체, 성격, 사회성, 인지 등의 영역에 있어서 어떻게 자라나고 적응하며 변화해 가는가를 언급하는 용어이다. 이 장에서는 널리 알려져 있고 수용되는 인간 발달의 두 가지 주요 이론인 Jean Piaget와 Lev Vygotsky의 이론을 중심으로 아동의 인지발달에 관해 살펴보기로 한다(Bee & Boyd, 2010; Berk, 2009; Feldman, 2010; Keenan & Evans, 2010 참조).

■ 발달의 관점

아동들은 성인의 축소물이 아니다. 그들은 성인과 다르게 사고하며, 세상을 또 다른 눈으로 바라본다. 효과적인 교수를 위해 우선적으로 고려해야 할 사항은 어떻게 학생들이 사고하며 어떤 관점으로 세상을 보는지에 관해 이해하는 것이다. 효과적인 교수 전략을 선택하기 위해서는 학생들의 나이와 발달 단계를 고려해야 한다. 3학년 중에서 똑똑한 학생들은 어떤 위계에 해당하는 수학은 배울 수 있겠지만, 실제로 대수(algebra)에 필요한 추상적 사고를 할 수 있을 정도로 인지적 성숙이 되지 못했다. 서두에 언급된 짤막한 이야기에서 윙 선생님의 학생들은 충분히 영리하고 의욕적이었다. 그러나 그들에게 주어졌던 '추에 관한 문제'는 체계적인 방식으로 문제해결을 해나가는 논리적 사고 능력을 습득하게 되는 청소년기가 되면 해결이 가능하지만, 아동기에는 대체로 이런 종류의 문제를 해결하기에는 아직까지 이와 같은 사고 유형이 발달되지 못한다는 것을 보여 주는 전형적인 예시 중 하나이기도 하다.

■ 발달의 쟁점

발달이 경험에 의해 어느 정도의 영향을 받게 되는지, 발달이 단계별로 진행되는 것인지 아닌지, 이 두 가지 중심 쟁점은 수십 년간 발달심리학자들 사이에서 논쟁의 대상이 되어 왔다.

자연 대 육성의 논쟁 발달이 출생 시에 미리 결정되는 것인지, 유전이나 생물학적 요인에 의한 것인지 혹은 경험과 다른 환경적 요인에 의해 영향을 받는 것인지 등의 의문에 대해 오늘날 대부분의 발달심리학자들(예 : Bee & Boyd, 2010; Berk, 2009; Cook & Cook, 2007))은 유전(자연, nature)과 환경(육성, nurture)이 조화를 이루면서 발달에 영향을 미치며, 생물학적 요인들은 신체 발달과 같은 측면에 강하게 영향을 미치고, 환경적 요인들은 도덕성 발달과 같이 또 다른 측면에 강한 역할을 하며 작용한다고 믿는다.

연속성 대 불연속성 이론 두 번째 논쟁점은 어떻게 변화가 발생되는지에 관한 주제이다. **발달의 연속성 이론**(continuous theories of development)에서 발달은 기술의 발달과 같이 매끄럽고 순조롭게 진행되며, 경험은 돌보는 사람과 환경에 의해 제공되는 것이라고 가정한다. 연속성 이론은 발달에 있어서 유전적 요인보다는 환경의 중요성을 더 강조한다.

두 번째 관점은 아동들은 일련의 예상 가능하고 불변의 발달 단계를 거쳐서 발전된다는 가정이다. 이 경우에 변화는 급격히 일어나서 새로운 단계로 발전되어 간다. 모든 아동들은 각

발달

교수와 학습에 대한 연구

발달의 연속성 이론

인간 발달 과정은 영아기에서 성인기까지 점진적이고 자연스럽게 진행된다는 신념에 기초한 이론

기 비율과 진보에 있어서 개인차가 있으나 같은 순서로 기술을 획득한다고 믿는다. 각 단계에서 획득하는 아동의 능력은 단순히 '동질성을 뛰어넘어 그 이상'은 아니라는 것이다. 즉 아동들은 이해, 능력, 신념에 있어서 발달상 질적 차이를 나타낸다. 그러나 비록 같은 아동이 한 단계에서 남보다 더 뛰어난 행동 특성을 나타낸다 할지라도 단계를 건너뛴다는 것은 불가능하다(DeVries, 2008; Zigler & Gilman, 1998). 연속성 이론과 비교할 때 이와 같은 **발달의 불연속성 이론**(discontinuous theories of development)은 시간 경과에 따른 변화를 설명하는 데 환경적 영향보다는 오히려 선천적 요소에 더 초점을 둔다. 환경 조건은 발달 속도에 영향을 미치지만 발달 단계의 순서는 고정되어 있다. 이러한 관점에 따르면 패트리샤 윙의 학급에서의 9살짜리는 그들이 얼마나 배웠는가와 상관없이 '추에 관한 문제'를 풀 수 없었을 것이다. 왜냐하면 그들은 사람들이 동시에 많은 요소들이 포함된 문제들을 해결할 수 있을 정도의 발달 단계에 도달하지 못했기 때문이다.

Piaget와 Vygotsky 같은 단계 이론가들은 발달의 독특한 단계가 기술될 수 있다는 생각을 공유한다. 그러나 이와 같은 측면에 대해서는 동의할지라도 그들 이론에서 구분하는 발달 단계의 수와 세부 영역이 명백히 다르므로 그들 이론의 특수한 영역으로 확장하지는 않는다(DeVries, 2008 참조).

인지발달에 관한 Piaget의 관점은 무엇인가

1896년 스위스에서 태어난 Jean Piaget는 심리학 역사상 가장 영향력 있는 발달심리학자이다(Falvell, 1996; Wadsworth, 2004 참조). 그는 생물학 박사 학위를 취득한 후 심리학에 점차 더 흥미를 느끼고, 자신의 세 자녀를 대상으로 실시한 관찰 결과를 기초로 하여 심리학 이론을 수립하였다. Piaget는 생물학적 원리와 방법을 인간 발달 연구에 적용하고자 생각하였으므로 심리학에 도입한 다양한 용어들이 생물학에서 온 것이 많다.

Piaget는 정신 능력이 왜 그리고 어떻게 시간이 경과함에 따라 변화하는지에 관해 탐구했으며, 그는 발달에 대한 비중을 아동의 환경과의 적극적인 상호작용과 조절 능력에 크게 두고 있다. Piaget의 견해에 의하면 지식(knowledge)은 행동으로부터 나온다(DeVries, 2008; Wadsworth, 2004 참조). Piaget의 **인지발달**(cognitive development) 이론은 아동의 지능 혹은 인지 능력이 4단계로 구분되어 진행됨을 제안한다. 각각의 단계는 새로운 능력이나 정보 처리 방법의 출현에 의해 구체화된다. Piaget 이론의 세부 내용 중 다수는 후기 연구에서 많은 부분 이의가 제기되었다. 특히 그가 인지 기능과 관련시켜서 논의한 부분들 중 대부분은 초기 연구에서는 분명히 환경의 하위 영역에 속하는 것이었다. 그럼에도 불구하고 Piaget의 연구는 아동 발달의 이해를 위한 핵심적 근간을 이룬다.

■ 발달은 어떻게 발생하는가

도식(지식구조) Piaget는 모든 아동들은 환경과 상호작용하고 이를 다루는 선천적 영향성을 가지고 태어난다고 믿었다. 그는 정보를 조직하고 처리하는 기본적인 방법을 인지 구조라고 하였다. 어린 아동들은 좀 더 나이 든 아동들과 성인들도 세상에 있는 대상을 다루기 위해

발달의 불연속성 이론

인간 발달은 원천적인 요인에 의해 지배되는 예언 가능한 단계이며, 독특하게 고정된 순서를 통해 발생되는 것으로 보는 이론

인지발달

정신 과정과 점진적·순차적 변화는 점차 좀 더 복잡하고 정교화되어 가는 것

그림 2.1 도식

아기들은 그들의 세계를 배우기 위해 도식이라 불리는 행동 패턴을 이용한다.

a. 두드림은 아기가 세상을 탐구하기 위해 이용하는 가장 선호하는 **도식**이다.

b. **동화**는 아기들이 새로운 대상을 도식에 통합시키려 할 때 발생한다.

c. **조절**은 새로운 대상이 현존하는 도식에 적절하지 않을 때 발생한다.

사용하는 **도식**(scheme)이라 불리는 사고 혹은 행동의 형태를 증명하였다. 우리는 외부 세계에서 활동하고 세상을 발견하는 데 도식을 이용한다. 즉 각기 도식은 모든 대상과 사건을 같은 방법으로 다룬다. 아기들이 새로운 대상을 만나게 되면 그 대상이 무엇인지 어떻게 알 수 있을까? Piaget에 따르면 그들은 발달된 도식을 이용하므로 어떤 물체를 칠 때 그 소리가 크게 나는지 부드러운지를 발견하고, 우유를 준다면 맛이 같은지 어떤지를 알아낸다. 그리고 어떤 물체를 떨어뜨렸을 때 구르는지 쿵 소리를 내는지 등을 구분할 수 있다(그림 2.1 참조).

연결해서 더 보기

정보처리와 기억과 연계되는 스키마 이론에 대해서는 제6장을 참조하시오.

동화와 조절 Piaget에 따르면 **적응**(adaptation)은 동화와 조절의 수단에 의해 환경에 반응하는 도식의 순응 과정으로 본다. **동화**(assimilation)는 새로운 대상이나 사건에 대해 현존하는 도식에 의해 이해하는 것이다. 만일 영아에게 그가 전에는 보지 못한 대상이지만 이미 친숙한 것과 유사한 것을 준다면, 아기는 그것을 쥐고 물고 두드려 보는 행동을 하게 될 것이다. 다시 말해 아기들은 모르는 대상에 관해 알기 위하여 현존하는 도식을 이용하려고 노력할 것이다(그림 2.1b 참조). 이와 유사하게 고등학교 학생이라면 카드에 새겨진 정보나 카드의 내용들을 기억하는 것을 포함하는 하나의 연구 도식을 갖고 있을 것이다. 그러면 비록 효과적이지 않을 수도 있지만, 그는 이러한 접근법을 통해 경제학과 같이 어려운 개념들을 학습하는 데 도식을 적용해 보려고 노력할 것이다.

때로는 세상을 다루는 데 과거 방식으로는 작동하지 않는 경우가 있다. 이때 아동은 새로운 정보에 비추거나 새로운 경험에 따라 현존하는 도식을 수정하게 되는데, 이 과정을 **조절**(accommodation)이라고 한다. 예를 들어 작은 대상을 두드려 보는 도식을 가진 아기에게 달걀을 준다면 달걀이 어떻게 될지는 명백하다(그림 2.1c). 그러나 덜 명백한 것은 아기의 두드리는 도식에 어떤 일이 벌어질지의 문제이다. 달걀을 두드리자 예상치 못한 일이 벌어졌기 때문에 그 아기는 도식을 변화시키게 된다. 장차 그 아기는 단단하거나 부드러운 대상만을 두드려 보게 될 것이다. 단지 기억을 위해서 공부하는 고등학생은 친구와 함께 토론하면서

도식

행동을 이끄는 정신적 형태

적응

동화와 조절을 통해 환경에 반응하는 도식의 순응 과정

동화

현존하는 도식에 의해서 새로운 경험을 이해함

조절

새로운 상황에 맞추기 위해 현존하는 도식을 수정함

경제학을 공부하는 또 다른 전략을 이용하는 방법이 있음을 학습하게 된다.

달걀을 두드리던 아기와 이해하기보다는 기억하려고 노력하던 학생은 현존하는 도식으로는 더 이상 다룰 수 없는 상황을 새로이 다루어야만 한다. Piaget 이론에서 이것은 불평형의 상태를 의미하는 것이며, 혹은 이해한 것과 새로이 직면한 것 간의 불균형 상태라고 보는 것이다. 이때 사람들은 자연스럽게 불균형을 일으킨 자극에 초점을 둠으로써 불균형 상태를 감소해 보려고 노력하며 새로운 도식을 개발하거나 균형 상태로 회복될 때까지 과거의 것을 조정하여 적응시켜 보려고 애쓴다. 이러한 균형을 회복하려는 과정을 **평형화**(equilibration)라고 한다. Piaget에 따르면 학습은 이와 같은 과정에 의존한다고 본다. 균형이 깨지게 될 때가 아동들이 성장하고 발달하는 기회가 된다. 결국 새로이 출현되는 세계에 관해 질적으로 새로운 방법을 고안하게 되면서 아동들은 발달의 새로운 단계로 더 나아가게 된다. Piaget는 물리적 경험과 환경의 조정은 발달적 변화가 일어나는 데 매우 중요하다고 보았다. 또한 그는 동료와의 사회적 상호작용, 특히 논쟁과 토론 등은 사고를 명확하게 하는 데 도움을 줌으로써 결국에는 좀 더 논리적인 사고를 하게 만든다고 믿었다. 최근의 연구에 따르면 학생들에게는 경험을 하는 것이 중요하다는 것과 자료들이 학생들의 인지발달 증진이라는 관점에서 세계관에 관한 현재의 이론과 상충된다는 점들이 강조되었다.

대표적인 **구성주의**(constructivism) 이론인 Piaget의 발달 이론에 의하면 인지발달이란 아동들이 스스로 겪은 경험과의 상호작용을 통해 현실에 대한 이해와 의미체계를 적극적으로 형성해 나가는 과정이라고 본다(Berk, 2006; Cook & Cook, 2007; Wadsworth, 2004). 이와 같은 관점에 의하면 아동들은 새로운 정보에 대해 계속적으로 동화, 조절함으로써 지식을 능동적으로 구성해 나간다는 것이다.

■ Piaget의 발달 단계

Piaget는 아동 및 청소년의 인지발달을 네 단계로 나누었다. 그것은 감각운동기, 전조작기, 구체적 조작기, 형식적 조작기이다. 그는 모든 아동은 각기 그 비율에 있어서는 다소 차이가 있을지라도 네 단계 모두를 거치게 된다고 믿었다. 같은 사람이 과제 수행을 함에 있어서, 특히 새로운 단계로 전이될 때 동시에 다른 단계와 연합될 수 있다. 표 2.1은 아동과 청소년이

표 2.1 Piaget의 인지발달 단계

연령	연령	주요 특성
감각운동기	출생~2세	'대상영속성' 개념의 형성 반영적 행동에서 목표 지향적 행동으로의 발달
전조작기	2~7세	사물 표현을 위한 상징 이용 능력의 발달 자기중심적이며 중심화 사고
구체적 조작기	7~11세	논리적 사고 능력의 발달 가역적인 조작의 사용 능력 발달 자기중심성을 탈피하여 가역적 사고를 하고 문제해결을 함
형식적 조작기	11세~성인	추상적 사고와 상징적 사고가 가능함 체계적 실험을 통해 문제를 해결함

평형화

현재 이해와 새로운 평형 간의 균형을 회복하는 과정

구성주의

자신의 현실 이해의 형성에 있어서 적극적인 학습자 역할을 강조한 인지발달의 관점

Piaget가 가정한 네 단계를 거쳐 나가는 과정과 시기를 정리한 것이다. 또한 각 단계에서의 주요 성취에 대해서도 보여 준다.

감각운동기(0~2세) 가장 초기 단계는 **감각운동기**(sensorimotor)라고 하는데, 이 단계에서 어린 영아들은 그들의 감각과 운동 기술만을 사용하여 세상을 탐색하기 때문이다. 놀랄 만한 변화가 영아들의 감각운동기 과정에서 일어난다. 초기에는 모든 영아들은 **반사작용**(reflex)이라는 선천적 행동을 가지고 있다. 신생아의 입술에 손을 대면 아기는 빨기 시작하며, 영아의 손바닥에 손가락을 두면 아기는 그것을 감싸 쥔다. 이러한 행동들은 선천적인 것이며 영아의 첫 번째 도식을 형성하는 데 방해가 된다. 곧 영아는 이러한 반사작용을 더 흥미롭고 의도적인 행동 형태를 만들기 위해 학습한다.

이러한 학습은 처음에는 우연히 발생되지만 점차 시행착오를 거치면서 의도적 노력을 통해 일어난다. Piaget에 의하면 감각운동기 말기가 되면 영아들은 문제를 해결하기 위해서 초기의 시행착오적 접근에서부터 발전되어 더욱 계획적인 접근을 하게 된다. 처음에 그들은 대상과 사건을 정신적으로 표상할 수 있다. 그리고 점차 우리가 '사고(thinking)' 라고 부르는 활동을 하게 된다. 이와 같이 영아가 생각하고 행동 계획을 세울 수 있다는 것은 중요한 향상이라 할 수 있다. 예를 들어 2세 아이가 부엌에서 엄마가 저녁 준비를 하는 것을 본다고 가정하자. 만일 아이가 계단식 의자가 어디에 있는지를 안다면 그 아이는 의자를 갖다놓고 엄마가 요리하는 것을 더 잘 보려고 하고, 음식을 한입 먹게 될 기회를 가질 수 있을 것이다. 아이는 이러한 문제해결에 실수하지는 않는다. 대신에 문제를 생각하고 계단식 의자를 이용한다는 가능한 해결책을 발견하고, 머릿속으로 해결책을 그려본 뒤에 실제로 해결을 위한 시도를 하게 된다(Trawick-Smith, 2010).

또 다른 감각운동기의 특징으로는 **대상영속성**(object permanence)의 발달이다. Piaget는 아이들은 대상들이 물리적으로 안정적이며, 만일 아이가 없는 곳일지라도 그 물체는 계속 존재한다는 사실을 배운다는 것을 주장했다. 예를 들어 만일 영아를 대상으로 하여 영아의 젖병을 수건으로 덮으면 아이는 그 수건을 치울 생각을 하지 못하고 그 젖병이 없어졌다고 믿을 것이다. 그러나 2세가 되면 아이들은 자신이 그 대상을 볼 수 없을지라도 어디엔가 그 대상이 존재한다는 것을 이해한다. 일단 그들이 눈에 보이지 않는 사물의 존재를 인식하게 되면, 그들은 마음속에 이러한 사물을 표상하는 상징을 이용할 수 있으므로 그것에 대한 사고가 가능하게 된다(Cohen & Cashon, 2003).

전조작기(2~7세) **전조작기**(preoperational stage) 동안에 아동들은 사물에 관해 사고하는 능력이 점차 발달하고 대상을 정신적으로 표상할 수 있는 상징을 사용할 수 있게 된다(Massey, 2008). 아동의 언어와 개념은 놀라운 비율로 발달된다. 그러나 아직까지 그들의 사고는 미발달 상태로 남아 있다. Piaget의 가장 중요한 최초의 발견은 아동들에게 **보존**(conservation)의 원리에 대한 이해가 결핍되어 있다는 것이다. 예를 들어 만일 전조작기 유아 앞에서 길고 폭이 좁은 컵에서 얕고 폭이 넓은 컵으로 우유를 옮겨 부으면, 그 아이는 긴 컵에 더 많은 우유가 있다고 확실히 믿을 것이다(그림 2.2 참조). 이와 유사하게 전조작기의 유아는 비록 그 수가 동일하다는 것을 보여 줄지라도 네 조각으로 나눈 샌드위치가 더 많다

감각운동기

영아들이 감각과 운동 기술을 사용하여 주변에 관하여 배우는 단계

반사작용

태어나면서부터 가지고 있는 자극에 대한 자동적인 반응(예를 들어 밝은 빛에 눈 깜박임)

대상영속성

눈앞에 보이지 않더라도 대상이 존재한다는 사실

전조작기

아동들이 마음속에서 사물을 표상하는 것을 학습하는 단계

보존

다른 대상의 특성(예를 들어 길이)이 변화된다고 할지라도 한 대상의 특성(예를 들어 무게)은 동일하게 유지된다는 개념

고 생각하고, 상자 속에 채워 넣은 블록보다 상자에 펼쳐놓은 블록이 더 많다고 믿는다.

전조작기적 사고의 몇 가지 측면은 아동들이 보존과제에서 범하는 실수를 설명하는 데 도움이 된다. 한 가지 특징은 상황의 한 가지 측면에만 주의를 기울이는 **중심화**(centration)이다. 그림 2.2의 예처럼 아동들은 우유의 넓이는 무시하고 높이에만 초점을 둠으로써 우유를 부은 후에 우유가 더 적어진다고 주장한다. 그림 2.3에서 제시된 바와 같이 아동들은 블록의 길이에만 초점을 두며 밀도 혹은 실제 블록의 수는 무시한다.

시발점으로 돌아갈 수 있도록 사고에 있어서 방향을 바꿀 수 있는 능력인 **가역성**(reversibility)은 전조작기 아동들에 의해 발달되는 사고의 또 다른 양상이다. 예컨대 어른들은 7+5=12가 된다면, 12−5=7이 될 수 있음을 안다. 만일 우리가 5개의 물건과 7개의 물건을 더한 뒤에 5개의 물건을 가져가면 7개가 다시 남게 된다. 전조작기의 유아가 이러한 방법을 생각할 수 있다면, 그 아동은 우유를 붓는 과정에 대한 정신적인 가역이 가능하므로, 만일 긴 비커에 다시 우유를 붓는다면 그 양은 변하지 않는 것이라는 것을 알 수 있다.

Laura Dwight/Corbis

이 아이는 Piaget의 보존과제에 어떻게 반응할 것인가? 이 아이가 증명하는 것은 어떤 발달 단계일까? 어떻게 당신은 교사와 같이 어린아이가 중심화와 비가역성에 의해 유발시킨 실수를 발견하는 데 도움을 줄 수 있을 것인가?

그림 2.2 보존과제

액체 양의 보존 연구를 위한 전형적인 절차

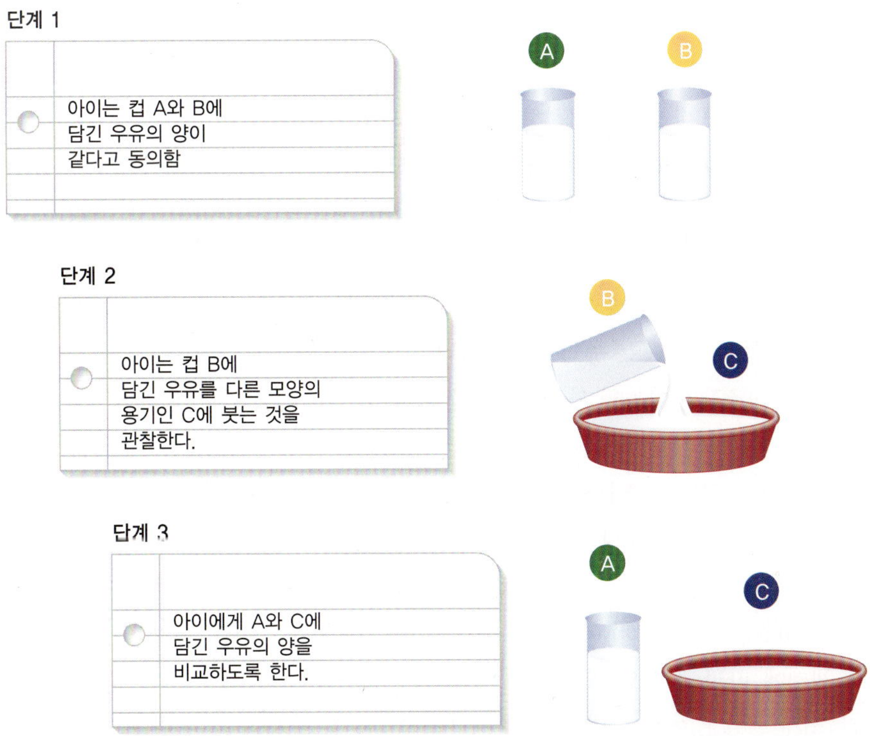

출처 : Robert V. Kail and Rita Wicks Nelson, *Developmental Psychology* (5th ed.), p. 190.

중심화

대상이나 상황의 한 측면에만 주의를 기울임

가역성

정신적 작용을 수행한 후 처음의 시작 지점으로 사고를 되돌릴 수 있는 능력

그림 2.3 중심화

중심화 혹은 상황의 한 측면에만 초점을 둔다는 것은 어린 아동이 지각에서 범하는 많은 실수를 설명하는 데 도움을 준다.

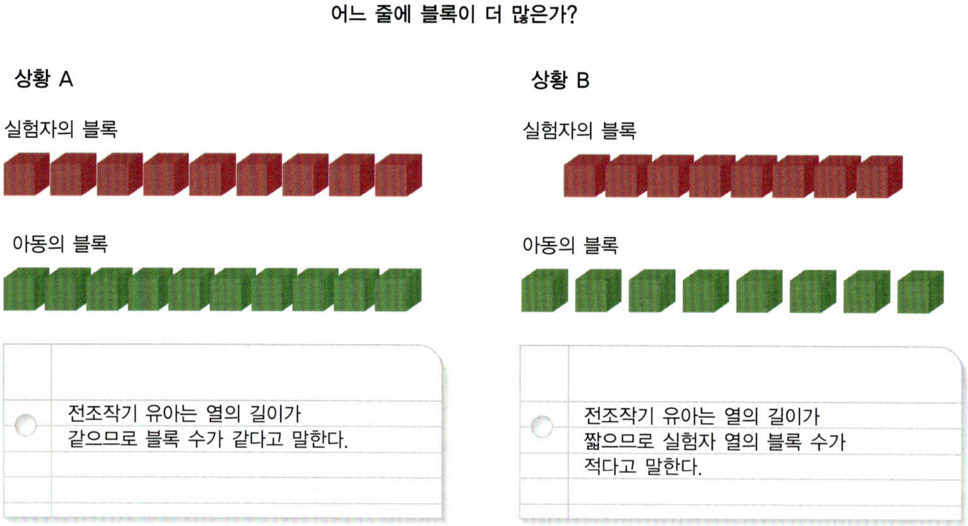

출처 : Barry Wadsworth. *Piaget for the Classroom Teacher*, 1978, p. 225.

전조작기 유아의 사고에 있어서 또 다른 특성은 상태에 초점을 둔다는 것이다. 우유 문제에 있어서 우유는 하나의 용기에서 또 다른 용기로 옮겨 부어졌다. 유아들은 이와 같은 붓는 과정을 무시하고 단지 시작 상태(목이 긴 컵에 담긴 우유)와 최종 상태(얕은 접시에 담긴 우유)에만 초점을 둔다. "이는 마치 어른들이 보는 것과 같은 영화 대신에 일련의 스틸사진을 보는 것과 같다"(Phillips, 1975). 성인들과는 달리 어린 유아는 언제나 논리적이지 않고, 상황에 따라 그 개념을 다양하게 형성하게 된다. 그 외에도 2세 아이가 박제된 동물을 처음에는 무생물로 보았다가 나중에 살아 있는 동물이라고 취급하는 것에 대해서 우리는 어떻게 설명할 수 있을 것인가? 결국 아동들의 개념은 점차 더 일관성을 가지게 되며, 개인적 사고는 줄어들게 된다. 유아는 점차적으로 그들이 지닌 사물에 대한 정의를 다른 사람들의 개념과 일치시키는 데 관심을 가지게 된다. 그러나 그들에게는 여전히 하나의 개념과 다른 사람이 가진 개념을 대등하게 만드는 능력이 부족하다.

마지막으로 전조작기 아동의 사고는 **자기중심적**(egocentric)이다. 이 단계에서 아동들은 모든 사람들은 그들이 하는 것과 같이 세상을 본다고 믿고 있다. 예를 들어 Piaget와 Inhelder (1956)는 3개의 산 모양 구조물을 설치해 놓고 한쪽 면에 아동을 앉히고 그 반대편에는 인형을 놓아둔 후, 그 인형이 바라본 장면을 기술해 보라고 요구하였다. 6~7세 이하의 아동들은 성인들의 관점에서는 틀렸다는 것이 명확할지라도 아동 자신의 관점에서 인형의 관점을 기술하였다. 왜냐하면 전조작기 아동들은 다른 사람의 관점을 수용할 수 없으며, 단지 자신들의 참조체계에 따라 전적으로 사건을 해석하는 경향이 있기 때문이다. A. A. Milne의 『Winnie-the-Pooh』에서 어린 아동의 자기중심성을 잘 묘사한 글이 있다. Winnie-the-Pooh가 숲에 앉아서 윙윙거리는 소리를 듣는다.

자기중심적

모든 사람이 자신과 동일한 관점으로 세상을 본다는 것에 대한 믿음

> 저 윙윙거리는 소음은 무엇인가를 의미한다. 너는 바로 저 윙윙거리는 소리가 무엇을 의미하는지를 모른다면 윙윙거리는 소음이라는 것을 알아채지 못한다. 만약 윙윙거리는 소음이 있다면 누군가가 윙윙 소음을 만드는 것이고, 내가 아는 바로는 윙윙 소음을 만드는 것이 네가 벌이기 때문이라면… 벌은 꿀은 만들기 때문에 존재하는 것이고… 꿀을 만드는 한 가지 이유는 내가 그것을 먹을 수 있기 때문이다.

구체적 조작기(7~11세) 비록 전조작기 유아와 구체적 조작기 아동 간에는 정신적 능력에 있어서 엄청나게 차이가 있지만, 구체적 조작기 아동도 여전히 성인의 사고방식과는 차이가 있다(Davis, 2008). 그들은 세상의 삼라만상 그 자체에 근거를 두고 있으므로 추상적으로 사고한다는 것이 무척 힘들다. Flavell은 "구체적 조작기의 아동들은 문제해결을 하는 데 상상력을 발휘하기보다는 구체적이며 실제적인 생각을 가지고, 그 앞에 놓여 있는 사물을 지각할 수 있으며, 추론 가능한 실제에 지속적으로 매달리는 경향이 있다. 초등학생들은 이론가가 아니다"(1986, p. 103). 이와 같이 **구체적 조작기**(concrete operational stage)라는 용어는 현실적 접근을 반영하는 용어이다. 이 단계의 아동은 개념을 형성할 수 있으며, 관련성을 찾고 문제를 해결할 수 있으나 단지 그들에게 친숙한 대상과 상황 속에 있을 경우에 한정된다.

초등학교 시기에 아동들의 인지 능력은 극적으로 변화하게 된다. 초등학생들은 더 이상 보존 문제에 어려움을 느끼지 않는데, 그 이유는 그들이 가역성의 개념을 획득하였기 때문이다. 예를 들어 그들은 이제 짧고 넓은 용기 속에 있는 우유의 양이 길고 좁은 용기 속에 있는 우유와 양이 같다는 것을 알 수 있으며, 만일 그 우유를 긴 용기에 다시 붓는다면 처음과 마찬가지 높이 수준에 이를 수 있다는 사실을 알게 되었다. 아동은 우유를 다시 붓는 것을 상상할 수 있으며 그 결과 어떤 일이 생기는지에 대해서도 인식할 수 있게 되었는데, 이러한 점들이 전조작기 아동들에게서는 일어날 수 없는 일들이다. 전조작기와 구체적 조작기 아동간의 또 다른 기본적인 차이는 어린아이들이 전조작기에는 지각되는 외적 현상에 대해 반응을 하지만 좀 더 나이가 들어 구체적 조작기가 되면 추론된 실제에 대해 반응하게 된다는 점이다. Flavell(1986)은 이와 같은 개념에 관해 아동들에게 붉은 자동차를 보여 주고, 그들이 그것을 관찰하는 동안 필터를 바꿔서 검은색으로 보이도록 하는 실험을 통해 입증하였다. 자동차의 색깔에 대해 물었을 때 3세 아동은 검은색이라고 반응한 반면 6세 아동은 붉은색이라고 반응하였다. 구체적 조작기에 해당되는 아동은 다른 의미의 맥락 내에서 사물을 보고 **추론한 현실**(inferred reality)에 대해 반응할 수 있고, 사물을 다른 의미의 맥락에서 볼 수도 있지만, 취학 전 아동들은 그들이 보는 것만을 보고 그들이 보는 것 이면의 의미를 추론하는 능력은 거의 없다.

구체적 조작기 동안에 아동이 학습하는 중요한 과제의 하나는 **계열성**(seriation) 혹은 논리적 연속성인데, 예컨대 '막대를 가장 작은 것에서부터 가장 큰 것의 순으로 나열해 보라'와 같이 사물을 배열하는 것이다. 이러한 활동을 위해서 그들은 순서를 맞추어야 하거나 길이와 같이 어떤 준거나 차원에 따라 분류해야 한다. 일단 이러한 능력이 획득되면 아동들은 **이행성**(transitivity)이라고 하는 관련된 기술을 완수할 수 있다. 이 능력은 제3의 대상과의 반영적 연관성에 의한 지식을 기초로 하여 두 대상 간의 관련성을 추론하는 능력이다. 예를

구체적 조작기
아동들이 논리적 추론 능력과 보존에 대한 이해를 발달시키는 단계이지만 이때는 친숙한 상황을 다루는 기술만을 이용할 수 있다.

추론한 현실
관련 정보의 맥락 내의 자극을 의미

계열성
크기, 무게 혹은 부피 등과 같이 어느 한 측면에 따라 순서를 정해서 배열하는 것

이행성
인지발달의 구체적 조작기 동안에 학습되는 하나의 기술로, 아동들은 정신적인 배열과 더불어 사물을 비교할 수 있다.

들어 만일 당신이 전조작기의 아동과 대화를 한다면 그들은 톰이 베키보다 크고 베키가 프레드보다 크다는 것은 알지만 톰이 프레드보다 크다는 것을 알지 못한다는 것을 발견할 수 있을 것이다. 이와 같은 논리적 추론은 구체적 조작기까지는 가능하지 않지만, 학령기에 이르면 아동들은 가역적 사고를 요구하는 두 가지 정신적 전이를 할 수 있는 능력을 발달시키게 된다. 그 정신적 전이의 첫 번째는 전환(inversion, +A는 -A에 의해 역전된다)이며, 두 번째는 상보성(reciprocity, A<B는 B>A로 서로 교환된다)이다. 구체적 조작기 말기가 되면 아동들은 어떻게 더하고 빼고 곱하고 나누는지의 사칙연산을 배울 수 있는 정신적 능력과 크기에 따라 순서를 맞추고 준거의 수에 의해서 대상을 분류하는 등의 능력을 갖추게 된다. 아동들은 대상이 그들의 시야에 있는 한, 만일 …하다면 무슨 일이 일어나는지에 관해 생각할 수 있다(예 : "만일 내가 이 스프링을 당기고 난 뒤 그것을 놔버린다면 무슨 일이 일어날까?"). 한편 아동들은 집에서부터 학교까지를 지도에 그려 보면서 시간과 공간에 대해 충분히 이해할 수 있으며, 지나간 사건에 대해 이해할 수 있다.

또한 초등학생들은 자기중심성을 벗어나 탈중심적이고 객관적인 사고로 이동하게 된다. 탈중심적인 사고는 아동들로 하여금 다른 사람들은 자신들과 다른 지각을 할 수 있음을 알게 한다. 예를 들어 탈중심적인 사고를 할 수 있는 아동들의 경우에는 다른 아동들은 구름을 또 다른 형태로 바라볼 수 있다는 것을 이해할 수 있을 것이다. 따라서 이와 같은 사고를 하는 아동들은 중력의 법칙과 같은 물리학의 법칙이 지배하는 사건들에 관해서 학습할 수 있다. 그런데 이러한 변화들이 모두 동시에 일어나지는 않으며, 오히려 구체적 조작기 동안에 점진적으로 서서히 발생된다.

형식적 조작기(11세~성인기) 사춘기가 시작될 즈음에 아동의 사고는 성인의 특성과 유사한 형태로 발달되기 시작한다(Horn, Drill, Hochberg, Heinze & Frank, 2008; Packard & Babineau, 2008). 사춘기 이전에는 추상적으로 사고하고 현재의 시점을 넘어선 가능성을 볼 수 있는 능력이 발달되기 시작한다. 그리고 이러한 능력은 성인기까지 지속적으로 발달된다. **형식적 조작기**(formal operational stage)와 함께 잠재적이거나 가설적인 상황을 다루는 능력이 발달된다. 즉 이제 형식은 내용으로부터 분리된다.

Inhelder와 Piaget(1958)는 구체적 조작기의 초등학생과 구체적 조작기의 청소년이 다르게 접근하는 한 가지 과제에 관해 기술했다. 패트리샤 윙은 3학년 학생들에게 진자에 관한 문제를 냈다. 아동들과 청소년들에게 실의 끝에 추를 단 진자를 주었고, 그들은 실의 길이나 추의 무게 혹은 진자를 설치한 곳의 높이, 진자를 미는 힘 등을 변화시킬 수 있었다. 그리고 그들에게 진자가 흔들릴 경우에 그 속도에 영향을 미치는 것은 어떤 요소인지에 관해 질문했다. 본질적으로 그 과제는 진자의 속도에 있어서의 차이는 실의 길이에 의한 것이라는 물리학의 원리를 밝혀내는 것이다(만일 실 길이가 짧다면 빠르게 흔들릴 것이다). 실험은 그림 2.4에 제시되어 있다. 형식적 조작기에 도달한 청소년들은 체계적으로 하나의 요인을 변화시키며 문제해결 과정을 진행해 나갔다(예 : 같은 길이의 실에 다양한 무게의 추를 달아서 시도해 본다). 예를 들어 Inhelder와 Piaget(1958)의 실험에서 15세인 한 청소년은 긴 길이의 실과 중간 길이의 실에 각각 100g 무게의 추를 달았으며, 그다음으로 긴 실과 짧은 실에 각각 20g 무게의 추를, 그리고 마지막으로 긴 실과 짧은 실에 각각 200g 무게의 추를 달고 실

형식적 조작기

가설적 상황을 추상적으로 다루며 원인을 논리적으로 다룰 수 있는 단계

험을 한 후 다음과 같이 결론지었다. "추의 속도를 빠르게 혹은 느리게 만드는 것은 실의 길이이며, 무게는 어떤 작용도 하지 않는다."(p. 75). 이에 반해 구체적 조작기에 해당되는 10세 아동은 혼란스럽게 문제에 접근하였다. 즉 동시에 많은 요인을 조작했으며 편견에 매달렸다. 한 소년은 동시에 무게와 운동력(미는 힘)을 조작했다. 즉 먼저 무게, 운동력, 길이를 차별화하여 조작하였으며, 그다음으로는 운동력, 무게, 높이 순으로 변화를 계속시켰다. 그는 처음에 "이는 실의 길이가 분명히 원인이 아니라 무게와 운동력을 변화시킴으로써 발생되는 것이다."라고 결론지었다.

"어떻게 너는 실 길이가 진자의 속도와 무관하다고 생각했느냐?"

"그것은 같은 실이기 때문이에요."

그는 마지막 여러 번의 시도에서는 실의 길이를 변화시키지 않았다. 그는 미리 추와 동시에 길이를 변화시켰다(Inhelder와 Piaget, 1958, p. 71 인용).

또한 이행성(transitivity)의 문제는 형식적 사고에 의해 발전된다는 것을 설명해 준다. 톰이 베키보다 크고, 베키가 프레드보다 크다고 얘기하며, 톰이 프레드보다 크다는 것을 이해하는 구체적 조작기의 아이들을 회상해 보자. 그러나 만일 문제가 다음과 같은 방법으로 표현된다면 그 아동은 이제 형식적 조작기로 들어간 것이다. 즉 "베키는 톰보다 작고, 베키는 프레드보다 크다. 이들 셋 중에서 누가 가장 클까? 여기에서 어린 구체적 조작기의 아동은 그 관계보다도 더 작다와 더 크다는 것 간의 조화를 시킬 수 없으므로 베키와 톰은 '작다,' 베키와 프레드는 '크다.' 따라서 프레드는 가장 크며, 베키가 그다음이며, 톰이 가장 작다라고 얘기하는 이유가 된다. 또한 형식적 조작기의 청소년들은 이러한 문제에서 관련성을 구별하는 데 혼돈을 느끼게 되지만, 그들은 베키, 톰, 프레드의 키와 관련하여 여러 가지 관련성에 대해 추론할 수 있고 정확한 관계를 찾아낼 때까지 각각의 관계들에 관해 정확성을 평가할 수 있다. 이러한 예는 형식적 조작기에 도달하는 청소년기 직전과 청소년기에서의 또 다른 능력을 나타내는 것이다. 즉 그들은 어떤 일에 대하여 생각하거나 점검하며, 자기 자신에 관해 생각하는 등의 능력에 있어서 차이가 있다.

가능한 정보로부터 추상적 관계를 발견하고, 서로가 갖는 추상적 관련성을 비교하는 것이

그림 2.4 문제해결 능력 검사

진자 문제에서는 짧게 혹은 길게 조절될 수 있는 실과 추 한 세트를 이용한다. 구체적 조작기의 아동들에게 진자의 흔들리는 속도는 무엇에 의해서 결정되는지를 물었을 때, 그들은 형식적 조작기에 들어선 청소년들에 비해서 문제 접근에 있어서 체계적이지 못했다.

연결해서 더 보기
사고에 관한 사고, 혹은 초인지에 대해서는 제6장을 참조하시오.

청소년기에 발달되어야 할 일반적인 기술이다. Piaget(1952a)는 구체적 조작기에 속한 학생들에게 10개의 속담이나 격언으로 구성된 한 세트와 그러한 속담과 유사한 의미를 내포하고 있는 진술문 한 세트를 제공한 과제를 제시했다. 학생들은 각 속담과 유사한 의미의 진술문을 연결시키도록 요구되었다. 구체적 조작기의 아동들은 그 과제에 대해 이해할 수 있었으며 대답을 찾을 수 있었다. 그러나 그들의 대답은 자주 틀렸는데 그 이유는 그 속담이 나타내려고 하는 일반적인 원리를 이해하지 못하는 경우가 많았기 때문이다. 예를 들어 "쏟아진 우유에 울지 말라."라는 속담을 설명하도록 요구하였을 때 아이는 일단 우유가 쏟아진 이상 그 사실로 인해 울 필요가 없다는 것에 대해 설명하겠지만, 실제로는 이 속담은 그 이상의 광범위한 의미를 가지고 있다는 것을 알지 못하는 것이다. 청소년들과 성인들은 이러한 형태의 과제에 약간의 차이를 보였다.

가설적 조건　Piaget와 그 외의 연구자들은 어린 청소년들에게 인식되는 또 다른 능력에 대해 그들이 경험하지 않았던 조건과 상황에 관한 추론 능력이라고 보았다. 청소년은 논쟁이나 논의를 위하여 추상적이고 존재하지 않은 조건들이나 심지어 사실과 다르게 알려져 있는 것까지도 수용할 수 있다. 청소년들은 자신들이 경험한 사실에 대해서만 반응하는 것이 아니라 일련의 조건에 어떤 논리를 적용할 수 있다. 그러한 가설적 상황에 관한 추론 능력에 대한 한 가지 예는 공식적인 논쟁을 통해 발견되었으며, 그 참여자들은 그들의 사적인 감정이나 경험과는 무관하게 그 이슈의 각 입장에 대해 방어할 준비가 되어야만 한다. 그리고 그들의 방어는 증거자료와 논리적 일관성에 의해 판단된다. 한 예로, 아동과 청소년 간에 그들 자신의 견해를 보류하는 능력에 있어서 차이가 있는지에 대해 극적인 설명을 하기 위하여, '일주일에 6일, 1년에 48주의 수업을 해야 한다' 는 학교의 제안에 찬성하는지에 관해 질문한 후 토론하게 하는 프로그램에 4학년에서 9학년까지의 학생들을 참여시켜 그 반응을 비교하였다. 형식적 조작기적 사고, 즉 추상적으로 생각하고 가설을 검증하며 물리적인 실체와는 독립적으로 개념을 형성하는 등의 사고를 조정하는 능력은 고등 기술의 학습에 매우 중요하다. 예를 들어 대수와 기하는 과학, 사회 그리고 다른 교과목에서 어려운 개념을 이해하는 것과 마찬가지로 형식적 조작기적 사고를 이용하도록 요구한다.

일반적으로 형식적 조작기 사고의 특징은 11세와 15세 사이에 나타난다. 그러나 이 단계에 도달하지 못하는 아동들이 많이 있다(Niaz, 1997; Packard & Babineau, 2008). 사람에 따라 어떤 상황에서는 형식적 조작기적 사고를 이용하며, 어떤 경우에는 이용하지 않는 경우도 있다. 그리고 이러한 경향성은 성인기까지도 남아 있다.

오늘날 Piaget의 연구는 어떻게 이해되고 있는가

Piaget 이론은 혁명적이며 지금까지도 인간 발달 연구 분야에서 여러 측면으로 지배적이다. 그러나 그의 중심 이론 중 일부에 대해서 최근의 연구들이 문제를 제기하고 있으며, 그의 관점을 수정하여 발달에 관하여 현대적인 설명이 기술되고 있다.

Piaget에 따르면 형식적 조작기가 지나면 인지발달은 종료된다. 그는 일련의 선천적 반사작용이 인지 구조의 체계 속으로 발달되기 시작하는 것이 바로 인간의 사고를 형성하는 것이라고 했다. 그러나 지적 성장은 청소년기 이후에도 계속적으로 발생될 수 있다. Piaget는 기초는 이미 이루어졌으므로 새로운 구조가 더 개발될 필요가 없다고 보았다. 그러므로 필요한 것은 지식의 첨가와 좀 더 복잡한 스키마, 즉 도식을 계발시키는 것이다. 그러나 일부 연구자들(예 : Byrnes, 1988; Kuhn, 1993)은 형식적 조작기가 마지막 단계라고 하는 Piaget의 생각을 문제시한다.

■ Piaget 이론의 비판과 수정

한 가지 중요한 Piaget 학설의 원리는 발달이 학습에 선행한다는 것이다. Piaget는 발달 단계가 크게는 고정되어 있으며, 보존과 같은 개념은 가르칠 수 있는 것이 아니라고 주장하였다. 그러나 연구에서 조기 발달 단계에서 아동들에게 가르칠 수 있는 Piaget 학설에서 주장하는 과제에 대한 사례가 있다. 예를 들면 몇몇 연구자들은 어린 아동은 같은 기술을 요구하는 Piaget 과제에서 더 쉽게 성공할 수 있음을 발견하였다(Gelman, 2000; Kuhn, 2006; Larivée, Normandeau & Parent, 2000; Siegler, 1998). Boden (1980)은 같은 형식적 조작기의 과제가 수업의 복잡성으로 인해 19~98%까지 다양한 성취를 보인다는 것을 발견했다(Nagy & Griffiths, 1982 참조). 또한 이와 유사하게 아동들은 단순하고 실제적인 맥락에서 타인의 관점을 고려할 수 있다는 것을 보여 주었다(Siegler, 2006). 덧붙여 영아들은 Piaget가 예상한 시기보다 훨씬 더 빨리 대상영속성 개념을 나타낸다고 주장하는 학자들도 있다(Baillargeon, 2002).

이와 같은 연구 결과는 아동들은 그들의 실제적 지식이 평가될 때 Piaget가 본래 생각했던 것보다 훨씬 더 유능하다는 것을 제시했다(Feldman, 2010). Piaget(1964)는 아동들이 이미 다음 발달 단계의 경계에 와 있다고 주장하면서 그러한 논박에 대해 대응하였다. 그러나 몇 가지 Piaget 학설이 안고 있는 과제는 그가 제시한 자연발생적으로 발달되는 발달 단계보다 그 이전의 단계에서도 가르치는 것이 가능하다는 사실이다.

Piaget 연구에 대한 또 다른 비판은 Piaget 단계 이론의 핵심을 겨냥하고 있다. 많은 연구가들은 인지적 과제의 모든 형태에 영향을 미치는 광범위한 발달 단계가 있다는 것에 의심을 품고, 대신 아동들의 다양한 과제에는 다양한 방법으로 기술발달이 이루어지며, 학교나 그 밖의 영역에서 지도받은 것을 포함한 경험이 발달 속도에 강력한 영향을 미친다고 주장하였다(Gelman, 2000; Siegler, 2006 참조). 특히 형식적 조작기를 평가하는 그림 2.4에 묘사된 진자 문제와 같은 Piaget의 과제에서 수행을 향상하기 위해 아동들은 가르칠 수 있다는 증거는 명백하다. 결국 경험이 매우 중요하다는 것이다. 예를 들어 De Lisi와 Staudt (1980)는 대학생들은 그들의 전공과 관련된 형식적 조작기적 추론을 잘 수행하지만 전공 이외의 과제에서는 반드시 그렇지 않다. 지적인 성인이 배 젓는 것을 배우는 장면을 생각해 보면, 초기에 그들은 수많은 구체적 조작기적 행동 특성을 나타내며, 바람과 방향에 따라 키를 잡고 항해를 체계적으로 시작하기 전까지는 모든 행동을 순서 없이 무질서하게 수행하게 된다.

적용해 보기

Piaget 이론의 교육적 적용

Piaget 이론은 교육의 이론과 실제에 매우 중요한 영향을 미쳤다(Case, 1998; DeVries, 2008; Driscoll & Nagel, 2008). 그 이론은 **발달적으로 적절한 교육**(developmentally appropriate education)이라는 아이디어에 초점을 두었다. 즉 환경, 교육과정, 자료 그리고 학생들의 신체적 · 인지적 능력과 사회적 · 정서적 요구라는 관점에서 적합한 수업 등을 고려한 교육이다. 그리고 그의 이론은 제8장에서 기술될 학습의 구성주의 모형에 영향을 미쳤다. Berk (2009)은 Piaget로부터 도출된 주요한 수업에서의 시사점을 다음과 같이 요약하였다.

1. **아동 사고의 결과만이 아니라 과정에 초점을 둔다.** 교사들은 아동의 대답이 얼마나 정확한지를 점검하는 것에 더하여, 아동이 대답을 하기 위해 이용하는 과정에 대해 이해해야 한다. 적절한 학습 경험을 통해 아동은 인지적 기능이 발달될 수 있으며, 교사들은 적절히 특별한 결론에 도달하는 방법을 인정하는 등의 경험을 제공하는 위치에 있게 된다.
2. **아동의 학습 활동에의 적극적인 참여와 자기 시도의 중요한 역할 인식.** Piaget 학설 지지자의 교실에서는 미리 준비되어 제시되는 지식의 발표에 대해 강조되지 않으며, 아동 스스로가 환경과 즉각적으로 상호작용하는 가운데서 발견하는 것이 격려된다. 따라서 교과서적이며 설교적으로 가르치기보다 교사는 아동으로 하여금 직접 세상 속에서 행동하는 것이 허용되는 다양하고 풍부한 활동을 제공하도록 해야 한다.
3. **성인과 같은 사고를 하는 데 목표를 둔 연습에서 강조되지 않는 점.** Piaget는 "어떻게 우리는 발달의 속도를 올릴 수 있는가?"라는 질문을 '미국식 질문'이라고 언급했다. "그가 방문한 많은 나라들과 미국의 심리학자와 교육학자들 간에는 특정 학습 방법이 아동이 거쳐 가는 각 단계의 과정을 속진시키는 데 이용할 수 있는지에 관심을 가졌던 것으로 보인다. Piaget 이론을 근거로 한 교육 프로그램에서는 미숙한 교수법은 전혀 가르치지 않는 것보다 더 못하다는 그의 확고한 생각을 수용한다. 왜냐하면 그것은 진정한 인지적 이해라기보다 오히려 성인의 고정된 생각을 표면적으로 수용하는 것에 불과하기 때문이다(May & Kundert, 1997).
4. **발달 과정에서의 개인차 수용.** Piaget 이론에서는 모든 같은 발달적 순서를 거쳐 나간다고 가정하지만 그 비율에 있어서는 차이가 있다고 본다. 따라서 교사들은 전체 학급에 대해서가 아니라 아동 개인과 소집단을 위해 교실 활동을 정비하는 특별한 노력을 기울여야만 한다. 더욱이 개인차가 기대되므로 아동의 교육적 발전의 평가는 같은 또래 간의 수행에 대한 규준이 제공되기보다는 개별 아동 자신의 발달에 대한 사전 과정의 관점에서 수행되어야 한다.

연결해서 더 보기

정보처리에 대해서는 제6장을 참조하시오.

발달적으로 적절한 교육

아동의 나이에만 의존되는 것이 아니라 아동의 현재 발달 상태에서 적응할 수 있으리라 여겨지는 수업

■ 신Piaget 이론가들의 발달에 대한 관점

신Piaget 이론가들은 Piaget 이론이 갖는 한계를 극복하고 확인되고 있는 비판점들을 처리하기 위한 시도로 최근에 Piaget 이론을 수정하였다. 특히 신Piaget 이론가들은 특별한 단계에서 작용하는 아동의 능력이 단계와 관련된 구체적인 과제에 의존한다는 것을 검증하였다(Massey, 2008). 사회적 상호작용과 같은 훈련과 경험은 아동의 발달을 촉진시킬 수 있다

(Birney, Citron-Pousiy, Lutz, & Sternberg, 2005; Case, 1998; Flavell, 2004; Siegler, 1998). 그리고 문화는 발달에 영향을 미치는 중요한 요인이다(Gelman, & Brenneman, 1994; Rogoff & Chavajay, 1995).

신Piaget 학파는 인지발달을 전체적인 단계로 보는 대신에 특정한 과업의 형태라는 측면으로 본다. 예를 들어 다른 과업은 매우 다른 나이에서 나타나는 구체적 조작적 사고의 지표로 묘사되었다(Cohen & Cashon, 2003; Halford & Andrews, 2006). 또한 신Piaget 학파는 Piaget의 형식적 조작기를 넘어선 발달 단계들을 만들었다. 예를 들어 Arlin(1990)은 성인들이 중요한 문제들을 해결하는 것을 규정할 수 있는 '문제 발견' 이라고 하는 하나의 단계에 대해 설명하기도 했다. 또 다른 신Piaget 학파는 현실의 문제들이 단지 하나의 해결책만을 갖고 있지 않음을 볼 수 있는 능력인 '변증법적 사고' 에 대해 언급하기도 했다(Sternberg, 2008).

인지발달에 관한 Vygotsky의 관점은 무엇인가

Lev Semionovich Vygotsky는 러시아의 심리학자로 1934년에 사망하였다. 비록 Piaget와 Vygotsky는 만난 적이 없지만 그들은 서로의 초기 연구에 대해 인식했던 동시대인이었다(DeVries, 2008). Vygotsky 연구는 1970년대까지는 영어로 널리 읽히지 않았으나 북미에서 영향력을 가지게 되면서부터 널리 읽히게 되었다. 이제 Vygotsky 이론은 발달심리학에 있어서 강력한 힘을 가지게 되었으며, 60여 년 전에 그가 제시한 Piaget의 관점에 대한 많은 비판점은 오늘날까지 영향을 미치게 되었다(Daniels, 2001; Glassman, 2001; John-Steiner & Mahn, 2003).

Vygotsky의 연구는 주요한 두 가지 아이디어를 기초로 하였다. 첫째, 그는 지적 발달이란 아동이 경험한 역사적 · 문화적 맥락이라는 관점에서 이해될 수 있다고 제안하였다. 둘째, 발달은 개개인이 성장하면서 형성한 **상징체계**(sign system)에 의존하는 것이라고 보았다. 즉 상징(symbol)은 문화에서 창조되는 것인데, 예를 들어 문화적 언어, 쓰기 체계 혹은 산술 체계와 같이 사람들의 사고, 의사소통 그리고 문제해결을 돕는다.

Piaget와 대조적으로 Vygotsky는 인지발달은 다른 사람들에 의해 전달되는 정보와 강력하게 연관되어 있다고 보았다. 그러나 Piaget와 마찬가지로 그도 상징체계의 획득은 모든 아동들에게 불변의 단계적 순서에 따라 발생되는 것이라고 주장하였다.

■ 어떻게 발달이 발생되는가

발달은 학습에 선행되는 것이라는 Piaget 이론을 회상해 보자. 즉 특별한 인지 구조는 어떤 형태의 학습이 발생되기 전에 발달될 필요가 있다. 그런데 Vygotsky 이론에서는 학습은 발달에 선행되는 것이라고 본다. Vygotsky는 학습에는 교수를 통한 상징의 획득과 타인으로부터의 정보를 획득하는 것이 포함된다고 보았다. 따라서 발달이란 이러한 신호의 내면화를 포함하게 되므로 점차 타인의 도움 없이 사고하고 문제를 해결할 수 있게 된다. 이러한 능력을 **자기조절**(self-regulation)이라고 한다.

상징체계

문화가 창조하는 상징들은 사람들의 사고, 의사소통, 그리고 문제해결 등을 돕는다.

자기조절

타인의 도움 없이 사고하고 문제를 해결하는 능력

자기조절과 독립적 사고의 발달에서 첫 단계는 행동과 소리가 의미를 가진다는 것을 학습하는 것이다. 예를 들어 어린 아기가 손을 뻗어 대상을 잡는 과정은 영아가 그 대상을 원한다는 신호라고 해석된다. 언어 획득의 경우를 보면 아이들은 어떤 소리가 의미와 관련되어 있다는 것을 배운다. 둘째 단계는 내적 구조와 자기조절의 발달에는 연습이 포함되어 있다는 것이다. 영아는 주의를 끄는 제스처를 연습한다. 유아는 언어를 학습하기 위하여 다른 사람들과의 대화에 참여할 것이다. 마지막 단계에는 다른 사람들의 도움 없이 사고하고 문제를 해결하기 위해서 상징을 사용한다. 이 점에서 아동들은 자기조절을 하고 기호체계가 내면화되게 된다.

사적 언어 Vygotsky는 아동들이 다른 사람들의 말을 포함시켜서 그러한 말이 그들 스스로 문제해결을 하는 데 도움을 줄 수 있다고 제안했다. **사적 언어**(private speech), 즉 개인적인 언어란 자주 혼잣말을 하는 어린아이들에게서 쉽게 볼 수 있는 것으로, 특히 아이들이 어려운 문제 상황에 직면했을 때 나타난다고 보았다(Corkum, Humphries, Mullane, & Theriault, 2008; Flavell, 2004). 나중에 사적 언어는 소리를 내지 않는 언어로 바뀌게 되지만 여전히 아동들에게 매우 중요하다. 연구들은 사적 언어를 광범위하게 사용하는 아동들이 다른 아동들에 비하여 더욱 효과적으로 복잡한 과제를 배울 수 있다고 보고하였다(Al-Namlah, Fernyhough, & Meins, 2006; Emerson & Miyake, 2003; Schneider, 2002).

스콧 선생님, 죄송하지만 이것은 저의 근접 발달 영역 밖의 내용입니다.

근접 발달 영역 Vygotsky 이론은 인지발달과 자신의 행동을 조절하기 위하여 사고를 이용하는 능력은 첫째로 문화적 의사소통 체계를 완수하고, 그 후에 우리 자신의 사고 과정을 조절하기 위하여 이러한 체계를 이용하도록 배워야 하는 것을 시사한다. Vygotsky의 가장 중요한 공헌은 학습의 사회문화적 본질을 강조한 것이다(Karpov & Haywood, 1998; Roth & Lee, 2007; Vygotsky, 1978). 그는 학습은 아동들이 **근접 발달 영역**(zone of proximal development) 내에서 활동할 때 발생되는 것이라고 믿었다. 근접 발달 영역 내에 있는 과제들은 아동들이 아직 혼자서는 수행할 수 없는 것들이지만 동료나 성인들의 도움을 받으면 가능한 것이다. 즉 근접 발달 영역은 아동들이 아직은 학습하지 못한 것이지만 시간이 주어지면 학습이 가능한 것을 의미한다. 일부 교육자들은 아동이나 그 집단이 주어진 개념에 대해 정확하게 준비가 되어 있는 시점이 '배울 수 있는 시기-배울 준비가 된 시기(teachable moment)'라고 언급하였다. 더 나아가 Vygotsky는 일반적으로 고도의 정신적 기능은 개인 내에서 존재하기 이전에 개인 간에 협동하고 대화하는 가운데 존재한다고 믿었다.

연결해서 더 보기

비계 설정과 협동 학습에 대해서는 제8장을 참조하시오.

사적 언어

아동들의 사고와 행동을 유도하는 아동들의 자기 말, 즉 개인적 언어로서 결국 내적 언어로 내면화되게 된다.

근접 발달 영역

개인의 현재 수준을 넘어서 즉시 발달될 수 있는 수준

비계 Vygotsky의 사회학습에 관한 개념에서 도출된 주요 아이디어는 비계(scaffolding)로, 이는 동료나 성인에 의해 제공되는 조력을 말한다(Wood, Bruner, & Ross, 1976). 전형적으로 비계는 아동에게 학습의 초기 단계 동안에 많은 지원을 한 후 점차적으로 지원을 감소시켜 나가면서 아동들이 스스로 학습이 가능해지면서 책임을 지게 하여 떠맡게 하는 것을 의미한다. 부모들은 그들이 자녀들에게 새로운 게임을 하거나 구두끈을 매도록 가르칠 경우

Frank Siteman/PhotoEdit

부모는 어떻게 자녀의 학습 발달에 통합적 역할을 하는가? 비계와 인지적 도제 간에는 어떤 유사점이 있는가?

에 비계를 사용한다(Rogoff, 2003). 비계와 관련된 개념은 인지적 도제(cognitive apprenticeship)인데, 모델링, 코치, 비계, 평가 등의 전 과정을 기술하는 것으로, 이는 개인 대 개인의 수업이 발생될 때마다 일반적으로 나타나는 것이다(John-Steiner & Mahn, 2003; Rogoff, 1990). 예를 들어 Mark Twain은 『Life on the Mississippi』에서 어떻게 그가 기선의 항해사가 되는지를 기술했다. 처음에는 그가 경험한 항해에서 강의 모든 굽은 항로에 대

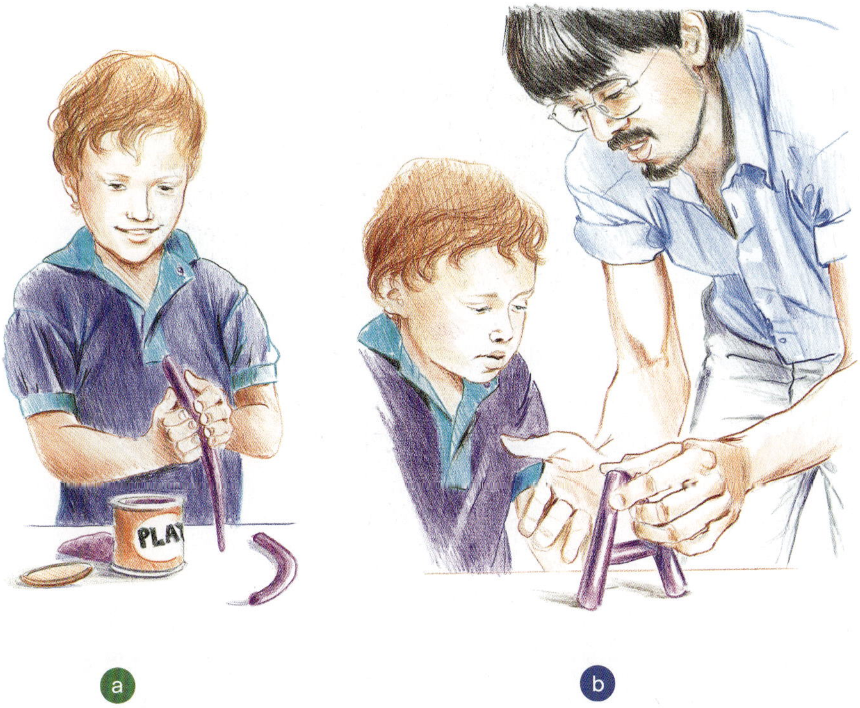

a 학습된 과제

b 근접 발달 영역에 있는 지원된 학습

그림 2.5 Vygotsky 이론에 기초한 교수 모형

(a) 학습된 과제를 수행한 아동, (b) 교사나 동료의 지원에 의해 도움을 받아서 새로이 학습된 과제에 대하여 새로운 근접 발달 영역으로 이동하게 된 아동

해 얘기했으나 점차적으로 배는 여기저기를 돌아다닐 때의 수단으로 그와 함께 항해를 한 것으로 묘사하였다.

협동 학습 Vygotsky 이론들은 하나의 학습이 또 다른 학습에 도움을 줄 수 있도록 아동들이 함께 학습하는 협동 학습 전략들의 사용을 지지한다(Slavin, 2009; Well, 2008). 왜냐하면 동료들은 대체로 각자의 근접 발달 영역 내에서 활동하고 있으며, 그들은 종종 서로에게 미약하게나마 보다 향상된 사고를 위한 모델들을 제공한다. 게다가 협동 학습은 아동들로 하여금 다른 사람들에게 그들 내면의 이야기를 할 수 있게 해 주며, 다른 사람의 추론 과정을 이해하는 통찰력을 얻을 수 있게 해 준다. 그것은 아동들 서로 간에 '사고의 표출(thinking out loud)'에 대해 주의 깊게 들을 수 있도록 도움을 주고, 특히 같은 팀의 동료들이 문제를 통해 스스로 의견을 말할 때 그들의 말에 귀 기울일 수 있도록 도와준다.

적용해 보기

Vygotsky 이론의 수업 적용

Vygotsky의 교육 이론은 실제 교육 현장에서 중요한 영향력을 가지고 있다. 근접 발달 영역 개념은 아동들을 학습될 수 있는 영역 안으로 끌어들이는 활동 및 교수법에 대해 시사한다. 너무 쉽거나 혹은 너무 어려운 학습 내용은 학습에 도움이 되지 못한다(그림 2.5 참조). 또한 Vygotsky적 접근에 따른 교수법에 따르면 가르침은 반드시 학습자로 하여금 그들 스스로 학습에 대해 점점 더 많은 책임감을 느낄 수 있도록 하는 비계를 강조해야만 한다(Daniels, 2001). 마지막으로 학생들은 각기 다른 수준의 능력을 가진 학습자 집단 사이에서 학습 준비를 할 때도 협동을 통해 도움을 받을 수 있다. 좀 더 실력이 있는 동료에 의한 개인지도는 복잡한 과업들에 대한 상호작용을 통해 근접 발달 영역으로의 성장을 촉진하는 데 효과적일 수 있다(Roth & Lee, 2007).

교사들은 다음에 제시된 바와 같이 교실 활동을 조직함으로써 Vygotsky의 근접 발달 영역의 수준에 대한 정보를 이용할 수 있을 것이다.

- 수업은 개별 아동이나 집단 아동들의 근접 발달 영역 내에서 연습을 제공하도록 계획될 수 있어야 한다. 예를 들어 평가를 하는 동안 아동을 돕는 힌트와 격려는 수업 활동의 기초가 된다.
- 비계(John-Steiner & Mahn, 2003)는 아동들의 근접 발달 영역 내에서 성인이 다양한 수준에 대해 힌트와 격려를 하면서 그들을 도울 수 있는 하나의 전략이다. 비계를 제공하는 데 있어서 성인이 그 과제를 단순하게 하는 것이 아니라 '교사의 점진적 개입'을 통해서 학습자의 역할을 단순화하는 것이다.
- 협동 학습 활동은 다른 학습을 서로 도울 수 있는 다양한 수준의 아동들로 집단을 구성하여 계획할 수 있을 것이다(Slavin, 2009; Webb, 2008).

비계는 근접 발달 영역 개념과 직접적으로 연관된 개념이다. 예를 들어 한 아동이 단어의 소리를 표상하기 위하여 동전을 보여 준다(예 : '남자)라는 두 음절 글자의 소리를 위하여 동전 2개를 이용한다). 이 단어를 익히기 위하여 아동은 한 단어가 갖는 각각의 소리를 보여 주려고 테이블에 동전을 놓으면서 질문할 것이며, 결국 그 아동은 동전 없이도 그 소리를 확인할 수 있게 될 것이다. 성인이 아동에게 동전을 이용한다면 그 아동이 언어 과제에서 조력을 통한 성공으로부터 조력 없는 성공의 단계로 이동시키려고 도움을 제공하는 것이다(Spector, 1992). 한 고등학교의 과학 실험실에서 교사는 처음에는 학생들에게 실험을 수행하도록 상세한 안내를 제공하지만, 그 후에는 그들에게 실험을 할 수 있도록 간략한 개괄만을 제공하며, 마지막에는 전적으로 그들 스스로 실험을 설정하도록 요구한다.

언어와 문식성(literacy)은 어떻게 발달하는가

발달의 관점에서 교육자들이 가장 많은 관심을 갖고 있는 것은 언어와 읽고 쓰는 능력임이 분명하다. 어휘력이 풍부하게 발달된 아동들의 경우 화자, 독자, 작가가 되는 데 효과적이며, 학교에서 혹은 사회에 나가서도 성공할 가능성이 높다. 교수에 있어 언어와 읽고 쓰는 능력의 발달이 하나의 핵심 목표임에는 분명하나, 발달의 특징적 양상들이 교수의 직접적인 결과는 아니라는 사실 또한 모든 문화권에서 나타났다.

■ 취학 전 아동의 언어와 문식성 발달

비록 아동들이 언어를 습득하는 능력에 있어서 개인차가 있기는 하지만, 성취의 순서는 모든 아동들이 비슷하다. 1살 정도가 되면 아동들은 '잘 가' 혹은 '엄마'와 같은 한 단어 정도의 말을 구사하게 된다. 이러한 말들은 대체로 사물을 표현하거나 아동에게 있어 중요한 사건에 대한 표현이다. 2세 이후에 아동들은 단어 2개를 합쳐 문장으로 조합하기 시작한다(예를 들면 "우유 더요."). 유치원을 다니면서부터는 아동들의 언어가 말을 하는 규칙들에 관한 지식과 함께 어휘가 증가한다. 학교에 입학할 때까지 아동들은 언어의 문법적 규칙 대부분을 완전히 익히게 되고, 그들의 어휘는 수천 가지 단어들로 구성된다.

구어 구어(oral language)의 발달은 단어를 학습하는 것뿐만 아니라 단어의 규칙과 문장 구조를 학습하는 것을 동시에 요구한다(Gleason & Ratner, 2009; Hoff, 2003). 예를 들어 아동들은 유치원에 들어가기 전에 단어의 복수형을 만드는 규칙을 학습한다. Berko(1985)는 '워그(Wug)'라고 부르는 '새' 그림을 한 장 보여 주었다. 그런 후에 그녀는 똑같은 사진을 한 장 더 보여 주면서, "자, 하나가 더 있어요. 2개가 있네요. _______가 2개 있어요."라고 말했다. 아동들은 재빨리 "새들(Wugs)"이라고 대답했다. 이것은 새로운 상황에 단어의 복수형을 만드는 데 적용할 수 있는 일반적인 규칙을 보여 주는 사례이다. 이와 유사한 방식으로 아동들은 단어의 과거형과 현재진행형을 만드는 법을 배운다.

흥미롭게도 아동들은 간혹 불규칙 동사의 양식에 대해서도 학습하며, 나중에 그것들을 틀린 것으로 바꾸거나 규칙에 근거한 구조들로 바꾸기도 한다(예를 들어 "He broke the chair"를 "He breaked(또는 broked) the chair"로 바꾸는 식으로). 4살짜리 어린아이가 "나는 연을 날린다(아이는 과거형으로 "날렸다"라고 말하려고 했다)"라고 말하고 나서, 잠시 동안 생각하더니 단호하게 "나는 연을 날렸다."라고 과거형의 문법을 써서 올바른 문장으로

Annie Pickert/Pearson Education

어린이가 유치원에 입학할 무렵에 어떤 언어 획득 지식과 기술을 가지게 되는가? 교사로서 정규 읽기, 쓰기 수업의 어떤 접근 방법이 유아동의 지식과 기술 형성에 활용될까?

만들었다. 이러한 실수들은 언어발달의 정상적인 부분이다.

단어를 구성하는 규칙을 학습하는 것과 마찬가지로 아동들은 문장들의 규칙에 대해서도 배운다. 그들의 첫 번째 문장은 보통 두 단어만으로 구성된 문장이 대부분이다(예를 들어 "우유 먹을래요", "저것 봐", "제시 밖에"). 그러나 아동들은 금방 좀 더 복잡한 문장의 형태를 배우고, 의문문 또는 강조를 나타내는 데 있어 목소리 톤을 달리하는 법도 배운다(질문을 할 때 끝부분을 올려서 말하거나, 강조하는 말을 할 때는 목소리에 힘을 주어 말하는 것과 같은 복잡한 규칙을 배우게 된다). 3살짜리 아이는 보통 꽤 복잡한 생각들을 표현할 수 있다. 비록 그들의 문장에서 관사, 정관사, 과거형 문법이 미흡하더라도 말이다.

취학 전 아동들은 때때로 말장난을 하거나 혹은 언어 방식이나 규칙을 실험해 보기도 한다(Garvey, 1990). 이러한 실험은 자주 소리, 방식, 의미들을 변화시키는 것을 포함한다. 3살짜리 아이가 그의 부모가 아이에게 하는 말을 그대로 따라 하면서 자신의 남동생에게 말하는 경우, 부정확한 발음으로 이상한 말을 하게 되는 경우가 있다. 아동들은 종종 새로운 말, 리듬 그리고 우스꽝스러운 문장들을 만들어 내려고 말소리를 재배열하기도 한다. 손가락 놀이의 인기와 난센스 리듬 그리고 Dr. Seuss 스토리북은 어린 아동들이 어떻게 말을 가지고하는 놀이를 즐기는지 보여 준다.

구어의 발달은 아동들과 함께 하는 그들의 부모가 구사하는 어휘의 '양과 질'에 의해 상당한 영향을 받는다. Hart와 Risley(1995)의 한 연구에서 중산층 부모들이 노동자 계층의 부모들에 비해 자녀에게 훨씬 더 많이 이야기를 한다는 것과 자녀들이 구사하는 어휘의 양에 있어서도 상당한 차이가 있음을 발견했다.

발생적 문식성

읽기와 관련된 지식과 기술. 아동들은 대체로 학교에서의 정식 읽기 수업을 시작하기 전에 책이나 다른 인쇄물과 관련된 경험으로부터 발달한다.

읽기 초등학교 저학년 단계에서의 읽기 학습은 가장 중요한 발달 과업 중 하나이다. 왜냐하면 다른 과목들이 읽기 능력에 의존하고 있을 뿐만 아니라 우리 사회에서 학교 생활에서의 성공이 주로 읽기 성과와 동일시되기 때문이다. 아동들은 종종 읽기에 있어 상당히 중요하고 복잡한 언어 기술들을 갖고 있으며, 읽기 학습의 과정은 만일 읽을 준비가 잘 되어있는 아동이라면 꽤 이른 시기부터 시작할 수도 있다(Giorgis & Glazer, 2009). 취학 전 아동들의 지식과 기술 또는 **'발생적 문식성**(emergent literacy)'은 읽기 능력과 관계가 있으며(Byrnes, 2008; Morrow, 2009; National Institute for Literacy, 2008; Pressley, 2003), 아동들은 읽기에 대한 다량의 지식을 가지고 학교에 입학할 수 있으며, 이러한 지식은 정규 읽기수업에서 성과를 내는 데 기여할 수도 있다는 사실을 분명하게 보여 줬다. 예를 들어 어린 아동들은 왼쪽에서부터 오른쪽으로 의미 있는 단어들이 배열된 그런 책들은 앞에서 뒤로 읽힌다는 것과 같은 '인쇄물' 의 개념에 관해 배울 수도 있다. 많은 취학 전 아동들은 각 페이지에 있는 그림들을 해석하는 것으로 책을 처음부터 끝까지 '읽을 수' 있다. 그들은 이야기의 줄거리에 대해 이해할 수 있으며, 때로는 간단한 이야기 속에서 다음에 무슨 일이 일어날지 예측할 수도 있다. 그들은 친숙한 가게나 물건들에 붙여진 로고에 대해 인식할 수도 있다. 예를 들어 아주 어린아이도 'M'이 '맥도날드'라는 것을 알 수가 있다는 것이다. 가정에서 읽기와 쓰기를 통해 읽어 보고 가르침을 받은 아동들은 읽기에 있어서 장점을 가지고 시작할 수 있게 된다(Hood, Conlon, & Andrews, 2008). 그러나 만일 아동들이 학급에서 책을 읽고 토론하는 것을 강조하는 유아원 또는 유치원에 다녔다면, 그러한 아동들은 모두 인쇄물, 줄거리 그리고 다른 선행 읽기 개념에 대해 학습할 수가 있다(Whitehurst et al., 1999). 이와 유사하게 어린 아동들은 단어들 안에서 특정 소리들을 들을 수 있도록 학습될 수도 있으며(음소인식(phonemic awareness)이라고 하는 하나의 기술), 이는 훗날 읽기에서 성과를 거두는 데 기여하기도 한다(Anthony & Lonigan, 2004; Byrne, Fielding-Barnsley, & Ashley, 2000; Cavanaugh, Kim, Wanzek, & Vaughn, 2004; National Institute for Literacy, 2008).

쓰기 아동들의 쓰기는 하나의 발달 순서를 따른다(McCarthey, 2008; Morrow, 2009). 첫째, 그것은 한 페이지를 가로질러 불규칙적으로 쓰면서 어렸을 때 했던 낙서로부터 발생된다. 이러한 특징은 단어의 경계와 더불어 마음속으로 문자 배치를 위한 줄(line)을 만들 수 있을 만큼 유능하지 못하다고 느끼며, 완전히 이해하지 못하고 있다는 점 등을 반영한다. 아동들은 소리나 소리 간의 관계에 대해 판단하거나 그들이 아는 문자들을 듣는 것으로 철자를 만들어 낸다. 자신들이 듣는 것을 표현하려고 애쓸 때 그들은 전형적으로 문자의 소리보다는 이름들을 이용한다. 짧은 모음들은 자주 제외되는 경우가 많은데, 그것들이 문자 이름과 직접적으로 연관되어 있지 않기 때문이다(Snow, Burns, & Griffin, 1998). 예를 들면 유치원생 한 명이 '공룡(dinosaur)' 사진에 'DNSR'이라고 이름표를 붙여 놓았다.

적용해 보기

어린 아동들의 문식성 발달 촉진시키기

교육적 적용의 대부분은 구어 발달을 독려하는 부모나 교사의 행동 그리고 정식 교실 학습 없이 읽기를 배우는 어린 아동들에 관한 연구, 이 두 가지 요인들로부터 아동들의 문식성 발달로 전환시키는 것에 관한 연구 자료들을 얻을 수 있다. 가장 자주 권장되는 것은 아동들에게 책이나 다른 인쇄물 등의 읽을거리를 그들 주변에 두어 독서를 할 수 있게 하고, 이용 가능한 다양한 쓰기 자료들을 만들어 읽기와 쓰기를 독려하며, 문자, 단어 철자에 관한 아동들의 질문에 열의를 갖고 호응해 주는 것이다(Florez, 2008; Hood et al., 2008; Morrow, 2009; National Institute for Literacy, 2008; Rust, 2008).

교사는 교실에서 전화번호부나 극적인 놀이 공간에 사무적인 공간을 만들거나 하는 식으로 다양한 도구를 이용할 수 있다. 교실에 쓰기 프로그램이 있는 컴퓨터, 자석 형태의 글자들, 칠판, 연필, 크레용, 분필이나 종이와 같은 재료들을 이용한 일종의 '작문 센터'를 만들 수도 있다.

교사는 아동들로 하여금 작은 그룹으로 나누어 인쇄물을 읽게 하거나 아이들 각자가 자발적으로 읽기에 참여하게 하고, 읽을 책을 아이들 스스로 선택하게 하는 방식으로 아동들의 참여를 유도할 수 있다. 독서에 대한 친숙한 경험은 아동들 스스로 페이지를 넘겨 보고, 그림을 보거나 질문을 하기 위해 잠시 멈춘다든지 하는, 어른들의 독서와 유사한 독서를 가능하게 한다.

『아기 돼지 삼형제』나 『옛날 옛날에 파리 한 마리를 꿀꺽 삼킨 할머니가 살았는데요』와 같은 너무나 잘 알려진 책들은 독서를 시작하는 아이들이 소리와 문자의 관계성을 학습하는 동안 문식성에 관해 이미 알고 있는 것에 의존하게 만든다. 이야기들의 내용을 이미 잘 알고 있다면, 아동은 작가가 말하고자 하는 것이 무엇인지, 어떻게 이야기가 진행될지 기억을 할 수 있다. 반복적인 구조나 운과 리듬, 그림과 문맥들이 맞아떨어지는 것이 '예측 가능성'을 증가시킨다.

아동들의 문식성 이해는 어른들이 글의 중요한 특징을 지적할 때 향상된다. "우리가 책을 읽을 때는 책의 뒷부분이 아니라 앞부분부터 읽어나가야 한다." "네가 손가락으로 글자를 가리고 있어서 읽을 수가 없으니 손가락을 좀 치워주겠니." "말할 때는 음절이 아니라 단어로 나타내야 한다."와 같은 지적이 읽기 과정을 명확하게 하는 데 도움이 된다. 교사는 글에 드러난 중요하고 주의를 집중시키는 글자나 소리 혹은 구절의 양상들과 같은 특징을 보여 줄 수 있다.

■ 초등학교와 중학교 시기의 언어와 문식성 발달

아동들의 언어와 문식성은 초등학교와 중학교 시기 동안에 급격하게 발달한다. 예를 들어 Graves(2007)는 보통의 학생들이 매 해마다 3,000개 정도의 단어들을 자신들의 어휘에 추가하게 된다고 추정한다. 그러나 이러한 단어들은 엄청난 영향력을 갖고 있는 학생들 개개인의 동기, 흥미, 문화 그리고 주변 또래 집단에 따라 달라질 것이다. 예를 들면 한 아이가 친구나 가족들과 스포츠에 대해 이야기를 하고, 운동을 하거나 스포츠에 관한 책을 읽거나 TV에서 운동경기를 시청함으로써 스포츠와 관련된 방대한 양의 어휘들을 축적하게 된다. 마찬가지로 과학을 무척 좋아하는 한 여학생의 경우에도 가정에서나 또래 집단에서 과학과 관련된 이야기를 함으로써 그와 관련된 다양한 어휘들을 늘려나갈 수 있다. 그러나 이러한 스포츠나 과학과 같은 것들이 수능시험에 나올까? 확실히 과학을 좋아하는 여학생의 경우는 학교에서 커다란 장점이 된다. 왜냐하면 그녀의 관심사와 사회적 맥락 때문이다.

문식성 역시 초등학교와 중학교 시기 동안에 빠르게 발달한다. 초등학교 저학년 시기에는 주로 이해와 유창성을 강조하지만 중학교 정도의 학생들은 이해력, 어휘나 공부 기술을 쌓는 데 주안점을 둔다(Deshler, Palincsar, Biancarosa, & Nair, 2007; Kamil, Borman, Dole, Kral, & Salinger, 2008). 좋은 독자는 예측, 다시보기, 요약하기, 스스로 질문 만들기와 같은 전략들을 이용할 줄 안다. 만일 이러한 전략들이 초등학교와 중학교 학생들에게 직접적으로 가르칠 수 있다면 그들의 이해력이 향상될 것이다(Biancarosa & Snow, 2006; Block & Duffy, 2008; Gersten, chard, Jayanthi, & Baker, 2006; Pressley, 2003).

적용해 보기

초등학교와 중학교에서 어휘력 증가시키기

초등학교와 중학교 학생들은 이미 매년마다 방대한 양의 어휘들을 학습하고 있다. 교사들의 임무는 학생들로 하여금 학교나 사회에서 반드시 유용하게 쓰일 수 있는 특정 어휘를 학습할 수 있도록 도와주는 것이다.

어휘력을 증가시키는 데 도움이 되는 전략과 관계된 연구에서 어휘력을 쌓는 것이 학창 시절 내내 주목해야 하는 핵심 요소라는 점을 발견했다. 교사는 의도적으로 학생들이 어휘에 많은 관심을 가질 수 있는 기회를 만들어 주고, 학생들이 이끌어 낸 기회들을 이용해야 한다.

- 학생들로 하여금 단어에 관한 흥미를 갖게 만들어라. 동기유발은 어휘에 있어 핵심 비결이다(Guthrie & Wigfield, 2000; Pintrich, 2003).
- 학생들로 하여금 읽기를 독려하고, 특히 학생들이 관심을 갖는 주제에 관한 독서를 장려하라. 일반적으로 동기부여가 된 읽기는 어휘력 증가에 크게 기여한다(Graves, 2007).
- 자주 그리고 널리 유용하게 사용되는 단어들을 선택적으로 가르쳐라(Beck, McKeown, & Kucan, 2002; Biemiller, 2004; Blachowicz et al., 2006).
- 학생들에게 쓰기나 대화에서 자신의 문장에 새로운 단어들을 이용할 수 있는 기회를 많이 제공하고, 혹은 다른 방식으로 학생들 스스로 자신의 언어를 사용할 수 있는 다양한 기회를 제공해 주어라(Biemiller, 2004; Duke et al., 2003; Headley, 2008).
- 학생들이 함께 공부하면서 새로운 단어들을 사용할 수 있는 기회를 자주 가질 수 있도록 협동 학습 교수법을 이용하라(Slavin, 2009; Webb, 2008).

요약

아동들의 인지발달은 어떻게 이루어지는가

대부분의 발달심리학자들은 발달에는 천성과 육성이 상호작용하여 영향을 미친다고 믿는다. 연속적 발달 이론은 아동들이 겪는 사회적 경험에 초점을 두는 반면, 비연속적 발달 이론은 환경적 영향보다는 본유적 요소를 더욱 강조한다.

인지발달에 관한 Piaget의 관점은 무엇인가

Piaget는 출생에서 청년기까지 이루어지는 인지발달의 4단계를 주장하였다. 사람들은 동화와 조절을 통해서 세상을 다루는 그들의 도식에 적응한다. Piaget의 발달 단계에는 감각운동기(출생~2세), 전조작기(2~7세), 구체적 조작기(7~11세)가 포함된다. 형식적 조작기(11세~성인기) 동안에는 청년들은 가설적 상황을 다루고 자신의 사고를 점검하는 능력이 개발된다.

오늘날 Piaget의 연구는 어떻게 이해되고 있는가

Piaget 이론은 모든 아동들이 광범위하고 고정적이며 순서가 정해진 단계에 따라 인지발달이 이루어진다는 데 의존하고 있으며, 아동의 능력을 과소평가한다는 점 등에서 비판받고 있다. 이와 대조적으로 신Piaget 이론가들은 인지발달에 미치는 사회적·환경적 영향을 매우 강조한다. 그럼에도 불구하고 Piaget 이론은 교육에 중요한 시사점을 준다. Piaget의 원리는 교육과정의 구성과 효과적인 수업 실제에 있어서 깊이 포함되어 있으며, 인지적 구성주의와 발달적으로 적절한 교수법에 관한 Piaget의 영향력 있는 개념은 교육 개혁을 유도한다.

인지발달에 관한 Vygotsky의 관점은 무엇인가

Vygotsky는 타인과 환경과의 상호작용을 통해서 사회적 발달

이 이루어진다는 관점의 인지발달 이론을 주장하였다. 보조 학습은 아동의 근접 발달 영역 안에서 발생하며, 교사나 동료의 지원을 받아 수행할 수 있는 그들의 능력 내에서 새로운 과제를 실시할 수 있다. 아동은 학습을 내면화하며, 자기조절을 발달시키고 언어적 혹은 사적 언어를 통하여 문제를 해결한다. 교사는 협동 학습 집단이나 비계와 같은 상호작용적 맥락을 제공한다.

언어와 문식성은 어떻게 발달되는가

취학 전 아동의 언어와 문식성

어린아이들의 언어는 아이들이 언어를 사용하고 그것을 이용해 놀이를 하는 것처럼 예측 가능한 방식에서 발달한다. 초기 문식성 발달은 가정에서의 아이들의 경험과 아이들의 책과 문자에 대한 학습에 의존한다.

초등학교와 중학교 시기의 언어와 문식성

초 · 중등 시기에 학생들은 어휘와 읽기 이해에 있어서 빠른 진전을 보이게 된다. 동기를 유발시키는 것은 동료와 함께 새로운 방식으로 새로운 단어와 읽기 기술을 이용할 수 있는 기회를 만들게 하는 한 가지 비결이기도 하다.

주요용어

가역성(reversibility)
감각운동기(sensorimotor stage)
계열성(seriation)
구성주의(constructivism)
구체적 조작기(concrete operational stage)
근접 발달 영역(zone of proximal development)
대상연속성(object permanence)
도식(scheme)
동화(assimilation)
반사작용(reflex)
발달의 불연속성 이론(discontinuous theories of development)
발달의 연속성 이론(continuous theories of development)
발달적으로 적절한 교육(developmentally appropriate education)
발생적 문식성(emergent literacy)
보존(conservation)
사적 언어(개인적 언어)(private speech)
상징체계(sign system)
이행성(transitivity)
인지발달(cognitive development)
자기조절(self-regulation)
자기중심적(egocentric)
적응(adaptation)
전조작기(preoperational stage)
조절(accommodation)
중심화(centration)
추론한 현실(inferred reality)
평형화(equilibration)
형식적 조작기(formal operational stage)

자기평가 : 교수학습원리

이 장의 서두에 있는 예화를 다시 읽고 다음 질문에 답하시오.

1. Piaget에 따르면 전조작기 아동들은 왜 조각으로 나누어진 샌드위치가 하나의 샌드위치 전체보다 크다고 생각하는가?
2. Vygotsky에 따르면 협동 학습은 왜 아동들이 학습하는 것을 돕는가?
3. 유치원~초등 1, 초등 2~초등 5, 초등 6~중 2, 중 3~고 3학년 단계 중 한 학생에 관해 간략히 기술하시오. 기술하는 데 있어서 이 장에서 언급되었던 각 이론가들의 견해를 이용하시오.
4. 유치원~초등 1, 초등 2~초등 5, 초등 6~중 2, 중 3~고 3학년 단계 중 한 학년을 위한 발달적으로 적절한 교수 전략 목록을 만들어 보시오.

성격 및 사회성 발달 이론

- Erikson의 심리사회적 발달 단계
- Erikson 이론의 시사점과 비판점

도덕성 발달 이론

- Piaget의 도덕성 발달 이론
- Kohlberg의 도덕적 추론 단계
- Kohlberg 이론의 비판점

아동은 사회적으로 그리고 정서적으로 어떻게 발달하는가

- 학령전기의 사회정서적 발달
- 초등학교 시기의 사회정서적 발달
- 중 · 고등학교 시기의 사회정서적 발달

3

사회적 · 도덕적 · 정서적 발달

SW Productions/Photodisc/Getty Images

SW Productions/Photodisc/Getty Images

학습 목표

이 장을 공부하고 나면 다음과 같은 것을 할 수 있다.

- 사회적 · 정서적 · 도덕적 발달에 대한 여러 이론을 논의할 수 있다.
- 아동의 사회정서적 발달 단계를 설명할 수 있다.
- 사회적 · 정서적 · 도덕적 발달에 대한 지식을 적용하여 교실에서 일어나는 문제를 해결하기 위한 방법을 생각할 수 있다.

파렌 학교에서는 중학교 2학년들이 초등학교 1학년들을 일대일로 맡아서 개인 교수를 하도록 하고 있다. 중학교 2학년생은 초등학교 1학년생의 읽기, 수학, 그 외 여러 과목의 공부를 도와준다. 제이크도 약 한 달째 빌리의 공부를 도와주고 있다.

공부를 도와주기 위해 만난 날 제이크는 "꼬마야!"하고 빌리를 불렀다.

"제이크 형, 안녕!" 항상 그랬듯이 빌리는 반갑게 인사를 했는데 바로 깜짝 놀라면서 "형, 귀에다 뭘 한 거야?"라고 말했다.

"너 귀걸이 처음 봤어?"

"오, 멋있는데! 그래도 난 여자애들만 하는 건 줄 알았어."

제이크는 웃으며 "남자들도 요즈음엔 많이 해."

"귀에 구멍 뚫으면 아프지 않아?"

"조금 아프지만 난 터프하잖아! 근데 우리 엄마는 싫어하셔. 그래서 집에 들어갈 땐 귀걸이를 빼고 집에서 나와 학교에 가면서 다시 달지."

"그러다가 엄마한테 들키면 어쩔려고…"

"그만! 너 오늘 수학 공부할 것 많지. 이제 공부하자!"

제이크와 빌리의 상호작용에서 청소년 세계와 아동 세계 간의 커다란 차이를 볼 수 있다. 13세인 제이크는 전형적인 어린 10대이다. 그의 이상주의와 착하게 살아야 한다는 마음가짐이 빌리에게 개인 교사로서 도움을 주고 그와 따뜻하고 책임감 있는 관계를 맺는 데도 도움을 주고 있음을 알 수 있다. 동시에 제이크는 어머니의 뜻에 거슬리지만 귀를 뚫고 귀걸이를 하나 달고 다니는 것으로 자신의 독립심을 주장하고 있다. 그러나 이 독립심은 그의 또래들로부터는 강한 지지를 받는 것으로 실은 부모와 교사에게 의존하던 것이 또래에게로 옮겨간 것이다. 그가 귀걸이 하나를 달고 다니는 주 목적은 성인의 스타일이나 규범이 아닌 동료의 스타일이나 규범에 동조하는 것을 나타내는 것이다. 그러나 제이크는 자신의 장래와 관련된 중대한 문제에 대해 결정할 때는 여전히 부모와 다른 성인들에게 충고와 지지를 구하고, 부모와 심각한 갈등을 피하기 위해 집에서는 귀걸이를 뺀다.

빌리는 다른 세계에 살고 있다. 그는 제이크의 대담함을 존경하지만 자신은 그렇게까지 하려고 하지는 않는다. 빌리의 세계에는 더 간단한 법칙이 있다. 그는 남자인 제이크가 귀걸이를 하고 있는 것을 보고 충격을 받는다. 그는 제이크가 그의 어머니의 뜻에 직접적으로 거역하는 것에 대해서도 마찬가지로 충격을 받았다. 빌리는 일탈 행동을 할 수도 있겠지만 그 범위가 훨씬 더 좁을 것이다. 규칙은 어떤 일이 있어도 지켜야 되며 누구라도 법을 어긴다면 당연히 벌을 받아야 한다고 빌리는 생각한다.

생각해 보기

10대들은 부모의 지지가 아니라 또래 집단의 지지를 얻을 수 있는 독립성을 주장한다. 이 점에 비추어 볼 때 어떤 종류의 충돌이 중 · 고등학교 교실에서 일어날 수 있겠는가, 그리고 당신은 그 문제에 어떻게 대처하겠는가? 먼저 그런 충돌이 일어나는 것을 예방하기 위해서 당신은 어떤 전략을 사용할 수 있겠는가?

성격 및 사회성 발달 이론

아동의 인지능력이 발달하면서 자아개념, 타인과의 상호작용 방법 그리고 세상에 대한 태도도 발달한다. 이러한 성격 및 사회성 발달에 대한 이해는 교사들이 다양한 연령의 학생들을 가르치고 동기유발 시키고 성공적으로 상호작용하기 위해 매우 중요하다. 인지발달과 마찬가지로 성격과 사회성 발달도 단계로 나누어 설명한다. 우리는 '무서운 1세' 나 '무서운 3세' 가 아니라 '무서운 2세' 라고 말하며, 만약 어떤 사람이 비이성적이고 이기적으로 반응하면 우리는 그 사람을 '마치 2세 아이처럼 행동한다' 고 나무란다. 서구 문화에서 청소년과 10대라는 말은 반항, 정체감 위기, 영웅 숭배 그리고 성에 대한 각성 등과 연관되어 있다. 이것은 누구나 거쳐가는 발달 단계를 말해 준다. 여기에서는 Erik Erikson이 제안한 성격 및 사회성 발달 이론에 초점을 두는데, 이 이론은 Sigmund Freud의 발달 이론을 기초로 한 것이다. Erikson의 이론은 심리적 발달 원리와 사회적 발달 원리를 연관시키기기 때문에 흔히 **심리사회적 이론**(psychosocial theory)이라고 부른다.

■ Erikson의 심리사회적 발달 단계

심리사회적 이론

심리적 발달을 사회적 환경과 관련시켜서 설명하는 이론

Piaget와 마찬가지로 Erikson은 심리학의 정규 교육을 받지 않았으나 젊은 시절에 Freud 밑에서 정신분석자로 훈련을 받았다. Erikson은 사람들은 일생에 걸쳐서 여덟 가지 심리사회적 단계를 거쳐나간다고 가정했다. 각 단계에는 해결해야만 하는 위기 혹은 중요한 이슈가

표 3.1 Erikson의 심리사회적 성격 발달 단계

Erikson에 의하면 사람들은 성장하는 과정에서 여러 심리사회적 위기에 직면하면서 성격이 형성된다. 각 위기는 성격의 특별한 측면에 영향을 주고 또한 그 위기는 다른 사람과의 관계와 관련이 있다.

단계	대략적인 연령	심리사회적 위기	중요한 관계	심리사회적 중요 행동
Ⅰ	출생~18개월	신뢰감 대 불신감	어머니 혹은 어머니 역할자	얻기 받아주기
Ⅱ	18개월~3세	자율성 대 의심	부모 혹은 양육자	붙들기 놓아 버리기
Ⅲ	3~6세	주도성 대 죄의식	가족	따라하기 가장놀이 하기
Ⅳ	6~12세	근면성 대 열등감	이웃, 학교	만들기 함께 만들기
Ⅴ	12~18세	정체감 대 역할 혼미	동료, 지도자	자기 되기 함께 하나되기
Ⅵ	성인 초기	친밀감 대 고립감	친구, 이성, 경쟁자, 협력자	타인 속에서 나를 찾거나 나를 잃어 버리기
Ⅶ	성인 중기	생산성 대 침체감	직장과 가족 구성원	보살피기
Ⅷ	성인 후기	통합감 대 절망감	인류, 우주만물	과거를 통한 현재 확인 무존재 직면

출처 : "Erikson' s Stages of Personality Development," from *Childhood and Society* by Erik H. Erikson.

있다. 대부분의 사람들은 각 **심리사회적 위기**(psychosocial crisis)를 만족스럽게 해결하며 그것을 뒤로 하고 새로운 도전을 맞이하지만, 어떤 사람들은 이런 위기를 완전히 해결하지 못하고 인생 후기에 그것을 계속해서 해결해야만 한다(Miller, 1993). 예를 들어 많은 성인들이 청소년기에 해결했어야 하는 '정체감 위기'를 아직도 해결하지 못하고 있다. 표 3.1은 Erikson 이론에 따른 인생의 8단계가 요약되어 있다. 각 단계에는 해결해야만 하는 중요한 위기가 있다.

단계 Ⅰ : 신뢰감 대 불신감(출생~18개월) 영아기의 목표는 세상에 대한 기본적인 신뢰를 발달시키는 것이다. Erikson(1968, p. 96)은 기본적 신뢰를 '기본적인 자신에 대한 신뢰감뿐만 아니라 타인에 대한 본질적인 신뢰감'이라고 정의했다. 이 시기에는 어머니나 어머니 역할을 하는 사람이 가장 중요한 사람이다. 어머니는 음식과 애정에 대한 욕구를 충족시켜 주는 사람이다. 만약 어머니가 일관성이 없거나 거부적이면 그 어머니는 아기에게 즐거움의 근원이 아니라 좌절의 근원이 된다(Cummings, Braungart-Rieker, & Du Rocher-Schudlich, 2003; Thompson, Easterbrooks, & Padilla-Walker, 2003). 그런 어머니의 행동은 세상에 대한 불신감을 아이에게 심어 주고 그것은 아동기에서 성인기까지 지속될 수도 있다.

단계 Ⅱ : 자율성 대 의심(18개월~3세) 2세경이 되면 대부분의 아기들은 걸음마를 할 수 있고 다른 사람들과 충분히 의사소통을 할 수 있을 정도의 말도 할 줄 안다. '무서운 2세' 아동들은 이제 더 이상 전적으로 타인에게 의존하고 싶어 하지 않는다. 대신에 그들은 스스로 어떤 일을 할 수 있는 자율성을 획득하기 위해 애쓴다. 아동의 힘과 독립성에 대한 욕망은 종종 부모들의 욕구와 충돌하게 된다. Erikson은 이 단계의 아동은 붙들고 싶기도 하고 놓아 버리고도 싶은 두 가지 욕구를 가지고 있다고 믿는다. 융통성이 있는 부모는 자녀가 자유롭게 탐구하고 스스로 어떤 일을 하도록 허용하며, 동시에 필요할 때는 언제든지 도움의 손길을 제공하면서 자율성을 형성하도록 격려한다. 그러나 지나치게 제한적이며 엄격한 부모는 자녀에게 무력감과 무능감을 주게 되며 아동은 결국 자신의 능력에 대한 수치와 회의를 갖게 만든다.

단계 Ⅲ : 주도성 대 죄의식(3~6세) 이 시기의 아동들은 운동 기술과 언어 기술이 계속적으로 발달하게 되어 적극적으로 활발하게 사회적 그리고 물리적 환경을 탐색한다. 3세 아동은 주도성이 발달하며 부모나 가족 혹은 돌봐 주는 사람이 아동이 달리고, 점프하고, 넘어지고, 미끄러지는 행동을 할 수 있도록 해 줌으로써 주도성이 더 잘 발달하도록 도와줄 수 있다. "자신이 스스로 무엇인가 할 수 있는 사람이라는 확신이 있게 되면 자신이 어떤 사람이 될 수 있을 것인가 생각하게 된다"(Erikson, 1968, p. 115). 부모가 아동이 주도적으로 시도하려는 것을 엄하게 벌주면 아동은 자연스럽게 일어나는 욕구에 대하여 이 단계에서뿐만 아니라 그 후의 단계에서도 죄의식을 갖게 된다.

심리사회적 위기

Erikson이 주장하는 것으로, 사람이 인생의 8단계를 거치면서 해결해야 하는 중요한 이슈

단계 Ⅳ : 근면성 대 열등감(6~12세) 초등학교에 입학하게 되면 아동의 사회적 세계가 크게

Bob Daemmrich Photography

Erikson에 의하면 이 발달 단계에 있는 청소년들이 찾으려고 하는 자신에 대한 가장 중요한 질문은 무엇인가? 이런 노력이 그들의 행동에 어떻게 표출되는가? 교사는 이런 청소년들에게 어떤 도움을 줄 수 있는가?

확대된다. 아동들에게 교사와 또래 친구들의 중요성이 증가하는 반면에 부모들의 영향력은 감소하게 된다. 아동들은 무엇인가를 이루어내고 싶어 한다. 성공은 근면함을 깨닫게 하고, 자신과 자신의 능력에 대하여 좋은 느낌을 가져다준다. 실패는 앞으로의 학습에 방해가 되는 부정적인 자아상을 갖게 만든다. 그리고 '실패'란 실제로 실패를 하는 것이 아닐 수도 있다. 자기 자신의 기준이나 부모, 교사 그리고 형제자매들의 기대 수준에 능력이 미치지 못하는 것도 실패로 생각될 수 있다.

단계 Ⅴ : 정체감 대 역할 혼미(12~18세) '나는 누구인가?'라는 질문은 청소년기에 매우 중요하다. 이 질문에 대한 답을 얻기 위해 청소년들은 부모를 떠나 또래 집단에 합류한다. Eikson은 이 시기의 청소년들은 생리적으로 급격한 변화를 겪으면서 미래의 교육과 진로에 대한 결정을 해야 하는 압박 때문에 앞의 단계에서 형성된 심리사회적 정체감에 대해 의심하고 재정의해야한다고 믿는다. 청소년기는 변화의 시기이다. 10대들은 자신이 누구인가 그리고 어떤 사람이 될 수 있는가를 찾기 위해서 다양한 성적 · 직업적 · 교육적 역할들을 경험한다. 이와 같은 새로운 자기에 대한 생각 혹은 '자아정체감'은 단순히 이전에 확인된 것들의 총합이 아니다. 그것은 4단계에서 위기를 해결한 결과에서 나오는 기본적인 활력(자아)과 6단계 이전까지 경험하게 될 것들(욕구, 기술, 목표, 요구 등)의 재조합이다(Erikson, 1980, p. 94).

단계 Ⅵ : 친밀감 대 고립감(성인 초기) 일단 자신이 누구인지 그리고 어떤 사람이 될 것인지 알게 되면, 그다음은 자신의 삶을 다른 사람과 공유하는 단계가 된다. 이제 다른 사람들과 '우정, 성, 경쟁, 협동의 동반자'로서 신뢰감과 친밀감을 나누는 새로운 관계를 형성할 준비가 되어 있다. 이러한 관계는 서로가 상대방의 성장을 방해하지 않으면서 함께 정체성을 발달시킬 수 있다. 이러한 친밀감을 찾기 위해 노력하지 않거나 친밀감을 찾는 데 실패하게 되면 고립감에 빠지게 된다.

단계 Ⅶ : 생산성 대 침체감(성인 중기) 생산성은 '다음 세대를 생산하고 지도하는 것에 대한 관심'(Erikson, 1980, p. 103)이다. 전형적으로 사람들은 자녀를 기르면서 생산성을 획득한다. 하지만 가르침과 같은 다른 유형의 생산성이나 창의성을 통해 위기를 성공적으로 해결할 수도 있다. 이 단계에서 사람들은 성장을 계속해야 하며 만일 그렇지 못하게 되면 '침체되거나 대인관계가 나빠지고' 결국 침체감에 빠지게 된다(Erikson, 1980, p. 103).

단계 Ⅷ : 통합감 대 절망감(성인 후기) 심리사회적 발달의 마지막 단계에서 사람들은 자신의 삶을 뒤돌아보고 마지막으로 정체성 위기를 해결한다. 자신의 삶에 대한 책임이 자신에게 있다는 것을 깨닫게 되면 성취, 실패 그리고 궁극적 한계 등을 수용하는 통합감을 갖게 된다.

또한 죽음의 종지부도 직면하고 수용해야만 한다. 자신이 살아온 혹은 살고 있는 삶의 방식에 따른 결과를 비탄해하는 사람은 절망감에 빠지게 된다.

■ Erikson 이론의 시사점과 비판점

Piaget 이론의 단계와 마찬가지로 Erikson이 이야기하는 위기도 모든 사람들이 같은 정도로 혹은 같은 시기에 경험하는 것은 아니다. 여기에서 제시한 나이의 범위는 위기가 해결될 수 있는 가장 적절한 시기를 나타낸 것일 뿐 그 시기에만 가능하다는 것은 아니다. 예를 들어 때어날 때 적절하게 안전한 환경을 제공받지 못한 아이들이라도 안정적인 가정에 입양되거나 가정이 안정적으로 회복된 후에는 신뢰감이 발달될 수 있다. 부정적인 학교 경험 때문에 열등감을 획득한 사람이 배울 수 있고 또 자신이 가지고 있는 가치 있는 기술을 발휘할 수 있는 직장생활을 하면서, 다른 사람들은 초등학교 시절에 해결했을 근면성 대 열등감의 위기를 해결할 수도 있다. Erikson 이론은 환경의 역할을 강조한다. 환경은 위기를 일으키는 원인이 되기도 하고 위기를 해결하는 방식을 결정하기도 한다. 성격 및 사회성 발달의 단계는 타인 그리고 사회 전체와의 지속적인 상호작용을 통해 진행된다. 상호작용의 처음 1단계부터 3단계까지는 무엇보다도 부모와 다른 가족 구성원들과의 상호작용이 중요하지만, 4단계(근면성 대 열등감)와 5단계(정체감 대 역할 혼미)가 되면 대부분의 아동들에게 학교가 중요한 역할을 하게 된다.

Erikson 이론은 전 생애에 걸쳐 직면하는 기본적인 문제들을 기술한다. 그러나 그의 이론은 왜 그리고 어떻게 한 단계에서 다음 단계로 발달해 나가는지 설명하지 못하고 있으며, 연구를 통해 이를 확인하기도 어렵기 때문에 비판을 받고 있다(Green, 1989; Miller, 1993).

도덕성 발달 이론

사회는 의사소통 방법, 타인에게 상처 주지 않는 방법, 그리고 삶 속에서 함께 살아가는 방법에 대한 규칙이 없으면 제대로 기능할 수 없을 것이다. 아이들을 잘 관찰해 보면 아이들이 규칙에 대해 엄격하다는 것을 종종 알 수 있을 것이다. 모든 것을 옳은 것과 옳지 않은 것으로 나눠서 생각하고 그 중간은 없었다. 당신의 중학교나 고등학교 시절로 돌아가서 생각해 보면, 가끔 고의적으로 규칙을 위반하는 사람이 있다는 것과 어떤 규칙이 어떤 사람에게는 적용되고 어떤 사람에게는 적용되지 않는다는 것을 알고 혼란스러웠던 기억이 있을 것이다. 아마도 그런 경험 때문에 당신이 가지고 있는 규칙에 대한 개념이 바뀌게 되었을 수도 있다. 또한 법이 어떻게 만들어지는지 알게 되면서 아마도 법에 대한 생각도 변했을 것이다. 사람들이 모여서 논의를 하고 투표를 해서 만들어진 법이 그다음 해에 변할 수도 있다. 복잡한 것들을 더 많이 볼수록 더 많은 문제가 있다는 것을 발견한다. 아동과 성인이 인지와 성격발달에 있어서 차이가 있는 것과 마찬가지로 도덕적 추론에 있어서도 차이가 있다. 먼저 Piaget에 의한 도덕적 추론의 2단계를 살펴보고 그다음에 Lawrence Kohlberg 이론을 논의할 것이다. Piaget는 인지발달 단계와 도덕적 문제에 대한 추론능력 간에 관련성이 있다고 제안했다. Kohlberg는 Piaget가 제안한 논리적 구조의 발달은 도덕적 판단과 추론을 설명하기에 필요하지만 충분하지는 않다고 생각했다.

■ Piaget의 도덕성 발달 이론

Piaget의 인지발달 이론은 도덕적 추론의 발달에 대한 이론도 포함하고 있다. Piaget는 인지 구조와 능력이 먼저 발달한다고 믿었다. 그러고 나서 인지능력이 사회적 상황에 대한 아동의 추론능력을 결정한다. Piaget는 인지능력과 마찬가지로 도덕성도 예정된 단계에 따라 발달한다고 했다. 도덕성 발달은 매우 자기중심적인 도덕적 추론 단계에서 협동과 상호작용에 근거한 정의 체계를 중심으로 하는 도덕적 추론 단계로 발달한다. 표 3.2에 Piaget의 도덕성 발달 단계가 요약되어 있다.

아동의 도덕적 추론을 이해하기 위하여 Piaget는 아이들이 공기 놀이를 하는 것을 장시간 관찰하고 아이들에게 게임의 규칙에 대해 물어보았다. 그가 첫 번째로 발견한 점은 6세 이전의 아동들은 그들 특유의 자기중심적인 규칙을 가지고 놀이를 한다는 것이었다. Piaget는 아주 어린 아이들은 협동적인 방법으로 상호작용하지 못하며, 따라서 도덕적 추론을 할 수 없다고 믿었다.

Piaget는 6세쯤 되면 아동이 비록 규칙을 일관성 있게 지키지는 않아도 규칙의 존재를 인식하게 된다고 보았다. 같은 종류의 게임을 하면서도 다른 규칙을 가지고 놀고 있는 아이들을 종종 관찰할 수 있다. 이 나이의 아동들은 그러한 게임 규칙이 임의적이라는 것을 이해하지 못하며 한 집단 내에서 나름대로 어떤 규칙을 정할 수 있다는 것을 모른다. 대신에 그들은 규칙은 어떤 높은 권위자에 의해 부여되는 것이고 불변하는 것이라고 생각한다.

타율적 도덕성

Piaget의 도덕성 발달 이론에서 아동들이 규칙은 불변하는 것이고 규칙을 어기면 자동적으로 벌을 받는다고 생각하는 도덕성

Piaget(1964)는 첫 번째 도덕성 발달 단계를 **타율적 도덕성**(heteronomous morality) 단계라고 했다. 그것은 또한 '도덕적 실재론' 단계 혹은 '강제적 도덕성' 단계로도 불린다. 타

표 3.2 Piaget의 도덕성 발달 단계

사람들의 인지능력이 발달하면서 도덕적 문제에 대한 이해도 더 복잡하게 된다.
어린 아동은 더 나이 많은 아동과 성인보다 옳고 그름에 대한 더 엄격한 관점을 가지고 있다.

타율적 도덕성 (낮은 연령)	자율적 도덕성 (높은 연령)
예를 들어 아동이 성인의 지시에 완전히 복종하는 것과 같은 강제적인 관계를 기반으로 한다.	동등한 사람들 간의 관계와 같이 협동하고 서로 평등성을 인정하는 관계를 기반으로 한다.
도덕적 실재론을 반영 : 규칙은 불변이고, 필수적이고, 그 근원과 권위는 외재적이고 협상의 여지가 없다. 성인과 규칙에 복종하는 것이 옳은 것이다.	도덕적 상대론을 반영 : 규칙은 상호 동의에 의해 만들어지는 것이고, 협상이 가능하고, 수용하고 함께 동의함으로써 적법화된다. 옳다는 것은 협동하고 상호 존중의 요건에 따라 행동하는 것이다.
잘못은 객관적인 형식과 행동의 결과에 따라 판단된다. 공평함이란 성인이 결정한 내용과 같다. 임의적이고 심한 벌을 공정한 것으로 본다.	잘못은 행위자의 의도와 관련이 있다고 본다. 공평함이란 개인의 욕구를 동등하게 대우하거나 받아들이는 것이다. 처벌의 공평함은 위법행위에 대한 적절한 대응이다.
벌은 위법행위에 대한 자동적인 결과로 본다. 정의는 본질적인 것으로 본다.	벌은 의도성을 고려하여 다르게 주어야 한다.

출처 : Lamb, M. *Social and Personality Development*, 1st edition.

율적이라는 것은 타인에 의해서 규칙이 설정된다는 것을 의미한다. 이 시기에 부모나 다른 성인들은 아동들에게 무엇을 해야 하고 무엇을 하지 말아야 하는지 지속적으로 이야기 해 준다. 아동들은 규칙을 위반하면 자동적으로 벌을 받고 나쁜 사람은 결국 벌을 받게 된다고 믿는다. 또한 Piaget는 이 단계의 아동들은 어떤 행동의 결과를 근거로 하여 행동에 대한 도덕적 판단을 한다고 주장했다. 아동들은 행위자의 본래 의도가 아무리 선해도 그 행동의 결과가 부정적이면 그 행동은 나쁘다고 판단한다.

Piaget는 아동들은 형식적 조작이 가능한 10세 혹은 12세경 전에는 정직하게 규칙을 이용하거나 지키지 않는다는 것을 발견하였다. 이 나이가 되면 모든 아동이 동일한 게임을 동일한 규칙에 따라 한다. 아동들은 규칙이 게임의 방향을 정해 주고 게임하는 사람들 간의 논쟁을 최소화하기 위하여 존재한다는 것을 이해한다. 그들은 규칙이란 모든 사람들이 동의하는 무엇이라는 것을 이해하고, 따라서 만일 모두가 그 규칙을 변경하는 것에 동의한다면 규칙도 변할 수 있는 것이라고 생각한다.

Piaget는 또한 이 나이의 아동들은 행동의 결과보다 행위자의 의도에 근거를 둔 도덕적 판단을 하려는 경향이 있음을 발견하였다. 아동들은 종종 규칙에 영향을 미칠 수 있는 가설적인 조건에 대한 논쟁을 한다. 이러한 두 번째 단계를 **자율적 도덕성**(autonomous morality) 혹은 '협동적 도덕성'이라고 부른다. 아동의 사회적 세계가 확장되어 점점 더 많은 또래들을 알게 되면서 자율적 도덕성이 발생한다. 계속적으로 다른 아동들과 상호작용하고 협동하면서 규칙에 대한 생각이 바뀌고 그에 따라 도덕성도 변하기 시작한다. 이제 규칙은 우리가 어떻게 만드느냐에 따라 정해진다고 생각한다. 범죄에 대해서 더 이상 자동적으로 처벌할 것이 아니라 범죄자의 의도성과 정상을 참작하여 처벌해야 한다고 생각한다.

Piaget에 의하면 아동들은 인지 구조의 발달과 동등한 지위의 또래와의 상호작용에 의해 타율적 도덕성 단계에서 자율적 도덕성 단계로 발달한다. Piaget는 또래들과의 갈등을 해소하는 것이 성인들의 권위에 의존하던 것을 약화시키고 규칙은 변할 수 있으며 상호 협의의 결과로만 존재해야 한다는 믿음을 강화시킨다고 생각했다.

Piaget 이론의 요인들에 대한 연구들은 대부분 그의 생각을 지지하지만 중요한 한 가지 예외가 있다. Piaget는 아동이 의도성을 고려하는 것이 부족하다고 생각했는데 실은 아주 어린 아동도 의도성을 고려해서 행동을 판단한다고 한다(Bussey, 1992 참조). 그러나 결과에 초점을 두는 것에서 의도에 초점을 두는 과정으로 발달해 나가는 것은 여러 연구들의 반복적인 지지를 받았다.

■ Kohlberg의 도덕적 추론 단계

Kohlberg(1963, 1969)의 도덕적 추론 단계 이론은 Piaget의 이론을 정교화시킨 것이다. Piaget와 마찬가지로 Kohlberg도 아동(그리고 성인)이 어떤 상황에서 그의 행동을 통제하는 규칙에 대하여 어떻게 추론하는가를 연구하였다. Kohlberg는 아동이 게임을 하는 것을 연구하는 대신에 구조화된 상황, 즉 **도덕적 딜레마**(moral dilemma)에 대한 아동의 반응을 분석했다. 가장 유명한 딜레마는 다음과 같다.

자율적 도덕성

Piaget의 도덕성 발달 이론에서 규칙은 사람들이 만든 것이고 벌은 자동적인 것이 아니라고 이해하는 도덕성

도덕적 딜레마

Kohlberg의 도덕적 추론 이론에서 옳고 그름의 가치를 고려해야 하는 가설적인 상황

> 유럽의 한 부인이 특수한 종류의 암을 앓아 거의 죽어가고 있었다. 그 부인의 병을 치료하는 것은 오직 한 가지 약밖에 없는 것으로 알려져 있었다. 이 약은 같은 마을에 사는 어느 약사가 최근에 발명한 라디움 종류의 약이었다. 그 약을 만드는 데는 원가가 상당히 비싼 데다가 그 약사는 약값을 원가의 10배나 요구하였다. 라디움을 200달러에 구입해 가지고 약을 만들어 2,000달러에 팔려고 한 것이다. 병든 부인의 남편인 하인즈는 돈을 구하기 위해 아는 사람들을 모두 찾아다녔으나, 그 약값의 절반밖에 안 되는 1,000달러밖에 마련하지 못했다. 할 수 없이 하인즈는 그 약사에게 가서 자기 부인이 죽어가고 있다고 설명하고 그 약을 1,000달러를 받고 싸게 팔거나, 아니면 외상으로라도 자기에게 팔아 주면 다음에 그 돈을 갚겠다고 간청했다. 그러나 그 약사는 "안 됩니다. 그 약은 내가 발명한 약인데, 나는 그 약으로 돈을 벌어야 합니다."라고 대답했다. 절망에 빠진 하인즈는 결국 약방을 부수고 들어가서 자기 부인을 위하여 그 약을 훔쳤다. 하인츠의 행동은 정당한가 부당한가? 그 이유는 무엇인가?(1969, p. 379)

그가 수집한 대답들을 근거로 하여 Kohlberg는 사람들이 도덕적 판단 혹은 추론의 6단계를 거쳐 간다고 제안하였다. Kohlberg의 도덕성 수준과 단계는 표 3.3에 요약되어 있다. 그는 6단계를 전인습, 인습, 후인습이라는 세 수준으로 묶었다. 이와 같은 세 가지 수준은 아동이나 성인이 옳다고 생각하거나 도덕적 행동이라는 것을 정의하는 방식에 따라 구분했다. 다른 단계 이론들과 마찬가지로 각 단계는 이전 단계보다 더 세련되고 복잡하며, 대부분의 사

표 3.3 Kohlberg의 도덕적 추론 단계

Lawrence Kohlberg에 의하면 도덕적 딜레마에서 중요한 것은 최종 결정이 아니라 어떻게 그런 결정을 했느냐 하는 추론 과정이다. 그는 사람들의 도덕적 추론능력은 세 수준을 거치면서 발달한다는 이론을 제시했다.

I. 전인습 수준	II. 인습 수준	III. 후인습 수준
규칙은 다른 사람들에 의해 설정된다. **1단계 : 처벌과 복종 지향** 행동의 물리적 결과가 옳고 그름을 결정한다. **2단계 : 도구적 상대주의 지향** 자신의 요구와 때로는 다른 사람의 요구를 만족시켜 주는 것은 무엇이든 옳다. 공평성과 상호성의 요소가 있기는 하지만 대부분 "네가 내 등을 긁어 주면 나도 너의 등을 긁어주겠다."는 식으로 해석된다.	사람들은 가끔은 자신보다 집단의 요구를 우선시하는 규칙과 뜻을 수용한다. 예외적으로 가족, 집단 혹은 국가는 직접적이고 분명한 결과와 관계없이 본연의 가치를 가지고 있다. **3단계 : 착한 소년-소녀 지향** 다른 사람을 기쁘게 하거나 도와주고 다른 사람의 인정을 받는 행동이 좋은 행동이다. '착한 행동'을 함으로써 인정을 받는다. **4 단계 : 법과 질서** 자신의 의무를 다하고, 권위자에게 존경을 표하고, 주어진 사회적 질서를 무조건적으로 지키는 것이 옳은 일이다.	사람들은 각자 선택한 윤리적 원리에 따라 스스로의 가치관을 세운다. **5단계 : 사회계약 지향** 무엇이 옳은가 하는 것은 일반적인 개인의 권리와 사회 전체가 동의한 기준으로 정의할 수 있다. 4단계와 대조적으로, 법은 '불변'하는 것이 아니라 사회의 이익을 위해서 변할 수도 있다. **6단계 : 보편적인 윤리 원칙 지향** 무엇이 옳은가 하는 것은 자신이 선택한 윤리적 원칙에 따른 양심의 판단에 의해 정의된다. 이 원칙은 추상적이고 윤리적인 것이며(황금률 같은), 구체적인 도덕적 처방(십계명 같은)이 아니다.

출처 : L. Kohlberg, "Stage and Sequence: The Cognitive-Developmental Approach to Socialization." In David A. Goslin (Ed.), *Handbook of Socialization Theory and Research*, pp. 347-380.

람들은 같은 순서로 발달한다(Colby & Kohlberg, 1984). Piaget와 마찬가지로 Kohlberg는 아동의 대답보다는 그 대답의 이면에 있는 추론을 중요하게 생각했다. 표 3.3에 제시되어 있는 아동과 청소년의 단계별 나이는 편차가 크다. 동일인이라 할지라도 경우에 따라서 판단을 내리는 단계의 수준이 다르다. 하지만 대부분의 아동은 9세에 전인습 수준에서 인습 수준으로 발달한다(Kohlberg, 1969).

전인습적 도덕 수준(preconventional level of morality)에 속하는 1단계는 Piaget의 타율적 도덕성 단계와 형식과 내용에 있어서 매우 비슷하다. 아동은 단순하게 처벌을 피하기 위하여 권위적인 인물에 복종한다. 2단계에서 아동 자신의 요구와 욕구를 중요하게 생각하지만 다른 사람들의 욕구도 인식한다. 구체적으로 말하면 도덕적 판단을 할 때 관계되는 모든 사람들의 이익을 고려하지만, 여전히 자신의 요구가 우선이다. **인습적 도덕 수준**(conventional level of morality)은 3단계에서 시작된다. 이 단계에서 도덕성은 Piaget의 자율적 도덕성 단계에서와 마찬가지로 동료들과의 협동이라는 측면에서 정의된다. 아동들은 "네가 남에게 바라는 대로 남에게 해 주어라."라는 절대적인 신념을 가지게 되는 단계이다. 구체적 조작을 수반하는 자아중심성이 감소되기 때문에 아동들은 인지적으로 타인의 입장에서 생각할 수 있게 된다. 그들은 도덕적 결정을 할 때 타인의 감정을 고려할 수 있다. 그들은 더 이상 처벌받지 않기 위해(1단계) 혹은 자신의 기분이 좋도록(2단계) 단순하게 결정하지 않는다. 4단계에서는 사회의 규칙과 법이 또래 집단의 규칙과 법을 대신한다. 사회적 인정을 받기 위한 욕구가 더 이상 도덕적 판단을 결정하지 않는다. 법이란 무조건 지켜야 하며 법을 어기는 것은 결코 정당화될 수 없다. 아마 대부분의 성인들은 이 단계에 속한다. 5단계는 **후인습적 도덕 수준**(postconventional level of morality)으로 들어가는 신호이다. Kohlberg에 의하면 약 25% 이하의 성인들이 이 수준을 획득하며, 여기에서는 한 사회의 법과 가치는 다소 임의적이며 그 사회에 특수한 의미가 있는 것이라고 생각하게 된다. 법은 사회적 질서를 유지하고 기본적인 삶의 권리와 자유를 보장하기 위해 필요한 것이라고 생각된다. 6단계에서는 개인이 스스로 윤리적 원칙을 선택하며 그 원칙은 정의, 인권의 평등성과 가치와 같은 추상적인 개념을 기초로 한다. 이런 원칙에 위배되는 법은 '정의는 법에 상위' 하기 때문에 지키지 않을 수 있고 지키지 않아야 한다. 생의 후반에 Kohlberg(1978, 1984)는 6단계는 5단계와 실재로 독립적인 것이 아니며 이 두 단계는 합쳐질 수 있다고 말했다.

Kohlberg(1969)는 도덕적 딜레마를 사용하여 아동의 도덕적 추론 수준을 발달시킬 수 있다고 믿었지만 한 번에 한 단계만 가능하다고 했다. 그는 아동들이 자신의 도덕적 추론보다 한 단계 혹은 최대 두 단계 높은 사람들과의 상호작용을 통해 한 단계에서 그다음 단계로 나아갈 수 있다고 했다. 교사들은 특히 교실에서 혹은 사회에서 발생하는 문제를 가지고 수업 시간에 정의와 도덕적 이슈에 대해 토론하게 함으로써 학생들의 도덕적 추론 능력을 개발하는 데 도움을 줄 수 있다(Nucci, 1987).

Kohlberg는 그가 주장한 도덕적 추론능력의 단계들이 미국, 멕시코, 타이완, 터키에서 대략 같은 연령대에서 같은 순서로 발달한다는 것을 발견하였다. 세계적으로 실시된 다른 연구에서도 문화가 도덕적 추론과 도덕적 행동에 분명히 큰 영향을 미치기는 하지만(Navaez, Getz, Rest, & Thoma, 1999), 같은 발달 단계의 순서를 밟는다는 것이 확인되었다(Eckensberger, 1994).

전인습적 도덕 수준

Kohlberg의 도덕적 추론 모델에서 단계 1과 단계 2로 개인이 자기중심적으로 도덕적 판단을 한다.

인습적 도덕 수준

Kohlberg의 도덕적 추론 모델에서 단계 3과 단계 4로 다른 사람들을 고려하여 도덕적 판단을 한다.

후인습적 도덕 수준

Kohlberg의 도덕적 추론 모델에서 단계 5와 단계 6으로 추상적인 원리와 관련하여 도덕적 판단을 한다.

■ Kohlberg 이론의 비판점

Kohlberg의 주요 발달 단계들을 지지하는 많은 연구들(Boom et al., 2001; Dawson, 2002; Nucci, 2009)이 있지만, 또한 많은 비판도 있다. Kohlberg의 초기 연구의 한 가지 제한점은 대부분 소년들을 대상으로 했다는 것이다. 소녀들의 도덕적 추론에 관한 몇몇 연구에서는 Kohlberg가 제안한 것과 다소 다른 형태가 발견되었다. 소년의 도덕적 추론은 정의를 중심으로 하는 반면에, 소녀들은 돌봄이나 타인에 대한 책임감 등에 중점을 두고 있다(Gilligan, 1982, 1985; Gilligan & Attanucci, 1988; Haspe & Baddeley, 1991). 예를 들어 Carrol Gilligan은 남성과 여성은 다른 도덕적 기준을 사용한다고 주장했다. 즉 남성의 도덕적 추론은 사람들의 개인적 권리에 초점을 두는 반면, 여성의 도덕적 추론은 타인에 대한 개인의 책임감에 더 초점을 둔다. 그렇게 때문에 여성들은 도덕적 딜레마를 해결하기 위해 권리와 규칙보다 이타주의와 자기 희생을 더 강조하는 경향이 있다고 주장했다(Gilligan, 1982). Kohlberg(Levine, Kohlberg, & Hewer, 1985)는 이런 비판을 기초로 하여 그의 이론을 수정했다. 그러나 대부분의 연구는 도덕적 성숙에 있어서 남녀 간의 차이를 발견하지 못했다(Bee & Boyd, 2010; Jaffee & Hyde, 2000; Tangney & Dearing, 2002; Thoma & Rest, 1999). 여성들이 남성들에 비해서 더 잘 돌보고, 더 협동적이고, 더 협조적이라는 확신할 만한 증거도 없다(Turiel, 2009; Walker, 2004).

Piaget와 Kohlberg의 연구에 대한 또 다른 비판점은 어린 아동들이 종종 단계 이론에서 제시하는 것보다 더 정교한 방법으로 도덕적 상황을 추론할 수 있다는 것이다(Arnold, 2000; Rest, Edwards, & Thoma, 1997). 예를 들어 어린 아동들이 행동을 평가할 때 의도보다는 결과를 더 중시하지만, 어떤 상황에서는 3~4세 아동도 다른 사람의 행동을 판단하기 위해 의도를 이용한다(Bussey, 1992). 또한 타율적 도덕성 단계에 있는 6~10세 아동도 부모가 만들고 지시하는 규칙과 개인적으로 혹은 동료가 정한 규칙을 구분할 수 있는 것으로 보인다(Keenan & Evans, 2010; Laupa, 1991). 마지막으로 Turiel(2006)은 어린 아동들이 정의의 원칙을 기초로 하는 거짓말 하지 않기와 훔치지 않기와 같은 도덕적 규칙과 사회적 합의와 에티켓을 기초로 하는 파자마 입고 학교 가지 않기와 같은 사회-인습적 규칙을 구분할 수 있다고 말했다. 2세 반~3세밖에 되지 않는 아동들도 도덕적 규칙과 사회-인습적 규칙을 구별한다는 연구도 이 관점을 지지했다.

더 나이 많은 아동은 더 나이 어린 아동의 도덕적 추론의 발달에 어떤 영향을 줄 수 있는가? 도덕적 추론에 대한 이해는 교사에게 어떤 도움을 줄 수 있는가?

Bob Daemmrich/PhotoEdit

Kohlberg 이론의 가장 중요한 제한점은 실제 행동이 아니라 도덕적 추론을 다룬다는 것이다(Arnold, 2000). 다른 단계에 있는 사람들이 같은 방식으로 행동하기도 하고, 같은 단계에 있는 사람들이 종종 다른 방식으로 행동하기도 한다(Walker, 2004). 그 외에 도덕적 딜레마의 상황이 문제가 된다. 예를 들어 Einerson(1988)은 청소년들이 가공인물보다 유명인에 대한 도덕적 딜레마에 대해 판단할 때 훨씬 더 낮은 수준의 도덕적 추론을 하는 것을 발견했다. 이와 유사하게 아동들의 도덕적 추론과 도덕적 행동 간의 관계는 분명하지 않다(Thoma & Rest, 1999). Murdock, Hale과 Weber(2001)에 의한 연구는 중학교 학생들의 부정행위는 도덕성 발달 단계와 거의 상관이 없는 학습 동기, 성공 경험, 그리고 교사와의 관계 등을 포함하는 여러 요인의 영향을 받는 것을 발견했다.

아동은 사회적으로 그리고 정서적으로 어떻게 발달하는가

교사로서 당신은 학생들의 학업적 성취에만 책임이 있는 것이 아니다. 교사는 학생들이 사회적으로 그리고 정서적으로 건강하게 발달할 수 있도록 노력해야 한다. 다른 영역의 발달과 마찬가지로 사회적 그리고 정서적 발달도 학교와 가정에서 제공하는 경험에 의존하지만 또한 예측가능한 양식을 따라 발달한다. 이제 이 중요한 발달 영역에 대해 논의해 보기로 한다.

■ 학령전기의 사회정서적 발달

어린 아동들의 사회생활은 비교적 예측할 수 있는 방향으로 일어난다(Cummings et al., 2003; McHale, Dariotis, & Kauh, 2003 참조). 사회적 네트워크는 부모 혹은 다른 보호자에서 시작해서 다른 가족 구성원, 가족이 아닌 어른들 그리고 또래 관계로 확장된다. 사회적 상호작용은 집에서 이웃으로 그리고 유치원에서 형식적인 학교로 확장된다. Erik Erikson의 심리사회적 성격 발달 이론에 의하면 학령전기에 주도성 대 죄책감의 성격 갈등을 해결해야만 한다. 이 단계를 성공적으로 해결한 아동은 적절한 범위 내에서의 주도성과 야망을 갖게 된다. 교사들은 아동들이 주도하고 도전하고 성공할 수 있는 기회를 제공함으로써 이 갈등을 해결하는 것을 도와줄 수 있다.

또래 관계　　학령전기에는 **또래**(peer, 같은 연령의 사람)가 아동의 사회성 발달과 인지발달에 중요한 역할을 하기 시작한다(Hay, Paye, & Chadwick, 2004). 아동의 또래와의 관계는 몇 가지 점에서 어른들과의 관계와 다르다. 또래 놀이는 아동으로 하여금 발달 수준이 자신과 비슷한 다른 아이들과 상호작용하게 한다. 또래들 사이에 갈등이 있을 때 아이들이 그 놀이를 계속하려면 양보하고 협력해서 문제를 풀어야만 한다. 어른-아이의 논쟁에서와는 다르게 또래 간의 논쟁에는 어느 한 편이 절대적인 권위자가 될 수 없다. 또래 갈등을 통해서 아동들은 또한 다른 사람들이 자신과는 다른 사고, 감정 그리고 관점을 가지고 있다는 것을 알게 된다. 또한 갈등을 통해서 자신의 행동이 다른 사람에게 영향을 미친다는 점에 대하여 더 예민해진다. 또래 관계가 이렇게 다른 사람들이 자신의 관점과 다른 관점을 가지고 있다는 것을 알게 해 줌으로써 Piaget가 전조작적 사고의 특성이라고 말한 자기중심성을 어린 아동들이 극복할 수 있다.

또래

연령이나 지위가 동등한 사람

친사회적 행동　　**친사회적 행동**(prosocial behaviors)은 돌봄, 나눔, 위로, 협력과 같은 다른 사람들에 대한 자발적인 행동이다. 친사회적 행동의 근원에 대한 연구는 아동들의 사회성 발

친사회적 행동

다른 사람들을 존중하고 보살피는 행동

연결해서 더 보기
어떤 협동 학습 활동들이 있는지에 대해서는 제8장을 참조하시오.

달뿐만 아니라 도덕성 발달에 대한 이해를 돕는다. 친사회적 행동발달과 관련된 것으로 보이는 몇 가지 요소는 다음과 같다(Eisenberg, 2001).

- 타인에게 한 행동의 결과를 강조하고 자녀와의 관계가 온정적이며 반응적인 부모의 훈육 기술(Hoffman, 1993)
- 타인에 대한 관심을 가져야 한다는 것을 가르쳐 주고, 폭력적인 해결 방법은 용납되지 않는다는 것을 가르쳐 주고, 수용할 수 있는 대안을 제공해 주는 어른들과의 접촉(Konig, 1995)
- 잘했을 때는 장점을 칭찬해 주는 어른들과의 접촉("너는 정말 남을 잘 도와주는구나!")(Grusec & Goodnow, 1994)

놀이 학령전기 아동의 또래와의 상호작용은 대부분 놀이를 하는 동안 일어난다(Hughes, 2010). 학령전기의 놀이에서 상호작용하는 수준이 발달한다는 것을 알 수 있다(Howes & Matheson, 1992). 학령전기 아동에 대한 대표적인 한 연구에서 Mildred Parten(1932)은 사회적 상호작용과 복잡성의 수준이 증가하는 것을 반영하여 놀이를 네 가지 유형으로 나누었다. **단독놀이**(solitary play)는 주로 장난감을 가지고 혼자 노는 것을 말하며 아이들이 각자 다른 장난감을 가지고 노는 것이 특징이다. **병행놀이**(parallel play)는 아이들이 각자 같은 놀이를 하는 것을 말하며 상호작용이 거의 없이 상대방과 무관하게 노는 것이 특징이다. **연합놀이**(associative play)는 병행놀이와 비슷하지만 상호작용 수준이 증가하는 놀이로, 장난감을 함께 쓰기도 하고 차례를 기다리기도 하고 다른 아이들이 하고 있는 활동에 관심을 보인다. **협동놀이**(cooperative play)는 아동들이 각자의 역할을 맡아서 함께 커다란 성을 짓는 것 같이 공동 목표를 달성하기 위해 함께 힘을 합하는 놀이이다. Howes와 Matheson (1992)은 1, 2세 되는 아동들이 3, 4세 될 때까지 3년에 걸쳐서 놀이하는 것을 관찰했다. 그들은 아동들이 연령이 증가함에 따라 놀이의 형태가 간단한 병행놀이에서 발전하여 계획하고 실행하기 위해 협동하는 복잡한 가장놀이(pretend play)로 변해가는 것을 관찰했다(Berk, 2009; Hughes, 2010).

놀이는 아동들의 언어적 · 인지적 · 사회적 기술을 훈련시키고 전반적인 성격발달에 영향을 주기 때문에 아동에게 중요하다(Berk, 2009; Hughes, 2010). 아동은 놀이할 때 자신이 마치 다른 사람인 것 같이 생각하고 행동하기 때문에 놀이가 아동의 사고발달에 도움이 된다. 그렇게 다른 사람으로 변할 때 아동들은 구체적 사물에 초점을 맞추어 사고하는 것에서 벗어나 추상적인 사고 단계로 한 단계 접근한다. 놀이는 또한 창의성과 연관성이 있으며, 특히 틀에 얽매이지 않는 융통적인 사고 능력과 관련이 있다. 놀이는 Vygotsky의 발달 이론에서도 중요한 역할을 한다. 놀이는 아동들이 현재 가능한 능력 수준 이상의 사고 방법과 활동 방법을 자유롭게 탐구하도록 하기 때문이다. Vygotsky(1978)는 "아동은 놀이를 할 때 항상 제 나이보다 더 많아 보이고 더 성숙하게 행동한다. 놀이를 할 때 보면 자신의 키보다 머리 하나는 더 큰 것 같다."(p. 102)라고 말했다.

학령전기 아동의 놀이는 다양한 요소에 의해 영향을 받는 것처럼 보인다. 예를 들어 학령전기 아동들의 또래와의 상호작용은 그들이 부모와 상호작용하는 방식에 달려 있다(Hughes,

단독놀이
혼자 하는 놀이

병행놀이
서로 영향을 주는 일이나 상호작용 없이 나란히 같은 활동을 하는 놀이

연합놀이
병행놀이와 비슷하지만 공유하고, 순서를 기다리고, 다른 사람이 하는 것에 관심을 가지는 것과 같은 상호작용의 수준이 높은 놀이

협동놀이
공동 목표를 달성하기 위해 함께 하는 놀이

연결해서 더 보기
Vygotsky에 대해서는 제2장을 참조하시오.

2010). 부모와 따뜻하고 안정적인 관계를 가지고 있는 3세 된 아동들은 부모와의 관계가 불안정적인 아동들보다 또래들과 가장놀이를 더 많이 하고 또래들과의 갈등도 잘 해결한다(Howes & Rodning, 1992). 또한 아동들은 익숙한 또래 그리고 동성 또래와 더 잘 논다(Poulin, Cillessen, & Coie, 1997). 또한 연령에 적합한 장난감과 놀이 활동을 제공하면 놀이와 또래와의 상호작용 기술의 발달에 도움이 된다.

Annie Pickert/Pearson Education

이 아동들은 평행놀이, 연합놀이, 협동놀이 중 어떤 놀이를 하고 있는가? 이런 놀이는 아동의 친사회적 행동과 또래 관계에 어떤 도움이 되는가?

■ 초등학교 시기의 사회정서적 발달

초등학교에 입학할 때쯤에는 아동들의 사고, 활동, 사회성에 대한 기술이 좀 더 발달되어 있다. 이 이전까지 아동들은 기본적으로 자기중심적이고 그들의 세상은 집, 가족, 유치원이었다. 초등학교 저학년은 일반적으로 Erikson(1963)의 4단계인 근면성 대 열등감의 시기이다. 아동의 유아기에 신뢰감을 획득하고, 그다음에 자율성, 그리고 초등학교 입학하기 전에 주도성을 획득했다고 가정하면, 초등학교에서 이 학생의 경험은 그의 근면성과 성취감을 발달시키는 데 도움이 될 것이다. 이 단계에서 아동은 자신이 '다 자랐다'는 것을 증명하기 위해 노력하기 시작한다. 이것을 종종 '나는 스스로 할 수 있어' 단계라고 한다. 아동의 집중력이 증가함에 따라 선택한 과제에 더 많은 시간을 투자할 수 있으며, 종종 과제를 완성하는 데서 기쁨을 느낀다. 이 시기에는 독립적인 행동, 집단과의 협동심, 그리고 공정하면서 사회적으로 수용할 수 있는 방식으로 일하는 능력이 발달한다(McHale et al., 2003).

자아개념과 자아존중감 초등학교 아동들의 성격과 사회성 발달에는 **자아개념**(self-concept)과 **자아존중감**(self-esteem)이라는 중요한 개념이 포함되어 있다(Swann, Chang-Schneider, & McClarty, 2007). 아동의 자아개념과 자아존중감의 발달은 가정과 학교 그리고 또래 관계에서의 경험의 영향을 많이 받는다. 자아개념이란 우리의 장점, 단점, 능력, 태도, 가치를 인식하는 방법을 말한다. 자아개념은 태어날 때부터 발달하기 시작하며 경험을 통해 지속적으로 조성된다. 자아존중감은 우리의 기능과 능력을 어떻게 평가하는가를 뜻한다.

아동 중기에 들어서면 아동의 사고방식은 덜 구체적이고 더 추상적으로 된다. 이런 경향은 그들의 자아개념 발달에서도 마찬가지로 나타난다. 학령전기 아동은 자신이 얼마나 큰가, 여자인가 남자인가, 그리고 무엇을 가지고 있는가와 같이 물리적이고 물질적인 특성을 기준으로 자신을 생각한다. 대조적으로 초등학교 저학년 학생은 자신을 묘사할 때 지능이나 친절함 같이 더 추상적이고 내재적인 성질에 초점을 맞추기 시작한다. 그들은 또한 개인적이거나 내재적인 자신과 공적이거나 외재적인 자신을 구별할 수 있다. 이것은 그들이 자신의 행동이나 타인의 행동을 설명할 때 객관적인 행동보다는 의도와 동기에 더 비중을 두는 것에서 특

자아개념

자신의 장점, 단점, 능력, 태도, 가치관에 대한 한 개인의 인식

자아존중감

자신의 성격, 능력, 행동에 대해 자신이 부여하는 가치

히 잘 나타난다.

아동 중기 아동들은 또한 다른 사람들과 비교하여 자신을 평가하기 시작한다. 학령전기에 "나는 야구를 좋아해."라고 자신을 묘사했던 아동이 몇 년 후에는 "나는 샐리보다 야구를 더 좋아해."라고 말할 것이다. Ruble, Eisenberg와 Higgins(1994)는 어린 아동들은 사회적 규범과 어떤 행동의 적절성에 대하여 알기 위해서 사회비교를 우선적으로 사용한다고 주장했다. 아동은 나이가 증가함에 따라 자신의 능력도 **사회비교**(social comparison)를 사용하여 평가하고 판단하는 경향이 있다(Borg, 1998).

자신을 평가하기 위해 사회비교 정보를 사용하는 경향은 학문적 자아존중감의 발달에서도 마찬가지인 것으로 보인다. 학령전기 아동들은 학업 성취나 다른 객관적인 요소와 관계없이 자신을 매우 긍정적으로 평가하는 경향이 있다(Cole, 1991). 그러나 2학년이나 3학년 쯤 학교생활에 어려움이 있는 아동들은 낮은 자아개념을 가지게 되는 경향이 있다(Chapman, Tunmer, & Prochnow, 2000). 이것은 악순환의 신호가 되어, 초등학교에서 학업 성적이 나쁜 학생들은 낮은 학문적 자아개념을 갖게 되기가 쉽고 그 영향으로 초등학교 고학년과 중 · 고등학교에서 낮은 학업 성취의 결과로 나타날 위험성이 있다(Guay, Marsh, & Boivin, 2003).

초등학생이 되면 많은 아동들은 처음으로 자신을 다른 사람들과 비교하게 되고 가족이 아닌 성인들의 지도 하에서 공부하고 놀이하는 경험을 하게 된다. 이 성인들은 아동들에게 성공, 자신에 대한 긍정적 생각, 그리고 공감과 창의성을 길러 주는 경험을 제공해야 한다(Canfield & Siccone, 1995; Perry & Weinstein, 1998).

성격발달이나 사회성 발달의 핵심은 수용이다. 사실 아동들의 능력에는 개인차가 있다. 교사가 아무리 노력한다고 해도 학생들은 아무리 늦어도 초등학교 졸업 전까지는 누가 더 능력이 있고 누가 능력이 모자라는지 알게 된다. 그러나 교사는 학생들이 이 개인차를 어떻게 생각하느냐에 영향을 줄 수 있으며, 학생들로 하여금 결코 반에서 스타가 될 수 없다는 것을 안다고 해도 포기하지 않고 노력하도록 하는 데에는 중요한 영향을 미칠 수 있다.

적용해 보기

자아존중감 개발하기

우리 사회는 학생을 포함한 모든 사람이 동등한 가치를 가지고 있다는 생각을 장려한다. 교실에서는 이것이 전제가 된다. 그러나 학생들이 동등한 가치를 가지고 있다는 믿음이 곧 학생들이 동등한 능력을 가지고 있다는 것을 뜻하지는 않는다. 어떤 학생은 읽기를 잘하고, 어떤 학생은 수학을 잘하고, 운동을 잘하는 학생도 있고, 그림을 잘 그리는 학생도 있다.

어떤 학급 활동은 특정한 학생들에게 자신의 가치가 다른 학생들의 가치보다 낮다는 생각을 갖게 만들 수 있다. 연구 결과에 의하면 부적절한 경쟁(Cohen, 1986)이나 교실에서의 일률적인 능력별 집단 편성(MacIver, Reuman, & Main, 1995; Slavin, 1987c)은 학생들에게 부정적인 영향을 미칠 수 있다.

이런 종류의 연구는 교사들이 학생들의 의욕을 떨어뜨리지 않도록 예방하는 데 도움을 줄

사회비교

정보를 수집하기 위해 그리고 자신의 능력, 태도, 행동을 평가하기 위해 자신을 다른 사람들과 비교하는 과정

수 있다. 그러나 자아존중감을 향상시키면 그 결과 학업 성취를 높일 수 있는지는 분명하지 않다. 사실 자아존중감이 높아져서 학업 성취도가 높은 것이 아니라 학교 공부를 더 잘하게 되면서 자아존중감도 높아진다는 것을 지지하는 연구들이 더 많다(예 : Chapman et al., 2000; Ellis, 2001b).

모든 학생들이 똑같이 읽기나 셈하기를 잘한다고 거짓말을 할 필요는 없다. 그러나 교사들은 학생들이 노력하고 실력이 향상되는 것에 대해 칭찬을 해 줌으로써 머리가 좋은 것이 아니라 노력해서 실력이 느는 것을 인정해 줄 수 있다. 또한 학생들은 학교에서 성공하는 것을 경험할 때 노력해서 얻은 자아존중감을 느낄 수 있다(Roeser, Eccles, & Sameroff, 2000).

또래의 중요성 증가 초기 아동기의 원동력인 가족은 초등학교 시기에도 부모가 아동의 태도와 행동의 역할 모델이기 때문에 계속 중요한 영향을 미친다. 형제자매와의 관계도 또래와의 관계에 영향을 준다. 집에서의 일상사는 학교에서 계속되는 것도 있고 극복해야만 하는 것도 있다. 그러나 또래 집단은 더 중요한 영향력을 가지게 된다. 아동이 가족 밖의 세상으로 진입하는 것을 묘사하는 과정에서 Ira Gordon은 또래의 중요성에 대해 다음과 같이 이야기한다.

> 만일 모든 세상이 셰익스피어가 말하는 무대라고 한다면, 아동과 청소년은 무엇보다 자기 또래의 관객을 위한 연극을 하고 있다. 그들의 또래들은 앞줄과 특등석에 앉아 있고, 부모들과 교사들은 뒷줄과 발코니로 물러나 있다(Gordon, 1957, p. 166).

초등학교 저학년의 또래 집단은 보통 비슷한 연령의 동성으로 구성된다. 비슷한 연령의 동성 친구를 좋아하는 것은 어린 아동들 간의 능력과 관심이 다양하기 때문이다. 그러나 6학년 정도 되면 소년과 소녀를 모두 포함하는 집단을 형성한다. 또래 집단이 어떻게 구성되든, 또래 집단 속에서 아동들은 자신의 능력과 기능을 또래들과 비교하게 된다. 또래 집단의 구성원들은 또한 그들이 가지고 있는 서로 다른 세상에 대해 서로 가르쳐 준다. 이런 태도와 가치관을 공유함으로써 아동들은 그들 자신의 태도와 가치관을 형성해 나가는 것을 배우게 된다.

아동 중기의 우정 아동 중기 동안 아동의 우정에 대한 개념도 성장한다. 우정은 아동기에 친구들 간의 중심적인 사회적 관계이며 성인이 될 때까지 여러 가지 변화를 겪는다(Scharf & Hertz-Lazarowitz, 2003). Piaget의 발달 단계와 아동이 타인의 관점을 고려하는 능력의 변화를 기초로 하여, Selman(1981)은 아동의 연령이 증가함에 따라 우정에 대한 이해가 변해가는 모습을 묘사했다. 일반적으로 3~7세 아동들은 친구를 일시적인 놀이친구로 본다. 이 연령의 아동들은 학교를 마치고 집에 와서 "오늘 새로운 친구를 사귀었어! 제이미의 인형을 가지고 함께 놀았어." 혹은 "빌은 나하고 블록 쌓기 놀이를 같이 안 하려고 하기 때문에 이제 더 이상 내 친구가 아니야."라고 이야기한다. 이런 말은 아동이 생각하는 우정이란 공유하는 관심사나 믿음이 아니라 어떤 상황에 기초한 일시적인 관계를 의미한다는 것을 나타낸다. 아동 중기에 들어서면 우정은 보다 안정적이고 상호적인 것으로 변한다. 이 연령에서는 친구를 종종 개인적인 특성("내 친구 메리는 착해.")으로 묘사하며, 우정에 대하여 상호

Myrleen Ferguson Cate/PhotoEdit

또래 관계는 자아개념과 자아존중감에 어떤 영향을 미치는가? 교사는 학생들의 정서발달에 어떤 도움을 줄 수 있는가?

지지, 보살핌, 충성과 상호 교류의 의미를 부여한다.

우정이 아동에게 중요한 몇 가지 이유가 있다. 초등학교 시기에 친구는 기쁨을 함께 나누고 무엇을 같이 하는 상대이다. 친구는 또한 새로운 상황에 처할 때 혹은 가족 문제나 어떤 문제가 있을 때 정서적으로 보호해 주는 중요한 자원이 된다. 특정한 인지적 기능을 가르쳐 주거나 모델이 될 때는 인지적 자원이 되기도 한다. 행위에 대한 사회적 규준, 사회적 상호작용 기술 그리고 성공적으로 갈등을 해결하는 방법 또한 친구 사이에서 배운다(McHale et al., 2003).

또래 수용 아동 중기에서 가장 중요한 또래 관계의 양상 중 하나가 또래 수용 혹은 또래 집단 내에서의 지위이다(McCallum & Bracken, 1993). 인기 아동은 또래 사이에서 좋아하는 친구로 가장 많이 지명되거나 좋아하지 않는 친구로 가장 적게 지명되는 아동이다. 반대로, 거부당하는 아동은 싫어하는 친구로 가장 많이 지명되고 좋아하는 친구로는 가장 적게 지명되는 아동이다. 그 외에 관심을 받지 못하는 아동들도 있다. 이런 아동들은 좋아하는 친구로도 가장 적게 지명되고 싫어하는 친구로도 가장 적게 지명된다. 갈등적인 아동은 좋아하는 친구로도 많이 지명되지만 싫어하는 친구로도 많이 지명된다. 보통 아동들은 적절하게 좋아한다고 지명하는 아동들도 있고 싫어한다고 지명하는 아동들도 있다.

초등학교에서 또래의 수용을 받지 못하거나 거부되는 아동들은 위험하다(Ladd & Troop-Gordon, 2003; Wentzel, Barry, & Caldwell, 2004). 이런 아동들은 수용을 더 받는 아동들에 비해서 퇴학을 당하거나, 비행을 저지르거나, 청소년기와 성인기에 정서적이고 심리적인 문제를 가지게 되는 경향이 더 많다(Ladd & Troop-Gordon, 2003). 거부당하는 아동들 중에 어떤 아동들은 폭력성이 높은 경향이 있고, 어떤 아동들은 매우 수동적이고 위축되는 경향이 있으며 그래서 괴롭힘을 당하기도 한다(Pellegrini & Bartini, 2000). 거부당하는 아동들은 공격적이거나 위축적이거나 관계없이 어려움에 노출되기가 쉬운 것으로 보인다(Hymel et al., 1993).

신체적 매력(Kennedy, 1990)과 인지적 능력(Wentzel et al., 2004)을 포함하여 많은 특성이 또래 수용과 관련이 있는 것으로 보인다. 연구들은 행동 유형을 또래 수용과 관련시켰다(Coie, Dodge, & Kupersmidt, 1990 참조). 수용을 받고 인기가 있는 아동들은 협동적이고 잘 도와주고 돌봐주는 경향이 있으며 파괴적이거나 폭력적인 경우는 거의 없다. 반면 또래들이 싫어하는 아동들은 공격성이 높고 사회성과 갈등 해소 능력은 부족한 경향이 있다. 관심을 받지 못하는 아동이나 갈등적인 아동은 특별히 눈에 띄는 행동을 보이지 않으며 또래들 속에서의 위치가 자주 바뀐다(Newcomb & Bagwell, 1998).

적용해 보기

아동의 사회적 기능 개발하기

또래 수용은 현재의 적응 상태뿐만 아니라 미래의 적응 상태에도 강한 영향을 미칠 수 있기 때문에, 교사들은 비인기 아동과 거부당하는 아동의 사회적 기능과 수용 수준을 향상시키기 위해 노력해야 한다. 일반적으로 다음과 같은 접근법들이 사용된다.

1. **적절한 사회적 행동을 강화하기.** 도움과 공유와 같은 친사회적 기술을 기대하고 칭찬해 주어야 한다. 교사나 성인들이 아동 전체 집단과 함께 친사회적 행동에 대해 칭찬을 하면 가장 성공적일 수 있다. 이렇게 하면 친사회적 기능이 부족한 아동은 다른 사람들이 긍정적인 행동을 했을 때 강화를 받는 것을 관찰할 수 있고, 또래 집단은 친사회적 능력이 부족한 아동의 부정적인 행동보다 긍정적인 행동에 주목할 수 있다.
2. **모델링.** 모델이 긍정적인 사회적 상호작용 기술을 학습하는 것을 관찰하는 아동들은 자신의 기술도 향상시킨다.
3. **코칭.** 긍정적인 사회적 기술을 시연하고, 이런 기술이 중요한 이유를 설명하고, 연습하기 위한 기회를 제공하고, 후속 피드백을 준다.

모든 중재의 효과는 거부당한 아동의 친구들과 교사의 참여에 크게 의존하는 것 같다. 만일 친구들과 교사가 아동의 행동에서 긍정적인 변화를 보게 된다면, 중재만 하는 것보다 아동에 대한 부정적인 생각을 바꾸고 아동을 수용하기가 더 쉬울 것이다(Olweus, 1994; White & Kistner, 1992).

연결해서 더 보기

친사회적 기능에 대한 체계적인 강화 방법은 제5장을 참조하시오.

■ 중 · 고등학교 시기의 사회정서적 발달

청소년들도 사회적으로나 정서적으로 중요한 변화를 겪는다(Rice & Dolgin, 2008). 부분적으로는 신체적 구조와 인지적 구조에서의 변화 때문에 초등학교 고학년들은 더 어른이 되고 싶어 한다. 많은 부모들이 자녀들을 여전히 어린 아동으로 보려는 것과는 대조적으로 아동들은 부모들이 자신을 다르게 대해 주기를 바란다. 그들은 또한 부모들이 자신들을 사랑한다는 것을 믿지만 자신들을 이해하지는 못한다고 생각한다. 초등학교 고학년의 소년과 소녀 모두에게는 한 집단의 회원이 되는 것이 자기가치감을 높여 주는 경향이 있다. 수용을 받지 못하는 것은 심각한 정서적 문제를 일으킬 수 있다. 여기에 전 청소년(preadolescent)과 부모와의 관계에 변화가 생기는 주 원인이 있다. 전 청소년들이 부모에 대해 무관심해지는 것이 아니다. 단지 친구들이 그 어느 때보다 더 중요해졌을 뿐이다. 또래들의 수용을 받는 것에 대한 요구가 왜 전 청소년들이 종종 비슷한 옷을 입는가에 대한 설명에 도움이 된다(Baumeister & Leary, 1995). 이 장 앞에 소개된 예화에서 제이크가 귀걸이를 한 것은 어린 청소년들이 튀는 옷이나 행동을 통해 또래 집단의 일원이라는 점을 표현하고자 한다는 것을 보여 준다.

중학교 시기에 종종 학생과 교사 간의 관계에 변화가 일어난다. 초등학교에서는 아동들이 교사의 말을 잘 듣고 의지한다. 초등학교 고학년에서는 이 관계가 좀 복잡해진다(Roeser, Eccles, & Sameroff, 2000 참조). 학생들은 가끔 그들의 부모에게 하지 않는 개인적인 이야

"교복! 교복은 개성을 말살시키는 거야!"

기를 교사에게 한다. 어떤 학생들은 교사를 역할 모델로 선택하기도 한다. 그런가 하면 어떤 학생들은 몇 년 전에는 생각하지도 못했던 방법으로 교사들에게 대들고 공개적으로 도전하기도 한다. 그 외에 학교로부터 완전히 멀어지고 비행청소년이 되거나 학교를 그만두는 행동의 조짐을 보이기 시작하는 학생들도 있다(Rice & Dolgin, 2008).

정체감 발달 초기 청소년기의 첫 신호 중 하나는 자신의 마음속에 무슨 일이 일어나고 있는가에 대해 생각하고 자신에 대해 연구하는 성향을 뜻하는 **성찰성**(reflectivity) 출현이다. 청소년들은 자신을 더 자세히 관찰하고 자신을 다르게 정의하기 시작한다. 그들은 자신이 생각하고 느끼는 것과 자신의 행동 간에 차이가 있다는 것을 인식하기 시작한다. 가능성을 고려할 수 있는 인지능력이 발달하고 있기 때문에 청소년들은 자신에 대해 불만족스럽게 생각하기가 쉽다. 그들은 자신의 개인적인 특성을 비판하고 자신을 다른 사람들과 비교하며 자신의 모습을 바꾸기 위해 노력한다.

청소년들은 다른 사람들이 자신처럼 세상을 보고 세상에 대해 생각하는지 고민한다(Phelan, Yu, & Davidson, 1994). 자신이 다른 사람들과 독립적이고 독특하다는 것을 더 잘 알게 된다. 자신이 생각하고 느끼는 것을 다른 사람들이 충분히 알지 못한다는 것도 알게 된다. 나의 '참모습'이 무엇인가 하는 것이 청소년기의 성격발달에서 가장 중요한 문제이다. Erikson에 의하면 청소년기는 자신의 정체성이 가장 중요한 관심의 대상이 되는 단계이다.

James Marcia의 네 가지 정체감 수준 Erikson 이론을 기초로 해서 James Marcia(1991)는 청소년들을 심도 있게 면담한 결과 네 가지 정체감 수준을 확인했다. 그 수준은 청소년들의 종교관과 정치관 그리고 진로에 대한 결심의 확고한 정도를 반영한다. 이 네 가지 수준은 다음과 같다.

1. **정체감 유실 : 정체감 유실**(foreclosure) 상태에 있는 청소년들은 아직 정체감 혼란을 경험해 보지 못했다. 대신에 그들은 자기 자신의 것이 아닌 부모의 선택을 기초로 해서 조급하게 정체감에 대한 결정을 내렸다. 그들은 직업과 이념에 대한 결정을 내렸지만, 이 결정들은 자기 자신의 자율적인 평가가 아니라 그들의 부모나 권위자의 평가를 반영한 것이다. 정체감 유실은 일종의 '사이비 정체감(pseudo identity)'이며 이미 고착되어 버렸기 때문에 미래의 삶의 위기를 대처하기에는 부적절하다.
2. **정체감 혼미 : 정체감 혼미**(identity diffusion)를 경험하고 있는 청소년은 직업적인 방향이나 어떤 종류의 이념적 신념도 찾지 못했으며 이런 탐색을 거의 해 보지도 않았다. 그들은 정체감 위기에 직면한다고 해도 그것을 해결할 수 없다.
3. **정체감 유예 : 정체감 유예**(moratorium) 상태에 있는 청소년은 직업적 그리고 이념적 선택을 실험하기 시작했지만 아직 결정을 내리지 못하고 있다. 이런 청소년들은 바로 정체감 위기에 처해 있으며 현재 여러 가지 선택적인 삶을 탐색하고 있는 중이다.
4. **정체감 성취 : 정체감 성취**(identity achievement)는 청소년들이 직업과 이념에 대하여 자신의 의식적이고 뚜렷한 결정을 내린 안정적인 정체감 상태를 말한다. 정체감을 성취한 사람은 이런 결정이 자율적이고 자유롭게 내려졌으며, 자신의 진정한 모습과 깊은

성찰성

자신과 자신의 사고를 분석하는 성향

정체감 유실

자신이 선택한 것이 아니라 부모의 선택을 바탕으로 해서 조급하게 확립한 청소년의 정체감

정체감 혼미

미래의 방향도 없고 자신의 정체감을 개발하기 위한 능력도 없는 상태

정체감 유예

직업적 선택과 이념적 선택을 아직 결정하지 않고 실험 중인 상태

정체감 성취

직업과 이념에 대한 의식적이고 분명한 결정을 내린 안정적인 상태

내면의 의지를 반영한다고 확신한다.

청소년기 후반(18~22세)에 대부분 정체감 성취 상태에 이르게 되는데 청소년들의 정서적 발달은 그들의 정체감 수준과 관련이 있는 것으로 보인다. 예를 들어 불안 수준은 정체감 유예 상태에 있는 청소년들이 가장 높고 정체감 유실 상태에 있는 청소년들이 가장 낮은 경향이 있다(Marcia, 1991). 자아존중감은 정체감 성취와 정체감 유예 상태에 있는 청소년들이 높고 정체감 유실과 정체감 혼미 상태에 있는 청소년들이 낮은 수준으로 보고되고 있다(Marcia, 1991; Wallace-Broscious, Serafica, & Osipow, 1994).

일반적으로 청소년들이 자신의 정체감을 성공적으로 획득하기 위해서는 실험도 해 보고 융통성을 가질 필요가 있다. 여러 가지 정체성을 탐색하고, 그러고 나서 검토하고 수정을 해 봄으로써 청소년들은 가장 편안한 특성을 선택하고 나머지 다른 것들을 버릴 수가 있다. 이렇게 하기 위해서 청소년들은 실험하고 행동을 수정하며, 다른 사람들의 지지를 받는 특성이라도 자신에게 맞지 않으면 버릴 수 있는 자신감을 가지고 있어야만 한다. 청소년들이 실험하는 것에 대해 부모, 교사, 동료들이 안정적이고 수용적인 반응을 보여 주면 많은 도움이 된다.

자아개념과 자아존중감 자아개념과 자아존중감도 아동이 청소년기에 접어들면서 변한다. 아동 중기에 시작된 자신에 대한 추상적 표현은 계속되며 청소년들의 자기 자신에 대한 표현은 흔히 성격 특성(다정한, 불쾌한), 감정(우울한, 기분이 고조된) 그리고 개인적인 신념(진보적인, 보수적인)들을 포함한다(Harter, 1998). 그 밖에도 자아개념은 더욱 세분화된다. Susan Harter는 청소년들의 개념을 여덟 가지 형태로 구분했다. 학문적 유능감, 직업적 유능감, 운동적 유능감, 신체적 매력, 사회적 수용, 깊은 우정, 로맨틱한 매력, 품행이 그것이다(Harter, 1998). 그리고 Marsh(1993)는 학업적 언어, 학업적 수학, 부모 관계, 동성, 이성의 다섯 가지 자아개념으로 구분했다.

자아존중감 또한 청소년기에 동요와 변화를 겪는다. 자아존중감은 아동이 중학교에 입학하고 **사춘기**(puberty)가 시작되면서 가장 낮아진다(Jacobs, Lanza, Osgood, Eccles, & Wigfield, 2002). 조숙한 여학생들이 가장 극적이고 가장 오래 지속되는 자아존중감의 변화를 겪는다. 일반적으로 청소년기 소녀들은 소년들보다 낮은 자아존중감을 가지고 있다(Jacobs et al., 2002). 전반적인 자아존중감이나 자기 가치에 대한 느낌은 신체적 매력에 의해 가장 큰 영향을 받으며, 그다음은 또래로부터의 사회적 수용의 영향을 받는 것으로 보인다.

사회적 관계 아동이 청소년기에 들어서면서 우정의 성격에도 변화가 일어난다. 일반적으로 친구와 보내는 시간의 양이 극적으로 증가한다. 청소년들은 가족과 지내거나 혼자 지내는 것보다 친구와 보내는 시간이 훨씬 많다(Ambert, 1997). 친구들과 만족스럽고 조화로운 우정을 나누는 청소년들은 지지적인 친구가 없는 청소년들보다 자아존중감이 높고 덜 외로워하며, 더 성숙한 사회적 기술을 가지고 있고 학교생활도 더 잘하는 것으로 보고되고 있다(Kerr, Stattin, Biesecker, & Ferrer-Wreder, 2003).

사춘기
재생산이 가능하게 되는 발달 단계

청소년기에 상호 이해 능력과 다른 사람들도 자신의 감정을 가지고 있는 독특한 존재라는 것에 대한 지식이 친구들 사이에서의 자기 노출, 친밀감, 충성을 증가시키는 데 큰 영향을 미친다. 초기 청소년들은 부모의 정체성과 다른 개인적인 정체성을 확립하기 위해 노력하는 과정에서 안전과 사회적 지지를 얻기 위하여 또래에게 많은 관심을 갖는다. 초등학교 학생들이 부모에게서 그런 지지를 구하듯이, 중학교에게 들어가면 동성 친구가 부모만큼 지지적으로 인식되고, 고등학생이 되면 친구들이 사회적 지지의 가장 중요한 자원으로 인식된다(Rice & Dolgin, 2008).

또래와의 관계 대부분의 청소년들은 가까운 친구 이외에 규모가 더 큰 또래 집단에 대해서도 친구 관계를 맺고 함께 즐기고 또한 생각과 가치관을 나누는 중요한 원천으로 생각한다.

청소년기 또래 관계의 성격은 사회적 지위와 또래 군중의 특징이 있다. 사회적 지위, 즉 또래들에 의한 수용 수준은 아동 중기의 같은 지위의 집단에 관련하여 연구되었다. 초등학교에서 인기가 있었고 수용을 받은 청소년들은 긍정적인 갈등 해결 능력과 학업 능력, 친사회적인 행동 그리고 지도 능력을 보이는 반면에, 거부당하고 수용을 받지 못했던 청소년들은 공격적이고 반사회적인 행동과 낮은 학업 성적을 나타내는 경향이 있었다(Parkhurst & Asher, 1992; Wentzel & Erdley, 1993; Zettergren, 2003). 사회적으로 거부당했던 아동들은 나중에 학업적 그리고 사회적 문제의 위험성을 가지게 되는 것으로 보인다(Pope & Bierman, 1999). 그러나 Wentzel과 Asher(1995)에 의하면 거부당했지만 사회적으로 유순했던 중학생들은 거부당하면서 공격적이었던 중학생들이 가지고 있는 학교와 관련된 문제점을 나타내지 않았다. 이런 연구 결과들은 또래로부터의 거부와 부정적 행동이 함께 나타날 때 아동을 위험에 처하게 한다는 것을 시사한다.

청소년기의 또래 관계는 또한 청소년들이 관계를 맺는 도당(clique)과 군중(crowd)에 대하여 연구되어 왔다(Barber, Eccles, & Stone, 2001). 도당은 구성원들 간의 공통된 관심사, 활동, 친구들로 정의되는 소수의 절친한 집단이다. 대조적으로 군중은 평판으로 정의되는 더 큰 집단이다. 청소년기에는 도당이나 군중에 충실한 태도가 일반적이지만 반드시 오래가거나 안정적이지는 않다. 이런 집단 내에서 동조에 대한 압력이 매우 강하지만, 소속 동기가 매우 강한 청소년들만 이런 규범의 영향을 크게 받는 것으로 보인다(Rice, 1996).

정서적 발달 대부분의 청소년들은 한때 정서적 갈등을 경험한다. 그들은 신체상, 기대되는 역할, 또래 관계에서 빠르고 극적인 변화를 겪기 때문에 이런 정서적 갈등을 경험하는 것은 당연하다. 그리고 초등학교에서 중학교, 고등학교에 진학하는 것 또한 꽤 긴장되는 일이다(Harter, Whitesell, & Kowalski, 1992; Midgley, 1993). 대부분의 청소년들은 정서적 어려움을 일시적으로 경험하고 성공적으로 해결하지만, 어떤 청소년들은 이런 스트레스 때문에 비행, 마약 남용, 자살 시도를 하기도 한다(Fisher, 2006).

초등학교 고학년에서는 정서적 문제가 일반적으로 신체적 · 인지적 · 사회적 발달과 관련되어 있다. 이들은 일반적으로 행복하고 낙관적이지만 또한 또래 집단으로부터 거부당하지 않을까, 좋은 친구를 못 만나지 않을까, 부모로부터 벌을 받지 않을까, 부모가 이혼하지 않을까, 학교 적응을 잘 못하지 않을까와 같은 많은 두려움을 가지고 있다.

이 연령의 집단이 가지고 있는 다른 정서로는 분노(그리고 분노를 통제하지 못할 것 같은 두려움), 죄의식, 좌절, 질투가 있다. 전 청소년기 아동들에게는 이런 정서와 두려움이 자연스러운 성장 과정의 일부라는 것을 인식하도록 하는 도움이 필요하다. 성인들은 비록 그것들이 비현실적으로 보일지라도 아동들이 이런 감정과 두려움에 대해 이야기할 수 있도록 해야 한다. 죄책감은 종종 아동의 행동(또래 집단의 가치에 기초한)과 그들 부모의 가치관 사이에 갈등이 있을 때 생긴다. 이 연령에서 분노는 일반적인 정서이며 다른 많은 정서보다 더 강하게 표현된다. 부모들은 전 청소년기 아동들에게 두려워해서는 안 된다고 자주 말하듯이 화를 내서도 안 된다고 자주 말한다. 불행하게도 이것은 비현실적인 기대이며, 그것은 성인들에 대해서도 마찬가지이다.

청소년기 문제들 10대들은 이제 처음으로 장기적으로 부정적 결과를 가져올 수 있는 행동을 하거나 결정을 할 수 있기 때문에 청소년기는 많은 사람들에게 위험한 시기가 될 수 있다(Dryfoos, 1998; National Research Council, 1995; Rice & Dolgin, 2008).

정서 장애 중 · 고등학교 교사들은 청소년들이 직면하는 스트레스에 민감해야 하며 정서적 혼란이 흔히 일어난다는 것을 인식해야 한다(Galambos & Costigan, 2003). 우울, 절망 혹은 설명이 안 되는 분노 행동은 도움을 필요로 한다는 단서가 될 수 있다는 것을 교사들은 이해해야만 하고, 그런 학생들이 학교 상담가나 다른 훈련받은 심리학자들의 도움을 받을 수 있도록 해야 한다(Fisher, 2006).

연결해서 더 보기
더 많은 정서 장애에 대해서는 제11장을 참조하시오.

괴롭힘 약하거나 외톨이인 또래를 조롱하고 괴롭히며 폭력을 행사하는 일들이 모든 연령에서 일어나지만, 초기 청소년기에 들어설 때 특히 심하게 나타날 수 있다(Juvonen, Nishina, & Graham, 2000; Pellegrini & Bartini, 2000; San Antonio & Salzfass, 2007).

학교 중퇴 중등학교를 중퇴하게 되면 보수가 낮은 직업을 갖게 되거나 직업을 못 갖게 되고 빈곤층에 빠지기 쉽기 때문에 중퇴는 청소년을 중대한 위험에 처하게 할 수 있다(Bracey, 2000). 물론 중퇴하게 만드는 요인들은 학생의 초기 학교생활에서 시작된다. 학업 실패, 유급, 특수학급 배치, 높은 결석률 등이 중퇴를 예측한다(Battin-Pearson et al., 2000; Goldschmidt & Wang, 1999; Pallas, 2002). 미국에서 중퇴율은 전체적으로 감소하고 있으며, 특히 흑인 학생들의 중퇴율은 아직 백인 학생들에 비해서 많기는 하지만 감소 비율은 더 높다(Balfanz & Legters, 2004; Mishel & Roy, 2006). 그러나 라틴계 학생들의 중퇴율은 여전히 매우 높다(Secada et al., 1998). 위험에 처한 학생들에게 관심을 보여 주고 중요한 역할을 맡게 하고, 부족한 학업을 도와줌으로써 중퇴율을 크게 줄일 수 있다(Burt, Resnick, & Novick, 1998; Fashola & Slavin, 1998). 학생 수가 적고 학업 성적을 더 강조하는 고등학교의 학생들은 상대적으로 중퇴율이 낮은 경향이 있었다(Lee & Burkam, 2003).

마약과 술 남용 물질 남용은 청소년들 사이에서 계속적으로 확대되고 있다(Perkins & Borden, 2003). 고등학교 3학년생 중에서 80%가 술을 마시고(Jung, 2010), 31%가 마리화나를 피워본 경험이 있다(Johnson, O'Mally, & Bachman, 2001; National Institute on Drug

Abuse, 2005). 마약과 술 남용은 학업 실패와 강한 연관이 있다(Bryant & Zimmerman, 2002).

비행 청소년기의 가장 위험한 문제들 중 하나가 심각한 일탈 행동의 시작이다. 여자들보다 남자들에게서 훨씬 더 문제가 많다. 비행 청소년들은 대부분 학교가 마련해 주는 길을 따르면 성공할 수 있다는 믿음을 가질 기회가 거의 주어지지 않은 대부분 학업 성적이 나쁜 학생들이다(Hawkins et al., 2000). 청소년기의 비행은 압도적으로 집단적인 현상이다. 대부분의 비행은 집단적으로 발생하거나 일탈적인 하위 집단의 적극적인 지원을 받아 일어난다(Branch, 1998; Farmer et al., 2002; Perkins & Borden, 2003).

임신 위험 임신과 출산은 모든 여자 청소년에게 심각한 문제지만 경제 수준이 낮은 가정 출신의 청소년들에게는 특히 더 그렇다(Coley & Chase-Landsdale, 1998; Susman, Dorn, & Schiefelbein, 2003). 남자 청소년들이 종종 비행을 저지름으로써 성인의 통제로부터 독립하려고 하는 것과 마찬가지로, 여자 청소년들도 종종 성행위를 하고 많은 경우에 임신을 함으로써 세상을 향해 성인으로 봐달라고 요구한다. 어린 시기의 임신은 학업을 계속하거나 직장을 구하기가 어렵게 만들기 때문에 많은 임신한 청소년 엄마 자신이 빈곤한 가정에서 태어났듯이 빈곤의 악순환의 고리를 끊지 못하게 되는 주 원인이 된다(Hoffman, Foster, & Furstenberg, 1993). 물론 10대 임신의 다른 한편에는 10대 아버지가 있다. 10대 아버지들도 행동과 학업에 어려움을 겪는다(Hanson, Morrison, & Ginsburg, 1989). 성교를 미루고 임신율을 낮추도록 하기 위한 프로그램이 많이 있다. 이런 프로그램에 대한 연구 결과에 의하면 금욕만 강조하는 프로그램보다 금욕과 함께 콘돔과 다른 피임 방법을 강조하는 프로그램이 더 효과가 있었다(Kirby, 2000).

성병 위험 이른 성행위의 위험성에는 AIDS(후천성 면역결핍증)와 다른 성병들이 포함된다

Robin Nelson/PhotoEdit

청소년들의 게이와 레즈비언에 대한 편견을 완화시키기 위해 학교에서 할 수 있는 활동으로 어떤 것들이 있는가? 교사는 성 정체성에 대한 혼란을 겪고 있는 청소년들을 위한 안전한 환경을 조성하기 위해 어떤 역할을 할 수 있는가?

(Kalichman, 1996). AIDS는 아직 청소년기에는 흔하지 않고 감염률도 감소되고 있는 추세이다(National Institute of Allergy and Infectious Diseases, 2002). 그러나 AIDS 증상이 나타나려면 10년이나 걸리기 때문에 무방비의 성행위, 주사바늘 나누어 쓰기, 그 외에 청소년들 사이에 일어나는 위험한 행동들은 어린 성인들 사이에 AIDS 감염률을 높이는 원인이 되고 있다. AIDS가 나타난 이후로 성교육을 어릴 때 구체적으로 하는 것이 생사와 관련될 수도 있는 중대한 문제가 되었다. 그러나 지식만으로는 충분하지 않다. 성행위가 활발한 청소년들에게 콘돔을 쉽게 접할 수 있게 하고 실제로 콘돔을 사용하도록 하기 위해 실제적이고 심리적인 설득을 할 필요가 있다(Aronson, 1995).

성 정체성 청소년기에 청소년들은 자신의 성 정체성을 탐색하기 시작하고 어떤 젊은이들은 자신의 동성애 지향성을 확인하기 시작한다. 동성애자, 양성애자, 트랜스젠더 청소년들은 그들 부모들과 큰 스트레스나 어려움을 경험할 수 있다. 그들은 특히 또래들과의 문제가 있을 수 있는데, 그 시기에는 특히 규범을 따르는 것을 중요하게 생각하기 때문에 동성애에 대한 반감이 커서 동성애자인 친구들을 비웃고 거부하거나 폭력적인 행동을 하기도 한다(GLSEN, 2009). 교사들은 양성애자 학생들을 수용하는 태도를 보여 줄 필요가 있고 학교에서는 동성애자든 아니든 그 누구도 경멸해서는 안 된다는 강력한 규율을 시행해야 한다(Koppelman & Goodhart, 2005).

적용해 보기

청소년의 문제 예방

모든 청소년들이 심각한 문제를 경험하는 것은 아니지만 위험에 처해 있는 청소년들을 위해서는 문제가 되기 전에 예방하는 것이 훨씬 좋다. 많은 프로그램들이 정규 교육과정에 예방적인 전략을 삽입해서 여러 문제들을 성공적으로 해결하는 것을 보여 주었다. 예를 들어 많은 프로그램들이 바른 의사결정을 하고 또래 압력에 저항하는 기술에 초점을 맞춘 '삶 기술 훈련'을 소개함으로써 위험 행동을 줄이는 데 성공했다(Stiek, de la Sota, & Weishaupt, 1999). 협동, 이타주의, 사회적 책임감에 대한 규범을 강화하는 프로그램도 있다(Battistich, Watson, Solomon, Lewis, & Schaps, 1999). 지역사회 단체에서 아동들이 친사회적 행동을 할 수 있게 하는 것도 자주 소개된다(Kidron & Fleischman, 2006). 종합적인 학교 차원의 개혁 모델이 특히 중학교(Balfanz & MacIver, 2000)와 고등학교(Bottoms, Feagin, & Han, 2005; Darling-Hammond, Ancess, & Ort, 2002; Jordan, McPartland, Legters, & Balfanz, 2000; McPartland, Balfanz, Jordan, & Legters, 2002)에서의 무단결석과 중퇴를 막는 데 효과가 있는 것으로 나타났다.

요약

성격 및 사회성 발달 이론

Erikson은 심리사회적 발달의 8단계를 제안하였는데, 각각의 단계는 사회적 환경과의 상호작용을 통하여 형성되는 특별한 심리사회적 위기에 의해 지배된다. 단계 Ⅰ(신뢰감 대 불신감 : 출생~18개월)에서의 목표는 돌봐주는 사람과의 상호작용을 통해서 신뢰감을 발달시키는 것이다. 단계 Ⅱ(자율성 대 회의감 : 18개월~3년)에서 아동들은 붙들기와 놓아 버리기에 대한 두 가지 욕구를 갖는다. 단계 Ⅲ(주도성 대 죄의식 : 3~6년)에서 아동들은 물리적 환경과 사회를 탐색하는 동안 자신감을 정교화시킨다. 단계 Ⅳ(근면성 대 열등감 : 6~12년)에서는 학업적 성공이나 실패가 중심이 된다. 단계 Ⅴ(정체감 대 역할 혼미 : 12~18년)에서 청소년들은 또래 집단에 합류하게 되고 짝과 직업를 찾기 시작한다. 성인기에는 단계 Ⅵ(친밀감 대 고립감 : 성인 초기), 단계 Ⅶ(생산성 대 침체감 : 성인 중기), 단계 Ⅷ(통합감 대 절망감 : 성인 후기)이 있다.

도덕성 발달 이론

Piaget에 의하면 6세경까지의 아동들은 타율적 도덕성(도덕적 실재론을 통한 권위에 대한 복종)을 발달시키며, 그 이후에는 자율적 도덕성(도덕적 원리에 기초한 합리적 도덕성)을 발달시킨다. Kohlberg의 도덕적 추론 단계는 아동들의 도덕적 딜레마에 대한 반응을 반영한다. 1, 2단계(전인습 수준)에서 아동들은 자신의 이익을 극대화시키면서 다른 사람에 의해 설정된 규칙에 복종한다. 3, 4단계(인습 수준)에 이르면 규칙을 지키고 법과 질서를 신봉하며 타인의 승인을 추구한다. 5, 6단계(후인습 수준)에서 사람들은 스스로 선택한 추상적인 윤리적 원리에 따라 그들 자신의 가치관을 정의한다.

아동은 사회적으로 그리고 정서적으로 어떻게 발달하는가

학령전기의 발달

초기 아동기의 사회정서적 발달은 Erikson의 주도성 대 죄책감의 단계로 일부 설명할 수 있다. 또래 관계는 Piaget가 전조작적 사고의 특성으로 묘사한 자기중심성을 극복하도록 하는데 도움이 된다. 친사회적 행동으로는 보살핌, 나눔, 위로, 협동이 있다. Parten은 사회적 상호작용과 정교함의 수준에 따라 놀이를 단독놀이, 병행놀이, 연합놀이, 협동놀이로 분류했다. 놀이는 아동의 언어, 인지, 사회성, 창의성 기능을 훈련시킨다.

초등학교 시기의 발달

아동 중기에 아동들은 Erikson의 근면성 대 열등감의 심리사회적 갈등을 해결하는 것으로 보인다. 학교는 아동이 공적 자아를 개발하고, 사회적 기술을 익히고, 학업적 유능감과 비학업적 유능감을 기초로 자아존중감을 개발하는 장소이기 때문에 발달에 가장 큰 영향을 미치게 된다. 9세와 12세 사이의 전청소년기에는 또래 관계에서의 동조, 동성과 이성으로 함께 구성된 또래 집단, 그리고 성인에 대한 도전이 더 중요하게 된다.

중 · 고등학교 시기의 발달

청소년들은 Erikson의 정체감 대 역할 혼미의 심리사회적 갈등을 해결하는 것으로 보인다. 다른 사람들이 그들을 어떻게 생각하는지 관심을 가지고, 과거를 탐색하고, 역할들을 실험하고, 느낌과 신념에 따라 행동하고, 점차적으로 자율성과 또래 관계에서의 친밀감을 추구한다. 개인이 너무 일찍 어떤 역할을 선택할 때 정체감 유실이 일어나지만, 후기 청소년기에 대부분의 청소년들은 정체감을 획득한다. 학교 중퇴, 약물 남용, AIDS와 같은 많은 요인들은 청소년들을 위험에 빠뜨린다.

주요용어

단독놀이(solitary play)
도덕적 딜레마(moral dilemma)
또래(peer)
병행놀이(parallel play)
사춘기(puberty)
사회비교(social comparison)
성찰성(reflectivity)
심리사회적 위기(psychosocial crisis)
심리사회적 이론(psychosocial theory)
연합놀이(associative play)
인습적 도덕 수준(conventional level of morality)
자아개념(self-concept)
자아존중감(self-esteem)
자율적 도덕성(autonomous morality)
전인습적 도덕 수준(preconventional level of morality)
정체감 성취(identity achievement)
정체감 유실(foreclosure)
정체감 유예(moratorium)
정체감 혼미(identity diffusion)
친사회적 행동(prosocial behaviors)
타율적 도덕성(heteronomous morality)
협동놀이(cooperative play)
후인습적 도덕 수준(postconventional level of morality)

자기평가 : 교수학습원리

이 장의 서두에 있는 예화를 다시 읽고 다음 질문에 답하시오.

1. 샘과 빌리 간의 상호작용에서 나타나듯이 학생들의 연령 차에서 나타나는 발달상의 차이는 크다. 이 장에서 공부한 내용에 비추어 보면, 다음 중 어느 행동이 샘보다 빌리의 행동이라고 생각되는가?
   a. 부모에 복종
   b. 또래의 요구에 동조
   c. 독립성 주장
   d. 이상주의적인 사고
2. 이 장에서 공부한 내용에 비추어 보면, 다음 중 어느 행동이 빌리보다 샘의 행동으로 생각되는가?
   a. 간단한 법칙 따르기
   b. 관습에 도전하기
   c. 불복종하면 처벌이 따른다고 생각하기
   d. 부모에 의존하기
3. 전형적으로 어린 아동의 사회생활은 비교적 예측 가능한 방식으로 진화된다. 사회망은 부모나 보호자와의 친밀한 관계에서 나아가 다음과 같은 순서로 확대된다.
   a. 혈연이 아닌 성인, 또래 그리고 다른 가족 구성원
   b. 또래, 혈연이 아닌 성인 그리고 다른 가족 구성원
   c. 다른 가족 구성원, 또래 그리고 혈연이 아닌 성인
   d. 다른 가족 구성원, 혈연이 아닌 성인 그리고 또래
4. Piaget의 용어로 '형식적 조작기'에 들어서는 샘 같은 학생들에게는 다음 중 어떤 교수 전략이 발달 단계에 비추어 가장 적절한가?
   a. 샘에게 읽으면서 특수한 소리를 듣게 가르친다(음소 알기).
   b. 소리를 판단하고 그 소리를 샘이 알고 있는 글자와 관련시켜서 철자를 만들어 내도록 한다.
   c. 샘이 주도성 대 죄의식의 성격 갈등을 해결할 수 있도록 도와준다.
   d. 샘에게 논쟁(한 주제에 대한 찬성 혹은 반대)이 요구되는 작문 숙제를 준다.
5. 초기 사춘기의 신호가 되는 것들 중 하나가 성찰성의 출현이다. 성찰성이란?
   a. 자기중심적인 사고로 회기
   b. 주도성의 발달
   c. 자신의 생각에 대해 생각하는 능력
   d. 공동의 목적을 이루기 위해 다른 사람들과 함께 작업하는 것
6. 발달 단계를 고려하여 빌리의 연령에 적절한 수업안을 설계하시오. 그리고 왜 적절한지 그 이유를 설명하시오.
7. 발달 단계를 고려하여 샘의 연령에 적절한 수업안을 설계하시오. 그리고 왜 적절한지 그 이유를 설명하시오.
8. 청소년기의 가장 심각한 문제들 중 하나가 비행이다. 비행 청소년은 일반적으로
   a. 성취도가 높은 학생인데 지루함 때문에 비행 청소년이 된다.
   b. 다른 사람들을 범죄에 잘 끌어들인다.
   c. 학교 적응에 성공할 수 없다고 생각하는 성취도가 낮은 학생
   d. 늦게 성숙하는 청소년
9. 만일 당신이 교사라면 '규칙에는 예외가 없다' 고 믿는 3학년 학생들을 Kohlberg의 도덕성 발달 단계 이론에 비추어 어떻게 도움을 줄 수 있겠는가?
   a. 학생들의 추론을 그다음의 도덕성 발달 단계에서의 관점으로 비판적으로 설명한다.
   b. 도덕적 딜레마를 논의한다.
   c. 도덕적 행동에 대한 책을 전체 학생들에게 읽어 준다.
   d. 모든 학생들에게 그 규칙을 따르지 않았던 누군가에 대한 이야기를 각자 쓰도록 한다.

4

학습자의 다양성

교수와 학습에 미치는 문화의 영향은 어떠한가

사회경제적 지위는 학생의 성취에 어떠한 영향을 미치는가

- 양육 환경의 역할
- 수입과 여름방학 학습 간의 연계
- 중산층 교육기관으로서의 학교 역할
- 학교와 지역사회의 요소
- 결손가정 학생들 간에 회복탄력성 촉진하기
- 학교, 가정, 지역사회 간의 협력
- 저소득계층 아동들의 성취 지원
- 결손가정 아동들의 성취 문제를 위한 학교 이외의 해결방안 모색
- 교사를 위한 함의

민족성과 인종이 학생들의 학교 경험에 어떠한 영향을 미치는가

- 미국의 인종적 · 민족적 구성
- 소수자 집단 학생들의 학문적 성취
- 소수자 집단 학생들의 성취에 있어서의 장애물
- 고정관념에 대한 우려
- 학교에서의 인종 차별 폐지의 효과

언어 차이와 이중 언어 프로그램이 학생들의 성취도에 어떠한 영향을 미치는가

- 이중 언어 교육

다문화 교육이란 무엇인가

- 다문화 교육의 관점

성과 성 편견이 학생들의 학교 경험에 어떻게 영향을 미치는가

- 남성과 여성의 사고와 학습
- 소년들의 위기
- 성 역할 고정관념과 성 편견

학생들은 지능과 학습 양식에 있어서 어떻게 다른가

- 지능의 정의
- 지능의 근원
- 학습 양식 이론
- 적성-처치 상호작용

Bill Aron/PhotoEdit

Bill Aron/PhotoEdit

학습 목표

이 장을 공부하고 나면 다음과 같은 것을 할 수 있다.

- 교수-학습에서의 문화의 영향에 대해 설명할 수 있다.
- 사회경제적 지위가 학업 성취에 영향을 줄 수 있는지를 논의할 수 있다.
- 인종과 민족성은 학생들의 학교 경험에 영향을 줄 수 있는지를 논의할 수 있다.
- 학교가 저소득층 가정 아동들의 성공을 도울 수 있는 방법을 모색할 수 있다.
- 언어 차이와 이중 언어 프로그램이 학생의 성취에 어떠한 영향을 미치는지를 논의할 수 있다.
- 영어 학습자가 영어 말하기 반에서 성공할 수 있는 방법을 모색할 수 있다.
- 교수에서 성 차별을 피할 수 있는 방법에 대해 설명할 수 있다.
- 지능과 학습 방법과 관계된 몇 가지 이론을 설명할 수 있다.

마바와 존은 엠마 라자루스 초등학교 1학년 담당 교사들이다. 11월 어느 날 마바와 존은 초등학교 교사들이 염려하는 다가오는 추수감사절 연극에 관해 이야기를 나누었다.

"이런 일은 나를 미치게 만들어!"라고 마바가 시작했다. "우리 반은 마치 미국 같아. 어떻게 추수감사절 연극의 배역을 정해야 할지 모르겠어. 우리 반에는 세 명의 나바호 족 인디언 아동이 있는데, 그 아이들에게 인디언 배역을 준다면 걔들을 불쾌하게 만드는 것일까? 우리 반의 베트남 아이들은 칠면조를 본 적도 없는데, 아마 그 큰 새를 먹는 것에 혐오감을 가질지도 몰라. 또한 흑인 아이들은 이러한 것들이 얼마나 의미 있다고 생각할지도 의문이야. 내가 어렸을 때 우리 선생님이 흑인 학생들을 무대장치 담당을 시키면서, 그 이유로 흑인 순례자는 어디에도 없기 때문이라고 말씀하셨던 것을 기억해. 게다가 내레이터에 관해서는 어떻게 해야 할까? 요셉은 내레이터가 하고 싶다고 얘기했지만, 그 아이는 영어를 썩 잘하지 못해. 루이자는 훌륭한 아이지만 종종 결승전에 가서 논쟁을 하고, 연습에 자주 빠지잖아. 한편 사냥꾼 문제도 걱정이야. 그들을 모두 소년으로 구성해야 할까? 소년들이 사냥을 하고 소녀들이 요리를 한다면, 성 고정관념에 의한 구성이 될 것 같은데… 마크의 경우에는 어떻게 해야 할까? 그 아이는 휠체어를 이용하는 아이인데 어떻게 사냥꾼을 만들 수 있겠어.

존은 한숨을 쉬며 커피를 바라보았다. "당신이 뭘 말하는지는 잘 알겠어요. 나는 우리 반 아이들이 각자 맡고 싶은 역할을 신청하게 했어요. 남자들은 사냥꾼에, 여자들은 요리사에 신청을 했고, 인디언 역할은… 자, 당신은 아이디어를 얻었어요. 아마도 아이들이 이미 그들의 역할을 정했을 때, 우리가 고정관념을 바꾸기 위해 무언인가 하기엔 이미 늦은 것 같네요.

생각해 보기

- 약 4~5분 동안 당신은 위의 예화에 대해 그럴듯하게 마무리를 지어 보시오. 마바 교사는 어떻게 이 일을 마무리 지을 것이며, 그 결과는 어떻게 될 것 같은가?
- 네 명씩 소집단을 구성하여, 위의 두 교사(마바와 존)에게 주어진 상황에 관한 역할극을 해 보시오. 그 후 당신에게 제기된 문제에 대해 논의하시오. 약 6분 후 각 집단에서 내린 결론에 대해 보고하시오.

학생들은 다양하다. 그들은 민족성, 문화, 사회 계층 그리고 모국어에 있어서도 차이가 있다. 또한 그들은 성(gender)에 있어서도 차이가 있다. 뿐만 아니라 어떤 학생들은 학습 부진 현상을 보이는가 하면, 어떤 학생들은 하나 혹은 그 이상의 영역에서 영재성을 보이기도 한다. 그들은 수행 수준, 학습률 그리고 학업방식에서 차이가 있다. 이와 같은 다양성은 수업, 교육과정, 학교 교육 정책 등을 수립함에 있어서 매우 중요하게 작용한다. 앞의 예화에 나타난 바와 같이 마바와 존, 두 교사는 그들이 계획하는 추수감사절 연극과 관련하여 학생들의 개인차와 다양성에 문제를 삼고 있다. 그런데 이런 다양성의 문제는 비단 추수감사절에만 문제가 되는 것이 아니라 언제나 교육 현장에서 중요한 이슈인 것이다. 이 장에서는 북미 학생들의 다양성 문제와 교사들이 이를 수용하고 조절하여 매일의 수업에서 학생들의 개인차를 어떻게 다루지에 관한 문제를 논의할 것이다. 그러나 '다양성'은 하나의 중요한 주제로서 이 책의 거의 모든 부분에 언급된다. 교사들은 단순히 학생들의 수업을 담당하는 사람 그 이상의 존재인 것이다. 교사들은 학생들과 더불어 다음 사회를 만들어 나가는 주역이다. 모든 교사의 역할 중에서도 가장 중요한 역할은 우리가 우리 사회의 핵심 일원이 될 수 있도록 교실에서의 기회가 매일 매일의 삶에서의 기회로 바뀔 수 있도록, 학생들에게 동등한 기회를 보장해 주는 것이다.

교수와 학습에 미치는 문화의 영향은 어떠한가

만일 당신이 외국을 여행하게 된다면 그 나라 사람들의 행동, 태도, 의복, 언어, 음식 등에 있어서 우리와 차이가 있다는 것을 쉽사리 느끼게 될 것이다. 사실 여행이 제공하는 즐거움의 일부는 규범, 전통, 행동, 언어 그리고 그 집단의 지각 등을 공유하는 것을 일컫는 **문화**(culture)에서의 차이를 발견하는 것이다(King, 2002). 우리는 문화적 차이가 곧 국가 간 차이라고 생각하는데, 미국 내에서는 물론이고 미국과 다른 선진국들 간에도 엄연한 문화적 다양성이 존재한다. 미국이나 캐나다에서의 중산층 가정의 삶은 이탈리아나 아일랜드 혹은 이스라엘의 중산층 가정의 삶과 비슷할 수 있으나, 단지 1마일 떨어져 살고 있는 저소득층 가정과는 전혀 다를 수 있다. 우리는 국가 간의 문화적 차이는 중시하는 반면 우리 사회 내에서 발생되는 차이에 대해서는 종종 무시하는 경향이 있다. 이와 같은 경향은 사회의 주류를 이루는 계층이 지닌 특성을 중요시하고 그 이외 집단의 특성은 배제하게 하는 결과를 가져오게 한다.

취학할 무렵이 되면 아동들은 그들의 성장 과정에서 획득한 언어, 신념, 태도, 행동양식 그리고 선호하는 음식 등과 같은 다양한 문화적 측면에 익숙하게 된다. 좀 더 정확하게 말하면 거의 모든 아동들은 그들이 속한 집단 내에서의 다양한 문화에 의해 영향을 받게 된다. 각 개인의 문화적 배경은 민족성, 사회경제적 지위, 종교, 모국어, 성 그리고 집단의 정체성과 경험 등에 의해 영향을 받게 된다(그림 4.1 참조). 개인이 소속되어 성장된 특정 문화와 관련이 있는 많은 행동들은 학교 수업에도 중요한 결과를 초래하게 된다. 예를 들어 학교는 아동들이 표준말을 구사하기를 기대한다. 그런데 표준말을 쓰는 가정에서 자란 아동들에게는 이것이 어려운 일이 아니지만, 방언을 사용하는 지역에서 성장했거나 외국에서 오래 거주했던 아동들에게는 쉬운 일이 아니다. 또한 학교는 학생들이 수준 높은 언어를 사용하고, 오랜 시간 독자적으로 공부하며, 각 학년 수준에 적절한 행동에 숙달되기를 바란다. 그러나 어떤 문화에서는 독립성이나 경쟁심보다는 동료애와 협동 지향성에 더 높은 가치를 두기도 한다(Boykin, 1994a,b). 학교의 문화는 중산층의 주류문화를 반영하고, 대부분의 교사들이 중산

문화

한 집단 내의 사람들을 특징짓는 언어, 태도, 행동양식 그리고 다른 삶의 다양한 측면

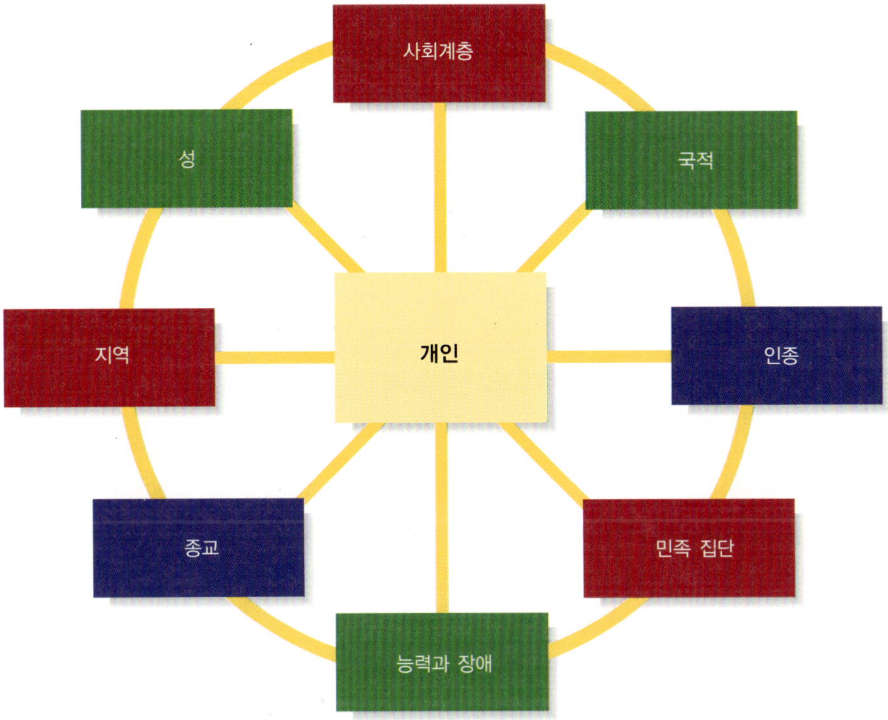

출처 : James A. Banks, *Multiethnic Education: Theory and Practice* (3rd ed.), 1993, p. 89. Boston: Allyn & Bacon.

그림 4.1 문화적 다양성과 개인적 정체성

층 출신이기 때문에 그렇지 못한 아동들의 경우에는 불이익을 당하는 경우도 때로 발생한다. 따라서 학생들의 배경을 이해하는 것은 학업 측면이나 행동지도 혹은 효과적인 수업에 대한 학교의 기대에 부응하기 위해서 매우 중요한 문제이다(Asher, 2007).

사회경제적 지위는 학생의 성취에 어떠한 영향을 미치는가

학생들을 서로 구분 짓는 방법 중 한 가지가 사회계층이다. 인종과 종교가 유사한 작은 시골 마을이라 할지라도 거기에는 은행가, 의사 그리고 교사 집안의 아동들은 농사를 짓거나 가사 도우미를 하는 가정의 아동들과 다른 문화적 경험을 하며 성장하게 된다.

사회학자들은 개인의 수입, 직업, 교육 그리고 사회적 명성에 따라 사회계층 혹은 **사회경제적 지위**(socioeconomic status, SES)를 구분한다(Thompson & Hickey, 2008). 이와 같은 SES의 요소들은 대체로 가장 쉽게 수량화시킬 수 있는 개인의 수입과 교육 정도의 결합에 의해 측정된다. Thompson과 Hickey는 표 4.1에서 제시한 것처럼 미국에서의 계층을 여섯 가지 그룹으로 나누어 설명한다.

이 책에서 **중산층**(middle class)이라는 용어는 높은 수준의 교육이 요구되는 직업을 가진 임금소득자 가정을 나타내며, **노동계층**(working class)이란 아주 높은 수준의 교육을 받지는 못했으나 비교적 안정된 직종에서 일하는 사람들을 가리키며, '하위계층(lower class)' 이란 자주 실직을 하거나 정부지원으로 생계를 유지하는 도시나 지방의 최하층 계급의 사람들을 지칭한다.

사회경제적 지위(SES)
수입과 교육을 기초로 하여 구성된 사회 집단 내에서 측정된 명성

표 4.1 계층 그룹화

	수입	인구에서 차지하는 비율
상	$150,000+	5
상중	$100,000–$150,000	15
하중	$30,000–$100,000	33
노동계층	$16,000–$30,000	30
하위계층	$16,000 이하	14
빈곤층	장기실직 상태 혹은 복지 수혜	1

출처 : W. Thompson and J. Hickey, 2008, *Society in Focus*, Boston : Pearson.

그러나 사회계층은 수입이나 교육 수준 이상의 것을 의미한다. 사회계층에 따라 행동양식, 기대, 태도와 같은 다른 특성에도 영향을 미쳐 계층 간 차이를 가져오게 된다. 학생들의 경우에 그들 집안의 사회계층은 학교에서의 태도와 행동에 영향을 미치게 된다. 노동계층 또는 하위계층 배경의 아동들은 중류 이상의 아동들에 비해 학교에 입학할 때 셈을 하고 읽기와 쓰기를 한다거나 가위로 자르기를 하고 색깔 이름을 말하는 것에 관해 알고 있을 가능성이 더 적다. 그들은 학교에서 성취 수준도 낮은 것으로 나타났다(Byrnes & Miller, 2007; Natriello, 2002; Sackett, Kuncel, Arneson, Cooper, & Waters, 2009; Sirin, 2005). 그들의 부모는 자녀들의 선생님들과의 관계가 친밀하다거나 학교에 폭넓게 관여할 가능성이 더 적다(Nzinga-Johnson, Baker, & Aupperlee, 2009). 물론 일반적으로 이와 같은 차이가 나타나기는 하지만, 많은 노동계층과 하위계층 학부모들은 자녀들의 학교 성과를 지원하기 위해 열심히 일하며, 그 아동들은 매우 높은 수준의 성취를 이루어낸다. 사회계층은 인종과 민족성의 영역에도 영향을 미친다. 비록 미국의 라틴계나 흑인 가정들의 사회계층이 평균적으로 백인 가정의 사회계층보다 낮은 계층에 속하지만, 미국 내 모든 저소득 가정들 다수가 백인이며, 백인이 아닌 중산층 또한 많다(U.S. Census Bureau, 2001). 사회계층의 정의는 결코 인종이나 민족성이 아닌 수입, 직업, 교육 등과 같은 요인들에 근거한 것이다.

표 4.2는 2007년 미국에서 수행된 국가학업성취평가(NAEP)에서 8학년 학생들의 읽기 수행 결과를 보여 준다(National Center for Education Statistics, 2007). 고학력 부모(학

빈곤층 가정과 학교는 사회 차원에서의 아동 교육과 관련하여 무슨 부가적인 도전을 해야 하는가? 그들의 성공을 어렵게 만드는 요인은 무엇인가?

David Bacon/The Image Works

력 수준은 '사회계층' 의 핵심요소이다)의 자녀들이 학력이 낮은 부모의 자녀들에 비해 지속적으로 높은 점수를 받았다는 점에 주목할 수 있다. 이와 유사하게 NAEP가 학생들 가정의 수입에 관한 지표로 사용하는 무료 또는 인하된 가격으로 점심 급식을 지원받는 4학년 학생들 중 단 15%만이 NAEP의 읽기 영역에서 '능숙' 이상의 점수를 받았고, 이는 무료 급식과는 상관없는 42% 학생들과 비교해 볼 만한 결과이다.

표 4.2 부모의 학력에 따른 NAEP에서 중학교 2학년 학생들의 읽기 점수(2007)

부모 학력	'능숙함' 이상의 점수를 받은 학생의 비율(%)
대학원	42
대졸	32
고졸	19
고졸 미만	12

출처 : National Center for Education Statistics (NCES), 2007, *The Condition of Education*, Washington, DC: Author.

■ 양육 환경의 역할

아동 양육 환경에서의 중산층과 하위계층 부모들 간의 일반적인 차이가 학교에서의 성취 차이의 주요 원인이기도 하다. 이러한 지표들 가운데 하나로 하위계층 아동들이 중산층 가정에 입양되면 입양되지 않은 그들의 형제자매들(대체로 저소득층인)에 비해 높은 수준의 성취를 보이거나 새로 입양된 가정의 형제들과 비슷한 수준의 성취를 보인다는 증거가 그것이다(van IJsendoorn, Juffer, & Klein Poelhuis, 2005). 많은 연구들은 평균 중산층 가정과 평균 노동계층 혹은 하위계층 가정들 간에 자녀 양육 환경의 차이에만 주목해 왔다. 많은 저소득층 가정의 자녀들은 중산층 아동들에 비해 학교에서 요구되는 행동과 관련된 일관된 가정교육을 덜 받는다. 하류층 자녀들은 중류층 자녀들과 비교해 볼 때 학교에서 거는 성취 기대에 부응하도록 하는 지속적인 교육의 기회가 없었다. 초등학교에 입학할 무렵이 되면 중산층 가정의 아동들은 이미 지시와 설명 및 추론 등을 이해하며 복잡한 언어를 사용할 줄 알지만, 노동계층 혹은 하위계층 아동들은 이러한 영역에 대한 경험이 매우 부족하다(Parkay, 2006). 뿐만 아니라 결손 가정의 아동들은 건강관리를 소홀히 받고 '납중독' 과 같은 가난으로 인한 질병에 시달리게 된다. 그런 아동의 어머니들이 좋은 산전관리를 받을 가능성이란 매우 낮다(McLoyd, 1998). 이러한 요인들은 결국 아동들의 인지발달을 지체시키고 학교에서의 학습 준비도에도 영향을 미칠 수 있다. 물론 저소득 가정은 그들 자녀의 성과에 도움을 줄 수 있는 모든 종류의 재원이 전적으로 부족하다(Children' s Defense Fund, 2009). 예를 들어 결손 가정의 아동들은 미교정 시력, 청각 장애, 천식 또는 다른 건강 문제들과 같은 학교에서 성과를 거두는 데 방해가 되는 저해 요소들을 더 많이 갖고 있을 수 있다(Natriello, 2002; Rothstein, 2004).

중산층이 하류층 가정과의 또 다른 중요한 차이는 자녀와의 활동을 함께 한다는 점이다. 중류층 부모들은 그들의 자녀들에 대해 높은 기대감을 표현하고 지적 발달에 대해 보상을 한다. 그리고 언어 사용에 있어서 좋은 모델 역할을 하며, 자녀들과 이야기 나누며 책을 읽어주기도 하고, 독서와 다양한 학습활동에 대해 격려하기도 한다. 또한 이들은 자녀들을 위해 가정에 컴퓨터, 책, 교육용 게임 등과 같은 모든 종류의 학습 자료들을 제공해 준다(Yeung, Linver, & Brooks-Gunn, 2002). 그들은 자녀가 학교에 입학하기 전에 읽기를 시킬 가능성이 더 높다(Hood et al., 2008). 그리고 박물관, 콘서트, 동물원과 같은 가정 밖에서의 교육적 환경에 자녀들을 노출시킴으로써 다양한 학습경험을 할 수 있도록 한다(Duke, 2000). 그들은 자녀가 학교에서 성공할 수 있도록 도움을 주고 그들의 교육에 관여하기도 한다(Heymann & Earle, 2000). 중산층 부모들은 자녀들에게 높은 성취를 기대하고 요구한다. 그러나 노동자 계층이나 하류층 부모들은 그들 자녀들에게 올바른 행동과 복종을 요구할 가능성이 더 크다(Knapp & Woolverton, 1995; Trawick-Smith, 1997). 결손가정의 부모들로 하여금 그들 자녀들과의 상호작용을 강화할 수 있도록 돕는 것이 자녀의 인지적 수행에 있어서 상당한 영향을 줄 수 있다. 예를 들어 부모-자녀 가정 프로그램(Parent-Child Home Program, PCHP) 계획은 마땅히 가지고 놀 만한 장난감이 없는 결손가정의 어머니들에게 자녀의 인지발달을 강화시켜 줄 수 있는, 자녀들과 함께 놀아 주거나 이야기하는 방법에 관한 적절한 지침을 제공해 준다. 여러 연구에서 이러한 PCHP 서비스를 통한 단순한 개입(아이들과 함께 놀고 이야기할 수 있는 방법을 알려 주는 것)이, PCHP 서비스를 받지 않은 부모들의 자녀들에 비해 자녀들의 인지 기술이나 학교에서의 성취에 있어서 확실하고 지속적인 효과가 있다는 점이 발견되었다(Allen & seth, 2004; Levenstein, Levenstein, & Oliver, 2002).

■ 수입과 여름방학 학습 간의 연계

연결해서 더 보기

여름학교 프로그램에 대해서는 제9장을 참조하시오.

몇몇 연구에 의하면 낮은 SES와 높은 SES 아동은 학교 재학 기간 동안에는 유사한 학업 성취 과정을 보이지만, SES가 높은 아동의 경우에는 SES가 낮은 아동에 비하여 여름방학 기간 등을 잘 활용함으로써 계속해서 발전을 이룰 수 있다(Allington & McGill-Franzen, 2003; Borman, Benson, & Overman, 2005; Entwisle, Alexander, & Olson, 2001; Heyns, 2002). 이와 같은 결과에서 알 수 있는 것은 가정환경은 학업적 준비도뿐만 아니라 학생들의 학교에서의 학업을 통한 성취 수준에도 영향을 미친다는 점이다. 중산층 아동들은 방학 기간에 학교와 유사한 학습활동을 하고, 학습에 관련된 더 많은 자료들을 활용할 가능성이 높다. 그러나 노동자층이나 하류층 아동들은 가정에서 학문적 자극을 적게 받고 그들이 학교에서 배운 것을 더 쉽게 잊어버린다(Hill, 2001). '여름방학 이후에 아이들의 성적이 떨어지는 현상(summer slide)'으로 인하여 많은 학교들은 방학 이후 성적이 떨어질 위험이 있는 학생들을 위한 여름학교 운영을 계획하도록 하는데, 이것이 하나의 효과적인 전략이 될 수 있으며, 이러한 전략의 효과에 대해 뒷받침하는 연구도 있다.

■ 중산층 교육기관으로서의 학교 역할

주류 중산층 이외의 배경을 가진 학생들은 그들의 성장 과정에서 학교에서 가치를 두는 행동과는 다른 것에 강조점을 두며 자라났으므로 부분적으로는 학교에서 어려움을 겪는다. 이러한 중산층 특유의 가치 중 두 가지가 '개성' 과 '미래 지향' 이다(Boykin, 1994a; Jagers & Carroll, 2002 참조). 미국 대부분의 학급에서는 아동 스스로 지신의 과제를 수행해야한다는 것을 가정한다. 남을 돕는 것은 종종 부정행위로 간주되기도 한다. 학생들은 학년 내에서 경쟁을 하고 교사로부터 주목과 칭찬을 받거나 보상을 받기 위해서 경쟁을 한다. 경쟁과 개인 과제는 대부분의 중산층 가정에서 어린 자녀들에게 심어 주는 가치 중 하나이다. 그러나 하류층 가정의 학생들은(Boykin, 1994a) 중산층 유럽계 미국인 학생들보다 경쟁을 좋아하지 않고 동료들과 협동하는 데 더 많은 흥미를 느낀다. 따라서 이런 학생들은 어릴 때부터 그들의 지역사회, 친구, 가정 등에 의존하고, 언제나 남을 돕고 남에게서 도움 받으며 지내왔다. 다른 사람들과 협동하면서 지내온 학생들이 협동 지향적인 학습 태도를 가지게 되고, 경쟁적으로 자란 학생들이 경쟁하는 분위기에서 최선의 학습이 가능하다는 것은 놀라운 일이 아니다(Kagan, Zahn, Widaman, Schwartzwald, & Tyrrell, 1985). 많은 연구자들(예 : Boykin, 1994a; Greenfield & Cocking, 1994; Triandis, 1995)은 하류층과 소수민족 아동들의 협동 지향성과 학교에서 지향하는 경쟁 지향성 간의 불일치로 인하여 이러한 아동들에 적합하지 않은 활동을 하는 전통적 교실에서의 구조적 편향에 대해 논쟁을 벌여 왔다. 그들은 교사들에게 이러한 학생들은 그들의 문화적인 경향에 비추어 수업을 받아야 하므로 적어도 어느 일정 부분에 있어서는 협동 학습 전략을 이용해야 한다고 권고했다(Slavin, 2009; Webb, 2008).

연결해서 더 보기
협동 학습 전략에 대해서는 제8장을 참조하시오.

■ 학교와 지역사회의 요소

종종 하류층 가정의 아동들은 그들이 속한 지역사회와 그들이 다니는 학교의 특성으로 인하여 학교에서 실패할 위험을 안고 있다. 예를 들어 미국의 경우에 대부분의 지역에서는 학교 재정지원이 사회계층과 연관되어 있어서, 중산층 자녀들이 다니는 학교가 더 좋은 지원을 받고 더 나은 연봉을 받는 교사(그러므로 조금 더 우수한 교사)를 채용하게 되며 그 외에도 좀 더 나은 혜택을 받게 된다(Darling-Hammond, 2008). 이와 같은 차이를 가져오게 되는 가장 큰 이유는 학교가 수입이 낮은 이웃들의 안전, 어려움을 겪는 아동들 그리고 또 다른 다양한 요구에 더 많은 투자를 하게 되므로 정규교육에 투자되는 비용은 상대적으로 적어질 수밖에 없다(Persell, 1997). 이러한 자원의 부족은 학생들의 성취에 상당한 영향을 미치게 된다(Land & Legters, 2002; Rothstein, 2004). 이웃들의 빈곤, 범죄, 긍정적인 역할 모델의 부재, 불충분한 사회적 · 의료적인 관련 서비스, 그리고 그 외의 요소들이 아동들의 동기, 성취 그리고 정신건강을 약화시키는 환경을 만들 수 있다(Behrman, 1997; Black & Krishnakumar, 1998; Vernez, 1998). 게다가 교사들은 이러한 결손가정의 아동들에 대해 낮은 기대감을 갖고 있거나, 그러한 학생들의 동기나 성취에 영향을 미칠 수도 있다(Becker & Luther, 2002; Borman & Overman, 2004; Hauser-Cram, Sirin, & Stipek, 2003). 그렇다고 이와 같은 요소들이 아동들을 반드시 실패로 이끌게 되는 것은 아니다. 위험성을 안고 있는 많은 아이들이 **회복탄력성**(resilience)이라고 하는 많은 위험 요소에도 불구하고 성공할 수 있는 능력을 통해 성장하기도 한다(Borman & Overman, 2004; Glantz, Johnson, & Huffman, 2002; Waxman, Gray, & Padron, 2002). '회복탄력성'에 관해서는 다음 부분에서 논의하고자 한다.

■ 결손가정 학생들 간에 회복탄력성 촉진하기

회복탄력성은 낮은 사회경제적 지위와 같은 힘든 요인들을 극복하고 학교와 인생에 있어서의 성공을 거둘 수 있게 해 주는 학습자들의 특징과 함께 나타난다. 예를 들면 Borman과 Overman(2004)은 수학에서 큰 성과를 거두었던 결손가정의 학생들을 살펴보기 위해 전국적으로 상당한 양의 자료를 수집했다. 학생 각 개인의 수준에서 볼 때 회복탄력성을 갖고 있는 학생들이 높은 자아존중감과 학교에 대한 긍정적인 태도, 그리고 동기부여가 잘 되는 특징을 갖고 있다는 것은 그리 놀랍지 않다. 더욱 중요한 것은 그러한 회복탄력성을 가진 학생들을 배출했던 학교들은 지원을 아끼지 않는 학교 공동체, 안전하고 질서정연한 환경 그리고 긍정적인 교사-학생 간의 관계 형성과 같은 부분을 제공해 주고 있었다. 예를 들어 회복탄력성을 가진 학생들은 "나의 선생님들 대부분은 진정으로 내가 말하고자 하는 것이 무엇인지 경청해 주었으며, 학급에서 선생님들로 인해 좌절감을 느꼈다는 말에는 동의하지 않는다."고 이야기했다.

다른 연구자들 역시 회복탄력성을 증진시키는 학교들의 특징에 대해 규명했다. 이러한 것들은 높은 학문적 규범을 포함하는 것이며(Jesse & Pokorny, 2001), 학교와 학급들을 분명한 규칙들로 구조화시키고(Pressley, Raphael, & Gallagher, 2004), 방과후 활동의 참여를 확대시킨다(Wigfield, Byrnes, & Eccles, 2006).

■ 학교, 가정, 지역사회 간의 협력

만일 가정적 배경이 학생들의 성취에 있어서의 차이점을 설명하기 위한 하나의 핵심 요소라고 본다면, 아동들의 학교에서의 성공을 지원하는 데 있어서 가정을 포함시키는 것이 하나의 해결책이 될 수 있다고 보는 것이 당연할 수 있다. 전문적인 교육자로서 교사는 가정과 학교 간의 의사소통과 존경심을 향상시키는 다양한 방법 중 하나로, 가정과 다른 지역사회 구성원들에게 먼저 손을 내밀고, 부모들에게 그들의 자녀들이 성공할 수 있게 도와줄 수 있는 전략들을 제공해 주어야 한다. Epstein과 동료들(2002)은 부모들과의 포괄적인 파트너십을 강조하는 학교 참여의 여섯 가지 유형에 관해 설명했다(Hoover-Dempsey et al., 2005 참조).

1. **가정교육.** 가정교육과 아동 양육 기술, 가정 지원, 아동과 청소년기 발달에 대한 이해 그리고 각 나이와 학년 수준에 맞는 학습 지원을 위한 가정환경 조성하기 등을 통해 가정을 지원하라. 학교들이 가정의 배경, 문화 그리고 아동들의 목표를 이해하는 데 도움을 줄 수 있도록 가정으로부터의 정보를 얻어라.
2. **의사소통.** 가정에 '학교에서 가정으로', '가정에서 학교로'의 의사소통을 통한 학교 프로그램이나 학생의 발달사항에 관한 정보를 제공하라. 가정들이 교사와 학교관계자들과 쉽게 교류할 수 있도록 '쌍방향 채널'을 구축하라.
3. **참여하기.** 학교에서 참여자나 참관인으로서 가정을 참여시킬 수 있는 기회 혹은 학생들과 학교 프로그램을 지원할 수 있는 또 다른 참여의 장을 통한 모집, 훈련, 활동들의 기회을 확대하라.
4. **가정에서의 학습.** 가정들로 하여금 숙제, 목표 그리고 다른 교과과정과 관련된 활동이나 결정과 같은 학문적인 학습 활동을 자녀들과 함께 하도록 참여시켜라.
5. **의사결정.** 학교의 의사결정자, 관리자 그리고 PTA를 통한 옹호활동들, 위원회, 심의회 그리고 다른 부모 참여 기관들의 참여자로서 가정을 포함시켜라. 단지 정보를 주는 것에서 스스로 의견을 제시하는 정보를 얻을 수 있는 가정들의 대표를 지원하라.
6. **지역사회와의 협력.** 지역사회나 시민 단체, 전문대학 내지 4년제 대학 그리고 다른 집단들과 함께 할 수 있는 사업, 기획사, 문화

로저 씨, 부모 참여의 견해를 채택하는 것은 좀 거리가 있는 것 같다고 여겨집니다.

행사를 편성하라. 학생들로 하여금 지역사회 서비스에 기여할 수 있는 기회를 부여하라 (Epstein et al., 2002, p. 527에서 인용).

부모 참여에서 상관연구는 스스로 자녀들의 교육에 참여하는 부모들이 그렇지 않은 부모들에 비해 보다 높은 성취를 보이는 자녀를 두고 있다는 것을 분명하게 보여 주고 있다(Flouri & Buchanan, 2004; Lee & Bowen, 2006). 그러나 부모 참여를 높이기 위한 학교 프로그램들의 영향력에 관한 많은 논쟁들도 있다. 많은 연구들이 부모와 지역사회 참여 프로그램의 긍정적 효과를 입증했으며, 특히 자신의 자녀를 위한 교육자로서의 부모 역할을 강조하고 있다(Comer, 2005; Epstein et al., 2002; Hood, Conlon, & Andrews, 2008; McElvany & Artelt, 2009; Patall, Cooper, & Robinson, 2008; Sanders, Allen-Jones, & Abel, 2002). 하지만 많은 다른 연구들은 그러한 혜택들을 발견하는 데 실패했다(Mattingly, Prisllin, McKenzie, Rodriguez, & Kayzar, 2002; Pomerantz, Moorman, & Litwak, 2007; Schutz, 2006). 유아에서 초등 3학년의 자녀를 둔 부모들의 독서와 관련된 최근의 한 연구에서 Sénéchal과 Young(2008)은 자녀들의 독서를 단지 듣기만 했던 부모에 비해 자녀들에게 직접 읽기를 분명하게 가르쳤던 부모들이 훨씬 더 큰 영향을 미쳤다는 것을 발견했다. 이러한 연구가 제안하는 것은 부모와 긍정적 관계를 형성하고 부모들에게 학교에서 그들의 자녀들이 성공할 수 있도록 도와주는 실제적인 방법들을 제공해 주는 것이 모든 아동들의 성취와 적응의 향상에 있어 중요하다는 것이다.

적용해 보기

부모 참여

부모와 다른 가족 구성원들은 자녀들의 학교에서의 성공 전반에 걸쳐 상당한 영향력을 가진다. 만일 교사가 부모들과 긍정적인 관계를 확립한다면 교사는 부모들이, 예를 들어 자녀들이 숙제를 하기 위한 혼란스럽지 않고 조용한 장소를 제공하는 것과 같은 학교의 교육적 목적에의 지지가 중요하다는 것을 발견하는 데 도움을 줄 수 있을 것이다. 좀 더 분명하게 말하자면 교사는 자녀들의 학습에 있어서 부모들의 역할에 대해 교사 자신이 거는 기대에 관한 이야기를 함께 나눔으로써 부모들이 그러한 역할을 훨씬 잘 수행할 수 있게 해 준다. 예를 들어 만일 교사가 학생들에게 매일 저녁 숙제를 위해 읽기 연습을 하기를 기대한다면 교사는 부모들에게 그러한 활동의 중요성을 전달하고 매일 밤 그들의 자녀들이 읽기 연습을 했는지 확인할 수 있는 서식을 보내면 된다. 부모들이 자녀들의 학습에서의 부모 참여를 위한 다른 전략들은 다음과 같은 것들이 있다(Ramirez & Soto-Hinman, 2009; Walker & Hoover-Dempsey, 2008 참고).

1. **가정 방문.** 학기 초반에 교사들이 학생들의 가정을 방문하는 것이 학급 운영을 조정하는 데 유용하다. 학생들의 출신지를 살펴보는 것은 교사에게 학생들의 인지와 정서 발달에 영향을 주었을 기반과 압박감에 관한 추가적인 이해를 제공해 준다.
2. **가정통신문 자주 보내기.** 가정에 자녀들이 학습하게 될 것이 무엇인지, 부모들이 가정에서의 학습을 어떻게 지원해 줄 수 있는지에 대해 알려 주는 것이 학생들의 성과를 증진시

킬 수 있다. 만일 학급에 영어 학습자가 있는 교사라면 학생들의 의사소통을 향상시키고 더불어 존경심을 보여 주는 데 중요한 '모국어로 신문 만들어 보기'를 제안해 보라.

3. **가족 워크숍.** 학급에 학생들의 부모나 돌봐 주는 사람들을 초청하게 되면 학업 프로그램에 따른 교사 자신의 기대감에 대해 설명하고, 가족 구성원들이 자녀들의 학습을 어떻게 지원해 줄 수 있을지 이해하는 데 도움을 줄 수 있다.
4. **가정에 긍정적인 전화하기.** 자녀들의 학업 혹은 행동에 관한 좋은 소식을 듣는 것이 긍정적인 행동을 지속시킬 수 있는 가능성을 강화시키고 향상시키는 생산적 주기를 설정하는 데 도움을 준다. 이것은 학교 시스템과 관련해서 별로 긍정적이지 않은 경험을 갖고 있는 가족 구성원들에게 특히 유용하다.
5. **자발적 참여자로 가족 구성원 초대하기.** 학급에서 부모들의 전문지식이나 기술, 관심사 내지 취미들에 관해 의견을 나눌 수 있도록 가족 구성원들의 참여를 요청하는 것은 그들에게 존경받고 있다고 느끼게 만들어 줄 것이다. 그들은 그들의 직업에 대해 설명해 줄 수도 있고, 각자의 전통문화를 함께 나눠 보거나 함께 견학 혹은 다른 특별한 기획들을 함께 하도록 도와줄 수 있다. 이는 단지 추가적인 도움을 제공하는 것을 넘어서, 각 학생들이 그들의 가정에서 교실로 가져오는 지식 내지 전문지식의 다양성을 존중한다는 것을 학생들에게 전해 주는 것이다.
6. **가족 구성원들을 당신의 파트너로 만들기.** 교사가 부모들과 다른 가족 구성원들에게 그들 스스로가 자녀들의 성취를 증진시키기 위해 함께 일하는 하나의 팀이라는 사실을 전달하면 교사의 직무를 훨씬 수월하게 하고 학교에 대한 부모들의 태도를 상당 부분 개선시켜 주며, 좋은 상황일 때와 마찬가지로 힘든 상황에서도 기꺼이 교사와 함께 노력하고자 할 것이다(Epstein et al., 2002).

■ 저소득계층 아동들의 성취 지원

학교는 저소득층 가정 아동들의 학교에서의 성취를 도울 수 있는 좋은 방안이 될 수 있다(Barr & Parrett, 2001; Borman, 2002/2003; Cole-Henderson, 2000; Gunter, Estes, & Schwab, 2003; Slavin, 2002). Aikens와 Barbarin(2008)이 수행한 최근의 한 연구에 따르면, 학교 교육이 처음 시작되는 시점인 유치원 시기에는 사회계층이 성취의 가장 강력한 예언 변인일지라도, 그 이후에 아동들의 독서는 학교나 이웃들에게 훨씬 많이 의존하고 있다는 것을 발견했다. 게다가 현재는 생애 초기 아동들의 인지 기술 발달에 도움을 주고 부모들이 자녀들의 학교 준비를 위해 보다 나은 직업을 가질 수 있도록 돕기 위해 고안된 다양한 형태의 '집중 부모 교육' 프로그램들도 많다. 이러한 프로그램에 관련된 연구들은 매우 궁핍한 가정에서의 아동들을 성장시키는 데 장기적으로 긍정적인 효과를 보여 주며, 특히 프로그램이 초등학교 초기까지 지속될 때 효과가 있다고 한다(Conyers, Reynolds, & Ou, 2003; Ramey & Ramey, 1998; Reynolds, Temple, Robertson, & Mann, 2002; Zimmerman, Rodriguez, Rewey, & Heidemann, 2008). 예를 들어 읽기에 있어서 많이 부족한 아동들의 읽기 성취에 있어서 개인지도 프로그램이 실제적인 효과가 있다는 것을 보여 준다(Cox & Hopkins, 2006; Denton, Anthony, Parker, & Hasbrouck, 2004; Morris, Tyner, & Perney, 2000; Slavin, Lake, Davis, & Madden, 2009). 효과적인 교수 프로그램, 개별지도 그리고 가정적 지원 서비스가 결합된 '모두를 위한 성공'(Borman et al., 2007; Correnti,

2009; Slavin, Madden, Chambers, & Haxby, 2009)은 아주 빈곤한 학교 학생들의 성취에 있어서의 실제적이고 지속적인 영향력에 대해 입증해 주었다. 학급 규모에 있어서의 의미 있는 감소가 아주 빈곤한 학교 학생들에게 특별히 더 효과적이었다는 것도 발견되었다(Finn et al., 2003). 양질의 여름학교 프로그램들(Borman & Boulay, 2004; Borman, Goetz, & Dowling, 2009)과 방과후 프로그램들(McComb & Scott-Little, 2003)은 학생들에게 '위기에서 성공으로' 나아갈 수 있는 기회를 제공할 수 있다. 이러한 프로그램이나 그 외에 다른 프로그램들과 실습들은 하위계층의 낮은 성취가 피할 수 없는 일이 아니라는 것을 입증해 준다. 성취는 학교에서 즉각적으로 이용할 수 있는 전략들의 사용에 의해 엄청나게 향상될 수 있으며(Datnow, Lasky, Stringfield, & Teddlie, 2005 참조), 연구자들은 아주 일상적으로 높은 성취를 이루어 낸 아주 빈곤한 학교들의 사례를 찾아내고 기술한다(Center for Public Education, 2008; Kannapel & Clements, 2005; Reeves, 2003).

■ 결손가정 아동들의 성취 문제를 위한 학교 이외의 해결방안 모색

Richard Rothstein은 2004년도 출판된 저서에서 중산층 아동들과 결손가정 아동들 간의 성취에 있어서의 격차에 대해 한 가지 중요한 관찰 표본 자료를 제시하였다. 그는 일반적으로 학교의 통제에 기인하지는 않지만, 개발된 정책들에 의해 성취에 있어서의 차이 문제들이 수정될 수 있었다는 점에 관한 주요 설명을 책에 기술하였다. 그가 논의한 사례들 중 몇 가지는 다음과 같다(Joe, Joe, & Rowley, 2009 참조).

시력 Rothstein은 빈곤층 아동들이 일반 아동들의 2배에 달하는 심각한 시각 장애를 갖고 있다고 기술한다. 어린 비행청소년들은 놀라울 정도로 엄청나게 높은 비율의 시력 장애를 가지고 있다. Rothstein은 빈곤하거나 저소득 배경을 가진 아동들 중 50%가 자신들의 학업에 지장을 줄 정도의 심각한 시력 장애를 갖고 있다는 것을 보여 주는 자료를 제시한다. 그들 중 몇몇은 안경이 필요하거나 다른 시력 관련 치료를 요하는 아동들이다. Harris (2002)의 연구에서는 무료로 안경과 시력 치료를 받았던 결손가정의 4학년 학생들이 통제 집단과 비교했을 때 충분한 성취를 획득했다는 사실을 발견했다. 대체로 학교에서 학생들은 원시 혹은 근시로 판정된다(Gould & Gould, 2003). 저소득층 아동들이 안경을 제공받을 수 있는 법령이 있다 하더라도 그들은 우선적으로 획득하지 못하는 경우가 흔히 있다. 만일 그들이 안경을 갖게 된다고 해도 그들은 학교에서 안경을 쓰지 않을지 모른다.

청력 결손가정의 아동들은 중산층 아동들에 비해 더 많은 청력 문제를 가지고 있으며, 이는 특히 귀와 관련된 질병에 대한 의료지원을 받는 데 실패했기 때문이다.

납 성분에 노출되는 사례 결손가정의 아동들은 공기 중에 낡은 페인트로부터 나오는 납 먼지가 있는 외진 곳에 위치한 집에 살 가능성이 높다. 소량의 납 성분이라 할지라도 인지기능과 청력을 상실하게 만들 수 있다. 연구에서 빈곤층 아동들의 혈액 내 납 성분 수치가 중산층 아동들에 비해 5배가 높게 나타났다는 것이 밝혀졌다(Brookes-Gunn & Duncan, 1997).

천식 가난한 도시의 아동들은 현저히 높은 비율의 천식을 가지고 있다(Joe et al., 2009). 뉴욕과 시카고에서의 연구(Whitman, Williams, & Shah, 2004)에 의하면 천식은 상습적인 학교 결석의 주요 원인 중 하나로 보고, 치료받지 않은 천식은 학교에서의 학문적 수행을 저해한다는 것을 발견했다.

의료 보호 결손가정의 아동들은 중산층 아동들에 비해 의료 지원을 충분히 받을 확률이 매우 낮다. 이는 장기 결석 문제로 연결되고 건강 상태가 좋지 않으면 동기부여도 미흡하기가 쉬우며, 시력, 청력, 천식 문제들은 앞서 이미 언급된 바와 같이 열악하다(Starfield, 1997).

영양 미국에서는 비록 심각한 영양실조가 드물다고는 하지만, 결손가정의 아동들 사이에서는 건강하지 못한 식품들을 섭취하는 것을 흔하게 볼 수 있으며, 이는 결국 학문적 수행에도 영향을 미친다(Joe et al., 2009). 한 연구(Neisser et al., 1996)에서 보고된 바에 의하면 단순히 아동들에게 비타민과 미네랄 보조제를 주는 것만으로 그들의 시험 성적이 향상되었다는 것이 발견되었다.

Rothstein(2004)은 그의 연구를 통하여 가난에 관한 이러한 관점과 그 밖에 다른 관점이 해결될 수 있고, 그렇게 하는 것이 저소득 아동들의 성취에 있어 중요한 영향력을 가질 수 있다고 주장한다. 비록 이러한 문제들을 책임지고 있는 건강 보건기관과 사회복지 서비스가 있다 하더라도(예 : Wulczyn, Smithgall, & Chen, 2009 참조), 학교야말로 아동들을 매일 볼 수 있다는 장점을 갖고 있다. 학교 점심 급식을 개선한다거나 학교에 있는 동안에 무료로 안경을 제공하는 것과 같은 단순한 개선들이, 개인지도 혹은 아동들의 문제에 대한 근본 원인들로는 다루지 않을 수 있는, 특별한 교육과 같은 값비싼 교육 개입 이상으로 효과적일 수 있다.

■ 교사를 위한 함의

아동들이 학교에 입학할 때는 성공에 이르게 되는 학교 행동에 대한 준비도가 다양하다. 그들의 행동, 태도, 가치관은 매우 다양하다. 그러나 몇몇 아동들의 경우에는 초기에 그들에게 거는 기대가 무엇인지 모르며, 다른 아동들과 비교할 때 수준이 매우 낮다는 단순한 사실들이 결국에는 그들이 학문적 실패를 겪을 수밖에 없을 것이라는 것을 의미하는 것은 아니다. 비록 사회계층과 성취 간에는 어느 정도 정적 상관관계가 있지만, 이것이 낮은 사회경제적 지위의 가정에서 태어난 모든 아동들에게 적용된다고 가정할 수는 없다. 여기에는 예외가 있다. 노동계층과 하위계층 가정이라 할지라도 학교에서 성공을 지원하는 가정환경을 제공하는 경우도 많이 있다. 가난을 극복한 사람들의 자서전(예 : Comer, 1990)을 보면 종종 강한 부모님의 영향과 그들이 성공할 수 있도록 돕거나 성공을 위해 최선을 다할 수 있도록 높은 기준을 제공한 역할 모델을 언급하고 있다. 비록 교육자들이 많은 하위계층 학생들이 직면하게 되는 문제를 인식해야 할 필요가 있기는 하지만, 고정관념이 되어 있는 이러한 지식을 가지게 되는 것은 피해야 할 필요가 있다. 사실 여기에는 종종 중산층 교사들이 노동계층과 하위계층 아동들에 대해 낮은 기대감을 가진다는 증거가 있으며(Borman & Overman, 2004; Persell, 1997), 이와 같은 낮은 기대가 자기충족적 예언(self-fulfilling prophecy)이

될 수 있고, 학생들이 그들이 할 수 있는 것 이하의 성취 수준밖에 이루지 못하게 만드는 원인이 된다는 것이다(Becker & Luthar, 2002; Hauser-Cram et al., 2003).

민족성과 인종이 학생들의 학교 경험에 어떠한 영향을 미치는가

학생들의 문화적 배경의 한 가지 중요한 결정 요인은 그들의 민족적 바탕이다. **민족 집단**(ethnic group)이란 대체로 공통의 근원지(스웨덴, 폴란드 또는 그리스계 미국인과 같은), 종교(유대인 혹은 가톨릭과 같은) 혹은 인종(아프리카계 혹은 아시아계 미국인과 같은)으로 인한 정체성을 공유하는 사람들로 구성된 집단을 가리킨다. **민족성**(ethnicity)은 인종과 같은 개념이 아니라는 점에 주의해야 한다. **인종**(race)은 피부색과 같은 오로지 물리적인 특징에만 주목한다. 서로가 물리적인 특징에서 다르다는 인종의 개념적 정의에 대해서는 의문이 제기되고 있으며, 무엇보다 다민족 구성원들이 증가함에 따라 분명하고 확실한 경계도 없다(Williams, 2009). 보통 민족들은 하나의 공통된 문화를 공유하지만 순전히 타고난 인종의 사람들 전부가 될 수는 없다. 예를 들어 최근에 나이지리아 혹은 자메이카에서 이민 온 아프리카계 미국인들과 많은 세대를 거치면서 미국에서 오랫동안 살아온 아프리카계 미국인들과는 비록 그들이 같은 인종이라고 하더라도 상당히 다른 민족적 배경을 가질 수밖에 없다(King, 2002; Mickelson, 2002). 미국인들도 점점 다양한 민족들로 규정되고 있으며, 이는 그들 스스로의 자기인식을 위한 중요한 영향력을 가진다(Shih & Sanchez, 2005).

대부분의 유럽계 미국인들은 폴란드, 이탈리아, 아일랜드, 그리스, 라트비아 또는 독일과 같은 하나 혹은 그 이상의 유럽인 민족들로 규정된다. 이러한 집단들의 정체성은 가족들의 전통, 공휴일, 선호하는 음식 그리고 세계관에 있어서도 어느 정도 영향을 미치게 된다. 그러나 미국 사회에서는 주로 백인 민족들이 주류 집단으로 흡수되었고, 그래서 그들 간에 차이를 염두에 둔 교육적 적용은 아주 드물다(Alba, 1990).

다른 소수민족들의 상황은 매우 다르다. 특히 여전히 미국 사회의 주류로 완전히 받아들여지지 않고 있는(평균적으로) 아프리카계 미국인들(Loury, 2002), 라틴계(Secada et al., 1998) 그리고 인디언들(Castagno & Brayboy, 2008; Lomawaima & McCarty, 2002, 2006)은 대부분의 유럽인들과 많은 아시아인 민족들이 획득한 사회적 성공 내지 사회보장을 아직도 획득하지 못하고 있다. 이러한 소수민족으로부터 온 학생들은 학교에서 특별한 문제들에 직면하게 되고, 이러한 학생들은 1960년대 중반 이래로 미국 교육에서 가장 감성적인 논쟁들 중 두 가지인 '인종 차별 폐지'와 '이중 언어 교육'의 핵심에 자리하고 있다. 다음에서는 오늘날 학교에서 다양한 민족적 배경을 가진 학생들의 상황에 대해 논의하고자 한다.

■ 미국의 인종적 · 민족적 구성

미국을 만들어 가는 사람들은 항상 많은 민족적 배경들로부터 나오고 있지만, 비 백인들과 라틴계의 비율이 매년 증가되고 있는 추세이다. 표 4.3은 미국 통계청이 조사한 민족성에 따른 미국 인구 비율의 예측 결과를 보여 준다. 1970년대에 모든 미국인들의 83.3%를 차지했

민족 집단

그들만의 고유한 역사, 사회적 · 문화적 유산 그리고 전통을 갖고 있는 하나의 커다란 사회 내에서의 집단으로, 흔히 인종, 종교, 언어 혹은 국가적 정체성에 기초를 두고 있다.

민족성

한 그룹의 사람들에 의해 공유되는 언어, 문화, 정체성

인종

동일하고 넓은 지역의 집단 구성원으로 보이도록 해 주는, 사람들의 가시적이고 유전적인 특징(예를 들어 아프리카인, 아시아인, 백인)

표 4.3 인종/민족성에 따른 미국 내 인구 비율(2020~2050은 예측 결과)

인종/민족성	1990	2000	2010	2020	2030	2040	2050
유럽계 미국인	75.7	71.4	79.5	78.0	76.6	75.3	74.0
스페인계	9.0	11.9	16.0	19.4	23.0	26.7	30.3
아프리카계 미국인	11.8	12.2	12.9	13.0	13.0	13.1	13.0
아시아/태평양 섬주민	2.8	3.8	4.9	5.7	6.6	7.4	8.1
미국 인디언	0.7	0.7	1.03	1.1	1.2	1.2	1.2

출처 : U.S.Census Bureau, 2008, www.census.gov.

던 때와 비교했을 때 최근 비 라틴계 백인들의 비율이 감소 추세라는 점에 주목하게 된다. 이와는 대조적으로 라틴계와 아시아인들의 비율은 1990년대 이래로 급격하게 증가해 왔으며, 2000년부터 2010년까지도 더 빠른 비율로 계속해서 증가하고 있다. 2050년까지 미국 인구의 48%가 비 스페인계 유럽계 미국인 출신자가 될 것이며, 30% 이상이 스페인계가 될 것이고, 13%가 아프리카계 미국인, 8%가 아시아/태평양 섬 주민, 그리고 1%가 미국 인디언이 될 것이라는 것이 미국 통계청 프로젝트의 예측 결과이다. 이런 추세는 이민 경향과 출생률의 차이에서 기인한 결과로, 이는 미국 교육과도 깊은 관계가 있다. 미국은 민족적으로 점점 더 다양해지고 있다(Hodgkinson, 2008; Lapkoff & Li, 2007).

■ 소수자 집단 학생들의 학문적 성취

만일 모든 인종과 소수민족 집단에서 온 학생들이 유럽인과 아시아계 미국인들과 똑같은 수준의 성취를 이루게 된다면, 아마도 미국 학교 내에서 소수민족들과의 차이에 대해서 거의 관심을 갖지 않을지도 모른다. 불행히도 학교들은 별로 관심이 없는 것이 사실이다. 실제 눈으로 보고 판단할 수 있는 매일 실시되는 학업 성취 관련 시험에서도 아프리카계 미국인, 라틴계 그리고 미국 인디언 학생들이 유럽계나 아시아계 미국인 학급 또래들에 비해 상당히 낮은 점수를 기록하고 있다. 왜냐하면 이러한 집단 구성원들은 자주 지위로 인한 경제 보장이나 권력에 있어서 낮은 대우를 받기 때문이며, 그들은 때때로 **소수자 집단**(underrepresented group) 혹은 소수민족으로 언급되기도 한다.

표 4.4 인종/민족성에 따른 NAEP에서 4학년과 중학교 2학년생의 읽기 점수(2007)

인종/민족성	'능숙함' 이상의 점수를 받은 4학년 학생의 비율(%)	'능숙함' 이상의 점수를 받은 중학교 2학년생의 비율(%)
백인	43	40
아프리카계 미국인	14	13
라틴계	17	15
아시아/태평양 섬주민	46	41
미국 인디언/알래스카 인디언	18	18

출처 : National Center for Education Statistics(NCES), 2007, *The Condition of Education*, Washington, DC: Author.

소수자 집단

다른 집단에 비해 경제보장 혹은 권력에 대해 경험할 확률이 높지 않은 민족 내지 사회적 집단의 구성원들

표 4.4는 학생들의 인종 혹은 민족성에 따른 2007년 NAEP에서의 읽기 점수를 보여 준다. 아프리카계 미국인, 라틴계 그리고 미국 인디언 아동들은 비 라틴계 백인 또는 아시아계 미국인 아동들에 비해 모든 단계 수준에서 상당히 낮은 점수를 기록했다는 것을 알 수 있다. 이러한 차이는 그러한 집단들 간에 평균적인 사회경제적 지위의 차이와도 밀접하게 연관되는 것이며, 이는 곧 성취도의 차이라고 볼 수 있다(표 4.2 참조).

아프리카계 미국인, 라틴계 그리고 백인 아동들 간의 성취도에 있어서의 차이를 좁힐 수 있을지 모르지만, 1970년에는 이들 간에 차이가 확실히 감소했었으나 1980년 초반 이후로 그 간격은 NAEP의 읽기와 수학에 있어서 단지 천천히 줄어들고 있을 뿐이다(NCES, 2007).

■ 소수자 집단 학생들의 성취에 있어서의 장애물

왜 아직까지도 소수자 집단에서 온 많은 학생들이 성취도 시험에 있어서 유럽인 그리고 아시아계 미국인들에 비해 낮은 점수를 받는 것일까? 그 이유는 학교에 의한 불충분한 부응과 마찬가지로 경제, 사회, 가족들 그리고 문화를 포함하는 것이다(Chatterji, 2006; Ladson-Billings, 2006; O'Connor, Hill, & Robinson, 2009; Parkay, 2006; Warikoo & Carter, 2009; Wiggan, 2007). 가장 중요한 이유는 바로 우리 사회 내에 있으며, 아프리카계 미국인들, 라틴계(특히 멕시코계 미국인들과 푸에르토리코인들) 그리고 미국 인디언들은 사회경제적 지위에 있어 낮은 단계를 차지하는 경향이 있다. 그 결과 이러한 집단의 많은 가족 구성원들이 중산층의 전형적인 유년기 가정교육처럼 그들의 자녀들에게 학업 준비도와 자극을 제공해 줄 수 없게 된다. 물론 민족성뿐만 아니라 경제적인 것도 운명이 아니다. 오바마 대통령은 편모에 의해 양육된 아프리카계 미국인이며, 그와 같이 상당한 장애물들을 극복하고 성공을 거둔 성인들도 많이 있다. 그러나 이러한 장애물들이 존재하고 많은 예외들을 인정한다 하더라도 여전히 똑같은 자원을 가지고 시작하지 못하는 아동들은 존재하고, 이것은 결국 그들의 삶의 기회에 영향을 미치게 된다. 특히 상습적 실직, 계약직 그리고 매우 낮은 임금 노동자들은 대체로 소수자 집단으로부터 온 사람들의 공동체에 한정되는 경우가 많으며, 이러한 공동체 내에 편부모 가정들의 수를 증가시키는 원인이 된다는 것을 포함하는 가족 구성원들의 삶에 부정적인 영향을 준다(U.S. Census Bureau, 2001).

또 다른 중요한 단점은 소수자 집단으로부터 온 많은 학생들이 학문적 열등함에 직면하거나 학생 수가 너무 과밀한 학교에 가기도 한다(Barton, 2003; Tate, 2008). 미국 전체에 걸쳐 모든 민족들의 중산층과 많은 노동계층 가정들은 도시 주변으로 이사함으로써 도심부 학교에 들어가거나 혹은 자녀들을 사립 또는 가톨릭교구 부속학교에 보내고, 공립학교들은 딱히 다른 대안이 없는 자원이 부족한 사람들을 위해 남아 있게 된다. 남겨진 아이들은 불균형적으로 민족적 소수자들의 구성원이 대다수로, 지역 내에서 가장 낮은 수준으로 취급되거나 재정적으로 좋지 않은 학교에 다니기 쉽고(Biddle & Berliner, 2002; Ferguson & Mehta, 2004; Lee, 2004), 그들은 종종 최소한의 자격과 최소한의 경험만을 가진 교사들이 있는 학교에 다니게 된다(Connor, Son, Hindman, & Morrison, 2004; Darling-Hammond, 2006; Haycock, 2001).

종종 소수자 집단에서 온 학생들은 학업 수행에 있어 상당히 부진한 경우가 있는데, 왜냐하면 그들이 받는 교육과 그들의 문화적 배경이 서로 모순되기 때문이다(Banks, 2006; Jagers & Carroll, 2002; Latham, 1997; Lee, 2008; Ogbu, 2004; Ryan & Ryan, 2005). 학문적 우수성 그 자체는 학생들 자신이 속한 공동체 내에서의 수용과 더불어 모순으로 보일 수 있을 것이다. 예를 들어 Ogbu(2004), Spencer, Noll, Stoltzfus, Harpalani(2001), Stinson (2006), Tyson, Darity, Castellino(2005), 그리고 다른 학자들은 많은 아프리카계 미국인 학생들이 성취하려고 노력하게 되면 '백인 흉내내기' 라고 그들의 동료들을 비난하는 경향에 대해 주목해 왔다. 이와는 대조적으로 많은 아시아계 미국인 부모들은 하나의 기대로서 학문적 우수성에 대해 강하게 압력을 가하고, 결과적으로 많은(전부는 아니지만) 아시아인 하위 집단들이 학교에서 잘 해내고 있다(Ng, Lee, & Park, 2007). 아프리카계 미국인들(Boykin, 1994a; Jagers & Carroll, 2002; Lee, 2000, 2008), 미국 인디언들(Castagno & Brayboy, 2008; Lomawaima & McCarty, 2002, 2006; Starnes, 2006), 그리고 멕시코계 미국인들(Padrón, Waxman, & Rivera, 2002)은 일반적으로 다른 사람들과 함께 협력해서 일하는 것을 선호하며, 대부분 교실에서의 경쟁적 구도에 비해 협동적 환경 속에서 수행을 더 잘 해낸다. 학생들의 모국어와 방언들에 대한 존중 부족은 학교에의 참가를 감소시키는 원인이 될 수 있다(Delpit, 1995). 낮은 기대감은 갖게 되는 학생들은 소수자로서 그들의 낮은 성취도의 한 원인이 될 수 있다(Nasir & Hand, 2006; Ogbu, 2004; Tenenbaum & Ruck, 2007; Van Laar, 2001). 이것은 특히 낮은 기대감이 교사들을 호의적 의미로 이끌거나 행정관리인들이 소수자 집단으로부터 온 학생들을 낮은 능력 집단 내지 능력별 편성(Braddock, Dawkins, & Wilson, 1995 참조) 또는 특별교육(O'Connor & Fernandez, 2006; Reid & Knight, 2006)에서 불균형적으로 배치하는 일들이 종종 벌어짐으로써 사실이 된다. 그러나 아프리카계 미국인 학생들이 종종 교사들과 다른 사람들의 낮은 기대감으로 인해 상처를 입으며, 반면 교사들과 다른 사람들의 기대감이 학생 자신과 그들의 학문자아개념에 대한 기대감을 적어도 백인 학급 동료만큼 높이는 데 기여한다(Eccles, Wigfield, & Byrnes, 2003; Van Laar, 2001).

연결해서 더 보기

소수자와 낮은 성취를 보이는 학생들에게 영향을 미치는 동기 요인과 교사 기대 역할, 학습된 무기력 현상 등에 관해 학습하고자 한다면 제10장을 참조하시오.

■ 고정관념에 대한 우려

당신이 왼손잡이고 권위 있어 보이는 누군가가 왼손잡이인 사람들이 돈 계산 문제에 있어서 대단히 서투르다는 연구에 관해 당신에게 말한다고 상상해 보라. 그러고 난 뒤 당신은 1센트, 5센트, 10센트, 25센트가 섞여 있는 자루 하나를 받았고, 그것들은 60초 안에 똑같은 값을 가진 것끼리 분류하도록 요청받았다고 해 보자.

당신은 어떤 느낌이며 당신에게 주어진 과업을 어떻게 해나갈 것인가? 당신은 상당히 마음을 졸이게 될 것이며, 앞서 들었던 왼손잡이에 관한 고정관념(실제로는 어떠한 근거도 없는)이 확실해지는 것을 피하고 싶어질 것이다. 어쩌면 당신은 오른손을 사용해서 동전들을 분류하려고 노력할지도 모른다. 결국에 당신은 이처럼 아주 단순한 과업을 제대로 수행하지 못할 것이고, 만일 내가 왼손잡이들이 돈 계산에 있어서 어려움을 가졌다고 생각하지 않았더라면 하고 생각할 것이다.

고정관념 위협(stereotype threat)이라고 하는 이러한 현상은(Aronson, 2002; Aronson & Steele, 2005; Huguet & Régner, 2007) 많은 상황에 적용되면서 설명되었다. 사람들

이 속한 집단에 대한 고정관념에 관해 알고 있는 사람들은 그러한 고정관념을 확신하는 것에 대해 염려하고, 그러한 염려는 그들로 하여금 실제 능력보다 낮은 수준의 수행을 하게 하는 원인이 된다. 확실히 고정관념 위협은 주어진 민족, 성 혹은 사회 집단 구성원들이 특정 학교 과업에서 잘할 것이라고 기대되지 않는다고 느낄 때 가장 많이 관심을 갖게 되는 것이다. 시간이 흐르면서 학생들은 그들에게 주어진 활동이 그들을 위한 것이 아니라고, 한 여학생이 수학은 "나랑 맞지 않아."라고 결정할 때와 마찬가지로 단순하게 결정할 수도 있다.

고정관념 위협을 예방하거나 개선하기 위해서 교사는 특정 기술이 특정 사람들에게 더 쉽거나 혹은 더 어렵다는 신념을 결코 표현하지 않도록 주의를 기울여야만 하고, 모든 학생들에게 빛날 수 있는 기회를 주어야 하며, 모든 형태의 과업에 있어서 리더십을 보여야 한다. 학생 개개인 모두는 기술과 관심사가 각양각색이고, 물론 교사들은 절대로 주어진 과업에서 학생들의 성공 혹은 실패를 그들이 속한 특정 집단의 신분 탓으로 돌리지 말아야 할 것이다.

아프리카계 미국인, 라틴계 그리고 미국 인디언 아동들의 낮은 성취도는 그저 하나의 일시적인 문제가 될 것이다. 성취도에 있어서의 차이는 서서히 감소하고 있으며(National Assessment of Educational Progress, 2008), 아프리카계 미국과 스페인계 가정들이 중산층에 들어감으로써 그들 자녀들의 성취도는 아마도 다른 그룹들과 비슷한 수준이 될 것이다. 1920년대에는 남부와 동부 유럽에서 온 이민자들(이탈리아인, 그리스인, 폴란드인, 유대인)이 전혀 가망이 없을 만큼 뒤처지고 아마도 방해가 되기도 했었지만(Oakes & Lipton, 1994), 현재 이런 이민자들의 자녀들과 손자들도 'Pilgrims'(1620년에 메이플라워 호를 타고 미국으로 간 영국인 중 한 사람)의 후예들과 마찬가지 수준으로 성취하고 있다. 그러나 우리는 단순히 불공평함이 사라져 버리기만을 기다릴 수는 없다. 학교는 가난한 배경을 가진 학생들에게 성공할 수 있는 기회를 줌으로써 빈곤의 악순환을 깨뜨릴 수 있다. 즉시 많은 아프리카계 미국인, 라틴계 그리고 미국 인디언 학생들이 있는 학교들은 효과적인 교수법을 이용하고, 모든 학생들을 반드시 성공시키겠다는 의미 있는 노력을 함으로써 그러한 학생들의 성취도를 높일 수 있을 것이다.

■ 학교에서의 인종 차별 폐지의 효과

1954년 이전까지만 하더라도 아프리카계 미국인과 백인, 때로는 라틴계와 인디언 학생들은 법적으로 20개 주나 콜롬비아 자치구 안에 있는 인종을 차별하여 분리한 학교를 다녀야 했고 나머지 주에서도 인종 분리 학교는 흔했다. 소수민족 학생들은 가장 가까운 공립학교에서 별도로 몇 마일 떨어진 학교까지 버스를 타고 간다. 그러나 1954년에 대법원은 이러한 차별적 교육은 본질적으로 불평등이라는 근거로 역사적인 브라운 대 토피카 교육위원회 판결로 이 관행이 폐지되었다. 브라운 대 토피카 교육위원회 판결은 법적인 분리를 폐지했지만 수많은 서로 다른 인종들이 학교를 같이 다니기까지에는 오랜 시간이 걸렸다. 1970년대 있었던 일련의 대법원 결정은 미국 전역에 걸친 많은 학교의 지속적인 인종 분리가 인종 구분에 따라 나누어진 학교의 지역 경계선을 의도적으로 그린 것 같은 과거 차별적 관행의 결과로 나타났음을 밝혔다. 이러한 결정은 지역 학교 지구에 필요한 모든 수단을 동원해 그들의 학교에 인종 차별 정책 철폐를 강요했다(Bell, 2004; Ogletree, 2004).

대부분의 자치구에는 다른 특정 학교에 배정된 소수 단체 학생의 비율에 대해 구체적인 기준이 제시되었다. 예를 들어 학생의 45%가 아프리카계 미국인인 지역구는 35~55% 정도 아프리카계 미국인이 등록이 되어야만 한다. 인종 차별 대우 폐지를 달성하기 위해 일부 지역 교육청은 단순히 통학구만을 변경하기도 했다. 다른 곳은 특별한 마그넷 스쿨(재능을 가진 학생을 위한 공연예술의 학교 또는 기술 또는 과학을 위한 학교)을 만들었다. 그러나 많은 대도시 지역에서 지역의 구분이 매우 광범위하므로 인종 균형 학교를 만들기 위해서는 다른 지역의 학생들이 버스로 이동을 해야 한다. 학교 인종 차별 대우 폐지는 소수민족의 저소득층 학생들에게 더 많은 중산층과 성과중심의 동료들과 상호작용할 수 있는 기회를 제공하여 학업 성취를 높일 예정이었다. 그러나 자주 학생들이 버스로 수송된 학교들이 남겨진 차별적 학교에 비해 우수하지 않았으며, 이러한 일 이후 이전에는 괜찮았으나 그후 발생한 도시 중산층의 유출은 저소득층 아프리카계 미국인이나 라틴계 학생들이 이와 유사한 저소득층 백인과 통합되게 되었음을 의미하는 것이었다(Kahlenberg, 2000). 또한 주거 분리와 강제 버스 통학 반대 때문에 소수민족 대부분의 학생들은 여전히 거의 없거나 있어도 백인들만 있는 학교에 참석하고 많은 지역에서 차별은 다시 증가하고 있는 것에 주목하는 것이 중요하다(Orfield, Frankenberg, & Lee, 2003; Smith, 2002).

통합을 위한 강제 버스 통학의 지지는 아프리카계 미국인과 라틴계 부모들 사이에서 크게 줄어들고(Morris 1999; Wells & Crain, 1997), 최근에 대법원 판결은 인종 차별 대우 폐지에 대한 법적인 강요를 제외시켰다(Orfield & Frankengerg, 2007; Orfield & Lee, 2004).

소수민족 학생들의 학업 성취에 대한 인종 차별 대우 폐지의 전반적 효과는 긍정적이지만 미비하였다. 그러나 초등학교에서 인종 차별 대우 폐지가 시작할 때, 특히 소수민족 아이들이 상당수 중산층 아이들이 있는 수준 높은 학교로 강제 버스 통학을 할 때 인종 차별 대우 폐지는 소수민족 학생의 성취에 특별히 긍정적인 효과가 있었다(Trent, 1997; Wells, 1995; Welner, 2006). 이러한 효과는 인종 차별 대우 폐지 때문이 아니라 오히려 더 나은 학교에 출석한 결과라고 생각된다.

인종 차별 대우 폐지의 중요한 결과 중 하나는 인종 차별 대우 폐지 학교에 출석하는 아프리카계 미국인과 라틴계 학생들은 인종 차별 대우 폐지 대학에 가고 통합된 환경에서 일하며 인종 분리 학교를 다닌 다른 학생들보다 더 높은 임금을 받는 가능성이 있다(Schofield, 1995; Wells & Crain, 1997).

적용해 보기

문화적으로 다양한 학교 교육

다음 권장 사항은 인종적 · 민족적으로 다양한 교실과 학교에서 학생들 사이의 사회 통합과 평등한 기회를 증진시키는 데 도움을 줄 수 있다(see also Gay, 2004; Howard, 2007; Noeto & Bode, 2008; Parillo, 2008).

- 학생들을 대할 때 공정성과 균형을 사용하라. 학생들은 "나와 같은 사람(백인, 아프리카계 미국인, 라틴, 베트남인)은 공평한 기회를 얻지 못한다."라는 믿음에 대해 정당성을 가져서는 안 된다(Banks, 2009).
- 동일하게 긍정적이고 정형화되지 않는 역할에서 모든 민족을 보여 주는 교재와 학습 자료를 선택하라(Garcia, 1993). 소수민족에게 잘못 전달되지 않도록 확실히 하라. 주제는 편향되지 않아야 하고 소수민족의 개인들은 높은 지위 역할에서 정형화되지 않게 나타나야 한다(Banks, 2008, 2009).
- 신문, 잡지, 그 문화의 다른 대중 매체에서 가져온 다양한 문화들의 실제 자료를 사용한 교과서를 추가하라.
- 자신의 언어와 문화에 맞는 정보를 가지고 활동하는 아동들의 부모들과 가족들에게 손을 뻗어라(Lindeman, 2001). 편견을 전달하지 말고 차이가 없는 척하는 것보다 공감하며 터놓고 인종적 또는 민족적 관계를 논의하라(Polite & Saenger 2003).
- 욕설과 조롱, 농담 등을 포함한 인종적 · 민족적 편견은 교실이나 학교에서 용납되지 않음을 학생들에게 알게 하라. 이 규범을 시행한 결과를 도입하라(Wessler, 2001).
- 모든 학생들이 그들 자신과 다른 이들의 문화유산과 역사와 문명에 대한 공헌을 소중히 생각하도록 도와주어라. 동시에 단순히 민족의 음식과 공휴일에서 문화를 경시하거나 정형화하는 것을 피하라. 학생들이 다양성의 가치를 배우는 것은 더 많은 지식과 생활의 다른 방법의 공감을 얻는 것보다 훨씬 더 필요하다(Villegas & Lucas, 2007).
- 교실 또는 학교에 있는 학생들이나 공부하는 다른 문화를 대표하는 벽화, 게시판, 포스터, 유물, 다른 자료를 교실과 복도 그리고 도서관/미디어 센터에 장식하라(Manning & Baruth, 2009).
- 재인종 차별을 피하라. 계열화나 능력별 반 편성 사이에 높고 낮은 성과를 분리하는 경향이 있고 역사적 · 경제적 요인으로 소수민족 학생들은 낮은 성과 계급에 편향되기 쉽다. 이와 같은 그리고 기타 이유로 계열화는 피해야 한다(Ferguson & Mehta, 2004; Tyson et al., 2005).
- 다양한 문화 집단의 학생들에게 모욕적이거나 좌절하는 과제인지 확인하라. 예를 들어 크리스마스 경험에 대해 쓰기를 학생들에게 요구하는 것은 비기독교 학생들에게는 부적절하다(Banks, 2009).
- 집단 사이의 상호작용을 위한 구조를 제공하라. 홀로 접근하는 것은 인종적 · 민족적인 다른 집단 사이에서 사회 조합으로 연결되지 않는다. 학생들은 개인으로서 알고 공동의 목표를 향해 함께 작업할 수 있는 기회가 필요하다(Cooper & Slavin, 2004; Parillo, 2008). 예를 들면 통합 스포츠와 과외 활동에 참가하는 학생들은 다른 학생들보다 인종적이거나 민족적으로 그들과 다른 친구들을 사귀기 쉽다(Braddock et al., 1995; Slavin, 1995b).
- 인종과 민족 경계에 걸쳐 관계를 개선하는 것을 보여 주는 협동 학습을 사용하라(Cooper & Slavin, 2004 ; National Research Council, 2000). 협동 학습 경험의 긍정적인 효과는 종종 팀이나 그룹 자체가 오래 가고 학교 밖에서의 관계가 연장될 수 있다. 협동 학습은 성취와 사회 조화 모두에 기여하고 소수민족 아동들의 참여를 높일 수 있다(Cohen, 2004).

언어 차이와 이중 언어 프로그램이 학생들의 성취도에 어떠한 영향을 미치는가

1979년에는 5세에서 24세 미국인 중 모국어가 영어가 아닌 다문화 가족으로 구성된 비율이 9% 정도였다. 그런데 1999년 이 비율이 17%(NCES, 2004)로 증가했고, 2026년이 되면 전체 학생의 25%가 모국어가 영어가 아닐 것으로 예상된다. 이와 같은 다문화 가정 학생의 가족 중에서 65%가 스페인어(NCES, 2004)를 사용한다. 그러나 많은 학생들이 아시아, 아프리카 또는 유럽 등 수십 개 언어 중 하나를 사용한다. **언어 소수자**(language minority)라는 용어는 이러한 모든 학생들에게 사용되고, **제한된 영어 실력**(LEP)과 **영어 학습자**(EL)는 아직 영어 전용 프로그램 안에서의 성공을 위한 적절한 수준의 단계를 달성하지 못한 극소수에게 사용되는 용어이다(Garcia, Jensen, & Scribner 2009). 이 학생들은 제2언어로 영어를 배우고 그들의 학교에서 영어 학습자를 위한 수업에 참여할 수 있다.

제한된 영어 실력을 가진 학생들은 교육 제도에 딜레마를 주었다(August & Shanahan 2006a; Li & Wag, 2008). 이중 언어 사용 자체는 학생들을 위한 인지적이고 현실적인 자산이다(Adesope, Lavin, Thompson,, & Ungerleider, 2009). 그러나 제한된 영어 능력을 가진 사람들은 미국 사회에서 효과적으로 기능하려면 영어를 학습해야 한다. 그러나 학생들이 영어가 능숙해질 때까지 그들의 모국어나 영어로 수학이나 사회 수업을 가르쳐야 하는가? 그들의 모국어로 읽는 법을 가르쳐야 하는가? 이 질문은 단순히 감정적 논쟁을 도발한 정치적 문제이거나 문화적 의의로서의 교육학 문제가 아니다. 이와 같은 이슈의 한 가지는 많은 라틴계 부모들이 자녀가 그들 민족의 집단 정체성과 자부심을 유지하기 위해 스페인어와 문화를 교육받기를 원한다는 것이다(Diaz-Rico & Weed, 2010; Macedo, 2000). 언어가 영어나 스페인어가 모국어가 아닌 다른 부모들의 경우에도 종종 이와 같은 것을 느낀다(Arzubiaga, Nogueron, & Sullivan, 2009).

■ 이중 언어 교육

이중 언어 교육(bilingual education)은 영어를 학습하는 시간에 모국어로 영어를 습득하는 학생들을 위한 프로그램을 의미한다. 영어 학습자에게 일반적으로 다음 네 가지 유형 중 한 가지 형태로 가르친다.

1. **영어 몰입.** 영어 학습자를 위한 가장 일반적인 수업 형태는 일종의 영어 몰입 형태이다. 즉 영어 학습자가 영어 전용 교육과정에서 성공할 수 있도록 돕는 주로 또는 전적으로 영어 학습자를 위한 구두 영어로 이루어진 프로그램을 통해 배우는 것이다. 영어 몰입 프로그램에서는 주의 깊게 학생들의 어휘를 구축하고, 설명을 단순하게 하도록 설계하며, 영어 학습자들이 콘텐츠를 성공적으로 습득할 수 있도록 도움 받을 수 있다(예 : Clark 2009; Diaz-Rico & Weed, 2010; Echevarria, Vogt, & Short, 2008; Gersten et al., 2007 참조). 그러한 모형은 종종 구조화된 영어 몰입으로 언급된다. 대안적으로 영어 학습자는 그저 정규 영어 교육에 포함되어 있고 그들이 할 수 있는 최선을 다할 것으로 기대할 수 있다. 이 '빠지다 혹은 수영하다(sink or swim)' 접근 방식은 영어 학습자의 수

언어 소수자

미국에서 영어가 아닌 다른 언어를 모국어로 사용하는 사람

제한된 영어 실력(LEP)

영어의 제한된 숙달 과정

영어 학습자(EL)

미국 학교에서 영어가 모국어가 아닌 학생

이중 언어 교육

영어를 조금 하거나 거의 하지 못하는 학생들에게 모국어로 교육하는 교육 프로그램

가 적고 그들이 스페인어 이외의 언어로 말할 때 가장 일반적이다.

2. **과도기적 이중 언어 교육.** 영어 학습자를 위해 일반적이지만 감소하는 대안으로 과도기적 이중 언어 교육이 있다. 이는 아동들이 그들의 모국어(대부분 스페인어)로 몇 년 동안 읽기와 다른 과목을 배우고, 그 이후 보통 2, 3, 4학년 때 전환하는 프로그램이다.
3. **한 쌍의 이중 언어 교육.** 한 쌍의 이중 언어 교육 모형에서 아동들은 일반적으로 모국어와 영어로 읽기 또는 기타 과목을 배운다.
4. **양방향 이중 언어 교육.** 양방향 혹은 이중(dual) 언어 모형은 모든 학생들에게 영어와 다른 언어, 보통 스페인어로 가르친다. 즉 영어가 능숙한 학생들은 스페인어가 능숙한 학생들이 영어를 배우는 것처럼 스페인어를 배우기를 기대한다(Calderon & Minaya-Rowe, 2003; Estrada, Gomez, & Ruiz-Escalante, 2009; Lessow-Hyrley, 2005; Lidholm-Leary, 2004/2005). 영어 학습자의 관점에서 양방향 이중 언어 프로그램은 서로 다른 시간에 자신의 모국어와 영어를 배우는 본질적으로 한 쌍의 이중 언어 프로그램이다.

독서 교육을 위한 이중 언어 전략에 관한 연구는 일반적으로 이중 언어 접근방식(Greene, 1997; Slavin & Cheung, 2005) 특히 한 쌍의 이중 언어 방법을 지원한다. 한 쌍의 이중 언어 전략을 지원하는 증거는 영어 학습자가 그들의 구두 영어를 구축하기 위해 수년을 보낼 필요가 없지만 제한된 수준의 영어 말하기 기술로 영어 읽기를 배울 수 있고, 읽기와 말하기 능력을 함께 구축 할 수 있다는 것을 제시한다(Slavin & Cheung, 2005). 그러나 교육의 언어는 EL 학생을 위한 효과적인 교육 요소이고 교육의 질(영어만이든지 영어와 다른 언어든지)이 적어도 중요하다(August & Shanahan, 2006b).

적용해 보기

영어 학습자 가르치기

미국과 캐나다의 모든 지역의 교사는 그들 수업에 영어 학습자가 있을 가능성이 증가된다. 다음과 같은 일반적인 원칙은 영어 커리큘럼에서 이러한 학생들이 성공하게 도와줄 수 있다(August & Shanahan 2006a; Calderon, 2007; Diaz-Rico, 2004; Echevarria et al., 2008; Farrell, 2009; Garcia & Jensen, 2007; Genesee, Lindholm-leary, Saunders, & Christian, 2005; Gersten et al., 2007; Herrera & Murry, 2005; Hill & Flynn, 2006; Tong, Lara- Alecio, Irby, Mathes, & Kwok, 2008 참조).

1. **말로만 하지 말고 보여 줘라.** 모든 학생들은 어려운 설명을 사진이나 비디오, 구체적인 사물, 제스처와 행동으로부터 배운다. 그러나 영어 학습자는 특별히 시각뿐만 아니라 청각적인 단서도 포함하는 교육으로부터 배운다.
2. **학문적인 영어를 사용하는 안전한 기회를 권장하라.** 많은 영어 학습자들은 비웃음거리가 되는 것에 대한 공포 때문에 영어 사용하기를 꺼려해 수업을 두려워한다. 그러나 영어를 배우는 가장 좋은 방법은 그것을 사용하는 것이다. 학문적인 내용 안에서 학생들이 사용

하는 영어의 기회를 조직하라(Reeves, 2005). 예를 들면 질문을 할 때 먼저 학생들에게 파트너와 답변을 토론할 기회를 제공하고 나서 파트너와 함께 이름을 부른다. 영어를 배우는 학생들을 위해서는 이러한 방법 혹은 다른 형태일지라도 협동 학습은 특히 도움이 된다(Calderon et al., 2004; Calderon et al., 1998).

3. **어휘를 늘려라.** 모든 아동들, 특히 영어 학습자는 새로운 어휘에 대한 명쾌한 교수법으로부터 배운다. 학생들에게 글 내용에서 새로운 단어들을 듣고 그것을 가지고 직접 문장을 만드는 많은 기회를 제공하라. 사전적 정의를 배우는 것은 질문하고 답하는 기회를 가지는 만큼 유용하지 않다. 새로운 문장들을 쓰고 새로운 단어들을 짝과 함께 토론해라(Carlo et al., 2004; Fitzgerald & Graves, 2004/2005; Snow, 2006; Zwiers, 2005).
4. **설명하지 마라.** 영어를 배우는 사람이나 다른 학생들은 답을 알지만 무엇을 해야 할지에 대해 종종 혼란스러워 한다. 예를 들면 학생들에게 설명을 고쳐 질문하는 것으로 학생들이 과제나 설명을 이해하고 있는지를 특히 잘 살펴봐야 한다(Diaz-Rico & Weed, 2010).
5. **어원이 같은 것은 알려줘라.** 만일 당신이 모국어로 말한다면 영어에서 비슷한 단어를 영어 학습자에게 알려줘라. 예를 들면 교실에서 영어를 배우는 많은 학생들에게 그들이 사용하는 언어에 따라서 *amorous*를 스페인어와 포르투갈어인 *amor* 또는 프랑스어인 *amour* 또는 이탈리아어인 *amore*의 유사함을 알려주며 가르칠 것이다(Carlo et al., 2004; Dong, 2009).
6. **아이들의 영어를 지적함으로써 절대 공개적으로 그들을 당황스럽게 만들지 마라.** 대신에 그들이 고친 답변에 칭찬하고 그것을 정확하게 수정해 준다. 예를 들면 러시아 학생들은 종종 *a*와 *the*를 빠뜨린다. 만약 학생이 "Mark Twain was famous author."라고 말한다면 교사는 주의를 끌지 말고 *a*를 추가하며 "맞아요. Mark twain was a very famous author."라고 대답할 것이다. 학생들에게 영어를 사용하게 하기 위해 영어 오류에 대해 놀리거나 비웃지 않는 교실 규범을 세워라.
7. **만약 영어를 배우는 학생이 읽기를 힘들어 한다면 소규모 집단 개입을 제공하라.** 수많은 연구들에서 영어를 배우는 데 어려움을 겪고 있는 영어 학습자가 집약적인 소규모 집단을 활용한 개인 지도에서 영어 읽기에 도움을 받는 것으로 나타났다(August & Shanahan, 2006 a; Cheung & Slavin, 2005 ; Gersten et al., 2007; Huebner, 2009).

점차 이중 언어를 사용하는 교육에 있어서 가장 많이 사용하는 언어의 문제들 보다 소수 언어 학생들을 위한 효과적인 형태의 교육에 대해 인식의 초점을 맞추고 있다(Cheung & Slavin, 2005; Christian & Genesee, 2001; Janzen, 2008; Lee, 2005; U.S. Department of Elducation, 2000). 공동 학습 프로그램들은 초등학교 고학년 교육에서 스페인어 읽기의 결과를 향상시킬 수 있었고, 이중 언어를 사용하는 학생들이 영어로 성공적인 수행을 할 수 있도록 도움을 주는 데 특별히 효과적이라는 것이 확인되었다(August & Shanahan, 2006a; Calderon et al., 1998; cheung & Slavin, 2005). 최근에 교육에 있어서, 특히 영어를 우대하는 교육에서는 이중 언어의 사용을 자제하는 움직임이 있어 왔다. 미국에서 가장 많은 소수 언어 학생들이 있는 캘리포니아에서 227 법률 개정안(Propositin 227)이라 부르는 국민투표가 1998년에 통과되었다. 이는 제한된 영어 능력이 있는 학생들에게 영어 학습에 집중적인 지원을 받을 수 있도록 최대 1년 면제가 된다. 그 결과 교실에서만큼은 아이들이 영어 주류에 있음이 기대되었다. 이 법안은 부모들이 여전히 모국어로 자녀를 가르치므로 캘리포니아에서 이중 언어 교육을 감소시킬 수는 있었으나 없애지는 않았다. 메사추세츠나 애리조나 혹은 다른 주에서 또한 이중 언어 교육을 제한하는 법안이 통과되었고(Hakuta, Butler, & Witt, 2000), 심지어 이중 언어 교육을 금지하지 않는 다른 주에서도 이중 언어 교육의 인기는 줄어들고 있는 형편이다(Mora, 2009).

Christina Kennedy/PhotoEdit

연구 결과에 따르면, 이중 언어 프로그램을 경험한 학생들이 영어만 사용한 또래에 비해 더 나은 성취를 영어에서 보인다고 한다. 이러한 일이 왜 사실이라고 여기는가?

다문화 교육이란 무엇인가

최근 몇 년간 다문화 교육은 미국 교육에서 많은 토론의 주제가 되어 왔다. **다문화 교육**(multicultural education)의 정의는 방대하고 다양하다. 가장 단순한 정의는 커리큘럼 안에서 유럽인이 아닌 다른 관점을 포함하기를 강조하는 것이다. 예를 들면 아프리카, 라틴, 아시아, 원주민(인디언) 노동자들이 영어 교육과정 안에 다음과 같은 다양한 관점으로 보도록 한다. 즉 미국인의 관점으로부터 콜럼버스에 관한 교육 또는 서양 사회가 아닌 문화와 기여에 관한 교육(Banks, 2008, 2009; Koppelman & Goodhart, 2008; Manning & baruth, 2009) 등이다. Banks(2009)는 다문화 교육을 모든 정책과 관행들을 아우르는 학교들에 있는 전통, 사회계층 그리고 지역적 배경이 다른 학생들뿐만 아니라 성별이 다르고 예외가 있는 학생들을 위한 교육도 포함하여 정의한다(예를 들어 정신적 지체 장애, 청각 장애, 시각 장애가 있는 아동들 혹은 재능 있는 아동들).

■ 다문화 교육의 관점

Banks(2008)는 다섯 가지 주요 다문화 교육의 관점에 대해 논의한다(그림 4.2 참조).

콘텐츠 통합(content integration)에는 다양한 문화로부터의 정보, 자료 및 예시 사용이 포함된다. 이것은 대부분의 사람들이 다문화 교육이라고 생각하는 것이다. 즉 다른 문화, 그리고 다양한 문화권의 사람들이 기여한 것에 대해 가르치는 것과 여성을 포함한 잘 드러나지 않은 집단의 구성원들의 업적을 교육과정에 포함시키는 것도 여기에 속한다(Bettmann & Friedman, 2004; Hicks-Bartlett, 2004).

지식 구조(knowledge construction)는 어떻게 지식이 창출되고 그것이 개인과 단체의 인종과 전통 그리고 사회계층 위치에서 어떻게 영향을 주는지 아동들이 이해하도록 돕는 것에 주목한다(Banks, 2008, 2009). 예를 들면 학생들은 우리에게 주어진 지식이 우리 자신의 근원과 관점으로부터 어떻게 실제로 영향을 받았는지 배우기 위해 원주민 또는 아프리카계 미국인들의 관점으로 초기 미국 식민지 역사를 쓰기에 질문할지 모른다(Koppelman & Goodhart, 2008; Varus, 2008).

편견 감소(prejudice reduction)는 다문화 교육의 중대한 목표이다. 그것은 다른 전통적 배경을 가진 학생들 사이에 긍정적인 관계를 발전시킬 수 있으며(Coorper & Slavin, 2004;

다문화 교육
문화의 다양성의 가치를 가르치는 교육

콘텐츠 통합
교사들이 다양한 문화에서 얻은 예시나 자료, 그리고 정보를 활용함

지시 구조
우리가 얻은 지식이 어떻게 우리의 근원과 관점에 의해 영향을 받는지 학생들이 이해하도록 도움

편견 감소
다문화 교육의 중대한 목표는 긍정적인 관계 발전과 다른 배경의 학생들 사이에서의 민주주의 행동들을 포함한다.

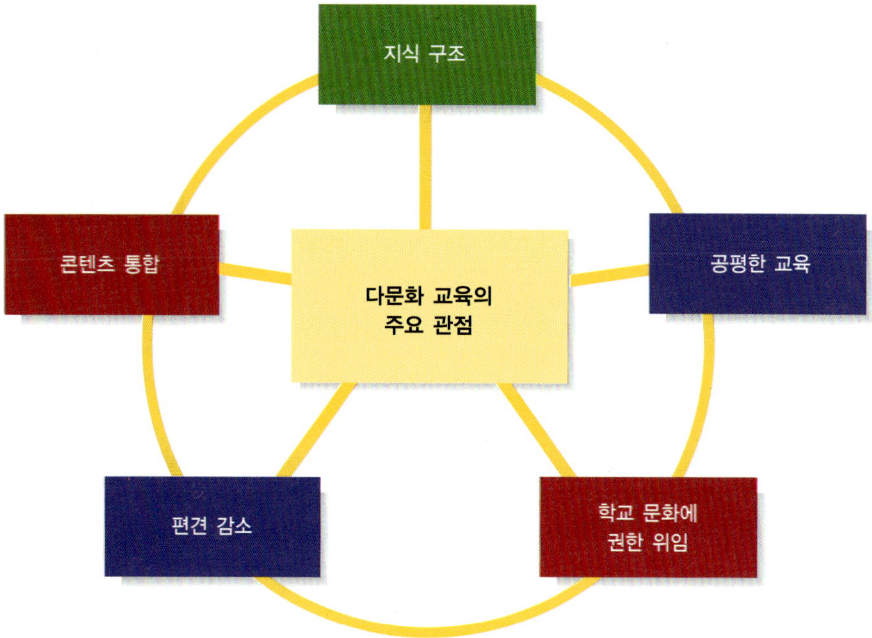

그림 4.2 다문화 교육의 다섯 가지 주요 관점

출처 : James A. Banks, "Historical Development, Dimensions, and Practice," in James A. Banks and Cherry A. Banks (Eds.), *Handbook of Research on Multicultural Education*, 1999, New York: Simon & Schuster Macmillan.

Stephan & Vogt, 2004), 좀 더 서로에게 민주주의적이며 관대하게 행동할 수 있도록 그 관계를 발전시킬 수 있다(Banks, 2009).

공평한 교육(equity pedagogy)은 다른 전통과 사회계층 학생들의 학문적인 성공을 가능하게 하는 교수 기법 활용에 주목한다. 예를 들면 전통적이고 민족적인 단체, 특히 멕시코계 미국인과 아프리카계 미국인의 구성원들이 가장 활동적이며 협동적인 방법으로 배운다는 증거가 있다(Boykin, 1994a, 1994b,; Losey, 1995; Triandis, 1995).

학교 문화에 권한 위임(empowering school culture)은 학교 단체와 관행이 모든 학생들의 학문적이며 감성적 성장을 위해 도움이 되는 방안의 하나이다. 예를 들면 같은 문화를 공유하는 학교가 추적이나 능력별 그룹화를 없애고, 특별한 욕구를 가진 학생도 표식을 줄이며 포함시키고, 모든 학생들이 고등 교육에 이를 수 있도록 노력하는 한편 지속적으로 높은 기대를 보여 준다. 학교 문화에 권한 위임의 훌륭한 하나의 예는 대학을 준비하는 수업에서 위험에 노출된 학생들이 잘 드러나지 않도록 배치하고, 그들에게 힘든 교과 과정에서 성공할 수 있도록 도움을 주기 위해 개인지도와 다른 지원을 제공하는 AVID 프로젝트이다(Swanson, Mehan, & Hubbard, 1995; Watt, powell, & Mecdiola, 2004).

다문화 교육에서 첫 번째 단계는 교사나 행정가 그리고 다른 학교 직원이 그들의 아이들의 출생지 문화를 배우고, 모든 정책 및 관행과 다른 지역에서 발생되기 쉬운 편견(예를 들어 오직 유럽인과 유럽계 미국인 문화 또는 역사를 교육하는 것)을 식별하기 위해 학교에서 사용된 교육과정에서 주의 깊게 검토하는 일이다. Banks(2006, 2008, 2009), Koppelman와 Goodhart(2008), Nieto와 Bode(2008), 그리고 Manning과 Baruth(2009)가 쓴 책들은 시작하기에 좋은 자료이다. 이러한 책들과 또 다른 책들을 통해서 다양한 문화의 몇 가지 특징과 서로에게 적합하게 가르치는 전략과 자료를 제공받을 수 있다.

공평한 교육

다른 전통과 사회계층 단체의 학생들이 학문적인 성공을 가능하게 하는 교수법

학교 문화에 권한 위임

교육 단체와 관행이 모든 학생들에게 학문적이며 감성적 성장에 좋은 학교 문화

성과 성 편견이 학생들의 학교 경험에 어떻게 영향을 미치는가

아동들의 성(sex)은 가시적이며 영구적인 속성이다. 간 문화 연구(cross-cultural research)에서 성 역할은 개인이 처음으로 학습하는 것, 모든 사회에서 남녀를 다르게 다룸으로써 형성된다는 점을 지적한다. 따라서 성 역할이나 성 역할 행동은 학습된 행동이다. 그러나 남자와 여자들에 의해 행해지는 역할의 범위는 전체 문화에 걸쳐서 광범위하다. 각각의 성에 대한 자연적 행동으로 간주되는 것은 생물학적 필요성보다는 문화적 신념에 더 근거를 두고 있기 때문이다. 그럼에도 불구하고 생물학적 차이와 성 역할 사회화가 행동 방식과 성취에 영향을 미치는 정도는 지금까지도 논쟁이 되는 주제이다. 영향력 있는 연구들이 일방적으로 합의하는 바는 유전적인 생물학적 차이, 남성과 여성 간의 관찰된 다양한 차이 등은 초기에 사회화를 통한 기대에서의 차이와 명백히 연관되어 있다(Feingold, 1992; Grossman & Grossman, 1994).

■ 남성과 여성의 사고와 학습

비록 남자아이들과 여자아이들 간에는 기질과 성격에 있어서 차이가 있다는 것에 관한 많은 증거들이 있음에도 불구하고(예 : Else-Quest, Shibley, Goldsmith, & Van Hulle, 2006; Rose & Rudolph, 2006), 지능과 학업 성취에 있어서의 성차에 대한 의문은 몇 세기에 걸쳐서 논쟁거리이며, 1970년대 초기 이후에 특히 중요하게 다루어진 이슈이다. 가장 중요한 사항은 이러한 논쟁은 어떤 무책임한 연구자가 남녀 성별에 따라 내적 가변성의 정도를 비교하는 연구를 통해서 지적인 능력을 측정한 결과 남녀 간에 성차가 크게 나타난다고 주장한 것에 원인이 있다는 점이다. 반면에 심지어 실제 성 차별이 의심되는 지역에서도 이러한 차이들은 매우 작고 가변적이라는 몇 가지 실증적 결과도 있다(Francis & Skelton, 2005; Lundeberg & Mohan, 2008; Sadker & Sadker, 2003).

몇 가지 차이점은 기록할 가치가 있다. 고등학교 3학년 여학생들이 대입 수능 시험(SAT)의 양적인 부분에서(Allspach & Breining, 2005), 그리고 대학 과목 선이수제도 수학 시험에서(Stumpf & Stanley, 1996) 상당히 낮은 점수를 받았다고 보고된 바 있다. Kim(2001)에 의한 20개의 주요 연구의 요약에서 보면 남성이 여성보다 수학에서 더 높은 점수를 얻는 반면 영어에서는 그렇지 않다. 놀랍게도 남성들은 다중 선택 시험에서 더 나은 점수를 얻지만 다른 형식에서는 그렇지 않았다. 가장 중요한 원인은 우리 사회에서는 여성이 전통적으로 수학 공부에서 기가 꺾여 있다는 것이다. 따라서 남자들보다 훨씬 더 적은 수학 과정을 받는다(University of Wisconsin-Madison, 2009). 사실 많은 여성들은 지난 20년간 수학 과정을 받기 시작한 이후, SAT에서의 성별 격차와 다른 척도에서의 차이가 점차 줄어들고 있는 실정이다(Allspach & Breining, 2005). Hyde와 Mertz(2009)의 연구에서는 남학생과 여학생 간에 수학 평가나 NAEP(2008)에서 눈에 띄는 차이가 없다는 것을 제시하였다. 그러나 수학과 과학 시험에서 남녀 간의 근접한 차이에도 불구하고 젊은 남성들이 수학과 과학, 특히 물리학, 공학, 그리고 컴퓨터 과학과 관련된 직업에 젊은 여성들보다 훨씬 더 많이 종사하고 있다(Ceci & Williams, 2009; Halpern et al., 2007; Huebner, 2009).

연구 결과를 통해 살펴보면 점차 남성이 보편적인 지식이나 기계적 추리 그리고 심적 회전에서 여성보다 더 높은 점수를 받는다고 한다. 그리고 여성들은 읽기와 쓰기 평가를 포함한 언어 측정에서(Stand, Deary, & Smith, 2006), 그리고 관심과 계획 업무에서(Warrick & Naglieri, 1993) 더 높은 점수를 받는다. 보편적 언어 능력, 산술 기술, 추상적인 추론, 공간의 시각화 또는 기억 기간에서는 남녀 차이가 없다(Fennema, Carpenter, Jacobs, Franke, &LEvi, 1998; Halpern & LaMay, 2000). 학교 성적에서 여성들은 남성들보다 유리한 입장에서 출발하고 이런 이점을 고등학교 때까지 유지한다. 심지어 여성들이 다소 낮은 점수를 받는다고 보고된 수학과 과학에서 여성들은 교실에서 여전히 좋은 성적을 받는다(Maher & Ward, 2002). 이와 같은 연구 결과가 있음에도 불구하고 고등학교 남학생들은 그들의 표준화된 시험에서 측정된 언어와 수학 능력을 과대평가한다. 반면 여학생들을 그들의 능력에 대해 과소평가한다(Herbert & Stipek, 2005; Pomerantz, Altermatt, & Saxon, 2002). 초등학교 때에는 여학생들보다 남학생들이 읽기에 있어서 훨씬 더 많은 문제가 있는 경향이 있다(Ready, LoGerfo, Burkam, & Lee, 2005; Taylor & Lorimer, 2003). 그리고 학습 장애 혹은 정서 장애를 나타내는 경향이 더 많다(Smith, 2001). 유치원 여자아이들은 남자아이들보다 훨씬 더 자기 관리를 잘하는데, 이는 조기에 더 나은 성취를 나타내는 원인이 될 수 있다(Matthews, Pointz, & Morrison, 2009).

■ 소년들의 위기

소녀들이 학교에서 어떤 부당한 대우를 받는가에 대해 과거 30년이 넘게 기록된 주요한 사항이 있었음에도 불구하고 최근엔 오히려 '소년 위기'에 대해 걱정하게 된다(Perkins-Gough, 2006; Von Drehle, 2007). 오랫동안 소년들이 소녀들보다 방해, 이탈 혹은 불법의 특별한 교육에 맡겨지는 듯했다. 소녀들은 훨씬 더 많은 수가 대학에 가고 졸업했다. 그리고 많은 남녀공학 대학교와 대학의 60% 이상으로 여학생들이 많은 수를 차지하고 있다. 이러한 여러 사항에 있어서 차이점은 소년들이 적성검사에 있어서 더 많은 이점이 있음에도 불구하고 존재한다.

자료를 좀 더 자세히 살펴보면 확실히 '소년 위기'가 있다. 그러나 전반적으로 적용되는 것은 아니다. 아프리카계 미국인 소년들은 그들의 여자 형제들보다 상당히 더 위험하고(Thomas & Stevenson, 2009), 소년들 사이에서 장애나 ADHD(주의력 결핍 장애)가 생기는 경우가 훨씬 더 흔하다. 이러한 문제들은 심각하고 주의를 기울여야 하지만, 그들은 모든 성별 차이가 발생시키는 문제점에 대해서는 정당화시키지 않는다(Mead, 2006). 실제로 소년들은 대학에의 출석 혹은 중퇴 등과 같은 많은 지표들에 있어서는 보다 나은 결과를 내지만, 소녀들은 이러한 점에 있어서 훨씬 더 빨리 개선된다. 사실 '소년들의 위기'에 대해서 자각하게 된 것은 순전히 소녀들이 학교에서 탁월성을 나타내는 것에 의욕을 꺾는 것과 같이 실천과는 동떨어진 정책들이 가지고 오는 결과일 수 있다.

■ 성 역할 고정관념과 성 편견

만일 남녀 간의 차이에 유전적인 근거를 거의 두지 않는다면 왜 그렇게 많은 행동에 있어서의 차이가 존재하는 것일까? 이와 같은 행동적 차이는 어른들이 다른 행동양식을 강화했다는 사실에 더하여 아이들이 성에 따라 다른 경험을 하며 성장했다는 점에도 그 원인을 찾을 수 있다.

남아와 여아들은 전통적으로 태어날 때부터 다르게 취급되어 왔다. 아기가 분홍 담요에 싸여 있는가 파란 담요에 싸여 있는가의 문제는 아기가 태어나서부터 앞으로 어떻게 다루어질 것인가를 예측하게 하는 경험의 다양성을 상징하는 것이다. 초기 연구에서 성인들은 남아이든지 여아이든지 같은 아기를 분홍 담요에 싸기보다는 보다 적극적인 의미로 파란 담요에 아기를 감싼다고 본다. 또한 다른 남성적 특성이 이러한 파란 담요에 싼다는 것에 기원하기도 한다(Baxter, 1994).

유아의 뇌의 가소성(plasticity)에 관한 최근의 연구는 남자와 여자 아기들을 다르게 대하는 것이 실제로 뇌의 차이의 원인이 될 수 있다고 제안한다(Eliot, 2009).

비록 성 편견적 인식이 아동 양육 환경에 영향을 미치기는 하지만 아이들은 3, 4세경이 되면 성적 선호도가 생기고, 성적 특성을 형성하기 시작한다. 따라서 아이들은 그 지역사회의 기대와 연관하여 그들 나이에 적절한 성 역할 행동을 가지도록 사회화되어 학교에 입학하게 된다(Eisenberg, Martin, & Fabes, 1996). 소년과 소녀 간에 인정되는 성 역할 차이는 SES가 높은 가정보다 낮은 가정에서 더 강하게 작용하는 경향이 있다(Flanagan, 1993).

이와 같이 오랜 기간 인정되어 온 사회화인 **성 역할 행동**(sex-role behavior)은 전 생애에 걸쳐 계속되며 학교는 여기에 기여하게 된다. 비록 사회화 경험과 성취 간의 상호작용이 복잡하고 일반화하기가 어렵다고 할지라도 학교는 여러 가지 방법으로 성적 차이를 구분하고 있다. 일반적으로 남학생들이 여학생들에 비해서 교사들로부터 더 많은 주목을 받는다고 한다(Jones & Dindia, 2004; Koch, 2003). 남학생들은 여학생들의 경우보다 더 많은 비난을 받고 야단을 맞게 되지만, 또한 그들은 교사들과 더 많은 상호작용을 함으로써 더 많은 승인을 받고, 설명을 듣고, 귀 기울여진다(Jones & Dindia, 2004; Koch, 2003; Maher & Ward, 2002). 교사들은 그들이 남학생들에게 하는 것보다 더 즉시 공격적인 행동으로 여학생들을 처벌하는 경향이 있다고 한다. 그 외에 남아들은 블록을 가지고 노는 데 비해서 여아들은 집의 한 구석에서 놀이를 한다거나, 남아들이 음악 시간에 드럼을 연주하도록 하는 데 비하여 여아들에게는 트라이앵글을 연주하도록 한다는 등과 같이 다른 미묘한 차이점이 있다.

적용해 보기

교수에서 성 편견 피하기

"과학 시간에 선생님은 나를 전혀 부르지 않으셔. 그래서 나는 내가 존재하는지조차 느낄 수가 없어. 어떤 날은 꿈속에서 내가 무시당하는 꿈을 꾸곤 해"(Sadker & Sadker, 1994). 불행히도 교사가 자신을 무시하는 것에 대해 불평하는 여학생이 한두 명이 아니다. 학교가 여학생들에 대해 부당하게 대우하는 것은 아주 다양하다. 성폭력에서부터 남학생들에 비해 여학생들과의 상호작용이 더 적고, 상호작용을 거절하는 데 이르기까지 매우 다양하다(미국 여대생 연합회, 2002). 교사들은 소년을 선택함으로써 남학생들의 자아존중감을 증진시켜 주며, 남성

성 역할 행동

하나의 성이 반대의 성과 대비하여 나타내는 사회적으로 인정된 행동

이 주인공으로 등장하는 소설을 선택하는 경향이 있다. 아직까지 소녀와 여성의 참여와 경험은 교과서, 교육과정, 표준화 검사에서도 무시되고 있는 실정이다(Zittleman & Sadker, 2003).

일반적으로 교사들은 이러한 점에 대한 인식 없이 교실 상황에서 수업 중에 성 고정관념의 강화, 성 차별의 유지 그리고 남녀 학생을 차별적으로 다룬다는 세 가지 원칙으로 **성 편견**(gender bias)을 드러내고 있다(Koch, 2003; Maher & Ward, 2002 참조). 이와 같은 불공평은 여학생들에게서뿐만 아니라 남학생들에게도 부정적인 결과를 초래할 수 있다(Canada, 2000; Weaver-Hightower, 2003).

고정관념 피하기 교사들은 성적 교정관념을 조성하는 것을 피해야 한다. 예를 들어 그들은 성에 대한 고려 없이 교실에서 역할을 배정할 수 있으며 자동적으로 남학생을 집단의 지도자로 지적하는 것을 피할 수 있다. 그리고 남녀 학생 모두에게 신체 활동 하는 것을 돕도록 요청할 수 있다. 또한 교사들은 '남자가 울면 안 되지' 와 '여자가 그렇게 싸우면 안 되지' 와 같이 말하거나 말괄량이(tomboy)와 같은 이름을 붙여서 고정관념을 형성하는 것을 억제해야 한다. 교사들은 학생들이 흥미를 보이는 활동과 여학생이 수학과 과학을 좋아하는 것과 같이 문화적 고정관념과 일치되지 않는 일 등에 대해 격려해야만 한다(Sadker, Sadker, & Long, 1997).

통합을 촉진하기 성 고정관념을 이끄는 요인 중 한 가지는 (특히 초등학교에서) 소년들과 소녀들에게 동성의 친구로 집단을 구성하여 활동하는 것을 격려하므로 반대 성을 가진 친구들을 많이 사귀지 못하게 하는 것이다. 때때로 교사들은 남학생과 여학생을 각기 다른 줄에 구분하여 서게 하고, 성을 분리하여 책상을 배정하는가 하면, 서로 다른 운동에 분리하여 참여시키는 경우가 많다. 그렇게 한 결과, 학교에서 이성 친구들과의 상호작용이 동성 친구들과의 상호작용보다 훨씬 더 줄어들게 된다. 그러나 교실에서 남녀 학생이 혼합하여 작업 활동하는 것이 격려된다면, 남녀 간의 능력에 있어서 고정관념이 생기는 것을 완화시킬 수 있을 것이다(Klein, 1994).

남성과 여성을 동일하게 다루기 교사들은 남학생과 여학생을 평등하게 대하지 않는 경우가 많다. 교실에서 상호작용에 관한 관찰 연구에 의하면, 교사들은 소녀들보다는 소년들과 더 많은 상호작용을 하며, 더 많은 질문을 하며, 특히 추상적 질문일 경우에는 더욱 소년들에게 질문하게 된다는 것을 발견했다(Sadker et al., 1997). 한 연구에서 연구자들은 교사들의 수업 장면을 비디오로 촬영해서 보여 주면서, 교사들이 소년과 소녀 중에서 누구와 더 많은 상호작용을 하는지 질문했다. 대부분의 교사들은 실제로 3배 이상 소녀보다 소년들과 상호작용 함에도 불구하고 소녀들과 더 많이 이야기한다고 반응했다(Sadker et al., 1997). 연구자들은 이와 같은 결과에 대하여 교사들이 여성들의 참여율이 더 낮을 것이라고 기대하므로, 실제로 참여율이 더 낮아지는 것이라고 지적했다. 교사들은 모든 학생들에게 지도자로서의 역할에 있어서나 모든 종류의 활동에 있어서도 언제나 동등한 참여 기회를 부여해야 한다는 점에 대해 신중하게 고려해야 할 것이다(Horgan, 1995; Klein, 1994; Stein, 2000).

성 편견

고정관념적 관점과 남성과 여성들에 대한 차별적 취급, 흔히 하나의 성을 넘어 다른 성에 대한 편애

지능

추상적인 것이나 문제해결을 하는 능력에 의해 측정되곤 하는 학습에 관한 일반적인 능력이나 재능

학생들은 지능과 학습 양식에 있어서 어떻게 다른가

지능이란 어떤 개념에 대해 정의를 내려 보라고 했을 경우에 누구나 그들 나름대로 알고 있다고 하는 개념 중 하나이다. 어떤 의미에서 **지능**(intelligence)은 학습을 위한 일반적인 적성 혹

은 지식이나 기술을 획득하고 이용하는 능력이라고 정의할 수 있다. Snyderman과 Rothman(1987)의 연구에서 지능에 대한 합의된 정의는 지능이란 추상적인 것을 다루며 문제를 해결하고 학습할 수 있는 능력이다.

우리가 일반적인 적성(general aptitude)의 존재 여부에 대해 의문을 가진다면 가장 큰 문제에 직면하게 된다(Sternberg, 2003). 많은 사람들은 수학적 계산은 잘하지만 그들의 삶과 연관된 좋은 수필을 쓰거나 훌륭한 그림을 그릴 수는 없다. 어떤 사람들은 낯선 사람들로 가득 찬 방에 들어섰을 때 즉시 그들과 좋은 사회적 관계를 이루며 교류를 하는 반면, 어떤 사람들은 그런 사회적 기술을 결코 배울 수 없다. Will Rogers는 "모든 사람은 다양한 주제들에 대해서는 무지하다."라고 표현하기도 했다. 분명히 개개인은 지식의 어떤 특수한 형태를 학습하거나 특별한 방법으로 기술을 가르치는 데 있어서 다양한 적성을 가지고 있다. 과거에는 알지 못했던 어떤 한 가지 주제에 관한 강의에 참여한 수백 명의 학생들이 각기 다른 정도와 다른 종류의 학습을 하고, 특별한 내용에 대해 적성을 보이며 떠나게 되는데, 이런 특별한 교수법이 이러한 차이를 설명하는 중요한 요인 중 하나가 된다. 한편 그 강의로부터 학습 효과가 있었던 대부분의 학생들은 이와 유사한 주제에 관한 수업에서도 학습의 효과가 커지게 된다. 그러나 또한 이 학생에게 주어진 수업이 만일 다른 주제이거나 소집단이나 경험적으로 유사한 자료가 주어질 경우에라도 학습은 이루어질까?

지능의 개념에 대해서는 고대 그리스 시대 이후로 계속적으로 논의되어 왔다. 그러나 이러한 주제에 관한 과학적 연구는 아마 1904년 지능 측정 도구를 개발한 Alfred Binet의 지능에 관한 연구 이후에 실제로 시작되었다고 본다. 프랑스 정부는 Binet에게 학교 학습에 특별한 도움을 필요로 하는 아동들을 판별해 내기 위한 방법을 찾아내도록 요구했다. Binet가 개발한 측정 방법은 광범위한 기술과 수행을 평가하지만 **지능지수**(intelligence quotient, IQ)라는 단일의 점수를 산출한다. 그리고 Binet는 이를 통해 프랑스 아동의 평균 지능지수를 100이라고 설정했다(Hurn, 2002).

연결해서 더 보기

IQ 측정에 대해서는 제13장을 참조하시오.

■ 지능의 정의

Binet의 연구는 지능 평가 영역에 큰 발전을 가져왔으나 한편으로는 지능이 단일 요인이라는 아이디어를 형성하게 되었다. 즉 영리한 사람은 학습 상황의 광범위한 영역에서 좋은 수행을 나타내도록 기대될 수 있다. Binet 이후에 이러한 문제에 관해 격렬한 논쟁이 진행되었다. 이와 같은 상황에서 1927년 Charles Spearman은 사람의 능력이 과제에 따라 다양하기는 하지만 거의 모든 학습 영역에 걸쳐 존재하는 일반적인 지능 요인, 즉 'g' 요인이 있음을 주장했다. Spearman이 제안한 바와 같이 실제로 하나의 지능이 존재하는 것인가 혹은 여러 가지로 구분되는 지능이 있는 것인가?

'g' 요인에 대한 증거로는 다양한 능력이 서로 관련되어 있다는 것이다. 한 가지 영역에서 높은 학습을 보이는 사람들의 경우에는 평균적으로 다른 학습에서도 높은 수행을 보인다. 그와 같은 상관관계는 여러 지능의 요인들이 분리되어 있지 않다는 가정에 설명적 근거를 제공한다. 그러나 그것이 단지 하나의 지능만이 존재한다는 것을 설명하기에는 충분하지 못하다(Sternberg, 2003). 최근에 지능에 관한 논쟁에서 가장 크게 초점을 두고 있는 것은 지능의 구분된 형태가 얼마나 많은지를 결정하는 문제이다. 예를 들어 Sternberg(2002, 2003,

지능지수(IQ)

지능검사 결과로서 거의 모든 사람들의 평균 지능은 약 100 정도이다.

다중지능에 대한 Gardner의 이론에 따르면, 여덟 가지 지능 중에서 어떤 것을 학생들의 학습 상황에서 사용하는가? 교사로서 어떻게 학습 양식에서 학생들의 개인차를 고려하여 수업을 다양화할 수 있겠는가?

Annie Pickert/Pearson Education

2008)는 지적 능력을 분석적 · 실제적 · 창의적 능력이라는 세 가지 유형으로 기술했다. Moran, Kornhaber과 Gardner(2006)는 9개의 **다중지능**(multiple intelligence, MI)에 대해 서술한다. 이것들은 그림 4.3에서 열거되고 정의되었다.

최근에는 Gardner(2004)의 다중지능 이론이 교육 부분에서 매우 인기가 있었지만 그것도 논란이 되었다. 예를 들면 Waterhouse(2006)는 MI를 지지하는 작은 증거가 있다고 그렇게 주장하는 두뇌와 IQ 측정 조사의 결과들을 인용하면서 지지한다. 이는 보편적인 지능 같은 것이 있다는 생각에 모순되지 않는다(Watkins & Canivez, 2004). Chen(2004), Gardner와 Moran(2006)은 지능이 측정될 수 있는 IQ 테스트보다 더 많지만 MI를 위한 기록이 간접적이라는 것을 승인하기 위해 주장한다.

다중지능

지능에 대한 Gardner의 이론으로, 사람의 아홉 가지 서로 다른 능력 – 논리적/수학적 감각, 언어적 감각, 음악적 감각, 자연주의, 공간적 감각, 신체적/운동 감각,대인관계, 개인고찰, 실존주의

그림 4.3 Gardner의 다중지능

언어적 감각 말하고 서면 통신을 이해하고 사용하는 능력. 이상적인 직업 : 시인*
논리/수학적 감각 논리 및 수, 상징을 이해하고 사용하는 능력. 이상적인 직업 : 컴퓨터 프로그래머
음악적 감각 가락, 피치, 멜로디 및 하모니와 같은 개념을 이해하고 사용하는 능력 이상적인 직업 : 작곡자
공간적 감각 삼차원 공간을 동쪽으로 향하게 하고 교묘히 다루는 능력. 이상적인 직업 : 건축가
신체/근육 감각 육체적인 운동을 조화롭게 하는 능력. 이상적인 직업 : 운동선수
자연주의 감각 자연의 사물이나 현상을 구별하고 분류하는 능력. 이상적인 직업 : 동물학자
대인관계 다른 사람들과 잘 이해하고 상호작용하는 능력. 이상적인 직업 : 정치가, 영업사원
개인고찰 사람의 생각, 감각, 선호도 및 관심사를 이해하고 사용하는 능력(높은 개인고찰 지능이 자기 통제의 역할 때문에 거의 모든 직업에 도움이 될지라도 몇몇 급여를 받는 위치를 잘 알고 있는 사람에게만 보상한다). 이상적인 직업 : 자서전 작가, 사업가
실존주의 무한하고 극소의 것과 같은 감각적인 데이터 이상의 현상이나 질문을 심사숙고하는 능력 이상적인 직업 : 우주론자, 철학자

* 대부분의 직업은 여러 가지 지능을 포함한다.
출처 : S. Moran, M. Kornhaber, and H. Gardner, 2006, "Orchestrating Multiple Intelligences." *Educational Leadership*, *64*(1), 22-29.

지능을 나타내는 정밀한 숫자는 교육자로서의 당신에게는 중요하지 않다. 중요한 것은 하나의 영역 안에서 좋거나 나쁜 능력이 다른 유사한 능력을 보장하지 않는 아이디어이다. 당신은 영리하거나 아니면 그렇지 않는 아이들에 관해 생각을 피해야 한다. 왜냐하면 현명해지는 방법은 많이 있기 때문이다. 그러나 불행히도 학교는 기본적으로 Gardner가 언어적 지능과 논리 수학적 지능(그의 아홉 가지 지능에서 두 가지만)이라 부르는 측면에 의해 명확하게 학생들의 계층 구조를 형성하며, 전통적으로 오로지 좁은 관점에 의해서 구성 성과를 인지한다. 만일 학교들이 모든 학생들이 영리해지기를 원한다면 그들은 과거에 그들이 했던 것보다 더 폭넓은 활동을 수행할 수 있도록 하고, 수행에 따른 보상의 폭 또한 넓혀야 할 것이다.

■ 지능의 근원

지능의 근원은 수십 년 동안 논쟁거리가 되어 왔다. Toga와 Thompson(2005)과 같은 몇몇 심리학자들은 지능이란 유전의 산물이라고 간주하고, 아동의 지능은 크게는 그들의 부모와 임신 기간에 의해 결정지어지는 것이라고 했다. 그 외 Rifkin(1998)과 같은 다른 학자들은 지능이란 아동들이 읽고 말하는 분량과 같이 한 개인의 사회적 환경 요인에 의해 형성된다는 것을 강력하게 주장했다. 대부분의 연구자들은 유전과 환경이 모두 지능에 중요한 원인이 된다는 것에는 동의한다(Petrkll & Wilkerson, 2000). 높은 사회적 성취를 이룬 부모의 자녀들은 대체로 그들 스스로가 높은 성취가가 된다는 것이 분명하지만, 이는 높은 성취를 이룬 부모에 의해 만들어진 가정환경만큼이나 부모로부터 받은 유전인자 또한 영향을 미친 것이다. 저소득층에서 높은 SES 가정에 입양된 아이에 관한 프랑스의 연구 결과에서 아동의 지능지수는 입양 없이 저소득층 가정에서 자랐던 아동과 비교해 볼 때 강한 긍정적인 영향이 있음이 발견되었다(Capron & Duyme, 1991; Schiff & Lewontin, 1986). 환경 우위의 관점에서 한 가지 중요한 증거는 학교 교육 자체가 지능지수에 명확하게 영향을 미친다는 것이다. Ceci(1991)의 연구에서는 학교에서의 경험이 지능에 강하고 체계적인 영향을 미친다는 것이 발견되었다. 예를 들어 제2차 세계대전으로 인해 학교에 늦게 입학한 네덜란드 학생들은 결국 학교에 입학하게 되었을 때는 지능지수가 증가되었으나 점차적으로 IQ가 의미 있게 낮아지는 결과를 보였다. 밀워키 시내에 사는 정신지체 어머니를 둔 아이들에 관한 연구를 살펴보면(Garber, 1988), 영아기에 자극을 주는 프로그램과 양질의 학령전기 프로그램은 아동들의 지능을 실제로 증진시킬 수 있으며, 이러한 이점은 초등학교 말기에 이르기까지 그 효과가 지속된다는 것이 증명되었다. 영아기 자극, 아동기의 심화 그리고 부모의 지원 등을 결부시킨 초보자 프로그램(Abecedarian program)에 관한 연구에서도 초기의 수업이 IQ에 지속적으로 영향을 미친다는 것이 발견되었다(Ramey & Ramey, 1998). IQ는 고정되거나 개개인에게 있는 불변의 특성이 아니라 개인이 환경 속에서 변화될 수 있다는 생각이 위의 연구나 또 다른 많은 연구 결과로 지지되었다. 더 나아가 IQ는 이러한 목적을 가지고 고안된 프로그램에 의해서 직접 변화될 수 있다는 것을 증명하는 연구들이 있다(Ellis, 2001; Feuerstein & Kozulin, 1995).

일반적이건 세부적이건 간에 지능은 수업을 통해 아동의 학업에 영향을 미치는 수많은 요인 중 하나이다. 아마도 이는 사전 지식(학생이 수업 전에 이미 알고 있는 지식의 양), 동기

연결해서 더 보기
IQ가 특정 프로그램에 의해 직접 변화될 수 있다는 것을 제시하는 연구에 대해서는 제8장을 참조하시오.

그리고 수업의 질과 본성 등의 특성보다도 덜 중요한 것이다. 지능이란 학생이 정신지체인지 영재인지를 판별하는 것과 같은 경우에는 매우 중요하게 작용한다. 그러나 중간 수준에 속하는 대부분의 학생의 경우에는 그 이외의 요소들이 더 중요하다. IQ 검사는 종종 교육에 있어서 오용되는 경우가 많다. 특히 학생들을 특수교육이나 특수 능력 집단에 배치하기 위해 사용하게 되는 경우에는 더욱 오용될 수 있다(Hilliard, 1994). 실제적 수행은 지능보다 더 중요하며 교사와 학교에 의해 직접적으로 영향 받기 쉬운 것이다(Sternberg, 2008). Boykin(2000)은 학교는 학생들의 고정된 특성에 관심을 두기보다는 재능 계발에 초점을 더 두어야 한다고 주장했다.

적용해 보기

다중지능

Gardner의 다중지능 이론은 다양한 지능에 맞추어 그에 따라 다양한 교수법을 적용해야 한다는 개념을 함의하고 있다(Campbell, Campbell, & Dickinson, 2004; Kornhaber, Fierros, & Veenema, 2004; Moran et al., 2006). 이것을 설명하기 위해서 Armstrong(1994)은 중고등학교에서 보일의 법칙을 가르치는 여덟 가지 방법을 예로 제시하였다.

- 학생들은 보일의 법칙의 용어상 정의를 다음과 같이 배운다. "가스의 온도와 질량이 고정된 경우 압력은 부피에 반비례한다." 그들은 개념에 대해 논의한다. (언어 지능)
- 학생들에게 보일의 법칙으로 설명된 공식이 제시된다. PV=K. 그들은 그것과 연결된 구체적인 문제들을 푼다. (논리-수학 지능)
- 학생들에게 보일의 법칙을 위한 적용법 또는 시각적인 이미지가 제시된다.
  당신은 손 위에 난 종기를 짜기 시작한다고 상상해 보라. 당시이 그것을 짜기 때문에 압력이 가해진다. 짜면 짤수록 압력이 더욱 커져서 끝내 종기가 터지고 당신의 손 전체에 고름이 나올 때까지 짜게 된다. (공간 지능)
- 학생들이 다음에 나오는 실험을 한다.
  학생들이 입으로 호흡을 하게 되면 그들의 볼은 천천히 부푼다. 다음에 입의 한쪽으로 모든 공기를 몰아넣고(부피가 작아짐), 압력이 커지는지 작아지는지 알아본다(압력 커짐). 그 후 입안의 양 볼로 공기를 풀어 주기를 요구하고(부피가 커짐), 압력이 커지는지 작아지는지 물어본다(압력이 작아짐). (신체-운동 지능)
- 학생들은 실험실에서 밀폐된 용기의 기압을 측정하는 실험을 한다. 그리고 부피에 대한 압력의 관계를 차트로 나타낸다. (논리-수학 지능, 신체-운동 지능)

지능의 모든 유형을 포함하는 이론은 거의 없다. 그러나 다중지능(MI) 이론은 교사로 하여금 학생들의 성공 확률의 가능성을 높이기 위해 학생들의 특성에 비추어 수업적 처방의 다양성을 추구하도록 제안한다(Campbell et al., 2004; Gardner, 2003; Kline, 2001).

■ 학습 양식 이론

학생들은 각기 다른 성격 특성을 가지고 있는 것과 같이 학습 방법에 있어서도 차이가 있다.

예를 들어 당신이 만난 사람들의 이름을 어떻게 외울 것인가를 생각해 보자. 만일 당신이 문자로 써놓은 것을 보는 것이 더 낫다고 여긴다면 당신은 시각적 학습자가 될 것이므로 보거나 읽은 것을 통하여 학습하는 것이 최선일 것이다. 만일 당신이 이름을 듣는 것이 더 낫다고 여겨진다면 당신은 청각에 의한 학습자가 될 것이다. 물론 우리는 다양한 방법으로 학습을 하지만 다양한 방법 중에서 각자가 학습하기에 더 유리한 방법이 있는 것이다(Swisher & Schoorman, 2001).

또한 학생들은 다른 학습 환경이나 조건에 대해 선호하는 정도가 다양하다. 예를 들어 Dunn과 Dunn(1993)의 연구에서 학생들은 조명도, 의자의 딱딱함과 부드러움, 주변의 소음, 그리고 혼자서 하는 활동인지 동료와 함께 하는 활동인지 등에 대한 선호도에서 차이를 나타내었다. 그리고 이러한 차이가 학습 환경이 아동들의 학습에 효과를 나타내는 정도를 예언해 줄 수 있다.

■ 적성-처치 상호작용

학습 양식과 선호 경향에 있어서의 차이가 잘 정리되면 이는 수업(teaching)에서 다른 양식이 다양한 학습자에게 차별적으로 영향을 미칠 것이라는 것에 대한 논리를 제공할 수 있다. 그러나 아직까지 이와 같은 상식적인 명제가 결론적으로 증명되기는 어려웠다. 연구들은 교수 양식과 학습 양식을 조화하는 것이 학습에 이점이 있다는 일관된 연구 결과를 발견하지 못하였다(Knight, Halpin, & Halpin, 1992; Snow, 1992). 그러나 그와 같은 **적성-처치 상호작용**(aptitude-treatment interaction)에 대한 연구는 계속되었다. 이 영역의 연구에서 내려진 일반적인 결론은 교사가 아동 간 학습 방법의 차이에 반응하고 간파하는 것을 게을리 하지 않아야 한다는 것을 시사한다(Ebeling, 2000 참조).

적용해 보기

다양한 사상가들을 이해하기

노스캐롤라이나대학교의 Mel Levine의 '다양한 마음을 기념'이라는 그의 글에서는 소외되는 아이가 없는지 확인하는 방법으로 '모든 종류의 마음'을 고려하는 것의 중요성에 대해 분석한다. 그는 다음과 같은 질문을 던진다. "학생들이 어떻게 되어 가고 있는가, 학교 성공에 존재하는 기준에 만족하는 마음의 종류가 부족함으로써 그들 스스로를 누가 포기하는가?

Levine은 차이를 배우는 것은 특히 그들이 인식하지 않고 관리하지 않을 때, 어려운 장벽에 주눅들게 될 수 있다는 것을 지적한다. 가장 중요한 것은 이러한 부작용들은 우리를 과소평가하도록 잘못 이끌 수 있다. 부당하게 비난하고 심지어 희생에게 충분한 교육을 하지 못함으로써 학교와 인생에서 성공의 기회를 억압한다.

많은 불안정한 학생들은 한 분야에만 전문화된 마음을 가진다 — 어떠한 종류의 업무를 능숙능란하게 수행하기 위해 정교하게 연결되지만 다른 기대에 관해서는 확실히 두뇌가 잘못 연결될 수도 있다.

적성-처치 상호작용

특별한 교수 방법으로 학습에 있어서의 개인차를 다루는 상호작용 방식

요약

교수와 학습에 미치는 문화의 영향은 어떠한가

문화는 교수와 학습에 전적으로 영향을 미친다. 문화의 다양한 측면은 학습자의 정체성과 자아 개념에 기여하게 되며, 학습자의 신념과 가치, 태도 및 기대감, 사회적 관계, 언어 사용 그리고 그 외의 행동들에 영향을 미치게 된다.

사회경제적 지위는 학생의 성취에 어떠한 영향을 미치는가

수입, 직업, 교육, 사회적 지위 등에 근거를 둔 사회경제적 지위는 학교에 대한 학습자의 태도, 배경지식, 학습 준비도, 학업 성취 등에 결정적으로 영향을 미친다. 낮은 SES의 학생들은 종종 독립성과 경쟁심 그리고 목표 설정 등을 요구하는 학교의 중산층 문화로부터 구별되는 규범적 문화를 배운다. 그러나 낮은 성취는 낮은 사회경제적 지위에서 불가피하게 초래되는 것만은 아니다. 교사들이 자녀들의 교육에 가족 구성원을 참여시킬 수 있다면, 이것은 학생들의 성취도를 향상시킬 수 있다.

민족성과 인종이 학생들의 학교 경험에 어떠한 영향을 미치는가

미국과 캐나다에서의 다양한 인종들의 증가만큼이나 엄청나게 소수자 집단의 인구 또한 증가하고 있다. 그러나 이러한 소수자 집단에 속한 학생들(아프리카계 미국인, 미국 인디언, 라틴계 사람과 같이 인종, 종교, 민족성, 출신, 역사, 언어, 문화에 의해 자기 규정화되는)은 학문적 성취에 관한 표준화된 시험에서 유럽계나 아시아계 미국인들에 비해 낮은 점수를 받는 경향이 있다. 그와 같은 낮은 점수는 낮은 사회경제적 지위나 소수자 집단에 대한 '차별의 대물림'이나 가난으로 인한 결과의 반영과도 관련이 있다. 인종과 사회계층의 결과로, 교육적 불평등에 대한 하나의 해결책으로 고안된 학교에서의 인종 차별 폐지는 여러 복합적인 혜택을 갖고 있다. 계속되는 논쟁은 공정성과 동등한 기회를 지키고, 인종적인 조화를 조성하고, 인종 차별을 예방하는 것 등을 포함한다.

언어 차이와 이중 언어 프로그램이 학생들의 성취에 어떠한 영향을 미치는가

영어 학습자들은 대개 네 가지 형태의 프로그램(영어 몰입, 과도기적 이중 언어 교육, 한 쌍의 이중 언어 교육, 양방향 이중 언어 교육) 중 하나로 배우게 된다. 이중 언어 프로그램은 학생들에게 영어와 마찬가지로 그들의 모국어로도 가르친다. 특히 연구는 이 중 한 쌍의 이중 언어 교육이 학생들을 위한 많은 혜택들을 가질 수 있다고 제안한다. 최근 미국 전역에서 제정된 법률은 이중 언어 교육에서의 사기 저하를 불러왔다.

다문화 교육이란 무엇인가

다문화 교육은 문화적 다양성에 대한 격려와 교육적 평등에의 옹호와 학교에서의 사회적 조화 등을 요구하고 있다. 다문화 교육은 콘텐츠 통합, 지식의 구조화, 편견 감소, 공평한 교육, 학교 문화에 권한 위임을 포함한다.

성과 성 편견이 학생들의 학교 경험에 어떠한 영향을 미치는가

남성과 여성 간에 관찰된 차이는 명백하게 아동들에게 적절한 것으로 간주되는 성 역할 행동을 배우는 어린 시기 사회화 과정의 차이와 연관되어 있다. 계속되는 연구 결과에 의하면 사고와 능력에 있어서 유전적으로 성차가 나타나는 것은 아니라고 본다. 그러나 교사들이 남학생과 여학생에게 대하는 행동과 성 역할 고정관념을 내포한 교육과정 등을 포함하는 교실에서의 성 편견은 학생들의 선택과 성취에 영향을 미치게 된다. 수학과 과학에서의 남녀 간 차이가 하나의 예인데, 이러한 격차도 점차 감소되고 있다.

학생들은 지능과 학습 양식에 있어서 어떻게 다른가

학생들은 추상적 사고, 문제해결, 학습 등을 다루는 능력에 있어서 차이가 있다. 또한 그들은 여러 가지 세부적인 지능과 정확한 지능 측정 결과에 있어서 차이가 나타나는데, 이는 전통적인 IQ 검사에 따른 것이라기보다는 광범위한 수행에 근거한 것이라 볼 수 있다. 따라서 교사들은 학생들에게 거는 기대를 지능지수에 근거해서는 안 된다. Binet, Spearman, Sternberg, Gardner는 지능 이론과 측정에 기여했다. 유전과 환경은 모두 지능을 결정짓는 중요한 요인이다. 연구에 의하면 가정환경, 학교 교육, 생활 경험 등은 IQ에 상당한 영향을 미치게 된다.

학생들은 그들의 사전 학습과 인지 양식에 따라 차이가 나타난다. 학습 환경과 조건에서의 개별적 수행은 학생들의 성취에 영향을 미치게 된다.

주요용어

공평한 교육(equity pedagogy)
다문화 교육(multicultural education)
다중지능(multiple intelligence, MI)
문화(culture)
민족 집단(ethnic group)
민족성(ethnicity)
사회경제적 지위(socioeconomic status, SES)
성 역할 행동(sex-role behavior)
성 편견(gender bias)
소수자 집단(underrepresented group)
언어 소수자(language minority)
영어 학습자(English learners, EL)
이중 언어 교육(bilingual education)
인종(race)
적성-처치 상호작용(aptitude-treatment interaction)
제한된 영어 실력(limited english proficient, LEP)
지능(intelligence)
지능지수(jntelligence quotient, IQ)
지식 구조(knowledge construction)
콘텐츠 통합(content integration)
편견 감소(prejudice reduction)
학교 문화에 권한 위임(empowering school culture)

자기평가 : 교수학습원리

이 장의 서두에 있는 예화를 다시 읽고 다음 질문에 답하시오.

1. 마바와 존은 학생들의 다양한 규준, 전통, 행동, 언어, 지각에 대해 논의했다. 그들의 대화에서 핵심적인 용어는 어느 것인가?
   a. 인종
   b. 사회경제적 지위
   c. 지능
   d. 문화
2. 마바와 존의 학생들에 관한 내용으로, 다음의 어떤 진술이 가장 실제적으로 사회경제적 지위를 나타내는 진술인가?
   a. 노동자 계층 혹은 저소득층을 배경으로 한 학생들은 중류층의 학생들과 유사하거나 더 우수한 수행을 나타낸다.
   b. 가정 형편이 어려운 학생들은 건강을 돌보는 데 부적절하기 쉽다.
   c. 중류층이나 하류층의 학생들은 방학을 이용하여 과외활동을 하는 기회가 거의 동등하게 주어지게 된다.
   d. 학교는 노동자층의 기대와 가치를 나타내는 것을 무시하기 쉽다.
3. 마바와 존은 학생들이 사회에서 그들에게 고정된 성 역할을 수용하는 경향이 있다는 점에 대해 논의한다. 연구에 따르면 이와 같은 고정관념을 형성하는 데 대하여 교사는 어떻게 해야 한다고 보는가?
   a. 학생들이 비록 고정화된 역할을 선택한다고 할지라도 그들 스스로 자신의 역할을 선택하게 해야 한다.
   b. 가능한 실감나게 추수감사절에 관한 이야기를 한다. 인디언 학생은 인디언 역할을 하고, 소녀들은 요리를 하고 소년들은 사냥꾼 역할을 한다.
   c. 주제는 편파되지 않아야 하며, 소외 집단 내 개개인은 편견 없는 지위의 역할을 수행해야 한다.
   d. 소외 집단의 각 구성원들도 참여할 수 있도록 추수감사절 연극을 쓴다.
4. 마바 반스 학급의 호세라는 학생은 비록 영어에 능숙하지는 않지만 추수감사절 연극에서 내레이터가 되기를 원했다. 이중 언어 프로그램의 효과에 근거한 연구에 따르면, 반스 선생님이 그녀의 모든 학생들의 영어 말하기와 쓰기 기술을 향상시키기 위해 사용 가능한 전략에는 어떠한 것이 있는가?
   a. 반스 선생님은 이중 언어 프로그램을 피해야 할 것이다. 왜냐하면 이중 언어 프로그램들이 영어 발달에 있어서 학생들에게 해가 된다는 것이 발견되고 있기 때문이다.
   b. 반스 선생님은 그녀 학급의 학생들의 언어를 배워야 할 것이다.
   c. 반스 선생님은 이중 언어 교육을 지원해야 할 것이다. 왜냐하면 학생들이 궁극적으로 이중 언어 프로그램에서 단지 영어로만 가르친 학생들과 같거나 혹은 더 나은 성취를 한다는 것이 입증된 연구들이 있기 때문이다.
   d. 반스 선생님은 학생들의 자아존중감에 미치는 이중 언어 교육의 역효과에 대해 이야기해야 할 것이다.
5. 마바와 존은 추수감사절 연극에서 전형적인 성 역할에 관해

논의했다. 어떻게 하면 교사들이 이와 같은 연극에서 남녀 편견 없이 역할을 배치할 수 있겠는가?

a. 교사는 사회가 기대하는 역할이 아니라 학생들 스스로가 흥미를 가지는 역할을 선택하게 한다.
b. 연극에서 교사는 남학생과 여학생이 상호작용할 수 있는 기회를 감소시킨다.
c. 교사는 남학생은 사냥꾼, 여학생은 가사일을 하게 하는 등 자동적으로 인식되는 남녀 성 역할에 따라 역할을 배정한다.
d. 교사는 비전형적인 인종과 성 역할에 근거하여 역할을 할당한다.

6. 다문화 교육이란 무엇인가? 교사, 행정가, 그리고 다른 학교 관계자들이 대표자가 불충분한 집단에서 온 그들의 학생들에게 다가설 수 있는 단계들은 무엇인가?

7. 학생들은 그들의 사전 학습 경험과 인지적 학습 양식에 있어서 다양하다. 그들 학생들 모두에게 활용할 수 있는 효과적인 전략은 무엇인가?

8. 학생들로 하여금 스스로의 잠재성과 마주할 수 있게 도움을 주도록 교사가 부모 또는 아동들을 돌보는 사람들을 참여시키기 위한 수단이 될 만한 전략 여섯 가지를 목록으로 만들어 보시오.

학습이란 무엇인가

어떤 행동주의 학습 이론이 있는가

- Pavlov : 고전적 조건 형성
- Skinner : 조작적 조건 형성

행동주의 학습의 원리는 무엇인가

- 결과의 역할
- 강화물
- 벌
- 결과의 즉시성
- 조형
- 소거
- 강화 계획
- 유지
- 선행자의 역할

사회학습 이론이 인간 학습을 이해하는 데 어떻게 기여했는가

- Bandura : 모델링과 관찰학습
- Meichenbaum : 자기조절 학습 모형
- 행동주의 학습 이론의 장점과 제한점

5

행동주의 학습 이론

Jose Luis Pelaez/Iconica/Getty Images

학습 목표

이 장을 공부하고 나면 다음과 같은 것을 할 수 있다.

- '학습의 개념'을 정의할 수 있다.
- 행동주의 학습 이론의 원리를 설명할 수 있다.
- 수업 진행을 위해 행동주의 학습 원리의 중요성을 토론할 수 있다.
- 수업 진행을 위해 사회학습 이론과 그것의 중요성을 설명할 수 있다.

Jose Luis Pelaez/Iconica/Getty Images

티너 초등학교 1학년 교사인 줄리아 에스터반은 학생들에게 적절한 수업 태도를 가르치려고 노력하고 있었다.

"얘들아, 우리 교실에서는 내가 너희들과 토론하고 싶은 문제가 하나 있단다. 내가 질문을 할 때마다 너희는 답을 소리쳐 말하는 대신에 손을 들고 이름이 불릴 때까지 기다리는 거란다. 내가 너희에게 질문을 하면 너희가 어떻게 해야 하는지 나에게 누군가가가 말해 줄 수 있겠니?" 하고 에스터반 선생님이 말했다.

레베카가 손을 번쩍 들면서 "알아요. 저는 알아요."라고 하자 선생님은 "손을 들고 조용히 기다려라!"라고 말했다.

에스터반 선생님은 한숨을 쉬었다. 그녀가 방금 하지 말라고 한 것을 그대로 하고 있는 레베카를 무시하려고 노력하고 있었지만 레베카는 손을 든 유일한 학생이었고 선생님이 시간을 끌수록 레베카는 더욱 짜증스럽게 손을 흔들며 자신의 답을 소리쳤다.

"그래 레베카. 무엇을 해야 하지?"

"손을 들고 선생님이 지명할 때까지 조용히 기다리는 거예요."

"네가 그 규칙을 안다면 왜 너는 내가 부르기도 전에 답을 큰소리로 말하고 있는 거니?"

"제가 잊고 있었네요."

"그래 알았다. 순서대로 말하는 것에 대한 교실에서의 규칙을 누가 상기시켜 줄 수 있겠니?"

네 어린이가 손을 들고 함께 외쳤다.

"한 번에 한 사람씩!"

"차례대로."

"다른 사람이 말할 때 말하지 않는다."

에스터반 선생님은 조용히 하라고 말했다. "너희들은 나를 화나게 하는구나! 손을 들고 내가 지명할 때까지 어떻게 기다리는 것이라고 지금 막 이야기하지 않았니?" 하고 에스터반 선생님이 말했다.

"그렇지만 선생님은 마구 소리친 레베카에게 말하도록 하였어요." 스테판이 손조차 들지 않고 말했다.

생각해 보기

- 에스터반 교사가 이 상황에서 목적을 달성하기 위해 할 수 있는 다른 것이 무엇인지 생각해 보시오.
- 여기에서 무엇이 잘못되었는지 다른 학생들과 토론해 보시오. 또한 과거에 보았던 적절치 못하게 강화된 비슷한 행동들에 관해서도 토론해 보시오. 교실에서 있었던 이러한 일들을 서로 이야기해 보시오.

아동들은 뛰어난 학습자이다. 그러나 그들이 배우는 내용이 항상 우리가 가르치려고 의도한 것과는 다를 수도 있다. 에스터반 선생님은 교실에서 어떻게 행동해야 하는지를 학생들에게 가르치려고 노력하고 있지만 레베카의 감정적 폭발에 주의를 줌으로써 실제로는 자신이 의도했던 것과는 반대로 가르치고 있었다. 레베카는 선생님의 관심을 원하기 때문에 말하도록 지명되는 것은(성난 목소리라 할지라도) 답을 외치는 것에 대한 보상이 되고도 남았다. 에스터반 선생님의 반응은 레베카가 다시 답을 외칠 수 있는 기회를 증가시켰을 뿐만 아니라 레베카의 반 친구들이 자신의 답을 외칠 수 있게 한 모델이 되게 한 것이다. 에스터반 선생님이 학생들의 행동에 실제로 반응한 것이 그녀가 말한 것보다 더 중요했던 것이다.

연결해서 더 보기
정보처리와 인지학습 이론에 대해서는 제6장을 참조하시오.

이 장의 목적은 학습을 정의한 다음에 관찰할 수 있는 행동들을 강조하는 학습에 대한 이론인 행동주의 학습과 사회학습 이론을 설명하는 것이다. **행동주의 학습 이론**(behavioral learning theory)은 만족하거나 불만족스러운 행동의 결과가 시간을 두고 개인들의 행동에 변화를 가져오는 방법들, 그리고 개인들이 다른 사람의 행동을 본받는 방법들에 초점을 맞춘다. **사회학습 이론**(social learning theory)은 행동에 대한 사고 그리고 사고에 대한 행동의 영향에 초점을 맞춘다. 다음 장에서는 **인지학습 이론**(cognitive learning theory)을 설명하겠는데, 이것은 사람들이 학습하고 새로운 정보나 기술을 기억하기 위해 사용하는 관찰할 수 없는 정신적인 과정을 강조한다. 그러나 실제로는 두 학파가 다른 쪽의 성과에 통합했기 때문에 최근에는 행동주의 학습과 인지학습 간의 경계는 점차적으로 모호해지고 있다.

학습이란 무엇인가

학습이란 무엇인가? 학습에 관해 생각을 시작하기 전까지는 단순한 질문인 것 같이 보인다. 다음의 네 가지 예를 생각해 보자. 이것들이 학습의 예일까?

1. 아기가 첫 걸음마를 시작했다.
2. 젊은 남자가 어떤 여성에게 강한 매력을 느꼈다.
3. 의사가 주사기를 가지고 오는 것을 보자 아이는 불안을 느낀다.
4. 곱셈하는 방법을 오랫동안 배운 후에 한 소녀가 5를 곱하는 것에 다른 방법으로 2로 나누고 10을 곱하는 그녀만의 방법을 깨우치게 되었다(예를 들면 428×5를 다음과 같이 계산할 수 있다 : 428/2=214×10=2140).

학습(learning)은 보통 경험에 의해 개인에게 생긴 변화로 정의된다(Driscoll, 2000; Hill, 2002; Schunk, 2004). Mayer(2008a)는 학습을 "학습자의 경험의 결과로 학습자의 지식에서의 반영구적인 변화"라고 정의했다(p. 171). 발달에 의해(키가 크는 것 같은) 일어나는 변화들은 학습의 예들이 아니다. 태어나면서(반사나 배고픔, 아픔에 대한 반응 같은) 나타나는 개인들의 특성도 학습이 아니다. 그러나 사람들은 태어나는 날부터(어떤 사람들은 조금 더 전에) 학습을 많이 하기 때문에 학습과 발달은 밀접하게 연결되어 있다. 걷는 것을 배우는 것(예 1)은 대부분 발달의 연속이지만 또한 기는 것과 다른 행위들을 경험하는 것에 달려 있다. 청소년의 성 충동(예 2)은 학습한 것이 아니지만 학습은 개인들이 원하는 상대를 선택할 수 있게 한다.

행동주의 학습 이론
관찰 가능한 행동상의 변화들을 강조하여 학습을 설명

사회학습 이론
강화뿐만 아니라 사고에 대한 단서와 행동에 대한 사고의 영향을 강조한 학습 이론

인지학습 이론
정신적인 과정에 초점을 맞추어 학습을 설명

학습
경험에 의해 개인에게 나타나는 변화

의사가 주사기를 가지고 있는 것을 보고 아이가 불안을 느끼는 것은(예 3) 틀림없이 학습된 행동이다. 아이는 주사바늘과 아픔을 연합하는 것을 배웠고, 그의 몸은 주사바늘을 보았을 때 정서적으로 반응한다. 이러한 반응 행위는 무의식적으로 또는 무심결에 이루어졌어도

이것은 학습된 것이다.

곱셈의 지름길을 찾은 소녀의 통찰에 대한 네 번째 예는 내적으로 야기된 사고로서 더 잘 알려진 학습의 예이다. 어떤 이론가들은 환경에 의해 야기된 것이 아니기 때문에 이것을 학습이라고 하지 않을 수도 있다. 그러나 이것은 지체된 학습의 한 예로 생각할 수도 있는데, 곱셈에 대한 정교한 가르침이 몇 년 동안의 숫자 경험과 그 소녀의 정신적인 노력이 합해져서 통찰에 이르게 된 것이다.

학습은 여러 가지 방법으로 이루어진다. 어떤 때는 학생들이 교실에서 제공된 정보를 얻거나 또는 인터넷을 찾아볼 때처럼 학습은 의도적이다. 어떤 때는 아이가 주사기에 반응하는 경우처럼 의도적이지 않다. 모든 종류의 학습이 항상 일어나고 있다. 이 장을 읽는 동안에도 당신은 학습에 관한 것을 학습하고 있다. 그러나 당신은 또한 교육심리학이 재미있거나 또는 지루하기도, 유용하거나 또는 쓸모없다는 것을 학습하고 있다. 학습한다는 것을 인식하지 못하면서 당신은 아마도 특정한 정보가 어느 페이지에 있다는 것을 학습하고 있는 것이다. 당신은 책을 읽으면서 이 장의 내용과 도서관에서의 책 냄새 또는 방안의 온도 등과 같은 중요하지도 않은 주위의 환경과 연관 짓는 것을 학습하고 있을지도 모른다. 이 장의 내용, 페이지에 있는 단어의 위치, 그리고 냄새, 소리, 주위의 온도 이 모든 것은 **자극**(stimulus)이다. 당신의 감각은 보통 모든 종류의 자극 혹은 주변의 사건들과 환경 조건에 크게 열려 있지만 의식적으로는 한 번에 이들 중 오직 한 가지 부분만을 인식한다.

교사가 직면하는 문제는 학생들을 어떻게 배우게 하느냐가 아니다. 왜냐하면 학생들은 벌써 깨어 있는 모든 순간마다 학습에 관여하고 있기 때문이다. 오히려 학생들이 그들의 삶 속에서 유용한 특별한 정보, 기술, 개념을 학습할 수 있도록 어떻게 도와주어야 할까 하는 것이다. 학생들이 주의와 정신적인 노력을 집중할 수 있는 올바른 자극을 우리가 어떻게 제시하면 이들이 중요한 기술들을 얻을 수 있는가? 그것이 교수의 중요한 문제이다.

어떤 행동주의 학습 이론이 있는가

학습의 체계적인 연구는 비교적 새로운 것이다. 19세기 말이 되어서야 과학적인 방법으로 학습을 연구하였다. 연구자들은 물리학에서 빌려온 기법을 사용하여 사람과 동물이 어떻게 학습하는가를 이해하기 위해 실험을 수행하기 시작했다. 초기 연구에 가장 주요한 한 사람은 Ivan Pavlov이다. 그 후의 연구자들 중에는 B. F. Skinner가 행동과 결과 간의 관계에 관한 연구를 한 주요한 사람이다.

■ Pavlov : 고전적 조건 형성

19세기 말과 20세기 초에 러시아의 과학자인 Pavlov와 그의 동료들은 개의 소화 과정을 연구했다. 연구하는 과정에서 과학자들은 개들의 침 분비율과 시간상의 변화를 주목하게 되었다. Pavlov는 고기를 배고픈 개의 입안이나 그 주위에 놓으면 개가 침을 흘린다는 것을 알았다. 고기가 사전 훈련이나 조건 형성 과정이 없이도 이 반응을 자동적으로 일으키기 때문에 고기를 **무조건 자극**(unconditioned stimulus)이라고 한다. 마찬가지로 고기가 있으면 어떤

자극
감각을 활성화하는 환경적인 조건

무조건 자극
자동적으로 특정한 반응을 일으키는 자극

그림 5.1 고전적 조건 형성

고전적 조건 형성에서는 처음에는 반응을 일으키지 않던 중립 자극(종과 같은 것)이 무조건 자극(고기와 같은 것)과 짝을 이루어 반응(침을 흘리는 것과 같은 것)을 일으키는 원인이 되도록 자극을 줄 수 있는 힘을 갖게 되는 것이다.

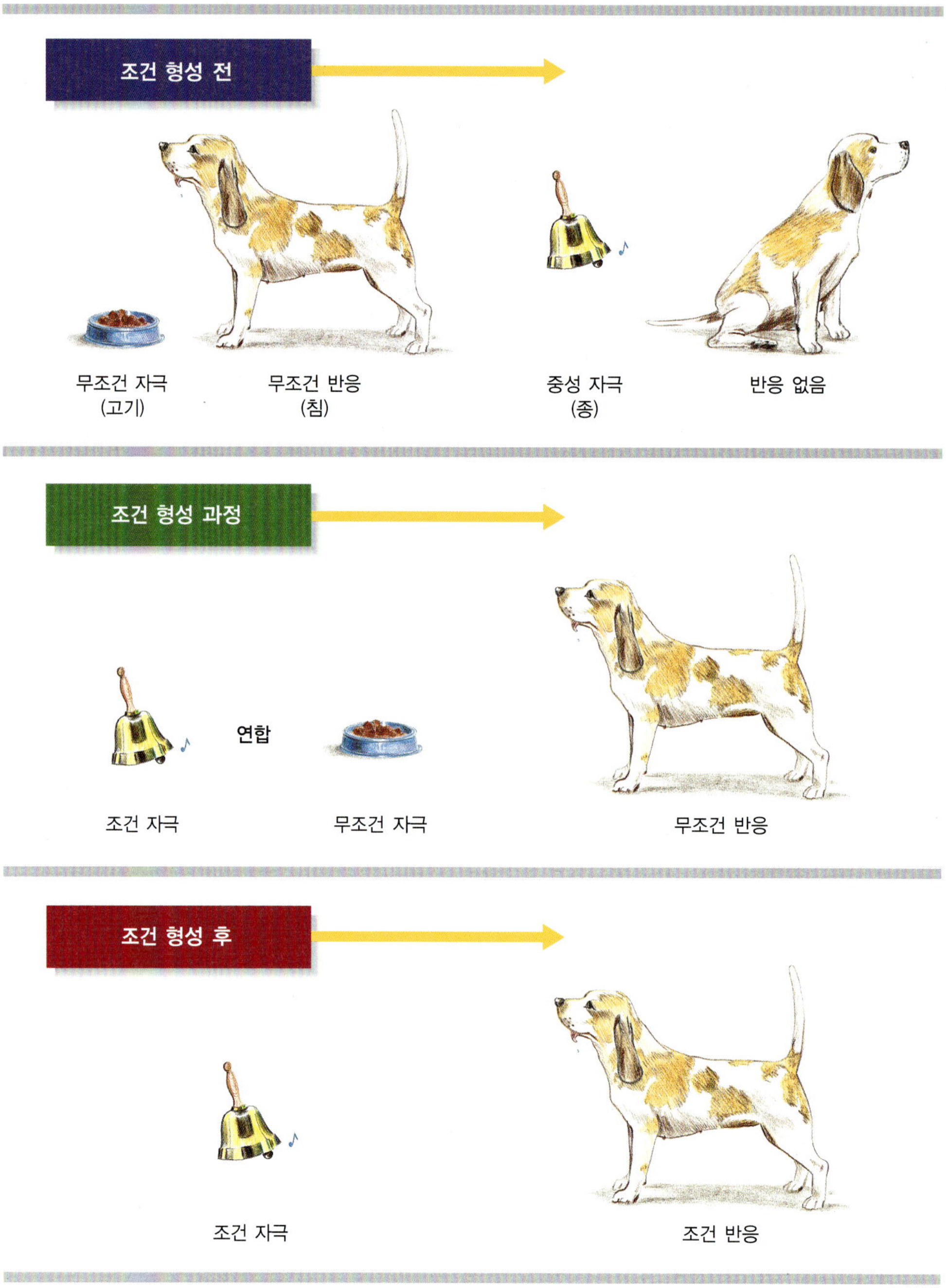

무조건 반응

자극에 의해 자동적으로 일어나는 행동

중립 자극

특별한 반응에 영향을 주지 않는 자극

조건 자극

전에는 중성 자극이었는데 무조건 자극과 연합된 후 특정한 반응을 일으키는 자극

훈련이나 경험이 없이도 자동적으로 침이 분비되기 때문에 침을 흘리는 이 반응을 **무조건 반응**(unconditioned response)이라고 한다.

어떤 사전 훈련이나 경험이 없이도 고기가 침을 흘리게 하는 반면에 종과 같은 다른 자극들은 침을 분비하게 하지 못한다. 이 자극들은 문제의 반응을 하지 않기 때문에 **중립 자극**(neutral stimulus)이라고 한다. Pavlov의 연구들은 전에는 중성 자극이었던 것이 무조건 자극과 연합이 되면 중립 자극은 **조건 자극**(conditioned stimulus)이 되며, 무조건 자극에 의해 생기는 것과 비슷한 반응을 일으킬 힘이 생긴다는 것을 보여 준다. 다시 말하면 종과 고기를 함께 주면 얼마 후에 종만 울려도 개가 침을 흘리게 된다는 것이다. 이 과정을 **고전적 조건 형성**(classical conditioning)이라고 한다. Pavlov 이론의 도형은 그림 5.1에 있다. 이 실험에서 Pavlov와 그의 동료들은 침을 흘리는 것과 같이 비자발적이고 반사적인 행동들이라고 여겨졌던 것들에 대해 학습이 어떻게 영향을 미칠 수 있는 가를 보여 주었다.

■ Skinner : 조작적 조건 형성

어떤 사람의 행동은 분명히 특정한 자극에 의해 일어난다. Pavlov의 개처럼 우리는 배가 고플 때 구미가 당기는 음식을 보면 침을 흘린다. 그러나 Skinner는 반사 행동은 모든 행위 중에서 아주 일부분만을 설명할 수 있다고 제안했다. Skinner는 다른 종류의 행동들이 음식과 같은 무조건 자극이 명백히 없는 환경에서도 일어날 수 있기 때문에 **조작적 행동**이라 부르자고 제안했다. Skinner의 연구는 행동과 그 결과들 간의 관계에 초점을 맞추었다. 예를 들어 한 개인의 행위가 즉시 만족할 만한 결과를 가져오면 그 개인은 그 행동을 더 자주 하게 될 것이다. 행동을 변화시키기 위해 만족스러운 그리고 불만족스러운 결과를 사용하는 것을 **조작적 조건 형성**(operant conditioning)이라고 한다.

고전적 조건 형성

조건 반응을 일으키게 하기 위해 중성 자극을 무조건 자극과 반복적으로 연합시키는 과정

조작적 조건 형성

행동의 발생을 조작하기 위해 만족할 만한 또는 만족하지 않은 결과들을 사용하는 것

스키너 상자

스키너가 조작적 조건 형성에 대한 실험에서 동물을 관찰하기 위해 개발한 기구

Skinner의 연구는 통제된 상황에 피험자를 놓고 그들의 행동의 결과를 체계적으로 바꿀 때 나타나는 행동상의 변화를 관찰하는 데 초점을 맞추었다(Alberto & Troutman, 2009; Bigge & Shermis, 2004; Malott, 2008 참조). Skinner는 보통 **스키너 상자**(Skinner box)라고 하는 기구를 개발하고 사용한 것으로 유명하다. 스키너 상자에는 보통 쥐나 비둘기 같은 동물의 행동을 연구하기 위해 매우 간단한 기구들이 들어 있다. 쥐에 사용하는 스키너 상자는 쥐가 누르기 쉬운 막대기와 작은 먹이 알이 나오는 먹이통, 그리고 물통으로 구성되어 있다. 쥐는 상자 밖을 볼 수도 없고 밖의 소리도 들을 수 없어서 모든 자극들이 실험자에 의해 통제된다.

스키너 상자는 어떻게 작동되는가? 쥐는 어떤 형태의 조건 형성을 경험하는가? 그러한 형태의 조건 형성은 어떻게 일어나며 Pavlov가 연구한 조건 형성과는 어떻게 다른가?

스키너 상자를 이용한 아주 초기의 몇 가지 실험에서는 쥐가 우연히 막대기를 누르면 먹이가 나오도록 설치되었다. 우연히 몇 번 막대기를 누른 후에 쥐는 막대기를 자주 눌러 매번 먹이를 얻기 시작한다. 음식 보상은 막대기를 누르도록 강화하고 다른 모든 행동(상자 안을 배회하는 것 같은)은 약화시킴으로 쥐의 행동을 조건 형성 하는 것이다. 이 시점에서 실험자는 다른 몇 가지를 할 수 있다. 먹이통이 설치되어 있어 먹이를 얻으려면 막대기를 여러 번 눌러야 되게 만들거나, 어떤 막대기는 누르면 먹이가 나오지만 다른 것들은 나오지 않게 하거나, 막대기를 눌러도 더 이상 먹이가 나오지 않도록 할 수 있다. 각각의 경우 별로 쥐의 행동을 전기장치로 기록한다. 스키너 상자의 한 가지 중요한 장점은 통제된 환경에서 행동에 대한 신중한 과학적인 연구를 할 수 있다는 점이다(Bigge & Shermis, 2004). 누구든지 똑같은 기구를 사용하여 스키너의 실험을 반복할 수 있는 것이다.

Nina Leen/Time Life/Getty Images

행동주의 학습의 원리는 무엇인가

행동주의 학습 이론은 행동의 결과가 다음의 행동을 어떻게 형성하는가를 묘사하기 위해 고유의 언어를 가지고 있다(Alberto & Troutman, 2009; Bigge & Shermis, 2004; Kazdin, 2001; Malott, 2008; Walker, Shea, & Bauer, 2004 참조).

■ 결과의 역할

쥐와 비둘기에 대한 스키너의 선구자적인 연구 결과로 동물은 물론 사람들도 포함하는 수백 편의 연구에서 지지된 일련의 행동의 원리들이 확립되었다. 아마도 행동주의 학습 이론 중에서 가장 중요한 것은 행동이 즉각적인 **결과**(consequence)에 따라 변화한다는 것이다. 만족할 만한 결과는 행동을 증가시키는 반면 불만족스러운 결과는 행동을 감소시킨다. 다시 말하면 만족할 만한 결과는 개인이 행동을 하는 빈도를 증가시키는 반면 불만족스러운 결과는 행동의 빈도를 감소시킨다. 학생들이 책 읽는 것을 즐거워한다면 그들은 아마도 더 자주 읽게 될 것이다. 만약 이야기가 지루하거나 집중할 수 없으면 더 잘 안 읽게 될 것이고 대신 다른 활동을 선택하게 될 것이다. 만족할 만한 결과를 강화물라고 하고 불만족스러운 결과를 벌이라고 한다.

결과

행동에 뒤따라오는 그리고 다음 행동의 빈도에 영향을 주는 만족할 만한 또는 불만족스러운 조건

강화물

행동을 유지하고 증가시키는 만족할 만한 결과

■ 강화물

강화물(reinforcer)은 행동을 하게 하는(즉 빈도를 증가시키는) 결과라고 정의된다. 강화물의 효과는 증명되어야만 한다는 것을 주목하자. 우리는 특별한 개인에게 행동을 하게끔 한다는 것이 증명될 때까지 어떤 특정한 결과를 강화물이라고 생각할 수 없다. 예를 들어 어린이들에게는 사탕이 강화물이라고 일반적으로 생각할 수도 있지만 밥을 많이 먹고 난 후에 아동은 사탕이 별로 만족스럽지 않을 수도 있고 어떤 아동들은 사탕을 전혀 좋아 하지 않는다. "나

교사들은 아동들의 생활에서 일차적인 강화의 원천이다. 이 교사가 어떤 종류의 이차적인 강화를 보여 주고 있는가? 이 강화의 가능한 결과는 무엇일까?

David Lassman/Syracuse Newspapers/The Image Works

는 그 아동에게 수학 시간 동안 자리에 앉아 있는 것을 칭찬하여 강화했지만 효과가 없었어요."라고 말하는 교사는 칭찬이 이 특정한 학생에게는 실제로 강화물이라는 증거가 없다면 강화물이라는 용어를 잘못 사용하고 있는 것일 수도 있다. 보상이 모든 조건에서 모든 사람들에게 강화물일 수는 없다(Barnhill, 2005).

일차 그리고 이차 강화물 강화물들은 대체로 두 가지 영역, 즉 일차 그리고 이차 영역으로 나뉜다. **일차 강화물**(primary reinforcer)은 기본적인 인간의 욕구를 만족시킨다. 예를 들면 음식, 물, 안전, 따뜻함, 성욕 등이다. **이차 강화물**(secondary reinforcer)은 일차 강화물 또는 다른 아주 확고해진 이차 강화물과 연합함으로써 그 가치를 얻은 강화물이다. 예를 들어 아동들이 돈으로 일차 또는 이차 강화물과 같은 것들을 살 수 있다는 것을 알게 될 때까지 돈은 어린아이들에게 가치가 없다. 성적도 가족들이 좋은 성적에 관심을 갖고 가치를 두지 않는다면 학생들에게는 별 가치가 없으며 또한 가족의 칭찬은 사랑, 따뜻함, 안전 그리고 다른 강화물과 연합되어 있기 때문에 가치가 있는 것이다. 이차 강화물에는 세 가지 기본 영역이 있다. 하나는 사회적 강화물로 칭찬, 미소, 포옹, 관심과 같은 것들이다. 에스터반 선생님이 레베카를 알아보았을 때 선생님은 무심코 레베카에게 그녀의 관심, 즉 사회적 강화물을 주고 있었던 것이다. 이차 강화물의 다른 영역은 활동적 강화물(장남감, 게임 또는 재미있는 놀이를 하게 하는 것)과 토큰(또는 상징적인) 강화물(돈, 성적 또는 다른 강화물과 교환할 수 있는 점수 등과 같은 것들)이 있다.

정적 그리고 부적 강화물 학교에서 자주 사용되는 강화물은 칭찬, 성적, 별표 같은 것을 포함하는 **정적 강화물**(positive reinforcer)이다. 그러나 행동을 하게 하는 다른 방법은 행동의 결과가 불만족스러운 상황에서 피할 수 있는 것이거나 불만족스러운 어떤 것들이 일어나지 않게 하는 것이다. 예를 들어 부모님은 아이들이 숙제를 마치면 설거지하는 것을 감해 줄 수도 있다. 설거지하는 것을 싫은 일이라고 생각한다면 설거지를 감해 주는 것은 강화될 수 있다. 불만족스러운 상황에서 회피할 수 있는 강화물을 **부적 강화물**(negative reinforcer)(Landrum & McDuffie, 2008)이라고 한다.

이 용어는 종종 "나는 그 아이를 쉬는 시간 동안 교실에 있게 함으로써 지각하는 것을 부정적으로 강화했다."라는 것과 같이 벌을 의미하는 것으로 잘못 해석되기도 한다(Martella,

일차 강화물
음식, 물 또는 기본적인 욕구를 만족시키는 다른 결과

이차 강화물
사람들이 일차 강화물과의 연합으로 가치가 있음을 배우게 된 결과

정적 강화물
행동을 하도록 주어지는 만족할 만한 결과

부적 강화물
불만족스러운 상황에서 벗어남으로써 행동하게 하기 위해 주어진 것

표 5.1 행동주의 학습에서의 결과

행동을 하게 하는 것	행동을 저지하는 것
정적 강화 예 : 보상 또는 칭찬	강화를 하지 않는 것 예 : 무시
부적 강화 예 : 원하지 않는 일이나 상황을 피하는 것	벌을 제거하는 것 예 : 원하는 과제나 상황을 금하는 것
	벌을 주는 것 예 : 원하지 않는 과제나 상황을 부여하는 것

Nelson & Marchand-Martella, 2003). 용어상의 이 같은 오류를 피할 수 있는 한 방법은 강화물은(정적 또는 부적이든 간에) 행동을 일으키게 하는 것이지만 벌은 행동을 약화시키는 것이라는 것을 기억하는 것이다(표 5.1 참조).

프리맥 원리 행동의 중요한 원리는 욕구가 낮은 활동을 욕구가 더 높은 활동에 연결하여 욕구가 낮은(낮은 강도) 활동을 하게 하는 것이다. 예를 들어 교사가 "너희들의 일을 끝내면 밖에 나가도 된다." 또는 "미술 작업을 깨끗이 치우면 너희들에게 이야기를 하나 읽어 줄게." 라고 말하는 것들이다. 이것들이 프리맥 원리의 예들이다(Premack, 1965). **프리맥 원리**(Premack Principle)는 옛날부터 내려오는 말인 "야채를 먹으면 놀아도 된다."라는 말에서 가끔 '할머니의 법칙'이라고도 불린다. 교사들은 덜 즐거운 활동을 즐거운 활동으로 대체함으로써 그리고 덜 즐거운 활동을 성공적으로 끝마쳤느냐에 따라 즐거운 활동을 하도록 하는 것으로 프리맥 원리를 활용할 수 있다. 예를 들어 초등학교에서 대부분 학생들이 즐거워하는 음악 시간을 어려운 과목을 마친 후에 하도록 함으로써 아이들이 어려운 과목에서 시간을 낭비하면 그들이 더 원하는 음악 시간이 줄어들 수 있다는 것을 알게끔 하는 것도 좋은 생각일 수 있다(Martella et al., 2003).

적용해 보기

교실에서 강화를 사용하기

교실에서 적용할 수 있는 가장 유용한 행동주의 학습 원리는 또한 가장 간단한 것이다. 이것은 "아동들이 반복했으면 하는 행동을 강화해라."이다. 이 원리는 명백해 보이지만 실제로는 그렇게 쉬운 것은 아니다. 예를 들어 어떤 교사들은 "내가 왜 그들을 강화해야 하는가? 학생들은 당연히 해야 할 것을 하고 있을 뿐인데!"라고 이유를 대면서 강화는 필요하지 않다는 태도를 취한다.

교실에서 바람직한 행동을 증가시키기 위해 강화를 사용하는 주요한 지침은 다음과 같다 (Alberto & Troutman, 2009; Jones & Jones, 2004; Kauffman, Mostort, Trent, & Hallahan, 2002; Malott, 2008 ; Marzano, 2003; Miltenberger, 2001 참조).

1. **당신이 학생들에게 원하는 행동이 무엇인지 결정하고 그 행동이 나타났을 때 강화해라.** 예를 들어 잘했을 때 칭찬하거나 보상을 해라. 학생들의 능력에 의한 것이 아닌 일에는 칭찬이나 보상을 하지 말아라. 학생들이 새로운 과제를 시작했을 때 그들은 일을 해나가는 매 단계마다 강화를 필요로 할 것이다. 당신이 최종적으로 성취하기를 원하는 것에 근접했을 때 긍정적인 피드백을 주어야 한다. 새로운 행동(학교 숙제들)을 작은 단위로 나누어서 단계마다 적당한 보상을 주어라.
2. **당신이 어떤 행동을 원하는지 학생들에게 말해라.** 그들이 원하는 행동들을 했을 때 그들을 강화하고 이유를 말해 주어라. 학생들의 일을 평가할 때 당신이 사용할 기준을 세부항목별로 명시한 규정과 항목별 점수를 학생들에게 알려 주어라. 그러면 학생들은 당신이 준 피드백으로부터 자신의 장점과 단점을 구별할 수 있을 것이다.
3. **적절한 행동이 보이면 가능한 한 빨리 그 행동을 강화해라.** 지연된 강화는 즉각적인 강화보

프리맥 원리

즐거운 행위가 덜 즐거운 행위를 하도록 강화하기 위해 사용될 수 있다는 법칙

다 덜 효과적이다. 숙제를 평가할 때 학생에게 즉시 피드백을 주어라. 학생들은 자신이 교실에서 어떻게 하고 있는가를 아는 것은 중요하므로 그들을 평가하는 것을 미루지 말아라. 숙제를 내 줄 때 당신은 항상 사용할 평가 방식과 의도된 피드백을 제공하기 위해 시간이 얼마나 걸릴지 생각해야만 한다.

내적 그리고 외적 강화물 일반적으로 행동이 지속되도록 하는 가장 중요한 강화물은 행동을 하는 데 내재되어 있는 즐거움이다. 예를 들어 대부분의 사람들은 보상 없이도 상당 기간 할 수 있는 취미를 가지고 있다. 사람들은 다른 이유 없이 이것을 하는 즐거움만으로 그리고, 읽고, 노래 부르고, 게임을 하고, 하이킹하고, 수영하는 것을 좋아한다. 이런 종류의 강화물을 **내적 강화물**(intrinsic reinforcers)이라고 하고 사람들이 주어진 활동에 빠져들도록 내적으로 동기화되었다고 말할 수 있다. 내적 강화물들은 사람들이 강화물 없이는 하지 않을 행동을 동기화하기 위해 주어지는 칭찬이나 보상과 같은 **외적 강화물**(extrinsic reinforcers)과는 상반되는 것이다. 어쨌든 해야 하는 어떤 행동을 위해 아동들을 강화하면 장기적 내적 동기를 손상시킬 수 있다는 증거가 있다(Deci & Ryan, 2002). 이 주제에 대한 연구에 따르면 외적 강화물의 나쁜 효과는 아동들에게 어떤 수행의 기준도 없이 활동에 대한 보상을 주거나 아동들이 보상 없이 스스로 해야 하는 활동을 보상할 때와 같은 제한된 상황에서만 일어난다(Cameron & Pierce, 1994, 1996; Eisenberger, Pierce, & Cameron, 1999). 언어적 칭찬과 다른 형태의 피드백들은 내적인 흥미를 감소시키지 않고 증가시킨다고 알려진 외적 강화물이다. 이 연구가 강화를 주는 데 있어 제안하는 것은 아동들이 스스로 해야 하는 활동에 대해 그들에게 강화물을 주는 경우는 교사들이 주의해야만 한다는 것이다. 그러나 대부분의 학생들이 스스로 하지 않을 학교 과제들에 대해서는 외적 강화물이 내적인 흥미를 손상시킬 것이라는 근거가 없으며, 특히 이러한 강화물이 사회적인 것이고 학생들에게 능력과 독립심의 성장을 인지시키기 위한 것이라면 더욱 그러하다. 실제로 정적 강화가 정적 행동을 증가시키는 데 효과적이었을 때 이것을 사용하지 않는 것은 비윤리적이라는 것에 대해 논쟁을 해 왔다(예 : Bailey & Berch, 2005; Maag, 2001). 예를 들어 싸움으로 인해 퇴학을 받을 위험에 처해 있는 학생을 생각해 보자. 싸움을 피할 정적 강화의 프로그램이 학생의 싸움을 없앨 수가 있다면 퇴학과 같은 심각한 단계를 고려하기 전에 당신은 윤리적으로 그러한 계획(혹은 다른 것)을 해야만 할 것이다.

연결해서 더 보기
내적 그리고 외적 동기에 대해서는 제10장을 참조하시오.

적용해 보기

실제적인 강화물

아동들이 좋아하는 것들은 어떤 것이든 효과적인 강화물이 될 수 있지만 교실에서 무엇을 사용해야만 하는가에는 명백히 실제적인 한계가 있다. 정적 강화의 일반적인 원리 하나는 효과가 있을 단순하고 실제적인 강화물을 사용하는 것이 최선이라는 것이다. 다시 말하면 칭찬 또

내적 강화물
개인이 어떤 다른 보상 없이 자신을 위해 즐겨 하는 행동

외적 강화물
사람들이 보상이 없이는 하지 않을 행동을 하게 하기 위해 주어지는 칭찬이나 보상

는 자기 강화가 효과가 있다면 성적표를 사용하지 말아라. 만약 성적표가 효과가 있으면 작은 장난감을 사용하지 말아라. 작은 장난감들이 효과가 있으면 음식을 사용하지 말아라. 사용할 강화물을 찾아내는 한 가지 방법은 학생 자신에게 물어보는 것으로, 그러면 자신들이 선택한 강화물에 온 힘을 다할 것이다(Cote, Thompson, Hanley, & McKerchar, 2007). 그러나 아동들이 중요한 것을 하도록 동기를 유발하기 위해 실제적인 강화물이 필요하면 무엇이건 사용하는 것을 주저하지 말아라. 특히 벌(다음에서 설명됨)을 생각하기 전에 모든 가능한 강화 전략을 시도해라. 몇몇 강화물의 영역과 그 각각의 예들이 여기에 있다(Burden, 2000; Landrum & Kauffman, 2006; Martella et al., 2003 참조). 강화물을 덜 실제적인 것에서 가장 실제적인 순서로 정리하였다.

1. **자기 강화.** 학생들은 스스로를 칭찬하거나 스스로에게 심적으로 등을 다독거려 준다거나 서식으로 진척 상황을 점검하거나 스스로에게 휴식을 준다거나 아니면 과제를 마치도록 또는 문제를 벗어나도록 스스로를 강화하는 것을 배울 수 있다.
2. **칭찬.** “잘했어.” “힘내라.” “네가 해낼 줄 알았어.” 등과 같은 언어적인 칭찬은 효과적이며, 같은 메시지를 미소, 윙크, 격려 신호, 등을 두들겨 주는 것과 함께 전달할 수도 있다. 협동 학습과 또래 지도에서 학생들에게 적절한 행동에 대해 서로 칭찬하도록 격려할 수 있다(Landrum & Kauffman, 2006).
3. **관심.** 존경하는 어른이나 또래들의 관심은 많은 아동들에게 아주 효과적인 강화물이 될 수 있다. 경청, 고개 끄덕임, 가까이 다가앉기 등은 아동들이 찾고 있는 긍정적인 관심을 제공하는 것이 되기도 한다. 수행에서 뛰어났거나 오랜 시간을 들여 목표를 달성을 했을 때 학생들에게 보호자를 방문하거나 교무실에서 돕거나 또는 교장선생님과 산책을 할 수 있는 특별한 시간을 허용할 수도 있다(Alber & Heward, 2000).
4. **성적과 인정.** 성적과 인정(예를 들어 성적표)은 학생들에게 그들의 노력에 대해 긍정적인 피드백을 주고 또한 좋은 성적에 대해 그들을 강화하기 쉬운 부모들께 진척 상황을 이야기하는 데 효과적이다. 좋은 작품의 공개 전시, 교장선생님의 짧은 글, 다른 상장들도 같은 효과를 가질 수 있다. 퀴즈 점수, 행동 등급, 그리고 자주 주어지는 피드백은 여러 달 동안의 공부에 주어지는 성적표보다 더 효과적일 수 있다.
5. **집에 전화하기.** 학부형에게 아동이 잘했다고 전화를 하거나 또는 알려 주는 것은 강력한 강화물이 될 수 있다.
6. **집에서의 강화.** 가족들도 강화체계에 포함될 수 있다. 교사들은 아동이 가족들과 함께 행동이나 학업에서 아주 구체적인 기준에 도달하면 집에서 특별한 특권을 줄 수 있도록 계획을 짤 수 있다.
7. **특권.** 자유 시간을 주거나 특별한 기구(예를 들어 축구공 또는 게임)를 쓰도록 허용하거나 또는 특별한 역할(심부름을 한다든지 또는 신문 배달을 하는 것 같은)을 부여할 수 있다. 행동이 바른 아동들이나 집단에게는 첫 번째로 휴식을 취하거나 집에 가도록 허락할 수도 있고 다른 작은 특권을 갖도록 할 수도 있다.
8. **활동적 강화물.** 미리 세워 놓은 기준을 성취한 후에 학생들에게 자유 시간, 비디오, 게임 또는 다른 재미있는 활동을 하도록 허용한다. 활동 강화물은 특히 집단 관련성에 잘 맞는데 전체 학급이 기준에 도달했을 때 전체 학급에게 자유 시간이나 특별한 활동을 허용한다(Embry, 2002; Theodore, Bray, Kehle, & Jenson, 2001).
9. **구체적 강화물.** 아동들이 성취 또는 좋은 행동을 하면 점수를 주고 이것을 조그만 장난감, 지우개, 연필, 구슬, 만화책, 스티커 등의 것들과 바꿀 수 있게 한다. 일반적으로 아동들에게 구체적 강화물을 여러 가지 선택 대상 중에서 고를 수 있게 한다면 더 효과적이다

(Cruz & Cullinan, 2001; Walker et al., 2004).
10. **음식.** 건포도, 과일, 땅콩 또는 다른 건강간식을 강화물로 사용할 수 있다.

■ 벌

행동을 약화시키는 결과들을 벌이라고 한다. 강화에 대한 정의에서와 같이 **벌**(punishment)에 대한 정의에서도 같은 의미가 있다는 것을 염두에 두어라. 분명히 불만족스러운 결과가 뒤따르는 행동의 빈도를 줄이지 못한다면 이것은 반드시 벌은 아니다. 예를 들어 어떤 학생들은 교장실에 보내지거나 또는 교실 밖으로 쫓겨나는 것을 좋아한다. 왜냐하면 그들이 불쾌한 상황이라고 생각하는 학급에서 벗어날 수 있기 때문이다(Driscoll, 2000; Kauffman et al., 2002; Martella et al., 2003). 어떤 학생들은 야단맞는 것을 좋아하는데 교사의 관심을 받을 수 있고 또래들 사이에서 자신의 위치를 높일 수도 있기 때문이다. 강화물에서와 마찬가지로 벌의 효과도 가정되어서는 안 되고 반드시 증명되어야만 한다. 벌에는 두 가지 기본 형식이 있다.

수여성 벌 **수여성 벌**(pesentation punishment)은 학생이 야단을 맞을 때처럼 불만족스러운 결과 또는 **혐오 자극**(aversive stimulus)을 사용하는 것이다.

제거성 벌 **제거성 벌**(removal punishment)은 만족스러운 결과를 제거하는 것이다. 예로서 특권을 없애거나 휴식시간에 남아 있게 하는 것, 또는 방과후에 남아 있게 하는 것을 들 수 있다. 다른 예로 **반응 대가**(response cost)라고 하는데(Landrum & McDuffie, 2008), 부적절하게 행동을 한 학생에게 대가를 요구하는 것으로 과제를 못한 만큼 방과후에 남아 있게 하는 것이다. 교실에서 제거성 벌로 자주 사용되는 한 형태는 **타임아웃**(time out)인데 행동을 잘못한 학생에게 몇 분 동안 구석이나 또는 교실 가운데에 앉아 있게 하는 것이다(Nelson & Carr, 2000 참조). 교사들은 다른 학생들의 관심이 잘못된 행동을 강화시키고 있다고 믿을 때 타임아웃을 사용한다. 왜냐하면 타임아웃은 잘못된 행동에 강화물을 주지 않는 것이기 때문이다. 잘못된 행동의 결과로서 타임아웃을 사용하면 일반적으로 잘못된 행동을 감소시킨다는 것이 발견되었다(Alberto & Troutman, 2006).

예를 들어 White와 Bailey(1990)는 체육 시간에 '무릎 꿇고 보기' 결과의 적용 효과를 평가하였다. 행동을 잘못한 학생들에게 무엇을 잘못했는지 말한 다음에 3분짜리 모래시계를 주고 모래가 다 떨어질 때까지 무릎 꿇고 앉아서 보기만 하라고 요구하였다. 이 프로그램은 행동상에 심각한 문제가 있는 4, 5학년 특별 교실에서 처음 사용하였다. 그림 5.2에 결과를 요약하였다. 기준선으로서 10분 동안에 343가지 산만한 행동이 관찰된 후에 행동 체크리스트 프로그램을 실시하였다. 교사들은 각 아동의 행동을 평가하고 나쁘게 행동한 아동들은 교무실로 보내거나 그 아동들의 자유시간을 빼앗아 버렸다. 이것은 잘못된 행동을 감소하기는 했지만 없애지는 못했다. 그러나 '무릎 꿇고 보기' 과정이 도입되었을 때 잘못된 행동은 사실상 없어졌다. 똑같은 '무릎 꿇고 보기' 방법이 정상적인 4학년 체육 시간에 사용되었을 때

벌
행동을 약화시키기 위해 사용한 불쾌한 결과

수여성 벌
혐오적인 자극들을 사용하여 행동이 다시 일어날 수 있는 기회를 감소시키는것

혐오 자극
개인이 피하거나 벗어나려고 하는 불쾌한 결과

제거성 벌
행동을 강화하려는 만족스러운 결과를 철수하여 행동이 다시 일어나는 기회를 감소시키도록 고안된 것

반응 대가
잘못한 학생들에게 자신들의 자유 시간 또는 특권을 반납하게 하는 과정

타임아웃
잘못된 행동이 강화되는 상황으로부터 학생을 떼어놓는 과정

그림 5.2 '무릎 꿇고 보기'에 의한 난폭한 행동의 감소

10분 관찰 시간당 난폭한 행동의 수를 보여 주고 있다.

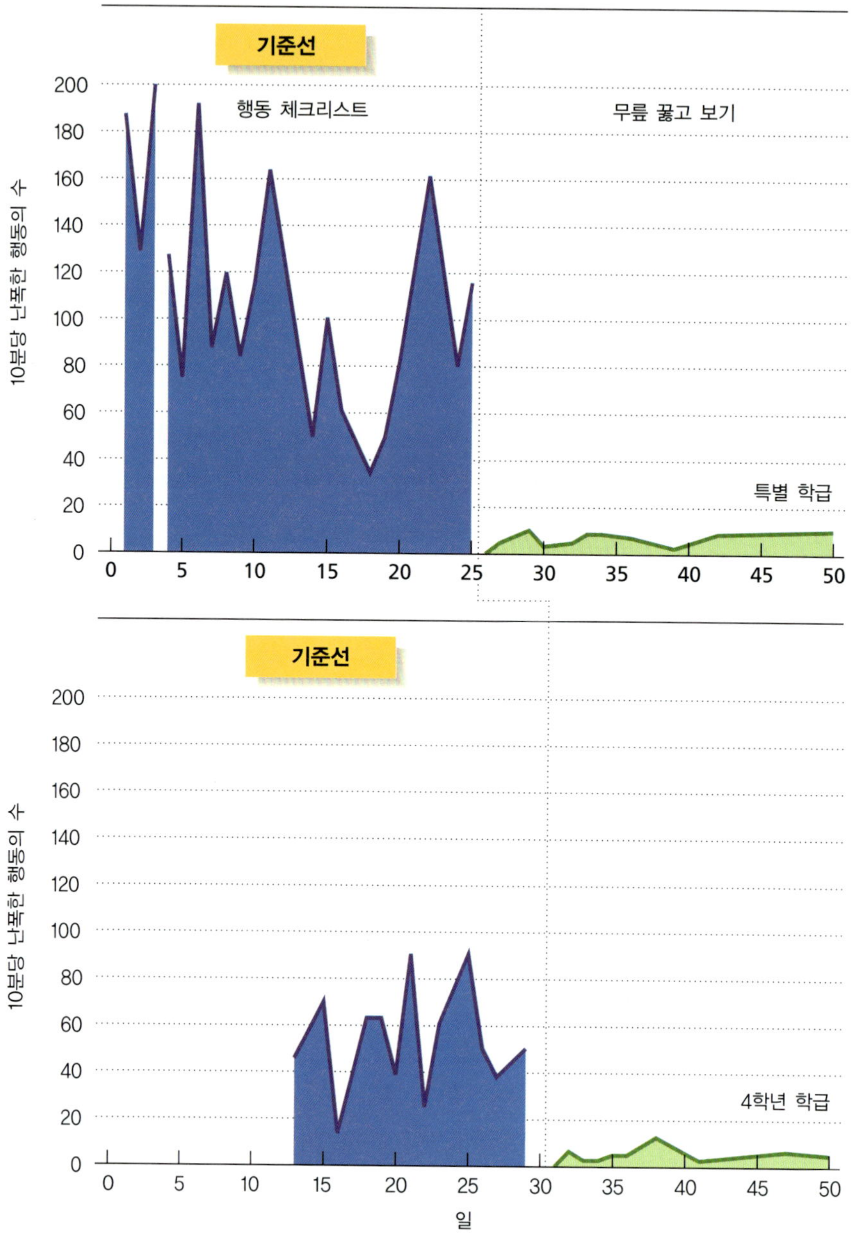

출처 : A. G. White and J. S. Bailey, "Reducing Disruptive Behaviors of Elementary Physical Education Students with Sit and Watch," *Journal of Applied Behavior Analysis, 3,* 1990 p. 357.

도 결과는 비슷했다.

벌을 준다면 언제 어떻게 해야 하는가에 대한 주제는 행동주의 학습 이론가들 사이에서 상당한 논쟁의 원인이 되어 왔다. 어떤 이론가들은 벌의 효과는 특히 수여성(혐오적인) 벌의 경우 단지 일시적일 뿐이며, 벌은 공격성을 높이며 벌이 사용되는 상황을 피하게 하는 원인이 된다고 주장한다(Kazdin, 2001; Landrum & Kaufman, 2006; Miltenberger, 2001). 벌의 사용을 지지하는 행동주의 이론가들조차도 적절한 행동에 대해 강화를 시도했는데도 실패했을 경우에만 벌에 의존해야 한다는 것에 동의한다. 벌이 필요할 때는 가능하면 약한 형태로 주어야만 하고 벌은 항상 조심스런 계획의 일부로 사용되어야 하며, 일관성이 없거나

절망 끝에 사용해서는 안 된다. 학교에서의 체벌(때리기 같은 것)은 대부분의 지역에서 합법적이지 않으며(Jones & Jones, 2007; Levin & Nolan, 2007) 윤리적인 것은 물론이고 과학적인 이유 때문에도 대부분의 행동주의 이론가들이 반대한다(Bailey & Burch, 2005; Kazdin, 2001; Malott, Malott, & Trojan, 2000 참조).

■ 결과의 즉시성

행동주의 학습 이론에서 한 가지 매우 중요한 원리는 행동을 하고 난 즉시 뒤따라오는 결과는 지연된 결과보다 훨씬 효과적이라는 것이다. 스키너 상자에 있는 쥐가 막대기를 누른 후 몇 분 있다가 먹이를 준다면 쥐가 막대기 누른 것과 먹이를 연합하여 학습하는 데 시간이 더 걸릴 것이다. 왜냐하면 먹이가 나오기 전까지 쥐가 막대기를 누르는 것 외의 다른 어떤 것을 할 수도 있기 때문이다. 일반적으로 즉각적으로 주어지는 작은 강화는 후에 주어지는 큰 강화보다 훨씬 더 효과적이다(Alberto & Troutman, 2006). 이 개념은 인간 행동에 관해 많은 것을 설명해 주고 있다. 예를 들어 사람이 흡연이나 많이 먹는 것을 포기하는 것이 왜 그렇게 어려운가를 알 수 있다. 흡연을 포기하는 것이나 체중을 적절히 줄이는 것에서 오는 이로움이 실제적이고 잘 알려진 것이기는 하지만 단 1개의 담배나 도넛 1개 같은 작지만 즉각적인 강화물이 크더라도 지연된 강화보다 행동에 더 큰 영향을 주는 것이다. 또한 교실에서도 즉각적인 결과의 원리는 매우 중요하다. 특히 어린 학생들에게는 과제를 잘했을 때 즉각적으로 주는 칭찬이 훨씬 후에 주는 좋은 성적보다 강한 강화물이 될 수 있다. 잘못 행동하고 있는 학생에게 가까이 다가가거나 학생의 어깨에 손을 얹는 것 또는 어떤 몸짓을 보이는 것(예를 들어 조용히 하라고 손가락을 입에 대는 것)이 수업이 끝날 쯤에 꾸짖거나 경고를 주는 것보다 훨씬 더 효과적일 수 있다(Jones & Jones, 2007; Landrum & Kauffman, 2006).

즉각적인 피드백에는 적어도 두 가지 목적이 있다. 첫째로 이것은 행동과 결과 사이의 연결을 확실히 해 준다. 둘째로 피드백의 정보적인 가치를 증가시킨다. 잘못된 행동을 다루는 데 있어 교사들은 학생들이 잘못된 행동을 하지 않을 때 — 실제로는 올바른 행동을 하는 현장에서 — 즉각적이고도 긍정적인 반응을 줌으로써 즉각적인 결과의 원리를 적용할 수 있다.

■ 조형

가르치는 데 있어 즉각적인 강화가 중요하지만 무엇을 강화할 것인가에 관한 결정도 또한 중요하다. 유치원 교사가 아동이 알파벳을 전부 외울 때까지 강화하는 것을 보류해야만 할까? 확실히 아니다. 아동들이 한 문자를 익히면 칭찬하고, 그런 다음 여러 개를 익히면 또 칭찬하고 마침내 26개의 알파벳을 모두 익히면 칭찬하는 것이 좋다. 음악 교사가 어린 학생이 피아노 악보를 틀림없이 칠 때까지 강화를 보류해야만 할까? 아니면 중간 중간 끊어지더라도 끝까지 다 하도록 칭찬해야만 할까? 대부분의 학생들은 하는 도중 강화를 필요로 한다. 교사가 성공으로 이끄는 많은 단계들마다 강화를 함으로써 목표를 향해 갈 수 있도록 이끌어 갈 때 교사들은 **조형**(shaping)이라고 하는 기술을 사용하고 있는 것이다.

조형
원하는 목표를 이루기 위해 작은 단계로 나누어 강화를 함으로써 새로운 기술 또는 행동을 가르치는 것

조형이라는 용어는 행동주의 학습 이론에서 원하는 목표 행동에 접근해 가는 학습자들을

강화함으로써 새로운 기술 또는 행동을 가르치는 것을 말할 때 사용한다(Bigge & Shermis, 2004; Driscoll, 2000). 예를 들어 아동들에게 운동화 끈 매는 것을 가르칠 때 단지 이렇게 하는 것이라고 보여 주고 아동들이 스스로 끈을 다 맬 때까지 강화하는 것을 유보하지는 않는다. 오히려 아동들이 첫 번째 매듭을 만들었을 때 먼저 강화를 하고, 그다음에 둥근 귀를 만들 때 강화하는 등의 순서로 아동들이 전체 일을 끝낼 때까지 강화해 준다. 이러한 방법으로 우리는 목표 행동으로 이끄는 많은 단계마다 강화함으로써 아이들의 행동을 조형한다.

조형은 교실 수업에서 중요한 도구이다. 학생들이 주제 단락, 3개의 상세한 뒷받침 단락, 그리고 결론 단락으로 된 문장을 쓸 수 있기를 원한다고 생각해 보자. 이 과제에는 많은 부분들이 있다. 무엇을 써야 하는지 알 수 있어야 하고 주제 문장, 상세한 근거, 결론을 만들어야 한다. 대문자, 구두법, 문법을 맞게 사용해서 완전한 문장을 만들어야 하고 또 철자법을 알아야 한다. 만약 교사가 이 모든 기술을 가르치고 학생들에게 글을 쓰라고 한 다음에 내용, 문법, 구두점, 철자에 대해 점수를 매긴다면 모든 학생들은 실패하고 아마도 이 연습에서 별로 배우지 못할 것이다.

대신에 교사는 이 기술을 단계적으로 가르치면서 점차적으로 최종 목표 기술을 조형할 수 있다. 학생들은 먼저 주제 문장을, 그다음 상세한 근거 문장을, 그리고 결론 문장을 어떻게 쓰는가를 배울 수 있다. 처음에는 문장의 내용에만 책임을 지도록 한 후에 점차 문법과 구두법을 포함하는 것으로 강화 기준을 높일 수 있다. 마지막으로 철자법은 성공의 기준으로 추가될 것이다. 각 단계마다 학생들은 강화를 받을 좋은 기회를 가질 수 있다. 왜냐하면 강화를 위한 기준을 이해할 수 있기 때문이다. 여기에서 원리는 학생들이 그들의 현재 능력 범위 안에 있는 행동에 대해 강화받아야만 할 뿐만 아니라 새로운 기술을 위해 능력을 늘린다는 것이다.

아동들에게 운동 기술이든 학업 기술이든 새로 가르칠 때 교사들이나 코치는 기초적인 것부터 시작해서 만들어 간다. 그들은 아동들의 행동을 조형하기 위해 어떤 기법을 사용할 수 있을까?

■ 소거

공룡이 소거를 경험하고 있다.

정의에 의하면 강화물은 행동을 증가시킨다. 그러나 강화물이 없어지면 어떤 일이 생길까? 결국 행동이 약해질 것이며 마침내는 없어질 것이다. 이 과정을 전에 학습된 행동의 **소거**(extinction)라고 한다.

소거 과정이 순조로운 경우는 거의 없다. 강화물이 없어졌을 때 보통은 잠시 동안 행동의 비율이 증가한다. 예를 들어 당신이 자주 가는 교정 어느 곳의 지름길로 사용하던 문을 생각해 보자. 어느 날 문이 열리지 않게 되었다고 가정하자. 당신은 잠시 동안 더 세게 문을 밀어보거나, 문을 흔들거나, 손잡이를 양쪽으로 돌려보든지 아니면 문을 발로 차보기도 할 것이다. 당신은 좌절감을 느끼고 화가 날 것이다. 그러나 잠시 후에 문이 잠겼다는 것을 알고 돌아가게 될 것이다. 문이 영원히 잠겼다면(당신은 모르지만) 그다음 며칠 동안 몇 번을 시도해 볼 것이다. 그런 다음 한 달에 한 번 정도 그리고 결국에는 문 여는 것을 포기할 것이다.

잠긴 문에 대한 당신의 행동은 고전적인 소거 형태이다. 강화물이 처음 사라졌을 때 행동은 강화된다. 그런 다음 행동이 없어질 때까지 빠르게 약해진다. 그러나 한참 지나고 나서도 행동이 다시 돌아올 수 있다. 예를 들어 1년이 지난 후에 당신은 문이 아직도 잠겨 있는가를 알아보기 위해 다시 시도할 수도 있고, 그대로 잠겨 있다면 한참 동안 해 보지 않겠지만 아마도 영원히 안 해 보는 것은 아닐 것이다.

소거 초기에 행동 수준이 증가하는 특징적인 **소거 저항**(extinction burst)은 교실 관리에서 중요한 결과이다. 예를 들어 당신이 답을 소리치는(지명을 받기 위해 손을 드는 대신에) 아동의 부적절한 행동을 없애기 위해 그가 손을 조용히 들 때까지 그를 무시하기로 결심했다고 생각해 보자. 먼저 아동을 무시하는 것이 그의 소리 지르는 행동을 증가시키기 쉬운데 이것은 고전적 소거 저항이다. 그러면 당신은 무시하기가 효과가 없다고 잘못 결론을 내릴 수도 있는데 실제로는 부적절한 소리 지르기를 무시하는 것을 계속한다면 이것은 정확히 올바른 전략이다(Landrum & Kauffman, 2006; Martella et al., 2003). 더 나쁘게는 마침내 당신은 굴복하기로 결정하고 아동이 서너 번 소리를 지른 다음에 지명하는 것이다. 이것은 아동에게 아주 나쁜 메시지를 가르치게 될 가능성이 높다. 소리를 계속 지르면 결국은 지명을 받게 된다는 것을 말이다. 이것은 아마도 아동들이 "처음에 성공하지 못한다면 계속해서 시도하고 또 해라."라는 것을 배움으로써 당신이 없애려고 했던 바로 그 행동을 증가시키는 결과를 가져오게 될 것이다(Landrum & Mcduffie, 2008). 이것이 이 장의 초기에 예시했던 교실의 예이다. 에스터반 선생님은 처음에 레베카가 소리 지르는 것을 무시했고 레베카는 더욱 소리를 질러댔다. 그런 다음 레베카를 지명했는데 무의식적으로 오직 크고 집요하게 소리 지르는 것이 강화되었다는 것을 그녀에게 알려준 것이다.

개인이 어떤 자극이나 단서를 통해 전에는 강화를 받았던 행동들이 더 이상 강화되지 않을 것이라는 것을 알게 되면 전에 학습된 행동의 소거는 빠르게 진행된다. 문이 잠긴 경우에 "문은 영원히 잠겼습니다. 다른 출입구를 사용하시오."라고 글이 쓰여 있으면 문 열어보는 것을 포기하기 전에 문을 열어보려고 시도하는 횟수가 크게 줄어들게 된다. 교사가 학급에서 "나는 더 이상 어느 누구도 조용히 손을 들지 않는다면 지명하지 않을 것이다."라고 말하고 그녀의 관심을 끌려고 하는 다른 모든 시도를 무시한다면 소리 지르는 것도 훨씬 빨리 줄어

소거

강화가 없어짐에 따라 학습되었던 행동이 약해지고 결국 없어지는 것

소거 저항

소거 초기 단계에서 나타나는 행동 수준의 증가

들 것이다.

■ 강화 계획

행동에 미치는 강화의 효과는 여러 요인에 달려 있지만 가장 중요한 것 중 하나가 **강화 계획**(schedule of reinforcement)이다(Alberto & Troutman, 2009; Kazdin, 2001; Milternberger, 2001). 이 용어는 강화가 주어지는 빈도, 강화를 받을 기회 간의 시간 간격 그리고 강화의 예측 가능성이다.

강화 계획

강화의 빈도와 예측 가능성

고정비율(FR) 보편적인 강화 계획의 하나가 **고정비율 계획**[fixed-ratio(FR) schedule]인데, 이것은 강화물을 일정한 행동 반응 횟수 후에 주는 것이다. 예를 들어 교사가 "10문제를 끝마치는 대로 밖에 나가도 된다."라고 말할 수 있다. 이것을 하는 데 얼마만큼의 시간이 걸리는가는 상관없이 학생들은 10문제를 끝내는 대로 강화를 받게 되는 것이다. 이것이 고정비율 10(FR 10)의 계획(10개 행동마다 하나의 강화물)의 예이다. 고정비율 계획의 흔한 형태는 각 행동마다 강화하는 것이다. 이것을 계속 강화(CRF) 또는 고정비율 1(FR 1)이라고 한다. 자동판매기에 돈을 넣는 것은(보통) 계속 강화의 예이다. 왜냐하면 한 행동(돈을 넣는 것)마다 하나의 강화물(음료수)을 받기 때문이다. 보통 교실에서 올바른 답을 하는 것도 또한 계속해서 강화를 받는다. 학생들이 올바른 답을 하면 교사는 "맞았어! 좋은 답이야!"라고 말한다.

고정비율(FR) 계획

바람직한 행동을 일정한 횟수만큼 한 후에 보상을 주는 강화 계획

이 수업에서 중요한 과정은 점차로 강화 비율을 증가시키는 것이다. 수업 초기에는 하나의 수학 문제마다 모든 올바른 답에 대해 학생들을 강화하는 것이 필요할 수도 있다. 그러나 이것은 장기적으로 효과적이지 못하다. 학생들이 수학 문제들의 답을 맞출 때 매 5문제마다(FR 5), 매 10문제(FR 10)마다 하는 식으로 강화를 할 수 있다. 이런 방법으로 성기어지는 강화 계획은 학생들로 하여금 강화 없이도 독립적으로 문제를 더 많이 풀 수 있게 하고 이 행동이 쉽사리 소거되지 않게 한다. 결국 학생들은 일이 끝날 때까지 강화 없이도 스스로 모든 작업을 할 수 있게 된다.

고정비율 계획은 개인으로 하여금 많은 일을 하도록 동기화시키는 데 효과적이며, 특히 개인이 계속하도록 계속 강화(FR 1)로 시작한 다음에 강화 기준을 높여가는 것이 더욱 효과적이다. 높은 강화 기준이 낮은 기준보다 더 높은 수준의 행동을 하게 만드는 이유는 너무 자주 강화를 하면 강화물의 가치가 점차 줄어들 수 있기 때문이다. 매 수학 문제마다 칭찬을 받은 학생들은 곧 칭찬받는 것에 싫증을 내게 되고 강화물은 그 가치를 잃게 된다.

변동비율(VR) 계획

바람직한 행동을 임의적인 횟수만큼 한 후에 보상을 주는 강화 계획

변동비율(VR) 강화의 **변동비율 계획**[variable-ration(VR) schedule]은 행동이 결국 강화를 받게 되는 것이 확실하지만 강화를 위한 행동의 기준 횟수가 일정하지 않은 것이다. 예를 들어 도박기계가 변동비율 강화물이다. 한 번 잡아당겨 돈을 딸 수도 있고 다음에는 200번을 당겨야 되기도 한다. 언제 당겨서 돈을 딸 수 있는지는 알 수가 없다. 교실에서 학생들이 질문에 답을 하기 위해 손을 들 때도 변동비율이 존재한다. 학생들은 언제 정확한 답을 함으로써 강화를 받게 될지 알 수가 없지만 그들은 20명의 학급에서 20번에 한 번은 불릴 수 있으리라고 기대할 수 있다. 이것을 변동비율 20(VR 20)이라고 한다. 왜냐하면 한 번의 강화

물을 받기 위해 평균적으로 20번의 행동이 필요하기 때문이다. 변동비율 계획은 높고도 안정적인 비율로 행동을 하게 하는 경향이 있다. 사실상 거의 모든 도박게임들은 변동비율 계획이며 그래서 게임에 빠져버리게 된다. 마찬가지로 학생들의 숙제를 아무 때나 검사를 하는 것은 학생들로 하여금 꾸준히 조심스럽게 공부에 빠져들도록 하는 데 도움이 된다.

변동비율 계획들은 쉽사리 소거되지 않는다. 행동이 더 이상 강화를 받지 않게 된 후에도 사람들은 오랫동안 그 일을 포기하지 않는다. 왜냐하면 보상을 받으려면 많은 일을 해야 된다는 것을 학습했기 때문에 조금 더 노력하면 보상을 받을지도 모른다는 잘못된 믿음으로 계속 일하는 것이다.

고정간격(FI) **고정간격 계획**[fixed-interval(FI) schedule]에서는 특정한 시간 간격에서만 강화가 가능하다. 기말 고사는 고정간격 계획의 고전적 예이다. 고정간격 계획은 재미있는 행동 형태를 만들어 낸다. 개인은 강화가 가능한 바로 직전까지 거의 일을 안 하고 있다가 강화가 주어지는 시간이 다가옴에 따라 폭발적인 노력을 쏟아붓는다. 이 형태는 고정간격 계획에 따른 쥐나 비둘기에서도 볼 수 있지만 시험 보기 바로 직전까지 막 외우는 학생 또는 매달 제출해야 하는 보고서를 바로 전날 저녁에 쓰는 학생들에게서 명백하게 드러난다. 고정간격 계획의 이러한 특징은 항상 최선의 노력을 격려하기 위해서는 학생들에게 시험 전날 밤을 새우게 하는 것보다 그리고 자주 보지 않는 큰 시험보다는 자주 보는 짧은 퀴즈가 좋다는 것을 시사한다(Malott, 2008).

변동간격(VI) **변동간격 계획**[variable-interval(VI) schedule]에서는 강화가 어떤 때는 주어지지만 다른 때는 주어지지 않고, 따라서 행동이 언제 강화될 수 있는지 알 수 없다. 이러한 예는 교사가 누가 교실에서 과제를 하고 있는지 즉석에서 점검을 하는 것이다. 학생들은 교사가 옆을 지나가고 있을 바로 그 순간에 잘하고 있으면 강화를 받는다. 학생들은 교사가 언제 자신들을 점검할지 모르기 때문에 항상 잘하고 있어야만 한다. 사람들은 법에 대한 존경과 시민으로서의 책임 때문에 교통법을 지키기도 하지만 이것 또한 운전자들이 법을 준수하고 있는지 경찰이 무작위로 점검하는 것도 도움이 된다. 경찰이 고가도로나 언덕 뒤에 숨어서 운전자들의 행동을 무작위로 점검할 수 있다. 만약 경찰이 항상 잘 보인다면 조심해서 운전하라는 신호로 여겨지기 때문에 경찰이 없을 때는 조심스럽게 운전할 필요가 줄어들 것이다.

변동비율 계획처럼 변동간격 계획도 행동을 높은 비율로 유지하는 데 효과적이고 소거가 잘 되지 않는다. 예를 들어 교사가 학생들에게 매일 자습 시간에 한 것을 제출하라는 방침을 세웠다고 생각해 보자. 전부 점검하는 대신에 무작위로 3개의 보고서만 뽑아서 자습을 잘 했으면 특별 점수를 준다고 하자. 이 변동간격 계획은 아마도 학생들로 하여금 자습을 수의 깊게 하도록 동기를 불어넣을 것이다. 교사가 학기 중간에 아무도 모르게 불시 점검을 멈추었다 할지라도 학생들은 그것을 알지 못하므로 강화가 어느 누구에게도 더 이상 주어지지 않는다는 것을 깨닫기보다는 자신들의 보고서가 점검의 대상이 되지 않았다고 여긴다.

표 5.2는 강화 계획의 정의와 추가적인 예를 보여 준다.

고정간격(FI) 계획

바람직한 행동을 일정한 시간 후에 보상을 주는 강화 계획

변동간격(VI) 계획

바람직한 행동을 임의적인 시간 후에 보상을 주는 강화 계획

표 5.2 강화 계획

네 가지 강화 계획에 따른 강화와 소거 중에 나타나는 반응 형태는 다음과 같다.

계획	정의	반응 형태	
		강화 중	소거 중
고정비율	일정한 횟수의 행동 후에 강화	안정된 반응률, 강화 후 정지	요구되는 반응 횟수가 넘었는데도 강화가 없으면 반응률이 급격히 떨어짐
변동비율	일정하지 않은 횟수의 행동 후에 강화	안정되고 높은 반응률	반응률이 높게 유지되다가 떨어짐
고정간격	일정한 간격 후에 강화	각 간격이 끝날 쯤에 급격하게 상승하는 고르지 못한 비율	강화 없이 고정간격이 지나면 반응률이 급격히 떨어짐
변동간격	일정하지 않은 간격 후에 강화	안정되고 높은 반응률	반응률이 천천히 감소

■ 유지

소거의 원리는 전에 학습된 행동에 강화를 주지 않는다면 행동은 사라질 것이라는 것에 적용된다. 그렇다면 이것은 교사들이 학생들의 행동을 끝도 없이 강화해야만 한다는 것이고 그렇지 않으면 행동이 없어진다는 것을 의미하는 것인가?

반드시 그렇지는 않다. 스키너의 상자에서 쥐들에게 막대기를 누른 것에 대해 강화를 주지 않는다면 결국 막대기 누르는 것이 없어진다. 그러나 사람들은 우리가 학교에서 배운 대부분의 기술과 행동에 대한 자연적인 강화물로 가득 찬 훨씬 더 복잡한 세상에서 살고 있다. 예를 들어 학생들이 책을 읽도록 하기 위해서는 초기에 자주 강화를 주어야 할 것이다. 그러나 일단 읽을 수 있게 되어 책의 내용을 전부 알 수 있는 기술을 갖게 되면 그것은 대부분의 학생들에게 큰 강화를 주는 것이다. 어떤 임계점을 지나면 읽기에 대한 강화는 더 이상 필요하지 않게 되는데, 이는 읽는 책의 내용 자체가 행동을 유지시키기 때문이다. 마찬가지로 행동이 별로 좋지 않은 학생에게 공부하는 것에는 체계적이고 조심스러운 강화를 줄 필요가 있다. 그렇게 하면 얼마 후에 그들은 공부를 하면 좋은 점수를 받고, 부모님의 인정을 받고, 수업을 이해하는 능력이 커지고 지식이 늘어난다는 것을 이해할 수 있게 될 것이다. 공부하는 것에 대한 이러한 자연적인 강화물은 항상 주어질 수 있지만 학생들은 더 체계적인 방법으로 공부가 향상될 때까지는 경험할 수 없었던 것이다.

먼저 토의된(강화 계획에 대한 절에서) 소거가 안 되게 한다는 개념은 학습된 행동의 **유지**(maintenance)를 이해하는 데 있어 핵심 부분이다. 먼저 말했던 것처럼 새로운 행동을 배울 때 올바른 반응에 대한 강화는 자주 주어져야 하고 강화를 받을 것이라는 예측이 가능해야만 한다. 그러나 일단 행동이 학습되면 올바른 반응에 대한 강화는 덜 주어져야 하고 덜 예측 가능이어야 한다. 왜냐하면 변동 강화 계획과 강화가 주어지기 전에 많은 행동을 요구하는 강화 계획은 고정 계획이나 또는 쉬운 것들보다 소거가 훨씬 더 어렵기 때문이다. 예를 들어 교사가 학생이 수학 문제를 풀 때마다 칭찬을 하다가 칭찬을 멈추면 학생은 수학 문제 푸는 것을 멈출 수도 있다. 반대로 교사가 학생이 칭찬을 받기 위해 하는 수학 문제를 조금씩 늘리면서 학생에게 불규칙한 무작위 간격으로 칭찬을 한다면(변동비율 계획) 학생은 교사로부터 강

유지
(행동을) 계속함

화가 거의 없거나 혹은 아주 없어도 오랫동안 수학 문제 풀기를 계속할 가능성이 높다.

■ 선행자의 역할

우리는 행동의 결과가 행동에 강한 영향을 끼친다는 것을 살펴보았다. 그러나 영향을 주는 행동 후에 무엇이 뒤따르는가만이 아니다. 행동에 선행하는 자극 또한 중요한 역할을 한다 (Kazdin, 2001).

단서　행동에 앞서 일어나는 **선행 자극**(antecedent stimulus) 또한 **단서**(cue)로도 알려져 있다. 왜냐하면 그것은 우리에게 어떤 행동이 강화를 받을 수 있는 것인지 그리고 벌을 받을 것인지를 알려 주기 때문이다. 단서는 우리에게 여러 가지 형태로 와서 우리가 언제 행동을 변화시켜야만 하는지 그리고 언제 그렇지 않아야 하는지에 관해 힌트를 준다. 예를 들어 수학 시간에 대부분의 교사들은 문제를 풀고 있는 학생들에게 강화를 줄 것이다. 그러나 교사가 수학 시간이 끝나고 음악 시간이라고 알리면 결과는 변한다. 한 자극 — "수학 시간이다." — 에 직면해서 한 가지 방법으로 행동하다가 그리고 다른 자극 — "음악 시간이다." — 에 직면해서는 다른 방법으로 행동하는 능력은 **자극 변별**로 알려져 있다.

변별　봉급을 올려달라고 상사에게 요청하기에 가장 좋은 때는 언제인가? 회사가 잘되고 있고, 상사가 행복해 보이고, 당신이 어떤 것을 특별히 잘했을 때일까? 아니면 회사가 막 저조한 수입 보고를 받고, 상사가 화가 나 있고, 당신이 타격이 큰 잘못을 했을 때일까? 분명히 먼저 상황이 훨씬 더 성공하기 쉽다. 상사에게 어떤 것을 요청하기에 좋은 때와 나쁜 때를 변별하는 것을 배웠기 때문에 당신은 이것을 알고 있다. **변별**(discrimination)은 언제 행동에 대한 강화를 쉽게 받을 수 있는지를 알기 위하여 단서, 신호 또는 정보를 사용하는 것이다. 회사의 재정 조건, 상사의 기분, 그리고 당신의 최근 실적은 봉급을 올려달라는 당신의 요청이 성공할 수 있는 가능성에 관해 변별을 할 수 있다. 변별을 학습하는 학생들은 그들의 반응이 맞는지 안 맞는지에 관해 피드백을 받아야만 한다. 변별 학습에 관한 연구들에 따르면 일반적으로 학생들은 그들의 반응이 언제 맞지 않는지에 대한 것뿐만 아니라 언제 맞는지도 알 필요가 있다.

학습은 크게 보아 더욱 더 복잡한 변별력을 습득하는 것이다. 예를 들어 모든 글자, 숫자, 단어, 그리고 수학적 기호는 변별력 있는 자극이다. 어린아이는 'b'와 'd'를 구별하는 것을 배운다. 조금 더 큰 아동은 '효과적인'과 '효율적인' 단어의 차이점을 배운다. 교육심리학 학생들은 벌과 부적 강화를 변별하는 것을 배운다. 교사는 학생들이 수업을 지루해하는지 또는 재미있어 하는지를 가리키는 얼굴 표정과 언어적 단서를 변별하는 것을 배운다.

변별 자극의 개념을 교실 수업과 관리에 적용하는 것은 쉽다. 교사들은 학생들에게 어떤 행동이 강화를 받을 것이라는 것을 말해야만 한다. 이론적으로 교사는 학생이 가치 있는 어떤 것을 할 때까지 기다렸다가 이것을 강화할 수 있지만 이것은 믿을 수 없을 만큼 비효과적이다. 오히려 교사들은 실제로 "강화를 받으려면(예를 들어 칭찬, 성적, 별표) 이것들을 해야만 한다."라고 알려 주어야 한다. 이렇게 함으로써 교사들은 학생들이 잘못된 행동을 하는 데 시간과 노력을 낭비하지 않도록 할 수 있다. 학생들은 그들이 하고 있는 일에 보상이 있을

선행 자극
행동에 선행하는 일

단서
어떤 행동이 강화될 것인지 또는 벌을 받을 것인지에 관한 신호

변별
자극의 차이를 인식하고 다르게 반응하는 것

것이라는 것을 알면 보통 열심히 한다.

일반화 학생들이 수학 시간에 자리에 앉아서 주의 깊게 공부하는 것을 배운다면 그런 행동이 과학 시간에도 개선될 수 있을까? 학생들이 7개의 사과에서 3개를 뺄 수 있다면 7개의 오렌지에서 3개의 오렌지를 빼는 것도 할 수 있을까? 학생들이 셰익스피어가 사용한 상징을 해석할 수 있다면 아프리카 민속 이야기에서 사용된 상징을 해석할 수 있을까? 이들은 모두 **일반화**(generalization) 또는 한 상황 아래에서 학습된 행동을 다른 상황으로 전이하는 것에 관한 질문이다. 일반화는 당연히 일어나는 것으로 간주할 수 없다. 일반적으로 학급 관리 프로그램이 한 상황에서 성공적으로 도입되었다고 하여 다른 상황에서도 학생들의 행동이 자동적으로 개선되지는 않는다. 오히려 학생들은 상황을 변별하는 것을 학습한다. 어린아이들까지도 유치원에서, 집에서, 여러 친구들의 집에서 어떤 것이 격려를 받을 수 있는 것이고 어떤 것이 금지된 것인지를 쉽사리 학습한다. 그들의 행동은 다른 규칙과 기대에 따라 각 상황마다 아주 다르게 될 것이다.

일반화가 일어나게 하려면 보통은 계획을 세워야만 한다. 사회 시간에 적용된 성공적인 교실 관리 프로그램은 이 상황이 영어 시간에로 일반화를 확실히 하기 위해 전이할 수 있다. 학생들은 일반적으로 상징을 해석하는 기술을 익히기 전에 다양한 문화권의 많은 작가들이 사용한 상징을 연구할 필요가 있을 것이다.

분명히 일반화는 비슷한 상황 또는 비슷한 개념에서 훨씬 더 일어나기 쉽다. 새로운 행동은 쉬는 상황 또는 가정 상황에서보다는 읽기 시간에서 사회 시간으로 훨씬 잘 일반화가 일어난다. 그러나 매우 비슷하게 보이는 상황이라 할지라도 일반화가 일어나지 않을 수도 있다. 예를 들어 많은 학생들이 철자와 언어 구조를 완전히 숙달한 것을 보여 주고는 이 지식을 자신들의 작문에 적용하는 것은 실패하기도 한다. 교사들은 학생들이 어떤 한 상황 조건에서 어떤 것을 할 수 있기 때문에 다른 상황 조건에서도 할 수 있다고 생각해서는 안 된다.

일반화를 높이기 위한 기법 주어진 수업에서 학습한 행동이 다른 수업 시간 또는 더 중요한 실제 생활에의 적용등과 같은 다른 상황에서 일반화가 일어날 기회를 증가시키기 위한 많은 기법들이 있다(Alberto & Troutman, 2006; Martella et al., 2003; Walker et al., 2004 참조). 전략의 몇 가지에는 일반화가 쉽게 일어날 수 있는 방법으로 가르치는 것이 포함된다. 예를 들어 돈을 계산하는 수학 시간에 실제 또는 가짜 동전들과 지폐를 다룬다면 오직 종이에 있는 문제들만을 다루는 경우보다 실제 생활에로의 전이가 더 잘 될 것이다. 일반화에 공헌을 한 것으로 알려진 다른 교수 전략은 다른 상황에서의 많은 예들을 사용하는 것이다. 예를 들어 학생들이 식료품의 가격만을 배우는 것보다는 식료품의 가격, 천연자원의 가격, 수집품의 가치(야구카드 같은) 그리고 보통 기술과 특수한 기술의 임금과 관련된 많은 예들을 배운다면 수요와 공급에 관한 개념을 새로운 영역으로 훨씬 쉽게 전이할 수 있을 것이다. 일반화를 증가시키기 위한 분명한 전략은 '현장 훈련'으로, 이것이 쓰일 실제 환경 또는 이러한 환경과 비슷한 곳에서 기술을 가르치는 것이다.

초기 지도를 끝낸 후에 일반화를 증가시키기 위한 많은 방법이 있다. 하나는 다양한 환경

일반화

한 상황이나 과업에서의 행동, 기술 또는 개념을 다른 것에도 응용하는 것

에서 지도를 되풀이하는 것이다. 예를 들어 수학 시험을 치를 때 '어려운 문제를 건너뛰고 쉬운 것들을 푼 다음에 다시 어려운 것을 푸는 것' 과 같은 전략을 학생들에게 가르쳐 준 다음에 과학 시험, 문법 시험, 보건 시험에서도 학생들에게 이와 같은 전략을 사용할 수 있는 기회를 갖도록 한다. 사후지도 기법은 그 기법을 유지하기 위해 새로이 배운 기술과 환경에서의 자연적인 강화물과의 연결을 짓도록 학생들을 도와주는 것이다. 예를 들어 아동들이 읽기를 배우고 있을 때 '좋은 문학 작품' 이 아닐지라도 아동들이 무척 흥미 있어 하는 책이나 잡지를 읽도록 정규적으로 숙제를 내준다. 초기에는 새롭게 배운 읽는 기술이 고전문학보다 만화책을 봄으로써 더 잘 유지된다. 왜냐하면 많은 아동들에게 있어 만화책은 새로운 기술을 더 즉각적으로 읽는 즐거움과 연결을 시키고 학교 환경이 아닌 곳에서 더 쉽게 일반화를 하기 때문이다. 마지막으로 교사는 직접적으로 일반화를 강화함으로써 일반화를 증가시킬 수 있다. 예를 들어 새로운 생각을 다른 상황과 연결하거나 그 기술을 새롭게 적용하는 학생을 칭찬하는 것이다.

사회학습 이론이 인간 학습을 이해하는 데 어떻게 기여했는가

사회학습 이론은 행동주의 학습 이론의 전통에서 생겨난 주요한 이론이다. Albert Bandura에 의해 발전된 사회학습 이론은 행동주의 이론의 원리를 대부분 받아들였지만 행동에 대한 사고, 그리고 사고에 대한 행동의 영향을 강조하면서 행동에 대한 단서와 내적 정신 과정의 영향에 더 많이 초점을 맞추었다(Bandura, 1986).

연결해서 더 보기
사회학습 이론과 사회적 구성의 의미에 대해서는 제8장을 참조하시오.

■ Bandura : 모델링과 관찰학습

Bandura는 스키너 학파 학자들이 행동의 결과가 미치는 영향을 강조하는 데 있어 **모델링**(modeling) 현상 ― 다른 사람들의 행동을 모방하기 ― 과 대리적 경험 ― 다른 사람들의 성공이나 실패에서 배우는 것 ― 을 거의 무시했다는 데 주목하였다. 그는 사람들의 학습은 행동의 결과에 의해 조형되는 것이 아니고 모델로부터 직접 더 효율적으로 배운다고 느꼈다(Bandura, 1986; Schunk, 2000). 체육 교사들은 뜀틀 운동을 보여 주고 학생들은 따라한다. Bandura는 이것을 반복 없는 학습이라고 불렀다. 왜냐하면 학생들은 조형 과정을 경험할 필요가 없이 즉시 올바른 반응을 할 수 있기 때문이다.

연결해서 더 보기
사회학습 이론과 발달에 대한 Vygotsky 이론가와 신Piaget 이론가들의 관점에 대해서는 제2장을 참조하시오.

관찰학습(observational learning)에 대한 Bandura(1986)의 분석은 주의, 파지, 운동 재생, 동기화라고 하는 네 단계로 이루어진다.

1. **주의 단계** : 관찰학습의 첫 단계는 모델에게 주의를 기울이는 것이다. 일반적으로 학생들은 매력적이고, 성공적이고, 재미있고, 인기 있는 역할 모델에 주의를 기울인다. 이것이 많은 학생들이 팝 가수의 옷, 머리 모양, 독특한 버릇을 따라하는 이유이다. 교실에서 교사들은 명확하고 재미있는 신호를 보여 줌으로써 신기하거나 놀랄 만한 것을 사용해서 그리고 동기화시킬 수 있는 것으로 학생들의 관심을 끌 수 있다.
2. **파지 단계** : 교사들이 학생들의 주의를 끌면 그다음에는 학생들에게 따라하기를 바라는

모델링
다른 사람들의 행동을 모방하기

관찰학습
다른 사람들을 관찰하고 모방하여 학습하는 것

행동을 모델로 보여 주고 학생들이 모방하거나 연습할 기회를 주어야 한다. 예를 들어 교사가 필기체 A를 어떻게 쓰는지를 보여 준다. 그런 다음 학생들은 A라는 글자를 스스로 쓰려고 노력하면서 교사의 모델을 따라할 것이다.

3. **운동 재생 단계** : 운동 재생 단계 동안에 학생들은 그들의 행동을 모델의 행동과 같게 하기 위해 노력한다. 교실에서 학생들의 학습 평가는 이 단계 동안에 일어난다. 예를 들어 교사가 쓴 필기체 A를 보고 여러 번 연습한 후에 학생이 교사의 것과 같게 보일 수 있도록 글자를 재생할 수 있을까?
4. **동기화 단계** : 관찰학습의 과정에서 마지막 단계는 동기이다. 학생들은 자신도 모델처럼 행동하면 강화를 받을 수 있는 기회가 증가한다고 믿기 때문에 모델을 모방한다. 교실에서 관찰학습의 동기화 단계는 보통 교사의 것과 같은 것에 주어진 칭찬이나 성적들을 수반한다. 학생들은 이것이 교사가 좋아하는 것이라고 배웠고 또 교사를 즐겁게 하기를 원하기 때문에 모델에 주의를 기울이고 연습하고 재생한다. 아동이 A라는 필기체를 알아볼 수 있게 쓰면 교사는 "잘했어!"라고 말한다.

대리학습 대부분의 관찰학습이 모델이 하는 것을 옳게 모방하면 강화를 받을 수 있다는 기대에 의해 동기화되지만, 또한 사람들은 다른 사람들이 어떤 행동을 한 것에 대해 강화를 받는지 아니면 벌을 받는지를 봄으로써 학습된다는 것에 유의하는 것도 중요하다(Bandura, 1986; Zimmerman & Schunk, 2003). 이것이 잡지 판매업자들이 선전용 경연대회에 사람들을 끌어 모으고자 그들의 광고에 행복한 승자들을 항상 넣는 이유이다. 우리는 당첨 확률이 수백만 분의 일이라는 것을 의식적으로 알면서도 다른 사람들이 그렇게 당당히 강화를 받는 것을 보면서 우리도 그들의 경연대회에 참여하는 행동을 따라하고 싶어지는 것이다.

학급 담임들은 항상 **대리학습**(vicarious learning)의 원리를 사용한다. 한 학생이 빈둥거리고 있을 때 교사들은 보통 열심히 공부하고 있는 다른 학생들 중 하나를 택하여 그들에게 잘하고 있다고 강화를 준다. 잘못하고 있는 학생은 공부를 하면 강화를 받는 것을 보고(바라는 것이지만) 다시 공부를 시작한다. 이 기법은 Broden, Halll, Dunlap과 Clark(1970)에 의해 체계적으로 연구되었다. 두 말썽쟁이 2학년 학생인 에드윈과 그레그가 서로 옆자리에 앉았다. 얼마 지난 후에 교사는 에드윈이 주의를 집중하고 학급 수업을 할 때면 언제나 이것을 알고 칭찬하기 시작하였다. 에드윈의 행동은 이러한 상황에서 눈에 띄게 좋아졌다. 그러나 더 흥미로운 것은 적절한 행동에 대한 특별한 강화가 그레그에게 주어지지 않았는데도 불구하고 그레그의 행동 또한 좋아졌다는 것이다. 분명히 그레그는 에드윈의 경험으로부터 학습한 것이다. 이 장의 첫 부분에서 본 것처럼 에스터반 교사와 레베카의 경우 다른 학생들은 레베카가 답을 크게 말함으로써 교사의 관심을 끌고 있는 것을 보았기 때문에 레베카의 행동을 모델삼아 배웠다.

사회학습 이론에서 고전적인 실험 중 하나는 Bandura(1965)가 한 연구이다. 아동들에게 3개의 동영상 중 하나를 보여 준다. 세 동영상은 모두 한 어른의 공격적인 행동을 모델로 보여 준다. 첫 번째 동영상에서는 모델이 심하게 야단을 맞았다. 두 번째는 모델이 칭찬을 받고 상품도 받았다. 세 번째는 아무런 결과도 주어지지 않았다. 이 동영상을 보고 난 후 아동들이 장난감을 가지고 노는 것을 관찰했다. 모델이 벌을 받는 것을 본 아동들은 모델들이 칭찬을

대리학습

다른 사람의 행동의 결과에 대한 관찰을 근거로 학습하는 것

받았거나 또는 아무런 보상이 없었던 동영상을 본 아동들보다 놀이하는 데 있어서 공격적인 행동을 덜 하였다.

적용해 보기

관찰학습

당신은 어떤 사람에게 신발 끈을 매는 것을 가르치려고 해 본 적이 있는가? 이 과제를 모델이나 모방 없이 어떤 사람에게 설명해야 한다고 상상해 보자! 신발 끈을 매는 것을 학습하는 것은 확실히 관찰학습이 어떻게 이루어지는가를 보여 주는 예이다.

다른 사람들의 행동을 관찰해서 새로운 기술을 익히는 것은 일상생활에서 보편적인 것이다. 많은 상황에서 아동들은 다른 사람들이 말하고 행동하는 것을 보면서 또한 행동의 결과를 주목한다. 그러한 관찰은 아동들에게 다른 시간과 장소에서 사용할 수 있는 전략들을 가르치는 모델을 제공한다.

관찰학습의 연구에서 주요한 초점은 특별한 행동들에 있었지만 연구 결과는 태도 또한 관찰을 통해 습득될 수 있다는 것을 보여 주고 있다(Miller, 1993). 교사들이나 부모님들은 다 같이 아동들이 흉내 내는 모델들과 관계가 있다. 이 모델들의 가치는 그들이 가진 특별한 능력을 능가하며 그들이 보여 준 태도를 포함한다. 교실에서 교사는 자신이 학생들에게 기대하는 것과 일치하는 표준적인 행동을 분명하게 예시해야 한다. 예를 들어 학생들에게 기민함과 예의 바름을 길러 주려고 한다면 교사가 이러한 특성을 분명하게 보여 주어야 한다.

자기조절 학습 사회학습 이론에서 다른 중요한 개념이 **자기조절**(self-regulation)이다(Boekaets, Pintrich, & Zeidner, 2000; Schunk & Pajares, 2004; Zimmerman, 2000). Bandura(1997)는 사람들이 자신의 행동을 관찰하고, 자신의 기준에 따라 판단하고, 자신을 강화하거나 벌을 준다고 가정하였다. 우리 모두는 다른 사람들이 무엇이라고 말하든 관계없이 우리가 일을 잘했다는 것을 알고는 마음으로 자신을 격려하는 경험을 가지고 있다. 비슷하게 우리 모두는 우리가 최선을 다한 것보다 못했을 때에도 이것을 안다. 이러한 판단을 하려면 우리는 자신의 수행에 대한 예상 기대를 가지고 있어야만 한다. 한 학생은 시험에서 90%를 맞으면 기뻐하겠지만 반면에 다른 학생은 매우 실망할 것이다.

연결해서 더 보기
자기조절 학습에 대해서는 제8을 참조하시오.

학생들에게 자기조절 전략을 사용하도록 가르칠 수 있고 여러 가지 상황에서도 그렇게 하도록 상기시킴으로써 자기조절은 습관이 될 수 있다. 예를 들어 학생들에게 매일 저녁 몇 시간 동안 공부할 것인지 목표를 세우게 하고 목표를 달성하든 안 하든 기록하게 한다. 곱셈을 공부하고 있는 아이들에게 50문항의 문제를 얼마나 정확하고 빠르게 다 풀어내는지 스스로 시간을 재게 하고 그다음에 자기 기록이 나아지도록 노력하게 한다. 학생에게 내용, 논리, 구성의 관점에서 자신의 에세이를 점수 매기도록 하고 이것이 교사가 준 점수와 맞는지 아닌지를 보게 한다. Gureasko-Moore, Dupaul과 White(2006)는 자주 지각을 하고 숙제와 준비물을 잊어버리는 네 명의 12살 소년들에게 자신의 행동을 매일 기록하게 하였다. 그들은 매일 서로 만나 집단의 목표를 세우고는 점차로 모두 지각을 하지 않고 준비물을 챙기기 시작했

자기조절
자신 스스로의 행동을 보상하거나 벌을 주는 것

다. 이러한 각각의 전략은 학생들로 하여금 자신의 학습 목표를 통제할 수 있게 하며 각 개인은 개인의 목표와 기준을 설정하고 이를 이루기 위한 일반적인 전략을 수립하기 쉽다(Schunk & Zimmerman, 2003).

다른 기술들에서처럼 자기조절 학습 기술은 그 기술을 여러 상황에 사용하지 않는다면 한 상황으로 제한되기 쉽다. 예를 들어 혼자 공부할 때 스스로 목표를 세우는 것을 학습한 아이들은 집단에서 함께 공부하거나 교사가 있는 상황에서 공부할 때 이 기술은 전이하지 못하는 수도 있다(Schunk & Pajares, 2004; Zimmerman, 2000). 비록 아동들에게 이렇게 하라고 가르치거나 상기시키면 이러한 일반화를 금방 학습할 수 있음에도 불구하고 말이다. 비슷하게 아동들은 영어에서 수학으로, 심지어는 계산에서 문제해결로 갈 때 자기조절 학습 전략을 전이하지 못할 수도 있다(Boekaerts, 1995). 이러한 이유로 학생들은 목표 세우기와 자기평가 전략을 다양한 상황에서 적용하고, 자신의 진보를 평가해서 축하해 주고, 언제 어떻게 그리고 왜 자기조절을 사용해야 하는지 이해할 기회를 많이 필요로 한다.

■ Meichenbaum의 자기조절 학습 모형

학생들에게 자신들의 행동을 평가하고 조절하는 것을 가르칠 수 있다. 이런 종류의 자기조절 학습 전략을 보통 **인지적 행동수정**(cognitive behavior modification)이라고 한다(Harris et al., 2001; Zimmerman, 2000). 예를 들어 Meichenbaum(1977)은 "나의 문제가 뭐지? 나의 계획은 뭐지? 내가 나의 계획을 사용하고 있나? 나는 어떻게 했지?"라고 자신 스스로에게 말을 하도록 하는 전략을 개발했다. 이 전략은 또한 여러 학년 수준에서 학생들의 산만한 행동을 줄이는 데도 사용되었다(Jones & Jones, 2007; Martella et al., 2003). Manning(1988)은 말썽쟁이 3학년 학생들에게 자기진술을 가르쳐서 알맞은 행동을 기억하고 스스로 이것을 강화할 수 있도록 도왔다. 한 예로 적절하게 손을 들게 하기 위해 학생들에게 손을 들면서 "내가 소리를 지르면서 답을 말하면 다른 사람들에게 방해가 될 것이야. 나는 손을 들고 내 차례가 올 때까지 기다릴 거야. 나에게 좋은 것이지. 봐, 나는 기다릴 수 있잖아!"라고 스스로에게 말하도록 가르쳤다(Manning, 1988, p. 197). 비슷한 전략은 학생들이 자신의 성취를 평가하도록 돕는 데 성공적으로 적용되었다. 예를 들어 책을 잘 못 읽는 학생들에게는 읽으면서 스스로에게 질문을 하고 내용을 이해했는지를 확인하기 위해 단락들을 요약하도록 가르쳤다(Bornstein, 1985).

인지적 행동수정

자기언어나 자기지도 방법으로 자신의 행동을 변화시키기 위해 행동주의적 원리와 인지적 원리 둘 다를 기본으로 한 과정

지역사회 여름 읽기 프로그램은 어린 아이들의 읽기를 어떻게 장려하는가? 이것이 어떻게 자기조절 학습의 형태인가?

Bill Aron/Photo Edit

Meichenbaum(1977)은 자기지도 단계들을 다음과 같이 설명했다.

1. 어른 모델은 자신에게 크게 말하면서 과제를 수행한다(인지적 모델링).
2. 아동은 모델의 지도에 따라 같은 과제를 수행한다(명백한 외적 지도).
3. 아동은 자신에게 스스로 지도하면서 과제를 수행한다(명백한 자기 지도).

4. 아동은 과제를 수행하면서 지도 내용을 자신에게 조그맣게 말한다(약화된 명백한 자기 지도).
5. 아동은 사적인 언어를 통해 스스로 일을 지도하면서 과제를 끝낸다(은밀한 자기지시).(p. 32)

연결해서 더 보기
초인지 기술을 발달시키기 위해 가르치는 자기질문 전략과 관련된 개념에 대해서는 제6장을 참조하시오.

자기조절 학습을 격려하는 것은 학생들에게 자기 자신의 사고에 관해 생각하도록 가르치는 방법이다. 자기조절 학습 전략은 학생들이 배운 과제를 수행하는 것을 향상시키는 것뿐만 아니라 다른 과제들에도 일반화된다는 것이 밝혀졌다(Hadwin, 2008; Harris, et al., 2001; Schunk & Zimmerman, 2003).

자기조절 학습을 익히도록 아동들을 돕는 방법의 한 예는 학생들에게 길거나 복잡한 과제를 주면서 자신들의 진척 상태를 평가하도록 양식을 주는 것이다. 예를 들어 학생들에게 마틴 루터 킹의 삶에 관한 보고서를 쓰라고 숙제를 내면서 학생들에게 다음과 같은 자기평가 체크리스트를 준다.

과제 완성 표

❑ 도서관과 온라인에서 마틴 루터 킹에 관련된 자료를 찾는다.
❑ 자료를 읽고 필기를 한다.
❑ 보고서 초안을 쓴다.
❑ 문장을 검토한다.
❑ 문장을 확인한다.
  ❑ 철자법
  ❑ 문법
  ❑ 구두법
❑ 최종 보고서를 타이핑하거나 깨끗하게 쓴다.

이 목록을 주는 것은 복잡한 과제를 더 작은 단위로 쪼개서 학생들이 더 큰 목표를 향해 진척을 이루고 있다고 느끼도록 격려하기 위한 것이다. 각 단계별 점검은 학생들 자신의 노력을 강화해 주기 위해 마음으로 스스로를 격려하도록 하기 위함이다. 학생들에게 이런 종류의 많은 체크리스트를 보게 한 후에 목표를 향한 자신의 향상을 어떻게 도표화하는가를 학습하도록 자신의 것을 스스로 만들도록 할 수도 있다. 예를 들어 Reid와 lienemann(2006)은 주의력 결핍 아동들에게 숙제를 끝마치는 데 필요한 모든 과제의 목록을 적고 그것들을 점검하도록 가르쳤다. 이렇게 하니 그들의 쓰기의 양과 질이 증가했다. 비슷한 방법으로 Trammel, Scholss와 Alper(1994)도 학습 장애를 가진 아동들에게 숙제를 하는 데 기록을 하고 도표를 만들게 하니 그들이 한 숙제의 양이 현저히 증가한 것을 알았다. Robinson, Robinson과 Katayama(1999)의 재조사에 따르면 인지적 행동수정 전략은 상당한 영향을 줄 수 있고, 특히 과잉적이고 충동적이며 공격적인 행동을 줄이는 데 영향을 줄 수 있다(예 : Binder, Dixon, & Ghezi, 2000). 재조사된 몇몇 연구에서는 이러한 영향들은 오래 간다는 것이 밝혀졌다.

자기강화 Drabman, Spitalnik와 Oleary(1973)는 학생들에게 자신의 행동을 조절하도록 가르치기 위한 고전적인 과정을 고안하고 평가했다. 그들은 교사들에게 매일 학생의 행동을 평가하고 그들이 높은 점수를 받았을 때 강화해 주도록 하였다. 그런 다음 그들은 프로그램을 바꾸었다. 그들은 학생들에게 교사가 그들에게 어떤 점수를 주었는지를 짐작해 보라고 하였다. 학생들이 올바르게 짐작을 하면 보상을 받았다. 마지막으로 강화물을 점차적으로 없앴다. 학생들의 행동은 강화를 주고 짐작하게 하는 상황에서 향상되었으며 이것은 프로그램이 끝난 한참 뒤까지도 향상된 수준으로 남아 있었다. 저자들은 교사의 평가를 맞추도록 배운 학생들은 적절한 행동을 위한 자신의 기준을 발달시키고 이 기준을 만족시키면 스스로 강화했다고 설명하였다.

자신의 행동에 관한 정보는 자신에 의해 제공된 것일지라도 행동을 변화시키는 것으로 알려져 있다. 예를 들어 연구자들은 아동들이 마지막 몇 분 동안 공부를 하고 있든지 아니든지 간에 매 몇 분마다 표시를 하게 함으로써 과제를 하는 행동을 증가시켰다(Maag, Rutherford, & DiGangi, 1992; Webber, Scheuermann, McCall, & Coleman, 1993). 우리 대부분은 이 원리를 공부할 때 사용하는데 읽는 것을 어느 정도 끝낼 때까지 점심을 먹지 않겠다고 혼자 말하는 방식이다. 또는 성실하게 운동을 하러 간다면 자신에게 초콜릿을 사줄 수 있다고 하기도 한다.

연결해서 더 보기

자기 효능감에 대한 신념과 학생의 성공에 대해서는 제10장을 참조하시오.

초인지적이고 자기동기화된 행동을 사용하는 능력에 있어 자신이 있는 학생들은 자기효능감, 즉 자신의 노력이(운 또는 다른 사람 또는 다른 외적인 또는 통제할 수 없는 요인들 보다는) 자신의 성공이나 실패를 결정한다는 신념이 매우 높은 경향이 있다. 아마도 자기효능감에 대한 신념이 학교에서 학생들의 성공을 결정하는 데 가장 중요한 요인(능력 다음으로)인 것으로 보인다(Bandura, 1997; Schunk & Zimmerman, 2003).

■ 행동주의 학습 이론의 장점과 제한점

행동주의 학습의 기본 원리는 심리학의 다른 원리처럼 아주 견고히 확립되었으며 다른 많은 조건 아래에서도 증명되었다. 이 원리는 인간 행동의 많은 것을 설명하는 데 유용하며 교실에서 행동을 변화시키는 데도 또한 더 유용하다.

그러나 행동주의 학습 이론의 관점이 제한적이라는 것을 아는 것도 중요하다. 사회학습 이론가들을 제외한 행동주의 학습 이론가들은 거의 관찰할 수 있는 행동에만 초점을 맞춘다. 이것이 이 장에서 보여 준 많은 예들이 행동 관리와 관련되어 있는 이유이다(Driscoll, 2000 참조). 개념 형성, 내용으로부터의 학습, 문제해결, 그리고 사고와 같은 잘 보이지 않는 학습 과정들은 직접 관찰하기가 어렵기 때문에 행동주의 학습 이론가들이 잘 연구하지 않았다. 이러한 과정은 훨씬 더 인지학습의 영역에 속한다. 행동주의 학습 이론의 직접적인 결과이기도 한 사회학습 이론은 행동주의와 인지주의적인 관점의 차이를 연결시키는 데 도움을 준다.

학습의 행동주의와 인지주의 이론은 보통 경쟁적이고 반대되는 모델로 보인다. 이 이론들이 서로 반대적인 위치에 있는 특수한 영역이 있다. 그러나 이 두 이론을 경쟁적이라기보다는 보완적인 것으로 보는 것이 훨씬 더 정확할 것이다. 다시 말해 이들이 다른 문제들을 연구한다는 것으로 말이다(Kazdin, 2001; Miltenberger, 2001).

요약

학습이란 무엇인가

학습은 타고난 것이 아닌 능력을 얻는 것과 관련이 있다. 학습은 경험에 달려 있으며, 여기에는 환경에서 오는 피드백이 포함된다.

어떤 행동주의 학습 이론이 있는가

학습에 관한 초기 연구는 반사 행동에 대한 자극의 영향을 연구했다. Ivan Pavlov는 고전적 조건 형성의 개념을 세웠는데, 중립 자극이 반사 행동을 일으키는 무조건 자극과 연합을 통해 행동적인 반응을 유발하는 능력을 얻을 수 있다는 것이다. B. F. Skinner는 행동과 결과의 관계에 관한 연구를 계속했다. 그는 강화물과 벌이 행동을 조형하는 조작적 조건 형성을 설명했다.

행동주의 학습의 원리는 무엇인가

강화물은 행동의 빈도를 증가시키고 벌은 행동의 빈도를 감소시킨다. 강화는 일차 또는 이차, 정적, 부적이 될 수 있다. 내적 강화물은 행동 자체에 내포되어 있는 보상이다. 외적 강화물은 칭찬 또는 보상이다. 벌은 혐오적인 결과를 가져오게 하거나 또는 강화물을 제거함으로써 행동을 약화시킨다. 프리맥 원리는 덜 즐거워하는 행위들을 증가시키는 방법은 더 즐거운 행위들과 연결하는 것이라고 설명한다.

과제의 각 단계마다 적절히 피드백을 주어 조형하는 것은 행동주의 학습 이론을 기초로 한 효과적인 가르침의 방법이다. 소거는 강화가 제거되었을 때 행동이 약해지다가 점차로 사라지는 것이다.

강화 계획은 바람직한 행동의 가능성, 빈도 또는 지속성을 높이는 데 사용한다. 강화 계획은 비율 또는 시간 간격을 기초로 하면서 고정 또는 변동 방식으로 할 수 있다.

선행 자극은 어떤 행동이 강화될지 또는 벌을 받을지를 가리키는 단서가 된다. 변별은 자극 상황 간에 다른 점을 감지하는 실마리로 활용하는 것에 연관된 반면에, 일반화는 유사한 조건에 반응하는 것에 연관되는 것이다. 일반화는 한 조건 상황에서 학습한 행동을 다른 상황에도 전이하거나 옮기는 것이다.

사회학습 이론이 인간 학습을 이해하는 데 어떻게 기여하였는가

사회학습은 관찰학습과 자기조절 학습의 중요성을 인지하는 것을 기초로 하고 있다. Bandura는 모델링 — 직접 혹은 대리적으로 — 을 통해 학습하는 것에는 4단계가 있음에 주목하였다. 4단계는 주의 집중, 모델 행동에 대한 파지, 행동의 재생, 그리고 행동 반복을 위한 동기화이다. Bandura는 학생들이 자신의 수행에 대한 기대를 갖고 스스로 강화하는 것을 배워야만 한다고 제안했다. Meichenbaum은 인지적 행동 수정의 한 형태로 대표되는 자기조절 학습을 위한 단계를 제안했다.

행동주의 학습 이론은 학급 운영, 실천, 동기, 수업 모델, 그리고 다른 분야에서 교육심리학을 응용하는 데 중점을 두고 있다. 그러나 행동주의 학습 이론은 직접 측정될 수 있는 관찰 가능한 행동만을 설명하기 때문에 영역의 한계가 있다.

주요용어

강화 계획(schedule of reinforcement)
강화물(reinforcer)
결과(consequence)
고전적 조건 형성(classical conditioning)
고정간격 계획[fixed-inrerval(FI) schedule]
고정비율 계획[fixed-ratio(FR) schedule]
관찰학습(observational learning)
내적 강화물(intrinsic reinforcer)
단서(cue)
대리학습(vicarious learning)
모델링(modeling)
무조건 반응(unconditioncd rcsponsc)
무조건 자극(unconditioned stimulus)
반응 대가(response cost)
벌(punishment)
변동간격 계획[variable-interval(VI) schedule]
변동비율 계획[variable-ratio(VR) schedule]
변별(discrimination)
부적 강화물(negative reinforcer)
사회학습 이론(social learning theory)
선행 자극(antecedent stimulus)
소거(extinction)
소거 저항(extinction burst)
수여성 벌(presentation punishment)

스키너 상자(Skinner box)
외적 강화물(extrinsic reinforce)
유지(maintenance)
이차 강화물(secondary reinforcer)
인지적 행동 수정(cognitive behavior modification)
인지학습 이론(cognitive learning theory)
일반화(generalization)
일차 강화물(primary reinforcer)
자극(stimuli, stimulus)
자기조절(self-regulation)
정적 강화물(positive reinforcer)
제거성 벌(removal punishment)
조건 자극(conditioned stimulus)
조작적 조건 형성(operant conditioning)
조형(shaping)
중립 자극(neutral stimulus)
타임아웃(time-out)
프리맥 원리(Premack Principle)
학습(learning)
행동주의 학습 이론(behavioral learning theoriy)
혐오 자극(aversive stimulus)

자기평가 : 교수학습원리

이 장의 서두에 있는 예화를 다시 읽고 다음 질문에 답하시오.

1. 터너 초등학교 1학년 에스터반 선생님은 학생들이 손을 들지 않을 때 이름을 불렀는데 이것은 교실에서 정해 놓은 규칙과 어긋나는 것이다. 에스터반 선생님은 학생들에게 올바르게 손드는 행동을 가르치기 위해 다음 중 어떤 형태의 조건 형성을 사용할 수 있는가?
   a. 고전적 조건 형성
   b. 조작적 조건 형성
   c. 모형적 조건 형성
   d. 보조적 조건 형성
2. 에스터반 선생님의 학생들이 손을 들기 전에 말하는 문제를 가장 잘 요약하여 설명하고 있는 것은 어느 것인가?
   a. 에스터반 선생님은 정적 강화보다는 부적 강화를 사용하고 있다.
   b. 에스터반 선생님은 학생들이 손드는 규칙을 어겼을 때 프리맥 원리를 사용하는 데 실패했다.
   c. 에스터반 선생님은 교실 규칙에 관해 학생들이 결정하도록 허용했는데, 연구 결과에 따르면 이것은 성공적인 방법이 아니다.
   d. 에스터반 선생님은 불만족스러운 결과가 행동의 빈도를 약하게 하는 반면 만족스러운 결과(적절한 행동에 대한 보상)는 행동을 증가시킨다는 것을 알았어야만 했다.
3. 행동주의 학습 이론의 연구에 따르면 학생들이 답을 말하기 전에 손을 들게 하기 위해 에스터반 선생님이 택할 수 있는 전략은 무엇인가?
   a. 규칙을 따르는 학생들에게 보상한다.
   b. 규칙을 따르지 않는 학생에게 벌을 준다.
   c. 규칙을 따르는 학생을 무시한다.
   d. 규칙을 깨뜨리는 아이들에게 어떤 형태의 결과를 행하기 전에 기다린다.
4. 차례를 지키지 않고 소리치는 습관을 깨뜨리는 것이 어렵다고 상상해 보자. 학생들이 보여 주기를 원하는 바람직한 행동과 비슷한 것에 강화시키기 위해 어떤 기법을 사용할 수 있는가?
   a. 소거
   b. 유지
   c. 조형
   d. 변별
5. 적절한 행동을 한 후에 학생들에게 강화를 주지만 학생들은 언제 강화가 주어질지를 모른다면 어떤 형태의 강화 계획을 사용하는 것일까?
   a. 계속 강화
   b. 고정비율 계획
   c. 고정간격 계획
   d. 변동비율 계획
6. 고전적 조건 형성과 조작적 조건 형성의 같은 점과 다른 점을 설명하시오. 적어도 각각 한 가지 예를 제시하시오.
7. Bandura의 사회학습 이론을 설명하시오. Bandura의 관찰학습 분석은 4단계를 포함하는데, 그 각각의 단계를 설명하시오.

6

정보처리와 인지주의 학습 이론

정보처리 모형이란 무엇인가
- 감각등록기
- 단기기억 또는 작업기억
- 장기기억
- 장기기억을 증진시키는 요소
- 다른 정보처리 모형

뇌연구의 시사점은 무엇인가
- 교육적 시사점
- 교실 수업에 뇌연구 결과의 적용

무엇이 사람들로 하여금 기억하게 하거나 망각하게 하는가
- 망각과 기억
- 연습

어떻게 기억 전략을 가르칠 수 있을까
- 언어학습

무엇이 정보를 의미 있게 만드는가
- 기계적 학습과 유의미 학습
- 스키마 이론

초인지 기술은 학습에 어떻게 도움을 주는가

어떤 학습 전략이 학생들의 학습을 돕는가
- 모의시험
- 노트하기
- 밑줄 치기
- 요약하기
- 배운 것 받아쓰기
- 개요 작성과 개념도 작성하기
- PQ4R법

인지적 교수 전략은 어떻게 학생들의 학습을 돕는가
- 학습을 의미 있게 만들고 선행지식을 활성화하기
- 정보 조직하기

Robin Sachs/PhotoEdit

Robin Sachs/PhotoEdit

학습 목표

이 장을 공부하고 나면 다음과 같은 것을 할 수 있다.

- 기억과 학습에 대한 정보처리 이론을 이해할 수 있다.
- 실제 교육 현장과 관련하여 뇌연구로부터 우리가 배운 것이 무엇인지 정의할 수 있다.
- 사람들이 기억하고 망각하는 원인들을 확인할 수 있다.
- 학생들에게 가르칠 수 있는 기억 전략을 확인할 수 있다.
- 교실에서 배우는 지식이 학생들에게 의미있게 기술할 수 있다.
- 초인지 기술이 학생들의 학습에 어떻게 도움이 되는지 설명할 수 있다.
- 학생들에게 가르칠 수 있는 공부 전략들을 열거할 수 있다.
- 인지적 교수 전략을 열거할 수 있고 그것들이 학생들의 학습에 어떻게 도움이 되는지 기술할 수 있다.

베로나 비숍의 생물 수업 시간에 인간의 학습에 대해 공부를 하고 있었다. 비숍 선생님은 수업을 시작하면서 학생들과 함께 한 가지 실험을 했다. 상호작용 가능한 화이트보드를 사용해 학생들에게 그림 6.1과 같은 정보처리 모델을 3초 동안 보여 주었다. 그런 다음 그녀는 학생들에게 무엇을 보았는지를 생각해 보도록 했다. 어떤 학생은 노란색 상자와 파란색 화살표를 보았다고 했다. 또 다른 학생은 기억이라는 단어와 망각이란 단어를 보았고 그림이 학습과 관련되어 있다고 추론했다. 한 학생은 심지어 도표에는 있지도 않았던 학습이라는 단어를 보았다고 말했다.

"얘들아, 너희들은 3초 동안 그것보다 더 많은 걸 보았잖아. 너희들이 무엇을 알고 있는지를 모르고 있을 뿐이야. 예를 들면 말이야, 무슨 냄새를 맡았니?" 비숍 선생님이 말했다.

교실 안에 있던 모든 학생들이 웃음을 터뜨렸다. 학생들은 모두 식당에서 브로콜리 냄새가 났던 것을 기억해 냈다. 아이디어를 얻은 학생들은 곧 그림과는 전혀 관계없는 것들, 예를 들어 트럭이 지나가는 소리, 교실이나 교실 안에 있는 사람들에 관한 것들을 기억해 내기 시작했다.

이러한 토론이 끝난 후 비숍 선생님이 말했다. "우리의 뇌는 놀랍지 않니? 3초뿐이었는데도 우리는 정말 많은 양의 정보를 받아들일 수 있었어. 너희는 내가 얘기해 주기 전까지는 브로콜리 냄새 맡은 걸 몰랐지. 그런데 그 정보는 이미 너희들 마음 속에 있었던 거야. 또 3초 동안 그림에 어떤 정보가 있는지도 알았던 거야. 세릴은 학습이라는 단어를 표에서 보았다고 했는데 그런 단어는 없었어. 하지만 표에서 기억이라는 단어를 봐서 학습이라는 단어를 본 것처럼 느낀 거야."

"자, 그럼 이제 3초 동안 표를 보면서 있었던 모든 일들을 기억할 수 있다고 생각해 보자. 화살표, 상자, 거기에 쓰여 있던 단어들, 트럭, 브로콜리 모든 것을 말이야. 너희들의 마음속에 들어오는 모든 것들을 기억할 수 있다고 생각해 봐. 어떨까?"

"우리 모두 천재가 될 거예요!" 셈판이 소리쳤다.

"아마 다들 미칠 걸요." 자말이 반대의견을 말했다.

"나는 자말 말이 맞는 것 같아. 만약 머릿속이 쓸데없는 것들로 가득 차 있다면 너희들은 헛소리하는 바보가 될 거야. 오늘 수업에서 배울 것은 우리가 중요한 정보에는 집중을 하고, 쓸데없는 정보는 차단하고, 우리 머릿속에 있는 정보 중에 어떤 것을 쓸까 결정하는 과정에 관한 거야."

비숍 선생님은 화이트보드를 다시 켰다.

"우리가 이 도표를 다시 자세히 공부할 때 너희들은 학습, 기억, 망각 등과 같은 개념들을 이해하기 위해 너희들이 이미 알고 있는 지식을 사용할 거야. 나는 너희들이 이 표에서 보는 주요 개념들을 기억했으면 좋겠어. 너희들은 도표에 있는 상자 색깔이나 화살표, 브로콜리 냄새 같은 것은 곧 잊어버릴 거야. 하지만 너희들이 신경써서 본 도표의 일부분이나 질문에 대답하면서 생각해 냈던 것들은 평생 동안 기억 속에 남아 있을 거야."

생각해 보기

- 새로운 개념을 공부할 때나 부번가를 외우려고 할 때 사용하는 방법을 두세 가지 정도 적어 보시오. 그런 다음 친구들과 의견을 나누어 보시오.
- 학습, 기억, 망각에 대한 당신의 생각은? 이것들에 대해 간단히 생각해 본 다음, 3~4명의 친구들과 모여 인간의 기억과 인지에 대한 간략한 표를 만들어 보시오. 10분 후에 반 친구들과 의견을 교환하시오.

인간의 마음은 의미를 만들어 낸다. 아주 짧은 시간에도 우리는 무언가를 보고 듣고 맛을 보고 느낄 수 있고, 그것이 무엇인지를 결정하는 처리과정을 시작한다. 이것이 우리가 이미 알고 있는 것과 관련이 있는지, 기억해야 하는 것인지, 버려야 하는 것인지를 처리하는 것이다. 이 모든 과정은 의식적으로, 무의식적으로 혹은 의식과 무의식이 함께 작용해 일어난다. 이 장에서는 우리가 어떻게 정보를 받아들이고 처리하는지, 기억과 망각은 어떻게 일어나는지, 교사들이 중요한 정보나 기술을 어떻게 하면 학생들이 잘 이해하고 기억하도록 도울 수 있는지에 대해 살펴보겠다. 또한 인지학습 이론, 정보처리에 관련된 이론, 학생들의 학습과 암기, 지식의 활용을 도울 수 있는 방법에 대해서도 살펴볼 것이다.

정보처리 모형이란 무엇인가

정보는 끊임없이 우리의 감각을 통해 마음속으로 들어온다. 대부분의 정보는 즉시 폐기되고 우리는 이를 대부분 알지 못한다. 어떤 정보를 잠시 기억하지만 곧 잊어버린다. 예를 들면 우리는 야구를 보러 가면 자리를 찾을 때까지는 좌석번호를 기억하고 있지만 자리를 찾고 나면 번호를 잊어버린다. 그러나 좀 더 오랫동안 기억하고 있는 정보도 있고 평생 동안 기억하는 정보도 있다. 정보는 어떠한 과정으로 처리되는 것일까? 그리고 교사들은 학생들이 중요한 정보나 기술을 습득할 수 있도록 돕기 위해 이 과정을 어떻게 이용할 수 있을까? 이 문제들은 정보처리 이론가들에 의해 제기된 것인데, **정보처리 이론**(information processing theory)은 1970년대 중반부터 학습과 기억 이론을 이끌고 있다.

학습 이론가들은 어떠한 정보들이 기억(혹은 망각)되는지를 기술하기 위해 인간의 기억에 관한 연구(예 : Anderson, 1995; Ashcraft & Radvansky, 2010; Bransford, Brown, & Cocking, 1999; Byrnes, 2001; Elias & Saucier, 2006; Tulving & Craik, 2000 참조)에서 많은 도움을 받았다. 이 과정은 보통 **Atkinson-Shiffrin의 정보처리 모형**(Atkinson & Schffrin, 1968)이라고 하는데, 이는 그림 6.1과 같다.

■ 감각등록기

입력되는 정보를 처리하는 기억체계를 구성하는 첫 번째 요소는 그림 6.1의 왼쪽에 있는 감각등록기이다. **감각등록기**(sensory register)는 감각(보고 듣고 만지고 냄새를 맡고 맛을 보는) 기관으로부터 많은 양의 정보를 받아들이고 몇 초 동안 정보를 보관한다. 만약 정보와 관련되어 아무런 일이 발생하지 않으면 그 정보는 빠르게 소실된다.

감각등록기의 존재를 알아보기 위한 독창적인 실험이 진행되었다. 어떤 사람에게 그림 6.2와 같은 그림을 50밀리 초 정도로 아주 잠깐 동안 보여 주었다. 이 사람은 대개 3, 4, 혹은 5개의 글자를 보았으나 12개 모두를 보지는 못했다고 보고했다. 초기의 고전적 실험에서 Sperling(1960)은 사람들에게 그림 6.2와 유사한 그림을 보여 주었다. 그림을 잠시 보여 준 후 사람들에게 맨 윗줄, 가운데 줄, 아래 줄에서 무엇을 보았는지 물었다. 그는 사람들이 어느 줄이든 한 줄씩을 거의 완벽하게 기억하는 것을 발견했다. 그러므로 사람들은 50밀리 초 같은 아주 짧은 시간 동안 모든 글자들을 보았고 잠시 동안 그것들을 가지고 있었음이 분명

정보처리 이론

마음이 어떻게 지식을 처리, 저장, 인출하는지 기술하는 학습에 대한 인지 이론

감각 등록기

외부 정보가 수용되고 매우 짧은 시간 동안 유지되는 기억체계의 요소

그림 6.1 **정보를 처리하는 순서**

기억해야 하는 정보는 사람의 감각을 거쳐 감각등록기에서 작업기억으로 전해진다. 그 후 장기기억으로 전이되는 과정을 거친다.

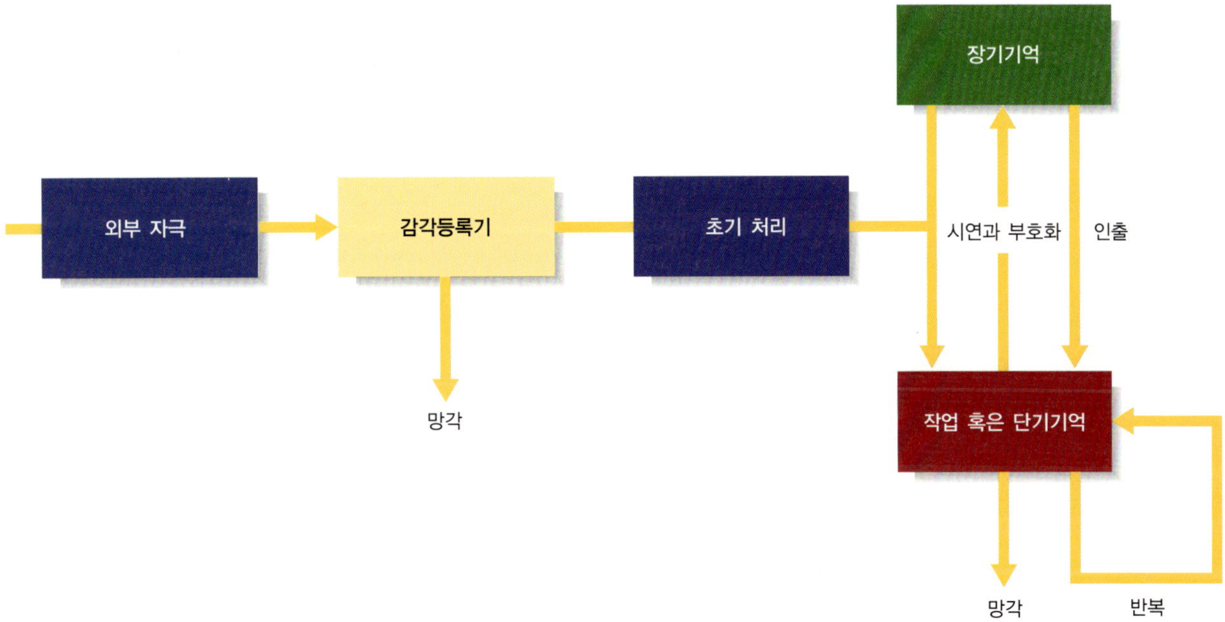

출처 : Charles G. Morris, *Psychology: An Introduction*(8th ed.), p. 233.

하다. 그러나 12개의 글자를 모두 기억해 내라고 했을 때 그 정보가 감각등록기에서 지속되는 시간을 경과하자 곧 글자 몇 개를 잊어버렸던 것이다.

감각등록기가 존재한다는 것은 교육적으로 두 가지 시사점을 가지고 있다. 첫째, 사람들은 정보를 잊지 않으려면 주의를 기울여야 한다. 둘째, 잠시 본 정보를 의식 밖으로 끌어내는 데 시간이 걸린다. 예를 들면 학생이 한꺼번에 많은 정보에 접하게 되었을 때 어떤 정보에 좀 더 주의집중을 해야 하는지에 대해서 교사의 언급이 없다면 어떠한 정보라도 학습하는 데 어

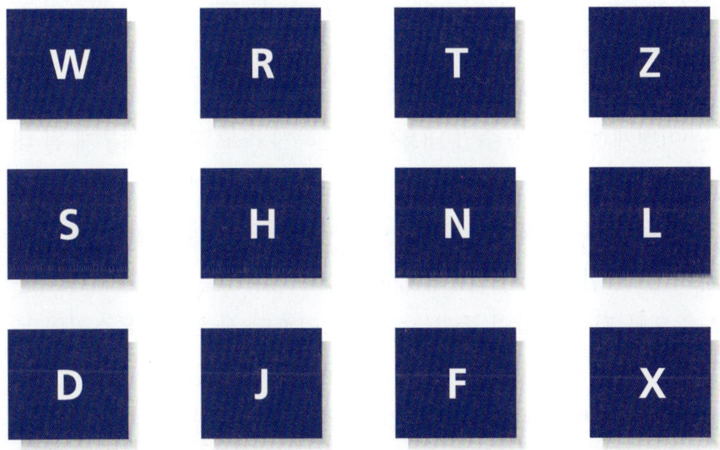

그림 6.2 **감각등록기 실험에 사용된 제시물**

이것은 G. A. Sperling이 감각등록 단계의 존재와 한계점을 알아보기 위해 사용한 제시물이다. 사람들에게 잠시 동안 이 제시물을 보여 준 후 특정한 글자의 열을 기억해 내도록 했다. 피험자들은 특정 열의 글자는 모두 기억했지만 12개의 글자를 모두 기억해 내지는 못했다.

출처 : G. A. Sperling. "The Information Available in Brief Visual Presentations", *Psychological Mono-graphs*, *74*, 1960.

려움을 겪게 된다는 것이다.

지각 감각이 자극을 받으면 마음은 즉시 정보를 처리하기 시작한다. 우리의 의식 속에 있는 감각 이미지는 우리가 보고 듣고 느낀 것과는 다른 것으로 우리의 감각이 지각한 것이다. 자극의 **지각**(perception)은 자극을 있는 그대로 받아들이는 것이 아니라 정신적으로 해석하는 것이고 우리의 정신 상태나 과거 경험, 지식, 동기와 같은 다른 요인들에 의해 영향을 받는다.

첫째, 우리는 자극의 고유 특성과는 상관없는 규칙들에 의해 다른 자극을 지각한다. 예를 들어 당신이 어떤 건물 내부에 앉아 있다면 소방차 사이렌에 별로 주의를 기울이지도 않고 심지어 그 소리를 듣지 못할 수도 있다. 만일 차를 운전하고 있다면 주의를 더 기울일 것이다. 불이 난 건물 밖에서 소방차가 도착하기만을 기다리고 있다고 하면 아마도 당신은 더 많은 주의를 기울일 것이다. 둘째, 우리는 자극을 보거나 느낀 대로 수용하는 것이 아니라 우리가 실제로 자극에 대해 알고 있거나 가정하고 있는 대로 받아들인다는 것이다. 방 건너편에서 책장 위의 책 한 권은 멀리서 보면 얇은 종이조각처럼 느껴질 수도 있지만, 실제로는 수많은 페이지를 가진 3차원의 사각형 형태로 되어 있다고 추론하게 된다. 이것은 마치 실제로는 탁자의 가장자리를 보고 있으면서도 마음속으로는 탁자 전체를 생각하는 것과 마찬가지이다.

주의 교사들이 학생들에게 "주의 집중하세요." 혹은 "귀를 기울여 주세요."라고 말할 때 교사들은 '집중하라'는 단어와 '기울이세요' 라는 단어를 적절히 사용하는 것이다. 왜냐하면 돈처럼 **주의**(attention)도 제한이 있기 때문이다. 교사가 학생들에게 제한된 주의 용량을 무엇이든지 집중하는 데 사용하도록 요구한다면 학생들은 다른 자극에 주의를 기울이는 것을 포기해야 한다. 결국은 교사의 말 이외의 다른 자극들은 주의집중의 대상에서 멀어지게 마련이다. 예를 들면 사람들이 흥미진진하게 이야기하고 있는 연설자의 말에 골똘히 몰두하게 되면 가려움이나 배고픔과 같은 신체적 반응 혹은 다른 소리나 빛과 같은 자극들은 인식하지 못하게 된다. 경험 많은 연설자는 언제 청중들이 불안해하고, 그들이 점심식사나 다른 활동과 같은 생각을 하느라 더 이상 강의 내용에 주의를 기울이지 않는지를 잘 안다. 청중들의 주의를 다시 되돌릴 때가 온 것이다.

주의 집중시키기 교사는 어떻게 학생들을 수업 내용에 집중하게 하고, 특히 배우게 될 내용 중 가장 중요한 사항들에 대해서 어떻게 하면 주의를 집중시킬 수 있을까?

학생들의 주의를 집중시키는 몇 가지 방법이 있는데, 이는 학생들의 관심을 불러일으키는 일반적인 방법으로 통용되고 있다. 한 가지 방법은 '이것은 중요하다' 라는 암시를 사용하는 것이다. 어떤 교사는 매우 중요한 정보를 알려 주려는 순간에 일종의 신호로서 목소리의 높낮이를 조절하기도 한다. 다른 교사들은 몸짓이나 반복 혹은 특정한 자세를 취하기도 한다.

주의를 집중시키는 또 다른 방법은 자료에 감정적인 내용을 좀 더 증가시키는 것이다(Armony, Chochol, Fecteau, & Belin, 2007). 주의와 정서는 뇌의 동일한 부위를 활성화시키는데(Vuilleumeir, 2005), 이것이 아마도 사람들이 실제 수업(별로 정서를 수반하지 않

지각
지극을 해석하는 것

주의
다른 자극에는 신경 쓰지 않고 특정한 자극에만 신경 쓰는 것

음)보다는 드라마나 많은 감정을 수반하는 리얼리티 쇼에 더 주의를 기울이는 이유인지도 모르겠다. 종종 신문을 비롯한 인쇄물들은 매우 감정적인 단어를 사용하여 독자의 주의를 집중시키기도 한다. 이것은 아마도 신문에서 "국회가 대중교통 법안에 반대했다."라는 헤드라인보다는 "국회가 대중교통 법안에 사형선고를 내렸다."라는 헤드라인을 사용하는 이유가 아닐까 싶다.

유별나고 모순점이 있는 의외의 자극들이 또한 주의를 집중시킨다. 예를 들면 과학 교사들은 종종 학생들의 호기심을 끌기 위해서 시범을 보이거나 마술 묘기를 보여 줌으로써 수업에 대한 동기유발을 한다.

마지막으로, 무엇이 중요한지를 학생들에게 알려 주는 것이 주의를 끄는 또 다른 방법이다. 예를 들면 교사는 학생들에게 "이것은 내일 시험에 꼭 나올 것이다."라고 말해 줌으로써 학생들의 주의를 확실히 끌 수 있다. 물론 학습자들은 무엇이 중요한지에 대해 스스로 결정할 것이며, 다른 자료보다도 그들이 중요하다고 생각했던 것을 좀 더 많이 배우게 되는데, 그 이유는 그들이 중요하다고 생각한 것에 더 주의를 집중했기 때문이다.

"선생님, 전 안 해도 될까요? 제 작업 기억이 가득 찼어요."

■ 단기기억 또는 작업기억

인간이 지각하고 주의집중하는 정보는 기억체계의 두 번째 구성 요소인 **단기기억**(short-term memory)으로 전달된다(Ashcraft & Radvansky, 2010). 단기기억은 제한된 양의 정보를 수초간 저장할 수 있는 저장체계이다. 또한 지금 생각하고 있는 정보가 저장되는 기억의 일부이기도 하다. 어떤 순간에 우리가 의식적으로 생각하고 있는 것은 단기기억 속에 존재하는 것이다. 우리가 그 대상에 대한 생각을 멈추게 되면 그것은 단기기억 속에서 사라지게 된다. 단기기억을 지칭하는 또 다른 용어로 **작업기억**(working memory)이 있다(Anderson, 2005; Ashcraft & Radvansky, 2010; Engle, 2001; Unsworth & Engle, 2007). 이 용어는 단기기억에서 가장 중요한 측면이 기억의 지속 정도가 아니라 활성화된다는 사실에 있다는 것을 보여 준다. 작업기억은 사고가 정보를 조작하고 저장하거나 버리기 위해 정보를 조직하고 그것을 다른 정보들과 관련 짓는 곳이다. 많은 학자들은 작업기억이 매우 중요해서 작업기억의 용량을 지능과 동일하다고 생각한다(Ackerman, Beier, & Boyle, 2005; Colom, Flores-Mendoza, & Rebello, 2003; Kane, Hambrick & Conway, 2005).

그림 6.1에서 볼 수 있듯이 정보는 감각등록기 혹은 기억체계의 제3의 기본 구성 요소인 장기기억으로부터 작업기억으로 들어가게 된다. 경우에 따라 이 두 가지 현상은 동시에 발생하기도 한다. 만약 당신이 종달새를 보았다면 먼저 감각등록기가 종달새의 형태를 작업기억으로 보내게 된다. 한편으로는 무의식적으로 장기기억 속에서 새에 대한 정보를 찾아내어 당신이 본 이 특별한 새가 종달새가 맞는지를 확인하게 된다. 아마도 종달새에 대한 수많은 정보들, 과거에 이 새와 관련된 경험들, 혹은 개인적으로 가졌던 느낌들이 함께 떠오르게 될 것이다. 이 모든 것은 장기기억 속에 저장되어 있었던 것들이며 종달새를 본 것에 대한 정보처리 작용에 의해 의식(작업기억) 위로 이끌려진 것이다(Gathercole, Pickering, Ambridge, & Wearing, 2004).

단기 또는 작업기억
수초 동안 제한된 양의 정보를 저장할 수 있는 기억 요소

작업기억에서 정보를 유지하는 한 가지 방법은 정보에 대해 생각하거나 반복해서 말하는 것이다. 아마도 우리는 이런 전략을 단기간에 전화번호를 기억할 때 사용했던 경험이 있을

것이다. 반복에 의해 작업기억 속의 정보를 보유하려는 과정을 **시연**(rehearsal)이라고 한다(Baddeley, 1999). 시연이 학습에 있어 중요한 이유는 작업기억 속에 정보가 오래 남아 있을수록 그것이 장기기억으로 전이될 가능성이 더 커지기 때문이다. 시연 과정이 없다면 정보는 아마도 작업기억 속에 30초 이상 머무르지 못하고 사라질 것이다. 이와 같이 작업기억의 능력이 제한되어 있기 때문에 정보는 다른 정보에 의해서 떠밀려 사라질 수도 있다. 당신은 아마도 전화번호를 검색하는 과정에서 잠시 방해를 받아 번호를 잊어버렸던 경험을 해 본적이 있을 것이다.

교사들은 수업시간에 시연할 수 있는 시간을 할당해야 한다. 너무 많은 정보를 한꺼번에 가르치는 것은 비효율적이며, 학생들에게 각 정보를 정신적으로 시연할 수 있는 시간을 주지 않으면 이후에 접하게 될 정보들은 작업기억 속에서 사라지게 될 것이다. 교사가 수업을 마치고 학생들에게 질문할 것이 있는지 물을 때 학생들에게 잠시 배운 것을 숙고하고 마음속으로 시연할 수 있는 시간을 주어야 한다. 이것이 학생들로 하여금 작업기억 속의 정보들을 처리할 수 있도록 도와주며, 이로 인해 처리된 정보들이 장기기억 속에 저장될 수 있게 한다. 이와 같은 정신작용은 특히 학생들이 새롭고 어려운 학습 자료를 접할 때 매우 필수적이다.

작업기억의 용량 작업기억은 5~9개의 정보를 저장할 수 있는 것으로 보인다(Thompson, 2000). 다시 말해서 인간은 단지 5~9개 정도의 서로 다른 것들을 한 번에 생각할 수 있다는 것을 의미한다. 그러나 어떤 특수한 정보는 그 자체로 많은 양의 정보를 포함하고 있는 경우도 있다. 예를 들어 다음의 쇼핑 목록에 나온 물건들을 암기하는 것이 얼마나 어려울지를 한 번 생각해 보라.

밀가루	오렌지주스	후추	겨자
탄산음료	파슬리	케이크	버터
조미료	마요네즈	오레가노	통조림 토마토
감자	우유	상추	시럽
햄버거	핫도그	달걀	양파
토마토페이스트	사과	스파게티	빵

이 목록에는 너무나 많은 정보가 있어서 쉽게 기억하기가 어렵다. 24개의 음식 항목 모두를 무작위로 작업기억 속에 저장하기에는 너무 많을 것이다. 그러나 목록의 음식들을 당신에게 친숙한 방식에 따라 조직화한다면 암기하기가 쉬울 것이다. 그림 6.3에서처럼 당신은 아침, 점심, 저녁이라는 3개의 기억 파일을 만들 수 있다. 각 파일마다 음식과 음료 항목이 있고 점심과 저녁 파일에는 디저트도 추가된다. 당신은 메뉴에 따라 각 음식 항목에 대한 요리법을 따져가며 생각할 것이다. 이와 같은 방법으로 당신이 사야 할 항목을 생각해 낼 수 있고 작업기억 속에는 적은 양의 정보만을 보유해도 된다. 당신이 가게에 들어섰을 때 "나는 아침, 점심, 저녁식사에 먹을 음식이 필요하다."는 생각을 한다. 먼저 당신은 장기기억에서 아침식사 파일을 꺼낸다. 아침식사 파일에는 음식(팬케이크), 음료(오렌지주스)가 포함되어 있다. 당신은 팬케이크를 어떻게 만드는지 단계별로 생각해 볼 것이며, 그에 맞는 재료들을 사고 거기

시연

파지를 촉진하기 위해서 마음속에서 정보를 반복하는 행위

아침

팬케이크

- 밀가루
- 우유
- 계란
- 버터
- 시럽

음료 : 오렌지주스

점심

핫도그

- 핫도그
- 둥근 빵
- 양념
- 겨자

감자 샐러드

- 감자
- 마요네즈
- 파슬리

음료 : 소다수

디저트 : 사과

저녁

스파게티

- 양파
- 햄버거
- 통조림 토마토
- 토마토소스
- 오레가노
- 후추

샐러드

- 상추

음료 : 우유

디저트 : 케이크

그림 6.3 기억을 촉진하기 위한 정보 조직의 예

24개의 쇼핑 목록은 기억하기 매우 어려운데, 그것들을 유사한 범주끼리 묶는다면 기억하기에 용이해진다.

에 음료로 오렌지주스를 추가로 구입한다. 이 일을 끝내고 나면 작업기억 속에서 아침식사 파일을 버리고 점식식사 파일, 저녁식사 파일로 대체하면서 모든 과정을 마치게 된다. 여기서 당신이 한 일은 24개의 정보들을 좀 더 큰 세 가지 정보로 나누어 구성 요소들을 그 속에 배분한 것이 전부임을 주목할 필요가 있다.

작업기억은 주변에서 유입된 정보가 장기기억에 도달하기 전에 통과해야 하는 병목(bottleneck)과 같이 간주된다. 작업기억의 제한된 용량은 수업 설계 및 구현에 중요한 의미를 갖는 정보처리 과정의 한 측면이다(Engle, 2001). 예를 들어 앞서 언급되었던 쇼핑 목록에서의 경우처럼 학생들에게 제시할 개념을 잘 조직화하고 이미 그들의 장기기억 속에 저장되어 있는 정보와 잘 연결시켜서 작업기억으로 하여금 새로 유입된 정보들을 수용할 수 있게 만들지 못한다면, 학생들에게 한꺼번에 많은 개념을 제시할 수 없다는 것이다.

작업기억의 제한된 용량의 또 다른 예는 Mayer(2001)가 번개에 관한 수업에서 관련 없는 단어, 사진, 음악을 함께 공부한 학생들이 이러한 요소들이 없는 학생들보다 전이 검사에서 낮은 성적을 보여 주었다. 즉 단순한 형태의 수업이 더 전이 검사 수행이 높았다는 사실인데, 이는 논리적이고 체계적인 수업이 작업기억 용량을 더 효과적으로 활용한다는 결과를 보여준다(Mayer, 2008b, 2009 참조).

작업기억의 개인차 물론 개인마다 주어진 학습과제를 성취해 낼 수 있는 작업기억의 용량에 차이가 있다. 작업기억의 능력을 강화시킬 수 있는 주된 요인들 중 하나는 바로 배경지식이다. 사람은 갖고 있는 배경지식이 많으면 많을수록 새로운 정보 조직하고 흡수하는 능력이 더 뛰어나다(Engle, Nations, & Cantor, 1990; Kuhara, Kojima, & Hatano, 1991). 그러나 배경지식만이 유일한 요인은 아니다. 개인마다 정보를 구성하는 능력에 차이를 보이며, 좀 더 효과적으로 작업기억의 능력을 이용하기 위해서 의식적으로 새로운 전략사용법을 배울 수 있다(Wyra, Lawson, & Hungi, 2007). 이와 같은 전략들은 이 장의 뒷부분에서 다룰 것이다.

■ 장기기억

장기기억(long-term memory)은 오랜 기간 정보를 보유할 수 있는 기억체계의 한 부분이다. 장기기억은 많은 양의 정보를 저장하고 있는 곳으로 여겨지기 때문에 장기 저장소이다. 사실 많은 이론가들은 장기기억에 한 번 들어간 정보는 잊혀지지 않으나 오히려 기억 속에서 정보를 찾아내는 능력을 상실할 수도 있다고 믿고 있다(Tulving & Craik, 2000). 우리는 장기기억을 가득 채울 수 있을 만큼 오래 살 수는 없다. 감각등록기와 작업기억(단기기억) 그리고 장기기억의 차이점은 표 6.1에 요약되어 있다.

Ericsson과 Kintsch(1995)는 사람들이 좀 더 쉽게 기억하기 위해서 정보뿐만 아니라 학습 전략도 장기기억 속에 저장한다는 사실을 가정하였다. Ericsson과 Kintsch가 이미 **장기 작업기억**(long term working memory)이라고 명명한 이 능력은 장기기억 속에 보유되어 있는 막대한 분량의 정보와 방금 접한 정보를 연관시켜야 하는 의학 분야의 진단분석가와 같은 전문가들의 놀랄 만한 능력을 설명할 수 있다.

이론가들은 장기기억을 **일화기억**(episodic memory), **의미기억**(semantic memory), **절차기억**(procedural memory)으로 분류하고 있다(Ashcraft & Radvansky, 2010; Eichenbaum, 2003). 일화기억은 개인의 경험에 관한 기억으로 우리가 보고 들은 것에 대한 마음속의 영화이다. 당신이 지난 밤 먹었던 저녁식사가 무엇이었는지 혹은 대학교 축제에서 어떤 일이 벌어졌는지를 기억할 때, 장기 일화기억 속에 저장되어 있는 정보를 회상해 내는 것이다. 장기 의미기억은 우리가 알고 있는 사실과 개념, 원리, 규칙, 그리고 그것들을 어떻게 사용하는가에 대한 일반적인 정보들을 포함하고 있다. 우리가 교실 수업에서 배운 대부분의 내용은 의미기억 속에 저장되어 있다. 절차기억은 '무엇에 대해 아는 것'과는 다르게 '어떻게 하는지 방법을 아는 것'을 의미한다. 운전, 타이핑, 자전거를 탈 수 있는 능력은 절차기억 속에 저장되어 있는 기술의 예라고 할 수 있다.

일화기억, 의미기억, 절차기억은 서로 다른 방법으로 정보를 저장하고 조직한다. 일화기억 속의 정보는 언제 어디서 사건이 발생했는가에 근거해 조직된 심상(image)의 형태로 저

장기기억

장기간 많은 양의 정보를 저장할 수 있는 기억 요소

일화기억

개인적 경험의 이미지를 저장하는 장기기억의 일부분

의미기억

사실과 일반적 지식을 저장하는 장기기억의 일부분

절차기억

절차에 관한 정보를 저장하는 장기기억의 일부분

표 6.1 인지 저장 체계 구성 요소의 특징

기억 구조	처리 과정				회상 실패 원인
	코드(정보의 표상 방법)	수용 능력	지속 기간	회복	
감각 '저장'	감각적 특징들	12~20항목에서 그 이상	250밀리 초~4초	적절한 단서가 주어지면 완전히 회복할 수 있음	간섭 혹은 쇠퇴
단기기억	청각, 시각, 의미, 감각적 특징들	7±2항목	약 12초 시연했을 경우 좀 더 오래 지속됨	각 항목당 35밀리 초 정도의 시간이 걸리며 완전히 회복할 수 있음	전치, 간섭, 쇠퇴
장기기억	의미, 시각적 지식, 추상적 개념, 의미심장한 표상	막대한 양, 실질적으로 제한 없음	한계 없음	적절한 단서가 주어지면 특정하고 일반적인 정보들은 회복됨	간섭, 유기적 기능 장애, 부적절한 단서

출처 : Robert L. Solso, *Cognitive Psychology* (6th ed.), p. 240.

장된다. 의미기억 속의 정보는 개념들의 망(networks of ideas)의 형태로 저장된다. 절차기억 속의 정보는 자극-반응 짝의 복합체로 저장된다(Anderson, 1995). 최근 두뇌 연구(예 : Elias & Saucier, 2006)에서는 장기기억의 각 유형에 관련된 작용들은 뇌의 각기 다른 부분에서 발생한다는 사실을 제시하고 있다. 그렇다면 다음에서 이 세 가지 종류의 기억을 좀 더 세밀하게 살펴보도록 하자.

일화기억 일화기억은 언제 어디서 사건이 발생했는가에 근거해 조직된 경험의 심상을 포함하고 있다(Rubin, 2007; Tulving & Craik, 2000). 일화기억은 각자가 경험하고 기억하고 있는 사건들에 대한 기억으로 구성되어 있는데(Ashcraft & Radvansky, 2010), 감각 정보, 공간지식, 언어, 정서, 운동정보가 사적 이야기로 통합된 것이다(Rubin, 2007). 예를 들어 당신은 고등학교 졸업 기념 축제가 있던 날 무엇을 했는가? 대부분의 사람들은 축제가 있던 날 밤을 회상해 보고 일어났던 사건들을 묘사하면서 이 질문에 답을 할 것이다. 당신은 마음의 눈으로 춤을 추었던 무대를 그려 볼 것이다. 아마도 눈에 보이는 장면, 소리, 냄새, 그리고 당신이 경험했던 정서 등 모두를 함께 경험했던 것을 생각할 것이다. 마지막으로 고등학교 반 친구들의 이름을 회상하라는 요구를 받았다고 가정해 보자. 어떤 심리학자는 졸업한 학생들에게 매일 특정한 장소에 와서 한 시간 동안 친구들의 이름을 기억하라는 요구를 했다. 한 달의 실험 과정이 지나고 학생들은 계속해서 새로운 이름들을 떠올려냈다. 흥미롭게도 그들은 이름을 회상해 내기 위해서 우연히 일어난 사건들을 마음속에 떠올리면서 일화기억과 관련된 장소, 시간 단서를 사용하고 있었다. 예를 들어 사회 과목 교사가 학교에 북극탐험가 복장을 하고 온 날을 상기하면서 그곳에 있던 학생들의 얼굴들을 마음속으로 떠올릴 수도 있을 것이다.

이와 같은 증거들은 심상이 일화기억에 중요하며 시간, 공간과 관련된 단서들이 이 부분의 기억으로부터 정보를 검색해 내는 데 도움을 준다는 사실을 보여 준다. 당신은 아마도 시험을 볼 때 스스로에게 "나는 이 문제의 답을 알아. 이 부분에 관해 읽었던 것이 기억나. 오른쪽 위에 그림이 있는 페이지의 왼쪽 아래 구석 부분에 있었던 내용이었어."라고 말할지도 모른다.

일화기억은 종종 생각해 내기 어려운 경우도 있는데, 일상생활에서 일어나는 대부분의 일화들이 매우 자주 반복해서 발생하기 때문에 만일 그 일화 중간에 어떤 기억할 만한 일이 발생하지 않는다면 나중에 일어난 일화들이 앞서 일어났던 것들과 기억 속에서 한데 섞여 버려서 기억하기가 어려워지게 된다. 예를 들어 일주일 전에 점심으로 무엇을 먹었는지 기억하는 사람, 특히 몇 년 전의 점심식사를 기억하는 사람은 거의 없을 것이다. 그러나 **섬광기억**(flashbulb memory)이라고 하는 현상이 있는데, 이는 중요한 사건의 발생은 주로 인간의 시각·청각적 기억에 저장된다는 것이다. 예를 들어 아침식사를 하고 있는 순간 우연히 세계무역센터가 공격받았다는 소식을 듣거나 영국의 다이애나 왕비가 사망했다는 소식을 듣게 되면 그 특별한 식사(다른 사소한 주변 상황까지도)를 영원히 기억하게 된다는 것이다. 그 이유는 어떤 순간 잊을 수 없는 사건이 벌어지면 그것은 우리로 하여금 잘 기억해 내지 못하는 세부사항과 관련 있는 일화기억(시간, 공간)에 보다 쉽게 접근할 수 있도록 해 주기 때문이라고 한다.

섬광기억

주로 시각적이며 청각적 기억으로 한정된 중요한 사건들

당신은 시각, 청각적 심상과 관련된 인상적인 사건을 만들어 냄으로써 새로운 개념과 정보에 대한 기억력을 향상시킬 수 있다. 예를 들어 프로젝트 과제, 놀이, 모의실험과 기타 활동적인 학습 형태를 도입하여 생생한 심상들을 제공함으로써 그것과 함께 제시된 다른 정보를 기억하고 회상하는 데 도움을 줄 수 있다는 것이다. 이 개념을 지지하는 많은 증거들이 있는데, 특히 글로 된 내용을 반영하는 그림들은 아동들로 하여금 더 이상 그림이 제시되지 않는 상황에서도 그 글을 기억해 낼 수 있도록 도와줄 수 있다고 한다(Mayer, 2008b). 그림은 아마도 유의미한 정보를 아동들의 일화기억과 관련시켜서 정보를 회상하기 좀 더 쉽게 해 주는 역할을 하는 것 같다. 학생들이 종종 심적 그림을 만들어 낸다는 증거도 있는데 심적 그림은 학생들이 학습하는 자료를 기억해 낼 수 있도록 돕는 역할을 한다(Robinson, Robinson, & Katayama, 1999).

의미기억 의미 혹은 서술기억은 매우 다른 방식으로 구성된다. 즉 의미기억은 단수 형태의 **스키마**(schema) 혹은 **스키마타**(schemata)(Anderson, 2005; Brunning, Schraw, Norby, & Ronning, 2004)라고 하는 서로 연결된 개념 혹은 관계의 그물망 내에서 조직된다. Piaget는 개인의 지각과 경험의 구성이 이루어지는 인지 구조를 묘사하기 위해 '도식(scheme)' 이라는 용어를 사용했다. 인지처리 이론가들은 새로운 정보를 이해하고 구체화할 수 있도록 해 주는 기억 속 개념 간의 그물망을 설명하기 위해서 '스키마' 와 '스키마타' 라는 유사한 용어를 사용한다. 스키마는 서로 다른 개념들이나 생각들이 보다 큰 범주 안에 묶여 있는 개요와 같은 것이다. 스키마의 다양한 측면들은 일련의 명제 혹은 개념들 간의 관계들에 의해 서로 연결되어 있다. 그림 6.4는 '아메리카 들소' 의 개념을 간단하게 도식화하여 보여 주고 있는데, 이 개념이 기억 속의 다른 개념들과 어떤 관련을 갖는지 잘 보여 주고 있다.

연결해서 더 보기

스키마에 대해서는 제2장을 참조하시오.

그림에서 '아메리카 들소' 의 개념은 다른 몇 가지 개념들과 연결되어 있다. 이 개념들은 또한 더 많은 개념들("어떤 방법으로 대초원 인디언이 아메리카 들소를 사냥했을까?") 그리고 보다 넓은 범주와 개념들에 연결되어 있다("어떻게 자원보호론자들이 생물들을 멸종 위기에서 구해냈을까?"). 스키마 이론(Anderson, 2005)은 그림 6.4에서 나타내고 있는 것처럼 마음속의 길을 따라서 장기 의미기억 속에 저장되어 있는 정보에 접근할 수 있다고 주장한다. 예를 들어 당신의 기억 속에 스페인 사람들이 미국으로 말을 들여온 것이 대초원에 살았던 인디언들이 아메리카 들소를 잡는 방법에 큰 변화를 가져왔다는 개념을 갖고 있다고 하자. 이 한 가지 정보를 얻기 위해서 당신은 먼저 '아메리카 들소' 의 특징에 대해서 생각하게 되고, 이후 어떻게 대초원 인디언들이 말에 올라탄 채로 아메리카 들소를 사냥했는지에 대해서 생각하고 나면 인디언들이 말을 갖기 전에 어떤 방법으로 들소를 사냥했는지를 상상할 수 있을 것이다. 이 동일한 정보를 얻어내기 위해서 많은 경로들이 이용될 수 있을 것이다. 사실 하나의 정보를 얻기 위해 많은 경로를 사용하면 할수록 그 경로들은 더 견고하게 되며 장기 의미기억 속에 있는 정보에 접근하기가 더 용이해진다. 장기기억이 갖는 문제점은 정보 그 자체가 소멸되는 것이 아니라 정보에 접근할 수 없게 되는 것이다.

스키마타

새로운 정보를 이해하는 데 영향을 미치는 연관된 개념들의 정신적 네트워크로 단수는 스키마임

스키마 이론이 제시하는 한 가지 분명한 함의는 잘 발달된 스키마로 설명될 수 있는 새로운 정보가 그렇지 않은 정보보다 더 쉽게 기억된다는 사실이다. 스키마 이론은 이 장의 뒷부분에서 좀 더 자세히 다루도록 하겠다.

그림 6.4 아메리카 들소의 개념 스키마

장기 의미기억 속 정보는 관련 개념의 그물망 속에서 구성된다. '아메리카 들소' 라는 개념을 예로 들면, 동물과 포유류라는 일반적 개념 아래에 분류되어 있으며, 기억 속에 존재하는 개념들과 구분될 수 있도록 하는 다른 여러 가지 개념들과 관련되어 있다.

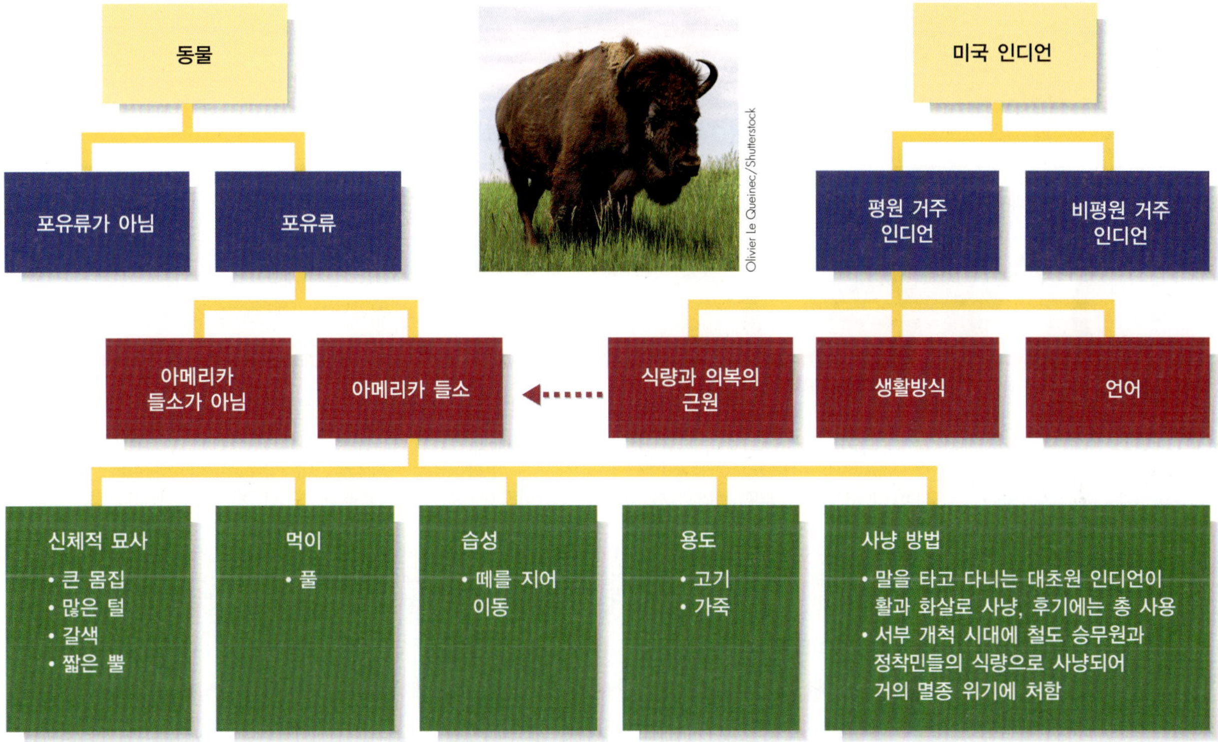

절차기억　절차기억은 어떤 작업, 특히 신체적 작업과 관련하여 그 일을 어떻게 해낼 것인가를 회상해 내는 능력을 말한다. 이런 유형의 기억은 반드시 일련의 자극-반응의 짝으로 저장된다. 예를 들어 오랫동안 자전거를 타지 않았더라도 일단 한번 타게 되면 자극이 반응을 불러일으키기 시작한다. 자전거가 왼쪽으로 기울면(자극), 당신은 본능적으로 체중을 오른쪽으로 실어 균형을 맞추려고(반응) 할 것이다. 또 다른 절차기억의 예를 들어 보면, 종이에 글쓰기, 타자 치기, 달리기 기술이 이에 속한다. 신경학 연구를 살펴보면 절차기억은 의미기억, 일화기억과는 별개로 뇌의 다른 부분에 저장된다는 것을 보여 주고 있는데, 절차기억은 소뇌에 저장되는 반면, 의미기억과 일화기억은 대뇌피질에 저장된다(Black, 2003; Bruning et al., 2004; Eichenbaum, 2003).

■ 장기기억을 증진시키는 요소

일반적인 믿음과는 달리 사람들은 학교에서 배운 많은 것들을 기억한다. Semb와 Ellis(1994)는 이러한 주제에 대한 연구들을 검토했는데 무의미 단어나 다른 인위적인 자료들을 기억하는 실험실 연구들은 학교에서 배운 정보와 기술들이 기억될 수 있는 정도를 과소평가했다는 점에 주목했다(Ellis, Semb, & Cole, 1998 참조). 학교에서 학습한 내용의 장기 저장은 정보의 종류에 따라 크게 달라질 수 있다. 예를 들면 개념들은 단순한 이름보다 훨씬 오래 기억된다(Conway, Cohen, & Stanhope, 1991). 보통 기억은 수업 후 첫 몇 주 동안 급격히 떨어지

사람들은 신체활동을 할 때 절차기억을 사용한다. 절차기억은 일화기억, 의미기억과는 다른 부분의 뇌에 저장된다. 교사는 학생들의 절차기억을 어떻게 향상시킬 수 있을까?

다가 그 후 떨어지는 정도가 덜하다(Bahrick & Hall, 1991). 학생들이 학습 후 약 12~24주간 기억하는 것은 무엇이든지 평생 기억에 남을 가능성이 높다.

장기기억에 영향을 미치는 몇 가지 요인이 있는데, 첫째는 놀라운 사실은 아니지만 학생들이 처음에 어느 정도로 배웠느냐는 것이다(Bahrick & Hall, 1991). 기억에서 능력이 어느 정도 영향을 미치는지 확실치 않다는 사실은 흥미롭다(Semb & Ellis, 1994). 능력이 높은 학생들은 학기가 끝날 때 비록 점수가 높기는 하지만 그들도 낮은 능력의 학생들만큼 학습한 내용을 잊을 때가 흔하다.

학생들로 하여금 수업에 적극적으로 참여하게 하는 수업 전략들은 장기기억에 도움이 된다. 예를 들어 Mackenzie와 White(1982)는 지리교과 수업을 받는 중학교 2학년과 3학년을 세 가지 조건 하에서 비교해 보았다. 첫째 조건은 전통적 교실 상황, 둘째는 전통적 교실 상황에 현장교육을 더한 것, 셋째는 전통적 교실 상황에 능동적 정보처리 과정을 포함하고 있는 현장학습이었다. 12주 후(여름방학 후) 앞의 두 집단은 40% 이상을 잊은 반면, 마지막 집단인 능동적 정보처리 조건의 학생들은 정보의 10%만을 잊었다. 비슷한 실험에서 Specht와 Sandling(1991)은 전통적 강의 방식 수업을 수강하는 대학생과 역할극으로 배운 대학생들을 비교해 보았다. 6주 후 전자의 학생들은 문제해결 수행 과정의 54%를 잊은 반면, 역할극으로 배운 후자의 학생들은 13%만 잊었다.

■ 다른 정보처리 모형

그림 6.1에서 본 Atkinson과 Shiffrin(1968)의 모형이 인지주의 심리학자들이 인정하는 유일한 모형은 아니다. 다른 모형들이 Atkinson과 Shiffrin의 기본적인 틀을 인정하고 있지만 그 이론을 좀 더 정교화하는 데 기여했다. 특히 정보가 장기기억에 기억될 수 있는 가능성을 증가시키는 여러 요인에 관련된 측면에 대해 자세하게 설명하고 있다.

처리수준 이론 널리 인정되고 있는 정보처리모형 중 하나는 **처리수준 이론**(levels of processing theory)(Craik, 2000; Tulving & Craik, 2000)이라고 하는데, 이 모형에 의하면 사람들은 자극에 대해 다른 수준으로 주목하고 그중에서 가장 완전한 수준으로 처리된 정보만을 기억한다고 주장한다. 예를 들어 당신이 나무를 보고 인식했으나 별달리 주목하지 않을 수 있다. 이는 정보처리에서 가장 낮은 단계에 속하고 당신은 나무를 기억하지 못할 것이다. 둘째, 당신이 나무에 단풍이나 떡갈나무라고 이름을 붙여 주었다고 가정하자. 한번 이름을 붙이면 그 나무는 어느 정도 기억하기 쉽다. 그러나 가장 높은 정보처리 과정은 나무에 의미를 부여하는 것이다. 예를 들어 당신이 그 나무를 올라탄 적이 있거나 그 나무의 특이한 생김새에 대해 이야기했던 적이 있었던 것을 기억하거나 혹은 번개에 의해 저 나무가 당신의 집 위로 쓰러지지 않을까 상상해 보았을 것이다. 이 처리수준 이론에 따르면 당신이 자극의 세부사항에 집중할수록 그 자극에 더 많은 정보처리가 이루어지고 그것을 더 쉽게 기억하게 된

처리수준 이론

자극의 회상은 정신적 처리를 어느 정도 하는가와 관련 있다는 기억에 대한 설명

다. 이러한 예는 Bower와 Karlin(1974)이 스탠퍼드 대학생들에게 예일대학 졸업앨범을 제시한 고전적 실험에서 잘 드러나고 있다. 일부 학생들에게 사진을 보고 사람들을 남성과 여성으로 구분하도록 했고 또 다른 일부의 학생들에게는 정직한 사람과 정직하지 않은 사람을 구분짓는 과제를 주었다. 그 결과 정직성 구분을 짓도록 한 학생들이 단순히 성별을 구별하도록 한 학생들보다 사진 속의 얼굴들을 더 잘 기억하였다. 이는 정직성 구분을 짓도록 한 학생들이 더 높은 수준의 정보처리 과정을 거쳤기 때문이었다.

보다 최근에 Kapur와 동료 학자들(1994)은 학생들에게 일련의 단어들을 읽도록 했다. 한 그룹은 'a'가 들어 있는 단어를 골라내도록 했고, 다른 그룹에게는 '생물'과 '무생물'로 나누게 하였다. Bower와 Karlin 그리고 다른 학자들의 연구에서처럼 '생물'과 '무생물'로 단어를 나눈 학생들은 더 많은 단어를 기억해 냈다. 그러나 더 흥미로운 사실은 생물, 무생물로 구분한 학생들의 뇌 활동 이미지에서 다른 학생들에 비해 두뇌에서 기억 수행을 증진시키는 것으로 믿어지는 부분의 뇌 활동이 활발했던 것으로 드러났다는 것이다. 이러한 실험은 뇌가 심층 정보처리와 표층 정보처리를 다르게 취급한다는 생각을 지지하는 중요한 증거가 된다(Craik, 2000 참조).

이중부호 이론 Paivio의 **이중부호 이론**(dual code theory)은 처리수준 이론과 깊은 관련이 있는 개념이다. 이중부호 이론은 장기기억 속에 정보가 시각적인 것과 언어적인 것의 두 가지 형태로 저장된다고 가정한다(각각 일화기억과 의미기억에 해당하는)(Clark & Paivio, 1991; Mayer, 2008b). 이 이론은 시각적이며 언어적으로 제시되는 정보가 한 가지 방법으로만 제시되는 정보보다 더 잘 기억된다고 가정한다. 예를 들면 당신은 어떤 사람의 얼굴도 함께 알고 있다면 이름을 더 잘 기억할 것이며 만일 이름을 얼굴과 연관지을 수 있다면 이름을 훨씬 더 잘 기억할 것이다(Mayer, 2008b).

뇌연구의 시사점은 무엇인가

과거에 학자들은 학습과 기억 그리고 다른 인지적인 기능들을 뇌 자체에 대한 연구와는 거리를 두고 연구해 왔다. 과학자들은 독창적인 실험을 이용하여 특정한 자극이나 실험에 대한 뇌의 반응을 알아냈고, 뇌에 특별한 손상을 입은 사람을 조사해 보거나 동물에 대한 실험을 통해서 추론해 보았다. 그러나 최근의 신경학자들은 뇌영상기법(fMRI)을 이용하여 실제로 수술 상황에서 활동하는 건강한 뇌를 관찰할 수 있게 되었다(Chamgeux, 2004; Eichenbaum, 2003; Goswami, 2004; Mitchell & Johnson, 2009; Shaywitz, 2003). 과학자들은 이제 사람이 교향곡을 들을 때나, 책을 읽을 때나, 외국어를 말할 때 또는 수학문제를 풀 때에 뇌의 어느 부분이 활성화되는지를 관찰할 수 있다. 이것은 뇌에 대한 연구의 폭발적 증가를 가져왔다(Banich, 2004; Elias & Saucier, 2006; Goswami, 2004)

예전부터 특정한 정신적 기능은 뇌의 특정한 위치에서 수행된다고 알려져 있다. 예를 들어 시력은 시각 대뇌피질에서, 청각은 청각피질에서 수행된다(그림 6.5 참조). 그러나 새로운 뇌연구들은 뇌가 그동안 생각했던 것보다 훨씬 더 세분화되어 있다는 것을 밝혀냈다. 당신이

이중부호 이론

정보가 어느 한 가지 방식보다는 시각적이면서 동시에 언어적으로 약호화하는 것이 잘 기억된다고 주장하는 이론

얼굴에 대하여 생각할 때에는 의자나 노래나 느낌에 대해 생각할 때와는 다른 뇌의 부분이 활성화된다. 당신이 만약 스페인어와 영어 두 가지 언어를 말하는 사람이라면 뇌의 각각 다른 부분이 각기의 언어를 말할 때 활성화된다. 뇌의 2개의 반구는 어느 정도 다른 기능을 가진다. 좌반구는 언어에 대한 기능을, 우반구는 공간적 정보와 비언어적 정보를 포함한다. 그러나 뇌 기능의 분화에도 불구하고 우리가 수행하는 거의 모든 과업은 양 반구에 걸쳐서 진행되고 두뇌의 많은 부분들이 함께 작동한다(Banich, 2004; Black, 2003; Saffran & Schwatz, 2003).

■ 교육적 시사점

두뇌연구를 통해 밝혀진 많은 사실들은 교육과 아동 발달에 중요하다. 그 하나는 아동의 초기 발달과 관련이 있는데, 이는 초기 발달에서 제공되는 많은 양의 자극은 고차원의 학습이나 기억의 기초가 되는 신경연결 혹은 시냅스의 수와 관계있다는 사실이다(Black, 2003; Elias & Saucier, 2006). 뇌의 능력이 출생부터 고정되어 있는 것이 아니라 초기 경험에 의해 영향을 받는다는 연구 결과는 초기 아동 연구나 교육정책에 엄청난 영향을 미쳤다. 더 나아가서 어떤 연구들은 고강도의 훈련은 뇌의 구조를 변화할 수 있으며, 심지어 성인에 이르기까지도 가능하다고 주장한다. 예를 들어 런던의 택시기사에 관한 연구에서 택시기사들은 훈련을 통해서 방향을 처리하는 뇌 영역의 활동성이 증가했음을 보여 주었고(Maguire et al., 2000), 또 다른 연구에서 고강도의 읽기 교육을 받은 아동은 읽기 전문가와 유사한 뇌 구조로 발달했다(Shaywitz, 2003; Shaywitz & Shaywitz, 2004; Turkeltaub, Gareau, Flowers, Zeffiro, & Eden, 2003). 그러나 이것이 수업에 무슨 의미가 있는지에 대해서는 상당한 논

그림 6.5 두뇌 생리학과 그 기능

두뇌의 각 부분은 서로 다른 기능을 담당한다.

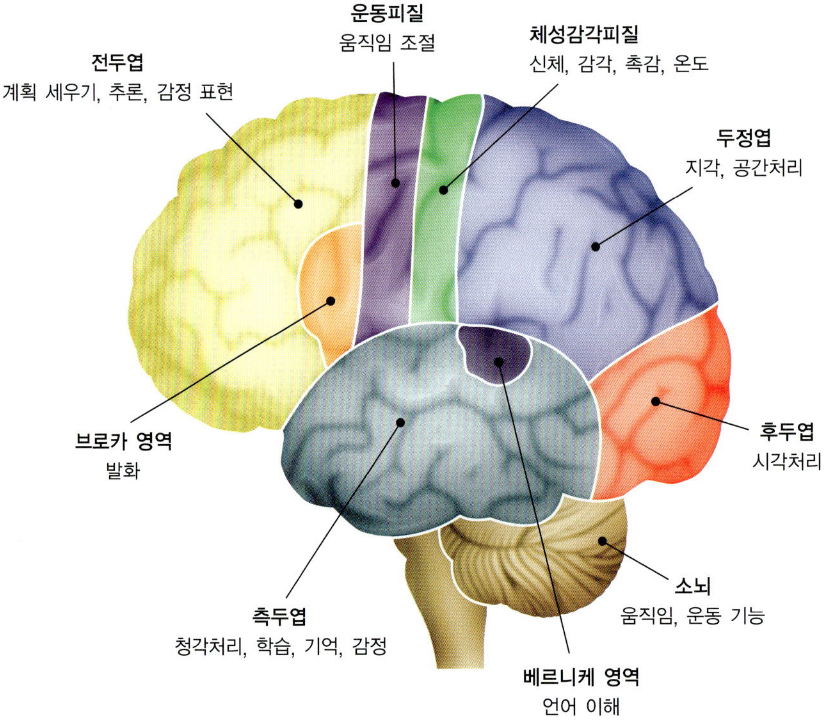

출처 : Wood et al., *World of Psychology,* Figure 2.10, "The Cerebral Cortex of the Left Hemisphere," p. 64.

란이 있다(Hruby & Hynd, 2006; Shaywitz & Shaywitz, 2007; Wills, 2007).

또 다른 중요한 연구 결과는 우리가 직관적으로는 이해하기 힘들다. 18개월까지의 영아들은 거대한 수의 신경세포와 신경세포 간에 연결들을 만들어 낸다(그림 6.6 참조). 그 시기 이후 아이들은 다시 그 연결들을 잃기 시작한다. 사용되지 않는 신경세포들 간 연결들이 빈 상태로 사라지고 남아 있는 신경연결들은 효과적으로 조직된다. 이러한 과정은 아동이 사는 환경에 강한 영향을 받고 어린 시절까지 계속된다. 뇌의 가소성(plasticity) 또는 뇌의 민감성은 환경에 의해 바뀌어 아동의 초기에 가장 두드러지고 시간이 흐름에 따라 점차 감소한다(Elias & Saucier, 2006).

그림 6.6 태어나서 15개월까지 신경 연결 조직의 발달

아이들의 신경 연결은 태어나서 영아기까지 급속히 발달한다.

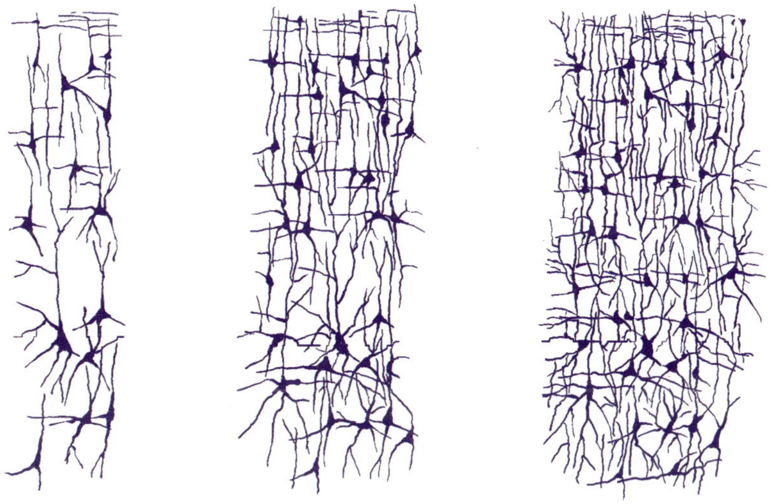

출처 : R. Fabes & C. L. Martin. *Exploring Child Development: Transactions and Transformations,* p. 116.

세 번째로 중요한 연구 결과는 지식과 기술을 학습함에 따라서 사람의 뇌가 더 효율적이 된다는 것이다. 예를 들면 Solso(2001)는 전문 화가의 두뇌 활동과 초보자의 두뇌 활동을 비교했다. 화가들에게 친숙한 과제인 얼굴 그리기에서 초보자의 경우 뇌의 많은 부분이 활동하고 있었던 반면, 전문 화가는 일부만이 활성화되었다(그림 6.7 참조). 또 다른 연구에서 Eden과 동료들(1996)은 난독증이 있는 아이들과 보통의 아이들의 독서를 비교했다. 난독증이 있는 아이들은 청각과 시각의 뇌 영역이 모두 활성화되었고 글자들을 소리로 바꾸고 그 후에 의미로 전환하는 힘든 일들을 해야 했다. 책 읽기를 잘하는 아이들은 청각적 단계를 완전히 뛰어넘었다. 지금 읽기를 학습하기 시작한 아이들과 책을 잘 읽게 되고 난 후의 아이들의 비교에서 같은 차이가 나타났다(Turkeltaub et al., 2003). 오래전 연구에서는 전문가가

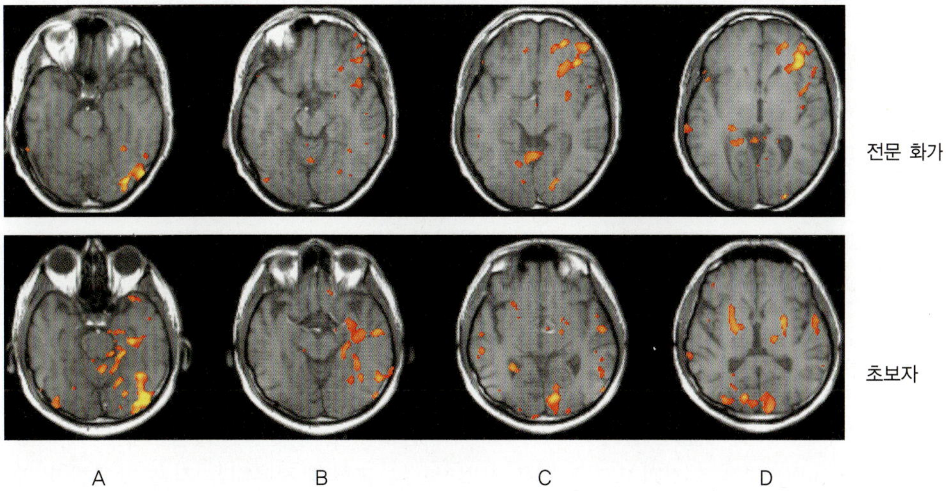

출처 : Robert L. Solso. *Cognitive Psychology,* (8th Ed.)

그림 6.7 그림을 그릴 때 전문 화가와 초보자의 두뇌 활동

fMRI 사진을 보면 전문 화가와 초보자 모두 오른쪽 두정엽을 사용하고 있다(A를 볼 것). 이 부분은 얼굴의 지각과 관계가 있는데 C와 D에서처럼 얼굴을 그릴 때 초보자는 전문 화가보다 훨씬 더 많은 에너지를 사용해야 했다. 정보가 추상적인 경우 전문 화가의 오른쪽 뇌의 앞쪽에 혈류가 증가되었다.

되기 위해서는 자동화나 충실한 경험과 연습을 통해 인지적 노력 없는 수행이 중요하다는 점에 주목하였다. 두뇌연구는 두뇌가 문제를 해결하는 데 있어 자동화로 인해 어느 정도 단계를 건너뛸 수 있는지를 보여 준다.

최근 연구들(Shaywitz, 2003; Sousa, 2005)은 읽기 전문가들은 기본적으로 뇌 좌반구의 세 영역을 활성화시킨다는 사실을 발견했다. 반대로 난독증은 뇌의 앞부분에 있으면서 말하기를 통제하는 브로카 영역을 과도하게 활성화시킨다. 다시 말하면 읽기 수행이 떨어지는 사람들은 비효율적인 경로(글에서 말하기 그리고 이해하기)를 사용하는 반면 읽기 수행이 높은 사람들은 효율적인 경로(글에서 이해하기)를 사용한다. 좀 더 광범위하게 말하자면 학습 장애가 있는 사람들은 다른 학습자들보다 덜 효과적인 뇌의 정보처리를 활용한다는 것을 의미한다(Blair, 2004; Halpern & Schulz, 2006).

다양한 두뇌연구들로부터 우리는 뇌가 단지 사실과 기술을 채워 넣는 서랍장이 아니라 정보에 유용하게 접근하고 사용할 수 있도록 정보를 조직하는 과정을 포함한다고 결론을 내릴 수 있다. 신경 연결이 버려지는 과정이나 정보를 선택적으로 무시하거나 배제하는 과정 그리고 정보들 사이에 적절한 연결을 만드는 과정은 정보를 단순히 추가하는 것만큼 혹은 그 이상으로 더 중요하다.

■ 교실 수업에 뇌연구 결과의 적용

두뇌연구의 과정은 자연스럽게 교육에 적용하려는 시도들로 학자들을 유도했다. 예를 들어 Howard(2000), Willis(2006), Sousa(2005, 2008), 그리고 Stansbury(2009)는 두뇌연구의 성과로부터 연속적이고 위계적인 것보다는 복잡하고 통합된 활동으로 교수의 관심이 바뀌어야 한다는 주장에 무게를 실어 주었다. Gardner(2000)는 두뇌연구가 초기 자극의 중요성을 뒷받침하며 학습에 있어서의 활동과 음악과 감정의 중요성을 뒷받침한다고 주장한다. 이러한 처방들은 효력이 있는 것일지는 모르지만 현재 그 증거들은 뇌 자체에 대한 연구가 아니라 전통적인 교육심리학에서 나온 것이다. 게다가 뇌연구에서부터 나온 처방들은 놀랍게도 1세기 전 현대적 두뇌연구도 없이(Ellis, 2001c 참조), John Dewey에 의해 주창된 진보적 교육관과 유사하다. 아마도 두뇌연구가 언젠가는 Dewey를 옹호하거나 실천을 위한 정확한 처방들로 유도될 것이다. 그러나 두뇌연구에 바탕을 둔 교육 방법에 있어서 성급한 주장들은 상당한 연구들에서 문제가 있음이 지적되고 있다(예 : Coles, 2004; Jensen, 2000; Varma, McCandliss, & Schwartz, 2008).

Willingham(2006)은 신경과학이 놀랄 만한 발전을 거듭해 왔지만 이러한 발전으로부터 교사가 의미 있는 도움을 얻는 것은 실제로 미래의 일이 될 것이라고 주장했다. 결국 fMRI 이미지가 책을 읽을 때 아동의 뇌 어느 부위가 활성화되고 있는지를 말해 줄 수는 있지만 그 정보는 학생들을 가르치는 교사들에게는 유용한 정보가 되지 않는다. Willingham(2006)에 따르면 "매우 흥미로운 연구가 수행되고 있다… 그들 중 일부는 뇌가 어떻게 작동하는지를 이해하기 위한 인지 이론가들의 관심 영역이다. 그러나 그러한 연구 대부분은 교사들을 안내하는 것과는 거리가 멀다"(p. 177).

Willingham(2006)은 신경과학 자료들을 직접적으로 교실에 적용하는 것을 경계했다. 오히려 자료들을 매우 방대한 인지적 퍼즐의 조각들로 고려해야 한다고 생각한다. 이러한 주의 내지 경계는 그러한 자료들이 지난 수십 년간 대중문화나 수업과 관련한 문헌들에 침투한 방식을 보면 이해할 수 있다. 예를 들어 그는 뇌영상에 관한 최근 연구에서 뇌의 모든 영역들이 대부분의 인지적 과제에 관련되어 있다는 사실이 확인되었음에도 불구하고 사람들은 뇌의 좌반구와 우반구 기능에 대한 연구들은 여러 수업 전략들을 지지하기 위해 자주 이용된다. 그는 또한 자극 결핍 환자 자료에 대한 잘못된 해석에 근거해서 유아나 아동에게 자극을 제공하기 위해 과도하게 집착하는 것에 대해서도 언급했다. 그러나 Willingham은 난독증과 같은 학습 장애를 가진 아동들을 확인하는 데 신경과학의 연구 결과가 즉각적으로 유용하다고 생각한다(Espy, Molfese, Molfese, & Modglin, 2004; Lyytinen et al., 2005 참조).

신경과학과 교실 수업 사이에 직접적인 상관이 있다는 결과에 대한 의심에도 불구하고 학습의 결과로 심리적 변화, 행동적 변화, 인지의 변화는 모두 뇌의 작용에 있어서 변화와 모두 관계있다는 사실은 분명하다. 우리는 어디에서 그리고 어떻게 그러한 변화들이 뇌에서 일어나는지에 대해 조금 알고 있다. 신경과학은 행동과학의 최첨단에서 항상 인지적 퍼즐을 해결하기 위한 조각들을 제공해 주고 있다. 몇 가지 합의된 결론을 제시하면 다음과 같다.

1. **모든 학습이 동일한 가능성을 가진 것은 아니다.** 어떤 유형의 학습은 다른 것들보다 더 쉽게 일어날 수 있다. 예를 들면 인간은 언어를 학습하기 위해 준비되어 있고 사회적 자극에 민감하다. 어떤 학습은 더 직관적이거나 쉽다. 인간에게 있어 이러한 종류의 학습은 언어(Pinker, 1997)와 공간에 있는 대상과 움직이는 대상에 대한 이해(Rosser, 1994), 3차원 공간의 기하와 자연수 체계(Gelman, 2006), 생물과 무생물의 차이(Inagaki & Hatano, 2006) 등을 포함한다. 다른 학습은 비직관적이거나 혹은 학습하기가 어려운데, 분수, 대수, 그리고 뉴턴의 물리학(Rosser, 2003) 등을 포함한다.

   물론 이것은 수학 개념보다 언어와 공간 속에서 대상들 간 관계가 더 빠르고 쉽게 어린 학생들에게 학습된다는 것을 이미 알고 있는 교사에게 새로운 뉴스는 아니다.

2. **뇌발달은 인지적 결과를 제약한다.** 사람들은 유입되는 경험을 처리하는 데 아직 준비가 덜 된 뇌를 바꾸어 영향을 미칠 수 없다. 이것은 뇌는 아니지만 아동의 인지를 연구했던 Jean Piaget가 이미 오래전에 지적한 바 있다. 그리고 우리는 지금 뇌의 변화와 인지 발달이 서로 연결되어 있다는 것을 알게 되었다(Kuhn, 2006). 뇌 발달이 상당히 오랜 시간 지속되는 반면 학습을 통한 행동 변화는 신경 구조의 발달적 상태를 넘어설 수 없다.

   발달 연구는 또한 아동과 청소년의 인지적 성취는 아마도 영역 특수적이라고 이해하는 것이 가장 적절하다고 제안한다. 비록 뇌의 좌반구와 우반구는 대부분의 인지적 과제에서 서로 협응하지만 뇌의 전부가 어떤 사람이 접하는 모든 종류의 문제들에 잘 적응할수 있는 일반 문제해결자가 아니다. 그것보다는 오히려 뇌가 보다 구체적이고 제한적인 문제들을 다루는 데 잘 적용될 수 있는 전문성을 지닌 뇌 영역이나 회로와 관련된 일련의 특수한 문제해결자들로서 뇌의 기능을 이해하는 것이 더 정확할 것이다. 예를 들어 집으로 가는 길 찾기(기하 문제해결자), 언어를 이해하기(언어 문제해결자), 사회적 정보 '읽기'('사람' 문제해결자) 같은 것이다.

   Willingham(2006)이 제안했듯이 교실에 응용하기에는 아직 불명확하지만 미래의 연구 결과들은 어떤 특정한 교과 영역에서 구체적인 학습 목표를 성취하기 위해 교사들에게 시사점을 제공하게 될는지도 모른다.

3. **뇌의 특정 영역은 인지적 결과에 특별히 더 중요할 수 있으며, 학습과 인지와 관련된 특정 종류의 신경 활동을 지지한다.** 최근 연구에서 특별히 관심의 대상이 되고 있는 뇌의 영역은 전전두엽이다. 이 영역은 행동의 계획과 추론(Grafman, 1994), 주의의 자원(Panskeep, 1998), 충동의 통제(Murji & DeLuca, 1998; Rosser, Stevens, & Ruiz, 2006), 계획과 실행 인지 기능(Grafman, Spector, & Ratterman, 2005; Huey, Kruger, & Grafman, 2006), 인지적 과제를 수행할 때 규칙들을 사용할 수 있는 능력(Bunge & Zelazo, 2006)의 중재자로 제시되고 있다. 이 내용들을 요약해서 간단히 말한다면 우리가 교실에서 일어나기를 기대하고 권장하는 의도적 인지 활동이라고 부를 수 있다.

 흥미롭게도 청소년기에도 구조적으로 미성숙된 영역이다. 전두엽의 회백질은 여자는 11세 때 남자는 12세 때에 최고조에 이르게 된다(Giedd, 2004). 반면에 백질은 성인기에 이르기까지 지속적으로 증가한다(Casey, Giedd, & Thomas, 2000). 이 영역은 충동을 억제할 수 있는 능력과 의사결정의 결과에 가중치를 부여하고, 우선순위를 부여하고 전략적으로 행동하는 것과 연결되어 있다. 간단히 말하면 합리적으로 행동하는 것이다. 이러한 현상은 초기 성인기에 이르기까지 지속적으로 개인을 변화시킨다.

 교실에 가득 찬 학생들과 만났을 때 이것이 당신에게 무슨 의미가 있는가? 뇌 발달과 뇌의 기능에 관해서 우리가 알고 있는 사실에 기반해서 수업을 받는 학생들의 빈 상자는 정보와 기술들로 채워 넣기 위해 준비되어 있는 것이 아니라는 것이다. 심지어 학생들의 상자(마음)조차도 고정되어 있는 것이 아니라 지속적으로 변화된다는 것이다. 실제로 학습자들은 새로운 활동의 참여, 기술의 습득, 사실의 학습으로 신경의 활동을 지속적으로 변화시킴으로써 발전한다. 이 리모델링은 지속적이며 계속된다. 신경과학이 새로운 자료를 풍부하게 제공하고 사회학자, 행동과학자, 심리학자, 교육학자들이 제공한 자료들과 함께 통합됨으로써 뇌연구가 교사들에게 매우 가치로운 통찰을 제공할지도 모른다(Katzir & Paré-Blagoev, 2006).

무엇이 사람들로 하여금 기억하게 하거나 망각하게 하는가

왜 우리는 어떤 것은 기억하고 어떤 것은 잊어버리는 것일까? 왜 우리는 때로는 몇 년 전에 있었던 사소한 것은 기억하면서 어제 일어났던 중요한 일은 기억하지 못할까? 대부분의 망각은 작업기억 안에 있는 정보가 장기기억으로 옮겨지지 못하기 때문에 일어난다. 그러나 망각이 장기기억 안의 정보를 다시 회상하는 능력을 상실했기 때문에 일어날 수도 있다.

■ 망각과 기억

여러 해 동안 학자들은 정보의 기억을 쉽게 혹은 어렵게 하는 여러 요인들을 밝혀냈다.

망각과 기억에 관한 연구에 따르면 어떤 요인이 수업 시간에 배운 것을 더 잘 기억하게 해 줄까?

간섭 사람이 망각을 하는 중요한 요인은 **간섭**(interference) 때문이다(Anderson, 1995; Dempster & Corkill, 1999). 간섭은 정보가 다른 정보와 섞이거나 다른 정보에 의해서 밀려날 때 일어난다. 간섭의 한 가지 형태는 사람들이 새롭게 학습한 정보를 시연할 수 없을 때 일어난다. 한 고전적 실험에서 Peterson과 Peterson(1959)은 피험자에게 FQB와 같은 무의미한 3개의 글자를 외우도록 했다. 그런 다음에 즉시 세 자리 숫자(287, 284, 281 등)를 18초 동안 거꾸로 세어 보도록 했다. 18초 후 아까 보여 준 글자를 말해 보라고 했더니 글자를 보고 18초 동안 가만히 있었던 그룹이 숫자를 거꾸로 말하는 과제를 수행한 그룹보다 더 많은 것을 기억해 냈다. 그 이유는 숫자를 거꾸로 말하는 활동을 통해 작업기억에서 정보를 유지하도록 도와주는 시연 과정을 할 수 없게 했기 때문이다. 이 장의 처음에서 본 것처럼 작업기억은 제한되어 있으므로 교사는 다른 것을 가르치기 전에 학생들에게 새로운 정보를 충분히 흡수하고 연습하는(즉 정신적으로 시연을 하는) 시간을 주어야 한다.

역행간섭 또 다른 형태의 간섭에는 **역행간섭**(retroactive inhibition)이 있다. 역행간섭은 전에 배운 정보가 유사한 새로운 정보와 섞일 때 일어난다. 예를 들어 어린아이는 알파벳 'd'를 배울 때까지는 'b'를 배우는 데 어려움이 없을 것이다. 그러나 이 두 글자가 유사하기 때문에 학생들은 종종 두 글자를 혼동한다. 그래서 'd'를 배우면 'b'라는 글자에 간섭이 일어난다. 이와 유사하게 처음으로 공항에 가 본 여행자는 공항에서 잘 돌아다니지만 비슷한 모습을 한 여러 공항을 가 본 후에는 그 능력을 어느 정도 잃게 된다.

망각의 원인 중에 역행간섭이 제일 중요하다. 이 현상은 사람들이 일주일 전 저녁식사로 무엇을 먹었는지와 같은 자주 반복되는 일들을 기억하지 못하는 이유를 설명해 준다. 어제의 저녁식사에 대한 기억도 이제까지의 저녁식사와 구별되는 특별한 일이 일어나지 않았다면 망각될 것이다.

적용해 보기

역행간섭 줄이기

역행간섭을 줄일 수 있는 두 가지 방법이 있다. 첫째는 서로 비슷하거나 혼동되는 개념들을 시간차를 두고 가르치는 것이고, 둘째는 비슷한 개념을 다른 방법으로 가르치는 것이다. 역행간섭을 막기 위해서는 비슷한 개념을 가르칠 때 한 가지 개념을 철저히 가르치고 나서 다른 개념을 가르쳐야 한다. 예를 들어 학생들은 글자 '*d*'를 배우기 전에 '*b*'라는 글자를 완벽히 익혀야 한다. 비슷한 글자들을 동시에 배우게 되면 하나의 글자가 다른 글자 습득을 방해할 수 있다. 교사는 새로운 글자를 제시할 때 b와 d의 차이점을 명확하게 설명해 주고 학생들이 두 글자를

간섭

기억 속에 있는 다른 정보 때문에 어떤 정보의 회상이 억제되는 현상

역행간섭

새로운 정보 때문에 전에 배운 정보가 생각나지 않는 현상

확실하게 구분할 수 있도록 충분히 연습시켜야 한다. 또 다른 예로 다음의 스페인어와 영어 단어의 짝들을 살펴보자.

A	B
llever–to carry	*perro*–dog
llorar–to cry	*gato*–cat
llamar–to call	*caballo*–horse

목록 B가 훨씬 배우기 쉽다. A에 있는 스페인어는 서로 유사해서(동사이고, 모두 ll로 시작하고 ar로 끝나며 글자수와 음절수가 같다) 구별하기가 어렵다. A에 있는 영어 단어도 모두 철자 c로 시작해서 구별하기가 좀 어렵다. 반대로 B에 있는 단어는 서로 구별하기 쉽다. 역행간섭 때문에 A에 있는 단어를 한 수업에서 가르치는 것은 좋은 교수 방법이 될 수 없다. 철자가 비슷해서 학생들은 3개의 스페인어를 쉽게 혼동할 것이다. 학생들에게 다음에 오는 단어를 가르치기 전에 먼저 배운 단어를 완벽히 익히도록 지도해야 할 것이다.

역행간섭을 줄이는 또 다른 방법은 비슷한 개념을 가르치는 데 전혀 다른 방법을 사용하거나 각각의 개념을 가르칠 때 교수 방법을 다양화하는 것이다. 예를 들어 사회 수업 시간에 스페인에 대해서는 강의법과 토의법으로, 프랑스에 대해서는 그룹 프로젝트법으로, 이탈리아에 대해서는 영화를 보여 주면서 수업을 하는 것이다. 이 방법은 학생들이 한 나라의 정보를 다른 나라들과 관련된 정보와 혼돈하는 것을 막을 수 있도록 해 준다.

망각된 대부분의 정보들은 애초에 제대로 학습한 것이 아니다. 수업 시간에 배운 내용을 장기기억에 저장할 수 있는 가장 좋은 방법은 학생들이 중요한 부분을 확실히 배우는 것이다. 교사는 학생들이 제대로 이해하고 있는 지를 자주 확인하고 만약 그렇지 못하다면 다시 가르쳐야 할 것이다.

순행간섭 **순행간섭**(proactive inhibition)은 이미 알고 있는 정보가 새로운 정보의 습득을 방해하는 것이다. 미국이나 캐나다 사람은 영국에서 운전하는 것이 힘들 것이다. 오히려 운전을 전혀 배운 적이 없는 사람이 영국에서 운전하기가 쉬울 것이다. 이것은 운전자들이 오른쪽으로 운전하는 것에 너무 익숙해져 있기 때문에 왼쪽으로 운전을 해야 하는 영국에서는 사고의 위험성이 높은 것이다.

간섭에 대한 저항에서의 개인차 1999년 한 논문에서 Dempster와 Corkill은 중요한 정보에 관심을 기울이고 간섭을 차단하는 능력이 인지적인 수행에서 가장 중요하다고 주장했다. 두뇌연구를 포함해서 많은 연구 결과를 살펴본 뒤 Dempster와 Corkill은 간섭에 대한 저항과 학업 성적 간에 상관관계가 높음을 밝혀냈다. 예를 들어 비슷한 지능을 가진 아이들을 조사한 결과 학습 장애가 있는 아이들이 간섭에 대한 저항이 낮은 것으로 밝혀졌다(Forness & Kavale, 2000 참조). 주의력결핍 과잉행동 장애(ADHD)가 있는 아이들은 과제와 관련 없는 자극을 거의 차단하지 못했다. 한 가지 일에만 몰두해 정신 나간 것처럼 보이는 교수를 생각해보자. 다른 일에는 전혀 관심이 없고 주어진 문제에만 집중하는 능력이 바로 대단히 지적인 사람들이 보여 주는 전형이다.

순행간섭

이미 알고 있는 지식이 새로운 정보를 학습하는 것을 방해하는 현상

촉진 무언가를 배우면 그것이 다른 비슷한 것을 배우는 데 도움이 될 수 있다. 예를 들어 영어를 모국어로 하는 학생이 처음에 스페인어를 배우면 나중에 이탈리아나 비슷한 다른 언어를 배우는 데 도움이 될 것이다. 이것은 **순행촉진**(proactive facilitation)의 예이다. 제2외국어를 배우는 것이 이미 배운 언어의 학습에 도움을 주는 경우도 있는데, 예를 들어 영어를 모국어로 사용하는 학생이 라틴어를 배울 경우 라틴어가 영어를 이해하는 데 도움이 될 수 있다. 이것이 **역행촉진**(retroactive facilitation)이다.

가르치는 것을 예로 들어 보자. 어떤 과목을 가르치는 것을 배우는 것이 그 과목을 이해하는 데 도움이 되는 경우가 있다. 후에 배운 것(분수의 덧셈을 가르치는 것을 배우는 것)이 전에 배운 것(분수의 덧셈)을 이해하기 쉽게 만들기 때문에 이것은 역행촉진의 예가 된다. 표 6.2에 순행간섭, 역행간섭, 순행촉진, 역행촉진 사이의 관계가 정리되어 있다.

초두효과와 신근효과 교육심리학에서 오래된 연구 결과 중 하나는 사람들에게 학습할 단어의 목록들을 제시하고 학습을 한 후에 즉시 검사를 했더니 가운데 있던 단어들의 목록보다는 처음과 끝부분에 있던 단어들을 더 잘 학습한다는 사실이다. 처음에 있던 것을 잘 기억하는 것을 **초두효과**(primacy effect)라고 하며, 뒷부분을 잘 기억하는 것을 **신근효과**(recency effect)라고 한다. 초두효과가 발생하는 원인은 우리가 처음에 제시되는 정보에 주의를 기울이거나 많은 관심을 쏟기 때문이다. 이 장의 앞부분에서 본 것처럼 정신적으로 시연해 보는 것이 새로운 정보를 장기기억에 저장하는 데 중요하다. 보통 사람들은 다음에 오는 정보보다는 처음에 오는 정보에 더 관심을 기울이며 시연한다(Anderson, 2005). 반대로 신근효과는 마지막에 학습한 정보와 검사 사이에 다른 정보가 개입하여 간섭을 거의 하지 않았기 때문에 발생한다.

교사는 초두효과와 신근효과에 관심을 기울여 수업의 처음과 끝부분에 배운 정보가 다른 정보보다 기억하기 쉽다는 것에 유의해야 한다. 새로 배우는 가장 중요한 개념을 수업을 시작하면서 소개하고, 수업의 끝부분에서 정리해 주어야 한다. 많은 교사들이 수업을 시작하면서 출석을 부르고, 돈을 걷고 숙제검사를 하는 등 수업과 전혀 상관없는 일을 하고 있다. 따라서 이런 일들은 나중에 하고 우선 중요한 개념을 수업 시작 시에 가르치고 중요한 행정 업무는 나중에 하는 것이 현명할 것이다.

순행촉진
이미 알고 있는 정보가 다른 것을 배우는 데 도움을 주는 현상

역행촉진
새로이 습득된 정보가 이전에 알고 있던 정보의 이해에 도움이 되는 현상

초두효과
목록에 있는 정보를 기억할 때 앞부분에 있는 정보를 잘 기억하는 경향

신근효과
목록의 뒷부분에 있는 정보를 잘 기억하는 경향

표 6.2 역행간섭과 순행간섭 그리고 촉진

역행간섭과 순행간섭 그리고 촉진 기억의 효과에 대한 요약

학습에 미치는 영향	기억에 미치는 영향	
	간섭(부정적)	촉진(긍정적)
후행학습이 선행학습에 영향을 줌	역행간섭(예 : 글자 *d*의 학습이 *b*의 학습을 방해함)	역행촉진(예 : 수학을 어떻게 가르칠지를 배우는 것이 전에 배운 수학 지식을 이해하는 데 도움이 됨)
선행학습이 후행학습에 영향을 줌	순행간섭(예 : 미국에서 운전을 배운 것이 영국에서 운전을 배우는 것을 방해함)	순행촉진(예 : 스페인어를 배운 것이 나중에 이탈리아를 배우는 데 도움이 됨)

Myrleen Ferguson Cate/PhotoEdit

이 젊은 음악가는 장기기억에 저장하는 데 필요한 연습보다 훨씬 더 많은 연습을 해서 자동화를 획득할 수 있다. 이것이 그들에게 어떤 이익을 줄까?

자동화 정보나 기술은 장기기억에 존재하지만, 장기기억에 접근하는 속도가 중요할 때는 그것들을 인출하는 데 많은 시간과 노력이 든다. 책을 읽는 경우가 여기에 속한다. 아이는 책을 읽을 때 단어 하나하나를 소리 내어 읽는데, 만약 너무 천천히 힘들여 책을 읽는다면 이해력이 떨어져 즐겁게 책을 읽을 수 없을 것이다(National Reading Panel, 2000). 책을 읽거나 다른 일들을 할 때와 같이 속도가 중요하거나 적은 인지적 노력을 들여야 하는 상황에서는 장기기억이 존재하는 것만으로는 충분치 않다. 최소한의 노력이나 혹은 아무런 정신적인 노력을 들이지 않고 쉽고 빠르게 어떤 일을 해내는 것과 같은 **자동화**(automaticity)가 필요하다. 숨을 쉬는 것은 아무런 정신적인 노력이 필요 없기 때문에 자동적이다. 간단한 자료를 쉽게 읽는 사람에게는 정신적인 노력이 거의 필요 없다. 신경학자들은 독자가 책을 읽는 기술이 높을수록 두뇌가 효율적으로 작동한다는 것을 밝혀냈다(Eden et al., 1996). 중도의 학습 장애를 가진 초보 수준의 독자는 책을 읽는 동안 뇌의 시각과 청각 부분을 동시에 사용하고 새로운 단어를 하나하나 소리 내어 읽으려고 애썼다. 그러나 책을 읽는 데 숙달된 사람들은 시각정보를 처리하는 뇌의 특정 일부분만을 사용했다.

자동화를 얻기 위해서는 무엇보다도 정보나 기술을 장기기억에 저장할 때 훨씬 더 많은 연습을 해야 한다(Moors & De Houwer, 2006). 축구선수는 공을 차는 방법을 10분간 배우지만 이 기술을 자동적으로 익힐 때까지 수천 번 연습한다. 장기선수는 장기 규칙을 금방 배우지만, 어떻게 해야 게임에서 이길 수 있는지를 파악하기 위해서는 평생이 걸린다. Bloom (1986)은 재능 있는 피아니스트, 수학자, 운동선수 등을 연구했고 자동화를 '천재의 손과 발'이라고 표현했다.

■ 연습

정보를 기억하는 가장 흔한 방법이며 가장 현실적인 것은 바로 연습이다. 연습으로 과연 완벽해질까? 연습은 학습의 여러 단계에서 중요하다. 이 장의 처음에서 본 것처럼 작업기억에 들어온 정보를 몇 초 이상 더 보관하려면 정신적인 시연 과정이 필요하다. 작업기억에 있는 정보를 장기기억으로 보내려면 연습이 필요하다.

자동화

최소한의 정신적인 노력을 들여 어떤 일을 쉽고 빠르게 해내는 것

집중연습

일정한 시간 동안 사실이나 기술을 반복해서 익히는 방법

분산연습

배운 것을 시간의 간격을 두어가며 반복해서 익히는 방법

집중연습과 분산연습 새로운 정보를 익힐 때 배운 것을 완벽하게 익힐 때까지 철저히 연습하는 **집중연습**(massed practice)을 하는 것이 더 효과적일까? 아니면 매일 조금씩 나누어 연습하는 **분산연습**(distributed practice)이 더 효과적일까? 집중연습은 정보를 빨리 배우는 데 효과적이지만 대부분의 학습에서 기억을 향상시키기 위해서는 짧은 시간이라도 분산연습을 하는 것이 더 좋다(Cepeda, Pashler, Vul, Wixted, & Rohrer, 2006). 이것은 특히 사실을 학습할 때 더욱 그렇다(Willingham, 2002). 시험을 보기 전날 밤 벼락치기 공부를 하

면 시험을 잘 볼 수 있지만, 정보는 아마 장기기억에 통합되지는 못할 것이다. 모든 정보나 기술을 장기기억에 보관하고 싶을 때는 분산연습이 필요하다. 이것이 숙제를 내는 주된 목적이다. 새로 배운 기술을 오랫동안 익히면 기억을 할 가능성도 그만큼 높아진다.

직접 해보기 우리는 모두 직접 해보면서 배운다. **직접 해보기**(enactment)에 관련된 연구가 이 사실을 입증한다. 어떤 일을 직접 해보면서 배우는 것이 안내서를 읽거나 교사의 행동을 관찰하는 것보다 훨씬 효과적이다(Engelkamp & Dehn, 2000). 예를 들어 교사가 입체도형(직육면체나 구)을 그리는 것을 보기만 하는 것보다는 직접 그려보는 것이 훨씬 효과적이다.

만들어 보기 만일 학생들이 단순히 정보를 반복해서 외우기보다 새로운 정보를 활용해서 무엇인 가를 만들어 낸다면 연습이 보다 장기파지(long term retention)에 도움이 된다는 사실을 우리는 알고 있다. 요약한 것을 쓰고, 개념도를 그리고, 동료들에게 내용을 가르쳐 보는 것이 정보로부터 어떤 새로운 것을 만들어 내는 활동 없이 내용을 단순히 읽거나 연습하는 것보다 더 효과적이다(Bertsch, Pesta, Wiscott, & McDaniel, 2007; de Winstanley & Bjork, 2004). 만들기(generation) 원칙은 효과적인 공부 전략의 핵심이며 이 장의 뒷부분에서 논의하겠다.

어떻게 기억 전략을 가르칠 수 있을까

학생들이 학교에서 배우는 많은 것들은 암기가 필요한 사실들이다. 이러한 사실들은 더 복잡한 개념들이 의존하는 바탕을 이룬다. 사실에 관한 교수자료는 충분한 시간을 주고 문제해결이나 개념학습, 창의적인 활동과 같은 유의미한 학습을 할 수 있도록 효율적이고 효과적으로 가르쳐야 한다. 만약 학생이 기계적인 암기를 잘한다면 그 학생은 이해나 추론에 관련된 일을 하는 데 인지적으로 자유로울 것이다. 어떤 학습의 경우에는 사실이나 임의적으로 관련된 용어들을 외워야 할 때가 있다. 예를 들어 사과라는 뜻의 프랑스어 뽐므(pomme)는 어떤 대상에 임의적으로 관련된 용어인 것이다. 미국의 아이오와 주의 주도는 데모인(Des Moines)이라고 일상적으로 불려 왔지만 아이오와폴리스(Iowapolis)라고 불려도 아무 문제가 없다. 학생들은 종종 개념이나 기술을 이해하기보다는 사실로서 배운다. 예를 들어 학생들은 원기둥의 부피를 구하는 공식을 배우는 데 왜 이런 공식이 나왔을까를 이해하기 전에 우선 공식 그 자체를 임의적인 사실로서 익힌다.

■ 언어학습

많은 연구에서 심리학자들은 실험실 상황에서 **언어학습**(verbal learning) 또는 학생들이 어떻게 언어적인 자료를 학습하는지를 조사했다(Ashcraft & Radvansky, 2010). 예를 들어 학생들에게 단어의 목록과 무의미 철자들을 학습하도록 요구할 수 있다. 교실에서 흔히 볼

직접 해보기
신체적으로 그 일을 직접 해보면서 배우는 과정

언어학습
단어(또는 단어로 표현된 사실)의 학습

수 있는 세 가지 종류의 언어학습, 즉 쌍-연합학습, 계열학습, 자유회상학습이 심층적으로 연구되었다.

1. **쌍-연합학습**(paired-associated learning)은 하나의 정보가 주어지면 다른 정보가 생각나도록 하는 학습이다. 보통 기억해야 할 쌍들의 목록이 있다. 전형적인 실험에서 그 쌍들은 임의적이다. 쌍-연합학습의 예로는 각 도의 도청 소재지, 과거 일어났던 전쟁의 명칭과 발생연도, 덧셈과 구구단 표, 화학 원소의 원자무게, 단어철자 외우기 등이 있다.
2. **계열학습**(serial learning)은 용어를 특정한 순서로 학습하는 것이다. 오선지 외우기, 국기에 대한 맹세, 원소기호 표, 시나 노래 외우기 등이 계열학습에 포함된다. 교실 수업에서는 계열학습보다 쌍-연합학습이 더 많이 이루어진다.
3. **자유회상학습**(free recall learning)은 자료를 암기하는 것이지만 특별한 순서가 없다. 한국의 16개 시도 행정구역을 생각하거나 시의 각운의 종류, 신체의 장기 등에 대해 떠올리는 것이 자유회상학습의 예이다.

쌍-연합학습 쌍-연합학습에서 학생들은 각각의 자극에 반응을 결합시켜야 한다. 예를 들어 뼈의 그림이 자극으로 주어지면 'tibia' 라는 반응을, Au라는 자극에는 'gold' 라는 반응을 결합시켜야 한다. 쌍-연합학습에서 중요한 것은 자극과 반응에 대해 학생들이 얼마나 친근하게 느끼느냐 하는 것이다. 예를 들어 *dog-chien*(프랑스어), *dog-perro*(스페인어)처럼 외국어를 영어(모국어)에 결합시켜 배우는 것이 *chien-perro*처럼 두 외국어를 결합하는 것보다 훨씬 더 쉽다.

심상 결합을 기억하기 쉽게 해 주는 테크닉 중에 마음속으로 이미지를 그려 보는 방법이 있다. 예를 들어 프랑스어로 펜싱 용어 *l'escrime*은 'le scream' 으로 발음된다. 그림 6.8처럼

그림 6.8 회상을 돕기 위해 심상을 사용하는 예

영어를 모국어로 하는 학생이 프랑스어를 배울 때 프랑스어 단어 *l'escrime*을 영어 단어 scream(소리 지르다)과 결합시켜 펜싱선수가 소리 지르는 장면을 상상하면서 공부를 하면 기억하기가 훨씬 쉽다.

쌍-연합학습

관련이 있는 정보를 결합해서 학습해 하나의 정보가 있을 때 다른 정보가 생각나도록 함

계열학습

특정 순서로 외우는 것

자유회상학습

순서 없이 학습하는 것

펜싱선수가 상대방의 칼에 찔려 소리치는 모습을 상상하면 *fencing* = *l'escrime*이라는 결합을 기억하기가 수월해진다.

심상(imagery) 활동으로 기억을 증진시키는 오래된 방법 중 하나는 정보를 서로 짜넣어 이야기를 만드는 것이다(Egan, 1989). 예를 들어 그리스 신화와 다른 이야기 자료들이 사람들이 별자리를 기억해 내는 데 도움을 주기 위해 오랫동안 사용되어 왔다.

적용해 보기

핵심단어 기억술

쌍-연합학습을 돕는 데 **기억술**(mnemonics)을 사용한 방법 가운데 널리 연구된 것이 **핵심단어법**(keyword method)인데, 이 방법은 처음에는 외국어 학습에서 어휘를 가르치는 데 사용되었지만 후에 다른 영역으로 확장되었다(Carney & Levin, 2002). 프랑스어 *l'escrime*을 회상하는 데 소리 지르는 장면을 떠올리는 것이 핵심단어법의 한 예이다. 이 경우 핵심어는 scream이다. 이것을 핵심어라고 부르는 이유는 이 단어가 단어 l' escrime과 마음속에 있는 그림을 연결시켜 주기 때문이다. 러시아어로 건물을 *zdanie*라고 하는데 'zdan'-yeh'로 발음한다. 이때는 dawn이라는 핵심어를 사용해 꼭대기가 둥근 건물 위로 태양이 올라오는 장면을 상상하면 기억이 용이할 것이다. Atkinson과 Raugh(1975)는 학생들에게 3일 동안 120개의 러시아 단어를 가르치는 데 이 방법을 사용했다. 다른 학생들에게는 러시아어를 영어로 번역해 주고 원하는 대로 공부하게 했다. 실험 결과 핵심단어법을 사용한 학생들은 단어의 72%를, 그렇지 않은 학생들은 46%를 기억해 냈다. 어린아이부터 어른까지 다양한 언어를 이용해 실험한 결과 똑같은 결과가 여러 번 반복되었다(예 : Crutcher & Ericsson, 2003; Wyra et al., 2007). 그러나 어린아이들은 단어가 나타내는 의미를 형성하는 데 직접 그림을 보여 주어야 했던 반면에, 초등학교 고학년 이상의 아동들은 스스로 마음속으로 그림을 그려냈다(Willoughby, Porter, Belsito, & Yearsley, 1999). 더욱이 학생들이 짝활동이나 협동 학습을 통해 기억 전략을 사용하는 것이 어휘력을 높인다는 사실을 발견했다(Jones, Levin, Levin, & Beitzel, 2000).

핵심단어법에서 사용되는 이미지는 생생하고 활동적이고 특히 상호작용을 할 수 있는 것일 때 효과가 높다. 예를 들어 독일어로 방은 짐머(zimmer)인데 'tsimmer'로 발음된다. 이때 핵심어는 '끓다'라는 뜻을 가진 영어 단어의 시머(simmer)이다. 방구석에 작은 주전자가 끓고 있는 이미지보다는 큰 방에 커다란 냄비가 펄펄 끓어 넘쳐 침대 위에서 스트레스 받은 사람의 모습을 상상하는 것이 더 좋다. 드라마나 액션, 이미지의 특이함이 기억을 우선적으로 오래가게 하지만 너무 흔한 이미지는 기억하기 쉽지 않다.

유사하게 Rummel, Levin과 Woodward(2002)는 학생들에게 다양한 지능 이론과 그들 각각의 학문적 기여를 기억하도록 돕기 위해 그림들을 보여 주었다. 예를 들어 Binet와 고차원적인 정신 과정의 측정 간 관계를 이해시키기 위해 Rummel과 동료들은 학생들에게 경주용 차의 운전자가 그의 뇌를 보호하기 위해 테가 없는 모자를 쓰고 있는 그림을 보여 주었다. 연구 결과들은 다양한 종류의 기억 전략이 대체로 긍정적인 효과가 있는 것으로 보고하고 있다(Hattie, Bibbs, & Purdie, 1996). 그러나 대부분의 실험이 기억 전략이 적절히 사용되는 자료를 골라 다소 인위적이고 실험실적인 배경에서 이루어졌다는 사실을 기억해야 한다. 실제 교

심상

기억을 향상시키기 위해 마음속에 이미지를 형상화시키는 것

기억술

기억을 돕는 장치 혹은 전략

핵심단어법

여러 아이템을 결합하는 데 이미지를 사용해 기억을 높이는 전략

실 상황에 적용해 보면 다소 혼란스러운 결과가 보고되기도 했다(Pressley & Levin, 1983). 그리고 핵심어 전략으로 배운 자료가 장기적으로 기억되는지에 대해서도 의문이 있다(Carney & Levin, 1998; Wang & Thomas, 1995).

계열학습과 자유회상학습 계열학습은 특정한 순서로 사실을 배우는 것이다. 시간 순서로 일어난 일을 배우거나 순서대로 나눗셈을 배우고, 광물의 상대적인 경도를 배우는 것 등이 계열학습의 예이다. 자유회상학습은 학습될 목록을 순서대로 외울 필요가 없는데, 예를 들어 전국의 광역시 이름들을 외우는 것이다.

장소법 계열학습을 하는 데 고대 그리스인들이 사용한 기억장치는 장소를 떠올리는 것이다(Anderson, 2005 참조). **장소법**(loci method)에서 학생들은 자기 방과 같은 익숙한 장소를 떠올리고 각각의 기억 항목이 특정한 장소에 있다고 상상한다. 이 항목들을 장소에 연결시킬 때는 생생하거나 기이한 이미지가 사용된다. 이 항목들이 방 또는 어떤 장소의 이미지와 결합되면 학생은 순서대로 그 장소와 내용을 기억하면 된다. 그 동일한 장소는 심적으로 정리된 상태에서 다른 정보를 암기하는 데 다시 사용될 수 있다. 그러나 목록에 있는 모든 정보를 기억했다는 것을 확신하기 위해 장소들은 반드시 똑같은 순서로 사용되어야 한다.

단어걸이법 계열학습에 도움이 되는 또 다른 방법으로 **단어걸이법**(pegword method)이 있다(Krinsky & Krinsky, 1996). 이 기억 전략을 사용하려면 숫자 1에서 10까지를 운이 있는 걸이어와 함께 외워야 한다. 이 방법을 사용하기 위해 학생은 각각의 항목과 관련된 걸이어와 관련된 이미지를 떠올려야 한다. 예를 들어 1대에서 10대까지 미국 대통령의 이름을 순서대로 외우려면 (1) George Washington은 빵을 먹고 (2) John Adams는 그의 나무 이빨로 신발 끈을 묶고, (3) Thomas Jefferson은 무릎을 이용해서 나뭇가지에 매달려 있고 등의 순서로 심적 이미지를 떠올려야 한다.

첫 글자 외우기 단어나 구를 쉽게 외울 수 있는 방법 중 하나는 **첫 글자 외우기**(initial letter strategy)이다. 예를 들어 수학 시간에 삼각법에 대해 배운다면 SOHCAHTOA라는 상상의 부족을 생각하면 sine = opposite/hypotenuse; cosine = adjacent/hypotenuse; tangent = opposite/adjacent라는 공식을 기억하기 쉬울 것이다. 이 전략은 태양으로부터 순서대로 행성의 이름을 외울 때 사용될 수 있는데 수성, 금성, 지구, 화성, 목성, 토성, 천왕성, 해왕성, 명왕성을 '수금지화목토천해명'이라고 첫 번째 글자를 따서 외운다(영어의 경우 My very educated monkey just served us nine pizzas이라는 문장에서 첫 번째 글자에 해당된다).

비슷하게 약어를 이용하는 것은 조직이나 컴퓨터의 부품의 이름을 외우는 데 도움이 된다. 예를 들어 NATO(North Atlantic Treaty Organization)과 컴퓨터의 구성 요소인 ROM(read-only memory)와 같이 약어의 이용은 기억에 도움이 된다. 첫 번째 글자를 외우는 것은 어떤 일의 단계나 과정 같은 절차적 지식을 외우는 데에도 유익하다.

장소법

익숙한 장소에 있는 항목을 떠올리며 기억하는 방법

단어걸이법

어떤 사실을 단어나 숫자와 관련지어 기억하는 방법

첫 글자 외우기

단어나 구를 외울 때 첫 번째 글자를 따서 더 쉽게 기억나도록 하는 전략

무엇이 정보를 의미 있게 만드는가

다음의 문장들을 보자.

1. Enso flrs hmen matn snoi teha erso iakt siae tnes esna nrae.
2. Easier that nonsense information to makes than sense is learn.
3. Information that makes sense is easier to learn than nonsense.

어떤 문장이 배우고 기억하기 쉬운가? 분명히 3번 문장이 쉽다. 세 문장은 모두 같은 글자를 가지고 있고 2번과 3번 문장은 같은 단어로 이루어져 있다. 그러나 1번 문장을 배우려면 52개의 글자를 외워야 하고 2번 문장을 배우려면 10개의 단어를 익혀야 한다. 그러나 3번 문장을 익힐 때는 오직 하나의 개념만을 생각하면 된다. 왜냐하면 어떻게 학습이 일어나는지에 대한 배경지식과 당신의 상식에 적절히 맞는 개념이 이미 존재하기 때문이다. 당신은 이미 각각의 단어를 알고 있고 문법도 안다. 그리고 이미 같은 주제에 관한 엄청난 양의 정보, 경험, 생각이 마음속에 있다. 이러한 이유들로 3번 문장은 쉽게 이해된다.

이 장에서 다루고자 하는 모든 것들이 3번 문장이 제공하는 메시지에 담겨 있다. 모든 인간의 학습, 특히 학교 학습은 정보가 의미를 지니고, 순서대로 마음속에 저장하고, 새로운 정보를 이전 정보에 동화시키는 것과 관련 있다. 우리의 기억력은 기계적으로 정보를 암기하는 데 제한이 있다. 예를 들어 한 달 동안 당신은 전화번호를 몇 개나 외울 수 있을까? 그러나 유의미한 정보는 쉽게 기억할 수 있다. 앞부분에서 다룬 기억 전략은 유의미한 정보를 더 쉽게 배우도록 자의적인 연합에 의미를 만들어 연결시켰다.

3번 문장은 교수법에 깊은 의미를 담고 있다. 교사가 하는 가장 중요한 역할 중 하나는 학생들에게 분명하고 조직화된 방법으로, 새로운 정보를 이미 알고 있는 지식과 관련지어 정보를 제대로 이해하고 새로운 상황에 적용할 수 있도록 정보를 유의미하게 제공하는 것이다.

■ 기계적 학습과 유의미 학습

Ausubel(1963)은 기계적 학습과 유의미학습의 차이점을 다루었다. **기계적 학습**(rote learning)은 구구단이나 원소기호, 외국어, 신체의 뼈나 근육의 이름 등을 외우는 것이다. 대부분의 기계적 학습은 임의적인 연합과 관련이 있다. 예를 들어 금의 원소 기호 Au는 Go나 Gd가 될 수도 있었다. 반대로 **유의미 학습**(meaningful learning)은 임의적이지 않고 이전에 배운 정보나 개념과 관련이 있다. 예를 들어 은이 좋은 전도체라고 배우면 이 정보는 우리가 이전에 알고 있던 은이라는 개념과 전도체라는 개념과 관련지어진다. 더욱이 은과 전도체라는 개념 사이의 연결은 임의적이지 않다. 은은 실제로 뛰어난 전도체이고 다른 방식이나 다른 말로 동일한 원리를 바꾸어 설명할 수 있을지는 몰라도 은이 뛰어난 전도체라는 사실은 바뀌지 않는다.

기계적 학습
생각 없이 사실 혹은 관련성을 암기하는 것

유의미 학습
새로운 정보를 이전에 배운 정보와 관련짓는 정신적인 처리 과정

기계적 학습의 활용 우리는 때로는 기계적 학습은 좋지 않고 유의미 학습이 좋다는 생각을 한다. 이 말이 항상 옳은 것은 아니다. 예를 들어 의사가 경골 골절이라는 용어를 사용할

때 의사는 경골이라는 단어와 실제 뼈 사이에 존재하는 연결을 기계적으로 학습한 것이다. 외국어 어휘를 배우는 것은 기계적 학습의 중요한 예이다. 그러나 기계적 학습이 사람들 사이에서 나쁜 인식을 얻게 된 이유는 너무 과도하게 사용되었기 때문이다. 우리는 의미 있게 배워야 할 것들을 단순한 사실로 배웠고 의미 없는 정보들을 기계적으로 학습하도록 강요받았다. William James는 『Talks to Teachers on Psychology』(1912)라는 책에서 잘못된 학습에 대한 예를 보여 주었다.

> 학교를 방문 중인 내 친구는 학생들의 지리 지식을 검사해 보도록 요청받았다. 책을 훑어 본 후 질문을 했다. "땅속 깊이 땅을 파는 거야. 수백 피트 정도. 그럼 땅속이 땅 위보다 뜨거운지 차가운지 어떻게 알 수 있을까?" 학생들이 아무도 대답을 하지 않자 교사가 말했다. "아이들은 대답을 알고 있어요. 그런데 질문이 잘못된 것 같아요. 제가 질문해 볼게요." 그리고 교사는 책을 본 후에 질문을 했다. "지구의 내부 상태가 어떻지?" 그러자 절반 정도의 학생들이 즉시 대답했다. "지구의 내부는 뜨거운 핵 상태로 되어 있어요."

학생들은 분명히 주어진 정보의 의미는 모른 채 암기만 했을 것이다. 그 정보는 학생이 이미 알고 있는 다른 정보와 관련이 없기 때문에 쓸모없는 것이다.

비활성 지식 학생들이 기억하고 있는 '뜨거운 핵'(철학자 William James의 친구가 방문했던 학교 학생들이 암기하고 있었던 정보)이라는 정보를 Bransford, Burns, Delclos와 Vye(1986)는 **비활성 지식**(inert knowledge)이라고 불렀다. 이것은 지식이 다양한 상황에 적용될 수 있음에도 불구하고 제한된 상황에서만 사용되는 것을 의미한다. 보통 학교에서 배운 지식이나 기술이 실생활에 전혀 적용되지 못하는 경우를 말한다. 우리는 흔히 고급 프랑스어 시험에는 합격했지만 프랑스인과 전혀 의사소통을 못하는 사람이나 수학 시간에 부피계산은 잘하면서 모래놀이 통을 채우려면 모래가 얼마나 드는지 계산하지 못하는 사람들을 볼 수 있다. 일상생활에서 부딪치는 문제들은 지식이 없어서가 아니라 이미 배운 지식을 활용하지 못하기 때문에 발생한다.

Perfetto, Bransford와 Franks(1983)는 비활성 지식에 관해서 고전적 실험을 수행했다. 실험에 참여한 대학생들은 다음과 같은 질문을 받았다. "이스라엘의 유명한 점쟁이 Uriah Fuller라는 사람이 야구경기가 시작되기 전에 점수를 예상했는데 그의 비밀이 뭘까?" 그 문제를 보기 전에 몇몇 학생들에게 문제를 해결하는 데 도움이 될 만한 문장을 외우게 했다. 그 문장 중에는 "게임이 시작되기 전 스코어는 0:0이다."라는 문장도 있었다. 학생들에게 암기한 정보를 단서로 이용하라고 하자 그 학생들이 다른 학생들보다 문제해결 과제를 더 잘 해냈다. 그러나 정보를 암기했지만 그 정보를 사용하라는 말을 듣지 못한 학생들은 정보를 아예 보지 못한 학생들보다 못했다. 이 실험에서 우리는 머릿속에 정보가 있더라도 그 정보를 적당한 때에 사용하는 것을 보장하지 못한다는 사실을 알 수 있다. 우리는 우리가 가지고 있는 정보를 언제 어떻게 이용할지를 알아야 한다.

교사는 학생들이 정보를 유의미하고 쓸모 있게 사용하도록 지도해야 한다. 효과적인 수업이란 정보에 접근하는 방법을 이해하고 다른 정보와 결합해서 교실 밖에서도 그 정보를 사용할 수 있게 학생들을 돕는 것이다.

비활성 지식

활용하지 못하는 지식으로 여러 상황에 적용될 수 있는 정보지만, 그 정보의 이용이 상당히 제한되어 있고 종종 인위적으로 사용함

■ 스키마 이론

우리가 앞서 살펴본 바와 같이 유의미한 정보는 장기기억 속에 '스키마'라고 부르는 사실이나 개념의 망으로 저장되어 있다. 한 가지 개념이 다른 넓은 개념들과 어떻게 관련이 있는지 그림 6.4에서 살펴보았던 '들소'의 개념을 상기해보자. **스키마 이론**(schema theory)(Anderson, 2005; McVee, Dunsmore, & Gavelek, 2005)에서 가장 중요한 원리는 이미 존재하는 스키마에 꼭 들어맞는 정보가 그렇지 않은 정보보다 더 쉽게 이해되고 학습되고 저장된다는 것이다(Anderson & Bower, 1983). "들소 새끼들은 태어나서 곧 달릴 수 있다."라는 문장은 '들소'라는 스키마에 쉽게 결합될 수 있다. 왜냐하면 (1) 들소는 잡아먹히지 않기 위해 빠른 속도로 도망갈 수 있어야 하고, (2) 빠른 속도로 달릴 수 있는 그러한 동물들은(말처럼) 태어나서 이른 시기에 달릴 수 있기 때문이다. 이런 선행지식 없이 "들소 새끼들은 태어나서 곧 달릴 수 있다."라는 문장은 마음속으로 받아들이기 더 어렵고 쉽게 잊어버린다.

지식의 위계 가장 잘 발달된 스키마는 개요와 비슷하게 특정한 정보가 일반적인 범주에 속하는 위계를 통해 구성된다. 이 위계는 개개 정보가 일반적 범주에 속하고 또 그 위에 더 일반적 범주에 속한다는 것을 의미한다. 그림 6.4를 보면 그림의 위에서 아래로 내려가면서 일반적(동물과 미국 인디언)에서 보다 구체적인(미국 인디언이 어떻게 들소를 사냥했는가) 내용으로 구성되어 있는 것을 볼 수 있다. 이 스키마와 관련 있는 새로운 정보는 스키마와 관련이 적은 정보나 관련이 전혀 없는 정보의 기계적인 학습보다 훨씬 쉽게 학습되고 통합된다.

스키마 이론에서 중요한 점은 유의미한 학습을 위해서는 선행 경험과 지식을 지닌 학습자가 새로운 정보를 이해하고 받아들이는 데 적극적으로 참여해야 한다는 것이다(Alexander, 1992). 어떤 경험으로부터 배운 지식은 그 경험에 적용할 수 있는 스키마에 많은 부분 의존하고 있다.

배경지식의 중요성 얼마나 많은 것을 배울 수 있느냐를 결정하는 가장 중요한 요인은 이미 얼마나 많이 알고 있느냐이다(Alexander, Kulikowich, & Jetton, 1994, 1995; Schneider, 1993). Kuhara-Kojima와 Hatano(1991)가 일본에서 진행했던 연구가 이 점을 분명히 보여준다. 대학생들에게 야구와 음악에 관한 정보를 가르쳤다. 이미 야구에 대해 잘 알고 음악에 대해 모르는 학생들은 야구에 대해 많은 것을 배웠다. 반대로 음악에 대해 많이 알고 있던 학생들도 야구보다는 음악에 대해서 더 많은 것을 배웠다. 사실 배경지식은 학생들이 얼마나 배울 수 있는지를 예상하는 데 일반학습 능력보다 훨씬 더 중요하다. 어떤 한 주제에 대해 많은 것을 알고 있는 학생은 새로운 지식을 통합할 수 있는 잘 형성된 스키마들을 더 많이 가지고 있다. 놀랍지 않은 사실이지만 주어진 주제에 대한 흥미는 배경지식뿐 아니라 문제를 해결하는 데 배경지식을 사용하고 이해하려는 의지에 영향을 준다(Tobias, 1994). 그러나 학습자는 종종 새로운 자료 학습을 돕는 배경지식을 자발적으로 사용하지 못한다. 그래서 교사는 새로운 학습을 학생들의 기존 배경지식과 연결시켜 주어야 한다(Brunning et al., 2004).

스키마 이론

새로운 정보를 이해하기 위한 구조를 제공하기 위해 스키마(사실이나 개념의 연결 네트워크)의 형태로 정보가 장기기억에 저장되어 있다고 하는 이론

초인지 기술은 학습에 어떻게 도움을 주는가

초인지(metacognition)라는 용어는 학습자 자신의 학습에 관한 지식(McCormick, 2003) 혹은 학습하는 방법에 관한 지식을 의미한다. 사고 기술이나 공부 기술이 **초인지 기술**(metacognitive skill)의 예이다. 학생들은 자신의 이해력을 평가하고 무언가를 배우는 데 시간이 얼마나 걸리는지 미리 알고 문제를 해결하거나, 공부를 하는 데 효과적인 계획은 무엇인지를 선택할 수 있는 전략을 배울 수 있다(McCormick, 2003). 예를 들어 당신은 이 책을 처음 읽었을 때 이해 안 되는 부분이 있었을 것이다. 그러면 당신은 어떻게 하는가? 아마도 그 부분을 천천히 다시 읽을 것이다. 그리고 아마도 그림, 그래프, 색인 등 이해에 도움을 주는 단서들을 찾을 것이다. 아마도 당신은 이해하기 힘든 것이 앞부분의 어떤 내용을 완전히 이해 못해서인지 알아보기 위해 다시 그 장의 앞부분으로 돌아가서 읽어 내려갈지도 모른다. 이러한 것들이 초인지 기술의 예이다. 당신은 무언가를 이해하지 못할 때 어떻게 해야 하는지 그리고 어떻게 스스로를 바로잡는지를 배웠다(Martinez, 2006). 다른 초인지 전략은 어떤 일이 일어날지를 예측하거나 무엇이 이치에 맞는지 아닌지를 구별하는 능력이다. 예를 들어 제5장에서 처음 모델링이라는 단어를 보았을 때 당신은 즉시 이 단어가 배나 비행기 모델을 만드는 의미가 아니라는 걸 안다. 왜냐하면 그러한 의미는 이 책의 맥락에 부합되지 않는다는 것을 알기 때문이다.

연결해서 더 보기

Bandura의 사회학습 이론과 관련하여 '모델링'에 대해서는 제5장을 참조하시오.

대부분의 학생들은 점차적으로 적절한 초인지 기술들이 잘 발달하지만, 어떤 학생들은 그렇지 못하다. 초인지 기술을 가르침으로써 학생의 성취를 눈에 띄게 향상시킬 수 있다(Alexander, Graham, & Harris, 1998). 학생들은 어려운 과제를 해결하면서 그들 자신의 사고 과정에 대해 생각하기 위해 구체적인 학습 전략의 적용을 배울 수 있다(Schunk, 2000). **자기질문 전략**(self-questioning strategy)은 특히 효과적이다(Zimmerman, 1998). 스스로 질문함으로써 학생은 주어진 과제에서 공통점을 찾고, 이러한 요소에 대해 자문을 한다. 예를 들어 많은 학자들(예 : Stevens, Madden, Slavin, & Farnish, 1987)은 학생들에게 이야기에서 등장인물, 배경, 문제, 문제해결책에 대해 찾아보도록 가르쳤다. 교사는 구체적인 질문을 먼저 하고, 다음에 학생 스스로 이러한 중요한 요소들을 찾아보게끔 했다. Paris, Cross와 Lipson(1984) 그리고 King(1992)은 학생들이 누가, 무엇을, 어디서, 어떻게라는 질문을 하면서 책을 읽으면 더 이해를 잘한다는 사실을 밝혀냈다. Englert, Raphael, Anderson, Anthony와 Stevens(1991)는 학생들이 창의적인 글을 쓸 수 있도록 계획을 세울 수 있는 종이를 나누어 주었다. 종이에 있는 질문 중에는 학생이 스스로에게 질문을 해보는 것이 있었다. 질문들은 "나는 누구를 위해 글을 쓰는가?", "무엇을 설명하고 있는가?", "단계들에는 무엇이 있는가?"를 포함하고 있었다. 가장 중요한 것은 학생들은 교사가 물어볼 질문을 자신이나 다른 학생에게 물어보면서 자기가 하고 있는 활동을 통해서 자신에게 말하는 방법을 배웠다. 학생들은 수학 문제 풀기(Cardelle-Elawar, 1990), 받아쓰기(Block & Peskowitz, 1990), 창의적인 글쓰기(Zellermayer, Salomon, Globerson, & Givon, 1991), 읽기(Chin, 1998; Kucan & Beck, 1997) 또는 다른 교과 영역에서 자신에게 스스로 말하는 방법을 배울 수 있다.

초인지

개인의 학습과 학습하는 방법에 대한 지식('사고에 대한 사고')

초인지 기술

학습, 공부, 문제해결을 위한 방법

자기질문 전략

읽은 자료에 대해 누가, 무엇을, 어디서, 어떻게라는 질문을 해보는 학습 전략

어떤 학습 전략이 학생들의 학습을 돕는가

당신은 이 책을 읽으면서 어떠했습니까? 당신은 중요한 문장에 밑줄을 치거나 형광펜으로 칠했습니까? 메모를 하거나 요약을 했습니까? 같은 과목을 듣는 친구들과 주요 주제들에 대해 토론을 했습니까? 내용이 머릿속에 들어오기를 바라면서 밤에 이 책을 베개 밑에 두고 자지는 않았습니까? 학생들은 읽기가 발명된 후부터 오랫동안 다양한 전략을 사용해 왔다. 그리고 이러한 전략에 대한 연구는 그만큼이나 오랫동안 계속 연구되고 있다. 심지어 아리스토텔레스도 이 주제에 대해 글을 썼다. 그러나 교육심리학자들은 여전히 어떤 전략이 효과적인지 논쟁하고 있다.

효과적인 학습 전략에 관한 연구는 혼란스럽다. 항상 효과적인 형태의 학습 전략은 매우 적고 효과적이지 않은 것도 더욱이 거의 없다. 분명한 것은 학습 전략의 가치는 전략의 특징이나 사용에 달려 있다(Weinstein & Hume, 1998; Zimmerman, 1998). 효과적인 공부 전략을 일반화해서 설명한다면 효과적인 공부 방법이란 단순히 정보를 다시 읽거나(Callender & McDaniel, 2009) 가장 중요한 정보를 의식적으로 선별하여 밑줄을 치지 않고(Gaddy, 1998) 학습자가 정보를 변형(reshaping)하는 것이다(Kiewra, 1991). 가장 흔히 논의되는 학습 전략은 다음과 같다.

■ 모의시험

아마도 가장 효과적인 공부 전략은 미래 치르게 될 실제 시험과 유사한 모의시험을 보는 것이다. 시험 보기는 특별히 시험이 선다형이나 괄호 안을 채우는 완성형 문항이기보다 생각을 구성하도록 하는 문항에서 보다 내용에 대한 고등 수준의 정보처리를 요구함으로써 이해와 기억을 증진시킬 수 있다(Carpenter & Pashler, 2007; Marsh, Roediger, Bjork, & Bjork, 2007; McDaniel, Roediger, McDermontt, 2007; Roediger & Karpicke, 2006). 또한 모의시험을 치르는 것은 자신이 아는 것과 모르는 것을 인지하게 함으로써 학생들로 하여금 가장 효율적으로 공부에 전념할 수 있게 한다. 학습 모둠에서 구성원들이 모둠 내 다른 학생들을 위해서 모의시험을 만들어 실시하는 것이 특히 효과적이다(Ashcraft & Radvansky, 2010).

■ 노트하기

읽기나 강의 듣기에서 흔히 쓰이는 학습 전략은 **노트하기**(note-taking)이다. 노트하기는 특정한 형태의 학습 내용에서 효과적이다. 왜냐하면 노트하기는 무엇을 적을까 결정할 때 주제들을 정신적으로 처리하는 과정을 거치기 때문이다. 그러나 노트하기의 효과는 일관적이지 않다. 노트하기는 복잡한 개념적인 자료에서 주제 찾기를 중심 과제로 수행할 때는 긍정적인 효과를 낸다(Kobayashi, 2005; Peverly et al., 2007). 또한 정신적인 처리 과정을 거치는 노트하기는 읽은 것을 그대로 받아 적는 것보다 훨씬 효과적이다(Igo, Brunning, & McCrudden, 2005). 예를 들어 Bretzing과 Kulhavy(1981)는 다른 사람을 가르치기 위해 말 바꾸어 쓰기(주제를 다른 말로 쓰는 것)와 노트하기를 하는 것은 정보를 처리하는 데 고도의 정신적 처리 과정을 요하므로 노트하기 전략에 효과적이라고 밝혀냈다.

노트하기
무엇을 적을지 결정하는 학습 전략

노트하기 방법의 가치를 높일 수 있는 효과적인 수단은 교사가 강의나 읽기를 시작하기 전에 학생들에게 스스로 메모할 수 있도록 써야 할 범주들을 제시하면서 메모의 골격(부분 노트)을 제공해 주는 것이다. 몇몇 연구 결과들은 이러한 방법에다 노트하기와 복습하기를 묶어서 제시했을 경우 학습 효과를 높일 수 있었다고 보고하고 있다(Robinson, Katayama, Beth, Odom, & Hsieh, 2004).

■ 밑줄 치기

아마도 가장 흔한 학습 전략은 밑줄을 치거나 형광펜으로 표시하는 전략일 것이다. 이 방법은 널리 쓰이지만 밑줄 치기에 관한 연구에 의하면 일반적으로 이점이 거의 없다고 한다(Anderson & Armbruster, 1984; Gaddy, 1998). 문제는 많은 학생들이 무엇이 중요한지 결정하지 못하고 너무 많이 밑줄을 치는 것이다. 학생에게 한 문단에서 가장 중요한 문장 하나에만 밑줄을 치라고 하면 분명히 더 많은 내용을 학습할 것이다. 왜냐하면 가장 중요한 문장을 찾는 것은 높은 수준의 정보처리 과정을 요구하기 때문이다(Snowman, 1984).

■ 요약하기

요약하기(summarizing)는 읽은 정보를 나타내는 주된 요점을 간략하게 쓰는 것이다. 이 전략의 효과는 이 전략을 어떻게 사용하느냐에 달려 있다(Scotte & Lonka, 1999). 한 가지 효과적인 방법은 학생에게 각각의 문단을 읽은 후에 요점을 한 문장으로 쓰게 시키는 것이다(Wittrock, 1991). 다른 방법은 학생에게 다른 학생들을 위해 요약을 준비해 오게끔 하는 것인데, 이 활동은 요약하는 학생이 간단하게 요약하도록 해 주고 무엇이 중요한지를 심각하게 생각하게끔 해 준다. 그러나 몇몇 연구에서는 요약하기가 전혀 효과가 없고 어떠한 조건에서 이러한 요약하기 전략이 글의 이해와 파지에 도움이 되는지 불분명하다고 보고했다는 점에 주목해야 한다(Wittrock, 1991; Wittrock & Alesandrini, 1990).

■ 배운 것 받아쓰기

학생들이 배우는 내용을 받아쓰는 것이 내용을 이해하고 기억하는 데 도움이 된다는 증거가 있다(Klein, 1999). 예를 들어 Fellows(1994)는 6학년 학생들에게 12주 분량의 과학 단원을 단원마다 몇 가지 개념들에 관해 자신들의 이해 여부를 글로 표현하도록 했다. 비교 집단은 같은 수업을 했지만 쓰기를 하지 않았다. 사후검사에서 쓰기를 한 학생들이 실제로 더 많은 것을 기억해 냈다. 이 연구를 포함한 다른 연구에서는 한 가지 내용에 집중해서 글쓰기를 하는 것이 학생들이 쓰고 있는 내용을 더 잘 기억하도록 돕는다는 사실을 밝혀냈다. 그러나 자유스러운 상황에서 쓰는 '저널 쓰기', 즉 학생이 자신의 생각이나 관찰에 대해 자유롭게 기록하는 것이 과연 효과가 있느냐 하는 것에 관한 증거는 일관적이지 못하다.

요약하기

읽은 정보의 요지를 나타내는 진술을 간단히 쓰기

개요 작성

주된 생각을 위계적으로 나타내기

■ 개요 작성과 개념도 작성하기

학습 전략과 관련된 일련의 연구에서 학생들은 학습한 내용을 개략적인 윤곽으로 표현해 보는 것이 필요하다고 보고하고 있다. 이 전략에는 개요 작성, 개념 연결하기, 개념도 작성하기가 포함된다. **개요 작성**(outlining)은 주된 생각을 위계적으로 나타내는 것인데 세부정보는 높은 범주 아래에 있어야 한다. 개념 연결하기와 **개념도 작성하기**(mapping)에서 학생들은 주된 아이디어를 파악하고 그 관계를 도표로 나타내야 한다(Hyerle, 1995; Robinson & Skinner, 1996). 예를 들어 그림 6.4에서 살펴본 '들소'라는 개념의 스키마는 들소와 대평원 인디언에게 중요한 들소에 대한 자료를 요약하기 위해 연결된 개념으로 학생들에게 제공되었을 수도 있다(Clark, 1990; Rafoth, Leal, & De Fabo, 1993 참조).

개요 작성, 개념 연결하기, 개념도 작성하기에 관한 연구는 제한적이고 일관적이지 못하지만 일반적으로 이 방법은 학생들의 학습에 도움을 제공한다(Nebsit & Adesope, 2006).

■ PQ4R법

학생들이 읽고 있는 내용을 이해하고 기억하는 데 도움을 주는 가장 잘 알려진 방법 중 하나는 F. P. Robinson이 개발한 SQ3R법에 기초를 한 **PQ4R법**이다(Thomas & Robinson, 1972). 이 PQ4R은 미리 보기(preview), 질문하기(question), 읽기(read), 생각해 보기(reflect), 암송하기(recite), 복습하기(review)의 앞 글자를 딴 것이다.

PQ4R법은 좀 더 나이 든 아이들에게 효과가 있다는 연구가 있다(Adams, Carnine, & Gersten, 1982). 그 이유는 명확하다. PQ4R 과정은 학생이 의미 있는 정보의 구성에 관심을 기울이게 할 뿐 아니라 질문하기, 정교화, 분산연습(오랜 시간에 걸쳐 정보를 복습하는 기회) 등의 다른 효과적인 전략과도 관련 있기 때문이다(Anderson, 1990).

적용해 보기

PQ4R법 가르치기

아래에 있는 안내지침을 이용해 학생들에게 PQ4R법의 단계를 설명하고 시범을 보인다.

1. **미리 보기.** 일반적인 구성, 주제, 하위 주제에 대한 아이디어를 얻기 위해 자료를 빨리 살펴본다. 제목과 부제목에 주의를 기울이고 무엇에 대해 읽게 될지 공부하게 될지 알아본다.
2. **질문하기.** 읽기 전에 자신에게 질문을 해본다. 누가, 무엇을, 왜, 어디서와 같은 단어들을 사용해서 질문을 만들어 보되 제목들을 이용한다.
3. **읽기.** 자료를 읽는다. 너무 많이 받아 적으려 하지 말고 읽기 전에 생각했던 질문에 대한 대답을 찾아본다.
4. **자료 다시 생각해 보기.** (1) 이미 알고 있는 정보와 관련시켜 보고, (2) 하위 주제와 주된 개념, 원리를 관련지어 보고, (3) 주어진 정보에 있는 모순을 해결하려 하고, (4) 제시된 문제를 해결하는 데 자료를 사용함으로써 제시된 정보를 이해하고 의미를 만들어 보도록 노력한다.
5. **암송하기.** 중요한 정보를 큰 소리로 읽고, 질문하고 대답하면서 기억하는 연습을 한다. 질문을 만들기 위해 제목이나 중요한 단어, 중요 개념을 메모해 놓은 것 등을 사용한다.
6. **복습하기.** 마지막 단계에서 스스로에게 한 질문에 답하도록 노력하면서 자료를 능동적으로 복습한다. 답이 확실하지 않을 때만 자료를 다시 읽는다.

개념도 작성하기

주된 생각과 그것의 관계를 도표로 나타내기

PQ4R법

자료를 미리 보고, 질문하고, 읽고, 다시 생각해 보고, 암송하고, 복습하는 학습 전략

인지적 교수 전략은 어떻게 학생들의 학습을 돕는가

『이상한 나라의 엘리스』에서 하얀 토끼는 하트 잭의 재판에서 어떻게 증거를 제시해야 하는지 확신이 없었다. 하트 킹은 그에게 약간의 조언을 해준다. "처음부터 시작해… 그리고 끝까지 계속하는 거야. 그다음 끝내." '하트 킹 법'은 강의를 할 때 특히 중등학교나 대학교 학생에게 쓰이는 흔한 방법이다. 그러나 교사는 학생들이 수업을 더 잘 이해하도록 더 많은 노력할 수 있다. 교사는 학생들이 전에 배운 내용을 상기하도록 함으로써 새로운 내용을 가르칠 수 있고 질문을 하거나 새로운 정보를 연결짓거나 생각해 보도록 도울 수 있다. 효과적인 수업에 대해서는 제7장에서 다루고 있지만 다음 부분에서 인지주의 심리학에서 다룬 학생들의 이해, 회상, 중요한 정보, 개념, 기술의 적용을 돕는 방법을 살펴보자.

연결해서 더 보기
제7장의 '직접 교수법은 어떻게 가르치는 것인가'를 참조하시오.

■ 학습을 의미 있게 만들고 선행지식을 활성화하기

다음 글을 읽어보자.

> 잘 다듬어진 보석으로 재정을 마련한 그는 그의 계획을 무산시키려고 하는 경멸적인 조롱자들에게 용감히 도전했다. 너의 눈은 그가 말한 것에 현혹되었다. 이 미지의 행성이 테이블이 아니라 계란처럼 생겼다고 말했다. 이제 튼튼한 세 자매가 증거를 찾으려 한다. 때로는 고요하고 광대하고 때로는 거친 바다를 서서히 헤쳐 가며 며칠은 몇 주가 되었다. 많은 의혹이 위험에 대한 무서운 소문을 낳았다. 날개 달린 생물을 본 것이 중대한 성공으로 여겨질리 만무하다(Dooling & Lachman, 1971, p. 217).

다음 정보를 이용해 위의 글을 다시 읽어 보자. 이 글은 콜럼버스에 관한 것이다. 이 글이 무엇에 관한 글인지 알기 전에는 아마 거의 이해하기 힘들 것이다. 단어와 문법을 이해하면 이 글이 항해에 관한 글이라는 것을 알 수 있었을 것이다. 그러나 일단 이것이 콜럼버스에 관한 글임을 알게 된 후에는 이 글을 이해하기 위해 콜럼버스에 대해 알고 있는 모든 선행지식을 끄집어 낼 것이고 겉으로 보기에 모호한 부분도 이해할 수 있다. 만약 이 이야기가 무엇에 관한 것인지를 안다면 '잘 다듬어진 보석'(이사벨라 여왕의 보석), 계란(지구의 모양), 튼튼한 세 자매(니나, 핀타, 산타 마리아), 날개달린 생물(새)이라는 표현을 이해할 수 있다.

스키마 이론의 관점에서 이 이야기가 콜럼버스에 관한 것이라는 선행정보는 콜럼버스에 관한 스키마를 활성화시킨다. 우리는 이미 콜럼버스, 이사벨라, 페르디난드 배에 관련된 정보를 받아들일 준비가 되어 있다. 이것은 마치 '콜럼버스'라는 이름이 붙은 서랍이 있는 캐비닛을 가지고 있는 것과 같다. 콜럼버스에 대해 이야기를 들을 것이라는 사실을 알고 있으면 당신은 마음속에 있는 그 서랍을 연다. 그 서랍에는 '이사벨라', '배', '비웃고 의심하는 사람들'에 대한 파일이 있다. 당신은 이제 새로운 정보를 적당한 곳에 보관할 준비가 되어 있다. 만약 당신이 산타마리아 호가 폭풍에 난파당한 것을 알고 있다면 그 정보를 '배'라는 마음의 파일에 저장할 것이다. 당신이 대부분의 교양 있는 사람들이 지구가 둥글다는 콜럼버스의 의견에 동의했다는 사실을 알고 있다면 당신은 그 정보를 '비웃고 의심하는 사람들' 파일들에 저장할 것이다. 그러나 서랍에 비유한 것이 전적으로 맞지는 않다. 왜냐하면 스키마의 파일들은 모두 논리적으로 연결되어 있기 때문이다. 또한 당신은 새로운 정보를 해석하고 구성하는 데 마음속 파일에 있는 정보를 능동적으로 사용한다.

선행조직자 David Ausubel(1963)은 학습자가 앞으로 배울 내용에 대해 방향을 제시해 주고 새로운 정보를 결합하는 데 관련된 정보를 회상하도록 도와주는 자료로서 **선행조직자**(advance organizer)라는 개념을 제시했다. 선행조직자는 새로운 정보의 구조를 제공하고 이미 배운 정보와 관련을 짓는 과정에서 첫 번째 진술이다(Joyce, Weil, & Calhoun, 2000). 예를 들어 한 연구에서(Ausubel & Youssef, 1963) 대학생들은 불교에 관한 글을 읽었다. 글을 읽기 전에 어떤 학생들에게는 불교와 기독교를 비교한 선행조직자를 주었고 다른 학생들은 아무런 관련이 없는 글을 읽었다. 연구 결과 선행조직자를 받은 학생들이 다른 학생들보다 더 많은 자료를 기억했다. Ausubel과 Youssef는 선행조직자가 학생들의 기독교에 관한 지식을 활성화시켜서 별로 유사하지 않은 종교에 대한 정보를 받아들이는 데 사용되었기 때문이라고 주장했다.

많은 연구에서 선행조직자가 학생들의 이해력을 증진시킨다는 연구 결과를 보고하고 있다(Schwartz, Ellisworth, Graham, & Knight, 1998 참조). 선행조직자는 학생들에게는 외견상 분명하게 드러나지는 않지만 잘 조직된 구조로 가르칠 때 가장 효과적이다. 그러나 선행조직자에 대한 연구에서 여러 개의 분리된 주제로 구성된 구조나 분명한 조직을 가지고 있지 않은 사실적인 정보를 배우는 데 도움을 주지는 못한다고 밝혀냈다(Corkill, 1992). 더욱이 선행조직자처럼 선행지식을 활성화시키기 위해 고안된 방법은 선행지식이 없거나 약간 있을 경우 역효과를 낼 수 있다(Alvermann, Smith, & Readence, 1985). 학생이 만약 기독교에 대해 잘 모른다면 불교를 기독교와 관련짓는 것이 학생을 돕기보다는 오히려 혼란스럽게 할 수 있다.

선행조직자
전에 읽은 적이 있거나 수업 시간에 배운 정보를 적용시켜 주는 활동과 기술

선행조직자를 이용하는 것은 그 자체로서 가치가 있는 것이기는 하나 선행조직자에 관한 연구에서 또한 선행지식을 활성화하는 것이 이해와 파지를 돕는다는 일반화된 학습원리를

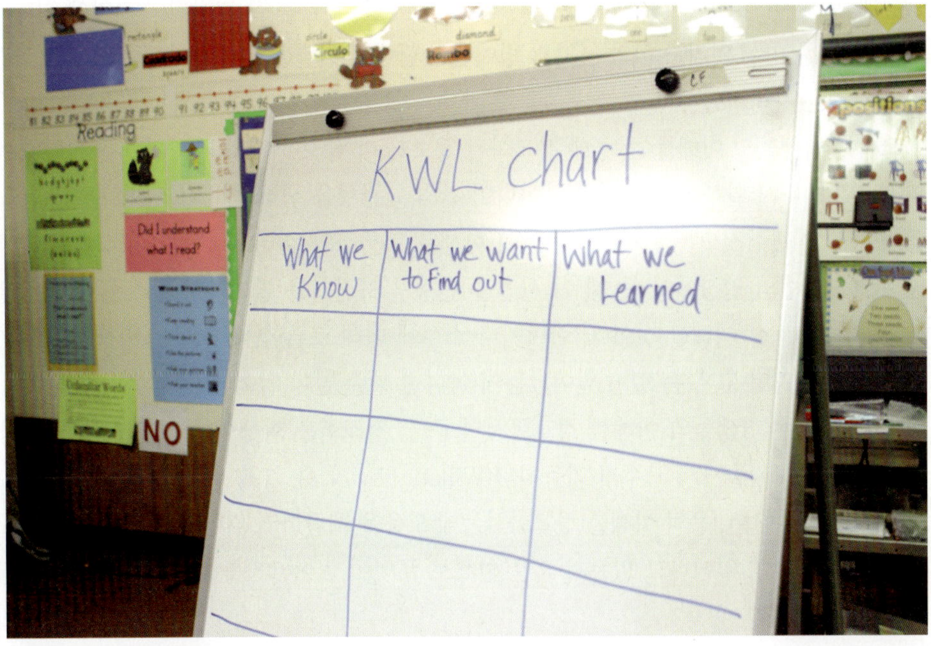

Bonnie Kamin/PhotoEdit

과제를 내주거나 수업 전에 선행조직자의 활용으로 사전지식의 활성화에 도움이 된다. 어떠한 내용이나 상황에서 선행조직자가 가장 효과적인가?

제시했다는 것은 매우 중요하다(Pressley et al., 1992). 선행조직자 외의 다른 전략에도 이 원리가 적용된다. 예를 들어 학생들이 어떤 주제에 대해 배우기 전에 이미 알고 있는 정보에 대해 토론을 하고(Pressley, Tannenbaum, McDaniel, & Wood, 1990) 무엇을 배울지 예상해 보는 것은(Fielding, Anderson, & Pearson, 1990) 학생들이 선행지식을 의식적으로 사용하게 하는 방법들이다.

유추 선행조직자처럼 설명적인 유추(비교나 비유)의 사용은 수업이나 교재의 이해를 돕는다. 예를 들어 교사는 신체의 질병 대항 메커니즘에 대해 설명할 때 전쟁터를 떠올리며 신체가 전염병에 대항해서 싸운다는 유추를 사용할 수 있다. 이와 유사하게 흰개미 사회에 대한 수업을 한다면 왕정시대의 계급을 사용해서 곤충사회에 대한 유추를 하게 한다. **유추**(analogy)는 학생이 이미 알고 있는 개념을 통해 새로운 정보를 배우도록 도와준다(Bulgren, Deshler, Schumaker, & Lenz, 2000; McDaniel & Dannelly, 1996).

흥미 있는 한 연구(Halpern, Hansen, & Riefer, 1990)에서 유추는 지금까지와는 다른 방식으로 설명될 때 가장 효과적이라는 사실을 밝혀냈다. 예를 들어 림프계에 관한 수업을 들은 대학생은 피가 혈관을 흘러가는 유추보다는 스펀지와 물의 흐름에 관한 유추를 사용했을 때 더 쉽게 이해할 수 있었다. 이것은 개념을 직접적으로 배우는 것보다는 학습자에게 친숙한 유추를 사용한 수업이 더 효과적이라는 것을 보여준다.

정교화 인지주의 심리학자들은 새로운 자료를 이미 알고 있는 정보나 아이디어에 연결시키는 과정을 의미하는 **정교화**(elaboration)라는 용어를 사용했다(Ayaduray & Jacobs, 1997). 정교화의 중요성에 관한 예로 Stein, Littlefield, Bransford와 Persampieri(1984)가 일련의 실험을 실시했는데, 학생들은 "머리가 하얀 남자가 병을 들고 갔다."와 같은 문장들을 학습하도록 했다. 어떤 학생들은 좀 더 정교한 문장, 예를 들면 "머리가 하얀 남자가 염색약이 담긴 병을 들고 갔다."와 같은 문장을 받았다. 정교한 문장을 받은 학생들이 문장을 더 잘 기억했는데, 이는 첨가된 단어들이 문장을 학생들의 마음속에 있는 잘 조직된 스키마에 결합되도록 했기 때문이다. 머리가 하얀 남자와 병이라는 단어의 연결은 염색약이라는 단어와 연결되기 전까지는 자의적이다.

교사는 학생들의 이해를 돕는 데 정교화된 정보가 더 잘 이해되고 기억된다는 원리를 적용할 수 있다. 다시 말해 학생들에게 아이디어 간의 연관성을 생각하게 하고 새로운 개념을 그들의 생활과 관련짓도록 한다. 예를 들어 학생은 텍사스와 캘리포니아의 미국 영토 합병에 대해 멕시코인의 입장에서 볼 때 이 사건을 친구가 자전거를 빌려가서 돌려주지 않은 일에 비교한다면 더 잘 이해할 것이다. 이야기나 소설에 대해 토론할 때 교사는 학생들에게 가끔 책 읽는 것을 멈추고 무슨 일이 일어났는지 아니면 무슨 일이 일어날 것 같은지를 물어볼 수 있는데, 이것은 학생들의 이해를 정교화시켜 준다. 정교화는 학생이 무엇을 읽고 있는지 이해하도록 돕는 기술로서 교수가 가능하다(Willoughby et al., 1999). 이야기나 소설을 토론할 때 교사는 수업 내용의 이해를 정교화하는데 도움을 제공하기 위한 수단으로 학생들을 멈추게 하고 무엇이 일어나고 있는지 혹은 앞으로 무엇이 일어날지를 마음속으로 시각화하도록 요구할 수 있다.

유추

새로운 정보를 이미 알고 있는 정보와 비교하는 이미지, 개념, 설명

정교화

새로운 자료를 이미 알고 있는 정보나 아이디어에 연결시키는 과정

■ 정보 조직하기

이 장의 첫 부분에서 언급한 쇼핑 목록을 생각해 보자. 쇼핑 목록의 순서가 섞여 있으면 기억하기 어려운데, 이는 한꺼번에 많은 정보가 작업기억에 보관되기 때문이다. 그러나 목록이 논리적인 순서로 쓰여 있으면 이것은 유의미하며 배우고 기억하기 쉽다. 각각의 음식 재료들을 친숙한 요리법에 따라 나누고(즉 밀가루, 계란, 우유는 팬케이크의 음식 재료들이고), 요리법과 다른 재료들을 '아침', '점심', '저녁'으로 나누었다.

잘 조직된 학습 자료는 잘 조직되지 않은 정보보다 배우기 쉽고 기억하기도 쉽다(Durso & Coggins, 1991). 좀 더 일반적인 주제 안에 개별적인 사건들을 위계적으로 조직하면 학생들의 이해를 도울 수 있다. 예를 들어 Bower, Clark, Lesgold와 Winzenz(1969)의 고전적 연구에서 한 집단의 학생에게는 무작위로 광물 이름 112개를 가르쳤다. 다른 집단의 학생에게는 똑같은 단어를 일정한 순서로 가르쳤다. 그림 6.9는 단어의 위계적인 조직을 보여 주고 있다. 4시간의 수업 중 첫 시간에는 1단계를, 둘째 시간에는 1, 2, 3단계를, 셋째 시간에는 1, 2, 3, 4단계를 가르쳤다. 두 번째 집단의 학생들은 100개의 단어를 기억했고, 다른 집단의 학생들은 단지 65개의 단어를 기억했다. 이것은 복잡한 개념을 가르칠 때 자료를 잘 조직해야 하고 그 조직은 학생들에게 명확해야 한다라는 것을 의미한다(Kallison, 1986). 예를 들어 그림 6.9에 있는 광물에 대해 가르칠 때 교사는 기본적 틀을 자주 언급하고 다른 부분으로 넘어갈 때 다음처럼 해야 한다.

"합금은 두 가지 이상의 금속이 섞인 것이라는 사실을 기억해라."

"이제 흔한 금속, 희귀한 금속, 합금에 대해 살펴봤으니까 다음은 광물의 두 번째 범주에

그림 6.9 광물의 위계적 구조

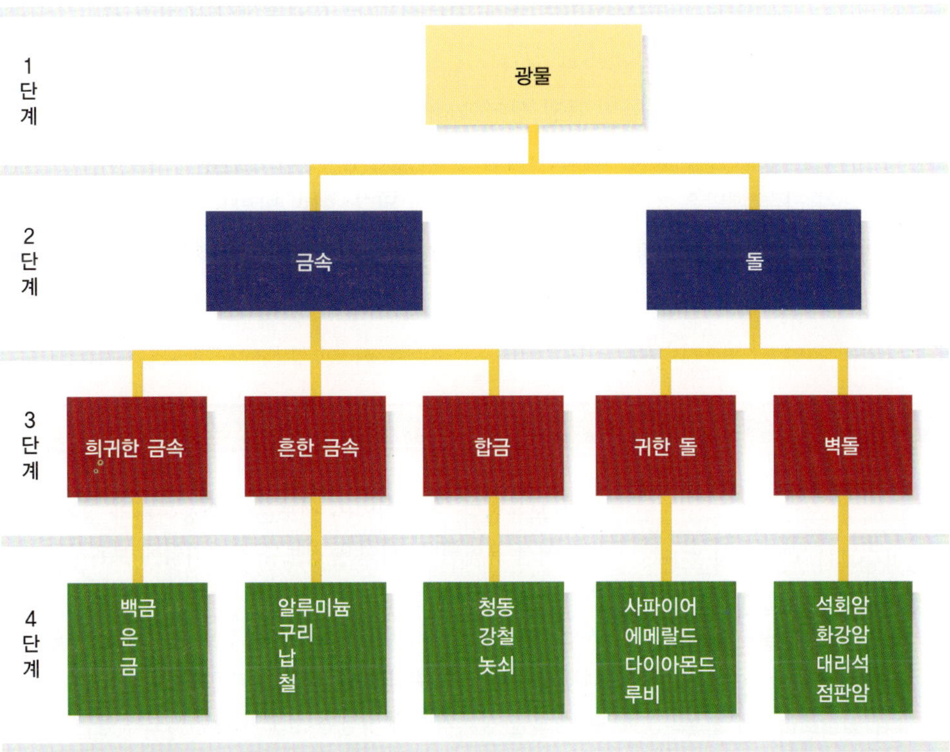

출처 : "Hierarchical Retrieval Schemes in Recall of Categorized Word Lists" by G. H. Bower et al., from *Journal of Verbal Learning and Verbal Behavior*, vol. 8, p. 323-343.

있는 암석들에 대해 살펴보자."

질문하기 학생들이 글을 읽거나 강의를 듣거나 다른 정보에 대해 배울 때 교재나 교사의 수업을 잘 이해하고 있는지 알아보기 위해서는 질문 전략이 유용하다(Pressley et al., 1990; Sadker & Sadker, 2006). 수업을 하기 전에 질문을 하거나 학생 스스로 질문을 만들어 보게 하면 질문과 관련 있는 자료를 공부하는 데 도움이 된다(Rosenshine, Meister, Chapman, 1996).

개념 모형 사용하기 학생이 복잡한 주제를 잘 이해하도록 돕는 또 다른 방법은 하나의 과정 속의 요소가 다른 것과 어떻게 관련이 있는지 개념 모형이나 도표를 이용하는 것이다. 정보처리 과정을 보여 주는 그림 6.1은 개념 모형의 좋은 예이다. 그런 모형은 정보를 조직하고 통합할 수 있다. 개념 모형을 사용한 예로는 전기, 기계, 컴퓨터 프로그래밍, 법안이 통과되는 과정 등이 있다. 수업에서 모형을 이용하면 학생들은 더 잘 학습할 수 있고 문제를 창의적으로 해결하는 데 도움을 준다(Mayer, 2008b). 개념 모형의 한 종류인 지식지도(knowledge map)는 다양한 내용을 가르치는 데 널리 쓰인다. 지식지도는 주요 개념이 주제와 어떤 관련이 있는지 시각적으로 보여 준다. 수업이 끝난 후 학생들에게 지식지도를 보여주면 기억을 증진시킨다(Nesbit & Adesope, 2006; O' Donnell, Dansereau, Hall, 2002)

그래프, 차트, 표, 모형, 이해하기 쉬운 시각자료 등은 이해, 기억, 파지를 돕는다(Carney & Levin, 2002; Mayer, 2008a,b). 그러나 이러한 장치들은 시각적으로 빨리 처리될 수 없을 정도의 많은 정보를 담고 있으면 효과가 없다(Butcher, 2006; Schnotz, 2002; Vekiri, 2002). Atkinson 등(1999)은 기억술을 표와 결합해서 이 문제를 해결하려고 했다. 다양한 종류의 상어의 특징에 대해 가르칠 때 교사는 상어의 이름과 특징과 관련 있는 우스운 그림이 있는 표를 준비한다. 예를 들어 돔발 상어(dogfish sharks)는 해변가의 적당한 깊이에서 사는데 톱과 같은 이빨이 있다. 그러면 톱을 들고 잠수함에서 나온 강아지가 해변에 있는 '개 출입금지' 라는 팻말을 자르는 그림을 보여 주게 된다. 이런 방법으로 5학년을 가르치자 다른 종류의 그림을 보여 준 학생들보다 아홉 가지 상어의 특징을 더 잘 기억했다.

요약

정보처리 모형이란 무엇인가

기억의 주된 세 가지 구성 요소는 감각등록기, 단기기억 또는 작업기억, 장기기억이다. 감각등록기는 감각이 연결된 매우 짧은 시간 동안 지속되는 기억이다. 감각을 통해 입력된 주의를 기울이지 않은 정보는 빠른 속도로 사라진다. 일단 정보가 받아들여지면 경험과 정신 상태에 따라서 처리된다. 이 활동을 지각이라고 한다.

단기기억 또는 작업기억은 5~9개 정도의 정보 단위를 잠깐 동안 보유한다. 작업기억의 정보는 감각등록기와 장기기억에 모두에서 유입된다. 시연은 정보를 작업기억에 보관하기 위해 반복하는 과정이다.

장기기억은 영구적으로 많은 양의 정보를 보관할 수 있는 기억체계이다. 인지주의 학습 이론에 따르면, 학생들이 새로 배운 정보를 장기기억에 저장된 정보와 관련짓도록 돕는 것이 중요하다.

장기기억에는 개인적인 경험을 저장하는 일화기억, 스키마의 형태로 사실이나 원리를 저장하는 의미기억, 무엇을 하는 방법에 대한 지식을 저장하는 절차기억의 세 가지 기억이 있다. 스키마는 이해와 활동을 안내해 주는 생각들의 연결망이다. 잘 구성된 스키마에 들어맞는 정보는 그렇지 않은 정보보다 더 쉽게 배울 수 있다. 처리수준 이론에서 학습자는 그들이 처리하는 것만을 기억한다. 학습자들은 정보를 조작하고 다른 관점에서 보고 분석할 때 정보를 처리하고 있는 것이다. 이중부호 이론에서는 정보를 배울 때 시각과 언어 부호 둘 다 사용하는 것이 중요하다.

뇌연구의 시사점은 무엇인가

과학자들이 인간의 뇌가 활동하는 것을 관찰할 수 있도록 한 기술은 뇌과학의 급속한 발전을 이끌었다. 특정 정보를 처리하는 데 뇌의 특정한 부분이 쓰인다는 것을 발견했다. 개인이 전문가가 되어가면서 뇌는 더욱 효율적으로 기능한다. 뇌의 초기 발달은 신경의 연결을 더하고 쓰지 않는 것은 퇴화하는 과정이다. 신경과학은 뇌가 어떻게 작동하는지 밝혀내고 있지만 이 연구들을 교수에 직접적으로 적용하기에는 아직 이르다.

무엇이 사람들로 하여금 기억하게 하거나 망각하게 하는가

간섭 이론으로 망각의 원인을 설명할 수 있다. 학생은 정보가 다른 정보와 섞이거나 다른 정보가 들어오면 망각을 한다. 간섭 이론에는 망각의 원인이 되는 두 가지 상황이 있다. 새로운 정보로 인해 이전의 정보를 망각하는 역행간섭과 예전에 배운 정보가 다음의 학습을 방해하는 순행간섭이 있다. 초두효과와 신근효과는 사람들이 처음과 끝에 배운 정보를 가장 잘 기억한다고 설명한다. 자동성은 정보나 기술을 연습해서 별로 힘을 들이지 않고도 그 정보를 장기기억에서 인출할 수 있을 때 획득된다. 연습은 새로운 정보가 기억 속에 결합되는 것을 강화시킨다. 과제를 일정 시간 동안 연습하는 분산연습은 집중연습보다 효과적이다. 직접 해보는 것 또한 학생들의 기억을 돕는다.

어떻게 기억 전략을 가르칠 수 있을까

교사는 수업을 조직적인 방법으로 하거나 기억술이라고 하는 암기 전략을 사용해 가르치면 학생들이 사실을 기억하는 데 도움을 줄 수 있다. 세 가지 언어학습에는 쌍-연합학습, 계열학습, 자유회상학습이 있다. 쌍-연합학습은 정보가 주어지면 그 정보를 다른 정보와 결합하는 것인데 심상을 이용한 핵심어 같은 방법으로 효과를 높일 수 있다. 계열학습은 특정한 순서로 정보를 기억하는 것이다. 자유회상학습은 순서 없이 기억하는 것으로 장소법, 단어걸이법, 각운, 첫글자 외우기 등의 전략이 도움이 된다.

무엇이 정보를 의미있게 만드는가

학생들에게 중요하고 이해 가능한 정보는 기계적으로 배우는 활용할 수 없는 지식이나 정보보다 훨씬 유의미하다. 스키마 이론에 따르면 개인의 유의미한 지식은 스키마의 망과 위계로 구성된다.

초인지적 기술이 학습에 어떻게 도움을 주는가

초인지는 학생이 자신의 사고 과정에 대해 생각하고 통제하며 그들의 사고 과정을 효율적으로 이용할 수 있도록 돕는다.

어떤 학습 전략이 학생들의 학습을 돕는가

노트하기, 밑줄 치기, 요약하기, 받아적기, 개요 작성하기, 개념도 작성하기는 효과적으로 학습을 촉진한다. PQ4R법은 정보를 유의미하게 조직하는 전략의 예이다.

인지적 교수 전략은 어떻게 학생들을 돕는가

선행조직자는 학생이 배경지식을 활성화해서 새로운 정보를 처리하도록 돕는다. 유추, 정교화, 스키마, 질문하기, 개념 모형 등은 인지주의 학습 이론에 근거한 학습 전략의 예이다.

주요용어

간섭(interference)
감각등록기(sensory register)
개념도 작성하기(mapping)
개요작성(outlining)
계열학습(serial learning)
기계적 학습(rote learning)
기억술(mnemonics)
노트하기(note-taking)
단기기억(short-term memory)
단어걸이법(pegword method)
분산연습(distributed practice)
비활성 지식(inert knowledge)
선행조직자(advance organizer)
섬광기억(flashbulb memory)
순행간섭(proactive inhibition)
순행촉진(proactive facilitation)
스키마 이론(schema theory)
스키마타(schemata)

시연(rehearsal)
신근효과(recency effect)
심상(imagery)
쌍-연합학습(paired-associate learning)
언어학습(verbal learning)
역행간섭(retroactive inhibition)
역행촉진(retroactive facilitation)
요약하기(summarizing)
유의미 학습(meaningful learning)
유추(analogy)
의미기억(semantic memory)
이중부호 이론(dual code theory of memory)
일화기억(episodic memory)
자기질문 전략(self-questioning strategy)
자동화(automaticity)
자유회상학습(free recall learning)
작업기억(working learning)
장기기억(long-term memory)
장소법(loci method)
절차 기억(procedual memory)
정교화(elaboration)
정보처리 이론(information processing theory)
주의(attention)
지각(perception)
직접 해보기(enactment)
집중연습(massed practice)
처리수준 이론(levels-of-processing theory)
첫 글자 외우기(initial letter strategy)
초두효과(primacy effect)
초인지(metacognition)
초인지 기술(metacognitive skill)
핵심단어법(keyword method)
PQ4R법((PQ4R method)

자기평가 : 교수학습원리

이 장의 서두에 있는 예화를 다시 읽고 다음 질문에 답하시오.

1. 정보처리 이론에 따르면, 비숍 선생님의 학생들은 3초 실험에서 어떤 기억체계를 사용했는가?
   a. 감각등록기
   b. 단기기억
   c. 작업기억
   d. 장기기억

2. 비숍 선생님은 학생들에게 "우리 마음속에 입력되는 모든 것을 기억할 수 있다고 상상해 보자. 그럼 어떨까?"라고 물었다. 한 학생은 "천재가 될 걸요."라고 대답했고 또 다른 학생은 "우린 미쳐버릴 거예요."라고 대답했다. 왜 비숍 선생님은 뒤의 대답에 동의했을까?
   a. 천재성은 기억과는 관련이 없는 유전적인 특징이다.
   b. 천재성과 주위에 있는 단서들에 관심을 기울이는 것은 관련이 없다.
   c. 한 번에 너무 많은 정보를 얻게 되면 학습이 쇠퇴한다.
   d. 정신병이 있는 사람은 정신병이 없는 사람보다 환경에서 더 많은 정보를 얻는다.

3. 3초 실험에서 비숍 선생님은 그녀가 보여 준 오버헤드 프로젝터와는 관련이 없는 것을 기억해 보라고 했다. 학생들이 냄새, 소리, 교실 상황, 사람들에 대해 기억을 할 때 어떤 기억을 사용하는가?
   a. 의미기억
   b. 절차기억
   c. 이중부호기억
   d. 일화기억

4. 비숍 선생님의 학생인 세릴은 스크린에 학습이라는 단어가 없었는데도 그 단어를 보았다고 했다. 비숍 선생님은 이 현상을 어떻게 설명했는가?
   a. 3초 실험을 할 때 비숍 선생님이 실제로 그 단어를 말했기 때문에 세릴이 그 단어를 기억했다.
   b. 인간은 처음이나 끝에 제시된 정보를 더 잘 기억하는 경향이 있으므로, 세릴은 3초 실험 후에 학습이라는 단어를 생각했다.
   c. 실제로 제시되었던 단어인 기억과 학습은 밀접하게 관련이 있어서 기억이라는 단어가 생각나자 학습이라는 단어도 떠올랐다.
   d. 학생들이 정보를 복습하는 데 3초밖에 없어서 세릴은 기억한 것을 추측했다.

5. 몇몇 학생들은 주어진 정보를 무작위로 외우려고 했다. 그들은 어떤 학습 전략을 사용했나?
   a. 자유회상학습
   b. 계열학습
   c. 쌍-연합학습
   d. 처리과정학습

6. 비숍 선생님은 학생들에게 실험에서 배운 세부사항은 잊어버리고 다른 것을 기억하게 될 거라고 결론지었다. 이것은 왜 그럴까?
   a. 처리수준 이론에 따르면, 우리는 완전한 처리 과정을 통해 정보를 저장한다. 학생이 정보에 의미를 부여하면 그것을 기억할 가능성이 높아진다.
   b. 이중부호 이론에 따르면, 시각정보가 언어정보보다 기억이 더 잘 된다. 학생이 정보를 보았다면 들은 정보보다 더 잘 기억한다.

직접 교수법이란 무엇인가

직접 교수법은 어떻게 가르치는 것인가

- 학습 목표 진술
- 수업에 대한 학생들의 마음의 준비
- 선수학습 복습
- 새로운 자료 제시
- 학습 정도의 탐색
- 개별 연습 제공하기
- 성취 평가와 피드백 제공하기
- 분산 연습과 복습 제공하기

직접 교수법에 관한 연구는 무엇을 제안하는가

학생은 어떻게 개념을 배우고 전이하는가

- 개념 학습과 교수
- 학습 전이를 위한 교수

교수법에서 토론은 어떻게 사용되는가

- 주관적이며 논쟁의 여지가 있는 주제
- 어렵고 생소한 개념
- 정서적 목표
- 전체 토론
- 소집단 토론

7

효과적인 수업

Billy E. Barnes/PhotoEdit

학습 목표

이 장을 공부하고 나면 다음과 같은 것을 할 수 있다.

- 직접 교수법의 정의와 언제 이 방법이 적절하게 사용될 수 있는지를 말할 수 있다.
- 직접 교수법을 사용하여 어떻게 수업을 진행하는지를 설명할 수 있다.
- 직접 교수법에 대한 연구가 제안한 실제 교실 현장에서의 적용에 대해 토론할 수 있다.
- 학습 전이가 일어나도록 하는 최상의 교수에 대해 설명할 수 있다.
- 토론이 가장 효과적으로 사용되는 교수 상황을 정의할 수 있다.

Billy E. Barnes/PhotoEdit

제니퍼 로간 선생님의 중학교 2학년 물리학 수업은 행복한 혼란이다. 학생들은 실험실에서 소집단으로 나누어 어떤 요소가 소리에 영향을 미치는가를 알기 위해 모든 종류의 병에 물을 채운 다음 병을 두드리는 실험을 하였다. 한 집단은 동일한 병들을 나란히 세워놓은 다음 각각의 병에 물의 양을 다르게 붓고 자연스러운 음색을 만들기 위해 계속해서 두드렸다. "병 속 물의 양이 중요한 것 같아요." 집단의 한 구성원이 로간 선생님에게 말했다. 다른 집단 구성원들도 동의했다. 다른 집단은 다른 종류의 병을 가지고 같은 양의 물을 담았다. "병의 모양이나 두께가 소리의 차이를 만드는 것 같아요." 그 집단의 구성원이 말했다. 크기, 모양, 두께가 다른 병에 물의 양을 달리하여 병을 두드리면서 연구하는 집단들도 있었다. 그들의 이론은 방대하고 다양하였다.

30분의 실습 후에, 로간 선생님은 학생들을 반 전체로 모아 그들이 무엇을 했고 결론이 무엇인지를 설명하라고 했다. 학생들은 크게 자신이 속한 소집단의 견해를 이야기했다. "그것은 물의 양이에요." "병의 높이예요." "병의 두께예요." "아니요. 병의 모양 때문입니다." "병을 얼마나 세게 두드리는가의 문제예요." 로간 선생님은 학생이 서로의 생각을 받아들이고 자신의 주장을 펼 수 있도록 대화를 조정했다.

다음날 로간 선생님은 소리에 대하여 강의를 했다. 그녀는 어떻게 소리가 공기 중에서 퍼져 나가는지 그리고 뇌에 소리 정보가 전달되면서 파장이 어떻게 고막을 떨게 하는지를 설명했다. 로간 선생님은 용수철 장난감을 이용하여 소리 파장이 적해지는 방법을 증명하기 위해 두 명의 학생을 교실 앞으로 불러냈다. 로간 선생님은 학생이 이해하고 있는지를 알기 위해 그리고 다음 단계로 넘어가기 위해 많은 질문을 했다. 그런 후 로간 선생님은 관 속에서 소리가 날 때, 긴 관일수록 소리가 낮게 나는 현상에 대해 설명했다. 이것을 구체화하기 위해 선생님은 플루트와 피콜로를 연주했다. 학생들의 마음속에서 전구처럼 빛이 발하기 시작하였고 로간 선생님은 학생들이 갖기 시작하는 반응과 질문에 대답을 했다. 이 수업이 끝날 때쯤 로간 선생님은 자신의 질문에 대한 학생들의 대답을 통해 학생들이 이해하기 시작했다는 것을 알 수 있었다. 수업 시간 말미에 로간 선생님은 학생들이 소집단으로 돌아가서 자신들이 무엇을 배웠는지 그리고 배운 지식을 이 병 문제에 있어 어떻게 적용할 수 있는지에 대해 토의를 하게 했다.

소리에 관해 3일째 수업하던 날, 학생들은 흥분하며 웅성거렸다. 전 시간에 자신들이 결론에 도달했던 이론이 맞는지 검증해 보기 위해 실험실에 가서 병에 물을 채우고 병을 두드리기 시작했다. 로간 선생님은 집단 사이로 돌아다니면서 학생들 간의 대화를 들었다. "물의 양이 아니라 공기의 양이야." 로간 선생님은 한 학생이 말하는 소리를 들었다. "병이 아니라 공기 때문이야." 다른 집단에서도 한 학생이 말했다. 로간 선생님은 아직 이해를 잘 못하는 집단에게는 도움을 주었다. 마침내 로간 선생님은 학생들의 조사 결과와 결론을 듣기 위해 모든 학생들을 모았다. 몇몇 집단의 대표자들은 각각의 병 속에 들어 있는 공기의 양이 어떻게 소리를 결정하는지를 보여 주기 위해 그들이 했던 경험을 설명하였다.

"우리는 어떤 명쾌한 실험으로 소리를 조절하는 것은 공기의 양뿐이라는 것을 보여 줄 수 있을까?" 로간 선생님이 질문했다.

학생들은 웅성거리기면서 실험을 했던 모든 병들을 모았다. 학생들은 물의 양이 다른 같은 병들을 줄 세웠다. 그 다음 물이 아니라 공기라는 것을 실험하기 위해서 다른 크기의 병 속에 같은 양의 물을 넣었다. 확실히 병 속에 공기가 들어 있는 공간이 클 때 더 낮은 소리를 내었다.

로간 선생님은 교과서에서 소리에 관한 단원을 읽는 숙제를 내면서 수업을 끝냈다. 로간 선생님은 학생 모두가 소리 단원의 모든 것을 이해하도록 집단별로 공부하고 개별적으로 자신이 배운 새로운 지식을 적용할 수 있는지 여부를 보여 줄 수 있는 시험을 칠 것이라고 말하였다. 그러나 로간 선생님은 집단 구성원들 모두가 자료에 대해 이해할 수 있어야만 슈퍼팀이 될 수 있다는 것을 인지시켰다.

종이 울렸다. 학생들은 복도로 쏟아져 나왔다. 학생들은 여전히 배운 것에 관해 흥분해서 이야기를 하였다. 몇몇 집단 구성원들은 다음날 시험에 대비하기 위해 저녁에 모이기로 약속하였다. 로간 선생님은 줄지어 나가는 학생을 지켜보았다. 로간 선생님는 비록 피곤했지만, 이 수십 명의 학생들이 소리와 실험에 대해 배웠고 무엇보다도 스스로의 힘으로 어려운 개념을 파악할 수 있다는 것을 가르쳐 준 이 수업을 결코 잊지 못할 것이라는 점을 알고 있었다.

생각해 보기

- 종이 중간에 '효과적인 수업'이라고 쓰고 원을 그려 보시오. 효과적인 수업을 위한 모든 종류의 수업 접근법들을 여러 사람과 함께 생각해 보시오. 그러고 나서 로간 선생님이 사용한 수업 접근법의 종류를 찾아 적어 보시오.
- 로간 선생님은 학생에게 어떻게 동기부여를 하였는가? 자료에 대한 기억을 향상시키기 위해서 어떠한 전략을 사용했는가?

수업은 교육이 이루어지는 장이다. 학교 건물에서부터 통학 버스나 행정 업무까지 학교의 다른 모든 제반적인 것들은 교사가 효과적인 수업을 할 수 있도록 보조하기 위해 설계되어 있다. 그것들 자체가 본연적으로 교육을 시키는 것은 아니다. 당신이 보통의 교사라면 대부분의 수업 시간을 강의하는 데 사용할 것이다. 전형적인 초등학교나 중학교의 교사는 한 해에 800~1,000시간의 수업을 강의하고 있다!

효과적인 수업을 수행할 수 있는 능력은 교사가 가지는 핵심 기술이다. 수업 발표력은 어떤 면에서 교육 현장에서 학습된다. 그러므로 훌륭한 교사는 해마다 발전하게 된다. 교육심리학자들은 효과적인 수업을 위한 요소들을 연구해 왔고, 이러한 정보는 모든 학년과 과목을 가르치는 데 상당히 유용하다(Arends, 2004; Good & Brophy, 1989; Marzano, Pickering, & Pollock, 2001, Rosenshine, 2008; Schmoker, 2006). 이 장과 뒤의 세 장에서는 연구의 주된 결론과 함께 이것들이 일상적인 수업에 실제적으로 적용되는 방안에 관한 것이다.

로간 선생님의 수업에서 제시되었던 것처럼 효과적인 수업은 많은 교수 방법을 사용한다. 한 주제에 대해 4차시로 구성된 수업에서 교사는 토론, 협동 학습, 구성주의적 기법뿐만 아니라 직접 교수법의 네 단계를 병행하였다. 이러한 방법은 때때로 서로 다른 철학으로 대변되어져서 어느 것이 더 우수한지 끊임없이 관념적 논쟁이 되고 있다(Joyce, Weil, & Calhoun, 2004; Kirschner, Sweller, & Clark, 2006; Pressley et al, 2003 참조). 그러나 경험이 있는 교사는 모든 수업 방법을 사용할 줄 알고 있으며 또한 언제 사용해야 하는지도 알고 있다.

이 장에서는 교사가 정보를 어떻게 전달해야 학생들이 이해하고 협동하며, 배운 새로운 개념과 기술을 사용할 수 있도록 하는 교수 전략에 초점 맞추고자 한다. 제8장은 학생중심적인 방법에 초점을 맞춰, 학생이 스스로 또는 서로 협동하면서 학습에서 주도적 역할을 하는 방법에 대한 것이다. 이들 두 장에서 제시하고 있는 교수 전략은 교육학에서 크게 대립각을 세우는 철학을 대변한다고 볼 수는 없다. 오히려 상이한 목적으로 상이한 시기에 사용되는 보완적 접근으로 보아야 할 것이다.

직접 교수법이란 무엇인가

때때로 교사인 당신에게 있어 학생들을 가르치는 데 가장 효과적이고 효율적인 방법은 직접적으로 정보, 기술이나 개념을 가르치는 것이다(Bligh, 2000; Good & Brophy, 2008; Gunter et al., 2003; Hollingsworth & Ybarra, 2009; Kirschner et al, 2006; Rosenshine, 2008). **직접 교수법**(direct instruction)이라는 용어는 교사인 당신이 명확하게 정의된 수업 목표에 도달하기 위해 수업 시간을 가능한 한 효율적으로 구성하면서 학생들에게 정보를 직접적으로 전달하는 수업을 묘사할 때 사용된다. 직접 교수법은 특히 모든 학생들이 꼭 숙지해야만 하는 선언적 지식이나 절차적 지식을 가르칠 때 적절하다(Gunter et al., 2003). 교수의 목적이 깊은 개념적 이해나 탐구, 발견, 답이 없는 문제 탐구일 때는 효과적이지 못하다. 하지만 최근의 연구는 직접 교수가 개념 발달에서도 발견 학습보다 더 효과적일 수 있다는 사실을 지지하고 있다. Klahr과 Nigam(2004)은 초등학교 3학년을 대상으로 직접 교수 방법으로 한 변인의 효과성을 축출해 내는 실험을 한 집단과 직접 교수 없이 학생 스스로 실험을 한 집단을 비교하였다. 직접 교수를 받은 집단이 새로운 실험을 하는 데 있어 훨씬 더 나은 수행을 보였다.

효과적인 직접 교수법의 기본 요소를 발견하기 위한 많은 연구가 1970년대와 1980년대에 이루어졌다. 연구자마다 각각 다른 요소를 기술하고 있지만(Evertson & Poole, 2008; Good & Brophy, 2008; Hunter, 1995; Rosenshine, 2008), 연구자들과 교사들은 일반적으로 효과적인 직접 교수법을 특징짓는 행위들이 제시되는 순서에서는 동의한다. 교사는 우선 오늘 수업에 필요한 기술에 학생을 끌어들이고(예 : 교사는 오늘 수업과 관련된다면 어제 수업 내용을 간결하게 복습한다) 학생에게 무엇을 배우게 될지 이야기한다. 그러고 나서 교사는 대부분의 수업 시간을 기술이나 정보를 가르치거나, 기술을 연습할 시간을 주거나, 정보를 표현해 보도록 하거나, 질문이나 퀴즈를 통하여 학습 목표에 도달했는지의 여부를 결정하는 데 사용한다.

다음은 직접 교수법을 구성하는 부분에 관하여 간략하게 설명한 것이다. 이 장의 다음 단락에서는 각 부분에 대한 내용을 상세하게 다룰 것이다.

1. **학습 목표 진술과 수업에 대한 학생의 마음 준비.** 학생에게 배울 것이 무엇이며 기대되는 행동이 무엇인지 이야기한다. 수업을 하고 싶은 욕구는 수업이 본인에게 얼마나 흥미롭고 중요하며, 개인적으로 관련되어 있는지에 달려 있다.
2. **선수학습의 복습.** 오늘 수업을 이해하기 위해 요구되는 기술이나 개념을 회상시킨다.
3. **새로운 자료 제시.** 자료를 가르치고, 정보를 제시하고, 예를 들어 주고, 개념을 증명해 주는 등의 활동을 한다.
4. **학습 정도의 탐색.** 학생들에게 질문을 하여 이해 수준을 평가하고 실수를 바로 교정해 준다.
5. **개별 연습 제공.** 학생들에게 스스로 새로운 기술을 연습하거나 새로운 정보를 사용하는 기회를 제공한다.
6. **성취 평가와 피드백 제공.** 개별 성취를 복습하거나 퀴즈를 제공한다. 정확한 대답으로

직접 교수법

교사가 학생에게 직접 정보를 제공하는 교수 방법. 수업은 목표 지향적이고 교사에 의해 구조화됨

피드백을 제공하고, 필요하다면 지식 또는 기술을 다시 가르친다.

7. **분산 연습과 복습 제공.** 새로운 과제에 대한 연습 기회를 제공하기 위해 숙제를 내준다. 후속 학습에서 학생이 배운 것을 더 잘 기억하고 다른 상황에 적용할 수 있는 능력을 신장시킬 수 있도록 과제를 재검토하고 연습 기회를 제공한다.

직접 교수법은 어떻게 가르치는 것인가

일반적인 수업 구조는 교과목의 종류에 따라 그리고 학년 수준에 따라 광범위하게 다른 형태를 취한다. 상위 학습 교사는 과정의 각 단계를 가르치는 데 며칠을 소요하고 형식적인 시험이나 퀴즈를 실시한다. 하위 학급 교사는 한 수업 시간에 전체 내용을 설명하며 수업이 끝날 때 비형식적인 평가를 하면서 수업을 마친다. 표 7.1과 표 7.2는 직접 교수법이 주제와 연령

표 7.1 수학 기초 과정 수업 예 : 받아 내림 뺄셈

수업 구성	교사 활동
1. 학습 목표 진술 및 수업 소개	"학급에 32명의 학생이 있는데, 우리가 파티를 한다고 가정해 보자. 나는 각자 학생 모두에게 컵케이크를 주려고 해. 근데 너희 중 다섯 명이 빵을 싫어한다고 하는 거야. 컵케이크를 좋아하는 학생들을 위해 나는 컵케이크를 얼마나 준비하면 될까? 자 그러면 여기 십의 자리와 일의 자리를 표시해 보면…" 십의 자리 일의 자리 3 2 반 학생 수 − 5 컵케이크를 싫어하는 학생 수 "자, 뺄셈을 해 보자. 2에서 5를 빼면… 얘들아! 이건 할 수 없잖아! 5는 2보다 커. 그렇다면 어떻게 2에서 5를 빼지? 우린 할 수 없어!" "이번 수업에서 우리는 일의 자리 숫자가 작을 때 어떻게 뺄셈을 하는지에 대해 배울 거야. 이 수업이 끝나면 너희들은 십의 자리 숫자를 일의 자리 수로 변형해서 뺄셈을 할 수 있게 될 거야."
2. 선수학습 복습	"일의 자리 숫자가 충분히 커서 뺄셈을 할 수 있는 경우를 복습해 보자." 칠판에 문제를 쓰고 학생들이 풀도록 제시한다. 47 56 89 − 3 − 23 − 8 23에는 십이 몇 개 있나요? ________ 30에는 일이 몇 개 있나요? ________ 정답을 말하고 학생들이 실수한 모든 부분들에 대해 설명한다.
3A. 새로운 자료 제시 (첫 번째 하위 기술)	각 학생들에게 나무 막대기 10개 묶음 5개와 낱개로 10개를 나누어 준다. OHP 환등기를 통해 막대기로 13, 27, 30을 어떻게 만드는지 보여 준다. 각 학생들이 자신들의 책상 위에서 각 숫자만큼 막대기를 놓아 보도록 한다. 교실을 돌아다니면서 학생들이 제대로 하는지 체크한다.
4A. 학습 정도의 탐색 (첫 번째 하위 기술)	학생들이 자신들의 나무 막대기로 23을 만들도록 한다. 학생들이 맞게 했는지 체크한다. 다음 학생들이 40을 만들어 보도록 한다. 모든 학생들이 어떻게 하는지를 알 수 있을 때까지 계속한다.

(계속)

표 7.1 수학 기초 과정 수업 예 : 받아 내림 뺄셈 (계속)

수업 구성	교사 활동
3B. 새로운 자료 제시 (두 번째 하위 기술)	OHP 환등기를 사용하여, 막대기로 6 빼기 2와 8 빼기 5를 어떻게 하는지에 대해 설명한다. 다음은 13을 만들어서 여기에서 5를 빼시오. 어떻게 하면 이 뺄셈을 할 수 있는지 학생들의 생각을 들어본다.
4B. 학습 정도의 탐색 (두 번째 하위 기술)	10개 묶음을 풀어서 12를 만든 다음(학생들이 바르게 했는지 체크한다.) 4개를 뺀다. 학생들이 동일한 방법으로 17개에서 9개를 빼도록 한다. 모든 학생이 원칙을 깨달을 때까지 계속한다.
3C. 새로운 자료 제시 (세 번째 하위 기술)	10개 묶음들과 낱개들이 그려져 있는 연습 문제지를 나누어 준다. 왜 10개의 묶음을 ×표로 지우고, 낱개들이 10으로 변형된 수로 적고, 낱개들이로 변형된 수들에서 빼는 과정에 대해 설명한다.
4C. 학습 정도의 탐색 (세 번째 하위 기술)	모든 학생들이 이해할 때까지 문제지에 있는 피감수들(빼기 문제에서 첫 숫자들)을 한 번에 하나씩 10개 묶음 1개를 풀어 낱개의 숫자로 변형하도록 한다.
5. 개별 연습 제공	학생들이 스스로 연습 문제지를 끝낼 수 있도록 계속하게 한다.
6. 수행 평가와 피드백 제공	OHP를 사용하여 정답을 확인시킨다. 학생들이 자신의 문제지를 스스로 채점하도록 한다. 문제 1번, 문제 2번 등 각각의 문항을 맞춘 사람이 누구인지 체크하고 많은 학생들이 틀린 문항은 모두 설명을 한다. 학생들이 자신의 연습지를 고치도록 한다.
7. 분배된 연습과 복습의 제공	숙제를 내주고 어떻게 숙제를 해야 할지에 대해 설명한다. 다음 시간 시작할 때와 나중의 수업에서도 수업 내용을 복습한다.

표 7.2 역사 수업 예 : 제2차 세계대전의 발단

수업 구성	교사 활동
1. 학습 목표 진술 및 수업 소개	"오늘은 20세기에서 아마도 가장 중요한 사건이라 할 수 있는 제2차 세계대전의 발단과 원인에 대해 토론해 보겠습니다. 유럽 국가들의 지리적 위치, 미국의 정치적 지배, 구소련 하에 명목적으로 있었던 동유럽의 여러 국가들 문제, 심지어 중동의 문제들까지 오늘날 세계의 정치 현상 모두는 히틀러의 등장과 그에 따른 피 흘리는 전쟁과 관련이 있습니다. 여러분 중 어떤 학생은 세계대전에 참전했거나 전쟁의 영향으로 많은 고통의 삶을 산 친척들이 있을 거라 생각합니다. 친척이나 아는 사람 중에 이 전쟁에 참전한 사람이 있으면 손을 들어 보세요." ■ "오늘날의 독일은 평화롭고 부요한 국가입니다. 어떻게 히틀러 같은 사람이 정권을 잡을 수 있었을까요? 이것을 알려면 우리는 제1차 세계대전 후의 독일의 실상과 왜 실직한 오스트리아 화가가 유럽에서 가장 큰 나라중 하나인 독일의 지도자가 되었는지를 이해해야만 합니다." ■ "이 수업을 마칠 때가 되면 여러분들은 히틀러의 등장을 이끈 독일의 상황과 그가 성공할 수 있었던 이유와 그의 등장과 정권 획득까지의 과정에 대해 이해하게 될 것 입니다."
2. 선수학습 복습	지난 시간에 대한 복습을 한다. ■ 베르사유 조약의 치욕적인 조항 – 전쟁 배상금 – 루르지방의 비무장화 – 영토와 식민지의 박탈 ■ 독일에서 민주주의 경험의 결여

(계속)

표 7.2 역사 수업 예 : 제2차 세계대전의 발단 (계속)

수업 구성	교사 활동
3. 새로운 자료 제시 (첫 번째 하위 기술)	학생들과 토론한다. ■ 히틀러 등장 전의 독일의 상황 - 바이마르 공화국의 실정 - 경제 문제, 인플레이션과 미국 경제공황으로 말미암은 여러 악재들 - 정치가들의 배신으로 제1차 세계대전에서 독일이 패했다는 신념 - 공산주의에 대한 공포 ■ 히틀러의 정권 획득 과정 - 독일 국가 사회당(나치)의 결성 - 맥주 광장 반란과 히틀러의 구속 - 『나의 전투(Mein Kampf)』(역주-히틀러의 자서전) - 브라운 셔츠(S.A.)의 결성 - 선거와 총통으로 임명
4. 학습 정도의 탐색	수업 시간에 학생들에게 하는 질문을 통해 학생들이 주요 요점을 이해하는지 평가한다.
5. 개별 연습 제공	학생 각자가 왜 1920년대와 1930년대 초 독일 상황이 히틀러의 등장에 유리하였는지에 대한 이유를 세 가지 적고 자신들의 의견을 변호할 수 있도록 준비를 시킨다.
6. 성취 평가와 피드백 제공	무작위로 학생들을 선정하여, 작성한 히틀러의 성공 이유에 대해 발표하고 자신의 생각을 변론하도록 한다. 보고서를 제출하도록 한다.
7. 분산 연습과 복습의 제공	다음 시간 시작할 때와 나중의 수업에서도 수업 내용을 복습한다.

에 따라 어떻게 적용될 수 있는지에 대한 수업의 예를 보여 준다. 첫 번째 수업, '받아 내림 뺄셈'은 기초 수학 능력에 대한 직접 교수법의 예이다. 대조적으로 두 번째 수업, '제2차 세계대전의 근원' 은 역사에서 중대한 사건의 원인과 상호관계를 이해하는 높은 수준의 직접 교수법의 예이다. 첫 번째 수업(표 7.1)은 한 단계씩 진행되며 학생들이 배웠던 개념들을 이해할 수 있도록 자주 수업 평가와 개별 연습을 강조한다. 반면에 두 번째 수업(표 7.2)은 중요한 개념을 이해하기 위해 새로운 정보, 토론, 질문이 교대로 실시된다.

연결해서 더 보기

교수 목표, 수업 계획서 작성, 목표 분류하기에 대해서는 제12장을 참조하시오.

이 두 학습에서 나타나는 일련의 활동들은 학생의 흥미를 유발하는 것에서부터 새로운 정보를 제공하는 것과 새로운 지식과 기술을 연습하고 평가하는 논리적인 순서를 따르고 있다. 직접 교수법에서 다양한 요소들을 어떻게 가르치는가는 학년과 과목에 따라 다르게 보이지만 이러한 순서는 학년이나 주제에 상관없이 공통적 요소이다.

■ 학습 목표 진술

수업의 첫 단계는 가르치고 배우는 이유를 분명하게 하는 것이다. 교사인 당신은 수업이 끝나고 난 뒤에 학생이 무엇을 알게 되고 혹은 무엇을 할 수 있기를 바라는가? 수업을 시작할 때 목표를 설정하는 것은 정보, 수업 자료, 수업 활동을 결정하는 틀을 제공하는 데 필수적이다(Gronlund & Brookhart, 2009).

적용해 보기

수업 계획

수업의 첫 단계는 학습 목표와 결과를 진술하면서 앞으로 배울 많은 내용을 압축하여 **수업 계획**(lesson planning)을 제시하는 것이다(Burden & Byrd, 2010; Dick, Carey, & Carey, 2009; Karges-Bone, 2000 참조). 교사는 한 단원을 계획할 때 다음의 질문에 답할 필요가 있다.

1. 학생은 이 수업 후에 무엇을 알아야 하고 무엇을 할 수 있는가? 학생이 배운 것의 성과는 무엇인가? 교사는 학생의 학습 성과나 목표를 언제, 어떻게 알 수 있는가?
2. 이번 학습 내용을 학습하는 데 선수될 필요가 있는 기술은 무엇인가? 교사는 학생들이 이런 기술을 가졌는지 어떻게 확인할 수 있는가?
3. 학생이 학습 결과를 얻기 위해 필요한 지식, 기술을 습득할 수 있도록 교사는 어떤 지식, 행동, 경험을 제공할 것인가? 시간은 얼마나 필요할 것인가? 수업 시간과 수업 외 시간을 어떻게 이용할 것인가? 학생이 학습 목표를 성취하도록 하기 위해 교실 과제와 숙제를 어떻게 배당할 것인가?
4. 학습 내용에 대해 학생들의 흥미를 어떻게 유발할 것인가? 학생들이 학습하도록 어떻게 동기부여를 할 것인가? 학생들의 학습에 대해 어떻게 피드백을 줄 것인가?
5. 학습 제시를 위해 사용하는 책과 자료는 무엇인가? 언제 모든 자료를 미리 점검하고 자료에 대한 학생의 반응 지침을 만들 것인가? 모든 자료가 정확하고 교육적으로 건전하고 다른 문화에도 합당하며, 내용과 학년 수준은 적정한가?
6. 많은 다른 교수법을 어떻게 병용할 것인가? 예를 들면 읽기, 강의, 역할놀이, 비디오 감상, 시범, 쓰기 숙제를 사용하는가?
7. 교사가 사용하는 참여 구조는 무엇인가? 대집단 혹은 소집단 토의, 협동 학습 집단, 능력별 집단, 개별 할당인가? 학습 과제는 집단 또는 개별로 수행할 것인가? 어떻게 집단을 조직하고 관찰하고 평가할 것인가?

■ 수업에 대한 학생들의 마음의 준비

수업을 시작할 때 교사는 학생으로 하여금 수업에 대해 긍정적인 **마음의 준비**(mental set) 혹은 수업을 하려는 태도를 갖도록 해야 한다. "나는 수업에 임할 준비가 되어 있어. 나는 교사가 전달하는 중요한 정보와 기술을 배우고 싶고 내가 무엇을 배울지에 대해 알고 있어." 이런 마음의 준비는 다양한 방법으로 확립될 수 있다. 첫째, 교사는 학생이 수업 시간을 어기지 않도록 해야 하며 수업을 정시에 시작해야 한다(Emmer & Evertson, 2009; Evertson, Emmer, & Worsham, 2009). 이것은 준비가 덜 된 속에서 목표 없이 우왕자왕하는 것에 대한 위기감을 경고한다. 둘째, 교사는 학생이 수업 내용에 호기심과 흥미를 느끼도록 자극해야 한다. 첫 번째 예시 수업(표 7.1)에서 교사는 빼기를 지도하면서 현실적이며 흥미로운 상황인 학급파티를 위한 컵케이크 세기와 관련하여 예를 들었다. 두 번째 예시 수업(표 7.2)에서 교사는 제2차 세계대전 사건과 발단의 이해를 위해 학생들에게 역사 사건의 이해는 오늘날의 사건을 이해하는 데 도움을 주는 근거가 된다고 학습의 중요성을 홍보했으며, 제2차 세

수업 계획

수업 후에 학생이 알거나 할 수 있어야 하는 학습 목표를 진술하는 절차. 어떤 정보, 행동, 경험을 교사가 제공할 것인지, 목표에 도달하기 위해 얼마나 많은 시간이 필요한지, 어떤 교재와 매체가 사용될 것인지, 어떤 수업 방법과 참여 방식이 사용될지를 결정

마음의 준비

수업을 시작할 때 학생의 준비된 태도

"땡. 5교시 수업 준비를 아직 하지 못했는데 종이 치다니!"

계대전에서 싸웠거나 전쟁에 의해 깊이 영향을 받은 친척을 생각하게 함으로써 학생 자신과 개인적으로 연관을 시키도록 했다. 이 장의 첫머리에서 로간 선생님은 학생에게 정규 수업 전에 이와 관련된 실험의 기회를 제공함으로써 소리에 관한 학생의 호기심을 자극했다.

유전에 대한 수업은 다음과 같이 소개될 수 있다.

> 왜 키 큰 부모는 평균보다 키가 큰 아이를 낳고 빨간 머리 아이는 흔히 한쪽 부모가 빨간 머리를 가지고 있는지 궁금하지 않나요? 여러분 자신의 가족을 생각해 보세요. 여러분의 아버지와 어머니의 키가 평균 이상이면 여러분도 아마 평균 이상의 키를 가질 가능성이 높을 것입니다. 자, 오늘 우리는 유전학이라는 과학에 대해 공부합니다. 수업에서 부모님의 특징이 어떻게 자식에게 유전되는지 배울 것입니다.

이런 소개는 개인적으로 연관성이 있는 주제이기 때문에 학생이 흥미를 가질 것이라는 기대를 하게 한다.

유머 혹은 드라마가 긍정적인 마음의 준비를 시킬 수 있다. 예를 들면 선생님은 마술적으로 형용사를 부사로 변형시키는 것에(예를 들면 '슬픈'을 '슬프게'로) 학생의 관심을 끌기 위해 중산모와 마술봉을 사용한다. 〈Sesame Street〉와 〈Between the Lions〉같은 인기 있고 교훈적이며 효과적인 어린이 TV 프로그램은 기본 기술에 어린이들이 집중하고 흥미를 가질 수 있도록 이러한 도구를 계속 사용한다. 마지막으로 수업 초에 교사는 학생에게 학습이 어떻게 진행될 것인지, 수업이 끝나고 난 후에 학생이 알아야 하는 것이 무엇인지 알려 주게 된다. 학습 목표를 분명하게 제시하는 것은 일반적으로 학생이 목표를 성취하도록 고무시킨다(Gronlund & Brookhart, 2009). 학습 개요를 학생에게 제시해 주는 것은 새로운 지식을 통합하는 데 도움을 준다(Bligh, 2000).

적용해 보기

학생에게 목표 알리기

교사 교육 프로그램에는 학습 목표와 학습 결과에 대한 고찰을 시작으로 해서 수업 계획안을 작성하는 훈련을 포함하고 있다. 수업 계획을 학생과 공유하는 것은 좋은 생각이다. 왜냐하면 목표에 관한 지식은 학생 성취력을 높인다는 연구가 있기 때문이다. 학습 목표를 학생과 공유한다는 것에 대해 다음에 제시된 실제적인 제안들을 사용해 보자.

1. 학생에게 제시하는 목표는 수업에서 가르칠 수 있는 모든 것을 포함하도록 광범위해야 한다. 연구 결과를 보면 학생에게 너무 구체적인 목표를 주면 학생은 수업의 의미 있는 부분을 평가절하하거나 무시할 수 있다고 한다. 더불어 광범위한 목표는 수업 진행 중에 학습의 필요에 따라 적용, 응용하는데 보다 큰 탄력성을 제공한다.
2. 학생에게 제시한 목표는 학생의 학습 결과가 무엇이 될 것인지, 즉 학생이 무엇을 알게 될 것이고, 무엇을 할 수 있게 되며, 새로운 지식과 기술들을 어떻게 이용할 것인지를 명확하게 하기 위해 구체적으로 제시되어야 한다.
3. 학습하는 동안 학생이 왜 배우는지 상기시키기 위해 말과 쓰기로 목표를 설명하고 이러

한 것을 반복해야 한다. 교사는 흔히 구두나 작문으로 된 목표 개요나 요약을 사용한다. 학습 생산물의 예시 혹은 결과물의 모형이나 증거를 제시하는 것 또한 효과적이다. 예를 들면 미술 교사가 학생이 스스로 그릴 수 있게 원근을 이용해 표현한 학생 그림을 예시로 보여 줄 수도 있고, 수학 교사가 학습 초기에 풀지 못했지만 마지막에는 풀 수 있는 수학 문제를 보여 줄 수도 있다.

4. 학생 스스로 목표와 결과를 설명할 수 있도록 질문 기법을 사용한다. 교사 질문에 대한 학생의 대답은 수업 계획에 대해 다시 상기시키거나 알려 주는 역할을 한다. 연구 결과를 보면 학생이 수업 계획을 알거나 자신의 학습에 조절력을 가지고 있다고 느끼면 동기가 생기므로 어떤 교사는 학생에게 목표를 달성할 방법과 결과를 증명할 수 있도록 생각을 표현하게 한다.

■ 선수학습 복습

앞으로 배울 과제를 위해 교사는 학생의 선수학습 정도를 확인하여 학생이 알고 있는 것과 새로운 정보를 관련시킬 수 있어야 한다. 오늘의 수업이 어제의 수업의 연속이고 학생이 어제의 수업을 이해했다고 생각한다면, 새로운 수업을 시작하기 전에 어제의 수업에 대해 몇 가지 질문을 간략하게 한다. 예를 들면 "어제 우리가 배웠던 '-y' 자로 끝나는 단어에 접미사 '-ed' 를 붙이는 방법에 대해 누가 말해 볼까요?" 라고 말한다.

연결해서 더 보기 학생의 선수학습을 활성화하는 것의 중요성에 대해서는 제6장을 참조하시오.

오늘 수업은 어제 수업에 직접적인 연장으로 '-y' 자로 끝나는 단어에 또 다른 접미사를 붙이는 것이므로 이런 간단한 확인으로 적절하다. 그러나 매우 오래전에 배웠던 기술에 의존해 새로운 기술이나 개념을 소개하고자 한다면 보다 고심하고 연구하여 수업 도입을 시작하거나 선수학습 정도를 평가해야 할 것이다.

교사는 때때로 수업 시작 전에 학생의 선수학습 정도를 평가할 필요가 있다. 첫 번째 예를 든 수업(표 7.1)에서 교사는 중요한 의미를 유도하기 위해 중요 내용과 계산 기술이 필요 없는 간단한 질문을 학생에게 한다. 만약 학생이 필요로 하는 기술에 대해 이해력이 낮다면 교사는 새로운 수업에 들어가기 전에 필요한 선수 기술을 다시 주지시켜 주어야 한다.

교사가 선수학습을 검토해야 하는 또 다른 이유는 학습자들에게 선행조직자를 제공하기 위함이다. 제6장에서 정의한 것처럼 선행조직자는 교사가 학생이 이미 알고 있는 것을 회상시키고 새로운 정보를 이해시키기 위한 틀을 제공하는 도입 부분의 진술을 의미한다. 두 번째 예로 든 수업(표 7.2)에서 교사는 독일에서 히틀러의 성공을 가능하게 만들었던 경제, 정치, 사회적 상황을 복습함으로써 새로운 내용(히틀러의 등장과 정권 획득)에 대한 학습을 사전에 준비시켰다.

연결해서 더 보기 제6장의 선행조직자의 정의를 참조하시오.

■ 새로운 자료 제시

이 단계는 교사가 새로운 정보와 기술을 소개하는 것에 주안점을 두고 수업의 핵심을 시작한다.

연결해서 더 보기 잘 조절화된 정보기억에 대해서는 제6장을 참조하시오.

수업의 구조 수업은 논리적으로 조직되어야 한다. 제6장을 상기해 보면 명확하고 잘 조직화된 정보는 덜 명확하게 주어진 정보보다 훨씬 오래 기억되게 된다(Fuchs et al., 1997). 미국 정부의 입법부에 관한 수업은 다음과 같이 진행될 수 있다.

연방 정부의 입법부(첫 번째 수업)

Ⅰ. 입법부의 기능과 본질(의회)
  A. 법안 통과
  B. 행정부를 위한 예산 승인
  C. 양원 제도-상원과 하원
Ⅱ. 하원
  A. 국민에 가장 가까운 — 하원 의원은 2년을 임기 — 비례 대표제로 구성
  B. 세입 관련 법안 제안
Ⅲ. 상원
  A. 입법부에서 연속성이 보다 크도록 함 — 상원 의원은 6년 임기 — 각 주마다 두 명의 상원의원이 있음
  B. 행정부로부터 조약과 임명을 승인받음

위의 내용이 수업의 시작이 될 것이다. 이후 수업은 법률이 어떻게 입법화되는지, 입법상의 권력의 점검, 조정 등에 관해 소개할 것이다. 수업은 교사가 학생에게 가르쳐야만 하는 명확한 조직을 가지고 있다. 예를 들면 교사는 두 번째 주제를 시작하기 전에 “지금 우리는 양원의 하위 의회인 하원에 대해 배울 것이다.”라고 말할지도 모른다. 이것은 학생들이 구체적으로 기억하도록 돕는 심리적 틀을 형성하는 데 도움을 준다. 구조화된 수업과 수업 내용이 바뀔 때 사용되는 진술이 학생의 이해를 높인다는 연구 결과가 있다(Lorch, Lorch, & Inman, 1993).

수업의 강조　다른 단원을 소개할 때 진술을 통하여 수업을 명확하게 조직하는 것과 더불어 유능한 교사는 “이 부분은 특히 중요한 것이다.”라고 언급함으로써 수업의 가장 중요한 부분을 명백하게 지시한다(Alexander & Jetton, 1996). 중요한 부분은 반복해 주고, 필요하면 언제든지 학생들에게 상기시켜 준다. 예를 들면 대통령의 거부권에 관한 수업을 할 때, 교사는 다음과 같이 말할 수 있다.

> 여기서 우리는 처음에 토론했던 견제와 균형 체계의 작용을 이해한다. 행정부는 국회에 의해 통과된 법을 거부할 수 있다. 반대로 국회는 행정부의 예산 집행을 보류할 수 있다. 이런 견제와 균형의 체계를 이해하는 것은 미국 정부가 어떻게 움직이게 되는지를 이해하는 데 있어 중요하다.

이런 방식으로 교사는 필요하면 반복해서 이야기하거나 중요한 내용이라고 언급하면서 미국 정부의 핵심 개념 중 하나가 행정부, 입법부, 사법부 사이의 견제와 균형체제임을 강조한다.

수업의 명확성　효과적인 수업의 한 일관된 특징은 명확성이다. 개념을 전달하기 위해 직접적이고 단순하며 잘 조직화된 언어를 사용하는 것이다(Land, 1987; McCaleb & White,

1980; Smith & Land, 1981). 두서가 없거나, 엉뚱한 주제로 빠지거나, 수업의 흐름을 방해하는 것은 명확한 수업이 아니다. 명백한 강의는 의미가 없는 모호한 용어의 사용을 피한다. 다음 예에서 고딕체로 표현한 단어들이 그와 같은 예이다(Smith & Land, 1981 인용) : "**아마도** 수업의 십중팔구 주요 내용에 들어가기 전에 당신은 몇 가지 필요한 선수 개념들을 복습해야 할 것이다."

설명 　효과적인 설명은 효과적인 교수의 핵심이다(Wragg & Brown, 2001). 설명에 대한 Wittwer과 Renkl(2008)의 최근 연구에서는 효과적인 설명은 학생들이 이미 알고 있는 것을 고려하고 연관시키며(Bolhuis, 2003; Leinhardt & Steele, 2005) 단순히 사실과 기술보다는 개념과 원리를 강조한다고 결론을 지었다. 효과적인 설명은 학생들이 내장형 멀티미디어처럼 복잡한 개념을 학생들이 시각화하고 조직화할 수 있도록 전략을 사용하며(Mayer, 2008a, b, 2009) 학생들에게 협동 학습 속에서 또래 집단과 함께 자신들이 이해한 것을 토론할 수 있는 기회를 제공한다(Webb & Mastergeorge, 2003).

한 연구에서 유능한 교사는 많은 설명과 설명적 단어(예를 들면 ~**때문에**, ~**을 위해**, **따라서**와 같은)를 사용하고 새로운 개념을 제시할 때 **규칙-예제-규칙**의 패턴을 자주 사용한다는 것을 발견하였다(Van Patte, Chao, & Reigeluth, 1986). 예를 들면

> 물질은 형태가 변할 뿐이지 결코 없어지는 것이 아니다. 만약 내가 종이 한 장을 태웠다면 종이는 사라졌음이 분명하다. 그러나 사실 종이는 대기의 산소와 결합되어 있고 가스(이산화탄소)와 재로 변화된 것이다. 만약 종이의 원자수와 종이가 타기 전과 후의 대기로 들어간 원자수를 셀 수 있다면 우리는 물질이 사라진 것이 아니라 단지 형태가 변하였음을 알 수 있다.

규칙("물질은… 결코 없어지지 않는다.")을 진술한 교사는 예를 들어 주었고 예가 규칙을 얼마나 잘 이야기하고 있는지를 설명함으로써 다시 규칙을 진술하였다. 또한 이 책에서도 규칙-예제-규칙의 패턴을 설명하기 위해 규칙-예제-규칙의 순서를 사용하고 있다는 것에 주목하라!

모범예제 　모범예제는 특히 수학에서와 같이 문제해결을 위해 사용되어 온 오래된 교수 전략 중 하나이다(Atkinson, Derry, Renkl, & Wortham, 2000). 예를 들면 교사는 문제를 제시하고 그것을 칠판이나 OHP에 적은 후 각 단계에서 자신의 생각을 설명한다. 이런 식으로 교사는 학생이 자신의 전략과 비슷한 전략을 사용할 수 있게 하기 위하여 노련한 전략 모형을 문제해결을 위해 제시한다. 모범예제에 대한 연구는 학생이 스스로 풀 수 있는 문제들일 경우에 효과적임이 밝혔다(예 : 한 과제에 대해 비슷한 종류의 여러 문제를 푸는 것) (Atkinson et al., 2000; Sweller, van Merrienboer, & Paas, 1998). 모범예제를 푸는 동안 그들 자신이나 친구에게 설명하지 않는 것이 모범예제의 효과를 한 단계 높여 준다(Renkl, 2002). 모범예제는 새로운 주제나 기술을 배우는 학생에게 특히 효과적이다(Kalyuga, Chandler, Tuovinen, & Sweller, 2001).

규칙-예제-규칙

규칙이나 정의를 제시하고 예를 보여 주고 다시 예가 규칙에 적용되는 것을 보여 주는 교수 개념의 패턴

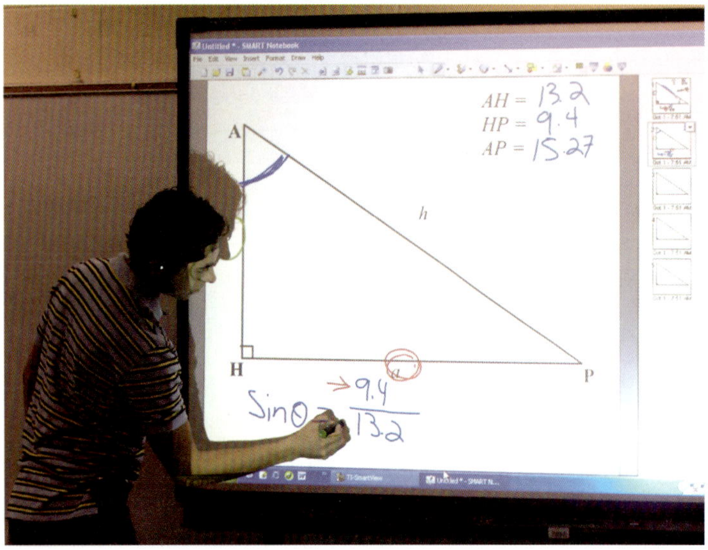

Bob Daemmrich/PhotoEdit

학생들에게 예시를 보여 줌으로써 교사는 문제풀이 과정과 의사결정 과정을 보여 줄 수 있다. 이 방법이 교수 전략에서 왜 중요한가? 왜 학생들이 직접 풀어보는 과정이 중요한가?

예시, 모델, 예화 인지적 이론가들은 학생이 직접 보는 것과 경험하는 것이 개념과 기술 획득에 중요하다고 지적한다. 시각적인 방법으로 제시된 것은 듣기만 하는 정보보다 오랫동안 기억된다(Hiebert, Wearne, & Taber, 1991; Sousa, 2001). 영어를 배우는 아이들에게는 말하는 것보다는 보여주는 것이 효과적이다(August & Shanahan, 2006b). 로간 선생님은 소리의 주요한 원리의 이미지를 지속시키고 명확하게 하기 위해 학생에게 직접적인 경험(병을 채우고 두드리는 것)과 시각적인 유추(용수철 장난감은 소리 파장을 표현)를 사용하였다. 하지만(벽돌의 수를 세는 것과 같은) 조작은 배울 개념과 명확하게 연관이 되어 있지 않으면 오히려 배우는 데 역효과가 날 수도 있다(Campbell & Mayer, 2004).

비디오의 사용 비디오, TV, DVD는 오랜 동안 교육적으로 사용되어 왔다. 하지만 주요 개념을 설명하는 화면이나 수업에서 사용되는 비디오나 DVD의 새로운 사용법은 특별한 장점을 가지고 있다. 비디오 사용에 대한 연구들은 비디오가 아동들이 새로운 정보를 배우고 기억하는 데 효과적이며, 주요 내용을 이해하고 명확하게 연관시킬 수 있게 한다고 말한다(Mayer, 2008a, 2009). 예를 들면 Chambers와 동료들의 2년에 걸친 연구에서 간단한 만화와 인형극으로 철자 발음과 글자 발음을 보여 주면 초등학교 1학년 학생들의 읽기 수준이 눈에 띄게 증가한다는 사실을 발견하였다(Chambers, Cheung, Madden, Slavin, & Gifford, 2006; Chambers et al., 2008).

연결해서 더 보기

학습에서 주의집중의 중요성에 대해서는 제6장을 참조하시오.

주의집중 유지 단조롭고 무미건조한 강의는 지루하여 아무리 수업이 정교하다 하더라도 학생들이 계속 주의집중하기가 어렵다. 이 때문에 학생의 주의를 집중시키기 위해서는 다양하고 활동적이며 재미있는 강의를 해야 한다. 예를 들어 유머를 사용하면 학생의 성취도를 향상시키고(Droz & Ellis, 1996; Ziv, 1998), 그래프를 가지고 설명하면 학생의 주의집중에 도움을 줄 수 있다(Mayer, 2008b). 반면에 지나치게 다양한 방법을 사용하면 학생의 주의가 산만해질 수 있기 때문에 성취도에 악영향을 줄 수도 있지만, 많은 연구들은 학생이 무미건조한 강의에서 배우는 것보다 의욕적이고 다양하게 표현되는 수업에서 더 많은 것을 배울 수 있다는 것을 입증하였다(Patrick, Hisley, & Kempler, 2000). 어떤 의미에서 가르친다는 것은 공연과 같다. 우리가 공연자로부터 찾는 몇 가지 자질이 곧 교사의 효과성을 증가시키는 자질이 된다.

내용 범위와 진도 효율적인 교수의 가장 중요한 요인 중 하나는 담고 있는 내용의 양이다. 일반적으로 보다 많은 자료를 가지고 강의하는 교사에게 배운 학생은 그렇지 않은 교사에게서 배운 학생보다 더 많은 것을 학습한다(Barr, 1987). 그러나 이것은 교사가 빨리 가르쳐야 한다는 것을 의미하는 것이 아니다. 수업이 너무 빨리 이루어지면 학생이 따라오지 못한다는 것은 분명하기 때문이다. 그러나 수업 속도에 대한 연구는 대부분의 교사가 이해의 정도를 희생하지 않는 범위에서 수업 속도를 증가시킬 수 있다고 한다(Good et al., 1983). 내용 범위의 증가와 더불어 상대적으로 빠른 수업 속도는 학급 관리에도 도움을 줄 수 있다.

■ 학습 정도의 탐색

어떤 표적에 활을 쏘는 궁수를 생각해 보자. 화살이 목표점 가까이에 얼마나 맞았는지 알지 못한다면 그 궁수의 정확성은 향상되지 않을 것이다. 마찬가지로 효과적인 교수를 위해서 교사는 수업의 효과를 항상 인지하고 있어야 한다. 아쉽게도 대부분의 교사들은 주제에 대해 강의를 잘했고 학생들이 주의집중하고 있다면 수업이 성공적이었다고 잘못 생각하고 있다. 학생 또한 강의를 흥미 있게 열심히 들었다면 제시된 자료를 이해했다고 생각하는데 이 또한 잘못된 생각일 수 있다. 만약 교사가 제시된 강의에 대한 학생의 이해력을 정기적으로 탐색하지 않는다면 학생은 심각한 오류 또는 지식의 결함을 가질 수도 있다(Hattie & Timperley, 2007; McMillan, 2007; Safer & Fleischman, 2005).

학습 정도의 탐색(learning probe)이란 수업 내용에 대한 학생들의 간단한 반응을 여러 가지 방법으로 물어보는 것을 말한다. 학습 정도의 탐색은 교사가 학생의 이해 정도에 대한 피드백을 함으로써 학생이 새로운 것에 대해 바르게 이해하고 있는지를 인식하게 하는 것이다. 학습 정도의 탐색은 질문 형태를 띠는 것으로 표 7.2에서 제시된 제2차 세계대전 수업과 표 7.1의 뺄셈 수업에서 나타난 짧은 문어적 표현이나 외관상 이해를 보여 주는 예에서 찾아볼 수 있다.

이해의 점검　학습 정도를 탐색하는 방법이 필기 형태, 신체적 동작, 구술 형태의 무엇이든지 간에 목적은 이해력을 점검하는 데 있다(Black, Harrison, Lee, Marshall, & William, 2004; Brookhart, Moss, & Long, 2008; Fisher & Frey, 2008; Reeves, 2007; Stiggins, 2007). 교사는 학습 정도의 탐색을 가르치는 방법이나 연습으로 사용하기보다는 방금 배운 것을 학생이 얼마나 이해했는지를 알기 위해 사용한다. 또한 수업의 진도를 조절하기 위해서도 사용한다. 학생이 이해하지 못했다면 교사는 천천히 그리고 반복하여 설명해야만 한다. 모든 학생이 이해한다면 교사는 새로운 주제로 옮겨 갈 수 있다. 아래의 대화는 교사가 학생의 이해와 오해를 발견하는 데 학습 정도의 탐색을 어떻게 사용하는가를 보여 주며 수업이 어떻게 조절되어 가는지를 보여 준다. 스위프트 선생님은 OHP 위에 대화가 있는 몇 개의 문장을 쓰고 학생들에게 콤마와 인용부호의 올바른 사용을 학습하게 한다.

스위프트 선생님 : 이제 우리는 대화에 문장부호를 표시할 것이다. 모두 종이 한 장을 꺼내고 이 문장을 적어라. 그리고 필요한 곳에 구두점을 표시해라. 범인을 아래층으로 데려가라고 톰이 겸손하게 말했다. 모두 준비됐니?… 칼, 너는 이 문장을 어떤 식으로 강조했니?

칼 : (인용부호)범인을 아래층으로 데려가라(인용부호)(콤마) 톰이 겸손하게 말했다(마침표)

학습 정도의 탐색
질문과 같이 학생이 수업 내용을 이해했는지를 알기 위한 방법

스위프트 선생님 : 정답에 근접했다. 그러나 인용부호를 사용할 때 사람들이 가장 흔히 하는 실수를 했구나. 마리아, 너는 어떻게 썼니?

마리아 : 저도 칼과 같은 실수를 했어요. 하지만 지금 답이 생각났습니다.(인용부호)범인을 아래층으로 데리고 가라(콤마)(인용부호) 톰이 겸손하게 말했다(마침표)

스위프트 선생님 : 좋아. 첫 번째 문제에 이렇게 맞힌 사람이 얼마나 되니? (학급의 반이 손을 든다.) 그래, 우리는 여전히 이 문장에서 어떤 문제점이 있다는 것을 안다. 콤마와 마침표는 인용부호 안쪽에 들어간다는 것을 기억해라. 가끔 이런 것이 많이 중요해 보이지 않지. 영어 문법이나 인용법이 예외가 없이 완벽하다면 영어 교사가 모두 실업자가 되겠지. 인용부호는 포장지처럼 대화를 둘러싸고, 대화와 강조점 그리고 모든 것이 인용부호 안쪽으로 들어간다는 것을 명심해라. 다른 문제를 해 보자. 조심해서 운전해라 톰이 아무 생각없이 말했다. 샘편이 해볼래?

샘편 : (인용부호)조심히 운전해라(콤마)(인용부호) 톰이 아무 생각 없이 말했다(마침표)

스위프트 선생님 : 훌륭해! 이번엔 얼마나 많이 맞혔니? (한두 명 빼고 모두 손을 든다.) 좋았어, 너희들 모두 나를 잘 따라오고 있구나. 인용부호는 대화를 '둘러싸고' 대화의 구두점을 포함한다. 좀 더 어려운 것으로 하나 더 해 보자. 톰이 인용부호 문제가 시험에 나올 것이다라고 말했는지 나는 궁금하다.

이런 수업 중의 대화는 유념해야 할 중요한 몇 가지 특징이 있다. 첫째, 스위프트 선생님은 모든 학생이 구두점을 찾도록 하고 몇몇 학생에게 답을 말하게 한 후, 모든 학생들에게 답을 맞혔는지 물어보았다. 이러한 방식은 다른 학생이 보고 있는 동안 한 명 또는 두 명의 학생에게 칠판에 풀게 하는 것이 수업 시간을 낭비하기 때문에 훨씬 바람직하다. 스위프트 선생님이 누구를 호명할지 모르기 때문에 모든 학생은 활발하게 참여하고 자신의 지식을 검사한다. 그렇게 되면 스위프트 선생님은 학급 전체의 이해력 수준을 빨리 파악할 수 있다.

또한 스위트 선생님은 학급의 반이 첫 번째 문제를 실수한 것을 알았을 때 처음에 사용한 예제와는 다른 문장을 사용하여 문제가 있는 부분을 다시 가르쳤다. 학생에게 인용부호를 감싼다는 이미지를 갖게 함으로써 대화를 통해 구두점의 순서를 기억하도록 도왔다. 거의 대부분의 학생이 답을 맞혔을 때 교사는 다음 단계로 수업을 진행했다.

스위프트 선생님은 OHP에 준비된 많은 문장을 보여 줌으로써 문장을 칠판에 쓰는 데 수업시간을 사용하지 않았다는 점에 주목하라. 학습 정도의 탐색은 항상 간단해야 하고 수업의 속도를 파괴해서는 안 된다. 학습 정도의 탐색에 대한 문장을 미리 준비함으로써 스위프트 선생님은 학생의 흥미를 유지할 수 있었다. 사실 그는 문장을 복사하는 데 사용하는 시간을 줄이기 위해 학생에게 구두점이 찍히지 않은 문장이 있는 복사물을 제공하는 편이 더 좋았을지도 모른다.

질문하기 수업에서 학생에게 질문을 하는 것에는 많은 목적이 있다(Dabtiui & Beisenherz, 2001; Walsh & Sattes, 2005). 교사는 학생이 내적인 단계로 가도록 자극하기 위해 소크라테스가 사용한 것처럼 질문을 사용한다. 예를 들면 "지금 기체를 데우면 팽창된다는 것을 배

Bob Daemmrich Photography

질문이 학습 정도를 탐색하는 데 있어 왜 중요하게 사용되는가? 학생들이 서로에게 질문을 잘 사용함으로써 얻게 되는 장점은 무엇인가?

웠어요. 만약 기체를 식힌다면 어떻게 되는지 추측해 볼 수 있나요?" 교사는 학생이 미리 배웠던 정보에 관해 더 생각하도록 하기 위해 혹은 토론을 시작하기 위해 또한 질문을 사용한다. 예를 들면 "우리가 물을 데운다면 수증기가 된다고 배웠어요. 자, 수증기는 무색, 무취, 보이지 않는 기체예요. 이 경우에 왜 주전자 밖으로 나오는 수증기를 볼 수 있다고 생각하나요?" 교사의 안내로 진행된 교실 토론은 이내 수증기가 상대적으로 차가운 공기와 부딪히면서 재응축되고 따라서 눈에 보이는 것은 수증기가 아니라 물방울이라는 사실을 알게 된다. 교사는 종종 학생 스스로 자기 질문을 하는 것이나 혹은 서로에게 질문을 하는 것이 효과적이라는 것을 알게 된다(Brookhart, 2007/2008). 학생이 자신에게 하는 질문을 통해 얻는 것이 많다라는 사실을 입증하는 방대한 증거들이 있다(Foos, Mora, & Tkacz, 1994; Rosenshine et al.,1996; Sadker & Sadker, 2006). 특히 학생이 공부하고 있는 주제에 대한 배경지식과 관련되는 질문의 경우 이러한 특성이 보다 분명하다(King, 1994).

마지막으로 교사는 학습 정도의 탐색으로 질문을 사용할 수 있다(Fisher & Frey, 2007). 사실 질문은 어느 정도 학습 정도의 탐색이라고 할 수 있는데, 질문의 반응 수준은 학생이 수업을 얼마나 잘 배웠는지를 교사에게 알려 주는 지표이다. 질문 빈도에 관한 연구는 수업에 직접적으로 관련 있는 질문을 많이 하는 것이 상대적으로 질문을 적게 하는 것보다 수업의 효과성이 높다고 한다(Dunkin & Biddle, 1974; Gall et al., 1978; Stallings & Kaskowitz, 1974). 초, 중, 고를 망라하고 사실적 질문은 일반적으로 사실적 기술 향상을 도우며(Clark et al., 1979), 일반적으로 개념적 사고를 촉진하는 질문은 학생으로 하여금 개념적 기술 향상을 돕는다(Sadker & Sadker, 2006).

적용해 보기

학습 평가

수업 시간 중에 하는 형성평가는 두 명의 영국 학자 Paul Black과 Dylan Wiliam가 만든 학습 평가로 불리는 매우 중요한 활동이다(Black, Harrison, Lee, Marshall, & Wiliam, 2003, 2004; Wiliam, 2007,2007/2008). 이 학자들은 자신들이 명명한 이름 자체를 굉장히 강조하고 있다. 그 이유는 이미 너무도 많은 학습 평가가 있지만, 교사나 학생 모두에게 수업 내용에 대한 학생의 이해 정도를 충분히 말해 주고 학습과 교수 향상에 시기 적절하게 사용될 수 있는 평가는 그다지 많지 않다는 것이 이들의 주장이다(Leahy, Lyon, Thompson, & Wiliam, 2005; Brookhart, 2007/2008; Chappuis, 2005; Popham, 2006). 학습 평가는 다음의 예시처럼 피드백을 제공하거나 또래 친구들에게 서로 피드백을 해달라고 하거나, 자신의 이해를 스스로 평가하고 자기보고를 하게 함으로써(Leahy et al., 2005; Wiliam, 2007), 학습에서 성공할 수 있도록 하는 많은 조건을 학생들이 알 수 있도록 한다.

1. 쓰기 활동이 있는 어떤 수업에서든지 학생들에게 쓰기를 해 보라고 하기 전에 학생들에게 작년의 학생들이 동 수업에서 제출한 쓰기 과제물(예를 들면 수필, 실험 보고서, 독후감)을 나누어 주고 그 과제물을 평가해 보도록 하자.
2. 학습 목표의 핵심에 대한 '중요한 질문'을 한 후, 학생들끼리 토론 후 반에서 발표하도록 한다. 예를 들면 수학 선생님은 2분의 1과 4분의 1 사이에 있는 분수를 학생들이 써 보도록 함으로써 학생들이 분수 개념을 이해하고 생각해 보도록 자극한다. 완전히 틀린 학생도 있을 것이고 또한 8분의 3만이 답이라고 하는 학생도 있을 것이다. 하지만 교사가 시간과 힌트를 준다면 2분의 1과 4분의 1 사이에는 무수한 분수가 있다는 사실을 마침내 깨닫게 될 것이다. 유사하게 교사는 왜 프랑스가 나폴레옹이 유럽을 상대로 전쟁을 하는 것에 대해 지지했는지 왜 많은 식물들의 열매는 씨를 보호하고 있는지에 대해 물어볼 것이다.
3. 대답할 학생은 손들어 보라는 방법은 피하는 것이 좋다. 왜냐하면 손드는 학생은 항상 똑같기 때문이다. 대신 나무 막대기나 카드에 학생 이름을 적어서 무작위로 뽑은 학생을 호명하라(Weinstein, 2007; Weinstein & Mignano, 2007).
4. 작은 칠판에 답을 써서 선생님이 신호하면 동시에 칠판을 든다든가, 객관식 문제의 경우 종이에 선지 번호를 쓴 종이를 보인다든가, 한 목소리로 답을 말하는 방법으로 가능하면 모든 학생들이 동시에 대답할 수 있도록 한다.
5. 종이 '신호등' 사용하기 : 교사는 학생들이 수업 내용에 대한 자신들의 이해 정도를 스스로 평가하게 해서 확실히 이해했으면 초록색 카드를, 조금 확실하지 못하면 노란색을, 모르겠으면 빨간색 카드를 들게 한다. 교사는 교실을 재빨리 훑어 본 후 초록색이 대부분이면 다음 단계로 진행을 하지만, 빨간색이나 노란색이 많은 경우에는 수업 내용을 멈추고 다시 반복하여 내용을 설명한다. 협동 학습 전략을 사용하여 학생들이 함께 공부함으로써 내용을 완벽하게 이해할 수 있도록 서로 돕거나 생산적 사고 수준에까지 서로 이끌도록 한다.

응답 대기 시간 많은 연구 관심을 끌었던 질문들 중 하나는 교사가 질문에 대한 답을 제시하거나 다른 학생에게 질문의 기회를 넘기기 이전에 교사가 기다려야 하는 시간의 길이, 즉 **응답 대기 시간**(wait time)의 정도이다. 한 연구에서는 낮은 성취 능력을 지닌 학생에 대해 교사가 너무 빨리 포기하는 경향이 있다는 것을 발견했다. 이들 학생은 교사가 그들에게는 거의 대답을 기대하지 않는다고 느끼고 있었다(Sadker & Sadker, 2006; Tobin & Capie, 1982).

학생에게 질문을 한 이후 대략 3초간 기다린 교사는 보다 빨리 포기한 교사에 비해 보다 나은 학습 결과를 얻는다(Tobin, 1986). 또한 대답을 못한 학생에게 추후적인 지도를 제공하는 것은 보다 높은 성취를 가져온다(Anderson, Everton, & Brophy, 1979; Larrivee, 1985). 학생이 대답하기까지 기다리거나 대답하지 않을 때 함께 하는 것은 그들에 대해 교사가 긍정적인 기대를 하고 있다는 것을 전달하고 있다. 반대로 너무 오래 기다리는 것도 문제가 된다. Duell(1994)의 연구는 대략 6초 정도 대답을 기다리는 것은 대학생 성취에 부정적 영향을 미친다는 사실을 발견하였다.

호명하기 교실에서 질문을 하고 난 뒤 누가 대답할지 **호명하기**(calling order)는 중요하다. 지원자를 지칭하는 것이 가장 흔한 방법일 것이다. 그러나 이러한 방법은 자칫 몇몇 학생에게는 손을 들지 않음으로써 수업에 참여하지 않아도 되게 한다(Brophy & Evertson, 1974). 상식적으로는 질문이 수학에서처럼 풀어야 할 문제일 때는 모든 학생에게 함께 문제를 풀 시간을 주고 난 뒤에 한 개인을 호명해야 한다. 질문이 풀어야 할 문제가 아닐 때는 대체로 이를 학급 전체에 제시한 후 자발적으로 대답하게 하는 대신 무작위로 학생을 호명하여 대답하도록 하는 것이 가장 좋을 것이다. 몇몇 교사는 회람판에 전체 학생을 명기해 놓은 문서를 들고 다니면서 모든 학생이 동등한 답변 기회를 갖도록 하거나 각각의 학생 이름이 명기된 막대기를 한 곳에 꽂아두고 통에서 무작위로 뽑는다(Freiberg & Driscoll, 2005; Weinstein, 2007; Weinstein & Mignano, 1997). 어떤 교사는 학생의 이름을 카드에 쓰고 이를 수업 전에 뒤섞는다. 그런 다음 답변을 할 학생을 정하기 위해 이를 무작위로 뽑아 선택한다. 이런 방법은 학생이 자신의 이름이 적힌 카드를 수업 후 우연히 발견하고 몰래 감추지 않는 한 꽤 효과적인 방법이다!

학습 정도를 탐색하는 데 있어 교사는 모든 학생이 수업을 이해했는지를 알기 위해서 학급 평균, 평균 이상, 평균 이하의 성취를 나타내는 학생에게 골고루 질문하는 것이 중요하다.

전체 응답 교사는 질문에 대한 대답이 오직 한 가지일 때 **전체 응답**(all-pupil response)을 빈번하게 사용한다. 예를 들면 교사가 "여러분, 칠판에 써 있는 단어들(*write, wring, wrong*)에서 *wr*은 어떻게 소리나지요?"라고 질문하면 학급의 모든 학생은 함께 "Rrrr!"라고 비슷하게 대답한다. 이것을 **한 목소리 대답**(choral response)이라 한다. 때에 따라서 교사는 학생에게 참인지 거짓인지를 나타내기 위해 손동작으로 표현을 해 보라고 하거나 수학일 경우 일정한 답을 손가락으로 수를 표현해 보라고 할 수도 있다. 또한 조그만 칠판에다 짧은 답을 쓰도록 하여 이를 들어올려 보라고 하기도 한다(Black et al., 2004). 연구자들은 모든 학생이 대답하는 이러한 방식이 학습에 긍정적인 효과를 미친다는 사실을 발견했다

응답 대기 시간
학생이 질문에 답할 때까지 교사가 기다려 주는 시간 길이

호명하기
수업 중에 질문에 답하기 위해 교사가 학생의 이름을 부르는 순서

전체 응답
질문에 대해 전체 학급이 함께 반응하기

한 목소리 대답
질문에 대해 반 전체가 한 목소리로 대답하는 것

(McKenzie, 1979; McKenzie & Henry, 1979). 이 장 서두에 사용된 뺄셈의 받아 내림의 예에서 모든 학생이 책상에다 아이스크림 나무 바를 이용해서 학업을 수행하고 교사가 이를 점검하기 위해 이리저리 돌아다니는 것을 기억해 보면 전체 응답은 학생에게는 대답할 수 있는 많은 기회를 주고 교사에게는 학급 전체가 수업에 대해 어느 정도 알고 있는지와 학생들이 가지게 되는 자신감 정도를 알 수 있게 한다.

적용해 보기

피해야 할 질문법

교사는 많은 질문을 하게 되는데, 다음과 같은 일반적으로 많이 범하는 오류처럼 나쁜 습관을 갖기가 쉽다(Freiberg & Driscoll, 2005; Good & Brophy, 2008; Walsh & Sattes, 2005).

1. **대답 유도하기.** "너는 청교도들이 신앙의 자유를 믿지 않았다고 생각하는 거니?"라는 말처럼 교사의 말속에서 학생은 질문에 대한 대답을 확실하게 암시를 받을 수 있다. 교사의 음성의 높낮이를 통해 정답을 아주 쉽게 알 수도 있다. 학생들이 교사의 질문 자체만으로 정답을 알 수 있게 된다면 학생들은 교사가 열심히 준비해 온 강의를 주의 집중하여 들을 필요가 없게 될 것이다.
2. **항상 동일 학생에게만 질문하기.** 많은 교사들은 정답을 말할 수 있을 것 같은 학생에게만 질문을 하고, 대답하는 데 머뭇거리거나 정답을 말하지 못할 것 같거나, 질문을 하면 수업을 곤란하게 만들 것 같은 학생들은 피한다. 하지만 학생들이 자신이 질문에 답하도록 호명되지 않을 것이라는 사실을 안다면 수업 시간에 집중하지 않게 된다. 따라서 학생들은 언제든지 자신이 호명될 수 있다고 생각하도록 만들어야만 한다. 예를 들면 아이스크림 나무 막대기에 학생들 이름을 적고 임의적으로 선택하여 호명하는 방법과 같이 임의로 학생을 호명하여 질문하는 방법은 모든 학생이 호명될 수 있다는 사실을 분명히 할 뿐 아니라 호명되는 방법을 보여 줌으로써 모든 학생은 대답을 할 수 있게 수업에 집중하고 있어야 한다는 사실을 학생들에게 명확히 한다.
3. **모든 질문을 한 수준에만 맞추어 질문하기.** 어떤 교사는 단편적 사실에 대한 질문만 한다. 어떤 교사는 단편적 사실에 대해서는 질문을 거의 하지 않는다. 질문을 할 때는 단순한 수준과 어려운 수준, 사실과 개념 등 모든 수준의 질문을 하는 것이 중요하다.
4. **한 학생에게만 오랫동안 질문하고 나머지 학생은 방관하게 하기.** 질문 내용이 어려워서 대답하기에 시간이 오래 걸릴 수도 있다. 하지만 한 학생이 대답하는 시간이 너무 길어서 나머지 학생들이 아무것도 안 하고 방치되어서는 안 된다. 이런 것을 피하고자 한다면 교사는 전체 반에게 질문을 던지고 학생들이 자신의 대답을 찾도록 하거나 다른 친구들과 함께 답을 찾도록 시간을 준 후 임의로 학생을 호명하여 정답을 말해 보도록 하면 된다. 다음의 예처럼 이에 기초하여 학생들이 질문에 대답한 것에 대해 교사가 추가 조처를 하는 경우, 학생들은 서로의 대답에 대해 집중하여 들어야 한다는 사실을 배우게 된다.

   교사 : 바다에 사는 포유류를 말해 볼 사람? 토니가 말해 볼래?
   토니 : 돌고래 아닌가요?
   교사 : 잘 말했다, 토니. 좋은 예이다. 토니가 말한 것 말고 다른 예를 말해 볼 사람? 나탈리아가 말해 볼래?

나탈리아 : 고래입니다.

교사 : 정답이다. 자 애들아, 토니와 나탈리아가 말한 동물들 이외에 다른 바다에 사는 동물로 포유류라고 말할 수 있는 특징은 무엇일까?

5. **오답 수정을 안 하기.** 어떤 교사는 학생이 창피해할까 봐 틀린 대답을 수정해 주질 않는다. 하지만 틀린 대답을 한 학생이 창피해하는 것보다 다음의 예처럼 반 전체가 잘못된 인상을 가지지 않게 하는 것이 더 중요하다.

교사 : 러시아 혁명 전에 왜 독일인들은 레닌을 밀폐된 기차에 태워 러시아로 보냈을까? 마르타가 말해 볼래?

마르타 : 레닌이 독일에서 떠나기를 원했기 때문이 아닐까요?

교사 : 어쩌면 그럴 수도 있겠지만, 자 이때 독일과 러시아는 전쟁 중이었다는 사실을 기억해 보렴. 왜 독일이 레닌을 러시아로 보낸 이유를 말해 볼 사람? 아흐메드가 말해 볼래?

6. **학생의 대답 간과하기.** 교사의 질문의 답을 아는 학생이라면 자신이 정답을 말하기 원할 것이다. 가능한 한 많은 학생들을 호명하며 모든 정답을 확실히 알게 하는 것은 학생들에게 수업에 주의 집중하는 것이 중요하다는 생각을 하게 한다. 모든 학생을 교사가 지명하지 못하는 경우에, 학생들이 다른 학생들과 정답에 대해 간단히 토론하도록 하는 방법은 학생들이 최소한 자신의 정답을 다른 누군가에게 말할 수 있도록 만든다.

7. **지나치게 이분법적 질문 사용하기.** 정답이 2개 중 하나를 선택하는 질문을 사용할 수밖에 없을 때가 있다. 하지만 이런 유형의 문제가 많아서는 안 된다. 추측으로 정답을 맞힐 확률이 50%이기 때문에 정답을 맞혔다는 사실을 학생들이 알고 있는지 또는 아닌지를 알려 주지는 않는다. 이와 같은 문제를 해결하려면 다음의 예처럼 정답 후에 왜 정답을 그렇게 생각하는지에 대한 추가 질문을 해야 한다.

교사 : 1보다 작은 분수와 1보다 작은 분수를 서로 곱하면 곱한 값은 처음 분수보다 커질까 작아질까? 루이사가 말해 볼래?

루이사 : 작아집니다.

교사 : 자 애들아, 루이사의 답에 찬성하는 사람은 손들어 볼까? 좋아. 많은 학생들이 손을 들었구나. 그렇다면 루이사, 왜 곱한 값이 작아지는지 이유를 말해 줄래.

8. **모호한 질문.** 때때로 학생들은 무엇을 대답해야 할지 모를 때가 있다. 예를 들면 한 영어 교사가 어떤 문장을 가리키면서, "이 문장에서 잘못된 것은 무엇이지?"라고 물었다면 이 질문은 문법에 대해서인지, 구두점에 대한 것인지, 문장 표현에 대한 것인지, 의미에 대한 것인지를 학생들에게 분명히 하지 않는 경우이다.

■ 개별 연습 제공하기

개별 연습(independent practice)이란 학생이 학급에서 새롭게 배운 기술이나 지식을 스스로 연마하고 표현하는 것을 말한다. 예를 들면 대수학의 등식 문제를 푸는 학습 과정을 본 후 학생은 새로운 지식을 자기의 것으로 만들고 교사로 하여금 그들의 지식 수준을 평가하는 것을 돕기 위해 그들 스스로 여러 개의 등식 문제를 풀어 보는 기회를 갖는 것이 필요하다. 연습은 장기기억으로 새로운 정보를 전달하는 과정에 있어 필수적인 절차이다.

개별 연습
학생의 새로운 지식을 연습하고 보여 주기 위해 스스로 공부하도록 교수하는 한 방법

개별 연습은 학생이 수학, 읽기, 문법, 작문, 지도 해석 또는 외국어와 같은 기술을 학습할

연결해서 더 보기
작동기억과 장기기억에 대해서는 제6장을 참조하시오.

때 가장 중요하다(Topping, Samuels, & Paul, 2007). 학생이 강의를 통해 혼자서 자전거 타는 법을 배울 수 없는 것과 같이 연습 없이는 산수, 글쓰기, 스페인어 등을 배울 수 없다. 반대로 개별 연습은 표 7.2에 제시된 제2차 세계대전의 원인에 대한 수업 또는 자기력 정의에 대한 과학 수업과 같은 개념 학습에 있어서는 필요성이 적다. 이러한 종류의 수업에서도 교사는 마치 자신들이 제2차 세계대전 수업에서 했던 것과 마찬가지로 학생으로 하여금 지식과 개념을 시연하도록 개별 연습을 하도록 한다. 그러나 이러한 주제에 있어서는 개별 연습이나 시연이 뺄셈 수업에서처럼 중요한 부분은 아니다.

자습 **자습**(seatwork) 또는 독립적 개별 학습에 대한 전통적 연구는 자습이 과용되고 있거나 잘못 이용되고 있다고 말한다(Good & Brophy, 2008; Tate, 2003; Weinstein, 2007; Weinstein & Mignano, 2007). 몇몇 연구자들은 교사에게 직접 수업을 받는 데 사용되는 학생의 시간이 학생 스스로 자습에 사용하는 시간보다 생산적이라는 사실을 밝혀냈다(Evertson, Emmer, & Brophy, 1980; Good & Brophy, 2008). 예를 들면 Evertson과 동료들(1980)은 비효과적인 수학 교사가 수업 시연에 7분, 자습에 25분을 사용한 반면 중학교 1, 2학년의 가장 효과적인 수학 교사는 대략 수업 시연에 16분을, 자습에 19분을 사용했다는 것을 밝혀냈다. 또한 초등 수학과 읽기 수업에 대한 연구는 학생이 전체 학습 시간의 약 50~70%에 해당하는 시간을 자습에 사용하고 있다는 것을 밝혔다(Fisher et al., 1978; Rosenshine, 1980). Anderson, Brubaker, Alleman-Books와 Duffy(1985)는 동기부여나 읽기 능력, 자기 스스로 일을 잘 수행할 수 있는 자기 구성 기술이 부족한 학생에게는 자습 시간이 낭비라고 지적했다. 또한 다른 연구는 장애를 가진 학생에게 읽기를 가르칠 때 이 학생들을 가르치는 시간의 40%를 평균적으로 자습에 사용한다고 보고하고 있다(Vaughn, Levy, Coleman, & Bos, 2002). 많은 학생은 어려움에 부딪힐 때 쉽게 포기한다. 어떤 학생은 학습 자료를 배우려 하기보다는 학습지를 끝내야 하는 것으로 해석하여 성의 없이 학습지를 채우는 것에만 관심을 갖는다.

개별 연습 시간의 효과적 사용 Anderson(1985), Evertson과 동료들(2009), Good과 Brophy(2008)의 연구에 의하면 개별 연습 시간의 효과적인 사용에 대한 일련의 추천 사항은 다음과 같다.

1. **학생이 할 수 있다고 교사가 확신하기 전에는 개별 연습을 시키지 말라.** 이것은 아마도 가장 중요한 원칙일 것이다. 개별 연습은 교수가 아닌 연습이므로 학생은 할당받은 항목들을 혼자서 해결할 수 있어야 한다(Freiberg & Driscoll, 2005). 인지적 개념에서 연습은 단기기억에서 장기기억 과정으로 정보를 전달하는 시연과 같은 역할을 한다. 이것이 수행되기 위해 정보는 먼저 학생의 작동기억에 정착되어 있어야 한다(Ashcraft & Radvansky, 2010).

   개별 연습 시행에 있어 다음의 두 가지 방법이 가장 성공할 확률이 높다. 첫째, 과제는 분명하고 자기 설명적이어야 하며 모든 학생이 성공할 수 있는 내용을 포함해야 한다. 둘째, 학습 정도의 탐색에 있어 학생 스스로 문제를 풀 수 있다고 확신하기 전에는 개별

자습
수업 중에 학생이 개별적으로 공부하기

연습을 위한 학습지를 주지 말아야 한다. 예를 들면 교사는 학생에게 학습지의 첫 문제를 학습 정도의 탐색으로 사용한다. 교사는 학생들에게 한 문제를 풀게 하거나 푼 후 대부분의 학생이 정답을 맞힐 때까지 서로 토론을 시킨다. 교사는 일련의 질문들을 준비하고 OHP나 화이트보드에 하나씩 적어 가면서 반 전체 학생이 이해하게 될 때까지 문제를 푼다.

2. **개별 연습 과제는 짧게 구성하라.** 긴 개별 연습 과제는 정당성을 확보하기 어렵다. 약 10분 정도의 진행 시간이 모든 과제 대상에 있어 적절하나 대다수의 교사는 더 많은 개별 연습 시간을 제공한다(Rosenshine, 1980). 한 자리에서 많은 과제를 한꺼번에 푸는 과다한 연습은 기억에 제한된 효과를 준다. 학생은 숙제와 같이 분산된 연습에 의해 제공된 짧은 개별 연습을 통해 보다 효과를 얻을 수 있다(Dempster, 1989; Krug, Davis, & Glover, 1990).
3. **지시문을 분명하게 하라.** 모든 학생이 지시문을 이해하고 무엇을 해야 할지를 명확하게 해라. 저학년일수록 지시문을 크게 소리내어 읽게 하고, 학생들이 확실히 이해할 수 있도록 지시문을 쉬운 용어로 표현해 준다.
4. **학생이 시작했으면 개입을 피하라.** 학생이 개별 연습을 시작할 때 학생이 제대로 시작하고 있는지 준비 상황을 점검하기 위해 학생 사이를 돌아다닌다. 그러나 일단 학생이 시작하고 나면 개입을 피하는 것이 좋다.
5. **개별 연습을 감시하라.** 예를 들면 학생이 그들의 과제를 수행하는 동안에 교실 내를 걸어 다니며 개별 연습 과정을 감시하는 것은 중요하다. 이것은 교사가 학생이 연습을 지속적으로 진행하는 것을 도우며, 교사로 하여금 학생들에게 쉽게 다가가 질문할 수 있게 한다. 교사는 또한 어려움을 겪고 있는 학생을 발견하여 추가적인 도움을 줄 수 있다.
6. **개별 자습지를 수거하고 학생 성적에 포함시켜라.** 자습에 대한 주요한 문제는 학생이 최선을 다해야 하는 이유를 발견할 수 없다는 것이다. 왜냐하면 자습은 학생 성적에 반영되지 않기 때문이다. 학생들은 자습지가 수거되어 등급으로 수치화된다는 것을 알아야 한다. 이러한 목적을 위해 매 수업 시간의 마지막 부분에서, 학생들로 하여금 과제로 제시된 문제에 대해 간단히 답변하고 작성한 답변서를 점검하고 다른 급우와 상호 교환하기 위해 몇 분간 시간을 남겨두는 것이 좋다. 그런 다음 학생들은 자습지를 점검과 점수 기록을 위해 제출한다. 이러한 과정은 학생들에게 자습에 대한 즉각적인 피드백을 제공하고 교사가 모든 자습서를 점검하는 수고를 덜어 준다. 교수 활동에 걸리는 시간을 줄이기 위해 이러한 점검 시간을 활용한다.

■ 성취 평가와 피드백 제공하기

모든 수업은 학생이 학습 목표를 습득한 정도를 평가해야 한다(Fisher & Frey, 2007; Reeves, 2007). 교사는 비공식적으로 학생에게 질문을 하거나 개별 연습을 이용하거나 퀴즈를 제시하는 것으로 평가를 한다. 어떠한 방법이든 간에 교사는 수업의 효과성을 평가해야만 하며 가능한 한 빨리 학생에게 평가 결과를 제시해야 한다(Guskey, 2003; Hattie & Timperley, 2007; Safer & Fleischman, 2005; Stiggins, 2007). 예를 들면 연구자들은 수

연결해서 더 보기
평가에 대해서는 제12장을 참조하시오.

업 내용에 대한 빈번한 학급 평가를 했을 때 학생의 읽기 능력이 향상되었다는 것을 발견하였다(Taylor, Pearson, Clark, & Walpole, 2000). 게다가 시험 과정이 학생이 지식 정보에 깊게 알아가는 과정과 아주 유사하기 때문에 시험 자체가 배운것에 대한 학생들의 기억을 증가시킨다는 증거도 있다(Haynie & Haynie, 2008). 학생의 성취를 향상시키기 위해 피드백을 사용하려면 자신이 맞았는지 틀렸는지 학생들이 알 필요가 있다. 수업 시간마다 수업 결과를 평가하는 것 외에도 교사는 배운 내용의 큰 단원별로 학습 결과를 수시로 점검할 필요가 있다. 일반적으로 보다 빈번한 평가 횟수가 그렇지 못한 경우에 비해 성취도가 뛰어나고, 어떤 평가도 평가를 하지 않는 것에 비해 나은 효과가 있다(Bangert-Drowns, Kulik, & Kulik, 1986). 학생에 대한 피드백도 중요하나 학생 결과에 대한 교사에게로의 피드백은 더 중요하다. 학생이 배워야 할 모든 것을 이해하고 있다면 수업의 진행 속도를 빠르게 하는 것이 가능할 것이다. 반대로 학생들이 잘 이해하지 못한 것으로 평가된다면 교사는 수업을 다시 하거나 학생에게 선수학습을 다시 가르쳐야 할 것이다. 몇몇 학생은 수업을 완전히 이해했고 다른 몇몇은 그렇지 못하다면 지도를 필요로 하는 학생에게만 지도 기회를 다시 제공해야 할 것이다.

■ 분산 연습과 복습 제공하기

오랜 시간 일정한 간격으로 연습과 복습을 하면 여러 종류의 지식에 대한 기억을 증진시킨다(Dempster, 1989). 이것은 교수에 대해 몇 가지 시사하는 바가 있다. 첫째, 수업 초기부터 중요한 정보를 연습하고 요약하는 것은 학습을 향상시킨다. 학생은 특히 이전 기술을 유지하기 위해 긴 시간 동안(예 : 매월) 간격을 두고 중요한 내용을 재고할 필요가 있다. 특히 중등학교 수준에서는 교사가 모든 과목에서 숙제를 제시해야만 한다. 숙제는 학생에게 학교와 같이 특정 장소와 시기에 학습한 것을 가정과 같이 다른 장소 다른 시기에 연습할 수 있는 기회를 제공한다. 숙제는 교사와 학생 모두에게 중요 개념에 대한 학생의 이해 정도를 알려 주기 때문에 형성검사로 사용할 수 있다(Christopher, 2007/2008). 숙제에 대한 연구에서 교사가 특히 이를 점검하고 학생에게 피드백을 제공한다면 일반적으로 성취도를 증진시킨다고 밝힌 바 있다(Cooper, Robinson, & Patall, 2006; Trautwein, 2007). 그러나 숙제의 효과는 초등학교 수준에서는 중등학교 수준에서 만큼 분명하지 않다(Cooper et al., 2006; Cooper & Valentine, 2001). 과다하게 복잡한 과제 제시와 지루한 숙제는 실제로 학습과 동기 부여에 해로울 수 있다(Corno, 2000). 재미있고 가치 있는 숙제를 내주는 것이 숙제의 핵심이다(Darlin-Hammond & Ifill-Lynch, 2006; Marzano & Pickering, 2007). Good과 Brophy(2003)은 초등학교 4학년의 경우 과목당 5~10분 분량의 숙제가 적당하며, 대학생이나 고등학생의 경우 과목당 30분이나 그 이상 정도의 숙제가 적절하다고 한다. 숙제는 학생이 학습 내용에 어려움을 겪고 있을 때 부모가 자녀의 학습활동에 건설적으로 관여할 수 있는 수단으로 사용될 수 있다(Epstein & Van Voorhis, 2001; Xu & Corno, 2003). 그러나 숙제는 특히 배운 내용에 대해 이해를 잘 못하는 아동의 경우 가정에서 중요한 분쟁의 근원이 될 수도 있다(Walker & Hoover-Dempsey, 2001).

직접 교수법에 관한 연구는 무엇을 제안하는가

이 장에서 논의된 직접 교수법의 대부분의 원리들은 **과정-산출 연구**(process-product study)로부터 유래되었는데, 이 방법은 성취가 낮은 학생을 가르친 교사와 지속적으로 높은 수준을 성취한 학생을 가르치는 교사의 교수 활동을 비교하여 기록하는 것이다. 이러한 원리들은 구체적 직접 교수 프로그램으로 형성되어 현장실험에서 평가된다. 즉 성공적인 교사가 사용한 방법을 알기 위해 훈련받은 일반 교사가 가르친 학생의 성취도와 훈련받지 못한 교사로부터 배운 학생의 성취도를 비교하였다.

많은 연구들이 학생 성취와 교사의 직접 교수와 관련된 전략 사용 간에 상관관계를 발견했다(예 : Gage & Needels, 1989; Weinert & Helmke, 1995). 하지만 특정한 직접 교수 전략을 훈련받은 교사의 학생 성취와 이러한 훈련을 받지 못한 교사의 학생 성취를 비교한 실험연구는 상반되는 결과를 보고하고 있다. 직접 교수의 권위 있는 연구들 중 미주리 수학 프로그램(MMP)에서는 Good과 Grouws(1979), 또 Good과 동료들(1983)은 MMP 훈련을 받은 교사에게 수학 수업을 받은 4학년 학생이 MMP 훈련을 받지 않은 교사에게 배운 학생보다 더 많이 배운다는 것을 밝혀냈다. 하지만 Madeline Hunter(1982, 1995)의 숙달 교수(Mastery Teaching) 프로그램처럼 다른 직접 교수 모형에 대한 평가에서 직접 모형을 훈련받은 교사가 가르친 학생이 그렇지 않은 교사에게서 교육받은 학생보다 더 많이 배웠다는 결과를 찾지는 못했다(Mandeville, 1992; Mandeville & Rivers, 1991; Slavin, 1986). 직접 교수법의 한 가지 형태인 명시적 교수(explicit teaching)에 대한 최근의 연구에서 보면 이 방법은 또래 동료 개인 교습이 함께 보조로 수행되지 않는다면 읽기 능력이 떨어지는 학생들의 읽기 성취도에 효과가 없는 것으로 나타났다(Simmons, Fuchs, Fuchs, Mathes, & Hodge, 1995). 직접 교수법의 성공적인 모형으로는 교사의 학급 경영 능력을 강조하는 모형(Evertson, Weade, Green, & Crawford, 1985)과 읽기 집단을 성공적으로 사용하는 교사 모형을 들 수 있다(Anderson et al., 1979).

직접 교수법(DI) 및 특정한 교수 방법과 구조화된 방법을 가진 프로그램에 대한 연구들은 이런 방법들이 초등학교, 특히 낮은 학업 성취도를 보이는 학생과 위기에 처해 있는 학생에게 아주 긍정적인 효과가 있다고 보고하였다(Adams & Engelmann, 1996; Ellis, 2001b). 한 연구(Meyer, 1984)는 브루클린 빈민가와 뉴욕에 있는 3학년 학생에게 직접 교수법으로 수업을 실시한 결과 고등학교를 졸업할 때 이 수업을 받지 않은 유사한 브루클린 학교의 학생보다 졸업생이 더 많은 것을 발견하였다.

비록 직접 교수법 모형들의 결과가 서로 다르지만 대부분의 연구들은 이 모형의 중요한 요소는 모든 교사가 가져야 할 필수적인 기본 기술이라는 데 동의하고 있다(Gage & Needels, 1989 참조). 사실상 직접 교수법 연구로부터 나온 대부분의 결과는 매우 상식적이나. 그러나 Wong(1995)의 연구에 의하면 직접 교수법 원리와 반대되는 방법들이 교사나 대학생에게서 오히려 더 효과적이라고 한다. 이 모형으로 훈련받은 교사와 그렇지 못한 교사 간의 차이가 없는 이유는 종종 두 집단의 교사가 조사를 하기 전에 이미 직접 교수법 기술의 대부분을 경험했기 때문일 수도 있다(Slavin, 1986 참조).

직접 교수법이 특정한 기본적 기술을 향상시킬 수 있다는 점은 명백하지만, 어떤 목적과

과정-산출 연구

교실 관찰을 통한 기록에 근거하여 효과적인 교사의 교수법에 대한 연구 접근법

방법으로 직접 교수법을 사용해야 하는지 또한 분명히 해야 한다. 효과적인 교사에 대한 연구로부터 이끌어낸 처방을 교실에서 그대로 적용하기 어렵고 학생의 성취도 면에서도 실질적인 차이를 나타낸다고 기대할 수도 없다. 이러한 처방을 기초로 한 구조적이고 체계적인 교수 프로그램은 기본 기술에 있어 학생들의 학습을 놀라울 만큼 향상시킬 수 있지만, 이것이 초등학생을 대상으로 한 가장 기본적인 읽기와 수학에 중점을 두고 있다는 점을 기억해야 한다. 다른 과목들과 다른 학년들의 수준에서 직접 교수법이 학생의 학습을 향상시킬 것이라는 증거는 충분치 않다(Arends, 2004 참조).

학생은 어떻게 개념을 배우고 전이하는가

모든 수업의 대부분은 개념을 가르치는 데 초점을 둔다. **개념**(concept)이란 구체적인 예에서 일반화된 추상적인 생각이다. 예를 들면 빨간 공, 빨간 연필, 빨간 의자 모두 '빨강'이라는 단순 개념을 설명한다. 연두 책은 '빨강'이라는 개념의 사례가 아니다. 만약 당신에게 빨간 공, 빨간 연필, 빨간 의자를 보여 주고 공통점을 말하라고 묻는다면 당신은 '빨간 물체들' 이라는 개념을 말할 것이다. 만약 연두 책이 포함되어 있다면 당신은 '물체'라는 더 넓은 개념을 말할 것이다.

물론 대부분의 개념들은 '빨강'이라는 개념보다 훨씬 더 복잡하고 정의하기 어렵다. 예를 들면 '정의'라는 개념을 이해하기 위해 사람들은 일생을 보내기도 한다. 이 책은 교수 개념을 일차적으로 다루고 있다. 사실 이 순간에도 당신은 '개념'이라는 개념을 읽고 있다.

■ 개념 학습과 교수

개념은 일반적으로 두 방법 중 하나로 학습된다. 우리가 학교 밖에서 배운 대부분의 개념은 관찰에 의해서 습득된다. 예를 들면 아동은 어떤 운송 수단을 '자동차'로 들음으로써 '자동차' 라는 개념을 배운다. 처음에 아동은 '자동차'라는 개념 아래 'SUV'나 오토바이를 포함시킬지도 모른다. 그러나 시간이 흐르면서 그 개념은 아동이 '자동차가 아닌' 것으로부터 '자동차'를 분명하게 구별할 수 있을 때까지 재정립된다. 유사하게 아동은 관찰과 경험에 의해 '버릇없는,' '깨끗한,' '재미'라는 더 어려운 개념을 배운다.

다른 개념은 전형적으로 정의에 의해 습득된다. 예를 들면, 혼자 관찰함으로써 '고모' 또는 '삼촌'이라는 개념을 배우는 것은 매우 어렵다. 한 예로 '이모'라는 분명한 개념의 유래 없이 '이모'와 '이모가 아닌' 많은 사람들을 관찰할 수 있다. 이 경우에 개념은 정의에 의해 습득된다. 이모가 되기 위해서는 여성이고 아이를 가진 자매가 있어야 한다. 이 정의로 인해 '이모'라는 예제와 예제가 아닌 것을 쉽게 구별할 수 있다.

정의 학생들이 개념을 두 가지 방법으로 배울 수 있듯이 교사는 두 가지 방법으로 개념을 가르칠 수 있다. 교사는 학생에게 개념의 예제와 예제가 아닌 것을 준 후 정의를 추측하거나 끌어내도록 할 수 있다. 또는 학생에게 정의를 주고 예제와 예제가 아닌 것을 식별하도록 할 수 있다. 몇 가지 개념들은 예제-정의 접근을 통해 학생 스스로가 알아낸다. 학교에서 가르

개념

개별적인 예로부터 일반화되는 추상적인 관념

쳐진 대부분의 개념들은 정의를 내리고, 적합하든 적합하지 않든 몇 가지 예를 제시하고, 정의를 다시 진술하고, 예제가 정의를 어떻게 대표하는지 보여 주면서 의미를 형성한다. 예를 들면 '경험을 통해 개인에게 일어난 변화'로 '학습'이라는 개념을 정의한다. 예제로는 기술, 정보, 행동, 감정의 학습이 포함된다. 예제에서 벗어나는 것으로는 사춘기의 시작으로 일어난 행동과 감정의 변화와 같은 성숙에 의한 변화를 포함한다. 마지막으로 예제와 예제가 아닌 것의 구별을 통해 정의를 재정립한다.

예제　개념을 가르치려면 예제를 광범위하고 숙달되게 사용해야 한다. Tenyson과 Park (1980, p. 59)은 교사가 개념에 대한 예제를 제시할 때 아래의 세 가지 규칙에 따를 것을 제안한다.

1. 쉬운 것에서 어려운 예제 순으로 배열하기
2. 서로 다른 예제를 선택하기
3. 예제와 예제가 아닌 것을 비교하고 대조하기

'포유동물'이란 개념을 생각해 보자. 쉬운 예제로는 개나 고양이, 사람이 있다. 잘못된 예제로 곤충, 파충류, 어류가 있다. 지금까지는 문제가 없다. 그러나 돌고래, 박쥐는 어떤가? 살아 있는 어린 새끼를 낳는 뱀의 경우는? 캥거루는? 이러한 것은 '포유동물'이란 개념에 대한 더 어려운 예제와 잘못된 예제이다. 그것은 살아 있는 어린 새끼를 낳는 지구상의 동물이 포유동물이고 물속에 사는 동물이나 새 또는 다른 알을 낳는 동물은 포유류가 아니라는 경험에 기초한 단순한 믿음에 대한 도전이다. 쉬운 개념(개와 어류)은 일반적인 개념을 만들지만 더 어려운 예(뱀과 고래)는 개념의 경계를 무너뜨리게 한다. 학생들은 어려운 경우의 예제에 휘말리기 전에 간단한 예제를 완벽하게 이해해야만 한다.

■ 학습 전이를 위한 교수

학생들이 시험 준비를 하듯이 교사도 학생이 칠 시험을 준비하는 데 많은 시간을 소비하지만 교사와 학생 모두는 학생이 성인 역할을 수행하는 데 필요한 기술과 지식을 제공해야 한다는 학교의 일차적인 목적을 잊고 있다. 학생이 국어 시험에서 빈칸을 채울 수는 있겠지만 친구에게 편지를 쓰거나 이력서는 쓸 수 없다거나, 수학 시험에서 곱셈과 퍼센트를 구할 수는 있지만 세금을 계산할 수 없는 경우는 학교 교육이 잘못된 방향으로 가고 있는 것을 말한다. 아직도 많은 경우에 있어 학교에서 우수하거나 시험에서 좋은 성적을 받은 학생이 실제 생활에서는 배운 지식과 기술을 잘 활용하지 못하고 있다.

실생활 학습　한 상황에서 다른 상황으로의 **학습 전이**(transfer of learning)는 실제 상황에서 정보 혹은 기술을 학습한 정도와 학습한 상황과 그것이 적용되는 상황 간의 유사성 정도에 좌우된다(Bransford et al., 1999; Hall & Greeno, 2008; Smagorinsky & Smith, 1992). 20세기 초부터 알려진 이러한 이론은 교수에 중요한 의미를 지니고 있다. 학생들이 교실 수업을 실제 상황에 전이시킬 것이라고 쉽게 단정 지을 수 없기 때문에 교사는 실제 상황과 비슷한 상황이나 학습이 전이될 수 있는 상황에서 학생을 가르쳐야 한다. 학생은 학

학습 전이
한 상황에서 새로운 상황으로 알고 있는 지식을 적용

Steve Craft/Masterfile Corporation

이 학생은 개별 재정 학습을 실생활에 적용하고 있다. 교사는 학생이 교실에서 배운 것을 실생활에 전이하는지 어떻게 확인할 수 있을까?

교에서 배운 것을 실제 상황에 적용하기 위해서는 기술과 정보를 문제해결에 어떻게 사용해야 하는지에 관해 특별 수업을 받아야 한다.

학습의 전이에 대해 알아야 할 가장 중요한 것은 전이의 가능성을 보장할 수 없다는 점이다(Cox, 1997). 학생은 하나의 준비된 상황에서 기술과 개념을 숙달하기 때문에 새로운 상황, 교사가 생각하기에 심지어 유사한 상황에서도 그 기술과 개념을 전이할 수 있다고 보증할 수는 없다(Mayer & Wittrock, 1996). 전형적인 예로 문법과 구두시험에서 좋은 점수를 얻는 사람이라 해도 이러한 기술을 적용해서 작문을 잘하는 것은 아니다(Smagorinsky & Smith, 1992). 학교에서 모든 종류의 수학 문제를 풀 수 있는 사람이라 해도 실제 생활에 수학 지식을 적용하지는 못한다. 이러한 예로 다이어트 프로그램에 있는 성인이 치즈의 2/3컵이 정량인데 여기에서 다시 3/4만을 먹어야 하는 문제에 직면하였다(Lave, 1988). 대학에서 대학 수학을 통과한 그는 치즈의 2/3컵을 나눈 다음 잘린 면을 다시 원 안에 붓는다. 그리고 그것을 반으로 나눈 다음 1/4을 던다. 이것은 대부분의 6학년 학생이 종이 위에 할 수 있는 계산인 3/2×3/4이라는 공식으로 양의 1/2이라는 계산 방법으로 쉽게 구할 수 있다. 그러나 거의 모든 사람들이 실제 상황에서는 적용하지 못한다.

초기 학습과 이해 한 상황에서의 기술과 개념이 다른 상황으로 전이되는 데 있어 가장 중요한 요소 중 하나는 처음에 기술과 개념을 얼마나 잘 이해했는가 하는 것이다(Pressley & Yokoi, 1994). 결국 이것은 학생의 이해 수준이 어느 정도이고 의미 있는 방식으로 배웠는지에 대한 문제이다(Bereiter, 1995; Mayer & Wittrock, 1996). 기계적인 암기에 의한 학습 내용은 아무리 철저하게 숙달되었다 하더라도 새로운 상황으로 전이되지 못한다.

상황 속에서의 학습 학습의 전이가 그 정보를 배운 상황과 적용하는 상황 사이의 유사성에 영향을 받는다면 학교에서는 어떻게 실생활과 매우 다른 지식을 적용하게끔 가르칠 수 있을까?

전이의 중요한 이론 가운데 하나는 새로운 환경에 지식을 적용하는 능력은 정보 또는 기술을 배우거나 연습한 다양한 환경에 의존한다는 것이다(Bereiter, 1995). 예를 들면 몇 주 정도 모든 종류의 차를 운전하고 주차해 본 주차 요원은 한 종류의 차를 가지고 수년 동안 운전한 경험자보다 완전히 색다른 차를 운전하는 데 있어(최소한 주차장 안에서는) 더 뛰어나다.

개념을 가르치는 데 있어서 학생이 새로운 상황에 개념을 잘 적용할 수 있게 하는 한 방법은 상황의 범주로부터 실례들을 제시해 주는 것이다. Nitsch(1977)에 의해 수행된 과거의 여러 실험은 이러한 이론을 뒷받침해 준다. 실험에서 학생들은 단어의 정의에 대해 듣고, 그 단어의 개념을 설명하는 예제에 대해 듣는다. 어떤 경우에는 동일한 상황 속에서 몇 가지 예제 사용을 연습하기도 하고 다른 경우에는 상이한 새로운 상황 속에서 몇 가지 예제 사용을 연습하기도 한다. 예를 들면 'minge'의 의미는 카우보이들이 사용하는 단어로 '집단으로 습격하다'란 뜻을 가지고 있다. 그 예는 표 7.3에 있다. 동일한 상황으로 예제를 배운 학생은 똑같은 내용에 있어서는 예제를 정의할 수 있지만 새로운 상황에 대해서는 그 개념을 잘 적용하지는 못한다. 반대로 다양한 예제를 배운 학생은 처음 그 개념을 학습할 때 어려움이 있지만 일단 학습하고 나면 새로운 상황에 잘 적용한다. 최상의 전략은 학생이 먼저 동일한 내용의 예제를 배우고 다양한 내용의 예제를 혼합하여 배우는 복합형일 것이다.

"따라 하는 것이 아니에요. 저는 단지 한쪽에서 배운 것을 다른 쪽에 전이했을 뿐이에요."

교사는 한 상황에서 학습된 정보나 기술이 다른 상황, 특히 실생활 적용을 위해 전이될 수 있도록 개연성을 늘리는 많은 다른 방법을 사용할 수 있다. 예를 들면 시뮬레이션은 실제 상황과 유사하게 만들어 연습하는 방법이 될 수 있다. 고등학생이 직업 면접을 준비할 때 교사나 동료가 면접관 역할을 하고 학생이 실제 면접자인 것처럼 상황을 만든다. 교사는 또한 한 상황에서 학습된 기술을 새로운 상황에서 소개함으로써 전이를 촉진할 수 있다. 예를 들면 역사 교사가 학생들이 영어 수업에서 배운 쓰기와 문법 기술들이 역사 에세이를 쓰면서 사용할 수 있다는 것을 쉽게 알 수 있다는 것이다(Anderson, Reder, & Simon, 1996; White & Frederiksen, 1998).

전이 대 초기 학습 전이에서 가장 난처한 점은 전이를 강화하기 위한 최대의 효과적인 절차 중 일부가 초기 학습을 효과적으로 하는 것들과 정확히 반대된다는 사실이다. Nitsch (1977)의 연구에서 설명했듯이, 수업 초반에 개념에 대한 수업이 다양한 상황에서 제공된다면 학생들은 혼란스러울 것이다. 반면에 하나의 상황에서 학생이 개념을 완전히 이해한 후라

표 7.3 개념 교수

연구들은 교사가 새로운 개념을 가르칠 때 먼저는 동일한 상황 속에서 그 개념이 사용되는 예시를 가르치고 그 후 다른 다양한 상황 속에서 그 개념이 사용되는 예시를 들어 주어야 한다고 말하고 있다. 이런 접근 방법은 배운 개념을 다른 상황에 전이시키는 학생들의 능력을 향상시킨다. 다음의 예는 오래된 이론에서 뽑아 온 것인데, 카우보이의 전통적인 문화 속에서 단어의 새로운 개념을 학생들이 이해하는 과정을 설명해 주고 있다.

교수할 개념 : *Minge*
정의 : 한 사람이나 물건을 집단적으로 습격하는 것

동일한 상황 속에서의 예시	상이한 상황 속에서의 예시
말 탄 세 명의 사람이 소를 에워싸기로 결정했다.	선원 무리들이 화가 나서 선장을 비난하면서 폭동을 일으키겠다고 협박했다.
네 사람은 말에 낙인찍는 일을 함께 하였다.	청중 중 여러 명이 서투른 마술사의 연기에 야유를 보냈다.
그들은 늑대를 에워싸서 도망가지 못하게 했다.	고물상 주인은 세 명의 도둑으로부터 자신을 지키기에는 역부족이었다.
여섯 명의 카우보이 전부가 가축도둑에 맞서서 싸웠다.	여섯 명의 카우보이 전부가 가축도둑에 맞서서 싸웠다.

출처 : John D. Bransford, *Human Cognition*, Wadsworth Publishing, 1979.

면 전이를 강화시킬 수 있다. 이런 원리는 교수법에 대한 중요한 암시를 한다. 새로운 개념을 소개하면서 교사는 학생이 개념을 이해할 때까지 비슷한 예제를 사용해야만 하고, 그런 후 개념에 대한 필수적인 주요 요소를 가지면서도 다양하게 변형된 예제를 제시해야 한다(Reimann & Schult, 1996).

이에 대한 하나의 예로 진화에 대한 수업 시리즈를 생각할 수 있다. 개념을 소개하면서 교사는 첫째로 동물들이 환경에서 생존 기회를 증가시키기 위해 어떻게 진화했는지에 대한 명백한 증거를 사용해야 한다. 예를 들면 낙타 혹의 진화 또는 바다표범에서 물갈퀴의 진화와 같은 예제를 사용한다. 그다음에 교사는 식물의 진화(예를 들면 사막 식물에서 건조한 피부의 진화)를 설명하면서 어느 정도 개념을 확장할 수 있을 것이다. 다음으로 교사는 사자나 원숭이, 인간에서 보이는 협동과 같은 사회적 행동의 진화에 대해 토론할 수 있다. 마지막으로 교사는 자유 시장 경제에 대한 선택적 압력에 대한 반응으로 사업의 변경과 같은 진화 과정과 닮은 현상을 탐색해 볼 수 있다. 이와 같은 방법으로 교사는 첫째로 하나의 명백한 상황(동물)에서 진화의 개념을 갖게 하고, 그다음에 점차적으로 학생이 선택 적응의 원리를 설명하여 완전히 다른 상황에서도 어떻게 진행시키는가를 볼 수 있을 때까지 개념을 넓혀야 한다. 교사가 처음부터 동물, 식물, 사회와 사업에 대해 섞어서 진화에 대해 토론하기 시작한다면 학생들은 너무 혼란스러울 것이다. 교사가 동물의 진화를 넘어서서 진행하지 못한다면 진화 개념을 다른 상황으로 전이해서 이해할 수 없을 것이다. 다른 상황에서 진화에 대한 개념 수업을 한 후 학생은 사회 변화에 따른 예술의 변화와 같은 과학적이고 은유적인 사용을 구별하여 이러한 개념을 새로운 상황에 적용할 수 있다(Branford et al., 1999).

전이를 위한 교수 방법은 많은 예제를 제공하는 것뿐만 아니라 각 예제에서 개념의 공통적인 필수적 특징이 어떻게 반영되어 있는지를 끄집어내는 것이 중요하다(Kosonen & Winne, 1995). 진화 수업에서 교사는 각각의 특정한 사례에 적용되는 중심 과정을 설명해야 한다. 예를 들면 사자들 간의 협동의 발달은 사회적 특성이 어떻게 진화되었는가를 보여 준다. 사자의 집단 생활의 이유는 사냥하기 위해, 생존하기 위해, 그리고 그들의 자손이 살아남을 수 있는 방법이기 때문이다. 각 예제에서 공통적인 필수적인 요소를 끄집어냄으로써 학생이 전에 경험하지 못했던 새로운 예제에 개념을 적용할 수 있도록 한다(Anderson et al., 1996). 이와 비슷하게 사례를 비교나 사건들을 비교하는 것을 통해 개념을 설명할 수 있으며, 그들 간의 유사점과 차이점을 끄집어냄으로써 전이를 향상시킬 수 있다(Bulgren, Lenz, Schumaker, Deshler, & Marquis, 2002; Gentner, Loewenstein, & Thompson, 2002).

전이를 위한 명시적 교수 학생들은 배운 기술을 새로운 상황에 전이할 수 있도록 명시적으로 배울 필요가 있다. 예를 들면 Fuchs와 동료들은 초등학교 3학년 산수 시간에 사용된 명시적 전이 기술을 평가하였다(Fuchs, Fuchs, Finelli, Courey, & Hamlett, 2003). 명시적 전이 학습 상황 속에서 학생들은 전이가 무엇을 의미하는지와 동일한 문제가 다른 언어나 다른 상황 속에서 또는 다른 숫자로 어떻게 다르게 바뀔 수 있는지에 대해 배우게 된다. 학생들은 또한 서술식 문제가 전에 풀어 본 문제 유형과 유사한지 관찰하는 법을 배우게 된다. 예를 들어 한 봉투에 10개씩 들어 있는 레몬 사탕의 경우 32개의 레몬 사탕을 사려고 한다면 몇 봉투를 사야 하는지를 묻는 문제가 있다고 하자. 이 문제는 추가적인 질문을 더하거나 다른 상황 속에서 문제 내용을 첨가하는 등의 방법을 통해 변형될 수 있다. 학생들이 문제의 서술 내용에서 공통점을 발견하도록 가르치는 것은 학생들의 전이 능력을 아주 성공적으로 향상시킬 수 있다.

교수법에서 토론은 어떻게 사용되는가

교사는 여러 가지 이유로 인해 토론을 학습의 한 부분으로 사용한다. 논쟁적인 주제나 정답이 여러 개가 있을 수 있는 문제나 정서적 목표나 태도를 목표로 할 때 토론을 사용할 수 있다. 전체 토론은 교사가 중심이 되어 진행될 수도 있지만 소그룹의 경우 학생이 토론을 이끄는 경우도 있다.

■ 주관적이며 논쟁의 여지가 있는 주제

많은 과목에서 질문은 간단한 답을 갖고 있지 않다. 대수 문제에서나 독일어 동사 활용과 같은 경우에는 하나의 정답이 있을 수 있다. 그러나 남북전쟁의 원인에 대한 설명을 할 수 있는 하나의 정답이 있는가? 셰익스피어 문학은 그 당시의 정치적 상황에서 어떤 영향을 받았는가? 유전공학이 인류 건강에 위험 요소이기 때문에 금지되어야만 하는가? 이런 질문들이나 유사한 유형의 많은 다른 질문들 같은 경우에는 명쾌한 답이 없다. 그러므로 학생에게 간단한 답을 얻고 정보나 기술을 연습에 의해 숙달시키는 대신에 이러한 논쟁을 이해시키고 토론하게 하는 것은 중요하다. 학생에게 역사, 정치, 경제, 문학, 미술, 음악과 같은 과목들은 토론과 더불어 많은 다양한 설명을 이끄는 논쟁점을 포함하고 있다. 논쟁의 여지가 있는 주제에 대한 토론은 다양한 관점에 대한 깊은 이해를 고무시킬 뿐만 아니라 문제에 대한 지식을 증가시킨다(Johnson & Johnson, 1999).

■ 어렵고 생소한 개념

토론은 주관적이며 논쟁의 여지가 있는 주제와 더불어 간단한 정답을 포함하고는 있지만 다양한 방식으로 해석할 수 있는 어려운 개념을 포함한 주제에 대해서도 명확하게 할 수 있다. 예를 들면 과학 교사는 부력과 비중에 대한 개념을 수업에서 간단히 가르칠 수 있다. 그러나 이 수업에서 물질이 왜 뜰 수 있는가에 관해 가볍기 때문이라는 단순한 견해는 도전을 받게 된다. "어떤 것이 가볍기 때문에 뜰 수 있는 것이라면, 전함은 어떻게 뜰 수 있는가?" "당신이 호수에 어떤 물체를 던졌을 때, 그것이 완전한 바닥이 아니라 부분적으로 가라앉았다면 왜 그것은 가라앉는 것을 멈추었을까?" 학생은 이러한 현상을 설명하는 이론을 함께 찾는 과정 중 강의를 통해서 제공되지 않았던 부력과 비중에 대한 의미를 깊이 있게 이해하게 될 것이다.

■ 정서적 목표

교사는 또한 정서적 목표(학생의 태도와 가치에 관련된 목표)가 특별히 중요할 때 토론을 사용한다. 예를 들면 사회 수업은 정부가 어떻게 일을 하며 시민의 의무와 애국심과 같은 중요한 가치를 포함해야 한다. 교사는 "투표가 중요한 여섯 가지 이유가 있다."고 가르칠 수 있다. 그러나 여기서 실제 목표는 투표 시기가 왔을 때 민주적인 과정을 존중하여 등록하고 투표하도록 하기 위함이지 단순히 투표를 해야 하는 이유를 가르치기 위한 것은 아니다. 비슷한 예로 동료가 불법적이며, 불건전하고, 바라지 않는 행동을 하도록 압력을 가할 때 "싫어."라고 말할 수 있는 기술을 제공하는 경우이다. 사회심리학 연구의 오랜 전통은 최대로 설득력 있는 강의보다는 효과적인 집단 토론이 개인의 태도와 행동을 바꾸는 데 훨씬 효과적이라고 한다.

■ 전체 토론

토론은 두 가지 주요한 형식을 갖는다. 하나는 교사를 중재자로 두고 전체 학급이 함께 문제를 토론하는 것이다(Connolly & Smith, 2002; Gunter et al., 2003). 다른 하나는 소집단 형식으로 학생들이 주제에 대해 토론하는 것이다. **전체 토론**(whole-class discussion)은 교사가 덜 지배적 역할을 하는 위치에 놓인다는 것 때문에 평상시 수업과는 다르다. 교사는 토론을 안내할 수도 있고 학급이 궁지에 몰리지 않게 도와주고 학생이 자신의 생각을 표현하도록 격려할 수도 있다. 다음의 예화는 학생이 최근에 배운 학습 정보를 이용하여 미국 독립 혁명에 대한 그들의 생각을 개발하고 탐구하기를 원하는 윌슨 선생님이 이끄는(그러나 우세한 역할을 하는 것은 아닌) 탐구 지향의 토론을 설명하고 있다.

윌슨 선생님 : 지난 몇 주 동안 우리는 미국 독립전쟁을 이끈 사건에 대해 배웠다. 물론 우리는 모두가 미국인이기 때문에 대변혁의 한쪽 입장을 취하는 경향이 있다. 우리는 그들을 설명할 때 '애국자' 라는 용어를 사용한다. 아마도 영국의 조지 왕은 우리에게 호의적이지 않은 용어를 사용했을 것이다. 식민지 개척자의 대부분은 영국 당원들이고, 그 당시에 영국 당원들은 애국자들보다 수적으로 우세했다. 어떻게 영국 당원들이 미국이 영국으로부터의 독립하는 것을 반대했을지 토론해 보자.

베스 : 전 영국 당원이 조지 왕을 좋은 왕이었다고 말할 것 같아요.

비니 : 그렇다면 그가 식민지 이주자들에게 했던 일은 어떻게 설명할 수 있을까?

윌슨 선생님 : 예를 들어 볼래?

비니 : 예를 들어 미국의 권리를 심하게 압박하는 4개의 법령(the Intolerable Acts)이요. 식민지 이주자들은 영국 군인을 그들 집에 숙박시켜야만 했고, 군인들은 보스턴 항구를 폐쇄시켰어요.

타냐 : 그렇지만 그들은 보스턴차 사건 때문에 식민지 이주자들을 처벌하려고 했던 거예요. 국왕파는 애국파가 처음부터 모든 잘못을 야기했다고 이야기할 걸요.

윌슨 선생님 : 좋은 지적이야.

프랭크 : 난 국왕파가 "우리는 조지 왕이 수행한 일의 전부를 좋아하진 않지만 그래도 그는 여전히 우리 왕이야."라고 말할 것 같아요.

리처드 : 국왕파는 아마 독립단체인 '자유의 아들들' 을 불량배라고 생각할 것 같아요.

윌슨 선생님 : 음, 아주 그렇다고 생각하지는 않지만 너의 말도 맞는 것 같구나. 식민지 이주자들이 어떻게 했는데 그렇게 생각하지?

전체 토론

교사를 중재자로 두고 한 반의 모든 학생들이 토론하는 것

라몬 : 식민지 이주자들은 물건을 파괴하고 국왕파와 영국 군인을 괴롭혔어요. 예를 들면 그들 이름을 부르며 그들에게 물건을 던지곤 했지요.

윌슨 선생님 : 보스톤 대학살에 대해 국왕파는 어떻게 느꼈을 것 같니?

베스 : 국왕파는 그 악당들은 마땅히 당해야 될 일을 당했다고 말했을 것 같아요. 모든 사람들로 하여금 말썽을 일으키게 한 건 샘 아담스의 잘못이라고 생각했을 것 같네요.

윌슨 선생님 : 다른 방법으로 생각해 보자. 우린 캘리포니아에 살고 있어. 우리의 수도 워싱턴은 3,000마일 떨어져 있다. 우린 모든 종류의 세금을 내야 하고, 많은 부분이 여기 주민보다는 보스턴이나 볼티모어 주민에게 쓰이고 있어. 우리 정부가 하는 많은 일이 캘리포니아 사람들을 미치도록 화나게 하고 있지. 우린 많은 식량을 갖고 있고, 원하는 건 모두 여기에서 얻을 수 있어. 독립된 나라를 위해 캘리포니아 혁명을 일으키는 건 어때?

사라 : 하지만 우린 미국의 일부잖아요.

타냐 : 그렇게 할 수는 없어요. 군대가 와서 혁명을 진압할 걸요?

윌슨 선생님 : 국왕파도 같은 생각을 하진 않았을까?

비니 : 그렇지만 우린 투표가 가능하고 그들은 그렇지 않았잖아요.

리처드 : 맞아, 대표자 없이 납세뿐이야!

베스 : 분명히 많은 국왕파는 영국이 전쟁에서 이길 것이고, 승자 편에 서는 게 낫다고 생각했을 거예요.

이 토론에서 윌슨 선생님은 미국 혁명의 세세한 내용적 사실을 찾기보다는 학생들이 이전에 배운 정보를 이용해 다양한 관점에서 토론하도록 하고 있다. 윌슨 선생님은 학생으로 하여금 풍부한 회의를 위해 스스로 토론 방향을 정하도록 하고 있다. 교사의 주 임무는 토론이 원활히 진행되게 하고, 학생이 그들의 입장을 방어할 수 있게 세부사항을 사용하게 하고, 많은 학생들로 하여금 토론에 참여하게 하며, 토론이 막히거나 비생산적으로 되지 않도록 도와주는 것이다.

토론 전 정보 토론을 시작하기 전에 교사는 학생이 적당한 기본적인 지식을 갖고 있도록 해야 한다. 주제에 관하여 알지 못하는 참여자가 함께 하는 토론만큼 지루한 것은 없다. 미국 독립전쟁 토론은 혁명에 이어지는 주된 사건에 대한 학생의 지식에 의존한다. 교사는 때때로 주제에 대한 관심을 불러일으키는 수단으로서 학습 전에 토론을 이용할 수 있지만 어떤 시점에서는 학생에게 정보를 주어야만 한다. 예를 들면 이 장의 서두에 있는 예화에서 로간 선생님는 학생에게 제안된 정규수업의 시작 전뿐만 아니라 더욱 많은 정보를 가진 수업이 끝난 후에도 실험과 토론을 했다.

■ 소집단 토론

소집단 토론(small-group discussion)에서 학생들은 특별한 주제를 토론하기 위해 집단을 4~6명 정도로 구성하며, 교사는 집단 사이를 누비면서 토론을 부추긴다(Cook & Tashlik, 2004; Spiegel, 2005). 소집단 토론은 학생들이 대부분의 시간을 교사로부터 독립적으로

소집단 토론

교사와 독립적으로 4~6명의 학생들이 집단으로 토론하는 것

활동하기 때문에 어린 학생들이나 집단이 잘 구성되지 않은 경우에는 소집단 토론을 통해 전혀 이득을 얻지 못할 수도 있다. 그러나 대부분 4학년이거나 그 이상의 학년은 소집단 토론으로부터 이득을 얻을 수 있다.

여느 토론과 마찬가지로 소집단 토론은 교사의 수업, 책, 비디오를 통해서 정보를 얻거나 도서관이나 인터넷에서 학생들이 스스로 정보를 찾음으로써 정보를 얻게 된다. 학생들은 주제에 관한 지식을 가지게 되었다고 생각하면, 다른 사람과 더 활발히 말하고 듣기 위해 필요하다면 책상을 당겨두면서 적극적으로 집단 토론 활동을 시작할 것이다.

각 집단에는 교사로부터 임명된 지도자가 있어야 한다. 지도자는 책임감 있고 잘 훈련된 학생이어야 하나 항상 높은 성취를 보이는 학생일 필요는 없다. 집단들은 모두 같은 주제를 토론하거나 또는 각각 전체 학급이 공부하는 더 큰 주제의 다른 소주제를 토론할 수 있다. 예를 들면 대공황 단원에서 한 집단은 디플레이션의 원인에 대해서, 다른 집단은 은행 시스템의 붕괴에 대해서, 세 번째 집단은 공황의 사회적 영향에 대해서, 네 번째 집단은 뉴딜에 초점을 맞출 수 있다. 교사는 토론되어야 하는 주제에 대해 일련의 질문을 각 집단에 주어야 한다. 예를 들면 주제가 은행제도의 붕괴라면 다음과 같이 질문할 수 있다.

1. 1929년 주식시장의 대폭락과 많은 은행의 붕괴는 어떤 관련성이 있는가?
2. 은행에 대한 예금자들의 신뢰감을 잃게 만든 원인은 무엇인가?
3. 은행들은 자신의 돈을 인출하기를 바라는 고객들에게 지불할 자금이 왜 충분하지 않았는가?
4. 왜 오늘날은 사람들이 동시 다발적으로 돈을 인출하려 은행에 몰려가는 일이 없을까?

각 토론 집단의 지도자의 역할은 집단이 배정된 질문과 주제에서 이탈하지 않게 하고, 모든 집단 구성원이 참여하도록 독려해야 한다. 집단의 서기는 집단의 아이디어를 적어두기 위

이 학생들은 소집단 토론에 참여하고 있다. 소집단 토론의 효과는 무엇인가?

Michael Newman/PhotoEdit

해 임명된다. 토론의 마지막에는 집단 구성원의 활동 또는 결론을 학급의 나머지 학생에게 보여 주기 위해 발표를 준비한다.

소집단 토론에 대한 연구는 학생이 소집단에서 활동을 잘 준비하고 집단의 과제를 잘 조직한다면 이러한 활동이 전통적인 수업보다 학생의 성취도를 좀 더 증가시킬 수 있다고 지적한다(Sharan et al., 1984; Sharan & Shachar, 1988). 또한 다른 연구는 소집단 토론이 합의를 찾는 것보다 논쟁하는 것을 격려한다면 학생 성취도에 더 큰 효과가 있다고 제안한다(Johnson & johnson, 1999). Applebee와 연구진들(Applebee, Langer, Nystrand, & Gameran, 2003)과 Knapp(1995)의 연구는 높은 성취를 보인 학급의 경우 토론을 매우 많이 사용하는 경향이 있다는 사실을 발견하였다.

요약

직접 교수법이란 무엇인가

직접 교수법이란 대부분의 교실에서 일어나는 일과 조직적인 수업 제시에 있어서 교사의 통제를 강조하는 교수법이다. 직접 교수법 프로그램은 활동적인 수업과 명확한 수업 구성, 부차적인 논제들 간의 단계적인 진행, 많은 예시와 설명, 시각적으로 관심을 끄는 것의 사용을 필요로 한다.

직접 교수법은 어떻게 가르치는 것인가

수업의 첫 번째 단계는 학습 목표를 말하고, 학생에게 수업의 전반적인 내용을 소개하는 것이다. 학생들로 하여금 공부하고 배우려는 마음가짐을 준비하도록 하여, 수업이 어느 방향으로 진행되고 있는지 알도록 하기 위한 일종의 지도를 형성하는 것이 중요한 임무이다.

수업의 두 번째 단계는 학생이 선수로 배워야 했을 지식과 기술을 습득했는지 확인하기 위하여 복습한다든가 진단 시험을 치르는 것이다. 복습은 수업을 위한 사전 준비의 기능을 할 수 있다.

세 번째 단계는 새로운 자료를 설명이나 논증과 함께, 학생들의 주의를 유지하면서 체계적인 방식으로 제시하는 것이다.

네 번째 단계는 학습 정도의 탐색으로 수업 내용에 대한 학생의 반응을 유도해내는 것이다. 이러한 연습은 교사에게 피드백을 제공해 주고, 학생으로 하여금 그들의 생각을 시험하도록 해준다. 대답을 위해 얼마 만큼의 시간 동안 기다려 줄 것인가와 어떻게 호명 순서를 할 것인가를 포함한 질문하는 방법이 중요하다.

다섯 번째 단계는 개별 연습 또는 자습인데, 이를 통해 학생들은 새로운 기술을 적용하게 된다. 조사에 따르면 개별 연습은 명확한 지시와 아무런 방해 없이 짧은 과제로 주어져야 하며, 또한 학생이 그 과제를 할 수 있을 때에만 주어져야 한다. 교사는 학생의 개별 연습을 확인하고 수집하여 평가에 반영해야 한다.

여섯 번째 단계는 학생이 성취한 것을 평가하고 피드백을 제공하는 것이다. 모든 수업은 학생의 학습 목표의 숙달 정도를 평가해야 한다.

일곱 번째 단계는 숙제, 복습을 통해 연습을 적절히 나누어 하도록 하는 것이다. 정보는 연습이 일정 기간에 걸쳐 일정한 간격을 두고 이루어질 때 더욱 잘 유지된다.

직접 교수법에 관한 연구는 무엇을 제안하는가

특정한 직접 교수법 모형에 관한 연구는 학생의 성취에 있어서는 대부분 긍정적이나 상이한 효과를 보여 주기도 한다. 직접 교수법의 한 프로그램은 특히 성취도가 낮은 학생과 위기에 처해 있는 아이들에게 읽기와 수학을 가르치는 데 있어서 성공적인 것으로 증명되었다.

학생은 어떻게 개념을 배우고 전이하는가

학생들은 관찰과 정의를 통해서 개념을 배운다. 개념을 사례와 비사례를 통해서, 또한 규칙-예제-규칙의 접근을 통해서 배운다. 교사는 먼저 정의를 하고, 예제를 들어 주고, 마지막으로 정의를 다시 해 준다. 명백한 예제는 덜 명백한 예제에 앞서 주어져야 하고 교사는 예제가 되는 것과 그렇지 않은 것을 비교하고 대조해 주어야 한다. 학생들은 학습을 비슷한 상황으로 옮기고 개념을 다른 맥락과 실제 상황에 적용할 수 있도록 배워야 한다. 기계적 방법으로 암기된 자료는 전이가 일어나지 않는다.

교수법에서 토론은 어떻게 사용되는가

교사는 보통 수업보다 전체 토론에서 덜 지배적인 역할을 한다. 학생들에게는 토론이 시작되기 전에 충분한 기초 지식이 요구된다. 소집단 토론에서는 각 집단에 지도자가 있어야 하고 토론의 명확한 초점이 있어야 한다.

주요용어

개념(concept)
개별 연습(independent practice)
과정-산출 연구(process-product study)
규칙-예제-규칙(rule-example-rule)
마음의 준비(mental set)
소집단 토론(small-group discussion)
수업 계획(lesson planning)
응답 대기 시간(wait time)
자습(seatwork)
전체 응답(all pupil response)
전체 토론(whole-class-discussion)
직접 교수법(direct instruction)
학습 전이(transfer of learning)
학습 정도의 탐색(learning probe)
한 목소리 대답(choral response)
호명하기(calling order)

자기평가 : 교수학습원리

이 장의 서두에 있는 예화를 다시 읽고 다음 질문에 답하시오.

1. 이 장의 서두에 있는 예화 장면에서 로간 선생님은 교실에서 다양한 교수법을 사용한다. 다음 진술 중 어떤 것이 로간 선생님이 사용하고 있는 직접 교수법의 예인가?
   a. 학생이 실험실에서 소집단으로 활동하고 있다.
   b. 실험 30분 후 로간 선생님은 학급을 다같이 부른다.
   c. 몇몇 집단의 대표가 실험을 설명한다.
   d. 로간 선생님이 수업을 진행한다.
2. 만약 로간 선생님이 중력에 관한 과학 수업에서 직접 교수법을 사용해야 한다면 다음 중 어떤 단계가 가장 먼저일까?
   a. 학습 정도의 탐색을 수행한다.
   b. 학습 목표를 말한다.
   c. 새로운 자료를 제시한다.
   d. 개별 연습을 제공한다.
3. 직접 교수법에 관한 연구에 따르면 왜 로간 선생님은 수업 중 학습 정도의 탐색을 수행해야만 하는가?
   a. 수업을 쉽게 하기 위해서
   b. 학생에게 제시된 개념의 연습을 제공하기 위해서
   c. 교사에게 학생의 이해 정도에 관한 피드백을 주기 위해서
   d. 집중하지 않는 학생을 잡아내기 위해서
4. 로간 선생님은 소리파장이 공기 중으로 어떻게 전달되는지 설명하기 위해서 플루트와 피콜로를 불었다. 이것은 학생이 물이 담긴 병 실험을 이해하는 데 도움을 주기 위해서이다. 그녀는 어떤 교수법의 원칙을 사용하고 있는가?
   a. 상보적 교수
   b. 분산 연습
   c. 학습의 전이
   d. 대안 평가
5. 로간 선생님의 학생들은 집단으로 활동하여 수업을 마친 후에 학생의 지식 정도가 개별적으로 평가된다고 말했다. 그러나 집단 구성원 모두가 자료를 이해할 때만이 비로소 슈퍼팀이라고 불릴 수 있다. 로간 선생님은 어떤 교수법을 사용하고 있는가?
   a. 협동 학습
   b. 소집단 회의
   c. 직접 교수법
   d. 탐구 학습
6. 직접 교수법 수업의 모든 단계를 다 사용하는 수업을 만드시오.
7. 소집단 토론과 전체 토론의 장점과 단점은 무엇인가?

구성주의자들은 학습을 어떻게 보는가
- 구성주의의 역사적 배경
- 하향식 처리
- 협동 학습
- 발견 학습
- 자기조절 학습
- 비계
- 미국심리학회의 학습자중심의 심리학적 원칙
- 내용 영역에서 구성주의적 방법
- 구성주의 교수법 연구

협동 학습은 수업에서 어떻게 사용되는가
- 협동 학습 방법
- 협동 학습 연구

문제해결과 사고 기능을 어떻게 가르칠 것인가
- 문제해결 과정
- 창의적인 문제해결 가르치기
- 사고력 신장 교육
- 비판적 사고

8

수업에 대한 학생중심 그리고 구성주의적 접근

Bob Daemmrich/PhotoEdit

학습 목표

이 장을 공부하고 나면 다음과 같은 것을 할 수 있다.

- 학습에 대한 구성주의적 관점에서 중요한 개념과 수업에 대한 시사점을 확인할 수 있다.
- 교실에서 협동 학습을 가장 효과적으로 활용하는 방법을 논의할 수 있다.
- 어떻게 학생들의 문제해결과 사고력을 가르칠 수 있는지 기술할 수 있다.

Bob Daemmrich/PhotoEdit

던바 선생님은 다음과 같이 수업을 시작했다. "여러분은 지난 주에 원의 면적과 육면체의 부피 구하는 법을 어떠한 방법으로 알게 되었는지 모두 기억할 수 있을 거예요. 오늘은 원주의 부피를 계산하는 방법을 알아보려 해요. 이번에는 정말 여러분 혼자서 해보게 될 겁니다. 여러분이 앉아 있는 책상에는 5개의 각각 다른 크기의 눈금 없는 실린더가 놓여 있습니다. 여러분은 자, 계산기를 사용할 수 있으며 개수대에서 물도 이용할 수 있어요. 그러나 여러분이 이용해야 하는 가장 중요한 자료는 여러분의 생각과 동료랍니다. 명심하세요. 이 활동이 끝난 뒤에는 집단에 속해 있는 모든 구성원들이 실린더 부피를 구하는 공식뿐만 아니라 그것을 알아내게 된 과정까지 잘 설명할 수 있어야만 합니다. 다른 질문 있나요? 자, 그럼 시작하세요!"

던바 선생님의 중등 수학과 과학 수업을 듣는 학생들은 곧 활동을 시작한다. 그들은 집단 탁자에 네 명씩 그룹을 지어 앉았다.

공부짱이라는 집단은 실린더에 물을 채우면서 활동을 시작했다.

"됐어." 미구엘이 말했다.

"실린더에 물을 다 채웠어. 이제 무엇을 하지?"

마가리트가 제안했다. "부피를 재어 보자."

마가리트는 자를 가지고 왔고 데이비드에게 자기가 잰 것을 기록하라고 하였다.

"작은 실린더는 높이가 36mm야. 두 번째 것의 바닥 지름은 42mm…."

"그래서 그다음에는?" 욜란다가 물었다.

"이렇게 해서는 부피를 알아낼 수 없어. 무얼 재기 전에 좀 더 생각해 보자."

"욜란다가 옳아." 데이비드가 말했다.

"계획을 좀 더 잘 세워야 해."

"알겠어." 미구엘이 대답했다.

"가…, 가서…? 그걸 뭐라고 하더라?"

"가설" 욜란다가 말해 주었다.

"맞아! 무엇이 해결 방법일지 추측해 보자."

"던바 선생님이 원 면적과 육면체의 부피에 대해 어떻게 말씀하셨는지 기억하니? 중요한 열쇠가 거기에 있을 것 같은데…"

"그래, 미구엘." 마침 지나가던 던바 선생님이 대답했다.

"그런데 그 정보를 가지고 무엇을 하려고?"

공부짱 집단 구성원들은 잠시 조용히 있었다.

"이 실린더 중 하나를 택해서 바닥의 넓이를 재어 보자."

데이비드가 과감하게 말했다.

"마가리트가 바닥 지름이 42mm라고 했던 것 기억나지?"

"내게 계산기를 줘봐. 이제 어떻게 면적을 재지?"

욜란다가 대답했다.

"π × 반지름의 제곱을 하면 되었던 것 같아."

"맞아. 그러면 42의 제곱은…."

"42가 아니고, 21의 제곱이야." 마가리트가 끼어 들었다.

"지름이 42이면, 반지름은 21이지."

"맞아, 맞아, 나도 기억났어. 그럼 21의 제곱은 …441, 그리고 π는 약 3.14이니까… 내 요술 계산기야 답을 가르쳐다오… 13,647이네."

"그렇게 될리가 없어." 미구엘이 말했다.

"400에 3을 곱하면 1,200이 돼. 그러니까 441에 3.14를 곱한 것이 1,300일리가 없어. 네가 뭔가 잘못한 것 같아."

"다시 해볼게. 441에 3.14를 곱하면, …네가 맞아. 지금 해보니까 1,385야."

"그래서 어쨌다고?" 욜란다가 말했다.

"그렇게 해서는 부피계산법을 알 수 없어."

마가리트가 흥분하여 펄쩍 뛰었다.

"조금만 있어봐, 욜란다. 나는 우리가 바닥의 면적과 물의 높이를 곱해야 한다고 생각해."

"왜?" 미구엘이 물었다.

"음…" 마가리트가 대답했다.

"우리가 육면체의 부피를 구할 때, 세로×가로×높이를 계산했잖아. 세로×가로는 밑면의 면적이야. 원기둥도 똑같이 하면 될 거야."

"너 정말 똑똑하다!" 미구엘이 말했다.

"옳은 말 같아. 그런데 어떻게 하지?"

"생각났어." 욜란다가 말했다. 욜란다는 모든 실린더에 든 물을 비우고, 가장 작은 것에 물을 가득 채웠다.

"좋은 생각이 있어. 이 실린더의 부피를 우리는 몰라. 하지만 부피가 항상 같다는 것은 알고 있어. 4개의 실린더에 같은 양의 물을 붓고 공식을 이용한다면 항상 같은 양이 나오게 될 거야."

"그렇게 해보자." 미구엘이 말했다. 그는 가장 작은 실린더로 더 큰 실린더에 물을 부어 다시 채우고, 그것을 다른 모양의 실린더에 부었다."

공부짱 집단은 실린더에 담긴 물의 바닥과 꼭대기의 길이를 재고 그 결과를 기록한 뒤 공식에 적용하였다.

아니나 다를까 그들이 생각한 공식은 같은 물의 양에 대해 항상 같은 답을 산출했다. 그들은 대단히 흥분된 상태에서 던바 선생님을 불러 그들이 한 일을 보라고 하였다. 던바 선생님은 학생 각자에게 어떻게 했는지 물어보았다.

"훌륭하구나! 너희들은 답만 알아낸 것이 아니고 집단의 모든 사람들이 참여했고, 너희들이 한 일들을 스스로가 다 이해하고 있구나. 이제 너희들이 나를 도와주었으면 한다. 두 집단이 무척 헤매고 있단다. 너희가 그들을 도와줄 수 있겠니? 그들에게 답을 가르쳐 주지는 말고 제대로 할 수 있도록 도와만 주렴. 욜란다와 미구엘은 천재 집단을 돕고, 데이비드와 마가리트는 드림팀을 도와라, 알겠지? 고맙구나!"

생각해 보기

- 위의 예화를 읽고 나서, 임의로 4~8명 정도로 구성주의에 바탕을 둔 전문가 토론 집단을 만든다. 그리고 왜 이러한 교수 방법이 던바 선생님의 중학교 수학과 과학 수업에서 효과적이었는지를 설명하시오(학생들은 토론자에 자원할 수도 있을 것이다). 나머지 학생들은 각각의 토론 참가자가 발표한 후 질문할 수 있다.
- 던바 선생님의 교수 방법을 기억해 보고 그 특징이 무엇인지 생각해 보시오(예컨대 Piaget식, Vigotsky식, 발견식 등). 그는 과제를 어떻게 구조화했으며 학생들과 어떻게 상호작용했는가? 그가 학생들에게 부과한 사전 학습과 질문은 구성주의적 관점에 근거한 확실한 판단이다. 왜 그러한가?

학습은 기억 이상의 것이다. 학생들이 진실로 이해하고 지식을 적용하기 위해서는 스스로 문제를 풀고 발견하며 여러 아이디어들을 가지고 깊이 고민하는 노력을 해야 한다. 던바 선생님은 원기둥의 부피를 구하는 공식이 $\pi r^2 h$라고 말해 줄 수 있었다. 학생들은 습관대로 이 공식에 숫자들을 대입하여 정답을 이끌어 낼 수 있었을 것이다. 그러나 그것이 학생들에게 얼마나 의미가 있으며 그 공식 이면에 숨겨진 개념들을 다른 문제들을 해결할 때 얼마나 잘 적용할 수 있겠는가? 교육의 임무는 학생들의 두뇌에 정보를 가져다 붓는 것이 아니다. 학생들의 마음에 잠재력을 지닌 유용한 개념들을 가지고 생각하게 하는 데 있다. 이 장에서는 이것을 어떻게 할 수 있는지 알아보는 데 초점을 둔다.

구성주의자들은 학습을 어떻게 보는가

교육심리학에서 가장 중요한 원리 중 하나는 교사가 학생들에게 지식을 간단히 전달하는 것이 불가능하다는 것이다. 학생들은 그들 자신의 마음속에서 지식을 구성해야 한다. 교사는 정보를 학생들에게 의미 있는 것과 관련시킴으로써 학생 스스로 생각을 발견하고 적용할 수 있는 기회를 제공하고, 또 학생들이 그들 자신의 전략을 의식적으로 사용하도록 해야 하는데 교수를 통하여 이러한 지식의 구성 과정을 촉진시킬 수 있다. 교사는 학생들에게 더 높은 단계로 나아갈 수 있도록 도와주는 사다리를 제공하여 줄 수는 있지만 결국 학생들이 스스로

이 계단을 올라가야 한다(Guskey & Anderman, 2008).

이러한 아이디어들을 기반으로 한 이론이 소위 **학습의 구성주의 이론**(constructivist theories of learning)이다. 구성주의 이론의 핵심은 학생들이 복잡한 지식을 그들 자신의 것으로 만들고자 한다면 반드시 스스로 그 지식을 발견하고 변형해야 한다는 것이다(Anderson, Greeno, Reder, & Simon, 2000; Fosnot, 2005; Waxman, Padron, & Arnold, 2001). 구성주의 이론에서는 학습자들을 오래된 해법에 대하여 새로운 정보를 찾고 그 해법이 더 이상 효력을 나타내지 않을 때에는 수정하기를 끊임없이 되풀이하는 존재로 본다. 이러한 관점은 가르치는 것에 대하여 중요한 함의를 담고 있다. 그것은 학생들이 전통적인 교실에서 하고 있는 전형적인 학습 역할보다는 훨씬 더 활동적인 역할을 해야 한다는 것이다. 능동적인 학습자로서 학생의 역할에 초점을 두기 때문에 구성주의 전략은 학생중심 교수라 불리기도 한다. 교사는 '무대에 선 현자' 로서 모든 수업 활동들을 통제하고 강의하는 사람이라기보다는 학생중심 수업에서는 '무대 한쪽에 비켜서서 돕는 사람' 으로서 학생들이 스스로 의미를 발견하도록 돕는 사람이다(Noddings, 2008; Weinberger & McCombs, 2001; Zmuda, 2008).

2+2=4? 그게 어떻게 구성주의식 답이니?

■ **구성주의의 역사적 배경**

구성주의 혁명은 교육 역사에서 깊은 뿌리를 가지고 있다. 주로 Piaget와 Vygotsky의 업적에 큰 영향을 받았다(제2장 참조). 이 두 사람은 인지의 변화는 새로운 정보에 비추어 이전에 있던 개념이 불균형의 과정을 거칠 때 일어난다고 보았다. Piaget와 Vygotsky는 모두 학습의 사회적 성격을 중시하였고, 개념 변화를 발달시키기 위하여 다양한 능력을 가진 구성원들로 이루어진 집단들을 사용할 것을 제안하였다. 현대의 구성주의 학자들의 생각은 주로 Vygotsky 이론에서 비롯된다(John-Stein & Mahn, 1996; Karpov & Bransford, 1995). 이 이론은 수업에서 협동 학습과 프로젝트 중심 학습 그리고 발견 학습을 강조하는 교수 방법들을 이론적으로 뒷받침하는 데 이용되어 왔다. Vygotsky의 생각에서 유도된 사회적 학습, 근접발달 영역, 인지적 도제, 매개 학습의 네 가지 핵심 원리가 중요한 역할을 한다.

연결해서 더 보기

Piaget와 Vygotsky의 업적에 대해서는 제2장을 참조하시오.

사회적 학습 Vygotsky는 우선 학습의 사회성에 역점을 두었다(Hall & Greeno, 2008; O'Connor, 1998; Salomon & Perkins, 1998). 그는 어린이가 어른이나 자신보다 나은 또래들과 상호작용을 함으로써 학습한다고 하였다. 앞의 예화에서 살펴보았듯이 협동 과제를 실시했던 던바 선생님의 수업에서처럼 어린이들은 다른 동료들의 사고 과정에 참여할 수 있었다. 이러한 방법은 학습 결과를 모든 학생들이 공유할 수 있도록 할 뿐만 아니라 다른 학생들의 사고 과정도 함께 공유하도록 하는 효과가 있다. Vygotsky는 성공적인 문제해결자는 어려운 문제를 풀면서 혼잣말을 한다는 점에 주목하였다. 협력 집단에서 어린이들은 사고 과정이 밖으로 표현되는 것을 들을 수 있고, 성공적인 문제해결을 하고 있는 동료가 어떻게 그 문제에 접근하고 생각하는지 배울 수 있다.

학습의 구성주의 이론

학습자들은 기존의 규칙에 반하는 새로운 정보를 찾고 더 이상 효력이 없는 규칙들을 수정하면서 스스로가 복잡한 정보를 발견하고 변형해야 한다고 주장하는 이론

근접발달 영역 두 번째 주요 개념은 아이들은 자신의 근접발달 영역(zone of proximal development)에 있는 개념을 가장 잘 배운다는 것이다. 제2장에서 논의한 것처럼 아이들은

연결해서 더 보기
근접발달 영역에 대해서는 제2장을 참조하시오.

혼자서는 할 수 없으나 동료들이나 어른들의 도움으로 해결할 수 있는 과제에 참여하고 있을 때 근접발달 영역에 있게 된다. 예컨대 아이가 모여 있는 여러 수들 사이에서 중앙값(median)을 혼자서 찾을 수 없었으나 교사의 도움을 받아 가능하게 되었다면 중앙값 찾기는 아마도 그 아이의 근접발달 영역에 있는 것이 될 것이다. 아이들이 함께 학습할 때 아이들 각각은 자신의 근접발달 영역 내에 해당하면서 조금 더 나은 수준의 인지 능력을 갖고 있는 동료와 함께 학습할 가능성이 있다.

인지적 도제　Vygotsky가 학습의 사회성과 근접발달 영역를 강조한 데서 나온 또 다른 개념이 **인지적 도제**(cognitive apprenticeship)이다(Greeno, Collins, & Resnick, 1996; Harpaz & Lefstein, 2000). 인지적 도제란 학습자가 전문지식을 전문가나 혹은 성인, 연장자, 자기보다 나은 동료와의 상호작용을 통하여 점진적으로 습득해 가는 과정을 말한다. 많은 직업세계에서 사람들은 도제 방식으로 일을 배운다. 도제 기간 동안에 처음으로 그 직업에 종사하게 된 사람들은 전문가들과 가까이 지내게 되는데, 이 전문가는 경험이 적은 신참들에게 시범을 보이고 피드백을 제공하면서 그들을 전문가의 규범과 행동들로 점차 사회화시켜 간다. 학생을 가르치는 것도 하나의 도제 형태라고 볼 수 있다. 구성주의 이론에서는 교사들이 이러한 오래되었지만 매우 효과적인 교수 학습 모형을 일상의 교실 수업 활동으로 전이할 것을 제안한다. 이 전이 활동은 학생들이 복잡한 과제에 참여하고 교사가 과제 수행을 도우며—마치 도제공이 집 배선을 다시 할 때 전기 수리의 장인이 돕는 것처럼(Hamman, Berthelot, Saia, & Crowley, 2000)—또 이질적 능력의 협력 집단에서 좀 더 나은 학습자가 그렇지 못한 학습자에게 복잡한 과제를 마칠 수 있도록 도와줌으로써 가능하다.

매개 학습　끝으로 Vygotsky는 비계 또는 매개(중재) 학습에 강조점을 두었는데(Kozulin & Presseisen, 1995) 이는 구성주의 학자들에게 있어서 중요하다. Vygotsky의 입장에 대한 최근 해석은 학생들이 복잡하고 어려우며 실제적인 과제를 맡아서 그 과제를 완성하는 데 필요한(언젠가는 복잡한 과제를 위해 사용될 것을 기대하고 지식을 조각으로 나누어 가르치기보다는) 도움을 받아야 한다는 것을 강조하고 있다. 이 원리는 협력의 형태로 이루어지는 프로젝트, 모의실험, 지역사회 탐방, 실제 독자들을 대상으로 한 작문, 그 밖의 실제 과업을 교실에서 할 수 있도록 근거를 제공한다(Byerly, 2001; Holt & Willard-Holt, 2000; Levy, 2008). **상황 학습**이라는 용어(Anderson, et al., 2000)는 실제 삶과 실제적인 과제 수행에서 일어나는 학습을 기술하기 위해 사용된다. 이 관점은 깊이가 없이 넓은 영역을 공부하기보다는 학습 내용의 깊이를 강조한다(Egan, 2008).

■ 하향식 처리

교수에 대한 구성주의적인 접근은 상향식 수업보다는 **하향식** 수업에 중점을 둔다. 하향식이란 학습자들이 복잡한 문제의 해결로 학습을 시작한 다음 교사의 안내로 필요한 기초적 기술들을 발견하거나 배우는 것이다. 예컨대 철자와 문법, 구두법밖에 배우지 않은 학생에게 작문을 하라는 과제가 주어질 수 있다. 이 하향식 과정의 접근은 전통적인 상향식 전략과는 반대된다. 상향식 전략에서는 기술이 기초적인 것에서 차츰 더 복잡한 기술로 발전해 간다고

인지적 도제

학습자가 전문가 혹은 어른, 나이가 많은 동료, 자기보다 앞서 있는 동료와의 상호작용을 통해 전문지식을 점진적으로 습득하여 가는 과정

본다. 하향식 교수에서 학생이 시작하게 되는 과제는 단순화된 것이나 일부분이 아닌 복잡하고 완전하며 실제적인 것이다. 이것은 과제가 학생이 궁극적으로 수행해야 할 것으로 기대되고 있는 실질적인 과제라는 것을 의미한다. 수학 교수에 대한 구성주의적 접근의 한 예로 Lampert(1986)의 연구를 살펴보자. 한 자리 숫자에 두 자리 숫자를 곱하는 법(예를 들어 4×12=48)을 가르치는 전통적인 상향식 접근법에서는 정답을 구할 때까지 단계별로 학생들을 지도한다. 기본적인 기술을 습득한 뒤에야 학생들은 "손드라는 하나에 12센트씩 하는 연필을 봤다. 그녀가 네 자루를 산다면 얼마가 필요할까?"와 같은 간단한 적용문제를 접해야 한다.

구성주의자들의 접근은 아주 정반대의 과정을 밟는데, 문제(종종 학생들이 제시하기도 하는)를 처음 대하고 난 뒤 그것을 어떻게 해결할 것인가를 알아내는 방법을 찾도록 도움을 준다. 이러한 접근을 보여 주는 Lampert의 예가 그림 8.1에 제시되어 있다. 예를 들면 이 장의 앞에서 던바 선생님은 원기둥의 부피를 구하는 공식을 학생들 스스로 찾아내는 것을 돕기 위해 협동 학습을 이용하였다. 당신은 공부짱 집단에서 서로의 생각들이 오고 갔으며, 여러 번의 시도와 함께 잘못된 해결 과정은 제외되었으며 최종적으로 찾아낸 해결책이 맞는지 검증하는 과정을 보았을 것이다. 학생들은 누구도 혼자서 문제를 풀지 않았으며 문제를 해결하는데 이르기까지 협력하였다. 더욱 중요한 것은 다른 사람의 생각을 듣는 것, 시도해 보고 제안된 해결책에 대하여 즉각적인 피드백을 받는 것, 문제를 해결하기 위한 다양한 방법에 대해 논쟁을 벌이는 것과 같은 활동 등을 통해서 공부짱 집단은 인지적 비계를 제공받았다. 이는 Vygotsky나 Bruner 등의 구성주의 학자들이 상위 수준의 학습에서 필수적이라고 언급했던 것들이다(Fosnot, 2005).

■ 협동 학습

교수에 대한 구성주의적 접근에서 많이 사용되고 있는 협동 학습은 학생들이 문제들과 관련하여 대화할 때 어려운 개념들을 쉽게 발견하고 이해한다는 이론에 바탕을 두고 있다. 다시 말해서 학습의 사회적 성격에 대한 강조와 동료 학생들을 통해서 적절한 사고법을 관찰하고 서로의 잘못된 이해에 도전하는 것 등은 Piaget와 Vygotsky의 인지적 변화의 핵심 요소들이다(Webb, 2008). 협동 학습은 이 장의 뒷부분에서 보다 자세히 다룰 것이다.

■ 발견 학습

발견 학습은 오래된 교육혁신의 역사를 지니고 있는 중요한 구성주의적 교수 방법 중 하나이다. **발견 학습**(discovery learning)(Bergstrom & O'Brien, 2001; Wilcox, 1993)에서 학생들은 그들 스스로 개념과 원리들을 학습하고 이해하도록 고무되며, 교사들은 학생들 스스로 원리들을 발견할 수 있도록 학생들로 하여금 실험을 수행하고 경험할 수 있도록 한다. 발견 학습의 지지자인 Bruner(1966)는 다음과 같이 주장했다. "우리는 어떤 과목을 학생들에게 가르칠 때 살아 있는 조그마한 도서관을 만들려고 하는 것이 아니다. 오히려 학생들로 하여금 생각하게 만들어야 한다… 역사 학자들이 하는 것처럼 스스로 지식 습득의 과정에 참여하도록 해야 한다. 앎이란 결과물이 아니라 과정이다"(1966, p. 72).

발견 학습은 많은 과목에 적용되고 있다. 예를 들면 몇몇 과학박물관에는 다른 크기와 무

발견 학습
학생이 스스로 원리를 발견하도록 도와주는 구성주의적 교수 방법

그림 8.1 곱셈 지도를 위한 수학 이야기

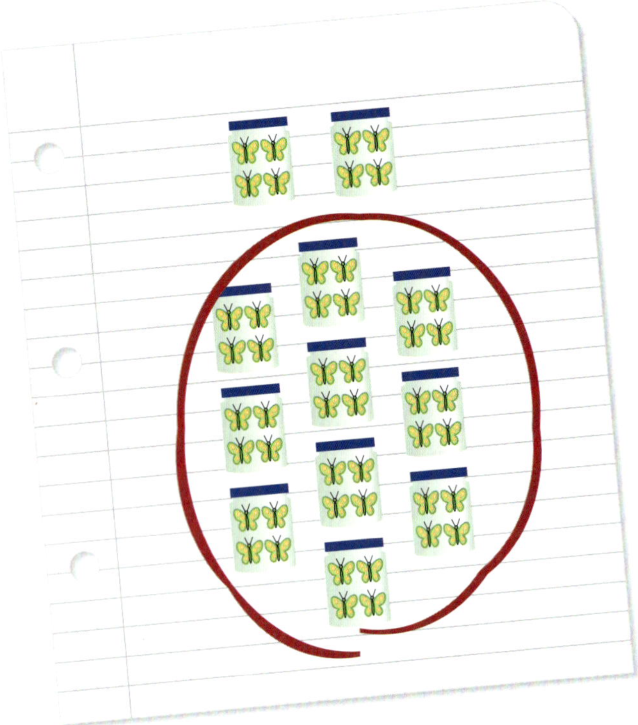

교 사 : 누가 12×4라는 곱하기를 가지고 이야기를 만들어 볼까요?

학생 1 : 12개의 항아리가 있어요. 그리고 각각의 항아리에는 나비가 네 마리씩 들어 있어요.

교 사 : 내가 이 곱하기를 하고 답을 구했다면, 우리는 그 단지와 나비들에 대해 무엇을 알게 될까요?

학생 1 : 그만큼의 나비들이 모두 함께 항아리 속에 있다는 것을 알게 돼요.

교 사 : 좋아요. 여기에 단지들이 있어요(나비 단지를 그림으로 그린다). 자, 우리가 단지를 묶어서 이해한다면 얼마나 많은 나비가 함께 있는지를 세어보는 데 더 쉬울 거예요. 보통 수학자들이 묶어서 생각할 때 가장 좋아하는 수는 무엇일까요?

학생 2 : 10이요.

교 사 : 이 10개의 단지 속에는 각각 네 마리의 나비가 있어요(10개의 단지 주위에 둥근 선을 긋는다).

교 사 : 내가 그은 이 원을 지우고 12개의 단지가 모두 함께 있는 것으로 되돌아가 봐요. 우리가 나비를 좀 더 쉽게 셀 수 있도록 묶음을 나눌 수 있는 다른 방법이 있나요?

학생 3 : 6개씩이요.

교 사 : 자, 이 묶음에 얼마나 많은 나비가 있나요?

학생 4 : 24

교 사 : 어떻게 그것을 알았지요?

학생 4 : 8+8+8(직관적으로 6개의 단지를 세 쌍으로 묶어서 쉽게 이해할 수 있었다.)

교 사 : 그것이 8×3이에요. 또 그것은 6×4이기도 하죠. 자, 이 묶음 안에 얼마나 많이 있지요?

학생 3 : 24로 같아요. 모두 6개의 항아리예요.

교 사 : 그럼 모두 몇 마리의 나비가 되지요?

학생 5 : 24+24는 48이에요.

교 사 : 우리는 앞에서와 같은 나비의 숫자를 얻었어요. 왜 그렇지요?

학생 5 : 예, 우리가 같은 수의 단지를 가지고 있었고 그 속에 든 네 마리의 나비 수도 같았기 때문이에요.

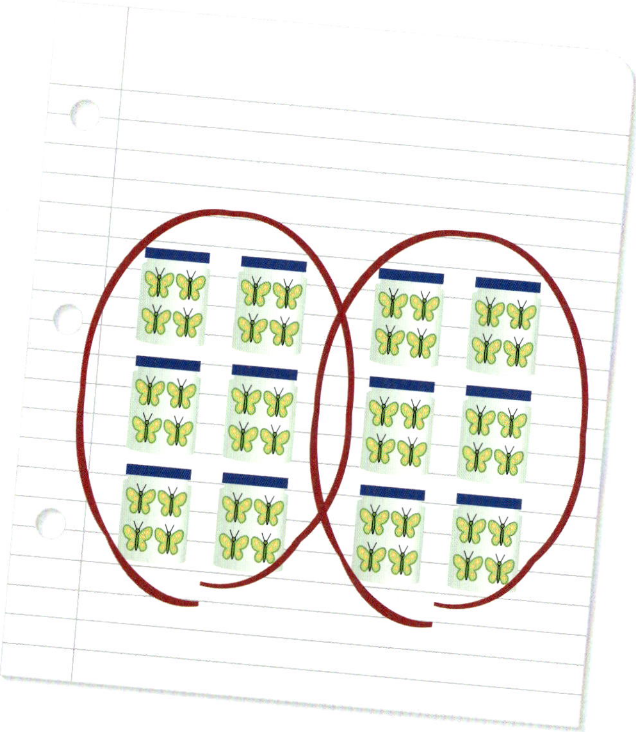

출처 : Magdalene Lampert, "Knowing, Doing, and Teaching Multiplication," *Cognition and Instruction*. Copyright 1986 by Taylor and Francis Informa UK Ltd. - Journals. Reproduced with permission of Taylor and Francis Informa UK Ltd. via Copyright Clearance Center.

게를 지니면서 속이 채워져 있거나 혹은 비어 있는 원기둥들이 있다. 학생들은 원기둥을 가지고 경사로에 굴려보도록 할 수 있다. 세심한 실험을 통해 실린더의 속도를 결정하는 숨겨져 있는 원리를 발견할 수 있다. 컴퓨터 시뮬레이션들은 학생들이 과학적 원리를 발견할 수 있는 환경을 만들 수 있다(Dejong & van Joolingen, 1998). 방과후 심화 프로그램(Bergstorm & O' Brien, 2001)과 혁신적인 과학 프로그램(Singer, Marx, Krajcik, & Chambers, 2000)은 특별히 발견 학습의 원리에 그 바탕을 두고 있는 경우가 많다.

발견 학습은 몇 가지 장점이 있는데, 우선 학생의 호기심을 자극하며 정답을 찾을 때까지 탐구하게 하는 동기를 유발시킨다. 학생들은 또한 정보를 분석하고 조작해야 하기 때문에 독립적인 문제해결 방법과 비판적 사고방식을 배운다. 그러나 발견 학습은 실수와 시간 낭비가 될수도 있다. 그러한 이유 때문에 안내된 발견 학습(guided discovery learning)이 순수한 발견 학습보다 더 흔히 찾아볼 수 있는 수업의 형태이다(Hmelo-Silver, Duncan, & Chinn, 2007; Kirschner & van Merrienboer, 2008; Pressley et al., 2003). 안내된 발견 학습에서는 교사가 실마리를 제공하거나, 일부 학습 활동을 구조화하거나, 개요를 제공하는 것과 같이 보다 능동적인 역할을 수행한다.

■ 자기조절 학습

학습의 구성주의적 이론의 핵심 아이디어는 이상적 학습자를 자기조절 학습자로 보는 것이다(Paris & Paris, 2001; Weinstein & McCombs, 1995). **자기조절 학습자**(self-regulated learner)는 효과적인 학습 전략의 지식을 가지고 있고 언제 어떻게 그것을 사용하는지 알고 있다(Bandura, 1991; Dembo & Easton, 2000; Schunk & Zimmerman, 1997; Winne, 1997). 예를 들면 그들은 복잡한 문제를 어떻게 간단한 단계로 만드는지 혹은 여러 해결 대안들을 어떻게 시험해 볼 수 있는지에 관한 방법을 안다(Hall & Greeno, 2008). 자기조절 학습자들은 언제 어떻게 내용을 그냥 뛰어넘거나 깊게 이해하면서 읽어야 하는지 안다. 그리고 그들은 남을 설득하거나 남에게 정보를 제공하기 위해 어떻게 글을 써야 하는지도 안다(Zimmerman & Schunk, 2001). 더 나아가서 자기조절 학습자들은 성적이나 타인의 칭찬에 의해서가 아니라 학습 그 자체에 의해 동기화되며(Boekaerts, 2006) 장기적 과제가 완성될 때까지 몰두할 수 있다. 학생들이 효과적인 전략들을 인내와 동기를 가지고 일이 완성될 때까지 활용한다면 효과적인 학습자라고 하거나(Williams, 1995; Zimmerman, 1995), 평생 학습 동기를 가지고 있다고 할 수 있다(Corno & Kanfer, 1993). 연구들에 의하면 아동들에게 자기조절 학습 전략을 가르치는 프로그램들은 학생들의 성취를 향상시키는 것으로 보고되고 있다(Cho & Bergin, 2009; Cleary & Zimmerman, 2004; Fuchs et al., 2003; Mason, 2004; Torrance, Fidalgo, & Garcia, 2007).

연결해서 더 보기
자기조절 학습의 동기적 측면에 대해서는 제10장을 참조하시오.

연결해서 더 보기
비계에 대해서는 제2장을 참조하시오.

■ 비계

제2장에서 논의된 바와 같이 비계는 Vygotsky의 보조 학습에 바탕을 두고 있는 개념이다. Vygotsky에 의하면 기억을 주도하고 의도적으로 주의를 기울이고 상징을 이용해 사고하는 것 등을 포함하는 고등 정신 기능들은 중재(매개)된 행동들이다(De Vries, 2008). 문화에 의해 외부적으로 중재된 이런 저런 행동들은 심리적 도구들을 이용해서 학습자의 마음으로 내

자기조절 학습자
효과적인 학습 전략을 언제 어떻게 사용해야 할지를 아는 학습자비계를 이용하는 것

초기의 비계 설정 과정에서 교사는 좀 더 많은 구조를 제공할 것이다. 그리고 점차적으로 그 책임을 학생에게로 돌릴 것이다. 당신은 교사로서 비계를 어떻게 효과적으로 이용하겠는가?

Michael Newman/PhotoEdit

매개 학습

고등 정신 기능들을 학습하기 위한 기술들을 내면화하고 숙달하도록 돕기 위해 비계를 이용하는 것

면화된다. 보조 학습 혹은 **매개 학습**(mediated-learning)에서 교사는 학생이 고등 인지 기능을 학습할 수 있는 기술을 내면화하고 이해할 수 있도록 지도해 주는 문화적 대리인이다. 문화적 도구를 내면화하는 능력은 학습자의 나이, 인지 발달 단계와 관련이 있다. 그러나 일단 획득되면 내부 중재자들을 가지고 더 높은 수준의 자기매개적 학습이 가능하다.

실제적인 용어로 말하자면 비계는 수업 초기 단계에 학생들에게 수업을 좀 더 구조화해서 제시하고 점차적으로 학생들에게 책임감을 부여함으로써 수업의 주도권을 넘기는 것이다(Good & Brophy, 2008; Puntambekar & Hübscher, 2005; Shepard, 2005). 예를 들면 그들은 읽고 있는 자료에 대해 스스로에게 질문하는 법을 배울 수 있다. 우선 교사는 학생들이 물어볼 만한 질문을 시범보이고 질문들을 제시할 수 있다. 그러나 시간이 지나면서 질문 만들기 과제를 학생들 스스로 맡아서 하기 시작한다(Fisher & Frey, 2008). 비계에 대한 또 다른 예는 그림 8.2에 제시되어 있다.

그림 8.2 비계

여기 어려운 퍼즐을 풀기 위해 어른이 비계를 제공하여 어린이와 함께 노력하는 예가 있다.

제이슨 : 난 이거 못하겠어요. (퍼즐 한 조각을 잘못된 자리에 끼워 넣으려고 하면서)

어 른 : 어떤 조각이 여기에 맞을까? (퍼즐의 바닥을 가리키면서)

제이슨 : 그의 신발(광대의 신발과 비슷한 조각을 보지만 여전히 잘못된 조각으로 시도하면서)

어 른 : 글쎄, 어떤 조각이 이 모양 같니? (다시 퍼즐의 바닥 부분을 가리키며)

제이슨 : 갈색 퍼즐 (그것을 맞추어 보려는 시도가 성공하고 난 후 다른 조각을 또 시도하고 어른을 본다.)

어 른 : 와~ 맞췄다. 자, 이제 그 조각을 조금만 돌려 보렴. (그에게 시늉을 해 보이면서)

제이슨 : 야~(몇 조각을 더 끼워 넣는다. 아이가 스스로에게 칭찬을 한다. 어른을 보면서 "이번엔 초록색 조각이다." "그걸(퍼즐 조각) 돌려.")

출처 : Laura E. Berk, *Infants, Children, and Adolescents*(2nd ed.), p. 328.

■ 미국심리학회의 학습자중심의 심리학적 원칙

1992년에 미국심리학회의 교육심리 분과는 「학습자 중심의 심리학적 원칙 : 학교 재건과 개혁을 위한 조언」(American Psychological Association, 1992, 1997; Alexander & Murphy, 1994 참조)이라는 연구물을 간행했다. 1997년에 개정된 이 연구물은 구성주의적 시각을 갖고 연구하고 있는 저명한 교육심리학자들이 동의하고 있는 학습과 동기 원칙들을 제시하고 있다. 표 8.1은 미국심리학회(APA)의 네 가지 원칙을 제시하고 있다.

표 8.1 학습자중심의 심리학적 원리 : 인지적 요소와 초인지적 요소

원리	예
원리 1 학습 과정의 본질	복잡한 과목 내용의 학습은 정보와 경험으로부터 의도적인 의미 구성 과정이 이루어질 때 가장 효과적이다.
원리 2 학습 과정의 목표	성공적인 학습자는 지원과 수업의 안내를 받으며 의미 있으면서 논리적인 지식의 표상들을 만들어 낼 수 있다.
원리 3 지식의 구성	성공적인 학습자는 새로운 정보와 기존의 지식을 의미 있는 방법으로 연결할 수 있다.
원리 4 전략적 사고	성공적인 학습자는 복잡한 학습 목표를 성취하기 위해 추론 전략과 사고의 목록을 만들고 또한 사용할 수 있다.
원리 5 사고에 관한 사고	정신적 조작 과정을 선택하고 감시하는 상위 수준의 전략은 창조적이며 비판적 사고를 촉진한다.
원리 6 학습의 맥락	학습은 문화, 기술, 실제 수업을 포함한 환경적인 요소들의 영향을 받는다.
원리 7 학습에 있어서 동기와 정서적인 영향	무엇을 얼마나 많이 학습하느냐는 학습자의 동기에 의해 영향을 받는다. 학습 동기는 또한 개인의 신뢰, 흥미 그리고 목표, 사고방식, 정서 상태의 영향을 받는다.
원리 8 학습의 내재적 동기	학습자의 창의성, 상위 수준의 사고, 그리고 자연스러운 지적 호기심 모두는 학습 동기에 기여한다. 내재적 동기는 적절한 신기성과 난이도가 있고 개인의 흥미와 관련되어 있고 개인의 선택과 통제를 부여하는 과제들에 의해 영향을 받게 된다.
원리 9 노력에 대한 동기의 효과	복잡한 지식과 기능의 습득은 장기간에 걸친 학습자의 노력과 안내된 연습을 필요로 한다. 이러한 노력을 기꺼이 열심히 하려는 학습자의 학습 동기 없이는 강제로 할 수밖에 없다.
원리 10 학습의 발달적 영향	개인들이 발달하면서 그들은 여러 가지 기회에 직면하고 여러 가지 학습의 제약들을 경험한다. 학습은 신체적 · 지적 · 정서적 · 사회적 영역들에서 발달의 차이를 고려할 때 가장 효과적이다.
원리 11 학습의 사회적 영향	학습은 사회적 상호작용, 대인관계 그리고 다른 사람과의 의사소통에 의해 영향을 받는다.
원리 12 학습의 개인적 차이	학습자들은 학습에서 사전 경험과 유전 때문에 다른 전략, 접근, 능력을 갖고 있다.
원리 13 학습과 다양성	학습은 학습자들의 언어적 · 문화적 · 사회적 배경의 차이가 고려될 때 가장 효과적이다.
원리 14 기준과 평가	적당하게 높으면서도 도전감을 주는 기준을 세우고 학습자와 학습의 진보를 평가하는 것은 — 진단, 형성, 총괄평가를 포함하여 — 학습 과정에 필수적인 부분이다.

출처 : "Learner-Centered Psychological Principles: A Framework for School Reform and Redesign." Copyright 1997 by the American Psychological Association. Reproduced with permission. No further reproduction or distribution is permitted without written permission from the American Psychological Association. The full document may be viewed at www.apa.org/ed/governance/bea/Learner-Centered.pdf. The "Learner-Centered Psychological Principles" is a historical document that was derived from a 1990 APA presidential task force and was revised in 1997.

학습자중심의 심리학적 원칙은 학생을 능동적으로 지식을 탐색하는 학습자로 그리고 있다. 그 방법은 다음과 같다. (1) 정보의 재해석과 스스로의 경험, (2) 성적이나 다른 보상에 의해 동기화되기보다 자발적 동기화로 지식 탐구 추구, (3) 의미를 사회적으로 구성하기 위해 다른 이들과 함께 협력, (4) 자신 고유의 학습 전략을 알고 그 전략을 새로운 문제나 상황에 적용이 그것이다.

■ 내용 영역에서 구성주의적 방법

구성주의적이며 학습자중심 방법은 교육과정의 모든 영역을 지배하게 되었다(Gabler & Schroeder, 2003; Gagon & Collay, 2001; Henson, 2004 참조). 다음 단락은 읽기, 수학, 과학에서 구성주의적 접근에 대해 기술하고 있다.

읽기에서 상보적 교수 질문 생성 원칙에 근거한 구성주의 접근에서 체계적으로 연구된 한 예는 **상보적 교수**(reciprocal teaching)이다(Palincsar & Brown, 1984). 이 방법은 기본적으로 소집단 학습 방법이며, 초등학교나 중학교에서 읽기 이해 능력이 낮은 학생들을 돕기 위해 고안되었다. 이 방법은 교사들이 처음에 학생들이 읽는 동안 교사에게 물어볼 만한 질문들이 무엇인지를 시범 보이는 것으로 시작된다. 그러고 나서 학생들은 각각 교사로 지명되어 교사의 역할을 담당하도록 하며 학생들 서로를 위해서 질문을 만들어 내도록 한다. 그림 8.3은 상보적 교수를 활용한 예를 제시하고 있다. 이 예에서 교사가 처음에 까마귀에 대한 대화를 어떻게 이끌어 나가고 나중에는 어떻게 그 책무를 짐(그 예가 끝나면 또 다른 학생에게 책임을 돌리게 됨)에게 넘겨주는지 주목해 보라. 교사는 예에서 학생들이 스스로 해야 한다고 믿는 행동들을 시범 보이고 있다. 그리고 교사의 역할은 학생들이 실제로 질문들을 만들어 내기 시작할 때 촉진자 혹은 조직자의 역할로 바뀌게 된다. 상보적 교수 관련 연구는 일반적으로 상보적 교수가 낮은 성취 학생들의 성취도 향상을 위해서 효과적인 전략이라고 보고하고 있다(Alfassi, 1998; Carter, 1997; Lysynchuk, Pressley, & Vye, 1990; Palincsar & Brown, 1984; Rosenshine & Meister, 1994).

적용해 보기

상보적 교수 소개

학생들에게 상보적 교수를 소개하면서, 여러분들은 다음과 같은 것들을 시작할 수 있다. "돌아오는 주에 여러분의 읽기 이해 능력을 향상시키기 위해 함께 공부할 것입니다. 때때로 여러분들은 단어들을 읽는 데 바빠서 단어와 문장의 뜻을 이해하는 데 주의를 기울이지 못하는 경우가 있습니다. 여러분들은 읽고 있는 것에 주의를 기울이는 방법을 배울 것입니다. 나는 여러분에게 읽을 때에 다음과 같은 행동들을 하도록 가르칠 것입니다."

1. 읽고 있는 것에 대해 물어볼 만한 중요한 질문에 대해 생각하고 여러분이 그러한 질문들에 대답할 수 있도록 하기

상보적 교수

질문 만들기 원리에 근거한 소집단 교수 방법으로 수업과 시범을 통해서 읽기 이해에 문제가 있는 학생들의 읽기 수행을 개선하기 위해 초인지적 기술을 향상시킨다.

그림 8.3 상보적 교수의 예

교사 : 이 이야기의 제목은 '깃털을 가진 천재'예요. 추측을 좀 해 봅시다. 내가 먼저 추측해 볼게요. 이 이야기는 매우 영리한 새에 관한 이야기라는 것을 추측할 수 있겠네요. 왜 내가 그렇게 말했을까요?
학생 1 : 왜냐하면 천재란 매우 영리한 것을 뜻하니까요.
학생 2 : 그들은 깃털을 가지고 있으니까요.
교사 : 맞아요. 새는 깃털을 가지고 있는 유일한 동물이에요. 여러분이 읽게 될 매우 영리한 새에 관한 정보의 종류에 대해 추측해 봅시다.
학생 3 : 어떤 종류의 새인가요?
교사 : 좋은 질문입니다. 영리한 새에는 어떤 것이 있을까요?
학생 3 :앵무새나 까마귀요.
학생 1 : 앵무새요.
교사 : 더 알고 싶은 다른 정보가 있나요?(대답 없음)
교사 : 새들이 하는 어떤 행동들이 영리한지 알고 싶어요. 여러분, 생각해 본 것이 있나요?
학생 2 : 어떤 새들은 말을 해요.
학생 4 : 날 수 있어요.
교사 : 흥미 있는 대답이네요. 사람은 아무리 영리하다 해도 날 수 없어요. 자, 이제 첫 번째 단락을 읽어 봅시다. 그리고 우리의 추측이 몇 개나 맞았는지 봅시다. 내가 이 단락의 선생님이 될게요.(모두 조용히 읽는다.)
교사 : 누가 깃털을 가진 천재이죠?
학생 1 : 까마귀요.
교사 : 맞아요. 새에 관한 이야기라는 우리 추측이 맞았어요. 그러나 어떤 종류의 새가 똑똑한지 알아 맞히지 못했어요. 그렇죠? 첫 번째 단락은 까마귀가 하는 매우 영리한 행동이라고 요약할 거예요. 계속 읽읍시다. 누가 이 단락의 선생님이 될래요, 짐?
짐 : 까마귀는 어떻게 다른 까마귀와 얘기할 수 있나요?
교사 : 좋은 질문입니다. 짐은 까마귀의 의사소통 방법에 대한 추측을 끌어냈어요. 누가 정답을 골라 보겠어요?
짐 : 바바라
바바라 : 까마귀는 몸 안에 레이더 망과 전달 시스템을 갖고 있어요.
짐 : 맞아요. 제가 원한 정답은 어떻게 서로 정보를 전달하느냐예요.
교사 : 이제 요약해 보세요.
짐 : 이것은 까마귀가 어떻게 의사소통 체계를 발달시켰느냐에 대한 거예요.
교사 : 맞아요. 그 단락은 까마귀들이 어떻게 높이와 간격의 변화를 주는지에 대한 예들을 제시하고 있어요. 그런데 이러한 예들은 상세한 정보들이고요. 중요한 주제는 까마귀는 전달 시스템을 통해 의사소통하고 있다는 거죠. 짐?
짐 : 까마귀들은 장난치기 위해 그들의 의사소통 체계를 이용할 수 있다고 말하고 있어요. 그래서 저는 다음 단락은 까마귀들이 하는 장난에 대한 것이라고 생각합니다. 수가 다음 단락의 선생님을 했으면 좋겠어요.
교사 : 훌륭한 추측이에요. 한 단락의 마지막 문장은 종종 다음 단락이 무엇에 대해 얘기할 것인지 제시해 주고 있죠. 좋아요, 짐.

출처 : Annemarie Palincsar, "The Role of Dialogue in Providing Scaffolded Instruction," *Educational Psychologist, 21*, pp. 73–98.

2. 여러분이 읽고 있는 것에서 가장 중요한 정보를 요약하기
3. 다음 구절에서 작가가 논의할 내용을 예상해 보기
4. 구절에서 명확하지 않거나 혹은 잘 이해되지 않는 부분을 지적하고 과연 여러분들이 그것을 이해할 수 있는지 살펴보기

"이러한 행동들은 여러분이 읽는 것에 주의를 기울일 수 있도록 도울 것이며 그것을 이해하고 있다는 확신을 심어 줄 것입니다."

"이러한 네 가지 행동들을 배우는 방법은 여러분이 독서 모임을 하는 동안 선생님의 역할을 해보는 것입니다. 내가 선생님 역할을 할 때 가장 중요한 정보를 요약하고, 작가가 다음에서 논의할 것을 미리 예측하고, 읽는 동안 질문들을 직접 만들어서 말함으로써 내가 어떻게 주의 깊게 독서하는지를 여러분들에게 보여 줄 것입니다. 또한 만약에 내가 읽으면서 확실하지 않았던 것과 혼란스러웠던 것이 있었다면 여러분들에게 말할 것이고 내가 어떻게 그것을 이해하였는지를 말해 줄 것입니다."

"여러분들이 선생님 역할을 할 때는 먼저 선생님 역할을 하는 여러분들 각자가 읽는 동안 가졌던 질문들을 나머지 학생들에게 물어보게 될 것입니다. 그리고 여러분들은 나머지 학생들에게 답이 정확한지를 말해 줄 것입니다. 여러분들은 읽으면서 배웠던 가장 중요한 정보들을 요약할 것입니다. 여러분들은 또한 읽으면서 혼란스러운 것들을 발견했다면 우리들에게 말해 줄 것입니다. 여러 번 이야기 전체를 읽으면서 여러분들은 다음 페이지에서 논의할

것이라 생각되는 것을 예견해야 할지도 모릅니다. 여러분들이 선생님일 때 나머지 학생들은 선생님이 된 학생이 하는 질문에 대답하고 요약에 대해서 서로 이야기할 것입니다."

"희망컨대 여러분들이 지금 우리가 하는 읽기 수업 말고도 사회과학, 과학 혹은 역사 과목 같은 다른 교과에서도 읽기 수업을 할 때 읽는 내용을 이해하고 기억하고자 할 때 이러한 행동들을 학습하고 적용해 보았으면 합니다."

수업의 절차

1. 그날의 읽을 문장 나눠 주기
2. 학생이 첫째 단락에서 선생님이 될 것이라는 것을 설명하기
3. 학생들에게 교사가 결정한 읽을 문장의 일부를 조용하게 읽도록 한다. 처음에는 단락별로 읽는 것이 쉬울 것이다.
4. 모든 학생들이 첫 번째 단락을 모두 읽은 후에 다음과 같은 시범을 보인다.
   - "내가 생각하기에 선생님이 물어보실 것 같은 질문은…"
   - 학생들로 하여금 교사의 질문에 대답하도록 한다. 학생들은 읽은 내용에서 그 답을 찾아낼 수도 있다. "나는 다음과 같은 방법으로 이 구절의 중요한 정보를 요약했습니다."
   - "이 문장의 제목으로부터 저는 이 글을 쓴 사람이 …을 논의할 것이라고 생각합니다."
   - 만일 해당된다면 "제가 이 부분을 읽었을 때 … 부분이 불분명한 것 같았습니다."
5. 교사의 교수와 읽은 문장에 대해 학생들이 평을 할 수 있도록 권고하기
   - "더 중요한 정보가 있니?"
   - "누가 나의 추측에 더 보탤 사람이 있니?"
   - "누구 다른 혼란스러운 점을 찾은 사람이 있니?"
6. 다음 읽을 단락을 제시하고 조용히 읽도록 한다. 이 단락에서 선생님이 될 학생을 고른다. 예를 들어 말하기 좋아하고 수업 활동에 어려움이 없는 학생들을 먼저 선택한다.
7. 필요한 행동들을 통해서 선생님이 된 학생을 코치한다. 다른 학생들을 대화에 참여시키기를 장려해야 하나 항상 선생님이 된 학생에게 발언의 우선권을 부여해서 대화를 이끌어 나가도록 한다. 선생님이 된 학생에게 많은 피드백을 주고 그 학생의 참여에 칭찬을 해야 한다.
8. 훈련하는 날들이 지날수록 교사 자신을 대화 활동으로부터 서서히 빠지게 함으로써 선생님이 된 학생에게 주도권을 넘겨 주고 나머지 학생들에게 피드백을 제공하도록 한다. 그리고 교사로서 학생들이 학습에 전념하는지 감시하고 학습의 장애물을 극복하는 데 도움을 주는 활동을 계속해야 한다. 그러나 훈련하는 동안 적어도 수업 시간에 한 번은 당신은 선생님으로서 시범의 기회를 가져야 한다.

작가에게 질문하기 독서와 관련한 다른 구성주의적 접근은 작가에게 질문하기이다(Beck & McKeown, 2001; McKeown & Beck, 2004; Salinger & Fleischman, 2005). 이 방법은 초등학교 3학년~중학교 학생들에게 작가가 사실에 입각해서 글을 쓰고 있는지 알아보고 작가와 모의대화를 하도록 가르치는 것이 학생들이 어떤 내용을 읽을 때, 선생님은 때때로 읽기를 멈추고 "여기서 작가가 말하려고 하는 것이 무엇입니까? 또는 우리가 알기를 작가가 원하는 것은 무엇입니까?"와 같은 질문을 한다. 그다음에 "그것이 작가가 앞에서 말했던 것과 일치합니까?"와 같은 추후 질문들을 던진다. 궁극적으로 학생들은 그들 스스로 작가의 의도와 의미에 관한 질문들을 만들 수 있도록 한다. 초등학교 5~6학년 학생들에 대한 연구에

서 이러한 기술을 학습한 학생들은 비교 집단이 했던 것보다 더 많은 내용을 기억해냈고 단순히 읽은 내용을 암기하기보다는 이해함으로써 독서의 목적을 더 잘 수행한 것으로 나타났다(McKeown & Beck, 1998). 성취 수준이 낮은 유치원생들과 초등학교 1학년생들을 대상으로 한 연구에서 위와 유사한 전략이 어휘 발달에 긍정적인 효과가 있음이 밝혀졌다(Beck & McKeown, 2007).

쓰기 과정 모델 창의적 글쓰기 교수에서 광범위하게 받아들여지고 있는 일련의 접근 혹은 쓰기 과정 모델은 학생들이 작은 동료-반응 팀에서 글을 계획, 초고, 수정, 편집, 그리고 '출판' 작업을 서로 도와 가며 함께 진행하는 것이다. 즉 아동들은 다른 학생들의 초고를 서로 검토해 주고 철자나 맞춤법 등의 형식적인 문법뿐 아니라 내용의 개선을 위해 도움이 될 아이디어들을 제공해 준다. 이러한 활동은 궁극적으로 실제적 목적(시 읽기 혹은 문학 감상과 같은 교과)을 위한 작문에 활용될 수 있을 것이다. 다른 학생들의 작문들에 반응하는 과정에서 아동들은 쓰기와 수정의 과정에서 통찰을 얻을 수 있다.

쓰기 과정 방법에 대한 연구는 이러한 전략의 긍정적인 효과가 있는 것으로 보고되었다(Harris & Graham, 1996b). 아동들이 학생들 자신의 계획과 평가하기 위한 초인지적 전략을 이용하는 것을 돕기 위해 시각적 조직자를 활용한 수업과 같이 구체적인 비계를 제공하는 전략은 특별히 효과적이다(de La Paz & Graham, 2002; Glaser & Brunstein, 2007; Graham, 2006; Harris, Graham, & Mason, 2006). 다양한 내용 영역에서 쓰기를 가르침으로써 학생들은 이들 교과에 대한 내용 학습에도 도움이 된다는 증거가 있다(Bangert-Drowns, Hurley, & Wilkinson, 2004; Headley, 2008). 쓰기 수업에 전략 수업을 첨가하는 것은 더 높은 성취 결과에 도움이 된다(Fidalgo, Torrance, & Garcia, 2008).

초등학교 수학 교수를 위한 구성주의 접근 Carpenter와 동료들(1994)은 저학년 초등학생들을 위한 네 가지 수학지도 접근을 제시했다. 네 가지 접근 모두 학생들은 소집단에서 함께 공부한다. 즉 교사들은 질문을 던지고 그다음에 집단 내 학습 전략의 토론을 촉진시키고 학생들이 제시한 전략들에 대한 질문을 위해 학생들 토론에 참여하고 학생들이 곤란을 겪을 때 대안적 전략을 제시한다. 10가지 구조화된 사고하기(Supporting Ten-Structured Thinking, STST)(Fuson, 1992)와 관련하여 학생들은 큰 수를 더하고 빼기 위한 절차를 고안한 결과 10개의 블록을 사용한다. 개념중심 수업(Conceptually Based Instruction, CBI)(Hiebert & Wearne, 1993)은 수학적 아이디어를 표현하기 위해 물리적 · 삽화적 · 언어적 · 상징적 표상을 많이 이용한다. 개념중심 수업은 학생들에게 동일 개념에 대한 다른 표상들과 대조하거나 표상들을 이용해 어렵고 복잡한 문제를 해결하기 위한 기회를 학생들에게 제공한다. 유사하게 문제중심의 수학 프로젝트(Problem Centered Mathematics Project, PCMP)(Murrary, Olivier, & Human, 1992)는 학생들로 하여금 계산기를 사용하는 시범을 보이기부터 계산기 없이 좀 더 추상적인 문제 풀기에 이르기까지 여러 단계를 발전해 나가도록 유도한다. 인지적 안내 수업(Cognitively Guided Instruction, CGI)(Carpenter & Fennema, 1992; Fennema, Franke, Carpenter, & Carey, 1993)은 STST나 CBI와 달리 구체적인 교육과정이나 권장되는 구체적인 행위들은 없지만 다른 프로그램에서 사용하고 있는 것과 유사한 원리에 입각해서 기초 수학에서 심도 있는 교사전문성 개발에 관심을 나타냈다. 이 프로그램은 프로그램의 강조점인 수학의 고차원적인 사고뿐 아니라 의사소통 기술의 향상에서도 효과적인 것으로 보고되었다(Carpenter & Fennema, 1992; Carpepenter, Fennema, Peterson, Chiang, & Loef, 1989).

수학에 대한 여러 다른 구성주의 접근들의 강조점은 학생들이 실제적인 문제들을 직관적으로 해결하고 그러한 문제들을 학생들 자신들의 일상적인 지식을 이용해서 자기 나름대로의 방식대로 풀 수 있도록 허용하는 데 있다(Greeno & Goldman, 1998; Hiebert et al., 1996; Schifter, 1996). 앞의 그림 8.1의 문제와 그 해결은 이러한 구성주의적 접근법을 잘 기술하고 있다. 다만 학생들이 확고한 개념의 이해를 획득하는 마지막 학습의 과정에 그들이 그동안 다루었던 수학적 과정들에 대한 추상적인 표상들을 형식적으로 배운다(Clements & Battista, 1990 참조).

과학에서의 구성주의 접근 발견, 집단 학습, 그리고 개념의 변화는 과학교육에서 오랫동안 강조되어 왔기 때문에 초등학교 혹은 중등학교 과학 교사들이 구성주의적 생각들을 받아들이는 것은 놀라운 사실이 아니다(Greeno & Goldman, 1998 참조). 이러한 의미에서 구성주의는 실제적이며 탐구적 실험 활동과 매우 관련이 깊다(Pine & Aschbacher, 2006; Singer, et al., 2000; White & Frederiksen, 1998). 즉 이러한 활동들에는 학생들 자신들이 가지고 있는 오개념들을 확인하고 이러한 오개념들을 바로잡기 위한 실험적 접근(Hand & Treagust, 1991; Sandoval, 1995)이나 협동 학습(Pea, 1993; Wheatley, 1991), 초인지 기술의 교수(Zohar & Peled, 2008) 등이 포함된다.

■ 구성주의 교수법 연구

교수(훈련)에 대한 구성주의와 전통적인 접근을 비교하기 위한 연구는 해석하기 어려운 경우가 많다. 왜냐하면 구성주의적 교수법들은 그 자체가 매우 다양한 결과를 목표로 하고 있고 보통 전통적인 교수법의 결과와는 질적으로 다른 결과를 산출하기 때문이다. 예를 들면 많은 연구자들은 기술의 습득과 기본적인 정보는 구성주의적 접근 내에서 균형을 잡아야 한다고 주장한다(Egan, 2008; Jensen & Nickelson, 2008). 그러나 무엇이 어떠한 목적에서 적합한 균형인가란 물음을 던질 수도 있다(Harris & Alexander, 1998; von Glaserfeld, 1996; Waxman, Padron, & Arnold, 2001). 그리고 대부분의 구성주의적 연구들은 비교연구라기보다는 기술연구이다. 그러나 수학(예 : Carpenter & Fennema, 1992), 과학(예 : Neale, Smith, & Johnson, 1990), 독서(예 : Duffy & Roehler, 1986) 그리고 글쓰기(예 : Bereiter & Scardamalia, 1987) 등의 영역에서 구성주의적 접근법이 전통적인 성취검사에서 긍정적인 효과가 있음을 보고하는 연구들이 있다. 더욱이 Knapp(1995)의 연구는 가난한 학생들의 비율이 높은 학교에서 구성주의적 교수법의 사용 정도와 성취도의 향상

공학은 학습해야 할 개념을 다양하고도 복합적인 표상(감각) 양식으로 제공할 수 있다. 공학은 구성주의 학습을 어떻게 강화하는가?

Corbis RF

간에 정적인 상관관계가 있음을 보고하고 있다. Weinberger와 McCombs(2001) 그리고 Cornelius-White(2007)는 교실에서 학습자중심 수업을 받은 학생들이 다른 학생들보다 더 성적이 우수했던 것으로 보고하고 있다. Langer(2001)는 중등학교에서 성적이 기대했던 것보다 높았던 학교들은 낮았던 학교들보다 더 많은 구성주의 수업을 실시했던 것으로 보고했다. 그렇지만 다른 연구들에서는 명시적이고도 직접적 수업이 구성주의적 접근보다 더 효과적이었다고 보고하고 있다(Baker, Gersten, & Lee, 2002; Kirschner et al., 2006; Klahr & Nigam, 2004; Kroesbergen, Van Luit, & Maas, 2004). 구성주의적 접근이 어떠한 조건과 환경에서 학생들의 성취를 향상시키는지에 대하여 더 많은 연구가 앞으로 필요하다. 그러나 직접적 수업과 구성주의적 접근의 균형점을 찾아 다양한 범주의 수업 목적을 성취하는 데 활용하는 것이 가장 합리적이다(Huebner, 2008).

협동 학습은 수업에서 어떻게 사용되는가

협동 학습(cooperative learning) 혹은 동료 보조 학습(peer-assisted learning)(Rohrbeck, Ginsberg-Block, Fantuzzo, & Miller, 2003; Slavin, in press; Webb, 2008)은 학생들이 소집단을 형성하여 함께 일함으로써 서로에게 도움을 주는 것이다. 협동 학습에는 여러 가지 다양한 접근들이 존재한다. 대부분은 이질적이며 네 명 정도로 집단을 구성하는 것이 보통이지만(예 : Slavin, 1994b), 두 명을 짝지어 학습하는 경우도 있고(예 : Fantuzzo, Polite, & Grayson, 1990; Maheady, Harper, & Mallette, 1991; O'Donnell & Dansereau, 1992), 다양한 집단 크기를 적용하는 방법들도 있다(예 : Cohen, 1994b; Johnson & Johnson, 1999; Kagan, 1992; Sharan & Sharan, 1992). 일반적으로 학생들이 협력 집단에 배치되면 수주 혹은 몇 달 동안 함께 학습한다. 그들은 보통 적극적으로 남의 말 듣기, 좋은 설명을 해주기, 혹평을 피하기 그리고 다른 사람과 함께하기 등과 같이 함께 공부하는 데 도움이 되는 특정한 기술들을 배운다.

협동 학습 활동들은 수업에서 많은 역할을 담당할 수 있다(Webb, 2008). 제7장의 도입부의 예를 기억해 보라. 로간 선생님은 세 가지 뚜렷한 목적으로 협동 학습을 사용했다. 처음에는 학생들이 발견을 위한 집단으로서 활동하면서 병 안에 담긴 물로 소리의 원리를 이해하는 데 서로에게 도움을 주었다. 공식적인 수업이 끝난 후 학생들은 토론 집단이 되어 활동했다. 마지막으로 학생들은 퀴즈에 대한 준비를 하면서 수업에서 배운 내용들을 집단 구성원들 모두가 제대로 이해하는 것을 확인하기 위해 함께 공부하는 기회를 가졌다. 이 장의 처음에서도 던바 선생님이 복잡한 문제를 해결하기 위해 협동 학습을 이용했다.

연결해서 더 보기
다문화 교실에서 협동과 조화를 촉진하기 위해서 협동 학습이 어떠한 도움이 되는지 제4장을 참조하시오.

■ 협동 학습 방법

그동안 매우 다양한 협동 학습 방법들이 개발되고 연구되었다. 가장 널리 평가되고 있는 협동 학습의 방법들이 다음에 기술되어 있다.

협동 학습

이질적인 능력을 가진 학생들이 집단을 형성하여 함께 학습하는 수업의 접근들

능력별 집단 학습(STAD)

능력이 다른 집단에서 팀에 대한 인식과 구성원들의 책임을 강조하는 협동 학습 방법

능력별 집단 학습(STAD)

능력별 집단 학습(Student Team-Achievement Divisions, STAD)

(Slavin, 1994b)에서는 학생들이 수행 수준, 성, 민족적 배경이 섞인 네 명의 학습 집단에 배정된다. 교사는 수업 내용을 제시하고 학생들은 모든 집단의 구성원들이 수업 내용을 숙달하도록 집단 안에서 활동하게 된다. 최종적으로 모든 학생들은 교재에 있는 퀴즈를 개별적으로 풀게 되는데 그때는 서로 도와줄 수가 없다.

학생들의 퀴즈 점수는 그들 자신의 과거 평균과 비교되고 학생들이 이전의 수행 수준을 어느 정도 넘어서는지에 따라 점수가 부여된다. 이 점수는 합산되어 집단의 성적에 합산되고 일정한 기준에 도달한 집단은 인증서나 다른 보상을 받게 된다. 이와 관련된 유사한 방법으로 팀-게임-토너먼트(TGT)라고 하는 방법이 있는데, 여기서 학생들은 그들의 팀 성적을 올리기 위해 다른 팀과 게임을 하면서 경쟁한다.

STAD이나 TGT는 수학에서 언어 과목 그리고 사회 과목에 이르기까지 다양한 과목에서 그리고 초등학교 2학년부터 대학교에 이르는 다양한 수준에서 널리 사용되어 왔다. STAD은 하나의 정답이 있는 잘 정의된 과목을 가르치는 데 가장 적당하다. 수학적 계산과 응용, 언어 용법과 역학, 지리학, 측량 기술, 과학적 사실과 개념이 그에 해당한다. 그러나 논술이나 수행과 같은 개방형 평가를 포함하는 잘 정의되어 있지 않은 학습 목표 달성에도 쉽게 적용될 수 있다. 많은 연구들은 여러 교과 영역에서 STAD의 긍정적인 효과가 있는 것으로 보고하고 있다(예 : Barbato, 2000; Mevarech, 1991; Slavin & Karweit, 1984). STAD은 다음의 적용해 보기에 자세히 기술되어 있다.

적용해 보기

능력별 집단 학습

STAD은 효과적인 협동 학습 방법 중 하나이다(Slavin, 1994b, 1995a). 이 방법은 규칙적인 교수의 주기, 이질적 능력 집단의 협동 학습, 퀴즈들로 이루어진다. 우수한 집단의 구성원들에게는 인정이나 다른 보상이 제공된다.

- **교수** : 수업 내용을 제시한다.
- **집단 활동** : 학생들은 집단 안에서 교재 내용을 익히기 위하여 학습지를 푼다.
- **평가** : 학생들은 퀴즈나(글짓기 또는 수행과 같은) 다른 평가를 받는다.
- **집단 인정** : 집단 점수는 집단 구성원들의 점수에 기초하여 계산된다. 그리고 인증서, 학급회보 또는 상장 게시판에 높은 점수의 집단이 게시된다.

이어지는 단계들은 학생들에게 STAD을 소개하는 방법을 설명한 것이다.

1. 학생들을 네 명이나 다섯 명의 집단으로 각각 배정하라. 네 명이 적당하지만 학생들을 네 명으로 나눌 수 없다면 다섯 명의 집단을 만들어라. 학생들을 배정할 때는 그들을 학업 성취도를 기준으로 처음에서 마지막까지 서열을 매겨라(예 : 과거의 성적, 시험 점수). 그리고 서열 목록을 네 영역으로 나누어라. 남는 학생은 중간 영역에 넣어라. 그다음 각각의 영역에서 한 사람씩 추출하여 각각의 집단에 배치하라. 집단들은 성과 민족적 배경이 고르게 분포되게 해야 한다. 남은(중간의) 학생들은 집단의 다섯 번째 구성원이 된다.
2. 교사가 수업에서 다루려고 계획한 내용을 위해 학습활동지와 짧은 문제들을 만들어라.

집단 학습(한두 수업 시간) 동안에 집단 구성원들이 해야 할 과제는 교사가 수업에서 제시한 교재를 익히는 것이다. 그리고 집단 구성원들이 그 교재를 숙달할 수 있도록 서로 돕게 한다. 학생들은 학습활동지나 다른 교재를 통해 배운 기능들을 연습할 수 있고 그들 자신과 집단 구성원들을 평가할 수도 있다.

3. 학급에 STAD을 소개할 때는 집단에서 해야 할 과제를 읽어 주어라.
   - 집단 구성원들이 함께 책상을 옮기거나 집단의 탁자로 옮기도록 하라. 그리고 학생들에게 약 10분 동안 집단 이름을 정하도록 하라.
   - 학습활동지나 다른 교재를 나누어 주어라(각 집단당 2장씩).
   - 각 집단의 학생들에게 두 명 또는 세 명씩 함께 활동하도록 제안하라. 만약 그들이 문제해결(수학에서처럼)을 하고 있다면 두 명이나 세 명의 학생들은 각각 그 문제를 풀어보고 짝과 함께 확인해야 한다. 질문을 맞추지 못한 사람이 있다면 집단 구성원들이 그것을 설명해야 할 책임이 있다. 학생들이 단답형 문제를 풀게 될 때에는 짝과 함께 답지를 들고 있는 것과 문제에 답하는 것을 교대로 하여 서로에게 문제를 낼 수도 있다.
   - 학생들에게 자신의 집단 구성원 모두가 문제를 100% 다 풀 때까지 공부를 끝낼 수 없다고 강조하라.
   - 학습활동지는 공부를 위한 것이지, 빈 곳을 메우거나 제출하기 위한 것이 아님을 이해하도록 확실히 말하라. 이것은 학생들이 공부하면서 해답지를 이용해서 그들 자신이나 구성원들의 문제 풀이를 검토해야 하는 중요한 이유이다.
   - 학생들이 서로 답지만을 확인하는 것 대신 서로에게 자신의 해답을 설명하도록 하라.
   - 질문이 있을 때에는 교사에게 물어보기 전에 집단 구성원들에게 물어보도록 하라.
   - 학생들이 집단 안에서 공부하는 동안 학급을 돌아다니면서 잘하고 있는 집단을 칭찬하고 집단 구성원들이 어떻게 하고 있는지 각각의 집단에 끼어 앉도록 하라.
4. 퀴즈 문제를 내거나 다른 평가를 시행하라. 그리고 학생들에게 완성할 수 있는 적절한 시간을 주어라. 퀴즈를 풀 때는 학생들이 문제에 대해 의논하지 못하도록 하라. 이 상황에서 학생들은 개별적으로 학습한 것을 보여 주어야 한다. 가능하면 학생들의 책상을 떨어뜨려 놓아라. 학생들에게 다른 집단의 구성원들과 시험지를 바꾸게 하고 채점을 한 후 걷어라.
5. 개인과 집단 점수를 계산하라. 능력별 집단 학습(STAD)에서 집단 점수는 집단 구성원들의 과거 점수에 대한 향상 정도에 의해 결정된다. 가능하면 평가가 끝나자마자 개별적인 집단 점수를 계산해야 한다. 그리고 학급회보(또는 학급게시판을 준비하라)에 집단 점수를 게시해야 한다. 만약 모두 가능하다면 집단 점수 게시는 평가 후 첫 번째 시간 내에 이루어져야 한다. 그것은 학생들이 최선을 다하도록 동기를 향상시키고 학생들이 잘하는 것과 보상받는 것을 확실히 연계시켜 주도록 만든다. 집단 구성원들이 획득한 향상점수를 더하여 집단 점수를 계산하라. 그리고 평가한 날 있었던 집단원의 수로 나눈다.
6. 집단 성취를 인정하라. 개별 학생과 집단 점수를 계산하자마자, 평균 20점이나 그 이상의 향상 점수를 얻은 집단에게 일종의 보상을 주어야 한다. 집단 구성원들에게 인증서를 주거나 준비된 게시판에 붙여 놓아도 된다. 교사가 집단의 점수에 관심을 보임으로써 학생들이 집단의 성공을 가치롭게 여기도록 하는 것이 중요하다. 만약 일주일에 하나 이상 문제를 낸다면 문제에 대한 결과를 매주의 점수와 연계시켜라. 능력별 집단 학습에서 5~6주 후에 학생들을 새로운 집단으로 배정함으로써 반의 다른 학생들과 공부할 기회를 제공하고 수업에 활력을 불어넣을 수 있다.

읽기와 작문 협동 학습 **읽기와 작문 협동 학습**(Cooperative Integrated Reading and Composition, CIRC)(Stevens & Slavin, 1995a)은 초등학교 고학년에서 읽기와 쓰기 능력 향상을 위한 포괄적 교수 프로그램이다. 학생들은 네 명씩 협동 학습 집단 안에서 공부한다. 학생들은 서로에게 읽어 주기, 이야기가 어떻게 전개될지 추측하기, 서로에게 이야기 요약해 주기, 이야기에 대한 생각 쓰기, 철자 · 독해 · 어휘 연습하기와 같은 활동들을 하게 된다. 또한 주제를 파악하고 다른 이해와 관련된 기술들을 함께 공부한다. 언어와 관련된 교과 시간 동안 학생들은 서로에게 개요를 작성해 주고 교정과 편집을 봐 주기도 하고 집단에서 책 출판을 준비하기도 한다. 이 협동 학습 프로그램에 대한 세 연구에서 표준화된 읽기와 언어 검사 점수의 향상을 포함한 읽기 능력에 긍정적인 효과가 있었던 것으로 나타났다(Stevens et al., 1987; Stevens & Slavin, 1991, 1995a).

지그소 **지그소**(Jigsaw)(Aronson, Blaney, Stephen, Sikes, & Snapp, 1978)를 활용한 수업에서 학생들은 여섯 명의 집단으로 구성되어 세부 영역들로 나누어진 학문적 내용을 공부하게 된다. 예를 들어 개인의 전기에 관련된 내용은 유년시절, 첫 업적, 주요 좌절들, 노년기, 역사적인 영향으로 나눌 수 있다. 각 집단 구성원들은 자신의 영역을 읽은 다음, 같은 영역을 공부한 다른 집단의 구성원들과 만나 전문가 집단을 만들어 그 영역에 대해 토의한다. 그다음 학생들은 자신의 집단으로 다시 돌아와 자신의 영역에 대해 집단 구성원들에게 교대로 가르쳐 준다. 학생들이 자신의 영역과 다른 영역에 대해 배울 수 있는 단 하나의 방법은 그들의 집단 구성원들의 이야기를 잘 듣는 것이다. 그들은 서로의 공부에 대해 흥미를 보이면서 동기화된다. 이러한 방법의 변형으로서 지그소 Ⅱ라고 하는 방법은(Slavin, 1994b) 학생들이 STAD처럼 4~5명의 집단으로 활동한다. 각 학생들은 특정한 영역을 할당받는 것 대

읽기와 작문 협동 학습(CIRC)

초등학교 고학년에서 읽기와 쓰기를 가르치기 위한 포괄적인 프로그램이다. 학생들은 네 명의 협동 학습 집단으로 공부한다.

지그소

여섯 명의 학생들이 집단으로 구성되어 각각의 구성원들이 맡아서 할 수 있도록 학습 주제를 작은 단원으로 나누어 공부하는 협동 학습의 유형

Bob Daemmrich Photography

함께 공부하면서 이 학생들은 서로로부터 배우게 된다. 협동 학습의 장점은 무엇인가?

신에 모든 학생들이 책의 한 단원, 짧은 이야기, 전기문과 같은 일반적인 글을 읽는다. 그러나 각 학생들은 자신이 전문가가 되어야 하는 구체적인 주제를 부여받는다. 같은 주제를 가진 학생들이 전문가 집단으로 만나 토의하고 자신의 집단으로 돌아와 집단 구성원들에게 배운 것을 가르친다. 학생들은 STAD처럼 집단 점수를 결정하는 개별 퀴즈들을 풀게 된다.

함께 학습하기 David Johnson과 Roger Johnson(1999)에 의해 발전된 협동 학습의 한 모형인 **함께 학습하기**(learning together)는 학생들이 연구 과제를 가지고 4~5명의 이질적인 집단 안에서 활동하는 것이다. 그 집단들은 하나의 완성된 연구 과제를 제출하고 집단의 결과물에 근거하여 칭찬과 보상을 받는다. 이 방법은 학생들이 함께 학습하기 전에 팀 만들기 활동을 강조한다. 그리고 정기적으로 협력이 얼마나 잘되고 있는지 토의한다.

집단 조사연구 **집단 조사연구**(group investigation)(Sharan & Sharan, 1992)는 협동적인 탐구, 집단 토의, 협동적인 계획과 설계를 이용하여 소집단 안에서 학생들을 활동하게 하는 일반적인 학급 조직 계획이다. 이 방법에서 학생들은 2~6명으로 집단을 구성한다. 학급 전체가 공부하고 있는 한 단원으로부터 하위 주제를 선택한 후에 각각의 집단은 하위 주제를 개인과제로 세부적으로 나누어 집단 보고서를 준비하기 위해 필요한 활동들을 수행한다. 각각의 집단은 학급 전체에게 그들이 찾아낸 사실과 내용들을 전달하기 위해 발표나 전시 등을 할 수 있다.

동료 보조 학습 전략 **동료 보조 학습 전략**(peer-assisted learning strategies, PALS)은 학생들이 짝을 이루어 교사와 학생으로서 그 역할을 번갈아 바꾸며 초인지 전략을 이용하여 함께 공부하는 구조화된 협동 학습이다. 동료 보조 학습 전략에 대한 다수의 연구들이 읽기(예 : Calhoon, Al Qtaiba, Chihak, King, & Aralos, 2007; Mathes & Babyak, 2001)와 수학(예 : Fuchs. Fuchs, & Karns, 2001)에서 이 접근이 긍정적인 효과가 있다고 보고하고 있다.

협동 시나리오 학생들이 학급에서 읽거나 들은 내용들을 가지고 친구들과 함께 토의하는 것은 효과적이다. 교실 현장에서 아주 오랫동안 적용되어 온 이것을 Dansereau(1985)와 동료들이 형식화했다. 그 안에서 학생들이 짝을 이루어 활동을 하고 서로 학습 내용의 일부분들을 요약하는 일을 교대로 한다. 한 학생이 요약하는 동안 다른 학생은 듣고 잘못이나 누락된 것을 고쳐 준다. 학습할 내용이 끝날 때까지 이 방법으로 두 학생이 역할을 계속 바꾸게 된다. **협동 시나리오**(cooperative scripting)와 관련된 일련의 연구에서 이러한 방법으로 공부한 학생들이 혼자 학습 내용을 읽고 요약한 학생들보다 더 많은 것을 배우고 기억한다는 것을 보여 주었다(Newbern, Dansereau, Patterson, & Wallace, 1994). 협동적인 짝 구조에서 두 명의 학습자들 모두가 협동하면서 이득을 얻는다는 것은 흥미로운 사실이다. 구체적으로 연구들은 학생들이 학습 내용을 듣기보다는 짝에게 내용을 가르치거나 설명할 때 더 효과적이었다고 보고하고 있다(King, 1997, 1999; Fuchs & Fuchs, 1997; Webb, 2008).

함께 학습하기

4~5명의 학생들이 이질적인 집단으로 구성되어 함께 공부하는 협동 학습 유형

집단 조사연구

협동적인 탐구, 집단 토의, 협동적인 계획과 설계를 이용하여 소집단 안에서 활동하는 협동 학습 유형. 집단에서 연구한 것을 학급 전체에게 발표한다.

동료 보조 학습 전략(PALS)

짝이 되어 서로 교사와 학생 역할을 교대로 수행하는 초인지 전략을 활용하여 진행되는 구조화된 협동 학습

협동 시나리오

학생들이 짝 활동을 하고 배운 내용 영역을 구두로 요약하는 것을 교대로 하는 협동 학습 방법

■ 협동 학습 연구

협동 학습 방법은 2개의 넓은 범주로 나뉜다(Slavin, 2010). 하나의 범주는 집단 학습 방법(Slavin, 1996)이라고 하는 것으로 학생들은 상대적으로 잘 정의된 정보나 기술을 익히도록 서로 도우면서 함께 학습한다. 다른 범주는 종종 **프로젝트 기반 학습** 또는 **능동 학습**(David, 2008; Zmuda, 2008)이라고 한다. 프로젝트 기반 학습 방법은 학생들이 집단에서 보고서, 실험, 벽화 또는 다른 학습의 결과물을 만들어 내도록 한다(Webb & Palinscar, 1996). 이러한 프로젝트 기반 학습은 Blumenfeld, Marx, Soloway와 Krajcik(1996), Cohen(1994a), Palinscar, Anderson과 David(1993), Sharan과 Sharan(1992) 같은 연구자들에 의해 연구되었으며, 그들은 주로 학습 목표나 기대되는 결과가 분명하지 않은 잘 구조화되지 않는 문제에 연구의 관심을 집중했다. 이러한 종류의 학습 방법은 **협동 학습 방법**으로 불리기도 한다(Webb & Palinscar, 1996).

협동 학습과 전통적인 교수 방법을 비교하는 대부분의 연구들은 STAD, 지그소Ⅱ, CIRC, 그리고 Johnson의 협동 학습 방법들과 같은 집단 학습을 평가해 왔다. 100개 이상의 연구들이 이러한 방법으로 배운 학생들의 성취와 전통적인 교실에서의 학생들 성취를 적어도 4주간의 실험 기간이 지난 후에 비교했다(Slavin, 1995a). 그 결과 두 가지 필수조건이 충족되는 한 항상 협동 학습이 유리한 것으로 보고되었다. 첫째 조건은 어떤 인정이나 작은 보상이 성공한 집단에게 제공되어야 한다는 것이다. 그것은 집단 구성원들이 배우는 것을 돕는 일이 재미있다는 것을 깨닫도록 한다. 둘째 조건은 개인적인 책무가 있어야 한다는 것이다. 그것은 집단의 성공이 단지 집단 결과물에 따르는 것이 아니라 모든 집단 구성원들의 개별적인 학습에 의해 결정되어야 한다는 것이다. 예를 들면 집단은 집단 구성원들의 개인적인 퀴즈나 글짓기의 점수 평균에 근거하여 평가된다(STAD에서처럼). 혹은 각각의 학생들은 집단 과제의 특정한 부분에 대해 개인적인 책무가 있다(집단 조사연구에서처럼). 이러한 개인적인 책무가 없다면 한 학생이 다른 학생들의 활동까지 모두 맡아서 하는 부작용이 있을 수 있다. 또 어떤 학생은 별로 도움이 되지 않는다고 하여 집단 활동에서 제외될지도 모른다(Chapman, 2001; Slavin, 출판중; Webb, 2008).

연결해서 더 보기

일반 교실에서 특수교육이 필요한 학생들의 사회적 통합을 협동 학습이 기여할 수 있는지에 대해서는 제12장을 참조하시오.

집단의 목표나 개인적인 책무를 결합한 협동 학습 방법에 대한 연구에서 교과와 학교 유형에 상관없이 초등학교 2학년에서 중등학교 수준까지 학업 성취에 긍정적인 효과가 있었던 것으로 보고되었다(Ellis, 2001b; Rohrbeck et al., 2003; Slavin, 1995a, 2010). 공학을 활용한 집단 학습에 대한 검토에서도 잘 구조화된 방법의 긍정적인 효과가 발견되었다(Lou, Abrami, & d'Apollonia, 2001). 기본적인 기술에서부터 문제해결 능력에 이르기까지 모든 학년 수준과 모든 유형의 학습 내용에서도 비슷하게 나타났다. 비록 협동 학습 방법들이 주로 학생들의 학기 중 혹은 수업 중 일부에서만 사용되고 있지만(Antil, Jenkins, Wayne, & Vadasy, 1998), 한 연구는 2년 동안 거의 모든 교과에서 다양한 협동 학습 방법을 사용해 온 학교의 학생들이 전통적으로 운영되어 온 학교의 학생들보다 훨씬 더 높은 성취를 보였다고 보고하고 있다(Stevens & Slavin, 1995a). 이러한 효과들은 높은 성취 수준의 학생들(통제 집단에서 동일하게 높은 성취 수준을 보인 학습자들과 비교하여)과 특수교육 학생들에게 특별히 효과적이다. 다른 연구에서는 협동 학습의 효과가 상위, 중간, 하위 성취 수준의 학생들 그리고 남자와 여자 모두에게 동일하다고 보고되기도 하였다(Roseth, Johnson, & Johnson,

2008; Slavin, 1995a). 몇몇 연구들에서는 협동 학습이 흑인이나 라틴계 학생들에게 특별히 효과가 있다는 증거도 있다(Boykin, 1994a; Calderon et al., 1998; Hurley, 2000). 동료 보조 학습에 대한 문헌검토에서 Rohrbeck와 동료 연구자들(2003)은 도시 저소득층의 어린 학생들이나 혹은 소수 인종 학생들에게 특히 동료 보조 학습 방법이 더 강한 효과가 있는 것으로 보고했다. 집단의 목표와 개인적인 책무가 적은 좀 더 비형식적인 협동 학습 방법은 일반적으로 학생들의 학업 성취에 긍정적인 영향이 없는 것으로 보고되었다(Chapman, 2001; Klein & Schnackenberg, 2000; Slavin, 1995a).

집단의 목표와 개인적인 책무에 더하여 수업 시간 활동들도 협동 학습의 효과에 도움이 될 수 있다. 예를 들면 의사소통과 돕는 기술을 배우거나(Fuchs, Fuchs, Kazdan, & Allen, 1999; Kutnick, Ota, & Berdondini, 2008; Prichard, Bizo, & Stratford, 2006; Webb & Mastergeorge, 2003) 혹은 다른 학생들과 함께 공부할 수 있도록 구조화된 협동 학습 집단이 그렇지 않은 집단보다 더 많이 학습하는 것으로 나타났다(Baker et al., 2002; Emmer & Gerwels, 2002; Mathes et al., 2003; Saleh, Lazonder, & deJon, 2007). 더 나아가서 초인지적인 학습 전략을 배운(Friend, 2001; Jones et al., 2000; King, 1999; Kramarski & Mevarech, 2003) 협동 집단의 학생들은 일반적인 협동 집단의 학생들보다 더 많은 양을 학습한다. 예를 들어 King(1999)은 학생들이 공부하면서 서로 물어볼 수 있도록 "…와 …을 비교하고 대조해라" 또는 "…이 …에 어떻게 영향을 주었는가?"와 같은 질문 형식을 빌려서 수업을 진행했다. 이러한 담화구조를 사용한 교실의 학생들은 다른 협동 학습 유형을 사용하는 학생들보다 더 많은 것을 배운 것으로 나타났다. 많은 연구들은 다른 사람에게 심층적인 설명을 하는 학생들이 짧은 대답을 주고받거나 대답이 없는 학생들보다 협동 집단에서 더 많이 배운다고 보고했다(Webb, 1992; Webb, Trooper, & Fall, 1995).

잘 구조화되지 않는 문제에 핵심을 둔 프로젝트 기반 협동 학습 유형에 대한 효과를 연구한 예는 많지 않다. 그러나 몇몇 연구로 미루어 보아 이러한 잘 구조화되지 않은 문제를 이용해 설계된 협동 학습 방법의 결과도 비슷하게 효과적일 것이라는 사실을 보여 준다(Blumenfeld et al., 1996; David, 2008; Thousand & Villa, 1994). 특히 Sharan과 Shachar(1988)의 연구에서 높은 수준의 언어와 문학의 학습 목표에서 집단 조사연구가 상당히 긍정적 효과가 있었다. '건설적 갈등'을 적용한 수업 방법에서 학생들은 논쟁적 이슈들을 긍정적 방식으로 토론하도록 배웠을 때 논의된 주제에 관해 학습의 향상이 이루어졌다(Johnson & Johnson, 2009; Lin & Anderson, 2008; Nussbaum, 2008). 협동 학습 방법은 성취를 향상시킬 뿐만 아니라 집단 내 관계(Slavin, 1995b), 자부심, 학교에 대한 태도, 특수 아동에 대한 수용(Ginsberg-Block, Rohrbeck, & Fantuzzo, 2006; Roseth, Johnson, & Johnson, 2008; Shulman, Lotan, & Whitcomb, 1988; Slavin, 1995a)을 개선시켜 주는 긍정적인 효과를 발휘한다. 협동 학습이 매우 널리 사용되기는 하지만(예 : Antil et al., 1988; Puma et al., 1997) 가장 많이 사용되는 협동 학습 유형은 구조적 방법보다 덜 효과적인 집단의 목표와 개인적인 책무가 적은 비형식적인 방법이다.

문제해결과 사고 기능을 어떻게 가르칠 것인가

만약 학생들이 문제를 해결하기 위해 정보와 기술들을 사용할 능력이 없다면 쓸모 있는 것을 배웠다고 말할 수 없을 것이다. 예를 들면 덧셈과 뺄셈 그리고 곱셈을 매우 잘하는 학생이 있는데, 그는 다음과 같은 문제를 어떻게 풀어야 할지 모른다. "지나가 각각 950원 하는 햄버거를 4개, 650원 하는 감자튀김 2개, 550원 하는 사이다 3개를 샀다. 만 원짜리 지폐를 냈다면 얼마의 거스름돈을 받아야 하는가?" 지나의 상황은 실제 생활에서 일상적으로 일어날 수 있는 것이다. 계산하는 것이 그렇게 어렵지도 않다. 그러나 많은 학생들은(어떤 경우에는 유능한 어른들조차도) 이러한 문제를 푸는 데 어려움을 느낀다. 수학에서 응용문제의 어려움은 대부분 계산에 있지 않고 해결할 수 있도록 문제를 어떻게 설정하는지 아느냐에 의해 결정된다. **문제해결**(problem solving)은 가르치고 배울 수 있는 기술이다(Fuchs, et al., 2006).

■ 문제해결 과정

일반적인 문제해결 전략 문제를 해결하는 데 그동안 체계적으로 연구되어 온 전략들을 사용하도록 가르칠 수 있다(Beyer, 1998; Kirschner & van Merrienboer, 2008). Bransford와 Stein(1993)은 IDEAL이라는 다섯 단계 전략을 개발했다.

I 문제와 가능성 확인(Identify problems and opportunities)
D 목표의 정의와 문제의 표상(Define goals and represent the problem)
E 가능한 전략 탐색(Explore possible strategies)
A 결과 예상과 실행(Anticipate outcomes and act)
L 검토와 학습(Look back and learn)

IDEAL과 비슷한 전략들은 해결해야 할 문제가 무엇인지, 어떤 자원과 정보가 제공되고 있는지 그리고 어떻게 문제를 표상(예를 들어 그림, 개요, 흐름도)하고 그것을 어떻게 작은 단계로 나누어 해답에 이를지 깊게 생각하는 것으로부터 시작한다. 예를 들어 첫 번째 단계는 목표를 확인하고 어떻게 진행할 것인가를 생각한다. Newell과 Simon(1972)은 문제를 해결하는 사람은 반복적으로 "내가 지금 있는 곳과 내가 있고 싶어 하는 곳은 어떤 차이가 있지? 그 차이를 줄이려면 내가 무엇을 해야 하지?"라고 묻는다고 한다. 지나가 문제를 해결하는 데 있어 목표는 음식과 음료수를 산 후에 만 원짜리 지폐를 한 장 주고 얼마의 거스름돈을 받아야 하는가를 계산하는 것이다. 우리는 그 문제를 하위 목표를 가진 하위 단계들로 나눌 수 있다.

1. 지나가 햄버거를 사는 데 얼마가 들었는지 계산하라.
2. 지나가 감자튀김을 사는 데 얼마가 들었는지 계산하라.
3. 지나가 소다수를 사는 데 얼마가 들었는지 계산하라.
4. 지나가 모두 사는 데 얼마가 들었는지 계산하라.
5. 지나가 만 원짜리에 대한 거스름돈을 얼마나 받아야 하는지 계산하라.

문제해결
목표를 성취하기 위해 지식과 기술들을 적용하는 것

수단-목표 분석 무엇이 문제인지 무엇을 해야 하는지 결정하는 것은 **수단-목표 분석**(means-ends analysis)과 관계있다. 문제해결을 배우려면 사고를 요구하는 여러 종류의 문제들을 많이 풀어봐야 한다. 흔히 수학이나 다른 교과들에서 제시되고 있는 대다수의 문제들이 학생들로 하여금 생각하도록 유도하는 데 실패하고 있다. 예를 들면 2자리 수의 곱셈을 묻는 단순한 문제들이 있다고 하자. 학생들은 곧 2자리 수와 그 곱을 알아냄으로써 이런 문제를 풀 수 있다. 그러나 실제 생활에서 문제들은 그렇게 깔끔하게 배열되지는 않는다. "조 선생님은 지난 주에 월급이 5% 올라서 총 210만 원을 받았다." 만약 우리가 인상 전에 조 선생님이 얼마나 받았는지 계산하려고 한다면 어려운 부분은 계산하는 것이 아니라 어떤 계산이 필요한지 아는 것이다. 실제 생활에서 이러한 문제를 해결하는데 어디에도 '백분율로 나누기' 라고 적혀 있지 않다. 다양한 문제를 풀거나 문제를 해결하기 위해 생각해야만 할수록 학생들은 실제 생활에서 자신이 배운 기술이나 지식을 새로운 상황에 전이할 가능성이 높다.

관련 정보 도출하기 일상에서 겪는 실제적인 문제들은 말끔하거나 잘 정리되어 있지 않다. 다음과 같은 실비아의 문제를 생각해 보라.

> 실비아는 세 명의 친구들과 함께 6시 18분에 패스트푸드점 안으로 들어갔다. 그들은 1,250원짜리 햄버거 4개, 650원짜리 감자튀김 2개, 750원짜리 큰 소다수 3개를 샀다. 양파링은 550원으로 할인되었다. 실비아의 엄마는 9시까지 들어오라고 말했지만, 실비아는 이미 친구들과 음식점을 나올 때 25분 늦었다. 실비아는 평균 시속 30킬로의 속도로 5킬로를 집으로 운전해 갔다. 실비아는 음식점에 얼마나 오래 있었는가?

이 과정에서 첫 번째로 할 일은 관련 없는 모든 정보는 버리고 중요한 사실만 남겨두는 것

수단-목표 분석
달성해야 할 목표와 현재 상황 그리고 목표와 현재 상황 간의 차이를 줄이기 위해 무엇을 해야 하는지(수단) 확인할 것을 강조하는 문제해결 기술

Bob Daemmrich Photography

이 학생들은 어떠한 문제해결 전략을 사용할까?

이다. 수단-목표 분석을 여기서 적용한다면 단지 시간 관련 내용만이 문제해결에 관련되어 있다. 그래서 돈 거래와 실비아 차의 속도에 관련된 모든 정보는 무시될 수 있다. 문제를 주의 깊게 읽으면 실비아가 9시 25분에 음식점을 나왔다는 것을 알 수 있다. 이것과 그녀의 음식점 도착 시간인 6시 18분은 모두 문제를 해결하는 데 중요하다. 일단 무엇이 관련 있고 무엇이 관련 없는지 안다면 문제해결은 쉽다.

문제 표상하기 다양한 종류의 문제들에서 시각적 표상은 해답을 찾는 효과적인 수단이 될지도 모른다. Adams(1974)는 이러한 이야기를 인용한다.

> 한 불교신자가 성지순례를 하던 중 높은 산꼭대기에 있는 사찰에서 하룻밤을 머무르게 되었다. 길은 산 주위로 나선형으로 돌고 또 돌아 올랐다. 그 신자는 일출 때 산을 오르기 시작했다. 그는 하루 종일 걸었고 밤새 사찰에 머물면서 기도를 했다. 다음날 일출 때 신자는 산을 내려가기 시작했다. 오를 때보다 내려갈 때 시간이 더 적게 걸렸고 그는 정오가 조금 지났을 때 아래로 내려왔다. 질문 : 신자가 내려올 때 산을 올라가던 날과 같은 시각에 지나친 길의 지점이 있는가?

이것은 사람들이 산을 오르고 내리는 방법을 다양하게 생각하기 때문에 어려운 문제로 여기기 쉽다. Adams는 그 문제를 쉽게 만드는 한 가지 표상을 제시했다. 두 명의 신자가 있다고 가정하라. 한 사람은 일출 때 꼭대기에서 출발하고 한 사람은 일출 때 오르기 시작한다. 그들이 만날 것인가? 물론 그들은 만날 것이다. 그림뿐만 아니라 문제의 표상에는 여러 가지 방법들이 있다. 학생들은 도표, 흐름도, 개요, 문제의 중요한 요소들을 묘사하고 요약하는 다른 수단들을 배울 수 있다(Jitendra et al., 2009; Van Meter, 2001).

■ 창의적인 문제해결 가르치기

학생들이 학교에서 직면하는 대부분의 문제들은 주의 깊게 읽어야 하고 약간의 생각을 수반할지는 모르지만 창의력을 거의 필요로 하지 않는다. 그러나 우리가 생활에서 직면하는 대부분의 문제들은 그렇게 무미건조하지 않다. 서로 감정을 상하지 않고 관계를 변화시키거나 끝내는 방법 또는 종이 클립을 구부려 기계를 수리하는 방법을 아는 것과 같이 일상생활은 창의적인 문제해결을 요구하는 상황들로 가득 차 있다(Plucker, Beghetto, & Dow, 2004). 이어지는 부분은 창의적인 문제해결을 가르치기 위한 전략을 기술하고 있다(Beyer, 1997; Fleith, 2000).

부화 창의적인 문제해결은 실비아의 문제를 풀기 위해 이용했던 분석적 · 단계적인 과정과는 매우 다르다. 창의적인 문제해결에서 한 가지 중요한 원리는 성급하게 해결하려 하지 말고 대신에 어떤 행위를 선택하기 전에 문제에 대해 한숨 돌리면서 몇 가지 대안적 해결책들에 대해 숙고해 보는 것이 유용하다는 것이다. 다음과 같은 간단한 문제를 생각해 보라.

> 로저는 45분 동안 오븐에다 사과파이를 구웠다. 그가 3개의 사과파이를 굽는 데 얼마의 시간이 걸릴까?

많은 학생들은 성급하게 45분에 3을 곱하려고 할 것이다. 그러나 조금만 잘 생각해 본다면 같은 오븐에 3개의 파이를 굽는 것이 실제로는 하나의 파이를 굽는 시간과 같다는 것을 대부분 깨닫게 될 것이다. 이러한 과정을 가르칠 때 교사는 학생들에게 시간적인 제한을 가하는 것을 피해야 한다. 속도 대신에 학생들의 창의적이며 신중한 사고를 가치 있게 여겨야 한다. Sio와 Ormerod(2009)의 부화(incubation)에 대한 연구들의 리뷰에서 부화는 창의성이 가장 중요한 상황에서 가능한 많은 해결책들을 만들어 내는 문제들에서 의미 있는 차이를 보여 주었다.

판단의 보류 창의적인 문제해결에서 학생들은 해결을 시험해 보기 전에 모든 가능성들을 고려하도록 판단을 보류해야 한다. 이러한 원리에 입각한 구체적인 한 가지 방법이 **브레인스토밍**이다. 이 방법은 외견상 아무리 우스워 보일지라도 두 명 혹은 그 이상의 학생들이 생각해 낼 수 있는 모든 문제해결책들을 제시하는 것이다. 학생들은 단지 될 수 있는 한 많은 아이디어를 생각한 후에 어떤 아이디어가 가능한 해결인가를 평가하게 된다. 브레인스토밍의 핵심은 너무 빨리 한 가지 해결에 집중하여 어쩌면 더 좋은 방법을 무시할 수도 있는 것을 피하라는 것이다.

적절한 분위기 창조적인 문제해결은 편안하면서도 더 나아가 놀이 같은 분위기 속에서 촉진된다(Tishman, Perkins, & Jay, 1995). 아마 더욱 중요한 것은 창조적인 문제해결에 집중하고 있는 학생들은 자신들의 아이디어가 받아들여질 거라고 느껴야 한다는 것이다. 창조적인 문제해결에서 도전에 성공한 학생들은 그렇지 않은 학생들보다 실수하는 것이나 어리석어 보이는 것에 대해 덜 두려워할 것이다. 성공적인 문제해결자는 또한 문제해결 상황을 더 재미있게 만드는 것처럼 보인다(Benjafield, 1992). 이것은 편안한 상태, 재미있는 분위기가 문제해결을 배우는 데 중요하다는 것을 암시한다. 학생들은 확실히 잘못된 방향으로 간다고 해서 비판받아서는 안 되며 여러 가지 해결방안들을 시험해 보도록 권장되어야 한다.

분석 창조적인 문제해결의 방법 중 하나로 문제의 주요 특징이나 구체적인 요소들을 분석하거나 배열하는 것이 있다(Chen & Daehler, 2000). 예를 들면 상황에 대한 신중한 분석은 다음과 같은 문제를 해결하는 데 도움이 될지도 모른다.

> 테니스 토너먼트는 여러 번의 라운드로 구성된다. 각각의 대결에서 이긴 사람은 다음 라운드로 진출한다. 만약 한 라운드에서 운동하는 사람의 수가 한 명 남는다면 한 사람이(무작위로 선택) 자동적으로 다음 라운드에 진출한다. 147명의 선수들이 토너먼트를 한다면 단 한 명의 승자가 발표되기 전까지 몇 번의 경기가 열리겠는가?

우리는 여러 테니스 시합들을 도표로 만들어 어려운 방법으로 이 문제를 풀지도 모른다. 그러나 상황을 신중하게 분석해 보면 각각의 경기에서 정확히 한 명의 패자가 생긴다는 사실을 알게 된다. 그러므로 146명의 패자들(그리고 한 명의 승자)이 나오기 위해서는 146번의 경기가 있어야 한다.

문제에 집중하기 문제해결을 가르치는 또 하나의 방법은 아이들의 호기심을 자극하고 집중하게 하는 문제를 제시하는 것이다. 같은 문제해결 기술이라고 해도 상황에 따라 학생들에게 강요되거나 혹은 지루할 수도 있다. 그리고 이 문제는 결과에 중요한 영향을 미친다. 예를 들어 Bottge(2001)는 학습 장애를 갖고 있는 성취 수준이 낮은 중고생들이 애완동물을 위한 집을 만들거나 자동차의 경기 트랙을 설치하는 것과 같은 복잡한 문제해결 기술을 배울 수 있다는 것을 발견했다. John Dewey가 100년 전에 제안한 이후로 실생활과 연결된 문제해결과 실생활을 모사하는 것이 동기적인 가치가 있다는 사실이 수없이 증명되었다(Holt & Willard-Holt, 2000; Westwater & Wolfe, 2000).

피드백 피드백을 하면서 연습시켜라. 아마 문제해결을 가르치는 가장 효과적인 방법은 단지 학생들의 해결 방법이 옳은가에 대한 것뿐만 아니라 그 해결에 도달하는 과정에 대한 피드백도 함께 제시하면서 학생들에게 다양한 문제 유형으로 많은 양의 연습을 하도록 하는 것이다(Fisher & Frey, 2007). 복잡한 문제를 푸는 데 피드백과 함께 하는 연습의 역할은 매우 중요하다(Hattie & Timperley, 2007). 이 장의 도입 부분에서 던바 교사의 학생들에게 수개월간의 연습과 간단한 문제들에 대한 피드백이 없었다면 그들은 문제해결에 이르지 못했을 것이다.

■ 사고력 신장 교육

교육에서 가장 오래된 꿈 중 하나는 학생들을 더 똑똑하게 만드는 방법을 찾는 것이다. 단순히 많이 알거나 기능적이기보다는 모든 종류의 새로운 정보를 더 잘 학습하는 방법을 의미한다(Costa, 2008). 언젠가 누군가가 이런 효과를 가진 '똑똑해지는 약'을 만들어 낼지도 모르지만 연구자들은 지금까지 일반적인 사고 기술을 향상시키기 위해 수업 프로그램들을 개발하고 평가해 왔다.

현재 사용되고 있는 사고-기술 프로그램들 중에서 가장 널리 알려져 있고 연구된 프로그램은 이스라엘 교육학자인 Reuven Feuerstein(1980)이 개발한 것이다. 이 프로그램은 **도구적 심화**(instrumental enrichment)라고 하는데 학생들은 종이와 연필을 가지고 활동하며 분류, 비교, 공간배치, 수열과 같은 지적 기술들을 개발하는 데 활용된다. 그림 8.4는 분석적 지각을 향상시키기 위해 설계된 활동의 예를 보여 준다. 도구적 심화 처방은 일반적으로 학습부진아나 장애 아동을 위해 적어도 2년에 걸쳐서 매주 3~5시간 동안 운영되어야 한다. 이 정도 기간이 되어야 IQ 검사들과 같은 적성검사들(일반적으로 학업 성취와는 관련 없음)에 긍정적인 효과가 있는 것으로 나타났다(Savell, Twohig, & Rachford, 1986; Sternberg & Bhana, 1986).

사고 기능 교수에서 또 다른 접근은 그것들을 '사고하는 문화'를 만들기 위해 일상적인 수업과 교실 경험 속으로 통합시키는 것이다(Costa, 2008; Ivey & Fisher, 2006; Ritchhart & Perkins, 2008; Sternberg, 2002; Swartz, 2009). 사고 기능을 일상적인 수업과 통합한 하나의 예로서 Tishman과 동료들(1995)은 일상적인 문제해결 방법을 적용했던 한 교실에서 즉흥적인 토의를 제안한다. 이 방법은 4단계 과정으로 이루어진다(확인, 연구, 평가, 심화). 그것은 표 8.2에 요약되어 있다. 이 예에서 맨들리 선생님의 6학년 학생들은 왜 한 달 더

도구적 심화

사고 기능 프로그램으로 다양한 지적 능력을 개발하기 위해 고안된 일련의 지필 연습

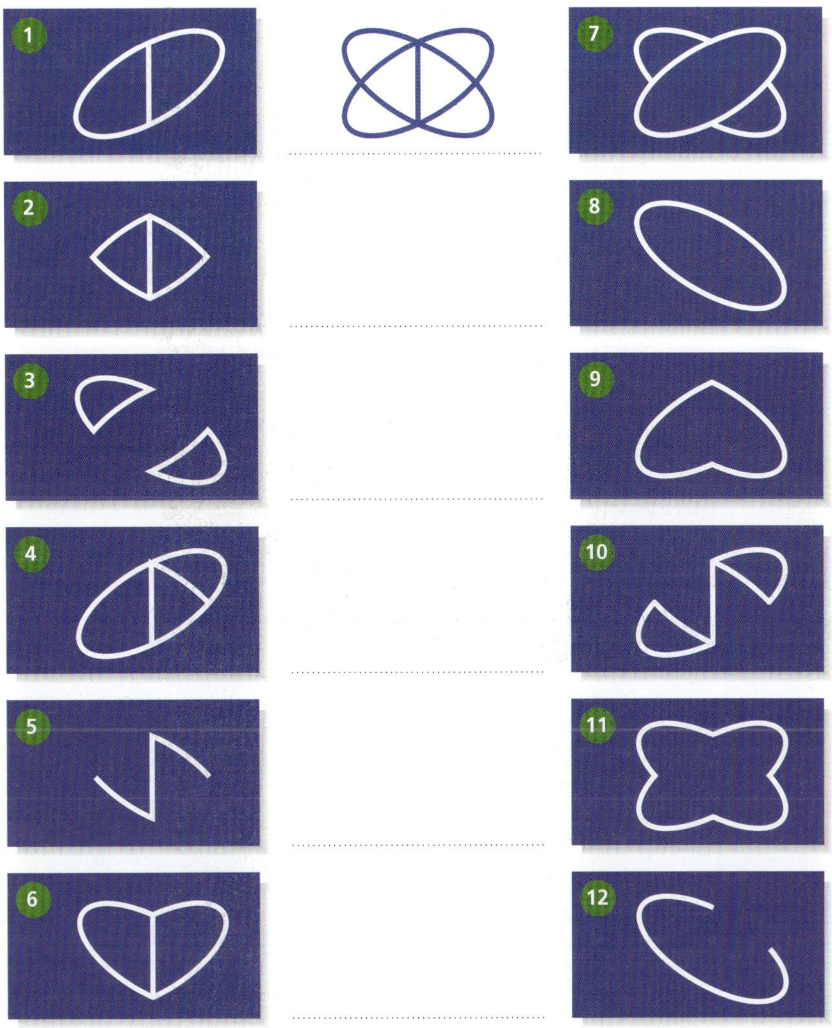

그림 8.4 분석적 지각의 예

왼쪽의 3개의 칸을 보라. 왼쪽 칸에 있는 각각의 그림과 연결되는 오른쪽 칸의 그림은 완성되어 가운데 칸에 있다. 첫 번째 칸에 있는 도형을 완성시키기 위해 필요한 그림을 오른쪽 칸에서 찾아 그 번호를 써라. 학생들은 이 페이지에서 가운데 칸에 있는 모형과 동일한 모양을 만들게 하려고 모양을 골라서 왼쪽에 있는 것과 맞추어야 한다. 이 과제는 표상, 내면화, 모형의 분류, 빠진 부분의 정의, 체계적 활동 그리고 자기평가를 위한 모형의 비교를 요구한다.

출처 : Reuven Feuerstein, "Instrumental Enrichment: A Selected Sample of Material for Review Purposes." Jerusalem: The Hadassah-Wizo-Canada Research Institute, May, 1973, p. 5.

일찍 심은 유리온실 안의 식물들이 죽기 시작했는가에 관한 토의를 하고 있다. 학생들은 그것을 위해 무엇을 할 수 있는가에 대한 것도 토의한다. 그 학급은 표 8.2에 요약되어 있는 단계들을 이미 배웠고 교실에는 그 표와 일치하는 포스터가 있다. 토의는 아래와 같이 진행되었다.

맨들리 선생님 : 포스터를 보자. 우리는 이 상황에 맞는 전략을 어떻게 세울 수 있지? 우린 어떤 전략들을 사용할 수 있지?

토리 : 문제에 대한 해결책을 찾기 위해서 우리는 탐색 단계를 사용해야 해요.

마크 : 예, 하지만 우리는 무엇이 문제인지조차 정확하게 몰라요. 유리온실 안의 식물들에게 너무 많은 물을 주었거나 물을 너무 적게 주어서 시들었는지도 몰라요.

맨들리 선생님 : 마크, 너는 우리에게 확인 단계가 필요하다고 말하는 거지?

마크 : (포스터를 잠시 본 후에) 예, 두 가지 면에서요. 저는 우리가 문제와 목표에 대해 확인할 필요가 있다고 생각해요.

표 8.2 사고 기능 : 전략 세우기

전략 구성 요소		
시기	전략 단계	방법
무엇을 하고 있고 어디로 가고 있는지 분명히 해야 할 때	확인 … 문제, 상황, 목표(들)	▪ 상황의 여러 측면들을 확인하라. ▪ 상황에서 초점을 둘 부분을 확인하라. ▪ 정확하게 바꾸고 싶은 것이나 원하는 결과를 진술하라. ▪ 구체적이어야 한다.
어떤 것에 대해 폭넓게 생각해야 할 때	탐색 … 아이디어, 선택사항, 가능성, 목적, 특징, 가정, 원인, 효과, 질문, 요소, 가설, 사실 또는 해석	▪ 브레인스토밍 ▪ 여러 가지 아이디어를 찾아라. ▪ 다른 관점으로 보아라. ▪ 숨은 아이디어를 찾아라. ▪ 다른 사람의 아이디어를 참조하라. ▪ 탐색을 돕기 위해 범주를 사용하라.
어떤 것을 평가하거나 결정해야 할 때	평가 … 선택사항, 계획, 아이디어, 이론 또는 대상	▪ 이유를 많이 찾아라. ▪ 직접적이고 장기적인 결과를 고려하라. ▪ 찬성과 반대 모두 작성해서 고려하라. ▪ 편견을 버리고 객관적이 되어라. ▪ 상상을 발휘하여 그것이 다른 것들에 어떠한 영향을 줄지 생각해 보라.
어떤 것을 자세히 생각해야 할 때	심화 … 가능성, 계획, 선택사항, 가설 또는 아이디어	▪ 자세한 계획을 만들어라 : 각 단계에서 일어날 것들을 적어라. ▪ 자세하게 보고 느끼고 추측한 것을 구체화하라. ▪ 무엇을 사용할 것인지 자신에게 물어라. ▪ 어떻게 일어날까? ▪ 누가 영향을 받을까? ▪ 얼마나 오래 걸릴까? ▪ 다른 부분에 대해 생각하라. ▪ 그림을 그리거나 글로 표현해 보라. (누군가에게 말한다고 상상하면서)

출처 : Shari Tishman, David N. Perkins, and Eileen Jay, *The Thinking Classroom*.

맨들리 선생님 : 그것도 일리가 있구나. 우리가 사용할 수 있는 다른 전략들이 없을까?

마크 : 예, 그것만으로는 충분하지 않아요. 만약 유리온실을 잘 관리한다면 식물들은 여전히 시들까요? 집단 안의 다른 사람들은 무엇이 잘못되었는지 알고 싶어 할 거예요.

맨들리 선생님 : 우리는 이제 2개의 목표가 생긴 것 같구나! 하나는 유리온실을 어떻게 관리할 것인가를 결정하는 것이고, 두 번째는 유리온실의 관리 일정을 유지하는 계획을 세우는 거야.

토의가 더 진행된 후에 학생들은 정확하게 그들이 원하는 것이 무엇인지 서로 동의하고 '탐색' 단계로 들어갔다. 탐색 방법들을 보면서 학생들은 여러 가지 가능한 해결안들을 브레인스토밍하기로 결정했다. 맨들리 선생님은 칠판에 학생들의 아이디어들을 계속 적었고 가

Bob Daemmrich/PhotoEdit

숙제를 해결하기 위해 연구를 하거나 도움을 얻기 위해 인터넷을 활용하는 경우 비판적 사고가 왜 중요한가?

끔 핵심 전략들을 학생들에게 주지시켰다. 핵심 전략은 숨어 있는 아이디어와 다른 종류의 아이디어들을 찾아보는 것이다. 학생들이 생각해 낸 몇 가지 아이디어는 다음과 같다.

1. 참가 목록을 만들어라.
2. 선생님이 물을 줄 사람을 결정하라.
3. 모든 것을 할 지원자 한 명을 결정하라.
4. 각 집단에서 교대로 일할 일정표를 만들어라.
5. 교대로 일할 일정표를 만들고 진행 과정을 토의할 집단 만남을 매주 가져라.

학생들은 그들의 브레인스토밍 목록을 다시 검토하고 확인한 후에 다섯 번째 아이디어(순환 일정표와 매주 만남)가 가장 좋다고 모두 동의했다. 그리고 그들은 네 번째 단계인 심화 단계로 들어가 계획을 세웠다. 학생들은 각각의 유리온실 그룹에 대한 순환 일정표를 만들고 맨들리 선생님의 도움을 받아 매주 집단 만남 시간도 정했다. '심화 단계'에서 학생들은 얼마나 물을 주고 있는지, 언제 물을 주었는지, 교실의 온도가 어느 정도 되는지와 같은 식물의 건강에 영향을 줄 만한 요인들을 검토하기 위해 매주 물 주는 사람이 지정되어 있는 상세한 확인 목록을 만들었다(Tishman et al., 1995).

유리온실의 문제를 토의하는 과정에서 학생들은 복잡한 문제에 접근하고 해결하기 위해 광범위하게 응용할 수 있는 전략들을 배우고 있었다. 맨들리 선생님은 전략들이 상황에 적절하다고 생각될 때 자주 학생들의 주의를 환기시켰는데, 이는 유용한 전략들을 제시했을 뿐만 아니라 그 전략을 사용하는 것이 일상적이며 자연스러운 생각이라는 것을 학생들에게 심어주었다.

■ 비판적 사고

학교 교육의 주요 목적은 무엇을 하고 무엇을 믿을지 합리적 의사판단을 할 수 있도록 비판적인 사고 능력을 기르는 것이다(Abrami et al., 2008; Marzano et al., 1995). **비판적 사고**(critical thinking)의 예로는 오해를 불러일으키는 선동적 주장을 찾아내고 서로 경쟁하는 증거들에 가중치를 부여하고 논쟁에서 가정이나 오류를 확인하는 활동들이 포함된다. 다른 목적들과 마찬가지로 비판적 사고를 배우기 위해서는 연습이 필요하다. 학생들에게 많은 갈등 상황, 논리적이고 비논리적인 논의, 타당하고 타당하지 않은 주장 등을 제시할 수 있다. 비판적 사고를 기르기 위한 효과적인 교수는 서로 다른 관점의 수용과 자유로운 논의를 추구하는 교실 환경에 의해 좌우된다(Epstein, 2008). 단지 옳은 답을 제시하는 것보다 의견에 대한 이유를 제시하도록 강조해야 한다. 비판적인 사고 기능들은 학생들에게 친숙한 주제와 관련이 있을 때 가장 잘 습득된다. 예를 들면 학생들이 1930년대와 1940년대의 문화와 독일 나치의 역사에 대해 많이 알고 있다면 나치의 선전선동에 대한 단원을 더 의미 있게 배울 것이다. 아마도 비판적 사고에서 가장 중요한 것은 학생들이 듣는 것에 대해 의문을 가지고 논리적 불일치나 오류를 찾기 위해 자신의 생각을 검토하는 비판적 정신을 기르는 것이다.

Beyer(1988)는 주장이나 논의의 타당성을 판단하고 선전들을 이해하는 등에 사용할 수 있는 열 가지 비판적 사고 기술을 제시했다.

1. 확인할 수 있는 사실과 가치가 개입되어 있는 주장 구별
2. 관계없는 정보, 주장 또는 논거를 관련 있는 것과 구별
3. 진술의 사실적 정확성 판단
4. 자료 출처의 신뢰성 판단
5. 불명확한 주장이나 진술 확인
6. 진술되지 않은 가정들 확인
7. 편견 감지
8. 논리적 오류 확인
9. 추론의 과정상 논리적 모순 파악
10. 논의나 주장의 설득력 판단

Beyer는 이것이 단계를 의미하는 것은 아니며 정보가 사실인지 혹은 납득할 만한 것인지 판단하기 위해 정보에 접근할 수 있는 가능한 방법들의 목록이라고 제시했다. 학생들에게 비판적 사고를 가르치는 핵심과제는 이러한 전략들을 어떻게 사용하는가뿐만 아니라 언제 이러한 전략들이 적당하게 사용되고 있는가를 알 수 있도록 돕는 것이다.

비판적 사고

무엇을 하고 무엇을 믿을지에 대해 합리적인 결정을 하는 능력

요약

구성주의자들은 학습을 어떻게 보는가

구성주의자들은 학습자가 개인적으로 그리고 능동적으로 복잡한 정보를 발견하고 변형하여 그들 자신의 것으로 만들어야 하는 과정이라고 믿는다. 구성주의적 접근은 하향식 과정을 강조한다. 하향식 과정은 학생들이 복잡한 문제나 과제로부터 시작해서 문제를 해결하거나 수행하는 데 필요한 기초적인 지식과 문제를 발견하는 것을 의미한다. 구성주의적 접근은 또한 협동학습, 질문하기나 조사하기 전략, 그리고 다른 초인지적인 기

능들을 강조한다.

발견 학습과 비계는 인지적 학습 이론에 근거한 구성주의적 학습 방법이다. Bruner의 발견 학습의 핵심은 학생들의 적극적인 자기학습, 호기심, 그리고 창의적 문제해결이다. 비계는 Vygotsky의 관점에 근거한 것으로 중요한 시기에 학생들에게 제공되는 교사의 도움을 강조한다.

협동 학습은 수업에서 어떻게 사용되는가

협동 학습에서는 학생들이 소집단을 만들어 서로의 학습을 도와주면서 함께 공부한다. 협동 학습 집단들은 발견 학습, 토의, 평가를 위한 연구에 사용된다. 능력별 집단 학습(STAD)과 같은 협동 학습 프로그램들은 성공적이다. 왜냐하면 그러한 방법들은 집단이 각 집단 구성원들의 개인적 학습에도 책임을 지도록 하고 집단과 개인적 노력과 향상 정도 모두에 대해서 보상을 제공하기 때문이다.

문제해결과 사고 기능을 어떻게 가르칠 것인가

문제해결 기능은 수단-목표 분석과 문제 표상 등을 포함하는 일련의 단계들을 거쳐서 배울 수 있다. 창의적인 문제해결은 심사숙고의 시간과 판단의 유예, 우호적인 분위기, 문제 분석, 사고 기술의 적용, 그리고 피드백과 같은 것들을 필요로 한다. 사고 기술은 계획, 분류하기, 다양한 사고, 가정들을 확인하기, 잘못된 결론으로 유도하는 정보 확인하기, 그리고 질문 만들기 등을 포함한다. 사고 기술은 도구적 심화와 같은 프로그램을 통해 배울 수도 있다. 교실 내에서 사고하는 문화를 만들어 내는 것 또한 유용한 기술이다.

주요용어

능력별 집단 학습(student Team-Achievement Divisions, STAD)
도구적 심화(instrumental enrichment)
동료 보조 학습 전략(peer-assisted learning strategies, PALS)
매개 학습(mediated learning)
문제해결(problem solving)
발견 학습(discovery learning)
비판적 사고(critical thinking)
상보적 교수(reciprocal teaching)
수단-목표 분석(means-ends analysis)
인지적 도제(cognitive apprenticeship)
읽기와 작문 협동 학습(Cooperative Integrated Reading and Composition, CIRC)
자기조절 학습자(self-regulated learner)
지그소(Jigsaw)
집단 조사연구(group investigation)
학습의 구성주의 이론(constructivist theories of learning)
학습의 구성주의 이론(constructivist theories of learning)
함께 학습하기(learning together)
협동 시나리오(cooperative scripting)
협동 학습(cooperative learning)

자기평가 : 교수학습원리

이 장의 서두에 있는 예화를 다시 읽고 다음 질문에 답하시오.

1. 던바 선생님은 실린더의 부피와 관련한 수업에서 학생들에게 실험을 통하여 부피를 측정하는 방법을 알아내도록 했다. 그가 사용한 학습 전략은 무엇인가?
   a. 직접 교수
   b. 고전적 조건화
   c. 발견 학습
   d. 교사-중재 토의
2. 던바 선생님은 왜 학생들에게 실린더의 부피를 구하는 공식이 $\pi r^2 h$라고 말해 주지 않았는가?
   a. 그는 학생들이 스스로 해본다면 더 깊은 이해를 할 수 있을 것이라고 믿었다.
   b. 그는 학생들이 그것을 이해하면 학습 시간이 적게 걸릴 것이라고 생각했다.
   c. 그는 발견 학습이 직접 교수보다 더 좋다고 알고 있었다.
   d. 그는 B. F. Skinner와 다른 행동주의자들에 의해 제안된 교수 전략을 사용하고 있었다.

3. 다음의 예들 중에서 던바 선생님이 Vygotsky의 '근접발달 영역' 개념을 적용한 것은 무엇인가?
   a. 던바 선생님이 말했다. "오늘 우리는 원기둥의 부피를 어떻게 계산하는지 발견할 기회를 갖게 될 거예요."
   b. 던바 선생님은 학생들을 네 명씩 그룹지어서 실험실 탁자 주위에 앉도록 했다.
   c. 던바 선생님이 공부짱 집단을 지나갈 때 말했다. "맞아, 미구엘, 하지만 그 정보를 가지고 너는 무엇을 할 거지?"
   d. 던바 선생님은 스스로 답을 알아낸 것에 대해 공부짱 집단을 칭찬했다.

4. 던바 선생님은 원기둥의 부피에 대한 수업에서 협동 학습 전략을 효과적으로 사용한다. 그는 다음의 것을 제외하고 모두 한다.
   a. 문제를 해결한 집단에게 보상을 준다.
   b. 각 집단은 비슷한 능력을 가진 학생들로 구성한다.
   c. 각 집단 구성원들이 확실히 배웠는지 확인한다.
   d. 민족적 배경, 성별, 그리고 특별한 요구에 따라 집단 구성원들이 골고루 섞이도록 한다.

5. 다음의 협동 학습 전략 중에서 던바 선생님이 사용한 것은 무엇인가?
   a. 집단 조사연구
   b. 함께 학습하기
   c. 지그소
   d. 능력별 집단 학습(STAD)

6. 발견 학습의 예를 설명하시오. 발견 학습에서 교사의 역할은 무엇인가? 발견 학습에는 어떤 장점과 제한이 있는가?

7. 교사는 학생들의 문제해결 능력을 개선하기 위해 어떻게 할 수 있는가?

9

학급 편성, 개별화 수업, 공학

뛰어난 좋은 강의의 효과적인 수업 요소는 무엇인가
- Carroll의 학교 학습 모형과 QAIT

학업 성취 차이에 따라 학급을 어떻게 편성할 것인가
- 능력별 학급 편성
- 혼합 능력 학급 편성
- 읽기와 수학을 위한 집단 재편성
- 초등학교의 무학년제
- 학급 내 능력별 집단 편성
- 유급

개별화 수업에는 어떤 것들이 있는가
- 개별화 수업
- 또래 개인지도
- 교사 개인지도

위기에 처한 학생을 위한 교육 프로그램은 무엇인가
- 보상 교육 프로그램
- 조기 개입 프로그램
- 통합적인 학교 개혁 프로그램
- 방과후 학교와 여름학교 프로그램

공학이 교육에 어떻게 사용되는가
- 교수에 사용되는 공학
- 교사의 인터넷 활용
- 학습에 사용되는 공학
- 학생의 인터넷 활용
- 웹 2.0
- 교육 TV와 임베디드 멀티미디어
- 행정에 사용되는 공학
- 병합된 기술의 도전
- 컴퓨터 기반 수업에 대한 연구

Bob Daemmrich/PhotoEdit

학습 목표

이 장을 공부하고 나면 다음과 같은 것을 할 수 있다.

- 성취 차이를 고려한 다양한 형태의 학급 편성을 설명할 수 있다.
- 다양한 학습자에게 적절한 여러 가지 개별화 지도 방법을 나열할 수 있다.
- 학습 위기에 처한 학생들을 위한 프로그램 유형을 구분할 수 있다.
- 교육에서의 공학의 효과적인 사용법을 설명할 수 있다.

Bob Daemmrich/PhotoEdit

앨버트 선생님은 기분이 좋았다. 그는 4학년 학급에게 장제법(역주 : 13 이상의 큰 숫자 나눗셈)을 수업하는 중인데, 그 자신이 이처럼 명쾌하고 재미있게 잘 정리된 수업을 했던 적이 없었던 것 같았다. 그가 문제를 내면 몇몇 학생이 손을 들고 문제의 정답을 맞혔다. "앨버트, 넌 정말로 학생을 잘 가르치고 있구나."라며 스스로 만족하였다.

수업이 끝날 쯤에 그는 학생이 얼마나 장제법 수업을 잘 이해했는지 알아보려고 쪽지시험을 보았다. 채점을 한 후, 그는 학급의 1/3가량의 학생만이 모든 문제를 맞혔다는 것을 알고 충격과 실망을 느꼈다. 또한 다른 1/3의 학생은 한 문제도 맞히지 못했다. 나머지 1/3은 몇 문제를 맞혔다. "뭐가 잘못된 거지?" "음, 좋아 내일 수업 시간에 이 상황을 바로잡아야지."라고 그는 생각했다.

다음날 앨버트 선생님은 준비를 훨씬 많이 하고, 장제법을 푸는 방법을 보여 주기 위해 실제 예와 도표를 사용하여 재미있게 학생이 참여할 수 있는 수업을 진행했다. 그가 문제를 낼 때 전보다 훨씬 많은 학생이 손을 들고 대부분 정답을 맞혔다. 그러나 몇몇 학생은 지루해 보이기 시작했는데, 특히 만점을 받은 학생과 영점을 맞은 학생 모두가 지루해 하였다.

수업이 끝나갈 무렵 그는 또 한 번의 쪽지시험을 보았다. 이번에 점수가 좋아졌지만 여전히 한 문제도 맞히지 못한 학생이 있었다. 그는 좌절감을 느꼈다. "나는 학생들에게 수업을 완벽하게 해 주었는데 몇몇 학생들은 왜 학습에 실패한 걸까?

무엇이 잘못됐는지 알아내기 위해 앨버트 선생님은 영점을 맞은 학생의 쪽지시험지를 검토했다. 그는 즉시 패턴을 파악했다. 두 번째 수업에서 거의 모든 학생이 장제법 문제를 옳게 풀고 있었다. 그러나 몇몇 학생은 뺄셈에서 계속적인 실수를 하고 있었다. 다른 학생은 곱셈을 잊어버린 것 같았다. 학생들의 문제는 나눗셈에 있는 것이 아니라 선행 지식이 부족한 데 있었다.

"음, 난 적어도 일부 학생에게는 좋은 수업을 했던 거야."라고 앨버트 선생님은 생각했다. 그는 첫 번째 수업 후에 만점을 받은 학생 중 한 명이 다른 학생을 더 잘 배울 수 있는 방법에 대해 가르쳐 줄 수 있을지 모른다는 생각이 들었다. 그는 테레사에게 어떻게 그렇게 빨리 장제법을 익혔는지 물었다.

"쉽던 걸요. 작년에 배웠거든요."라고 그녀는 말했다.

생각해 보기

- 앨버트 선생님이 학생들의 개별적 차이를 보다 더 효과적으로 다룰 수 있는 모든 방법을 열거해 보시오. 그리고 교사가 학생의 요구를 효과적으로 다룰 수 있는 모든 방법을 열거해 보시오.
- 4~5명이 한 집단이 되어 함께 생각해 보도록 한다. 각 집단에게 종이를 주고 각각의 구성원들에게 앨버트 선생님이 학생의 요구를 더 효과적으로 다룰 수 있도록 도와줄 수 있는 아이디어를 적도록 한다. 한 사람이 하나의 아이디어를 추가하고 집단 내 다른 구성원에게 종이를 차례대로 넘겨주어 다른 아이디어를 하나씩 추가하여 적는 방식으로 계속한다. 일부 아이디어를 학급 전체와 공유한다.

뛰어난 좋은 강의의 효과적인 수업 요소는 무엇인가

앨버트 선생님이 유감스럽지만 알게 된 사실처럼, 효과적인 수업(instruction)은 효과적인 강의(lecture)보다 훨씬 많은 것을 요구한다. 그는 장제법에 대한 훌륭한 강의를 하였는데, 이는 장제법을 이전에 배운 적이 없지만 필요한 사전 지식을 가진 일부 학생에게만 적절한 것이었다. 그의 수업이 모든 학생에게 효과적이기 위해서는 학생의 다양한 요구에 부합하도록 수업을 바꾸어야 한다. 또한 이 세상에서 최고의 수업이라 하더라도 학생이 배우고자 하는 동기가 부여되어 있지 않거나 학생에게 학습할 시간이 부족하게 할당된다면 수업의 효과는 없을 것이다.

강의의 질이 효과적인 수업에 있어 중요한 것이라면, 우리는 최고의 강의자를 찾아 수업을 녹화하여 비디오테이프를 학생에게 보여 주면 된다. 만약 여러분이 비디오테이프 강의가 왜 별로 효과가 없는지에 관해 생각해 본다면, 단순히 좋은 강의보다 효과적인 수업에 얼마나 많은 것이 개입되는지 이해하게 될 것이다. 첫째, 비디오에 나오는 교사는 학생이 무엇을 미리 알고 있는지 알 수가 없다. 어떤 강의는 특정 학생에게는 너무 수준이 높거나 너무 쉬울 수 있다. 둘째, 어떤 학생은 그 수업을 매우 잘 이해하는 반면, 어떤 학생은 핵심 개념을 놓치고 뒤쳐질 수 있다. 비디오 교사는 어떤 학생이 추가적 도움을 필요로 하는지 알 수 없을 뿐만 아니라 추가적인 도움을 제공할 방법도 없다. 학생이 주요 논점을 파악하고 있는지 알아보기 위해 질문하고 그들이 놓친 어떤 개념을 다시 가르칠 수도 없다. 셋째, 비디오 교사는 학생이 주의를 집중하거나 배우려고 노력하도록 동기 부여할 수단을 갖고 있지 못하다. 만일 학생이 집중하지 못하고 잘못 행동하더라도 비디오 교사는 이에 대해 어떤 조치도 취할 수 없다. 마지막으로 비디오 교사는 수업이 끝나고 나서 학생이 실제로 주요 개념이나 기술을 배웠는지 전혀 알 수가 없다.

비디오 강의에 대한 이러한 분석은 교사가 왜 정보 제공과 더불어 수업의 많은 요소에 관심을 가져야만 하는지를 보여 준다. 교사는 학생의 지식 수준에 수업 수준을 맞추는 방법을 알아야 한다. 교사는 학생에게 동기를 부여하고, 학생의 태도를 관리하고, 수업을 위해 학습 집단을 조직하고, 학생을 평가해야 한다.

효과적인 수업의 모든 요소들이 제 기능을 발휘하도록 교육심리학자들은 효과적인 수업 모형들을 제시하고 있다. 이들 모형들은 수준 높은 수업이 갖는 주요 특성과 학습 증진을 위해 그 특징이 어떻게 서로 관련되어 있는지를 설명한다.

■ Carroll의 학교 학습 모형과 QAIT

교육심리학 분야에서 출판되어 온 가장 영향력이 있는 논문 중 하나는 John Carroll의 '학교 학습 모형(A Model of School Learning)' (1963, 1989)이다. 여기서 그는 교수를 학생의 학습에 필요한 시간, 자원, 활동의 관리로 기술한다. Carroll은 학습을 (1) 실제로 학습에 소요되는 시간과 (2) 학습에 필요한 시간의 함수관계로 제시한다. 학습에 필요한 시간은 적성, 선지식과 학습 능력에 의해 결정된다. 즉 실제로 소요되는 시간은 학습에 할애 가능한 시간, 교수의 질 그리고 학생의 끈기에 의해 결정된다.

Slavin(1995b)은 Carroll 모형에서 학교나 교사가 직접 변경 가능한 요소에 초점을 맞춘 모형을 기술했다. 이것을 질, 적정 수준, 보상, 시간의 약자로 된 효과적인 교수 **QAIT 모형**(quality, appropriateness, incentive, time)이라고 한다.

1. **수업의 질.** 정보나 기술의 제시를 통해 학생이 학습 자료를 쉽게 배울 수 있도록 도움을 주는 수준으로 학습의 질은 교육과정의 질과 강의와의 함수 관계로 결정된다.
2. **수업의 적정 수준.** 교사가 학생이 새로운 강의를 배울 준비가 되어 있지만(즉 학습을 위해 필요한 기술과 지식을 가지고 있지만) 그 강의를 아직 배우지 않았음을 확인할 수 있는 수준이다. 다른 말로 하면 수업 수준이 학생에게 너무 어렵지도 쉽지도 않는 적정 수준을 의미한다.
3. **보상체계.** 교사가 학생이 수업 과제와 제시된 학습 자료를 배우려는 동기를 가지고 있는가를 확인하는 수준을 의미한다.
4. **시간.** 학생에게 학습 자료를 학습할 시간이 충분히 주어졌는지를 의미한다.

그림 9.1 QAIT 모형

QAIT 모형의 각 구성 요소는 사슬로 연결되어 있으며, 요소 중에서 가장 약한 연결이 수업의 효과성을 결정한다.

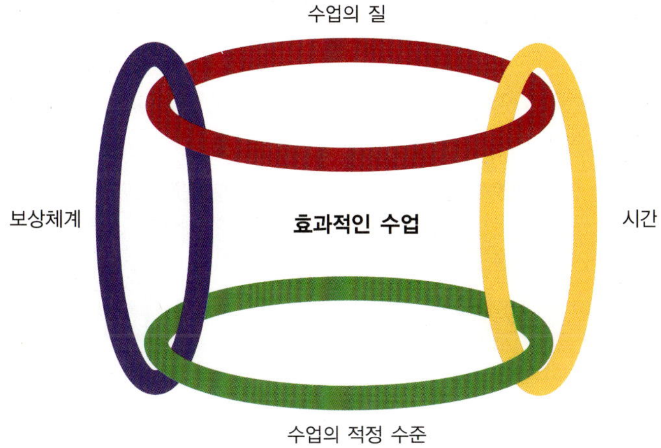

효과적인 수업을 위해서는 이 네 가지 요소 각각이 적정해야만 한다. 수업의 질이 아무리 높아도 학생이 필요한 사전 기술과 정보를 가지고 있지 않거나 동기부여가 되어 있지 않거나 학습에 필요한 시간이 부족하면 학생은 그 강의를 제대로 이해하지 못할 것이다. 반대로 수업의 질이 낮으면 학생이 아무리 많은 것을 미리 알고 있고 동기가 높고 아무리 시간이 많더라도 아무런 효과가 없다. 그림 9.1은 QAIT 모형에서 요소 간의 관계를 보여 주고 있다.

수업의 질 수업의 질은 많은 사람들이 교수를 생각할 때 가장 먼저 떠오르는 활동들로 나타낼 수 있다. 예를 들면 강의, 호명하기, 토론, 학생의 자습 돕기 등을 의미한다. 수업의 질이 높을 때는 제시되는 정보는 학생에게 의미가 있고, 흥미가 있으며, 기억과 응용이 용이해진다.

수업의 질에서 가장 중요한 측면은 학생이 강의를 이해할 수 있느냐 하는 것이다. 강의가 이해되도록 하기 위해서 교사는 학습 자료를 일목요연하고 조직화된 방식으로 제시해야 한다. 교사는 새로운 정보를 학생이 이미 알고 있는 지식과 연관시켜야 한다. 학생들이 개념을 구체화할 수 있도록 교사는 보기, 시범, 그림, 도표를 사용해야 한다. 교사는 선행조직자나 기억 전략 같은 인지 전략을 사용할 수도 있다. 때때로 어떤 개념은 학생이 그것을 스스로 발견하거나 경험하거나 또는 다른 학생과 토론하고 나서야 이해하게 될 수도 있다.

수업의 질에서 또 다른 중요한 측면은 교사가 학생이 얼마나 잘 학습하고 있는지를 감지하며 가르치는 속도가 너무 느리거나 빠르지 않도록 수업 속도를 조정하는 것이다. 예를 들어 교사는 학생이 얼마나 잘 이해했는지 파악하기 위해 질문을 자주 해야 한다. 답변을 통해 학생이 잘 따라오고 있다고 여겨지면 교사는 약간 더 빠르게 수업을 진행하게 된다. 그러나 답변을 통해 학생이 수업 진도를 따라오는 데 곤란함을 느낀다고 파악되면 교사는 수업 일부를

QAIT 모형
교사가 직접적으로 통제할 수 있는 요소, 즉 질, 적정 수준, 보상, 시간에 초점을 맞춘 효과적인 수업 모형

학생들이 많이 있는 수업에서 QAIT 모형은 어떤 효과성이 있는가?

반복하고 진도를 늦추어야 한다.

수업의 적정 수준 아마도 수업 운영의 가장 어려운 점은 학습 속도의 차이뿐 아니라 상이한 선행지식, 기술, 동기 수준를 가진 학생들이 한 교실에 모여 있다는 사실이다(Tomlinson, 2004, 2008). 이 문제가 앨버트 선생님의 주된 고민거리였다. 교사는 학생의 다양성에 의거하여 수업의 적정 수준을 제공해야 한다. 30명으로 구성된 학급(10명일 때조차도)은 학생 간의 차이 때문에 근본적으로 일대일 수업과는 다르다. 교사가 전체 학급을 대상으로 강의를 할 경우 어떤 학생은 학습 내용을 다른 학생보다 훨씬 빨리 배운다는 사실을 알 것이다. 또한 어떤 학생은 그 강의 내용을 전혀 이해하지 못할 수도 있다. 이와 같은 학생들의 경우에는 중요한 사전 기술이 부족하거나 적정한 시간이 부족하기 때문인데, 이들에게 충분한 시간을 주다보면 빠르게 습득하는 학생은 시간을 너무 허비하게 된다. 수업에서 이러한 학생 간의 차이를 극복하기 위해 교사는 수업 방식을 개별화하는 방법, 차별화 교수 방법, 학생의 다양한 요구에 부합하는 방법, 학생 능력에 따라 집단화하는 방법을 통해 해결책을 모색하려고 한다.

하지만 이들 해결책 중 어떤 것은 해결하려고 했던 것보다 더 심각한 문제를 일으키기도 한다. 예를 들면 어떤 교사가 모든 학생에게 개인 요구에 부합하는 과제를 학생의 속도에 맞추어 학습할 수 있게 과제를 제시하였다. 이것은 수업의 적정 수준을 제공하는 문제는 해결하지만, 20~30개의 상이한 것을 학습하고 있는 20~30명의 학생 활동을 관리해야 하는 새로운 문제를 낳는다. 대안으로 어떤 교사는 학생을 능력별로, 예를 들어 붉은 새, 파란 새, 노란 새 집단으로 나눈다. 각 집단은 상대적으로 집단 내에서 능력 차이가 적도록 구성한다. 그러나 이 또한 문제가 있다. 교사가 붉은 새 집단과 작업할 때 파란 새와 노란 새 집단은 감독이나 도움 없이 공부해야 한다. 학생 요구에 부합하기 위해 수업을 조정하는 효과적인 방법은 이 장 뒷부분에서 언급하고자 한다.

보상체계 에디슨은 "천재는 1%의 영감과 99%의 노력으로 만들어진다."라고 하였다. 학습도 이와 마찬가지다. 학습은 일이다. 이것은 학습이 재미있거나 자극적이지 않다는 것을 의미하는 것은 아니다. 그렇지만 학생은 스스로 주의를 기울이고 요구된 과업을 양심적으로 수행하며 공부해야만 한다는 사실이다. 학생이 그렇게 되기 위해서는 어느 정도 동기를 부여받아야 한다. 이러한 보상 또는 동기부여는 일 그 자체의 특성(학습 과제의 흥미도), 학생의 특성(호기심이나 학습에 대한 긍정적 성향), 교사 혹은 학교에 의해 제공되는 보상(성적, 자격증) 등으로부터 나올 수 있다.

학생이 무엇인가를 알고 싶어 한다면 그것을 배우기 위해 필요한 노력을 경주하도록 동기부여를 할 것이다. 동기의 차이로 프로 야구팀 시카고 컵스의 선수 이름, 타율, 홈런 수의 정보는 빠르게 외울 수는 있지만, 과학, 역사, 수학에 대해서는 모르는 학생이 있을 수 있다. 이런 학생은 야구와 관련된 사실에 높은 흥미가 있어서 야구 관련 사실을 외우는 데 많은 노력을 기꺼이 투자한다. 어떤 정보는 어떤 부류의 학생이나 또는 모든 학생에게 자연스럽게 흥미로울 수 있지만, 교사는 학생의 호기심을 불러일으키거나 학교에서 얻은 지식이 학교 밖에서 유용할 수 있음을 보여 줌으로써 흥미를 갖게 할 수 있다. 예를 들면 야구팬인 학생이 비율 계산에 대한 정보가 타율을 계산하는 데 필요하다고 확신한다면 이를 배우는 데 훨씬 더 흥미를 가질 것이다.

그러나 모든 주제가 언제나 모든 학생에게 흥미로울 수 있는 것은 아니다. 당장에는 중요해 보이지 않지만 후속 학습을 위해 중요한 기술이나 개념을 배우는 데 학생들이 최대 노력을 기울이도록 하기 위해서는 인정이나 보상이 필요하다. 이런 이유 때문에 학교는 칭찬, 피드백, 성적, 자격증, 별표, 상장 등 학생의 동기부여를 강화해 주는 각종 보상을 사용한다.

연결해서 더 보기
동기의 보상이나 일반 원칙은 제10장에서 다루고 있다.

시간 QAIT 모형의 마지막 요소는 시간이다. 수업을 하는 데에는 시간이 걸린다. 가르치는 데 소비되는 시간이 많다고 더 많이 학습을 하는 것은 아니지만 수업의 질, 수업의 적절성, 보상체계가 모두 높은 수준이라면 수업 시간이 길수록 더 많은 학습을 하게 된다. 학습을 가능하게 하는 시간의 양은 두 가지 요인에 근거한다. 첫째는 교사가 (1) 수업을 위한 수업 계획을 짜고 (2) 실제로 가르치는 데 사용하는 시간의 양이다. 둘째는 학생이 강의에 주의를 기울이는 시간의 양이다. 두 종류의 시간은 학급 관리와 규율 전략에 의해 영향을 받는다. 만약 학생의 행동이 올바르고, 동기가 높고, 목적과 방향감을 가지고 있으며, 교사도 조직적으로 준비가 잘 되어 있다면, 교사가 가르치고 싶은 어떤 내용이든 학생은 학습하는 데 시간을 많이 들인다. 그러나 반대로 수업 방해, 바르지 못한 행동, 이동 시간의 낭비 등과 같은 요소는 학습에 필요한 시간을 잠식하게 한다(Hong, 2001 참조).

학업 성취 차이에 따라 학급을 어떻게 편성할 것인가

학교에 입학한 그날부터 학생들은 배울 것에 대한 지식, 기술, 동기, 노력 면에서 차이가 있다. 어떤 학생은 유치원에 들어갈 때 이미 읽을 수 있다. 반면에 어떤 학생은 읽기를 배우기 위해 많은 시간과 지도를 필요로 한다. 새로운 수업을 시작할 때 어떤 학생은 이미 수업할 내용에 대해 많이 알고 있고, 어떤 학생은 잘 알지는 못하지만 곧 그 내용을 숙지할 것이고, 어떤 학생은 주어진 시간 내에 그 내용을 전혀 숙지하지 못할 것이라는 사실을 교사는 쉽게 알 수 있다. 어떤 학생은 그 수업을 배우기 위해 필요한 사전 기술과 지식을 가지고 있는 반면, 어떤 학생은 그렇지 못하다. 이것이 앨버트 선생님이 안고 있는 문제이다. 즉 어떤 학생은 장제법을 배울 준비가 되어 있지 않는 반면, 어떤 학생은 수업 이전에 이미 배웠다. 어떤 학생은 장제법에 사용되는 핵심적인 기본 곱셈이나 뺄셈 기술이 미숙하다. 어떤 학생은 첫 수업에서 장제법을 이해했기 때문에 두 번째 수업이 필요하지 않았다. 앨버트 선생님이 곱셈과 나눗셈을 재교육하기 위해 시간을 끈다면 이미 알고 있는 학생은 시간을 허비하게 될 것이다. 만일 그가 능력 있는 학생에 맞추어 강의 속도를 설정하게 되면 학습 문제를 가진 학생은 따라오지 못할 것이다. 어떻게 하면 앨버트 선생님이 평균 수준으로 학업 성취를 하고 있지

연결해서 더 보기
일반 지능, 특수 작성, 능력, 학습 성향에 있어 학생 개인차에 대해서는 제4장을 참조하시오.

만 사전지식, 기술, 학습 속도 면에서 차이가 있는 그의 학생들 모두에게 적절한 방법으로 수업할 수 있을까?

학생 차이에 따라 강의를 조절하는 것은 교육의 가장 기본적 문제 중 하나이고 때때로 정치적이고 감정적인 정책 문제를 일으킨다(Atkins & Ellsesser, 2003; Loveless, 1998). 옹호되는 한 방법은 학생들이 학년의 일정 수준 조건이 구비될 때까지는 진급을 시키지 않는 것이다. 예를 들면 북미 국가 이외의 대부분의 국가들은 학생의 개인차 또는 이질성 문제를 다루기 위해 노력하고 있다. 10~12세 학생을 검사하여 각기 다른 유형의 학교에 배당하는데, 이들 학교 중 단지 하나만 학생에게 고등교육에 대하여 준비시키고 있다. 미국에서도 이와 비슷한 기능으로서 상이한 **진로 제도**(track)가 있는데, 중등학생을 대학 진학반, 일반진로, 직업진로로 나누어서 그 과정에 속한 특정한 교육과정만을 배우게 한다. 그러나 학생이 특정한 교육과정만을 공부하는 능력별 학교 편성은 1980년대와 90년대에 급격하게 사라졌다. 오늘날 대부분의 중등학교는 특정 과목에 대하여 능력별로 학생을 배속시킨다. 예를 들면 수학 과목은 상급반에 있으나 영어는 중급 또는 하위 수준의 반에 배속될 수 있다(Lucas & Gamoran, 2002). 많은 중등학교들은 학생이 각자의 교과 수준을 결정하기 위해 학교 카운슬러의 자문을 받도록 하고 있는데, 한 과정이 너무 어렵거나 쉬우면 과목 수준을 바꿀 수 있다. 이와 같이 학업 수준이 동질적인 학생으로 학급을 구성하는 전략을 **능력별 학급 편성**(between-class ability grouping)이라고 한다(Slavin, 1991). 능력별 학급 편성은 중학교나 고등학교에서 뚜렷이 나타나는 형태이며 때때로 초등학교에서도 사용된다.

초등학교에서 학생 간 차이를 고려하여 수업을 조정하는 다른 수단은 **학급 내 능력별 집단 편성**(within-class ability grouping)인데, 이는 읽기 능력에 따라 학생을 구분하는 읽기 집단(파란 새, 노란 새, 붉은 새 등)의 예에서 보는 바와 같다(Lou et al., 1996). 학생 간 능력의 차이를 조정하는 문제는 매우 중요하고 많은 교육자들은 수업이 학생의 능력에 따라 독립적으로 공부할 수 있도록 완벽하게 개별화되어야 한다고 주장해 왔다. 이러한 견해는 개별화된 수업 프로그램의 탄생을 가져왔다. 최근 몇년 동안에 컴퓨터 기반 수업은 개별화 수업의 주요한 방법이 되었다.

학생 간 차이를 조정하는 여러 방법은 이점이 있지만 각각 자체적인 문제를 가지고 있어서 때때로 장점을 압도한다. 어떤 학생들의 차이는 쉽게 조정이 될 수 있다(Gregory & Chapman, 2001; Tomlinson, 2004, 2008 참조). 예를 들면 교사는 어떤 중요한 개념을 강조하기 위해 칠판에 쓰거나 그림 또는 도표를 보여 주는 등 구두 설명을 시각적 신호와 함께 제시함으로써 상이한 학습 양식을 조정할 수 있다(Mayer, 2008a). 교사는 활동적 과업과 조용한 과업, 개별 작업과 집단 작업을 번갈아 하면서 학습 양식의 다양성을 조정할 수 있다. 교사는 때때로 학생 성향에 근거하여서 학생과 수업을 하고 학생의 다양한 학습 양식에 교수 방법을 맞출 수 있다. 예를 들면 충동적인 학생에게는 시간을 두고 생각하도록 하고, 너무 사려적인 학생에게는 문제가 있는 문항은 건너뛰고 시간 내에 시험을 마칠 수 있도록 하는 전략을 가르친다.

선행지식과 학습 속도의 차이는 더욱 다루기 어려운 부분이다. 때로는 학생의 선행학습 수준을 무시하는 방법이 가장 유용하게 사용되기도 한다. 즉 모든 학생에게 같은 진도와 속도

진로 제도

학생을 구체적 성취나 능력 수준에 따라 다른 교육과정에 포함시키는 제도

능력별 학급 편성

학생의 능력 수준에 따라 다른 반으로 학생을 편성하는 것

학급 내 능력별 집단 편성

특정 과목에서 학생을 능력에 따라 두 집단 이상으로 학습 내에서 집단화하는 것

로 가르치고, 이때 낮은 성취감을 가진 학생에게는 부가적인 도움을, 과제를 빠르게 해결할 수 있는 성취감이 높은 학생에게는 추가 확장 또는 심화 활동을 제공한다(Meyer & Rose, 2000; Petting, 2000; Tomlinson, 2008; Tomlinson, Kaplan, & Renzulli, 2001 참조). 교사는 의식적으로 매 수업에 다양한 학생들에 맞추기 위해 다양한 예를 들거나 다른 질문을 한다. 수준이 다른 학생끼리 서로 돕는 협동 학습 방법은 모든 학생이 학습하는 데 효과적인 방법일 수 있다(Slavin, 1995a, 2010; Webb, 2008). 몇몇 과목은 교사가 같은 속도로 지도하는 것보다 학생이 스스로 도우며 학습하는 것이 더 효과적일 수 있다. 예를 들면 사회, 과학, 영어 과목은 수학, 독서, 외국어 과목보다 학생의 성취에 따라 학급을 편성하는 것이 중요하지 않다. 그 이유는 후자의 과목은 학생이 배우는 데 있어 일정한 단계가 존재하기 때문에 같은 속도로 이질적 학생들로 구성된 학급을 지도하면 성취가 높은 학생이나 낮은 성취 학생 모두 피해를 입을 것이다. 낮은 성취 학생은 선행학습의 결핍 때문에 따라오지 못할 것이며, 높은 성취 학생은 그들의 속도에 비해 느린 교사의 진도에 지루해하게 된다.

■ 능력별 학급 편성

교육에서 학생 차이를 다루는 방법 중 가장 보편적인 방법은 학생의 능력에 따라 학급을 나누는 것이다. 능력별 학급 편성에는 여러 가지 유형이 있다. 고등학교에서는 대학 준비반과 학생의 능력에 기초하여 일반 학습반으로 학급을 편성한다. 어떤 중학교에서는 학생의 일반적 능력에 근거하여 반이 편성되고 교사의 수업을 따라 교실을 옮겨 다닌다. 예를 들면 가장 높은 성취도를 보이는 중학교 1학년 학생들은 1-1반으로, 중간 집단은 1-5반으로, 성취가 낮은 학생들은 1-12반으로 편성된다. 어떤 중학교(그리고 많은 고등학교)에서는 각 과목에 대한 학생 각각의 능력을 측정해서 과목에 대한 학급을 편성하기도 한다. 그러므로 수학 과목에서 수준이 높은 학급에 편성된 학생이 과학 과목에서는 평균 수준의 학급에서 공부하기도 한다. 고등학교에서는 교과에 따라 학급이 편성된다. 예를 들면 일부 중학교 3학년 학생이 대수학 I을 수강하지만, 대수학 I을 공부할 준비가 아직 안 된 학생은 일반 수학을 수강하게 된다. 초등학교에서는 중등학교에서 사용되는 많은 형태를 포함하는 통합적인 범위의 학생 집단화 전략을 사용한다. 때때로 초등학교 학생은 생활지도, 사회, 과학 교과에서는 혼합 능력 학급에 배치되지만, 읽기나 수학 교과는 개인 능력별로 집단이 재구성된다. 초등학교는 중등학교에 비해서 능력별 학급 편성보다는 학급 내 능력별 집단 편성을 사용할 가능성이 더 크며 읽기 수업은 특히 그러하다. 그러나 학급 수준하고 상관없이 심각한 학습 문제가 있는 학생이나 영재에게는 능력별 학급 편성을 통한 개별적인 특별 교육 프로그램을 제공하고 있는 것이 일반적이다.

연결해서 더 보기
영재나 특수교육 대상자인 학생을 위한 프로그램에 대해서는 제11장을 참조하시오.

능력별 학급 편성에 대한 연구 능력별 학급 편성이 만연되어 있음에도 불구하고 이 전략에 대한 연구는 능력별 학급 편성의 사용을 지지하지 않는다. 연구자들은 능력별 학급 편성이 높은 수준을 지닌 학생에게는 어느 정도의 혜택이 있지만, 낮은 수준을 지닌 학생에게서 발생하는 손실에 의해 상쇄된다는 사실을 발견하였다(Ireson & Hallam, 2001; Oakes & Wells, 1998; Slavin, 1987b, 1990).

왜 능력별 학급 편성이 비효과적인가? 많은 연구자들이 이 문제를 탐구해 왔다. 능력별 편

어떤 학생은 학년 수준보다 읽기 수준이 높은 반면, 어떤 학생은 읽기를 배우고 있다. 교사로서 다른 능력의 학생을 어떻게 가르치겠는가? 능력별 학급 편성과 학급 내 능력별 집단 편성의 장점과 단점은 무엇인가?

Cindy Charles/PhotoEdit

성의 기본 목적은 교사가 집단별로 적절한 수업을 통해 학생의 성취 결과의 범위를 줄이는 데에 있다. 그러나 학급 편성은 측정 과목에서의 성취도보다는 표준화된 시험 성적이나 다른 일반 능력 척도에 근거한다. 그 결과 구체적 수업에서 필요한 능력별 차이 구분이 뚜렷하지 못하여 효율적이지 못하다(Oakes, 1995). 게다가 낮은 성취도의 학생만으로 반을 편성하면 긍정적 역할 모델이 적기 때문에 부정적 효과를 가져올 수도 있다(Page, 1991). 많은 교사는 낮은 성취도 학급에서 가르치기를 꺼려하고 학생에 대해서도 낮은 기대를 가지고 있는 것을 은연중에(혹은 눈치챌 수 있게) 전달하게 된다(Weinstein, 1996). 연구 결과를 보면 교사는 실제로 낮은 능력 집단에 속한 학생의 요구에 부합하는 노력을 열심히 하지 않는 것으로 나타났다(Ross, Smith, Lohr, & McNelis, 1994). 여러 연구에서는 중급 또는 고급 수준의 학급보다 낮은 수준의 학급에서 교수의 질이 더 낮은 것으로 나타났다. 예를 들면 낮은 수준의 학급 교사는 덜 의욕적이고 덜 조직화되어 있으며, 고급 수준 학생을 가르치는 교사보다 단순 사실을 더 많이 가르치고 개념을 더 적게 가르치는 것으로 나타났다(Gamoran, Nystrand, Berends, & Lepore, 1995; Oakes, 1995; Raudenbush, Rowan, & Cheong, 1993). 혼합 능력 학급 편성 또는 수준의 구분이 없는 학습에서의 수업 지도는 낮은 능력별 학급 편성보다는 고급 또는 중급 수준의 학급 편성 학급에서의 수업 지도와 유사하다(Goodlad, 1983; Oakes, 1985). 능력별 학습 편성의 가장 치명적인 효과는 낮은 수준에 배치된 학생에 대한 낙인 효과(stigmatizing effect)이다. 이 학생이 얻게 되는 메시지는 학문적 성공은 그들의 능력 밖이라는 것이다(Oakes & Guiton, 1995; Page, 1991). Schafer와 Olexa(1971)는 한 비진학반 여고생을 인터뷰하였는데, 그녀는 복도를 걷는 동안 창피함을 피하려고 자신이 속한 반의 교과서를 뒤집어서 들고 다닌다고 하였다.

낮은 능력별 수준 학급에 속한 학생은 다른 반 학생보다 태만하고 빈둥거리며 학교를 중퇴할 가능성이 훨씬 더 높다(Goodlad, 1983; Oakes, 1985). 이러한 문제는 낮은 수준의 학생이 시작부터 학문적 성취도 면에서 낮다는 점에 부분적으로 기인한다. 그러나 이것이 전부는 아니다. 예를 들면 중학교에서 낮은 능력별 수준에 배치된 학생은 자존심에 있어 급격한 손상을 경험하게 된다(Goodlad, 1983). Slavin와 Karweit(1982)는 도시 초등학교에서 5학년과 6학년 학생은 수업 일수의 약 8%만 결석을 하는데, 능력별 학급 편성을 하는 중학교에 들어와서는 결석률이 26%로 치솟았고 무단결석도 최하위 등급 학급에 속한 학생에게 많이 나타났다. 이러한 변화는 학생의 전반적인 성격에도 매우 빠른 속도로 영향을 미친다. 중학교는 상당수의 학생에게 이제 학교는 더 이상 가치 있는 곳이 아니다라는 것을 확신시키게 된다.

수준별 집단 편성에서 방심할 수 없는 중요한 사실은 기초반 학생이 소수 집단이나 혹은 사회경제적인 배경이 열악한 경우가 많다는 점과 반대로 심화반 학생의 대부분은 사회경제적으로 높은 위치에 속한 가정의 학생이라는 점이다(Braddok & Dawkins, 1993; Cooper, 1998; Dornbusch, 1994). 이러한 차이는 의식적이든 아니든 간에 흑인이나 라틴 아메리카 학생에 대한 인종차별 때문이라는 증거가 있다(Hoffer & Nelxon, 1993). Yonezawa, Wells와 Serna(2002)의 연구에서는 고등학교에서 학생들이 학업 수준에 있어 '자유 선택권'을 가지고 있더라도 흑인이나 라틴계 학생들은 비율에 맞지 않게 기초반에 있게 된다. 사회계층이나 인종과 관련한 집단 편성이 교육적으로 꼭 필요하다는 증거는 부족하기 때문에 정당화될 수 없다.

비록 개인 교사가 능력별 학급 편성 정책을 거의 실행하고 있지는 않지만, 연구자들은 어느 학년 수준에서도 능력별 학급 편성이 유익하지 않고 가급적 피해야 한다는 것을 모든 교육자가 아는 것이 필요하다고 주장한다. 그러나 이는 모든 종류의 능력별 학급 편성을 포기해야 한다는 것을 의미하는 것은 아니다. 예를 들면 수학재능이 탁월한 중학교 1학년 학생에게 대수학 I을 가르치거나 고등학교에서 AP 과정을 제공하는 것은 도움이 된다(제11장 참조). 또한 능력별 학급 편성은 중등학교에서 사용되는데, 어떤 학생은 심화 과정을 선택하고 다른 학생은 일반 과정을 선택한다. 그러나 동일 교과목을 상, 중, 하로 구분하는 것이 학생의 성취도를 높이는 데 도움이 되지 않는다는 연구 결과가 있다. 모든 학년에서 혼합 능력 학급 편성이 성공적인데 이는 학생의 개인차를 고려하면 더욱 효과적이다. 예를 들면 학급 내 능력 편성, 저성취 학생을 위한 과외 교수, 개별화 교수, 협동 학습 전략 등이 사용되면 더 효과적이다.

연결해서 더 보기
협동 학습 전략에 대해서는 제8장을 참조하시오.

■ 혼합 능력 학급 편성

오랫동안 교육자들과 연구가들은 모든 수준에서 능력별 학급 편성의 사용을 배척하는 운동을 해 왔다. 전국 주지사 협의회(1993)와 뉴욕 카네기협회(1989) 같은 영향력 있는 단체는 전통적인 능력별 학급 편성 정책을 철회하도록 권고하였고 혼합 능력 학급 편성을 위한 안내서와 성공적인 편성 사례를 발간하였다(예 : Burris, Heubert, & Levin, 2004; Cooper, 1998; Fahey, 2000; Hubbard & Mehan, 1998; Kugler & Albright, 2005; Oakes, Quartz, Ryan, & Lipton, 2000). **혼합 능력 학급 편성**(untracking) 제안은 학생을 혼합 능력 학급 편성반에 배치하여 학생이 높은 목표에 도달할 수 있도록 여러 방식을 제시해주며, 어려움을 겪는 학생에게는 보충적 도움을 제공해 주는 것이다(Burris, Heubert, & Levin, 2006; Hubbard & Mehan, 1998). 협동 학습과 프로젝트 기반 학습은 모든 학생이 높은 성

연결해서 더 보기
협동 학습과 프로젝트 기반 학습의 다양한 형태에 대해서는 제8장을 참조하시오.

혼합 능력 학급 편성
혼합된 능력의 학생으로 집단을 구성하고 학생이 높은 목표를 세우고 이 목표를 달성할 수 있도록 다양한 방법을 제공하는 것

취를 할 수 있도록 돕는 수단으로 추천되었다(Cohen, 1992; Hubbard & Mehan, 1998; Pool & Page, 1995). 그러나 혼합 능력 학급 편성은 중학교와 고등학교에서는 특별히 쉽지 않다(Cooper, 1998; Oakes et al., 2000; Rubin, 2003). 특히 능력별 학급 편성 타파는 높은 학업 성취자의 부모로부터 때때로 심각한 반대에 부딪치곤 한다. Oakes와 동료들(2000) 그리고 Wells, Hirshberg, Lipton과 Oakes(1995)는 혼합 능력 학급 편성이 학교나 교실 활동에서의 변화뿐 아니라 학생의 잠재력 측면에서도 변화를 요구한다고 지적했다. 혼합 능력 학급 편성이 뿌리를 내리려면 앞의 연구자들이 주장하듯이 교사, 학부모, 학생 스스로가 학교 수업의 목표가 학생을 범주화하여 구분하는 데 있는 것이 아니라 모든 학생이 성공하도록 하는 데 있다는 것을 인식해야 한다(Hubbard & Mehan, 1997; Oakes et al., 2000). 인식에 있어서의 이러한 변화가 어렵기 때문에 혼합 능력 학급 편성을 향한 움직임은 중등학교 수준에서는 천천히 진행되고 있다(Hallinan, 2004).

■ 읽기와 수학을 위한 집단 재편성

초등학교에서 종종 사용되는 능력별 편성의 한 형태는 **집단 재편성**(regrouping)이다. 집단 재편성에서 학생은 능력이 다양한 학생으로 구성된 학급에서 대부분의 시간을 보내지만, 읽기와 수학 수업은 개인 능력에 기초하여 학급별로 재배치된다. 예를 들면 아침 9시 30분에 학교 내 4학년생들은 본인의 읽기 수준에 적합한 읽기 수업을 받기 위해 다른 선생님에게로 이동한다. 읽기 재집단의 한 형태인 **조플린 계획**(Joplin Plan)은 학생의 능력별로 학년에 상관없이 집단을 재편성한다. 예를 들면 4학년 첫 학기 읽기 수업에서 3학년, 4학년, 5학년학생이 함께 배울 수 있다.

하루종일 능력별로 학급을 편성하는 것보다 집단 재편성이 갖는 한 가지 장점은 집단 재편성에서의 학생은 대부분의 시간을 혼합형 능력 학급에서 지낼 수 있다는 것이다. 따라서 낮은 성취자가 다른 학급으로 분리되거나 낙인 찍히지 않는다. 이런 이유 때문에 집단 재편성 계획, 특히 조플린 계획은 점점 더 학생 성취도를 향상시키는 것으로 나타나고 있다(Gutiérrez & Slavin, 1992; Slavin, 1987b).

■ 초등학교의 무학년제(혼합 연령 학급 편성)

초등학교에서는 사용되는 **무학년제**(nongraded programs) 또는 혼합 연령 학급 편성(Fogarty, 1993; Pavan, 1992)은 나이가 다른 학생이 같은 학급에서 함께 공부하도록 한다. 대부분 5~7세 또는 6~8세의 학생이 저학년 무학년제 프로그램 속에서 함께 공부한다. 학생들은 혼합된 연령 속에서 학습을 하지만 학생의 요구나 학업 성취 수준에 따라 일부 수업은 유연성 있게 재편성된다(Kasten & Lolli, 1998). 무학년제 프로그램에 대한 연구를 분석한 결과, 수업 지도를 위해 융통성 있게 재편성했을 경우에는 성취 면에서 긍정적인 효과가 있었지만, 개별화된 수업 지도에 초점을 맞추었을 때는 효과가 적은 것으로 나타났다(Gutiérrez & Slavin, 1992; Pavan, 1992). 무학년제를 대개 사용하는 열린 교실에 대한 연구도 성취 효과 면에서 동일하게 효과가 적은 것으로 나타났다(Giaconia & Hedges, 1982).

때때로 혼합 연령 학급 편성이 부득이 하게 사용되기도 하는데, 한 학년 인원으로 한 학급을 만들기에 학생 수가 너무 적은 경우가 그 예이다. 이러한 통합 학급(3~4학년, 5~6학년)

집단 재편성

혼합형 집단에 있던 학생이 읽기와 수학 과목에서만 그의 수행 능력에 근거하여 능력별 집단 편성이 되는 방법

조플린 계획

읽기 수업을 위해 학년에 상관없이 학생을 재편성하는 방법

무학년제

초등학교 수준에서 학년이 다른 학생이 한 반에서 함께 공부하는 프로그램. 혼합 연령 학급 편성 프로그램이라고도 함

은 학생의 성취도를 향상시키지 못하고 오히려 해로울 수 있는 것으로 나타났다(Burns & Mason, 2002; Veenman, 1995, 1997).

■ 학급 내 능력별 집단 편성

성취 수준이 다른 학생에게 적절하게 수업 지도를 하는 또 다른 방법은 전형적인 초등학교의 읽기 수업에서처럼 학급 내에서 학생을 능력별로 편성하는 것이다. 예를 들면 3학년 교사는 한 반을 3학년 1학기 교과서를 사용하는 로켓 집단, 3학년 2학기 교과서를 사용하는 스타 집단, 4학년 1학기 교과서를 사용하는 행성 집단으로 나눌 수 있다.

학급 내 능력별 편성은 초등학교 읽기 학습에서 매우 일반적으로 사용되고 있다(Chorzempa & Graham, 2006). 교장을 대상으로 한 설문 조사 결과 초등학교 읽기 교사의 90% 이상이 학급 내 능력별 읽기 집단 편성 방법을 사용하는 것으로 나타났다(Puma et al., 1997). 반면에 초등학교 수학 교사는 15~18%만이 능력별 집단 편성을 사용하는 것으로 나타났다(Good, Mulryan, & McCaslim, 1992; Mason, 1995). 읽기나 수학 이외의 과목에서 학급 내 능력별 집단 편성은 드문 것으로 나타났다. 읽기 수업에서 교사는 전형적으로 일련의 읽기 주제를 각 집단별로 다른 관점에서 읽게 하고, 집단별로 그들의 속도에 맞추어 진도를 나아가게 한다. 수학 수업에서는 학급 전체를 대상으로 강의를 하고 난 후, 한 그룹의 학생이 문제를 연습하거나 필요한 심화학습을 하는 동안 두 집단 이상의 능력별 집단과 그들의 필요에 맞추어 활동을 한다.

학급 내 능력별 집단 편성에 대한 연구 학급 내 능력별 집단 편성과 학업 성취 효과에 대한 연구는 초등학교 수학 교육에서 대부분 이루어졌다. 그 이유는 연구자가 학급 내 능력별 집단 편성과 그렇지 않는 교실 상황을 비교하기를 원했고, 이것이 초등학교 수학에서만 가능했기 때문이다. 최근까지 대부분의 초등학교 읽기 교사는 읽기 능력별 집단을 사용했고, 수학을 제외한 과목은 아주 극소수의 초등학교와 중등학교 교사가 이를 시행하였다. 수학 수업 내에서 능력별 집단 편성의 효과성에 대한 연구에서 다른 교재, 다른 진도로 학습한 학급 내 능력별 집단 편성 방법을 적용한 학생이 그렇지 않은 학급의 학생에 비해 더 많이 학습한 것으로 나타났다(Slavin, 1987b). 고, 중, 저 성취도의 학생 모두가 학급 내 능력별 집단 편성의 이점을 얻는 것으로 나타났다(Lou et al., 1996). Mason과 Good(1993)의 연구에서는 융통성 있게 집단 편성을 하고 필요에 따라 학생을 재편성한 교사가 융통성 없이 고정된 학급 내 집단 편성을 한 교사보다 학생의 수학 성취도 성과를 더 높인 것으로 나타났다.

능력별 집단 수가 적은 것이 집단 수가 많은 것보다 더 나은 것으로 밝혀지고 있다(Slavin & Karweit, 1984). 소수 집단에서는 교사로부터 더 많은 시간 동안 직접 수업 지도를 받을 수 있고, 자습시간과 이동 시간이 적다는 이점이 있다. 세 집단의 경우 자습시간은 전체 수업의 최소한 3분의 2 정도가 된다. 읽기나 수학 시간에 세 집단 이상으로 나누어 수업을 할 경우 교사들은 학급 관리 면에서 문제가 생길 수 있다. 세 집단 이상으로 편성하면 학급 관리 문제로 인해 효과가 상쇄되어 집단 내에서의 능력별 차이나 크기의 범위를 줄이는 효과가 없다(Hiebert, 1983 참조).

학급 내 능력별 집단 편성에 대한 연구에서 얻을 수 있는 핵심은 이 방법이 바람직하다라기보다는 어떤 형태의 집단 편성이 필요하다면 학급 내 집단 편성이 능력별 학급 편성보다는 더 바람직하다는 것이다. 학급 내 집단 편성이 학습 성취도에서 더 효과적인 것 이외에도 능력별 학급 편성보다 훨씬 융통성 있고, 학생에게 낙인을 덜 찍을 수 있고, 전체 학교 시간의 훨씬 적은 부분만을 능력별 편성을 하게 된다(Rowan & Miracle, 1983).

■ 유급

교육계에서 논쟁적인 주제 중 하나는 저성취 학생이 진급하지 않고 다시 학년을 반복해야 하는지 여부이다. 먼저는 학생의 성적에 따라 학교의 지원 자금과 교사의 급료가 좌우되는 성적 책임 정책 때문에 유급 비율은 극적으로 높아지고 있다. 최근 플로리다 주는 24,000명의 학생이 유급되었고, 뉴욕 시의 3학년 유급 학생 수는 16,000명, 마이애미의 경우 세 번씩 유급이 된 3학년 학생 2,000명이다(McGill-Franzen & Allington, 2006).

저성취 학생들의 유급을 지지하는 입장은 유급이 보충할 수 있는 시간을 선물로 제공해 주며, 학생들이 성취해야만 할 기준을 분명하게 제시한다고 보고 있다. 유급 대상자 학생의 경우 보통은 여름학교에서 보충할 수 있는 기회가 제공되며, 진급을 위한 여러 도움도 받게 되는데, 유급에 대한 두려움 때문에 많은 학생들이 이와 같은 서비스를 받고 있다(March, Gershwin, Kirby, & Xia, 2009; McCombs, Kirby, & Mariano, 2009). 유급을 반대하는 입장은 유급된 학생들은 동기를 잃어버린다고 보고 있다. 사실 유급은 학교 중도 탈락을 가장 잘 예측할 수 있는 예측 변인 중 하나이다(Allensworth, 2005; Jimerson, Anderson, & Whipple, 2002). 유급 학생들은 소수인종계이고(또는 이거나) 경제적으로 소외된 가정의 남학생에게 집중되어 있다(Beebe-Frankenberger, Bocian, MacMillan, & Gresham, 2004)

유급은 유익한 것인가 아니면 해로운 것인가? 단기간의 연구에서 학생을 유급시키면 그 학생이 속한 학교나 교육청의 성적이 증가되는데, 그 이유는 학생이 더 많이 배워서라기 보다는 시험을 볼 때 나이가 더 들었기 때문이다. 이런 이유로 학생들이 시험 기준에 맞는지는 생각하지 않고 많은 주나 시에서는 새로 도입한 유급 정책이 학생들의 성적을 '극적으로 끌러 올렸다' 고 보고한다(Bali, Anagnostopoulos, & Roberts, 2005; McGill-Franzen, & Allington, 2006). 그러나 장기간의 연구에서는 유급을 받은 학생들이 유급되지 않고 진급된 비슷한 수준의 저성취 동년배 학생들보다 더 못한 학습 결과를 보였다(Burkam, Logerfo, Ready, & Lee, 2007; Hong & Raudenbush, 2005; Hong & Yu, 2007; Roderick & Nagaoka, 2005).

저성취 학생 문제를 해결하는 가장 좋은 방법은 유급이나 학생들의 성취 수준을 고려하지 않은 채 승급시키는 자동 진급이 아니다. 대신 그와 같은 학생들에게 특별한 관심을 갖고 진단하고 개인 교습과 같은 집중 관리를 하여 학생들이 정상적인 범주 안에 들어갈 수 있도록 하는 것이다. 1년을 더 교육받는다는 것은 매우 비싼 비용이다. 그와 같은 돈이라면 학생들이 훨씬 더 효과적인 도움을 받을 수 있다(Reeve, 2006; Slavin, Lake, Davis, & Madden, 2009).

개별화 수업에는 어떤 것들이 있는가

모든 학생에게 적절한 수업 수준을 제공해야 하는 문제는 학교가 각 수준에 있는 학생에게 각각의 교사를 배정하면 완벽하게 해결할 수 있을 것이다. 어른 한 명 대 학생 한 명의 개인 교수 방법이 실질적으로 학생들의 학업 성취에 효과가 있다는 연구는 놀랄 만한 사실은 아니다(Slavin, Lake, Davis, & Madden, 2009). 개인 교수가 효과적인 가장 주요한 이유는 개인 교수가 **개별화 수업**(differentiated instruction)를 제공하며, 개인 학생의 필요에 딱 맞도록 맞춤형 교수를 제공하기 때문이다. 학생이 빨리 학습한다면 개인 교사는 다른 과제로 옮겨가고 그렇지 않으면 개인 교사는 무엇이 문제인지 파악하고, 달리 설명을 하거나 그 과제에 더 많은 시간을 소비할 것이다.

성인에 의한 개인지도가 필요하며 적절한 경우가 있다. 또래 개인지도(주로 상급생이 하급생과 함께하는 학습)도 매우 효과적이다. 교육 개혁가들은 개별화 수업을 통하여 일대일 지도 상황을 재현하려고 했다. 교사는 능력이 이질적인 학생들로 구성된 교실에서 여러 학생의 요구를 비공식적으로 만족시킬 수 있는 다양한 방법들을 알아냈다(Corno, 2008; Tomlinson, 2008). 학생의 수준과 진도에 맞게 공부하도록 하는 개별 수업과 프로그램 수업 방법은 1960년대와 1970년대에 보편화되었으나 이런 유형의 수업은 컴퓨터 기반 수업 형태로 바뀌었다. 여기에 관한 전략은 다음 절에서 다룰 것이다.

■ 개별화 수업

개별화 수업(George, 2005; Tomlinson, 2004, 2008)은 일반 교실에서 수업의 내용, 수준, 속도, 산출물들을 다양한 학생들의 상이한 필요에 맞추면서 가르치는 접근 방법이다. 개별화 수업은 모든 학생은 높은 수준에 도달할 수 있지만, 몇몇 학생은 그렇게 되기 위해서 맞춤형 도움이 필요할 수 있다는 사실에 철학적 배경을 둔다.

예를 들자면 다양한 능력의 학생이 섞여 있는 수업에서 교사는 간디에 대한 일대기를 써보라고 하면서, 간디에 대한 다양한 수준의 읽기 자료를 나누어 준다. 또는 교사는 이질적인 학생들로 구성되어 있는 학급에서 수학 문제를 낼 때 일반적인 공통 문제를 만들지만, 수학에서 많이 두각을 보이는 학생들을 위해서 몇몇 어려운 문제를 포함하여 낸다. 자습시간에 교사는 선수 기술을 가지지 못한 학생들을 대상으로 수업 전에 이 기술을 먼저 가르치기도 한다. 예를 들면 소수에 대한 단원 전에 소수의 개념의 중심 개념인 분수에 대해 확실히 알 지 못하는 학생들에게 교사가 분수를 복습하는 시간을 갖는 것이다.

■ 또래 개인지도

학생은 서로 배우고 가르치며 협력할 수 있다. **또래 개인지도**(peer tutoring)에서는 한 학생이 다른 학생을 가르친다. 또래 개인지도에는 두 가지 중요한 형태가 있다. 교수자가 배우는 학생보다 몇 살 많은 **또래 연령 개인지도**(cross-age tutoring)와 같은 학급의 또래가 가르치는 동일 연령 또래 개인지도가 그것이다. 혼합 연령 개인지도는 동일 연령 개인지도보다 연구자들에 의해 더 추천되고 있다. 이것은 부분적으로 나이 많은 학생이 더 많은 것을 알 것이라는 이유도 있지만 같은 반 학생이 가르치는 것을 불쾌하게 생각하기 때문이다(Topping &

개별화 수업

학생이 각자의 수준과 속도로 공부할 수 있도록 학생의 요구에 맞춘 수업

또래 개인지도

한 학생이 같은 반 다른 학생을 가르치는 것

혼합 연령 개인지도

고학년이 저학년의 학생을 개인지도하는 것

Mary Kate Denny/Stone/Getty Images

이 사진에서는 어떤 유형의 개인지도가 실시되고 있는가? 교사로서 사용할 수 있는 개인지도 방법에는 무엇이 있는가?

Ehly, 1998). 혼합 연령 개인지도는 특별한 도움이 필요한 학생을 위해 몇몇 나이 많은 학생이 어린 학생과 함께 공부하는 경우이다. 또 다른 혼합 연령 개인지도 방법은 전체 5학년이 전체 2학년을 가르치는 경우이다. 이 경우에는 나이 어린 학생의 절반을 나이 많은 학생의 교실로 보내고, 반대로 나이 많은 학생의 절반을 나이 어린 학생의 교실로 보낸다. 이외에도 혼합 연령 개인지도는 식당, 도서관, 다른 학교 시설에서 이루어진다.

동일 연령의 또래 개인지도는 학습자 편성이 쉽고 효과가 있는 것으로 알려져 있다(Rohrbeck et al., 2003). 나이와 성취도 수준이 동일한 동급생이 교사와 학생의 역할을 서로 번갈아가면서 실시한다면 매우 실용적이고 효과적인 학습이 될 수 있다(Fantuzzo, King, & Heller, 1992; Green Wood, Terry, Utley, Montagna, & Walker, 1993; Mathes, Torgeson, & Allor, 2001).

또래 개인지도에서 학생 교사는 적절한 훈련과 관리가 꼭 필요하다. 특정한 지도 기법을 배운 교수자는 훈련을 받지 않은 교수자에 비해 결과가 훨씬 효과적이다(Fuchs, Fuchs, Bentz, Philips, & Hamlett, 1994; Merrill, Reiser, Merrill, & Landes, 1995).

연결해서 더 보기

상호 교수에 대해서는 제8장을 참조하시오.

또래 개인지도에 대한 연구 또래 개인지도가 학생 성취도에 미치는 영향을 평가하는 연구에서 이러한 전략이 교수자와 피교수자 학생 모두의 성취도를 향상시키는 것으로 나타났다(Fantuzzo et al., 1992; King, Staffieni, & Adelgais, 1998; Rekrut, 1992; Simmons et al., 1995; Van Keer, 2004). 한 연구에서는 교수자가 피교수자보다 성취도 향상이 더 큰 것으로 나타났다(Rekrut, 1992). 많은 교사가 지적하였듯이, 어떤 것을 완전히 배우는 최선의 방법은 다른 사람에게 그것을 가르치는 것이다. 다른 학생을 가르치는 높은 성취자 대부분은 이런 활동을 즐거워하고 가치 있는 것으로 생각한다(Thorkildsen, 1993).

■ 교사 개인지도

성인과 아동의 일대일 개인지도는 수업의 적정 수준 문제를 본질적으로 해결해 주는 가장 효과적인 수업 지도 기법 중 하나이다. 이 방법의 주요 쟁점은 비용 문제이다. 그러나 정규 교실 환경에서 학습하는 데 문제가 있는 학생에게 소규모로 성인 개인 교사를 제공하는 것은 어느 정도 가능하다. 예컨대 부모, 대학생, 나이 든 자원봉사자들이 학생을 가르칠 수 있다(Hopkins, 1998; Juel, 1996; Neuman, 1995). 잘 지도 받았거나 제대로 제작된 학습 자료를 사용하는 자원봉사 교수자들은 학생의 읽기 능력 향상에 긍정적인 영향을 미치는 것으로 나타났다(Baker, Gersten, & Keating, 2000; Tingley, 2001). 개인 지도는 학교 보조 교사에게 있어 아주 중요하게 사용된다(Hocks, Schumaker, & Deschler, 2001). 일부 지역 학교에서는 이러한 목적으로 많은 수의 전문적 보조 교사를 채용하고 있다. 선행 연구 결과를 보면 전문적 보조 교사가 일대일 개인지도를 하지 않으면 보조 교사의 이점이 적은 것으로 나타났다(Slavin, 1994a).

높은 비용의 일대일 개인지도가 정당화될 수 있는 상황이 있다. 그 환경 중 하나는 읽기를 배우는 데 어려움을 겪고 있는 초등학교 1학년 아동의 경우이다. 초등학교 저학년에서 읽기를 배우지 못하면 미래 학교 교육 성취도에 매우 결정적인 영향을 미치므로 읽기 실패를 방지할 수 있는 교사 개인지도에 돈을 투자하는 것은 가치 있는 일이다. 읽기에 어려움을 가진 초등학생들을 위한 프로그램에 대한 최근 연구는 다양한 개인 교수 방법과 소집단 학습 방법이 상당히 효과적인 것으로 보고하였다(Slavin, Lake, Davis, & Madden, 2009). 일대일 개인 교수는 매우 효과적이지만 구조화된 파닉스 방법을 사용하는 개인 교수 방법이 다른 방법을 사용하는 개인 교수보다 훨씬 더 효과적인 것으로 나타났다(Blachman et al., 2004; Brown, Morris, & Fields, 2005; Ehri, 2007) 보조 교사가 지도한 파닉스 프로그램은 아주 효과적이었다(Jenkins, Peyton, Sanders, & Vadasy, 2004; Vadasy, Sanders, & Tudor, 2007). 3~8세의 어린아이들로 구성된 그룹에 대한 파닉스 개인지도에 대한 연구에서는 효과성이 있는 것으로 보고되었다(Hempenstall, 2008; Mathes et al., 2003, 2005). 반 전체를 대상으로 하는 협동 학습 방법은 위기에 처한 학생들에게 실시되는 일대일 개인지도만큼 효과적이었다(Mathes & Babyak, 2001; Nelson & Stage, 2007; Stevens & Slavin, 1995b; Stevens et al., 2008). 협동 학습 방법과 개인 교수 방법을 모두 사용하는 '다 함께 성공하기' 도 문제가 있는 1학년 학생들의 학습에 크고 지속적인 효과가 있다(Borman et al., 2007; Correnti, 2009; Slavin, Madden, Chambers, & Haxby, 2009). 이런 연구들은 읽기에서 어려움을 보이는 많은 수의 학생들이 개인 교수와 협동 학습 방법을 조합하여 도움을 받을 수 있음을 제안하고 있다.

적용해 보기

개인 요구에 부합되도록 개인지도 기법을 효과적으로 활용하는 법

또래 개인지도는 교수자와 피교수자 모두가 학습을 증진시킬 수 있는 효과적인 방법으로 교실에서 개인적 요구를 충족시키는 데 있어 이 기법의 가치를 의심하지 않는다. 그러나 또래 개인지도의 결과, 학습 개선이 이루어지는 것은 단순히 학생을 짝짓는 것 이상의 의미를 갖는다.

교사가 매일 교실에서 비공식적인 개인지도를 수행할지 모르지만(예 : 문제를 풀 때 다른 학생을 도와주라고 한 학생에게 요구하는 것), 공식적인 개인지도 프로그램은 적절한 계획을 요구한다. 다음의 기법은 교실에서 효과적인 프로그램을 만들고 유지하도록 도움을 준다. 교사의 노력과 더불어 학교 관리자와 다른 교사가 함께 학교 전반에 걸쳐 개인지도 프로그램을 만든다면 보다 성공적으로 모든 학생의 요구를 충족시킬 수 있을 것이다.

개인지도 프로그램 개발을 위해서는 특수한 기술이 교수자와 피교수자 모두에게 개발될 필요가 있다. 교수자는 동일 연령의 동급생이든 나이 든 학생이든 또는 성인이든 간에 개인 교수자를 선발하는 데 신경을 써야 한다. 처음에는 자원자로 시작하는 것이 현명하다. 개인지도자의 지식기반(해당 과목의 우수한 성적 등)뿐만 아니라 지식을 명확하게 전달할 수 있는 능력 또한 고려되어야 한다.

일반적으로 모델링, 피교수자로부터 즉각적인 반응 유도, 교정적인 피드백과 칭찬 및 보상의 사용, 다양한 수업 방법과 자료 제시(다양한 감각적 수단을 사용하는 등), 발전 상황을 기록하고 보고하기 등 최소한의 기본적인 교수 사항이 개인 교수자를 훈련시키는 내용 안에 포함되어 있다. 이러한 활동을 학교 주도로 한다면 학급 교사, 학부모, 보조 교사가 교과외 활동으로 교수자로 훈련될 수 있다.

이 과정에서 피교수자의 역할을 명확히 할 필요가 있다. 학생을 강제로 개인지도시키는 것은 오히려 역효과를 유발하게 된다. 그러므로 처음에는 개인지도 방법으로 함께 공부하고자 하는 학생만 선발해야 한다. 점차적으로 개인지도가 학습이나 전체 학교 내의 자연스런 학습 활동의 일부가 되게끔 만들어야 한다. 이러한 협동적 모형에서 언젠가는 모든 학생이 교수자와 피교수자 모두를 경험할 기회를 가질 것이다. 성취도가 낮은 학생조차 다른 동료나 어린 학생을 가르칠 수 있다. 성취도가 낮은 학생도 나이 어린 학생을 지도함으로써 자신감을 얻고 자신의 능력을 향상시킬 수 있다.

훈련 과정에서 교수자는 교사가 되므로 따라서 존경해야 한다는 점을 이해시켜야 한다. 추가적으로 피교수자나 교수자 모두 활동의 목적이 피교수자가 단지 어떤 일을 완수하는 것이 아니라 개념을 명확하게 이해하도록 하는 것이라는 점 또한 이해시켜야 한다. 이를 명확하게 하기 위해 훈련 과정에 다양한 역할 연기 활동을 이용할 수 있다. 적절한 또는 부적절한 수업 형태의 시범, 피드백, 강화 활동 등을 시연해 주고 참여자가 감독을 받는 조건 하에서 실습을 하도록 해야 한다. 통제된 환경 속에서 이루어지는 교정적 피드백은 교수자–피교수자에게 교사의 직접적 감독 없이도 같이 공부할 수 있다는 자신감을 갖게 해 준다.

교실 내에서든 학교 전체에서든 간에 개인지도 프로그램을 개발할 것이라면 다음 문제를 항상 염두에 두는 것이 좋다.

1. 개인지도자는 구체적 수업 지도 활동 속에서 훈련을 받아야 한다.
2. 개인지도자나 피지도자는 규칙과 예외 사항에 대해 명확하게 이해해야 한다.
3. 개인지도자나 피지도자는 특히 개인지도의 초기 단계에서의 지도 활동에 대한 감독과 피드백을 받아야 한다.
4. 교사는 교수 과정의 진전을 기록하고 보고하는 효과적이고 효율적인 방법을 만들기 위해 개인지도자와 함께 연구해야 한다.

위기에 처한 학생을 위한 교육 프로그램은 무엇인가

연결해서 더 보기
빈곤이나 언어 사용 능력 결핍으로 인해 위기에 처해지는 것에 대해서는 제4장을 참조하시오.

어떤 학생이든 학교에서 성공할 수 있으며 어떤 학생이든 실패할 수 있다. 성공과 실패의 차이는 학교, 학부모, 지역기관, 학생 스스로 학습하기 좋은 조건을 어떻게 만드는지에 달려 있다(Thomas & Bainbridge, 2001). 학교 입학 전에 우리는 어떤 학생이 성공하고 실패할지 잘 예측할 수 없지만 일반적으로 성공과 실패를 가늠할 수 있는 학생의 배경적 요인이 있다. 예컨대 가난하거나 편부모 가정의 아이들, 발달 장애를 겪는 아이들, 공격적 또는 자포자기적 행동을 보이는 아이들은 다른 학생보다 학교에서 문제를 경험할 가능성이 높다. 이런 아이들은 종종 **위기에 처한 학생**(student at risk)으로 불린다(Barr & Parret, 1995; Manning &

위기에 처한 학생
자신의 특성이나 학생의 필요에 학교, 가정, 사회의 불충분한 반응 때문에 학교에서 실패하는 학생

Baruth, 1995). '위기에 처한'이라는 용어는 병에는 걸리지 않았지만 보통 평균적인 사람들보다 병으로 발전할 가능성이 높은 개인을 묘사하기 위해 오래전부터 사용되어 왔던 의학 용어이다. 예를 들면 과다 흡연자나 암에 걸린 가족 병력이 있는 사람들은 비록 실제로 걸리지 않는 경우도 있지만 폐암의 위기에 처할 가능성이 높다. 고혈압을 가진 사람들도 모두 그렇지는 않지만 심장 마비에 걸릴 위험이 높다. 마찬가지로 빈곤 가정의 학생은 학교에서 잘 적응할 수도 있지만 중산층 가정 아이보다 평균적으로 학업 성취도가 아주 낮다(Rossi & Stringfield, 1995). Boykin(2000)은 '위기에 처한' 이라는 용어 대신 '위기에 놓여 있는' 이라는 용어를 사용하였는데, 이 용어는 학교, 가족, 사회가 학생 필요에 대해 부적절한 대응을 함으로써 학생을 위기에 놓이게 한다는 사실을 강조하는 말이다. 예컨대 적절한 수업을 받거나 읽기 개인 교사의 지도를 받게 되거나 안경이 있었다면 읽기를 성공적으로 할 수 있는 학생은 이러한 서비스가 부족하여 위기에 처해질 가능성이 있다는 것이다.

> **연결해서 더 보기**
> 학생들을 위기에 처하게 하는 유년기와 청소년기의 문제와 같은 요인에 대해서는 제3장을 참조하시오.

아동이 학교에 들어가기 전에는 사회경제적 지위나 가족 구조가 위기에 처할 가능성을 가장 잘 예견해 주는 지표이다. 학교에 들어간 후에는 취약한 읽기 능력, 학년 진급 실패, 문제 행동 등의 위기 요인들이 가정배경 요인들보다(예를 들어 학교 중퇴 같은) 미래 학교 문제에 더 중요한 예측 요인이 된다(Ensminger & Slusarcick, 1992).

위기에 처한 학생을 위한 교육 프로그램은 보상 교육, 초기 관여 프로그램, 특별 교육 등의 세 범주로 나뉜다. **보상 교육**(compensatory education)은 저소득 가정이나 빈곤 지역사회 학교에 속한 학생의 학습 문제를 방지하거나 치유하기 위해 고안된 프로그램을 말한다. 일부 관여 프로그램은 장차 있을 치유 수요를 방지하기 위해 위기에 처한 미성년자나 유아를 대상으로 한다. 어떤 관여 프로그램은 학생을 학교에서 계속 있도록 하는 데 목표를 두기도 한다. 보상 교육과 초기 관여 프로그램은 이 절에서 다루어질 것이다.

> **연결해서 더 보기**
> 특수교육은 제11장에서 다루고 있다.

■ 보상 교육 프로그램

보상 교육 프로그램은 저소득층 사회에서 성장한 결과로 생성되는 문제들을 극복하기 위해 고안되었다. 보상 교육에서는 학교에서 말썽을 일으키거나 문제를 일으킬 위험이 있는 불우한 환경에 처한 학생의 교육을 보충한다. 헤드스타트나 팔로스루 같은 프로그램은 학교에 입학할 때 균등한 기회를 제공받지 못한 불우한 환경의 유치원생 또는 초등학교 학생들이 학교에서 잘 따라가며 좋은 출발을 하는 데 필요한 기술을 제공하도록 설계되었다. 그러나 정규 교사들에게 가장 영향을 미치는 대규모의 보상적 프로그램은 **Title I**(과거에는 Chapter 1이라 불림)인데, 이는 학교에서 어려움을 겪는 저소득층 출신의 학생에게 추가적인 교육 서비스를 제공하도록 하는 연방정부 지원 프로그램이다(Borman, Stringfield, & Slavin, 2001; Manna, 2008 참조).

Title I은 연방정부에서 지방의 학교 자치구로 재정을 지원하는 것만을 단순히 의미하는 것은 아니다. 연방정부 지침에 따르면 이 기금은 지방정부의 교육적 노력을 '대신하는 것이 아니라 보강하기 위해' 사용되어야 한다고 규정하고 있다. 이것은 대부분의 학교 자치구가 교사 보수를 증액하기 위해서나 보통의 교육 물품을 구입하는 데 이 돈을 사용할 수 없다는 것을 의미한다. 기금은 학업 성취가 낮은 학생의 학력 제고를 위해 직접 투자되거나 많은 결손 학생을 위해 사용되어야 한다. 예외적으로 학생의 40% 이상이 무료 급식을 받는 매우 불

> **보상 교육**
> 낮은 사회경제적 지위로 인해 학습 문제를 가진 학생을 위해 예방 또는 보완하는 프로그램

> **Title I**
> 1994년 미국의 미국학교발전법령(IASA)을 개정한 보완 프로그램. 전에는 Chapter 1으로 불림

우한 지역에 있는 학교인 경우에는 전체적인 학교 개선을 위해(하지만 기본적인 비용보다는 학생들의 성적 향상을 위해서 사용되도록) Title I 재원을 사용할 수 있다.

Title I 프로그램 Title I 프로그램은 다양한 형태를 가지고 있다. Title I 프로그램 교사는 읽기에 어려움을 겪거나 다른 과목에서 어려움을 겪는 학생에게 치료적인 도움을 제공한다(Borman et al., 2001). 이런 종류의 프로그램은 **별도 학습**(pull-out) **프로그램**이라고 하는데, 이는 학생이 이 프로그램에 참여하기 위해 일반 학급에서 별도로 빠져나와 이동하기 때문이다.

별도 학습 프로그램은 수년 동안 비판을 받아왔다. 별도 학습 프로그램의 한 가지 주요 문제는 정규 교사와 Title I 교사가 서로 협력하지 않아서 가장 지속적이고 구조화된 수업 지도가 필요한 학생이 완전히 다른 두 가지 접근을 소화해 내야 한다는 것이다(Allington & McGill-Franzen, 1989; Meyers, Gelzheiser, Yelich, & Gallagher, 1990). Title I 프로그램은 정규 교실에서 학생의 성공적 적응을 지향해야 하므로 정규 교사의 수업 지도 활동과 밀접하게 연관되어야만 한다는 것이다. 예를 들면 어떤 학생이 정규 교실에서 문단의 주요 아이디어를 찾는 데 어려움을 겪는다면 Title I 교사는 정규 교사가 사용하는 동일한 수업 지도 자료를 활용하여 그 문제를 해결하도록 노력해야 할 것이다.

많은 다른 혁신적 프로그램은 결손 학생의 성취도 향상을 가속화시켜 주는 것으로 나타났다. 이러한 프로그램들 중에 위의 동일한 목표를 가지고 학생의 목표 달성도를 계속 평가하는 개인 지도 프로그램이나 다른 구조화된 수업 프로그램이 있다(Slavin & Madden, 1987; Slavin, Madden, & Karweit, 1989). 그러나 가장 효과적인 접근 방법은 학생이 시작 초기에 학문적 어려움을 겪지 않도록 방지하는 것이다(Hamburg, 1992; Slavin, Karweit, & Wasik, 1994). 학습 초기에 모든 학생이 학업에 성공할 수 있도록 돕는 학교 보상 개혁 프로그램이나 고수준의 유아원과 유치원 프로그램이 여기에 속한다(Borman, 2003; Comprehensive School Reform Quality Center, 2006a,b; Kidron & Darwin, 2007).

Title I 프로그램 효과에 대한 연구 Title I 프로그램 하에 수행되는 프로그램 성과에 대하여 두 가지 전국적 연구가 수행되었다. 그 하나가 '유지 효과 연구(Sustaining Effects Study)'(Carter, 1984)이다. 이 연구에 의하면 Title I 학생이 이 서비스를 받지 않는 유사한 저성취도 학생보다 읽기와 수학에서 높은 성취는 보였으나 그 효과가 전국 평균 수준의 학생과 격차를 줄일 수 있을 만큼 크지는 않은 것으로 나타났다. 그 효과는 1학년에서 가장 크게 나타났고 4학년 이상에서는 프로그램 참여 효과가 미미한 것으로 나타났다.

Title I의 기금지원을 받아 수행된 전망이라고 하는 보상적 서비스에 대한 가장 최근의 연구에서는 초등학생과 중학생 대상으로 보상 서비스를 받는 학생과 '위기에 처했으나' 그 서비스를 받지 않은 학생, 정상 학생을 비교했다. 연구 결과 Title I 서비스를 받은 학생의 성취도 향상 효과는 발견되지 못했다(Puma, Jones, Rock, & Fernandez, 1993). Borman, D'Agostino, Wong과 Hedges(1998)에 의한 더 자세한 연구에서도 수년간 서비스를 받아온 조금 덜 불우한 학생에게서 어느 정도 긍정적인 효과가 발견되지만 여전히 실망스런 결과가 보고되었다. 가장 열악한 환경에 속하면서 가장 낮은 성취를 보이는 학생들은 그렇지 않은

별도 학습 프로그램

수업 보충을 위해 다른 반에서 학생을 가르치는 보상 교육 프로그램

환경에 속한 또래 학생들과의 학습에서의 격차를 줄이지 못하였다.

비록 전망 자료가 보상 서비스가 갖는 전반적인 긍정적 효과를 보여 주지 못하였으나 일부 상황에서는 긍정적인 것으로 나타났다. 특히 한 가지 중요한 영향 요인은 Title I 서비스가 학교의 다른 서비스들과 어느 정도 밀접하게 관련되어 있다는 것이다(Borman, 1997; Borman, D'Agostino, Wong, & Hedges, 1998). 즉 보상적이면서 수업 지도적인 Title I 서비스를 주요 수업 프로그램과 연계시킨 학교나, Title I 지원 자금을 학교 전체적인 프로젝트 속에서 모든 학생을 위한 수업 지도 향상을 위해 사용한 학교에서는 최상의 성과가 나타났다. 이러한 종류의 통합 노력은 성취가 낮은 학생을 자기가 속한 교실에서 학급과의 연계가 제대로 되지 않는 보완 학급으로 보내던 전통적인 방법과 대조되는 것이다.

Title I 성과에 대한 많은 연구들을 살펴본 결과 보통의 아이들에게는 긍정적 효과가 있지만(Borman, Hewes, Overman, & Brown, 2003; Borman & D'Agostino, 2001), 이 결과를 알고 있는 누구도 Title I이 모두에게 효과적인 것으로 말하지 않을 것이다(Manna, 2008). 이러한 결과는 놀라운 사실이 아닌데, 이는 Title I 프로그램이 하루 중 단지 30분 정도의 보완적 과정을 학생에게 제공하고 있기 때문이다(Stringfield et al., 1997).

보상적 별도 학습 프로그램의 연구에서 발견된 것은 정규 교실에서 효과적인 조치가 별도 학급에서도 효과적이라는 것이다. 예컨대 더 많은 수업 시간, 과업에 대한 더 많은 시간 투자, 다른 효과적인 교실 관리 요소가 보상적 프로그램 학급에서도 성취도 향상의 중요한 예측 변수라는 것이다(Crawford, 1989; Steinm, Leinhardt, & Bickel, 1989). 심각한 빈곤 지역 학생에 대한 한 대규모 연구 결과(Knapp, 1995; Knapp, Shileds, & Turnbull, 1995)를 보면, 깊은 이해와 의미를 강조하는 학교의 학생이 연습과 실습을 강조하는 학교의 학생보다 의미 있는 성취도 향상을 보여 주고 있다(Waxman et al., 2001 참조). Stringfield와 동료들(1997)에 의한 또 다른 연구에서는 빈곤층이 매우 많은 학교에서 사용되는 일련의 프로그램들을 평가하였다. 통합적인 학교 개혁 프로그램 2개가 특히 효과적인 것으로 나타났다. 그것은 '다 함께 성공하기'와 'Comer의 학교 발전 프로그램'인데, 이들 프로그램에 대해서는 이 장의 뒤에서 논의할 것이다. 여러 연구 결과들은 Title I 프로그램의 정책 결정자가 Title I 자금이 학내 모든 학생의 수업 개선을 위한 학교 전반에 걸친 프로그램에 사용되는 것을 선호하도록 만들었다(Borman et al., 2001; Slavin & Fashola, 1998).

■ 조기 개입 프로그램

전통적으로 Title I과 그 밖의 보상 교육 프로그램에서는 보상 교육을 지나치게 강조해 왔다. 대체적으로 이미 뒤처진 학생에게 주로 서비스를 제공하였다. 이런 학생은 특별 교육을 받고 향상되어 나가기도 하지만 계속 그 상태에 머물면서 서비스를 받는 경우도 있다. 학교 적응 실패 위기에 처한 학생에게 치료 교육을 제공하기보다 예방 및 **조기 개입**(early intervention)을 하는 것에 강조를 두는 것이 더 합리적이다(Chambers, Cheung, Slavin, Smith, & Laurenzano, 2010; Powell, 1995; Slavin, Karweit, & Wasik, 1994).

연결해서 더 보기
예방과 조기 개입에 대해서는 제11장을 참조하시오.

영아 격려하기, 부모 교육, 출생부터 5세까지 학생을 위한 각종 서비스 등을 강조하는 프로그램은 위기에 처한 학생의 학교 적응 성공에 대한 장기적 효과를 갖는 것으로 나타났다. 그 사례는 캐롤라이나 주의 초보자 프로그램(Carolina Abecedarian Program)(Campbell

조기 개입

곤란한 처지에 있는 영아와 유아를 대상으로 후에 발생할 학업 부진을 미리 예방하는 프로그램

Bob Daemmrich Photography

읽기 치료는 영어를 배우는 학생들에게 특히 도움이 된다. 이 방법은 전통적인 보상 프로그램과 어떻게 다른가?

& Ramey, 1994)으로, 영아부터 학교 입학까지 심도 있는 서비스를 받은 저소득층 학생은 장기적인 성취도 증진 효과를 보인 것으로 나타났다. 페리 유아원(Perry Preschool) 프로그램도 4살 어린이에 대한 집중 프로그램으로 장기간의 효과가 있는 것으로 나타났다(Schweinhart & Weikart, 1998). 다른 프로그램들도 비슷한 효과를 보여 주고 있다(Chambers et al., 2010). 이러한 예방 프로그램과 더불어 조기 개입이 학생으로 하여금 저학년에서 뒤처지지 않도록 한다는 증거도 있다. 예를 들면 Whitehurst와 동료들(1999)은 음절에 대한 인식(음절이 어떻게 단어로 만들어지는지 대한 지식)과 그 밖의 예비 읽기 교육 기법의 조기 개입 프로그램이 지속적으로 효과가 있음을 발견하였다. **읽기 치료**(Reading Recovery)(Lyons, Pinnell, & DeFord, 1993; Pinnell, Deford, & Lyons, 1988) 프로그램은 제대로 읽지 못하는 1학년 학생에게 잘 훈련된 교사가 일대일 개인지도를 제공한다. 이 프로그램은 거의 모든 위기 봉착 학생을 적정 수준의 학업 성취로 이끌고 지속적으로 긍정적인 효과를 유지하는 것으로 나타났다. 이 프로그램은 수천의 미국, 캐나다, 영국, 그리고 다른 나라의 초등학교에서 사용되고 있다. 이 프로그램이 위기에 처한 1학년 학생의 읽기 성공에 긍정적인 효과가 있다는 데는 이견이 거의 없지만(Slavin et al., 2009), 1학년 이후에도 이 효과가 지속되는지에 대해서는 논란이 있다. 런던의 읽기 치료에 대한 대표적인 장기 평가에서 1학년 학생에게서 얻은 즉각적인 긍정적 효과가 학생이 10살이 되면 없어지는 것을 발견하였다(Hurry & Sylva, 2007). 읽기 치료에 대한 비용 대비 효과성에 대한 반론이 제기되고 있으며(Hiebert, 1996; Shanahan, 1998), 1학년 학생의 일부에게 긍정적 효과가 있다고 그 나이의 모든 학생 집단을 위해 제한된 재원을 사용하는 것이 최선인지에 대해서는 논란이 있다(Hiebert, 1996; Schacter, 2000).

읽기 치료 프로그램과 더불어 여러 다른 프로그램들은 자격 있는 교사, 보조 교사, 잘 훈련되었거나 제대로 감독을 받는 자원자에 의해 1학년의 읽기 성취도 향상에 성공적으로 이용되어 왔다(Morris et al., 2000; Slavin, Lake, Davis, & Madden, 2009). 읽기 구출이라는 파닉스 개인지도 프로그램은 소그룹 개입 프로그램이나 개입이 없는 것보다 월등하게 향상된 결과를 1학년 학생들에게서 얻었다(Ehri, Dreyer, Flugman, & Gross, 2007). 교육과정 개혁, 일대일 개인지도(읽기 치료), 가족 지원, 기타 여러 요소를 혼합하여 사용한 오스트레일리아의 어떤 프로그램은 1학년 읽기 수행 능력에 상당한 효과를 보여 주었다(Crévola & Hill, 1998).

읽기 치료

특별 훈련을 받은 교사가 읽기에 서투른 초등학교 1학년 학생에게 일대일 개인지도를 제공하는 프로그램

개인교수 프로그램, 캐롤라이나 초보자 프로그램, 기타 예방적 전략들에 대한 연구는 만일 조기에 심도 있는 수업 지도와 서비스가 제공되면 위기에 처한 학생도 학교에서 성공할 수 있다는 것을 보여 준다(Slavin, 1997/1998). 또한 조기 개입은 장기간의 도움이 필요한 아

동들을 빨리 판명해 줄 수 있으며 조기에 발견되어 문제가 해결된 아동들은 더 이상 특별 교육에 배정될 필요가 없음을 보여 준다(Vellutino et al., 1996 참조).

■ 통합적인 학교 개혁 프로그램

통합적인 학교 개혁 프로그램은 학교 기능의 모든 측면(교육과정, 수업 지도, 평가, 능력별 집단화, 위기에 처한 학생의 배려, 학부모 개입, 기타 요소 등)에서의 연구에 근거한 개선 전략을 도입하는 학교 전반적인 개혁 접근법이다(Borman, Hewes, Overman, & Brown, 2003; CSRQ, 2006a,b; Kidron & Darwin, 2007; Slavin, 2008a). 통합적 개혁 모형은 다양한 형태로 존재한다. '다 함께 성공하기'(Slavin et al., 2001)와 '직접 교수법'(Adams & Englemann, 1996)과 같은 모형은 각 과목에 대한 특정 교육 자료와 구체적인 지침을 제공하는 반면, '학교 촉진' (Hopfenberg & Levin, 1993)과 '학교 발전 프로그램' (Comer, Hayes, Joyner, & Ben-Avie, 1996) 같은 프로그램들은 실행을 위한 일반적인 지침을 제공한 다음 학교 교사가 스스로 접근법을 개발하도록 돕는다. '미국의 선택(America' s Choice)' (Supovitz, Poglinco, & Snyder, 2001)과 '현대의 붉은 학교 건물(Modern Red Schoolhouse)' (Kilgore, Doyle, & Linkowsky, 1996)은 기준을 학교 교육 실행을 융합하는 데 초점을 맞추고 있다. 이 통합적 학교 개혁 모형은 미국의 약 3,000개 학교에서 사용되고 있다(Slavin, 2008a)

통합적 학교 개혁(CSR) 프로그램 중 가장 보편적이면서 심층 연구된 것은 **다 함께 성공하기**(Success for All)로(Slavin, Madden, Chambers et al., 2009), 이 프로그램은 불우한 지역에 속한 초등학교를 지원하는 예방 교육 및 조기 개입에 초점을 두는 프로그램이다. 이 프로그램은 취학 전, 유치원, 1~8학년을 위한 연구 결과에 근거한 읽기 프로그램을 제공하는 바, 1학년을 위한 일대일 개인지도, 가족 지원 서비스, 학생이 저학년에서 뒤처지지 않도록 설계된 수업 지도, 교육과정, 학교 조직의 변화 등을 포함한다. 이 프로그램에 대한 장기 연구들에서는 이 프로그램의 혜택을 받은 학생이 그렇지 않은 학교의 학생보다 초등학교 전 학년에 걸쳐 훨씬 더 높은 읽기 능력을 보여 주고 특별 교육이나 진급에 실패할 가능성도 훨씬 낮은 것으로 나타났다(Borman & Hewes, 2003; Borman et al., 2007; Correnti, 2009; Munoz, Dossett, & Judy-Gullans, 2004; Slavin, Lake, Davis, & Madden, 2009; Slavin, Madden, Chambers, & Haxby, 2009). 2000~2001년 동안에는 이 프로그램이 48개 주의 1,000개 이상의 Title I 학교에서 사용되었다.

널리 연구된 또 다른 통합 학교 개혁 모델은 James Comer의 학교 발전 프로그램(Comer et al., 1996)이다. 이 모형은 학부모, 지역사회, 교사의 연계를 강화하여 효과적인 수업을 만들어 내기 위한 협력적 팀을 구성하는 것을 강조한다(Ramirez-Smith, 1995). Comer의 모형을 평가하기 위해 임의로 선택하여 실시한 두 가지 실험에서 이 접근법의 근저에 깔려 있는 원리들을 매우 포괄적으로 이용한 학교들에서는 최고의 성과가 있는 것으로 나타났다(Cook et al., 1999; Cook, Murphy, & Hunt, 2000).

다 함께 성공하기

유아, 유치원, 초등 1학년인 8세까지의 아동을 대상으로 일대일 개인지도, 가족 지원 서비스와 학생들의 학업 실패를 방지하기 위한 교수 방법의 전환 등을 포함하는 예방과 조기 개입하는 통합적 접근방식

■ 방과후 학교와 여름학교 프로그램

Title I이나 다른 연방정부, 주정부 또는 지역의 교육청은 점점 학교의 규정 시간 이외에도

학습 시간을 증가시키는 재정 프로그램이 증가하고 있다. 방과후 학교와 여름학교 프로그램이 빠르게 증가되고 있다.

방과후 학교 프로그램은 전형적으로 스포츠, 연극, 문화 활동과 같은 활동과 함께 숙제를 도와주는 학습활동을 혼합한 형태이다(Friedman, 2003). 그러나 방과후 학교 프로그램에 대한 연구는 학생들의 성취를 일반적으로 향상시키기 위해서는 개인별 또는 그룹별 지도와 같이 잘 구조화된 수업 과정을 활용하여 학습하는 시간을 증가할 필요가 있다고 한다(Fashola, 2002; McComb & Scott-Little, 2003).

여름학교는 학교에서 증가적으로 많이 사용하고 있는데, 특히 유급을 피할 수 있는 마지막 기회이기도 하다. 여름학교는 여름 방학 동안에 중산층 자녀들은 인지적 확장을 하는 반면에 사회경제적으로 저소득층에 속한 자녀들은 여름 동안에 인지 기반을 잃어버리는 '여름 손실(summer loss)' 현상의 해결 방법으로 오랫동안 지지를 받아 왔다(Entwisle et al., 2001). 여름학교에 관한 연구는 여름학교가 일반적으로 학생들의 성취에 유익을 주는 것을 알아냈다(Borman & Boulay, 2004). Kim(2006)은 최근 연구에서 4학년 학생들에게 단지 읽을 책을 집으로 가져가게 해서 부모와 함께 읽도록 하였는데, 가을에 이 학생들의 읽기 능력이 증가되었다고 보고하였다.

Lauer, Akia, Wilkerson, Apthorp, Snow, Martin-Glenn의 연구(2006)는 과외 프로그램, 여름학교와 방과후 학교 프로그램에 대한 연구들을 조사하였다. 과외 프로그램을 받은 학생과 받지 않은 학생의 비교에서 과외 프로그램을 받은 학생들이 읽기와 수학에서 조금 나은 것으로 보고되었다. 프로그램에 개인 지도가 포함이 되면 효과는 더욱 큰 것으로 나타났다. 방과후 학교와 여름학교 프로그램의 효과는 동일한 것으로 나타났다. 이런 연구 결과의 중요한 점은 위기에서 갈등하는 학생들에게 학습 시간을 증가함으로써 도울 수 있으며, 특히 목표로 되는 학습활동을 하기 위해 추가적인 시간을 들인다면 학생들을 도울 수 있다는 사실이다.

여름학교에 대해 더 자세히 알기 원한다면 Cooper, Charlton, Valentine과 Muhlenbruck의 연구(2000)를 참조하길 바란다. 방과후 프로그램은 McComb과 Scott-Little(2003)의 연구를 참조하길 바란다.

공학이 교육에 어떻게 사용되는가

비디오 게임을 가거나 친구들에게 문자를 보내거나 인터넷에서 정보를 찾는 다양한 연령대의 아동들을 관찰해 보자. 이런 것을 보거나 해 본 성인이라면 이런 기술의 막강한 힘이 삶의 모든 측면을 변화시키는 데 반해 아직까지 교육은 왜 변화시키지 못하였는지 질문하게 된다. 이것은 교실에서 교육 공학적 요소가 없다는 것을 의미하는 것은 아니다. 컴퓨터, DVD, 쌍방의 전자 칠판, 모든 종류의 다양한 교육 공학기기가 모든 학교에 일정하게 갖추어져 있을 뿐만 아니라 모든 중산층 아동들의 가정에도 공학기기가 잘 갖추어져 있다(DeBell & Chapman, 2006; Thorsen, 2009)

교육에 기술 공학을 사용하는 일반적인 세 가지 방법이 있다. 첫째, 교사는 교수를 계획하고 교과 내용을 학생들에게 제시할 때 공학을 사용한다. 둘째, 학생들이 다른 학생들과 조사를 하거나 실습을 하거나 대화를 할 때 숙제나 발표를 준비할 때 공학을 사용한다. 마지막으로 교사나 행정가들이 평가, 성적 기록, 보고, 관리와 같은 수반되는 행정적 업무를 수행하는 데 공학을 사용한다(Bitter & Legacy, 2008; Lever-Duffy & McDonald, 2008; Thorsen, 2009). 이상의 공학의 세 가지 사용 유형의 예는 다음 절에서 다루고자 한다.

■ 교수에 사용되는 공학

교실에서 공학이 쓸모 있게 사용되기 위해서는 교사는 공학의 다양한 도구들을 효율적으로 사용할 수 있어야 한다. 단지 학생들에게 컴퓨터를 제공하는 것만으로는 공학을 사용하여 적절하며 의미 있는 학습을 증진한다고 말하기에는 충분하지 않다. 공학을 교실 수업에 효과적으로 적용할 수 있는 방법들을 살펴보자.

컴퓨터 워드 프로세스, 스프레드시트와 프레젠테이션 소프트웨어는 교수 방법에서 가장 많이 사용되고 있다. 워드 프로세스의 경우 교사는 학생들의 과제, 시험, 평가지, 교실 상징이나 포스터를 준비하는 것처럼 다양한 교수 업무를 할 때 사용한다. 추가로 워드 프로세스 '검토'의 도구에서는 '변경 내용 추적'과 '평가 삽입'을 사용함으로써 교사는 개별화된 피드백을 해 줄 수 있다. 단순한 컴퓨터 화면 그림은 교사들이 색깔, 그림, 예술을 사용하여 학생들에게 교과 내용을 호소적으로 전달할 수 있게 한다.

스프레드시트 프로그램은 숫자 데이타를 구조화하거나 계산하여 숫자 정보를 표나 그래프로 전환시켜 보여 준다. 스프레드시트는 특히 수학을 가르칠 때 유용한데 교사들이 스프레드시트를 사용하여 변수의 값 변화와 같은 숫자 데이터를 시각적으로 보여 줄 수 있기 때문이다.

프레젠테이션 소프트웨어는 교사가 일련의 슬라이드를 사전에 정렬함으로써 전문가처럼 설명할 수 있게 한다. 이 프레젠테이션 소프트웨어는 내용을 더욱 호소력 있게 만드는 그래픽, 음향, 특수 효과, 애니메이션, 비디오 클립과 같은 멀티미디어 요소를 포함하고 있다. 프레젠테이션은 학생들에게 프린트물로 제공되어 배우는 내용의 개요를 줄 수도 있다. 더 개발된 멀티미디어와 웹 시스템은 교사가 자신만의 멀티미디어 교수방이나 웹 페이지를 만들어서 수업 내용을 보완할 수 있게 한다.

점차적으로 공학 기술은 교과 내용이 애니메이션이나 비디오와 같은 시각적 콘텐츠와 결합되는 데 사용되고 있다. 내용과 시각적 콘텐츠가 직접적으로 서로 연관이 되어 있다면 이런 멀티미디어 접근 방법이 학생들의 학습을 향상시키는 것으로 밝혀졌다(Hoeffler & Leutner, 2006; Reed, 2006). 예를 들면 번개가 어떻게 작용하는지를 다이아그램과 애니메이션을 이용하여 설명하는 것은 교과 내용 설명을 더 향상시켜 준다. 마찬가지로 읽기를 지도하는 교사 수업에 철자 발음, 혼성어, 어휘에 대한 비디오 콘텐츠를 삽입한 1학년 읽기 수업이 학생들의 학습을 괄목할 만하게 향상시킨 것으로 밝혀졌다(Chambers et al., 2006, 2008). 하지만 학생들에게 동기를 부여하지만 설명하지 않아도 될 내용(예로 번개 맞는 비행기의 모습)을 추가하는 것은 실제로 학습을 방해할 수도 있다(Mayer, 2008b, 2009).

많은 교육 공학 도구들은 교사들의 수업을 더욱 생동감 있게 만든다. 컴퓨터가 교사를 대체할 것이라는 초기의 두려움은 발견되지 않았다. 컴퓨터 시뮬레이션, 프레젠테이션 소프트

Bob Daemmrich/PhotoEdit

미국 교실의 25%는 전자 칠판을 사용하여 복잡한 수업을 이끌어 가야 하는 과제를 교사들이 해결할 수 있도록 보조한다. 교사는 전자 칠판과 같은 공학 기기를 사용하여 어떻게 수업에 활용하는가?

웨어, 스프레드시트와 다른 소프트웨어는 교사의 교수를 대신하기보다는 오히려 이를 더 향상시키고 있다.

전자 칠판과 학습자 의사소통 도구 **전자 칠판**(interactive whiteboard)은 반 전체가 볼 수 있는 큰 화면으로, 컴퓨터 화면에 있는 내용이 그대로 전자 칠판에 나타난다(Betcher & Lee, 2009). 교사나 학생은 칠판에 또한 쓸 수 있으며, 사용하는 전자 칠판 브랜드에 따라 화면에 있는 내용을 손가락이나 특수 펜을 사용하여 변경할 수도 있다. 게다가 학생들에게는 **전자 대답 도구**(electronic response device)나 **클리커**(clicker)가 주어져서 이것으로 학생들은 교사의 질문에 대해 전자적으로 대답을 하게 된다. 이를 통해 교사는 반 전체가 개념을 습득했는지를 즉시 평가할 수 있으며 어느 개념에 시간을 좀 더 들여 가르쳐야 하는지를 알 수 있게 된다(Becker & Lee, 2009; Marzano, 2009).

현재 전자 칠판은 영국의 경우 약 75%의 교실에서 광범위하게 사용되고 있지만 미국의 경우 25%의 교실에서만 사용되고 있다. 하지만 전자 칠판의 사용은 매우 빠른 속도로 확산되고 있다. 전자 칠판은 교사가 복잡한 수업을 잘 조정할 수 있도록 도와준다. 모든 수업 요소는 컴퓨터에 저장이 되어 전자 칠판에 보여지게 되는데, 여기에는 파워포인트, 비디오 클립, 사진, 글자, 단어와 다른 준비된 내용들이 포함된다. 게다가 교사는 인터넷에 있는 막대한 디지털 정보들을 사용하여 수업을 새롭게 구성하거나 보강하거나 수정할 수 있다. 전자 칠판이 교사를 대체하는 것이 아니라 대신 적시에 시각적인 보조 자료를 제공함으로써 교수를 촉진하여 흥미롭고 다양하며 효과적인 수업이 되도록 한다.

공학은 최근 들어 사용되고 있기 때문에 전자 칠판에 대한 연구가 미국에서는 없다. 영국에서의 연구는 전자 칠판의 사용이 기대할 만한 결과를 주는 것으로 보고하고 있다. Somekh와 동료들(2007)의 연구는 전자 칠판을 사용한 개월 수와 읽기와 수학에서의 국가 성취도 시험 성적 간에 정적 상관관계가 있는 것으로 보고하였다. Higgins와 동료들(2005)이 행한 또 다른 상관관계 연구에서도 유사한 결과가 보고되었다. Pittard, Bannister와 Dunn(2003)의 논평과 Smith, Higgins, Wall과 Miller(2005)의 논평에서 전자 칠판에 대한 초기 연구는 전자 칠판이 학생들의 학업에 긍정적 효과를 준다는 것을 발견했다고 보고하였다. 전자 칠판의 사용에 대한 기술적 연구(Latham2002; Miller, Glover, Averis, & Door, 2005)는 전자 칠판 사용의 장점과 어려움 점을 기술하면서 보편적으로 전문적인 개발과 추후 작업, 특히 전자 칠판에 대한 내용 개발, 다른 교수적인 활동과 자료를 통합한 전자 칠판의 필요성을 강조하였다.

전자 칠판

큰 터치스크린이므로 교사들은 전자 칠판을 사용하여 반 전체에게 디지털 내용을 보여 주거나 재구성한다.

전자 대답 도구(클리커)

전자 장치에 학생들이 질문에 답을 집어넣으면 컴퓨터나 전자 칠판에 학생들의 응답을 집계하는 장치

■ 교사의 인터넷 활용

인터넷을 활용하여 수업 계획에 필요한 많은 자료를 제공받을 수 있다. 교사가 운영하는 웹

사이트는 교사들 간에 서로 정보를 교환하거나 도움을 주거나 아이디어를 교환하거나 문제를 해결할 수 있도록 한다. 교사들의 온라인 도구 사용은 다양한 웹 도구를 포함한다.

이메일 교실에서의 이메일 등장으로 교사들은 서로 간에 그리고 부모들과 의사소통하는 것이 빠르고 쉽게 되었다. 행정적 관점에서 볼 때 이메일은 교사들이 이메일을 통해 의사소통할 수 있기 때문에 만날 필요성을 감소시킨다. 어떤 학교의 경우 이메일을 사용하여 출석을 점검한다. 수업 교실에서 이메일을 사용하여 다른 주나 나라에 있는 수업과 의사소통을 할 수도 있다.

게시판 게시판은 사용자가 서로의 의견에 대해 자신의 의견을 적는다는 면에서 이메일과 비슷하다. 그렇지만 게시판은 운영자가 시작하는 화면에 토론할 주제를 제시하며, 참여자는 토론하기 원하는 주제를 선택한다. 이와 같이 교사는 수업과 관련된 이슈에 대해 학생들이 토론을 할 수 있도록 촉진하며 의견을 표현하는 포럼을 제공한다.

웹 저작권 웹상에 교사들이 숙제, 일정표, 일반적인 정보를 올려 놓아서 학부모가 접근해서 볼 수 있도록 하는 것은 일상적으로 되고 있다.

■ 학습에 사용되는 공학

공학은 학생들이 학습을 할 수 있도록 다양한 방법으로 사용된다. 학습에 사용되는 공학은 워드 프로세스와 출판, 스프레드시트와 데이터베이스, 컴퓨터 보조학습, 인터넷, 멀티미디아, 통합적 학습 시스템, 컴퓨터 프로그램밍으로 범주화될 수 있다(Bitter & Legacy, 2008; Goldman, Segall & Maxwell, 2003; Shuler, 2007; Thorsen, 2009; Zhao & Frank, 2003). 특수 교육과 일반 교육에서 사용되는 공학에 대한 논의를 살펴보려면 제11장을 참조하길 바란다(Lever-Duffy & McDonald, 2008).

연결해서 더 보기
장애 학생을 위한 컴퓨터 이용에 대한 추가 정보는 제11장을 참조하시오.

워드 프로세스와 출판 특히 4학년에서 고등학교 3학년까지 가장 많이 컴퓨터로 사용되는 것은 **워드 프로세스**(word processing)와 **전자 출판**(desktop publishing)이다. 점차로 학생들은 교실 컴퓨터로 작문을 하게 된다. 종이와 연필을 사용한 작문을 뛰어넘는 워드 프로세스의 중요한 장점은 수정의 용이성이다. 철자법 검사와 다른 도구들은 학생들이 기계적인 기술에 덜 신경 쓰게 하고 대신 의미나 작문의 구성에 더 초점을 두도록 한다. 쓰기 수업이 수정과 교정에 강조를 두게 되었기 때문에 이런 능력은 매우 중요하게 되었다. 워드 프로세스는 아마도 컴퓨터를 수업에 사용하는 데 가장 많이 연구되었으며, 이 연구들에서 학생들이 종이와 연필을 사용하여 글을 쓰는 학생보다 컴퓨터를 사용하는 학생이 더 많이 쓰고 더 많이 수정하며, 자신의 글에 대해 더 자부심을 가지는 것으로 밝혀졌다(Goldberg, Russell, & Cook, 2003; Kamil, Intrator, & Kim, 2000). 컴퓨터를 활용한 쓰기 효과는 적은 수의 컴퓨터를 서로 공유하며 사용하는 것보다 개인별로 노트북이 주어져서 사용할 때 더 향상된다(Lowther, Ross, & Morrison, 2003). 물론 워드 프로세스 자체는 다양한 직업군에서도 매우 필수적인 기술이어서(예를 들어 고등학교 상업 시간에) 학생들에게 워드 프로세스 프로

워드 프로세스와 전자출판
글 쓰기에서 수정이나 편집이 용이한 컴퓨터 문서 프로그램

그림 9.2 스프레드시트와 결과 그래프의 예시

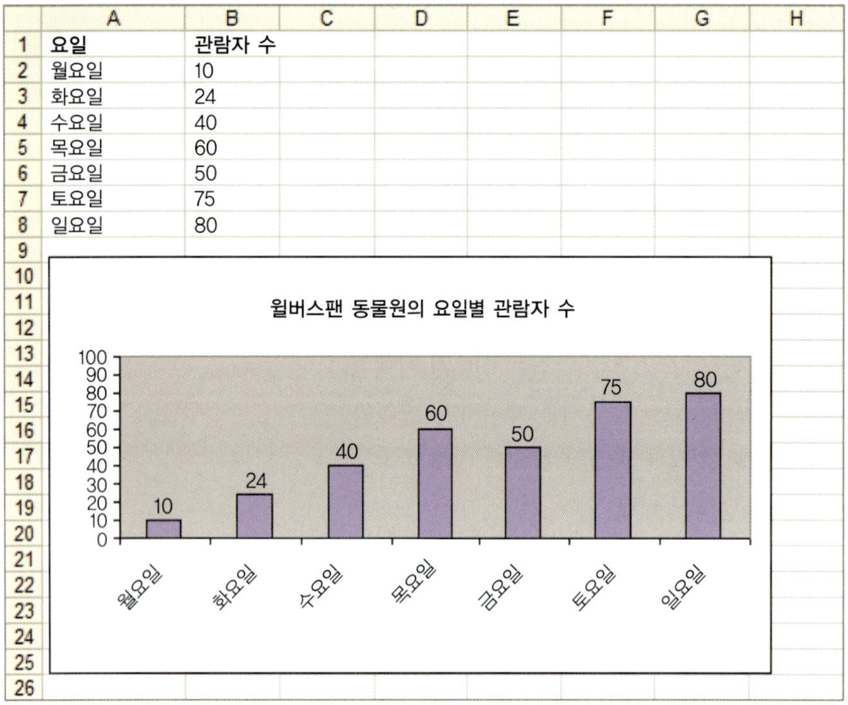

그램 사용법을 가르치는 것은 분명히 가치가 있다.

스프레드시트　　워드 프로세스와 마찬가지로 교육에 있어 **스프레드시트**(spreadsheet)는 성인이 많이 사용하는 소프트웨어이다. 일반적으로 스프레드시트는 원자료를 그래프, 표, 다른 데이터 요약으로 만들어서 학생들이 쉽게 정보를 조작하거나 결과에 대한 다양한 변인들의 효과를 알 수 있게 한다(그림 9.2 참조). 예를 들어 학생이 어린이 동물원의 동물 체험 코너에 있는 돼지를 보려고 오는 관람객의 숫자를 데이터로 입력할 수 있다. 주어진 셀 항목에 계산을 위한 함수를 작성함으로써 스프레드시트 프로그램을 잘 구성하여 일주일의 요일별 돼지를 보려고 오는 관람객 총 수를 계산하거나 하루 중 어느 때에 오는지 관람객의 연령 등을 계산할 수 있다. 어떤 수를 변경시키면 자동적으로 행과 열의 총합이 변경이 된다. 스프레드시트는 데이터를 원 숫자 형태로 보여 줄 수도 있지만 데이터를 그래프로 변경할 수도 있다. 학생들은 과학 실험의 데이터를 기록하거나 수학 기술을 강화하기 위해서 스프레드시트를 더 많이 사용하고 있다.

데이터베이스　　**데이터베이스**(database)는 많은 정보를 저장하여 참고용으로 또는 조작 정리할 목적으로 사용할 수 있는 컴퓨터 프로그램이다. 학생들은 백과사전, 지도책, 도로 안내서, 카탈로그등과 같은 CD-ROM(ROM은 **읽기용 메모리**에서 자료 조사하는 방법을 배워서 다양한 교육 목적으로 다양한 정보를 수집한다. 최근 정보에 대한 데이터베이스는 인터넷에서 구할 수 있다. 기록물이나 최근 정보에 대한 데이터베이스는 프로젝트 학습에 있어 매우 중요한데, 그 이유는 학생들이 제한적이지 않은 보고서나 다른 프로젝트를 작성하면서 많은 정보를 쉽게 기입할 수 있기 때문이다.

많은 데이터베이스에서 학생들은 **하이퍼텍스트**(hypertext)와 **하이퍼미디어**(hypermedia)를 사용하여 단어나 그림을 클릭하면서 백과사전과 같은 데이터베이스 안을 웹 서핑을 하고 다닌다. 이렇게 함으로써 학생들은 특정 텍스트에 관계된 더 상세한 정보를 얻게 된다(그림 9.3 참조). 하이퍼미디어는 유사하게 그림, 음악, 비디오 장면, 다른 정보를 제공하여 CD-ROM이나 온라인 데이터베이스에 있는 정보를 분명히 하거나 내용을 확장시킨다. 하이퍼미디어는 학생들에게 자신의 흥미를 따르거나 전통적인 교과서보다는 더 효과적으로 이해할 수 있도록 한다. 하이퍼미디어 사용에 대한 연구는 배울 교과 내용의 자료 형태와 학습자의 특성에 따라 학습 효과성이 제한되며 다르게 나타난다는 것으로 밝혀졌다.

스프레드시트

데이터를 표나 차트, 그래프로 변환시켜 주는 컴퓨터 프로그램

데이터베이스

백과사전이나 아트라스와 같은 막대한 양의 정보를 가지고 있는 컴퓨터 프로그래밍

하이퍼텍스트와 하이퍼미디어

컴퓨터 사용자가 단어나 그림을 클릭하면 관계된 정보가 연결되어 나타나는 것

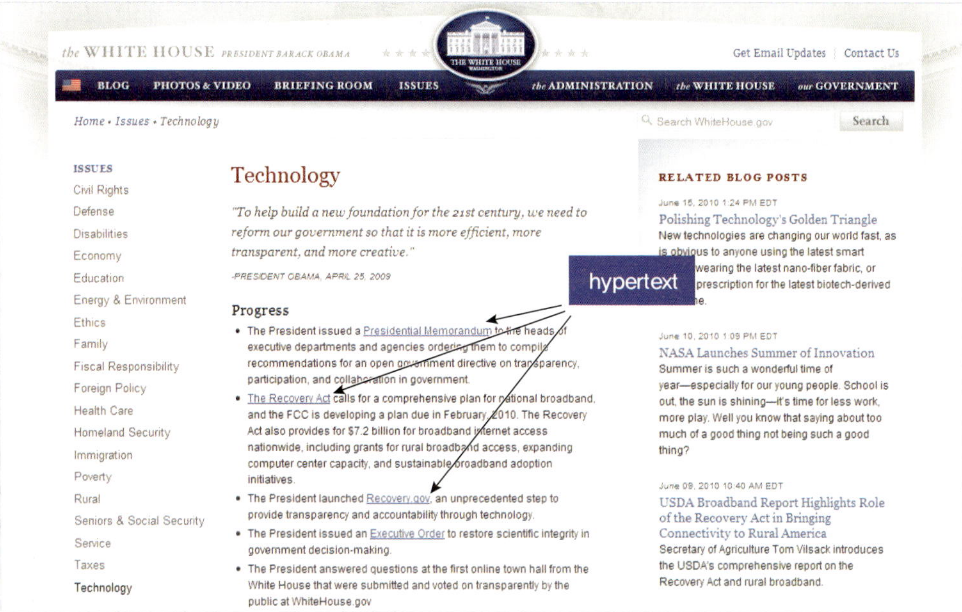

그림 9.3 하이퍼텍스트의 예

컴퓨터 보조 학습 **컴퓨터 보조 학습**(CAI)은 단순한 반복 학습과 연습을 위한 소프트웨어부터 복잡한 문제 해결 프로그램까지 다양한 형태를 가진다.

반복 학습과 연습 교육에서 컴퓨터의 일반적인 사용은 기술이나 지식의 **반복 학습과 연습**(drill and practice)을 학생에게 제공하는 것이다. 예컨대 많은 소프트웨어 프로그램은 학생에게 수학 문제나 계산, 지리, 역사 문제 또는 과학에 대한 연습을 제공한다. 컴퓨터 전문가들은 반복 학습 및 연습 프로그램들을 '컴퓨터 화면 넘기기'로 치부하며, 이런 프로그램은 일반적으로 흥미를 끌지 못한다고 말한다. 이런 프로그램들은 전형적으로 자습을 대체하는

컴퓨터 보조 학습(CAI)
컴퓨터에 의해 진행되는 개별화된 교수

반복 학습과 연습
학생들에게 기술과 지식을 연습하도록 하는 컴퓨터 공학 프로그램

Jose L. Pelaez/Corbis

이 학생들은 학습용 교수 소프트웨어를 사용하고 있다. 컴퓨터 보조 학습에 대해 연구들은 어떤 장단점이 있다고 하는가? 컴퓨터 보조 학습 중 어떤 유형이 더 효과적인가?

역할을 수행하는데 자습과 비교하여 주요한 이점은 즉각적인 피드백, 기록 저장, 그리고 많은 경우에 학생의 반응에 따라 항목의 속도나 수준 차이에 근거하여 매력적인 그래픽과 다양성을 제공한다는 것이다. 이것은 학생들이 자칫 지루해할 수 있는 공부를 할 수 있도록 동기부여를 증가시킨다(Kamil, et al., 2000; Leu, 2000). 반복 학습 및 연습 프로그램에서는 새로운 지식을 가르치는 것이 아니라 학생이 전에 배운 기술과 지식을 연마할 수 있게 해 준다.

개인지도 프로그램　반복 및 연습 프로그램과 비교해 볼 때 보다 복잡한 프로그램인 **개인지도 프로그램**(tutorial programs)은 새로운 학습 자료를 가르치기 위하여 그리고 학생들의 반응에 대한 적절한 수정 조치를 검사를 하기 위하여 만들어졌다. 가장 좋은 개인지도 프로그램은 인내성 있는 교사의 개인 교수와 유사하게 만드는 것이다. 점차로 개인지도 프로그램에서는 학생의 주의를 끌고 새로운 정보를 제공하기 위해 강연과 그래픽을 사용하고 있다. 일반적으로 학생은 많은 질문을 받으며, 응답에 따라 여러 방향으로 나누어지고, 학생이 정답을 모르면 다시 설명하고, 정답을 말하면 다음 단계로 이동한다. 전문적 개인 교사의 행동을 모방한 매우 정교한 개인지도 프로그램은 다양한 상황에 적용될 수 있도록 개발되고 있다(Lever, Duffy, McDonald, & Mizell, 2003).

교육용 게임　대부분의 아동들은 비디오 게임을 통해 컴퓨터를 처음 접하게 되며, 많은 교육자들(부모들)은 아동들이 가지고 노는 비디오 게임이 교실 안에서 동일한 집중성과 동기, 인내심을 유발시킬 수 있는지에 대해 궁금해한다(Gee & Levin, 209; Shaffer, Squire, Halverson, & Gee, 2005; Shuler, 2007). 대다수의 **교육용 게임**(instructional game)은 일부 창조적인 것을 제외하고는 게임 형태 안에서 단순하게 설계된다. 예를 들면 대중적 프로그램인 '카르멘 샌디에이고는 지금 세계 어느 나라에 있지?' 와 같은 게임은 여러 나라를 돌아다니며 범죄자 무리를 추적하는 과정을 통해 아이들의 흥미를 유발하여 지리를 학습하도록 설계되어 있다. 컴퓨터 게임은 교실에서 가장 일상적인 컴퓨터 소프트웨어 중 하나이다(Becker, 2001).

■ 학생의 인터넷 활용

아마 미국 학교에서 공학 기술의 적용에서 가장 빠르게 사용되는 부분은 **인터넷**(internet)일 것이다(Leu, 2000; Lewin, 2001; March, 2005/2006). 학교에 있어 인터넷 접속은 가상 현실에서 국가를 초월하게 만드는데(NCES, 2007), 이는 모든 주제에 대한 데이터 베이스나 세계의 도서관, 다른 특수 정보처럼 막대한 정보 시장에 접근이 가능하기 때문이다(Jukes, Dosaj, & Macdonald, 2000). 이런 정보의 사용은 학생들을 자율적이고 창조적인 학습자가 되게 한다(Martinez & Harper, 2008). 예를 들어 학생들은 인터넷을 사용해 WebQuest를 할 수 있는데, 이를 통해 학생들은 주제나 토픽에 대해 조사할 수 있다. 또한 인터넷을 통해 학생들은 아무리 먼 거리에 있는 학교라도 그곳에 다니는 학생들과 대화할 수 있다. 이런 능력 때문에 학생들은 다른 학교에 다니는 학생들과 국제적인 프로젝트를 제창할 수도 있고 공동 프로젝트를 수행할 수도 있다(Lewin, 2001; Means, 2001). 많은 학급이나 학교는 자신

개인지도 프로그램

학생의 반응에 따라 내용과 진도를 달리하여 새로운 지식을 가르치는 컴퓨터 프로그램

교육용 게임

게임 형식으로 제공되는 반복 학습과 연습

인터넷

전 세계로 컴퓨터 네트워크를 통해 통신할 수 있게 하는 거대한 전자 통신망

의 웹 페이지를 구축하고 있으며(Havens, 2003), 많은 다양한 출처로부터 정보를 수집하고 재구성하여 자신만의 가상 박물관이나 백과사전을 제작하였다. 학생들은 온라인 백과사전인 **위키**(wiki)나 팟캐스트 그리고 다른 가상 출판물에서 활동을 할 수 있는데, 이것들은 자신들이 공부한 것을 다른 학생들에게 나눌 수 있는 기회를 제공한다(Dlott, 2007; Ohler, 2006; Valenza, 2005/2006).

시뮬레이션 일종의 현실과 상호작용하는 모형으로, **시뮬레이션 소프트웨어**(simulation software)는 학생들이 시뮬레이션된 환경 속에서 활동해 보도록 하며, 그렇게 함으로써 그 속에서 그 환경에 대해 배우게 한다. 예를 들면 초창기의 시뮬레이션 소프트웨어의 하나인 '오리건 통로(Oregon Trail)'는 학생들에게 제한된 식량, 물, 돈, 말을 지급한다. 학생들은 서부까지 마차로 가면서 제한된 자원을 지혜롭게 사용해야만 한다. 최근의 시뮬레이션으로는 '심 시티 사회(Sim City Societies)', '민족의 봉기(Rise of Nations)', '신화의 시대(Age of Mythology)', '문명(Civilization)', '타이쿤 동물원(Zoo Tycoon)', '주미니스로의 여정(Local Journey of the Zoominis')이 있다(Gee & Levine, 2009).

웹 퀘스트 웹 퀘스트는 시뮬레이션과 비슷한데, 추가적인 요소는 사용자들이 웹에서 정보를 찾아서 자신들의 역할을 더 적극적으로 하거나 토론을 하거나 이 두 역할을 병행해서 하기도 한다. 예를 들어 글로벌 교육(www.globaleducation.edna.edu.au)은 몽고의 사막화에 대해 학생들이 다양한 역할을 하도록 하고 있다. 의미 있게 참여하고자 한다면 학생들은 자신의 관점에서 본 이슈를 이해하기 위해서 연구 조사를 해야만 한다. 도시학(http://epistemic-games.org)에서는 중학생들은 도시 계획, 경제와 새로운 도시를 계획하기 위한 사회 행정에 대해 배운다. 대서양 퀘스트(http://atlantis.crlt.indiana.edu)에서는 학생들은 어류의 서식지에서의 오염과 시뮬레이션된 문제를 해결하기 위해서 과학적 정보를 찾고 사용해야 한다.

문제해결 프로그램 학생들의 비판적 사고력 기술을 증가시킬 목적으로 문제해결 활동을 위한 다양한 프로그램들이 만들어져 있다. **문제해결 프로그램**(problem-solving program) 중 잘 만들어진 것이 밴더빌트대학교의 인지 기술 그룹(1996)에서 연구 개발한 야스퍼 시리즈이다. 이 프로그램에서 학생들은 야스퍼 우드베리라는 인물이 수학과 사고력을 요하는 다양한 문제들에 직면하는 내용의 비디오를 보게 된다. 학생들은 야스퍼가 해결한 방법에 대한 비디오를 보기 전에 야스퍼가 처한 문제를 풀어 보게 된다. 학생들은 컴퓨터를 사용하면서 이야기와 관련된 오프라인 활동을 협동적으로 해야 한다. 야스퍼 시리즈의 효과성에 대한 평가에서 야스퍼 시리즈를 사용한 그룹은 통제된 그룹과의 비교에서 수학 계산과 개념에서는 유사하지만 단어 문제와 계획에서는 훨씬 더 잘한 것으로 나타났다.

위키

위키피디아처럼 정보를 첨삭하고 수정할수 있는 웹 사이트

시뮬레이션 소프트웨어

실생활과 유사하게 만들어 문제해결력을 증대하거나 관심 가는 영역의 흥미를 가지도록 하는 컴퓨터 프로그램

문제해결 프로그램

특히 학생들의 비판적 사고력을 계발하기 위해 고안된 프로그램

적용해 보기

적절한 인터넷 소스를 구별하는 방법

인터넷상에서 정보에 대한 접근이 쉽기 때문에 학생들은 정보 사용에 대한 올바른 분별력을 지닌 사용자가 되어 그들이 발견한 정보가 참된지, 공정한지, 사용할 만한지를 판단할 수 있어야 한다(Badke, 2009; David, 2009; Richardson, 2009; Weigel & Gardner, 2009). Harris(2007)는 학생들이 조사 자료를 평가하는 데 사용할 수 있는 체크리스트를 만들었다(그림 9.4 참조).

교사는 이메일, 화상 회의, 리스트 서브(전자 메일 리스트), 대화방, 비디오 회의 같은 인터넷 기반 커뮤니케이션을 사용하여 학생들이 세계 다른 지역에 있는 사람들과 연결되게 할 수 있다. 이런 상호작용을 통해 학생들은 자신들의 관점과는 다른 관점을 접하게 된다(Lever-Duffy et al., 2003).

인터넷 활용을 통한 학업 성취에 대한 연구는 없다(Leu, 2000; Wallace, 2004). 또한 웹상에서 발견되는 성인물이나 다른 부적절한 학습 자료에 어린이들이 접근하는 것을 어떻게 제한할 것인지에 대해서도 심각하게 고려해야 한다(National Research Council, 2001; Wartella & Jennings, 2000). 그러나 인터넷은 적어도 광범위한 정보를 가지고 학교 도서관을 보완하는 도구로서의 역할을 하고 있다.

멀티미디어

수업 프로젝트에 삽입할 수 있는 그래픽, 비디오, 동영상, 음향과 같은 전자 내용

멀티미디어 프로젝트 학생들에게 옛 방식으로는 모둠 리포트에 해당하는 형태로, 모둠들이 함께 만드는 **멀티미디어**(multimedia) 프로젝트 제작을 통해 교사는 학생들에게 동기를

그림 9.4 인터넷 자료 소스 구별을 위한 CARS 체크리스트 요약 내용

신뢰성
정보는 믿을 만한 소스, 믿을 만한 저자, 정보 질의 신뢰성을 증명할 만하며 알려져 있거나 존경받는 주체가 정보를 올렸거나 조직체에서 지지하는 것이어야 한다. 목표 : 권위 있는 소스, 믿을 수 있는 좋은 증거를 제공하는 소스여야 한다.

정확성
정보는 최근 것으로 사실적이고 상세하고 정확하고 납득할 만한 것이어야 한다. 목표 : 어제가 아닌 현재 정확한 내용이고 진실 전체를 알려 주는 소스여야 한다.

합리성
정보는 공정해야 하며, 치우치지 않고 균형적이고 객관적이고 이성적이고 이익 싸움에 개입되지 않아야 하며, 틀림이 없고 편향되지 않아야 한다. 목표 : 정보를 읽는 주체가 진실에 대해 사고 깊이 그리고 이성적으로 생각해 볼 수 있도록 하는 소스여야 한다.

지원
소스, 정보를 접할 수 있는 방법, 확증을 보일 수 있는 추가 내용, 지지되는 주장, 지지해 줄 문헌을 제공한다. 목표 : 주장을 입증할 증거, 최소한의 지지를 할 수 있는 최소 2개의 다른 소스를 가진 방법론적 다각화를 제공한다.

출처 : "Evaluating Internet Research Sources" by Robert Harris, www.virtualsalt.com/evalu8it.htm.

부여할 수 있다(Ohler, 2009; Simpkins, Cole, Tavalin, & Means, 2002). 프로젝트 기반 멀티미디어 학습에서는 학생들은 그래픽, 동영상, 만화, 음악과 같은 미디어 내용을 삽입한 산출물을 디자인하고 계획하여 만들어 낸다. 예로 중학교 1학년 한 반에서는 흑사병에 대해서 사회와 과학 수업의 멀티미디어 프로젝트를 제작하면서 흑사병 바이러스의 침투 과정과 14세기 일반 농부들의 관점에 대한 만화를 삽입하도록 하였다(Simkins et al., 2002).

학생들은 CD-ROM, 디지털 사진, 개념 지도와 그래픽 제작기 등을 포함한 그래픽 도구들을 사용하여 멀티미디어 프레젠테이션을 제작한다. CD-ROM과 온라인 데이터베이스는 클립아트, 사진, 일러스트레이션, 음악 그리고 때론 동영상을 저장하고 있다. **디지털 비디오와 사진**(digital video and photograph)은 프로젝트의 내용을 구성하거나 묘사할 때 촉진제 역할을 한다. 예를 들어 학생들은 동물원으로 체험학습을 가서 동물들에 대해 디지털 동영상이나 사진을 찍는다. 교실로 돌아와서 이것들은 학생들이 체험학습 동안에 무엇을 보았는지를 기억나게 해 주며, 또한 체험학습에 대한 학생들의 보고서를 제작하는 데 사용된다.

CD-ROM

그림, 음향을 포함한 방대한 정보를 제공하는 읽기 전용의 컴퓨터 데이터베이스. 학생이 프로젝트나 연구 활동을 할 때 특히 중요하게 사용(ROM은 읽기 전용 기억장치)

디지털 비디오와 사진

상호작용적인 컴퓨터 공학(비디오, 필름, 스틸사진, 음악을 포함)

통합 교육 시스템

상업적으로 개발된 포괄적이고 다목적인 하드웨어와 수업용 소프트웨어의 패키지

통합 교육 시스템　학교는 앞에서 기술한 많은 소프트웨어와 하드웨어의 전체 패키지를 포함한 **통합 교육 시스템**(integrated learning system)을 점점 더 구매하고 있다. 통합 교육 시스템은 교사가 학생의 개인 학습을 감독하는 컴퓨터와 서로를 연결하기 위해 많은 단말기를 제공한다(Lever-Duffy et al., 2003). 웹상의 통합 교육 시스템은 대안 교육을 필요로 하는 학생들에게 온라인 교육을 제공하는 이점을 추가한다. 상업적인 통합 교육 시스템의 효율성에 대한 조사를 통해 긍정적인 면은 발견하였으나(Kulik, 2003; Slavin & Lake, 2008; Slavin, Lake, & Groff, 2009), 학생의 성취도에 대한 효과는 미미하였음을 확인했다(Kulik, 2003; Slavin, Cheung, Groff, & Lake, 2008; Slavin, Lake, Chambers et al., 2009).

Jose L. Pelaez/Corbis

프로젝트 기반 멀티미디어 학습에서 학생들은 그래픽, 비디오, 동영상, 음향을 삽입하여 자신의 프로젝트나 산출물을 디자인, 계획, 수행한다. 멀티미디어 프로젝트가 학생의 학습 향상에 어떤 영향을 미치는가?

■ 웹 2.0

웹 2.0은 최근에 사용되는 인터넷 멀티미디어 검색 서비스를 말하는데, 이는 사용자들이 템플릿을 사용하여 서로 질문과 답을 교환할 수 있도록 하는 무료 온라인 의사소통 환경을 포함하고 있다(Bitter & Legacy, 2008; Ferriter, 2009a; Knobel & Wilber, 2009; Reeves, 2009; Richardson, 2008). 이같은 방법으로 의사소통을 하는 일련의 사람들을 가리켜 **가상 커뮤니티** 또는 **소셜 네트워크**라고 한다.

웹로그(블로그) 웹로그는 일반적으로 **블로그**로 불리는데, 온라인 일기와 유사해서 웹로그의 저자 또는 블로거는 자신들의 생각이나 의견을 올려놓는다. www.blogger.com은 어떻게 블로그를 만드는지에 대한 설명과 예시 블로그를 보여 주고 있다. 교육적으로 블로그는 숙제나 프로젝트를 올려놓거나 학생들이 수업과 관련해서 읽어야 할 참고 목록을 제시하면서 학생들이 읽어야만 하는 내용을 다운로드할 수 있도록 하거나 학생들이 자신의 의견을 작성하여 올릴 수 있는 온라인 서고로 사용된다.

위키스 위키스는 방문자들이 그 사이트에 올려져 있는 정보를 추가하거나 변경할 수 있는 웹사이트이다. 가장 많이 알려진 예가 위키피디아(www.wikipedia.org)인데, 이는 자원자들이 작성하는(그리고 계속적으로 최신글로 변경해 놓는) 무료 온라인 백과사전으로 자원자들이 전체 글을 작성하였거나 있는 글을 편집하여 올려놓는다. 교실에서 위키스는 그룹 프로젝트를 할 때 온라인 협동과 모둠 정보 저장을 위해서 사용된다. 교사는 막대한 교육 자료를 얻기 위해 WikiEd(http://wik.ed.uiuc.edu/index.php/Main_Page)와 같은 사이트를 참조한다.

실시간 뉴스 검색(RSS) RSS는 Real Simple Syndication나 Rich Site Summary의 이니셜이다. RSS는 블로그, 위키스 또는 자신들이 관심 있는 웹사이트 RSS에 새로운 뉴스가 올라오면 사용자에게 이를 알려 준다. 예를 들어 「Education Week」는 출판, 온라인 토론, 다양한 주제에 대한 블로그 소식 등에 대한 교육적 RSS 피드를 제공하고 있다(www.edweek.org/ew/section/feeds/index.html).

팟캐스트(PODCAST) 팟캐스트는 컴퓨터나 모바일 장치에서 녹음 재생되며, 인터넷상에서 사용되는 멀티미디어 파일이다. TV 뉴스나 대학 강의를 포함하여 다양한 주제에 대한 팟캐스트가 있다. 교사는 가르치는 수업 내용을 보완하기 위해 교실에서 팟캐스트를 사용할 수 있다. 한 예로 교육 팟캐스트 네트워크(Education Podcast Network)가 있는데, 여기에는 학년별, 주제별로 사용할 수 있는 팟캐스트를 모아 놓았다(http://epnweb.org).

소셜 네트워킹 소셜 네트워킹이란 동일한 관심사를 가진 사람들과 의견을 나누거나 만날 수 있는 웹사이트 사용을 말한다. 페이스 북과 링크드인이 그 예이다. 미국의 국가교육협회는 교사들이 서로 대화할 수 있는 소셜 웹을 www.nea.org에 만들어 놓았다.

■ 교육 TV와 임베디드 멀티미디어

오래된 공학인 교육 TV는 새로운 용도로 사용된다(Shore, 2008). 연구들은 〈Sesame Street〉(Fisch & Truglio, 2000)나 〈Between the Lions〉라는 교육 방송을 시청함으로써 학습 효과가 있다는 결과를 오랫동안 발표해 왔다(Linebarger, Kosanic, Greewood, & Doku, 2004). 교육 TV가 아닌 다른 프로그램을 더 많이 본 어린이가 읽기에서 평균 이하의 실력을 보인 것에 반해 교육 TV 방송을 많이 시청한 어린이는 읽기에서 높은 실력을 보였다(Ennemoser & Schneider, 2007; Wright et al., 2001).

수업 시간에 새롭게 비디오를 사용하는 방법을 **임베디드 멀티미디어**(embedded multimedia)라고 한다(Chambers, Cheung, Madden, Slavin, & Gifford, 2006). 이 접근 방법은 짧은 비디오 내용 파일들을 수업과 연관지어 제시한다. Chamber와 동료들(2006, 2008)이 시도한 2개의 큰 실험에서 매일 글자 소리와 모음 소리를 혼합하여 제시하는 5분의 짧은 만화나 인형극을 보여 주었을 때 어린 학생들의 읽기 수행 능력이 괄목할 정도로 향상되었다는 것을 보여 주었다. 수업 시간에 만화와 사진 사용에 대한 비교 연구에서 학생들이 만화로 내용을 배울 때 훨씬 잘 배운다는 사실을 발견했다(Höffler & Leutner, 2006).

보조 공학 보조 공학은 목표 기술의 성취를 할 수 없게 하는 학습 지체나 인지 능력 지체뿐만 아니라 난청, 청력 상실, 언어 장애, 시력 손상 또는 무감각을 가진 학생들을 도울 수 있다. 보조 공학 장치의 예는 장애인을 위한 컴퓨터 자판, 스크린 리더, 모니터 화면 확대 장치가 있다. 보조 공학은 제11장에서 더 다루고자 한다.

■ 행정에 사용되는 공학

교사는 채점, 성적표 작성, 작문 수업 뉴스레터, 초청장 제작, 학부모에게 보내는 개별 편지처럼 교사의 일과 연관된 많은 행정적인 일들을 다양한 공학을 사용하여 수행한다. 이메일은 교사가 보조 교사, 행정가, 학부모, 다른 사람들과 대화하기에 더욱 용이하다. 모든 교사의 업무 중 일부는 다른 종류의 데이터를 조직하고 보관하며 다시 그것을 끄집어내는 일이다. 이것은 학생부를 만들고 학생들의 연락처를 입력하는 것부터 교육청이 정한 학습 목표의 내용 달성 여부를 지속적으로 평가하는 것까지를 포함한다(Archer, 2007). 교사는 포트폴리오 평가 소프트웨어를 사용하여 학생들의 성취를 기록해 놓을 수 있다. 이 프로그램을 사용하여 교사는 학부모에게 성적표를 보내야 할 때 정보를 수집하여 출력한다.

학교가 학생들의 성취를 더욱 책임 있게 관리하에 두면, 학교가 속한 교육청은 데이터베이스 관리를 통해 공학을 개별 학생, 교원, 학교의 진행 상태를 모니터링하는 데 사용한다. 학생들의 성취를 추가적으로 파악하기 위해서 교육청은 학교의 관리체계가 재학 현황, 출석 현황, 학교 지출에 대해 모니터링하도록 한다. 데이터 관리 소프트웨어는 교사가 기록을 저장하고, 저장된 기록을 다시 읽고, 최신 것으로 갱신하는 것과 교육 행정가와 학부모를 위해 정교하고 쉽고 전문적인 성적표를 작성하는 것이 더욱 용이할 수 있도록 돕는다.

교사는 어떤 학생이 어떤 내용의 영역을 완벽하게 이해했는지를 파악하여, 특별한 교수를 가장 필요로 하는 학생을 대상으로 교수를 할 수 있게 된다.

임베디드 멀티미디어

교사의 수업에 함께 잘 조직된 비디오 내용

전화 회의와 화상 회의 전화 회의와 화상 회의는 각자 컴퓨터상에서 세계 곳곳의 다른 곳에 있는 사람들과 서로 서로 보면서 대화하는 것을 가능케 한다(Thorsen, 2009). 행정가들에게 있어서는 많은 국제회의를 위해 세계를 여행해야 할 필요를 줄여 준다. 교실에서는 다른 곳에서 일어나는 역사적 순간을 볼 수 있으며, 학습하는 내용에 대한 전문가들과 비록 그들이 다른 곳에 있지만 대화할 수 있다.

■ 병합된 기술의 도전

컴퓨터에 대한 동일한 접근성 모든 학생이 컴퓨터에 대해 동일한 접근성을 갖지 못한다는 사실은 명백하다. 학교에서의 정보화 격차가 급격하게 줄어들고 있지만(Thorsen, 2009), 중산층 어린이들은 낮은 사회경제적 지위의 어린이들보다 집에서 컴퓨터에 접근할 수 있는 가능성이 훨씬 더 높은 것으로 나타난다(Becker, 2000; Bitter & Legacy, 2008; Education Commission of the States, 2000; Holloway, 2000; Thorsen, 2009). 가정에서 컴퓨터 사용이 가능할수록 수학과 읽기에서 점수가 더 높은 것으로 나타났다(Attewell & Battle, 1999). 학교에서는 남학생들이 여학생들보다 컴퓨터를 이용하는 데 더 많은 시간을 사용하는 경향이 있다(Volman & van Eck, 2001). 컴퓨터가 최첨단의 학문 지도를 제공하는 데 점점 더 효과적이고 중요해짐에 따라 이러한 불평등 문제는 해결되어야만 할 것이다.

제한 설정

사이버 집단 괴롭힘 사이버 집단 괴롭힘이란 다른 사람에게 악성 댓글이나 악성 메일, 문자, 메신저를 사용하여 위협하거나 모욕을 주는 것을 말한다. 학생들은 집단 괴롭힘으로 여길 수 있는 형태로 모든 사람이 웹상에서 볼 수 있는 곳에 서로 서로를 모욕하거나 손상을 끼치는 정보를 공개하여 올려놓기도 한다. 사이버 집단 괴롭힘을 당하는 학생은 용기를 내어 이 학생들이 보낸 괴롭힘의 공격적인 메시지를 프린트해서 교사나 교장에게 보여 주어야만 한다. 가능하면 괴롭힌 학생의 이메일 주소도 확보해야 한다. 만약에 누가 올려놓았는지 알 수 없다면 자신의 웹상의 아이디를 바꾸고, 믿을 만한 친구에게만 변경 아이디를 알려 주는 것이 좋다.

교실에서의 휴대폰 사용 휴대폰 문자 사용은 교실에서 긍정적이고 부정적인 결과를 가져다 준다(Trotter, 2009). 긍정적인 측면에서는 최근의 기술은 교사가 칠판 화면에 받은 문자를 보여 주어 반 전체가 교사와 학생 간의 의견 교환을 할 수 있도록 한다. 학생들이 나중에 링크에 대해 말하거나 대답을 함으로써 문자는 교환이 된다. 부정적 측면은 문자는 수업의 방향을 산만하게 만들며, 컴퓨터 바이러스를 유포하기도 하며, 커닝으로도 사용될 가능성도 있으며, 사이버 집단 괴롭힘을 위한 모임 장소로도 사용될 수 있다. 이런 결점을 들면서 교사는 교실에서의 휴대폰 사용에 대한 한계를 설정할 필요가 있다.

학생의 안전과 보호 인터넷을 사용하는 학생들은 언제든지 우연히 부적절한 내용을 보거나 인터넷 범죄자들과 대화를 할 수 있는 상황을 만날 수 있다.

교사가 학생들이 인터넷에서 부적절한 내용을 보는 것을 막을 수 있는 몇 가지 방법이 있다. 가장 좋은 방법은 학생이 책임감 있는 어른의 감독하에 인터넷을 사용하는 것이다. 어린 학생이 좋지 않은 내용을 우연히 보게 되었을 때 인터넷 필터링 소프트웨어가 많은 부적절한 사이트들을 볼 수 없도록 할 수 있다(Bitter & Legacy, 2008).

게다가 컴퓨터를 활용한 불법적인 활동인 사이버 범죄가 증가하고 있다. 범죄자들은 마약과 관련된 범죄보다 사이버 범죄를 통해 돈을 벌고 있다(Vamosi, 2005). 더욱 놀라운 것은 다섯 명의 학생 중 한 명은 1년에 한 번 정도 온라인을 통한 성 유혹을 받았으며 이 중 29%가 자신들의 주소를 가르쳐 주었다고 연구는 밝혔다(Bitter & Legacy, 2008).

학생들을 사이버 범죄와 인터넷 범죄자들로부터 보호하기 위해서 지켜야 하는 일반적인 온라인 안전 수칙은 다음과 같다.

- 온라인상에서 만난 사람에게 절대로 자신의 개인 정보를 가르쳐 주지 말 것
- 온라인상에서 만난 사람과 절대로 절대로 면대면으로 만나지 말 것
- 다른 사람이 알기 원하지 않는 것을 절대로 온라인상에서 말하지 말 것
- 설령 알고 있는 사람과 관련되어 메일에 대답을 해야 하는 경우에도 자신의 사용자 아이디, 비밀 번호, 계좌 정보를 절대 알려 주지 말 것
- 안전한 웹 사이트와 전화상에서만 자신의 카드번호와 계좌 정보를 알려 줄 것

■ 컴퓨터 기반 수업에 대한 연구

컴퓨터가 가르칠 수 있을까? 컴퓨터 기반 수업 지도의 효과에 대한 대부분의 연구 결과는 컴퓨터 기반 수업 지도가 읽기의 성취도에는 별 영향력이 없지만 수학과 다른 과목에서는 조금 긍정적인 효과가 있다(Aviram, 2000; Healy, 1998; Kulik & Kulik, 1991; Slavin et al., 2008; Slavin, Lake, Chambers, et al., 2009; Texas Center for Educational Research, 2007)고 결론 맺었다. 이미 알려진 것처럼 상호작용할 수 있는 전자 칠판(Somekh et al., 2007)이나 임베디드 멀티미디어(Chambers et al., 2006, 2008), 워드 프로세스(Bangert-Drowns, 1993; Goldberg et al., 2003)와 같은 다른 공학 사용들이 더 효과적인 것으로 보인다.

성취도 향상을 위한 컴퓨터 사용 결과는 아직 명확하지 않다. 일부 연구자는 수업 지도의 내용이 잘 통제된다면 컴퓨터도 다른 수업 지도 수단만큼 효과적이거나(Bebell, O' Dwyer, Russell, & Seeley, 2004; Clark, 2001) 작은 변화를 보이는 효과가 있다(Blok, Oostdam, Otter, & Overmaat, 2002)라고 주장한다. 오늘날 연구자들은 대체로 컴퓨터 그 자체는 마술이 아니라는 것에 동의하고 있다. 중요한 것은 교육과정, 수업 지도, 컴퓨터의 사용을 둘러싼 사회 맥락적 환경이다(Winne, 2006). 컴퓨터가 학습을 신장할 것인지를 묻는 것은 칠판이 학습을 신장할 수 있는지 묻는 것과 같다. 어떤 경우이건 이는 기자재가 어떻게 사용되느냐에 달려 있다.

Lou, Abrami와 d'Apollonia(2001)의 연구에서는 제8장에서 말한 잘 구조화된 협동 학습 방법을 학생들이 사용한다면 컴퓨터를 이용하여 학생들이 소그룹으로 공부하는 것이 개별로 이용하며 공부하는 것보다 평균적으로 더 효과적인 것을 발견했다. 하지만 단지 학생들보고 함께 공부하라는 것만으로 효과를 가져오는 것은 아니다. 학생들이 대그룹보다는 짝을 지어서 함께 공부할 때 결과도 향상되게 된다.

컴퓨터 사용과 공학 사용에 대한 연구는 시시각각 변하고 있어 미래는 어떤 모습일지 예측하는 것은 어렵다. 하지만 지금 컴퓨터는 기본적인 교수를 제공하는 목적으로 사용되지는 않는다. 사실 많은 연구에서도 밝힌 것처럼 컴퓨터가 많이 있는 학교에서도 대부분의 학교 일과 시간 동안 컴퓨터는 사용되지 않고 꺼져 있으며, 컴퓨터 사용은 학생들의 학교 생활에서 아주 작은 부분을 차지하고 있다(Cuban, Kirkpatrick, & Peck, 2001; Ganesh & Berliner, 2004 참조). 중등학교에서 컴퓨터는 프로그램과 워드 프로세스를 가르칠 때 기본적으로 사용되며, 초등학교에서는 심화 수업을 할 때 사용된다. 컴퓨터 보조 수업(CAI)을 위해 컴퓨터를 구입한 많은 학교는 주요 교수 목표를 성취하는 데 사용하는 대신 컴퓨터에 대한 직접 사용 경험을 학생들이 가질 수 있도록 컴퓨터 프로그램이나 컴퓨터 활용 능력을 가르치는 데 컴퓨터를 사용하고 있다(Dugger, 2001; Zhao & Frank, 2003). 물론 컴퓨터는 학습하는 환경을 유비쿼터스 하도록 만들기 때문에 컴퓨터 사용은 학습 자체에 있어서 매우 중요하다(Prensky, 2005/2006; Thornburg, 2002). 하지만 전통 교과 과목을 학생들이 학습하는 것을 보조하면서 컴퓨터는 교사를 지원해 주는 역할을 지속적으로 하고 있다(Borja, 2007).

요약

뛰어난 좋은 강의의 효과적인 수업 요소는 무엇인가

교사는 학생이 가진 지식 수준에 맞는 교수 방법에 대해 알아야만 한다. Carroll의 학습 모형에 따르면 교수의 효과는 할당된 시간(강의를 이해하기 위한 학생의 태도와 능력)과 학습에 사용된 시간(시간의 유용성, 강의의 질, 학생의 인내)에 달려 있다.

Slavin의 효과적인 수업에 대한 QAIT 모형은 교사의 직접적인 통제에 대한 네 가지 요소—수업의 질, 수업의 적정 수준, 보상체계, 시간 할당—를 설정하였다. 이 모형은 이러한 요소 중 하나라도 결핍되면 수업이 비효과적이라는 것을 제안하였다.

학업 성취 차이에 따라 학급을 어떻게 편성할 것인가

대부분의 학교들은 학생의 능력과 학업 성취도의 차이를 고려하여 능력별 학급 편성, 혼합 능력 학급 편성 혹은 특별한 주제에 대한 집단 재편성을 한다. 하지만 어떤 연구들은 특히 읽기 지도와 수학에서는 학급 내 집단 편성이 낮은 성취도의 학생을 낙인 찍지 않기 때문에 더 효과적이라고 말한다. 혼합 능력 학급 편성에서는 학생을 이질 능력 집단으로 구성하는 것을 추천한다. 학생이 높은 목표를 가져야 하며 이러한 목표에 도달할 수 있도록 도움을 제공해야 한다. 무학년제의 초등학교는 같은 교실에서 다른 나이의 학생들이 함께 공부한다. 학생의 요구와 수행 수준에 따라 유동적으로 집단을 편성한다.

개별화 수업에는 어떠한 것들이 있는가

개별화, 또래 개인지도와 교사 개인지도는 개별화 수업의 방법들이다. 이에 대한 연구들은 개인지도가 얼마나 효과적인지에 대해서 보여 준다.

위기에 처한 학생을 위한 교육 프로그램은 무엇인가

위기에 처한 학생은 본인 혹은 그들의 환경으로 인해 학업에 실패할 가능성이 높은 학생이다. 그 원인은 빈곤을 포함하여 여러 가지가 있다.

위기에 처한 학생을 위한 교육 프로그램은 보상 교육, 조기 개입 프로그램, 특별 교육 등이 있다. 헤드스타트와 같은 연방 기금 보상 교육 프로그램 등은 수입이 적은 가정환경에 있는 취학 연령 이전의 아동들을 돕고 있으며, Title I은 현재 빈곤한 가정환경에 있는 학생들이 많이 있는 학교에 다니는 학생 중 낮은 성취도를 나타내는 학생을 도와주는 보충 지도 프로그램이다. 보충 지도는 별도 학습 프로그램, 일대일 개인지도 프로그램, 지속적인 발전 프로그램을 포함하고 있다.

연구들은 또한 '읽기 치료'와 같은 예방 프로그램과 '다함께 성공하기', '학교 발전 프로그램', '미국의 선택', '직접 교수법'과 같은 학교 수정 프로그램의 효과를 지지하고 있다.

방과후 학교나 여름학교는 학생들의 학습 시간을 증가시킬 목적으로 주정부나 지역 교육청의 지원이 증가되고 있다. 보상 교육 프로그램의 효과성에 대한 연구 결과들은 일치되지 않고 있다.

공학이 교육에 어떻게 사용되는가

다양한 공학 기술들이 학교에서 점차로 이용되고 있다. 우선 교사는 수업을 계획하고 제시하기 위해서 워드 프로세스, 멀티미디어, 발표용 소프트웨어와 같은 공학을 사용한다. 연구들은 수업 발표를 위한 임베디드 멀티미디어, 교육 TV, 전자 칠판과 같은 공학의 효과성을 지지하고 있다. 둘째로 학생들은 학습과 발표를 위해서 워드 프로세스, CD-ROM 소프트웨어와 같은 공학들을 사용하고 있다. 반복 학습과 연습, 개인지도, 학습용 게임, 시뮬레이션, 인터넷 등의 형태로 제공되는 컴퓨터 보조 학습은 널리 활용되고 있다. 셋째, 교사나 교육 행정가들은 행정적 업무를 위해 공학을 사용한다. 이에 대한 연구들은 컴퓨터 보조 학습을 이용한 학생의 성취도 효과성은 미미하지만 긍정적 효과를 보이는 것으로 보고하고 있다.

주요용어

개별화 수업(differentiated instruction)
개인지도 프로그램(tutorial program)
교육용 게임(instructional game)
능력별 학급 편성(between-class ability grouping)
다 함께 성공하기(Success for All)
데이터베이스(databases)
또래 개인지도(peer tutoring)
디지털 비디오와 사진(digital video and photograph)
디지털 사진(digital)
멀티미디어(multimedia)
무학년제(nongraded program)
문제해결 프로그램(problem-solving program)
반복 학습과 연습(drill and practice)
별도 학습 프로그램(pull-out program)
보상 교육(compensatory education)
스프레드시트(spreadsheet)
시뮬레이션 소프트웨어(simulation software)
워드 프로세스(word processing)
위기에 처한 학생(students at risk)
위키(wiki)
인터넷(internet)
읽기 치료(Reading Recovery)
임베디드 멀티미디어(embedded multimedia)
전자 대답 도구(electronic response device)
전자 출판(desktop publishing)
전자 칠판(interactive whiteboard)
조기 개입(early intervention)
조플린 계획(Joplin Plan)
진로 제도(track)
집단 재편성(regrouping)
컴퓨터 기반 학습(computer-based education)
컴퓨터 보조 학습(computer-assisted instruction, CAI)
통합 교육 시스템(integrated learning system)
하이퍼미디어(hypermedia)
하이퍼텍스트(hypertext)
학급 내 능력별 집단 편성(within-class ability grouping)
형성평가(formative evaluation)
혼합 능력 학급 편성(untracking)
혼합 연령 개인지도(cross-age tutoring)
CD-ROM
QAIT 모형(QAIT model)
Title I

자기평가 : 교수학습원리

이 장의 서두에 있는 예화를 다시 읽고 다음 질문에 답하시오.

1. 이 장 서두에 나오는 4학년을 맡고 있는 앨버트 선생님은 Carroll의 학습 모형을 수업 시간에 어떻게 적용하고 있는가?
   a. 앨버트 선생님은 학생이 학습하는 데 필요한 시간을 주려고 노력한다.
   b. 앨버트 선생님은 학생의 능력 수준에 따라 학생을 조별 편성하였다.
   c. 앨버트 선생님은 학생이 조별 토의와 탐구를 통해 나눗셈 개념을 학습할 수 있다고 기대한다.

d. 앨버트 선생님은 수업의 양과 질은 동일하다고 생각한다.

2. 앨버트 선생님은 학급을 세 그룹-나눗셈에 대해 아는 사람, 어느 정도 아는 사람, 전혀 모르는 사람-으로 나누고자 한다. 그는 어떻게 그룹을 편성해야 하는가?
   a. 3등급의 능력 편성
   b. 상-하 능력 편성
   c. 학급 내 능력 편성
   d. 능력별 학급 편성

3. 서두의 예화에서 앨버트 선생님은 나눗셈과 관련된 수업을 하고 배운 내용에 대한 퀴즈를 냈다. 이것은 어떤 종류의 평가인가?
   a. 규준 지향 평가
   b. 표준화 검사
   c. 축약 적성 검사
   d. 형성평가

4. 앨버트 선생님은 나눗셈을 완전히 학습하지 못한 학생 모두에게 개별적인 교수를 할 수 없다. 그는 몇 가지 종류의 개인지도로 이 문제를 해결하고자 한다. 만약 그가 연구에 따라 가장 효과적인 지도법을 선택한다면 다음 중 어떤 것을 선택하겠는가?
   a. 혼합 연령 지도
   b. 또래 개인지도
   c. 자격 있는 교사의 개인지도
   d. 컴퓨터 개인지도

5. 위기에 처한 학생을 위한 프로그램들을 기술하시오.

6. 앨버트 선생님이 자신의 수업에 어떻게 공학을 활용하였는지 설명하시오. 컴퓨터 기반 수업에 대해 연구들은 어떤 결과 보고를 하고 있는가?

동기란 무엇인가

어떤 동기 이론이 있는가
- 동기와 행동주의 학습
- 동기와 인간의 욕구
- 동기와 귀인 이론
- 동기와 자기조절 학습
- 동기와 기대 이론

성취 동기를 어떻게 높일 수 있는가
- 동기와 목표 지향
- 학습된 무기력
- 교사의 기대와 성취
- 불안과 성취

학생들의 학습 동기를 어떻게 향상시킬 수 있는가
- 내적 그리고 외적 동기
- 내적 동기를 향상시키기
- 학습에 있어 외적 유인가를 제공하기 위한 원리
- 칭찬을 효과적으로 사용하기
- 학생 스스로 자신을 칭찬하도록 가르치기

10

학습 동기

Shutterstock

학습 목표

이 장을 공부하고 나면 다음과 같은 것을 할 수 있다.

- 동기의 이론을 설명할 수 있다.
- 목표와 귀인들이 어떻게 성취 동기를 높이는지 설명할 수 있다.
- 성취하고자 하는 학생들의 동기를 어떻게 향상시킬 수 있는지 논의할 수 있다.

Shutterstock

칼 루이스의 고등학교 1학년 미국 역사 시간에 학생들은 시작종이 울리기 전에 자신의 자리에 모두 앉아서 시간이 시작되기만을 열심히 기다리고 있었다. 종이 울리고 그는 완전히 조지 워싱턴의 18세기 복장을 하고 분을 바른 가발을 쓰고서 의사봉을 들고 걸어 들어 왔다. 그는 근엄하게 자리에 앉아 의사봉을 두드리며 "지금부터 제헌회의의 개최를 선언합니다."라고 말했다.

학생들은 여러 주 동안 이 날을 준비해 왔다. 그들 각각은 초기 13주 중 하나를 대표했다. 둘 또는 셋이 집단을 이루어 자신의 주, 식민지 지역, 미국 혁명 그리고 연맹규약 하에서의 미국에 관해 공부해 오고 있었다. 이틀 전에 루이스 선생님은 각 집단의 '주지사'에게 그들의 주의 주요한 이익에 관해 비밀스런 지시를 주었다. 예를 들어 뉴저지나 델라웨어 주 대표들은 작은 주들이 정부에서 적절하게 대표권을 갖도록 주장할 예정인 반면, 뉴욕이나 버지니아는 인구비례에 따른 직접적인 대표권을 요구할 예정이었다.

토론을 준비하면서 각 대표들은 대표단의 어떤 단원이라도 대표단의 관점을 나타낼 수 있다는 것을 분명히 해야만 했다. 이것을 분명히 하기 위해 루이스 선생님은 무작위로 각 학생들에게 1에서부터 3까지의 숫자를 할당했다. 어떤 대표단을 지명할 때 그는 숫자를 말하고 그 숫자에 해당하는 학생은 집단을 대표하여 답변해야 한다.

조지 워싱턴의 모습을 한 루이스 선생님은 대표단에게 그들이 맡고 있는 과제의 중요성에 관해 연설을 하고 토론을 위한 회의를 시작했다. 처음에 베스 앤드류가 대표하고 있는 조지아 주의 대표단에게 발언권을 주었다. 베스는 부끄럼을 타는 소녀였지만 그녀의 동료 대표단들의 도움으로 잘 준비하였고 그들이 그녀를 지지했다는 것을 안다.

"위대한 조지아 주는 권리의 법안에 대한 문제를 제기하고자 합니다. 우리는 정부의 횡포를 경험했고 우리는 사람들이 자유를 보장받아야 한다고 요구합니다."

베스는 그녀의 대표단이 입안한 권리 법안의 핵심을 제안하였다. 그녀가 말하는 동안 루이스 선생님은 역사적인 정확성, 조지아 주의 진정한 이해들에 대한 적합성, 조직력, 그리고 전달하는 내용을 토대로 발표점수를 매겼다. 그는 각 수업 시간 끝에 각 대표단을 평가하는 데 이 점수를 사용했다. 토론은 계속되었다. 노스캐롤라이나 주 대표단은 서부로 확장하려는 주의 권리를 위해 논쟁했다. 뉴저지 주 대표단은 서쪽 영역을 새로운 주로 만들기를 원했다. 부유한 메사추세츠 주는 주에서 거둔 세금이 주에 남는 것을 원했다. 가난한 델라웨어 주는 연방세를 원했다. 논쟁 중간에 대표단들은 그들에게 주요한 안건에 대해 찬성 투표를 교환하여 받는 대신에 다른 주들에게 중요한 제안에 대해 찬성 투표를 약속하면서 '정치적 흥정'을 할 기회를 가졌다. 그 주의 마지막 수업에서 그 학급은 10개의 주요한 안건에 대해 투표했다. 투표가 끝나고 종이 울린 후에 학생들은 징세, 대표권, 행정부의 권력 등의 주제에 대해 계속 논쟁을 하면서 교실을 나섰다.

수업이 끝난 후 다른 사회 과목 교사인 리키 인그램이 루이스 교사의 교실에 들렀다. "나는 당신이 이번 해에도 다시 제헌회의를 하는 것을 보았어요. 굉장히 좋아 보이지만 단지 제헌에 관해서 한 달을 소비한다면 미국 역사 모두를 어떻게 다 가르칠 수 있어요?"

칼 교사는 미소 지으면서 말했다. "나는 이 단원에서 어떤 것은 충분히 다루지 못한다는 것을 알지만 아이들이 얼마나 동기화되었는지 보십시요!" 그는 한 다발의 노트와 사우스캐롤라이나 주의 대표가 쓴 의견서를 집어 들었다. "이 아이들은 진지하게 공부하고 있습니다. 그들은 역사가 재미있고 유용하다는 것을 배우고 있습니다. 학생들은 죽을 때까지 이 교과 내용들을 기억할 것입니다."

생각해 보기

- 리키 인그램 교사는 루이스 교사의 학급에서 교과 내용들을 충분히 다 끝내지 못할 것을 걱정하고 있는 것 같다. 당신은 루이스 교사의 교수 전략의 장점과 단점, 그리고 흥미로운 측면 또는 불분명한 측면이 무엇이라 생각하는가?
- 다른 학생들에게 사회 과목의 이야기들이나 루이스 선생님과 교수 방법과 비슷한 방법을 시도한 다른 고등학교 선생님을 연계 지어 보자. 짝을 지어 당신의 이야기를 다른 짝의 학생에게 다시 이야기해 보자.

동기는 효과적인 교수의 가장 중요한 요소 중 하나이다. 배우기를 원하는 학생들은 어느 것에 관해서도 배울 수 있다. 그러나 교사들은 모든 학생들이 배우기를 원한다는 것과 복잡한 교과 내용들을 배우기 위해 필요한 노력을 할 것이라는 것을 어떻게 확신할 수 있는가?

루이스 선생님은 동기의 가치를 알고 있기 때문에 동기의 많은 측면을 불러일으킬 수 있는 단원을 구성하였다. 학생들에게 집단으로 공부하게 하고 무작위로 선택된 집단원들의 발표를 기초로 평가를 함으로써 그는 학생들이 다른 집단보다 뛰어나기 위해 서로를 격려하는 상황을 만들었다. 이러한 사회적 동기는 매우 강력하며, 특히 청소년들에게 그렇다. 루이스 선생님은 학생들의 발표를 명확하고 이해할 수 있는 기준에 따라 평가하고 매일 그들에게 피드백을 주었다. 그는 학생들이 토론하고 투표를 협상하는 데 주도적인 역할을 하게 함으로써 역사적으로 중요한 시기와 학생들의 일상생활을 연결하고 있다. 이러한 모든 전략들은 역사를 재미있는 것으로 만들 뿐만 아니라 학생들에게 그들이 공부하는 역사를 배우고 기억하고자 하는 다양한 동기를 주기 위해 고안된 것이다. 루이스 선생님이 옳다. 학생들은 아마도 이 학급에서 한 그들의 경험을 결코 잊지 않을 것이고 그들의 삶을 통해 열정을 가지고 미국 혁명, 헌법 그리고 일반적인 역사에 관한 새로운 정보에 접근할 가능성이 높다.

이 장에서는 학생들로 하여금 학구적인 교과 내용을 배우고자 하는 욕구를 증진시킬 수 있는 여러 가지 방법을 제시하고 이 방법을 뒷받침하는 이론과 연구 결과들을 설명할 것이다.

동기란 무엇인가

가장 중요한 학습 요소들 중 하나인 동기는 측정하기가 가장 어려운 것 중 하나이다. 무엇이 학생들을 배우게 만드는 것일까? 학생들이 배우는 데 노력을 쏟으려고 하는 것은 학생의 성격, 능력에서부터 특정한 학습 과제의 특성, 학습에 대한 유인체계, 환경 그리고 교사의 행동들에 이르는 많은 요인들의 산물이다.

모든 학생들은 동기화된다. 문제는 무엇을 하고자 동기화되는가이다. 어떤 학생들은 교제하는데, 또는 학교 숙제를 하는 것보다 TV를 보는 것에 더 동기화되어 있다. 교사의 일은 동기 그 자체를 높이는 것이 아니라 학교나 생활 속에서 성공하는 데 필요한 지식과 기술을 배우고자 하는 학생들의 동기를 발견하고, 격려하고, 유지시키면서, 학습으로 이끄는 활동에 빠져들게 하는 것이다. 칼 루이스 선생님이 18세기 복장을 하고 교실에 왔지만 학생들이 미국 역사를 공부하도록 이끌기 위한 구조화된 과제와 평가가 없었다고 상상해 보자. 학생들은 재미있어 했겠지만 교과 내용들을 배우는 데 필요한 일을 하도록 동기화되지는 않았을 것이다.

심리학자들은 **동기**(motivation)를 행동을 일으키고, 이끌고, 지속시키는 내적인 과정으로 정의한다(Murphy & Alexander, 2000; Pintrich, 2003; Schunk, 2000; Stipek, 2002). 쉽게 말하자면 동기는 당신이 무엇을 하게 하고, 계속하게 하며, 어디로 가려고 하는지를 결정하게 하는 것이다.

동기는 방향과 강도 둘 다에 있어 다양할 수 있다(Ryan & Deci, 2000). 두 학생이 비디오 게임을 하는 데 동기화될 수도 있지만 둘 중 하나는 더 강하게 비디오 게임에 동기화될 수도 있다. 아니면 한 학생은 비디오 게임에 강하게 동기화되고 다른 학생은 비슷한 정도로 축구에 동기화될 수도 있다. 그러나 실제로는 동기의 강도와 방향을 나누기는 어렵다. 어떤 활동을 하려는 동기의 강도는 대부분 대안 활동을 하려는 동기의 방향과 강도에 영향을 준다. 만약 어떤 사람이 극장을 가거나 아니면 비디오 게임을 하는 데 필요한 돈과 시간밖에 없다면 이 둘 중 하나를 하려는 동기는 다른 것을 하려는 동기의 강도에 의해 크게 영향을 받는다(Fries, Dietz, & Schmid, 2008). 동기가 학생들로 하여금 학구적인 활동을 하게 하는 데 있어서뿐만 아니라 학생들이 그들이 수행한 활동에서 또는 그들이 접한 정보에서 얼마나 많이 배울 것인지를 결정하는 데 중요하다. 무언가를 배우고자 동기화된 학생들은 이것을 배우는 데 높은 인지적인 과정을 사용하고 이것으로부터 많은 것을 이해하고 실행한다(Driscoll, 2005; Jetton & Alexander, 2001; Pintrich, 2003). 학생들은 그들의 지식을 새로운 상황에 더 쉽게 전이할 수 있다(Pugh & Bergin, 2006).

어떤 것을 하려는 동기는 여러 가지 방법으로 나타날 수 있다(Stipek, 2002). 동기는 성격적 특성이 될 수 있다. 개인들은 학업, 운동 또는 사회적 활동과 같은 광범위한 영역에 참여하는 데 영속적이고 일관적인 흥미를 가질 수도 있다. 동기는 과제의 내적인 특성에서 올 수도 있다. 미국 역사를 재미있고, 사회적이고, 활동적이며, 빠져들도록 만듦으로써 루이스 선생님은 학생들이 역사를 열심히 배우게 만들었다. 동기는 또한 루이스 선생님이 제헌회의 모의 실험에서 학생들의 수행을 평가할 때처럼 과제의 외적인 원인에서도 올 수 있다.

어떤 동기 이론이 있는가

이 장의 전반부에서는 현대 동기 이론을 제시할 것인데, 이 이론은 사람들이 왜 자기가 하는 것에 동기화되는가를 설명하기 위한 이유를 찾는 것이다. 후반부는 학습을 위해 교실에서 유인가로 쓰는 것에 대해 토론하고, 배우고 학업을 하고자 하는 학생들의 동기를 향상시키기 위한 전략을 제시하였다.

■ 동기와 행동주의 학습

동기의 개념은 강화되지 않았거나 벌을 받은 행동들보다 과거에 강화된 행동이 훨씬 반복되기 쉽다는 원리와 아주 밀접하게 연관되어 있다(Bandura, 1986; Bigge & Shermis, 2004 참조). 왜 다른 학생들은 포기하는 반면 어떤 학생들은 실패에 직면해서도 계속하는가? 왜

연결해서 더 보기

행동 강화에 대해서는 제5장을 참조하시오.

동기

요구와 욕구가 행동의 방향과 강도에 미치는 영향

어떤 학생들은 교사를 즐겁게 하기 위해 공부를 하고, 다른 학생들은 좋은 성적을 받으려고 공부하며, 또 다른 학생들은 그들이 배우는 교과 내용들에 대한 흥미로 공부하는 것일까? 왜 어떤 학생들은 자신들의 능력을 기초로 해서 예견한 것보다 훨씬 더 성취하는데 어떤 학생들은 훨씬 더 못할까? 강화 역사와 강화 계획을 살펴보면 이러한 질문에 답을 얻을 수도 있지만 보통 다양한 욕구를 만족하기 위한 동기의 관점에서 말하는 것이 더 쉽다.

보상과 강화 강화의 역사가 동기를 설명하는 데 부적절한 한 가지 이유는 인간의 동기가 매우 복잡하고 내용과 연관되어 있기 때문이다. 매우 굶주린 동물들에게는 음식이 효과적인 강화물일 것이라는 것을 우리는 예측할 수 있다. 사람에게 있어서는 굶주렸다 할지라도 어떤 것이 강화물이 되고 어떤 것이 안 될지는 확신할 수 없다. 왜냐하면 가장 잠재력이 있는 강화물의 강화 가치는 개인적이거나 또는 상황적인 요인에 의해 크게 좌우되기 때문이다. 이것의 한 예로, 한 시간의 가벼운 일이 50달러의 가치가 있다고 생각하자. 우리 대부분은 50달러를 강력한 강화물로 여길 것이며 몇 시간의 가벼운 일을 기꺼이 할 것이다. 그러나 다음의 네 가지 상황을 고려해 보자.

1. 스쿠르지 씨가 울타리를 칠하는 데 빌에게 60달러를 주겠다고 제안한다. 빌은 이것이 일에 대한 적절한 보상보다 많다고 생각하여 열심히 한다. 그러나 그가 일을 끝마쳤을 때 스쿠르지 씨는 "네가 60달러를 받을 만큼의 일을 하지 않았다고 생각한다. 여기 50달러다."라고 말한다.
2. 똑같은 상황에서 스쿠르지 씨가 빌에게 40달러를 준다고 하였고 빌이 일을 마쳤을 때 일을 아주 잘했다고 칭찬하면서 그에게 50달러를 준다.
3. 데이브와 바바라는 파티에서 만나자마자 서로를 좋아하게 되어 파티가 끝난 후에 달빛 아래에서 긴 산책을 한다. 그들이 바바라의 집에 왔을 때 데이브가 "바바라, 당신과 함께 즐거운 시간을 보냈습니다. 여기 50달러가 있으니 당신이 받았으면 좋겠군요."라고 말한다.
4. 마타의 아주머니는 그녀에게 다음 토요일에 어린 페파에게 피아노 레슨을 해 주면 50달러를 주겠다고 제안한다. 그러나 마타가 그렇게 하기로 동의한다면 그녀는 학교 야구부 선수 선발 시험에 빠지게 될 것이다.

1, 3, 4의 상황에서 50달러는 전혀 좋은 강화물이 아니다. 1의 상황에서 빌의 기대는 스쿠르지 씨에 의해 고양되었다가 그다음에는 좌절되었다. 2의 상황에서 금전상의 보상의 양은 같았지만 이 상황은 빌이 다시 스쿠르지 씨의 울타리 칠하는 것을 다시 원할 가능성이 훨씬 높다. 왜냐하면 이 경우 보상이 그의 기대를 넘어섰기 때문이다. 상황 3에서 데이브가 50달러를 준다는 것은 모욕이며 앞으로 바바라가 그와 함께 데이트를 하려는 마음이 분명히 없어질 것이다. 상황 4에서 마타의 아주머니의 제안이 마타에게는 대부분의 상황에서 관대한 것이지만 이 특별한 토요일은 더 가치 있는 활동을 방해하는 것이기 때문에 강화로서 불충분하다.

유인가를 결정하는 것 이 상황들은 매우 중요한 점을 보여 주고 있다. 유인가의 동기적인 가치는 이것이 많은 요인에 좌우되기 때문에 가정될 수 없다. 교사가 "나는 너희 모두가 보고서를 정한 시간에 확실히 제출하기를 바란다. 왜냐하면 이것으로 너희들 성적을 매길 것이기 때문이다."라고 말할 때 그는 아마도 성적이 대부분의 학생들에게 효과적인 유인가라고 생각하고 있을 것이다. 그러나 어떤 학생들은 성적에 신경을 쓰지 않는다. 아마도 그들의 부모가 신경을 쓰지 않든가 또는 학교에서 실패한 적이 있어 성적은 중요하지 않다고 결정했기 때문일 수도 있다. 만약 교사가 학생들에게 "잘했다. 나는 너희들이 노력한다면 할 수 있다는 것을 알고 있었다."라고 말한다면 어렵다고 생각했던 과제를 막 끝낸 학생에게는 동기부여가 되겠지만 그 과제가 쉽다고 생각했던 학생에게는 모욕적일 수 있다(왜냐하면 교사의 칭찬은 과제를 끝내기 위해 특별히 열심히 공부해야만 한다는 것을 의미하기 때문이다). 빌과 스쿠르지 씨의 경우처럼 학생들의 보상에 대한 기대는 어떤 특정한 보상의 동기적인 가치를 결정한다. 학생들의 행동으로부터 학생들의 동기를 결정하는 것은 보통 어렵다. 왜냐하면 많은 다른 동기들이 행동에 영향을 줄 수 있기 때문이다. 어떤 때에는 한 가지 형태의 동기가 분명하게 행동을 결정하고, 다른 때에는 몇 가지(아마도 상반되는) 동기가 영향을 미친다.

■ 동기와 인간의 욕구

동기는 음식, 집, 사랑, 그리고 긍정적인 자아존중감의 유지와 같은 욕구를 만족시키고자 하는 충동으로 생각될 수도 있다. 사람에 따라 이들 욕구에 부여하는 중요도는 다르다. 어떤 사람들은 그들이 사랑 또는 인정을 받고 있는지 끊임없이 재확인하는 것을 필요로 하고, 다른 사람들은 신체적 편안함과 안전을 더 필요로 한다. 또한 같은 사람이라도 다른 시간에는 다른 욕구를 가질 수 있다. 물을 마시는 것이 네 코스 식사 후보다는 4마일을 뛰고 난 후에 훨씬 더 절실할 것이다.

Maslow의 욕구 위계 사람들이 많은 욕구를 가지고 있을 때 주어진 순간에 그들은 어떤 것을 만족시키려고 할까? 이것을 예견하기 위해 Maslow(1954)는 그림 10.1에 보인 것 같은 욕구 위계를 제안했다. Maslow의 이론에 따르면 이 위계에서 높은 수준에 있는 욕구를 만족시키고자 노력하기 전에 낮은 곳에 있는 욕구의 적어도 일부분이 만족되어야 한다. 예를 들어 배고픈 사람 또는 신체적인 위험에 있는 사람들은 긍정적인 자기 이미지를 유지하려는 것보다는 음식 또는 안전을 얻는 것에 더 신경을 쓸 것이다. 그러나 일단 사람이 더 이상 배고프거나 또는 두렵지 않을 때 자존감의 욕구는 최상위가 될 것이다. Maslow가 도입한 중요한 개념은 결핍 동기와 성장 동기를 구분한 것이다. **결핍 욕구**(deficiency needs)(생리적인 것, 안전, 사랑, 자존감)는 신체적이고 심리적인 안녕에 중요한 것들이다. 이 욕구들은 만족되어야만 하지만 일단 만족되면 그것들을 만족시키고자 하는 동기가 줄어든다. 반대로 **성장 욕구**(growth needs)는 어떤 것을 알고 이해하며, 아름다움을 음미하거나, 다른 사람들의 인정으로 성장하고 발달하려는 욕구와 같은 것으로서 완전히 만족시킬 수는 없다. 사실상 사람들이 자신을 둘러싼 세상을 알고 이해하려는 그들의 욕구가 충족되면 될수록 배우고자 하는 그들의 동기는 점점 더 커진다.

자아실현 Maslow 이론에는 **자아실현**(self-actualization)을 위한 욕구의 개념이 포함되

결핍 욕구
Maslow가 확립한 것으로서 신체적 · 심리적 안녕을 위한 기본적인 욕구

성장 욕구
사람들이 자신의 기본 욕구를 충족하고 난 후 만족하고자 노력하는 앎, 음미, 이해를 위한 욕구

자아실현
사람들이 자신의 잠재력을 최대로 발달시킬 수 있는 능력

그림 10.1 Maslow의 욕구 위계

Maslow는 결핍 동기와 성장 동기 두 가지 형태의 욕구를 보여 준다. 사람은 위쪽에 있는 욕구를 추구하기 전에 위계의 아래쪽에 있는 욕구를 만족시키기 위해 동기화된다.

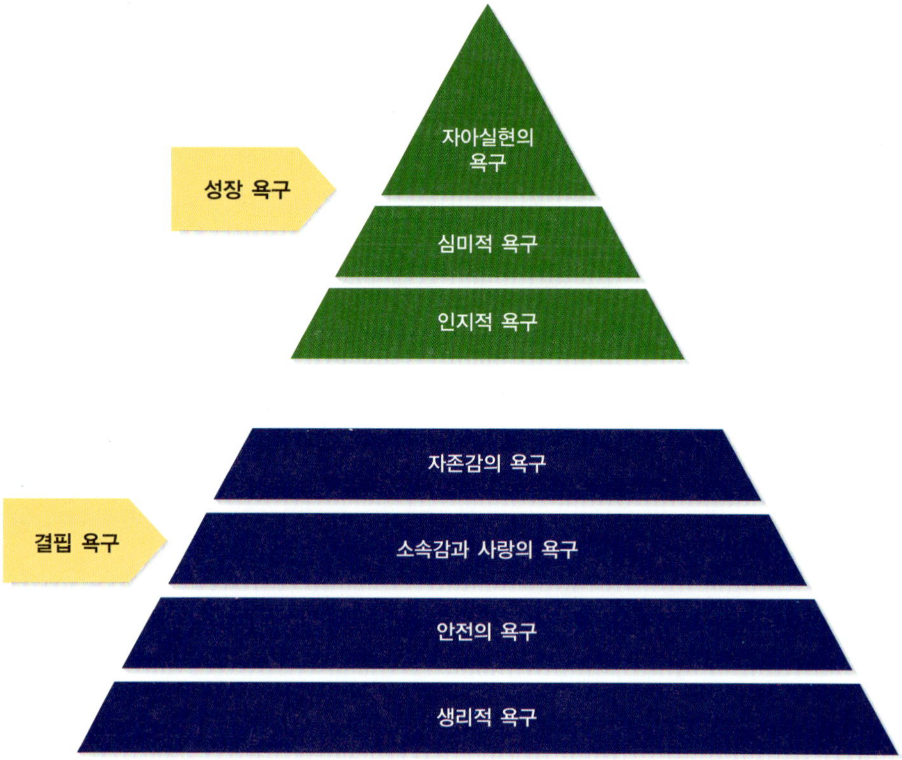

어 있는데, 그는 이것을 '사람이 될 수 있는 모든 것이 되고자 하는 욕구'로 정의했다(Maslow, 1954, p. 92). 자아실현은 자신과 다른 사람들에 대한 수용, 자발성, 개방성, 다른 사람들과 비교적 깊지만 민주주의적인 관계, 창조성, 유머, 독립성으로 특징지어지는데, 이것을 한마디로 심리적 건강이라고 한다.

Maslow 이론에 대한 교육적 함의 Maslow 이론의 교육적 중요성은 결핍 욕구와 성장 욕구 사이의 관계에 있다. 분명히 매우 배가 고프거나 신체적으로 위험에 빠진 학생들은 학습에 전념할 심리적인 에너지가 거의 없을 것이다. 학교와 정부 기관들은 학생들의 기본적인 욕구가 충족되지 않으면 학습이 안 될 것이라는 것을 알고 있다. 그들은 아침과 점심을 공짜로 주는 프로그램을 제공해서 대응하고 있다. 그러나 가장 중요한 결핍 욕구는 사랑과 자아존중감에 대한 것들이다. 자신이 사랑받지 못하거나 능력이 없다고 느끼는 학생들은 더 높은 수준으로의 성장 목표를 성취하고자 하는 강한 동기를 가지고 있지 못할 가능성이 높다(Martin & Dowson, 2009; Stipek, 2006). 자신의 가치나 능력을 확신하지 못하는 학생은 안전한 선택을 하는 경향이 있다. 여럿이 하는 대로 하고 내용을 배우는 데 흥미도 없이 시험을 위한 공부를 하고, 예상할 수 있는 그러나 창의적이지 못한 에세이를 쓰는 등을 들 수 있다. 학생들을 편안히 해 주고, 그들이 수용되고 있다고 느끼게 해 주고, 개인으로서 존중해 주는 교사는 (Maslnw의 견해로는) 학생들이 훨씬 더 학습을 위해 열심히 배우게 돕고 창의적이 되는 위험을 기꺼이 감수하게 하고 개방적이 되도록 도울 수 있다. 이러한 관점에서 사회정서적인 학습을 강조하는 학교는 학업적인 것은 물론 사회정서적인 학습을 더 잘 이끌 수 있는 환경을 만들어 주고 있는 것이다(Greenberg et al., 2003; Hoffman, 2009; Jennings

연결해서 더 보기
학교에서 실패의 위험에 처해 있는 학생들의 학업 수행에 영향을 미치는 동기적인 요인들은 제9장에서 논의되었다.

& Greenberg, 2009 참조).

■ 동기와 귀인 이론

테레사는 보통 좋은 성적을 받지만 새 학급에서 본 첫 번째 퀴즈에서 D를 받았다. 이 점수는 그녀의 자기 이미지와 일치하지 않고 그녀를 불편하게 한다. 이 불편함을 해결하기 위해 테레사는 자신이 다시는 그런 낮은 점수를 받지 않도록 확실히 하기 위해 더 열심히 공부하기로 결정한다. 다른 한편으로는 그녀는 자신의 낮은 점수를 합리화하려고 할 것이다. "질문들은 교묘했어. 나는 기분이 좋지 않았어. 선생님은 시험을 본다고 말하지 않았어. 나는 정말로 노력하지 않았어. 너무 더웠어." 이러한 변명들은 테레사가 하나 맞은 D를 설명하도록 해준다. 그러나 그녀가 연속적으로 몇 개의 나쁜 점수를 받았다고 가정하자. 그녀는 어찌 되었건 이 과목을 좋아하지 않았다거나, 교사가 교실에서 남자아이들에게만 호의를 보여 주었다고, 또는 선생님은 점수를 짜게 주는 사람이라고 결론을 내릴 수도 있다. 생각과 변명에서의 이 모든 변화들은 서로 불일치하는 생각, 즉 "나는 좋은 학생이야."와 "나는 지금 이 수업에서 공부를 잘 못해. 그리고 이것은 나의 잘못이야."같은 유쾌하지 않은 생각을 피하는 방향으로 맞추어져 있다.

테레사는 낮은 점수에 대해 좋은 학생으로서의 자신에 대한 지각을 바꾸지 않을 이유를 찾기 위해 고민을 하고 있다. 그녀는 자신의 나쁜 점수가 그녀의 선생님, 과목 또는 다른 학생들—그녀가 통제할 수 없는 외부적인 요인—탓이라고 돌려버린다. 또는 그녀가 자신의 나쁜 성적이 자기 잘못이라고 인정한다면 그녀는 수업에서 이 단원에 관한 순간적인(그러나 반대일 수도) 결핍 때문에 생긴 단기적인 잘못임에 틀림없다고 결정한다.

귀인 이론(attribution theory)(Hareli & Weiner, 2002; Weiner, 2000 참조)은 특히 성공 또는 실패에 적용되는(이 이론의 교육에 대한 가장 중요한 점이 여기에 있는데 교육에서는 성공과 실패는 되풀이 되는 주제이다) 바로 그러한 설명과 변명을 이해하려고 노력한다. Weiner(2000)는 성공이나 실패에 대한 대부분의 설명은 세 가지 특징을 가지고 있다고 제안한다. 첫째는 그 원인을 내적인(사람 안에 있는) 것으로 보느냐 외적인 것으로 보느냐이다. 둘째는 원인을 안정적인 것으로 보느냐 또는 불안정한 것으로 보느냐이다. 셋째는 원인을 통제할 수 있는 것으로 받아들이느냐 아니면 불가능한 것으로 받아들이느냐이다. 귀인 이론의 중심 가정은 사람들이 긍정적인 자기 이미지를 유지하려고 시도한다는 것이다. 그러므로 그들이 활동을 잘하고 있으면 그들은 성공이 자신의 노력 또는 능력 때문이라고 여기기 쉽다. 그러나 잘못하고 있으면 그들은 실패가 그들이 통제할 수 없는 요인들 때문이라고 믿을 것이다(Vispoel & Austin, 1995). 특히 실패를 경험한 학생들은 친구들에게 체면을 세울 수 있게 해 주는 설명을 찾으려고 노력할 것이다(Juvonen, 2000). 여러 집단들에게 과제를 주고 성공하였거나 또는 실패하였다고 말했다면(사실상 모두 성공적이었지만) 실패하였다고 들은 사람들은 그들의 실패는 운이 없어서라고 말할 것이고 반면에 성공하였다고 들은 사람들은 그들의 성공이 기술과 지능 때문이라고 할 것이라는 것이 증명되었다(Weiner, 2000).

다른 사람의 행동에 대한 귀인 또한 중요한 것이다. 예를 들어 학생들은 학급 친구가 도와달라고 요청하면 통제할 수 있는 요인(공부에 실패한 것과 같은) 때문에 도움이 필요한 것이라고 믿는 경우보다는 일시적인 통제할 수 없는 요인(농구하다가 다친 것과 같은) 때문에 도

귀인 이론

사람들이 자신의 성공과 실패의 원인을 어떻게 설명하느냐에 초점을 맞춘 동기 이론

움이 필요한 것이라고 믿는 경우에 더 반응하는 경향이 있다(Juvonen & Weiner, 1993).

성공과 실패에 대한 귀인들 귀인 이론은 성공과 실패의 성취 상황에 대해 주로 네 가지 요소를 다루는데, 능력, 노력, 과제의 난이도, 운이 그것이다. 능력과 노력은 개인의 내적인 것이고, 과제의 난이도와 운은 외적인 것이다. 능력은 비교적 안정적이고 바뀌지 않는 상태로 간주되고, 노력은 변할 수 있는 것으로 간주된다. 비슷하게 과제의 난이도는 기본적으로 안정된 특징인 반면, 운은 불안정하고 예견할 수 없는 것이다. 성공과 실패에 대한 이 네 가지 귀인들과 대표되는 설명을 표 10.1에 제시하였다.

표 10.1은 학생들이 보통 어떻게 성공과 실패를 다르게 설명하는지를 보여 주고 있다. 학생들이 성공하면 그들은 이것이 그들이 똑똑하기(내적 · 안정적 귀인) 때문이라고 믿기 쉬우며 그들이 운이 있었다거나 또는 과제가 쉬웠다거나 또는 심지어 그들이 열심히 했기(왜냐하면 "열심히 노력한다."고 말하는 것은 미래의 성공 가능성에 관해 말하는 것이 아니기 때문에) 때문이라고 하지 않는다. 반대로 실패한 학생들은 그들이 운이 없었던(외적 · 불안정적 귀인) 것으로 믿기 쉬운데 이것은 다음에 성공할 가능성을 열어놓는 것이다(Weiner, 2000). 물론 시간이 지나면서 이러한 귀인들을 유지하는 것이 어려울 수도 있다. 테레사의 경우에서 설명한 것처럼 한 번 성적을 잘못 받은 학생은 운이 없었다거나 다른 외적이고 불안정한 원인 때문이라고 불평하기 쉽다. 그러나 몇 번 나쁜 성적을 받으면 불안정한 귀인은 유지하기가 어렵게 된다. 아무도 매주 시험에 운이 없을 수는 없다. 그러므로 테레사 같은 학생은 안정적이지만 여전히 외적인 귀인으로 바꿀 것이다. 예를 들어 그녀는 "나는 능력이 없어 실패했어."와 같이 그녀의 자아존중감을 흔드는 안정적이고 내적으로 귀인하는 것을 피할 수 있도록 수업이 너무 어렵다거나 교사가 공정하지 않다거나 다른 어떤 안정적이고 외적인 귀인을 하게 될 것이다(Juvonen, 2000). 그녀는 심지어 노력의 수준을 감소시켜 그녀가 정말로 원하면 성공할 수 있을 거라는 생각을 유지할 수도 있다(Jagacinski & Nicholls, 1990).

연결해서 더 보기
자아존중감과 또래 관계에서 사회정서적 요인과 관련된 성공 또는 실패에 대한 귀인은 제3장에서 논의되었다.

표 10.1 성공과 실패에 대한 귀인

귀인 이론은 자신의 성공과 실패의 설명에 대한 의미를 묘사하고 설명해 주고 있다.

귀인	안정성	
	안정적	불안정적
내적	능력	노력
성공	"나는 똑똑해."	"나는 열심히 했어."
실패	"나는 바보야."	"나는 정말로 노력하지 않았어."
외적	과제의 난이도	운
성공	"이것은 쉬웠어."	"나는 운 좋게 잘됐어."
실패	"이것은 너무 어려워."	"나는 운이 없어."

출처 : Bernard Weiner, "A Theory of Motivation for Some Classroom Experiences," *Journal of Educational Psycholosy*, *71*, pp. 3-25.

통제 소재와 자기 효능감 귀인 이론의 중심 개념은 **통제 소재**(locus of control)이다(Rotter, 1954). 소재라는 단어는 위치를 의미 한다. 내적 통제의 소재를 가진 사람은 성공 또는 실패가 자신의 노력 또는 능력에 있다고 믿는 사람이다. 외적 통제 소재를 가진 사람은 더 쉽게 운, 과제의 난이도, 또는 다른 사람의 행동과 같은 다른 요인들이 성공 또는 실패의 원인이라고 믿는다. 내적 통제 소재는 보통 자기 효능감이라고 하며 개인의 행동이 차이를 만든다는 신념이다(Bandura 1997; Goddard, Hoy, & Woolfolk Hoy, 2004; Schunk & Pajares, 2004; Skinner & Greene, 2008). 그림 10.2는 통제 소재를 측정하는 데 많이 사용되는 항목을 보여 주고 있다. 통제 소재 또는 자기 효능감은 학생들의 학교에서의 수행을 설명하는데 매우 중요할 수 있다. 예를 들어 몇몇 연구자들은 내적 통제 소재가 높은 학생들은 똑같은 지능을 가졌지만 내적 통제 소재가 낮은 학생들보다 더 좋은 성적과 시험 점수를 받는다는 것을 발견했다(Cappella & Weinstein, 2001; Caprara et al., 2008; Zimmerman. 2000). 또 다른 연구들에서는 통제 소재가 학생들의 학업 성취를 예측하는 데 두 번째로(능력 다음으로) 중요한 것이라는 것이 밝혀졌다(예 : Bong, 2001; Dweck, 2007; Pietsch, Walker, & Chapman, 2003). 그 이유는 쉽게 이해된다. 학교에서의 성공이 운이나 교사의 변덕, 또는 다른 외적인 요인이라고 믿는 학생들은 공부를 열심히 하지 않을 것이다(Steel, 2007). 반대로 성공과 실패가 기본적으로 자신의 노력 때문이라고 믿는 학생들은 열심히 공부할 것으로 기대할 수 있다(Pressley et al., 2003). 현실적으로 특정 과목에서의 성공은 학생들의 노력과 능력(내적인 요인)과 운, 과제의 난이도, 그리고 교사의 행동(외적인 요인) 모두의 산물이다. 그러나 가장 성공한 학생들은 그들 자신의 행동이 성공과 실패를 만들어 내는 정도를 과대평가하려는 경향이 있다. 어떤 실험에서는 성공과 실패가 완전히 운 때문일 수 있는 상황에서조차도 내적 통제 소재가 높은 학생들은 성공이나 실패가 그들의 노력 때문이라고 믿는

통제 소재

사람들이 자신의 성공 또는 실패의 책임을 외적 또는 내적인 요인 중 어디에 있는가를 결정하는 성격 특징

STR/AFP/Getty Images

미아 햄은 세계에서 가장 성공한 운동선수 중 한 사람임에도 불구하고 가끔 자기 불신을 피하려고 애쓰고 있다. 통제 소재가 운동선수에게 왜 중요한가? 통제 소재와 자기 효능감을 어떻게 교실에 적용할 수 있는가? 교사로서 어떻게 자기 효능감에 영향을 미칠 수 있을까?

그림 10.2 지적 성취 책임 질문지 항목

1. 교사가 한 학년을 올려주었다면 이는 아마도
   a. 교사가 나를 좋아하기 때문에, 아니면
   b. 내가 한 공부 때문에?[내적]
2. 학교에서 시험을 잘 보았다면 이는 아마도 대체로
   a. 내가 시험을 위해 공부했거나[내적], 아니면
   b. 시험이 특별히 쉬웠기 때문에?
3. 당신이 학교에서 어떤 것을 이해하는 데 어려움이 있다면 이것은 보통
   a. 교사가 이것을 명확하게 설명을 하지 않았기 때문에, 아니면
   b. 내가 주의해서 듣지 않았기 때문에?[내적]
4. 당신의 부모님이 당신에게 학교에서 잘하고 있다고 말하는 것으로 가정해 보자. 이것이 일어날 가능성은
   a. 내가 학교에서 잘했기 때문에[내적], 아니면
   b. 부모님이 기분이 좋아서?
5. 당신이 학교에서 한 과목을 보통 때처럼 잘하지 못했다고 가정하자. 이것은 아마도 다음 때문에 일어났을 것이다.
   a. 내가 보통 때처럼 주의하지 않았기 때문에[내적], 아니면
   b. 어떤 친구가 나를 괴롭히고 공부하는 것을 방해했기 때문에?

출처 : V. C. Crandall, W. Katkovsky, and V. J. Crandall, "Children's Beliefs in Their Own Control of Reinforcement in intellectual-Academic Achievement Situations." *Child Development*, 36, 1965, pp. 91-109.

것으로 나타났다(Weiner, 1992 참조).

통제 소재가 변할 수 있고 다소 특별한 활동이나 상황에 달려 있다는 것에 주목하는 것이 중요하다. 성취에 관한 통제 소재의 영향을 연구하는 데 어려운 점은 성취가 통제 소재에 강한 영향력을 가지고 있다는 것이다(Bong & Skaalvik, 2003). 예를 들어 한 학생이 학업에서는 통제 소재가 내적이지만(높은 학업 능력 때문에) 운동에서는 통제 소재가 외적(낮은 운동 능력 때문에)일 수 있다. 이 학생이 새로운 운동에서 생각지도 않았던 기술을 발견한다면 이 학생은 운동에서(그러나 아마도 다른 운동에서는 여전히 그렇지 않지만) 내적 통제 소재를 개발할 수도 있을 것이다.

귀인과 자기 효능감에 대한 교육적 함의 교실에서 학생들은 학업 과제에 대해 다른 학생과 비교해서든지 또는 수용 기준과 비교해서든지 자신들의 수행 수준에 관해 지속적인 정보를 받는다. 이 피드백은 궁극적으로 학생들의 자기지각에 영향을 준다(Bandura, 1997; Schunk, 2004). 귀인 이론은 교사들에게 학생들이 그들의 학업 수행에 대한 피드백을 어떻게 해석하고 사용하는지를 이해할 수 있게 돕는 데 그리고 교사들이 어떻게 동기적인 가치가 가장 큰 피드백을 줄 수 있는가를 제안하는 데 중요하다(Tollefson, 2000 참조). 특히 귀인 이론은 교사가 항상 학생들의 지적 능력(그들이 통제할 수 없는 것)보다는 그들의 노력(그들이 통제할 수 있는 것)에 대해 칭찬을 해야만 한다는 것을 제안하고 있다(Dweck, 2007 참조).

■ 동기와 자기조절 학습

연결해서 더 보기
자기조절 학습에 대해서는 제5장을 참조하시오.

제5장에서 논의된 자기조절 학습은 '체계적으로 자신의 학습 목표를 향해 가는 학생들의 자기 주도적인 사고와 행동의 결과로 된 학습'이라고 언급했다(Schunk & Zimmerman,

2003, p. 59). 이 정의가 분명하게 한 것처럼 자기조절 학습은 학생들의 목표와 밀접하게 연관되어 있다. 어떤 것을 학습하는 데 동기가 강한 학생들은 다른 학생들보다 의식적으로 자신들의 학습을 조직하고, 학습 계획을 세우고, 얻어야 할 정보를 보유하려 한다(Radosevich, Vaidyanathan, Yeo, & Radosevich, 2004; Summers, 2008; Zimmerman, 2008). 예를 들어 읽기에 강한 동기를 가진 학생들은 자신 스스로 읽으려고 하고 효과적인 이해 전략을 사용한다(Miller, Partelow, & Sen, 2004). 이러한 동기는 여러 가지 원인에서 생긴다. 먼저 다른 학생들이 자기조절 전략을 사용하는 것을 보고 사회적 모델로 삼는 것이다(Zimmerman & Kitsantas, 2002). 다른 것으로는 계획 수립인데 이것은 학생들이 자신의 학습 목표를 세우는 것을 격려하게 된다. 세 번째로는 그들이 학습 목표를 잘 수행하고 있다는 것을 알게 해 주는, 특히 학생들의 노력과 능력을 강조해 주는 피드백이다(Zimmerman, 2008). Schunk와 Zimmerman (2003)은 자기조절 학습과 관련된 동기는 일반적으로 성취 동기와 같은 것이 아니라고 말했다. 왜냐하면 자기조절 학습은 단지 교사의 요구에 부합하는 것이 아니고 학습에서 학생의 독립적인 책임감을 요구하기 때문이다. Fredericks, Blumenfeld와 Paris(2004)는 단지 공부를 하고 규칙을 따르게 하기보다는 학생들을 자기조절 학습으로 이끌려는 동기를 설명하기 위해 **관여**와 **투자**라는 용어를 사용했다. Algozzine, Browder, Karvonen, Test와 Wood(2001)는 **자기결정**이라는 비슷한 용어를 사용했고 장애를 가진 개인들 사이에서 자기결정을 가르치기 위한 일련의 성공적인 전략을 설명했다.

연결해서 더 보기

자기결정을 가르치기 위한 성공적인 전략에 대해서는 제11장을 참조하시오.

적용해 보기

학생들에게 동기를 줄 수 있는 피드백 주기

과거에 과제를 실패한 것은 능력 부족 때문이라고 믿는 학생들은 비슷한 과제에서 성공을 기대하지 않을 가능성이 높고 그러므로 많은 노력을 기울이지 않기 쉽다(Juvonen, 2000; Weiner, 2000). 분명히 당신이 실패할 것이라는 믿음은 자기 충족적일 수 있다. 자신이 실패할 것이라고 믿는 학생들은 학업을 하는 데 동기화가 잘 안 되어 있을 것이고, 이것은 다시 그들을 실패하게 하는 원인이 된다. 그러므로 교사가 학생과 대화하는 데 가장 해로운 것은 학생이 배울 수 없다는 생각이다.

일부 교사들은 이런 생각을 학생들에게 직접적으로 말하기도 하지만 이 생각은 여러 다른 효과적인 방법으로 전달될 수 있다. 하나는 경쟁적인 점수 제도를 사용하여(예를 들어 점수 통계 곡선) 점수를 공개하고 상대적인 학생 등급을 중요하게 만드는 것이다. 이 방법은 성취도에서의 작은 차이를 크게 보이게 할 수 있으며 가장 나쁜 점수를 받은 학생은 다시는 배울 수 없을 거라고 결정할 수도 있다.

대안적으로 점수와 상대적인 등급을 중요시 하지 않지만 수업을 듣는 모든 학생들은 배울 수 있다는 기대를(거의 항상 맞는다) 표현하는 교사는 성공의 기회는 자신의 노력에 달려 있다는 것 — 최선을 다하면 미래에 성공할 수 있을 것이라는 예상을 하게 만드는 내적이지만 변화 가능한 귀인 — 을 학생들이 이해하게 하는 데 도움을 주기 쉽다.

성공에 대한 안정적이고 내적인 귀인("나는 내가 똑똑하기 때문에 성공한다.") 또한 별로 효과가 없는 동기이다. 능력 있는 학생도 역시 학업적인 성공으로 이끄는 것은 그들의 능력이 아

연결해서 더 보기

개별화 수업에 대해서는 제9장을 참조하시오.

연결해서 더 보기
학생의 노력을 점수화하는 것에 대해서는 제12장을 참조하시오.

니고 노력이라는 것을 믿을 필요가 있다. 성공뿐만 아니라 실패의 원인으로서 노력의 양을 강조하고 능력보다는 노력에 보상을 주는 교사들은 능력만을 강조하는 교사들보다 모든 학생들이 최선을 다하도록 동기화시키기 쉽다(Resnick, 1998). 학생들에게 능력보다는 노력을 보상하는 몇 가지 공식적인 방법들은 발전에 대해 보상하는 것이다. 즉 개별화 수업을 하여 성공여부의 근거를 학생 자신의 수준에서의 진보로 하고 점수를 매길 때 또는 별도의 점수로 노력을 포함시키는 것이다.

동기와 기대 이론

기대 이론(expectancy theory)은 성취하기 위한 개인의 노력은 보상에 대한 그들의 기대에 달려 있다는 믿음을 기초로 한 동기 이론이다. Atkinson(1964)은 다음의 공식을 기초로 한 동기 이론을 발달시켰다.

$$\text{동기}(M) = \text{인식된 성공 가능성}(Ps) \times \text{성공의 유인가}(Is)$$

이 공식을 기대 모형 또는 **기대-가치 모형**(expectancy-valence model)이라고 하는데, 그 이유는 이것이 보상에 대한 개인의 기대에 크게 의존하고 있기 때문이다(Pintrich, 2003; Stipek, 2006; Wigfield & Eccles, 2000 참조). 이 이론이 함축하고 있는 것은 어떤 것을 성취하고자 하는 개인의 동기는 자신의 성공 확률에 대한 예상(인식된 성공 가능성 *Ps*)과 그들이 성공에 부여하는 가치(성공의 유인가 *Is*)에 달려 있다는 것이다. 예를 들어 마크가 "내가 노력하면 상장을 받을 수 있다고 생각해. 그리고 상장을 받는 것이 나에게는 매우 중요해."라고 말했다면 그는 아마도 상장을 받기 위해 열심히 노력할 것이다. 그러나 이 공식의 매우 중요한 관점은 동기가 곱셈이라는 점이다. 만약 개인이 성공에 대한 가망성이 전혀 없다고 믿거나 성공의 가치를 두고 있지 않는다면 동기는 0이 된다는 뜻이다. 만약에 마크가 상장을 받는 것을 매우 좋아하지만 그렇게 하는 것을 원하지 않는다고 믿으면 그는 동기화되지 않을 것이다. 만약에 성공 기회가 실제로 높지만 상장 받는 것에 신경을 쓰지 않는다면 또한 동기화되지 않을 것이다. Wigfield(1995)는 자신들이 능력이 있고 학업적인 성공이 가치가 있는 것이라고 믿는 학생들의 신념이 그들의 성취를 예견하는 데 있어 그들 실제 능력보다도 훨씬 중요하다는 것을 알았다.

Atkinson(1964)은 어떤 특정 상황에서 지나치게 높은 성공 가능성은 동기를 약화시킬 수 있다는 것을 지적하면서 기대 이론에 중요한 관점을 덧붙였다. 만약 마크가 매우 능력이 있다면 그는 최선을 다할 필요 없이도 상장을 받는 것이 아주 쉬울 것이다. Atkinson(1958)은 성공의 가능성과 성공의 유인가 간에는 관계가 있다고 주장하면서 쉬운 과제에서의 성공은 어려운 과제에서의 성공만큼 가치가 있지는 않다고 예를 들어 설명했다. 그러므로 성공의 가능성이 알맞은 수준에서 동기가 최대가 될 것이다. 예를 들어 실력이 비슷한 두 테니스 선수는 아마도 최선을 다해 열심히 시합을 할 것이다. 실력이 비슷하지 않은 선수들은 열심히 시합하지 않을 것이다. 잘 못하는 선수는 이기기를 매우 원하지만 성공의 가능성이 너무 낮기 때문에 열심히 하지 않을 것이고, 더 실력이 나은 선수는 이겨도 별 가치가 없다고 보므로 최선의 노력을 하지 않을 것이다. Atkinson의 이론을 확인하는 것으로서 최근의 연구를 보

기대 이론

성취하기 위한 개인의 노력은 보상에 대한 기대에 달려 있다는 믿음을 기초로 한 동기 이론

기대-가치 모형

성공의 가능성과 유인가를 동기와 관련 짓는 이론

면 개인의 동기는 과제의 난이도가 증가함에 따라 증가하는데 이는 성공 가능성이 매우 낮거나 목표가 노력을 기울일 만한 가치가 없다고 결정하는 그 정도까지 증가하는 것으로 나타났다(DeBacker & Nelson, 1999). 이 연구와 또 다른 연구 결과들은 쉬운 과제들보다 적당히 어려운(그러나 불가능한 것이 아닌) 과제들이 학습과 동기를 위해 더 좋다는 것을 시사하고 있다(Brophy, 1999; Wigfield & Eccles, 2000).

기대 이론의 교육적 함의 기대 이론의 가장 중요한 함의는 학생들을 위한 과제가 너무 쉽지도 너무 어렵지도 않아야만 한다는 것이다. 어떤 학생들의 경우 그들이 어떻게 하든지 간에 A학점을 맞을 수 있다고 믿는다면 그들의 동기는 최대가 아닐 것이다. 마찬가지로 어떤 학생들이 그들이 어떻게 하든지 간에 확실히 실패할 것이라고 느낀다면 그들의 동기도 최소가 될 것이다. 그러므로 점수체제는 많은 학생들이 A를 맞는 것이 어렵다는 것을(그러나 가능하다고) 가능한 한 타당하게 여기도록 하고 그럼으로써 노력을 적게 한 학생들은 낮은 점수를 받게끔 해야 한다. 성공은 모든 학생들에게 도달 범위 안에 있어야만 하지만 쉽게 이룰 수 있는 것이어서는 안 된다.

성취 동기를 어떻게 높일 수 있는가

교육심리학에서 가장 중요한 동기의 종류 중 하나는 **성취 동기**(achievement motivation)(MeClelland & Atkinson, 1948) 또는 성공하기를 원하며 목표 지향적인 성공/실패 활동들을 선택하는 일반적인 경향성이다. 예를 들어 French(1956)는 복잡한 과제를 위해 함께 일할 상대를 선택하는 데 성취 동기화된 학생들은 과제에 능숙한 상대를 선택하는 경향이 있는 반면, 애정 동기화된 학생들은(사랑과 수용의 욕구를 표현하는) 친절한 상대를 선택하기 더 쉽다는 것을 발견했다. 실패를 경험하고 난 후조차도 성취 동기화된 학생들은 성취 동기가 낮은 학생들보다 더 오래 과제에 매달릴 것이며 그들의 실패가 과제의 난이도와 운과 같은 외적인 요인보다는 노력이 적었기(내적인 그러나 변화 가능한 조건) 때문이라고 여길 것이다. 다시 말하면 성취 동기화된 학생들은 성공하기를 원하고 기대한다. 그들이 실패했을 때는 성공할 때까지 2배의 노력을 한다(Weiner, 1992 참조).

성취 동기가 높은 학생들이 학교 과제에서 성공하는 경향이 있다는 것은 놀라운 것이 아니다(Stipek, 2006). 그러나 무엇이 무엇을 유발하는가는 확실하지 않다. 높은 성취 동기가 학교에서의 성공을 이끄는 것인가, 아니면 학교에서의 성공이(능력이나 다른 요인들 때문에) 높은 성취 동기로 이끄는 것인가? 초기에 성취 동기는 가족의 경험에 의해 큰 영향을 받지만(Turner & Johnson, 2003) 아이들이 학교에서 몇 년을 지낸 후에는 각기 서로 기여한다. 성공은 더 큰 성공에 대한 열망을 낳고, 이것이 다음의 성공을 낳는 것이다(Dotterer, McHale, & Crouter, 2009; Wigfield, Eccles, & Rodriguez, 1998). 반대로 성취 환경에서 성공을 경험하지 못한 학생들은 그러한 환경에서 성공하려는 동기를 잃는 경향이 있을 것이고 그들의 흥미를 다른 곳으로(아마도 사회 활동, 운동 또는 그들이 성공할 수 있는 비행 행위들) 돌릴 것이다. 성취 동기는 학년이 높아지면서 사라지는 경향이 있지만 이러한 경향이 초등학

성취 동기

성공이 개인의 노력과 능력에 달려 있는 활동에 참여하고 성공을 경험하고자 하는 열망

생들과 중 · 고등학교들에서의 특징 둘 다 때문에 나타난다(Dotterer et al., 2009; Hidi & Harackiewicz, 2000; Stipek, 2006).

■ 동기와 목표 지향

어떤 학생들은 동기가 **학습 목표**(learning goal)(또한 과제 또는 숙달 목표라고 한다)로 향해 있고 다른 학생들은 **수행 목표**(performance goal)로 향해 있다(Brophy, 2005; Harackiewicz, 2005; Pintrich, 2000). 학습 목표를 가진 학생들은 공부의 목표가 배우고 있는 기술에서 능력을 얻는 것으로 보는 반면, 수행 목표를 가진 학생들은 우선적으로 그들의 능력에 대한 긍정적인 판단을(그리고 부정적인 판단을 피하고) 찾는 데 쓴다. 학습 목표를 향해 애쓰는 학생들은 어려운 과목을 택하고 도전을 추구하기 쉽고, 수행 목표를 가진 학생들은 좋은 점수를 받는 데 초점을 두어서 쉬운 과목을 택하고 도전적인 상황을 피한다(Urdan & Mestas, 2006).

학습 목표 대 수행 목표　　학습 목표를 가진 학생들과 수행 목표를 가진 학생들은 전반적인 지능에서 다르지 않지만 그들의 수업 수행은 확연하게 다를 수 있다. 그들이 장애물을 만났을 때 수행 지향적인 학생들은 절망하는 경향이 있고 그들의 수행은 심각하게 방해받는다. 반면에 학습 지향적인 학생들은 장애물을 만나면 계속 노력하는 경향이 있으며 그들의 동기와 수행은 실제로 증가할 수도 있다(Pintrich, 2000; Schunk, 2005; Sins, va Joolingnen, Savelsbergh, & van Hout-Wolters, 2008). 학습 지향적인 학생들은 더 초인지적 또는 자기조절적인 학습 전략들을 사용하기 쉽다(Greene & Miller, Crowson, Duke, & Akey, 2004; Pajares, Britner, & Valiante, 2000; Radosevich et al., 2004; Usher & Pajares, 2008). 그들은 같은 능력을 가진 수행 지향적인 학생들보다 더 많이 배울 수 있다(Shih, 2005). 반면에 그들은 점수를 잘 받을 수 있는 것보다는 재미있는 것을 공부하는 데 초점을 맞추기 때문에 그들이 공부한 만큼 점수는 못 받을 수도 있다(Hulleman, Durik, Schweigert, & Harackiewicz, 2008; Senko & Miles, 2008). 자신들의 능력이 낮다고 인식하고 있는 수행 지향적인 학생들은 그들이 좋은 학점을 받을 기회가 거의 없다고 믿기 때문에 무기력 상태에 빠져들기 쉽다(Midgley & Urdan, 2001; Pajares, et al., 2000; Usjer & Pajares, 2008). 이런 학생들은 부정행위를 더 많이 하는 경향이 있다(Murdock & Anderman, 2006). 자신들의 능력이 낮다고 인식하고 있는 학습 지향적인 학생들은 다른 사람의 수행에 관심을 두지 않고 그들이 스스로 얼마나 많이 배울 수 있는가에 관심을 둔다(Fuchs et al., 1997; Thorkildsen & Nicholls, 1998). 불행하게도 학교생활을 하는 동안 학생들은 학습 또는 숙달 목표에서 수행 목표로 바뀌는 경향이 있다는 증거가 있다(Harackiewicz, Barron, Taue, & Carter, 2000; Stipek, 2002). 그러나 수업의 목표로 학습과 발달 능력(점수보다는)을 강조하는 교사들에게서 학생들은 더 나은 학습 결과를 얻을 수 있다는 증거도 있다(Maruyama & Elliot, 2009; Usher & Pajares, 2008, 2009).

학습 목표 대 수행 목표에 관한 연구의 가장 중요한 함의는 교사들이 학생들에게 점수보다는 학습이 학업의 목표라는 것을 확신시키기 위해 노력해야만 한다는 것이다(Anderman et al., 2001; Rayn & Patrick, 2001; Wentzel, 2000). 이것은 학생들이 공부하고 있는 교과

학습 목표

지식의 획득과 자기증진에 대한 열망에 의해 우선적으로 동기화되는 학생들의 목표. 완성 목표라고도 함

수행 목표

다른 사람들에게서 인정을 받고 좋은 성적을 맞으려는 열망에 의해 우선적으로 동기화되는 학생들의 목표

표 10.2 교실 분위기에 대한 성취 목표 분석

분위기 특징	숙달 목표	수행 목표
성공의 정의는…	개선, 진보	높은 점수, 높은 규범적인 수행
가치는 여기에…	노력/학습	규범적으로 높은 능력
만족의 이유는…	열심히 공부하고 도전하는 것	다른 학생보다 잘하는 것
교사의 지향하는 바는…	학생들이 어떻게 배우는가	학생들이 어떻게 수행하는가
잘못/실수에 대한 관점은…	학습의 부분	불안을 일으킴
주의 초점은…	학습의 과정	다른 학생들과 연관된 자신의 수행
노력하는 이유는…	새로운 것을 배우는 것	높은 점수, 다른 학생보다 수행을 잘하는 것
평가의 기준은…	절대적인 진보	규범적

출처 : C. Ames and J. Archer, "Achievement Goals in the Classroom," *Journal of Educational Psychology, 80,* p. 261.

내용들의 흥미로운 가치와 실제적인 중요성을 강조하고 점수와 다른 보상들을 덜 중요시함으로써 이루어질 수 있다. 예를 들어 교사가 "오늘 우리는 화산에 관해 배울 것이다. 내일 시험에서 잘할 수 있도록 주의해서 들어라."라고 말하기보다는 "오늘 우리는 화산의 격렬한 폭발의 원인이 되는 땅속 깊은 곳에서 일어나는 일을 배울 것이다."라고 말할 수도 있다. 지나치게 경쟁적인 점수와 유인체계는 특히 피해야만 한다. 학생들이 수업에서 성공의 척도는 오직 하나의 기준만이 있으며 오직 몇 명만이 이것을 성취할 수 있다고 생각하면 능력이 낮다고 생각하는 학생들은 미리 포기하기가 쉬울 것이다(Summers, 2006). 표 10.2(Ames & Archer, 1988 인용)에 숙달(학습) 목표를 가진 학생들과 수행 목표를 가진 학생들의 성취 목표 간의 다른 점을 요약했다. 연구들은 교실에서 사용하는 과제의 형태가 학생들이 수업 목표를 채택하는 데 강한 영향력을 가지고 있다는 것을 보여 준다. 도전적이고 의미 있으며, 실제 생활에 관련된 과제를 사용하는 것이 다른 과제들을 사용하는 것보다 학습 목표로 유도하기 쉽다(Cushman, 2006; Darling-Hammond & Ifill-Lynch, 2006). 표 10.3(Maehr & Anderman, 1993 인용)은 교사들이 학생들로 하여금 학습 또는 과제 목표를 증진시키기 위해 사용할 수 있는 전략을 요약한 것이다.

■ 학습된 무기력

실패를 회피하려고 하는 동기의 극단적인 형태를 **학습된 무기력**(learned helplessness)이라고 한다. 이것은 자신이 무엇을 하건 관계 없이 "내가 한 것은 아무것도 중요하지 않아."라고 하는 것처럼 비효과적이거나 실패할 운명이라는 인식이다. 학업환경에서 학습된 무기력은 "나는 바보니까 실패해. 이것은 내가 항상 실패할 것이라는 것을 의미해."와 같이 실패에 대한 내적이고 안정된 설명과 관련될 수 있다. 반복적으로 실패를 경험한 학생은 부정적 피드백으로부터 자신을 보호하기 위해 '방어 비관론'을 발달시키기도 한다(Martin, Marsh, & Debus, 2001).

학습된 무기력

경험을 바탕으로 어떤 행동들이라도 결국 실패할 것이라는 기대감

표 10.3 학습 또는 과제 목표를 증진시키기 쉬운 학교 및 교사의 정책

영역	목적	가능한 전략의 예
과제	• 학습 과제들 자체의 매력을 고양시킨다. • 학습을 의미 있게 만든다.	• 학생들의 배경 및 경험과 관련 있는 지도를 격려한다. • 출석, 성적, 성취에 대한 보상(돈 또는 다른 것)을 피한다. • 목표 세우기와 자기조절을 기른다. • 학습경험과 관련된 방과후 프로그램을 사용한다.
자율성/책임성	• 학생들이 선택하고 책임을 갖도록 최적의 자유를 제공한다.	• 과제를 주는 데 있어 대안을 준다. • 학생들에게 학교생활에 대한 평을 하게 하고, 그것을 진지하게 듣는다. • 학생들이 자신의 학습을 시작하고 평가하도록 용기를 주는 교수 프로그램들을 지원한다. • 모든 학생들에게 지도력의 기회를 제공한다.
인정	• 모든 학생들이 학습에서 인정을 받을 수 있는 기회를 제공한다. • 목표 달성에서 향상을 인정한다. • 도전 탐색과 혁신을 인정한다.	• 개인에게 가장 좋은 상을 발굴한다. • 상장에 대한 강조를 줄인다. • 학생들의 학교와 관련된 폭넓은 활동을 인정하고 알린다.
자원들	• 과제 목표의 중점을 고양시키는 전략들의 개발과 유지를 장려한다.	• 과제 목표 중점 내용과 맞게끔 직원에 의해 채택된 행동에 서명한다.
집단 만들기	• 모든 학생들을 수용하고 이해하는 환경을 조성한다. • 사회적 상호작용의 범위를 넓히며, 특히 위기에 있는 학생들에 중점을 둔다. • 사회적 기술의 발달을 조장한다.	• 협동 학습, 문제해결, 의사결정을 위한 기회를 제공한다. • 또래들의 상호작용을 위한 시간과 기회를 허용한다. • 중요한 상호교류가 일어날 수 있는 범위 안에서 하위 집단(팀, 학교 안의 학교 등)의 발달을 장려한다. • 또래들의 상호작용의 범위를 넓히기 위해 집단의 회원 자격을 다양하게 조장한다. • 능력 집단 학급을 줄인다.
평가	• 평가 및 보고 절차 • 표준화 검사의 사용과 연관된 실행 • 목표와 기준에 대한 정의	• 표준 평가 기준(예 : 성적, 시험 점수)에 대한 공개적 언급을 최소화함으로써 성취에 대한 사회적 비교의 비중을 줄인다. • 학생들의 수행을 향상시키기 위한(예 : 학습 기술, 수업) 그들에게 기회를 주는 정책과 절차를 세운다. • 학생들의 학습 진척을 보여 주는 점수화 및 보고 절차를 세운다. • 평가 과정에 학생들의 참여를 조장한다.
시간	• 학습 과제와 학생의 욕구에 맞추어 일정을 짜도록 허용한다. • 학습 과제에 집중적이고 의미 있는 참여를 위한 기회를 제공한다.	• 학생들에게 가능하면 언제든지 자신의 속도에 따라 향상시킬 수 있도록 허용한다. • 학습 경험의 일정을 세울 때 융통성을 조장한다. • 시간 사용에 대해 교사들에게 보다 많은 통제권을 준다. 예를 들어 시간 대역별 일정 등으로 학생들의 참여를 조장한다.

출처 : M. L. Maehr and E. M. Anderman, "Reinventing Schools for Early Adolescents," *The Elementary School Journal*, *93*(5), pp. 593-610.

학습된 무기력은 부모님이나 교사들의 일관성 없고 예측할 수 없는 보상과 벌의 사용에서생길 수 있다. 이것은 학생들에게 그들이 성공할 수 없다고 믿게 만드는 형태이다. 예를 들어 학습 장애가 있는 학생들은 다른 학생들보다 실패에 대해 무기력하게 반응하기 쉽다(Pintrich & Schunk, 2002). 교사들은 학생들에게 (1) 작은 단계로 나누어서 성공의 기회를 주고, (2) 즉각적인 피드백을 주고, (3) 가장 중요하게는 일관성 있는 기대와 실행 연습을 하게 함으로써 학습된 무기력을 예방하거나 완화할 수 있다.

적용해 보기

학습된 무기력을 극복하도록 학생들을 돕기

학습된 무기력의 개념은 학생들이 교사, 학교 경험, 또래, 그리고 학생 자신에게서 온 부정적인 피드백에 기초한 조건화된 과정을 통해 학업 실패자가 되었다는 이론에서 연유되었다. 많은 연구들은 학생들이 계속해서 실패하면 결국에는 포기한다는 것을 보여 준다. 그들은 무기력에 조건 형성된다.

초등과 중등 수준의 교사들은 귀인 훈련, 목표 재구성, 자아존중감 프로그램, 성공이 보증된 접근들, 그리고 긍정적인 피드백 체제 등을 포함하는 여러 가지 방법들로 무기력 징후를 막도록 도울 수 있다. 다음의 일반적인 원리들은 모든 학생들에게, 특히 실패를 받아들이는 경향을 보인 학생들에게 도움이 된다.

1. **긍정적인 것을 강조해라.** 학생들의 장점을 파악하고 건물 벽돌을 쌓듯이 이것들을 사용해라. 모든 학생들은 잘할 수 있는 어떤 것을 가지고 있다. 그러나 장점은 진실한 것이어야 한다는 것에 유의해라. 장점을 꾸며내지 말아라. 예를 들어 학생이 말하기를 좋아하지만 쓰는 것은 잘 못할 수도 있다. 학생에게 쓰기보다는 말하기로 숙제를 마치도록 해라. 자신감이 회복되면 천천히 쓰기를 도입해라.
2. **부정적인 것을 줄여라.** 학생의 약점을 가볍게 놀리지 마라. 그것들을 직접적으로 그러나 요령 있게 다루어라. 위의 예에서 쓰기 문제를 학생과 이야기해 보라. 그런 다음 학생에게 쓰기를 증진시킬 수 있는 계획을 세우도록 해라. 계획에 관해 토론하고 그 계획을 어떻게 실천할 것인지에 관해 약속을 해라.
3. **사전 계획 또는 발견의 유도 과정을 통해 잘 알고 있는 것에서 새로운 것으로 옮겨 가라.** 어떤 학생들은 그들이 잘 모르는 생각, 개념, 기술들로 어려움을 겪는다. 또한 학생들은 그들 자신의 경험과 연결된 과목을 더 잘 연관 짓는다. 예를 들어 고등학교 수학 교사는 녹음기를 살 때 부가가치세를 계산하는 것 같은 실제 생활에서 부딪칠 수 있는 수학 문제로 시작할 수도 있다. 더 나아가 교사는 학생들에게 그들이 학교 밖에서 접하는 수학 문제를 가져오라고 할 수 있다. 전체 학급이 학생들의 수학 문제를 해결하는 데 참여할 수도 있다.
4. **학생들이 활발하게 문제들을 제기하고 그들 자신의 지식과 기술을 사용해서 문제를 해결하는 도전을 하게끔 해라.**

■ 교사의 기대와 성취

수업 첫 시간에 엘하드 선생님은 출석을 불렀다. 곧 그는 친숙해 보이는 이름을 보았다. "웨인 클레멘트?"

"여기 있어요!"

"너의 형 이름이 빅터지?"

"예."

"나는 빅터를 기억해. 그 녀석은 성가신 놈이었지. 나는 너를 주시해 볼 거야!"

출석을 거의 다 불렀을 때 엘하드 선생님은 뒤에 앉아 있는 몇 명의 아이들이 속삭이기 시작하는 것을 보았다. "웨인! 내가 출석을 부르는 동안 조용히 하라고 했지. 듣지 않았어? 나는 너를 주시해야만 한다는 것을 알았다구."

이 대화는 교사들이 그들의 학생들에게 어떻게 기대를 만들 수 있는지 그리고 이 기대가 어떻게 자기 충족이 될 수 있는지를 보여 주고 있다. 엘하드 선생님은 웨인은 행동이 바르고 성실한 학생으로서 그의 형인 빅터하고는 전혀 다르다는 것을 모른다. 그러나 빅터와의 경험으로 엘하드 선생님은 웨인도 말썽을 부릴 것이라고 기대한다. 그가 몇 명의 학생들이 귓속말을 하자 야단을 치면서 지적한 것이 웨인이다. 웨인이 말썽꾸러기라고 스스로 확신을 하고 있다. 일련의 이러한 일이 있고 나면 우리는 엘하드 선생님이 웨인에게 부여한 역할을 웨인이 시작하리라고 기대할 수 있다.

학생에 대한 교사의 기대에 대한 연구는 일반적으로 학생들은 교사가 가진 기대(Hinnant, O' Brien & Ghazarian, 2009; Jussim & Harber, 2005; Rubie-Davies, 2007, 2008))에 부응하는 것으로 나타났으며, 특히 이것은 더 낮은 학년에서 그리고 교사가 학생들의 실제 성취 수준을 잘 알지 못하고 있을 때 그러하였다. 더 나아가 교사들이 학생에게 높은 기대를 갖는 학교의 학생들이 다른 학교의 학생들보다 훨씬 더 많이 성취한다는 확증이 있다(Marks, Doane, & Secada, 1998). 물론 학생 자신이 스스로에게 가지는 기대도 최소한 그들 교사의 기대만큼이나 중요하다. 한 연구에서는 자기 지각이 현재의 수행보다 더 높은 학생들은 후에 성적이 향상되는 경향이 있는 반면, 자기 수행보다 자기 지각이 낮은 학생들은 성적이 떨어지는 경향이 있다는 것이 드러났다(Anderman, Anderman & Griesinger, 1999).

긍적적인 기대로 대화하기 학생들이 배울 수 있다는 기대를 그들에게 알려 주는 것은 교사들에게 중요하다. 반대로 말하는 것은 — 어떤 학생은 배울 수 없다고 하는 — 분명히 좋지 않은 생각인데 소수의 교사들은 명백히 그렇게 한다. 교사들이 학생들에 대한 긍정적인 기대를 말할 수 있는(아니면 부정적인 기대를 피하는 것) 몇 가지 함축적인 방법이 있다.

1. **학생들이 반응하는 것을 기다려라.** Rowe(1974)와 몇몇 연구자들은 교사들이 다른 학생들보다 높은 기대를 가지고 있는 학생들의 대답을 더 오래 기다린다는 것에 주목하였다. 시간을 더 오래 기다려 준다는 것은 높은 기대가 있다는 것을 말해 주는 것이고 학생의 성취를 증가시킨다(Tobin, 1987).
2. **학생들 사이에 불필요한 성취 비교를 피해라.** 평가 결과와 점수들은 공개되는 정보가 아니며 교사와 학생들 사이에 개인적인 일이어야만 한다. 학생들은 보통 누가 학교에서 잘

연결해서 더 보기
학생들의 집단 편성에 대해서는 제9장을 참조하시오.

하고 누가 못하는지를 알지만 교사들은 가장 능력 있는 학생들만이 아니고 모든 학생들에게 여전히 성공적으로 배울 수 있다는 기대를 이야기할 수 있다(Weinstein, Madison, & Kuklinski, 1995).

3. **모든 학생들에게 공평하게 대해라.** 모든 성취 수준에 있는 학생들에게 공평하게 자주 전화하여 그들과 같은 양의 시간을 보내라. 특히 편견에 조심하라.

■ 불안과 성취

불안은 교육의 영원한 동반자이다. 모든 학생들은 학교에 있는 동안 가끔 불안을 느낀다. 그러나 어떤 학생들에게는 불안이 학습이나 수행에, 특히 시험에 심각하게 방해가 된다(Cassady & Johnson, 2002).

학교에서 불안의 주요 원천은 실패에 대한 두려움이며 이것 때문에 자존감을 상실한다(Pintrich & Schunk, 2002). 낮은 성취자들은 특히 학교에서 불안을 느끼기 쉽지만 오직 그들만이 불안을 느끼는 것은 아니다. 우리 모두는 또한 매우 불안해하면서도 매우 능력 있고 성취도가 높은 학생들을 안다. 이들은 어떤 학교 과제이건 조금이라도 완전하지 못하면 두려워하기까지 한다.

불안은 여러 가지 방법들로 학교 수행을 방해할 수 있다. 불안한 학생들은 우선 학습하는 데 어려움이 있고, 그들이 가진 지식을 활용하거나 전이하는 데, 그리고 시험에서 자신들의 지식을 발휘하는 데 어려움을 가지고 있다(Bandalos, Yates, & Thorndike-Christ, 1995). 불안한 학생들은 수행 환경에서 지나치게 수줍어하기 쉬운데 이것은 지금 당면한 과제의 주의를 흩뜨린다(Tobias, 1992). 약한 불안의 가장 공통적인 형태가 수학 불안이다. 많은 학생들은(어른들도) 수학 문제가 주어지면 곧바로 얼어버리는데, 특히 단어 문제에서도 그렇다(Everson, Tobias, Hartman, & Gourgey, 1993).

연결해서 더 보기
시험 불안이 있는 아동들에게 시험 치는 기술을 훈련시키도록 고안된 프로그램들이 제13장에서 논의되었다.

Frank Siteman

최근에 어려운 시험과 성취도에 초점을 맞추다 보니 학생들과 행정가들, 그리고 교사들이 시험 결과에 걱정을 하게 되었다. 당신은 학생들에게 그러한 압박감을 완화시켜 주기 위해 무엇을 할 수 있는가?

교사들은 학습과 수행에 미치는 불안의 부정적인 영향을 감소시키기 위해 여러 가지 전략을 적용할 수 있다. 수용적이고 편안하며 경쟁적이지 않은 수업 분위기를 만드는 것은 분명히 도움이 된다. 학생들에게 결과물을 제출하기 전에 잘못된 것을 고치거나 개선할 수 있는 기회를 주는 것 또한 분명하고 모호하지 않은 지도를 할 때처럼 불안한 아동에게 도움이 될 수 있다(Wigfield, Eccles, 1989). 시험 상황에서 교사들은 불안한 학생들이 최선을 다할 수 있도록 돕기 위해 여러 가지를 할 수 있다. 학생들에게 문제 풀기를 끝마치고 답을 점검할 수 있는 충분한 시간을 줌으로써 학생들이 시간의 압박을 피할 수 있다. 쉬운 문제들로 시작해서 점점 어려운 문제로 가는 시험이 불안한 학생들에게는 더 좋다. 표준적이고 단순한 형식을 요구하는 시험이 그러한 학생들에게 도움이 될 수 있다. 시험 불안 아이들에게 시험 치는 기술과 이완 기술을 훈련시킬 수 있고, 이것은 아이들의 시험 수행에 긍정적인 영향을 줄 수 있다(Spieberger & Vagg, 1995).

학생들의 학습 동기를 어떻게 향상시킬 수 있는가

학습하려면 공부를 해야 한다. 기원전 300년경에 살았고 처음으로 기하학 교과서를 쓴 그리스의 수학자 Euclid에게 왕이 자신은 매우 바쁘니 기하학을 배울 수 있는 지름길이 있는가를 물었다. Euclid는 "죄송합니다. 그러나 기하학에는 왕도가 없습니다."라고 대답했다. 이것은 다른 모든 과목에서도 맞는 말이다. 학생들은 어느 과목이건 공부를 한 만큼 얻는다.

이 장의 남은 부분에서는 학생들이 학습에 필요한 노력을 하도록 동기화시킬 수 있는 방법들을 논의한다.

"학교 위원회는 교사들의 월급을 올리지 않기로 결정했습니다. 우리는 교사들의 내적 동기를 손상시키고 싶지 않습니다."

■ 내적 그리고 외적 동기

때때로 공부 과정이 학생들에게 매우 매력적이고 유용하기 때문에 그들은 교과 내용 자체에 대한 흥미 외의 다른 유인가가 없음에도 교과 내용들을 배우는 데 요구되는 공부를 기꺼이 하려고 한다. 예를 들어 많은 학생들은 자동차 수리나 사진 촬영 과정을 즐거이 택하며 그 과정이 학점이나 점수가 없음에도 열심히 공부한다. 이 학생들에게는 재미있는 과목 그 자체가 학생들이 배우고자 동기화시키는 충분한 **내적 유인가**(intrinsic incentive)를 가지고 있다. 다른 학생들은 곤충, 공룡 또는 역사적으로 유명한 사람과 같은 특별한 주제에 관해 배우는 것을 좋아하며 이 공부에는 격려나 보상이 거의 필요 없다(Gottfried & Fleming, 2002; Schraw, Flowerday, & Lehman, 2001). 강한 '미래 전망'을 가지고 있는 학생들은(예를 들어 미래에 그들에게 이익이 될 것들을 지금 하려고 하는) 보통 즉각적인 유인가가 없을지라도 특히 배우는 데 동기화되어 있다(Husman & Lens, 1999).

그러나 간단히 말하면 학교에서 배워야만 하는 것들의 많은 부분은 학생들에게 본래 재미가 없거나 유용하지 않다. 학생들은 매년 900시간의 수업을 받으며 내적 흥미만으로 날이면 날마다 학생들을 열정적으로 공부하게 할 수는 없다. 특히 학생들의 내적 동기는 보통 초등학교에서 중등학교로 가면서 줄어든다(Gottfried & Fleming, 2001; Sethi, Drake, Dialdin, & Lepper, 1995). 또한 내적 동기는 매 학년도의 과목에서도 줄고 있다(Corpus,

내적 유인가

사람들이 즐거워하고 그래서 동기화된 행동의 방향

McClintic-Gilbert, & Hayenga, 2009). 이 이유 때문에 다양한 **외적 유인가**(extrinsic incentive)를 활용하는데 이것은 학습에 대한 보상으로서 공부하는 자료에는 없는 것이다(Brophy, 1998). 외적 보상은 칭찬에서부터 점수, 인정, 상 또는 다른 보상에까지 이른다.

이 장의 도입부에 제시한 이야기에서 루이스 선생님은 내적 그리고 외적 동기를 향상시키려고 노력했다. 그의 제헌회의 모의 실험을 통해 주제에 대해 학생들의 내적 흥미를 불러일으키고자 의도하였고, 학생들의 발표에 점수를 매기고 각 수업의 마지막에 피드백을 준 것은 외적 동기를 제공하기 위한 의도였다.

동기에 대한 보상의 영향에 관한 Lepper의 실험 동기에 관한 연구에서 중요한 의문은 외적 보상을 제공하는 것이 내적 흥미를 감소시키는지 여부에 관한 것이다. 이 주제를 탐구하기 위한 고전적인 실험에서 Lepper와 동료들(1973)은 취학 전 아동에게 메직펜으로 그림을 그리는 기회를 주었는데 그들 대부분은 아주 열심히 하였다. 그런 다음 연구자들은 무작위로 아동들을 세 집단으로 나누었다. 한 집단에게는 방문자를 위해 그림을 그리면 보상을 받을 것(잘 그리는 사람에게 주는 상)이라 말했고, 다른 한 집단에게는 갑자기(아동들의 그림과 관계없이) 똑같은 보상을 준다고 말했고, 또 다른 한 집단은 보상을 주지 않는다고 말했다. 4일 동안 관찰자는 아동들의 자유놀이 활동을 기록했다. 그림으로 보상을 받았던 아동들은 갑자기 보상을 받았던 아동들과 보상을 받지 못했던 아동들이 메직펜으로 그림을 그리는 시간보다 반 정도의 시간만 그렸다. 저자들은 내적으로 흥미 있는 활동에 대해 외적 보상을 약속하는 것이 아동들로 하여금 전에는 단순히 재미로 했던 것을 보상을 기대하게 유도함으로써 내적 흥미가 훼손되었다고 설명했다. 후의 연구에서(Greene & Lepper, 1974)는 아동들에게 그들이 관찰될 것이라고(일방경을 통해) 말하는 것만으로도 약속된 보상의 효과와 비슷한 훼손 효과가 있다는 것이 밝혀졌다.

보상이 내적 동기를 없애는가 이러한 연구들의 결과를 이해하는 데 있어 연구의 조건을 다시 상기하는 것이 중요하다. 연구의 대상으로 선택된 학생들은 매직펜을 사용하는 데 내적 흥미를 보인 아동들이다. 흥미를 보이지 않은 아동들은 실험에서 제외되었다. 또한 매직펜으로 그림을 그리는 것은 대부분의 학교 과제들과 다르다. 많은 아동들은 집에서 그림 그리는 것을 좋아한다. 그러나 독립적으로 문법과 구두점을 공부하고, 수학 문제를 풀고 또는 화학 원소의 원자가를 배우는 아이들은 거의 없으며 학교 과목에 가장 흥미를 가지고 있는 아이들조차 그러하다. 더 나아가 우리의 가장 창조적이고 자기 동기화된 과학자들의 다수는 학생으로서 점수, 과학경연대회의 상, 과학 분야의 장학금 등으로 강하게 강화를 받았고, 모든 성공적인 예술가들은 사실상 어느 단계에서 예술적인 활동에 참여함으로써 강화를 받았다. 빌 코스비는 그의 어릴 적 이야기하는 것을 좋아한 것은 할아버지 덕분이었다고 말했는데 그의 할아버지는 그에게 성경에 있는 이야기를 해 주면서 그가 잘 들으면 양말 속에서 동전을 꺼내주셨다. 이 강화물들은 확실히 이야기를 하거나 이야기 듣는 것에 내적인 흥미를 손상시키지 않았다. 학교에서 하는 것 같은 과제물들을 하는 더 큰 학생들에 관한 연구에서는 일반적으로 Lepper와 동료들(1973)의 실험 결과가 재연되지 않았다(Cameron & Pierce, 1994, 1996; Eisenberger & Cameron, 1998). 실제로는 보상들을 활용하는 것이 내적 동기

외적 유인가

인정과 좋은 점수와 같은 행동에 대한 외적인 보상

를 증가시켰으며, 특히 보상이 단지 활동에 대한 단순한 참여가 아니라 수행의 질과 관련이 있을 때(Cameron, Pierce, Banko, &Geaar, 2005; Lepper, 1983; Ryan & Deci, 2000), 보상이 능력을 인정하는 것으로 여겨질 때(Rosenfield, Folger, & Adelman, 1980), 문제의 과제가 매우 흥미롭지 않을 때(Morgan, 1984), 또는 보상이 물질적인 것보다는 사회적인 것(예를 들어 칭찬)일 때(Cameron, 2001; Cameron & Pierce, 1994; Ryan & Deci, 2000)그러하다. Cameron(2001)은 외적 보상이 내적인 흥미를 손상시키는 상황을 다음과 같이 요약했다. "과제가 너무 흥미로울 때, 보상들이 확실하고 미리 제공되었을 때, 그리고 보상들이 과제의 성공이나 수행의 어떤 구체적인 수준에 대한 것과 관계없이 주어질 때 부정적 효과가 나타난다"(p. 40). Bandura(1986, p. 246)는 이러한 조건 설정은 편협하다고 설명하면서 "보상은 사람들이 어떻게 행동하는가에 관계없이 막 주어지는 경우가 거의 없기 때문에 큰 사회적 중요성이 없다."고 하였다. 그러나 Deci, Koestner와 Ryan(2001)은 동기에 긍정적 또는 중성적인 영향을 가지고 있는 여러 가지 형태의 외적 보상들이 많이 있다는 것을 앎에도 불구하고 "동기 전략으로 보상을 사용하는 것은 분명히 위험한 제안이며 우리는 학생들의 흥미를 끌고 자기조절의 발달을 지지할 교육적 실천 방안을 생각하는 것에 대해 논쟁을 계속 한다."고 주장한다(Deci, Koestner, & Ryan, 2002, p. 50).

내적 동기에 대한 외적 보상의 효과에 관한 연구들은 학생들이 보상 없이 하려는 과제를 하는 데 물질적 보상을 사용하는 것에 대해 주의할 것을 권고한다(Lepper, 1998; Ryan & Deci, 2000; Sansone & Harackiewicz, 2000 참조). 교사들은 그들이 가르치는 모든 것을 가능한 한 내적으로 흥미를 가질 수 있도록 시도해야만 하고, 필요하지 않을 때는 물질적인 보상을 주는 것을 피해야만 하지만, 외적 보상이 필요할 때는 이것을 사용하는 것을 억제해서는 안 된다(Ryan & Deci, 2000). 가끔 외적 보상은 학생들이 학습활동을 시작하게 하기 위해 필요하기도 하지만 학생들이 학습활동을 즐기게 되고, 이것을 계속 이어나감에 따라 단계적으로 없애버릴 수 있다(Stipek, 2006). 또한 어떤 주어진 수업에서 주어진 활동을 하는 데 내적으로 동기화된 학생들도 있고 그렇지 못한 학생들도 있다는 것을 기억해라. 모든 학생들이 배우는 것을 확실히 하기 위해 전략적으로 외적 · 내적 동기 요인 모두를 사용하는 전략이 필요하다.

■ 내적 동기를 향상시키기

교실 수업은 가능하면 많이 내적 동기를 향상시켜야만 한다. 외적 유인가들이 동시에 사용되었는지 여부에 관계없이 내적 동기를 증가시키는 것은 항상 학습에 도움이 된다(Covington, 1999; Vansteenkiste, Lens, & Deci, 2006). 이것은 교사들은 그들이 가르치는 자료들에 학생들이 흥미를 가지게끔 노력해야 하고 그런 다음 자료 자체에 관한 학생들의 호기심을 동시에 증가시키고 또 만족시키는 매력적인 방법으로 이것을 가르쳐야만 한다는 것을 의미한다. 이것을 실현하는 몇 가지 방법에 대한 논의는 다음과 같다(Brophy, 1999, 2008; Burden & Byrd, 2003; Covington, 1999; Stipek, 2006 참조).

흥미 일으키기 학생들에게 곧 가르칠 자료들의 중요성과 흥미의 수준에 대한 확신을 주고(가능하다면) 얻어지는 지식이 학생들에게 얼마나 유용할 것인가를 보여 주는 것이 중요하다(Bergin, 1999; Brophy, 2008; Tomlinson, 2002). 예를 들어 백분율을 배우는 데 있어 내적 동기는 수업을 다음과 같이 소개함으로써 증가될 수 있다.

> 오늘 우리는 백분율에 관한 수업을 할 것입니다. 백분율은 우리 일상생활에서 중요한 것입니다. 예를 들어 당신이 상점에서 무엇인가를 사고 점원이 부가가치세를 계산할 때 점원은 백분율을 사용합니다. 우리가 웨이터나 웨이트리스에게 팁을 남길 때 우리는 백분율을 사용합니다. 우리는 종종 뉴스에서 "물가가 작년에 비해 7%나 올랐습니다."라는 것을 듣습니다. 몇 년 이내에 여러분 대부분은 여름방학에 일을 하게 될 것이고 이것이 돈을 다루는 일이라면 여러분들은 아마도 항상 백분율을 사용할 것입니다.

연결해서 더 보기
학생이 창조적인 문제해결과 다른 구성주의적 접근에 대해 갖는 흥미의 중요성이 제8장에서 논의되었다.

수업 자료들을 학생들의 문화에 연관시킨 예들을 들면서 수업을 소개하는 것은 특히 효과적일 수 있다. 예를 들어 많은 라틴계 어린이들과 함께 하는 수업에서 천문학을 소개하는데 교사는 "몇천 년 전에 멕시코와 중앙아메리카에 살던 사람들은 미래의 몇 세기 동안 달과 별들의 움직임을 정확하게 예측할 수 있는 달력을 가지고 있었습니다. 그들은 이것을 어떻게 만들었을까요? 오늘 우리는 행성, 달, 별들이 예측할 수 있는 경로를 따라 어떻게 움직이는지 배울 것입니다."라고 말할 수 있다. 이러한 설명의 목적은 학생들에게 곧 배울 수업에 관한 호기심을 불러일으켜서 배우고자 하는 내적 동기를 향상시키고자 함이다 (Vacca, 2006).

학생들의 내적 흥미를 향상시키는 다른 방법은 학생들로 하여금 무엇을 배울 것인지 혹은 그것을 어떻게 공부할 것인지에 관해 어느 정도 선택의 여지를 주는 것이다(Cordova & Lepper, 1996; Stipek, 2006). 선택하는 것이 동기를 부여하는 데 무제한일 필요는 없다. 예를 들어 학생들에게 과거 아테네 또는 스파르타에 관해 쓰도록, 아니면 혼자서나 짝을 지어서 쓰도록 하는 선택이 주어질 수도 있다.

호기심 유지시키기 노련한 교사는 수업 과정에서 더욱 호기심을 불러일으키거나 유지시키기 위한 다양한 방법을 사용한다. 예를 들어 과학 교사들은 학생들을 놀라게 하거나 당황하게 하는 시범을 자주 보여 주어서 학생들이 이유를 궁금해하게끔 유도한다. 물에 떠 있는 동전으로 학생들이 액체의 표면장력에 관한 호기심을 갖도록 만든다. 알코올-물 용액으로 적신 1달러 지폐를 '태우기'는(지폐를 손상하지 않고) 확실히 연소 열에 관한 호기심을 증가시킨다. Guthrie와 Cox(2001)는 과학 활동에서 학생들에게 실제로 해 보는 경험을 제공하는 것이 관련된 주제에 관해 책으로부터 배우는 것을 크게 증가시키고 더 많은 동기를 부여한다는 것을 밝혔다.

덜 극적이지만 학생들이 현재 가지고 있는 지식으로 해결할 수 없는 문제로 학생들을 놀라게 하거나 도전하게 하는 것도 호기심을 불러일으킬 수 있다. 그러므로 이것은 내적 동기이다(Bottge, 2001 참조). 영국에 있는 7학년 교사가 분수에 관한 수업을 하는 데 이 원리를 사용하였다. 먼저 그는 학생들에게 8/13과 12/20을 한 번 나누고 또 한 번 나누도록 하였다. 짝이 되어 공부한 학생들은 즉시 4/13과 2/13, 6/20과 3/20이라고 답하였다. 그리고 교사는 학생들에게 13/20을 제시하였다. 주저하는 순간이 지나고 학생들은 6 1/2/20과 3 1/4/20이라고 하였다. "야 이것 참! 이 모든 분수 속의 분수는 나를 불안하게 해! 이것을 할 수 있는 다른 방법은 없을까?"하고 교사가 말했다. "반올림해요?" 한 학생이 제안했다. "소수를 사용할까요?" 다른 학생이 제안했다. 마침내 많은 토론과 논쟁을 하고 난 후 학생들은 답, 즉 13/40

과 13/80을 찾기 위해 분수에 관한 그들의 지식을 사용할 수 있다는 것을 알았다. 학생들에게 익숙한 형태로 만들었다가 그 형태를 깨뜨리자 학급 전체가 흥분했고 참여하게 되었으며, 그들에게 질문을 하게 한 것은 처음부터 계산법을 그냥 가르친 것보다 훨씬 더 효과적이었다. 학생들이 현재 알고 있는 것에 도전하는 방법들은 학생들이 전혀 생각하지 못했던 주제에 관해 강력한 호기심을 갖게 만든다.

연결해서 더 보기
학생이 수업 내용과 발표에 대해 갖는 흥미의 중요성은 제7장에서 논의되었다.

재미있는 발표 형식의 다양성 활용하기 어떤 것을 배우는 데 있어서 내적 동기는 재미있는 자료의 사용은 물론이고 발표 형식의 다양성에 의해서도 향상될 수 있다. 예를 들어 교사들은 영화, 초청 인사, 시범 등을 교대로 사용함으로써 주제에 대한 학생들의 흥미를 유지할 수 있다. 물론 이 방법들을 사용할 때는 과목의 목적에 초점을 맞추고 다른 방법에 대해 보완적이 되게끔 하기 위해 신중하게 계획을 세워야 한다. 컴퓨터를 사용하는 것도 학습하는데 대부분 학생들의 내적 동기를 향상시킬 수 있다(Lepper,1985). 자료들을 재미있게끔 만드는 요소들은 정서적인 자료(예 : 위험, 성, 돈, 비통, 재난), 추상적인 예들보다는 구체적인 예, 원인과 결과의 관계 그리고 분명한 조직화 등을 활용하는 것이다(Jetton & Alexander, 2001; Schraw et al., 2001; Wade, 2001).

과목에 흥미를 증가시키는 가장 좋은 방법의 하나는 게임이나 모의 실험을 사용하는 것이다. 모의 실험 또는 역할극은 학생들이 역할을 맡아서 그 역할에 적절한 활동에 참여하는 연습이다. 루이스 선생님은 학생들에게 제헌회의를 가르치기 위해 모의 실험을 사용했다. 연방정부의 여러 측면을 해 보는 프로그램들이 있는데, 예를 들어 학생들은 그들 주민들의 이익을 만족시키기 위해 협상하고 투표권을 행사하는 입법자로서 또는 작은 경제를 움직이는 경제 활동가(농부, 생산자, 소비자)로서의 역할을 한다. 창조적인 교사들은 자신들이 스스로 고안한 모의 실험을 오랫동안 사용해 왔다. 예를 들어 교사들은 학생들에게 학생들 자신의 신문을 쓰게 하고 상품을 설계하고 만들어서 판매하며, 또는 은행을 설립하고 운영하는 것을 하게 한다.

이 학생은 예술 프로젝트에 관해 배우는 데 내적 유인가를 가지고 있다. 교사로서 어떻게 그녀의 동기를 유지시키고 확장시킬 수 있는가? 그 과제에 내적 가치를 가지고 있지 않는 학생에게 어떻게 같은 과제를 가르칠 수 있는가?

Shutterstock

모의 실험의 장점은 과목에 관해 교실 안에서 배우도록 한다는 점이다. 비록 모의 실험의 활용(Van Sickle, 1986 참조)에 관한 연구에서는 개념과 사실들을 전통적인 교수 방법으로 가르치는 것 보다 모의 실험들이 통상적으로 더 효과적이지 않다는 것이 알려졌지만, 학생들의 흥미, 동기 그리고 정서적인 학습을 증가시킨다는 것이 연구 결과에서 일관되게 확인되고 있다(Dukes & Seidner, 1978). 모의 실험은 분명히 과목의 다른 정서적 지식을 제공하고 있다.

모의 실험이 아닌 게임들도 또한 주어진 과목을 배우는 데 동기를 증가시킬 수 있다. 철자 시합은 모의 실험이 아닌 게임으로 잘 알려진 예이다. 팀-게임-토너먼트, 또는 타깃(TGT)(Slavin, 1995a)은 어떤 과목에서도 적용될 수 있는 게임들을 사용한다. 팀 게임들은 보통 개인 게임들보다 낫다. 협동 학습(제8장을 기억하면서) 같은 팀 게임은 팀 동료들에게 서로 도울 수 있는 기회를 제공하며, 더 능력 있는 학생들이 항상 이기게 되어 있는 개인 게임의 문제점도 피할 수 있다. 실력이 다양한 학생들로 여러 팀을 구성하면 모든 학생들이 성공할 수 있는 좋은 기회를 가지는 것이다.

학생들이 자신의 목표를 세우도록 돕기 동기의 기본적인 원리의 하나는 그들을 위해서 다른 사람이 설정한 목표보다는 자신 스스로 설정한 목표를 이루기 위해 더 열심히 한다는 것이다(Ryan & Deci, 2000). 예를 들어 한 학생이 집에서 최소한의 몇 권의 책을 읽기로 정하거나 다가오는 시험에 목표 점수를 정할 수 있다. 다음 목표 설정 회의에서 교사는 학생들이 달성한(또는 달성에 실패한) 목표와 다음 주의 새로운 목표 설정을 논할 수 있다. 이 회의 동안 교사는 학생들이 야심차지만 현실적인 목표를 세우는 것을 학습하도록 도울 수 있으며 학생들에게 목표를 세우고 나서 달성하는 것을 칭찬할 수도 있다. 이러한 종류의 목표 설정 전략은 학생들의 학업 성취와 자기 효능감을 높이는 것으로 알려져 있다(Page-Voth & Graham, 1999; Shih & Alexander, 2000). 마찬가지로 비록 선택하는 것이 두 대안들 사이에서 망설여지고 있을지라도 학생들이 선택한 활동에 참여하는 것이 훨씬 동기화가 된다는 증거들이 많이 있다(Patall et al., 2008; Vokoun & Bigelow, 2008).

■ 학습에 있어 외적 유인가를 제공하기 위한 원리

교사들은 학습 자료들을 배우고자 하는 학생들의 내적 동기를 향상시키기 위해 항상 노력해야 하지만 동시에 학습을 위한 외적 유인가들에 관해서도 신경을 써야만 한다(Brophy, 2008; Hidi & Harackiewicz, 2000). 모든 과목들이 모든 학생들에게 내적으로 흥미가 있는 것이 아니기 때문에 학생들은 어려운 과목을 숙달하는 데 필요한 공부를 열심히 하도록 동기화되어야만 한다. 다음 절에서는 학생들이 학업 자료를 배우는 데 동기화되도록 도울 수 있는 다양한 유인가들에 관해 논의할 것이다.

명확한 기대를 표현하기 학생들에게 그들이 무엇을 해야 하는지, 어떻게 평가될 것인지, 성공의 결과가 무엇인지를 정확하게 알릴 필요가 있다. 특정 과제들에서 학생들이 실패하는 것은 상당 부분 자신들이 무엇을 하도록 요구받고 있는지에 대한 혼동에서 기인한다(Anderson et al., 1985; Brophy, 2008 참조). 기대를 명확하게 이야기하는 것은 중요하다. 예를 들어 교사가 다음과 같이 쓰기 숙제를 내준다.

> 오늘 너희들 모두에게 토마스 제퍼슨이 오늘날의 미국 정부에 관해 어떻게 생각할지에 대한 보고서를 쓰도록 하고 싶다. 너희들의 보고서는 두 쪽 정도 되어야 하고, 그 내용은 나라를 세운 사람들에 의해 수립된 정부 계획과 오늘날 정부가 실제로 운영되고 있는 방법을 비교 대조한 것이어야 한다. 제퍼슨 시대의 미국 정부와 현 정부의 구조와 기능상의 같은 점과 다른 점을 설명하는 너희들의 능력은 물론 문장의 명확성과 독창성을 바탕으로 평가될 것이다. 이것은 너희들의 6주간 학점의 중요한 부분이 될 것이므로 모두 최선을 다하길 바란다!

교사가 학생들에게 무엇을 써야 하고, 얼마만한 분량이어야 하며, 어떻게 평가할 것인지, 그리고 이것이 학생들의 점수에 얼마나 중요한 것인지에 관해 분명하게 전달하는 것에 유의해야 한다. 명확성은 좋은 보고서를 쓰기 위한 방향으로 노력을 하면 결과가 있을 것이라는 확신을 학생들에게 주게 된다. 만약 교사가 "너희들 모두에게 토마스 제퍼슨이 오늘날의 미국 정부에 관해 어떻게 생각할지에 대해 보고서를 쓰도록 하고 싶다."라고만 말했다면 학생들은 잘못된 것을 쓰거나, 너무 길게 또는 너무 짧게 쓰거나, 아마도 정부를 비교하는 측면보다도 '제퍼슨이 현재 살아 있다면'이라는 측면을 강조할지도 모른다. 학생들은 내용에 비해 문장의 구조에 교사가 얼마나 중요성을 더 부여할지에 대해서도 잘 모르게 된다. 최종적으로 학생들은 그들의 노력이 어떻게 평가될지 알 방법이 없고, 교사가 점수를 매길 때 보고서에 얼마나 중점을 둘지에 대해서도 알지 못한다.

Graham, MacArthur와 Schwartz(1995)의 연구에서는 구체성의 중요함을 보여 준다. 낮은 성취를 보여 주는 5~6학년 학생들에게 "(너의 보고서를) 더 잘 써라."라든가 "너의 보고서에 적어도 세 가지 이상의 정보를 덧붙여 써라."라고 보고서를 수정하도록 요구하였다. 더 구체적인 지시를 받은 학생들은 그들에게 요구되는 것이 정확하게 무엇인지를 알았기 때문에 더 좋고 보다 긴 수정본을 작성하였다.

연결해서 더 보기
피드백은 제7장과 제12장에서도 논의되었다.

명확한 피드백을 제공하기 **피드백**(feedback)이라는 단어는 개인의 노력의 결과에 대한 정보를 의미한다. 이 용어는 이 책에서 학생들이 자신의 수행에 관해 받는 정보와 교사들이 그들의 지도 효과에 대해 얻은 정보를 가리키는 것으로 사용하고 있다. 피드백은 유인가로서 사용될 수 있다. 피드백에 관한 연구에서는 개인의 행동의 결과에 대한 정보를 제공하는 것이 어떤 상황에서는 적절한 보상이 될 수 있다는 것으로 나타났다(Gibbons, Duffin, Rovertson, & Thompson, 1998). 그러나 효과적으로 동기를 주기 위해서는 피드백이 명확하고 구체적이어야 하며 수행 직후에 주어져야만 한다(Hattie & Timperley. 2007). 이것은 모든 학생들에게 중요하지만 특히 어린 학생들에게 중요하다. 예를 들어 잘한 일을 칭찬할 때 그 학생이 무엇을 잘했는지 구체적이어야만 한다.

- "잘했어! 연습 문제지에 있는 단어들을 찾기 위해 사전에의 표제어를 사용한 방법이 좋구나."
- "나는 네 답변이 마음에 드는구나. 이것은 내가 자유와 책임에 관해 말해 왔던 것을 네가 생각해 오고 있었다는 것을 보여 주는구나."
- "이것은 정말 훌륭한 에세이야. 네가 제기하려고 하는 주장의 내용으로 시작하고 그런 다음 관련된 정보로 주장을 뒷받침했어. 또한 구두점 표시와 단어 선택에 주의를 기울인 것도 좋구나."

구체적인 피드백은 정보적이고 동기부여적이다(Kulhavy & Stock, 1989). 이것은 학생들이 한 것이 옳은가를 알려 줌으로써 그들이 다음에 무엇을 해야 하는지 알게 할 것이고, 학생들이 성공을 위해 노력을 토대로 하는 귀인을("너는 열심히 공부했기 때문에 성공했다.") 하도록 돕는다. 반대로 학생들이 아무 설명도 없이 칭찬을 받거나 좋은 점수를 받는다면 그들은 이 피드백에서 성공하기 위해 다음에 무엇을 해야 하는지 배울 가능성이 거의 없고 능력 귀인("나는 똑똑하기 때문에 성공했다.") 또는 외적 귀인("교사가 나를 좋아하기 때문에, 과제가 쉬웠기 때문에 또는 운이 좋았기 때문에 성공했음에 틀림없어.")을 형성하게 될 것이

피드백
개인의 노력의 결과에 대한 정보

다. 이 장의 앞에서 말한 것처럼 노력 귀인들이 동기를 계속 유지하는 데 가장 큰 공헌을 한다(Pintrich & Schunk, 2002). 마찬가지로 실수 또는 실패에 관한 피드백도 수행 그 자체(학생의 일반적인 능력이 아니고)에만 초점이 맞추어지고 성공 피드백의 대안이라면 동기를 부여할 수 있다(Clifford, 1990 참조).

즉각적인 피드백 제공하기 즉각적인 피드백 역시 매우 중요하다(Kulik & Kulik, 1988). 만약 학생들이 월요일에 프로젝트를 끝내고 이것에 관한 피드백을 금요일까지 받지 못한다면 피드백의 정보적 · 동기부여적 가치는 사라질 것이다. 첫째로 그들이 실수를 했다면 수행에 관한 피드백에서 막을 수도 있었을 것을 일주일 내내 관련된 교과 내용에서 비슷한 실수를 계속하고 있을 것이다. 둘째로 행동과 결과 사이가 멀리 떨어져 있다면 둘 사이의 관계에 혼동이 올 것이다. 특히 어린 학생들은 점수가 매겨진 수행이 며칠 전에 있었던 것이면 왜 그들이 특별한 점수를 받았는지 잘 모를 수도 있다.

피드백을 자주 제공하기 피드백은 학생들이 최선의 노력을 유지하도록 자주 해야만 한다. 예를 들어 대부분의 학생들이 피드백을 자주 받지 않으면서 점수를 향상시키려는 희망으로 6주 또는 9주 동안 열심히 공부하기를 기대하는 것은 비현실적이다. 행동주의 학습 이론의 연구에서는 아무리 강력한 보상이라 할지라도 자주 주어지지 않는다면 행동에 거의 영향을 미치지 못하는 것으로 확인되고 있다. 작고 자주 주는 보상이 크고 자주 주지 않는 보상보다 훨씬 효과적인 유인가이다. 시험의 빈도에 관한 연구에서는 일반적으로 학생들의 향상을 평가하기 위해서는 짧게 자주 보는 퀴즈가 자주 보지 않는 긴 시험보다 더 좋은 것으로 밝혀졌다(Dempster, 1991). 또한 연구에서는 수업에서 많이 질문을 하여 학생들이 자신의 이해 수준에 관한 정보를 얻을 수 있도록 하고 수업에 주의를 기울임으로써 강화(칭찬, 인정)를 받을 수 있도록 하는 것이 중요함을 지적했다.

외적 동기의 가치와 유용성 높이기 이 장의 앞에서 설명한 동기의 기대 이론은 동기가 개인이 성공에 부여하는 가치의 결과이고 성공 가능성에 대한 개인의 평가라고 주장했다(Wigfield & Eccles, 2000 참조). 이것이 암시하고 있는 하나는 학생들이 그들을 동기화시키곤 했던 유인가에 가치를 두어야만 한다는 것이다. 어떤 학생들은 교사의 칭찬이나 점수에 특별한 관심을 가지고 있지 않지만 부모님께 보내온 쪽지, 쉬는 시간을 더 주는 것, 또는 수업시간에 특별한 혜택을 주는 것에 가치를 둘 수 있다.

연결해서 더 보기
향상된 것과 노력한 것을 알 수 있는 성적 매기는 방법에 대해서는 제12장을 참조하시오.

기대 이론의 다른 함의는 모든 학생들이 최선을 다한다면 모두 다 보상을 받을 기회를 가져야만 하지만 최대 보상을 쉽게 받는 학생이 있어서는 안 된다는 것이다. 이 원리가 전통적 섬수 매기기에서는 지켜지지 않는다. 왜냐하면 어떤 학생들은 A와 B를 받는 것이 쉽다고 느끼는데 다른 학생들은 무엇을 어떻게 하든지 간에 학업적인 성공의 기회가 거의 없다고 믿기 때문이다. 이러한 상황에서는 높은 성취자나 낮은 성취자나 둘 다 최대한의 노력을 하지 않을 가능성이 높다. 이것이 단지 높은 점수를 받은 것에 대해서보다는 노력한 것에 대해, 과거에 했던 것보다 더 잘하는 것에 대해, 그리고 향상을 이룬 데 대해 학생들에게 보상을 하는 것이 중요한 한 가지 이유이다. 예를 들어 학생들은 작문, 프로젝트, 보고서 또는 다른 일에

연결해서 더 보기
학생의 포트폴리오에 대해서는 제12장을 참조하시오.

대한 계획을 세울 수 있고 그런 다음 그들의 일이 시간이 지남에 따라 어떻게 향상되어 가는지를 볼 수 있다. 모든 학생들이 높은 점수를 받을 수 있는 능력이 다 똑같이 있는 것이 아니지만 모두가 노력을 기울일 수 있는 능력은 똑같이 있고, 자신들의 과거 기록보다 더 나아질 수 있고 진보를 이룰 수 있기 때문에 이것들이 보통은 더 공평하게 적용 가능한 보다 나은 보상 기준이다(제12장 참조).

■ 칭찬을 효과적으로 사용하기

칭찬은 교실 수업에서 여러 목적으로 사용되지만 주로 적절한 행동을 강화하는 데 그리고 학생들이 잘했을 때 피드백을 주는 데 사용된다. 전반적으로 칭찬을 자주 사용하는 것은 좋은 생각이며, 특히 어린 학생들과 성취도가 낮은 학생들이 많은 교실에서 사용하는 것이 좋다(Beophy, 1998; Evans, 1996). 그러나 주어진 칭찬의 양보다 더 중요한 것은 주어지는 방법이다. 교실에서의 칭찬은 유관적이고, 구체적이며, 신뢰할 만한 것이라는 한도 내에서 효과적인 동기 촉진자이다(Sutherland, Wehby, & Copeland, 2000). **유관적 칭찬**(contingent praise)은 학생들이 잘 정의된 행동을 수행하는 데 달려 있다. 예를 들어 교사가 "너희들 모두 92쪽을 펴서 1에서 10까지 문제를 풀기를 바란다."라고 말한다면 칭찬은 지시를 따른 학생들에게만 주어질 것이다. 칭찬은 올바른 답과 적절한 행동들에만 주어져야 한다.

구체성은 교사가 학생들에게 일반적인 '잘함'에 대해서가 아니고 구체적인 행동에 대해 칭찬하는 것을 의미한다. 예를 들어 교사가 "수잔, 너는 정말 잘했어!"라고 하기보다는 "수잔, 네가 작문을 시작하기 위해 나의 지시를 따른 것이 기쁘다."라고 말하는 것이다.

칭찬이 신뢰로운 것은 잘한 일에 대해 진지하게 주어질 때이다. Brophy(1981)는 성취도가 낮거나 또는 산만한 학생들이 잘해서 칭찬을 할 때 교사들은 목소리 톤, 자세 또는 다른 비언어적인 단서가 말과 종종 다르다는 것에 주목한다. Brophy(1981)의 효과적인 칭찬 지침서 목록이 그림 10.3에 있다.

유관적 칭찬
직접적으로 구체적인 과제 수행에 관해 언급하기 때문에 효과적인 칭찬

칭찬은 유관적이고, 구체적이며, 신뢰할 만할 때 교실에서 효과적인 동기 촉진자이다. 교사로서 학생들에게 동기 부여를 위해 칭찬을 어떻게 사용할 수 있는가?

Jose Luis Pelaez/Corbis

그림 10.3 효과적인 칭찬을 위한 지침

적절하게 사용된다면 칭찬은 교실 상황에서 효과적인 동기 촉진자가 될 수 있다.

효과적인 칭찬

1. 경우에 따라서 칭찬하라.
2. 성취의 특별한 부분을 구체화하라.
3. 자발성, 다양성, 그리고 다른 확실성의 표시를 보여 주어라. 학생들의 성취에 대한 분명한 관심을 보여 주어라.
4. 구체적인 수행 기준(그러나 노력 기준을 포함할 수 있는 것)의 획득에 대해 보상하라.
5. 학생들에게 그들의 능력 또는 성취의 가치에 관한 정보를 주어라.
6. 학생들로 하여금 학생들 자신의 과제와 관련된 행동과 문제해결의 사고에 대해 보다 나은 인정을 지향하도록 하라.
7. 현재 성취를 묘사하는 전후 관계로서 학생들 자신의 과거 성취를 사용하라.
8. 어려운 과제를 성공했거나 현저한 노력을 기울인 것을 인정하라(그 당사자에게).
9. 성공을 노력과 능력으로 돌리면서 비슷한 성공이 미래에 기대될 수 있다는 것을 암시하라.
10. 학생들의 주의를 학생 자신의 과제와 관련된 행동에 초점을 맞추도록 하라.
11. 과정이 끝난 후에 과제와 관련된 행동에 관한 바람직한 귀인들과 평가를 육성하라.

출처 : Jere Brophy, "Teacher Praise : A Functional Analysis," *Review of Educational Research, 51*, p. 26.

Brophy의 목록에는 유관성, 구체성, 신뢰성에 덧붙여 앞서 논의된 주제들을 강화하는 몇 가지 특별히 중요한 원리들이 포함되어 있다. 예를 들어, 지침 7과 8은 칭찬이 학생들의 보통 수행 수준에 비교해서 잘한 수행에 주어져야만 한다는 것을 강조한다. 이것은 잘하는 학생들에게는 보통의 평균 수행으로는 칭찬을 해서는 안 되지만, 보통 잘 못하던 학생이 더 잘할 때는 칭찬을 해 주어야 한다는 것이다. 이것은 이 장의 앞에서 토의된 보상의 도달 가능성의 원리와 관련이 있다. 즉 보상은 학생에게 너무 쉽게 얻어져도 너무 어렵게 얻어져도 안 된다. 지침 9에서는 학생들이 조절할 수 없는 지적 능력 또는 다른 요인보다는 노력을 칭찬해야 되는 중요성을 강조한다(Dweck, 2007 참조).

■ 학생 스스로 자신을 칭찬하도록 가르치기

학생들은 자신을 칭찬하는 것을 배울 수 있고 이것이 학업의 성공을 증가시킨다는 증거가 늘고 있다. 예를 들어 아동들은 그들이 과제를 끝마쳤을 때 마음으로 스스로 칭찬하는 것이나 또는 그들이 얼마나 많이 했는가를 알기 위해 일정 간격으로 살펴보는 것을 배울 수 있다(Corno & Kanfer, 1993; Ross, Rolheiser, & Hogaboam-Gray, 1998). 이 전략은 자기조절 학습의 핵심 요소이다(Shunk & Zimmerman, 1997; Zimmerman, 2008 참조).

요약

동기란 무엇인가

동기는 장시간에 걸쳐 행동을 활성화하고 이끌며 유지하는 내적 과정이다. 동기에는 다른 종류, 강도, 목적, 방향 등이 있다.

어떤 동기 이론이 있는가

행동주의 학습 이론에서 동기는 강화의 결과이다. 그러나 강화물의 가치는 많은 요인에 달려 있으며 동기의 강도는 학생에 따라 다를 수 있다.

Maslow의 인간 욕구 이론은 욕구의 위계에 기초를 두고 있는 것으로, 사람들은 낮은 단계의 욕구(결핍 욕구)가 만족되어야만 더 높은 단계의 욕구(성장 욕구)를 충족하고자 동기화된다. 가장 높은 욕구인 자아실현의 욕구에 대한 Maslow의 개념은 개인이 될 수 있는 모든 것이 되려는 욕구라고 정의된다.

귀인 이론은 사람들의 성공 또는 실패에 대한 설명을 이해하고자 하는 것이다. 중심 가정은 사람들이 긍정적인 자기 이미지를 유지하려고 시도한다는 것이다. 그래서 좋은 일이 일어나면 사람들은 그것들을 자신의 능력에 귀인시키는 반면, 부정적인 일들은 자신의 통제를 벗어나는 요인에 귀인시키는 경향이 있다. 통제 소재는 내적(성공이나 실패는 개인적인 노력 또는 능력)이거나 외적(성공이나 실패는 운 또는 과제의 난이도)일 수 있다. 자기조절적인 학생은 외적으로 동기화된 학생들보다 나은 수행을 한다. 자기조절적인 학생들은 의식적으로 자신의 학습을 계획하고 점검하여 더 많이 얻게 된다.

기대 이론은 무엇인가를 성취하고자 하는 개인의 동기가 성공의 가능성에 대한 추정의 결과와 성공에 부여하는 가치에 달려 있다고 주장한다. 동기는 성공 가능성이 적절한 수준에서 최대가 된다. 이것의 중요한 교육적인 의미는 학습과제가 너무 어려워도 안 되고 너무 쉬워도 안 된다는 것이다.

성취 동기를 어떻게 높일 수 있는가

교사들은 학습 목표와 긍정적 또는 활력을 높이는 귀인들을 강조할 수 있다. 학습 목표를 가지고 있는 학생들은 학업의 목표를 지식과 능력을 얻는 것으로 본다. 이 학생들은 긍정적인 평가와 좋은 점수의 수행 목표를 가진 학생들보다 더 높은 학습동기를 가지는 경향이 있다. 교사는 학생들이 노력에도 불구하고 실패할 운명이라고 생각하는 학습된 무기력을 벗어나도록 돕기 위해 귀인 훈련과 같은 특별 프로그램을 사용할 수 있다. 교사의 기대는 학생들의 동기와 성취에 상당한 영향을 미친다. 교사는 학생들이 배울 수 있고 불안을 줄일 수 있다는 긍정적인 기대를 이야기해 줄 수 있다.

학생들의 학습 동기를 어떻게 향상시킬 수 있는가

유인가는 사람들이 특정한 행동을 수행하면 받을 것으로 기대할 수 있는 강화물이다. 내적 유인가들은 그 자체로서 학생들이 스스로 과제를 하도록 동기화될 수 있는 충분한 가치를 가지고 있는 특정 과제의 양상들이다. 외적 유인가에는 점수, 금별, 다른 보상들이 포함된다. 교사는 학생들의 흥미를 불러일으키고, 호기심을 유지하고, 다양한 발표 방식을 사용하고, 학생들로 하여금 자신의 목표를 세우게 함으로써 내적 동기를 향상시킬 수 있다. 외적 유인가들을 제공하는 방법으로는 기대를 분명하게 말하는 것, 분명하고 즉각적으로 자주 피드백을 주는 것 그리고 보상의 가치와 유용성을 증가시키는 것이 포함된다. 교실에서의 보상은 칭찬을 포함하는데 이것은 유관적이고, 구체적이고, 신뢰할 수 있을 때 가장 효과적이다.

주요용어

결핍 욕구(deficiency needs)
귀인 이론(attribution theory)
기대-가치 모형(expectancy-valence model)
기대 이론(expectancy theory)
내적 유인가(intrinsic incentive)
동기(motivation)
성장 욕구(growth needs)
성취 동기(achievement motivation)
수행 목표(performance goal)
외적 유인가(extrinsic incentive)
유관적 칭찬(contingent praise)
자아실현(self-actualization)
통제 소재(locus of control)
피드백(feedback)
학습된 무기력(learned helplessness)
학습 목표(learning goal)

자기평가 : 교수학습원리

이 장의 서두에 있는 예화를 다시 읽고 다음 질문에 답하시오.

1. 행동주의 학습 이론가들에 따른다면 루이스 선생님의 학생들은 왜 제헌회의에 관해 학습하도록 동기화되었는가?

a. 강화물을 얻기 위해
b. 성장 욕구를 만족시키기 위해

c. 결핍 욕구를 없애기 위해
d. 기대 효과를 최대화하기 위해

2. 학생들은 제헌회의 학습 목표를 미국의 역사에 관한 정보를 얻는 것으로 이해한다. 이것은 어떤 형태의 목표 지향인가?
a. 수행 목표
b. 학습 목표
c. 기대 목표
d. 자기조절 목표

3. 학급의 매우 수줍어하는 학생인 베스 앤드류는 제헌회의 대표들에게 권리 헌장의 요소들을 제안한다. 만약 베스가 내적 통제 소재를 가지고 있다면 그녀는 자신의 성공적인 발표를 다음의 어떤 요인 탓이라고 귀인하기 쉬운가?
a. 발표 요구들이 쉬워서
b. 교사로부터의 관심 때문에
c. 조심스런 준비 때문에
d. 운이 좋아서

4. 루이스 선생님은 학생들이 그들의 능력 수준이나 과제의 난이도에 관계없이 열심히 공부하기를 바란다. 그는 학생들에게 어떤 형태의 귀인들을 심어 주려고 시도했을까?
a. 내적-안정적
b. 내적-불안정적
c. 외적-안정적
d. 외적-불안정적

5. 어떤 상황일 때 루이스 선생님이 외적 유인가의 사용을 피하는 것이 가장 중요한가?
a. 학생들이 도전적인 일을 하고 있을 때
b. 과제가 학생들의 능력에 관한 피드백을 말하고 있을 때
c. 학생들이 외적 유인가 없이 공부하도록 동기화되었을 때
d. 학생들이 실패를 많이 경험했을 때

6. 이 장에서 제시한 네 가지의 동기 이론인 행동주의, 인간 욕구, 귀인 그리고 기대 이론으로 루이스 선생님의 수업과 그의 학생들의 참여 의지를 분석하시오.

7. 교사가 학생들의 학습 동기를 증가시킬 수 있는 방법들을 말하시오.

11

특수학습자

누가 특수학습자인가
- 장애인의 표현 방법
- 장애의 유형과 인원
- 정신지체 아동
- 학습 장애 아동
- 주의력결핍 과잉행동 장애 아동
- 말하기 장애 아동
- 정서 및 행동장애 아동
- 자폐 아동
- 감각 및 신체, 건강 장애 아동
- 영재

특수교육이란 무엇인가
- 공법 94-142 및 장애아교육법(IDEA)
- 특수교육 서비스의 편성

중재책임제란 무엇인가
- 1단계 : 예방
- 2단계 : 즉각적 중재
- 3단계 : 고강도 중재
- 중재책임제에 관한 연구

통합 교육이란 무엇인가
- 통합 교육에 관한 연구

일반 학급의 장애 학생을 위한 효과적 전략
- 학생에 대한 맞춤 수업
- 학습 전략과 초인지 가르치기
- 예방과 조기 개입
- 읽기 곤란 아동에 대한 개인지도 및 소집단 중재
- 컴퓨터와 장애 아동
- 또래 도우미와 또래 개인지도
- 특수교육팀
- 장애 학생의 사회적 통합

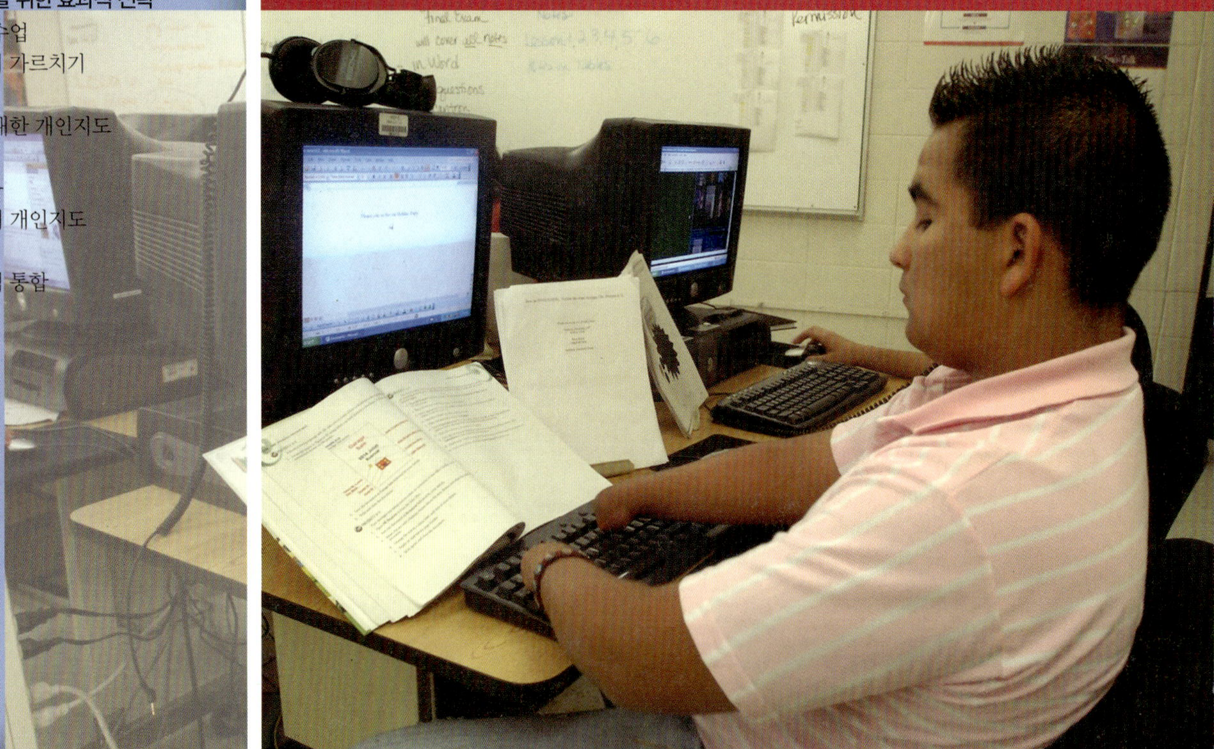

Bob Daemmrich/PhotoEdit

학습 목표

이 장을 공부하고 나면 다음과 같은 것을 할 수 있다.

- 가장 일반적인 특수학습자를 확인한다.
- 특수교육에 관한 법률과 정책을 설명한다.
- 위험에 놓인 학습를 위한 중재 대처 전략에 대하여 논의한다.
- 통합 교육과 통합 교육에서 학습을 촉진할 수 있는 방법에 대하여 논의한다.

Bob Daemmrich/PhotoEdit

프리젠트빌 초등학교 교감인 엘레인이 출근하여 비서실에 들렀다. "안녕하세요? 로스 부인이라는 분이 와 계시는데, 자녀를 이 학교에 등록시키는 것 때문에 오신 것 같아요. 교감실에서 기다리고 있는데 불안해하는 것 같아서 커피를 드렸습니다."라고 비서가 말했다.

"고마워요, 베스."라고 말하고 교감은 자기 방으로 들어가 로스에게 자신을 소개하였다.

"만나 뵙게 되어서 반갑습니다. 우리는 다가오는 가을에 프리젠트빌로 이사 올 계획입니다. 이사 오기 전에 이 학교를 둘러보고 싶었습니다. 토미라는 아들이 한 명 있는데, 그 아이는 2학년에 올라가고, 애니는 유치원에 가게 됩니다. 사실 토미 때문에 걱정이 많습니다. 지금 다니는 학교에서 공부를 잘하지 못합니다. 봄이 되었는데도 아직 읽기를 잘하지 못합니다. 담임선생님은 읽기 장애가 있는 것 같다고 하십니다. 그래서 그 학교에서는 특수학교에 보내라고 하는데, 저는 별로 탐탁지 않습니다. 토미는 집에서는 정상이고 행복해합니다. 그 애는 자신이 다른 아이와 다르다는 것을 알고는 의기소침해 합니다. 토미를 위해서 최선을 다해 주고 싶은데, 토미 같은 아이에게 이 학교에서는 어떻게 해 주는지 알고 싶습니다." 로스 부인이 말했다.

"글쎄요, 가장 중요한 것은 우리 학교의 철학이 모든 아동이 배우도록 하는 것입니다. '어떻게 하면 모든 아동이 그렇게 할 수 있을까?' 하는 것을 찾는 것이 우리가 할 일입니다. 물론 토미에 대하여 아는 것이 없기 때문에 무엇을 해 줄 수 있을지 정확하게 말씀드릴 수는 없지만 몇 가지는 분명히 말씀드릴 수 있습니다. 첫째는 토미의 읽기 문제를 먼저 해결하도록 노력할 것입니다. 우리는 예방 교육을 하거나 조기에 치료를 하면 효과가 있다고 믿습니다. 만약 토미의 읽기 문제가 심각하다면 2학년 또래 수준을 빠른 시간 내에 따라잡을 수 있도록 일대일 수업을 할 것입니다. 둘째는 가능한 토미를 일반 학급에 배치할 것입니다. 만약 토미에게 특수교육이 필요하다면 그렇게 할 것이지만 특수교육을 받도록 권유하기 전에 특수교육을 받을 필요가 있는지 여러 검사를 할 것입니다. 그러나 그 이전에 모든 수단을 강구하여 토미가 안고 있는 문제를 되도록 해결하려고 할 것입니다. 비록 토미가 특수교육을 받아야 할 법적 자격이 있다 하더라도 가능한 일반 학생과 함께 공부할 수 있도록 토미 개인의 프로그램을 만들 것입니다. 즉 토미를 위한 개별화 교육 계획을 수립할 것입니다. 마지막으로 분명히 말씀드릴 수 있는 것은 토미에 관하여 모든 결정을 할 때 부모가 깊이 참여하게 될 것이며, 토미가 나아지면 그 결과를 부모님께 자주 알려드릴 것입니다. 토미가 잘할 수 있도록 가정에서도 많이 도와주시기 바랍니다."라고 엘레인 교감이 말하였다.

"교감 선생님의 말씀을 듣고 보니 마음이 든든해지는군요. 토미가 필요한 것을 어떻게 도와주실 것이며 일반 학급에서 어떻게 지내게 할 것인지요?"라고 로스 부인이 물었다.

그러자 엘레인 교감은 "그럼 교실을 구경시켜 드리겠습니다. 그러면 무슨 뜻인지 아실 것입니다."라고 하였다.

교감은 학생들의 프로젝트, 예술 작품이나 글짓기한 것이 진열되어 있는 밝은 복도를 지나 에스포시토 선생님이 맡고 있는 2학년 교실로 안내하였다. 그 학급에서 로스 부인은 즐겁고 재미있게 활동하는 학생들의 모습을 보게 되었다. 학생들은 소집단으로 나뉘어 서로의 키와 손과 발의 길이를 재고 있었다. 어떤 아동은 서로의 머리 둘레를 어떻게 재야 할지 궁리하고 있었다. 또 한 명의 교사인 박 선생님은 다른 집단의 학생을 지도하고 있었다. 교감과 로스 부인은 교실 뒤편으로 들어갔다.

"부인에게 보여드리고 싶은 것은 '특수교육이 필요한 아동을 일반 학급에 어떻게 통합시키는가?' 하는 것입니다. 이 교실에서 어떤 학생이 특수교육을 받는 학생인지 아시겠습니까?"라고 교감이 물었다. "모르겠습니다."라고 로스 부인이 말했다. "이것이 바로 우리가 바라는 바입니다. 특수교육이 필요한 아동을 잘 통합하여 누가 특수교육이 필요한 아동인지 알지 못하는 것 말입니다. 박 선생님은 저학년 특수교육 전문가이며, 특수교육이 필요한 모든 2학년 아동에게 수학이나 읽기 시간에 에스포시토 선생님과 팀을 이루어 수업을 합니다. 박 선생님은 특수교육이 필요한 학생뿐만 아니라 어려움을 겪는 아동은 누구나 지도합니다. 박 교사가 하는 대부분의 일이 특수교육이 필요없도록 예방하는 것이기 때문입니다. 간혹 박 선생님은 개별 또는 소집단으로 학생을 지도합니다. 종종 미리 학습하게 될 기술을 가르치기도 합니다. 그렇게 함으로써 수업에 대한 준비를 더 잘 시켜 주는 것이지요. 예를 들면 수업하기 전에 어떤 아이에게는 이러한 수업에 대한 개념을 갖도록 하기 위하여 미리 전반적으로 여러 가지 검사를 했을 것입니다."라고 교감이 설명했다.

교감이 도서실 가까이에 있는 작은 방으로 로스 부인을 안내하였다. 그리고 창문을 통해서 한 아이를 지도하고 있는 교사를 가리켰다. "저기 한 교사가 보이지요? 저 선생님은 읽기 문제가 있는 1학년 아이 한 명을 개인지도하고 있습니다. 만약 토미가 이 학교에 오면 저렇게 배우게 될지도 모르겠습니다. 우리는 학생이 특수교육을 받지 않고 급우와 함께 앞으로 나아가도록 하기 위해서 우선 학생이 뒤처지지 않도록 하고 있습니다." 교감은 로스 부인에게 학교를 전부 구경시켜 주었다. 어떤 교실에서는 시각장애 아동이 1인치 크기의 활자로 된 책을 컴퓨터 화면을 통해 읽고 있었다. 두 번째 교실에서는 다운증후군 아이가 과학 프로젝트에서 협동 학습을 하고 있었고, 세 번째 교실에서는 휠체어를 탄 아이가 학급 토론을 이끌고 있었다.

로스 부인은 기분이 너무 좋았다.

"저는 학교가 이런 정도인 줄은 몰랐습니다. 너무 기분이 좋아 이곳으로 곧 이사 오겠습니다. 내 아이들에게는 완벽한 학교인 것 같습니다. 2년 전에 이리로 이사 왔더라면 하는 아쉬움이 남네요."

생각해 보기

- 위 예화에서 토미가 읽기 학습 장애를 겪을 가능성을 막기 위해서는 어떻게 할 것인지 그리고 그러한 장애가 있다면 교사는 어떤 전략을 세워야 할 것인지 그 목록을 작성해 보자. 5명씩 조를 이루어 토의해 보자. 그리고 두 사람씩 짝을 이루어 읽기 학습 장애가 어떤 것인지, 이러한 경우 교사는 어떤 말을 해 주어야 하는지 서로 얘기해 보자.
- 이 과정에서 배운 것은 무엇인지 말해 보자. 앞의 프리젠트빌 초등학교 예화에서 알 수 있는 핵심적 생각 두 가지는 모든 아동은 학습할 수 있고, 일반교육을 통해 모든 아동이 자신의 욕구를 최대한 충족시키도록 하는 것은 학교의 책임이라는 것이다. 프리젠트빌 초등학교는 아동이 봉착해 있는 문제뿐만 아니라 그 아동의 강점까지도 확인하여 그 아동에게 최대한의 프로그램을 제공하도록 조직되어 있다. 어느 초등학교이든지 특수 아동이 있으며, 이들은 자신에게 필요한 특별한 지원을 받으면 공부를 잘해 나갈 수 있다. 이 장에서는 특수 아동 교육과 특수 아동이 자신의 잠재 가능성을 성취하도록 돕도록 설계된 프로그램에 대하여 논의하겠다.

도버 초등학교는 두 가지 핵심 아이디어로 조직되어 있다. 하나는 모든 아동들이 학습할 수 있다는 것이고, 나머지 하나는 모든 아동들이 일반 학급에서 각자의 요구에 맞는 방법을 최대한 찾는 것은 학교의 책임이라는 것이다. 도버 초등학교는 아동들의 문제는 물론 강점까지 찾아 각각의 아동에게 최선의 프로그램을 제공하고 있다. 모든 학교에 있는 특수학습자는 학습에 필요한 지원만 잘 해 주면 학업생활을 잘 할 수 있다. 이 장에서는 특수학습자와 특수학습자가 충분히 잠재 가능성을 발휘할 수 있도록 하는 프로그램에 대하여 논의할 것이다.

누가 특수학습자인가

어떤 의미에선 모든 아동들은 특수학습자이다. 학습 방법, 행동 방식, 활동 방식, 기호, 기술, 동기가 정확히 똑같은 아동은 없다. 모든 아동은 자신에게 필요한 프로그램을 제공받을 때 혜택을 받는다.

그러나 실제 학교에서는 모든 아동의 요구를 정확하게 충족시킬 수는 없다. 효율성을 기하기 위하여 아동들은 등급으로 분류되고 적절한 비용을 들여 다수의 아동에게 이득이 되도록 교수 경험을 설계한다. 이러한 체제는 다수의 학생에게는 유익하지만 어떤 아이에게는 거의 맞지 않다. 시각이나 청각, 척추 관련 장애처럼 신체 장애가 있는 아동은 특별히 도와주지 않으면 일반 학급에서 이루어지는 교육에 참여하는 데 제약이 따르게 마련이다. 정신지체나 정서 장애, 행동 장애, 학습 장애가 있는 아동 역시 일반 학급에서 특별한 도움을 받지 않으면 학습 곤란을 겪게 된다.

미국의 경우 특수교육을 받기 위해서는 몇 가지 장애 분류명에 해당해야 한다. '학습 장애', '정신지체', '기형 장애' 등과 같은 일반적 분류명 속에는 다양한 문제를 포함하고 있다. 명칭은 고착되고 바꾸기 어려운 경향이 있으며 명칭 자체가 아동들을 불리하게 만들 수 있다.

교육자는 의도하지 않았다 하더라도 아동을 부당하게 대하거나, 비인간적으로 대하거나, 또래와 사회적으로 격리시키는 등의 어떤 차별을 하는 방식으로 명칭을 사용해서는 안 된다(Hehir, 2007). **특수학습자**(learners with exceptionalities)라는 용어는 신체나 정신 또는 행동을 수행하는 데 있어서 정상 수준보다 높거나 낮아서 이들의 욕구를 충족시키기 위해서 별도의 서비스가 필요한 사람이라고 말 할 수 있다.

'장애' 라는 용어와 '결손'이라는 용어를 혼용해서는 안 된다. **장애**(disability)는 어떤 사람이 기능적 한계가 있어서 신체적 또는 인지적 능력이 방해를 받는 것을 말하고, **결손**(handicap)은 사회적 · 물리적 환경이나 개인의 태도 때문에 주어진 어떤 조건(환경)을 말한다. 예를 들면 휠체어를 사용하는 학생은 경사진 곳에 대하여 결손 상태에 있다고 할 수 있다(Hallahan, Kauffman, & Pullen, 2009).

■ 장애인의 표현 방법

장애인을 지칭하는 언어나 용어에 적절하게 존중하는 의미를 담아야 하는 것이 중요하다. 장애인을 지칭할 때 명심해야 할 두 가지 기본 원칙이 있다(Smith, 2001). 첫째는 사람을 앞에 둔다는 것이다. 예를 들면 '학습 장애 아동(learning disabled child)' 로 표기하지 않고 '학습 장애가 있는 학생(a student with a learning disability)' 이라고 표기한다. 학생이 먼저이고 학습 장애가 두 번째라는 것이다. 둘째는 학생과 장애를 동일시하지 않는다는 것이다(Smith & Tyler, 2010). 학생들마다 특징이 많고 장애는 그중 하나에 불과한데, 장애라는 측면에서 학생을 정의하는 것은 부당하다는 것이다. 그러나 예외는 있다. 시각 장애인을 지칭할 때에는 '눈이 먼(blind)' 을 앞에 두어 '시각 장애인(blind child)' 이라고 표기해도 좋다. 잘 듣지 못하는 사람, 잘 보지 못하는 사람, 몸을 자유로이 사용하지 못하는 사람의 경우에도 예외에 해당한다. 명칭은 정확하지도 않고 변하기 때문에 경우에 따라서는 해를 줄 수도 있다. 하지만 학생의 독특한 형태나 특수한 정도를 가리키는 데 사용하기엔 유용한 용어이다.

■ 장애의 유형과 인원

시력이나 청력 상실 같은 것은 쉽게 정의하여 측정할 수 있다. 그러나 정신지체, 학습 장애, 정서 장애와 같은 것은 이보다는 정의하기가 훨씬 어렵고 정의도 시간이 지남에 따라 바뀐다. 사실 최근 수십 년 동안 이러한 영역에서 극적 변화가 있었다(Hallahan et al., 2009).

특수학습자

신체적 · 정신적 · 행동적 수행이 정상에서 벗어나, 즉 너무 높거나 낮아서 이들의 요구를 충족시키기 위해서는 추가적 서비스가 필요한 사람

장애

인지적 정보처리나 신체적 또는 감각적 능력과 같은 기능에 한계가 있는 상태

결손

사회나 신체적 환경 또는 개인의 태도에 의하여 장애인이 안고 있는 어떤 조건

그림 11.1 2004년도에 6~21세 학생이 IDEA, Part B에서 교육을 받은 인원의 백분율

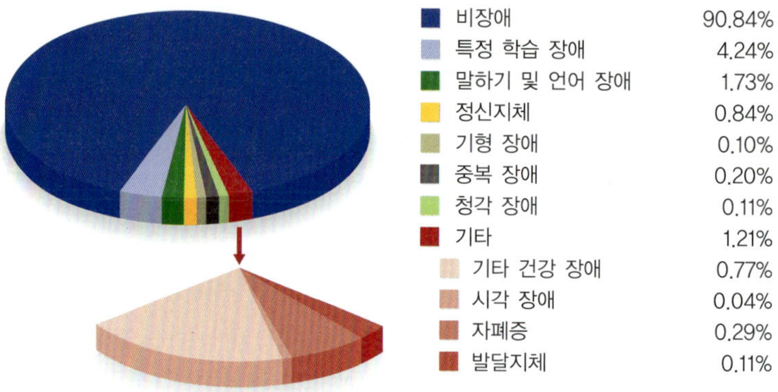

출처 : U. S. Department of Education, *Annual Report to Congress on the Implementation of the Individual with Disabilities Education Act*, Washington, DC, 2006.

1970년대 이래 신체 장애와 같이 쉽게 정의될 수 있는 장애 아동의 수는 별 변함이 없었다. 그러나 학습 장애로 분류된 아동의 수는 점차 증가해 왔고 정신지체라는 분류목은 감소해 왔다.

그림 11.1은 2004년에 6~21세 사이에 있는 학생 중에서 특수교육을 받은 학생들의 백분율을 나타낸 것이다. 이 그림에는 몇 가지 중요한 사실이 있다. 첫째는 특수교육을 받는 학생이 전체의 약 9%이다. 즉 6세에서 21세 학생 중에 11명 중 한 명은 특수학습자라는 것이다. 이 중에서 학습 장애(4.2%)와 말하기 장애의 비율(1.7%)이 가장 높다. 그림 11.2는 2004년에 다양한 특수교육을 받은 6~21세까지의 백분율을 나타낸 것이다(U.S. Department of Education, 2006). 신체나 감각 장애보다 특정 학습 장애(46.4%), 말하기 및 언어 장애(18.8%), 정신지체(9.3%)가 훨씬 더 흔하다. 25명 1개 학급에 한 명의 교사가 한두 명의 학습 장애 아동과 한 명의 말하기 장애 아동을 맡고 있다. 반면 시각이나 청각 또는 신체 장애가 있는 학생은 40개 학급 중에서 한 학급에 한 명이 있을 정도이다.

그림 11.2 2004년도에 6세~21세 학생이 IDEA, Part B에서 교육받은 인원

장애 유형	비율(%)
특정 학습 장애	46.4
말하기 및 언어 장애	18.8
정신지체	9.3
정서 장애	7.9
중복 장애	2.2
청각 장애	1.2
기형 장애	1.1
기타 건강 장애	8.4
시각 장애	0.4
자폐증	2.7
맹,농	<0.1
뇌손상	0.4
발달지체	0.8
기타 장애	0.3
전체	100

출처 : U.S. Department of Education, *Annual Report to Congress on the Implementation of the Individuals with Disabilities Act*, Washington, DC, 2006.

■ 정신지체 아동

미국교육부 보고에 의하면 6~21세까지 학생의 약 1%는 정신지체 아동이다(U.S. Department of Education, 2005). **정신지체**(mental retardation)에 대한 정의는 여러 가지가 있는데 미국정신지체협회에서는 2002년에 다음과 같이 정의하였다.

정신지체란 지적 기능과 개념적 · 사회적 · 실제적 적응 기술로 표현되는 적응 행동에 의미 있는 제

정신지체

일반적으로 출생할 때부터 나타나며 평균 이하의 지적 기술과 부적응을 초래하는 어떤 상태

한이 있는 장애를 말한다. 이 장애는 18세 이전에 나타난다(AAMR, 2002, p. 1).

위 정의에 의하면 정신지체는 지능지수가 낮고 자신의 연령집단의 표준에 맞게 독립성과 사회적 책임을 하지 못하는 사람을 의미한다(Hallan et al., 2009; Sith & Tyler, 2010). 이러한 지능장애나 적응행동 장애는 임신 때부터 18세 사이에 출현한다.

정신지체의 원인 정신지체의 원인은 많다. 발생적 요인에 의한 유전, 다운증후군과 같은 염색체 이상(Turner & Alborz, 2003), 풍진이나 임신 중 매독과 같은 질병 감염, 약물, 알코올, 코카인 남용으로 인한 약물의존증후군, 출산 시 태아 산소 결핍, 뇌염에 의한 뇌 손상처럼 유아기에 겪은 질병이나 사고를 들 수 있다. 이외에 납 중독과 같은 환경오염을 들 수 있다(McDonnell, Hardman, & McDonnell, 2003).

지능지수 정신지체 아동의 장애 정도를 어떻게 분류할 것인지를 이해하기 위해서는 표준검사 점수인 **지능지수**(IQ)의 개념을 먼저 생각하는 것이 중요하다. 지능지수가 70 이상인 학생은 일반적으로 정상으로 간주한다. 전체의 약 2%의 학생이 여기에 해당한다. 미국정신지체협회와 마찬가지로 교육전문가들도 지능지수 하나만으로 인지 장애의 정도를 결정하지는 않는다. 학교나 가정에서의 수행, 그 밖의 검사 점수, 문화적 배경을 고려한다.

연결해서 더 보기
IQ에 대해서는 제4장을 참조하시오.

연결해서 더 보기
지능검사에 대해서는 제13장을 참조하시오.

정신지체의 분류 과거에는 지능지수만으로 정신지체를 분류하였다. 예를 들면 경도 정신지체(50~55에서 70~75), 중중도 정신지체(35~40에서 50~55), 중도 정신지체(20~25에서 35~40), 최중도 정신지체(20~25 이하)(Luckasson et al., 1992)가 그것이다. 이처럼 지능지수를 기준으로 한 분류 방식에 대하여 일부 사람들은 비판적이다. 그 이유는 누구나 학습할 수 있고 교육과 훈련을 명확하게 구분하기 어렵다고 믿기 때문이다(Smith, Polloway, Patton, & Dowdy, 20085). 그러나 이러한 분류체계를 사용하거나 아니면 이와 유사한 체계를 간소화하여 사용하는 교육구도 있다.

현재 미국정신지체협회에서는 지적 기술과 적응 기술이라는 두 영역의 정신지체인의 학습 능력을 강조하고 이들이 필요로 하는 지원의 정도에 따라 범주화하고 있다(Smith & Tyler, 2010). 표 11.1은 정신지체 장애인이 필요로 하는 서비스를 네 가지로 범주화하고 각각에 대한 예를 보여 주고 있다.

이 중에서 중중도의 정신지체 아동은 간헐적 지원이나 제한된 지원이 필요하며 취학하기 전에는 거의 발견하기 어렵다(Hallahan et al., 2009). 대략 정신지체 아동의 90%는 경도 정신지체 아동이다(U. S. Department of Education, 1994).

정신지체 아동의 50% 정도는 부모가 보호를 좀 더 잘하고, 적절하게 영양 공급을 하며, 사건, 질병, 독극물 섭취(예 : 납 성분이 있는 페인트)에 노출되지 않도록 방지하고, 유아기에 안전하면서도 지원적이며 자극이 풍부한 환경을 제공하면 사전에 예방할 수 있다는 증거가 늘어나고 있다(Smith et al., 2008). 영아기에 자극을 제공하고 효과적인 취학 전 프로그램이나 부모 지원 프로그램 등의 서비스를 제공하면 정신지체가 될 위험이 있는 아동의 수행에도 긍정적 영향을 준다는 것을 보여 주고 있다(Bradley et al., 1994; Campbell & Ramey,

지능지수(IQ)
지능의 평균을 100점으로 한 지능검사 점수

표 11.1 지원의 유형 정의와 내용의 예

지원 유형	정의와 예
간헐적 지원	필요한 기초를 지원한다. 사건별로 지원하기 때문에 항상 지원이 필요하지는 않다. 생의 주기가 바뀔 때에만(예 : 실직, 심한 의료적 위기 등) 단기간 지원이 필요하다. 간헐적 지원의 정도는 높을 수도 있고 낮을 수도 있다.
제한적 지원	시간이 지나도 일관되게 지원한다. 지원 시간에 제한은 있지만 간헐적이지는 않다. 더 높은 정도의 지원(예 : 제한된 시간 동안 고용 훈련이나 학창 시기에서 성인기로 이행되는 동안의 전환적 지원)에 비하여 지원 인원이 덜 필요하고 경비도 덜 들 수 있다.
광범위한 지원	적어도 어떤 환경에서(예 : 가정에서의 일)는 규칙적 개입(예 : 매일)이 필요하고 시간제한이 없다(예 : 장기 지원과 장기 가정생활 지원).
전반적 지원	일관되고 높은 정도의 지원이 필요하다. 환경 전반에 걸쳐 지원이 필요하고 잠재적 생활 유지에 지원이 필요하다. 광범한 지원과 제한적 지원에 비해 더 많은 지원 인력이 요구되고 개입의 강도도 높다.

출처 : AAMR, *Mental Retardation: Definitions, Classification, and Systems of Supports*, p. 26.

1994; Garber, 1988; Noonan & McCormic, 1993; Ramey et al., 1992). 최중도의 정신지체 아동까지도 유아기에 강력한 예방 프로그램을 제공하면 도움이 된다는 것을 보여 준다(Casto & Mastropieri, 1986).

다음 '적용해 보기'에서는 정신지체 아동에게 적응 기술을 학습하도록 도와주는 방법을 제시해 주고 있다.

적용해 보기

적응 기술 가르치기

정신지체 아동에게 적응 기술을 습득하도록 하는 수업 목표 역시 모든 학생에게 가치 있는 수업 목표와 크게 다를 바가 없다. 누구나 학교의 요구에 잘 대처할 필요가 있고, 대인관계를 발전시키며, 언어 기술을 발달시키고 정서적으로 성장하며, 자신의 필요를 충족시키는 것이 필요하다. 교사는 다음 영역에 대하여 학생을 직접 가르치거나 지원함으로써 도와줄 수 있다.

1. **학교 요구에 잘 대처하기**
   과제 학습에 참여하기, 일과 조직하기, 지시 이행하기, 시간 관리하기, 질문하기
2. **대인관계 발전시키기**
   타인과 협동 활동 학습하기, 환경에서 사회적 단서에 반응하기, 사회적으로 용납되는 언어 사용하기, 교사의 지시와 단서에 적절하게 반응하기, 사회적 인식력 높이기
3. **언어 기술 개발하기**
   지시한 것 이해하기, 자신의 욕구 전달하기, 생각 표현하기, 주의 깊게 듣기, 적절하게 목

소리를 내고 억양 사용하기

4. 사회정서적 발달시키기

사회적 참여와 상호작용의 추구(위축 감소), 활동 동기 증진(회피, 태만, 나태 감소)

5. 자조 능력 향상시키기

개인 위생 유지하기, 혼자 옷 입기, 사물 간수하기, 장소 이동하기

■ 학습 장애 아동

학습 장애(learning disability, LD)는 단일 증상이 아니라 뇌나 중추신경계 장애에서 비롯되는 것으로 짐작되는 폭넓고 다양한 장애를 말한다. 전국 학습 장애합동위원회(Nation Joint Committee on Learning Disability, 1988, p. 1)에서 채택한 정의는 다음과 같다.

> 학습 장애는 듣기, 말하기, 읽기, 쓰기, 추리하기, 계산하기에 상당한 어려움을 겪는 어떤 집단을 가리키는 일반적 용어이다. 이러한 장애는 생애에 걸쳐 일어날 수도 있다. 행동 조절, 사회적 지각, 사회적 상호작용의 문제가 동반되기도 하지만 그 자체로 인해 학습 장애가 발생하는 것은 아니다. 그 밖에 다른 결손 상태도 동반될 수 있으나 그것이 학습 장애의 원인은 아니다.

학습 장애 아동의 확인 학습 장애의 정의가 많고 해석도 다양하게 함에 따라 주나 지역교육구에서의 학습 장애 아동에 대한 요구 조건과 자격 및 규정도 아주 다양하다(Bender, 2008). 학습 장애 아동의 수가 늘어나는 것도 이러한 혼란을 초래하는 데 영향을 주었다. 예를 들면 1999~2000년에 6~21세 사이의 장애 아동 중에서 46.2%가 특정 학습 장애 아동으로 확인되었다(U. S. Department of Education, 2006). 학습 장애 아동의 수가 증가한 것은 장애 학생이 늘어났기 때문이 아니라 학습 장애의 정의가 변경되었기 때문이다.

미국의 몇몇 교육구에서는 지능은 정상이지만 학습이 2개 학년 이상 뒤떨어지면 학습 장애로 보기도 한다. 학습 장애 학생의 특징은 다음과 같다.

- 지능은 정상이다. 영재인 경우도 있다.
- 지능과 학업 수행 간에 차이가 있다.
- 성취가 늦다.
- 주의력 결핍이 있거나 주의가 아주 산만하다.
- 과잉행동을 하거나 충동적이다.
- 운동협응력이나 공간관계 능력이 낮다.
- 문제해결력이 낮다.
- 문자나 단어, 숫자를 역으로 지각하는 것과 같은 지각 이상이 있다.
- 스스로 동기를 갖지 못하고 활동을 스스로 조절하지 못한다.
- 숙제를 할 때 지나치게 교사나 또래에게 의존한다.
- 기억이나 사고, 언어와 같은 특정 장애가 있다.
- 사회적 기술이 미숙하다.

학습 장애(LD)

정신지체나 정서 장애가 없으면서도 학업 수행에 장애를 받는 경우

- 학습할 때 조직적 접근을 하지 못한다.

학습 장애로 판정하려면 역사적으로 볼 때 지능검사와 같은 둘 이상의 인지검사를 근거로 하였을 때 예상되는 성취와 실제로 성취한 것 간에 차이가 있어야 한다(Meyer & Rose, 2000; Siegel, 2003). 실제로 학습 장애를 판정할 경우 하나의 지능검사에서 하위 영역 간의 점수에 차이가 있거나 어떤 능력검사 간의 결과에 차이가 있는지 없는지의 여부로 평가하는 경우가 많다. 그러나 최근에는 이와 같은 차이를 강조하는 입장은 점차 비판을 받고 있다. 예를 들면 Fletcher와 동료들(1994)은 읽지 못하는 7.5~9.5세 아동을 연구하였는데, 어떤 아동은 지능지수와 실제 수행 간에 차이가 뚜렷하였으나 어떤 아동은 지능지수와 수행이 비슷한 것으로 나타났다. 여러 가지 도구로 확인한 결과를 종합하여 평가해 본 결과, 전자의 아동이나 후자의 아동이나 거의 차이가 없었다. 둘 다 읽기와 아주 밀접한 관련이 있는 기술에만 문제가 있었다. 유사한 결과가 수학 학습 장애 아동에게도 발견되었다(Swanson & Jerman, 2006). 다른 많은 연구(예 : Francis, Shaywitz, Shaywitz, Stuebing, & Flectcher, 1966; Metsala, Stanovich, & Brown, 1998; Stanivich, Siegel, & Gottard, 1977)에서도 이와 유사한 결과가 발견되었다. 이러한 결과는 학습 장애와 학습 부진 간의 분명하게 구분하려는 것을 어렵게 하고 있다(Hessler, 2001; Stuebibg et al., 2002 참조).

이러한 연구 근거하여 2004년에 미국특수교육법과 IDEA에서는 학습 장애의 정의에 불일치라는 용어를 삭제하고 타당한 원리에 바탕한 양질의 수업에 실패한 것으로 학습 장애를 다시 정의해 줄 것을 주정부에 요청하였다.

학습 장애 아동의 특징 일반적으로 학습 장애 아동의 비학업적 자아존중감은 정상아와 별반 다를 것이 없지만 학업적 자아존중감은 낮다(Elbaum & Vaughn, 2001; Kelly & Norwich, 2004; Manning, Bear, & Minke, 2001). 사회적인 면은 학업 성취가 낮은 아동과 비슷하다(Bender, 2008). 남자 아동이 여자 아동에 비하여 학습 능력은 더 떨어지는 것으로 보인다. 아프리카계 미국인 아동, 라틴계 아동, 가장의 학력이 대졸이 아닌 집의 아동이 특수 학급에 더 많이 다니는 경향이 있다. 그러나 역시 여자 아동은 남자 아동에 비하여 그 수가 적다(Harry & Klingner, 2007; O,Coner & Fernandez, 2006). 특수교육에서는 남자 아동과 소수 민족 아동에게 학습 장애가 많이 발견된다는 사실에 관심이 지대하다(Waitoller, Artiles, & Cheney, 2010). 2004년 IDEA 규정에서는 다시 주정부와 연방정부에 특수교육 배치에 있어서 인종의 차를 점검하고 이를 반영하는 정책으로 변경할 것을 요청하였다.

적용해 보기

학습 장애 아동의 지도

학습 장애의 유형은 매우 다양하며 연령별로 지도하는 방법이 다르나 모든 조건에 적용할 수 있는 몇 가지 원리는 있다. 일반적으로 학습 장애 아동에게 효과적인 지도 방법에서도 다른 아동들에게도 효과적인 전략을 사용한다. 다만 오류의 한계는 적을 수 있다. 다시 말하면 학습 장애 아동은 정상 아동에 비하여 지도 방법이 나쁘면 잘 학습하지 못한다. 다음은 학습 장애 아동에게 적용할 수 있는 효과적인 지도방법이다(Bender, 2008 참조).

1. **예방에 초점을 두어라.**

   학습 장애 아동으로 만든 많은 학습 결손은 예방될 수 있다. 예를 들면 높은 수준의 유아 프로그램과 기초적인 지도 방법을 사용하면 학습 장애 아동의 수를 줄일 수 있다(Corney et al., 2003; Slavin, 1996; Snow et al., 1998). 읽기를 배우는 1학년에게는 특히 일대일 지도법이 읽기 학습 장애를 예방하는 데 특히 효과가 있다(Morris et al., 2000; Slavin, Lake, Davis, & Madden, 2009). 대부분의 아동에게 유익한 음운을 강조하는 초기 읽기 지도 전략은 읽기 장애의 위험에 놓인 대부분의 아동에게는 기본적이다(Cavanaugh et al, 2004; Sneider, Roth, & Ennemoser, 2000). 분명한 것은 가장 다루기 용이한 학습 장애 아동은 제일 먼저 나타나지 않는다.

   학습 장애 아동 대부분은 읽기에 어려움을 겪는다는 것을 인정하기 때문에 2004년 IDEA 강령에서는 장애 위험에 놓인 아동들에게 과학적으로 타당한 읽기 프로그램을 학교가 제공하도록 권장하고 있고, 학교가 IDEA에서 지원하는 재원의 15%까지 사용하여 아동들이 장애 진단을 받기 훨씬 이전에 예방하고 중재하는 것을 허용하고 있다.

2. **학습기술 학습을 지도하라.**

   많은 장애 아동은 학습 전략, 시험 전략 등이 부족한데, 이러한 기술은 가르칠 수 있다. 장애 아동에게 이러한 학습 전략이나 인지 전략을 직접 가르치면 학업이 의미 있게 향상된다는 연구가 많다(Bryant, Ugel, Thompson, & Hampff, 1999; Deshler, Ellis, & Lenz, 1996; Gerstern, Funchs, Williams, & Baker, 2001; Harris et al., 2001; Jitendra, Edwards, Sacks, & Jacobson, 2004; Swanson, 2001).

3. **피드백을 자주 하라.**

   장애 아동은 정상아에 비하여 피드백이 적거나 없으면 장시간 생산적으로 학업을 수행하기 쉽지 않다. 장애 아동들은 자신이 한 노력에 대하여 피드백을 자주 받으면 더 잘한다. 특히 성취하는 데 있어서 어떻게 나아졌는지 어떻게 열심히 하였는지에 대한 피드백을 할 때 그렇다. 예를 들면 학습 장애 아동은 즉석에서 점수를 매기는 짧고 구체적인 과제가 장기적인 과제를 더 잘하는 경향이 있다. 만약 장기간의 과제나 보고서를 제시할 때에는 중간 목표를 설정해야 하고 각 목표마다 피드백을 해 주어야 한다(Deshler, 1996 참조).

4. **수업에 능동적으로 참여하는 전략을 가르쳐라.**

   학습 장애 아동은 장시간의 강의 수업을 잘하지 못한다. 능동적으로 참여하는 수업에서 더 잘한다. 이러한 사실은 학습 장애가 있는 교사는 수업을 할 때 손을 많이 사용하는 과제, 협동 학습, 기타 능동적 학습 방법을 사용해야 한다는 것을 의미한다. 이러한 활동이 잘 구조화되고 목표와 역할이 분명하더라도 이렇게 해야 하는 것은 중요하다(Putnam, 1998; Slavin, 1995a; Slavin, Lake, Davis, & Madden, 2009; Swanson & Hoskyn, 1998).

5. **효과적으로 학급을 관리하라.**

   학습 장애 아동은 정보처리와 언어에 곤란을 겪으므로 학업상 많은 좌절을 경험하고 크고 작은 잘못된 행동으로 반응한다. 학급 관리를 효과적으로 할 때 이러한 이러한 행동을 줄일 수 있다. 특히 예방을 강조하는 전략을 사용해야 한다. 예를 들면 장애 학생들은 다양하면서도 참여해야 할 기회가 많고 성공적으로 반응해야 하는 속도가 빠른 수업에 잘 반응하는 경향이 있다(Bender, 2008; Mather & Goldstein, 2001).

6. 수업에 보조 서비스를 적절히 활용하라.

학습 장애 아동은 소집단 지도, 자원 교사, 일대일 지도, 컴퓨터 보조 수업 등과 같은 보조 서비스를 필요로 한다. 어떤 보조 서비스든 수업과 밀접하게 연계되어야 한다(Vaughn, Bos, & Schumm, 2007). 예를 들면 학생 등이 보물섬 활동을 교사 역시 보물섬 활동을 해야 한다. 물론 경우에 따라서는 보조 서비스와 수업이 일치하지 않을 수 있다. 예를 들면 학생이 학습 전략이나 필수 기술을 학습할 때 그렇다. 그러나 가능한 학생이 보조 서비스 프로그램에서 자신이 노력한 것에 대하여 즉각적인 학습 결과를 볼 수 있도록 많이 연계되도록 노력해야 한다. 학습에 가장 곤란을 겪는 학생에게는 주제가 다르다고 완전히 다른 종류의 교수법을 사용할 필요는 없다.

■ 주의력결핍 과잉행동 장애 아동

주의력결핍 과잉행동 장애(attention deficit hyperactivity disorder, ADHD) 아동은 집중력에 한계가 있어서 주의를 기울이는 일이 어렵다(Mash & Wolfe, 2003). 이 장애 아동은 충동적 행동도 하고 과잉행동도 한다. 이것이 학습 장애와 다른 점인데, 학습 장애 아동의 주의력결핍 원인이 무엇인지는 알 수 없지만 주의력결핍 과잉행동 장애 아동의 원인과는 다르다(American Psychiatric Association, 1994). 미국의 경우 주의력결핍 장애 아동은 다른 학습 장애가 없는 한 법적으로 특수교육을 받을 자격이 없다(Aleman, 1990). 주의력결핍 과잉행동 장애가 분명하게 진단 분류명에 해당하는지에 대해서도 논란이 분분하다(Swanson, Mink, & Bocian, 1999). 4세에서 17세 사이 아동의 약 7.8%가 주의력결핍 과잉행동 장애 아동으로 진단된다(Brown, 2007). 연구 결과를 보면, 이러한 장애 아동은 남자가 여자보다 약 4~9배 정도 많다(Kauffman & Landrum, 2009). 주의력결핍 과잉행동 장애 아동은 충동적으로 행동하고, 생각에 앞서 행동을 하고, 자신이 놓인 처지를 생각하지 못하며, 가만히 앉아 있지 못한다. 이들에게 종종 '명상(medication)'이 폭넓게 처방되고 약물 치료를 하면 다루기가 더 쉽고 학업도 향상된다(Brown, 2007; Evans et al., 2000). 그 대신 불면증, 체중 감소, 혈압 변화 등의 부작용이 있다(Wilens, 1998). 그래서 이들의 주의력을 향상시키기는 데 초점을 두는 다른 방법이 시도되지 않았다면 약물 처방은 하지 않는다.

적용해 보기

주의력결핍 과잉행동 장애 아동 : 교사의 역할

주의력결핍 과잉행동 장애(ADHD)는 보통 주의력 부족, 충동성, 과잉행동의 특징을 가지고 있다. 이 장애 아동은 학업적 · 행동적 · 사회적 문제를 안고 있을 수 있다. 이러한 것은 주의를 기울이지 못하는 데에서 온다. 주의력결핍 과잉행동 장애 학생을 데리고 있는 일반 학급 교사들에게 다음과 같은 점들이 제안되고 있다(Brown, 2007; Kauffman & Landrum, 2009; Smith, 2001; Teeter, 2000).

주의력결핍 과잉행동 장애

충동적 행동, 과잉행동을 보이며 주의 능력에 한계가 있어서 주의를 기울이는 것이 어려운 장애

- 학급의 규칙과 절차를 분명히 이해시킨다.
- 주의산만을 방지하기 위하여 좌석 배정을 주의 깊게 고려하고 교사 가까이에 배치한다.
- 제11장에 제시한 효율적인 학급 경영 원리를 준수한다.
- 비록 바람직하지 않더라도 어떤 행동은 말을 안 듣는 것이 아니라는 것을 이해해야 한다.
- 과잉행동 장애 아동에게 활동할 기회를 많이 주도록 한다.
- 체벌이나 위협과 같은 행동관리 체제는 사용하지 마라.
- 집단의 목적을 고려하여 현명하게 집단을 구성하라. 그러면 다른 정상 아동도 집단의 일원이 될 것이다.
- 자신의 행동을 관리하도록 가르쳐라. 자기감독, 자기평가, 자기강화, 자기지시 등이 포함된다(Binder et al., 2000; Robinson, Smith, Miller, & Brownell, 1999).
- 가정과 일일 연락장 등을 사용하여 계속 연락을 취하라.
- 특수교육 교사 등과 협력하여 주의력결핍 문제를 다루기 위하여 행동 및 수업 계획을 수립하라.

■ 말하기 장애 아동

말하기 장애(speech disability)와 언어 장애(language disability)는 가장 흔한 장애이다. 40명 중 한 명은 말하기 치료를 받아야 하거나 기타 특수교육을 받아야 할 만큼 의사소통 장애가 심각하다.

말하기 장애와 언어 장애가 종종 혼용되기는 하지만 같은 것은 아니다. '언어'란 상징을 사용하여 의사소통을 하는 것이다. 여기에는 음성 언어 이외에 문자 언어, 신호 언어, 몸짓, 기타 형태의 의사소통이 있다. '말하기'란 소리를 내고 소리를 배열하는 것을 말한다. 언어 장애가 없으면서도 말하기 장애를 겪을 수도 있고, 말하기 장애가 없으면서도 언어 장애를 겪을 수 있다(Bernstein & Tigerman-Farber, 2009).

말하기 장애 아동 **말하기 장애**(speech disorder)의 종류는 많다. 가장 흔한 것이 소리를 누락하거나, 왜곡하거나, 딴 소리를 내는 것과 같은 조음 장애(articulation disorder)이다. 예를 들면 어떤 아동은 'r' 발음이 곤란하여 'sorry'를 'sowee'로 발음한다. 어떤 아동은 혀짧은 소리를 내기 때문에 'th' 소리를 's'로 내어 'thnake'를 'snake'로 말한다.

단어 발음이 잘 안 되는 현상은 유치원에 다니는 유아나 초등학교 1학년 아동에게는 흔한 일이지만 발달상으로는 정상이다. 그러다가 학교에 다니게 되면서 이러한 현상은 급격히 없어진다. 중중도 장애나 최중도 장애는 학교를 다니는 동안 치료를 받거나 아니면 그냥 두어도 장애가 완화된다. 이 때문에 말하기 치료사는 중중도 조음 장애 아동은 치료하려고 하지 않는다. 그러나 사람들이 그 아동을 이해해 주지 못하거나 아동이 그것으로 인해 심리적·사회적 어려움(예 : 왕따)을 겪으면 치료가 필요하다.

모든 종류의 말하기 장애는 말하기 병리학자나 말하기 치료사가 진단하고 치료한다. 따라서 일반 학급 교사에게는 정신지체 아동보다 이러한 장애 아동에 대한 역할이 덜 중요해진다. 그렇지만 일반 학급 교사가 해야 할 중요한 역할이 하나 있다. 그것은 말하기 장애 아동을 수용하는 모습을 보여 주는 것이다. 대부분의 말하기 장애는 저절로 치유된다. 남는 상처

말하기 장애
초등학교 저학년 시기에 자주 발생하는 것으로 발음을 분명하게 하지 못하는 장애

가 있다면 그것은 말에 있는 것이 아니라 마음에 있다. 말하기 장애 아동은 보통 왕따를 당하거나 사회적 배척을 받게 마련이다. 교사는 말하기 장애 아동을 수용하는 모범을 보여야 한다. 첫째, 교사는 아동이 말을 더듬거나 발음이 어려운 학생에게 인내심을 가지고 대해야 한다. 아동이 말할 때 중간에 말을 끊지 않아야 하며, 다른 아동도 그렇게 하지 않도록 지도해야 한다. 둘째, 언어적 반응을 빨리 해야 하는 그러한 상황에 놓이지 않도록 해야 한다. 셋째, 수업할 때 아동의 발음을 교정해 주지 않아야 한다.

연결해서 더 보기
영어 능력 부족으로 인한 문제에 대해서는 제4장을 참조하시오.

언어 장애 아동 **언어 장애**(language disorder)는 언어를 이해하고 자신의 생각을 모국어로 표현하지 못하는 장애를 말한다(Bernstein & Tiegerman-Farber, 2009). 언어가 태어날 때부터 배운 언어가 아닌 경우에는 그 언어에 장애가 있어도 언어 장애로 보지 않는다.

언어를 이해하는 데 어려움을 겪는 것(언어 수용 장애)과 의사소통을 하는 데 어려움을 겪는 것은 듣기나 말하기와 같이 신체적 문제에 그 원인이 있을 수도 있다. 그렇지 않다면 정신지체나 학습 장애가 원인이기 쉽다. 언어 수용 장애나 언어 표현 장애를 지닌 채 학교에 입학하는 아동이 많다. 왜냐하면 아동이 표준어에 대한 경험이 부족하기 때문이다. 그것은 이전에 모국어가 아닌 언어를 사용했거나 아니면 사투리를 사용했기 때문이다(Bonner-Tomkins, 2001). 언어 경험이 풍부하고 직접적으로 가르치는 취학 전 프로그램을 실시한 결과, 결손 가정 아동의 언어 문제가 개선되었다.

연결해서 더 보기
결손 가정 자녀의 문제 극복에 도움이 되는 취학 전 · 초등 프로그램에 대해서는 제9장을 참조하시오.

■ 정서 및 행동 장애 아동

어떤 점에서 보면 학생은 누구나 학교에서 정서 문제를 안고 있다. 그러나 이 중에서 약 1%의 아동은 정서적 · 정신적 장애의 정도가 심각하고, 그것이 오래 지속되고 만연되어 특수교육이 필요하다. 학습 장애의 경우처럼 정서 장애 또는 행동 장애 역시 여자 아동보다는 남자 아동에게 더 잘 나타나는데 그 비율은 3 : 1이 넘는다(Kauffman & Landrum, 2009; U.S. Department of Education, 2005).

정서 및 행동 장애(emotional and behavioral disorder) 아동이란 다음 중 어떤 요인의 영향을 받아 장기간 학교 학업이 일정 수준에 이르지 못한 아동으로 정의해 왔다.

1. 지적 · 감각적 · 건강 요인으로 설명할 수 없는 학습 무능력이 있다.
2. 또래 및 교사와 만족할 만한 대인관계를 형성하거나 유지하지 못한다.
3. 정상적 환경에서 부적절한 행동이나 감정 유형을 보인다.
4. 일반적으로 우울증과 불행감에 휩싸여 있다.
5. 개인적 또는 학교 문제와 관련하여 신체적 증세, 고통, 공포가 나타나는 경향이 있다.

언어 장애
모국어로 언어를 이해하고 자신의 생각을 표현하는 능력에 장애가 있는 경우

정서 및 행동 장애
학습, 대인관계, 감정과 행동 조절에 문제가 있는 장애

정서 및 행동 장애의 원인 증세가 심각하고 장기적인 정서 및 행동 장애는 개인의 체질과 발달에 내재되어 있는 수많은 요인에서 비롯되는 것일지도 모른다(Jhones, Dohrn, & Dunn, 2004). 신경 기능, 심리적 과정, 과거의 부적응 경험, 자아개념, 사회적 수용의 결핍 등 모든 것이 여기에 작용할 수 있다(Smith et al., 2008). 가정의 역기능과 잘 보살펴 주지 못하는 것 등의 여러 요인이 일시적으로 학업 수행에 좋지 않은 영향을 줄 수 있다(Thompson

& Wyatt, 1999). 또한 일시적으로 아동의 학업에 영향을 줄지도 모를 혼란을 불러일으킨다.

가족에게 영향을 주는 많은 요인으로 인해 일정 기간 동안 아동은 안전감과 자기가치감이 혼란될 수 있다. 예를 들면 가족 구조의 변화는 아동을 우울하게 하고, 화나게 하고, 불안하게 하고, 방어적으로 만들고, 외롭게 만든다. 특히 이혼하거나, 새로운 공동체에 배정되거나, 어린 형제가 생기거나, 양부모가 생기거나, 가족 구성원이 죽거나, 심한 질병에 걸리거나 할 때 그러하다. 심각한 정서 및 행동 장애를 찾기 어려운 점 중 하나는 이 용어가 내포하고 있는 행동 범위가 너무 넓다는 것이다.

공격성이나 과잉행동 장애에서부터 친구 사귀기를 피하거나 못하거나 불안과 공포를 느낀다(Kauffman & Landrum, 2009). 이 밖에 정서 장애 아동은 흔히 학습 장애나 정신지체 장애도 동반하고 있어서 더욱 그러하다. 따라서 정서 문제가 학업 성취를 떨어뜨리는 원인인지 아니면 학업 실패가 정서 장애의 원인인지 알기 어렵다.

정서 및 행동 장애 아동의 특징 성격 특성의 점수와 정서 및 행동 장애와는 연관이 있다. 문제 행동의 정도가 중요한 논쟁이 되고 있다. 실제로 장기간 과도한 행동이 나타나면 어떤 것도 정서 장애의 징후이다. 그러나 정서 및 행동 장애가 있는 것으로 확인된 대부분의 아동은 일반적으로 몇 가지 공통된 특징을 지니고 있다. 학업 성취도가 낮고 대인관계가 나쁘며, 자아존중감이 낮다는 것이다(Lewis & Sullivan, 1996). Quay와 Werry(1986)는 그것을 **품행 장애**(conduct disorder), 불안 및 회피, 미성숙, 사회적 공격 장애의 네 가지 일반적 범주로 나누었다. 품행 장애가 있는 아동은 말을 잘 듣지 않고, 산만하며, 이기적이고, 질투심이 많으며, 파괴적이고, 건방지며, 반항적이고, 분열적이다. 네 가지 범주 중에서 앞의 세 가지는 부적응을 일으키므로 개인의 스트레스원이 된다. 종종 타인에게 공격적 행동을 하는 사회적 공격 장애는 공격적 행동의 모델을 보여 주거나, 이러한 행동에 보상을 주는 가정환경과 더 밀접한 관련이 있는 것으로 보인다. 품행 장애를 정서 및 행동 장애로 분류하여 논란이 되고 있다. 법적으로는 품행 장애 아동 역시 특수교육을 받기 위해서는 어떤 인정할 만한 다른 장애가 있어야 한다. IDEA에서는 오랫동안 정서 및 행동 장애 아동이 방해하는 행동을 한 것에 대하여 벌을 받지 않도록 아동들을 보호해 왔다. 2004년 강령에서는 장애와 관련 없는 행동을 제외하고 장애와 관련 있는 행동에 대해서는 이러한 입장을 견지하고 있다.

공격적인 아동 품행 장애와 사회적 공격 장애를 지닌 아동은 싸움이나 훔치는 행동, 재물 파손, 교사의 지시 불이행 등을 할 수 있다(Jhones et al., 2004). 그래서 또래나 교사, 때로는 부모도 이들을 싫어한다. 이 아동은 벌을 받지 않을 정도의 기술을 가지고 있음에도 불구하고 벌이나 위협받는 것을 아랑곳하지 않는다. 공격성이 있는 아동은 학교나 또래만 위협하는 것이 아니라 자신도 스스로 심각한 위험에 빠뜨리기도 한다. 특히 공격성이 있는 남자 아동은 이후의 삶에서도 심각한 정서 장애를 자주 일으키며, 직업을 갖기 어렵고, 범죄 행위에 연루되기도 한다(Loeber & Stauthamer-Loeber, 1998; van Goozen, Fairchild, Snoek, & Harold, 2007).

품행 장애
만성적인 반항이나 파괴를 하는 사람에서 볼 수 있는 사회정서적 장애 및 행동 장애

회피 및 미성숙 아동 회피적이고 미성숙하고 자아존중감이 낮고 우울증이 있는 아동은 전

형적으로 친구가 별로 없고 자신보다 나이가 훨씬 어린 아동과 논다. 이러한 아동은 정교한 환상과 백일몽을 가지고 있고, 보잘 것 없는 자아상 아니면 당당한 자아상을 가지고 있다. 이들 중에서 어떤 아동은 자신의 건강에 대하여 지나치게 염려하기도 하며, 스트레스를 받으면 정말 아픔을 느끼기도 한다. 어떤 아동은 학교 공포증이 있어서 등교를 거부하거나 공부하는 도중에 달아나기도 한다.

자신이 공격을 받지 않을 때에는 아주 정상적으로 보이는 공격적 아동과는 달리, 회피적이거나 미성숙한 아동은 이상하고 두려움에 사로잡힌 듯한 모습을 자주 보인다. 이러한 아동은 언제나 사회적 기술 부족 때문에 고생한다(Troop & Asher, 1999 참조).

■ 자폐 아동

1990년에 **자폐증**(autism)이 장애의 한 범주가 되었다. 미국교육부(U.S. Department of Education, 1991)에서는 자폐증을 사회적 상호작용과 언어적 · 비언어적 의사소통에 상당히 영향을 끼치는 발달 장애로 정의하고 있다. 자폐증은 3세 이전에 출현하며 교육 수행을 어렵게 만든다. 자폐 아동은 전형적으로 극단적 회피 반응을 보이고 언어 장애가 심각하여 거의 말을 하지 않기도 한다. 자폐 아동은 몸을 흔들거나, 물건을 손으로 돌리거나, 손뼉을 치는 것과 같은 자기자극 활동을 자주 한다. 그러나 어떤 영역에서는 정상 능력을 보이거나 심지어 아주 탁월한 능력을 보이기도 한다.

자폐증이라는 용어는 아스퍼거 증후군이라고 하는 경도의 자폐증을 포함하여 심각성의 정도가 다양한 것을 가리킨다(National Research Council, 2001; Sweeny & Hoffman, 2004). 아스퍼거 증후군에 걸린 아동은 공동 사회에서의 기능이나 학업 생활은 할 수 있다.

그러나 사회적 관계, 아마도 눈맞춤을 피하거나 사회적 단서를 잘못 해석하거나, 이상한 행동을 하는 문제를 안고 있다. 대체로 166명 중에 한 명 정도로 자폐 아동이 있지만 자폐 아동의 수는 이보다는 훨씬 적다(Hallan et al., 2009). 이유는 알 수 없지만 자폐 아동은 여자 아동보다는 남자 아동에게 더 많이 나타난다(Friend & Bursuck, 2008). 이 아동들은 어떤 뇌 손상이나 기타 뇌 기능 장애가 그 원인인 것으로 보고 있다(Volkmar & Paul, 2003). 자폐증은 치료할 수 없으며 적절한 중재는 아동의 기능 수준에 달려 있다. 중재의 초점은 정상 아동에게는 당연한 사회적 기술, 즉 눈 맞추기, 웃기, 타인 즐겁게 해 주기 등과 같은 것을 가르치는 데 둔다. 미국 전국연구회의(2001)에서는 문헌을 검토한 끝에 성공적 전략에 의사소통 기술, 사회적 기술, 인지 기술을 한 단계 발전하도록 체계적으로 가르쳐야 하는 것으로 결론을 지었다. 일반 학급에 있는 자폐 아동은 소집단 학습이나 또래 도우미를 통해 사회적 문제나 학업적 문제를 도움 받을 수 있는 이점을 얻을 수 있다.

■ 감각 및 신체, 건강 장애 아동

감각 장애(sensory impairment)는 보거나 듣거나, 그 밖에 신체의 감각을 통해 정보를 받아들이는 능력에 문제가 있는 경우를 말한다. 신체 장애에는 대뇌마비, 척추 파열, 척수 손상, 근육영양실조와 같은 증세가 있다. 건강 장애에는 에이즈, 파악 장애, 당뇨병, 낭포성섬유증, 겸상적혈구 빈혈, 화학물질 중독이나 아동 학대, 자살기도로 인한 신체 손상이 있다(Hardman et al., 1996).

자폐증

사회적 상호작용이나 언어적 또는 비언어적 의사소통, 학업 수행에 상당한 지장을 주는 장애의 한 유목

감각 장애

신체 감각기관을 통해 정보를 받아들이는 데 문제가 있는 경우

시각 장애 아동 학생들의 시각 문제는 안경이나 기타 교정 렌즈로 교정할 수 있다. **시력 상실**(vision loss)이란 교정할 수 없는 경우에만을 말한다. 대략 1,000명 중에서 한 명 정도가 시각 장애를 겪고 있다. 이러한 장애 아동은 앞을 보지 못하거나 시력이 손상을 입은 사람이다. 미국의 경우 법적 맹인이란 교정시력이 20/200이거나 이보다 좋지 못한 경우, 또는 시야가 정상인에 비하여 상당히 좁은 사람을 말한다. 이 분류체계에 따르면 반맹인은 교정시력이 20/70과 20/200 사이에 있는 사람이다(Rogow, 1988).

법적 맹인이라고 하여 앞을 전혀 보지 못하는 사람이라고 생각한다면 그것은 오해이다. 법적 맹인의 80% 이상은 큰 글자나 일반 글자로 인쇄된 책을 읽을 수 있다(Levin, 1996). 교재를 확대해 주거나 명확하게 해 주는 보조공학은 수업에 정상적로 참여할 수 있는 아동의 수를 더욱 증가시켜 주었다(Boone & Higins, 2007). 이러한 사실은 시력을 상실한 학생들도 일반 교재를 수정만 하여도 가르칠 수 있다는 것을 시사한다. 학급 교사는 아동이 시력 문제를 지니고 있다는 것을 가리키는 징후를 잘 인식해야 한다. 일반적으로 교실 수업에서는 시각 교재를 많이 사용하기 때문에 시각 장애 아동은 많은 학습 영역에서 곤란을 겪는다. 시력 상실의 징후는 다음 몇 가지로 들 수 있다. 첫째, 아동이 자주 고개를 갸웃거린다. 둘째, 눈을 자주 비빈다. 셋째, 눈이 충혈되어 있고 눈에 각질이 생기며, 눈물을 과도하게 흘린다. 넷째, 작은 글씨를 읽지 못하고 글자를 분간하지 못한다. 다섯째, 읽고 나면 어지럽거나 두통을 호소한다(Sornson, 2001). 이러한 문제를 보게 되면 학생에게 적절한 시각 조치를 말해 주어야 한다. 학습과 동기에 역기능을 초래하기 전에 조기에 시각문제를 파악하는 것은 중요하다.

농 및 난청인 **청각 장애**(hearing disability)는 농에서부터 청각 보조 기구를 사용하면 좋아질 수 있는 장애 아동까지를 포함한다. 청각 장애는 청각 상실을 보완하는 데 필요한 수단에 따라 분류한다. 아동을 교실 앞자리에만 앉히기만 하면 되는 정도라면 '중중도의 청각 장애'로 분류한다. 목소리를 잘 듣거나 말할 때 입술 모양을 보고도 의사소통 할 수 있을 정도의 장애 아동은 많다. 어떤 아동은 청력 보조 기구가 필요하지만, 문제가 더 심각한 아동이라면 신호 언어와 같은 비언어적 형태의 의사소통 방법을 사용하는 것이 필요할 것이다(Radziewicz & Antonellis, 2002 참조). 읽기 지도를 할 때에도 수정이 필요하다(Schirmer & McGough, 2005). Flexner(2001)는 교사가 말소리만 크게 하여도 도움이 되거나 컴퓨터 보조공학을 사용하여 말소리를 크게 하거나 분명하게 하여도 도움이 되는 아동은 많다고 한다. 명심해야 할 내용은 다음과 같다.

1. 청각 장애가 있는 아동은 앞쪽이나 창 쪽으로 앉힌다. 이렇게 하면 아동은 가장 빛을 잘 받는 교사의 얼굴을 볼 수 있다.
2. 한쪽 귀가 현저하게 잘 들리지 않는 아동은 들리는 쪽 귀가 교사를 향하도록 앉힌다.
3. 가능하면 아동의 눈높이에서 말해 준다.
4. 교사는 아동을 바라볼 때에만 중요한 정보를 제공하고 가르쳐야 한다. 칠판을 보면서 얘기하지 않아야 한다.
5. 말할 때 입술을 과장해서 움직이지 않는다.

시력 상실

교정해도 잘 볼 수 없는 정도

청각 장애

교정해도 잘 들을 수 없는 정도

정도가 심하든 가볍든 청각 장애 아동은 교실에서 쉽게 간과되기 쉽다. 교사는 청각 장애 아동의 요구를 충분히 지원하기 위하여 고려할 필요가 있는 것은 무엇인가?

6. 청각 보조기구를 사용하고 있는 아동을 돕는 방법을 알아두어야 한다.

■ 영재

영재란 어떤 사람인가? 영재를 둔 부모들은 자신들의 자녀가 대부분 몇몇 영역에서 우수성을 보인다고 한다. **영재성**(giftedness)은 한때 거의 지능이 뛰어난 것으로 정의되거나 수학이나 체스에서 탁월한 수행을 보이는 능력으로 정의된 적이 있었다. 그러나 오늘날에는 예술을 포함하여 더 넓은 활동 범위에서 탁월한 능력을 보이는 것까지 포함해서 정의하고 있다(Colangelo & Davis, 2009; Olzewski-Kubilius, 2003; Sternberg, 2007). 아직도 높은 지능을 영재성의 한 부분으로 보는데 이때 영재에 해당하는 지능지수는 130 이상이다. 어떤 집단은 영재로 인정받지 못하기도 하는데 여기에는 주로 여자, 부진아, 미성취아, 소수 인종, 소수 민족 학생이 포함된다(Sternberg, 2007). 학생의 약 3% 내지 5%가 영재이다(Heller, Monks, Sternberg, & Subotnik, 2000).

영재의 특징 지적 영재는 전형적으로 동기가 강하다(Colangelo & Davis, 2009; Gottfried & Gottfried, 2004). 그들은 또한 학업이 우수하고 읽기를 빨리 시작하였으며 대부분의 학교 영역에서 성적이 탁월하다(Gallagher, 1992). 1926년에 Terman이 시작한 영재 연구 중 중요한 한 연구에서는 지능지수가 140 이상인 사람을 1,528명이나 조사하였다. Terman은 지능지수가 높은 사람의 경우 머리는 좋지만 신체적 · 사회적으로는 바람직하지 못하다는 신화를 확인하려고 하였다. 그는 지능이 우수한 아동은 다른 아동에 비하여 신체가 더 크고, 힘이 세며, 협응력도 더 우수하고, 성인이 되어서도 잘 적응하고 정서적으로도 더 안정되어 있다는 사실을 알았다(Terman & Oden, 1959). 영재는 비록 완벽주의 성향 때문에 고생은 하지만(Parker, 1997), 자아개념은 높다(Hoge & Renzulli, 1993).

영재 교육 어떻게 영재 교육을 할 것인가 하는 것은 하나의 논쟁거리이다(Karnes & Bean, 2001; Smutny, 2003; Willard-Holt, 2003; Winebrenner, 2000 참조). 어떤 아동 영재 프로그램에서는 예술이나 과학 영재에 대하여 특별히 중등수업을 하고, 어떤 프로그램에서는 학업 성취가 높은 학생을 위하여 특별 학급을 운영하기도 한다(Olszewski-Kubilius, 2003). 영재 교육의 논쟁 중 하나는 속진학습(acceleration) 대 심화학습(enrichment)의 문제이다. 속진을 주장하는 측에서는(예 : Colangelo, Assouline, & Gross, 2005; Pendaris & Howley, 1996) 영재는 학교 교육과정을 신속하게 이동하여 공부할 수 있도록 해 주어야 한다고 주장한다. 또한 월반을 해서라도 빨리 대학에 보내는 것이 좋다고 주장한다. 반면 다른 쪽에서는(예 : Feldhussen, 1996; Gallagher, 1992; Renzulli & Reis, 1997) 학생을 단지 속진시키는 것보다는 이들이 더욱 창의적 활동이나 문제해결 활동에 참여할 수 있도록 해

영재성
특별한 지적 능력, 창의성, 재능

주는 것이 바람직하다고 주장한다.

영재 연구 결과를 보면 심화학습보다는 속진학습 입장을 더 지지해 주고 있다(Kulik & Kulik, 1997; Rogers, 2009). 그러나 이러한 결과는 창의성이나 문제해결 능력과 같은 심화 결과가 측정하기 어렵기 때문일 수 있다. **속진학습 프로그램**(acceleration program)에서는 흔히 상급 수학을 조기에 가르친다. 속진학습의 한 변형으로서 교육과정 건너뛰기(curriculum compacting)라는 방법이 있다. 이것은 영재에게 불필요한 교육과정 부분은 건너뛰는 것이다(Willard-Holt, 2003).

심화학습 프로그램(enrichment program)에는 여러 가지 형태가 있다. Renzulli와 Reis(2000)는 세 가지 형태를 강조한다. 첫 번째는 탐색 학습이다. 학생들에게 스스로 어떤 주제에 대하여 발견해 보도록하는 것과 같은 프로젝트 활동을 할 수 있다. 두 번째는 집단 훈련 활동이다. 학생들에게 창의성이나 문제해결력을 증진시킬 수 있는 게임이나 자극 같은 활동을 할 수 있다. 세 번째는 실제 문제에 대하여 개인 또는 소집단으로 조사 활동을 하는 것이다. 책이나 신문 만들기, 성인을 인터뷰하여 구두 역사를 쓰거나 지질조사나 고고학 조사 활동을 할 수 있다.

심화학습 프로그램의 문제 중 하나는 영재에게 제공되고 있는 대부분의 활동이 모든 학생에게도 유익하다는 것이다(Borland, 2008). 이것을 알고서 많은 학교에서는 심화학습 프로그램의 특징이 있는 활동을 모든 학생의 교육과정에 통합시키고 있다. 그렇게 함으로써 영재 학생과 일반 학생을 심리적으로 분리하지 않고 이들의 욕구를 각각 충족시키고 있다(Colangelo & Davis, 2009; Holloway, 2003; Page, 2000; Renzulli & Reis, 2000; Van Tassel-Baska, 1989). 그 활동으로 프로젝트, 실험, 독학, 협동 학습과 같은 것이 있다.

특수교육이란 무엇인가

특수교육(special education)이란 일반교육 프로그램 대신 특별한 프로그램이나 추가적인 교육 프로그램을 장애인에게 제공하는 것을 말한다. 특수교육의 실행은 최근 몇 년 동안 극적으로 변하였고 지금도 변하고 있다(Hallahan et al., 2009; Smith et al., 2008; Sorrells & ries, & Sindelar, 2004). 연방법은 주와 지역에서 시행하고 있는 특수교육 서비스에 대하여 표준을 설정하도록 하는 데 결정적 역할을 했다.

■ 공법 94-142 및 장애아교육법(IDEA)

1960년대 중반에 특수아 교육은 오늘날과는 아주 달랐다. 결손 학생은 특수교육을 전혀 받지 못했나. 특수교육 대상 아동은 일반적으로 정신지체, 정서 장애, 또는 시각이나 청각 장애 학생을 대상으로 하는 학교나 시설에 다녔다. 1960년대 후반에 와서야 특수교육 체제에 대한 비판이 일어났다(Semmel, Gerber, & MacMillian, 1994). 비판 내용은 장애가 심한 사람의 경우 주정부에서 설립한 시설에서는 받아주지 않고 제공하는 교육 서비스도 적절하지 못하다는 것이다. 그리고 학습에 경도 장애가 있는(특히 경도 정신지체) 아동까지도 특수 프로그램에 넣어 고립시킴으로써 사회를 살아가는 데 필요한 기술을 가르쳐 주지 못하였다는

속진학습 프로그램

영재에게 상위 과목을 가르쳐서 진급을 빨리 시키는 프로그램

심화학습 프로그램

교실 수업을 빨리 마친 학생들의 지식을 넓히거나 심화할 수 있는 활동이나 과제로 편성한 프로그램

특수교육

정신적 · 정서적 · 신체적 장애가 있는 학생의 요구를 충족시켜 주려는 프로그램

것이었다. 800만 학령기 장애 아동 중에 400만이 학교에 다니지 못하였다.

결국 1975년에 미 의회에서 **공법 94-142**(Public Law 94-142)를 통과시켰다. 이 법은 일반적으로 결손아교육법 공법 94-142라고 부르며, 미국 전체의 특수교육과 일반교육에 지대한 영향을 끼쳤다. 이 법에서는 모든 장애 아동이 받아야 할 서비스를 명기해 놓고 있으며 장애 아동과 그들의 부모가 전에는 갖지 못했던 법적 권리를 부여하고 있다. 이 법의 기본 정신은 모든 장애 아동은 공공 비용으로 자신들의 필요에 맞는 특수교육을 받을 자격이 있다는 것이다. 예를 들면 교육구와 주정부에서는 정신지체가 심하거나 장애가 심한 아동에 대하여 특수교육을 해야 한다는 것이다.

1986년에 이 법은 당초에 초점을 두었던 것을 넘어서 3~5세 유아까지 무상으로 적절한 교육을 해야 하는 것으로 그 대상을 확대하였으며 추가로 장애가 심한 영아도 교육을 해야 하는 것으로 하였다. 1990년에는 특수교육법이라는 명칭을 **장애아교육법**(Individual with Disabilities Education Act, IDEA)으로 변경하였다. 이 법에서는 장애 청소년이 16세가 되면 상위 교육을 받거나 취업을 하는 데 필요한 계획을 수립하도록 규정하고 있다. 그리고 '결손 아동(handicapped children)' 이라는 용어를 '장애가 있는 아동(children with disabilities)' 으로 바꾸었다.

1997년에는 IDEA '97이 통과되면서 법적 권위가 주어지고 당초의 법(National Information Center for Children and Youth with Disabilities, 1998)보다 강화되었다. 이 법의 목표 중에는 장애 아동에 대한 교육 기대를 높이고, 장애 아동 부모의 교육적 역할을 높이며, 정규 학급을 맡고 있는 교사도 장애 아동을 위한 계획을 수립하고, 지방이나 주정부에서 장애 아동에 대하여 평가하는 것을 비롯하여 장애 아동 평가를 하도록 하였다. 그리고 장애 아동 교육을 맡고 있는 교사의 전문성을 높이기 위한 지원을 하도록 규정하고 있다(U.S. Department of Education, 1998).

IDEA는 공법 108-446 하에 2004년에 장애 아동 개별교육개선법으로 더욱 새롭게 개정되었다. 개정법에서는 예방과 조기 중재를 강조하여 학교가 특수교육 재원을 사용하여 아이들에게 특별교육이 필요하지 않도록 하용하였다. 학습 장애의 정의에 지능과 학업성적 간의 불일치 개념을 삭제하였고, 주정부에 특수교육 배정에 있어서 인종간의 불공평을 점검하여 시정하도록 요구하였으며 IDEA를 기타 개혁한 것과 조정하였다. 특히 한 명의 아이도 낙제하지 않도록 하였다. 2004년의 주요 규정은 표 11.2에 요약하였다.

공법 94-142

자격이 있는 학생에게 특수교육 서비스를 제공하는 것을 요구하는 규정으로서 1975년에 발효한 연방법

장애아교육법

1990년에 발효한 공법 101-476으로 공법 94-142의 명칭이 변경된 것으로 장애 청소년까지 특수교육의 범위가 넓어졌음

최소 환경 제한

장애 아동을 장애가 없는 아동과 함께 최대한 적정한 수준에서 교육하도록 하는 IDEA의 규정

최소 환경 제한 일반 학급 교사에게 가장 중요한 IDEA 규정은 장애 아동은 자신들의 욕구 충족을 위하여 최소한으로 제한된 적합한 환경을 제공해 주어야 한다는 것이다. 이러한 규정은 **주류화 교육**(mainstreaming)의 법적 근거를 제공하였다. 주류화 교육은 현재는 **통합 교육**(inclusion)이라는 용어로 대체되었다(Friend & Bursuck, 2008; Friend & Shamberger, 2008). 이것은 일반 학급에 경도 장애 아동(학습 장애, 경도 정신지체, 신체 장애, 말하기 장애 같은 장애 아동)가 배정되며, 이들은 하루 중 일정 시간만 특수교육을 별도로 받는다는 것을 의미한다. 또한 일반 학교의 특수학급에 있는 장애가 아주 심한 학생도 일반 학교에 배치하여 일부 활동을 비장애 학생들과 함께 하도록 한다는 것을 의미한다.

표 11.2 장애아교육법(IDEA)의 주요 내용(2004)

규정	내용
최소 환경 제한	장애 아동은 비장애 아동과 교육에 차별을 두지 않는다.
개별화 교육 프로그램	특수교육을 받는 모든 어린이는 개별화 교육프로그램의 적용을 받아야 한다.
교육 참여권	어린이와 부모는 특수교육에 대한 의사결정에 참여해야 한다.
교육 청문권	만약 특수교육에 갈등이 생기면 부모와 학교는 불공정에 대한 청문을 요청할 수 있다.
차별 없는 평가	학생은 근본적으로 차별이 전혀 없는 평가를 받아야 한다.
관련 서비스	학교는 필요한 경우 물리치료, 상담, 통학 등의 관련 서비스를 제공해야 한다.
자유롭고 적합한 공교육	IDEA는 기본적으로 모든 연령의 장애 아동에게 자유롭고 적합한 공교육을 실시해야 함을 규정하고 있다.
중재 및 해결요청권	부모는 학교와 의견충돌이 있을 때에는 중재나 해결을 요청할 권리가 있다. 중재로 인해 부모의 청문 요구를 부인하거나 연기할 수 없다.
권리의 이양	학생이 주정부에서 정한 일정한 나이가 되면 학교는 부모와 아이에게 자녀에 대한 부모의 권리를 자녀에게 양도한다는 것을 통지해야 한다.
규율	장애 아동은 연중 10일 이상 장애 아동이 부적절한 행동과 관련이 있는지의 여부를 분명하게 결정하지 않은 채 쫓겨나거나 방치해서는 안 된다.
주정부의 평가	장애 아동은 교육구나 주정부에서 실시하는 평가 프로그램에 적절한 조치를 통해 참여되어야 한다. 즉 대안적 평가 프로그램을 개발해야 한다.
전환	장애 아동이 16세이 이르면 전환 계획과 프로그램을 실시해야 한다.

출처 : Tom E. K. Smith, Edward A. Polloway, James R. Patton, & Carol A. Dowdy, *Teaching Students with Special Needs in Inclusive Settings*(5th ed.), Table 1.5, p. 16.

개별화 교육 프로그램 IDEA에서 요구하는 것 중에서 또 하나 중요한 것은 모든 장애 학생에게 **개별화 교육 프로그램**(Individualized Education Program, IEP)을 제공해야 한다는 것이다. 개별화 교육 프로그램에서는 학생이 안고 있는 문제를 서술하고 그것을 처리하는 과정을 구체적으로 제시해야 한다. 일반적으로 이러한 것은 특수 교사, 특수교육 감독자, 심리학 교사, 교장, 상담 교사, 학급 교사와 같은 학교 전문가로 구성된 위원회에서 준비한다. 특수 서비스 팀은 주마다 그 이름이 다르다. 예를 들면 아동 연구 팀 또는 평가 및 검토 팀으로 불리기도 한다. 학생의 학부모는 자녀의 개별화 교육 프로그램에 동의해야 한다. 개별화 교육 이념의 이면에는 장애 교육에 모든 사람이 관심을 갖도록 하여 장애 학생의 수업 프로그램을 편성하는 데 도움을 줄 수 있는 기회를 주려는 의도가 있다. 개별화 교육 프로그램에 대하여 부모가 서명하도록 하는 것은 학교가 학생에게 무엇을 하는지 알게 하는 것은 물론이고, 승인을 확실히 받도록 하기 위해서이다. 만약 학교가 학생에게 서비스를 제공하지 않으면 부모는 학교에 대하여 책무성을 요구할 수 있다.

법적으로는 특수교육 프로그램에 배치하기 위한 평가는 자격이 있는 전문가가 하도록 하고 있다. 비록 일반 학급 교사와 특수 교사가 평가 과정에 관련되지만 일반 교사는 배치 결정에 사용되는 심리검사는 할 수 없다(지능검사 등).

IDEA에서는 장애 아동과 그 부모에게 특수교육 배치와 프로그램에 대하여 법적으로 보호받을 권리를 부여해 주고 있다. 예를 들면 만약 자녀가 진단을 잘못 받거나, 프로그램에 잘못

주류화 교육 또는 통합 교육

개별화 교육 프로그램에 근거하여 장애 학생을 비장애 학생과 수업 측면과 사회적 측면에서 통합하여 교육하는 것

개별화 교육 프로그램(IEP)

특수 아동의 요구를 충족시켜 주도록 편성된 프로그램

개별화 프로그램은 IDEA의 하나의 업적으로 그 목적은 무엇인가? 이러한 유형의 모임에서 당신의 역할은 무엇일까?

Bob Daemmrich Photography

배정되거나, 자녀가 프로그램에 만족하지 못하면 부모는 교육구에 불공정성을 제기할 수 있다. 법적으로 자녀의 배치 결정, 모든 회의, 프로그램 변경을 할 때에는 부모에게 알려 주도록 하고 있다.

3세 미만의 영아에게 특별한 요구가 있는 경우에는 영아 자신과 그 가족에게 초점을 두어 전문적 계획을 수립하게 된다. 이것을 개별 가족 서비스 계획(individualized family service plan, IFSP)이라고 한다. 만 17세 미만의 청소년에게 특수한 요구가 있는 경우에는 개별 전환 계획(individualized transition plan, ITP)을 수립한다(Sax & Thoma, 2002). ITP에서는 이 학생들의 요구가 학교에서 직장으로 또는 성인 생활로 이동되는 것으로 가정하는 것이다.

■ 특수교육 서비스의 편성

개별화 교육 프로그램의 중요한 측면 중 하나는 이것이 학생의 필요에 적합하도록 편성한 특수교육 프로그램이라는 것이다. 모든 교육구에서는 특별한 요구가 있는 모든 아동에게 의도적으로 자신의 요구를 충분히 충족하도록 융통성 있게 서비스를 구성하여 제공하고 있다. 실제 이러한 서비스는 종종 최소 제한에서부터 최대 제한으로 진행되도록 다음과 같이 연속성 있게 조직된다.

1. 일반 교사에 대하여 직 · 간접적 자문이나 지원을 해 주는 수준
2. 특수교육을 1일 1시간까지 하는 수준
3. 특수교육을 1일 1~3시간까지 하는 수준 : 자원 프로그램
4. 특수교육을 1일 3시간 이상 하는 수준 : 독립적 특수교육
5. 특수교육의 날을 정하여 운영하는 수준

6. 기숙제 특수학교를 운영하는 수준
7. 가정이나 병원에서 특수교육을 하는 수준

일반적으로 장애가 심한 학생일수록 제한이 많은 서비스를 받는다. 예를 들면 정신지체가 심한 학생의 학과 공부는 일반 학급에서 하지 않는다. 말하기 장애가 있는 학생이나 중증도의 정신지체가 있는 학생은 일반 학급에서 대부분 또는 하루 종일 지내게 된다. 그렇다고 장애의 정도가 배정의 유일한 준거는 아니다. 학생 개인의 요구를 충족시키기 위하여 여러 사정을 고려한다. 예를 들면 학습 장애가 없고 휠체어를 사용하는 신체 장애 아동은 일반 학급에서 공부하는 것이 더 유익하지만 청각 장애 아동은 그렇지 않다.

신체 장애나 감각 장애 학생을 제외하고는 학교 밖에서 교육을 받는 일은 별로 없다. 말하기 장애나 학습 장애가 있는 학생은 거의 하루 또는 일부를 일반 학급에서 공부한다. 일반적으로 이들은 특수 학급에서 하루 중 1시간 또는 그 이상의 보충수업을 받는다. 대부분의 신체 장애 학생은 이러한 방식으로 하고 정서 장애 학생의 반 정도도 이러한 방식으로 한다. 그 나머지 특별한 요구가 있는 학생은 학교 안에 있는 특수 학급에 배정된다. 이러한 계통에 따른 서비스에 대해서는 다음 장에서 언급하기로 한다.

일반 학급 배정 많은 장애 학생은 학급 밖에서 지원을 받거나 아니면 거의 받지 않고도 일반 학급에서 자신의 요구를 충족시킬 수 있다. 예를 들면 시력이나 청력 상실이 심하지 않은 장애 아동은 교실 앞쪽에 앉히기만 하면 된다. 그리고 경도 학습 장애 아동부터 중증도 아동까지는 개인차에 맞게 수업 전략을 조정하여 사용하면 된다. 예를 들면 학습을 도와주거나 개인 교사나 학부모 자원 봉사자를 지원하여 일반 학급에서 공부하도록 할 수 있다. 그리고 교사는 학생이 성공적으로 학습할 수 있도록 교수법을 맞출 수 있다. 예를 들면 지각 장애가 있는 학생이 숫자를 쓰지 못하기 때문에 셈을 하지 못한다면 그에게 숫자 카드를 주어서 셈 공부를 하도록 한다.

연구 결과를 보면 일반적으로 학습이나 행동에 문제가 있는 학생에게 효과가 있는 대부분의 전략은 일반 학급에도 사용할 수 있다는 것을 알 수 있다(Lloyd, Sigh, & Repp, 1991). 일반적으로 우선 일반 학급에서 장애 학생들의 요구를 최대한 충족시키는 노력을 하고 난 다음에 이들에게 특수교육을 할지를 따져봐야 한다(Smith et al., 2008; Vaughn et al., 2007 참조).

연결해서 더 보기

학생 개인차에 적합한 전략은 제9장에서 논의되었다.

자문 교사 및 기타 전문가와의 공동 노력 몇몇 전문가들이 팀을 구성하여 공동으로 **협력 교육서비스**(collaboration)를 제공한다. 일반 학급에 속해 있는 장애 학생은 여러 전문가들로부터 혜택을 받는다. 여기에는 특수 학급 담당 교사, 심리학 교사, 언어 치료사가 포함되며 이들은 일반 교사와 공동으로 이들에게 적합한 교육 경험을 개발하여 제공해 준다. 또한 일반 교사의 교수법이 장애 학생에게 맞도록 도와주는 자문 교사를 제공해 주는 교육구가 많다. 자문 교사는 일반적으로 일반교육에 대한 훈련뿐만 아니라 특수교육 훈련도 받은 사람이다. 자문 교사는 학생들도 관찰하지만 거의 대부분 학생들과 직접 활동하기보다는 일반 교사에게 해결책을 제안하는 일을 한다(Warger & Pugach, 1996). 연구 결과를 보면 설계가 잘 된

협력 교육 서비스

여러 전문가가 공동으로 교육 서비스를 제공하는 것

자문 모형은 중중도 장애가 있는 학생, 특히 학습 장애 학생이 일반 학급에서 잘 지낼 수 있도록 돕는 데 효과가 있다(Rosenfield & Gravois, 1996; Snell & Janney, 2000).

어떤 학생에게는 순회 교사가 일주일에 몇 번 특별 서비스를 제공하기도 하는데, 일반적으로 이러한 서비스는 말하기 장애나 언어 장애 학생 프로그램에서 실시한다.

특별 교실 배정 장애 학생이 일반 학급에서 대부분의 시간을 보내지만 자원 프로그램에 참여하기도 한다. 자원 프로그램에서는 주로 읽기, 언어, 수학을 가르치는 데 초점을 두지만 간혹 다른 과목도 가르친다. 특별 교실 교사는 정기적으로 일반 학급 교사와 만나서 프로그램을 조정하고 일반 학급에 있는 장애 학생에게 적합한 수업 방법을 일반 학급 교사에게 제안해 주는 역할을 한다(Friend, 2007).

그러나 간혹 특별 교실 교사가 일반 학급에서 수업을 하기도 한다. 예를 들면 일반 교사가 다른 학생 집단을 가르치는 동안 특별 교실 교사가 읽기 학습 집단을 가르칠 수 있다. 이러한 식으로 교사를 배정하면 굳이 장애 학생을 별도로 수업에서 빼내지 않아도 된다. 학생을 수업에서 빼내면 효율성도 낮고(교실 이동에 따른 시간 낭비 때문), 학생을 일정 시간 동안 교실에서 내보내게 되어 모양새도 좋지 않다. 일반 교사와 특수 교사가 팀티칭을 하기 때문에 이들 간의 의사소통도 증진된다.

장애 학생과 비장애 학생의 일시적 통합 특수 학급에 배정되어서 특수 교사에게 배우는 장애 학생이 많지만 이들은 하루 중 일정 시간은 비장애 학생과 함께 배우기도 한다. 음악, 미술, 체육 수업은 대부분 장애 학생과 비장애 학생이 함께 한다. 그렇게 흔치는 않지만 사회, 과학, 수학 수업도 그렇게 하고 아주 드물게는 읽기 수업도 그렇게 한다. 이러한 방식의 특수교육과 특별 교실 수업 간의 중요한 차이 중 하나는 특별 교실 모델에서는 기본적으로 장애 학생을 일반 학급에 배치한다는 것이다. 따라서 일반 학급 교사가 학급 종례를 하고 일반적으로 학생 프로그램에 대하여 전적으로 책임을 진다. 그러나 특별 교실 교사는 보완적 지원만 하지 이러한 책임 관계에 있는 것은 아니다. 그러나 특수 학급에 배정된 학생이 일부 통합 수업을 하는 경우에는 이와 반대가 된다. 즉 특수교육 교사가 일반적으로 종례를 하고 기본적으로 책임을 지는 것이다.

독립적 특수교육 독립적 특수교육 프로그램은 일반교육과는 별도로 마련한 학습 프로그램이다. 1970년대 초 주류화 교육 운동이 시작되기 전까지는 이러한 방식(정신지체 학생의 학교가 따로 있었음)이 전형적 유형이었다. 독립적 특수교육 프로그램에서 배우는 학생은 일반교육 프로그램에 접할 기회가 거의 없었다.

어떤 학생들은 개인적으로 특수학교에 다녔다. 이러한 학생은 주로 장애가 심한 학생이었다. 정신지체나 신체 장애가 심하거나 아니면 일반 학교에 다니면 남에게 파괴적 행동을 할 가능성이 있는 정서 장애 학생이었다. 이 밖에 특수 치료가 필요할 정도로 장애가 심한 일부 학생은 기숙제 특수학교에 다닌다.

연계 서비스 IDEA 2004에서는 장애 아동에게 '연계 서비스(related service)'를 제공해 주도록 하고 있다. 이것은 장애 학생이 일반교육이나 특수교육에서 자신들에게 필요한 서비스 혜택을 받도록 하기 위해서이다. 예를 들면 심리학 교사가 있어서 장애 학생을 진단하고 때로는 개별 학습 프로그램을 준비하거나(Reshlet, 2003) 장애 학생의 행동 문제나 학습 문제에 대하여 일반 교사에게 상담을 해 주거나 자문도 해 준다. 말하기 장애 치료사나 언어 장애 치료사가 있어서 장애 학생에게 일대일 또는 집단으로 장애를 치료해 준다. 이들은 일반 교사에게 장애 학생이 겪고 있는 어려움에 어떻게 접근할 것인지에 대하여 자문해 주기도 한다. 전문 물리치료사는 의사의 지시에 따라 운동 장애를 치료하기도 한다. 학교 사회복지사와 학생관리자는 주로 학교와 가정 간의 연결 역할을 하고 가정의 문제가 학생의 학업이나 행동에 영향을 줄 때 개입한다.

일반 교사는 장애 학생 교육에서 중요한 역할을 한다. 이들은 장애 학생에게 특수교육을 받도록 권장하고, 학생을 평가하고, 개별화 교육 프로그램을 준비하고 수행한다. 다음 '적용해 보기'에서는 일반 교사가 장애 학생에게 맞는 특수교육 서비스를 어떻게 찾는지 그 과정을 서술하고 있다(Hallahan et al., 2009; Smith & tyler, 2010 참조).

적용해 보기

개별화 교육 프로그램 준비

초기 조사 개별화 교육 프로그램의 준비는 학생이 특수교육을 받을 필요가 있는지 먼저 평가를 받아볼 것을 권하는 것으로부터 시작한다. 평가를 권할 수 있는 사람은 부모, 의사, 학교장, 교사이다. 학습 장애, 정신 지체, 정서 장애, 신체 장애가 의심되면 대부분 학급 교사가 제일 먼저 평가받아 볼 것을 권한다. 나머지 대부분의 장애는 학생이 학교에 입학하기 전에 진단을 받는다. 대부분의 학교에서는 일단 학교장에게 보고한다. 그러면 학교장은 교육구의 관련 인사들과 접촉한다.

선별과 평가 평가받아 보기를 제안하면 바로 그 제안을 받아들일 것인지 거절할 것인지를 결정해야 한다. 실제로는 대부분 이 제안을 받아들인다. 그러면 평가와 배정 팀이 학생의 학교생활 기록을 검토하고 교사와 그 밖에 해당 학생을 잘 알고 있는 인사와 면담을 하게 된다. 팀 구성원들이 그 제안을 받아들이게 되면 종합 평가를 해도 되는지 학생의 부모에 물어보고 동의를 받아낸다.

특수 서비스 팀의 일원에는 교육구에서 위촉한 인사, 학생 부모, 필요한 경우에는 학생 자신도 들어간다. 제안 내용이 학습 문제나 정서 문제를 다루는 것이라면 일반적으로 심리학 교사와 학교 상담 교사도 포함된다. 말하기 장애나 언어 장애를 다루는 것이라면 말하기 장애 치료사나 말하기 지도 교사가 포함된다. 통상적으로 위원회의 장은 학교장이 되지만 특수 교사나 그 밖의 전문가를 위원장으로 위촉할 수도 있다. 평가를 하게 되면 여러 검사를 하여 학생의 강점과 약점을 평가하게 된다. 학습 장애나 정서 장애인 경우에는 일반적으로 심리학 교사가 검사하고, 특정 학업 성취도(읽기, 셈하기 평가와 같은)는 특수 교사나 읽기 지도 교사가 검사한다. 부모는 자녀가 특수검사를 받도록 허락하지 않으면 안 된다. 점차 학생의 포트폴리오, 교사 평가, 그 밖에 더 오래전에 수집된 정보도 평가의 중요한 부분으로 되어 가고 있다(Smith & Tyler, 2010).

필요하다면 특수교육을 받는 것으로 결정하기 전에 조정 과정을 거칠 수도 있다. 예를 들면 읽기 장애가 심한 아동을 읽기 장애가 있는 것으로 판단하기 전에 일정 기간 동안 개인 교사를 그 아동에게 붙일 수 있다. 행동 장애 아동에게는 가정 강화 프로그램이나 그 밖의 행동 관리 프로그램을 마련해 볼 수도 있다. 만약 이러한 조정 과정이 효과가 있으면 그 아동은 특수교육을 받지 않고 일반교육을 받을 수 있다. 어떤 아동에게 특수교육 서비스가 필요하더라도 조정 활동은 학생에게 가장 효과적인 서비스가 어떤 것인지 알도록 하는 데 중요한 정보를 제공해 준다. 이 장의 후반에서 논의되겠지만 현재의 정책 하에 조정 과정은 훨씬 더 보편적으로 되고 있다.

개별화 교육 프로그램의 편성 종합 평가가 끝나면 특수교육 서비스 팀원들이 만나서 어디에 배정하는 것이 적합한지를 의논한다. 여기에서 특수교육이 필요하다고 결정하면 개별화 교육 프로그램을 준비하게 된다. 그림 11.3의 흐름도를 보면 개별화 교육 프로그램이 어떻게 이루어지는지 알 수 있다. 그림 11.4는 일반적으로 특수교육 교사와 일반 교사가 준비하는 개별화 교육 프로그램의 예이다. 학생의 학부모는 배정 결정에 대하여 동의해야 하는 교육구가 많다. 이것은 부모라도 자녀가 특수교육 프로그램에 배정되는 것을 거부해서는 안 된다는 것을 의미한다. 개별화 교육 프로그램에서는 최소한 다음과 같은 정보를 포함하고 있어야 한다 (Bateman & Linden, 1998 참조).

1. **아동의 현재 수행 수준**
   학급에서의 기능에 대해서 서술하기도 해야 하지만 특정 검사 결과도 보고해야 한다. 행동평정 체크리스트, 활동 표본, 그 밖의 관찰 양식을 통해 학생의 강점과 약점을 분명하게 밝혀 줄 수 있다.
2. **당해 연도의 예상 발달 목표**
   예를 들면 4학년 수준의 읽기, 지적을 전혀 받지 않을 정도의 교실 행동 수준, 직업 교육 프로그램이라면 벽돌 쌓기 과정의 이수 등과 같이 당해 연도의 목표를 설정할 수 있다.
3. **중간 수업 목표(단기)의 수립**
   읽기 장애 학생이라면 매월 정해진 개인별로 부과된 독해 단원을 완성한다든지, 정서 장애가 있는 학생이라면 또래와 더 잘 지내고 싸움을 하지 않는 것과 같은 단기 목표를 설정할 수 있다.
4. **일반교육 프로그램에 참여하는 범위, 특정 특수교육, 종합 서비스에 대한 언급**
   예를 들면 매주 30분씩 2회 말하기 장애 치료사로부터 치료를 받는다는 것을 구체적으로 제시할 수도 있다. 학습 장애 아동인 경우에는 특별 교실 교사에게 매일 45분간 배우고, 특별 교실 교사와 일반 학급 교사가 협의하여 일반 학급에서 장애 아동을 잘 가르치려고 한다는 것을 구체적으로 언급할 수 있다. 정신지체 아동인 경우에는 독립 특수 학급에 배정될 수도 있지만 개별화 교육 프로그램에서는 '일반 체육 시간에는 비장애 학생과 함께 배운다' 는 것과 같이 구체적으로 언급할 수도 있다. 또한 일반교육에서 장애 학생이 적응하도록 하는 데 필요한 적응 장치, 즉 휠체어 진출입로, 큰 활자로 인쇄된 책, CD와 같은 것을 구체적으로 밝혀둘 수도 있다.
5. **서비스 개시일과 서비스 예상 기간**
   일단 개별화 교육 프로그램이 작성되면 학생은 적정한 시기 이내에 서비스를 제공받아야 한다. 학생을 대기시켜서는 안 된다. 교육구에서는 반드시 결정된 서비스를 제공하거나 그렇게 하기로 계약해야 한다.

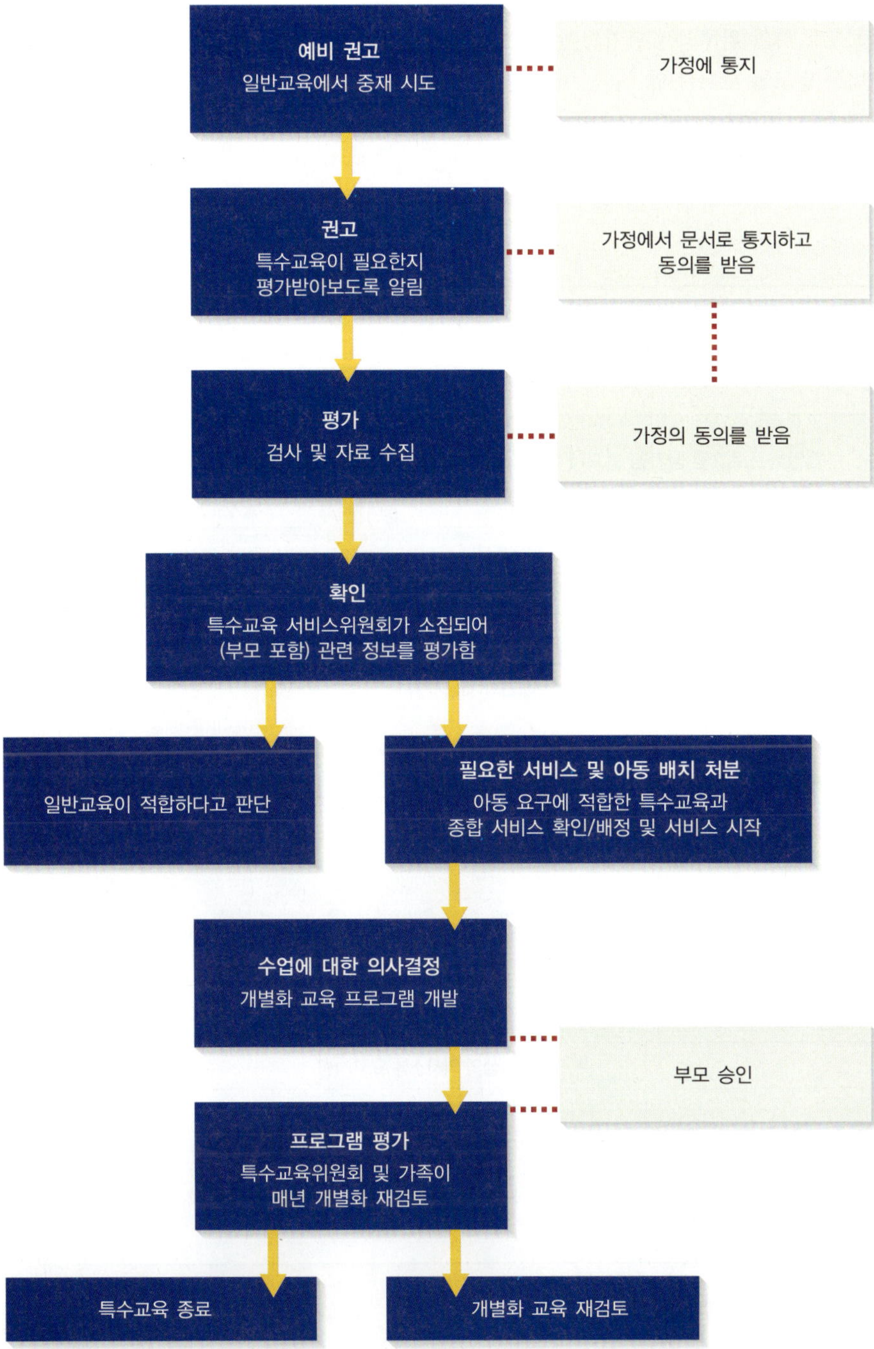

그림 11.3 개별화 교육 프로그램 과정의 흐름도

출처 : Diane Pedrotty Rivera and Deborah Deutsch Smith, Teaching Students with Learning and Behavior Problems (3rd ed.), p. 52.

6. 최소 1년 단위의 목표 달성에 대한 평가 준거와 절차

개별화 교육 프로그램에서는 학생의 결손에 대하여 교정 전략을 구체적으로 언급해야 한다. 특히 학생들이 도달해야 할 목표가 무엇이며, 이 목표는 어떻게 달성되고 측정되는지에 대하여 언급해야 한다. 특수교육에서는 구체적인 학습 목표와 행동 목표를 수립하도록 안내하는 것이 학생을 어디로 분류하여 어떤 서비스를 제공할 것인지를 결정하는 것보다 중요하다. 장애가 미약한 학생에게 일반 학급에서 제공할 필요가 있는 기술을 학습하도록 하기 위해서는 단기적이고 강한 처방을 하는 것이 바람직하다. 너무 오래 특수 교육을 받도록 해서는 안 된다. 어떤 경우에는 당초 제기되었던 장애가 교정되었음에도 남겨 두는 경우가 있다.

개별화 교육 프로그램은 적어도 1년에 한 번은 갱신해야 한다. 그렇게 함으로써 효과가 없는 프로그램은 바꾸고 더 이상 학생에게 필요 없는 교육 서비스를 줄이거나 중단시킬 수 있다.

그림 11.4 개별화 교육 프로그램의 예

개별화프로그램 평가팀 보고서 10/01/2011

학생 성 : Smith 이름 : Joe MI : ____ 생년월일 : 04/18/2001 학년 : 4

부모의 성 : Smith 이름 : Juan 관계 : 부

원어 및 기타 의사소통 언어 : 없음 통역 필요 여부 : 불필요

평가팀 회의 목적(선택)

____ 적격성 심사 X IEP검토/수정 ____ 재평가 ____ 장애변화 재평가

부모 접촉

접촉 방법 : ____ 전화 접촉자 : ____ 교장 접촉일 : 09/20/2011 결과 : 만남

특수교육 적격성 여부

적격성 여부 : ____ 부적격 X 적격

1차 장애 : 학습 장애/읽기장애 2차 장애 : 없음

자유롭고 적합한 공교육 제공위한 고려 사항

다음 사항 확인

X 학생의 강점	X 학생의 의사소통 요구사항
X 부모의 교육 관심사	n/a 학습을 방해하는 학생 행동에 대한 중재 전략
X 초기 및 최근 평가 결과	X 영어구사 곤란시 필요한 언어
n/a 연간 IEP 목표상의 현재 수준	X 보조공학의 필요 여부
X 예상되는 요구 및 기타 문제	

연간 및 단기 목표

현재 학업 수준 및 기능 수행 결정을 위해 사용하는 자료

평가	준거	일정	목표 달성 수준
S : 학생의 일과 정확도	( )%	매주	연간 목표 달성을 위한 횟수 대비 성취 정도
D : 기록 관찰 횟수	( )	매일	연간 목표 달성을 위한 진전도
R : 평정 성취 수준	( )	매월	구체적 서술 적용 않음
T : 표준화검사		기타	구체적 서술
O : 기타			기타

평가 : 조는 3학년 수준의 이해력과 독해력 기술이 요구되는 짧은 이야기를 읽을 것이다.

연간 목표	평가	준거	일정
1. 죠는 읽기전략을 사용할 줄 알고 읽기 전략을 사용하여 일상생활에 관한 단문이나 짧은 글(예 : 광고나 농담)의 80%를 혼자 읽을 수 있다.	S. D. O(비형식적 읽기 검사)	혼자 80% 성취	매월
2. 죠는 자신이 읽은 한 문단에 대한 질문에 80%를 혼자 답할 수 있다.	S. O(비형식적 읽기 검사)	혼자 80' 성취	매월
3. 죠는 자신이 읽은 3개 문단에 대한 질문에 최소한의 단서만 주면 80% 혼자 답할 수 있다.	S. O(비형식적 읽기) 준거	최소 단서 제공 80% 성취	매월

일시	상태 목표 1	상태 목표 2	상태 목표 3	평가/진전일
10/01/2011	1	1	2	죠는 혼자서 1 내지 2개 문단 수준에서 자신의 전략을 사용할 수 있음. 더 긴 문장에 대한 요구 있음

진전 보고

___X___ 일반 학급 학생의 정기 보고 기간에 개별화 학습 목표에 대한 진전 상태를 문서로 학부모에게 통보할 예정임

추가 보고 : 방법 ____________ 시기 ____________

보충지도/서비스/인력지원

___X___ 개별화 학습 지원팀 보충지도, 보충서비스, 인력지원 하였음. 필요한 서비스 항목은 다음과 같음

보충지도/서비스/인력지원	시간/횟수/조건	장소
준전문가 개인지도	주당 3회 각 20분	제3교실

특수교육 프로그램/관련 서비스

특별 자격이 있는 교사에 대한 요구여부? ___있음/없음___ 있으면 구체적으로 서술하세요 ____________

특수교육 프로그램/서비스 규정 번호	횟수 및 기간	시작일 및 장소

등하교 특별 교통수단 필요 여부

___X___ 아니요 ______ 예 구체적으로 ____________

위원 서명

학생 ____________

부모 ____________

공교육기관대표자/입안자 ____________

일반학급교사 ____________

특수교육교사/제공자 ____________

중재책임제란 무엇인가

2004년 IDEA에서는 장애 아동에 대하여 책임 중재를 강조하고 있다. 특수교육 서비스 대상자로 확인되면 시험에 근거하지 않고 장애 아동의 능력에 근거하여 점진적으로 강도 높은 수업을 통하여 혜택을 주는 접근을 말한다(Fuchs & Fuchs, 2006; Mellard & Jhonson,

그림 11.5 중재책임제 : 3단계 중재 모형

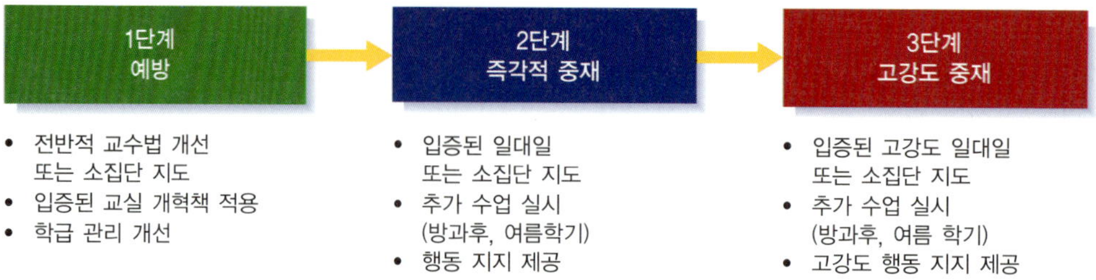

2008; Smith et al, 2008).

특히 읽기에 어려움을 겪는 특수 아동에게는 소집단, 일대일 지도, 컴퓨터 보조학습, 기타 보조 방법을 사용하여 정상궤도에 올려놓는다. 강도 높게 장기간 중재를 일관되게 실시하였음에도 효과가 없으면 잠재적 학습 장애 아동으로 판정할 수 있으며, 이때에도 추가적 보조 지원에 대한 아동의 반응은 검사점수처럼 진단에 중요하게 사용된다(Hoover, 2009).

중재책임제(Response to Intervention)의 의도는 그동안 오랫동안 강조해 온 지능지수와 학업 수행 간의 모순을 대체하려는 데 있다. 지능지수와 학업 수행 간의 모순에 대한 이러한 입장은 실제 학업 수행을 잘 예측하지 못하는 것으로 밝혀졌다(Fuchs, Fuchs, & Compton, 2004). 따라서 우선 문제의 중심이 되는 읽기 문제를 직접 겨냥하는 준거를 사용하며 아동들이 더 쳐지기 전에 예방 서비스를 제공한다.

중재책임제에는 흔히 3단계 중재 모형이 적용된다. 그림 11.5는 그 개념을 보여 주고 있으며, 다음 절에 각 단계의 내용이 제시되어 있다.

■ 1단계 : 예방

1단계는 모든 아동들이 성공적으로 학업을 할 수 있도록 하는 전반적 수업 전략에 대한 것이다. 이 단계에서는 모든 학생들이 무엇을 할 것인지 분명하게 알게 하고 명확하게 지시하며, 학습 전략, 초인지 기술를 가르치며 소집단 협동 학습, 효과적인 학급관리 전략을 적용한다(Fluchs & Fluchs, 2006; Smith et al., 2008 참조). 1단계 이면에는 효과적인 교수법을 사용하고 어떤 특별한 중재 없이도 많은 학생들이 학습에 성공할 수 있도록 하는 의도가 숨어 있다. 아마 80% 정도의 학생은 이러한 예방 단계 이상은 필치 않을 것이다.

■ 2단계 : 즉각적 중재

최선의 예방적 노력을 하였음에도 불구하고 어떤 아동들은 뒤쳐지고 지원이 필요할 것이다. 중재책임제의 취지는 이러한 학생들에게 특수교육을 한다기보다는 그들의 요구를 목표로 한 지원을 하는 데 있다. 예를 들면 읽기에 문제가 있는 아동은 개별 또는 소집단 지도가 필요한 것인지도 모른다. 그럼으로써 문제가 가능한 속히 해결되고 정규 학급에서 계속 학습을 할 수 있게 된다. 2단계에서는 수업 시간이 추가되고(예 : 방과후 또는 여름학기 프로그램) 컴퓨터 보조수업이나 기타 즉각 문제를 해결할 수 있는 수단이 주어진다. 전체 학생의 15% 정도가 2단계가 필요하다.

중재책임제

일반 학급에서 장애 학생에게 강도 높은 지원을 하고 이것이 실효가 없을 때에만 특수교육을 고려하는 정책

■ 3단계 : 고강도 중재

3단계는 1, 2단계에서 진전이 없는 학생에게 고강도 중재를 하는 것으로서 전체 학생의 5%가 해당된다. 이 아동들은 특수교육이나 유급을 받아야 할 가능성이 있으며, 어느 경우이든 비용이 많이 들고 중재가 어렵다. 그래서 학생들을 정상 궤도에 올려놓기 위해서는 고강도 장기적 지원이 필요하다. 3단계 전략은 기간과 강도를 제외하고는 차이가 없다. 3단계 전략에는 일대일 지도, 소집단 지도, 추가 지도 같은 것이 포함된다. 3단계의 결과에 대해서는 주의 깊게 점검하여 진전이 있는지를 살핀다. 그럼으로써 어떤 문제이든 확인하고 즉시 해결할 수 있다.

개념상 3단계 서비스는 무제한 제공되고 사정을 하여 대안으로 특수교육 가능성도 고려한다. 모든 가능한 수단을 동원하였으나 학생의 문제를 해결하지 못하였을 때에는 특수교육을 고려할 수 있다.

■ 중재책임제에 관한 연구

중재책임제는 일련의 방법이라기보다는 철학이다. 하지만 특정 3단계 모형에 대한 몇몇 연구가 있다. 현재까지 중재책임제는 아주 통제된 소규모 연구에서만 평가해 왔을 뿐이지만(예 : Speece, Case, & Molloy, 2003; Vaghun et al., 2007), 결과는 일반적으로 긍정적이다. 더 실제적 상황에서의 평가는 결과 간에 불일치를 보여 주고 있다(Stahl, Kean, & Vukovic, 2009; Struzziero, 2009). 그러나 아직 이러한 정착이 국가 정책뿐만 아니라 학급의 실제에 있어서도 어떤 의미를 갖도록 할지는 아직 요원하다(Fuchs & Fuchs, 2006; Gerstern & Dimmino, 2006; Klinger & Edwards, 2006).

통합 교육이란 무엇인가

공법 94-142의 최소 환경 제한 규정 때문에 일반교육은 물론 특수교육도 개혁되었다. 이미 언급한 바와 같이 이 법에서는 특수 아동에게 그들의 요구에 적절한 최소 환경 제한을 규정하고 있다(Friend & Shamberger, 2008) 이에 대한 정의와 통합 교육은 그림 11.6을 참조하기 바란다. 이러한 규정으로 인해 장애 학생과 비장애 학생 간의 접촉이 증진되었다. 일반적으로 모든 유형의 장애 학생은 특수교육 서비스의 계통에서 볼 때 한두 단계 위쪽으로 이동하였다. 특수 학교에 배정되었던 적이 있는 학생은 지금은 일반 학교에 별도 설치된 학급에 배정된다. 일단 일반 학교의 별도 학급에 배정된 학생, 특히 경도 정신지체 학생이나 학습 장애 학생은 대부분 일반 학급에서 수업을 받는다.

완선 통합 교육(full inclusion) 운동은 모든 학생을 적절하게 도움을 주어서라도 일반 학급에 배정해야 한다고 요구하고 있다(Artiles, Kozleski, Dorn, & Christensen, 2006; Sapon-Shevin, 2001, 2003). 완전 통합 교육의 주창자들은 별도 교육 프로그램은 개별화 수업을 할 때 일반 교사와 특수 교사 간의 효율적인 협조에 저해가 되며, 개별화 수업을 받는 학생들은 일반 학생과 분리됨으로써 낙인이 찍힌다고 주장한다. 이들은 특수 교사나 일반 교사 지원팀이 일반 학급에서 일해야 한다고 주장한다(Fisher, Sax, & Grove, 2000; Hanline &

완전 통합 교육

장애 학생이나 그럴 가능성이 있는 학생이 일반교육 환경에서 교육을 받는 경우로 이들에게 지원 서비스가 제공됨

그림 11.6 용어 해설

주류화 교육
특수 아동과 정상 아동을 각자가 결정한 교육 계획과 프로그램 과정에 근거하여 일시적으로 수업을 통합하고 사회적으로 통합하는 것을 말한다(Kaufman et al., 1975, pp. 40-41).

최소 환경 제한
공법 94-142(장애아교육법으로 개칭 또는 IDEA)에 규정된 것으로 장애 아동에게 최대한 적합한 환경 속에서 정상 아동과 함께 교육하도록 하는 규정을 말한다.

통합 교육
모든 학생들이 자기 학년의 학생과 함께 배우는 것을 말한다. 특수교육을 받는 학생의 비율은 같은 교육구 내에 있는 모든 학교에서 상대적으로 일정해야 한다. 통합 교육을 받는 학생은 동일 학교 내에서 다른 학생과 분리되어 별도의 교실에서 수업을 받지 않는다(National Association of State Boards of Education, 1992, p. 12).

완전 통합 교육
장애 학생이나 그럴 가능성이 있는 학생이 완전히 일반교육을 받는 경우를 말한다. 이들 학생들에게는 지원 서비스가 제공된다.

부분 통합 교육
일반교육 환경에서 모든 학생이 대부분 교육을 받지만 학생 개인의 필요에 적합하다고 판단되면 별도의 수업을 받을 수 있도록 한 것을 말한다.

Daley; 2002; McLesky & Waldon, 2002; Ruder, 2000; Sapon-Shavin, 2001; Sapon-Shevin, 2001; Vaugahn et al., 2007). 또한 이들은 일반교육 교사가 적절한 훈련을 받지 못하였고 적절한 교재도 부족하며, 대규모 학급 규모와 불충분한 지원으로 인해 업무 부담이 크기 때문에 특수한 욕구가 있는 학생은 자신에게 필요한 서비스를 받지 못할 수도 있다고 주장한다(Kaufman, Lloyd, Baker, & Riedel, 1995; Shanker, 1994, 1995).

일반 학급에 장애 아동이 있는 곳이 많은데, 장애 아동은 하루 중 일부 시간에 특수교육을 받는다. 이렇게 통합된 교실에 있는 아동들은 대부분 학습 장애, 말하기 장애, 미약한 정신지체, 정서 장애가 있는 아동이다. 질 높은 통합 교육을 하면 이러한 아동도 학업 성취나 자신감이 나아질 수 있다. 통합 교육을 함으로써 장애 아동은 또래와 상호작용할 수 있고 관습에 맞는 행동도 학습할 수 있다. 그러나 통합 교육을 함으로써 이들은 많은 도전에 직면하게 된다. 통합 교육을 받는 학생의 학업 수행이 다른 학생들보다 뒤떨어지면 이들의 요구에 맞게 수업을 하고 장애 학생에 대한 비장애 학생의 부정적 태도에 대처하려고 애쓰는 교사도 있지만(McLesky & Waldron, 2002; Pearl et al., 1998), 이 때문에 오히려 사회적 통합을 이루지 못할 수도 있다. 불행하게도 어떤 학급 담임 교사는 자기 학급에 장애 아동이 있는 것을 불편해하고, 이러한 학생들의 요구에 잘 준비하지 못한다(Vaghn et al., 2007). 통합 교육을 통해서 더욱 효과적인 서비스를 제공하려고 하지만 반드시 좋은

이 학생은 통합 교육을 받는 신체 장애 아동이다. 연구에 비추어 볼 때 통합 교육과 주류화 교육은 기타 접근에 비하여 얼마나 효과적인가? 교사로서 당신은 이 소년의 단계로부터 잘 수용하기 위하여 어떻게 할 것인가?

Bill Bachmann/PhotoEdit

서비스가 제공된다고 보장할 수는 없다(Kauffman, McGee, & Brigham, 2004; Riehl, 2000).

그림 11.7 일반 학급과 특수 학급에서의 성취도

고전적 한 연구를 보면 정서 장애 아동과 교육 가능 정신지체 아동이 일반 학급에 배치되면 특수 학습에 배치되었을 때보다 성취도가 3년 이상 수준이 더 높았다.

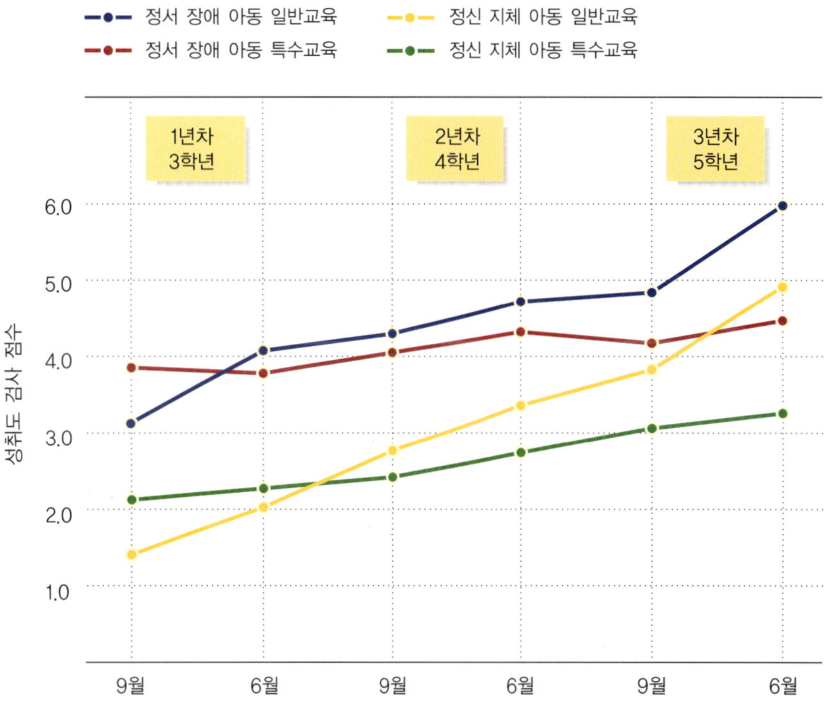

출처 : "Self-Concept and Academic Achievement of Educable Retarded and Emotionally Disturbed," *Exceptional Children, 43*(6), pp. 379-380.

■ 통합 교육에 관한 연구

통합 교육에 관한 연구에서는 주로 학습 장애, 경도 정신지체, 경도 정서 장애 학생에 주로 초점을 두었는데, 이들의 결손 상태를 '경도 학업 장애'라고 한다(Holloway, 2001; Smith et al., 2008). 몇몇 연구에서는 특수 학급에 있는 경도 학업 장애 아동과 일반 학급에 있는 경도 학업 장애 아동을 비교하였다. 일반 교사가 여러 학생에게 사용할 수 있는 교수법을 사용하면 경도 장애가 있는 학생은 특수 학급보다 일반 학급에서 학습을 더 잘하는 것으로 나타났다. Calhoun과 Elliotti(1977)는 일반 학급에 있는 가벼운 정신지체 아동과 정서 장애 아동을 특수 학급에 있는 같은 종류의 장애 아동과 비교하였다. 일반 학급과 특수 학급에서는 모두 개별화한 교구를 사용하였고, 교사(특수교육 훈련을 받음)들은 학급별로 순환 근무를 하도록 함으로써 일반교육 프로그램과 특수교육 프로그램 간에 차이가 없도록 하였다. 그 결과는 그림 11.7에서 보는 바와 같이 일반 학급 학생이 특수 학급 학생보다 더 우수한 것으로 나타났다. Roach와 Elliott(1977) 연구에서는 많은 요인을 통제한 결과중심 교육과정과 지적 장애 학습자의 학업 성취도와는 강한 상관이 있는 것으로 나타났다. 그 밖의 연구(예 : Gottlieb & Weinberg, 1999; Reynold & Wolfe, 1999; Saleno & Garrick-Duhaney, 1999)에서는 다소 혼재된 결과를 보여 주고 있다.

학습 장애 아동이 있는 일반 학급 교육 프로그램에 대한 연구에서는 개별화한 교수 프로그램이 유용한 전략이라는 것을 보여 준다. 예를 들면 제8장에서 서술한 협동적 통합 읽기 및 짓기 프로그램 교육을 받은 학생이 전통 학급에서 주류화 교육을 받은 학생보다 학업 성취도가 더 좋은 것으로 나타났다(Slavin, Madden, & Leavey, 1984a,b; Stevens & Slavin, 1995b).

연결해서 더 보기

협동적 · 통합적 읽기 및 작문에 대해서는 제8장을 참조하시오.

학업 장애가 있는 아동이 사회적으로 잘 수용되도록 하는 일이 통합 교육의 중요한 과제이다. 이를 위하여 가장 효과가 있는 방법은 장애 아동으로 하여금 비장애 아동과 함께 협동 학습을 하도록 하는 것이다(Nevin, 1998; Putnam, 1998). 학습 장애 아동을 일반 학급에 배정하여 능력별 집단 학습(student team achievement divisions)을 한 결과 장애 아동들의 학업 성취가 향상되고 사회적으로 배척받는 것도 줄어들었다는 연구 결과가 있다(Madden &

연결해서 더 보기

STAD에 대해서는 제8장을 참조하시오.

Slavin, 1983). 그 밖에 다른 협동 학습도 가벼운 학업 장애에 대하여 사회적 배척을 감소시켜 주는 것으로 밝혀졌다(Slavin et al., 1984b; Slavin & Stevens, 1991; Steven & Slavin, 1995b).

효과적인 통합 교육의 핵심은 일반 교사와 특수 교사가 긴밀하게 업무를 조정하는 데 있다(Choate, 2004; Friend & Bursuck, 2008; Smith et al., 2008). Fuchs, Fuchs와 Fernstorm (1993)은 교사들이 서로 업무를 잘 조정하면 학생들의 수행이 개선되며, 학습 장애 학생을 일반 학급에 일정 기간 동안 완전히 통합할 수 있다는 것을 보여 준다. 이 연구에서는 수학 시간에만 이동 수업을 하는 학생은 학교 수학 프로그램에 비교하여 자신이 얼마나 나아졌는지를 학교 수학 교육과정과 비교하여 자주 평가를 받았다. 특수 교사는 일반 학급에서 성공적으로 학습하기 위한 필요조건이 무엇인지 확인하고 이러한 상황에서 학생이 성공적으로 학습하도록 준비를 해 주었다. 수학에서 일정한 준거에 도달하면 일반 학급으로 보내고 거기서도 성공적으로 학습할 수 있도록 사후지도를 하였다. 1년에 걸친 이 연구에 참여한 21명 학생 전원은 성공적으로 일반 학급에 배치되었으며 통제 집단 학생보다는 상당히 많이 공부하였다.

전통적인 주류화 교육이었다면 통합 교육을 받지 않았을지도 모를 아동을 완전 통합 교육 프로그램에서 통합시켰을 때 그 결과가 어떠한지에 대한 연구는 별로 없다. 우수하다고 판단한 완전 통합 교육 프로그램도 있지만(예 : Mahony, 1997; Raison, Hanson, Hall, & Reynolds, 1995; Villa & Thousand, 2003), 실패한 것으로 판단한 것도 있다(예 : Baines, Baines, & Materson, 1994). 통합 교육과 특수교육을 비교한 것을 보면 별 차이가 없다는 것도 알 수 있다(예 : Mock & Kauffman, 2005; Zigmond, 2003). 그러나 장애가 심각한 학생까지 일반 학급에 통합할 때 그 목표를 측정하기는 쉽지 않다 (McLesky & Waldron, 2002 참조). 그러나 완전 통합 교육은 주의하여 융통성 있게 시도해볼 만하기는 하다(Capper, Kampschroer, & Keys, 2000; Downing, 2001). 이 분야의 연구는 아직 진행 중에 있으므로 완전 통합 교육이 어떤 조건에서 가장 효과적인지 좀 더 좋은 정보가 나올 것으로 기대한다.

일반 학급의 장애 학생을 위한 효과적 전략

장애 학생은 일부 또는 전적으로 일반 학급에서 수업을 한다. 다음 장에서 서술하는 전략을 사용하여 이들을 도와줄 수 있다. 즉 수업을 개인의 요구에 맞출 것, 우선 학생이 문제에 봉착하지 않도록 예방책을 사용할 것, 학습 문제 최초 발생하면 바로 강력한 조기 중재를 할 것 등이 그것이다.

■ 학생에 대한 맞춤 수업

일반 학급에 있는 장애 학생을 효과적으로 가르치는 교사의 행동은 기본적으로 일반 학생의 학업 성취도를 높여 주는 행동과 다를 바 없다(Swanson & Hoskyn, 1998). 그럼에도 불구하고 수업 전략을 좀 응용하면 장애 아동의 요구를 충족시켜 주는 데 도움이 될 것이다. 개별화 수업을 하든지, 협동 학습을 하든지, 아니면 학생들의 개인차를 고려한 방법을 사용하든지 간에 교사는 학생들의 요구를 충족시켜 주기 위하여 어떻게 하면 되는지 알 필요가 있다. 학생이 학습 장면에서 수업이나 교재에 어려움을 겪는다면 수업이나 교재를 바꾸어 볼 것을 권장한다(Carolan & guinn, 2007; Giangreco, 2007 참조). 특별히 응용이 필요한지의 여부는 학생의 요구에 따라 다르며 체제를 변형하는 것에서부터 서적 교재를 다시 쓰는 것에 이르기까지 그 어떤 것도 가능하다. 다음의 '적용해 보기'에서는 통합 교육을 받는 학생을 적응시키기 위하여 응용해 볼 만한 네 가지 유형에 대하여 서술하였다(Browder, 2001; Choate, 2004; Smith et al., 2008; Vaughn et al., 2007도 참조).

적용해 보기

특별한 요구가 있는 학생을 위한 맞춤 수업

문서 과제에 대한 형식 응용 교사는 실제로 과제를 바꾸지 않고 과제를 제시하는 형식을 바꿀 수 있다. 이렇게 하는 이유는 다양하다. (1) 과제가 너무 길다. (2) 행간이 너무 좁아 각 항목에 초점을 잘 맞추지 못한다. (3) 과제 지시가 불충분하거나 혼란스럽다. (4) 과제의 모델이나 예가 없다. 있다 하더라도 잘못되었거나 불충분하다. 여기에서 중요한 점은 과제와 반응이 같고 교사는 교재 제시 방법을 응용한다는 것이다(Kleinert & Kearn, 2001).

간혹 과제나 숙제를 지시할 때에는 단순하게 해야 한다. 예를 들면 말로 지시하지 않고 원을 그려서 할 수도 있다. 학생들에게 지시할 때 흔히 사용하는 용어에 대하여 가르칠 수도 있다(Bender, 2008; Smith et al., 2008). 학생들에게 이러한 말을 어떻게 이해할 것인지를 가르침으로써 학생들은 좀 더 독립적인 학습자가 될 수 있다. 과제와 함께 제시한 모델이나 예시 역시 응용하여 과제 제시와 비슷하게 할 수 있다.

맞춤 내용 응용 몇몇 사례를 보면 학생들이 자신들에게 제시된 내용을 바꿔주기를 요구할 수도 있다. 학생들이 빨리 처리할 수 없는 새로운 정보가 제시되었거나, 과제를 수행하는 데 필수적인 기술이나 개념이 부족할 때가 그러하다.

제시된 내용을 응용하는 한 방법은 각각의 개념을 분리하여(Bos & Vaughn, 1999), 다음 개념을 가르치기 전에 각각 별개 단위로 완전히 학습하게 하는 것이다. 비록 이러한 식으로 응용하기 위해서는 교재를 더욱 작은 단위로 쪼개야 하지만 결국 내용은 모두 다루게 된다.

학생들은 기본 필수 요건을 잘 갖추고 있지 못하기 때문에 이들에게 필요한 응용은 수업 전에 어휘나 개념을 설명해 주는 정도로 간단하다. 설명이 쉽지 않거나 학생들이 수업에 필수적인 기술이 없을 때에는 좀 더 복잡한 응용이 필요하다. 예를 들면 수학 시간에 세 자릿수 나눗셈을 요구하는 응용문제를 풀 때 학생이 세 자릿수 나눗셈을 하지 못하면 나눗셈하는 방법을 먼저 가르쳐 주는 것이다.

맞춤 의사소통 방법 어떤 학생에게는 정보를 얻는 방식을 응용하거나 지식을 나타내는 방식을 응용하는 것이 필요하다(Bender, 2008). 정보를 받아들이는 유일한 수단이 글을 읽는 것뿐일 때 그 정보를 잘 알지 못하면 정보를 다른 형태로 바꾸어 학습할 수 있다. 시범을 보여 줄 수도 있고, 영화, 필름스트립, 비디오테이프, 텔레비전 프로그램, 컴퓨터 프로그램, 연기로도 보여 줄 수 있다. 녹음테이프나 강의, 토의, 토론 등으로도 들려줄 수 있다.

그 과제에서 지시하는 대로 반응하지 못하면 다양하게 바꾸는 것이 필요할지도 모른다. 예를 들어 쓰기 문제가 있는 학생이라면 그 학생에게 자신의 말로 그 개념을 말해 보도록 하고 그 학생의 말을 녹음해 둘 수 있다. 또는 수업 시간에 발표해 보도록 할 수도 있다. 아니면 학생에게 알고 있는 것을 그림으로 그리게 하거나, 도식해 보게 하거나, 모형이나 모의 장치를 구성하게 해 볼 수도 있다.

활동 시간 늘려 주기 많은 학생에게 활동 완성하도록 시간을 늘려 주고, 시험 시간을 늘려 주는 것이 필요하다. 학생들은 활동이 느리거나 시험에 불안을 느낄 뿐일 수 있다(Sireci, Scarpati, & Li, 2005).

■ 학습 전략과 초인지 가르치기

어떻게 학습해야 할지를 잘 몰라 학업 성적이 좋지 않은 학생이 많다. 그래서 필기, 요약, 기억하는 방법과 같은 전략을 학습시키는 프로그램은 학습 장애 아동이나 청년에게는 매우 성공적이다(Deshler, 2005; Mastropieri, Scruggs, & Berkley, 2007). 점차 학습 장애 학생들에게 읽은 내용응 이해하는 초인지 전략을 가르치고 (Gersten et al., 2001, 2009), 스스로 공부하는 능력과 같은 '자기결정' 기술을 구축하는 것을 가르치는 것들이 다양하게 확인되고 있다(Algozzine et al., 2001).

■ 예방과 조기 개입

통합 교육이 좋은지 특수교육이 좋은지에 대한 논쟁은 학업 성적이 또래보다 훨씬 밑도는 아동을 염려하게 되면서 다시 재연되었다. 그러나 효과적인 예방 및 조기 개입 프로그램을 받으면 먼저 학교생활을 성공적으로 하는 것으로 나타났다(Snow, Burns, & Griffins, 1998). Slavin(1996)은 주류화 교육과 특수교육의 딜레마를 피하기 위하여 '비주류화 교육(never-streaming)' 정책을 제안하였다.

이 정책은 조기 개입에 초점을 두고 있다. 조기 개입을 하면 다소 부담이 따르는 학습자도 특수교육이 필요 없을 정도로 성취도를 높일 수 있다는 것이다. 조기에 개입을 했었더라면 현재 특수교육을 받는 학생의 비율을 줄일 수 있었을 것이라는 강력한 증거가 있다. 페리유아원(Perry Preschool)(Berruetal-Clement et al., 1984), 아베세대리언 프로젝트(Abecedarian Project)(Ramey & Ramey, 1992), 밀워키 프로젝트(Milwaukee Project)(Garber, 1988)와 같은 질높은 유아 조기 교육 프로그램에 대한 모든 연구를 보면 학습 장애 아동과 경도 정신지체 아동이 특수교육에 배정되는 비율이 실제로 감소하였다(Siegel, 2003). 읽기를 잘 못하는 1학년 학생에게 일대일 수업을 제공하는 프로그램 역시 학습 장애 학생에게 특수교육을 시킬 필요성이 감소하였음을 보여 주었다(Lyons, 1989; Silver & Hagin, 1990; Slavin, 1996a). 성공한 경우를 보면 모두 조기 유아 교육 프로그램이나 교육과정 개혁, 일대일 수업 등이 어우러져 특수교육 배정을 반 이상 줄였다(Slavin, 1996a; Slavin & Madden, 2001; Smith, Ross, & Casey, 1994). 이미 읽기 특수교육을 받을 필요가 있는 아동의 읽기 성취도도 실제로 향상되었다(Ross, Smith, Casey, & Slavin, 1995; Smith et al., 1994). 이러한 연구 결과들을 보면 예방 프로그램이나 조기 개입 프로그램을 좀 더 확대

연결해서 더 보기
모든 접근의 성공에 대해서는 제9장을 참조하시오.

실시하면 특수교육이 필요한 아동의 수는 크게 줄어들 수 있을 것이다.

■ 읽기 곤란 아동에 대한 개인지도 및 소집단 중재

읽기 곤란은 거의 대부분 학습 장애에 대한 특수교육에 배정되기 때문에 읽기 실패를 예방하고 읽기가 뒤쳐진 아동들을 조력하는 것은 기본 사항이다. 일대일 지도나 소집단 지도에 대한 다양한 연구에 대해서는 제9장에서 살펴보았듯이 읽기 학습 장애 아동에게 실질적으로 긍정적 효과가 있다(Slavin, Lake, Davis, & Madden, 2009). 개인지도는 아동이 읽기 장애로 진단되기 전에 항상 이루어져야 한다.

■ 컴퓨터와 장애 아동

컴퓨터는 장애 아동에게 개별화 수업 기회를 제공해 준다. 컴퓨터를 사용하면 특수 아동에게는 네 가지 이점이 있다(Curry, 2003; Hassellbring & Williams-Glaser, 2000; Kami et al., 2000; Silver-Pacuilla & Fleishcuman, 2006). 첫째, 컴퓨터를 사용하면 전달 방법, 강화의 유형과 빈도, 내용 제시 비율, 수업 수준을 각각 개별화할 수 있다(Anderson-Inman & Horney, 2007; McKenna & Walpole, 2007). 둘째, 즉각적인 교정 피드백을 줄 수 있고 학습에서 아동의 능동적 역할을 강조할 수 있다(Bonne & Higgins, 2007). 셋째, 주의가 산만해지기 쉬운 아동으로 하여금 주의를 끌 수 있다. 넷째, 학습 동기를 유발하고 조용하게 수업을 할 수 있다. 신체 장애가 있는 아동은 더 편안하게 학습할 수 있고 정보를 주고받을 수 있다. 예를 들면 컴퓨터를 사용하여 시각 장애 아동에게 교재를 확대해 줄 수 있고 큰 소리로 들려줄 수 있다(Kamil et al., 2000; Poel, 2007).

연결해서 더 보기
컴퓨터 기반 수업에 대해서는 제9장을 참조하시오.

Elena Rooraid/PhotoEdit

또래 학습을 하면 교사와 참여한 사람에게 여러 이점이 있다. 유익한 것은 무엇이라고 생각하는가?

그림 11.8 학습 장애 아동을 위한 공학의 이용

동작 조절 장애 아동

- 커서나 마우스를 사용하면 세근육 조절이 안 되는 아동들은 컴퓨터 자판을 사용할 수 있다. 마우스 향상 유틸리티를 사용하면 마우스 명령어를 사용하여 동작을 인식할 수 있도록 훈련할 수 있다. 기타 특징으로는 고화질, 선명한 색채, 움직이는 커서를 들 수 있다.
- 주요 제한 프로그램을 사용하면 몇 개의 자판 기능키만 두드리면 할 수 있는 공통 과제를 수행하도록 제한할 수 있다.
- 상호작용 자판 소프트웨어를 사용하여 컴퓨터 키보드를 화면에 띄울 수 있다. 학생들은 마우스, 트랙볼, 포인터 장치를 사용하여 화면상의 자판으로 글씨를 쓸 수 있다.

시각 장애 아동

- 확대소프트웨어를 사용하여 교재의 글씨 크기를 확대하여(2배 내지 16배 확대) 컴퓨터 화면에 띄워 쉽게 보도록 할 수 있으며, 글자색과 배경색을 선택하여 사용할 수 있다.
- 스캐너를 사용하여 문서를 편집할 수 있도록 바꿀 수 있으며, 문서를 확대 정렬할 수도 있으며, 화면상에서도 확대 편집할 수 있고 음성합성으로 소리 나게 할 수도 있다.
- 음성합성을 통해 화면상 내용, 즉 운용 중인 윈도즈의 내용, 메뉴 선택, 텍스트를 소리 나도록 할 수 있다. 음성 자료 내용을 저장할 수도 있고 말하는 달력, 수학 계산 결과뿐만 아니라 모든 연산을 소리로 읽어 주는 말하는 연산자도 있다.
- 점자 판독기를 사용하여 인터넷에 접속할 수 있고 메일을 주고받을 수 있으며, 텍스트를 점자로 변환하여 문서를 작성할 수도 있다.

청각 장애 아동

- 음성인식 프로그램을 사용하여 음성 언어를 문자 언어로 변환할 수 있으며, 이것은 특수 명령어를 실행하도록 설계되어 있다. 예를 들면 하나의 음성 언어 명령어로 자신이 좋아하는 웹사이트에 접근할 수 있다.

학습 장애 아동

- 어떤 워드프로세스 프로그램에는 단어 예측, 축약 및 확대 프로그램이 있어서 자판을 사용하여 글을 쓰는 신체 장애 아동 또는 학습 장애 아동은 더 빠르고 쉽게 타자를 칠 수 있다. 이러한 것들은 모두 자판을 치는 횟수를 줄여 줌으로써 글을 더 생산적으로 쓸 수 있도록 해 준다.
- 개념 그리기 프로그램을 사용하여 구성하고, 운전하고, 공유하고, 개념도로 표시된 지식 모형을 비판함으로써 개념 간의 관계를 이해할 수 있다.

특수교육 프로그램을 받는 아동은 컴퓨터로 학습하기 쉽다. 이렇게 하면 학습 동기가 낮은 아동은 더 열심히 공부하고 강화도 받는다. 위협이 없는 분위기 속에서 학습을 하기 때문에 스스로 잘 조절하고 있다는 느낌도 갖는다. 그러나 실제로는 컴퓨터 보조 수업의 이점에 대한 연구 결과는 일관성이 없다(MacArthur, Ferretti, Okolo, & Cavalier, 2001; Malouf, Wizer, Pilato, & Grogan, 1990).

컴퓨터를 이용하면 학업 장애 아동들이 탐색하고 구성하고 서로 의사소통할 수 있는 활동을 제공한다는 점에서는 가치가 있다. 워드프로세서는 이러한 목적에 기여하고 있다(Bender, 2008). 그 밖의 프로그램도 구체적으로 장애 아동에 맞게 설계되어 있다(Mayer & Rose, 2000; Wagmeister & Shifrin, 2000). 그림 11.8은 컴퓨터와 기타 공학을 사용하는 예이다. 제9장에는 기타 교육공학을 많이 응용해 주는 것에 대해 기술되어 있다.

■ 또래 도우미와 또래 개인지도

일반 학급에서 장애 아동의 요구를 충족시켜 주기 위한 한 방법은 수업 이외의 활동에 또래 도우미제나 또래 개인지도제를 이용하는 것이다(Matropieri et al., 2007).

또래 도우미는 학교에서 장애 학생이 일상생활 과제에 잘 대처하도록 도와준다. 예를 들면 시각 장애 아동에게는 선생님의 지시 사항을 잘 알도록 해 주거나 수업에 따라서는 필요한 단서를 알려 줄 수 있다. 중학교나 고등학교의 경우에는 청각 장애 아동이나 학습 장애 아동을 위하여 자기가 필기한 노트의 사진을 찍어서 제공해 줄 수 있다. 또한 수업 중에 교

과서를 바르게 펴놓거나 수업에 필요한 교재를 갖추도록 해 줄 수 있다. 도우미의 일차적 목표는 장애 아동이 일반 학급에 잘 적응하도록 해 주고, 질문에 대답하고, 수업 중의 지시에 잘 따르도록 돕는 데 있다. 이러한 자원을 활용함으로써 교사는 수업활동에 관한 중요한 질문을 할 수 있다.

일반 학급에 있는 장애 아동을 돕는 또 하나의 방법은 또래 개인지도를 활용하는 것이다(Fantuzzo et al., 1992; Watkins & Wentzel, 2008). 또래 개인지도를 활용하려는 교사는 이들을 사전에 잘 훈련해야 한다. 이들에게 시범을 보이거나 설명을 해 주어 어떻게 도와줄 것인지, 긍정적이고 올바른 피드백은 어떻게 하며, 언제 혼자 공부하도록 내버려 둘 것인지에 대하여 가르쳐 주어야 한다. 또래 개인지도와 그 도움을 받는 장애 학생 모두 유익한 점이 있다. 장애 학생은 과목에서 다루는 개념을 학습하고 또래 개인지도는 장애 학생을 더 잘 이해하고 수용하는 경험을 하는 것이다. 장애 학생이 나이가 많고 또래 개인지도가 어릴 경우에도 양쪽 모두에게 유익할 수도 있다(Osguthorpe & Scruggs, 1986; Top & Osguthorpe, 1987).

연결해서 더 보기
또래 개인지도에 대해서는 제9장을 참조하시오.

■ 특수교육팀

일반 학급에 장애 학생을 두었을 때 일반 학급 교사는 한 명 이상의 특수 교사와 공동으로 수업을 하여 장애 학생이 성공적으로 통합되도록 해야 한다(Friend, 2007; Friend & Bursuck, 2008; Smith et al., 2008; Snell & Janney, 2000). 일반 학급 교사는 특수교육 관계자와 회의를 할 수도 있고, 특수교육 관계자는 가끔 교실에 참여할 수도 있다. 그리고 일반 학급 교사는 정기적으로 특수교육 관계자와 상담을 할 수도 있다. 어떤 형태로 만나든 일반 교사와 특수 교사는 서로 학생이 성공적으로 학교생활을 하도록 하는 데 있어서 중요한 전문가라고 인정해야 한다. 일반 학급 교사는 학급 조직과 일일 활동, 교육과정, 학생 수행에서 무엇을 기대할 것인지에 대한 전문가이고, 특수 교사는 장애 학생의 특성, 주류화 교육 대상 학생의 학습, 이들의 강점과 약점 그리고 수업에 대한 전문가이다. 이 모든 정보가 성공적 통합에 중요하며 이것이 일반 교사와 특수 교사간에 의사소통이 필요한 이유이다(Pawlowski, 2001; Tucker, 2001).

의사소통은 장애 학생이 일반 학급에 배치되기 이전에 이루어져야 하고, 그 이후에도 계속되어야 한다. 두 교사는 장애 학생이 서로가 가지고 있는 최근 정보를 주고받아서 효과적인 프로그램을 수립하고 조정해야 한다. 그렇게 한 후에야 일반 학급에서 장애 학생의 학업 수행 개선을 목표로 하여 수업을 설계하고 제시할 수 있다. 이렇게 되면 어느 한쪽에서 습득한 기술과 행동이 다른 쪽에 일반화되는 것도 쉬워진다(Fuchs, Fuchs, Bahr, Fernstrom, & Stecker, 1990 참조).

■ 장애 학생의 사회적 통합

일반 학급에 장애 학생을 배치하는 것은 이들을 환경에 통합하는 것의 일부에 불과하다. 이 학생들의 수업만 통합하는 것이 아니라 사회적 통합도 이루어져야 한다(Wilkins, 2000 참조). 일반 학급 교사는 이 과정에서 매우 중요한 역할을 한다. 학생의 수행과 행동에 대한 교사의 기대가 어떤 효과가 있는지에 대한 연구 결과는 많다. 장애 학생에 대한 교사의 태도는 장애 학생과 교사가 상호작용하는 데에만 중요한 것이 아니라 비장애 학생의

연결해서 더 보기
사회정서적 문제가 있는 아동을 통제하기 위한 적응 기술을 가르치는 것에 대해서는 제3장을 참조하시오.

그림 11.9 2차 장애 아동의 일반 학급에의 통합 방법

2차 장애 아동을 통합할 때에는 다음 사항을 고려한다.

2차 학습 장애 아동

1. "나는 주의를 집중하였는가?"와 같은 자기기록 전략을 구체적으로 가르친다.
2. 새로운 재료와 장애 아동이 이미 가지고 있는 지식을 연결시킨다. 그렇게 함으로써 익숙한 정보에서 특수한 시사점을 이끌어 낸다.
3. 기억회상을 일으키는 단서 사용법을 가르친다(예 : 메모).
4. 학업을 증진시켜 줄 기타 자치 사용법을 가르친다(예 : 녹음테이프).

2차 정서 장애 아동

1. 협동 학습과 집단과제를 통하여 학급 내에서의 적극적 인간관계를 조성한다.
2. 긍정적 부정적 행동 결과뿐만 아니라 모든 학생에게 행동 표준을 제공한다.
3. 정기적으로 장애 아동을 즐겁게 해 주거나, 적절한 시기에 비형식적 대화를 하거나, 장애 아동 개선활동에 참여하거나, 장애 아동의 흥미를 인식하는 등을 통하여 장애 아동과 관계를 돈독히 한다.
4. 교사의 행위를 보고 있는 교사 지원 팀원과 밀접하게 협조한다. 이들은 정적 또는 부적으로 학생의 수행에 영향을 줄 수 있다.
5. 행동의 변화는 아주 점진적으로 일어난다는 것을 인식하라. 퇴보할 때도 있고 때로는 소동이 있을 수도 있다.

모델로서도 중요하다. 장애 학생에 대한 태도 연구 결과를 보면, 비장애 학생의 태도에 영향을 줌으로써 통합을 증진시키려는 교사에게 유용한 몇 가지 전략을 제공받을 수 있다. 한 가지 전략은 협동 학습을 하는 것이다(Nevin, 1998; Slavin & Stevens, 1991; Stevens & Slavin, 1995b). 사회적 기술 훈련을 하면 사회적으로 장애가 더 잘 수용되기도 한다(Troops & Asher, 1999). 2차 장애 아동을 일반 학급에 통합하는 실제적 방법은 그림 11.9를 참조하면 될 것이다.

요약

누가 특수학습자인가

특수학습자란 사회나 학교 규준에 비추어 볼 때 특별한 교육적 요구가 있는 학생을 말한다. 어떠한 이유에서든 적절하게 학업과제를 수행할 수 없는 능력을 물려받았기 때문에 특수학습자가 된 것이다. 결손이라는 것은 환경에 의해 주어진 조건이나 장애 또는 환경 그 자체를 말한다. 장애란 정신적 · 신체적 · 감각적 능력을 방해하는 기능적 한계가 있는 것을 말한다. 특수학습자의 분류체계는 종종 임의적이어서 논쟁이 되고 있다. 명칭 사용으로 인해 치료를 잘못하거나 학생의 자아개념을 손상시킬 수도 있다. 미국 학생의 약 9%가 특수교육을 받는다. 주로 정신지체 아동, 특정 학습 장애 아동, 말하기 장애 또는 언어장애 아동, 정서 장애 아동, 행동 장애 아동, 시각 또는 청각 장애 아동이 해당된다. 영재도 특수 아동으로 간주되어 속진학습이나 심화학습을 받을 자격이 있다. 정확하게 특수 아동을 찾아 이들의 요구에 맞게 수업을 조정해서 제공하는 일은 계속적으로 도전적인 과제이다.

특수교육이란 무엇인가

특수교육 프로그램에서는 장애 학생에게 일반교육이 아닌 서비스나 일반교육 이외의 부가적 서비스를 제공한다. 공법 94-142(1975)에서는 모든 특수 아동에게 공공 비용으로 적합한 특수교육을 받을 수 있는 권리를 부여하고 있다. 이 법은 공법 99-457로 개정되면서 취학 전 유아, 장애가 심한 영아를 그 대상에 포함시켰고 현재 이 법은 장애아교육법(IDEA)이라고 한다. 공법 105-17에서 강화된 이후 IDEA '97에서는 **장애아교육**에 학부모나 교사의 개입을 더 요구하고 있다. 최소 환경 제한 규정은

특수한 요구가 있는 장애 아동은 가능한 일반 학급에 통합하여 교육시켜야 함을 의미한다. IDEA에서는 모든 장애 아동에게 개별화 교육을 요구하고 있다. 개별화 교육의 이면에 내포된 생각은 장애 교육에 관계하고 있는 사람이라면 누구에게나 장애아교육 프로그램을 마련하는 데 도움이 될 기회를 준다는 것이다. 특수 아동 교육을 위해 준비가 가능한 서비스로는 일반 교사를 지원하거나, 특수 학급에서 하루 중 일정 시간 동안 특수교육을 하거나, 특별 교실에서 하루 3시간 이상 특수교육을 하는 것 등을 들 수 있고, 이 밖에 특정한 날에 특수교육을 하는 학교, 지역에 있는 특수학교, 가정과 병원에서 하는 특수교육 등을 들 수 있다.

중재책임제란 무엇인가

중재책임제(RTI)란 학생을 특수교육을 받게 할 것인지를 논하기 전에 일반 학급에서 수업을 수정하거나 강도 높은 서비스를 제공하는 것을 말한다. RTI에서는 일반적으로 3단계 중재, 즉 예방(학급 전체), 즉각적 중재(소집단 또는 개별), 고강도 및 확대 지원을 한다.

통합 교육이란 무엇인가

통합 교육이란 특수교육이 필요한 학생을 일반 학급에 배치하는 것을 말한다. 일반 학급에 모든 아동을 완전히 통합하여 적절하게 돕는 것이 가장 일반적인 목표이다. 연구 결과를 보면 통합 교육이 모든 학생들의 수행 수준을 높이는 데 효과적인 방법이다. 특히 협동 학습, 또래 도우미, 또래 개인지도, 컴퓨터를 이용한 수업, 과제 제시의 변환, 장애 아동의 사회 기술 가르치기 등은 일반 학급에서 이루어지는 정규 활동이다. 또한 연구 결과를 보면 특정 장애 아동, 특히 읽기 장애는 예방 프로그램과 조기 개입 프로그램을 통해 예방할 수 있다.

일반 학급의 장애 학생을 위한 효과적 전략

통합 학급 교사는 수업과 교재를 수정하고 학생들에게 구체적 학습 전략을 가르치고, 개별지도나 컴퓨터 사용을 통하여 장애 아동들이 성공적으로 학습할 수 있도록 할 수 있다.

주요용어

감각 장애(sensory impairment)
개별화 교육 프로그램(Individualized Education Program, IEP)
결손(handicap)
공법 94-142(Public Law 94-142)
중재책임제(Response to Intervention)
말하기 장애(speech disorder)
속진학습 프로그램(acceleration program)
시력 상실(vision loss)
심화학습 프로그램(enrichment program)
언어 장애(language disorder)
영재성(giftedness)
완전 통합 교육(full inclusion)
자폐증(autism)
장애(disability)
장애아교육법(Individuals with Disabilities Education Act, IDEA)
정서 및 행동 장애(emotional and behavioral disorder)
정신지체(mental retardation)
주류화 교육(mainstreaming)
주의력결핍 과잉행동 장애(attention deficit hyperactivity disorder, ADHD)
지능지수(intelligence quotient, IQ)
청각 장애(hearing disability)
최소 환경 제한(least restrictive environment)
특수교육(special education)
특수학습자(learners with exceptionalities)
학습 장애(learning disabilities, LD)
품행 장애(conduct disorder)
협력 교육 서비스(collaboration)

자기평가 : 교수학습원리

이 장의 서두에 있는 예화를 다시 읽고 다음 질문에 답하시오.

1. 도버 초등학교 교감인 엘레인이 자신의 아들 토미 문제로 온 로스를 만난다. 토미는 다른 학교에서 어려움을 겪고 있다. 교감은 로스에게 토미는 특수교육이 필요하다고 설명해 준다. 다음 예 중에서 어느 사람이 특수교육을 받을 필요가 있는가?

   a. 지능지수가 120 이하인 학생

b. 몇 가지 장애 유목 중에서 최소한 한 가지 장애를 가지고 있는 학생
c. 학업 성적이 백분위 점수로 50 이하인 학생
d. 부모가 자신의 자녀가 특수교육을 받아야 한다고 하는 학생

2. 자신이 토미의 새 교사라고 한다면, 토미 어머니가 장애와 결손의 차이가 무엇인지 묻는다면 뭐라고 답하겠는가?
a. 장애는 인지적 기능에 장애가 있는 것을 말하고, 결손은 신체적 기능에 어려움이 있는 경우를 말한다.
b. 장애는 사회에 의하여 방해를 받은 경우이고, 결손은 장애 상태를 말한다.
c. 장애란 기능에 제한이 있어서 신체적 또는 인지적 방해를 받는 것을 말하고, 결손이란 사회나 물리적 환경, 자신의 태도에 의하여 장애인에게 부과된 어떤 상태를 말한다.
d. 두 용어는 동의어이다.

3. 다음 공법 중 어느 것 때문에 로스와 같은 부모가 자식에게 특수교육을 받도록 하겠다고 결정하였는가?
a. 공법 94-142, 결손교육법
b. 공법 99-457, 개정 공법 94-142
c. 공법 101-457, 장애아교육법
d. 공법 105-17, 개정 장애아교육법

4. 교감은 로스에게 토미가 특수교육이 필요하다 하더라도 '최소 환경 제한'에 두겠다고 한다. 이러한 조치는 토미에게 무엇을 의미하나?
a. 토미는 가능한 일반 학급에 배치될 것이며, 필요한 경우에만 교실을 이동하여 특수교육을 받을 것이다.
b. 토미는 이동에 불편이 없고 과목 선택에 제한이 없는 특수 학급에 배치될 것이다.
c. 토미는 어떤 특수교육도 받을 자격이 있다.
d. 토미는 공공 기금을 받아서 개인적 특수교육을 받을 수 있다.

5. 로스가 엘레인 교감에게 다음과 같이 질문하고 있다. "이 학교의 통합 교육에 대한 철학이 토미에게 딱 맞는 것같이 들립니다. 그런데 왜 모든 학교가 이러한 철학을 채택하고 있지 않나요?" 통합 교육에 대하여 현재 알고 있는 지식으로 교감은 다음 중 어떤 대답을 할 것 같은가?
a. 통계 자료를 보면 통합 교육에 참여하고 있는 학생은 특수교육을 받고 있는 학생만큼 학업 성적이 좋지 못합니다.
b. 일반 학급 교사는 때로는 적절한 훈련이나 교재가 부족하고 이미 대규모 학급과 부적절한 지원 서비스 때문에 업무 부담이 과중되어 있습니다.
c. 특수교육 전문가는 학습 장애와 같은 일이 있다는 것을 확신하지 못하고 있습니다. 특수 교사들은 일반교육을 받아야 한다고 믿고 있습니다.
d. 일반교육을 받는 자녀를 둔 학부모 중에는 장애 학생의 요구를 충족시켜 주기 위하여 수업을 변형하는 것은 공정한 일이 아니라고 믿고 있습니다.

6. 토미에게 읽기 장애가 있다고 판단하였다면 개별화 학습 계획을 수립하기 위하여 어떻게 할 것인가?

7. 특수 요구가 있는 학생을 일반 학급에 함께 배치하였을 때 발생 가능한 유리한 또는 불리한 점에는 어떤 것들이 있을지 서술해 보시오.

12

학생 학습평가

수업 목표란 무엇이며 어떻게 사용하는가
- 수업 목표의 계획
- 목표와 사정의 연계
- 수업 목표 분류체계의 이용
- 수업 목표에 관한 연구

평가는 왜 중요한가
- 피드백으로서의 평가
- 정보로서의 평가
- 장려책으로서의 평가

학습평가는 어떻게 하는가
- 형성평가와 총괄평가
- 규준지향 평가와 준거지향 평가
- 목표에 맞는 평가 전략

시험 문제는 어떻게 작성하는가
- 성취도 검사 제작의 원리
- 세부 목표 분류표의 활용
- 선택형 검사 문항
- 서답형
- 논문형 검사
- 문제해결 문항의 제작과 평가

참평가, 포트폴리오 평가, 수행평가란 무엇인가
- 포트폴리오 평가
- 수행평가
- 어떻게 하면 수행평가를 잘할 수 있는가
- 수행평가의 채점 기준

성적은 어떻게 매기는가
- 채점 준거의 설정
- 문자 표기식 점수
- 수행평가 점수 매기기
- 기타 대안적 평가 방법
- 성적 통지표

Bob Daemmrich/The Image Works

학습 목표

이 장을 공부하고 나면 다음과 같은 것을 할 수 있다.

- 수업 목표와 그 용법을 말할 수 있다.
- 평가가 왜 중요한지 알 수 있다.
- 평가 유형의 차이를 알 수 있다.
- 다양한 유형의 평가문항을 작성할 수 있다.
- 참평가, 포트폴리오 평가, 수행평가를 구분할 수 있다.
- 다양한 등급 매기는 방법을 알 수 있다.

Bob Daemmrich/The Image Works

설리번 선생님은 미국 시민전쟁에 대하여 많은 시간에 걸쳐 가르치고 있었다. 그가 가르치는 7학년 미국 역사는 재미있었다. 설리번 선생님은 전쟁에 관한 모든 일화를 관련시키고 있었다. 그는 전투를 상세하게 묘사하였고(동맹군이 강을 건너다 포로로 잡혔다), 스톤월 잭슨이 전투 중에 졸다가 전투에 패배한 것과 여자가 남자로 위장하여 군인으로 전투에 참가한 이야기도 몇 가지 해 주었다. 동맹군이 버몬트 언덕을 급습한 얘기도 해 주었다. 사실 설리번 선생님은 몇 주 동안 당시의 전투, 노래, 장군의 성격과 습성에 대한 얘기를 계속하였다. 마지막으로 동맹군이 한 덩어리의 빵을 사기 위하여 돈이 얼마나 필요하였는지를 계산하는 재미 있는 수학 활동을 하고 나서 학생들에게 모든 교재를 치우게 하고 시험을 쳤다.

학생들은 충격을 받았다. 질문은 딱 하나였다. '시민전쟁의 주 원인은 무엇이며, 어떤 사건이 있었으며, 그 결과는 어떠하였나?' 하는 것이었다.

설리번 선생님의 수업은 재미있었다. 모든 수업은 서로 관련이 있고 다양하게 전개되었다. 수업에서 다른 과목의 기술도 모두 통합하고 있었다. 모든 수업에서 사회과의 중요한 목표, 즉 주제에 대한 즐거움을 느끼는 것 하나는 분명히 달성하였다. 그러나 설리번 선생님이 한 모든 수업은 가르치는 것과 평가하는 것이 별로 일치하지 않는 것 같다. 설리번 선생님과 학생은 즐거운 여행을 하고 있지만 어디로 가고 있는 것일까?

생각해 보기

4~5명이 한 조가 되어 수직선을 긋고, 그 위에 가장 잘 가르치지 못한 것을 1로 표시하고 가장 잘 가르친 것을 100으로 표시해 보자. 설리번 선생님이 가르친 것을 이 선상에 표시해 보자. 각자 매긴 값을 말하고 그 값이 적절한지 검토해 보고 점수를 다시 고쳐 보자. 설리번 선생님이 가르치고 평가한 것에 대하여 토의해 보자.

단원이든 과목이든 가르칠 때 당신이 어디로 가고 있으며, 당신과 학생들은 거기로 가고 있는지 어떻게 아는가? 이 장에서는 수업 목표, 목표가 달성되는지를 결정하는 방법뿐만 아니라 목표와 사정에 대해서도 논의할 것이다. 수업 목표는 학생이 무엇을 알아야 하고 수업이 끝나고 무엇을 할 수 있어야 하는지에 대한 계획이다. 수업은 이러한 목표를 달성하도록 설계되어야 하고, 평가에서는 학생들이 궁극에 각자 도달한 정도를 알려 주어야 한다(Carr & Harris, 2001; Marzano et al., 2001). 교사는 수업이 어디로 가고 있는지 분명하게 알아야 하고, 거기에 어떻게 도달하며, 도달하였는지를 어떻게 파악할 것인지에 대하여 분명히 알아야 한다.

수업 목표란 무엇이며 어떻게 사용하는가

당신은 수업이 끝나면 학생들이 무엇을 알고 있고 무엇을 알 수 있는지 알고 싶지 않습니까? 어떤 과목의 한 과가 끝나면 무엇을 알아야 하는가? 그 답을 아는 것은 의도적이면서도 질 높은 수업에서 가장 중요한 필수 조건이다. 만약 교사가 군대를 어디로 보내야 할 것인지에 대한 지도나 계획이 없다면 분명히 그 군대는 길을 잃을 것이다. 앞의 예에서 설리번 선생님은 학생들에게 재미있는 수업은 하였지만 시민전쟁의 본질적인 개념을 학생들에게 어떻게 전할 것인지에 대한 계획이 없기 때문에 학생들은 이러한 개념을 잘 학습하지 못할 것이다.

목표 설정은 수업이 맞추어야 할 틀을 준비하는 첫 단계이다. 이러한 틀이 없다면 길을 벗어나서 떠돌기 쉽고, 수업의 핵심이 아닌 것에 많은 시간을 허비하기 쉽다. 어떤 고교 생물 교사가 한 학기 동안 대부분의 시간을 생화학을 가르치는 데 보냈다. 학생들은 DNA의 화학적 구성 요소, 적혈구 세포, 엽록소에 대해서는 잘 알지만 동물학, 식물학, 해부학, 그 밖의 고교 생물학의 중심이 되는 개념에 대해서는 잘 알지 못했다. 결국 5월 말경 그 교사는 당황하였다. 학년이 끝나기 전에 여러 실험 실습을 해야 했기 때문이다. 연속해서 며칠간 개구리, 눈, 뇌, 돼지 태아를 해부해야만 했다. 말할 것도 없이 서둘러 한 실험에서 학생들은 생물학 전반에 대하여 배우지 못했다. 이 교사는 기본 계획도 없이 매주 무엇을 가르칠 것인지 결정하였기 때문에 전체 윤곽을 잃어버렸다. 즉 고교 학생들이 생물학에서 배우기로 합의된 주요 지식에 대한 영역을 파악하지 못한 것이다. 일단 계획을 세우면 철저하게 계획대로 하는 교사는 거의 없지만 계획을 세우면 도움이 된다.

종종 행동 목표라 불리는 **수업 목표**(instructional objective)는 일정 기간 수업을 마친 후에 학습할 것으로 기대되는 개념이나 기술을 진술한 것을 말한다. 일반적으로 수업 목표는 목표를 어떻게 측정할 것인지 분명하게 알 수 있는 방식으로 진술한다(Mager, 1997 참조). 수업 목표 진술의 예를 들면 다음과 같다.

- 나눗셈 문제(27 나누기 3 같은) 100개를 제시하면 학생은 3분 안에 모두 풀 수 있다.
- 생물의 주요 특징을 물으면 적어도 다섯 가지는 말할 수 있다.
- 수필을 써서 고갱과 고흐의 미술 양식을 비교하고 대조할 수 있다.
- 주어진 명제 "미국은 제1차 세계대전에 참가하지 않았다."가 주어지면 학생들은 그 명제에 대하여 찬성 또는 반대 주장을 설득력 있게 할 수 있을 것이다.

연결해서 더 보기

효과적 교수법의 요소로서 수업 계획과 수업 목표에 대해서는 제7장을 참조하시오.

이러한 목표는 학습의 형태, 수행 수준에 따라 상당히 달라지지만 몇 가지 공통점이 있다. 행동 목표 운동을 전개하기 시작했던 Mager(1997)는 목표를 수행, 조건, 준거라는 세 부분으로 진술하였다. 예는 표 12.1과 같다.

■ 수업 목표의 계획

수업 목표

일정 기간 수업을 마친 후에 학생이 성취하기를 기대하는 기술이나 개념을 진술한 것

행동 목표의 골격은 조건-수행-준거이다. 첫째, 학습이 평가될 조건을 다음과 같이 진술해야 한다.

표 12.1 행동 목표 진술의 구성 요소

	수행	조건	준거
정의	목표는 늘 학습자가 하기를 기대하는 것을 말한다.	목표는 수행이 일어나는 조건을 말한다.	가능한 한 목표는 수용 가능한 수행의 준거를 말한다.
질문	학습자는 무엇을 학습할 수 있어야 하나?	어떤 조건에서 학습자가 학습할 수 있기를 원하나?	어느 정도 잘해야 하나?
예	형용사와 부사를 바르게 사용하시오.	고치지 않는 문장 10개를 제시하면…	적어도 9~10문장에서 형용사와 부사를 고를 수 있는가?

- 10개 문제를 주면 … 학생은 …할 수 있을 것이다.
- 수필을 써서 학생은 …할 수 있을 것이다.
- 컴퍼스와 각도기를 사용해서 학생은 …할 수 있을 것이다.

둘째, 학생이 무엇을 할 수 있는지를 가리키는 행위 동사로 진술해야 한다. 예를 들면 다음과 같은 동사를 사용해야 한다(Gronlund & Brookhart, 2009).

- 써라.
- 구별해 보라.
- 확인해 보라.
- 짝을 지어 보라.
- 비교하고 대조해 보라.

셋째, 학습의 성공에 요구되는 준거를 제시해야 한다. 예를 들면 다음과 같다.

- 3분 안에 곱셈 문제 10문제를 …
- 신대륙에 탐험가를 파견한 국가를 적어도 5개를 …
- 헌법상의 미국과 연방법상의 미국 간의 최소한 세 가지 공통점과 차이점을…

간혹 성공에 필요한 준거를 정답 수로 구체화하지 않아도 된다. 그러나 성공은 가능한 분명하게 구체적으로 확인되어야 한다. 예를 들면 다음과 같다.

- 학생은 소설 『Doll's House』에서 여성이 처한 사회적 상황을 두 장 정도 쓸 수 있다.
- 학생은 달걀을 깨는 것 말고 달걀 거품기의 용도를 최소한 여섯 가지 생각해 낼 수 있다.

구체적 목표 진술 수업 목표는 과목에 따라 달라야 한다. 학생들이 잘 정의된 기술이나 답이 하나만 있는 정보를 학습할 때의 수업 목표는 다음과 같이 진술한다.

- 두 자리 수 덧셈 문제 10문제를 주면 적어도 9문제를 풀 수 있다.
- 동사가 빠진 10개의 문장을 주면 최소 8개 문장의 동사를 올바르게 고친다.
- 천정에 4m 밧줄을 달아놓으면 20초 이내에 꼭대기까지 올라갈 수 있다.

물론 어떤 수업에서는 구체적 수업 목표를 제시하지 않는다. 이러한 경우에 수업 목표를 수량적 준거를 진술해서는 안 된다. 다음과 같은 진술이 그러하다.

- 1900년대 미국의 이민 상황과 오늘날 이민 상황의 유사점과 차이점을 적어도 다섯 가지 이상 열거할 수 있다.

그러나 이러한 목표는 이 주제에 대하여 학생이 정말 잘 이해했는지를 보여 주지 못한다. 아주 구체적이지는 않지만 다음과 같이 진술할 수 있다.

- 글을 읽고 1900년대 미국의 이민 상황과 오늘날 이민 상황의 유사점과 차이점을 비교하고 대조해 볼 수 있다.

이러한 식으로 수업의 일반 목표를 진술하면 학생들은 이 주제에 대하여 자신이 이해한 것을 더 융통성 있게 표현할 수 있고 유사점과 차이점을 단순히 기억하는 것이 아니라 더 깊이 이해할 수 있다.

명시적 목표 진술 수업 목표는 의미가 분명하도록 구체적이어야 한다. 이민에 관한 목표 진술은 다음과 같이 할 수 있다.

- 학생들은 미국 사회 발전에 기여한 다양한 사람에 대하여 깊이 감사하는 마음을 가질 수 있다.

그런데 이 목표가 좋아보기는 한데 여기서 '깊이 감사하는' 은 무엇을 의미하는 것인가? 이러한 목표는 교사에게 수업을 어떻게 준비하고 학생들에게 무엇을 가르치고 어떻게 평가할 것인지에 대해서는 도움이 되지 못한다. Mager(1997, p. 20)는 수업 목표를 진술할 때 사용해 온 모호한 어휘와 덜 모호한 어휘를 다음과 같이 제시하고 있다.

여러 의미로 해석되는 단어	여러 가지로 거의 해석되지 않는 단어
안다.	쓴다.
이해한다.	말한다.
감상한다.	확인한다.
깊이 감상한다.	고른다.
중요성을 파악한다.	푼다.
즐거워한다.	구성한다.

과제 분석 수업 계획을 할 때 가르칠 과제에서 요구되는 기술을 고려하는 것은 중요한 일이다. 예를 들면 교사가 학생에게 학교 도서실을 이용해서 이자 문제에 대하여 조사해 오라고 하였다고 하자. 이 과제는 간단한 것 같이 보이지만 다음과 같은 여러 기술이 관련되어 있다는 것을 알아야 한다.

- 알파벳 순서를 알아야 한다.
- 어떤 주제에 관한 책을 찾기 위하여 카드를 작성할 줄 알아야 한다.

- 어떤 소재에 관한 정보를 찾기 위하여 책의 색인을 찾을 줄 알아야 한다.
- 설명 자료를 보고 중심 개념을 추출할 수 있어야 한다.
- 간략하게 보고하기 위하여 계획하고 윤곽을 잡을 줄 알아야 한다.
- 내용을 문장으로 서술할 줄 알아야 한다.
- 언어의 기계적 기술이 있어야 한다(대문자 용법, 구두점 용법 등).

Bob Daemmrich Photography

학습과 학습평가에서 주의 깊게 계획하는 것이 왜 중요한 단계인가? 교사가 설정한 목표를 학생이 달성하는 데 도움이 되는 어떤 종류의 평가를 수업에서 할 수 있는가?

이러한 기술은 몇 가지 별개의 하위 기술로 나눌 수 있다. 교사는 학생이 성공적으로 학습하려면 학생들이 무엇을 알아야 하는지 분명히 알기 위해서 어떤 학습 과제도 하위 기술이 있다는 것을 알아야 한다. 학생들에게 도서관 리포트 과제를 주기 전에 교사에게는 학생이 도서 목록 카드를 찾을 수 있는지, 책의 색인을 이용할 수 있는지, 설명 자료를 이해하고 필기를 할 수 있는지를 확인해야 한다. 교사는 학생들을 도서관으로 보내기 전에 이러한 기술을 가르치거나 확인하는 것이 필요하다.

마찬가지로 새로운 기술을 가르칠 때에도 거기에 내포된 모든 하위 기술을 고려하는 것이 중요하다. 긴 나눗셈, 화학식, 주제에서 문장을 확인하는 것에 각각 포함되어 있는 하위 단계를 생각해 볼 수 있다. 피자를 만들 때의 하위 기술에는 어떤 것이 있는지 그림 12.1을 보자. 이렇게 과제나 목표를 더 단순한 요소로 분할하는 과정을 **과제 분석**(task analysis)이라고 한다. 수업 계획을 할 때에 과제 분석은 3단계로 할 수 있다.

과제 분석

과제를 기본적인 하위 기술로 분할하는 것

1. **선수 기술을 확인한다.** 수업을 하기 전에 학생이 이미 알고 있어야 하는 것은 무엇인가? 예를 들면 긴 나눗셈 수업이라면 학생들은 뺄셈, 곱셈, 나누기에 관한 여러 사실을 알아

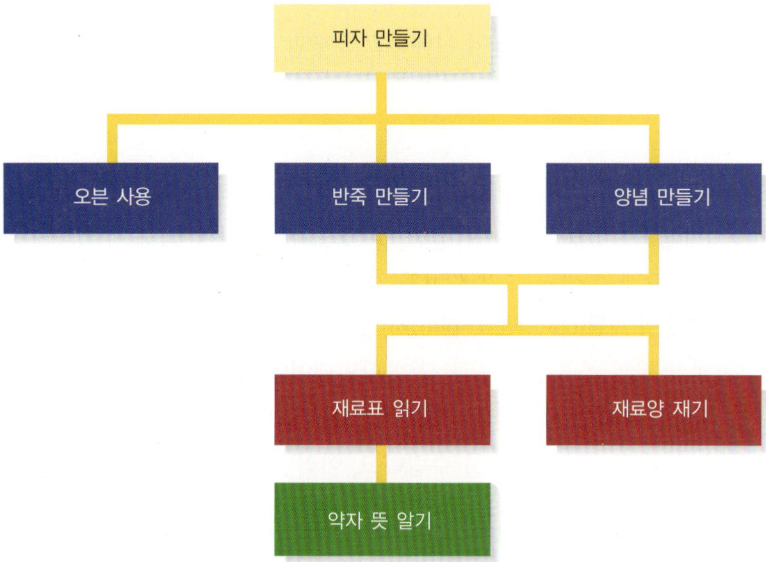

그림 12.1 어떤 기술 위계의 예

학생들은 피자 만들기를 하기 전에 오븐을 사용할 줄 알아야 하고, 반죽을 만들 수 있어야 하고, 양념을 만들 수 있어야 한다. 이러한 기술들은 피자 만드는 기술을 익히기 전에 학습해야 하는 것들이다. 이러한 기술들은 서로 별개이고 순서에 따라 학습할 수 있는 것들이다. 반죽과 양념을 만들기 전에 재료표를 읽을 줄 알아야 하고 재료의 양을 잴 줄 알아야 한다. 마지막으로 재료표를 읽기 위해서는 우선 거기에 쓰여 있는 약자의 뜻을 알아야 한다.

출처 : The Center for Effective Performance, Inc. www.cepworldwide.com, 800-558-4237.

표 12.2 생물 과목 목표의 예

교사는 과목 수업 시간을 1년 또는 1학기 동안 어떤 주제를 다룰 것인지, 각 주제를 몇 주 동안 할 것인지, 각 주제에서 어떤 단원을 할 것인지, 각 단원을 몇 시간씩으로 할 것인지, 하루하루의 수업을 무엇으로 할 것인지에 따라 배분한다.

과목 목표(주별 설정)		단원 목표(일별 설정)		수업
구체적 방법	3	관찰 및 측정	4	제1과 질문, 관찰
생물의 특징	3	예측과 통제	2	제2과 측정 확인
세포	3	자료	3	제3과 길이 측정
광합성	3	실험	3	제4과 크기 측정 부피 측정
호흡	3	문제해결	3	
환경	3			
적응	4			
관계	3			
균형	3			

출처 : Wong, Bernstein, and Shevick, *Life Science*(2nd ed.), 1978.

야 하고 셈을 할 줄 알아야 한다.

2. **구성 요소 기술을 확인한다.** 실제 수업에서 학생들이 상위 목표를 학습하기 전에 배워야 할 하위 기술은 무엇인가? 긴 나눗셈의 예로 돌아가 보자. 학생들은 추정하고, 나누고, 곱하고, 빼고, 검산하고, 자리수를 내릴 줄 알아야 하고, 이러한 과정을 반복할 수 있어야 한다. 교사는 수업하는 동안 이러한 각 단계를 계획하고, 가르치고, 평가해야 한다.
3. **하위 요소를 어떻게 최종 기술로 통합할 것인지에 대한 계획을 세운다.** 과제 분석의 최종 단계는 하위 기술을 전체 과정으로 통합하는 것이다. 예를 들면 학생들이 추정하고, 나누고, 곱하기를 할 수 있다 하더라도 이것이 반드시 긴 나눗셈을 할 수 있다는 것을 의미하지는 않는다. 이러한 하위 기술은 학생들이 이해하고 실행할 수 있는 하나의 전체 과정에 통합되어야 한다.

하향식 계획 수업 목표는 구체적 과제 목표를 합친 것 이상이며, 과정의 목표는 구체적 수업 목표를 합친 것 이상이다. 이 때문에 대체로 과정의 목표를 먼저 진술하고, 그다음에 대단원의 목표를 진술하고, 그다음에 구체적 행동 목표를 진술한다(Gronlund & Brookhart, 2009 참조). 이것이 바로 **하향식 계획**(backward planning)이다. 예를 들면 서두의 예화에서 설리번 선생님은 시민전쟁 단원의 목표를 다음과 같이 확인했어야 했다. "학생들은 시민전쟁의 주요 원인과 사건 그리고 결과를 이해할 수 있다." 그런 다음에 시민전쟁의 원인과 사건, 그리고 결과에 대하여 좀 더 구체적인 목표를 수립하고, 이러한 목표와 관련이 있는 단원과 개인별 학습활동을 계획했어야 했다. 하향식 계획 과정의 예는 표 12.2에 잘 나타나 있다. 그리고 '적용해 보기'에 구체적으로 서술되어 있다.

하향식 계획

수업 계획을 세울 때 먼저 포괄적 목표를 수립하고 나서 단원 목표를 수립하고 최종적으로 일일 수업 계획을 수립하는 것

적용해 보기

과정, 단원, 학과 계획 세우기

과정에 대한 계획을 수립할 때에는 수업 전에 장기 목표, 중기 목표, 단기 목표를 세우는 것이 중요하다(Brown, 1988; Shavelson, 1987). 첫 수업 이전에 교사는 학생에게 1년 동안 가르칠 일반 계획, 이보다 구체적인 첫 단원 계획, 훨씬 더 구체적인 제1과 내용에 대한 계획을 수립하여야 한다(표 12.2 참조).

표 12.2는 하향식 계획 과정을 담고 있다. 제일 처음에 과정(course) 목표를 수립한다. 그다음에 단원 목표를 수립하고, 마지막으로 과(lesson) 목표를 수립한다. 과정 목표에는 1년 동안 학습해야 할 모든 주제(topic)가 포함되어 있다. 교사는 전체 주수를 주요 주제에 따라 나누어 각 주요 주제에서 무엇이 필요한지 알아야 한다. 특정 주제에 시간을 더 배정할 수도 있고 덜 배정할 수도 있다. 표 12.2에 나오는 주제 중에서 어느 하나에 한 학기를 모두 배정할 수 있지만 생물 과목에서는 적절하지 않다. 교사는 초반부에 나오는 주제에 너무 많은 시간을 사용하거나 후반부의 주제에 대하여 좋은 수업을 하기 위해 너무 많은 시간을 남겨두지 않도록 첫 수업 이전에 잘 선택해야 한다. 역사 과목을 가르치는 교사 중에는 항상 5월 중순 경에도 제1차 세계대전을 가르쳐서 2주 내에 20세기를 거의 모두 가르쳐야 하는 교사도 있는 것 같다.

표 12.2에서는 각 주제에 몇 주를 할당하고 있는지를 보여 주고 있다. 이것은 개략적 시간이며 이후에 수정할 수 있다.

단원의 목표와 평가 과정 목표를 설정하고 난 다음에는 첫 단원 목표를 설정하고 각 단원에 사용할 수업 시간 수를 정한다. 계획 수립 과정의 일부로서 단원 평가 계획을 작성하는 것도 좋은 생각이다. 미리 평가 계획을 수립하면 중요한 문제를 중점적으로 가르칠 수 있다. 예를 들면 시민전쟁 단원을 4주간 한다면, 학생들이 학습해야 할 가장 중요한 것으로 전쟁의 원인, 모병 운동, 노예 해방 선언의 중요성, 링컨 암살 등 중요 사항이 포함될 것이다. 이러한 주제가 시민전쟁 단원의 평가의 중심이 될 것이다. 이처럼 평가 문항을 작성해 보면 어느 주제가 중요한지 한눈에 볼 수 있다.

수업 계획의 일부로서 하는 평가는 정확하게 단원이 끝나고 평가를 하지 않아도 된다. 교사가 실제 수업한 것을 반영하기 위하여 문항을 변경하거나 추가하거나 삭제할 수도 있다. 그렇다고 이 때문에 학생들이 성취해야 할 목표가 무엇이며, 어떻게 평가해야 하는지에 대하여 미리 결정하는 것이 덜 중요하다는 것은 아니다.

단원 평가를 제공하고 있는 교과서가 많기 때문에 이러한 일이 더 수월해지긴 하였다. 그러나 비록 기존의 평가 목표와 평가 문제를 활용한다 하더라도 교사가 가르치는 것과 평가를 일치시키기 위해서는 그 내용을 검토하여 바꿀 것은 바꾸어야 한다.

만약 애초부터 단원 평가를 준비한다면 이 장 뒤편에 제시한 평가 문항 구성 지침을 이용하면 된다. 반드시 평가 문항은 과정의 중요성에 따라 다양한 목표를 감당하도록 하고 단편 지식뿐만 아니라 고차직 사고력까지 측정하는 것으로 해야 한다.

학과 수업 계획과 평가 하향식 계획의 최종 단계는 과 수업 계획이다. 표 12.2에서 단원 목표를 어떻게 과 목표로 세분하는지를 볼 수 있다. 다음 단계에서는 각 과의 내용을 계획하는 것이다. 과의 계획은 목표, 정보 제시 계획, 학생 연습 계획(필요한 경우), 학생 이해 평가 계획, 필요하다면 이해가 부족할 때의 재수업 계획으로 구성된다.

■ 목표와 사정의 연계

수업 목표는 어떻게 측정할 것인가라는 측면에서 진술하기 때문에 분명히 목표와 **사정**(assessment)은 밀접하게 관련되어 있다. 사정은 학생이 수업 목표를 달성한 정도를 측정한 것을 말한다. 대부분의 사정은 시험이나 퀴즈, 아니면 수업 중에 하는 질문과 같은 비형식적 언어 형태이다. 그러나 글을 쓰게 하거나, 그림을 그리게 하거나, 자동차 엔진을 조율하게 하거나, 파인애플 케이크를 만들게 할 수도 있다.

사정의 중요한 원리 중 하나는 사정과 목표가 분명히 연계되어야 한다는 것이다. 학생들은 배운 것 중에서 일정량을 학습한다. 그리고 배운 것과 시험 본 것 간에 중복이 많으면 많을수록 학생들의 점수는 올라간다(Carr & Harris, 2001; Marzano et al., 2001; Squires, 2009). 가르치는 내용과 수업 목표는 밀접한 관련이 있고 이 둘은 사정과 관련이 있어야 한다(Buhle & Blachowicz, 2008/2009). 어떤 목표가 가치가 있다면 그것은 사정할 가치가 있는 것이다. 이러한 생각에 대하여 Mager는 다음과 같이 서술하고 있다.

> 7학년 대수를 평가할 때 어떤 교사는 단순한 방정식 문제를 해결할 때 수많은 방법을 안내해 주었다. 그러나 정작 시험을 치게 되었을 때 평가 문항은 주로 문장제 문제였고 학생들은 시험을 잘 치지 못하였다. 교사는 학생들이 문장제를 이해하지 못한다면 진정으로 대수를 이해할 수 없다는 것을 당연하게 생각하였다. 교사의 주장이 맞을지도 모르지만 방정식을 푸는 능력은 문장제를 푸는 능력과 다르다. 만약 교사가 학생들이 문장제를 어떻게 푸는지 알기를 원했다면 학생들에게 그것을 가르쳐야 했다(Mager, 1975, p. 82).

위에 진술된 교사는 사실 마음속에 하나의 목표가 있었는데(문장제 풀기), 다른 것을 가르쳤다(방정식 풀기). 만약 이 교사가 목표, 수업, 평가를 조정했었더라면 자신과 학생들도 훨씬 행복하고 학생들은 문장제 방정식을 푸는 것을 학습하는 더 좋은 기회를 얻었을 것이다.

수업 목표를 세분하는 한 가지 방법은 수업을 하기 전에 평가 문항을 준비하는 것이다(Gronlund & Waugh, 2009). 이렇게 하면 일반적 **수업 목표**(teaching objective)를 진술하고(수업에서 무엇을 학습할 것인지 분명하게 진술함), 이것을 다시 구체적인 **학습 목표**(learning objective)(학생들이 학습하고 나서 보일 것으로 기대하는 구체적 행동)로 명확하게 진술할 수 있다. 예를 들면 다음과 같다.

수업 목표	구체적 학습 목표
a. 한두 번 수 빌려 줌이 있는 세 자리 수 뺄셈하기	a1. 237 − 184　a2. 412 − 298　a3. 596 − 448
b. 에드거 엘렌 포의 『The Raven』에서 기분을 나타내기 위한 언어 용법 이해하기	b1. 포는 첫 번째 절에서 까마귀의 기분을 설정하고 나서 그 기분을 어떻게 강화하였나?
c. 일반 물질의 화학식 확인하기	다음 물질의 화학식을 쓰시오. c1. 물 ____　c2. 이산화탄소 ____ c3. 석탄 ____　c4. 식염 ____

사정

수업 목표 성취 수준의 측정치

수업 목표

수업에서 학생이 무엇을 학습할 것인지 그 의도를 분명하게 진술한 것

학습 목표

수업을 하고 나서 학생들이 보일 것이라고 기대하는 구체적 행동

■ 수업 목표 분류체계의 이용

목표와 평가 문항을 작성할 때 중요한 것은 다양한 기술과 이해 수준을 고려하는 것이다. 예를 들면 중학년 학생이 곤충이라는 주제를 다루는 과학 수업을 할 때에 교사는 정보(여러 곤충의 이름)와 태도(생태계에서의 곤충의 중요성) 모두를 가르치고 싶어 할 수 있다. 다른 과목에서는 다른 형태의 사실과 개념을 가르치고 싶어 할 수 있다. 여러 수업 목표는 그 형태나 복잡성의 정도에 따라 분류할 수 있다. 이러한 분류체계는 수업 활동을 범주화하는 데 도움이 된다.

연결해서 더 보기
사고 기술과 비판적 사고에 대해서는 제8장을 참조하시오.

Bloom의 수업 목표 분류체계 1956년 Benjamin Bloom과 동료들(Bloom, Englehart, Fust, Hill, & Krathwohl, 1956)이 **수업 목표 분류체계**(taxonomy of education objective)를 발간하였다. 이것은 교육 연구와 실천에 있어서 지금까지 지대한 영향을 미치고 있다. 이들은 간단한 것에서 복잡한 것, 사실에서 개념에 이르기까지 목표를 범주화하였다. Bloom의 인지적 영역의 목표 분류의 핵심 요소는 다음과 같다(Badgett & Christmann, 2009; Marzano & Kendall, 2007).

1. **지식(정보의 기억).** '지식'은 가장 낮은 수준의 목표로, 여기서 '지식'이란 수학적 사실이나 공식, 과학 원리, 동사 활용을 기억하는 것을 말한다.
2. **이해(정보의 번역, 해석, 추정).** '이해'의 목표는 학생들이 정보를 이해할 뿐 아니라 사용할 수 있는 것을 말한다. 예를 들면 그래프의 의미를 해석하고, 변형시키고, 실험에서 강조하고 있는 원리를 추론하고, 이야기 속에서 다음에 일어날 일을 예측하는 것 등이다.

수업 목표 분류체계
Bloom이 수업 목표를 간단한 학습 과제에서부터 복잡한 것으로 순서를 매긴 것

3. **적용(기상의 문제나 실생활의 문제를 해결하기 위하여 원리나 추상 개념을 사용하는 것).** '적용'의 목표는 학생들이 지식이나 원리를 이용하여 실제 문제를 해결할 수 있는 것을 말한다. 예를 들면 기하 원리를 이용해서 수영장에 얼마나 많은 물을 넣어야 하는지를 안다든지, 온도와 압력 간의 관계에 대한 지식을 이용하여 왜 더운 날보다 추운 날에 풍선의 부피가 더 큰지를 설명하는 것이다.
4. **분석(복잡한 정보나 아이디어를 더 단순한 부분으로 분할하여 각 부분이 서로 어떻게 관련되어 있고 조직되어 있는지를 아는 것).** '분석'의 목표는 학생들이 복잡한 정보나 아이디어의 구조를 이해하는 데 있다. 예를 들면 미국 학교와 일본 학교를 대비하거나, 자동차의 기화기와 배전기의 기능이 어떻게 관련되는지를 알거나, 짧은 이야기 속의 중심 아이디어를 확인하는 것이다.
5. **종합(이전에 존재하지 않은 것을 만들어 내는 것).** '종합' 목표는 새롭게 복잡한 산출물을 낼 수 있는 것을 말한다. 작문을 하거나, 수학 원리를 유도하거나, 과학 실험을 하여 어떤 문제를 해

Bob Daemmrich Photography

이 학생들은 이 활동에서 Bloom의 목표 분류의 몇 단계에 참여하고 있는 것 같은가? 교사는 Bloom의 각 단계를 수업에 어떻게 통합시킬 수 있는가?

결하거나, 외국어로 새로운 문장을 구성하는 것 등이다.

6. **평가(주어진 표준에 따라 판단하는 것).** '평가' 목표는 주어진 준거나 표준에 따라 가치를 판단할 수 있는 것을 말한다. 예를 들면 집에 있는 두 대의 컴퓨터를 유연성, 파워, 이용 가능한 소프트웨어 측면에서 강점과 약점을 비교하는 것이다.

Bloom의 분류체계가 단순한 것에서 복잡한 것으로 조직되었기 때문에 그것을 하찮은 목표(지식)에서 중요한 목표(종합, 평가)의 위계로 생각하는 사람도 있으나 이것은 분류체계에서 의도한 것은 아니다. 서로 다른 수준의 목표는 서로 다른 목적, 서로 다른 발달 단계에 있는 학생에게 적합한 것이다(Marzao & Kendall, 2007).

Bloom의 분류체계에서 1차적으로 중요한 것은 학생들이 다양한 기술 수준을 가지고 있기를 기대하는 것이다. 흔히 모든 교사는 측정 가능한 지식이나 이해 목표에 초점을 두며, 학생들이 적용하고 종합할 기술을 아직 많이 학습하지 못하고 있다는 것을 너무 자주 망각한다(Iran-Nejad & Stewart, 2007). 또 어떤 교사는 상위 수준의 목표로 나아가기 전에 기초 목표가 잘 달성되었는지 확신하지 못하고 있다.

행동-내용 행렬표의 활용 설정한 목표가 여러 수준을 망라하고 있다는 것을 확인하는 한 가지 방법은 **행동-내용 행렬표**(behavior content matrix)를 작성하는 것이다. 이것은 특정 개념이나 기술을 여러 인지적 수준에서 어떻게 가르치고 평가할 것인지를 보여 주는 간단한 표이다. 그 예는 표 12.3과 같다. 모든 주제가 목표 체계의 모든 수준의 목표를 갖는 것은 아니라는 것에 주목할 필요가 있다. 어떤 주제는 아예 해당하는 수준의 목표가 없다. 주제에 모든 수준의 목표가 있어야 할 이유는 없다. 그러나 행동-내용 행렬표를 사용하면 수업 목표를 설정할 때 지식과 이해 이상의 목표를 생각나도록 해 줄 수는 있다.

행동-내용 행렬표

인지적 수준에 따라 수업 목표를 분류한 표

표 12.3 행동-내용 행렬표상의 수업 목표

교사는 행동-내용 행렬표를 작성하면 다양한 인지적 수준의 기술을 말해 주는 수업 목표를 수립할 수 있다.

목표 유형	예 1 : 원의 영역	예 2 : 이야기 중심 생각	예 3 : 아프리카 식민지화
지식	원 넓이 공식 제시하기	중심 생각 확인하기	유럽인이 아프리카를 식민화한 시간표 만들기
이해		이야기의 중심 생각 찾는 방법의 예 들기	유럽 국가가 아프리카를 식민지화한 것을 보여주는 지도 해석하기
적용	원넓이 공식 실생활 문제에 적용하기		
분석		이야기의 중심 생각 확인	여러 유럽 국가의 아프리카 식민지화의 목표와 방법 비교하기
종합	원기둥 부피를 계산하기 위한 공식을 유도하기 위하여 원 넓이와 직육면체 부피에 관한 지식을 이용하기	읽은 이야기의 중심 생각에 근거하여 새로운 이야기 쓰기	아프리카 흑인 추장의 입장에서 유럽의 식민지화에 대한 글 쓰기
평가		이야기를 평가하기	

정의적 목표 　사실과 기술을 학습하는 것이 유일한 목표는 아니다. 때로는 과목이나 학생 자신이 가지고 있는 기술에 대한 태도는 최소한 알고 있는 정보의 양만큼 중요하다. 태도나 가치에 관련된 수업 목표를 **정의적 목표**(affective objective)라고 한다. 미국의 역사나 공민 과목의 주요 목표는 애국심이나 시민의 책임감을 증진시키는 데 있다고 말하는 사람이 많다. 수학의 목표 중 하나는 수학을 사용하는 능력에 대한 자신감을 주는 데 있다. 수업 계획을 할 때 인지적 목표만큼 정서적 목표를 고려하는 것도 중요하다. 학습을 좋아하고, 학습을 신뢰하고, 친사회적 또는 협동적 태도를 발달하는 것은 중요한 목표 가운데 하나이다. Sternberg (2008)는 학교는 3R(읽고, 쓰고, 셈하기)에 관한 목표 이외에 또 하나의 3R 목표(추리, 활기, 책임)를 추가로 제공해야 한다고 제안하고 있다(Rothstein & Jacobsen, 2009).

■ 수업 목표에 관한 연구

수업 목표를 작성하는 주요 이유는 세 가지이다. 첫 번째는 교사가 계획을 짜는 데 도움이 된다. Mager(1997)가 말했듯이 교사가 어디로 가고 있는지 모른다면 아무 데에서 끝나기 쉬우며, 어떤 경우에는 그렇게 끝나고 있는지조차 모를 수도 있다. 두 번째는 평가를 안내해 준다. 세 번째는 학생들의 성취도를 증진시켜 준다.

과도한 계획을 수립하거나 고지식하게 계획에 집착하는 것은 잘못된 일이지만, 경험이 있는 교사는 대부분 미리 계획하여 가치 목표를 수립하여 사용한다. 명백한 수업 목표를 수립하는 데 있어 가장 분명한 지원은 직접적이지 않다. Cooley와 Leinhardt(1980)는 읽기와 수학의 성적을 예언해 주는 유일한 요인은 학생들이 기술을 배우고 그것을 평가한 정도라는 것을 알았다. 이러한 사실은 수업 목표, 교수, 평가가 서로 조화를 이루는 정도만큼 효과가 있다는 것을 시사한다. 구체적이고 명백한 수업 목표는 교실 수업에서 학생들에게 주요한 기술을 제공하고 평가할 만큼 중요하다는 것을 확신시켜 주는 첫 단계이다.

학생들에게 전달한 수업 목표는 과목이나 수업 시간에 학생들이 학습하기로 되어 있는 모든 것을 망라할 만큼 반드시 포괄적이어야 한다는 것은 중요하다. 학생들에게 너무 편협한 수업 목표를 제공하면 몇 가지 정보에 초점을 두게 되어 다른 개념이나 사실을 배제할 위험이 있다.

평가는 왜 중요한가

평가(evaluation)는 형식적 학생 수행 정도를 측정하는 데 사용되는 모든 수단을 말한다(Gronlund & Waugh, 2009; McMillan, 2008; Popham, 2005). 여기에는 퀴즈, 시험, 지필평가, 평정 등이 포함된다. 학생 평가는 보통 학문적 성취도 평가에 주안점을 두지만 행동이나 태도를 평가하는 학교도 많다. 초등학교는 문장으로 서술하는 평가 방식을 많이 취한다('지시를 잘 따름', '주의 깊게 들음', '타인과 협동을 잘함' 등과 같이). 초등학교 고학년, 중학교, 고등학교에서는 이러한 경향이 적지만 각 준거를 마련하여 '능력만큼 공부함', '준비가 잘되어 있음', '책임감 있음'과 같이 평가하는 고등학교도 많다.

교사는 왜 평가를 하는가? 그것은 교사가 학생들의 학습에 대하여 정기적으로 확인하고

정의적 목표
학생들의 태도, 가치와 관련 있는 목표

평가
학과목과 기타 영역에서의 학생의 수행에 대한 측정치. 적절한 교수 전략을 결정하는 데 이용됨

의견을 나누어야 하기 때문이다. 시험을 실시해 보면 학생이 학교에서 어떻게 하고 있는지 교사, 학부모, 학생은 알 수 있다. 시험을 쳐보면 수업이 효율적인지 아닌지, 학생이 별도의 도움을 필요로 하는지 아닌지를 알 수 있다. 학생은 시험을 통해서 자신의 학습 전략이 유익한지 아닌지 알 수 있다. 자녀가 학교에서 어떻게 하고 있는지 학부모가 알려면 자녀의 성적표가 필요하다. 성적표는 보통 학교와 부모 간에 의사소통을 하는 하나의 일관성이 있는 형식이다. 학교에서도 간혹 학생을 배치하기 위하여 시험이나 성적표가 필요하다. 어떤 경우에는 주정부나 교육구에서 학교 평가나 교사 평가도 한다. 궁극적으로 대학에서는 누구를 입학시킬 것인가를 결정하기 위하여 성적표나 표준화 검사 점수를 사용하고 고용주는 사람을 채용할 때 졸업장이나 자격증과 같은 성적을 기반으로 한 증거를 사용한다. 다행히 학생들은 시험을 치지 않는 과목보다 시험을 치는 과목을 더 많이 공부한다는 연구 결과가 있다(Dempster, 1991; Haynie & Haynie, 2008).

학생 평가의 목적은 다음 여섯 가지이다(Gronlund & Waugh, 2009 참조).

1. 학생에게 피드백을 준다.
2. 교사에게 피드백을 준다.
3. 학부모에게 정보를 제공해 준다.
4. 선발이나 자격 부여에 관한 정보를 제공해 준다.
5. 책무 이행 여부에 관한 정보를 제공해 준다.
6. 학생들의 성과를 장려한다.

■ 피드백으로서의 평가

가게 주인이 매출을 올리기 위하여 몇 가지 전략을 사용했다고 생각해 보자. 첫째, 광고를 신문에 내고, 그다음 광고 전단을 가정에 돌리고, 마지막으로 염가 판매를 했다고 하자. 그러나 이렇게 하고 나서 가게 주인이 가게 수입을 기록하고 비교하지 못했다고 생각해 보자. 그러면 가게 주인은 이 중에서 어느 방법이 효율적이었고, 어느 방법이 시간과 돈을 낭비했는지 알 수 없을 것이다. 교사와 학생의 경우에도 마찬가지이다. 학생과 교사는 가능한 자신들이 사용한 시간과 에너지가 학습을 증진시키는 데 유익했는지 알 필요가 있다.

학생에 대한 피드백 가게 주인과 마찬가지로 학생도 자신이 노력한 결과를 알 필요가 있다(Hattie & Timperley, 2007; Scriffiny, 2008). 정기적으로 평가하면 이들에게 강점과 약점에 대한 피드백을 줄 수 있다(Sato & Akin; 2006/2007). 학생들이 작문한 것에 대하여 교사가 서술식으로 평가를 해 주었다고 하자. 그러면 학생들은 글의 내용에 대하여 공부하는 것이 더 필요하다는 것을 알게 되고, 어떤 학생은 수식어에 대하여, 어떤 학생은 언어 기술에 대하여 더 공부하는 것이 필요하다는 것을 알게 될 것이다. 이러한 평가는 구체적 설명이 없는 성적표보다 훨씬 더 쓰기 능력을 개선하는 데 도움이 된다.

유용한 피드백이 되기 위해서는 가능한 평가가 구체적이어야 한다. 예를 들면 Cross와 Cross (1980/81)는 평가 이외에 피드백을 받은 학생은 다른 학생에 비하여 자신이 노력한 것이 운이나 외적 요인보다 학업적 성공을 더 결정하는 것으로 믿는다는 사실을 발견하였다.

교사에 대한 피드백 학생의 학습 평가의 기능 중에서 가장 중요한 것은 교사의 수업이 효율적이었는지에 대하여 피드백을 제공하는 것이다. 교사가 학생이 수업에서 핵심을 파악하였는지 어떤지 알지 못하면 효율적으로 수업을 했다고 기대하기 어렵다. 수업할 때 학생에게 질문을 하고 관찰을 하면 학생들이 얼마나 잘 학습하고 있는지 알 수 있다. 그러나 간단한 퀴즈나 쓰기 숙제, 그 밖에 학생의 산출물이 학생들의 학습이 나아지고 있는지에 대하여 더 세밀한 정보를 주는 과목도 많다. 잘 준비된 질문을 하면 학생들이 무엇을 생각하고 있는지를 알게 해 주고, 학생이 잘못 이해하고 있는 것을 알게 해 준다(Burn, 2005; Salend, 2009). 평가는 대체로 교장이나 학교에 정보를 제공해 주는데, 이러한 정보는 학교나 학교의 각 하위 집단이 전반적으로 어느 부분에 개선 노력을 해야 하는지 안내해 준다(Hanna & Dettmer, 2004; Kallick & Colosimo, 2009; Lane & Beebe-Frankenberger, 2004; Trumbull & Farr, 2000).

■ 정보로서의 평가

통지표는 학생의 진전에 대한 정보를 알려 주기 때문에 통지표라고 한다. 이처럼 평가의 통지 기능이 중요한 이유는 다음과 같다.

부모에게 정보 제공 첫째, 일상적인 여러 형태의 평가(시험점수, 통지표 등) 때문에 학부모는 자녀의 학교 공부가 어떠한지 지속적으로 알 수 있다. 둘째, 성적표나 기타 평가로 인해 비형식적인 가정의 강화 체제를 마련할 수 있다. 이것은 그렇게 많이 재촉하지도 않으면서 자연스럽게 자녀가 좋은 성적을 받아오도록 강화하는 것이다. 이 때문에 성적을 내는 것은 장려책으로서 중요하고 효과가 있다).

선발을 위한 정보 제공 일부 사회학자는 학교의 1차적 목적은 사회의 역할에 맞게 사람을 분류하는 데 있다고 주장하기도 한다. 만약 학교에서 누가 제빵사가 되고 양초 만드는 사람이 될지 결정해 주지 않는다면 학교는 사실 누가 노동자가 되고, 기술자가 되고, 고급 노동자가 되고, 전문가가 될지에는 영향을 주지 못한다. 이러한 분류 기능은 학교 다니는 동안 점진적으로 일어난다. 저학년 때에는 읽기 집단으로 분류된다. 예를 들면 어떤 학생은 9학년에 대수를 배우는 반면 어떤 학생은 대수 입문 과정이나 일반 수학을 배우기도 한다. 고등학교 학생들은 종종 대학 예비 과정이나 일반 과정, 또는 직업 과정이나 특별 과정의 고급 또는 기초과정, 교정 과정으로 방향을 정하기도 한다. 물론 결정적 분류는 대학에서 훈련 프로그램에 입학하면서 일어난다. 학교 다니는 동안 어떤 학생은 특수교육으로, 어떤 학생은 영재교육으로, 또 어떤 학생은 등록이 제한된 특수 프로그램으로 들어간다.

이 학생은 자신의 성적표를 아버지와 상의하고 있다. 교사로서 당신은 성적표가 피드백, 정보 제공, 혜택 기능을 하도록 하기 위해 어떻게 할 것인가?

Cindy Charles/PhotoEdit

자격시험은 선발과 아주 밀접한 관련이 있다. 예를 들면 미국의 경우 학생이 진급을 하거나 고등학교를 졸업하기 위해서는 최소한의 능력검사에 합격하도록 하는 주나 교육구가 많다. 변호사 자격시험, 의과대생의 일반시험, 교사임용시험과 같은 것은 전문직으로 가는 것을 조절하는 시험이다.

책무성에 대한 정보 제공 종종 학생 평가는 교사, 학생, 교육구, 심지어는 주정부의 평가 자료로 활용된다. 주마다 몇 가지 형태의 평가 프로그램이 있어서 학생 수행 측면에서 학교 성적을 매긴다(Gandal & Vranek, 2001; Linn, 2000). 이러한 점수는 종종 교장, 교사, 교육장을 평가하는 데 사용한다. 결론적으로 이러한 검사는 아주 엄격하게 치러진다.

■ 장려책으로서의 평가

평가의 중요한 용법 중 하나는 학생들이 공부를 하도록 최대한 동기를 부여하는 것이다. 성적이 좋은 학생에게는 높은 성적이나 상을 주게 된다. 학생들은 성적이나 상의 가치를 높게 평가한다. 그것은 자신들의 부모가 그렇게 하기 때문이다. 어떤 고등학교에서는 성적을 중요시한다. 그것은 성적을 가지고 학생을 선발하는 대학이 있기 때문이다.

학습평가는 어떻게 하는가

평가 전략은 평가를 하는 용도에 적합해야 한다(McMillan, 2008; O' Connor, 2007, 2009; Oosterhof, 2009; Salend, 2009). 평가가 교실 수업에서 어떻게 가장 효율적으로 사용되는지 이해하기 위해서는 형성평가와 총괄평가, 규준지향 평가와 준거지향 평가 간의 차이를 이해해야 한다.

■ 형성평가와 총괄평가

평가는 형성평가와 총괄평가로 구분할 수 있다. 근본적으로 **형성평가**(formative evaluation)는 학생이 얼마나 잘하고 있고 얼마나 더 나아지고 있는지를 묻는 것이고, 총괄평가는 학생이 얼마나 잘했는지를 묻는 것이다(Marzano, 2010; Tomlinson, 2007/2008). 형성평가 혹은 진단평가는 수업의 강점과 약점을 알거나 중도에 수업 속도나 가르칠 내용을 교정하기 위하여 한다(Fisher & Frey, 2009). 그리고 형성평가는 수업 중에 구두시험이나 쪽지시험으로 즉석에서 하기도 한다. 형성평가는 유익하고, 현재 가르치고 있는 교육과정과 밀접하며 제때 할수록 유용하다(Anithworth & Viegut, 2006; Dunn & Mulvenon, 2009, Fogaty & Kerns, 2009; McMillan, 2008). 예를 들면 수업이 끝난 즉시 실시하여 채점을 하는 퀴즈 형태의 형성평가를 자주 하면 교사와 학생들 모두 학습 개선에 도움이 되는 피드백을 받기 때문에 학생의 학습을 증진시킬 수 있다. 수업 시간에 효과적으로 형성평가를 하는 것에 관해서는 제7장에서 논의한 바 있다.

이와 반대로 **총괄평가**(summative evaluation)는 일정 수업이 끝났을 때(기말시험 같은) 학생이 가지고 있는 지식에 대하여 시험을 보는 것을 말한다. 총괄평가는 자주 할 수도 있고

형성평가

추가적 수업이 필요한지를 결정하기 위해 설계된 평가

총괄평가

학생의 최종 목표 성취 평가

그러지 않을 수도 있다. 그러나 총괄평가는 일반적으로 신뢰도가 높아야 하며 학생 간 비교가 가능해야 한다. 총괄평가 역시 형성평가와 밀접해야 하고 교과 목표와 아주 밀접해야 한다 (Gronlund & Brookhart, 2009).

연결해서 더 보기
표준화 검사에 대해서는 제13장을 참조하시오.

■ 규준지향 평가와 준거지향 평가

학생들의 수행에 값을 부여하기 위하여 자료를 해석하는 것은 평가에서 중요한 단계이다. 규준지향 평가와 준거지향 평가 간의 차이는 학생의 점수를 해석하는 방법과 관련된 것이다.

규준지향 해석(norm-referenced interpretation)은 학생들 간의 점수를 비교하는 데 초점을 두는 것이다. 예를 들면 한 학급 내에서 성적은 일반적으로 급우와 비교할 때 얼마나 공부를 잘하는지를 알게 해 준다. 결과는 성적 형태로 나타낼 수도 있고 석차 형태로 나타낼 수도 있다. 표준화 검사에서처럼 전국 규준에 의하여 비교될 수도 있다.

준거지향 해석(criterion-referenced interpretation)은 다른 학생이 어떻게 하든 관계없이 특정 기술이나 지식을 학습한 정도를 평가하는 데 초점을 둔다. 준거지향 평가는 구체적 목표와 밀접하고 학생이 배울 교육과정 영역을 잘 세분하여 놓으면 평가하기 좋다. 표 12.4는 준거지향 평가와 규준지향 평가 간의 주요 특징과 목적을 비교한 것이다(Gronlund & Waugh, 2009; Popham, 2008 참조).

형성평가는 거의 준거지향 평가이다. 예를 들면 형성평가를 할 때 교사는 누가 반에서 몇 등인지보다는 누가 어떤 어려움을 겪고 있는지를 늘 알고 싶어 하기 때문이다. 이와 반대로 총괄평가는 준거지향 평가가 될 수도 있고 규준지향 평가가 될 수도 있다. 준거지향 평가라 하더라도 교사가 총괄평가에서 각 학생을 다른 학생과 비교하여 얼마나 잘하고 있는지 알아볼 수도 있다.

규준지향 해석
학생의 수행을 다른 학생과 비교하여 평가하는 것

준거지향 해석
특정 기술이나 지식을 얼마나 잘 학습하였는지 그 비율에 따라 평가하는 것

표 12.4 성취도 평가의 두 가지 접근 형태

규준지향 평가와 준거지향 평가 간의 목적과 특징의 차이

특징	규준지향 평가	준거지향 평가
주 용도	조사검사	숙달검사
강조점	성취도의 개인차 측정	학생이 수행할 과제의 서술
결과 해석 방법	개인 간의 수행 비교	구체적 성취 영역의 수행 비교
내용의 법칙	광범위한 성취 영역	제한된 학습 과제
검사 계획의 특징	일반적인 세부 목표 사용	영역별로 세부 목표 사용
문항 선택 절차	개인 변별을 최대로 하는 문항(최대 점수 변량을 얻기 위해), 쉬운 문항 삭제	수행을 서술하는 데 적합한 모든 문항 선택, 문항곤란도나 점수 변량 얻기 위해 쉬운 문항 삭제 안 함
수행 표준	집단 내의 상대적 위치에 의해 정해진 수행 수준(예 : 20명 중 5등)	절대 표준에 의해 정해진 수행 수준(문항의 90% 이상 성취를 숙달 학습으로 간주)

출처 : Gronlund, *How to Make Achievement Tests and Assessments* (5th ed.), Figure 1.2, "Comparison of Two Approaches to Achievement Testing," p. 13.

■ 목표에 맞는 평가 전략

지금까지 토의된 모든 요인을 고려할 때 학생 평가의 가장 좋은 전략은 무엇인가? 제일 먼저 대답할 수 있는 것은 유일한 최선의 전략은 없다는 것이다(Popham, 2005, 2009). 어떤 목표의 성취를 평가할 때는 가장 좋은 수단이지만 다른 목표를 평가할 때에는 적절하지 않을 수 있다. 그렇기 때문에 교사는 다양한 목표에 다양한 형태의 평가를 선택하지 않을 수 없다. 최소한 두 가지 형태의 평가를 할 수 있다. 하나는 장려책을 제공하는 것이고, 나머지 하나는 집단 속에서 비교를 통해 개인의 서열을 매기는 것이다.

장려책과 피드백을 위한 평가 전통적으로 사용해 온 성적은 학생들에게 최대한의 노력을 하도록 하는 장려책이나 교사와 학생에게 제공하는 피드백으로서 적절치 못한 경우가 종종 있다. 주로 문제가 되는 것은 성적을 학생들에게 자주 부여하지 않으며, 학생이 수행하고 나서 너무 오래 있다가 평가를 하며, 평가와 학생의 구체적 행동 목표 간에 관련이 너무 적다는 것이다. 연구 결과를 보면 퀴즈 문제를 풀고 나서 즉각적으로 피드백을 받은 학생은 늦게 받은 학생보다 성취도가 더 높다(Bangert-Drowns, Kulik, Kulik, & Morgan, 1991; Crooks, 1988).

성적을 매기는 것이 이상적인 장려책이 아닌 또 다른 이유는 성적은 일반적으로 상대적 표준을 근거로 해서 산출되기 때문이다. 사실 능력이 우수한 학생이 A와 B를 받는 것은 비교적 쉽지만 공부를 잘하지 못하는 학생은 어렵다. 결국 공부를 잘하는 학생은 자신의 능력보다 덜 공부할 것이고, 공부를 잘하지 못하는 학생은 포기할 것이다. 제10장에서 언급했듯이 보상을 얻는 것이 너무 쉽든지 어렵든지 간에 그 결과를 노력보다는 능력의 결과라고 느끼게 되면 동기는 낮아진다(Chapman & King, 2005; Wigfield & Eccles, 2000).

> **연결해서 더 보기** 보상과 동기는 제5장에서 논의되었다.

이러한 이유 때문에 전통적으로 사용하는 성적은 장려책과 피드백을 위하여 좀 더 좋게 설계된 평가로 보완되어야 한다. 예를 들면 수업이 끝나면 5~10개 문항의 퀴즈 문제를 매일 낼 수도 있고, 공부하는 주제에 대하여 짧은 글짓기를 하게 할 수도 있다. 이렇게 교사와 학생 모두 자신이 가르친 것과 학습한 것에 대한 피드백을 각각 받으면 여기에서 드러난 약점을 수정할 수 있다(Shepard, 2005). 만약 교사가 퀴즈 결과를 과목 성적에 반영하거나 학생에게 모범 답안 인증서 수여 등을 하여 그것이 중요하다고 생각하도록 하면 퀴즈 점수는 효과적인 학습 행동에 대한 보상과 장려책으로서 작용할 것이다. 그리고 다른 사람과 비교할 수 있는 분명하고 객관적 준거체제를 갖추어서 학생 왜 그러한 점수를 획득하였는지 알 수 있도록 해야 한다. 학생들에게 공부를 잘하는 학생의 예를 보여 주는 것뿐만 아니라 여러 성취 수준을 보여 주는 규준(점수)으로서 준거를 설명해 준다면, 학생들은 자신이 성취한 것과 준거를 어떻게 비교할 것인지 쉽게 알 수 있을 것이다(Stiggins, 2007 참조).

> **연결해서 더 보기** 동기를 악화시키는 보상에 대해서는 제10장을 참조하시오.

> **연결해서 더 보기** 얻기에 너무 쉬운 보상에 대해서는 제10장을 참조하시오.

타인과의 비교를 위한 평가 교사는 학생들이 타인과 비교하여 얼마나 공부를 잘하고 있는지 알고 또한 의사소통을 할 필요가 있을 때가 있다. 이러한 정보는 학부모에게 자녀의 실제 수행 모습을 알려 주는 데 중요하다. 예를 들면 과학을 아주 잘하는 학생은 자신의 학급에서만 그런 것이 아니라 전국 규모에 비교해서도 그러하다는 것을 알아야 한다. 일반적으로 학생들은 자신의 강점과 약점을 정확하게 지각하여 자신의 장래에 관한 결정을 안내하는 것이

> **연결해서 더 보기** 등급 및 표준화 검사에 대해서는 제13장을 참조하시오.

필요하다.

비교 평가는 전통적으로 성적이나 표준화 검사를 통해서 이루어진다. 장려책이나 피드백으로서의 평가와 달리 자주 할 필요는 없고, 학생들의 수행을 공정하고 신뢰롭게 평가하는 것이 강조된다.

공정성을 유지하기 위하여 비교평가나 기타 총괄평가는 초기에 설정한 목표에 근거해야 하고, 형식적인 면에서도 형성평가와 일관성을 유지해야 한다. 예를 들면 총괄평가에서 논문형 시험을 쳤다면 형성평가도 논문형 문항을 포함시켜야 한다(Tileston & Darling, 2008).

신뢰로운 총괄평가를 하기 위한 핵심은 두 가지이다. 그중 하나가 총괄평가를 여러 번 실시하는 것이다(Brookhart, 2007; Popham, 2008). 한 번의 시험으로 성적을 매길 수는 없다. 한 번의 평가에는 너무 많은 오류가 개입할 수 있다. 나머지 하나는 학습이 완결된 뒤에 평가를 해야 한다는 것이다. 학습이 진행되는 도중에 해서는 안 된다. 단원 수업이 끝났을 때 실시한 총괄평가 결과나 주요 단원의 시험 점수, 기말시험 점수를 종합하는 것이 더 낫다.

시험 문제는 어떻게 작성하는가

일단 평가할 영역의 개념을 파악하면 검사 문항을 작성한다. 좋은 시험 문제를 내는 것도 하나의 중요한 수업 기술이다. 이 절에서는 성취도 검사를 제작하는 기본 원리와 검사 문항 구성에 기본이 되는 기법을 제시한다(Papham, 2008; Ooosterhof, 2009 참조). 성취도 검사는 제13장 표준화 검사와 관련하여 다룬다.

연결해서 더 보기
표준화 검사와 관련 있는 성취도 검사에 대해서는 제13장을 참조하시오.

▪ 성취도 검사 제작의 원리

Gronlund와 Brookhart(2009)는 성취도 검사를 제작할 때 유의해야 할 원리를 다음의 여섯 가지로 제시하고 있다.

1. **성취도 검사에서는 수업 목표와 조화를 이룬 명확하게 정의된 학습 목표를 측정해야 한다.** 성취도 검사의 가장 중요한 원리는 아마도 실제로 제공된 수업과 과목 목표가 일치하는가하는 것일 것이다(Carr & Harris, 2001; Gorin & Blanchad, 2004; Gronlund & Waugh, 2009; Hanna & Dettmer, 2004; Squires, 2009). 성취도 평가가 학생들에게 놀랄 일이어서는 안 된다. 수업이나 과목에서 가르치기로 되어 있는 중요 개념이나 기술에 대하여 학생이 학습하였는지를 평가해야 한다.

연결해서 더 보기
표준화 검사의 특징과 용도에 대해서는 제13장을 참조하시오.

2. **성취도 검사에는 수업에서 다룬 대표적 학습 과제가 포함되어 있어야 한다.** 몇 가지 예외를 제외하고(곱셈 같은 것) 성취도 검사에서 학습해야 할 모든 기술과 사실을 평가하는 것은 아니다. 학습 목표 가운데 표본을 뽑는 것이다. 그래서 학생들은 시험에 어떤 문제가 나올지 잘 모르기 때문에 시험을 잘 보려면 과목의 모든 내용을 공부해야 한다. 따라서 시험 문제는 학습해야 할 모든 목표를 잘 대표해야 한다. 예를 들면 영문학 시간에 세익스피어에 대하여 8주, 다른 작가에 대하여 2주 동안 수업을 하였다면 평가 문항도 세익

이 학생은 어떤 성취도 검사를 받고 있다. 성취도 검사에 대비하는 원칙에는 어떤 것이 있는가?

스피어에 대한 문항이 다른 작가의 약 4배가 되어야 한다. 성취도 검사에서는 함정이 있거나 모호한 질문을 해서는 안 된다. 예를 들면 미국 혁명에 대한 단원 평가에서는 투쟁의 원인, 주요 사건, 결과와 관련된 문제를 내야 하지 누가 배를 저어 조지 워싱턴이 델라웨어를 건너게 했는지를 내서는 안 되는 것이다.

3. **성취도 검사의 문항 유형이 바람직한 학습 결과를 측정하는 데 적합해야 한다.** 문항은 가능한 궁극적인 수업 목표와 일치해야 한다(Carr & Harris, 2001; Flippo, 2008; Strong, Silver, & Perini, 2001). 예를 들면 수학 문제해결에서 교사는 목표 중의 하나를 학생이 학교 밖에서 부딪히는 문제와 같은 것을 해결하는 것으로 설정할 수 있다. 이러한 문항 유형의 경우 배합형이나 선택형 문항은 적절하지 않다. 실제 생활에서는 여러 해결책 중에서 하나를 선택하도록 되어 있지 않기 때문이다.
4. **성취도 검사는 그 결과를 사용하려는 용도에 맞아야 한다.** 성취도 검사 형태마다 요구하는 것이 다르다. 예를 들면 진단 검사는 도움이 필요한 특정 기술에 초점을 두게 될 것이다. 초등학교 수학 진단 평가라면 빼기 문제에서 피감수에 0이 들어 있는 문항(예 : 307-127)과 같이 어려운 문항을 포함시킬 수 있다. 그러나 장래 학업 수행을 예측하는 데 사용되는 시험은 일반적 능력이나 폭넓은 지식을 평가해야 할 것이다. 형성평가라면 최근에 제시한 교재와 밀접해야 할 것이고, 총괄평가라면 더 넓은 영역의 지식이나 기술을 평가해야 할 것이다.

연결해서 더 보기

성취도 검사 신뢰도에 대해서는 제13장을 참조하시오.

5. **성취도 검사는 가능한 신뢰성이 있어야 하고 주의해서 해석해야 한다.** 동일한 학생이 같은 검사로 두 번 평가를 받아도 똑같은 순위를 받아야 할 정도로 신뢰성이 있어야 한다. 일반적으로 성취도 검사를 제작하는 사람은 비교적 문항수를 많게 하고 대부분의 학생이 맞추거나 틀리는 문항은 적게 포함시킴으로써 신뢰도를 높인다(O' Coner, 2009). 실제 가르친 수업 목표에 직접 초점을 두고 분명하게 서술한 문항 역시 검사 신뢰도를 높여준다. 아무리 신뢰도를 철저히 높인다 하더라도 측정의 오차는 늘 있게 마련이다. 시험 보는 지혜가 있는 학생은 성적이 올라갈 것이고 시험 불안이 있는 학생은 실제보다 내려갈 것이다. 단 한 차례의 시험만으로는 큰 신뢰를 얻기 어렵다. 어떤 검사도 학생이 가지고 있는 실제 지식이나 능력을 추정할 뿐이기 때문에 해석도 이러한 입장에서 해야 한다.
6. **성취도 검사는 학습을 개선시켜 주어야 한다.** 모든 종류의 성취도 검사, 특히 형성평가는 학생의 학습 진전에 관한 중요한 정보를 제공해 주어야 한다. 예를 들면 Stiggins(2004)는 학습을 향상시키기 위한 평가는 학습 성취도 평가보다 더 중요하다고 하였다. 성취도 검사도 수업 과정의 일부로 여겨서 수업 개선을 위하여 사용되어야 하고 학생의 학습을 안내해 주어야 한다(Anithworth & Viegut, 2006; Black et al., 2004; Chappuis et

al., 2009). 이것은 성취도 검사 결과는 시험이 끝난 직후 학생에게 분명하게 알려 주어야 한다는 것을 의미한다. 형성평가의 경우에는 그 결과를 즉시 알려 주어야 한다. 형성평가와 총괄평가 결과를 이용하여 수업을 안내하고, 학생이 이해한 것 중에서 강점과 약점이 무엇인지 파악하여 수업의 속도를 적절하게 조절해야 한다.

적용해 보기

공정하게 평가하기

시험의 공정성을 믿는다 하더라도 평가의 공정성을 직접 확인하지는 못한다. 최근 **교육심리검사표준**(Standards for Educational and Psychological Testing)을 보면 공정성을 네 가지로 정의하고 있으나 문헌에는 더 많은 것을 제시하고 있다(AERA/APA/NCME, 1999). 여기서의 공정성은 정직성, 불편파성, 비차별성을 의미한다. 윤리적이라는 것 말고도 공정성은 좋은 수업 감각을 갖도록 해 준다. 공정한 평가를 하면 학생들은 고무되어 더 많은 노력을 하게 된다. 그 이유는 오직 아는 것과 할 수 있는 것만으로 자신의 성적이 좌우된다고 생각하기 때문이다(Oosterhof, 2009).

공정한 평가는 시험의 4단계를 잘 실천하는 데에서 비롯된다. 즉 출제, 실시, 채점, 해석이 그것이다. 각 단계에서 공정하기 위하여 실천해야 할 일은 각각 다음과 같다.

문항 작성 평가는 과정의 목표에 기초를 두어야 한다. 학생은 평가가 자신들이 학습하고 있는 것을 골고루 반영할 것이라고 기대한다. 학생들은 또한 시험의 함정으로 인해 오답을 하거나 추측을 하여 높은 점수를 받지 않을 권리가 있다.

평가는 하찮은 것보다 학생이 알아야 하고 할 수 있는 중요한 것에 대하여 해야 한다. 평가에 가장 적합한 내용이 무엇인지에 대한 최선의 지침은 학생이 그 과정에서 학습해야 할 것 중에서 중요한 것을 평가하는 것이다. 출제된 문항을 다른 교사들도 중요한 것이라고 동의할지 자신에게 스스로 물어보는 것이 좋다. 어떤 학생에게 더 친밀하거나 아니면 더 흥미를 불러일으키는 표현이나 맥락은 피하는 것이 좋다. 학생들은 각각 경험 배경이 다르기 때문에 각자에 따라 유리하거나 불리하지 않도록 해야 한다. 예를 들면 음악이나 스포츠와 관련된 예는 어떤 학생에게는 흥미를 주지만 어떤 학생에게는 그렇지 않다. 언어나 화제도 어떤 학생에게는 잘 알려져 있거나 흥미를 주지만 어떤 학생에게는 그렇지 않다면 사용해서는 안 된다. 이것이 불가능하다면 어떤 학생에게 유리한 문항이 있으면 나머지 학생에게 유리한 문항이 있도록 하여 서로 균형을 유지해야 한다.

실시 모든 학생이 시험에 사용되는 각종 재료를 파악하는 데 기회가 동등하게 주어져야 한다. 적어도 모든 학생들이 충분히 파악할 수 있도록 기회가 똑같이 주어져야 한다. 만약 어떤 학생에게 시험 시간이나 재료를 더 주면 나머지 학생들은 불공성한 대우를 받았다고 생각할 것이다.

학생들에게 응답할 형식에도 친숙하도록 해야 한다. 만약 질문 형태에 따라 시험 불안을 느끼는 학생이 있다면 이것 역시 공정하지 않다. 이러할 경우에는 미리 양식을 주어 실제로 해보게 하는 것도 권장할 만하다. 시험 시간을 충분히 주어야 한다. 평가는 속도보다는 질에 의하여 보상받도록 해야 한다. 모든 학생에게 충분한 시간만 주어도 모든 질문에 답할 기회가 동등해지며, 속도에 의하여 성적이 방해받지 않을 수 있다.

시험 준비를 할 시간을 충분히 주고 시험 날짜를 발표해야 한다. 공부하는 버릇도 학생마다 다른데, 어떤 학생은 미루지 않고 제때 공부하고 어떤 학생은 필요할 때 몰아서 공부한다. 예고 없이 시험을 보면 전자의 경우는 득을 보지만 후자의 경우는 손해를 본다. 미리 시험 날짜를 발표하는 것은 공정하기도 하지만 학생들에게 학습 동기도 부여해 준다.

채점 채점 기준을 분명하게 하여 답에서 요구하는 것을 많이 쓴 학생이 점수를 많이 받도록 해야 한다. 만약 제시된 문제에 대하여 많이 알고 있는 학생이 만점을 받을 수 없도록 되어 있다면 문항을 바꾸어야 한다. 문항에서 요구하는 것 이상으로 많이 답한 학생에게 점수를 더 주는 것은 공정하지 않다.

해석 성적은 형성평가보다는 총괄평가나 단원평가를 근거로 해야 한다. 형성평가는 진단과 학습을 도와주는 데 목적이 있다. 성적은 학습한 결과를 확인해 주는 것이므로 학습이 끝난 후 이루어진 평가를 근거로 해야 한다.

평가할 때에는 평가 형식을 고려해야 한다. 그것은 학생들마다 좋아하는 평가 형식이 다르기 때문이다. 선택형 문항이 유리한 학생도 있고 서술형 문항이 유리한 학생도 있다. 수행평가가 유리한 학생도 있고 지필평가나 프로젝트 평가가 유리한 학생도 있다. 평가 시간대를 고려해야 한다. 평가 형태와 마찬가지로 시험 시간대에 따라 성적이 달라질 수 있다. 학생에게 이상한 수행 결과를 초래하는 많은 요인 때문에 시험 점수의 중요성이 감소되곤 한다. 어떤 학생이 최선을 다했는지 알 수 없다면 그러한 결과를 가지고 성적을 내거나 다른 중요한 결정을 내리는 것은 공정하지 못할 뿐만 아니라 정확하지도 않다.

■ 세부 목표 분류표의 활용

성취도 검사는 잘 세분된 수업 목표를 측정해야 한다. 검사 개발 과정의 첫 번째 단계는 검사에서 어떤 개념 영역이 측정되며, 각 개념에 몇 개의 문항을 배정할 것인가를 결정하는 일이다. Gronlund와 Waugh(2009)는 단원마다 **세부 목표 분류표**(table of specification)를 만들어 여러 수업 목표와 다양한 수준의 이해 목록을 만들어 놓고 평가할 것을 제안하였다. 이해 수준은 Bloom의 수업 목표 분류체계 같은 것일 수 있다(Bloom et al., 1956; Marzano, 2001). Bloom과 동료들(1971)은 각 목표에 해당하는 문항을 6개의 범주에 따라 분류할 것을 제안하고 있다. 표 12.5는 화학 단원의 세부 목표이다.

세부 목표는 과목에 따라 다르며 이 장의 앞부분에서 논의한 행동-내용 행렬표와 거의 같다. 행동-내용 행렬표는 과정의 목표 개요를 밝히는 데 사용되고, 세부 목표는 이러한 목표를 검사하는 데 사용된다. 일단 세부 목표에 맞는 문항을 작성하면 검사가 완전한지 검토하고 다음 기준에 따라 평가한다.

1. 매일 수업할 때 강조한 것을 문항에서도 강조하고 있는가?
2. 중요한 내용 영역이나 목표가 간과되거나 소홀히 취급되고 있지 않은가?
3. 수업에 포함된 모든 수준의 수업 목표가 검사에서 다루어지고 있는가?
4. 문항에 사용한 언어가 수업 시간에 사용한 읽기 수준과 언어에 부합한가?
5. 지문은 명확해야 한다. 지문 이해에 어려움이 있는 학생에게조차도 그래야 한다.

세부 목표 분류표

교수 목표 목록 및 평가의 길잡이로서 이해하고 있기를 기대하는 수준

6. 문항에서 측정하고자 하는 것과 답을 작성하는 데 필요한 시간 간에 균형이 적절하게 이루어지고 있는가?
7. 짧은 서술형 문항의 경우 모범 답안이나 기본적인 요소의 개요를 작성해 놓고 있는가? 각 문항의 가중치가 상대적 가치를 반영하고 있는가?

지필평가만 하면 학생이 진전한 것에 관한 제한된 어떤 정보만 제공해 준다. 다른 자원이나 평가 전략도 사용해야 한다. 예를 들면 체크리스트, 면접, 교실 시뮬레이션, 역할 활동, 일화 기록 등도 사용해야 한다. 이것을 체계적으로 하기 위해서는 일기를 쓰거나 일지를 기록하여 1년 내내 각 학생의 적절한 정보를 간략하게 기록해 두는 것이 좋다.

■ 선택형 검사 문항

해석이 필요 없고 맞거나 아니면 틀린 것 중 하나로 채점될 수 있는 문항을 **선택형 문항**(selected-response item)이라고 한다. 선다형, 진위형, 배합형이 가장 일반적인 형태이다. 정답이 시험지에 제시되어 있고 학생은 그것을 고르기만 하면 된다. 학생이 정답을 선택했는지 아닌지가 분명해진다. 이 절에서는 이러한 검사 문항과 이 문항의 장점과 단점에 대하여 논의한다.

선택형 문항
응답자의 반응을 해석하기 위한 점수를 요구하지 않고 가능한 답 중에서 선택할 수 있도록 한 검사 문항

선다형 검사
답지에서 답을 선택하도록 질문한 형태의 문항

선다형　**선다형 검사**(multiple-choice item)가 모든 검사 형태 중에서 가장 유용하고 융통성이 있다고 생각하기 때문에(Badgett & Christman, 2009; Gronlund & Waugh, 2009).

표 12.5 화학 단원의 세부 목표

이 세부 목표에서는 지식에서 지식을 적용하는 능력에 이르기까지 6개 범주에 따라 문항과 목표를 분류하고 있다.

A. 용어의 지식	B. 사실의 지식	C. 원리의 지식	D. 변환 능력	E. 과정과 절차의 기술	F. 적용 능력
원자 ①		보일의 법칙 ⑫			
분자 ②		가스의 성질 ⑬		물질을 다이어 그램으로 그리기 ㉒	
원소 ③		원자 이론 ⑯			실험 상황에 맞게 방정식 쓰고, 풀기
화합물 ④	2가 원자 가스 ⑪	화학 구조 ⑲		화합물 공식 만들기 ㉑	㉘
2가 원자의 ⑤					㉓
화학 공식 ⑥		아보가드로 가설 ⑭			㉔
		게이-루삭의 법칙 ⑮			
아보가드로의 수 ⑦		몰의 그램 ⑱			㉕
몰(Mole) ⑧		분자 무게 ⑰			
원자 무게 ⑨					㉖
분자 무게 ⑩			분자 무게 ⑳		㉗
					㉙

출처 : *Handbook on Formative and Summative Evaluation of Student Learning* by B. S. Bloom, J. T. Hastings, and G. F. Madaus.

대부분의 과목 시험에서 사용되고 있다. 선다형의 기본 형태는 답지와 **지문**(stem)이다. 지문은 여러 답지 중에서 1개의 답지에 의해 완성되는 질문이나 진술문을 말한다. 답지의 수가 최대 몇 개가 되어야 한다고는 말할 수 없지만 보통 4~5개로 하며, 이 중에서 1개는 정답지이고 나머지는 **오답지**(distractor)이다. 다음과 같이 선다형에는 두 가지 유형이 있다. 하나는 질문형 지문이고 나머지는 하나는 완성형 지문이다.

1. 노랑과 파랑을 똑같이 섞으면 무슨 색이 되나?
   a. 검정 b. 회색
   c. 초록(정답) d. 빨강
2. 한국의 대통령은 _____ 가(이) 선출한다.
   a. 국회 b. 선거인단
   c. 국민(정답) d. 대법원

선다형 문항을 작성할 때 명심해야 할 것이 두 가지 있다. 하나는 공부를 잘하는 학생이 정답을 선택할 수 있어야 하고 잘못된 오답에는 현혹되지 않도록 해야 한다는 것이고, 나머지 하나는 공부를 잘하지 못하는 학생이 추측으로 정답을 맞힐 가능성을 줄여야 한다는 것이다. 그러기 위해서는 오답지가 그럴 듯해야 한다. 문장의 표현이나 형태가 오답인 것을 쉽게 알 수 있도록 해서는 안 된다. 선다형 문항을 제작하는 과제 중 하나는 함정은 아니지만 그럴 듯한 오답지를 2~3개 또는 4개를 만드는 일이다.

적용해 보기

선다형 검사 제작(형식 제안)

다음은 선다형 문항을 제작하는 지침이다.

1. 무조건 지문은 구체적이어야 한다. 다시 말해서 지문에는 문항에 있는 개념의 맥락을 정하는 데 충분한 정보를 담고 있어야 한다. 다음은 충분한 정보를 담고 있지 못한 지문의 예이다.

   행동 분석을 응용한 것은?
   a. 고전적 조건화
   b. 벌
   c. 강화
   d. 자아실현

위의 문항을 바르게 고치면 다음과 같다.

   오늘날 교실에서 사용하는 행동 분석을 응용한 것은?
   a. 고전적 조건화
   b. 벌
   c. 강화
   d. 자아실현

지문

검사 문항에서 여러 개의 답지 중에서 1개의 답지에 의해 완성되는 질문이나 일부 진술문

오답지

선다형 문제에서의 틀린 답지

2. 학생들에게 새로운 정보를 다루는 능력이나 긴 문장을 독해하는 능력을 측정하는 것이 아니라면 지문은 길고 복잡하게 만들지 말아야 한다. 지문에 어휘가 너무 많아서는 안 된다. 시험은 수업을 하는 곳이 아니다. 지문에서 문장을 간결하게 하면 학생은 문장에 초점을 적절하게 둘 수 있다.
3. 지문이나 답지에 쓴 문장은 모두 문법적으로 맞아야 한다. 각 답지에서 공통적으로 시작하게 되는 어휘나 구가 지문의 일부가 되어야 한다. 각 답지의 문법 형태가 모두 갖도록 하는 것이 좋다. 예를 들면 다음과 같다.

   통계학의 과제는?
   a. 인간에 대한 조사를 더 정확하고 철저하게 해 준다.
   b. 사회 과학을 물리학만큼 존경하도록 해 준다.
   c. 인간의 행동을 예언해 준다.
   d. 대규모의 자료를 줄여서 해석 가능한 형태로 만들어 준다(정답).

4. '결코', '전혀', '항상', '모두'와 같이 예외가 없다는 의미를 내포하고 있는 용어는 사용하지 않도록 한다. 이러한 말은 일반적으로 오답지에 사용된다. 왜냐하면 예외를 인정하지 않는 것은 일반적으로 틀리기 때문이다. 이러한 용어는 개념을 모르면서 시험 치는 요령만 있는 학생에게는 답에 대한 단서가 된다. 이 밖에 Hill(1977)은 '종종', '간혹', '거의', '일반적으로', '흔히'와 같은 용어는 정답에서 발견되므로 예외가 없다는 의미를 주는 용어와 마찬가지로 피해야 한다. 이러한 용어는 대체로 오답지에는 잘 사용하지 않는 어휘이다.
5. 정답지를 너무 정답인 것처럼 하는 것을 피해야 한다. 답지는 가장 긴 것도 가장 짧은 것도 없어야 한다. 너무 정답인 것처럼 하려고 정확하고 제한적으로 표현하다 보면 정답지가 길어지게 된다. 이 때문에 선택지가 튄다.
6. 같은 시험지에서 다른 문항에서 특정 문항의 답에 대한 단서를 주지 않도록 해야 한다. 이것 역시 정답을 모르면서도 답을 맞힐 수 있도록 해 주기 때문이다.
7. 다른 답지에 있는 개념을 포함하는 용어를 중복해서 사용해서는 안 된다. 예를 들면 한 문항에 '개'와 '강아지'라는 용어를 사용해서는 안 된다. 왜냐하면 '강아지'는 '개'에 포함되는 개념이기 때문이다. 마찬가지로 답지에서 '위의 모든 것'이라는 용어를 사용하는 것도 자제해야 한다. 왜냐하면 이것 역시 정답일 가능성을 줄여 주기 때문이다. 여기에 한 학생이 알지 못하면서도 어떻게 정답을 맞히는지 그 예를 보기로 하자.

   정답이 하나라는 것을 알기 때문에 학생은 답지 중에서 그럴 듯한 오답지 수를 4개에서 2개로 줄여나갈 것이다. 새로운 수학 성취도 수업 프로그램의 효과를 조사하기 위하여 가장 좋은 연구 방법은?
   a. 상관연구
   b. 실험연구(정답)
   c. 역사적 연구
   d. 셋 모두

   학생이 정답은 'c'가 아니라는 것을 알고 있다면 자동적으로 'd'도 정답이 아니기 때문에 정답은 'a' 아니면 'b'로 좁혀지게 된다.
8. 시험을 치고 나서 학생들과 문항의 용어를 어떻게 해석했는지 토의해 보아야 한다. 학생은 종종 교사와 전혀 다르게 문장을 해석한다. 여기서 얻은 피드백은 다음 문항을 제작할 때 도움이 될 뿐만 아니라 학생을 이해하는 데에도 도움이 된다.

9. 터무니없는 답지는 피해야 한다. 모든 답지는 공부하지 않은 학생에게 그럴 듯하게 보여야 한다. 이러한 지침 외에 문항 형식에 대하여 몇 가지 제안하면 다음과 같다.
   - 답지를 옆으로 배열하는 것보다 상하로 배열한다.
   - 답지 순서를 표시할 때에는 가능한 숫자보다는 문자를 사용한다. 특히 수학이나 과학 시험일 때에는 더욱 그렇다.
   - 지문의 중심 부분이 선택지와 문법적으로 일치되게 단어를 사용해야 한다. 예를 들면 완성형의 문항인 경우 각 선택지가 소문자로 시작되어야 한다(고유명사가 아니라면).
   - 하나의 지문이나 답지에 용어나 구를 반복하지 않는다.
   - 정답의 위치가 과도하게 같은 곳에 배치되지 않도록 해야 한다. 무선적으로 배치되어야 한다.

지식보다 시험 치는 기술이 학생들의 시험 성적을 올리는 데 도움이 될 것이다. 그림 12.2의 간략 시험 기술 검사를 해보라.

진위형 **진위형 문항**(true-false item)은 선다형의 한 종류로 볼 수 있다. 진위형의 약점은 50%는 정답을 추측으로 고를 수 있다는 것이다. 이러한 이유로 거의 사용하지 않는다.

배합형 **배합형 문항**(matching item)은 일반적으로 2개의 목록 형태로 제시된다. A와 B로 제시된다고 하면 A 목록에 관계있는 것을 B 목록에서 선택하도록 하는 것이다. 기본적으로 선택은 지시한 대로 하는 것이다. 배합형은 많은 양의 내용을 감당하는 데 사용될 수 있다. 그러므로 많은 개념이 두 목록에 제시된다. 각 목록은 관련 있는 내용으로 배열되어야 한다. 배합형에서 작용하는 인지 기술은 회상이다. 배합형에서도 두 목록 간에 일대일 대응 형식으로 짝짓도록 하는 경우가 많아서 오답을 배제하는 방법으로 종종 정답을 찾을 수 있다.

따라서 학생들이 형식이 아니라 내용에 관련시키도록 하기 위해서는 A 목록의 항목보다 B 목록의 항목 수를 더 늘리거나 B 목록의 항목을 다시 사용할 수 있도록 해야 한다.

■ 서답형

서답형은 답을 고르는 것이 아니라 쓰도록 하는 것이다. 가장 간단한 형태는 빈칸에 써넣기이다. 이것은 채점의 모호성을 줄이기 위하여 종종 사용할 수 있다. 그러나 예기치 못한 반응 때문에 정답이 모호해지기도 하고 어떻게 채점해야 할지 의문이 들 수도 있다. 서답형 문항은 짧은 서술형과 긴 서술형으로 할 수 있다.

완성형 명백하게 하나의 정답만 가능할 때 괜찮은 형식이 바로 괄호 써넣기 또는 완성형이다. 그 예는 다음과 같다.

1. 독일의 최대 도시는 ________ 이다.
2. 198달러의 15%는 ________ 이다.

진위형 문항

2개의 답지를 비교하는 데 가장 유용한 선다형의 한 종류

배합형 문항

2개의 목록을 제시하여 한 항목에 있는 것을 다른 항목에 있는 것과 서로 짝을 짓도록 하는 형태

그림 12.2 시험 기술 검사

다음은 쿼저랜드라는 마을을 이루는 것에 관한 것이다. 자신의 시험 기술을 사용하여 다음 좋지 못한 문항의 답을 추측해 보라.

1. 쿼저랜드에서 사용하는 기본 통화는 무엇인가?
   a. 달라
   b. 페소
   c. 쿼크
   d. 파운드

2. 쿼저랜드의 매년 내리는 강우 형태는?
   a. 고지대 대부분 강우, 저지대 건조
   b. 비
   c. 건조
   d. 눈

3. 쿼저랜드 가정에는 아이들이 얼마나 될까?
   a. 절대 두 명 미만
   b. 2~3명
   c. 최소한 3명
   d. 없음

4. 어떤 질문에도 맞는 답이 있다면 무엇인가?
   a.
   b.
   c.
   d.

정답
1. c(제거 과정)
2. a(정답은 대체로 답지가 김)
3. b('항상', '절대'라는 용어 있음)
4. d(이러한 답지는 아직 사용된 적이 없음)

3. 전기 저항 측정은 ________ 이다.

완성형 문항(completion item)의 장점은 시험 요령의 요소를 거의 없앨 수 있다는 것이다. 다음 문항의 예를 비교해 보면 알 수 있다.

1. 한국의 수도는 ________ 이다.
2. 한국의 수도는?
   a. 서울 b. 런던 c. 워싱턴 d. 도쿄

한국의 수도를 모르는 학생도 'a'를 고를 것이다. 그것은 나머지 3개의 답지는 한국 명칭이 아니기 때문이다. 완성형 문항은 특히 수학에 유용하다. 다음 예를 보기로 하자.

$$\begin{array}{r} 4037 \\ -\ 159 \\ \hline \end{array}$$

완성형 문항

괄호 써넣기 문항

a. 4196
b. 4122
c. 3878(정답)
d. 3978

만약 학생이 계산해서 답을 구하였는데, 그 답이 답지에 없다면 학생은 계속하여 계산을 해야 할 것이다. 어떤 경우에는 계산을 하는 방법을 알기보다는 추정하여 답지의 선택의 폭을 좁혀나갈 수 있다.

완성형 문항에서는 문항의 모호성을 피하는 것이 중요하다. 어떤 과목에서는 이것이 어려운 문제이다. 왜냐하면 2개 이상의 답이 문제의 맥락을 구체화해 주지 못하는 미완성 부분에 더 타당하기 때문이다. 예를 들면 다음과 같다.

1. 청산리 전투는 ________ 에 있었다. (장소 또는 연도?)
2. 'H_2O'는 ________ 를(을) 나타낸다. (물이냐 아니면 수소 2분자 그리고 산소 2분자?)

만약 모호할 가능성이 있으면 선다형과 같은 선택형 검사로 대체하는 것이 좋다.

■ 논문형 검사

짧은 논문형 검사(short essay item)는 학생 자신의 말로 응답하게 할 수 있다. 가장 일반적인 짧은 논문형 검사는 하나의 질문만 포함시킨다. 답을 한두 문장에서 100~150단어 정도로 1면에 걸쳐 답을 쓸 수 있는 논문형이다. **긴 논문형 검사**(long essay item)는 시간과 길이가 더 길다. 그래서 학생들이 자신의 생각을 조직하고 전개한 것을 보여 줄 기회가 더 많다. 비록 이 두 유형은 문항의 길이는 다르지만 문항 제작과 채점 방법은 비슷하다.

논문형 검사에서는 용어의 개념을 주고 중요한 개념이나 사건과 비교하고 대조하게 함으로써 폭넓고 다양한 반응을 하게 할 수 있다. 논문형은 분석, 종합, 평가 능력을 평가하는 데 적합하다. 그렇기 때문에 교사는 논문형 문항을 최고 수준의 수업 목표에서 자료를 조직하고 개념을 적용하는 능력이 얼마나 향상하였는지를 평가해 보는 데 사용할 수 있다. 물론 이러한 문항이 글 쓰는 기술이나 생각을 표현하는 능력에 많이 달려 있기 때문에 이러한 검사를 너무 자주 사용하면 글을 잘 쓰지는 못하지만 학습을 잘한 학생들의 지식이나 노력을 과소평가하는 원인이 될 수 있다.

논문형 검사를 사용하는 교사들이 실수하는 것 중 중요한 것 하나는 반응을 어느 정도 상세하게 요구하는지, 그 양은 어느 정도여야 하는지 명확하게 구체적으로 제시하지 않고 있다는 점이다. 전체 검사에서 각 문항이 차지하는 비중이 어느 정도인지 말해 주는 것은 답을 얼마나 세밀하게 작성해야 하는지를 말하는 것만큼 충분치는 않다. 이러한 점의 예를 들면 다음과 같다.

짧은 논문형 검사
한두 문장에서 100~150단어 정도로 1면에 걸쳐 답을 쓸 수 있는 논문형 문항

긴 논문형 검사
1면 이상의 답을 요구하는 논문형 문항

적절치 못한 논문형 문장
한국 정치에서 국무총리의 역할에 대하여 논하시오.

적절한 논문형 문장
자국의 헌법에 규정된 한국의 국무총리와 일본의 국무총리의 의무 세 가지가 무엇

인지 약 4~5 문단 내외 정도로 쓰고, 서로 어떻게 다른지 설명하시오.

위에서 잘된 논문형은 답의 길이(5문단 정도)를 언급하고 있고, 다루어야 할 내용(의무의 차이점), 확인해야 할 가지 수(세 가지), 채점을 어떻게 할 것인지(헌법에 규정된 의무), 어느 정도 자세하게 답해야 할 것인지에(의무가 어떻게 다른지) 대하여 언급하고 있다는 것에 주목할 필요가 있다. 이 문항에서는 바람직한 답이 무엇인지 가리키고 있고, 교사에게 학생의 답을 판단할 준거를 설명할 기회를 더 많이 주고 있다.

논문형 문항에는 학생이 말해야 할 구체적인 정보가 들어 있어야 한다. 어떤 교사는 학생들이 논할 것이 무엇인지 구체적으로 말하기를 꺼린다. 수업 시간에 사용한 말을 하면 너무 많은 정보를 준다고 생각하기 때문이다. 그러나 문항이 모호하면 학생들마다 그 문항을 다르게 해석하게 되고 결국 질문에 다르게 반응하게 되어 불공평하게 된다.

논문형 문항은 학생들이 자신의 생각을 자신의 말로 표현하게 한다는 것 이외에도 많은 이점이 있다. 논문형은 추측의 영향을 받지 않으며, 글 쓰는 능력이나 가설적 사건을 구성하는 데 있어서 상상력과 같은 창의적 능력을 측정하는 데 사용할 수 있다. 논문형 문항에서는 몇 개의 개념을 학생 자신의 반응으로 결합해 보기를 요구할 수도 있다. 그리고 조직력과 유창성을 측정할 수 도 있다.

부정적 측면 중 하나는 채점의 신뢰성이다. 몇몇 연구를 보면 동일한 논문형 답안을 여러 교사에게 채점하게 한 결과, 아주 우수한 것으로 평가한 것에서부터 낙제로 평가한 것에 이르기까지 채점의 범위가 넓다는 것을 알 수 있다(Popham, 2005). 논문형 문항의 두 번째 약점은 답안을 평가하는 데 시간이 많이 걸린다는 것이다.

다른 여러 문항을 작성하지 않고 단 하나의 논문형 문항을 작성해서 얻은 절약 시간을 채점할 때 모두 되돌려 주어야 한다. 세 번째 약점은 학생들이 답안을 작성할 때 시간이 많이 걸린다는 점이다. 결과적으로 폭넓은 내용을 망라하기가 어렵다는 것이다. 그럼에도 불구하고 논문형 문항은 학생이 배운 교재를 얼마나 잘 사용하고 있는지에 대하여 교사가 잘 알 수 있는 기회를 제공해 준다. 깊이를 위해서 폭이 희생되는 것이다.

논문형 문항을 제작하기 위하여 몇 가지 더 제안을 하면 다음과 같다.

1. 어떤 형태로 하든지 문항과 수업 목표는 일치해야 한다.
2. '논하라', '의견을 제시하라', '아는 대로 말하라'와 같은 일반적 지시 말을 사용하지 않아야 한다. 구체적 반응 동사인 '비교하라', '대조해 보라', '밝혀 보라', '열거하고 밝혀 보라', '차이를 설명하라'와 같은 용어를 사용하는 것이 좋다.
3. 검사를 실시하고 답하는 데 걸리는 시간을 추정해 보기 전에 답안을 한번 작성해 보는 것이 좋다. 교사가 작성하는 데 걸리는 시간의 4배가 공정한 시간이다.
4. 문항을 다시 작성하여 학생이 답을 어떻게 써야 되는지 알도록 하는 것이 좋다.
5. 모든 문항에 답하도록 하는 것이 좋다. 학생에게 문항을 선택하여 작성하게 하는 것은 근본적으로 공정하지 못하다. 그 이유는 이렇다. 첫째, 학생마다 최선의 문항을 선택하는 능력이 다르다. 둘째, 문항의 곤란도가 모두 같지 않다. 셋째, 선택해야 하는 게 무엇인지 알고 있는 학생은 그 부분만 열심히 공부를 하여 점수를 높일 수 있다. 문항을 작성하고 나서 학생들이 다양하게 반응한 것에 대하여 어떻게 채점할 것인지 분명하게 생

각해 두어야 한다. 물론 교사는 같은 문항에 대하여 모든 학생에게 같은 표준을 사용하기를 원한다. 첫 번째 단계는 모범 답안을 만들거나 답안에 포함시켜야 할 기본 요소의 개요를 구체적으로 작성해 놓는다.

학생의 답안을 이것과 비교해 보면 된다. 평가는 하지만 성적을 낼 의도가 없다면 모범 답안은 학생 답안의 좋은 점을 지적해 주는 것은 물론 학생들이 누락하거나 틀린 것을 지적하는 지침 역할도 한다. 만약 성적을 매긴다면 학생의 답안과 교사의 모범 답안의 요소를 비교하여 일치하는 요소의 비중에 따라 적당하게 성적을 주면 될 것이다. 가능하면 동료 교사에게 모범 답안의 요소와 가중치가 타당한지 물어보는 것이 좋다. 더 나아가 동료 교사에게 모범 답안의 준거를 주고 둘 이상의 학생 답안을 채점해 보라고 하면 채점 신뢰도를 더 높일 수 있다. 반드시 해보기를 권한다.

논문형 검사에서 한 가지 논쟁거리는 문법이나 철자법, 그 밖에 기계적 측면을 고려할 것인지 아닌지, 그렇게 하면 어떻게 할 것인지 하는 것이다. 만약 이것을 고려한다면 학생들이 자신의 점수가 무엇을 근거로 채점되었는지 알도록 내용 점수와 기계적 점수를 따로 구분하여 제공하는 것이 좋다.

수업에서 가장 강력하게 사용하고 있는 평가는 학생들이 시험 전에 미리 공유할 수 있는 둘 이상의 채점 기준을 만들어 놓는 것이다. 이러한 규정은 여러 논문형에 적용할 수 있도록 일반적이어야 한다. 그러면 학생들은 자신이 성취한 것의 어떤 측면이 평가에 긍정적으로 기여할지 알 수 있고, 자신이 공부한 것이 이러한 중요한 요소를 꼭 설명해 주도록 연습해 볼 수도 있다. 한 고등학교의 수학 문제해결에 대한 채점 기준이 그림 12.3에 제시되어 있다.

그림 12.3 메릴랜드 고등학교 수학 서답형 문항의 채점 기준

수준 3
이 답은 문제의 맥락에서 볼 때 올바른 해결을 할 수 있는 타당한 전략을 적용하였다. 제시한 것은 기본적으로 맞다. 설명하거나 입증한 것이 대체로 논리적이면서도 명확하게 제시하였고, 답을 충분히 전개하였으며, 진술한 것이 제시한 해결책을 뒷받침하고 있으며 체계적인 오류는 없다.

수준 2
이 답은 전략의 타당성이 부족하고 전개도 충분치 않다. 전략이 해결책을 낳을 수도 있고 아닐 수도 있다. 답이 대체로 맞다. 완전하게 전개된 것은 아니지만 설명하고 입증한 것이 해결책을 뒷받침하고 있다. 문제를 개념적 · 분석적으로 이해하고 있다.

수준 1
이 답은 타당하거나 적절한 전략을 거의 사용하지 않았다. 제시한 것이 정답일 수도 있고 아닐 수도 있다. 제시한 것이 충분치 않거나 누락되어 있다. 설명하거나 입증한 것에 심각한 결함이 있으며, 문제에 대하여 최소한의 개념적 · 분석적 이해만을 하고 있다.

수준 0
이 답은 완전히 틀리거나 문제와 무관하다. 답을 하지 않거나 하더라도 '모른다' 고 한다.

용어 정의

설명
학생이 어떻게 하여 해결에 도달하였는지를 알려 주기 위하여 수학적 언어를 사용하는 것을 말한다.

입증
문제를 해결하거나 해결책이 맞다는 것을 증명하고 문제를 해결하는 데 동원된 추리를 뒷받침하는 수학적 원리를 사용하는 것을 말한다.

기본적으로 맞다
답을 쓸 때 명칭을 잘못 사용하거나, 단수 복수를 바꿔 쓰거나, 단위를 통일하지 않는 등 사소한 오류만 있는 경우를 말한다.

출처 : W. D. Schafer, G. Swanson, N. Bené, & G. Newberry, "Effects of Teacher Knowledge of Rubrics on Student Achievement in Four Content Area," *Applied Measurement in Education, 14*, 2001, pp. 151-170.

적용해 보기

논문형 답안에서 얼버무리는 것 찾아보기

논문형 시험을 칠 준비가 잘되어 있지 않은 학생들은 얼버무려 답하는 경향이 있다. 질문에 구체적으로 답하지 않으면 점수를 주지 말아야 한다. 일반적으로 얼버무리는 형태는 다음과 같다.

1. 서술형으로 질문을 하고(다소 변형함) 화제가 얼마나 중요한지에 대해서 언급한다("수업에서 평가의 역할은 매우 중요하다. 평가 없이 효과적으로 수업하는 것은 상상할 수도 없다").
2. 자신이 알고 있는 것에 대해서 쓰고 그것을 질문에 끼워 맞춘다(시험에 대해서는 알고 있지만 수행평가에 대해서 모르고 있는 학생이 시험과 수행평가를 비교하라는 문제를 받으면 시험에 대해서는 매우 자세하게 서술하고 학습평가에서 시험보다는 수행평가가 훨씬 낫다고 자주 언급한다).
3. 이해하고 있는지 아닌지 기본 개념을 사용하여 답을 도배한다(평가 기법에 대하여 서술하라고 하면 '타당도' 나 '신뢰도' 의 중요성을 빈번하게 언급한다).
4. 답에 교사의 기본적 신념을 적는다("의도된 학습 결과는 이러한 유형을 시험문제를 제작하기 이전에 수행용어로 진술되어야 한다").

■ 문제해결 문항의 제작과 평가

수학, 물리학, 사회 과목과 같은 많은 과목의 수업 목표에 문제해결 기술 발달을 포함시키고 있다. 그래서 학생의 문제해결 수행을 평가하는 것은 중요하다(Bagett & Christman, 2009; McMillan, 2008). **문제해결 평가**(problem-solving assessment)에서는 최소한 몇 가지 중요한 단계나 요소가 있는 절차를 조직하고 선택하고 적용하는 것이 요구된다. 각 단계와 요소에 대하여 학생의 수행을 평가하는 것이 중요하다.

연결해서 더 보기

문제해결에 대해서는 제8장을 참조하시오.

아래는 중학교 1학년 수준의 수학 문제와 반응을 나타낸 것이다. 다음의 문제해결 평가에 대한 논의는 어떤 과목에도 적용할 수 있다.

문제

2명의 도박꾼이 도박을 하고 있다고 생각해 보자. 이 도박에서 패자는 승자에게 경기가 끝나는 순간 승자가 가지고 있는 만큼의 돈을 주어야 한다. A가 첫 번째와 세 번째 게임에서 이겼고 B는 두 번째 게임에서 이겼다. 게임이 끝났을 때 두 사람은 각각 12달러를 가지고 있었다면 두 사람은 첫 게임을 할 때 얼마를 가지고 했겠는가?

A학생의 답

게임이 끝나고 각각 가지고 있던 돈의 액수

문제해결 평가

몇 가지 중요한 단계와 요소가 있는 복잡한 절차를 조직하고 선택하고 적용하는 것을 요구하는 평가

게임 수	A	B
3	12달러	12달러
2	6달러	18달러
1	15달러	9달러
게임 시작할 때 가지고 있던 돈의 액수		
	7.5달러	16.5달러

이 학생은 첫 번째 게임을 시작했을 때를 추측하였으며 두 사람이 왜 12달러씩 가지고 있는지 알 수 없었다고 했다. 그러나 세 번째 게임을 하기로 하고는 역으로 따져서 답을 알았다고 했다. 이러한 답을 어떻게 객관적으로 평가할 것인가? 짧은 논문형 문항을 평가할 때처럼 먼저 모범 답안을 작성해야 한다. 아마 더 실제적으로 작성해야 할 것이다. 그리고 문제를 해결하는 데 관련된 기본 요소와 절차의 개요를 작성해야 한다. 논문형처럼 문제해결 답안도 몇 가지 서로 다른 접근 방법이 있을 수 있다. 그 개요는 모든 가능성을 조절할 수 있을 만큼 충분히 융통성이 있어야 한다.

적용해 보기

동료 평가

협동 학습, 특히 쓰기나 수학 문제해결에서 종종 사용되는 하나의 평가 기법은 교사가 평가하기 이전에 동료 학생이 구체적인 준거를 가지고 동료를 평가하는 것이다(Reynold, 2009; Smith, 2009). 동료 평가가 성적에 작용하는 것은 아니지만 학생 자신의 작문이나 작품을 수정하는 데 사용하기 위한 피드백은 제공해 준다. 그림 12.4에서 보듯이 동료 평가는 작문 숙제를 비교하는 데 사용할 수 있다. 동료 학생이 먼저 하고 나서 교사가 학생이 잘했다는 것을 가리키기 위하여 범주별로 해당하는 공간에 표시를 한다. 동료 학생이나 교사 모두 학생의 시험지에 개선하기를 바라는 의견을 쓴다. 동료 평가는 글을 쓴 사람에게는 형성평가를 하는 것이지만 평가자에게는 매우 귀중한 교사의 관점을 가져볼 기회를 주고 좋은 글은 어떻게 구성되는지에 대한 통찰을 갖도록 해 준다.

문제해결 문항 평가 문제해결에는 대부분의 과목에 적합한 몇 가지 중요한 요소가 들어 있다. 이러한 요소에는 해결할 문제를 이해하고 문제를 체계적으로 공략하여 타당한 답에 도달하게 되는 것이 포함된다. 다음은 학생들의 문제해결을 평가할 때 대부분의 문제해결에서 공통적인 요소의 비중을 알 수 있는 항목이다.

문제해결 평가 요소

- ☐ 1. 문제의 조직
  - ☐ a. 그래프, 그림, 표 등으로 제시함
  - ☐ b. 문제에 적합하게 제시함
  - ☐ c. 문제를 전반적으로 이해하고 있음
- ☐ 2. 절차(수학적 : 시행착오, 역순 작업, 경험하는 과정, 경험적 추론)

준거	동료	교사
내용 측면 1. 개념이 유사한 정도		
2. 개념이 다른 정도		
3. 잘 조직된 정도		
4. 좋은 개시 문장		
5. 좋은 끝맺음 문장		
기계적 측면 1. 철자법		
2. 문법		
3. 구두점		
4. 최소 2쪽 이상		

그림 12.4 비교를 위한 동료 평가양식의 예

- ☐ a. 중요한 절차가 포함됨
- ☐ b. 절차가 최종 해결책으로 이어짐
- ☐ c. 계산(있다면)이 틀리지 않음

☐ 3. 해결책(수학적 : 표, 수, 그림, 그래프 등)

- ☐ a. 답이 타당함
- ☐ b. 답을 확인함
- ☐ c. 정답임

☐ 4. 주어진 정보의 논리나 적용이 바람직하였다.

만약 답안의 올바른 요소에 부분적으로 점수를 주고 싶거나 답안의 가치를 학생에게 알려 주고 싶다면 이것을 일관성 있게 할 수 있는 방법을 고안해야 한다. 다음은 몇 가지 지침을 제공해 준다.

1. 글쓰기, 수학 문제해결, 실험 과제, 그 밖에 다양한 단계의 특징에 따라 평가하고자 하는 업적에 대하여 부분적으로 성적을 주기 전에 모범 답안을 작성해 두어야 한다.
2. 학생에게 업적의 가치에 대하여 의사소통을 하기 위해서 등급의 의미를 구체적으로 설명해 주어야 한다. 다음의 예는 수학, 사회 과목, 문학 과목에서 학생 업적에 대한 개요를 설명해 주고 있다.

수학의 경우 학생에게 다음의 문제를 준다.

단식 테니스 토너먼트 경기에서 40명의 선수가 경기를 벌이고 있다. 몇 게임을 해야 하나?

평가

☐ a. 그 문제를 이해했다는 증거를 보여 주고 있다. 그림, 표, 그래프, 식 등으로 보여 준다(3점).

☐ b. 올바른 해결책을 얻을 가능성이 있는 해결 방법을 사용하고 있다. 예를 들면 체계적인 시행착오, 경험적 추론, 제거해 나가기, 역산하기 등을 보인다(5점).

☐ c. 올바른 답을 구하였다(3점).

과정의 목적이나 평가 목적의 맥락에서 교사가 각자가 가치를 판단하여 그 비중에 따라 평가의 세 요소에 점수를 배정하였다. 교사는 답에 모든 것이 나타나지 않았더라도 학생이 할 수 있다고 가정되면 정답에 만점을 줄 수 있다. 다만 **후광효과**(halo effect)가 생기지 않도록 하여야 한다. 후광효과는 특정 답안지의 주인이 누구인지를 앎으로써 그 학생의 성적에 영향을 미칠 수 있다는 것이다. 누가 답을 쓰든 똑같은 답에는 똑같은 점수가 부여되어야 한다. 구체적인 평가 기준이나 채점 지침을 사용하는 것도 채점을 객관적으로 할 수 있는 하나의 방법이다. 이렇게 하면 후광효과를 배제할 수 있다. 사회 과목 또는 문학 과목의 경우 학생에게 다음 문항에 대하여 100단어로 답하라고 하였다고 하자. 이누이트 족과 나바조 족이 살고 있는 지역의 기후를 근거로 하여 이 두 부족이 사용하는 연장이 발달한 것을 비교하고 대조해 보아라.

평가

☐ a. 두 부족이 살고 있는 지역의 기후(1점)와 두 부족이 사용하고 있는 연장(1점)을 구체적이고 정확하게 기억하고 있다는 증거를 보여 주고 있다.

☐ b. 답안이 사고와 논리를 연속성 있게 전개하고 있다(3점).

☐ c. 두 부족이 살고 있는 지역의 기후에 따라 다양한 연장을 사용하고 있는 이유를 정확하게 제시하고 있다(3점).

☐ d. 두 부족의 유사점과 차이점, 두 부족이 사용하는 연장의 유사점과 차이점을 비교하고 대조하고 있다(8점).

☐ e. 결론을 내릴 때 요약을 하고 있다(1점).

이상의 두 사례는 다른 과목에서도 역시 문항을 어떻게 평가하는지 그 방법을 제시해 주고 있다. 학생이 답안을 쓴 만큼 일부 점수를 주면 분명히 답이 맞거나 틀린 것을 기준으로 하여 채점한 경우보다 학생이 진전한 것에 대하여 더 완전하게 평가해 주는 결과를 낳는다. 이 예에서는 선다형이나 진위형에서는 없는 것이지만 객관적 평가를 어떻게 조직하는지 그 방법을 보여 주고 있다. 답안의 요소를 평가하기 위하여 점수를 사용할 필요가 없다. 여러 경우에는 몇 가지 종류의 서술 평가가 더 의미 있을지 모른다. **서술적 평가**(evaluative descriptor)란 어떤 문항이나 질문 또는 프로젝트의 답안에 대하여 강점과 약점을 진술해 놓은 것을 말한다. 앞의 수학의 예에서 문항 1에 대하여 서술적 평가를 한다면 이렇게 할 수 있을 것이다. "그림을 그려서 문제를 이해하고 있다는 것을 잘 보여 주고 있으나 그림에 중요한 수치를 기입할 때 주의를 잘 기울이지 못하였음."

이 두 예가 훨씬 더 채점 기준같이 보이고 다양한 주제에 대해서도 일반화할 수 있다는 점에 주목하기 바란다. 만약 수업 시간에 교사와 학생이 이것에 대하여 토의한다면 학생은 자신이 무엇을 이해하고 있는지 이해하는 데 도움이 되는 방책을 갖게 되는 것이고, 교사와 학생 모두는 형성평가나 수업할 때 사용할 수 있는 일반적 언어를 갖게 되는 것이다.

후광효과

교사가 어떤 학생이 답을 썼는지 알아서 학생에 대한 교사의 의견에 따라 성적이 영향을 받는 것처럼 응답자에 대한 교사의 일반적 태도 때문에 생긴 편견

서술적 평가

어떤 문항이나 질문 또는 프로젝트의 답안에 대하여 강점과 약점을 진술해 놓은 것

참평가, 포트폴리오 평가, 수행평가란 무엇인가

전통적 검사에 대하여 많은 비판이 있고 나서(예 : Rotberg, 2001; Shepard, 2000; Thompson, 2001), 선다형 평가의 전형적인 문제를 피할 수 있도록 설계된 대안적 평가가 개발되고 시행되었다. 대안적 평가 이면에 있는 핵심적 생각은 학생들에게 그들이 학습하였다는 증거를 보여 줄 것을 요구하거나 이들이 학습한 지식이나 기술을 가지고 실제 무언가를 할 수 있다는

것을 보여 줄 것을 요구하는 데 있다(Burke, 2009; Carey, 2001; Maezano et al., 2001). 예를 들면 학생들에게 포트폴리오를 가지고 있도록 하고, 풍속을 측정하는 방법을 생각해 내고, 청중에게 사용할 원고를 써 보라고 할 수 있다. 이러한 검사를 참평가 또는 수행평가라고 부른다(Belgrad, Burke, & Fogarty, 2008). 이러한 대안적 평가의 목적은 실제 성취한 것을 보여 주는 데 있다. 읽기의 경우 이러한 대안적 평가 운동 때문에 학생들에게 더 긴 문장을 읽고 해석하고, 자신의 읽기 전략을 알고 있다는 것을 보여 줄 것을 요구한다(Robert & Dutcher, 1989; Valencia, Pearson, & Wixson, 1989). 과학 과목의 평가라면 학생들에게 실험을 해 보라고 요구할 수도 있다. 글쓰기 평가라면 실제 글을 쓰거나 기사를 작성해 보라고 할 수 있다. 수학 평가라면 학생들에게 통찰력과 창의성이 필요한 복잡한 물리적 문제를 풀어보게 할

그림 12.5 포트폴리오 평가를 통한 작문 능력 평가 준거의 예

연속성

높은 수행 ←		→ 낮은 수행
	다재다능성	
장르에 관계없이 아주 다양하게 읽고 글을 씀	다소 다재다능함	다양하지 못하고 실적물의 깊이와 폭이 거의 없음
	과정	
발견한 것이 있음 중요한 학습경험을 함	융통성이 없거나 기계적 방식으로 과정을 설명함	성취에 반영되는 과정을 타인과 함께 사용함
	반응	
이야기에 참여함 핵심문제 토의 비판적 질문 증거 보임	개인적으로 반영을 하나 초점이 좁음	별개의 사건에 대하여 짧게 말을 반복함
	자기 평가	
다차원적 아주 다양한 관찰 의미 있는 목표 설정 발전에 주목함	통찰력 개발함 몇 가지 구체적인 것에 주목함 제한적인 목표 설정 개선에 대한 모호한 생각	단일 초점이고 포괄적임 목표를 지나치게 넓게 설정하거나 없음
	개인 작품	
다양한 요소를 잘 통제 : 조직, 응집, 외적 특징 등	어휘이해력 나아지고 있음 : 몇 가지 결점 있으나 아이디어는 분명함	개선 요망 : 아이디어 중심 특징, 외적 특징에 억지성이 있음
	문제해결	
다양한 자원을 이용하여 문제해결에 고심함	제한된 자원 사용	무력해 보임
문제해결과 새로운 방법 학습을 즐겨 함	빠른 해결 바람	문제에 좌절함
	목적성/용도	
읽기와 쓰기를 이용하여 타인과 공유하는 것을 포함한 다양한 목표를 충족시키려 함	읽기와 쓰기를 이용하여 타인의 목표에 충족하려 함	냉담하거나 저항함

출처 : Cathy Collins Block, *Teaching the Language Arts: Expanding Thinking through Student Centered Instruction.*

수 있다. 참평가에서는 가끔 학생들에게 여러 영역의 지식을 통합해 보라고도 요구한다. 예를 들면 읽기 맥락에서 대수를 사용해 보라고 할 수 있고, 수학 문제를 풀고 그 결과를 글로 써보라고 할 수 있다.

■ 포트폴리오 평가

대안적 평가로서 인기 있는 것 중 하나가 **포트폴리오 평가**(portfolio assessment)이다. 이것은 장시간에 걸쳐서 이룬 학생들의 학습활동 표본을 수집하여 평가하는 것이다(Burke, 2009; McMillan, 2008). 교사는 학생들의 작문이나 프로젝트, 그 밖의 고등 기능을 보인다고 생각하는 증거를 수집하여 이것으로서 학생이 점차적으로 진보하는 것을 평가한다. 예를 들면 학생의 작문 실력이 어떻게 발전했는지를 보여 주는 모음 글(초고에서부터 최종 원고까지), 잡지에 기고한 글, 보고서, 작품, 컴퓨터 출력물, 문제해결력이 어떻게 발달했는지를 보여 주는 숙제물을 보관하도록 할 수 있다(Belgrad, Burke, & Fogarty, 2008). 포트폴리오는 점차 서류 형태에서 컴퓨상의 형태로 사용되고 있다(Diehm, 2004; Niguidula, 2005). 그림 12.5는 학생의 작문 포트폴리오 평가의 예이다.

포트폴리오 평가는 교사가 학부모에게 보고하거나 그 밖의 학교 내의 목적을 위하여 학생들을 평가하고자 할 때 중요한 방편이다. 일관성 있고 공적 기준과 함께 사용할 때 시간이 흐름에 따라 발전하는 모습을 보여 주는 포트폴리오는 학부모와 학생 자신에게 강력한 변화의 증거를 제공해 줄 수 있다(Burke, 2009).

포트폴리오 평가

학생의 성장, 자기 성찰, 성취를 보여 주기 위하여 학생의 업적물을 종합하여 하는 평가

적용해 보기

학급에서 포트폴리오 이용

계획과 조직

- 학생의 포트폴리오에 대하여 전반적으로 융통성 있는 계획을 수립하라. 포트폴리오의 목적은 무엇인가? 어떤 항목이 필요한가? 언제 어떻게 수집할 것인가? 평가하기 위하여 어떤 준거를 적용할 것인가?
- 학생들이 포트폴리오 항목을 준비하고 논의할 충분한 시간을 계획하라. 포트폴리오 평가는 지필 검사를 교정하는 것보다는 훨씬 많은 시간이 들고 많은 생각을 해야 한다.
- 학생의 학습과 성취의 한 측면으로 시작해서 점차 교사와 학생들이 포트폴리오 절차에 대하여 알게 되면 다른 것도 포함시킨다. 예를 들면 글짓기 과정은 포트폴리오로서 입증하는 데 특히 적합하다.
- 중요 목표를 달성해 가고 있다는 것을 보여 줄 포트폴리오에 포함시킬 항목을 선택한다. 여러 개의 목표를 나타내는 항목은 포트폴리오 평가를 더욱 효율적으로 해 준다.
- 최소한 두 유형의 항목은 수집해야 한다. 이것은 필수 지표이거나(Arter & McTighe, 2001; Murphy & Underwood, 2000), 아니면 핵심 항목과 선택 학습활동의 표본이다. 필수 또는 핵심 지표는 각 아동에 대한 항목인데, 이것이 각 아동이 어떻게 발전하고 있

는지를 보여 준다. 선택 학습활동 표본을 통해서 학생의 접근 방법, 흥미, 강점을 볼 수 있다.

- 각 포트폴리오 앞에 목표 목록을 필수 지표 목록과 선택 항목을 기록하기 위한 자리에 따라 놓는다. 그러면 학생들은 내용의 자취를 가질 수 있다.

실행

- 시간을 절약하기 위하여 포트폴리오 항목은 분명히 학생의 업적을 대표하는 것으로 하고, 정통성을 높여 주고, 포트폴리오 항목 개발이 진행되고 있는 활동으로 한다.
- 학생에게 포트폴리오 항목을 준비하고, 선택하고, 평가하고, 수집하고, 현재까지 포트폴리오를 보관하는 책임을 부여한다. 아주 어린 아동에게는 안내가 필요하다.
- 선택한 포트폴리오 항목은 모델을 생각하거나 자기평가를 하면 자신이 사용한 과정이 무엇이고, 자신이 무엇을 학습하였으며, 무엇을 학습해야 하는지, 다음 번에 달리 해 야 할 것은 무엇인지를 인식하는 데 도움이 된다.
- 필요한 것만 골라서 해야 한다. 포트폴리오는 되는 대로 아무렇게나 녹음이나 비디오테이프, 그림, 웹사이트, 그 밖의 자료를 수집하는 것이 아니다. 학생의 학습의 표본이 되는 항목을 골라야 한다. 아무거나 항목에 포함시키면 너무 힘들어진다.
- 포트폴리오에 담긴 정보를 이용해서 학습자를 기술이 발전해 가는 연속선상 어딘가에 배치한다.
- 포트폴리오 항목을 분석하여 학생의 지식과 기술을 통찰한다. 이렇게 함으로써 학생의 강점과 요구, 사고 과정, 선입견과 오해, 오류의 형태, 발달적 표준을 더 잘 이해할 수 있다.
- 포트폴리오에 있는 정보를 이용하여 학생의 학습을 증명하고 축하해 주며, 이를 부모 및 그 밖의 학교 인사와 함께 나누고, 교실 수업을 개선하고 수업에 목표를 둔다. 만약 포트폴리오가 수업 개선과 연결되지 않는다면 그 역할을 제대로 하지 않는 것이다(Belgrad et al., 2008; Burke, 2009; Stiggins, 2000 참조).

■ 수행평가

실제 생활의 지식과 기술을 실제로 보여 주는 평가를 **수행평가**(performance assessment)라고 한다(Foster & Noyce, 2004; McMillan, 2008; Popham, 2005). 예를 들면 9학년에게 말로 하는 역사 프로젝트를 해 보라고 하거나, 최근에 일어난 중요한 사건을 읽어 보게 하고 나서 학생을 면접해 볼 수 있다. 몇 주에 걸쳐서 한 말로는 역사 공부를 통해 학생이 사회과목의 여러 개념을 얼마나 숙달했는지 그 정도를 알 수 있다. Wiggins(1993)는 학생들이 다양한 액체와 고체의 혼합물을 분석하기 위하여 1년 동안 학습한 것을 학년 마지막 2주 동안 적용해야 하는 수행평가에 대하여 서술하고 있다. 어떤 학교에서는 여러 달 동안 만든 프로젝트 같은 것을 전시하게 하여 그것을 우수한 학습의 증거로 여기기도 한다. 시간제한이 더 많이 따르는 수행평가인 경우에는 학생이 실험을 하거나, 확장한 교재에 답하거나, 다양한 장르의 글을 쓰거나, 실제 수학 문제를 풀어보게 할 수 있다.

수행평가

지식만이 아니라 실제 생활의 맥락에서 과제 수행 능력을 평가하는 것. 참평가라고도 함

■ 어떻게 하면 수행평가를 잘할 수 있는가

전통적 표준화 검사를 비판하는 가장 중요한 것 중 하나는 표준화 검사에서는 교사가 가르

Bob Daemmrich Photography

이 학생들의 수업에서는 급우들이 평가하고 있다. 학생 평가 방법으로 수행평가 또는 집단활동 평가의 장단점은 무엇인가?

치는 좁은 기술에 초점을 맞추고 있다는 점이다(Popham, 2004 참조). 어떻게 하면 수행평가를 잘할 수 있을까? 이론상으로는 적어도 가르칠 가치가 있는 과목을 폭넓게 이해하고 있는지 판단할 수 있는 검사를 제작할 수 있어야 한다.

예를 들면 그림 12.6의 과학 수행평가를 보자. 학생이 그림에 제시된 것 중 하나를 풀기 위하여 실험을 하였다고 생각해 보자. 이러한 문제를 가르치기 위한 유일한 방법은 학생에게 전기, 시험, 문제해결 전략에 대한 폭넓은 정보에 노출시키는 것이다(Shepard, 1995).

모든 현실적 문제, 비용, 채점의 문제를 넘어 수행평가가 표준화 검사의 모든 문제를 해결해 줄지는 아직 불분명하다. 예를 들면 Shavelson, Baxter와 Pine(1992)은 과학 수행평가 연구를 하였는데(그림 12.6은 그의 연구에서 가져온 것임), 수행평가는 신뢰로웠지만 수행평가마다 점수 형태가 다르고 학생이 한 평가는 학생이 실제로 배운 것보다는 학생의 적성과 더 밀접한 관련이 있었다(Educational Testing Service, 1995; Linn, 1994; Supovitz & Brennan, 1997).

그림 12.6 과학 수행평가의 예

상자에 무엇이 일어나는지 알아보세요. 아래의 각 상자 안에는 각각 다른 물건이 들어 있습니다.

a. 건전지 2개

b. 전선

c. 전구

d. 건전지와 전구

e. 아무것도 없음

출처 : R. J. Shavelson, G. P. Baxter, and J. Pine, "Performance Assessment: Political Rhetoric and Measurement Reality," *Educational Researcher, 21* (2), p. 23.

■ 수행평가의 채점 기준

수행평가는 일반적으로 기준에 따라 채점되는데, 채점 기준에 각 활동에서 기대하는 수행의 유형을 미리 구체적으로 제시하고 있다(Andrade, 2007/2008; Burke, 2009; Popham, 2005). 그림 12.7은 학생들이 읽은 수필에 대하여 수행평가를 하는 채점 기준이다(Taylor, 1994에서 참조).

수행평가 과제는 학생들이 여러 방식으로 접근하는 논술 문항과 유사하다. 그렇기 때문에 학생들이 채점 기준을 잘 이해하는 것 역시 중요하다. 학생들이 잘 이해하도록 하기 위한 한 가지 방법은 모든 수행 범위에 적용하기에 충분할 정도로 융통성 있는 몇 가지 포괄적 기준을 작성해 두는 것이다. 그림 12.3은 고등학교 수학에 적용하였던 포괄적 기준의 한 예였다. 교실 수업에서 이와 같은 기준을 사용하면 학생의 성취도가 높아진다는 주장이 있다(Schafer, Swanson, Bene, & Newberry, 2001).

그림 12.7 표본 채점 기준 : 수행 목표, 수행 준거, 수행 척도

수행 과제
문학 작품에 나오는 등장인물의 성격 변화에 대한 수필

수행 준거
- 등장인물이 누구인지 확인하고 있나?
- 이야기가 전개되는 동안 등장인물의 성격이 변한 측면을 최소한 세 가지 언급하고 있나?
- 이야기를 요약하고 거기에 각 등장인물의 성격 특성을 뒷받침하는 내용이 들어 있나?
- 이야기 구성에 등장인물이 어떻게 기여하고 있는지 서술하고 있나?
- 등장인물이 이야기 구성에 기여하고 있다고 작가가 생각하는 것을 뒷받침해 주는 내용을 이야기에서 최소한 세 가지는 발췌하고 있나?
- 뒷받침해 주는 데 사용된 참조 교재는 적절한가?

채점 기준

4점	수필을 철저하게 완성하였고 이야기에 기여한 등장인물의 성격 변화를 통찰력 있게 서술하고 있다. 작가의 견해를 생각할 수 있도록 적절하게 지지해 주고 있다. 교재에서 발췌한 모든 내용이 등장인물에 대한 작가의 견해를 잘 이해하도록 해 주고 있다.
3점	등장인물의 성격 변화와 등장인물이 이야기에 기여한 부분에 한하여 수필을 완성하였다. 작가의 견해를 생각할 수 있도록 적절하게 지지해 주고 있다. 교재에서 발췌한 대부분의 내용이 등장인물에 대한 작가의 견해를 잘 이해하도록 해 주고 있다.
2점	등장인물의 성격 변화나 등장인물이 이야기에 기여한 것 중에서 어느 하나에 대해서만 서술하고 있다. 작가의 견해를 이해하는 데 일부만 지지해 주고 있다. 교재에서 발췌한 대부분의 내용은 서술한 요소에 대해서만 등장인물에 대한 작가의 견해를 이해 하도록 해 주고 있다.
1점	등장인물의 성격 변화나 등장인물이 이야기에 기여한 것 중 어느 하나에 대하여 대부분 수필을 완성하였다. 작가의 견해를 지지해 주고 있지만 항상 확신이 가는 것은 아니다. 교재에서 발췌한 내용의 일부 서술한 요소에 대해서만 작가의 견해를 잘 이해하도록 해 주고 있다.
0점	수필을 완성하지 못했고, 모든 수행 준거를 상당히 충족시키지 못하거나 수필을 쓰지 않았다.

출처 : Catherine Taylor, "Assement for measurememt or Standards," *American Educational Research Journal, 31*(2), pp. 231–262.

그림 12.8 학기말 평가

심리학 평가 기준

심리학 프로젝트

- ☐ (25점) 이론적 배경을 제시하라. 다른 연구를 인용하고 있고, 주제를 설명하고 있고, 주제의 근거를 제시하고 있는가? (이론적 배경이 좋을 수록 더 구체적이며, 여기에 적합할수록 점수를 많이 받는다.) [간략 예 : "우리는 옷이 인간의 행동에 어떻게 영향을 주는지에 대하여 관심이 있다. 우리는 늘 옷을 잘 입었을 때 느낌이 더 좋고, 옷을 잘 차려 입은 사람들끼리는 폭력행동이 적다고 생각하였다. Cohen과 Cohen(1987)의 연구에 의하면 교복을 입은 학생이 점수가 약 10% 정도 더 좋고 교무실에 덜 불려가는 것으로 밝혀졌다. 그래서 우리는 이 주제는 더 깊이 조사하려고 한다."]
- ☐ (25점) 연구에 대하여 자세히 서술하라(주제에 대하여 100자 내외로 포괄적으로 요약하라). [간략 예 : 이 연구에서는 학업 성적과 교복착용 간의 관계에 대하여 조사한다. 이 지역의 3개 학교를 대상으로 학업 성적과 교무실에 불려가는 횟수를 조사하였다. 교복을 입으면 성적이 올라가고 교무실에 불려가는 것은 줄어들었다."]
- ☐ (40점) 정의된 변인으로서 측정 가능한 가설을 수립하라.
- ☐ (25점) 최소한 하나의 그래프, 도표, 기타 자료를 요약한 시각적 형태를 포함시켜라. 그래프, 도표를 보고 결과가 무엇인지 분명히 알 수 있도록 해야 한다.
- ☐ (10점) 자료 수집하는 데 사용한 도구, 기타 척도가 있어야 한다.
- ☐ (40점) 우리가 한 것을 관찰자에게 정확하게 말할 수 있는 문서로 된 절차가 있어야 한다. [간략 예 : "3일 동안 100명의 학생과 30명의 교사를 조사하였다."]
- ☐ (30점) 자료를 설명해 주고 가설이 정확한지를 말해 주는 내용이 포함되어야 한다. [간략 예 : 우리의 자료는 가설이 맞는다는 것을 보여 준다. 점수가 30% 증가하였다는 것은 학생들의 성적이 향상되었다는 것을 나타낸다…" (여러분의 설명을 다시 하라. 만약 여러분이 우리가 옳았다. 가설이 맞았다라고만 말한다면 점수의 50% 이상 받지 못한다.)]
- ☐ (30점) 연구의 중요성을 포함시켜라. 왜 이 연구가 주요한지. [간략 예 : "많은 사람들이 잘 인식하지 못하기 때문에 중요하다. 이것이 학생들의 성적을 향상시켜 주고 문제행동을 줄여 주기 때문에 중요하다."]
- ☐ (50점) 상호작용적이어야 한다. 즉 관찰자들은 검사를 하고, 스크린을 보고, 퀴즈 등을 할 수 있다. [이것은 다양한 방식으로 이루어져야 한다. 예를 들면 검사가 길면 관찰자로 하여금 부분으로 나누어서 하게 하거나 여러분이 사용하는 절차를 영상으로 만들어 보여 주게 할 수도 있다.]

총점 275점

출처 : Chuck Greiner, high school psychology teacher, James M. Bennett High School, Salisbury, MD.

수행평가를 계획하는 데에는 시간이 필요하고, 수행평가에 주관성이 개입할 소지를 피해야 한다. 그러나 충분히 생각하고 잘 작성하면 지필평가로 어떤 단원의 총괄적 평가도 가능하다(그림 12.8 참조).

성적은 어떻게 매기는가

교사에게 가장 당혹스러우면서도 자주 부딪치게 되는 논쟁 중 하나는 학생에게 성적을 매기는 일이다(Guskey & Baily, 2001; Marzano, 2000; O'Connor, 2007, 2009; Scriffiny, 2008). 과연 성적을 매기는 것은 필요한 일인가? 분명한 것은 형성평가는 필요하고 대부분의 학교에서는 성적을 매기고 있다는 것이다.

■ 채점 준거의 설정

점수의 준거는 많이 있지만 학교 급(초, 중, 고)과 관계없이 학생에게 성적의 의미를 설명하는 것이 필요하다는 데에는 일반적으로 동의하고 있다(Guskey & Baily, 2001; Marzano, 2000). 성적은 적어도 학생의 학업 성적의 상대적 가치를 말해 주어야 한다. 또한 학생들이 자신들에게 기대된 것이 무엇이고, 어떻게 하면 향상될 것인지에 대하여 더 잘 이해하도록 해 주어야 한다. 문자 표기식 성적은 일반적으로 다음과 같은 의미가 있다.

A : 우수하고 특별하고 탁월하다.
B : 잘하지만 탁월하지는 않다. 평균 이상이다.
C : 능력이 있지만 두드러질 정도는 아니다. 평균이다.
D : 최소한 합격은 되지만 심각한 약점이 있다. 평균 이하이다.
E : 합격이 안 되며 심각한 약점이 있다.

■ 문자 표기식 점수

미국의 모든 교육구는 통지표에 성적을 부여한다는 정책이 있다. 대부분 A-B-C-D-F나 A-B-C-D-E 문자 성적을 사용하지만 우수함-만족스러움-불만족스러움이라는 다양한 형대(특히 초등학교)를 사용하기도 한다(Marzano, 2000; O' Connor, 2009)). 일부 학교에서는 백분율만 사용하기도 한다. 성적의 준거는 교육구마다 아주 다르다. 중등학교는 일반적으로 과목마다 성적을 매기고 대부분의 초등학교와 일부 중등학교에서는 학업 수행 뿐만 아니라 행동이나 노력도 포함시키고 있다.

문자 표기식 점수의 준거는 학교 행정 방침에 따라 세분될 수도 있지만 아주 광범한 지침에 따라 흔히 교사 각자가 설정한다. 실제로 학생의 반수 이상에게 A를 주거나 많은 학생에게 F를 주는 교사는 별로 없고 대부분 양 극단의 중간 성적을 주기 때문에 교사 간에 상당한 차이가 있을 수 있다(Guskey, 2009; O' Connor, 2009 참조).

절대 성적 기준　　성적은 절대 기준이나 상대 기준에 의하여 부여할 수 있다. 절대 성적 기준에서는 각 성적에서 요구하는 백분율 점수를 미리 정할 수 있다. 그 예는 다음과 같다.

성적	정답률
A	90~100%
B	80~89%
C	70~79%
D	60~69%
F	60% 미만

또 다른 절대 성적 기준으로 준거지향 성적이라는 것이 있다. 교사는 수업 목표의 달성 정도에 따라 해당하는 성적을 미리 정해 놓는다. 우수하면 A, 평균 이상이면 B, 평균이면 C, 평균 이하이면 D, 부적절하면 F로 한다.

백분율 절대 기준은 아주 불리한 점이 하나 있다. 즉 점수가 검사의 난이도에 따라 달라지는 것이다. 예를 들면 진위형 검사인 경우(60점이 통과 점수라면) 답의 20%만 알고 나머지는 추측하였다면(답을 맞힐 확률은 50%) 이 학생은 통과할 수 있다. 그러나 추측이 불가능한 어려운 검사에서 60%는 아주 높은 점수이다. 이러한 이유로 절대 백분율 기준을 사용하는 경우에는 준거지향 기준을 사용하여 완화하는 것이 필요하다. 대부분의 상황에서는 60-70-80-90% 기준을 사용해도 될 것이다. 그러나 어려운 검사에 대해서는 더 쉬운 기준을, 쉽다고 생각되는 검사에는 더 엄격한 기준을 적용할 수 있다.

또 하나 불리한 점은 성적의 범위가 다르다는 것이다. 특히 F의 경우에 더욱 그러하다. F를 받는 학생은 D에 아주 가깝거나 '합격' 과 거리가 멀어서 실망을 느낄 수도 있다. 이러한 점은 다른 성적에서도 마찬가지이지만 F처럼 점수의 범위가 넓으면 신뢰성이 떨어진다.

상대 성적 기준 **상대 성적 기준**(relative grading standard)은 학급 석차나 학년 석차에 따라 성적을 부여할 때 사용한다. 고전적 상대 성적 형태에서는 A, B 등에 몇 퍼센트의 학생을 배정할 것인지를 정하고 있다. 이러한 형태를 **정상분포상에서의 성적 매기기**라고도 한다. 왜냐하면 정상분포상의 위치에 따라서 성적을 매기기 때문이다.

상대 성적 기준은 시험의 난이도와 관계없이 학생들을 서로 비교하여 점수를 주는 이점이 있다. 그러나 이것 역시 몇 가지 약점이 있다(O' Connor, 2009 참조). 하나는 A, B 성적을 받는 학생수가 항상 같기 때문에 공부를 잘하는 학급에 있는 학생들이 이 성적을 받기 위해서는 공부를 못하는 학급에 있는 학생보다 훨씬 더 높은 점수를 받아야 한다. 또 하나는 학생들 간에 경쟁을 부추긴다는 점이다. 어떤 학생이 A를 받으면 다른 학생이 이 성적을 받을 기회는 그만큼 줄어든다. 경쟁 때문에 학생들이 서로 돕지 못하고 급우 간의 사회적 관계도 손상을 입는다(Krumboltz & Yeh, 1996). [정상분포상에서 엄격하게 성적을 매기거나 A와 B에 몇 명을 배정할 것인지에 대한 지침은 최근에 와서 점차 없어지고 있다. 그 이유는 첫째, 일반적으로 성적 인플레이션이 생겼기 때문이다. A, B를 과거에 비하여 많이 주는 것이다. 그래서 C는 이제는 평균이 아니라 평균 이하로 보는 경향이 있다. 실제로 성적을 부여하는 현재의 실태를 알기 위하여 Anderson(1994)은 8학년을 평가하는 사람을 대상으로 전국적으로 조사를 하였다. 이들에게 영어를 6등급으로 평가하게 하였는데, 그 결과는 다음과 같이 나타났다.

A : 약 31%
B : 약 38%
C : 약 23%
D : 약 6%
D 미만 : 약 2%

수학의 경우에도 그 결과는 이와 비슷하게 나타났는데, 성적은 중산 계층이 다니는 학교보다 극빈 계층이 다니는 학교가 약간 더 낮았다. 성적은 학생이 실제 성취한 것보다는 더 높게 주는 것 같다. 오늘날 평균 성적은 C가 아니라 B이다.

성적을 매기는 가장 일반적인 접근은 검사의 난이도, 학급의 전체 수행 정도를 고려하여 학생의 시험 점수를 보며, A나 B 또는 낙제를 줄 적정한 인원을 정하고 성적을 준다. 적정한

상대 성적 기준
학생의 석차에 따라 부여된 성적

인원수에 대한 추정치는 교사마다 다르지만 학교마다 A를 얼마나 많은 학생에게 주어야 하는지, 얼마나 많은 학생에게 F를 주어야 하는지 불문의 기준이 있다.

■ 수행평가 점수 매기기

전통적 성적 매기기에서 가장 중요한 제한점 중 하나는 학생들을 어떻게 비교하고 있는지에 대해서는 알려 주는 것이 있지만, 학생들이 무엇을 알고 있고, 무엇을 할 수 있는지에 대해서는 아무런 정보를 주지 못하고 있다는 점이다. 영어에서 B를 받은 학생은 자신이 어떤 기대를 하고 있었느냐에 따라 실망할 수도 있다. 이러한 평가 결과는 학생, 학부모, 교사에게 이 학생이 무엇을 할 수 있고 나아지기 위하여 무엇이 필요한지에 대해서는 알려 주지 않는다. 더욱이 각 과목마다 하나의 성적만을 주기 때문에 모든 학생이 성장하고 있다는 생각보다는 학생은 잘하는 것 아니면 잘하지 못하는 것, 공부를 하고 싶어 하는 것 아니면 하고 싶어하지 않는 것이라는 생각을 강화할 수 있다.

이러한 한계에 대한 대안적 접근이 바로 **수행 성적 매기기**(performance grading)이다(Guskey, 2009). 이 방법은 학생이 알고 있는 것이 무엇이고, 무엇을 할 수 있는지 교사가 판단하고 난 다음 학생이나 학부모에게 이해하기 쉬운 방식으로 보고하는 것이다(Guskey, 2006). 그림 12.9(Wiggins, 1994 참조)은 5학년 언어 과목의 이수 기준이나 5학년이 알고 있어야 할 것들이 무엇인지를 겨냥한 평가의 일면이다. 이러한 양식을 받은 학부모는 교육구에서 규정한 기본적 수행을 자녀가 얼마나 잘해 나가고 있는지를 알 수 있다. 그리고 자녀가 동료와 비교할 때 얼마나 잘하고 있는지에 대한 정보도 제공해 주고 있다. 그러면서도 시간이 경과하면서 학생이 성장하고 있다는 것을 강조하고 있다는 점에 주목할 필요가 있다.

수행 성적 채점 기준

수행 성적을 매기기 위한 핵심 사항은 발달 계열상에서 어떤 수행 수준에 해당하는 학생의 업적 표본을 수집하는 것이다. 학생의 활동 업적(작문, 실험 보고서, 프로젝트 같은 것)을 수집하고 평가하는 것을 포트폴리오 평가라고 한다(Burke, 2009). 포트폴리오 평가의 대안의 하나는 자신의 지식과 기술, 판단력을 적용하고 통합하는 능력을 보여 줄 수 있는 검사지를 학생에게 주는 것이다. 대부분의 수행 성적 체제에서는 포트폴리오와 검사지를 병용한다. 어느 쪽이든 학생의 수행은 기준에 따라 평가한다. 이 기준은 '일부 숙달', '숙달', '상급 수행' 으로 서술되거나 발달 계열상의 학생의 위치를 가리키는 것 등으로 표시된다.

■ 기타 대안적 평가 방법

성적을 매기는 데 있어서 몇 가지 혁신적 접근이 사용되고 있다. 학생과 성적 계약을 하는 것으로서 어떤 성적을 받기 위해서 어느 정도 수준의 수행을 보이고 얼마만큼의 성적을 내야 하는지 학생과 계약을 맺는 것이다. 예를 들면 A를 받기 위해서는 주어진 기간 내에 5권의 책에 대하여 주어진 분량의 리포트를 제출하겠다는 계약을 맺는 것이다. 숙달 학습의 중요한 부분이라고 할 수 있는 **숙달 기준 평가**(mastery grading)를 한다면 시험에서 80~90% 성취와 같은 표준을 설정하는 것이다. 이러한 표준에 이르는 학생은 모두 A를 받는 것이다. 만약 이러한 표준에 이르지 못하면 교정 수업을 받고 그 성적을 받기 위하여 새로 시험을 보게 한

숙달 기준 평가

점수를 매기기 위해서는 시험에서 80% 또는 90%를 맞춘다는 등과 같은 숙달기준 설정이 필요하다. 첫 시험에서 그 숙달기준을 달성하지 못하면 교정수업을 받고 숙달기준을 달성하기 위하여 재시험을 친다.

그림 12.9 수행평가 평정 준거의 예

체리 크릭 교육연구
플톤 커뮤니티 초등학교 공명정대성 발달 보고서
(언어영역)

학생 이름 ______ 학년 ______
교사 ______ 연도 ______

수행에 근거하고 있는 졸업 요건은 학생의 실력에 초점을 맞추고 있다. 교육과정과 발달 보고서는 학생이 이러한 과제를 준비하는 쪽으로 맞춰져 있다. 날짜(예 : 11/02)는 5학년 졸업 표준을 근거로 하여 진보의 연속선상에서 수행이 어느 위치에 있는지를 표시한다.

	초보	능숙	우수
언어 과목 실력 수준 1 청취, 의미 구성을 위해 언어적 · 비언어적 단서의 해석	능동적 청취, 설명을 이해한다. 질문하고 부연하여 명확히 한다.	목적을 위해 능동적 청취, 설명을 이해한다. 질문하고 부연하여 명확히 한다.	목적을 위해 능동적 청취, 설명을 이해한다. 질문하고 부연하여 명확히 하고, 정보를 분류하고 분석하고 적용한다.
언어 과목 실력 수준 2 형식적 상황이든 비형식적 상황이든 분명하고 일관성 있게 의미를 전달한다.	적절하게 말을 전달하고 설명하고 의사표현하고 설득한다. 형식적 말하기를 조직하고 어휘를 사용하여 메시지를 전달한다.	적절하게 말을 전하고 설명하고 의사표현하고 설득한다. 형식적 말하기를 조직하고 어휘를 사용하여 메시지를 전달한다.	적절하게 말을 전하고 설명하고 의사표현하고 설득한다. 형식적 말하기를 조직하고 주제와 어휘에 맞게 변용한다. 눈마주침, 몸짓을 하고, 청중과 주제에 맞게 표현한다.
언어 과목 실력 수준 3 교재, 다양한 인쇄물을 읽어 의미를 구성하고 전략을 세워 문장 이해력을 높인다.	다양한 교재를 읽고 문자 해득 수준에서 이해하고 관련 정보를 통해 지식을 구성한다. 전략을 사용하여 유창성을 증진시키고 여러 교재를 읽는 비율을 조절한다.	다양한 교재를 읽고 문자 수준과 해석 수준에서 이해한다. 정보를 종합하고 탐구하여 추론한다. 저자의 의도를 비판하고 교재의 의미와 가치를 분석한다. 전략을 사용하여 유창성을 증진시키고 여러 교재를 읽는 비율을 조절한다.	다양한 교재를 읽고 문자 수준과 해석 수준에서 이해한다. 관련 정보를 통해 추론하고 지식을 기억하고 구성한다. 전략을 사용하여 유창성을 증진시키고 여러 교재를 읽는 비율을 조절한다.
언어 과목 실력 수준 4 목적과 의미를 전달하는 글을 쓰고, 효과적 쓰기 전략을 구사하고, 문어의 관례를 통합하여 분명하게 의사소통한다.	자기가 고른 주제에 대하여 적절하게 쓰고, 중심 생각과 몇 가지 세부적인 것이 분명하다. 처음, 중간, 끝부분에 약점이 있고, 문장 구조의 다양성이 부족하고 오류가 있다.	받았거나 자기가 고른 주제에 대하여 적절하게 쓰고, 중심 생각과 몇 가지 세부적인 것이 분명하고, 조직과 계열이 분명하며, 문장구조가 다양하고 교정을 통해 오류를 줄인다. 목소리와 어휘 선택이 적절하다.	받았거나 자기가 고른 주제에 대하여 적절하게 쓰고, 의견, 세부사항, 예를 관련짓고 있음. 조직과 계열이 효과적이고, 문장 구조가 의미가 있고, 교정을 통해 대부분의 오류를 고친다. 목소리와 어휘 선택이 적절하다.

언어 과목의 성적

※ 평가 회차마다 칸에 표시함

1	2	3	평가 회차
			높은 수행 보임
			적절한 발달 보임
			연습과 지도가 필요함

출처 : Grant Wiggins, "Toward Better Report Cards," *Educational Leadership, 52*(2), pp. 28-37.

다. 전통적으로 성적을 부여하는 방식과 이러한 방식을 절충해서 학업이 향상한 것과 노력한 것을 고려하여 성적을 매기는 일이 많다. 이렇게 함으로써 다른 학생에 비하여 성취가 낮은 학생이 자신의 성적이 나아지고 있다는 피드백을 받는 것이다.

재시험 기회 부여　학생이 첫 번째 시험에서 실패하면 재시험을 볼 기회를 주는 교사들이 많다. 이러한 방법은 학생들에게 또 다시 공부할 수 있는 기회를 주어서 더 잘 학습하도록 할 수 있다. 예를 들면 어떤 학생에게 이틀간의 여유를 주어 시험 범위에 해당하는 내용을 공부하게 한 다음 첫 번째 시험과 다른 시험을 다시 보게 하는 것이다. 다만 점수는 두 번째 시험 성적에서 한 성적 낮게 준다. 이러한 방식은 학생이 한 번 더 시험 볼 기회가 있다는 점에서 학생에게 유리하다. 그러나 재시험을 볼 수 있다는 것을 알기 때문에 1차 시험 때까지 공부를 열심히 하지 않을 위험성이 약간 있다. 그러나 일반적으로 재시험 볼 기회를 주는 것은 학생들이 추가로 공부하여 좋지 못한 점수를 개선할 수 있는 기회를 주는 것이므로 좋은 생각이다. 어떤 학교에서는 A, B, C 등급을 주거나, 아니면 미완성 점수를 주거나, 추가 시간 허용하거나, 모든 학생이 C를 받을 때까지 지도 등을 하기도 한다.

■ 성적 통지표

대부분의 학교에서는 1년에 4~6번, 즉 6주~9주마다 성적 통지표를 발송한다. 통지표에 기재한 성적은 대부분 다음에 열거한 것을 종합하여 산출한다(Guskey & Bailey, 2001; Marzano, 2000; O' Connor, 2007; Reeves, 2008).

- 퀴즈 및 시험 점수
- 리포트 및 프로젝트 점수
- 숙제 점수
- 자율 학습 점수
- 수업 참여 점수(수업 중 학습 행동, 질문에 대한 답변 등)
- 학습태도 점수(교실에서의 행동, 지각, 태도)
- 노력

위의 항목은 가장 형식적이고 신뢰성이 높은 점수에서부터 가장 낮은 점수의 순으로 제시한 것이다. 두 번째까지는 총괄평가에 해당하고 비교적 성적을 내는 데 적절하다고 생각된다. 그다음 두 가지는 형성평가에 해당하는 데 학습이 어떻게 진행되고 있는지를 가르쳐 준다. 마지막 세 가지는 성취에 기여하기는 하지만 성취 자체는 아니다. 그러나 이상의 정보를 근거로 하여 성적을 내면 학생에 관한 정보를 남에게 잘못 전할 소지가 있다(O' Connor, 2007 참조). 그래서 각 항목에 대하여 가중치를 다르게 부여하는 경우가 있다. 예를 들면 퀴즈 문제 30%, 기말 시험 30%, 숙제 20%, 수업 참여도 20% 비율로 점수를 배정하는 것이다. 이렇게 하면 중요한 것이 무엇인지 학생에게 알려줄 수 있다.

성적을 매기기 위하여 점수를 합산할 때 중요한 것 중 하나는 숙제 같은 것을 하지 않았을 때 어떻게 처리하는가 하는 것이다(O'Connor, 2009; Reeves, 2008). 어떤 교사는 해당 항목에 0점을 주기도 하지만 이것은 학생에게 너무나 가혹하다. 이것은 벌칙으로 밖에 볼 수 없다. 이러한 점을 교정하기 위한 방법이 몇 가지 있지만 가장 간단한 방법은 아마 각 성적을 수로 표시하는 것일 것이다(예 : A=4, B=3 등). 숙제를 하지 않았으면 0점을 부과한다. 이 두 전략의 차이를 설명하기 위하여 다섯 번 중에서 한 번 숙제를 하지 않은 학생을 생각해 보자. 숙제에 대하여 0점을 받으면 숙제 점수는 92, 86, 0, 73점이되어 평균 68점이 된다. 아니면 D를 받게 된다. 이 점수를 문자 표기식 점수로 바꾸면 평균 2.6이 되고 C가 된다.

어떤 학생은 간혹 시험이나 퀴즈의 성적이 특히 나쁘다. 이처럼 전형적이지 못한 평가에서 성적이 좋지 못한 원인은 가정이나 학교 문제와 같은 비학문적인 것에 있을 수도 있다. 시험에 관하여 학생과 개인적으로 얘기를 해 보면 좀 더 자세히 알아봐야 할 문제가 무엇인지 알 수 있다. 이러한 것을 통해서 얻은 정보를 감안하여 학생에게 재시험 기회를 줄 수도 있다. 어떤 교사는 학생이 가장 적게 받은 점수를 반영하지 않음으로써 납득할 수 있는 잘못으로 인한 행위에 대하여 벌칙을 주지 않는다.

성적 통지표의 중요한 원리 중 하나는 학생이 성적에 대해서 놀라서는 안 된다는 것이다. 학생은 성적이 어떤 과정을 통해 산출되는지 알아야 한다. 숙제 점수가 포함되는지 수업 참여도와 노력이 고려되는지 등을 알아야 한다. 점수 표준을 명확히 함으로써 예기치 않게 낮은 점수를 받더라도 불평을 하지 않게 할 수 있다. 더욱 중요한 것은 학생들에게 더 나은 점수를 받기 위해서는 무엇을 해야 하는지를 정확히 알도록 해 줄 수 있다(Gyskey, 2009; Reeves, 2008).

많은 학교에서는 학기 중에 임시로 학생에게 성적을 부여한다. 이렇게 하여 학생들이 어떻게 공부하고 있는지를 알려 주고, 학생이 어려움을 겪을 것이 예상되면 경고를 해 주는 것이 된다. 이것을 응용하여 D나 F를 맞을 가능성이 있는 학생에게만 임시 성적을 부여할 수도 있다. 게다가 등급에 논평을 추가하여 학생이 점수를 더 받기 위하여 무엇을 해야 하는지 설명해 주면 학습 동기 유지와 학업 개선에 도움이 된다(Black et al., 2004).

또 하나 성적을 매길 때에 중요한 것은 비밀을 보장해야 한다는 것이다. 학생들은 서로의 점수를 알 필요가 없다. 성적 공개는 서로를 시샘하게 할 뿐이다. 끝으로 성적은 학생을 평가하는 하나의 방법에 지나지 않는다는 것을 이해하는 것이 중요하다. 부가적 정보를 담고 있는 서술식 평가는 부모나 학생에게 유용한 정보를 제공해 줄 수 있다(Marzano, 2000). 컴퓨터로 계산된 등급목록을 쉽게 입수할 수 있어서 널리 사용되고 있다.

그러나 Guskey(2009)는 이러한 시간 절약을 위해 만들어진 소프트웨어는 사용할 때 주의가 필요하며 교사가 결정할 것을 컴퓨터에게 맡겨서는 안 된다고 경고하고 있다.

요약

수업 목표란 무엇이며 어떻게 사용하는가

연구 결과를 보면 수업 목표나 행동 목표를 사용하는 것은 바람직하다. 수업 목표는 학생이 무엇을 알아야 하고 수업에서 단원이나 과목이 끝나면 무엇을 할 수 있어야 하는지를 분명하게 진술한 것이다. 수업 목표는 수행의 조건이나 평가의 준거를 구체적으로 제시해 준다. 수업을 계획할 때의 과제 분석은 수업 목표를 수립하는 데 도움이 된다. 하향식 계획을 하면 일반 목표에서 구체적 목표까지 목표 수립이 용이해진다. 수업 목표는 교육평가와 아주 밀접한 관련이 있다. Bloom의 교육 목표 분류체계는 교육 목표를 간단한 것에서부터 복잡한 것까지 분류해 놓고 있으며, 여기에는 지식, 이해, 적용, 분석, 종합, 평가가 포함되어 있다. 행동-내용 행렬표는 수업 목표에는 여러 수준이 있다는 것을 확신하도록 해 준다.

평가는 왜 중요한가

학생의 수행이나 학습을 평가하는 것은 학생과 교사에게는 피드백으로서, 학부모에게는 정보로서 중요하다. 그리고 선발과 자격 부여, 학교의 책무성을 평가하는 정보로서도 중요하며 학생들의 노력을 진작시키기 위한 유인책으로서도 중요한 의미를 갖는다.

학습평가는 어떻게 하는가

평가 전략으로 형성평가, 총괄평가, 규준지향 평가, 준거지향 평가가 있다. 규준지향 평가에서는 한 학생의 점수를 다른 학생의 점수와 비교한다. 준거지향 평가에서는 학생의 점수를 숙달 기준과 비교하여 평가한다. 평가는 수행이나 시험을 통해서 할 수 있다. 적절한 평가 방법은 평가의 목적에 근거하여 하는 것이다. 예를 들면 검사의 목적이 학생이 수업에서 핵심 개념을 학습하였는지를 아는데 있다면 규준지향적인 퀴즈식 형성평가나 수행평가가 가장 적절할 것이다.

시험 문제는 어떻게 작성하는가

검사는 수업 목표와 관련하여 학생이 학습한 증거를 보여 줄 수 있도록 구성해야 한다. 성취도 검사는 다음 여섯 가지 원리를 지켜서 제작되어야 한다. 첫째, 학습 목표를 분명하게 정의하여야 한다. 둘째, 수업에서 다룬 학습 과제의 대표적 표본을 측정하여야 한다. 셋째, 바람직한 학습 결과를 측정하기 위하여 가장 적합한 문항 유형을 선택해야 한다. 넷째, 용도에 맞아야 한다. 다섯째, 가능한 신뢰도가 높아야 하고 주의 깊게 해석되어야 한다. 여섯째, 학습을 개선시켜 주는 것이어야 한다. 수업 목표에 일치하는 검사 계획을 수립하는 데에는 세부 목표가 도움이 된다. 검사 문항의 유형에는 선다형, 진위형, 완성형, 배합형, 논문형, 문제해결형이 있다. 각 유형마다 최적의 용법, 장점, 단점이 있다. 예를 들면 학생이 배운 내용에 대하여 어떻게 사고하고 분석하고 종합하고 평가하는지를 알고 싶고, 학생에게 시험을 치게 하고 답안을 채점할 시간이 있다면 논문형이 적합하다.

참평가, 포트폴리오 평가, 수행평가란 무엇인가

학생에게 학업 업적 표본이나 직접 실제 적용해 보게 하는 포트폴리오 평가나 수행평가를 함으로써 선다형 지필평가의 부정적 측면을 피할 수 있다. 수행평가는 예상되는 수행 유형을 미리 세분하고 있는 기준에 따라 점수를 매긴다.

성적은 어떻게 매기는가

성적을 매기는 체제는 초등 교육과 중등 교육이 다르다. 예를 들면 비정형적 평가는 초등학교 수준에 더 적합하고 문자로 표시하는 성적은 중등학교 수준에서 더 중요하다. 성적 기준은 절대적일 수도 있고 상대적일 수도 있다. 수행평가에서의 성적 매기기는 학생이 무엇을 알고 할 수 있는지를 교사가 결정한다. 수행평가에서 성적을 매기는 데 핵심적으로 요구되는 것은 수행수준을 보여 주는 학생 업적의 표본을 사려 깊게 수집하는 것이다. 또 다른 방법은 학생들의 능력을 보여 줄 수 있는 검사를 하는 것이다. 계약 성적제, 숙달 성적제도 있다. 보고서 카드는 전형적으로 시험, 숙제, 자습, 수업 참여, 태도, 노력 등의 평균 점수에 대하여 등급을 매기는 데 사용된다.

주요용어

과제 분석(task analysis)
규준지향 해석(norm-referenced interpretation)
긴 논문형 문항(long essay item)
문제해결 평가(problem-solving assessment)
배합형 문항(matching item)
사정(assessment)
상대 성적 기준(relative grading standard)
서술적 평가(evaluative descriptor)
선다형 문항(multiple-choice item)
선택형 문항(selected-response item)
숙달 기준 평가(mastery grading)
세부 목표 분류표(table of specification)
수업 목표(teaching objective)
수업 목표 분류체계(taxonomy of educational objective)
수행평가(performance assessment)
오답지(distractor)
완성형 문항(completion item)
정의적 목표(affective objective)
준거지향 해석(criterion-referenced interpretation)
지문(stem)
진위형 문항(true-false item)
짧은 논문형 검사(short essay item)
총괄평가(summative evaluation)
평가(evaluation)

포트폴리오 평가(portfolio assessment)
하향식 계획(backward planning)
학습 목표(learning objective)
행동-내용 행렬표(behavior content matrix)
형성평가(formative evaluation)
후광효과(halo effect)

자기평가 : 교수학습원리

이 장의 서두에 있는 예화를 다시 읽고 다음 질문에 답하시오.

1. 설리번 선생님은 자신이 가르치는 것과 자신이 평가하는 것 간에 연결을 잘하지 못한다. 다음 평가 도구 중 어느 것이 설리번 선생님이 연결을 잘하는 데 가장 도움이 될까?
   a. 선다형 검사
   b. 수업 목표
   c. 전통적 교수 전략
   d. 책보고 시험 보기

2. 설리번 선생님은 표를 이용해서 수업 목표와 관련하여 여러 인지적 수준에서 개념이나 기술을 어떻게 가르칠 것인지 보여 줄 수도 있다. 이러한 그림을 무엇이라고 하는가?
   a. 과제 분석
   b. 하향식 계획
   c. 행동-내용 행렬표
   d. 세부 목표

3. 설리번 선생님은 다음 중 어느 충고에 따르면 자신이 가르친 것과 평가하려는 것 간에 연결을 더 잘할 수 있을까?
   a. 모든 교수 내용을 시험에 포함시킨다.
   b. 모든 유형의 검사 문항을 검사에 포함시킨다(진위형, 선다형, 배합형 등).
   c. 수업 목표의 제약을 받지 않고 한다.
   d. 특정 용도에 맞는 검사를 설계한다.

4. 설리번 선생님은 다음 중 어느 검사 유형을 사용하고 있는가?
   a. 총괄평가
   b. 적성평가
   c. 정서적 평가
   d. 과제 분석

5. 왜 설리번 선생님에게 세부 목표를 만들도록 해야 하는가?
   a. 서로 다른 수업 목표를 평가하기 위하여 학습 형태를 지적해야 하기 때문이다.
   b. 구체화한 기준으로 학생의 수행을 측정해야 하기 때문이다.
   c. 학생들을 서로 비교해야 하기 때문이다.
   d. 숙달의 조건을 확인해야 하기 때문이다.

6. 평가가 중요한 이유를 간단하게 서술하시오.

7. 수업 목표를 쓰고 Bloom의 수업 목표체계를 사용하여 세부 목표를 만들고 수업 계획을 수립하고 간단한 검사 문항을 작성해 보시오.

13

표준화 검사와 책무성

표준화 검사는 무엇이며 어떻게 사용하는가
- 선발과 배정
- 진단
- 평가와 책무성
- 학업 개선

어떤 유형의 표준화 검사가 있는가
- 적성검사
- 규준지향 성취도 검사
- 준거지향 성취도 검사
- 표준의 설정

표준화 검사는 어떻게 해석하는가
- 백분위 점수
- 표준화 학년 점수
- 표준 점수

표준화 검사와 일반 시험의 쟁점은 무엇인가
- 타당도
- 신뢰도
- 검사 편파성
- 컴퓨터 이용 검사

교사로서 당신은 학생들의 학업 성취도에 어떻게 책무를 질 것인가
- 낙오 없는 교육
- 오바마 정부의 교육정책
- 표준 모델 평가
- 자료에 기초한 개혁
- 가치지향 평가체제
- 장애 학생에 대한 평가 조정
- 영어 학습자에 대한 평가 조정

Bob Daemmrich/PhotoEdit

학습 목표

이 장을 공부하고 나면 다음과 같은 것을 할 수 있다.

- 표준화 검사를 이해하고 사용할 줄 안다.
- 여러 유형의 표준화 검사를 구분할 줄 안다.
- 표준화 검사 결과를 해석할 줄 안다.
- 표준화 검사와 일반 시험의 쟁점이 무엇인지 안다.
- 학생의 학업 성취도에 대하여 교사가 어떻게 책임을 질 수 있는지 논의한다.

Bob Daemmrich/PhotoEdit

제니퍼 트랜은 링컨 초등학교 5학년 교사이다. 최근에 에니타 맥케이라는 학생의 부모를 만났다.

"안녕하세요? 맥케이 부모님." 하고 이들이 들어왔을 때 트랜 선생님이 인사를 하였다." "와 주셔서 반가워요. 앉으세요. 바로 시작하겠습니다. 먼저 에니타가 우리 반에 있어서 너무 반갑다는 말씀을 드리고 싶습니다. 에니타는 항상 명랑하고 남을 잘 도우려고 합니다. 약간 걱정되는 영역이 있기는 합니다만, 모든 과목 성적이 좋습니다. 시작하기 전에 질문 있으면 하시지요."

에니타 부모는 트랜 선생님에게 에니타가 한 해 동안 잘 보내고 있다고 생각했고 딸의 공부가 어떤지 무척 알고 싶다고 하였다.

"알겠습니다. 우선 에니타의 캘리포니아 성취도 검사 결과를 보았는지 알고 싶군요. 우리는 이것을 CAT라고 합니다. 대부분의 부모는 이 점수를 잘 이해하지 못합니다. 그래서 부모님께 이것을 먼저 설명해 드리지요. 수학을 먼저 볼까요? 보시다시피 에니타는 늘 수학을 잘하는 학생입니다. 점수와 성적이 이것을 말해 주고 있습니다. 에니타는 마지막 성적이 A이고 수학 계산은 백분위 점수가 90점입니다. 이것은 이 지방 5학년 학생 전체의 90%보다 더 잘한다는 의미입니다. 수학의 개념과 응용에서도 이와 비슷한데 백분위 점수가 85점입니다."

"이 성적은 무슨 의미입니까?"라고 에니타 부모가 물었다.

"그것은 다른 동학년 학생과 관련하여 어느 정도 성취를 보이는지 말해 주는 것입니다. 예를 들면 에니타의 점수가 6.9라는 것은 5학년 수준보다 1년 정도 앞선 점수라는 의미입니다. 즉 6.9는 6학년 말에 있는 어떤 학생이 5학년 시험에서 얻은 점수가 되는 것입니다. 그렇다고 에니타가 6학년 교재를 알고 있다는 것을 의미하는 것은 아닙니다. 우리는 학생의 실력을 시험 성적보다는 좀 낮게 봅니다. 매일 매일 학생이 공부한 것과 학급에서 친 시험을 훨씬 더 믿습니다. 이러한 것이 학생이 얼마나 잘하는지를 말해 줍니다. 이러한 경우에 CAT와 같은 표준화 점수는 에니타가 학급에서 하고 있는 것과 꽤 일치합니다. 그러나 그렇게 일치하지 않는 예를 보여드리겠습니다. 에니타의 읽기 성적은 좋다 하더라도 이해력 점수는 다른 영역에 비하여 훨씬 낮다는 것을 알았을 것입니다. 백분위 점수가 30점입니다. 이 점수는 한 학년 아래에 해당하는 점수입니다. 저는 에니타가 책을 잘 읽는 학생이라고 생각했기에 깜작 놀랐습니다. 저는 읽기 시험을 다시 한번 보게 했습니다. 이 검사는 읽기를 얼마나 잘하는지 더 나은 정보를 제공해 줍니다. 이 검사에서 에니타는 5학년 수준의 점수를 받았습니다. 이 점수가 학급에서 에니타의 읽기를 더 잘 나타내 주기 때문에 읽기 영역은 걱정하지 않습니다."

"그러나 걱정되는 것이 하나 있는데 이것은 표준화 검사에서는 나타나지 않는다는 것입니다. 기계적 언어와 언어 표현에서는 모두 백분위 점수 약 70점을 맞았습니다. 언어 과목에서 에니타가 잘하고 있다는 생각을 할 수도 있으나 문제는 에니타의 쓰기입니다. 1년 동안 학생들의 포트폴리오를 가지고 있는데 이것이 에니타의 것입니다. 에니타는 쓰기에서 나아지고 있습니다만 제 생각에는 좀 더 잘할 수 있었을 것으로 봅니다. 보시다시피 철자, 구두점, 문법은 우수합니다. 그러나 이야기 내용이 짧고 사실에 국한하고 있습니다. 아시다시피 우리는 쓰기 점수는 내지 않습니다. 우리가 사용하고 있는 평가 양식은 학생들이 글을 얼마나 잘 쓰고 나아지고 있는지를 보여 주도록 되어 있습니다. 에니타의 포트폴리오를 근거로 점수를 매겼습니다. 그러나 더 나아지기 위해서는 에니타가 더 많이 글을 써야 하고 실제로 상상력을 마음껏 펼치도록 했으면 합니다. 에니타는 많은 얘기를 하지만 내 생각에 너무 조심스레 글을 쓰는 것 같습니다. 글쓰는 기교에서 실수할까 봐 너무 걱정하는 것 같습니다. 방학 때 잡지 등에 글을 써 내보도록 격려해 주시는 것이 좋을 것 같습니다."

"언어에서 표준화 점수가 좋으면 언어를 잘한다는 뜻이 아닌가요?"라고 에니타 부모님이 물었다.

"검사 점수가 무언가를 말해 주긴 하지만 전부는 아닙니다."라고 트랜 선생님이 말했다. "CAT 점수를 보면 단순한 계산이나 언어 기교는 좋아도 학생들이 실제로 말하는 것은 그것만큼 못합니다. 이것이 제가 쓰기와 산수 문제해결, 과학의 포트폴리오를 가지고 있는 이유입니다. 제가 원하는 것은 학생들이 자신의 기술을 실제 사물을 다루거나 실제 문제를 해결하는 데 적용하는 능력을 얼마나 발달시키고 있느냐 하는 것입니다. 이제까지 우리가 에니타의 성적과 표준화 검사 결과를 봤으니 에니타의 포트폴리오를 봅시다. 제 생각에는 에니타가 학교에서 어떻게 하고 있는지 부모님은 훨씬 더 잘 알게 될 것입니다.

생각해 보기

- 검사 점수에 대하여 부모와 교사가 한 이 회의를 행동으로 옮겨 보자. 에니타 부모와 트랜 선생님 역을 할 희망자를 정하도록 한다. 이 중에서 한 사람은 의사소통이 잘못된 것을 분명하게 하고 회의가 계속 이어지도록 중재자 역할을 하게 할 수 있다.
- 이 사례를 읽고 무엇을 알게 되었는가? 무엇이 또 알고 싶은가? 여기서 무엇을 배우게 되었는가? 에니타의 표준 점수와 쓰기, 수학, 과학의 포트폴리오에 관하여 우리가 알 필요가 있는 모든 것을 트랜 선생님은 우리에게 말해 주고 있는가?

트랜 선생님과 에니타 부모님 간의 대화는 성적과 표준화 검사의 유용성과 한계를 보여주고 있다. CAT와 구두 읽기 검사 결과는 에니타의 수행을 전국 규준과 관련지어 주고, 에니타의 성적은 자신의 학급 동료와 관련하여 얼마나 잘하고 있는지를 알게 해 준다. 그러나 표준 점수도 성적도 에니타의 활동에 대한 포트폴리오나 그 밖의 수행에 대하여 관찰한 것에 나타나 있는 세부적인 것이나 이해력에 대하여는 알려 주지 않는다. 주의 깊게 해석한 표준화 검사와 성적, 포트폴리오, 기타 학급에서 평가한 것을 종합하면 에니타가 수행한 모습을 잘 알 수 있을 것이다. 각각 나름대로 가치가 있고 모든 정보는 교육 결정을 하는 측면에서 가치가 부여된다.

표준화 검사는 무엇이며 어떻게 사용하는가

SAT나 ACT 또는 기타 대학 입학시험이 생각나는가? 이러한 검사가 어떻게 구성되고, 거기서 나온 점수는 무엇을 의미하며, 이러한 점수가 실제 알고 있는 것을 어느 정도 나타내 주고 있으며, 또 그럴 수 있는지 궁금하지 않는가? SAT와 그 밖의 대학입학 시험은 **표준화 검사**(standardized test)의 예이다. 제13장에서 논의한 교사 자작 검사와 달리 표준화 검사는 검사 대상자와 비슷한 수천 명의 학생에게 똑같이 표준화한 조건 하에서 시행된다. 규준을 마련하고 이것에 견주어 개인을 비교할 수 있도록 허용하고 있다. 예를 들면 만약 4학년 표집 집단이 50문항인 표준화 검사에서 평균 37문항을 맞혔다면 37문항 이상 맞힌 4학년은 '전국 규준 이상'이라고 하고 37문항 미만을 맞혔다면 '전국 규준 미만'이라고 한다.

전통적인 표준화 검사는 많은 비판을 받아와서 오늘날은 아주 다양한 평가를 하고 있다. 많은 표준화 검사가 다양한 목적으로 모든 교육 수준에서 실시되고 있다. 이 장에서는 표준화 검사가 왜, 어떻게 사용되며 검사 점수는 어떻게 해석하고 중요한 교육 결정에 어떻게 적용하는지에 대하여 논의한다. 표준화 검사의 비판에 대한 정보, 개발되고 있는 대안, 논의되고 있는 대안, 적용되고 있는 대안에 대한 정보도 싣고 있다.

표준화 검사는 일반적으로 교사가 제작한 검사에서 제공하지 못하는 학생 개인이나 집단

표준화 검사

자신의 점수를 학년이나 나이가 같은 사람의 점수와 비교하여 그 학생의 수행에 대하여 정확하고 의미 있는 정보를 제공하고, 전국적으로 사용할 수 있도록 보통 상업적으로 준비된 검사

을 비교하는 척도를 제공해 준다. 예를 들면 학부모가 교사에게 자신의 딸이 수학을 얼마나 잘하는지 묻는다고 생각해 보자. 그 질문에 교사가 "잘하고 있습니다. 최근 시험에서 81점을 맞았습니다."라고 말한다고 하자. 어떤 목적에서는 이러한 정보가 적절할지도 모른다. 그러나 다른 어떤 목적에서는 부모가 훨씬 더 많은 것을 알고 싶어 할 수도 있다. 81점은 다른 학생과 비교하면 어떤가요? 이 학교, 이 교육구, 이 주, 이 나라 전체 다른 학생들은 어떤가요? 어떤 맥락에서는 81점은 수학 천재 특수 학급에 가는 자격이 될 수도 있다. 또 어떤 맥락에서는 교정 수업을 받아야 할 필요가 있다는 것을 시사하는 것일 수도 있다. 교사는 학급 평균이 85점이라는 것을 알았다. 이 학급은 다른 학급과 어떻게 비교하고 전국의 학생과 어떻게 비교할 것인가? 교사 자작 검사는 이러한 정보를 줄 수 있을까?

표준화 검사는 전형적으로 주의 깊게 구성되고 학생의 수행 수준에 대한 정확한 정보를 제공해 준다. 교육과정 전문가는 특정 연령의 학생이 무엇을 알아야 하고 특정 과목에서 무엇을 할 수 있어야 하는지를 정하는 일을 가장 빈번하게 한다. 그러고 나서 다양한 기술과 학생이 지니기를 기대하는 정보를 측정하는 검사를 제작한다. 검사 문항을 다양한 학생 집단에게 시험적으로 실시한다. 모든 학생이 맞히거나 틀리는 문항은 버린다. 학생들에게 분명하지 않거나 혼돈을 일으키는 것도 마찬가지이다. 점수의 형태는 주의 깊게 검토한다. 대부분의 문항에서 좋은 점수를 받은 학생이 점수가 좋지 못한 학생보다 특정 문항에서 낮은 점수를 받으면 그 문항을 버리게 된다.

결국 최종 검사는 전국에 걸쳐 있는 모든 집단에게 선발된 대규모의 학생에게 실시될 것이다. 보통 표집 집단이 검사를 궁극적으로 적용할 모집단과 비슷하다는 것을 확신시켜 주기 위하여 여러 가지를 시도하게 된다. 예를 들면 11학년 기하 검사라면 도시, 도시 변두리, 농촌 지역에 거주하는 11학년 학생, 전국 여러 지역 사는 11학년 학생, 공립 및 사립학교에 다니는 11학년 학생, 수학의 준비도가 서로 다른 11학년 학생에게 실시될 것이다. 모든 인종도 포함된다. 이것이 검사의 **규준**(norm)을 만드는 단계이다. 규준은 평균 학생의 점수가 얼마인지를 가리킨다(Aiken & Groth-Marnat, 2006; Popham, 2008). 마지막으로 검사요강을 만들어 검사를 어떻게 실시하고 채점하며 해석하는가를 제시한다. 이것이 끝나면 일반적으로 사용할 준비가 끝났다는 것이다. 검사 개발 과정에서 검사의 점수는 특정 교실이나 학교 밖에서 의미를 갖는다. 이 점수들은 다양한 방식에서 사용된다.

■ 선발과 배정

표준화 검사의 가장 중요한 기능은 배치, 진단, 평가, 학업개선이다. 표준화 검사는 종종 학생을 선발하여 특정 프로그램에 입학시키거나 배치하기 위하여 사용된다. 예를 들면 고등학생이 보는 SAT(Scholastic Assessment Test)나 ACT(American College Testing Program)는 대학입학위원회가 학생의 입학을 허가할 것인지 아닌지를 결정하는 데 도움이 될 것이다. 마찬가지로 영재 학생을 특정 프로그램에 입학시킬 것인지도 표준화 검사 점수에 따라 좌우될 수도 있다. 표준화 검사 점수를 다른 검사 점수와 함께 사용하여 학생을 특수교육 프로그램에 배치할 것인지, 학생을 능력별 집단에 배정할 것인지를 결정하는 데에도 도움을 받을 수 있다. 예를 들면 고등학교에서는 표준화 검사를 이용하여 어느 학생을 대학 준비 과정, 일반 과정, 직업 과정으로 배정할 것인지 결정할 수 있다. 초등학교의 경우에는 학생을 읽기 집단

연결해서 더 보기
학급 내 및 학급 간 능력 구분에 대한 토의는 제9장을 참조하시오.

규준
장래 응시자의 점수를 해석하기 위하여 검사를 받은 집단과 비슷한 표집 집단의 점수에서 산출한 표준

에 배정할 때 이 점수를 이용할 수 있다. 대학에서는 입학하는 학생이 어떤 과정의 필수 조건을 충족시키고 있는지 여부를 결정하는 데 이 검사를 이용할 수 있다. 때로는 학년 진급 자격이 있는지, 고등학교 졸업 자격이 있는지, 어떤 지위에 앉을 자격이 있는지를 결정하는 데 이용되기도 한다. 예를 들면 표준화 검사를 교사 자격을 부여하는 과정으로 이용하는 주도 많다.

■ 진단

표준화 검사는 종종 학생의 학습 문제나 강점을 진단하는 데 사용된다. 예를 들면 학교에서 공부를 잘하지 못하는 학생은 자신이 학습 장애나 정신지체가 있는지 결정하기 위하여 검사를 받을 수 있다. 검사 결과 교정이 필요한 특정 결함이 확인될 수도 있다. 교사는 학생의 읽기 문제를 확인하기 위하여 '그레이 구두 읽기 검사(Gray Oral Reading Test)'와 같은 읽기 능력 진단 검사를 자주 이용한다. 예를 들면 검사를 해 보면 부호 해독력은 좋으나 읽기 이해력이 좋지 못한 경우를 알 수 있고, 계산은 잘하지만 문제해결력이 좋지 못한 경우를 알 수 있다. 좀 더 세밀한 진단 검사라면 물리학도가 '물질의 상태'는 잘하지만 '과학 측정'은 잘하지 못할 수도 있다는 것을 알 수 있다. 외국어 학도라면 문법은 잘하지만 표현은 잘하지 못하는 경우도 알 수 있다. 세밀하게 측정하면 학생의 인지 양식과 복잡한 개념의 이해력 정도를 결정하는 데 도움이 될 수도 있다.

■ 평가와 책무성

표준화 검사의 가장 일반적 용도는 학생의 진보 상태나 교사나 학교의 효율성을 평가하는 것이다. 예를 들면 교육구나 주에서는 표준화 검사를 이용하여 학교에서 학생들의 학업 수행을 얼마나 높였는지를 평가한다. 부모는 자녀가 학교에서 다른 학생과 비교해서 얼마나 공부를

낙오 없는 어린이 프로그램의 기본 목표는 어린이가 어느 학교를 다니든 전국의 모든 학생에게 적용되는 분야의 수준에 이르도록 하는 것이었다.

Bob Daemmrich Photography

잘하는지 알고 싶어 한다. 학생 개인으로 봐서는 표준화 검사 점수는 교사가 다른 정보, 즉 학교에서의 수행평가와 같은 정보와 함께 이용하기만 한다면 의미가 있다. 표준화 점수는 낮으나 학교나 직장에서 우수한 학생이 많다. 이러한 학생은 표준화 검사를 치는 데 문제가 있거나 아니면 검사에서 측정하지 않는 다른 중요한 기술을 가지고 있는 사람이다. 그런 반면 표준화 검사에서 자신의 최고 성취를 보여 주는 사람도 있다. 책무성과 관련된 교육정책에 대하여 더 논의하기 위해서는 이 장의 후반부 '교사로서 당신은 학생들의 학업 성취도에 어떻게 책무를 질 것인가?' 를 참고하기 바란다.

■ 학업 개선

표준화 검사는 학교 공부 과정 개선에 기여하기도 한다. 어떤 표준화 검사 결과는 학생을 적절하게 배정하는 데 필요한 정보, 교정에 중요한 진단 정보를 제공해 준다. 더욱이 성취도 검사는 약점이 발견되었을 때 교육과정을 개발하거나 개정하는 데 안내 역할을 해 줄 수 있다(Kallick & Colosimo, 2009 참조). 표준화 검사는 생활지도나 상담에서도 어떤 역할을 할 수 있다. 이것은 성취도 검사나 적성검사에서만 사실이 아니라 직업 흥미 검사나 상담에서 많이 사용하는 각종 심리 검사와 같은 더욱 전문적 검사에서도 사실이다.

학교에서는 교육 프로그램이나 전략의 상대적 성공을 평가하는 학문 성취도 평가에 관심을 종종 돌린다. 예를 들면 어떤 교사나 학교가 혁신적인 교수 전략을 시도한다면 검사를 해 보면 그것이 이전의 방법보다 더 성공적인지를 알 수 있다. 주 전체나 교육구 전체를 대상으로 실시한 검사 결과는 시민들이 지역 학교의 성공 여부를 가늠할 표준이 될 수 있다. 검사는 때로 학교 교사 수업의 상대적 강점과 약점을 가르켜 주는 데 사용되기도 한다. 그러나 학생을 가르치는 일은 복잡한 과정이기 때문에 표준화 검사는 오직 교사와 프로그램, 학교를 평가하는 데 필요한 정보의 아주 작은 부분만을 제공해 줄 뿐이다.

어떤 유형의 표준화 검사가 있는가

학교 상황에서는 일반적으로 적성검사, 규준지향 성취도 검사, 준거지향 성취도 검사의 세 종류가 사용된다(Aiken & GrothmMarnat, 2006; Popham, 2008). **적성검사**(aptitude test)는 학생의 능력을 측정하도록 되어 있다. 이 검사는 학생이 이미 얼마나 학습하였는가를 측정하는 것이라기보다는 특정 유형의 과제를 학습하거나 수행하기 위한 능력을 예측한다는 것을 의미한다. 가장 광범하게 사용되는 것은 일반적 지적 적성을 측정하는 것이다. 그러나 기계 능력이나 지각 능력, 읽기 능력과 같은 특별한 적성을 측정하는 검사도 많다. 예를 들면 SAT는 대학 공부의 적성을 예언한다는 것을 의미한다. 적성검사는 수행 예언력이 높을수록 좋은 것이다.

적성검사
일반 능력을 측정하고 장래 수행을 예측하기 위한 검사

성취도 검사(achievement test)는 (1) 장래 학생의 수행을 예측하고, (2) 곤란점을 진단하며, (3) 형성평가로서의 기능을 하며, (4) 총괄평가로서의 기능을 한다.

성취도 검사
학생이 배운 것을 얼마나 성취하였는지를 측정하기 위한 표준화 검사

규준지향 성취도 검사는 수학, 읽기, 스페인어와 같이 특정 영역의 지식을 평가한다. 성취도 평가가 규준지향 평가인 것은 그 결과를 대표 집단 학생과 비교할 수 있기 때문이다. 성취

도 검사는 의도적으로 학생 간의 개인차를 밝히도록 구성되어 있다. 이러한 개인차는 교육과정의 학교 간의 차이에 기인하기보다는 교수의 질과 학생의 학습의 질에 기인하는 것으로 보고 있다. 이처럼 규준지향 검사는 학교에서 배운 기술을 모두 평가하지 않고 그 일부를 평가한다.

규준지향 성취도 검사는 이용의 폭이 좁고, 지역마다 과목에 대한 교육과정이 다르기 때문에 평가의 범위를 넓게 잡을 수 없다. 예를 들면 어떤 7학년에서는 기초 수학 2나 밴다이어그램을 배우지만 어떤 학교에서는 배우지 않는다. 그래서 이러한 내용은 전국 규모의 수학 검사에서는 평가하지 않는다. 준거지향 성취도 검사 역시 과목의 지식을 평가하지만 개인이 성취한 것을 전국 규준과 비교하기보다는 아주 구체적으로 세분된 기술을 학습한 정도를 측정하도록 설계되어 있다. 준거지향 성취도 검사에서 나온 정보는 아주 구체적이다. 예를 들면 "A 고등학교 12학년의 93%는 밀폐된 용기 안의 가스 온도는 가스 압력을 증가시킨다는 것을 안다."와 같다. 간혹 준거지향 성취도 평가 점수로 학교 간이나 교육구 간을 비교하기도 하지만 대표성이 없는 규준이 사용되고 있다. 만약 교육과정 전문가들이 모든 5학년 학생은 유럽 지도를 그릴 수 있어야 한다고 결정하면 이 항목에 대해서는 100% 그렇게 할 줄 알기를 기대한다. 그렇기 때문에 A학교가 다른 학교의 학생보다 이 문항의 점수가 높은지 낮은지에 대해서는 관심이 별로 없는 것이다. 중요한 것은 모든 학생들이 이 문항에서 해마다 향상되고 있느냐 하는 것이다.

■ 적성검사

연결해서 더 보기

일반지능, 특수적성, 능력, 학습양식의 개인차에 대해서는 제4장을 참조하시오.

적성검사, 규준지향 성취도 검사, 준거지향 검사는 이론적으로 서로 다른 것이지만 사실 상당히 중복되는 점이 있다. 예를 들면 적성검사는 보통 아주 넓게 정의된 하나의 영역에 대한 성취를 평가함으로써 측정된다. 이처럼 학교 학습이 적성검사 점수에 영향을 주고 한 종류의 검사에서 점수가 높은 학생은 다른 종류의 검사에서도 점수가 높다. 적성검사와 성취도 검사는 모두 성취도 검사로 볼 수 있을 만큼 상관이 높다고 주장하는 검사 이론가들이 많다(Popham, 2008). 다음 절에서는 학교에서 자주 사용하는 적성검사에 대하여 살펴보기로 한다.

적성검사 결과에 의하면 당신은 2호 연필로 물방울을 그려 넣는 직업이 가장 적합합니다.

일반 지능검사 가장 일반적인 적성검사는 **지능**(intelligence)검사 또는 학교 학습 일반 적성검사이다. 지능지수는 지능검사에서 가장 자주 사용하는 점수이지만 다른 형태의 점수도 사용된다.

지능검사는 지적 기능이 작용하는 많은 영역에서 보이는 개인의 일반적 적성의 징후를 제공해 준다. 지능 그 자체는 추상적 개념을 다루는 능력, 학습 능력, 문제해결 능력으로 볼 수 있다(Sternberg, Jarvin, & Grigorenko, 2009). 그래서 지능검사는 이러한 기술에 초점을 두게 된다. 지능검사는 다양한 질문과 문제를 포함하고 있다.

지능

추상적 개념을 다루고 문제해결을 하는 능력으로, 측정되는 학습의 일반적 적성

지능지수(IQ)의 측정 지능지수의 측정은 프랑스 심리학자 Alfred Binet에 의하여 1900년대에 소개되었는데, 이는 정규 수업에서 도움을 받지 못할 것 같은 학습 장애 학생을 확인하는 데 그 목적이 있었다. Binet가 개발한 척도는 기억, 지식, 어휘, 문제해결과 같은 다

양한 범위의 정신적 특징과 기술을 측정하는 것이었다. 수많은 다양한 나이의 학생을 대상으로 검사하여 규준을 만들었다. 그러고 나서 **생활연령**(chronological age)에 대한 **정신연령**(mental age)의 비율에 100을 곱하여 IQ를 표시하였다. 예를 들면 어떤 6세 아동(생활연령 6)이 모든 6세 아동의 평균 점수(정신연령 6)에 해당하는 점수를 받았다면 지능지수는 6/6×100=100이 된다. 만약 6세 아이가 7세 아이의 평균 점수를 받았다면 7/6×100=117이 된다.

생활연령에 대한 정신연령의 비율에 의한 지능지수는 이제 사용하지 않고 지능지수를 특정 연령에서 평균 100, 표준편차 15인 것으로 정의하고 있다. 대부분의 점수는 평균치에 가깝고 소수의 점수는 평균치보다 위나 아래에 해당한다. 이론적으로 전체 사례의 약 68%가 평균치에서 1 표준편차 범위 내에 있게 된다. 즉 약 85(평균보다 1 표준편차 아래)~115(평균보다 1 표준편차 위)까지이다. 그리고 전체 사례의 약 95%가 평균치에서 2 표준편차 사이에 있게 된다(70과 130 사이).

지능검사는 많은 지적 기능 영역에서 개인의 일반적 적성 징후를 제공해 주도록 설계되어 있다. 가장 널리 사용되는 검사에는 다양한 척도가 들어 있다. 그림 13.1은 웩슬러 성인 지능

연결해서 더 보기

특수학습자 또는 특수교육 서비스가 필요한 학습자를 분류할 때 지능지수를 사용하는 것에 대해서는 제11장을 참조하시오.

생활연령

개인의 나이

정신연령

동일 연령의 개인이 취득한 평균 점수

그림 13.1 지능검사에서 사용되는 문항의 예

지능검사는 추리나 문제해결과 같은 기술을 다루는 것에 초점을 두고 있다. 이 문항의 예는 웩슬러 성인 지능검사의 문항과 유사하다.

언어 척도

1. 일반적 이해력
   사람들은 왜 화재 보험에 드는가?
2. 수 추리
   달걀 한 꾸러미에 60센트이면 1개는 얼마인가?
3. 유사점 찾기
   모직과 면직은 어떻게 비슷한가?
4. 수열
   주의 깊게 듣고 나서 내가 끝나면 바로 그다음에 어떤 수가 오는지 말해 보시오.

   7-3-4-1-8-6

   내가 숫자를 더 말하려고 합니다. 숫자를 거꾸로 말해 보시오.

   3-8-4-1-6

수행검사

5. 아라비아 수와 상징의 대체

6. 블록 꾸미기
   다음 4개 블록을 사용하여 이와 같이 만들어 보시오.

출처 : Robert L. Thorndike and Elizabeth P. Hagen, *Measurement and Evaluation in Psychology and Education* (4th ed.), pp. 302–303.

검사(Wechsler Adult Intelligence Scale)(Wechsler, 1955)에서 사용한 문항이다. 각 척도들은 서로 다른 지능의 요소를 측정한다. 한 척도에서 잘하는 사람은 다른 척도에서도 잘하지만 항상 그렇지는 않다. 동일한 사람이라 하더라도 일반적 이해력은 높을 수 있어도 수 추리나 블록 꾸미기에서는 그렇지 않을 수 있다.

지능검사는 개인으로 할 수도 있고 집단으로 할 수도 있다. 집단 검사는 훈련받은 전문가가 검사하는 WISC-R(Wechsler Intelligence test for Children-Revised)이나 스탠퍼드-비네 검사와 같은 개인 검사만큼 정확하거나 구체적이지는 않다. 지능지수는 학교 성적과 상관이 있기 때문에 중요하다. 지능지수가 평균보다 더 높은 학생은 성적이나 학업 성취도 검사에서 점수가 더 높은 경향을 보이고 있다. 6세경이 되면 비교적 지능지수가 안정성을 보이며 대부분의 사람들의 지능지수는 성인기에도 거의 동일한 상태로 남게 된다. 그러나 학교 공부나 환경의 영향 때문에 지능지수가 변하기도 한다(Ceci, 1991).

다요인 적성검사 더욱더 세분된 기술을 제공해 주는 또 다른 적성검사 형태가 **다요인 적성검사 도구묶음**(multifactor aptitude battery)이다. 이러한 범위에 속하는 검사는 많다. SAT와 같은 학문 능력 검사, 초-중등학교 검사인 적성검사(Differential Aptitude Test), 인지능력 검사(Cognitive Abilities Test), 인지 기술 검사(Test of Cognitive Skill), 읽기 준비도 검사인 메트로폴리탄 읽기 준비도 검사(Metropolitan Reading Readiness Test) 등이 있으며, 이 밖에 취학 전 유아를 대상으로 하는 다양한 발달 척도도 있다. 최소한 이러한 검사의 대부분은 전반적 적성검사 점수뿐만 아니라 언어 적성, 비언어 적성과 같은 점수도 제공한다. 종종 하위 점수가 훨씬 잘 분리되어서 더 많은 구체적 능력을 나타내 준다.

■ 규준지향 성취도 검사

적성검사가 일반적인 학습 가능성과 학교 내외에서 습득한 지식에 초점을 맞추고 있는 반면, 성취도 검사는 전통적으로 학교에서 가르친 기술이나 능력에 초점을 둔다. 일반적으로 표준화 성취도 검사는 성취도 검사, 진단검사, 단일 과목 성취도 검사, 준거지향 성취도 검사 중 어느 하나에 해당한다(Aiken & Groth-Marnat, 2006; Pophanm, 2008).

성취도 검사 도구묶음 표준화된 **성취도 검사 도구묶음**(achievement battery)은 다양한 과목에 대한 개인 또는 집단의 성취도를 측정하는 데 사용된다. 이러한 검사는 몇 개의 하위 검사로 구성되고 보통 며칠간 개인 또는 집단으로 검사를 한다. 학교에서 사용하도록 한 성취도 검사는 내용과 구성에서 대체로 비슷하다. 그러나 하위 검사에 포함된 과목의 목표와 내용이 검사마다 약간 다르기 때문에 학교 교육과정이나 학교의 교육 목표에 어느 것이 적합한지 검사를 선택하기 전에 잘 따져봐야 한다. 성취도 검사는 일반적으로 성취가 수년간 확인될 수 있도록 다양한 연령과 학년에 맞춘 여러 개의 형태를 지니고 있다.

진단검사 **진단검사**(diagnostic test)는 특정 내용 영역에 초점을 두고, 어떤 과목을 학습하는 데 중요한 기술을 강조하는 성취도 검사와는 다르다. 진단검사는 다른 성취도 검사에 비하여 훨씬 더 세부적인 정보를 제공해 준다. 예를 들면 수학 성취도 검사에서는 산수 계산,

다요인 적성검사 도구묶음

다양한 특정 기술과 지식을 학습하는 능력을 예측해 주는 검사

성취도 검사 도구묶음

특정 과목의 지식을 측정하기 위하여 몇 개의 하위 검사를 가지고 있는 표준화 검사

진단검사

학생의 요구를 확인하고 수업을 안내하는 데 사용되는 특정 기술에 대한 검사

개념, 응용 점수가 나오지만 진단검사에서는 소수 덧셈, 2단계 응용 문제 등과 같이 훨씬 구체적인 점수를 제공해 준다. 진단 검사는 대부분 읽기와 수학이며, 이러한 기술의 강점과 약점이 있는 구체적 영역이 어느 것인지 알려 주려는 데 그 의도가 있다. 검사 결과는 그 기술을 학습해야 할 학생을 위하여 교정 수업을 안내하거나 학습 경험을 구성하는 데 사용된다.

과목 영역 성취도 검사 교사들이 학급에서 실시하는 시험은 대부분 특정 과목에서 필요한 학생의 기술을 측정한다. 그러나 교육구에서는 대부분 각 과목에 대한 과목별 성취도 검사를 구입할 수 있다. 문제는 이러한 검사가 학급에서 사용하고 있는 교육 과정이나 수업 전략과 연결되지 않으면 이 검사는 학생들에게 가르친 내용을 적절하게 대표해 주지 못할 수도 있다는 점이다. 만약 표준화 검사를 특정 영역의 학습 평가와 관련하여 고려한다면 검사 내용은 교육구의 교육 과정, 학생이 받은 수업, 교육구나 주의 기준과 평가에 일치하는지 면밀히 검토해야 한다.

■ 준거지향 성취도 검사

준거지향 검사는 규준지향 검사와 몇 가지 점에서 다르다(Aiken, 2003; McMillan, 2007; Popham, 2008). 이러한 검사는 조사 도구, 진단검사, 단일 과목 검사 형태를 취한다. 또한 규준지향 검사와 반대로 교육과정이 다른 학교가 사용할 수 있도록 설계되었고, 수업 목표가 잘 정의되었을 때 가장 의미가 있다. 많은 검사의 경우 이러한 목표는 교육구에서 선택할 수 있다. 문항과 특정 수업 목표를 짝짓는데 보통 하나의 목표에 서너 문항씩 배정된다. 그러므로 검사에서는 개인 또는 집단이 대체로 어느 목표를 달성하였는지를 알 수 있다. 이러한 이유 때문에 이러한 검사를 종종 목표지향 검사라고도 한다.

연결해서 더 보기
규준지향 검사와 준거지향 검사에 대한 더 많은 정의는 제12장을 참조하시오.

준거지향 검사는 채점이나 결과 해석 방식이 다른 성취도 검사와 다르다. 준거지향 검사에서 중요한 것은 각 목표에 대한 점수이다. 예를 들면 얼마나 많은 학생이 두 자리 수 곱하기 두 자리 수를 할 수 있고, 얼마나 많은 학생이 영업 서신을 제대로 쓸 수 있는지를 보여 줄 수 있다. 더욱이 총점이나 특정 목표에 해당하는 점수는 모두 집단의 수행과는 관계없이 적절한 수행 준거 측면에서 해석된다. 준거지향 검사의 예로는 운전면허 시험이나 비행기 조종사 시험을 들 수 있다. 이 검사는 운전과 운항을 할 수 있는 사람인지를 결정하도록 설계되어 있다. 이들이 상위 20%에 속하는 사람은 아니다. 교사에 대한 평가 역시 준거지향 평가이다.

준거지향 평가의 점수는 각 목표에 대하여 학생이 맞춘 문항수로 표시한다. 이 자료를 보고 학생이 목표를 달성했는지 여부를 판단한다.

■ 표준의 설정

어떤 과목이나 주제를 얼마나 학습하였는지 그 정도를 결정하기 위하여 검사를 사용할 때 몇 가지 절차를 사용하여 여러 학습 수준에 해당하는 **합격 점수**(cutoff score)를 정한다(Popham, 2008). 합격 점수를 정하는 대부분의 절차는 교사와 그 밖의 교육자와 같은 대표 집단의 전문적 판단에 달려 있다. 자격이 있는 전문가들이 검사의 각 문항을 검토하여 어떤 학습 수준에 이른 학생이 몇 개 문항을 맞힐 것인지 그 가능성을 판단하는 것이다. 그리고 나서 이것을 근거로 하여 합격 점수를 정한다. 많은 주정부나 교육구의 책무성 프로그램뿐만 아니라 자격

합격 점수
어떤 과목을 학습하였다는 증거를 보여 주는 데 필요한 최소한의 점수

증 시험에서도 이런 식으로 표준을 정하는 것이 일반적이다.

표준화 검사 결과는 어떻게 해석하는가

학생이 표준화 검사를 받으면 이것을 검사지 발행처나 본부에 보내어 컴퓨터 채점을 한다. 원점수는 백분위 점수나 표준화 학년 점수 등과 같은 **변환 점수**(derived score)로 환산한다. 이러한 점수를 그 검사의 규준 집단의 점수와 비교하는 것이다((Aiken, 2003; McMillan, 2007; Popham, 2008).

■ 백분위 점수

백분위 점수(percentile score)는 규준 집단 전체 학생 수에서 특정 점수 미만을 얻은 학생 수가 차지하는 백분율을 말한다(종종 %로 표시한다). 예를 들면 어떤 학생이 규준 집단의 중간에 해당하는 점수를 받았다면 백분위 점수는 50이 된다. 만약 30명 중에서 자신이 아래에서 25번째 점수를 받은 학생이라면 백분위 점수는 83이 된다(25/30×100=83).

■ 표준화 학년 점수

표준화 학년 점수(grade-equivalent score)는 어떤 성적에 해당하는 학생이 얻은 평균 점수와 자신의 점수를 비교한 점수이다. 어떤 규준 집단이 5학년 초에 읽기 검사에서 평균 70점을 맞았다고 하자. 그러면 이 점수를 5.0으로 한다. 만약 어떤 6학년 규준 집단이 9월에 80점을 맞았다면 표준화 학년 점수는 6.0이 된다. 그러면 어떤 학생이 75점을 맞았다고 한다면 이 점수는 5와 6의 중간이므로 표준화 학년 점수는 5.5가 된다. 소수점 뒷자리는 개월 수를 의미한다. 그래서 표준화 학년 점수 5.5는 5년 5개월을 의미한다. 수학 기간은 9월에서 6월까지 10개월로 간주한다.

표준화 학년 점수의 이점은 직관적으로 해석하기가 용이하다는 점이다. 예를 들면 평균에 해당하는 학생이 해마다 1학년씩 점수를 얻는다면 이것은 기대되는 대로의 수준이고, 만약 2학년 아래 점수를 받는다면 이 학생이 얼마나 잘 못하는지를 나타내 준다.

그러나 표준화 학년 점수는 개략적 점수로만 해석해야 한다(Gronlund, 2003). 그 하나는 학생은 달마다 성취를 점진적으로 하는 것이 아니라는 점이다. 또 하나는 기대된 표준화 학년 점수와 많이 떨어진 점수가 그 학년을 의미하는 것은 아니라는 것이다. 4학년 학생이 7.4점을 받았다고 해서 실력이 7학년 수준에 있다는 것은 아니다. 이것은 4학년이 4학년 공부를 7학년이 4학년 시험에서 얻을 수 있는 점수만큼 열심히 공부했다는 의미이다. 7학년은 평균적으로 4학년보다 훨씬 많이 알고 있기 때문에 각각 7.4점을 받은 4학년과 7학년은 사실 비교할 수 없는 것은 분명하다.

4학년과 7학년이 본 시험은 분명히 다른 것이다. 표준화 학년 점수는 점수 해석을 할 때에도 해석에 혼돈을 가져올 수 있다. 예를 들면 뉴욕 시 행정가들은 1980년대 후반에 67%의 학생이 읽기를 할 수 있거나 학년 평균 이상이라는 보도에 고무된 적이 있었다. 이렇게 평균을 다시 정의한 것을 소위 'Lake Wobegon 효과'라고 한다(유머 작가 게리슨 케일러의 Lake

변환 점수

원점수를 규준 집단의 점수와 비교하여 계산한 값으로 백분위 점수가 그 예임

백분위 점수

규준 집단 전체 학생수에서 특정 점수 미만을 얻은 학생수가 차지하는 백분율

표준화 학년 점수

학년 규준 집단의 평균 점수와 학생 개인이 얻은 점수를 비교하여 산출한 표준 점수

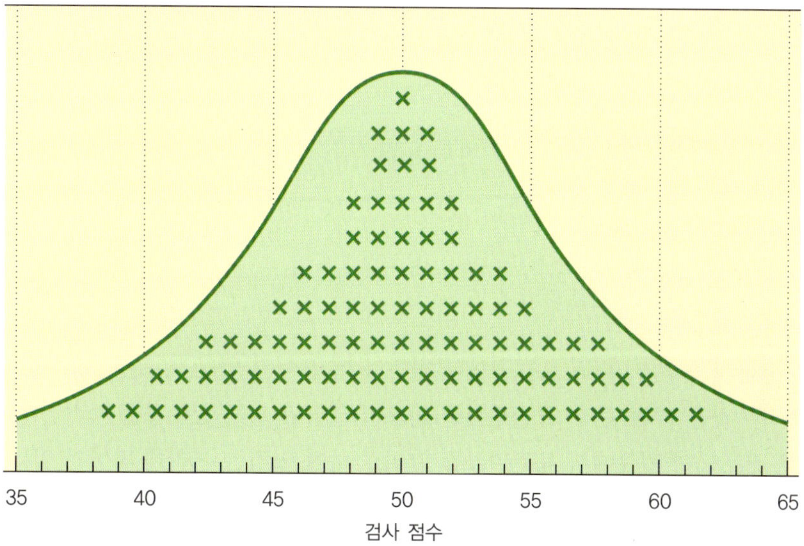

그림 13.2 정상분포 곡선을 구성하는 점수의 빈도

만약 100명이 검사를 받고 각자의 점수를 그래프 상에 ×로 표기하면 정상분포에서 곡선이 생기는 것을 가정할 수 있다. 정상분포에서 대부분의 점수는 평균에 가까워지고(여기서는 50점) 점수에 해당하는 각 인원수는 평균에서 멀어지면 점차 적어진다.

Wobegon이라는 신비한 도시에 "모든 아이들은 평균 이상이다."라는 말이 나옴). 뉴욕에서는 50% 이상의 학생이 평균 이상의 점수를 받았다(Cannell, 1987). 검사 제작자가 규준을 수정했더니 49%의 학생만이 읽을 수 있거나 평균 이상으로 나오자 뉴욕 시 관리들은 이를 두고 비난하였다(Fiske, 1989). 오늘날 Lake Wobegon 효과는 다시 만연하고 있다. 대부분 표준화 검사를 하면 다시 학년 점수나 전국 규준상으로 50% 이상의 점수가 나오고 있다. 검사마다 규준이 다르기 때문에 어떤 수준에 얼마의 학생이 해당하는지에 대한 언급은 늘 시금석이 되고 있다. 더 의미 있는 것은 시간이 지남에 따라 얼마나 많은 학생이 나아지고 있으며 동일한 검사에서 교육구 간, 학교 간, 그 밖의 여러 하위 집단 간 비교를 어떻게 하는가 하는 것이다.

■ 표준 점수

몇 가지 종류의 점수는 정상분포 곡선상의 위치에 따라 그 결과를 나타내 준다. 정상분포 곡선은 대부분의 점수가 평균치에 해당하고 이보다 적은 사례수가 평균치보다 높거나 낮은 쪽으로 체계적으로 분포하는 것을 나타내준다. **정상분포**(normal distribution)의 모양은 종과 같다. 예를 들면 그림 13.2는 평균 50인 검사의 빈도 분포를 나타낸 것이다. 그림에서 ×표는 특정 점수를 받은 학생을 가리킨다. 50점에 ×표가 10개 있는데 이것은 50점을 받은 학생이 10명이라는 의미이다. 49점을 받은 학생이 9명, 51점을 받은 학생이 9명이다. 그림에서 보여 주는 정상분포가 일반적인 분포이다. 표준화 검사는 아주 극단적 사례라도 모든 문항을 맞히거나 맞히지 못하는 것으로 설계되어 있어서 표준화 점수는 정상분포를 이루게 된다.

정상분포

대부분의 점수가 평균에 가까우며 소수의 점수는 평균에서 멀어지는 종 모양의 점수 분포

표준편차　정상분포와 관련된 중요한 하나의 개념은 흩어진 점수인 **표준편차**(standard deviation)이다. 개략적으로 말하면 표준편차는 각 점수가 평균에서 떨어진 점수의 평균이다. 예를 들면 다음 두 점수를 생각해 보자.

표준편차

점수 분포상에서 흩어진 정도에 대한 통계적 측정치

A		B
85		70
70		68
65	(평균치)	65
60		62
45		60
표준편차 14.6		표준편차 4.1

위의 두 점수는 평균치는 같으나(65) A는 B보다 점수가 더 흩어져 있다. 이것은 A가 B보다 표준편차가 크다는 것을 말해 준다. 표준편차는 분포가 얼마나 퍼져 있는가를 가리킨다. 더욱이 정상적으로 분포되면 평균에서 표준편차를 단위로 하여 일정한 거리에 떨어져 있는 사례수를 알 수 있다. 그림 13.3에 보듯이 어떤 정상분포도 1 표준편차와 평균치 사이에 전체 사례의 약 34%가 들어간다. 만약 평균치에서 ±2 표준편차이면 약 95%가 들어간다.

표준화 검사 점수는 종종 표준편차를 단위로 하여 평균치에서 얼마나 떨어져 있는가 하는 것으로 보고된다. 예를 들면 지능지수는 평균치가 100이고 표준편차가 15인 점수이다. 이것은 평균적인 사람은 100점, 1 표준편차만큼 높은 점수를 받은 사람은 115점, 1 표준편차만큼 낮은 점수를 받은 사람은 85점이라는 것을 의미한다. 그러므로 이론상 지능지수의 약 68%는 85점과 115점 사이에 분포하게 된다. SAT 점수 역시 표준편차에 따라 정상분포를 이루게 된다. 언어 및 수학 척도의 경우 평균이 500점이고 표준편차가 100점이다. 그래서 사례의 2/3는 400~600점 사이에 놓이게 된다. 지능지수의 경우 전체 사례의 95%는 70점과 130점 사이에 놓이게 된다. SAT는 300~700점 사이에 놓이게 된다.

스태나인 점수

표준점수가 1점에서 9점까지 분포되는 점수로, 평균은 5이고 표준편차는 2임

스태나인 점수 표준 점수로 가끔 **스태나인 점수**(stanine score : standard nine에서 가져옴)를 사용하기도 한다. 스태나인 점수는 평균이 5이고 표준편차가 2인 점수이다. 그래서 각

그림 13.3 표준편차

검사 점수가 정상분포되었을 때 주어진 점수가 평균치에서 표준편차로 어느 정도 떨어졌는지 알면 이보다 높거나 낮은 점수에 해당하는 백분율이 얼마인지 알 수 있다.

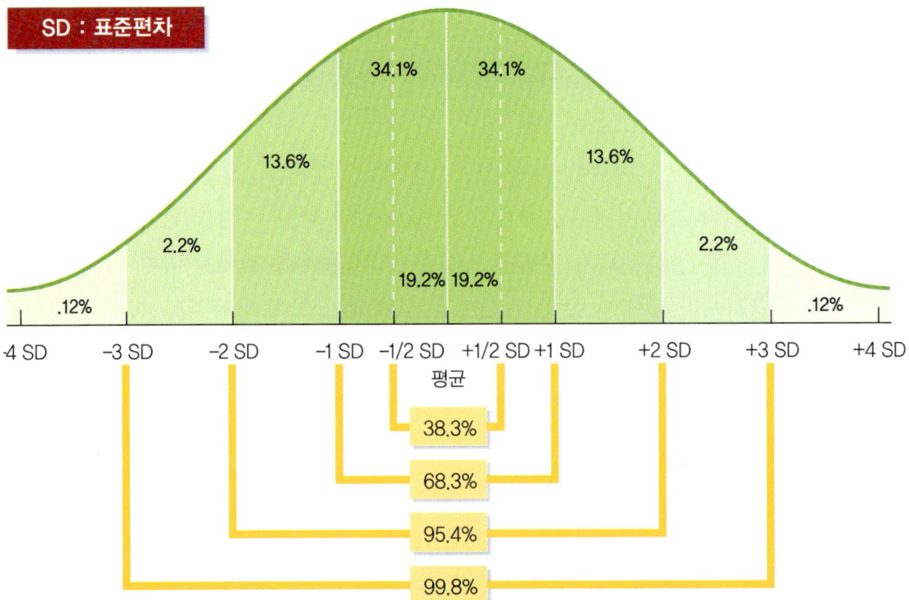

스태나인은 0.5 표준편차를 나타낸다. 스태나인 점수는 정수로 표시된다. 그래서 스태나인 점수 7점(+SD)은 실제로 0.75 SD와 1.25 SD 사이에 놓이게 된다.

정상분포 곡선 점수 또 다른 표준화 점수로 **정상분포 곡선 점수**(normal curve equivalent, NCE)라는 것이 있다. 정상분포 곡선 점수는 1~99점 사이의 값을 가지며, 평균이 50, 표준편차가 약 21인 점수이다. 이것은 백분위 점수와 비슷하다. 다만 정상분포 곡선 점수 간의 간격이 같다는 점만 다르다. 또 다른 표준 점수로 들 수 있는 것이 **z점수**이다. 이 점수는 정상분포에서 평균치를 0으로 하고 표준편차를 1로 하는 점수이다. 그림 13.4는 정답률 70%가 평균치이고 표준편차가 5인 원점수의 정상분포가 z점수, 스태나인 점수, 백분위 점수, 지능지수, SAT 점수로 어떻게 되고 있는 지를 보여주고 있다.

그림에서 백분위 점수와 모든 표준 점수 사이에는 차이가 있다는 것에 주목할 필요가 있다. 백분위 점수는 분포에서 중앙으로 몰려 있다. 그것은 대부분의 학생 점수가 평균에 가깝기 때문이다. 이것은 평균 가까이에 있는 원점수가 조금만 변하여도 백분위 점수는 크게 변한다는 것을 의미한다. 예를 들면 검사에서 70점에서 75점으로 5점만 상승하여도 백분위 점수는 50점에서 84점으로 바뀌어 34점이 상승한다. 그러나 75점에서 80점으로 5점 상승한 경우에는 백분위 점수가 14점만 상승하는 것이다. 80점에서 85점으로 상승한 것처럼 극단으로 가면 백분위 점수는 98에서 99로 바뀌어 1점만 상승한다.

이러한 백분위 점수의 특성은 백분위 점수의 변화를 주의 깊게 해석해야 한다는 것을 의미한다. 예를 들면 어떤 교사는 자신이 맡고 있는 보통 학생이 백분위 점수가 20점 올랐다(50에서 73)고 자랑스러워할 수도 있고, 어떤 교사는 자기가 맡고 있는 똑똑한 학생이 백분위 점수가 15점밖에 오르지 못하였다고 실망할 수도 있다(84에서 99). 사실 전자의 교사는 원점수로는 3점 더 맞았고 후자 교사의 아이는 10점을 더 맞았거나 2 표준편차의 점수를 얻었다.

정상분포 곡선 점수
1점에서 99점 사이에 분포하는 표준점수로, 평균은 50점이고 표준편차는 21임

Z점수
평균이 0이고 표준편차가 1인 표준점수

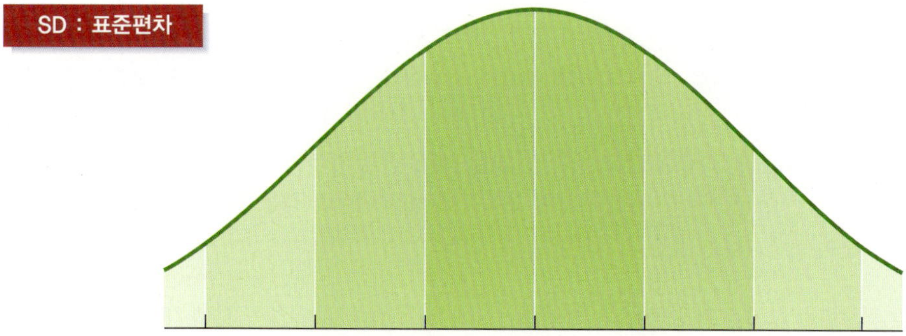

	−3 SD	−2 SD	−1 SD	평균	+1 SD	+2 SD	+3 SD
원점수 (백점 만점)	55	60	65	70	75	80	85
z점수	−3	−2	−1	0	+1	+2	+3
스태나인 점수		1	3	5	7	9	
정상분포 곡선 점수	1	8	29	50	71	92	99
지능지수	55	70	85	100	115	130	145
SAT	200	300	400	500	600	700	800
백분위 점수	1	2	16	50	84	98	99

그림 13.4 여러 점수 형태 간의 관계성

검사점수가 정상분포를 이룰 때 어떤 특정 점수가 표준편차를 고려하여 평균에서 얼마나 떨어져 있는지를 알면 그 점수의 백분율이 더 높은지 더 낮은지를 알 수 있다.

적용해 보기

표준화 검사 점수의 해석

여기에서는 널리 사용되고 있는 표준화 학업 성취도 검사인 Terra Nova 점수를 해석하는 지침을 소개한다(CTB/McGraw-Hill, 1997년 출판). 그 밖의 전국 표준화 검사에서도(예: 아이오와, 스탠퍼드의 CAT) 이와 보고 양식이 비슷하다.

학급 성적표 그림 13.5에 Terra Nova(CTBS/5) 2학년 읽기 과목에 대한 아이들의 사전-사후 실제 점수 일부가 제시되어 있다.

기본정보 서식 최상단에 전년도 읽기 과목에 대한 학년말 시험(사전), 금년도 학년말 시험(사후) 성적이 기재되어 있다. 등급 2.7은 학년말 시험에서 2학년에서 7개월 수준이라는 것을 가리킨다(4월과 9월은 0개월). 양식 하단 왼쪽에는 검사일, 학교명, 지역, 검사규준, 수업 주차(수업 주수)가 제시되어 있다.

점수 각 열 아래에 있는 검사 점수는 두 행렬로 제시되어 있다. NP는 전국 규준 백분위 점수이고 NCE는 정상분포 곡선 점수이다. 예를 들면 다섯 번째 마빈 밀러 학생을 보면 읽기 전국 백분위 점수는 49점이다. 이것은 전국 1학년 49%의 학생보다 낫다는 의미이다. 2학년 때에는 76점으로 향상되었다. NCE 점수는 49점에서 65점으로 16점 향상되었다. NCE 점수는 동간척도이기 때문에 가감산을 할 수 있지만 백분위 점수는 이렇게 할 수 없다. 브리티니 두필리 학생의 경우를 보자. 읽기 성적은 백분위 점수와 NCE 점수 모두 1등급에서 2등급으로 떨어졌다. 이것은 1학년 때보다 2학년 때 더 읽기를 못한다는 뜻인가? 그렇지 않다. 그러나 그녀는 다른 2학년 학생보다는 공부를 잘하지 못했다. 이것을 이해하기 위하여 4학년에서 달리기를 3등하는 한 여학생을 생각해 보자. 이 학생은 1년 후 12등을 하였다. 이 학생은 달리기 속도가 느려지지 않았고 전보다 더 잘 달릴 수 있다. 다만 다른 학생의 실력이 더 늘었던 것이다.

요약 양식 하단에는 전교육구상(학교, 학급 요약도 같음)에서의 2학년 점수를 요약해 두었다. 점수는 중앙치 백분위 점수(교육구 중간 수준의 학생 점수), 중앙치 전구 백분위 점수가 기재되어 있는데, 이 점수는 다른 지역과 비교한 점수이다. 예를 들면 이 학생의 교육구에서 중간 수준의 2학년 학생의 읽기 점수는 35.3%이다. 마지막에 제시되어 있는 점수는 2학년 전체 학생의 NCE 평균과 1학년(42.5)과 2학년(41.6) NCE 간의 차이이다. 그 점수 차는 -0.9로서 아주 미미하다. 이 결과는 기본적으로 이 교육구에 있는 아이는 다른 교육구에 있는 아이들과 일긱 수준이 비슷하다는 것을 의미한다.

개인 프로파일 보고 대부분의 표준화 검사와 같이 Terra Nova에서 학생 개인의 검사 성적을 분석한다. 그림 13.6은 3학년인 마리아 올도프의 성적의 예이다(실제 성적, 익명).

규준지향적 점수 최상단에 마리아의 14개 점수 목록이 여섯 가지 형태로 제시되어 있다. 첫 번째는 학년 점수이다. 마리아의 읽기 학년 점수는 2.0이다. 이것은 2학년 평균과 같은 점수라는 것을 의미한다. NCE 35점은 학년 수준보다 못하다는 것을 가리킨다(일반적으로 50점이 학년 수준임).

척도 점수를 넘으면 해석이 불가능하다. 마리아의 지역 백분위 점수를 보면 학급, 학교, 지역의 학생들에 비하여 읽기가 매우 좋지 못하다. 백분위 점수 1은 최하위 점수이다. 수치를 보

그림 13.5 표준화 검사 결과표 예

학생들이 표준화 검사를 받으면 여기에 제시된 양식과 유사한 형태로 제시됨

CTB MACMILLAN/MCGRAW-HILL

PRE-POST CLASS RECORD SHEET
CLASS: GRD.2 TCH 3

PRE-TEST: CTBS/5 MA
POST-TEST: CTBS/5 MA

GRADE 2.7

TITLE 1 READING

170508
PAGE 1

STUDENTS	FORM/LEVEL	SCORES	READING READ	VOCAB	CMPST	LANGUAGE LANG	MECH	CMPST	MATHEMATICS MATH	COMPU	CMPST	TOTAL SCORE ++	SCI	SOCIAL STDY	SPELL	WORD ANLYS
BEACHY JULIA M		PRE NP	98			94			76			94				
BIRTH DATE: E/ 4/90		POST NP	55			81			62			70				
PRE GRADE: 1.7	A-11															
POST GRADE: 2.7	A-12	PRE NCE	94			83			65			82				
CODES/PRE: 3916720000.........		POST NCE	53			69			57			61				
CODES/POST: 391672.......1.....		DIFF	-41			-14			-8			-21				
DUPHILY BRITTN D		PRE NP	79			70			88			82				
BIRTH DATE: 9/25/90		POST NP	53			58			70			62				
PRE GRADE: 1.7	A-11															
POST GRADE: 2.7	A-12	PRE NCE	67			61			74			70				
CODES/PRE: 6613080000.........		POST NCE	52			54			61			57				
CODES/POST: 661308.......1.....		DIFF	-15			-7			-13			-13				
HARRISON ROBERT L		PRE NP	44			30			19			28				
BIRTH DATE: 5/23/90		POST NP	63			34			42			46				
PRE GRADE: 1.7	A-11															
POST GRADE: 2.7	A-12	PRE NCE	47			39			32			37				
CODES/PRE: 4039710000.........		POST NCE	57			41			46			48				
CODES/POST: 403971.......1.....		DIFF	10			2			14			11				
KNOX CARLY M		PRE NP	99			* 99			99			99				
BIRTH DATE: 7/ 9/90		POST NP	84			64			56			71				
PRE GRADE: 1.7	A-11															
POST GRADE: 2.7	A-12	PRE NCE	99			99			99			99				
CODES/PRE: 8441620000.........		POST NCE	71			57			53			62				
CODES/POST: 844162.......1.....		DIFF	-28			-42			-46			-37				
MILLER MARVIN R		PRE NP	49			85			70			73				
BIRTH DATE: 5/11/90		POST NP	76			86			39			71				
PRE GRADE: 1.7	A-11															
POST GRADE: 2.7	A-12	PRE NCE	49			72			61			63				
CODES/PRE: 29C5390000.........		POST NCE	65			73			44			62				
CODES/POST: 29C539.......1.....		DIFF	16			1			-17			-1				
MOORE RICHAR J		PRE NP	58			66			86			75				
BIRTH DATE: 8/26/90		POST NP	54			76			80			72				
PRE GRADE: 1.7	A-11															
POST GRADE: 2.7	A-12	PRE NCE	54			59			73			64				
CODES/PRE: 352384.............		POST NCE	52			65			68			63				
CODES/POST: 352384.......1.....		DIFF	-2			6			-5			-1				

PRE-TEST DATE: 4/14/97
QUARTER MONTH: 31
NORMS: CTBS/5 1996
PATTERN (IRT)
POST-TEST DATE: 4/22/98
QUARTER MONTH: 31
NORMS: CTBS/5 1996
PATTERN (IRT)

SCHOOL: SCHOOL 1
DISTRICT: ANY DISTRICT
CITY: ANY CITY
STATE: CA

++ TOTAL SCORE CONSISTS OF READING, LANGUAGE, MATHEMATICS

*: MAXIMUM OR MINIMUM SCORE

NP: NATIONAL PERCENTILE
NCE: NORMAL CURVE EQUIVALENT
DIFF: DIFFERENCE (POST-SCORE MINUS PRE-SCORE)
DIFFERENCES ARE NOT REPORTED FOR NATIONAL PERCENTILES

CTBID: 982680273549001-03-00094-000051

그림 13.5 표준화 검사 결과표 예 (계속)

CTB MACMILLAN/MCGRAW-HILL

PRE-POST CLASS RECORD SHEET
DISTRICT: ANY DISTRICT

PRE-TEST: CTBS/5 MA
POST-TEST: CTBS/5 MA

GRADE 2

TITLE 1 READING

170508

PAGE 1

DISTRICT SUMMARY	SCORES	READING: READ	VOCAB	CMPST	LANGUAGE: LANG	MECH	CMPST	MATHEMATICS: MATH	COMPU	CMPST	TOTAL SCORE ++	SCI	SOCIAL STDY	SPELL	WORD ANLYS	
	PRE MDNP POST MDNP	40.4 35.3			39.2 32.5			34.3 36.3			33.0 34.0					
	PRE NPMN POST NPMN	36 35			39 35			36 38			36 36					
	PRE MNCE POST MNCE DIFF	42.5 41.6 -0.9			44.0 42.1 -1.9			42.5 43.4 0.9			42.5 42.3 -0.2					
** NUMBER OF STUDENTS = 95		91			91			93			90					
PRE-TEST FORM/LEVEL A-11																
POST-TEST FORM/LEVEL A-12																

PRE-TEST DATE: 4/14/97
QUARTER MONTH: 31
NORMS: CTBS/5 1996
PATTERN (IRT)
POST-TEST DATE: 4/22/98
QUARTER MONTH: 31
NORMS: CTBS/5 1996
PATTERN (IRT)

CITY: ANY CITY
STATE: CA

++ TOTAL SCORE CONSISTS OF READING, LANGUAGE, MATHEMATICS

MDNP: MEDIAN NATIONAL PERCENTILE
NPMN: NATIONAL PERCENTILE OF MEAN NORMAL CURVE EQUIVALENT
MNCE: MEAN NORMAL CURVE EQUIVALENT
DIFF: DIFFERENCE (POST-SCORE MINUS PRE-SCORE)
DIFFERENCES ARE NOT REPORTED FOR NATIONAL PERCENTILES

**: SUMMARIES DO NOT INCLUDE STUDENTS WHO WERE RETAINED OR WHO SKIPPED A GRADE

CTBID: 98268Q273549001-03-00078-000002

그림 13.6 표준화 검사의 개인용 기록지 예

표준화 검사를 받는 개별 보고서에는 전체 점수와 특정 내용 목표에 대한 점수를 포함시킬 수 있다.

TerraNova

CTBS COMPLETE BATTERY

Individual Profile Report

MARIA C OLTHOF

Grade: 3.2

Purpose
This report provides a comprehensive record of this student's achievement. It is a source of information for instructional planning specific to the student and a point of reference for the teacher during a parent-teacher conference. It can contribute to the student's cumulative record.

MCGRAW HILL COMPANIES

Birthdate: 07/05/88
Special Codes
ABCDEFGHIJKLMNOPQRST

Form/Level: A-13

Test Date: 11/11/96 Scoring: PATTERN (IRT)
QM: 07 Interpolated Norms Date: 1996

Class: TAGGART D
School: SCHOOL ONE
District: CTB MCGRAW HILL

City/State: MONTEREY MI

CTB McGraw-Hill Page 1

Norm-Referenced Scores

Grade Equivalent	Normal Curve Equivalent	Scale Score	Local Percentile	Number Correct	National Percentile	NP Range	
2.0	35	576	1	17	24	16-33	Reading
2.3	32	559	2	8	19	13-28	Vocabulary
2.2	33	568	2	25	21	16-28	Reading Composite
2.1	28	576	2	10	15	09-24	Language
5.1	72	636	64	16	85	73-93	Language Mechanics
3.1	49	606	17	26	48	36-61	Language Composite
3.1	48	576	13	28	46	35-58	Mathematics
4.7	80	593	89	15	92	85-96	Math Computation
3.9	64	585	44	43	75	65-82	Math Composite
2.5	36	576	2	55	26	20-32	Total Score**
3.5	54	601	26	22	58	45-71	Science
2.8	45	593	5	17	41	31-51	Social Studies
3.6	57	584	39	13	63	50-74	Spelling
N/A	61	633	43	14	70	56-81	Word Analysis

** Total score consists of Reading, Language, Mathematics
N/A: No Score Available

National Percentile: 1 10 25 50 75 90 99
National Stanine: 1 2 3 4 5 6 7 8 9

Performance on Objectives

Objectives Performance Index (OPI): ○ Non-Mastery ◒ Partial Mastery ● Mastery (0 20 40 50 75 90 100)

Obj. No.	Objective Titles	Mastery Level	OPI
	Reading		
02	Basic Understanding	○	N 43
03	Analyze Text	○	43
04	Evaluate/Extend Meaning	○	35
05	Identify Rdg Strategies	○	32
	Vocabulary		
35	Word Meaning	○	N 33
36	Multimeaning Words	◒	58
37	Words in Context	○	27
	Language		
07	Sentence Structure	○	N 30
08	Writing Strategies	○	29
09	Editing Skills	○	N 40
	Language Mechanics		
38	Sent, Phrases, Clauses	●	86
39	Writing Conventions	◒	74
	Mathematics		
10	Number & Num Relations	◒	57
11	Computation & Estimation	◒	63
12	Operation Concepts	◒	70
13	Measurement	◒	51
14	Geometry & Spatial Sense	◒	64
15	Data, Stats, & Prob	◒	54
16	Patterns, Funcs, Algebra	◒	70
17	Prob Solving & Reasoning	○	26

Obj. No.	Objective Titles	Mastery Level	OPI
	Math Computation		
43	Add Whole Numbers	●	82
44	Subtract Whole Numbers	●	81
45	Multiply Whole Numbers	◒	68
46	Divide Whole Numbers	◒	51
47	Decimals	●	82
	Science		
19	Science Inquiry	◒	53
20	Physical Science	◒	N 61
21	Life Science	◒	69
22	Earth and Space Science	◒	68
23	Science and Technology	◒	60
24	Personal & Social Pers	◒	58
	Social Studies		
26	Geographic Perspectives	○	40
27	History & Culture	○	49
28	Civics & Government	◒	58
29	Economic Perspectives	◒	50
	Spelling		
40	Vowels	◒	57
41	Consonants	◒	65
42	Structural Units	◒	69
	Word Analysis		
30	Consonants	●	99
32	Vowels	◒	68
33	Contractions & Compounds	◒	68
34	Roots and Affixes	◒	54

N: Not all items attempted

CTBID: 97042M002597007-03-00278-000346

면 자명하다. 마리아의 읽기 전국 백부분위점수는 미국 3학년의 24%에 해당한다. NP의 점수 범위는 마리아가 동일한 검사를 여러차례 받을 경우 획득할 점수를 가리킨다. 즉 점수 범위에는 학생이 운이나 실수, 시험 조건, 동기 등으로 인해 동일한 실력이라도 매 시험마다 점수가 달라지는 범위를 말한다.

오른쪽 상단의 다이아몬드 모양으로 표시된 전국 백분위 점수는 실제 취득한 백분위 점수를 나타낸다. 25번째와 75번째 사이의 음영은 정상 범위를 나타낸다. 마리아의 읽기 성적은 그녀의 NP 범위가 상태가 좋을 때에는 정상 범위에 들 수 있다는 것을 시사하더라도 정상 범위에 미치지 못하고 있다. 전국 백분위 점수는 스태나인 점수로 표시되어 있음에 유의해야 한다. 스태나인 점수는 범위가 1부터 9까지이며 5가 평균을 나타낸다.

목표 달성 여부 마리아 프로파일의 나머지 부분은 각 영역마다 세부 사항으로 갈라진다. 이 세부 내용은 전체 점수를 설명하는 데 유용한 정보이다. 예를 들면 마리아의 수학 점수를 보자. 수학의 하위 영역에서 목표 수행 지수가 아주 좋다. 다만 문제해결만이 좋지 못하다. 마리아는 읽기가 좋지 못하기 때문에 이 점수가 낮은 것이다. 마리아는 추가적으로 이 능력에 대한 학습이 필요할지도 모른다. 그러나 이러한 하위 영역 점수를 해석할 때에는 조심해야 한다. 소수의 문항만 관련이 있고 마리아가 공부하고 있는 자료와 명확하게 관련이 부족하면 이것은 평가와 관련이 있다는 것을 의미한다. 더 세밀한 진단 평가가 필요할 수도 있다. 그렇게 함으로써 마리아의 강점, 약점, 수업 요구를 잘 알 수 있게 된다.

표준화 검사와 일반 시험의 쟁점은 무엇인가

최근에 표준화 검사를 사용하여 교사, 학교, 교육구를 평가하는 것이 극적으로 증가하였다. 지금 대부분의 주에서는 학년을 선정하여 그 학생에 대하여 준거지향 검사, 표준화 성취도 검사, 최소 능력 검사를 실시하는 검사 프로그램을 가지고 있다. 미국 교육부에서는 이러한 검사 점수를 이용하여 대체로 주의 교육 프로그램을 평가하고 교육구 간, 학교 간, 교사 간을 비교한다. 이러한 비교는 책무성 프로그램이라는 이름으로 이루어진다. 검사, 표준, 관련 주제에 관해서 대부분 미국 교육에서 뜨겁게 논란이 되고 있다(Chatterji, 2002; Gallagher, 2003). 최근에 검사 개발과 검사를 바꾸기 위한 제안이 많이 있다.

■ 타당도

우리는 검사 점수를 이용하여 측정하고 학생에 대하여 추론을 한다. 검사의 **타당도**(validity)란 이러한 추론의 정당한 정도를 말한다(Aiken & groth-Marnat, 2006; McMillan, 2008; Moss, Girard, & Haniford, 2006; Popham, 2008). 타당도를 평가하기 위하여 사용되는 증거의 유형은 평가의 목적에 따라 다르다. 예를 들면 교사나 행정가가 어느 학생이 수업에서 곤란을 겪고 있는지 결정하는 데 도움을 주기 위하여 어떤 검사를 선택하고 있다면 일차적 관심은 이 검사가 장래 학업 수행을 얼마나 잘 예측하는가에 있을 것이다. 그러나 그것이 어떤 학생 집단의 현재 성취 수준이 어느 정도인지를 서술하는 데 목적이 있다면 일차적 관심은 그 서술을 정확하게 하는 데 있을 것이다. 간단히 말해서 타당도는 그 검사가 의도한 목

타당도
검사의 용도에 검사가 적합한 정도

적과 적합한지를 다루는 것이다(Aiken & Groth-Marnat, 2006).

검사가 학교와 교육과정에서 다양한 역할을 할 것이라고 기대하기 때문에 세 가지 종류의 타당도 증거가 검사 사용자에게 관심을 끈다. 내용 타당도, 준거 관련 타당도, 이론 타당도가 그것이다.

내용 타당도 검사의 유용성에 대한 가장 중요한 타당도, 특히 성취도 검사 타당도는 그 검사가 사용자가 측정하고자 하는 것을 평가해 주느냐 하는 것이다(Popham, 2008). 이러한 준거를 **내용 타당도**(content evidence)라고 한다. 성취도 검사에서의 내용 타당도는 가르친 것과 배운 것 간에 중첩된 정도를 말한다. 이것은 검사 내용과 과정의 목표, 프로그램의 목표, 주나 교육구의 표준을 면밀하게 비교하여 결정한다. 예를 들면 만약 검사에서는 자료나 사실을 강조하고 있지만 교육과정이나 주나 지역의 표준에서는 역사의 핵심적 아이디어를 강조한다면 이 검사는 타당하지 않다고 본다.

준거 관련 타당도 **준거 관련 타당도**(criterion-related evidence)는 하나의 검사 점수와 다른 검사 점수 간의 상관을 보고 판단한다. 이 판단에 사용한 증거는 다양하게 평가한 것을 근거로 하여 얻은 기대치와 비교한다. 예를 들면 **예언 타당도**(predictive evidence)라면 장래 행동을 예측하는 데 도움이 되는 능력을 측정할 것이다. 만약 학생의 장래 학업 수행을 예측하기 위하여 검사를 사용한다면 이 검사의 타당도를 확인하기 위한 한 가지 방법은 차후에 학업 수행에 대한 어떤 측정치와 이 검사 점수와의 상관을 구해 보는 것이다. 만약 이 검사와 이후의 수행에 대한 검사 점수 간에 일치성이 적절한 수준이라면 이 검사는 예언적 정보를 제공하는 데 사용할 수 있다. 예를 들면 SAT 점수와 ACT 점수는 대학 학업 수행과 상당히 관련이 있는 것으로 알려져 있다. 그래서 대학 입학 부서에서는 입학 지원서를 접수할 때 이 점수를 많이 사용한다. 읽기 준비도 검사와 그 밖의 학교 **준비도 검사**(readiness test)는 흔히 아동을 예비 1학년 반이나 추가 유치원 프로그램 등에 보낼 때 많이 사용한다. 그러나 최근에는 주로 이 측정치의 예언 타당도가 낮아서 사용하지 않고 있다.

또 다른 준거 관련 타당도는 **공인 타당도**(concurrent evidence)이다. 이것의 논쟁점은 한 검사와 똑같은 영역을 측정하는 또 다른 검사가 존재할 수 있느냐 없느냐 하는 점이다. 예를 들면 어떤 집단 지능검사를 어떤 개별 지능검사로 대체한다면, 사람들은 먼저 이 두 점수가 같은 것인지 알고 싶어 할 것이다. 이 두 검사를 동일한 대상에게 실시하여 두 점수 간의 상관을 구한다.

또 다른 공인 타당도 형태로 **변별 타당도**(discriminant evidence)라는 것이 있다. 예를 들면 성취도 검사는 어떤 변인과는 상관이 별로 없을 것으로 보인다. 예를 들어 기계 적성은 기계를 소립하는 능력과는 상관이 있지만 언어 적성과는 거의 상관이 없다. 언어 적성은 전혀 다른 기술이며 기계 적성과는 무관하다.

■ 신뢰도

타당도가 검사가 측정하는 지식이나 기술과 관련된 것이라면 검사의 **신뢰도**(reliability)는 그 지식과 기술을 정확하게 측정하는 것과 관련된 것이다(Aiken & Groth-Marnat, 2006;

내용 타당도
검사 내용과 수업 내용의 일치성에 대한 측정치

준거 관련 타당도
한 검사의 점수가 어떤 특성과 관련이 있는 다른 검사 점수와 상관이 있다는 증거로 타당도 를 판단하는 것

예언 타당도
준거지향 검사의 한 유형으로, 한 검사와 이 검사가 예언하는 어떤 특성을 또 다른 어떤 검사가 측정할 때 두 검사 간의 상관 정도로 타당도를 판단하는 것

준비도 검사
주어진 활동에 필요한 지식이나 기술을 측정하는 검사

공인 타당도
한 검사의 점수가 이와 비슷하거나 같은 검사의 점수와 상관이 있는지로 타당도를 알아보는 것

변별 타당도
한 검사의 점수가 교육 이론이나 심리 이론에서 관련이 없을 것이라고 예언하는 어떤 다른 특성 측정치와 상관이 없는지의 여부로 타당도를 알아보는 것

신뢰도
다른 시기에 동일한 대상에게 측정한 검사 간의 일치성을 측정한 것

Pomphan, 2008). 검사 점수는 측정하는 지식과 기술에서 나오게 되어 있다. 그러나 검사를 실시할 때 검사 도구 그 자체와 검사를 실시할 때의 주위 환경 때문에 검사 결과가 부정확할 수 있다. 이론적으로는 학생이 동일한 검사를 두 번 보면 두 점수가 같아야 한다. 이러한 현상이 일어나지 않는 정도가 신뢰도의 문제이다. 모호한 검사 문항, 특정 검사 문항 내용의 차이, 추측, 일관성 없는 동기, 불안 등과 같은 모든 측정의 특징이 검사 점수에 영향을 주고 동일한 검사를 다르게 실시하는 결과를 초래하는 원인이 될 수도 있다. 동일한 검사를 두 번 받아서 비슷한 점수를 받는다면 이 검사의 신뢰도는 믿을 수 있다. 그러나 만약 두 점수가 크게 차이가 난다면 그 점수는 믿기 어렵다. 일반적으로 검사의 길이가 길면 길수록 비슷한 문항이 많으면 많을수록 신뢰도는 더 커진다. 신뢰도는 일반적으로 신뢰도 계수를 사용하여 측정한다.

이론적으로는 0에서 1까지 값의 범위를 갖는다. 사례가 많을수록 신뢰도는 커진다. 일반적으로 좋은 표준화 성취도 검사는 신뢰도 계수가 .9 이상이다. 신뢰도의 문제는 어떻게 하면 학생에 관한 무언가를 일관되게 측정할 수 있는가 하는 것으로 생각할 수 있다. 타당도는 우리가 관심을 가지고 있는 그 무언가에 대하여 측정한 것이 얼마나 의미가 있는가 하는 것과 관련된다. 이처럼 어떤 검사든 신뢰도 없이는 타당도가 있을 수 없다. 반면 타당도가 없어도 신뢰도는 있을 수 있다. 타당도는 없지만 신뢰도가 있는 한 예로, 교사가 학생의 키를 근거로 하여 과정의 점수를 주었다고 생각해 보자. 교사는 신뢰도가 높은 평가는 하였지만 그 점수는 지식이나 기술을 가리키는 것이 아니다. 이와는 반대로 병따개를 혁신적으로 사용하는 방법을 서술하도록 하는 창의성 검사를 생각해 보자. 만약 평정하는 사람이 학생의 응답을 채점하는 방법에 동의하지 않는다거나, 이 검사가 다른 그럴듯한 창의성 검사와 상관이 없다면 이 검사는 신뢰도가 낮을 것이다.

■ 검사 편파성

전통적인 표준화 검사에 대한 몇 가지 주요 비판은 타당도와 신뢰도와 관련된 문제이다. 비판가들은 이러한 검사에 대하여 다음과 같이 지적하고 있다.

- 학교의 학습 상태에 대하여 허위 정보를 제공한다.
- 일부 학생(여학생, 저소득층 학생 등)에게는 불공정하다(Lissitz & Schfer, 2002; Orfield & Kornhaber, 2001; Scheurich, Skrla, & Johnson, 2000; Suzuki, Ponterotto, & Meller, 2000).
- 교수 학습 과정을 망치는 경향이 있다. 가르치는 것을 단순히 시험에 대비하는 것으로 전락시킨다(Cizek, 1999; Darling-Hammond & Falk, 1997; Rotberg, 2001).
- 고등 사고 기술이나 창의성과 거리가 멀고 쉽게 측정할 수 있는 단순한 기술에 시간과 에너지, 주의를 집중시킨다(Campbell, 2000; popham, 2008).

표준화 검사 점수를 해석할 때 대두되는 하나의 주요 문제는 저소득 계층이나 여러 배경을 지닌 학생에게 부당하게 **편파성**(bias)이 작용할 가능성이 있다는 것이다(Lissitz & Schfer, 2002; Suzuki et al., 2000). 어떤 의미에서는 이것은 검사 타당도의 문제이다. 어떤 학생이나 어떤 부류의 학생에게 공정하지 못한 검사는 타당하다고 볼 수 없다. 가장 관심을 끄는 것

편파성

사회적 지위, 인종, 성, 민족 때문에 문항 내용이 부당하게 편파적으로 작용하는 바람직하지 못한 검사 문항의 특징

중 하나는 검사 문항이 어떤 집단이나 문화에는 일반적이지만 어떤 집단에게는 일반적이지 않는 지식이나 기술을 측정하는 문항이 있기 때문에 검사는 편파될 가능성이 있다는 것이다. 예를 들면 해안으로 여행하는 문장에 대한 이해력을 측정하는 문항은 해안에서 멀리 사는 학생이나 해안으로 갈 형편이 안 되는 학생에게는 부당하게 편파적일 수 있다. 할로윈에 관한 문장 역시 여호와 증인 신앙인에게는 부당하게 편파적이다. 이들에게 할로윈은 축제가 아니다.

검사 도구 발행인은 늘 검사 문항의 편파성을 평가한다. 인구학적 요인(성, 인종 등)에 따른 집단에 대한 점수가 검사에서 기대했던 것보다 더 낮게 또는 더 높게 나오는 문항은 평가에서 제외한다. 이러한 문항은 일반적으로 다양한 인구학적 집단의 대표자들로 구성된 위원회로 보고되며 이러한 문항은 배제되기 쉽다. 또 하나의 문제는 문항에 대한 민감성이다. 명백하게 어떤 종류의 문화나 고정된 성역할을 담고 있는 문항은 배제되어야 한다. 예를 들면 검사 문항에서 의사를 지칭할 때는 '그'라고 하면서, 하인은 히스패닉계 사람의 이름만 쓰는 문항은 배제되어야 하는 것이다. 널리 사용되는 검사의 발행인은 늘 문화 차별이나 성 차별을 배제하기 위하여 노력하지만, 이러한 불공정한 요소가 있는지 늘 주의 깊게 문항을 읽어 봐야 한다.

Bob Daemmrich Photography

이 학생들은 올해 전국 규준 표준화 적성검사와 학업 성취도 검사를 받을 것이다. 그 결과는 모든 학생들에게 공평할까? 왜 그렇다고 생각하는가? 왜 그렇지 않다고 생각하는가?

■ 컴퓨터 이용 검사

컴퓨터를 사용한 검사는 점차 보편화하고 있다. 가장 간단 형태로는 지필검사를 보듯이 컴퓨터를 이용하여 선다형 검사를 볼 수 있다. **컴퓨터 이용 검사**(computer-adaptive)를 할 때(Olson, 2005; Wainer, 2000) 전형적으로 하나의 문항이 먼저 제시되고 학생이 그 문항에 답을 하느냐 아니냐에 따라 다음에 더 쉬운 문항이나 어려운 문항이 오도록 하는 형식을 취한다. 검사가 진행됨에 따라 검사 전체에 대한 학생의 수행에 추정치는 계속 최근의 것으로 교체된다. 이렇게 컴퓨터 검사를 하면 시간이 절약된다. 일반적으로 지필검사 시간의 1/3이 소요된다. 또한 컴퓨터 적응검사는 학생이 새로 알아야 할 기술 측정을 겨냥할 수도 있다. 이것은 아주 쉽거나 불가능한 문항에 시간을 허비하지 않고 이러한 기술에 대한 더욱 정확한 정보를 제공해 줄 수 있기 때문이다.

교사로서 당신은 학생들의 학업 성취도에 어떻게 책무를 질 것인가

최근 몇 년 사이 교사, 학교, 교육구가 학생들이 학습하는 것에 대하여 책무를 지우려는 경향이 두드러지고 있다. 미국의 모두 주정부와 대부분의 시도, 영국에서는 정기적으로 표준화 검사 프로그램을 시행하고 그 결과를 학교 단위로 발표한다. 많은 교육구에서는 주정부 검사

컴퓨터 이용 검사

컴퓨터를 사용하여 문항을 제시하고 각 문항을 선택하도록 하여 앞의 문항에 대한 수험자의 반응을 근거로 하여 수험자에 대한 새로운 정보를 산출해 내는 평가 접근

이외에 추가적인 시험을 실시한다. 여기에는 '표준 모델 평가(benchmarking assessment)' 라고 하는 것을 매년 몇 차례 실시하여 주정부의 표준에 맞게 수업을 하도록 안내해 주고 있다. 놀라울 것도 없이 교장과 교육행정가는 이 점수를 사업가가 수지분석표를 보는 것과 같은 방식으로 본다. 표준화 검사는 큰 이권이 걸린 검사가 되어 왔다. 이것은 그 결과가 교육자와 학생에게 중대한 결과를 가져다준다는 것을 의미한다. 예를 들면 주정부 수준 평가에서 학생이 일정 수준 이상의 점수를 획득해야 학년 진급을 시켜 주고 고교 졸업을 시켜 주는 주정부와 교육구가 점차 늘어가고 있다. 주정부와 교육구에서는 학교 성적을 발표하는데 여기에는 점수, 출석, 재학생, 제적생 등에 대한 정보가 포함되어 있다. 이것은 신문에 발표할 수도 있고 다른 방법으로 발표할 수도 있다. 검사 성적은 흔히 교장이나 교육장의 채용, 해고, 승진, 전근에 결정적으로 사용되며 심지어 교사에게도 사용된다.

이러한 책무성 운동은 일부 교육의 공공성에 대한 신뢰 상실에서 비롯되었다. 고등학교를 졸업하고도 수학 계산을 하지 못하고 영어를 읽고 쓰지 못하는 학생들을 보고 화가난 국회의원들이 학교는 학생들이 성취할 표준을 더 올려야 한다고 요구하였다(McDermott, 2007).

그러나 책무성 운동은 많은 비판을 받았다(Hamilton, Stecher, & Yuan, 2008; Rotberg, 2001; Ryan & Shepard, 2008; Sirotnik, 2002; Thompson, 2001). 학교는 과학이나 사회과목을 희생하고 읽기와 쓰기만 강조하며 더 중요하지만 측정하기 어려운 목표(예 : 작문)는 간과하고 측정하기 쉬운 목표만 강조한다고(예 : 구두점) 많은 사람들이 비판하고 있다. 많은 교육자들은 책무성 평가는 학교마다 직면하고 있는 문제의 차이를 고려하지 못하고 있다고 지적하고 있다(Barton, 2007/2008). 학생들의 성적은 학교가 잘 가르치지 못했기 때문이 아니라 결손 환경이나 영어를 잘 말하지 못하기 때문일 수도 있다. 재정이 열악한 학교 학생들은 그렇지 않은 학교에 비하여 재정이 나쁘기 때문에 학습할 기회가 적을 수도 있다(Orfield & Kornhaber, 2001; Starratt, 2003). 학생 유동이 큰, 특히 사회적 지위가 낮은 변두리 지역의 학교는 몇 주 또는 몇 달 동안만 데리고 있는 학생이지만 이들에게 책무를 져야 한다. 학교의 학업은 해마다 다른데 학교는 의미도 없는 사소한 통계 수치의 변동에 따라 처벌받기도 하고 상을 받을 수도 있다(Fuller, Wright, Gesickim & Kang, 2007; Hess, 2008/2009; Ho, 2008; Kelly & Monczunski, 2007; Linn & Haug, 2002). 이권이 걸린 시험 때문에 학교는 잠재적으로 점수가 낮은 학생들을 평가 대상에서 제외함으로써 검사 점수를 부풀릴 수도 있다. 예를 들면 많은 학생을 특수교육으로 보내거나, 많은 학생을 영어 제한 학생으로 분류하거나, 많은 학생을 진급시키지 않을 수도 있다(Booher-Jennings & Beveridge, 2007; Linn, 2000). 교사들은 극도의 압력을 받으며 어떤 경우에는 비윤리적 방법으로 학생들의 점수를 올려준다고 많은 사람들은 입을 모으고 있다(Hamilton et al., 2008; Popham, 2005).

몇몇 연구자들은(예: Amrein & Beliner, 2003; Bracey, 2003; Ellmore & Fuhrman, 2001; Neill, 2003) 책무성 증가가 학업 성취도의 향상으로 이어지는지에 대하여 의문을 제기하고 있다. Canoy와 Loeb(2002)는 책무성을 강하게 주장하는 주와 나머지 주를 비교한 결과 NAEP 점수에 근소한 차이만 있다는 것을 발견하였다. Neil과 Gaylor(2001), Amrein과 Beliner(2003)는 오히려 책무성을 강조한 주의 NAEP 성적이 더 낮다는 것을 발견하였다. 학년 진급 표준에 대하여 연구한 시카고는 표준을 적용하기 전에 비해 학생들의 동기가 높으면 높을수록(Roderick & Engel, 2001) 성취도가 높다(Rodrcik & Jacob, & Bryk, 2002)는 것을 발견하였다.

이러한 비판에도 불구하고 책무성에 대한 요구는 오늘날까지 지속되고 있다(Gadal & Vranek, 2001; Schere, 2001). 책무성 강조의 한 가지 이점이 있다면 그것은 학교와 교사에게 학생들이 낙오하지 않도록 하고 도움이 필요한 학생을 돕는 데 관심을 갖도록 경각심을 갖게 하는 것이다. 주정부에서는 점차 '분리 점수(disaggregated score)'를 발표하는 추세이다. 이 점수는 각 민족 학생, 영어에 제한이 있는 학생 등에 대하여 별도의 책무성을 부과한다는 것을 의미한다. 이것은 학교 지도자로 하여금 모든 여러 집단이 발전할 수 있는 수단에 초점을 맞추도록 한다(Scheurich et al., 2000). 또 하나의 이점은 책무성으로 인하여 학교에 대하여 발전된 수업 방법을 찾고 혁신학교에서 시행하는 평가를 늘 하도록 했다는 것이다(Kennedy, 2003; Streifer, 2002; Gandal & Mcgiffert, 2003; Lane & Beebe-Frankenberger, 2004).

주정부의 책무성 평가는 주정부의 표준에 근거하고 있다(Strong et al., 2001). 교사, 교장, 교과전문가은 그 표준이 무엇인지를 아는 것이 학생들의 성취를 더 높일 수 있도록 도와주는 핵심이다(Carr & Harris, 2001). 목표를 이해하면 잘 이해하지 못할 때보다 더 달성하기 쉽다.

책무성 평가가 근거하고 있는 표준은 일반적으로 이해관계가 걸려 있는 다양한 집단이 만든다. 여기에는 교사, 학부모, 고용주, 무엇을 배우고 무엇을 생각해야 하는지에 대하여 판단하는 연구자들이 있다. 공통된 견해를 모아 주정부나 교육구에서는 평가 영역을 정할 때 교육자와 비교육자의 생각을 모은다. 이러한 과정으로 인해 교육지도자들과 교육정책가들은 아동들이 학습하고자 하는 것이 무엇인지 분명히 알게 되고 그럼으로써 이러한 목표에 맞게 정책을 수립할 수 있게 된다.

■ 낙오 없는 교육

낙오 없는 교육(no child left bdhind, NCLB)에 대한 입법은 부시 정부의 주 교육 정책이었다. 낙오 없는 교육은 현재 실질적으로 수정되고 있고, 새로운 이름으로 개정되어 통과될 것이다(www.ed.gov 확인). NCLB의 평가 규정은 다음과 같다(Center on Education Policy, 2003; The Education Trust, 2003; Stecher, hamilton, & Gonzales, 2003: U.S. Department of Education, 2002).

1. **연 평가.** NCLB에 의하여 모든 주정부는 모든 학생들에게 읽기와 셈하기 평가를 하여야 한다. NCLB 시행 이전에도 대부분의 주에서는 학년을 선정하여 학생들에게 책무성 평가를 하였다. NCLB에 따라 3학년부터 8학년까지 평가하고, 이외에 하나의 고등학교 학년에 대하여 실시한다. 어떤 주에서는 회사와 계약하여 정기 평가를 하고 어떤 주에서는 상업용 검사를 구하여 실시하기도 한다.
2. **점수의 분리 보고.** NCLB에 따라 주정부에서는 학교 내 하위 집단별로 점수를 보고하여야 한다. 인종, 특수교육, 빈곤층 학생, 영어 제한 학생이 그것이다. NCLB에 따라 분류된 하위 집단에 최소 인원만 있어야 하는데 그 인원은 주마다 다르다. 학교와 교육구에

글쎄, 올해는 연말고사에서 누가 잘했는지 어디 보자.

낙오 없는 교육

초등학교 3학년에서 중학교 2학년까지와 고등학교 학생에 대해 매년 평가를 하도록 연방법에 규정되어 있으며, 학교는 매년 적정한 개선을 이루어야 하며, 기준에 미달한 학교에 대해서는 지원을 해 주는 법령

서는 각 집단에 대하여 책무를 다해야 한다. 그렇기 때문에 하나의 하위 집단 또는 그 이상의 하위 집단이 향상하지 못하면 전체가 평균에 도달하였다 하더라도 성공했다고 볼 수는 없다.

3. **적절한 연간 진전.** 학교의 모든 하위 집단은 주정부 평가에서 연간 적절한 진전이 있을 것으로 기대한다(AYP). 이것은 주마다 다르지만 모든 하위 집단은 높은 수준에 도달하거나 아니면 매년 능숙한 수준의 백분율이 증가해야 한다. 더욱이 만약 너무 많은 학생이 평가에서 누락되면(성적이 낮은 학생의 시험 불참 예방) 진전이 있어도 인정하지 않는다. AYP에서 요구하는 것은 NCLB의 가장 중요한 측면이며, 학교와 교육구의 지도자들은 모든 집단이 진전이 있기를 열망하고 있다.
4. **AYP 미충족 시의 결과.** 하나 이상의 하위 집단이 AYP 기준을 충족하지 못한 학교는 충족하지 못한 횟수에 따라 다르지만 여러 가지 결과에 직면하게 된다. 2년 이상 충족하지 못한 학교는 학생들의 보충 지도 계획서를 제출해야 한다. 보통 방과후나 여름방학 때 소집단 지도 계획서를 제출해야 한다. 또한 실제 거의 실행되는 경우는 적다 하더라도 해당 학생 학부모에게 자녀를 다른 좋은 학교로 전학하도록 권유해야 한다. 만약 그 이상 충족하지 못할 경우에는 더 심각한 결과를 초래하는데, 이러한 조치는 거의 실현 가능성이 없지만 인력 개편(새로운 직원으로의 교체), 폐쇄, 다른 주에로의 인도 등의 조치를 취하게 된다.

물론 우리는 아직 미술 수업을 합니다. 예를 들면 지금 당장 우리는 통 속에 들어가 숨는 연습을 하고 있어요.

NCLB의 비판　비록 NCLB법이 공화당과 민주당이 지지하고 오바마 정부가 지속적으로 평가에 근거한 책무성을 유지하고 있지만, NCLB의 책무성 규정은 교육자들로부터 비난이 쏟아졌다. 비난의 내용은 다음 몇 가지로 요약할 수 있다.

1. **과도한 평가, 협소한 평가.** 많은 교육자들은 NCLB는 아동들을 과도하게 표준화된 주로 4지 선다형으로 평가하는 경향이 있다고 우려를 나타내고 있다(McGill-Franzen & Allington, 2006; Popham, 2003; Sadker & Zitleman, 2004). 특히 NCLB가 읽기와 셈하기에 초점을 맞추고 있기 때문에 많은 교육자들은 과학, 사회, 미술, 음악, 창의성을 포함한 활동이나 깊은 이해력은 밀려나게 될 것이라고 우려를 표명하고 있다(Cawelti, 2006; Guilfoyle, 2006).
2. **주마다 상이한 표준.** NCLB는 주정부에 일임되어 있기 때문에 평가, 합격 기준, 기타 충족 여부를 결정하는 요소가 주마다 상당히 다르다. 예를 들면 미국 북서부평가협회(NWEA, 2003)의 연구에 의하면 몬태나 주의 8학년 달성 수준은 NWEA 시험에서는 백분위 38점인 데 반해, 와이오밍 주의 이와 비슷한 수준의 학생은 동일한 검사에서 백분위 89에 해당한다는 것이다. 게다가 하위 집단으로 편성해야 할 학생 수도 다르기 때문에 요구 조건이 높은(어떤 주는 50명, 어떤 주는 5명) 주정부는 특수교육이나 기타 소집단의 학생에 대해서는 책임을 지지 않는 반면 어떤 주는 책임져야 할 하위 집단의 수가 많기 때문에 기준을 충족하지 못하는 학교가 더 많을 수 있다. 그 결과 어떤 주에서는 대부분의 학교가 기준을 충족시키지 못하고 있는 반면 어떤 주는 문제가 거의 없다. 오바마 정부의 연방교육법 개정의 초점은 이러한 주정부 간의 차이를 줄이고 국가 표준

을 정하는 것이다.

3. **NCLB의 이해.** NCLB는 연방 교육비를 상승시켰으나 아직 희망하는 수준에는 훨씬 못 미치고 있다(Center on Education Policy, 2004). 문제는 증액된 예산이 추가 시험의 요구, 보충 교육 서비스, 학부모의 자녀 학교 전학 지원비로 충당된다는 것이다.

연결해서 더 보기
주류 집단과 소수 집단 간의 성취도 격차에 대한 서술은 제4장을 참조하시오.

적용해 보기

시험 보는 기술 가르치기

학생, 교사, 학교 평가에서 표준화 검사가 점차 중요해짐에 따라 학생 역시 이러한 검사에 대하여 준비를 해야 한다. 물론 학생이 시험을 잘 준비하도록 하는 최선의 방법은 학생을 잘 가르치는 것이다(Salend, 2009; Schmidt & Cogan, 2009; Tileston & Darling, 2008). 그러나 학교에서 학생들이 자신이 알고 있는 것을 시험에 잘 나타내고 더 나은 점수를 얻도록 시험 기술을 가르치는 것도 필요하다.

학생을 돕는 것과 관련한 윤리적 문제 역시 표준화 검사에서도 마찬가지이다(Popham, 2008; Salend, 2009). 예를 들면 점수를 올리는 한 방법은 학생에게 문제를 미리 알려 주고 답을 가르쳐 주는 것이다. 분명히 이것은 부정행위이다. 훨씬 윤리적으로 모호한 경우는 교사가 시험 칠 과목을 미리 알고 있고 그 과목만 가르칠 때 일어난다. 예를 들면 표준화 검사에서 로마 숫자를 평가하지 않는다면 교사는 이것을 건너뛰고 시험 칠 목표에 더 많은 시간을 보낼 수도 있다. 이러한 행위는 시험을 치기 위하여 가르친다는 비판을 면치 못한다. 학생들이 배우지 않은 것에 대하여 시험을 치는 것은 공정하지 못한 것이므로 수업은 시험과 밀접해야 한다고 말할 수 있다(Popham, 2008; Tileston & Darling, 2008). 그러나 쟁점이 되는 것은 표준화 검사는 학교에서 가르치는 모든 목표의 표본만 평가할 수 있다는 점이다. 다른 것은 배제하고 시험 칠 목표에 대한 것만 가르치도록 한다면 그것은 교육과정을 아주 좁게 만들어 버리는 문제를 낳는다. 다가올 시험에 나올 내용에 국한하여 가르치려는 유혹 때문에 시험의 보안을 유지하는 것은 중요한 일이다. 시험의 특정 문항은 시험일 이전에 교사가 미리 알아서는 안 된다.

연결해서 더 보기
메타인지 지도 차원에서 시험 보는 기술과 공부기술을 지도하는 것에 대해서는 제6장을 참조하시오.

수업 내용과 일반적 평가 목표를 일치시키는 것 말고도 학생들이 시험을 잘 보도록 하는 방법은 많다. 연구 결과에 의하면 학생들이 시험을 잘 볼 수 있도록 가르칠 수 있으며 그렇게 하면 점수가 올라간다는 것을 보여 준다(Bangert-Drowns, Kulik, Kulik, & Morgan, 1991; Scruggs, White, & Bennion, 1986). 학생들에게 시험 불안에 대처하는 전략을 가르칠 수도 있다. 이러한 전략을 가르치면 학생들이 시험을 칠 때 맏음이 올라가고 불안은 줄어든다(Flippo, 2008; Schutz & Davis, 2000).

학생에게 SAT를 준비하도록 하는 프로그램의 효과성에 대한 의문이 제기되었다. SAT에서는 인지적 기술을 측정하기 때문에 아마도 수업 프로그램이 점수를 올려줄 수 있는 것이 아닌가 생각된다. 연구자 간에 동감하는 것은 SAT에 대비하여 가르치면(특히 장기간) 효과가 있다는 것이다. SAT에서 측정하는 기술에 초점을 맞출 때, 특히 소수 인종이나 저소득 계층의 학생의 경우에 그러하다는 것이다(Becker, 1990a).

학생이 표준화 검사를 준비하는 데 도움이 되는 몇 가지 방법은 다음과 같다(Flippo, 2008; Tileston & Darling, 2008).

1. 학생에게 문항 형태가 비슷한 연습문제를 준다. 예를 들면 4지 선다형 문제이면 학급에서 일상적으로 하는 퀴즈 문제나 시험을 이와 비슷한 문항 형태의 연습문제로 준다. 만약 언어적 비유와 같은 특별한 형태를 시험에서 사용하면 이 문항과 비슷한 연습문제를 준다.
2. 어렵거나 시간이 많이 걸리는 문항은 건너뛰고 나중에 풀도록 한다.
3. 추측하여 답한 것에 대한 감점이 없으면 어떤 답이든 쓰도록 한다. 특히 답지를 하나 이상 지워서 선택할 답지 수를 줄일 수 있을 경우에는 더욱 그렇게 한다.
4. 답지를 선택하기 전에 모든 답지를 읽는다. 간혹 맞는 답이 하나 이상이지만 그래도 그 중에서 더 맞는 답은 하나뿐일 것이다.
5. 모든 시험 시간을 사용한다. 일찍 끝나더라도 답을 다시 보도록 한다.

NCLB의 영향 NCLB 때문에 미국 교육의 틀이 바뀌었다. Jannings와 Rentner(2006)는 교육정책센터에서 연구한 끝에 NCLB의 10대 폐해를 추출하였다.

1. **주정부와 교육구에서 주정부 평가에서 성취도가 향상되었다고 하나 그것이 의미가 있는 정도인지는 분명치 않다.** 주정부의 점수는 NCLB에 따라 향상되었다(Center on Education Policy, 2009a,b). 그러나 20년간 주정부의 점수는 향상되었으나 NAEP의 점수는 거의 변하지 않았다. 이 때문에 학생들의 성취도가 실제 향상된 것이 아니라 다른 요인이 주정부 검사 점수에 영향을 주었을 것이라는 비판이 제기되고 있다(예 : McGill-Franzen & Allington, 2006).
2. **학교에서는 읽기와 수학에 시간을 허비하고 있다.** 종종 시험 보지 않는 과목을 희생시키기도 한다. NCLB의 책무성은 읽고 셈하기에만 초점을 맞추고 있기 때문에 많은 학교에서는(Jennings & Rentner, 2006의 연구에 의하면 71%) 사회, 과학과 같은 과목의 시간을 줄였다.
3. **학교는 시험 점수에 훨씬 더 주의를 기울이게 되었다.** 학교 지도자는 점수에 더 주의를 기울이고 교사들에게 수업의 초점을 평가 목표에 두도록 하였으며 심지어는 시험지 형태도 주정부 시험지와 비슷하게 하였다.
4. **점수가 낮은 학교는 개혁은 하지 않고 변신만 해 왔다.** NCLB는 매년 향상하지 못하는 학교는 거교적 개혁 모델을 적용하여 개혁을 할 것으로 기대하였으나 이러한 일은 일어나지 않았다. 대부분의 학교는 다음의 더 나은 것을 기대하면 매년 조금씩 진전함으로써 그럭저럭 모면만 해나갔다.
5. **교사는 학문적 자질을 입증하는 데 있어서 진전이 있었다.** NCLB에서는 교사나 보조교사에게 최소한의 자질의 표준을 제시하였다. 제1조의 의미는 교사는 최소한의 학사학위를 소지하고 교과 지도 자질을 보유해야 하는 것을 의미하였다(Berry, Hoke, & Hirsch, 2004; Rebell & Hunter, 2004; U.S. Department of Education, 2002). 상위 자격을 취득하기가 불가능한, 특히 오지나 시골의 경우 교육행정가로 하여금 자격 취득을 요구할 수 없었다. 그래서 교육정책센터(Center of Education Policy, 2007)의 연구 결과를 보면 NCLB의 이 조항은 주정부 관리도 실행 불가능한 것으로 여겼다.

6. **학생들은 시험을 더 많이 보게 되었다.** NCLB에 맞추기 위해서는 모든 주에서는 3학년부터 8학년까지, 여기에 고등학교 1학년은 매년 시험을 봐야 한다. 이전에는 모든 주에서 선발된 학년만 시험을 봤다. 게다가 학년말 성취도를 향상시켜야 하는 부담 때문에 표준 모델 평가를 이용하려는 수가 급증하였고 1년에 3회 내지 5회에 걸쳐 시험을 보게 함으로써 학생들이 시험을 잘 보게 하는 방법에 대한 정보를 교육자들에게 제공하는 현상을 초래하였다.
7. **학교는 특정 소수 집단의 성취도에 더욱 주목하게 만들었다.** NCLB에서는 몇 가지 소수 집단에 대하여 성취도에 책임을 지우고 있다. 즉 아프리카계 미국인, 히스패닉계 미국인, 낙오 학생, 특수학습자, 저소득 가정 학생의 성취도에 대하여 책무를 지우고 있다. 이 때문에 학교 지도자들은 이러한 학생들에게 매우 많은 관심을 기울이고 있다고 보고하고 있다(Haycock, 2006 참조). 이 규정 때문에 학습 부진아와 영어 학습자 학생의 평가에 대하여 많은 논란이 있었다.
8. **주정부 요구 조건 항목을 충족한 학교의 비율은 사실이다.** 학교 전체 10% 정도가 향상된 것으로 인정되었다. 그렇지만 이것은 연속적으로 2년간 매년 목표가 적합한 정도로 충족되었다는 것을 의미하는 것은 아니다. 주정부마다 조건을 충족한 학교 비율이 다른데, 그것은 시험 난이도가 다르고 매년 진전에 대한 계산 절차가 다르기 때문이다.

   NCLB에서는 개선이 요망되는 학교의 학생들은 더 나은 학교로 전학 갈 기회를 부여하고 있다. 그러나 이러한 일은 거의 일어나지 않았다. 해당 학생의 약 2%만이 전학을 하였다. 전학이 필요한 학생은 소집단 형태로 운영되는 보충수업을 받을 수 있다. 해당 학생의 20% 정도가 보충수업을 받았다. 학교 지도자는 전학과 보충수업을 통한 교정 효과에 대하여 모두 회의적이다. 연구 결과를 보면 효과가 없는 것으로 나타났다.
9. **연방정부가 교육에 더 중요한 역할을 하고 있다.** 미국 헌법에 의하면 교육은 주정부가 책임을 진다. 전통적으로 지방정부의 책임이다. NCLB는 연방정부가 모든 수준의 교육에 관여하도록 하고 있다. 그래서 미국 교육부는 NCBL을 매우 엄격하게 적용하고 있는 것으로 보인다. 교육에 대한 연방정부의 적극적 역할은 오바마 정부에 의하여 지속되고 있다.
10. **NCLB에 따라 주정부와 교육구는 개별 학교 운영에 대한 역할을 확대해 왔다.** 그러나 이 새로운 의무 부과에 따른 적절한 재원 지원은 주정부도 교육구도 받지 못하고 있다. 또한 NCLB로 인해 교장과 학교 직원들의 권위는 실추되었고 교육구와 주정부의 권위는 올라갔다. NCLB에 규정된 최저선 때문에 학교, 교육구, 주정부에 대한 책무성은 매우 높아졌다.

NCLB가 발효된 이래 국가시험의 진전은 미미한 정도에 그쳤다(Bracey, 2006; Fuller, Wright, Gesicki, & Kang, 2007). 전반적으로 「타임」지는 NCLB에 대하여 학교를 개선하는 데 도움이 되는 정도에 대하여 F점수를 주었지만(Wallis & Steptoe, 2007), 학생들에 대한 책무성을 강조한 것에 대해서는 좋은 평가를 하였다.

■ 오바마 정부의 교육정책

오바마 정부는 아른 던컨 비서의 주도하에 많은 교육정책을 NCLB에 소개하고 있다. 그러나 정부와 의회는 많은 변화를 시도하고 있다. 오바마 정부의 현 정책의 요소는 다음과 같은 특징을 디고 있다.

1. 학생 시험에 대한 책무성은 여전히 강력하게 유지되고 있다. 그래서 던컨 비서는 학생의 점수를 교사와 연계하도록 주정부에 강력하게 요구하고 있다. 따라서 이에 대한 정보는 교사의 재직과 승진을 결정할 때 사용될 수 있다.
2. 정부는 지역별, 주별 표준과 평가에 대하여 합의하여 달성의 정의에 대한 주간 차이를 없애라고 종용하고 있다.
3. 정부는 주정부에 대하여 지속적으로 실패하는 학교에 대해서는 대대적 변화, 즉 폐교, 교사의 해고, 전환 모델의 채택, 법인학교로의 전환 허용 등을 권장하고 있다. 법인 학교는 단체에 의하여 운영되는 일종의 공립학교로서 교육구와 분리되어 운영되므로 교사의 고용과 해고, 교육과정의 선택, 정책 수립이 훨씬 자유로운 학교이다.
4. 정부는 법인 학교를 매우 선호하고 있으며, 주정부에 연중 허가할 수 있는 법인 학교의 상한선을 올릴 것을 권고하고 있다.
5. 오바마 정부의 미국재투자개혁법령(ARRA)의 일환으로서의 어마어마한 교육 투자 때문에 행정부는 주정부와 교육구에 정책을 준수할 것을 종용하고 있다. 이를 따르지 않으면 ARRA의 재정 지원을 받지 못할 것이다.

대부분의 교사들에게 오바마 정부의 정책은 큰 변화를 가져오지 못할 것이다. 대부분의 학교지원 재정은 퇴보하고 있는 부분에서 대부분 상쇄되고 있고 시험에 근거한 책무성은 여전히 유지되고 있다.

■ 표준 모델 평가

시험에 집착한 미국 학교에서 필요한 것은 더 많은 시험이다. 아직 많은 교육구와 주정부에서는 표준 모델 시험을 치고 있다. 이 평가에서는 3학년 5학년 심지어는 중학교 2학년 학생들에게까지 매년 보통 읽기와 수학 시험을 보게 한다. 유행하는 **표준 모델 평가**(benchmark assessment)를 이해하는 것은 쉽다. NCLB 때문에 이미 학교는 주정부 평가 점수를 향상시켜야 하는 부담이 증가하였다. 아직 주정부에서 실시한 평가가 그렇게 자주 시행되지 않고 있고 점수 결과도 너무 늦게 통보되기 때문에 수업 정책이나 실제를 조정하기 위하여 사용되는 경우는 많지 않다. 예를 들면 대부분 주정부는 봄에 시험을 친다. 점수가 보고될 쯤이면 여름이나 가을이 된다. 어떤 학교는 7월에 가서야 수학 점수에 문제가 있는지를 안다. 7월이면 학교는 이미 다음 학년의 계획과 준비에 필요한 모든 자원을 사용한 이후이다. 예를 들면 시험을 4학년에 보면 5학년 학생에게 가치가 있기에는 너무 늦거나 다음 4학년에게도 별 가치가 없어 이득이 없다.

교육자들은 이러한 문제는 오래전부터 알고 이를 해결하기 위하여 해결책을 찾아왔다. 오늘날 학생들의 진전 여부에 대한 좀 더 빠른 정보를 제공하도록 설계된 다양한 표준 모델 평가를 이용하는 것이 가능하다. 많은 교육구나 심지어 교사도 스스로 표준 모델 평가를 설계

표준 모델 평가

주정부 표준상 학생들이 성공적으로 학업을 수행하고 있는지 여부를 알아보기 위하여 몇 달마다 보는 간단한 시험

하여 사용한다. 표준 모델 평가를 함으로써 학생, 학급, 소집단, 학교가 주정부가 평가하고 강조하는 목표 각각에 대하여 어떻게 하고 있는지를 알게 해 준다. 그럼으로써 전문적 진전과 개혁이 가장 필요한 곳을 목표로 할 수 있다(Anithworth & Viegut, 2006; Fogarty & Kerns, 2009; Odden & Archibaid, 2009).

표준 모델 평가를 함으로써 학교는 학업 성취를 향상시킬 수 있다. 그러나 이것이 근본적 치료는 아니다. 이것은 의사와 환자가 다음을 기약하는 것과 같다. 표준 모델 평가는 학교가 어디로 가고 있는지, 어디에 초점을 둘 필요가 있는지를 알려 주는 것이지 그 자체가 학생들의 성취도를 올려 주는 것은 아니다.

표준 모델 평가는 깨어 있는 교사들의 손에 달려 있으며 학생들의 현재 성취 지표에 불과하다. 학교와 교육구의 개혁 전략의 일부로서 표준 모델 평가는 핵심적 역할을 하겠지만 이것은 어디까지나 지원 역할에 지나지 않는다(Chappuis & Chappuis, 2007/2008). 만약 우리가 학생들이 하는 수업 시간을 시험에 사용하려고까지 한다면 그 결과를 지혜롭게 건설적으로 사용하여 교수 학습을 개선해야 한다.

■ 자료에 기초한 개혁

표준 모델 사용에 대한 운동은 교육구와 학교를 개혁하기 위하여 자료에 근거하는 일종의 광범위한 경향의 일부이다. **자료에 기초한 개혁**(data-driven reform)은 주정부 평가의 점수를 보는 것 이상이다. 학교 개혁에 종사하는 학교 지도자는 주정부 시험에서 얻은 정보, 하위 기술, 하위 집단, 학년 수준, 그 밖의 분류목에 의한 표준 모델 평가 결과를 조직하고 거기에다 출석률, 학교에서 사용하고 있는 낙제 프로그램 등을 참고하여 학교 프로그램의 근본적 원인을 찾는다(Hamilton et al., 2008). 이들은 조심스럽게 문제의 잠재적 해결책, 효과가 입증된 프로그램(Colition for Evidence Based Policy, 2003; Slavin et al., 2010; Odden, 2009; Towne, Wise, & Winters, 2005)을 찾고, 해결책을 적용하고 계속적으로 표준 모델 평가 결과와 시험 결과를 점검한다.

Heritage와 Chen(2005)은 소위 학교 질 포트폴리오(QSP)라는 웹기반 도구를 사용하여 자료에 근거한 개혁 접근에 대하여 논의하고 있다. 이 내용은 학교 지도자가 자료를 조직하고 이해하는 데 도움이 된다. 또한 여기에는 학교가 개혁을 위하여 자료를 사용하는 과정에 대하여 설명해 주고 있다.

1. **무엇을 알고 싶은지를 결정하라.** 자료에 근거하여 개혁을 하려면 관련 교육자가 해결하고자 하거나 가지고 있는 의문이 무엇인지부터 알아야 한다. 알고 싶어 하는 것이 무엇인지 말해 주지 않는 자료에는 아무도 관심을 갖지 않는다.
2. **자료수집.** 자료에 기초하여 개혁을 하려는 교육자는 현재의 자료를 수집하고 자신들이 의문을 제기한 것에 대하여 답이 되는 새로운 자료를 수집한다. 자료에는 주정부 평가, 표준 모델 평가, 그 밖에 주정부 평가는 아니지만 읽기, 수학 시험과 같은 추가적 평가, 교사가 사용하는 교재나 프로그램에 대한 정보, 교사와 학생의 태도에 대한 정보, 또는 개혁에 도움이 되는 것이면 어떤 정보도 포함될 수 있다(Bernhardt, 2003/2005).
3. **결과 분석.** 다음 단계는 자료를 조직한다. 제일 먼저 평균을 산출하고 자료를 사용하여

자료에 기초한 개혁
자료와 요구 영역을 강화해 주는 것으로 판명된 프로그램을 주의 깊게 분석하는 것을 강조하는 학교 개혁 전략

학교가 해결하려고 하는 문제의 원인을 검증한다. 예를 들면 만약 어떤 학교가 생각보다 수학 성적이 낮다고 하자. 위원회는 주정부 시험 성적과 표준 모델 결과를 검토한 뒤에 점수가 낮고 진전이 없다고 판단한다. 교사가 평가하는 모든 기술에 초점을 두지 않는 것이 가능한가? 위원회는 검사 일부의 점수를 살핀다(예 : 분수, 기하, 언어 문제). 그런 다음 그 점수가 낮다는 것을 발견한다. 그 문제가 특정 집단에 국한된 것인가? 위원회는 남녀 학생의 점수, 아프리카계 미국인, 히스패닉, 낙오 집단에 대한 점수를 살핀다. 위원회는 눈에 띄는 형태를 발견한다. 여학생이 눈에 띄게 저조하다는 것을 발견한다. 위원회는 교실을 방문하여 어떤 일이 일어나는지 살핀다. 이들은 돌아와서 발견한 사실에 대하여 논의할 때 새로운 시각으로 자료를 다시 본다. 전반적으로 학교는 교재에 제시된 대로 전통적 설명식 수업, 문제해결법을 사용하고 있었다. 많은 교실에서 공격적인 남학생 집단이 토의시간을 장악하여 대부분의 여학생은 지루하게 느끼고 수업에서 소외감을 느끼고 있었다. 여학생들은 50분 수업 시간에 참여하지 않았고 아무것도 하지 않았다. 자료와 관찰한 것을 종합하여 위원회는 수업 방법이 학생들을 참여하지 못하게 하고 있다는 결정을 한다.

4. **우선순위와 목표의 설정.** 자료에 근거한 개혁을 할 때 자료를 아는 것만으로는 충분치 않다. 학교는 자료에 근거하여 조치를 취해야 한다. 이것은 우선순위와 학교가 해결하려는 목표를 설정하는 것으로 시작한다. 목표는 측정 가능해야 하고 성취에 초점을 맞추고 현실적이고 실현 가능한 것이어야 한다(Bernhardt, 2005). 수학 문제가 있는 학교의 경우 위원회는 수학 개선 목표를 설정한다. 이때 특히 여학생에 초점을 두며 분기별 표준 모델 자료를 면밀히 검토할 계획을 세운다.
5. **전략 수립.** 자료 근거 개혁에서 가장 중요한 것은 문제를 해결할 구체적 전략을 수립하는 것이다. 학교는 해당 문제에 대하여 잠재적 해결책을 고려하는 것이 필요하다. 예를 들면 어떤 성취 프로그램을 해결하기 위해서는 연방정부의 문제해결 정보센터(www.ies.ed.gov/ncee/wwc) 또는 교육성공사례백과(www.bestevidence.org)를 참고할 수 있다. 여기에는 K학년부터 12학년까지 교육 프로그램에 대한 과학적 연구 결과를 요약해 놓고 있다.

   앞서 수학 문제가 있는 학교의 경우 위원회는 교육성공사례백과를 살펴보고 초등학교 수업에 협동 학습이 효과가 있다는 증거를 발견하였다. 위원회는 협동 학습이 학생들의 참여를 높여 줄 수 있다고 판단했다. 위원회는 협동 학습 지도자 한 명을 찾아 교사들에게 협동 학습을 연수시키고 반복적으로 표준 모델 평가에서 수학 성적이 개선되는지 점검하였다. 나중에 주정부 점수를 받았을 때 위원회는 수학 점수가 표준 모델 점수가 모든 학생의 성적을 개선해 주었는지를 알고 싶었다. 특히 여학생의 성적을 알아보고 싶었다. 여학생들은 협동 학습에 전원 참석하고 있다.

Allan Odden과 동료들(Odden, 2009; Odden & Archibald, 2009)은 주정부 책무성 시험에서 유난히 좋은 성적을 거둔 학교와 교육구에 대하여 연구를 수행하였다. 이 연구에서 이들은 이러한 학교와 교육구는 미리 마련한 하나의 길을 따라간다는 것을 발견하였다. 이들 학교는 자신들이 입수한 자료를 바탕으로 조심스럽게 요구 영역을 확인하고, 입증된 프로그램을 선정하여 실행하고 지속적으로 자료를 사용하여 새로운 전략이 성공하는지 추적하였다. Johns Hopkins 자료에 근거한 교육개혁센터(CDDRE)에서는 7개 주에 있는 59개 고도 빈곤 교육구에서 사용한 이러한 교육구 개혁 프로그램을 평가한 결과 효과, 특히 읽기에서 효과가 있다는 것을 발견하였다(Slavin, 2010). 그러나 이러한 소득은 자료 분석 도구를 사용하였을 때에는 나타나지 않았다. 그러나 이때에는 각 교육구에 있는 학교가 입증된 읽기와 산수 프로그램을 선택하기 시작하였을 때였다.

■ 가치지향 평가체제

모든 책무성 평가의 핵심 쟁점은 학교가 학생들에게 동등하게 투입하지 않는다는 사실이다. 불리한 위치에 있는 학생이나 영어 학습자가 교육받는 영역은 중간 집단이 받는 영역에 비하여 표준에 도달하기가 훨씬 난관이 많다. 이러한 문제를 해결하기 위하여 몇몇 주정부에서 채택한 것이 소위 **가치지향 평가체제**(value-added assessment system)이다. 이것은 얼마나 학습할지를 학생에게 결정하도록 하는 것이다. 가장 널리 알려진 것으로는 테네시 주에서 처음 시행한 것이고 나중에 다른 주로 확산되었다. 핵심은 모든 학교가 똑같이 학생들이 주정부 평가에 합격하지 않더라도 학생들이 당초 자신의 학습 기저선에서 향상된 정도를 비교하는 것이 더 적법하다는 것이다(sanders, 2000). 호소력은 있어 보이지만 이 접근은 기술적 이유로 비판을 받아왔다(예: American-Beardsley, 2008; 2009; McCaffrey, Lockwood, Koretz, Louis, & Hamilton, 2004). 이 접근은 잠재적으로 부정확하며 학생들의 위험 요인과 기타 문제를 고려할 수 없다는 것이다. 문제는 책무성으로서의 이 접근은 출발점의 불공평 문제를 해결해 주지 못한다는 것이다. 고도 빈민 학교는 여전히 이 체제에서도 좋은 점수를 얻기 어렵다는 것이다.

■ 장애 학생에 대한 평가 조정

장애 학생은 표준화 검사에 어떻게 참여해야 하는가? 이러한 의문은 낙오 없는 학생 정책에서는 더 중요시되어 왔다. 낙오 없는 학생 정책은 장애 학생도 학교의 소집단으로서 매년 적절한 개선 표준을 충족하기를 요구한다.

시각 장애 학생에게 활자가 큰 교재를 제공하는 것과 같은 조정은 논란이 없다. 그러나 시험 시간을 늘려준다든지 학생들에게 문항을 읽어 준다든지 하는 조정에 대해서는 논란이 심하다. Sireci와 동료들(2005)은 조정에 대한 다양한 효과에 대하여 여러 연구 결과를 검토한 결과 시험 시간을 늘려 주면 성적이 향상된 것으로 나타났다(장애 아동뿐만 아님). 장애 학생은 다른 학생보다 혜택을 더 보았다. 그러나 문제를 읽어 주는 경우 우선 장애 아동에게 이득이 있었다. 이러한 결과로 볼 때 정책입안가들은 조정 조치를 하든지 안 하든지 점수의 편파성을 피하기 위하여 책무성 평가를 할 때 분명한 지침을 마련하는 것은 중요하다.

■ 영어 학습자에 대한 평가 조정

모든 하위 집단에 대한 책무성에 초점을 두기 때문에 NCLB에서는 영어 학습자를 평가하는 것에 대하여 관심이 높았다. 분명한 것은 영어를 하지 못하는 학생은 영어로 된 시험에 의미 있게 대응하지 못한다. 그렇다고 만약 영어 학습자가 시험을 면제받으면 이들의 요구가 충분히 표명되지 않을 위험성이 있다(Kiffer, Lesaux, Rivera, & Francis, 2009). 주정부 책무성 평가(텍사스처럼)는 저학년에서는 스페인어로 치러졌다. 그 밖의 조정으로는 지시문을 간단히 하거나, 문항을 간단히 하거나, 시간을 연장해 주거나, 동시에 2개 언어로 제시하는 조정이 있다.

요약

표준화 검사는 무엇이며 어떻게 사용하는가

표준화라는 용어는 내용, 실시, 채점, 해석이 통일되어 있다는 것을 나타낸다. 그러므로 그 결과를 학급 간, 학교 간, 교육구 간 서로 비교할 수 있다. CAT, CTBS와 같은 표준화 검사는 규준이나 표준에 비교하여 개인의 수행이나 능력을 측정한다. 규준은 교육구나 주, 국가 내에 있는 많은 다른 학생을 위하여 마련되었다. 표준화 검사 점수는 학년 진급이나 대학 입학과 같은 선발과 배정, 진단과 교정, 내용 영역에서 학생의 숙달과 진보를 평가하기 위하여 그리고 교수 전략, 교사, 학교 평가를 위하여 사용된다. 표준화 검사는 취학 전 유아의 준비도 검사와 교사 자격을 위한 국가 수준 검사의 경우처럼 늘 논란이 되고 있다.

어떤 유형의 표준화 검사가 있는가

일반 지능검사, 다요인 검사와 같은 적성검사는 학생의 학습에 대한 일반적인 능력과 준비도를 예언해 준다. 개인 지능검사든 집단 지능검사든 인지적 영역에서의 개인의 적성을 측정한다. 성취도 검사는 다양한 과목에서 학생의 실력을 측정한다. 진단 검사는 특정 과목에 대하여 가지고 있는 실력의 강점과 약점을 발견하는 데 초점을 두고 있다. 규준지향 검사는 다른 사람의 점수와 비교하여 해석하며 준거지향 검사는 수행 준거를 근거로 하여 점수를 해석한다.

표준화 검사 결과는 어떻게 해석하는가

원점수에서 나온 점수로는 특정 점수 미만에 해당하는 규준 집단에서의 백분율인 백분위 점수, 특정 점수가 전형적 수행을 나타내는 표준화 학년 점수, 정상분포와 관련하여 학생의 수행인 표준 점수가 있다. 표준 점수로는 스태나인 점수, 정상분포 곡선 점수, z점수가 있다.

표준화 검사와 일반 시험의 쟁점은 무엇인가

검사와 검사 문항은 재려고 한 것을 재고 있는 질의 정도, 즉 타당도가 높아야 한다. 예언 타당도는 검사가 장래 수행을 정확하게 예언하는 것을 의미한다. 신뢰도는 검사 결과가 시간과 장소를 달리하여 측정하여도 일관적이라는 것을 의미한다. 어떤 형태든 편파성은 타당도를 낮춘다. 그 밖에 표준화 검사와 관련된 문제는 검사 내용의 윤리적 문제, 검사에 대한 학생의 준비, 검사 점수의 이용, 검사와 교육 과정과의 관계, 컴퓨터 평가가 있다.

교사로서 당신은 학생들의 학업 성취도에 어떻게 책무를 질 것인가

학생의 성취도에 대한 책무성이 점차 강조되고 있다. 심험 점수는 종종 교사의 고용, 해고, 승진을 결정할 때 사용한다. 학생들의 출발점 행동이 다르고, 시험을 치기 위하여 가르치고, 인위적으로 점수를 부풀리는 정책을 채택하게 하는 등의 이유로 비판을 받고 있다. 책무성 평가를 하여 얻을 수 있는 이점은 학교가 관심을 갖지 않았다면 낙오할 학생들에게 더욱 관심을 갖도록 해 주었다는 점이다. 책무성 평가는 학생이 무엇을 학습해야 하는지에 대한 것을 근거로 하기 때문에 학습 목표를 분명하게 해 준다.

주요용어

공인 타당도(concurrent evidence)
규준(norm)
내용 타당도(content evidence)
낙오 없는 교육(no child left behind, NCLB)
다요인 적성검사 도구묶음(multifactor

aptitude battery)
백분위 점수(percentile score)
변별 타당도(discriminant test)
변환 점수(derived score)
생활연령(chronological age)
성취도 검사(achievement test)
성취도 검사 도구묶음(achievement battery)
스태나인 점수(stanine score)
신뢰도(reliability)
예언 타당도(predictive evidence)
자료에 기초한 개혁(data-driven reform)
적성검사(aptitude test)
정상분포 곡선 점수(normal curve equivalent, NCE)
정상분포(normal distribution)
정신연령(mental age)
준거 관련 타당도(criterion-related evidence)
준비도 검사(readiness test)
지능(intelligence)
진단검사(diagnostic test)
컴퓨터 이용 검사(computer-adaptive)
타당도(validity)
표준 모델 평가(benchmark assessment)
편파성(bias)
표준편차(standard deviation)
표준화 검사(standardized test)
표준화 학년 점수(grade-equivalent score)
합격 점수(cutoff score)
z점수(z-score)

자기평가 : 교수학습원리

이 장의 서두에 있는 예화를 다시 읽고 다음 질문에 답하시오.

1. 트랜 선생님은 에니타의 부모에게 에니타의 학업 능력에 관한 많은 성취도 측정치에 대하여 얘기를 한다. 다음 평가 유형 중에서 어느 것이 에니타의 장래 학업 수행을 예측하는 데에 사용되는가?
   a. 배정 검사
   b. 성취도 검사
   c. 적성검사
   d. 진단검사
2. 만약 에니타가 표준화 검사에서 평균에 해당 다면 트랜 선생님이 한 것은 다음 해석 중 어느 것인가?
   a. 백분위 점수 = 90, 스태나인 점수 = 0, z = 20
   b. 정상분포 곡선 점수 = 50, z = 0, 백분위 점수 = 50
   c. 표준화 학년 점수 = 7.2, 스태나인 점수 = 5, 정상분포 곡선 점수 = 45
   d. z = 1, 정상분포 곡선 점수 = 60, 백분위 점수 = 50
3. 트랜 선생님이 에니타 부모에게 에니타의 표준화 학년 점수가 CAT에서 6.9라고 하였다. 무슨 뜻인가?
   a. 에니타가 7학년 공부를 할 준비가 거의 되어 있다.
   b. 에니타는 시험이 아주 쉽다는 것을 알았다.
   c. 에니타는 6학년 말에 해당하는 실력을 가지고 있다.
   d. 에니타의 백분위 점수는 6.9이다.
4. 트랜 선생님은 자기반 학생의 수학 시험 점수를 다른 반 학생 점수와 비교한다. 트랜 선생님은 두 반의 평균 점수가 75라는 것은 알지만 트랜 선생님 반의 학생들의 점수는 더 넓게 퍼져 있다. 이것은 트랜 선생님 반의 학생의 결과가 어떠하다는 것인가?
   a. 평균이 더 크다.
   b. 중앙치가 더 크다.
   c. 표준편차가 더 크다.
   d. 정산분포 곡선이 더 크다.
5. 만약 에니타가 여러 번 신청한 CAT 점수에 일관성이 있다면 그 시험을 어떠하다고 할 수 있나?
   a. 예언 타당도가 있다.
   b. 내용 타당도가 있다.
   c. 구인 타당도가 있다.
   d. 신뢰도가 있다.
6. 표준화 검사의 이점과 수요 비판점을 간략하게 서술하시오.
7. 절대 성적 점수와 상대 성적 점수의 장단점을 각각 쓰시오.

참고문헌

Abrami, P., Bernard, R., Borokovski, E., Wade, A., Surkes, M., Tamim, R., & Zhang, D. (2008). Instructional interventions affecting critical thinking skills and dispositions: A State 1 meta-analysis. *Review of Educational Research, 78*(4), 1102–1134.

Ackerman, P., Beier, M., & Boyle, M. (2005). Working memory and intelligence: The same or different constructs? *Psychological Bulletin, 131*(1), 30–60.

Adams, A., Carnine, D., & Gersten, R. (1982). Instructional strategies for studying content area texts in the intermediate grades. *Reading Research Quarterly, 18,* 27–53.

Adams, G. L., & Engelmann, S. (1996). *Research on Direct Instruction: 25 years beyond DISTAR.* Seattle, WA: Educational Achievement Systems.

Adams, J. L. (1974). *Conceptual blockbusting.* San Francisco: Freeman.

Adelman, N. E., Haslam, M. B., & Pringle, B. A. (1996). *The uses of time for teaching and learning.* Washington, DC: U.S. Department of Education.

Adesope, O., Lavin, T., Thompson, T., & Ungerleider, C. (2009, April). *A systematic review and meta-analysis on the cognitive benefits of bilingualism.* Paper presented at the annual meeting of the American Educational Research Association, San Diego, CA.

AERA/APA/NCME. (1999). *Standards for educational and psychological testing.* Washington, DC: American Educational Research Association.

Aiken, L. R. (2003). *Psychological testing and assessment* (11th ed.). Boston: Allyn & Bacon.

Aiken, L. R., & Groth-Marnat, G. (Eds.). (2006). *Psychological testing and assessment* (12th ed.). Boston: Pearson Education Group.

Aikens, N., & Barbarin, O. (2008). Socioeconomic differences in reading trajectories: The contribution of family, neighborhood, and school contexts. *Journal of Educational Psychology, 100*(2), 235–251.

Ainsworth, L., & Viegut, D. (2006). *Common formative assessments.* Thousand Oaks, CA: Corwin.

Alba, R. D. (1990). *Ethnic identity.* New Haven, CT: Yale University Press.

Alber, S. R., & Heward, W. L. (2000). Teaching students to recruit positive attention: A review and recommendations. *Journal of Behavioral Education, 10,* 177–204.

Alberto, P., & Troutman, A. (2009). *Applied behavior analysis for teachers* (8th ed.). Upper Saddle River, NJ: Merrill.

Alberto, P., & Troutman, A. C. (2006). *Applied behavior analysis for teachers* (7th ed.). Upper Saddle River, NJ: Prentice-Hall/Merrill.

Aleman, S. R. (1990). *Attention deficit disorder.* Washington, DC: Education and Public Welfare Division of the Congressional Research Service.

Alexander, G. A., Graham, S., & Harris, K. R. (1998). A perspective on strategy research: Progress and prospects. *Educational Psychology Review, 10*(2), 129–154.

Alexander, P. (2004). In the year 2020: Envisioning the possibilities for educational psychology. *Educational Psychologist, 39*(3), 149–156.

Alexander, P. A. (1992). Domain knowledge: Evolving themes and emerging concerns. *Educational Psychologist, 27,* 33–51.

Alexander, P. A., & Jetton, T. L. (1996). The role of importance and interest in the processing of text. *Educational Psychology Review, 8*(1), 89–121.

Alexander, P. A., Kulikowich, J. M., & Jetton, T. L. (1994). The role of subject-matter knowledge and interest in the processing of linear and nonlinear texts. *Review of Educational Research, 64,* 201–252.

Alexander, P. A., & Murphy, P. K. (1994, April). *The research base for APA's learning-centered psychological principles.* Paper presented at the annual meeting of the American Educational Research Association, San Francisco.

Alfassi, M. (1998). Reading for meaning: The efficacy of reciprocal teaching in fostering reading comprehension in high school students in remedial reading classes. *American Educational Research Journal, 35*(2), 309–332.

Algozzine, B., Browder, D., Karvonen, M., Test, D. W., & Wood, W. M. (2001). Effects of interventions to promote self-determination for individuals with disabilities. *Review of Educational Research, 71*(2), 219–277.

Allen, L., & Seth, A. (2004). Bridging the gap between poor and privileged. *American Educator, 28*(2), 34–42.

Allen, R. (2003). The democratic aims of service learning. *Educational Leadership, 60*(6), 51–54.

Allensworth, E. (2005). Dropout rates after high-stakes testing in elementary school: A study of the contradictory effects of Chicago's efforts to end social promotion. *Evaluation and Policy Analysis, 27*(4), 341–364.

Allington, R., & McGill-Franzen, A. (2003). The impact of summer setback on the reaching achievement gap. *Phi Delta Kappan, 85*(1), 68–75.

Allington, R. L., & McGill-Franzen, A. (1989). School response to reading failure: Instruction for Chapter 1 and special education students in grades two, four, and eight. *Elementary School Journal, 89*(5), 529–542.

Allspach, J., & Breining, K. (2005). *Gender differences and trends over time for the SAT reasoning test.* Princeton, NJ: Educational Testing Service.

Al-Namlah, A. S., Fernyhough, C., & Meins, E. (2006). Sociocultural influences on the development of verbal mediation: Private speech and phonological decoding in Saudi Arabian and British samples. *Developmental Psychology, 42,* 117–131.

Alvermann, D. E., Smith, L., & Readence, J. (1985). Prior knowledge activation and the comprehension of compatible and incompatible text. *Reading Research Quarterly, 20,* 420–436.

Ambert, A. M. (1997). *Parents, children, and adolescents: Interactive relationships and development in context.* New York: Haworth.

American Association of University Women. (2002). *Harrassment-free hallways: How to stop sexual harassment in schools.* Washington, DC: Author.

American Association on Mental Retardation (AAMR). (2002). *Mental retardation: Definition, classification, and systems of supports* (10th ed.). Washington, DC: Author.

American Psychiatric Association. (1994). *Diagnostic and statistical manual of mental disorders* (4th ed.). Washington, DC: Author.

American Psychological Association. (1992). *Working draft report of the APA Presidential Task Force on Psychology in Education.*

American Psychological Association. (1997). *Learner-centered psychological principles: A framework for school redesign and reform.* Washington, DC: Author.

Ames, C., & Archer, J. (1988). Achievement goals in the classroom: Students' learning strategies and motivation processes. *Journal of Educational Psychology, 80,* 260–267.

Amrein, A., & Berliner, D. (2003). The effects of high-stakes testing on student motivation and learning. *Educational Leadership, 60*(5), 32–38.

Amrein-Beardsley, A. (2008). Methodological concerns about the education value-added assessment system. *Educational Researcher, 37*(2), 65–75.

Amrein-Beardsley, A. (2009). The unintended, pernicious consequences of staying the course. *International Journal of Education Policy and Leadership, 4*(6), 1–13.

Anagnostopoulos, D. (2006). "Real Students" and "True Demotes": Ending social promotion and the moral ordering of urban high schools. *American Educational Research Journal, 43*(1), 5–42.

Ancheta, A. (2006). Civil rights, education research, and the courts. *Educational Researcher, 35*(1), 26–29.

Anderman, E. M., Anderman, L. H., & Griesinger, T. (1999). The relation of present and possible academic selves during early adolescence to grade point average and achievement goals. *The Elementary School Journal, 100*(1), 3–18.

Anderman, E. M., Eccles, J. S., Yoon, K. S., Roeser, R., Wigfield, A., & Blumenfeld, P. (2001). Learning to value mathematics and reading: Relations to mastery and performance-oriented instructional practices. *Contemporary Educational Psychology, 26*(1), 76–95.

Anderson, J. (1994). *What do student grades mean? Differences across schools.* Washington, DC: U.S. Department of Education, Office of Educational Research and Improvement.

Anderson, J. R. (1985). *Cognitive psychology and its implications* (2nd ed.). San Francisco: Freeman.

Anderson, J. R. (1990). *Cognitive psychology and its implications* (3rd ed.). New York: Freeman.

Anderson, J. R. (1995). *Learning and memory: An integrated approach.* New York: Wiley.

Anderson, J. R. (2005). *Cognitive psychology and its implications* (6th ed.). New York: Worth.

Anderson, J. R., & Bower, G. (1983). *Human associative memory.* Washington, DC: Winston.

Anderson, J. R., Greeno, J. G., Reder, L. M., & Simon, H. (2000). Perspectives on learning, thinking, and activity. *Educational Researcher, 29*(4), 11–13.

Anderson, J. R., Reder, L. M., & Simon, H. A. (1996). Situated learning and education. *Educational Researcher, 25*(4), 5–11.

Anderson, L. M., Brubaker, N. L., Alleman-Brooks, J., & Duffy, G. G. (1985). A qualitative study of seatwork in first-grade classrooms. *Elementary School Journal, 86,* 123–140.

Anderson, L. M., Evertson, C. M., & Brophy, J. E. (1979). An experimental study of effective teaching in first-grade reading groups. *Elementary School Journal, 79,* 193–223.

Anderson, T. H., & Armbruster, B. B. (1984). Studying. In P. D. Pearson (Ed.), *Handbook of reading research.* New York: Longman.

Anderson-Inman, L., & Horney, M. (2007). Supported eText: Assistive technology through text transformations. *Reading Research Quarterly, 42*(1), 153–160.

Andrade, H. (2007/2008). Self-assessment through rubrics. *Educational Leadership, 65*(4), 60–63.

Anthony, J. L., & Lonigan, C. J. (2004). The nature of phonological awareness: Converging evidence from four studies of preschool and early grade school children. *Journal of Educational Psychology, 96*(1), 43–55.

Antil, L., Jenkins, J., Wayne, S., & Vadasy, P. (1998). Cooperative learning: Prevalence, conceptualizations, and the relation between research and practice. *American Educational Research Journal, 35*(3), 419–454.

Applebee, A. Langer, J., Nystrand, M., & Gameran, A. (2003). Discussion-based approaches to developing understanding: Classroom instruction and student performance in middle and high school English. *American Educational Research Journal, 40,* 685–730.

Archer, J. (2007). Information exchange. *Technology counts 2007,* 37–41. Retrieved June 1, 2007, from www.edweek/go/tc07

Arends, R. I. (2004). *Learning to teach* (6th ed.). New York: Worth.

Arlin, M. (1990). Wisdom: The art of problem finding. In R.J. Sternberg (Ed.), *Wisdom: Its nature, origins, and development* (pp. 230–243). New York: Cambridge University Press.

Armony, J., Chochol, C., Fecteau, S., & Belin, P. (2007). Laugh (or cry) and you will be remembered. *Psychological Science, 18,* 1027–1029.

Armstrong, T. (1994). *Multiple intelligences in the classroom.* Alexandria, VA: Association for Supervision and Curriculum Development.

Arnold, M. L. (2000). Stage, sequence, and sequels: Changing conceptions of morality, post-Kohlberg. *Educational Psychology Review, 12,* 365–383.

Aronson, E., Blaney, N., Stephan, C., Sikes, J., & Snapp, M. (1978). *The jigsaw classroom.* Beverly Hills, CA: Sage.

Aronson, E. A. (1995). *The social animal.* New York: Freeman.

Aronson, J. (2002). Stereotype threat: Contending and coping with unnerving expectations. In J. Aronson & D. Cordova (Eds.), *Improving education: Classic and contemporary lessons from psychology* (pp. 279–301). New York: Academic Press.

Aronson, J., & Steele, C. (2005). Stereotypes and the fragility of human competence, motivation, and self-concept. In C. Dweck & E. Elliot (Eds.), *Handbook of competence and motivation.* New York: Guilford.

Arter, J., & McTighe, J. (2001). *Scoring rubrics in the classroom.* Thousand Oaks, CA: Corwin.

Artiles, A., Kozleski, E., Dorn, S., & Christensen, C. (2006). Chapter 3: Learning in inclusive education research—Re-mediating theory and methods with a transformative agenda. *Review of Research in Education, 30*(1), 65–108.

Arzubiaga, A., Noguerón, S., & Sullivan, A. (2009). The education of children in immigrant families. *Review of Research in Education, 33,* 246–271.

Ashcraft, M. H., & Radvansky, G. A. (Eds.). (2010). *Cognition* (5th ed.). Boston: Prentice Hall.

Asher, N. (2007). Made in the (multicultural) U.S.A.: Unpacking tensions of race, culture, gender, and sexuality in education. *Educational Researcher, 36*(2), 65–73.

Atkins, J., & Ellsesser, J. (2003). Tracking: The good, the bad, and the questions. *Educational Leadership, 61*(2), 44–47.

Atkinson, J. W. (1958). Towards experimental analysis of human motivation in terms of motive expectancies and incentives. In J. W. Atkinson (Ed.), *Motives in fantasy, action, and society.* Princeton, NJ: Van Nostrand.

Atkinson, J. W. (1964). *An introduction to motivation.* Princeton, NJ: Van Nostrand.

Atkinson, R., Levin, J., Atkinson, L., Kiewra, K., Meyers, T., Kim, S., Renandya, W., & Hwang, Y. (1999). Matrix and mnemonic text-processing adjuncts: Comparing and combining their components. *Journal of Educational Psychology, 91*(2), 342–357.

Atkinson, R. C., & Raugh, M. R. (1975). An application of the mnemonic keyword method to the acquisition of Russian vocabulary. *Journal of Experimental Psychology: Human Learning and Memory, 104,* 126–133.

Atkinson, R. C., & Shiffrin, R. M. (1968). Human memory: A proposed system and its component processes. In K. Spence & J. Spence (Eds.), *The psychology of learning and motivation* (Vol. 2). New York: Academic Press.

Atkinson, R. K., Derry, S. J., Renkl, A., & Wortham, D. (2000). Learning from examples: Instructional principles from the worked examples research. *Review of Educational Research, 70*(2), 181–214.

Attewell, P., & Battle, J. (1999). Home computers and school performance. *The Information Society, 15*(1), 1–10.

August, D., & Shanahan, T. (Eds.). (2006a). *Developing literacy in second-language learners.* Mahwah, NJ: Erlbaum.

August, D., & Shanahan, T. (2006b). Synthesis: Instruction and professional development. In D. August & T. Shanahan (Eds.), *Developing literacy in second-language learners* (pp. 351–364). Mahwah, NJ: Erlbaum.

Ausubel, D. P. (1963). *The psychology of meaningful verbal learning.* New York: Grune and Stratton.

Ausubel, D. P., & Youssef, M. (1963). Role of discriminability in meaningful parallel learning. *Journal of Educational Psychology, 54,* 331–336.

Aviram, A. (2000). From "computers in the classroom" to mindful radical adaptation by education systems to the emerging cyber culture. *Journal of Educational Change, 1*(4), 331–352.

Axelrod, S., & Matthews, S. (2003). *How to manage behavior.* Austin, TX: Pro-Ed.

Ayaduray, J., & Jacobs, G. M. (1997). Can learner strategy instruction succeed? The case of higher order questions and elaborate responses. *System, 25*(4), 561–570.

Azzam, A. (2009). Why creativity now? A conversation with Sir Ken Robinson. *Educational Leadership, 67,* 22–26.

Baddeley, A. (1999). *Essentials of human memory.* Philadelphia: Psychology Press.

Badgett, J., & Christmann, E. (2009). *Designing elementary instruction and assessment.* Thousand Oaks, CA: Corwin.

Badke, W. (2009). Stepping beyond Wikipedia. *Educational Leadership, 66*(6), 54–58.

Bahrick, H. P., & Hall, L. K. (1991). Lifetime maintenance of high school mathematics. *Journal of Experimental Psychology, 120,* 20–33.

Bailey, J., & Burch, M. (2005). *Ethics for behavior analysis.* Mahwah, NJ: Erlbaum.

Baillargeon, R. (2002). The acquisition of physical knowledge in infancy: A summary in eight lessons. In U. Goswami, (Ed.), *Blackwell handbook of childhood cognitive development* (pp. 47–83). Malden, MA: Blackwell.

Baines, L., Baines, C., & Masterson, C. (1994). Mainstreaming: One school's reality. *Phi Delta Kappan, 76*(1), 39–40, 57–64.

Baker, S., Gersten, R., & Keating, T. (2000). When less may be more: A two-year longitudinal evaluation of a volunteer tutoring program requiring minimal training. *Reading Research Quarterly, 35*(4), 494–519.

Baker, S., Gersten, R., & Lee, D. S. (2002). A synthesis of empirical research on teaching mathematics to low-achieving students. *The Elementary School Journal, 103*(1), 51–73.

Balfanz, R., & Legters, N. (2004). *Locating the dropout crisis.* Baltimore, MD: Johns Hopkins University, Center for Social Organization of Schools.

Balfanz, R., & MacIver, D. (2000). Transforming high-poverty urban middle schools into strong learning institutions: Lessons from the first five years of the Talent Development Middle School. *Journal of Education for Students Placed at Risk, 5*(1 & 2), 137–158.

Bali, V., Anagnostopoulos, D., & Roberts, R. (2005). Toward a political explanation of grade retention. *Evaluation and Policy Analysis, 27*(3), 133–155.

Ball, D., & Forzani, F. (2007). What makes education research "educational"? *Educational Researcher, 36*(9), 529–540.

Bandalos, D. L., Yates, K., & Thorndike-Christ, T. (1995). Effects of math self-concept, perceived self-efficacy, and attributions for failure and success on test anxiety. *Journal of Educational Psychology, 87*(4), 611–623.

Bandura, A. (1965). Influence of models' reinforcement contingencies on the acquisition of imitative responses. *Journal of Personality and Social Psychology, 28*(2), 117–148.

Bandura, A. (1986). *Social foundations of thought and action: A social-cognitive theory.* Englewood Cliffs, NJ: Prentice-Hall.

Bandura, A. (1997). *Self-efficacy: The exercise of control.* New York: Freeman.

Bandura, A. (2001). Social cognitive theory: An agentic perspective. *Annual Review of Psychology, 52,* 1–26.

Bangert-Drowns, R. L. (1993). The word processor as an instructional tool: A meta-analysis of word processing in writing instruction. *Review of Educational Research, 63*(1), 69–93.

Bangert-Drowns, R. L., Hurley, M., & Wilkinson, B. (2004). The effects of school-based writing-to-learn interventions on academic achievement: A meta-analysis. *Review of Educational Research, 74*(1), 29–58.

Bangert-Drowns, R. L., Kulik, C. C., Kulik, J. A., & Morgan, M. (1991). The instructional effect of feedback in test-like events. *Review of Educational Research, 61*(2), 213–238.

Bangert-Drowns, R. L., Kulik, J. A., & Kulik, C. L. (1986, April). *Effects of frequent classroom testing.* Paper presented at the annual meeting of the American Education Research Association, San Francisco.

Banich, M. T. (2004). *Cognitive neuroscience and neuropsychology* (2nd ed.). Boston: Houghton-Mifflin.

Banks, J. A. (2006). *Cultural diversity and education: Foundations, curriculum, and teaching* (5th ed.). Boston: Pearson.

Banks, J. A. (2008). *An introduction to multicultural education* (4th ed.). Boston: Pearson.

Banks, J. A. (Ed.). (2009). *Teaching strategies for ethnic studies* (8th ed.). Boston: Pearson.

Barab, S., Gresalfi, M., & Arici, A. (2009). Why educators should care about games. *Educational Leadership, 67*(1), 76.

Barbato, R. (2000). *Policy implications of cooperative learning on the achievement and attitudes of secondary school mathematics students.* Unpublished doctoral dissertation, Fordham University.

Barber, B., Eccles, J., & Stone, M. (2001). Whatever happened to the jock, the brain, and the princess? Young adult pathways linked to adolescent activity involvement and social identity. *Journal of Adolescent Research, 16,* 429–455.

Barber, R. M., & Kagey, J. R. (1977). Modification of school attendance for an elementary population. *Journal of Applied Behavior Analysis, 10,* 41–48.

Barnhill, G. P. (2005). Functional behavioral assessment in schools. *Intervention in school and clinic, 40,* 131–143.

Barr, R. (1987). Content coverage. In M. J. Dunkin (Ed.), *International encyclopedia of teaching and teacher education.* New York: Pergamon.

Barr, R. D., & Parrett, W. H. (1995). *Hope at last for at-risk youth.* Boston: Allyn & Bacon.

Barr, R. D., & Parrett, W. H. (2001). *Hope fulfilled for at-risk and violent youth* (2nd ed.). Boston: Allyn & Bacon.

Barrish, H. H., Saunders, M., & Wolf, M. M. (1969). Good behavior game: Effects of individual contingencies for group consequences on disruptive behavior in a classroom. *Journal of Applied Behavior Analysis, 2,* 119–124.

Barth, R. (1979). Home-based reinforcement of school behavior: A review and analysis. *Review of Educational Research, 49,* 436–458.

Barton, P. (2003). *Parsing the achievement gap: Baselines for tracking progress.* Princeton, NJ: Educational Testing Service.

Barton, P. (2007/2008). The right way to measure growth. *Educational Leadership, 65*(4), 70–73.

Bateman, B., & Linden, M. (1998). *Better IEPs* (3rd ed.). Longmont, CO: Sopris West.

Battin-Pearson, S., Newcomb, M., Abbott, R., Hill, K., Catalano, R., & Hawkins, D. (2000). Predictors of early high school dropout: A test of five theories. *Journal of Educational Psychology, 92*(3), 568–582.

Battistich, V., Watson, M., Solomon, D., Lewis, C., & Schaps, E. (1999). Beyond the three R's: A broader agenda for school reform. *The Elementary School Journal, 99*(5), 415–432.

Baumeister, R. F., & Leary, M. R. (1995). The need to belong: Desire for interpersonal attachments as a fundamental human motivation. *Psychological Bulletin, 117*(3), 497–529.

Baxter, S. (1994). The last word on gender differences. *Psychology Today, 27*(2), 51–53.

Bebell, D., O'Dwyer, L., Russell, M., & Seeley, K. (2004). *Estimating the effect of computer use at home and in school on student achievement.* Paper presented at the annual meeting of the American Educational Research Association, San Diego, CA.

Beck, I., & McKeown, M. (2001). Inviting students into the pursuit of meaning. *Educational Psychology Review, 13*(3), 225–242.

Beck, I., & McKeown, M. (2007). Increasing young low-income children's oral vocabulary repertoires through rich and focused instruction. *The Elementary School Journal, 107*(3), 251–272.

Beck, I., McKeown, M., & Kucan, L. (2002). *Bringing words to life: Robust vocabulary instruction.* New York: Guilford Press.

Becker, B. E., & Luthar, S. S. (2002). Social-emotional factors affecting achievement outcomes among disadvantaged students: Closing the achievement gap. *Educational Psychologist, 37*(4), 197–214.

Becker, C., & Lee, M. (2009). *The interactive whiteboard revolution: Teaching with IWBs.* Victoria, Australia: ACER Press.

Becker, H. J. (1990). Coaching for the scholastic aptitude test: Further synthesis and appraisal. *Review of Educational Research, 60*(3), 373–417.

Becker, H. J. (2000). Who's wired and who's not: Children's access to and use of computer technology. *Children and Computer Technology, 10*(2), 44–75.

Becker, H. J. (2001, April). *How are teachers using computers in instruction?* Paper presented at the annual meeting of the American Educational Research Association, Seattle, WA.

Bee, H., & Boyd, D. (Eds.). (2010). *The developing child* (12th ed.). Boston: Allyn & Bacon.

Beebe-Frankenberger, M., Bocian, K. L., MacMillan, D. L., & Gresham, F. M. (2004). Sorting second grade students with academic deficiencies: Characteristics differentiating those retained in grade from those promoted to third grade. *Journal of Educational Psychology, 96,* 204–215.

Behrman, R. E. (1997). Children and poverty. *The Future of Children, 7*(2), 4–16.

Belgrad, S., Burke, K., & Fogarty, R. (2008). *The portfolio connection: Student work linked to standards* (3rd ed.). Thousand Oaks, CA: Corwin.

Bell, D. (2004). *Silent covenants: Brown v. Board of Education and the unfulfilled hopes for racial reform.* New York: Oxford University Press.

Bender, W. N. (Ed.). (2008). *Learning disabilities: Characteristics, identification, and teaching strategies* (6th ed.). Boston: Pearson.

Benjafield, J. G. (1992). *Cognition.* Englewood Cliffs, NJ: Prentice-Hall.

Bereiter, C. (1995). A dispositional view of transfer. In A. McKeough, J. Lupart, & A. Marini (Eds.), *Teaching for transfer: Fostering generalization in learning.* Mahwah, NJ: Erlbaum.

Bergin, D. (1999). Influences on classroom interest. *Educational Psychologist, 34*(2), 87–98.

Bergstrom, J. M., & O'Brien, L. A. (2001). Themes of discovery. *Educational Leadership, 58*(7), 29–33.

Berk, L. E. (2006). *Child development* (7th ed.). Boston: Allyn & Bacon.

Berk, L. E. (Ed.). (2009). *Child development* (8th ed.). Boston: Pearson.

Berko, J. (1985). The child's learning of English morphology. *Word, 14,* 150–177.

Bernard-Powers, J. (2001). Gender effects in schooling. In C. F. Diaz (Ed.), *Multicultural education for the 21st century.* New York: Longman.

Bernhardt, V. (2003). No schools left behind. *Educational Leadership, 60*(5), 26–30.

Bernhardt, V. (2005). Data tools for school improvement. *Educational Leadership, 62*(5), 66–69.

Bernstein, D. K., & Tiegerman-Farber, E. (Eds.) (2009). *Language and communication disorders in children* (6th ed.). Boston: Allyn & Bacon.

Berrueta-Clement, J. R., Schweinhart, L. J., Barnett, W. S., Epstein, A. S., & Weikart, D. P. (1984). *Changed lives.* Ypsilanti, MI: High/Scope.

Berry, B., Hoke, M., & Hirsch, E. (2004). The search for highly qualified teachers. *Phi Delta Kappan, 85*(9), 684–689.

Bertsch S., Pesta B. J., Wiscott R., & McDaniel M. A. (2007). The generation effect: A meta-analytic review. *Memory & Cognition, 35,* 201–210.

Bettmann, E. H., & Friedman, L. J. (2004). The Anti-Defamation League's A Word of Difference Institute. In W. G. Stephan & W. P. Vogt (Eds.), *Education programs for improving intergroup relations.* New York: Teachers College Press.

Beyer, B. K. (1988). *Developing a thinking skills program.* Boston: Allyn & Bacon.

Beyer, B. K. (1998). *Improving student thinking: A comprehensive approach.* Boston: Allyn & Bacon.

Biancarosa, C., & Snow, C. E. (2006). *Reading next—A vision for action and research in middle and high school literacy: A report to Carnegie Corporation of New York* (2nd ed.). Washington, DC: Alliance for Excellent Education.

Biddle, B., & Berliner, D. (2002). Unequal school funding in the United States. *Educational Leadership, 59*(8), 48–59.

Biemiller, A. (2004). Teaching vocabulary in the primary grades: Vocabulary instruction needed. In J. F. Baumann & E. J. Kame'enui (Eds.), *Vocabulary instruction: Research to practice* (pp. 28–40). New York: Guilford Press.

Bigge, M. L., & Shermis, S. S. (2004). *Learning theories for teachers* (6th ed.). Boston: Pearson.

Binder, L. M., Dixon, M. R., & Ghezi, P. M. (2000). A procedure to teach self-control to children with attention deficit hyper-activity disorder. *Journal of Applied Behavior Analysis, 33,* 233–237.

Birney, D., Citron-Pousiy, J., Lutz, D., & Sternberg, R. (2005). The development of cognitive and intellectual abilities. In M. Borstein & M. Lamb (Eds.), *Developmental science: An advanced textbook* (5th ed., pp. 327–358). Hillsdale, NJ: Erlbaum.

Bitter, G. G., & Legacy, J. M. (2008). *Using technology in the classroom* (7th ed.). Boston: Pearson.

Blachman, B., Schatschneider, C., Fletcher, J., Francis, D., Clonan, S., Shaywitz, B., & Shaywitz, C. (2004). Effects of intensive reading remediation for second and third graders and a one year followup. *Journal of Educational Psychology, 96*(3), 444–461.

Blachowicz, C., Fisher, P., Ogle, D., & Watts-Taffe, S. (2006). Vocabulary: Questions from the classroom. *Reading Research Quarterly, 41*(4), 524–539.

Black, J. (2003). Environment and development of the nervous system. In M. Gallagher & R. J. Nelson (Eds.), *Handbook of psychology: Vol. 3. Biological psychology* (pp. 655–665). Hoboken, NJ: Wiley.

Black, M. M., & Krishnakumar, A. (1998). Children in low-income, urban settings. Interventions to promote mental health and well-being. *American Psychologist, 53*(6), 635–646.

Black, P., Harrison, C., Lee, C., Marshall, B., & Wiliam, D. (2003). Working inside the black box: Assessment for learning in the classroom. *Phi Delta Kappan, 86*(1), 8–21.

Black, P., Harrison, C., Lee, C., Marshall, B., & Wiliam, D. (2004). *Assessment for learning.* New York: Open University Press.

Blackadar, A. R., & Nachtigal, P. (1986). *Cotapaxi/Westcliffe follow-through project: Final evaluation report.* Denver, CO: Mid-Continental Regional Educational Laboratory.

Blair, C. (2004). Learning disability, intelligence, and fluid cognitive functions of the prefrontal cortex: A developmental neuroscience approach. *Learning Disabilities: A Contemporary Journal, 2*(1), 22–29.

Bligh, D. (2000). *What's the use of lectures?* San Francisco: Jossey-Bass.

Block, C., & Duffy, G. (2008). Research on teaching comprehension. In C. Block & S. Parris (Eds.), *Comprehension instruction: Research-based best practices* (2nd ed., pp. 19–37). New York: Guilford.

Block, K. K., & Peskowitz, N. B. (1990). Metacognition in spelling: Using writing and reading to self-check spelling. *Elementary School Journal, 91,* 151–164.

Blok, H., Oostdam, R., Otter, M. E., & Overmaat, M. (2002). Computer-assisted instruction in support of beginning reading instruction: A review. *Review of Educational Research, 721*(1), 101–130.

Bloom, B. S. (1986). Automaticity: The hands and feet of genius. *Educational Leadership, 43,* 70–77.

Bloom, B. S., Englehart, M. B., Furst, E. J., Hill, W. H., & Krathwohl, O. R. (1956). *Taxonomy of educational objectives: The classification of educational goals. Handbook 1: The cognitive domain.* New York: Longman.

Bloom, B. S., Hastings, J. T., & Madaus, G. F. (1971). *Handbook on formative and summative evaluation of student learning.* New York: McGraw-Hill.

Bloome, D., Puro, P., & Theodorou, E. (1989). Procedural displays and classroom lessons. *Curriculum Inquiry, 19*(3), 265–291.

Blumenfeld, P. C., Marx, R. W., Soloway, E., & Krajcik, J. (1996). Learning with peers: From small group cooperation to collaborative communities. *Educational Researcher, 25*(8), 37–40.

Boden, M. A. (1980). *Jean Piaget.* New York: Viking Press.

Bodovski, L., & Farkas, G. (2007). Mathematics growth in early elementary school: The roles of beginning knowledge, student engagement, and instruction. *The Elementary School Journal, 108*(2), 115–131.

Boekaerts, M. (1995). Self-regulated learning: Bridging the gap between metacognitive and metamotivational theories. *Educational Psychologist, 30*(4), 195–200.

Boekaerts, M. (2006). Self-regulation and effort investment. In E. Sigel & K. A. Renninger (Eds), *A handbook of child psychology: Vol. 4. Child psychology in practice* (pp. 345–377). Hoboken, NJ: Wiley.

Boekaerts, M., Pintrich, P. R., & Zeidner, M. (Eds.). (2000). *Handbook of self-regulation.* San Diego, CA: Academic Press.

Bolhuis, S. (2003). Towards process-oriented teaching for self-directed life-long learning: A multidimensional perspective. *Learning and Instruction, 13,* 327–347.

Bong, M. (2001). Between- and within-domain relations of academic motivation among middle and high school students: Self-efficacy, task-value, and achievement goals. *Journal of Educational Psychology, 93*(1), 23–34.

Bong, M., & Skaalvik, E. (2003). Academic self-concept and self-efficacy: How different are they really? *Educational Psychology Review, 15*(1), 1–40.

Bonner-Tompkins, E. (2001, May/June). Effective practices for serving limited English proficient students with disabilities. *Gaining Ground.* Washington, DC: Council of Chief State School Officers.

Booher-Jennings, J., & Beveridge, A. (2007). Who counts for accountability? High-stakes test exemptions in a large urban school district. In A. Sadovnik, J. O'Day, G. Bohrnstedt, & K. Borman (Eds.), *No Child Left Behind and the reduction of the achievement gap: Sociological perspectives on federal education policy.* New York: Routledge.

Boom, J., Brugman, D., & van der Heijden, P. G. M. (2001). Hierarchical structure of moral stages assessed by a sorting task. *Child Development, 72,* 535–548.

Boone, R., & Higgins, K. (2007). The role of instructional design in assistive technology research and development. *Reading Research Quarterly, 42*(1), 134–160.

Borg, M. (1998). Tests of the internal/external frames of reference model with subject-specific academic self-efficacy and frame-specific academic concepts. *Journal of Educational Psychology, 90*(1), 102–110.

Borgman, C., Abelson, H., Dirks, L., Johnson, R., Koedinger, K., Linn, M., Lynch, C., et al. (2008). *Fostering learning in the networked world: The cyberlearning opportunity and challenge: A 21st century agenda for the National Science Foundation.* Washington, DC: National Science Foundation.

Borja, R. R. (2007). Teaching assistants. *Technology counts 2007,* 18–22. Retrieved Dec. 1, 2007, from www.edweek/go/tc07

Borko, H. (2004). Professional development and teacher learning: Mapping the terrain. *Educational Researcher, 33*(8), 3–15.

Borland, J. H. (2008). Gifted students. In T. L. Good (Ed.), *21st century learning* (Vol. 2, pp. 141–149). Thousand Oaks, CA: Sage.

Borman, G. (2002/2003). How can Title I improve achievement? *Educational Leadership, 60*(4), 49–53.

Borman, G., Benson, J., & Overman, L. (2005). Families, schools, and summer learning. *The Elementary School Journal, 106*(2), 131–150.

Borman, G., & Dowling, N. M. (2006). Longitudinal achievement effects of multiyear summer school: Evidence from the Teach Baltimore randomized field trial. *Educational Evaluation and Policy Analysis, 28*(1), 25–48.

Borman, G., & Hewes, G. (2003). Long-term effects and cost effectiveness of Success for All. *Educational Evaluation and Policy Analysis, 24*(2), 243–266.

Borman, G., & Kimball, S. (2005). Teacher quality and educational quality: Do teachers with higher standards-based evaluation ratings close student achievement gaps? *The Elementary School Journal, 106*(1), 3–20.

Borman, G., Stringfield, S., & Slavin, R. (Eds.). (2001). *Title I: Compensatory education at the crossroads.* Mahwah, NJ: Erlbaum.

Borman, G. D. (1997). *A holistic model of the organization of categorical program students' total educational opportunities.* Unpublished doctoral dissertation, University of Chicago.

Borman, G. D., & Boulay, M. (2004). *Summer learning: Research, policies, and programs.* Mahwah, NJ: Erlbaum.

Borman, G. D., & D'Agostino, J. V. (2001). Title I and student achievement: A quantitative synthesis. In G. D. Borman, S. C. Stringfield, & R. E. Slavin (Eds.), *Title I: Compensatory education at the crossroads* (pp. 25–57). Mahwah, NJ: Erlbaum

Borman, G. D., D'Agostino, J. V., Wong, K. K., & Hedges, L. V. (1998). The longitudinal achievement of Chapter I students: Preliminary evidence from the Prospects study. *Journal of Education for Students Placed at Risk, 3*(4), 363–399.

Borman, G. D., Goetz, M., & Dowling, N. (2009). Halting the summer achievement slide: A randomized field trial of the kindergARTen summer camp. *Journal of Education for Students Placed at Risk, 14*(2), 133–147.

Borman, G. D., Hewes, G. M., Overman, L. T., & Brown, S. (2003). Comprehensive school reform and achievement: A meta-analysis. *Review of Educational Research, 73*(2), 125–230.

Borman, G. D., & Overman, L.T. (2004). Academic resilience in mathematics among poor and minority students. *The Elementary School Journal, 104*(3), 177–195.

Borman, G. D., Slavin, R. E., Cheung, A., Chamberlain, A., Madden, N. A., & Chambers, B. (2007). Final reading outcomes of the national randomized field trial of Success for All. *American Educational Research Journal, 44*(3), 701–731.

Bornstein, P. H. (1985). Self-instructional training: A commentary and state-of-the-art. *Journal of Applied Behavior Analysis, 18,* 69–72.

Bottge, B. A. (2001). Using intriguing problems to improve math skills. *Educational Leadership, 58*(6), 68–72.

Bottoms, J. E., Feagin, C. H., & Han, L. (2005). *Making high schools and middle grades schools work.* Atlanta, GA: Southern Regional Education Board.

Bower, G. H., Clark, M. C., Lesgold, A. M., & Winzenz, D. (1969). Hierarchical retrieval schemes in recall of categorized word lists. *Journal of Verbal Learning and Verbal Behavior, 8,* 323–343.

Bower, G. H., & Karlin, M. B. (1974). Depth of processing pictures of faces and recognition memory. *Journal of Experimental Psychology, 103,* 751–757.

Boykin, A. W. (1994a). Afrocultural expression and its implications for schooling. In E. R. Hollins, J. E. King, & W. C. Hayman (Eds.), *Teaching diverse populations.* Albany: State University of New York Press.

Boykin, A. W. (1994b). Harvesting culture and talent: African American children and educational reform. In R. Rossi (Ed.), *Schools and students at risk* (pp. 116–130). New York: Teachers College Press.

Boykin, A. W. (2000). The talent development model of schooling: Placing students at promise for academic success. *Journal of Education for Students Placed at Risk, 5*(1 & 2), 3–25.

Bracey, G. (2003). The 13th Bracey report on the condition of education. *Phi Delta Kappan, 84*(8), 616–621.

Bracey, G. (2006). Dropping in on dropouts. *Phi Delta Kappan, 87*(10), 798.

Braddock, J. H., & Dawkins, M. P. (1993). Ability grouping, aspirations, and attainments: Evidence from the National Educational Longitudinal Study of 1988. *Journal of Negro Education, 62*(3), 1–13.

Braddock, J. H., Dawkins, M. P., & Wilson, G. (1995). Intercultural contact and race relations among American youth. In W. D. Hawley & A. W. Jackson (Eds.), *Toward a common destiny: Improving race and ethnic relations in America.* San Francisco: Jossey-Bass.

Bradley, R. H., Whiteside, L., Mundfrom, D. J., Casey, P. H., Caldwell, B. M., & Barrett, K. (1994). Impact of the Infant Health and Development Program (IHDP) on the home environments of infants born prematurely and with low birthweight. *Journal of Educational Psychology, 80,* 531–541.

Bradshaw, C., Zmuda, J., Kellam, S., & Ialongo, N. (2009). Longitudinal impact of two universal preventive interventions in first grade on educational outcomes in high school. *Journal of Educational Psychology, 101*(4), 926–937.

Branch, C. (1998). *Adolescent gangs: Old issues, new approaches.* Philadelphia: Brunner/Mazel.

Bransford, J., Brown, A., & Cocking, R. (Eds.). (1999). *How people learn: Brain, mind, experience, and school.* Washington, DC: National Academies Press.

Bransford, J. D., Burns, M. S., Delclos, V. R., & Vye, N. J. (1986). Teaching thinking: Evaluating evaluations and broadening the data base. *Educational Leadership, 44*(2), 68–70.

Bransford, J. D., & Stein, B. S. (1993). *The ideal problem solver* (2nd ed.). New York: W. H. Freeman.

Bretzing, B. B., & Kulhavy, R. W. (1981). Note taking and passage style. *Journal of Educational Psychology, 73,* 242–250.

Broden, M., Hall, R. V., Dunlap, A., & Clark, R. (1970). Effects of teacher attention and a token reinforcement system in a junior high school special education class. *Exceptional Children, 36,* 341–349.

Brookes-Gunn, J., & Duncan, G. (1997). The effects of poverty on children. *Children and Poverty, 7*(2) 55–71.

Brookhart, S. (2007/2008). Feedback that fits. *Educational Leadership, 65*(4), 54–59.

Brookhart, S., Moss, C., & Long, B. (2008). Formative assessment that empowers. *Educational Leadership, 66*(3), 52–57.

Brooks, B. D. (1975). Contingency management as a means of reducing school truancy. *Education, 95,* 206–211.

Brooks, D. M. (1985). Beginning of the year in junior high: The first day of school. *Educational Leadership, 42,* 76–78.

Brophy, J. (1981). Teacher praise: A functional analysis. *Review of Educational Research, 51,* 5–32.

Brophy, J. (1999). Toward a model of the value aspects of motivation in education: Developing appreciation for particular learning domains and activities. *Educational Psychologist, 34*(2), 75–85.

Brophy, J. (2005). Goal theorists should move on from performance goals. *Educational Psychologist, 40*(3), 167–176.

Brophy, J. (2008). Developing students' appreciation for what is taught in school. *Educational Psychologist, 43*(3), 132–141.

Brophy, J. E. (1998). *Motivating students to learn.* Boston: McGraw-Hill.

Brophy, J. E., & Evertson, C. M. (1976). *Learning from teaching: A developmental perspective.* Boston: Allyn & Bacon.

Browder, D. M. (2001). *Curriculum and assessment for students with moderate and severe disabilities.* New York: Guilford.

Brown, K., Morris, D., & Fields, M. (2005). Intervention after grade 1: Serving increased numbers of struggling readers effectively. *Journal of Literacy Research, 37*(1), 61–94.

Brown, T. (2007). A new approach to attention deficit disorder. *Educational Leadership, 64*(5), 22–28.

Bruner, J. S. (1966). *Toward a theory of instruction.* New York: Norton.

Bruning, R. H., Schraw, G. J., Norby, M. M., & Ronning, R. R. (2004). *Cognitive psychology and instruction* (4th ed.). Columbus, OH: Merrill.

Bryant, A. L., & Zimmerman, M. A. (2002). Examining the effects of academic beliefs and behaviors on changes in substance use among urban adolescents. *Journal of Educational Psychology, 94*(3), 621–637.

Bryant, D. P., Smith, D. D., & Bryant, B. R. (2008). *Teaching students with special needs in inclusive classrooms.* Boston: Allyn & Bacon.

Bryant, D. P., Ugel, N., Thompson, S., & Hampff, A. (1999). Instructional strategies for content-area reading instruction. *Intervention in School and Clinic, 34*(5), 293–302.

Buhle, R., & Blachowicz, C. (2008/2009). The assessment double play. *Educational Leadership, 66*(4), 42–47.

Bulgren, J., Deshler, D., Schumaker, J., & Lenz, B. (2000). The use and effectiveness of analogical instruction in diverse secondary content classrooms. *Journal of Educational Psychology, 92*(3), 426–441.

Bulgren, J. A., Lenz, B. K., Schumaker, J. B., Deshler, D. D., & Marquis, J. G. (2002). The use and effectiveness of a comparison routine in diverse secondary content classrooms. *Journal of Educational Psychology, 94*(2), 356–371.

Bunge, S. A., & Zelazo, P. D. (2006). A brain-based account of the development of rule use in childhood. *Current Directions in Psychological Science, 15*(3), 118–121.

Burden, P. R. (2000). *Powerful classroom management strategies: Motivating students to learn.* Thousand Oaks, CA: Corwin.

Burden, P. R., & Byrd, D. (2003). *Methods for effective teaching.* Boston: Allyn & Bacon.

Burden, P., & Byrd, D. (2010). *Methods for effective teaching* (5th ed.). Boston: Allyn & Bacon.

Burkam, D., LoGerfo, L., Ready, D., & Lee, V. (2007). The differential effects of repeating kindergarten. *Journal of Education for Students Placed at Risk, 12*(2), 103–136.

Burke, K. (2009). *How to assess authentic learning.* Thousand Oaks, CA: Corwin.

Burns, M. (2005). Looking at how students reason. *Educational Leadership, 63*(3), 26–31. Retrieved November 29, 2006, from www.ascd.org/authors/ed_lead/el200511_burns.html

Burns, R. B. (1984). How time is used in elementary schools: The activity structure of classrooms. In L. W. Anderson (Ed.), *Time and school learning: Theory, research, and practice.* London: Croom Helm.

Burns, R. B., & Mason, D. A. (2002). Class composition and student achievement in elementary schools. *American Educational Research Journal, 39*(1), 207–233.

Burris, C., Heubert, J., & Levin, H. (2004). Math acceleration for all. *Educational Leadership, 61*(5), 68–71.

Burris, C., Heubert, J., & Levin, H. (2006). Accelerating mathematics achievement using heterogeneous grouping. *American Educational Research Journal, 43*(1), 105–136.

Burt, M. R., Resnick, G., & Novick, E. R. (1998). *Building supportive communities for at-risk adolescents.* Washington, DC: American Psychological Association.

Bussey, K. (1992). Lying and truthfulness: Children's definitions, standards, and evaluative reactions. *Child Development, 63,* 129–137.

Butcher, K. (2006). Learning from text with diagrams: Promoting mental model development and inference generation. *Journal of Educational Psychology, 98*(1), 182–197.

Byerly, S. (2001). Linking classroom teaching to the real world through experiential instruction. *Phi Delta Kappan, 82*(9), 697–699.

Byrne, B., Fielding-Barnsley, R., & Ashley, L. (2000). Effects of preschool phoneme identity training after six years: Outcome level distinguished from rate of response. *Journal of Educational Psychology, 92*(4), 659–667.

Byrnes, J. (2001). *Cognitive development and learning* (2nd ed.). Boston: Allyn & Bacon.

Byrnes, J., & Miller, D. (2007). The relative importance of predictors of math and science achievement: An opportunity-propensity analysis. *Contemporary Educational Psychology, 32*(4), 599–629.

Byrnes, J. P. (2008). *Cognitive development and learning in instructional contexts* (3rd ed.). Boston: Pearson.

Calderón, M. (1999). Teacher learning communities for cooperation in diverse settings. *Theory into Practice, 38*(2), 94–99.

Calderón, M. (2001). Curricula and methodologies used to teach Spanish-speaking limited English proficient students to read English. In R. Slavin and M. Calderón (Eds.), *Effective programs for Latino students.* Mahwah, NJ: Erlbaum.

Calderón, M. (2007). *Teaching reading to English language learners, grades 6–12.* Thousand Oaks, CA: Corwin.

Calderón, M., August, D., Slavin, R. E., Durán, D., Madden, N. A., & Cheung, A. (2004). *The evaluation of a bilingual transition program for Success for All.* Baltimore, MD: Johns Hopkins University, Center for Research on the Education of Students Placed at Risk.

Calderón, M., Hertz-Lazarowitz, R., & Slavin, R. E. (1998). Effects of bilingual cooperative integrated reading and composition on students making the transition from Spanish to English reading. *Elementary School Journal, 99*(2), 153–165.

Calderón, M. E., & Minaya-Rowe, L. (2003). *Designing and implementing two-way bilingual programs.* Thousand Oaks, CA: Corwin.

Calhoon, M., Al Otaiba, S., Cihak, D., King, A., & Avalos, A. (2007). The effects of a peer-mediated program on reading skill acquisition for two-way bilingual first-grade classrooms. *Learning Disability Quarterly, 30*(3), 169–184.

Calhoun, G., & Elliott, R. (1977). Self-concept and academic achievement of educable retarded and emotionally disturbed children. *Exceptional Children, 44,* 379–380.

Calkins, L. M. (1983). *Lessons from a child: On the teaching and learning of writing.* Exeter, NH: Heinemann.

Callender, A., & McDaniel, M. (2009). The limited benefits of rereading educational texts. *Contemporary Educational Psychology, 34*(1), 30–41.

Cameron, J. (2001). Negative effects of reward on intrinsic motivation—a limited phenomenon: Comment on Deci, Koestner, and Ryan (2001). *Review of Educational Research, 71*(1), 29–42.

Cameron, J., & Pierce, W. D. (1994). Reinforcement, reward, and intrinsic motivation: A meta-analysis. *Review of Educational Research, 64,* 363–423.

Cameron, J., & Pierce, W. D. (1996). The debate about rewards and intrinsic motivation: Protests and accusations do not alter the results. *Review of Educational Research, 66*(1), 39–51.

Cameron, J., Pierce, W. D., Banko, K., & Gear, A. (2005). Achievement-based rewards and intrinsic motivation: A test of cognitive mediators. *Journal of Educational Psychology, 97*(4), 641–655.

Campbell, D. (2000). Authentic assessment and authentic standards. *Phi Delta Kappan, 81*(5), 405–407.

Campbell, F. A., & Ramey, C. T. (1994). Effects of early intervention on intellectual and academic achievement: A follow-up study of children from low-income families. *Child Development, 65,* 684–698.

Campbell, J., & Mayer, R. E. (2004, April). *Concrete manipulatives: For whom are they beneficial?* Paper presented at the annual meeting of the American Educational Research Association, San Diego, CA.

Campbell, L., Campbell, B., & Dickerson, D. (2004). *Teaching and learning through multiple intelligences.* Boston: Pearson.

Canada, G. (2000). Raising better boys. *Educational Leadership, 57*(4), 14–17.

Canfield, J., & Siccone, F. (1995). *101 ways to develop students' self-esteem and responsibility.* Boston: Allyn & Bacon.

Cannell, J. J. (1987). *Nationally normed elementary achievement testing in America's public schools: How all fifty states are above the national average.* Daniels, WV: Friends for Education.

Canter, L., & Canter, M. (2002). *Assertive discipline: Positive behavior management for today's schools.* Seal Beach, CA: Lee Canter & Associates.

Cappella, E., & Weinstein, R. (2001). Turning around reading achievement: Predictors of high school students' academic resilience. *Journal of Educational Psychology, 93*(4), 758–771.

Capper, C. A., Kampschroer, E. F., & Keyes, M. W. (2000). *Meeting the needs of students of all abilities: How leaders go beyond inclusion.* Bloomington, IN: Phi Delta Kappan.

Caprara, G., Fida, R., Vecchione, M., Del Bove, G., Vecchio, G., Barbaranelli, C., & Bandura, A. (2008). Longitudinal analysis of the role of perceived self-efficacy for self-regulated learning in academic continuance and achievement. *Journal of Educational Psychology, 100*(3), 525–534.

Capron, C., & Duyme, M. (1991). Children's IQ's and SES of biological and adoptive parents in a balanced cross-fostering study. *Cahiers de Psychologie Cognitive, II,* 323–348.

Cardelle-Elawar, M. (1990). Effects of feedback tailored to bilingual students' mathematics needs on verbal problem solving. *Elementary School Journal, 91,* 165–175.

Carey, L. M. (2001). *Measuring and evaluating school learning* (3rd ed.). Boston: Allyn & Bacon.

Carlo, M. S., August, D., McLaughlin, B., Snow, C. E., Dressler, C., Lippman, D., Lively, T., & White, C. (2004). Closing the gap: Addressing the vocabulary needs of English language learners in bilingual and mainstream classrooms. *Reading Research Quarterly, 39*(2), 188–215.

Carnegie Corporation of New York. (1989). *Turning points: Preparing American youth for the 21st century.* New York: Author.

Carney, R. N., & Levin, J. R. (1998). Do mnemonic memories fade as time goes by? Here's looking anew! *Contemporary Educational Psychology, 23*(3), 276–297.

Carney, R. N., & Levin, J. R. (2002). Pictorial illustrations still improve students' learning from text. *Educational Psychology Review, 14*(1), 5–26.

Carnoy, M., & Loeb, S. (2002). Does external accountability affect student outcomes? A cross-state analysis. *Educational Evaluation and Policy Analysis, 24*(4), 305–331.

Carolan, J., & Guinn, A. (2007). Differentiation: Lessons from master teachers. *Educational Leadership, 64*(5), 44–47.

Carpenter, S., & Pashler, H. (2007). Testing beyond words: Using tests to enhance visuospatial map learning. *Psychonomic Bulletin & Review, 14*, 474–478.

Carpenter, T. P., & Fennema, E. (1992). Cognitively guided instruction: Building on the knowledge of students and teachers. *International Journal of Educational Research, 17,* 457–470.

Carpenter, T. P., Fennema, E., Fuson, K., Hiebert, J., Human, P., Murray, H., Olivier, A., & Wearne, D. (1994, April). *Teaching mathematics for learning with understanding in the primary grades.* Paper presented at the annual meeting of the American Educational Research Association, New Orleans, LA.

Carpenter, T. P., Fennema, E., Peterson, P. L., Chiang, C. P., & Loef, M. (1989). Using knowledge of children's mathematics thinking in classroom teaching: An experimental study. *American Educational Research Journal, 26,* 499–531.

Carr, J. F., & Harris, D. E. (2001). *Succeeding with standards: Linking curriculum, assessment, and action planning.* Alexandria, VA: ASCD.

Carroll, J. B. (1963). A model of school learning. *Teachers College Record, 64,* 723–733.

Carroll, J. B. (1989). The Carroll model: A 25-year retrospective and prospective view. *Educational Researcher, 18,* 26–31.

Carter, C. J. (1997). Why reciprocal teaching? *Educational Leadership, 54*(6), 64–68.

Carter, L. F. (1984). The sustaining effects study of compensatory and elementary education. *Educational Researcher, 13*(7), 4–13.

Carver, S. M., & Klahr, D. (2001). *Cognition and instruction: Twenty five years of progress.* Mahwah, NJ: Erlbaum.

Case, R. (1998). The development of conceptual structures. In W. Damon (Ed.), *Handbook of child psychology* (Vol. 2, pp. 851–898). Hoboken, NJ: Wiley.

Casey, B., Giedd, J., & Thomas, K. (2000). Structural and functional brain development and its relation to cognitive development. *Biological Psychology, 54,* 241–257.

Cassady, J. C., & Johnson, R. E. (2002). Cognitive anxiety and academic performance. *Contemporary Educational Psychology, 27,* 270–295.

Castagno, A., & Brayboy, B. (2008). Culturally responsive schooling for indigenous youth: A review of the literature. *Review of Educational Research, 78*(4), 941–993.

Casto, G., & Mastropieri, M. A. (1986). The efficacy of early intervention programs: A meta-analysis. *Exceptional Children, 52,* 417–424.

Cavanaugh, C., Kim, A.-H., Wanzek, J., & Vaughn, S. (2004). Kindergarten reading interventions for at-risk students: Twenty years of research. *Learning Disabilities: A Contemporary Journal, 2*(1), 1–8.

Cawelti, G. (2006). The side effects of NCLB. *Educational Leadership, 64*(3), 64–68.

Ceci, S. & Williams, W. (Eds.). (2009). *Why aren't more women in science? Top researchers debate the evidence* (pp. 47–55). Washington, DC: American Psychological Association.

Ceci, S. J. (1991). How much does schooling influence general intelligence and its cognitive components? A reassessment of the evidence. *Developmental Psychology, 27,* 703–722.

Center for Public Education. (2008). *High-performing, high-poverty schools: Research review.* Fairfax, VA: Caliber Associates.

Center on Education Policy. (2003). *State and federal efforts to implement the No Child Left Behind Act.* Washington, DC: Author.

Center on Education Policy. (2004). *From the Capitol to the classroom: Year 2 of the No Child Left Behind Act.* Washington, DC: Author.

Center on Education Policy. (2007). *Has student achievement increased since No Child Left Behind?* Washington, DC: Author.

Center on Education Policy. (2009a). *Answering the question that matters most: Has student achievement increased since No Child Left Behind?* Washington, DC: Author.

Center on Education Policy. (2009b). *State test score trends through 2007–08: Are achievement gaps closing and is achievement rising for all?* Washington, DC: Author.

Cepeda, N. J., Pashler, H., Vul, E., Wixted, J. T., & Rohrer, D. (2006). Distributed practice in verbal recall tasks: A review and quantitative synthesis. *Psychological Bulletin, 132,* 354–380.

Chambers, B., Cheung, A., Madden, N., Slavin, R. E., & Gifford, R. (2006). Achievement effects of embedded multimedia in a Success for All reading program. *Journal of Educational Psychology, 98*(1), 232–237.

Chambers, B., Cheung, A., Slavin, R., Smith, D., & Laurenzano, M. (2010). *Effective early childhood programmes: A best-evidence synthesis.* York, England: Institute for Effective Education, University of York.

Chambers, B., Slavin, R. E., Madden, N. A., Abrami, P. C., Tucker, B. J., Cheung, A., & Gifford, R. (2008). Technology infusion in Success for All: Reading outcomes for first graders. *Elementary School Journal, 109*(1), 1–15.

Chandler, L., & Dahlquist, C. (2006). *Functional assessment: Strategies to prevent and remediate challenging behavior in school settings.* Upper Saddle River, NJ: Prentice-Hall.

Changeux, J.-P. (2004). [Review of the book *The physiology of truth: Neuroscience and human knowledge.*] *Educational Leadership, 62*(4), 92.

Chapman, C., & King, R. (2005). *Differentiated assessment strategies.* Thousand Oaks, CA: Corwin.

Chapman, E. (2001, April). *More on moderations in cooperative learning outcomes.* Paper presented at the annual meeting of the American Educational Research Association, Montreal, Canada.

Chapman, J., Tunmer, W., & Prochnow, J. (2000). Early reading-related skills and performance, reading self-concept, and the development of academic self-concept: A longitudinal study. *Journal of Educational Psychology, 92*(4), 703–708.

Chappuis, J. (2005). Helping students understand assessment. *Educational Leadership, 63*(3), 39–43.

Chappuis, S., & Chappuis, J. (2007/2008). The best value in formative assessment. *Educational Leadership, 65*(4), 14–19.

Chappuis, S., Chappuis, J., & Stiggins, R. (2009). The quest for quality. *Educational Leadership, 67*(3), 14–20.

Charles, C. M. (2008). *Building classroom discipline* (9th ed.). Boston: Allyn & Bacon.

Chatterji, M. (2002). Models and methods for examining standards-based reforms and accountability initiatives: Have the tools of inquiry answered pressing questions on improving schools? *Review of Educational Research, 72*(3), 345–386.

Chatterji, M. (2006). Reading achievement gaps, correlates, and moderators of early reading achievement: Evidence from the Early Childhood Longitudinal Study (ECLS) kindergarten to first grade sample. *Journal of Educational Psychology, 98*(3), 489–507.

Chen, J.-Q. (2004). Theory of multiple intelligences: Is it a scientific theory? *Teachers College Record, 106,* 17–23.

Chen, Z., & Daehler, M. (2000). External and internal instantiation of abstract information facilitates transfer in insight problem solving. *Contemporary Educational Psychology, 25*(4), 423–449.

Cheung, A., & Slavin, R. E. (2005). Effective reading programs for English language learners and other language-minority students. *Bilingual Research Journal, 29*(2), 241–267.

Children's Defense Fund. (2009). *Child poverty.* Washington, DC: Author. Also available at www.childrensdefense.org

Chin, C. W. T. (1998, April). *Synthesizing metacognitive interventions: What training characteristics can improve reading performance?* Paper presented at the annual meeting of the American Educational Research Association, San Diego, CA.

Cho, M.-H., & Bergin, D. (2009, April). *Review of self-regulated learning models and implications for theory development.* Paper presented at the annual meeting of the American Educational Research Association, San Diego, CA.

Choate, J. (2004). *Successful inclusive teaching* (4th ed.). Boston: Pearson.

Chorzempa, B., & Graham, S. (2006). Primary-grade teachers' use of within-class ability grouping in reading. *Journal of Educational Psychology, 98*(3), 529–541.

Christian, D., & Genesee, F. (Eds.). (2001). *Bilingual education.* Alexandria, VA: TESOL.

Christopher, S. (2007/2008). Homework: A few practice arrows. *Educational Leadership, 65*(4), 74.

Cizek, G. J. (1999). *Cheating on tests: How to do it, detect it, and prevent it.* Mahwah, NJ: Erlbaum.

Clark, C. M., Gage, N. L., Marx, R. W., Peterson, P. L., Stayrook, N. G., & Winne, P. H. (1979). A factorial experiment on teacher structuring, soliciting, and reacting. *Journal of Educational Psychology, 71,* 534–552.

Clark, J. (1990). *Patterns of thinking: Integrating learning skills with content teaching.* Boston: Allyn & Bacon.

Clark, J. M., & Paivio, A. (1991). Dual coding theory and education. *Educational Psychology Review, 3*(3), 149–210.

Clark, K. (2009). The case for structured English immersion. *Educational Leadership, 66*(7), 42–47.

Clark, R. E. (Ed.). (2001). *Learning from media: Arguments, analysis, and evidence.* Greenwich, CT: Information Age.

Cleary, T. J., & Zimmerman, B. J. (2004). Self-regulation empowerment program: A school-based program to enhance self-regulated and self-motivated cycles of student learning. *Psychology in the Schools, 41,* 537–550.

Clements, D. H., & Battista, M. T. (1990). Constructivist learning and teaching. *Arithmetic Teacher, 38,* 34–37.

Clifford, M. M. (1990). Students need challenge, not easy success. *Educational Leadership, 48*(1), 22–26.

Coalition for Evidence Based Policy. (2003). *Identifying and implementing educational practices supported by rigorous evidence: A user friendly guide.* Washington, DC: U.S. Department of Education.

Cochran-Smith, M. (1991). Word processing and writing in elementary classrooms: A critical review of related literature. *Review of Educational Research, 61*(1), 107–155.

Cognition and Technology Group at Vanderbilt. (1996). Looking at technology in context: A framework for understanding technology and education research. In D. C. Berliner & R. C. Calfee (Eds.), *Handbook of educational psychology* (pp. 807–840). New York: Macmillan.

Cohen, E. G. (1986). *Designing groupwork: Strategies for the heterogeneous classroom.* New York: Teachers College Press.

Cohen, E. G. (1992, April). *Complex instruction in the middle school.* Paper presented at the annual meeting of the American Educational Research Association, San Francisco.

Cohen, E. G. (1994a). *Designing groupwork: Strategies for the heterogeneous classroom* (2nd ed.). New York: Teachers College Press.

Cohen, E. G. (1994b). Restructuring the classroom: Conditions for productive small groups. *Review of Educational Research, 64*(1), 1–35.

Cohen, E. G. (2004). Producing equal-status interaction amidst classroom diversity. In W. G. Stephan & W. P. Vogt (Eds.), *Education programs for improving intergroup relations.* New York: Teachers College Press.

Cohen, L. B., & Cashon, C. H. (2003). Infant perception and cognition. In R. M. Lerner, M. A. Easterbrooks, & J. Mistry (Eds.), *Handbook of psychology: Vol. 6. Developmental psychology* (pp. 65–89). Hoboken, NJ: Wiley.

Coie, J. D., Dodge, K. A., & Kupersmidt, J. (1990). Peer group behavior and social status. In S. R. Asher & J. D. Coie (Eds.), *Peer rejection in children* (pp. 17–59). New York: Cambridge University Press.

Colangelo, N., Assouline, S., & Gross, M. U. M. (2005). *A nation deceived: How schools hold back America's brightest students.* Iowa City, IA: International Center for Gifted Education and Talent Development.

Colangelo, N., & Davis, G. A. (Eds.). (2009). *Handbook of gifted education* (3rd ed.) Boston: Allyn & Bacon.

Colby, C., & Kohlberg, L. (1984). Invariant sequence and internal consistency in moral judgment stages. In W. Kurtines & J. Gewirts (Eds.), *Morality, moral behavior, and moral development.* New York: Wiley-Interscience.

Cole, D. A. (1991). Change in self-perceived competence as a function of peer and teacher evaluation. *Developmental Psychology, 27,* 682–688.

Cole-Henderson, B. (2000). Organizational characteristics of schools that successfully service low-income African American students. *Journal of Education for Students Placed at Risk, 5*(1–2), 77–91.

Coles, G. (2004). Danger in the classroom: "Brain Glitch" research and learning to read. *Phi Delta Kappan, 85*(5), 344–357.

Coley, R. L., & Chase-Lansdale, P. L. (1998). Adolescent pregnancy and parenthood. *American Psychologist, 53*(2), 152–166.

Colom, R., Flores-Mendoza, C., & Rebello, I. (2003). Working memory and intelligence. *Personality and Individual Differences, 34,* 33–39.

Colvin, G. (2004). *Managing the cycle of acting-out behavior in the classroom.* Longmont, CO: Sopris West.

Comer, J. (2005). Child and adolescent development: The critical missing focus in school reform. *Phi Delta Kappan, 86*(10), 757–763.

Comer, J. P. (1990). *Maggie's American dream.* New York: Plume.

Comer, J. P., Haynes, N. M., Joyner, E. T., & Ben-Avie, M. (1996). *Rallying the whole village: The Comer process for reforming education.* New York: Teachers College Press.

Comprehensive School Reform Quality Center (CSRQ). (2006a). *CSRQ center report on elementary comprehensive school reform models.* Washington, DC: American Institutes for Research.

Comprehensive School Reform Quality Center (CSRQ). (2006b). *CSRQ center report on middle and high school comprehensive school reform models.* Washington, DC: American Institutes for Research.

Connolly, B., & Smith, M. W. (2002). Teachers and students talk about talk: Class discussions and the way it should be. *Journal of Adolescent and Adult Literacy, 46*(1), 16–26.

Connor, C. M., Son, S. H., Hindman, A. H., & Morrison, F. J. (2004). *Teacher qualifications, classroom practices, and family characteristics: Complex effects on first-graders' vocabulary and early reading outcomes.* Ann Arbor: University of Michigan, Department of Psychology.

Conway, M. A., Cohen, G., & Stanhope, N. (1991). Very long-term memory of knowledge acquired through formal education: Twelve years of cognitive psychology. *Journal of Experimental Psychology: General, 120,* 395–409.

Conyers, L., Reynolds, A., & Ou, S. (2003). The effect of early childhood intervention and subsequent special education services: Findings from the Chicago child-parent centers. *Educational Evaluation and Policy Analysis, 25*(1), 75–95.

Cook, A., & Tashlik, P. (2004). *Talk, talk, talk,: Discussion based classrooms.* New York: Teachers College Press.

Cook, J. L., & Cook, G. (2007). *The world of children.* Boston: Allyn & Bacon.

Cook, T., Murphy, R. F., & Hunt, H. D. (2000). Comer's school development program in Chicago: A theory-based evaluation. *American Educational Research Journal, 37*(2), 535–597.

Cook, T. D., Habib, F., Phillips, M., Settersten, R. A., Shagle, S., & Degirmencioglu, M. (1999). Comer's school development program in Prince George's County, Maryland: A theory-based evaluation. *American Educational Research Journal, 36*(3), 543–597.

Cooley, W. W., & Leinhardt, G. (1980). The instructional dimensions study. *Educational Evaluation and Policy Analysis, 2,* 7–26.

Cooper, H., Charlton, K., Valentine, J. C., & Muhlenbruck, L. (2000). Making the most of summer school: A meta-analytic and narrative review. *Monographs of the Society for Research in Child Development, 65*(1, Serial No. 260), 1–118.

Cooper, H., Robinson, J. C., & Patall, E. (2006). Does homework improve academic achievement? *Review of Educational Research, 76*(1), 1–62.

Cooper, H., & Valentine, J. C. (2001). Using research to answer practical questions about homework. *Educational Psychologist, 36*(3), 143–153..

Cooper, R. (1998). Urban school reform: Student responses to detracking in a racially mixed high school. *Journal of Education for Students Placed at Risk, 4*(3), 259–275.

Cooper, R., & Slavin, R. E. (2004). Cooperative learning: An instructional strategy to improve intergroup relations. In W. G. Stephan & W. P. Vogt (Eds.), *Education programs for improving intergroup relations.* New York: Teachers College Press.

Copeland, W. D. (1983, April). *Classroom management and student teachers' cognitive abilities: A relationship.* Paper presented at the annual convention of the American Educational Research Association, Montreal, Canada.

Corbett, D., Wilson, B., & Williams, B. (2005). No choice but success. *Educational Leadership, 62*(6), 8–13.

Cordova, D. I., & Lepper, M. R. (1996). Intrinsic motivation and the process of learning: Beneficial effects of contextualization, personalization, and choice. *Journal of Educational Psychology, 88*(4), 715–730.

Corkill, A. J. (1992). Advance organizers: Facilitators of recall. *Educational Psychology Review, 4,* 33–67.

Corkum, P., Humphries, K., Mullane, J., & Theriault, F. (2008). Private speech in children with ADHD and their typically developing peers during problem-solving and inhibition tasks. *Contemporary Educational Psychology, 33*(1), 97–115.

Cornelius-White, J. (2007). Learner-centered teacher-student relationships are effective: A meta-analysis. *Review of Educational Research, 77*(1), 113–143.

Corno, L. (2000). Looking at homework differently. *The Elementary School Journal, 100*(5), 529–548.

Corno, L. (2008). On teaching adaptively. *Educational Psychologist, 43*(3), 161–173.

Corno, L., & Kanfer, R. (1993). The role of volition in learning and performance. *Review of Research in Education, 19,* 301–341.

Corpus, J., McClintic-Gilbert, M., & Hayenga, A. (2009). Within-year changes in children's intrinsic and extrinsic motivational orientations: Contextual predictors and academic outcomes. *Contemporary Educational Psychology, 34*(2), 154–166.

Correnti, R. (2009, March). *Examining CSR Program effects on student achievement: Causal explanation through examination of implementation rates and student mobility.* Paper presented at the 2nd annual conference of the Society for Research on Educational Effectiveness, Washington, DC.

Cose, E. (2004). *Beyond Brown v. Board: The final battle for excellence in American education.* A report by Ellis Cose to the Rockefeller Foundation.

Costa, A. (2008). The thought-filled curriculum. *Educational Leadership, 65*(5), 20–25.

Cote, C., Thompson, R., Hanley, G., & McKerchar, P. (2007). Teacher report and direct assessment of preferences for identifying reinforcers for young children. *Journal of Applied Behavior Analysis, 40,* 157–166.

Covington, M. (1999). Caring about learning: The nature and nurturing of subject-matter appreciation. *Educational Psychologist, 34*(2), 127–136.

Cox, B., & Hopkins, C. (2006). Building on theoretical principles gleaned from Reading Recovery to inform classroom practice. *Reading Research Quarterly, 41*(2), 254–267.

Cox, B. D. (1997). The rediscovery of the active learner in adaptive contexts: A developmental-historical analysis of transfer of training. *Educational Psychologist, 32,* 41–55.

Craik, F. I. M. (2000). Memory: Coding processes. In A. Kazdin (Ed.), *Encyclopedia of psychology.* Washington, DC: American Psychological Association.

Crawford, J. (1989). Instructional activities related to achievement gain in Chapter I classes. In R. E. Slavin, N. L. Karweit, & N. A. Madden (Eds.), *Effective programs for students at risk.* Boston: Allyn & Bacon.

Creswell, J. W. (2002). *Research design: Qualitative, quantitative, and mixed methods approaches* (2nd ed.). Thousand Oaks, CA: Sage.

Crévola, C. A., & Hill, P. W. (1998). Evaluation of a whole-school approach to prevention and intervention in early literacy. *Journal of Education for Students Placed at Risk, 3*(2), 133–157.

Crocker, R. K., & Brooker, G. M. (1986). Classroom control and student outcomes in grades 2 and 5. *American Educational Research Journal, 23,* 1–11.

Crooks, T. J. (1988). The impact of classroom evaluation practices on students. *Review of Educational Research, 58,* 438–481.

Cross, L. H., & Cross, G. M. (1980/1981). Teachers' evaluative comments and pupil perception of control. *Journal of Experimental Education, 49,* 68–71.

Crowe, C. (2008). Solving behavior problems together. *Educational Leadership, 66*(3), 44–47.

Crutcher, R. J., & Ericsson, K. A. (2003). The effects of practice on mnemonic encodings involving prior knowledge and semantic memory. *Journal of Experimental Psychology: Learning Memory and Cognition, 29*(6), 1387–1389.

Cruz, L., & Cullinan, D. (2001). Awarding points, using levels to help children improve behavior. *Teaching Exceptional Children, 33*(3), 16–23.

Cuban, L., Kirkpatrick, H., & Peck, C. (2001). High access and low use of technology in high school classrooms: Explaining an apparent paradox. *American Educational Research Journal, 38*(4), 813–834.

Cummings, E. M., Braungart-Rieker, J. M., & Du Rocher-Schudlich, T. (2003). Emotion and personality development in childhood. In R. M. Lerner, M. A. Easterbrooks, & J. Mistry (Eds.), *Handbook of psychology: Vol. 6. Developmental psychology* (pp. 211–239). Hoboken, NJ: Wiley.

Curry, C. (2003). Universal design accessibility for all learners. *Educational Leadership, 61*(2), 55–60.

Curwin, R. E., & Mendler, A. N. (1999). Zero tolerance for zero tolerance. *Phi Delta Kappan, 81*(2), 119–120.

Cushman, K. (2006). Help us care enough to learn. *Educational Leadership, 63*(5), 34–37.

Cutshall, S. (2009). Clicking across cultures. *Educational Leadership, 67*(1), 40–44.

Daniels, H. (2001). *Vygotsky and pedagogy.* New York: Routledge.

Dansereau, D. F. (1985). Learning strategy research. In J. Segal, S. Chipman, & R. Glaser (Eds.), *Thinking and learning skills: Relating instruction to basic research, Vol. 1.* Hillsdale, NJ: Erlbaum.

Dantonio, M., & Beisenherz, P. (2001). *Learning to question, questioning to learn.* Boston: Allyn & Bacon.

Darling-Hammond, L. (2006). Securing the right to learn: Policy and practice for powerful teaching and learning. *Educational Researcher, 35*(7), 13–24.

Darling-Hammond, L. (2008). Teacher quality definition debates: What is an effective teacher? In T. L. Good (Ed.), *21st century learning: Vol. 2* (pp. 12–22). Thousand Oaks, CA: Sage.

Darling-Hammond, L., Ancess, J., & Ort, S. W. (2002). Reinventing high school: Outcomes of the coalition campus schools project. *American Educational Research Journal, 39*(3), 639–673.

Darling-Hammond, L., & Falk, B. (1997). Using standards and assessments to support student learning. *Phi Delta Kappan, 79*(3), 190–201.

Darling-Hammond, L., Gendler, T., & Wise, A. D. (1990). *The teaching internship: Practical preparation for a licensed profession.* Santa Monica, CA: RAND.

Darling-Hammond, L., & Ifill-Lynch, O. (2006). If they'd only do their work! *Educational Leadership, 63*(5), 8–13.

Darling-Hammond, L., & Richardson, N. (2009). Teacher learning: What matters? *Educational Leadership, 66*(5), 46–55.

Datnow, A., Lasky, S., Stringfield, S., & Teddlie, C. (2005). Systemic integration for educational reform in racially and linguistically diverse contexts: A summary of the evidence. *Journal of Education for Students Placed at Risk, 10*(4), 441–453.

David, J. (2008). Project-based learning. *Educational Leadership, 65*(5), 80–84.

David, J. (2009). Teaching media literacy. *Educational Leadership, 66*(6), 84–86.

Davis, H. (2008). Development: 3–5. In T. L. Good (Ed.), *21st century learning* (Vol. 1, pp. 82–92). Thousand Oaks, CA: Sage.

Dawson, T. L. (2002). New tools, new insights: Kohlberg's moral judgement stages revisited. *International Journal of Behavioral Development, 26,* 154–166.

DeBacker, T., & Nelson, R. M. (1999). Variations on an expectancy-value model of motivation in science. *Contemporary Educational Psychology, 24*(2), 71–94.

DeBell, M., & Chapman, C. (2006). *Computer and internet use by students in 2003.* Washington, DC: National Center for Education Statistics, U.S. Department of Education.

Deci, E., Koestner, R., & Ryan, R. (2001). Extrinsic rewards and intrinsic motivation in education: Reconsidered once again. *Review of Educational Research, 71*(1), 1–27.

Deci, E. L., & Ryan, R. M. (Eds.). (2002). *Handbook of self-determination research.* Rochester, NY: University of Rochester Press.

De Jong, T., & van Joolingen, W. R. (1998). Scientific discovery learning with computer simulations of conceptual domains. *Review of Educational Research, 68*(2), 179–201.

Delamont, S. (2002). Gender and education. In D. L. Levinson, P. W. Cookson, Jr., & A. R. Sadovnik (Eds.), *Education and sociology: An encyclopedia* (pp. 273–279). New York: Routledge Falmer.

de La Paz, S., & Graham, S. (2002). Explicitly teaching strategies, skills, and knowledge: Writing instruction in middle school classrooms. *Journal of Educational Psychology, 94*(2), 687–698.

De Lisi, R., & Staudt, J. (1980). Individual differences in college students' performance on formal operations tasks. *Journal of Applied Developmental Psychology, 1,* 201–208.

Delpit, L. (1995). *Other people's children: Cultural conflict in the classroom.* New York: New Press.

Dembo, M., & Eaton, M. (2000). Self-regulation of academic learning in middle-level schools. *The Elementary School Journal, 100*(5), 472–490.

Dempster, F. N. (1989). Spacing effects and their implications for theory and practice. *Educational Psychology Review, 1,* 309–330.

Dempster, F. N. (1991). Synthesis of research on reviews and tests. *Educational Leadership, 72*(8), 71–76.

Dempster, F. N., & Corkill, A. J. (1999). Interference and inhibition in cognition and behavior: Unifying themes for educational psychology. *Educational Psychology Review, 11*(1), 1–74.

Denton, C. A., Anthony, J. L., Parker, R., & Hasbrouck, J. E. (2004). Effects of two tutoring programs on the English reading development of Spanish-English bilingual students. *The Elementary School Journal, 104*(4), 289–305.

Deshler, D., Palincsar, A., Biancarosa, G., & Nair, M. (2007). *Informed choices for struggling adolescent readers.* Newark, DE: International Reading Association.

Deshler, D. D. (2005). Adolescents with learning disabilities. *Learning Disabilities Quarterly, 28*(2), 122–123.

Deshler, D. D., Ellis, E. S., & Lenz, B. K. (1996). *Teaching students with learning disabilities: Strategies and methods* (2nd ed.). Denver: Love.

DeVries, R. (2008). Piaget and Vygotsky: Theory and practice in early education. In T. L. Good (Ed.), *21st century learning* (Vol. 1, pp. 184–193). Thousand Oaks, CA: Sage.

deWinstanley, P. A., & Bjork, E. L. (2004). Processing strategies and the generation effect: Implications for making a better reader. *Memory & Cognition, 32*(6), 945–955.

Díaz-Rico, L. T. (2004). *Teaching English learners: Strategies and methods.* Boston: Allyn & Bacon.

Díaz-Rico, L. T., & Weed, K. Z. (2010). *The crosscultural, language, and academic development handbook: A complete K–12 reference guide* (4th ed.). Boston: Allyn & Bacon.

Dick, W., Carey, L., & Carey, J. O. (Eds.). (2009). *The systematic design of instruction* (7th ed.). Upper Saddle River, NJ: Merrill.

Diehm, C. (2004). From worn-out to web-based: Better student portfolios. *Phi Delta Kappan, 85*(10), 792–795.

Dillon, A., & Gabbard, R. (1998). Hypermedia as an educational technology: A review of the quantitative research literature on learner comprehension, control, and style. *Review of Educational Research, 68*(3), 322–349.

Dlott, A. (2007). A (pod)cast of thousands. *Educational Leadership, 64*(7), 80–82.

Dong, Y. (2009). Linking to prior learning. *Educational Leadership, 66*(7), 26–31.

Dooling, D. J., & Lachman, R. (1971). Effects of comprehension on retention of prose. *Journal of Experimental Psychology, 8,* 216–222.

Dornbusch, S. (1994). *Off the track.* Paper presented at the annual meeting of the Society for Research on Adolescence, San Diego, CA.

Dotterer, A., McHale, S., & Crouter, A. (2009). The development and correlates of academic interests from childhood through adolescence. *Journal of Educational Psychology, 101*(2), 509–519.

Downing, J. E. (2001). *Including students with severe and multiple disabilities in typical classrooms.* Baltimore: Brookes.

Doyle, W. (1984). How order is achieved in classrooms: An interim report. *Journal of Curriculum Studies, 16,* 259–277.

Drabman, R., Spitalnik, R., & O'Leary, K. (1973). Teaching self-control to disruptive children. *Journal of Abnormal Psychology, 82,* 10–16.

Driscoll, A., & Nagel, N. G. (2008). *Early childhood education, birth–8: The world of children, families, and educators* (4th ed.). Boston: Pearson.

Driscoll, M. P. (2000). *Psychology of learning for instruction* (2nd ed.). Boston: Allyn & Bacon.

Driscoll, M. P. (2005). *Psychology of learning for instruction* (3rd ed.). Boston: Allyn & Bacon.

Droz, M., & Ellis, L. (1996). *Laughing while learning: Using humor in the classroom.* Longmont, CO: Sopris West.

Dryfoos, J. G. (1998). *Safe passage: Making it through adolescence in a risky society.* New York: Oxford University Press.

Duck, L. (2000). The ongoing professional journey. *Educational Leadership, 57*(8), 43–45.

Duell, O. K. (1994). Extended wait time and university student achievement. *American Educational Research Journal, 31*(2), 397–414.

Duffy, G. G., & Roehler, L. R. (1986). The subtleties of instructional mediation. *Educational Leadership, 43*(7), 23–27.

Dugger, W. (2001). Standards for technological literacy. *Phi Delta Kappan, 82*(7), 513–517.

Duke, N., Bennett-Armistead, V., & Roberts, E. (2003). Bridging the gap between learning to read and reading to learn. In D. Barone & L. Morrow (Eds.), *Literacy and young children: Research-based practices* (pp. 226–242). New York: Guilford.

Duke, N. K. (2000). For the rich it's richer: Print experiences and environments offered to children in very low- and very high-socioeconomic status first-grade classrooms. *American Educational Research Journal, 37*(2), 441–478.

Dukes, R., & Seidner, C. (1978). *Learning with simulations and games.* Beverly Hills, CA: Sage.

Dunkin, M. J., & Biddle, B. J. (1974). *A study of teaching.* New York: Holt, Rinehart and Winston.

Dunn, K., & Mulvenon, S. (2009). A critical review of research on formative assessment: The limited scientific evidence of the impact of formative assessment in education. *Practical Assessment, Research & Evaluation, 14*(7), 1–11.

Dunn, R., & Dunn, K. (1993). *Teaching secondary students through their individual learning styles.* Boston: Allyn & Bacon.

Durso, F. T., & Coggins, K. A. (1991). Organized instruction for the improvement of word knowledge skills. *Journal of Educational Psychology, 83,* 108–112.

Dweck, C. (2007). The perils and promises of praise. *Educational Leadership, 65*(2), 34–39.

Dynarski, M. (2008/2009). Researchers and educators: Allies in learning. *Educational Leadership, 66*(4), 48–53.

Dynarski, M., Agodini, R., Heaviside, S., Novak, T., Carey, N., Campuzzano, L., Means, B., et al. (2007). *Effectiveness of reading and mathematics software products: Findings from the first student cohort.* Washington, DC: Institute of Education Sciences.

Ebeling, D. G. (2000). Adapting your teaching to any learning style. *Phi Delta Kappan, 82*(3), 247–248.

Eccles, J. S., Wigfield, A., & Byrnes, J. (2003). Cognitive development in adolescence. In R. M. Lerner, M. A. Easterbrooks, & J. Mistry (Eds.), *Handbook of psychology: Vol. 6. Developmental psychology* (pp. 325–350). Hoboken, NJ: Wiley.

Echevarria, J., Vogt, M. E., & Short, D. (Eds.). (2008). *Making content comprehensible for English learners: The SIOP model.* Boston: Allyn & Bacon.

Eckensberger, L. H. (1994). Moral development and its measurement across cultures. In W. J. Lonner & R. S. Malpass (Eds.), *Psychology and culture* (pp. 75–79). Boston: Allyn & Bacon.

Eden, G. F., Van Meter, J. W., Rumsey, J. M., Maisog, J. M., Woods, R. P., & Zeffiro, T. A. (1996). Abnormal processing of visual motion in dyslexia revealed by functional brain imaging. *Nature, 382,* 66–69.

Educational Testing Service. (1995). *Performance assessment: Different needs, difficult answers.* Princeton, NJ: Author.

Education Commission of the States. (2000). *Technology: Equitable access in schools.* Denver, CO: Author.

The Education Trust. (2003). *ESEA: Myths versus realities. Answers to questions about the No Child Left Behind Act.* Washington, DC: Author.

Egan, K. (1989). Memory, imagination, and learning: Connected by the story. *Phi Delta Kappan, 70,* 455–459.

Egan, K. (2008). Learning in depth. *Educational Leadership, 66*(3), 58–64.

Ehri, L. C., Dreyer, L. G., Flugman, B., & Gross, A. (2007). Reading Rescue: An effective tutoring intervention model for language-minority students who are struggling readers in first grade. *American Educational Research Journal, 44,* 414–448.

Eichenbaum, H. (2003). Memory systems. In M. Gallagher & R. J. Nelson (Eds.), *Handbook of psychology: Vol. 3. Biological psychology* (pp. 543–558). Hoboken, NJ: Wiley.

Einerson, M. (1998). Fame, fortune, and failure: Young girls' moral language surrounding popular culture. *Youth and Society, 30,* 241–257.

Eisenberg, N. (2001). The core and correlates of affective social competence. *Social Development, 10,* 120–124.

Eisenberger, R., & Cameron, J. (1998). Reward, intrinsic interest, and creativity: New findings. *American Psychologist, 53*(6), 676–679.

Eisenberger, R., Pierce, W. D., & Cameron, J. (1999). Effects of rewards on intrinsic motivation—negative, neutral, and positive: Comment on Deci, Koestner, and Ryan (1999). *Psychological Bulletin, 125,* 677–691.

Eisner, E. (2006). The satisfactions of teaching. *Educational Leadership, 63*(6), 44–47.

Elbaum, B., & Vaughn, S. (2001). School-based interventions to enhance the self-concept of students with learning disabilities: A meta-analysis. *The Elementary School Journal, 101*(3), 303–330.

Elias, L. J., & Saucier, D. M. (2006). *Neuropsychoogy: Clinical and experimental foundations.* Boston: Allyn & Bacon.

Eliot, L. (2009). *Pink brain, blue brain.* Boston: Houghton Mifflin Harcourt.

Ellis, A. K. (2001a). Authentic and performance assessment. In A. K. Ellis (Ed.), *Research on educational innovations.* Larchmont, NY: Eye on Education.

Ellis, A. K. (2001b). Cooperative learning. In A. K. Ellis (Ed.), *Research on educational innovations.* Larchmont, NY: Eye on Education.

Ellis, A. K. (2001c). Innovations from brain research. In A. K. Ellis (Ed.), *Research on educational innovations.* Larchmont, NY: Eye on Education.

Ellis, J., Semb, G. B., & Cole, B. (1998). Very long-term memory for information taught in school. *Contemporary Educational Psychology, 23,* 419–433.

Ellmore, R. F., & Fuhrman, S. H. (2001). Holding schools accountable: Is it working? *Phi Delta Kappan, 83*(1), 67–72.

Else-Quest, N., Shibley, J., Goldsmith, H., & Van Hulle, C. (2006). Gender differences in temperament: A meta-analysis. *Psychological Bulletin, 132*(1), 33–72.

Embry, D. D. (2002). The good behavior game: A best practice candidate as universal behavior vaccine. *Clinical Child and Family Psychology Review, 5,* 273–297.

Emerson, M. J., & Miyake, A. (2003). The role of inner speech in task switching: A dual-task investigation. *Journal of Memory and Language, 48,* 148–168.

Emmer, E. T., & Aussiker, A. (1990). School and classroom discipline programs: How well do they work? In O. C. Moles (Ed.), *Student discipline strategies.* Albany: State University of New York Press.

Emmer, E. T., & Evertson, C. M. (Eds.). (2009). *Classroom management for middle and high school teachers.* Upper Saddle River, NJ: Pearson.

Emmer, E. T., Evertson, C. M., & Anderson, L. M. (1980). Effective classroom management at the beginning of the school year. *Elementary School Journal, 80,* 219–231.

Emmer, E. T., & Gerwels, M. C. (2002). Cooperative learning in elementary classrooms: Teaching practices and lesson characteristics. *The Elementary School Journal, 103*(1), 75–91.

Emmer, E. T., & Stough, L. M. (2001). Classroom management: A critical part of educational psychology, with implications for teacher education. *Educational Psychologist, 36*(2), 103–112.

Emmer, E. T., & Stough, L. M. (2008). Responsive classroom management. In T. L. Good (Ed.), *21st century learning: Vol. 1* (pp. 140–148). Thousand Oaks, CA: Sage.

Engelkamp, J., & Dehn, D. M. (2000). Item and order information in subject-performed tasks and experimenter-performed tasks. *Journal of Experimental Psychology: Learning, Memory, & Cognition, 26,* 671–682.

Engle, R. W. (2001). What is working memory capacity? In H. L. Roediger, J. S. Nairne, I. Neath, & A. M. Suprenant (Eds.), *The nature of remembering: Essays in honor of Robert G. Crowder* (pp. 297–314). Washington, DC: American Psychological Association.

Engle, R. W., Nations, J. K., & Cantor, J. (1990). Is "working memory capacity" just another name for word knowledge? *Journal of Educational Psychology, 82*(4), 799–804.

Englert, C. S., Raphael, T. E., Anderson, L. M., Anthony, H. M., & Stevens, D. D. (1991). Making strategies and self-talk visible: Writing instruction in regular and special education classrooms. *American Educational Research Journal, 28,* 337–372.

Ennemoser, M., & Schneider, W. (2007). Relations of television viewing and reading: Findings from a 4-year longitudinal study. *Journal of Educational Psychology, 99*(2), 349–368.

Ensminger, M. E., & Slusarcick, A. L. (1992). Paths to high school graduation or dropout: A longitudinal study of a first grade cohort. *Sociology of Education, 65,* 95–113.

Entwisle, D., Alexander, L., & Olson, L. S. (2001). Keep the faucet flowing: Summer learning and home environment. *American Educator, 25*(3), 10–15.

Epstein, A. (2008). An early start on thinking. *Educational Leadership, 65*(5), 38–43.

Epstein, J. L., & Van Voorhis, F. L. (2001). More than minutes: Teachers' roles in designing homework. *Educational Psychologist, 36*(3), 181–193.

Epstein, J. L., Sanders, M. G., Salinas, K., Simon, B., Van Voorhis, F., & Jansorn, N. (2002). *School, family and community partnerships: Your handbook for action* (2nd ed.). Thousand Oaks, CA: Corwin.

Ericsson, K. A., & Kintsch, W. (1995). Long-term working memory. *Psychological Review, 102,* 211–245.

Erikson, E. H. (1963). *Childhood and society* (2nd ed.). New York: Norton.

Erikson, E. H. (1968). *Identity, youth and crisis.* New York: Norton.

Erikson, E. H. (1980). *Identity and the life cycle* (2nd ed.). New York: Norton.

Espy, K. A., Molfese, D. L., Molfese, V. J., & Modglin, A. (2004). Development of auditory event-related potentials in young children and relations to word-level reading abilities at age 8 years. *Annals of Dyslexia, 54*(1), 9–38.

Estrada, V., Gómez, L., & Ruiz-Escalante, J. (2009). Let's make dual language the norm. *Educational Leadership, 66*(7), 54–58.

Evans, G. (2004). The environment of childhood poverty. *American Psychologist, 59,* 77–92.

Evans, S. W., Pelham, W. E., Smith, B. H., Bukstein, O., Gnagy, E. M., Greiner, A. R., Altenderfer, L., & Baron-Myak, C. (2000). Dose-response effect of methylphenidate on ecologically valid measures of academic performance and classroom behavior in adolescents with ADHD. *Experimental and Clinical Psychopharmacology, 9*(2), 163–175.

Evans, T. D. (1996). Encouragement: The key to reforming the classrooms. *Educational Leadership, 54*(1), 81–85.

Everson, H., & Millsap, R. (2004). Beyond individual differences: Exploring school effects on SAT scores. *Educational Psychologist, 39*(3), 157–172.

Everson, H., Tobias, S., Hartman, H., & Gourgey, A. (1993). Test anxiety and the curriculum: The subject matters. *Anxiety, Stress, and Coping, 6,* 1–8.

Evertson, C., Emmer, E., & Worsham, M. E. (2006). *Classroom management for elementary teachers* (7th ed.). Boston: Allyn & Bacon.

Evertson, C. M., & Emmer, E. T. (1982). Effective management at the beginning of the year in junior high classes. *Journal of Educational Psychology, 74,* 485–498.

Evertson, C. M., Emmer, E. T., & Brophy, J. E. (1980). Predictors of effective teaching in junior high mathematics classrooms. *Journal for Research in Mathematics Education, 11,* 167–178.

Evertson, C. M., & Harris, A. H. (1992). What we know about managing classrooms. *Educational Leadership, 49*(7), 74–78.

Evertson, C. M., & Poole, I. R. (2008). Proactive classroom management. In T. L. Good (Ed.), *21st century learning: Vol. 1* (pp. 131–139). Thousand Oaks, CA: Sage.

Evertson, C. M., & Randolph, C. H. (1995). Classroom management in the learning-centered classroom. In A. C. Ornstein (Ed.), *Teaching: Theory into practice.* Boston: Allyn & Bacon.

Evertson, C. M., Weade, R., Green, J., & Crawford, J. (1985). *Effective classroom management and instruction: An exploration of models.* Nashville, TN: Vanderbilt University.

Evertson, E., Emmer, E., & Worsham, M. (2009). *Classroom management for middle and high school teachers.* Boston: Allyn & Bacon.

Fahey, J. A. (2000). Who wants to differentiate instruction? We did. . . . *Educational Leadership, 58*(1), 70–72.

Fantuzzo, J. W., King, J. A., & Heller, L. R. (1992). Effects of reciprocal peer tutoring on mathematics and school adjustment: A component analysis. *Journal of Educational Psychology, 84,* 33–39.

Fantuzzo, J. W., Polite, K., & Grayson, N. (1990). An evaluation of reciprocal peer tutoring across elementary school settings. *Journal of School Psychology, 28,* 309–323.

Farmer, T., Leung, M.-C., Pearl, R., Rodkin, P., Cadwallader, T., & Van Acker, R. (2002). Deviant or diverse peer groups? The peer affiliations of aggressive elementary students. *Journal of Educational Psychology, 94*(3), 611–620.

Farrell, T. (2009). *Teaching reading to English language learners: A reflective guide.* Thousand Oaks, CA: Corwin.

Fashola, O. S. (2002). *Building effective after school programs.* Thousand Oaks, CA: Corwin.

Fay, J. (2001). The classroom of your dreams. In B. Sornson (Ed.), *Preventing early learning failure.* Alexandria, VA: ASCD.

Feldhusen, J. F. (1996). How to identify and develop special talents. *Educational Leadership, 53*(5), 66–69.

Feldman, R. S. (Ed.). (2010). *Child development.* Upper Saddle River, NJ: Prentice-Hall.

Fellows, N. J. (1994). A window into thinking: Using student writing to understand conceptual changes in science learning. *Journal of Science Teaching, 31,* 985–1001.

Fennema, E., Carpenter, T. P., Jacobs, V. R., Franke, M. L., & Levi, L. W. (1998). A longitudinal study of gender differences in young children's mathematical thinking. *Educational Researcher, 27*(5), 6–11.

Fennema, E., Franke, M. L., Carpenter, T. P., & Carey, D. A. (1993). Using children's mathematical knowledge in instruction. *American Educational Research Journal, 30*(3), 555–583.

Ferguson, R., & Mehta, J. (2004). An unfinished journey: The legacy of Brown and the narrowing of the achievement gap. *Phi Delta Kappan, 85*(9), 656–669.

Ferriter, B. (2009a). Learning with blogs and wikis. *Educational Leadership, 66*(5), 34–39.

Ferriter, B. (2009b). Taking the digital plunge. *Educational Leadership, 67*(1), 85.

Feuerstein, R. (1980). *Instrumental enrichment: An intervention program for cognitive modifiability.* Baltimore: University Park Press.

Feuerstein, R., & Kozulin, A. (1995). The bell curve: Getting the facts right. *Educational Leadership, 52*(7), 71–74.

Fidalgo, R., Torrance, M., & Garcia, J.-N. (2008). The long-term effects of strategy-focused writing instruction for grade six students. *Contemporary Educational Psychology, 33*(4), 672–693.

Fielding, L. G., Anderson, R. C., & Pearson, P. D. (1990). *How discussion questions influence children's story understanding* (Tech. Rep. No. 490). Champaign: University of Illinois, Center for the Study of Reading.

Finn, J. D., & Cox, D. (1992). Participation and withdrawal among fourth-grade pupils. *American Educational Research Journal, 29*(1), 141–162.

Finn, J. D., Pannozzo, G. M., & Achilles, C. M. (2003). The "whys" of class size: Student behavior in small classes. *Review of Educational Research, 73*(3), 321–368.

Finn, J. D., Pannozzo, G. M., & Voelkl, K. E. (1995). Disruptive and inattentive-withdrawn behavior and achievement among fourth graders. *The Elementary School Journal, 95*(5), 421–434.

Fiordaliso, R., Lordeman, A., Filipczak, J., & Friedman, R. M. (1977). Effects of feedback on absenteeism in the junior high school. *Journal of Educational Research, 70,* 188–192.

Fisch, S., & Truglio, R. (2000). *G is for growing: 30 years of research on* Sesame Street. Mahwah, NJ: Erlbaum.

Fisher, C. W., Berliner, D. C., Filby, N. N., Marliave, R., Cahen, L. S., Dishaw, M. M., & Moore, J. E. (1978). *Teaching behaviors, academic learning time, and student achievement: Final report of Phase III-B, beginning teacher evaluation study* (Tech. Rep.V-1). San Francisco: Far West Laboratory for Educational Research and Development.

Fisher, D. (2006). Keeping adolescents "alive and kickin" it: Addressing suicide in schools. *Phi Delta Kappan, 87*(10), 784–786.

Fisher, D., & Frey, N. (2007). *Checking for understanding: Formative assessment techniques for your classroom.* Alexandria, VA: ASCD.

Fisher, D., & Frey, N. (2008). Releasing responsibility. *Educational Leadership, 66*(3), 32–37.

Fisher, D., & Frey, N. (2009). Feed up, back, forward. *Educational Leadership, 67*(3), 20–25.

Fisher, D., Sax, C., & Grove, K. (2000). The resilience of changes promoting inclusiveness in an urban elementary school. *The Elementary School Journal, 100*(3), 213–228.

Fiske, E. B. (1989, July 12). The misleading concept of "average" on reading tests changes, and more students fall below it. *The New York Times.*

Fitzgerald, J., & Graves, M. (2004/2005). Reading supports for all. *Educational Leadership, 62*(4), 68–71.

Flanagan, C. (1993). Gender and social class: Intersecting issues in women's achievement. *Educational Psychologist, 28*(4), 357–378.

Flavell, J. (2004). Theory-of-mind development: Retrospect and prospect. *Merrill-Palmer Quarterly, 50,* 21–45.

Flavell, J. H. (1986, January). Really and truly. *Psychology Today, 20*(1), 38–44.

Flavell, J. H. (1996). Piaget's legacy. *Psychological Science, 7*(4), 200–203.

Fleischman, S. (2006). Moving to evidence-based professional practice. *Educational Leadership, 63*(6), 87–90.

Fleith, D. (2000). Teacher and student perceptions of creativity in the classroom environment. *Roeper Review, 22,* 148–153.

Fletcher, J. D. (1992). Individualized systems of instruction. In M. C. Alkin (Ed.), *Encyclopedia of educational research* (6th ed., pp. 612–620). New York: Macmillan.

Fletcher, J. M., Shaywitz, S. E., Shankweiler, D. P., Katz, L., Liberman, I. Y., Stvebing, K. K., Francis, D. J., Fowler, A. E., & Shaywitz, B. A. (1994). Cognitive profiles of reading disability: Comparisons of discrepancy and low achievement definitions. *Journal of Educational Psychology, 86,* 6–23.

Flexner, C. (2001). Enhancing the listening environment for early learning success. In B. Sornson (Ed.), *Preventing early learning failure.* Alexandria, VA: ASCD.

Flippo, R. (2008). *Preparing students for testing and doing better in school.* Thousand Oaks, CA: Corwin.

Florez, I. R. (2008). Early childhood education: The developmentally appropriate practice debate. In T. L. Good (Ed.), *21st century learning* (Vol. 1, pp. 396–404). Thousand Oaks, CA: Sage.

Flouri, E., & Buchanan, A. (2004). Early father's and mother's involvement and child's later educational outcomes. *British Journal of Educational Psychology, 74*(2), 141–153.

Fogarty, R. (Ed.). (1993). *The multiage classroom.* Palatine, IL: IRI/Skylight.

Fogarty, R., & Kerns, G. (2009). *inFormative assessment: When it's not about a grade.* Thousand Oaks, CA: Corwin.

Foos, P. W., Mora, J. J., & Tkacz, S. (1994). Student study techniques and the generation effect. *Journal of Educational Psychology, 86*(4), 567–576.

Forness, S. R., & Kavale, K. A. (2000). What definitions of disabilities say and don't say: A critical analysis. *Journal of Learning Disabilities, 33*(3), 239–256.

Fosnot, C. (Ed.). (2005). *Constructivism: Theory, perspectives, and practice* (2nd ed.). New York: Teachers College Press.

Foster, D., & Noyce, P. (2004). The mathematics assessment collaborative: Performance testing to improve instruction. *Phi Delta Kappan, 85*(5), 367–374.

Francis, B., & Skelton, C. (2005). *Reassessing gender and achievement.* New York: Routledge.

Francis, D. J., Shaywitz, S. E., Shaywitz, B. A., Stuebing, K. K., & Fletcher, J. M. (1996). Developmental lag versus deficit models of reading disability: A longitudinal, individual growth curves analysis. *Journal of Educational Psychology, 88*(1), 3–17.

Franklin, R. D., Allison, D. B., & Gorman, B. S. (Eds.). (1997). *Design and analysis of single-case research.* Mahwah, NJ: Erlbaum.

Fredricks, J. A., Blumenfeld, P. C., & Paris, A. H. (2004). School engagement: Potential of the concept, state of the evidence. *Review of Educational Research, 74*(1), 59–109.

Freiberg, H., Huzinec, C., & Templeton, S. (2009). Classroom management—a pathway to student achievement: A study of fourteen inner-city elementary schools. *The Elementary School Journal, 110*(1), 63–80.

Freiberg, H., & Lamb, S. (2009). Dimensions of person-centered classroom management. *Theory into Practice, 48,* 99–105.

Freiberg, H., & Lapointe, J. (2006). Research-based programs for preventing and solving disciplinary problems. In C. Evertson & C. Weinstein (Eds.), *Handbook of classroom management: Research, practice, and contemporary issues.* Mahwah, NJ: Erlbaum.

Freiberg, H. J., Connell, M. L., & Lorentz, J. (2001). Effects of consistency management on student mathematics achievement on seven Chapter I elementary schools. *Journal of Education for Students Placed at Risk, 6*(3), 249–270.

Freiberg, H. J., & Driscoll, A. (Eds.). (2005). *Universal teaching strategies* (4th ed.). Boston: Pearson.

Freiberg, H. J., & Reyes, A. (2008). Zero tolerance: A reconsideration of practice and policy. In T. L. Good (Ed.), *21st century learning* (Vol. 1, pp. 149–160). Thousand Oaks, CA: Sage.

French, E. G. (1956). Motivation as a variable in work partner selection. *Journal of Abnormal and Social Psychology, 55,* 96–99.

Frey, K., Hirschstein, M., & Guzzo, B. (2000). Second step: Preventing aggression by promoting social competence. *Journal of Emotional and Behavioral Disorders, 8,* 102–112.

Friedman, L. (2003). Promoting opportunity after school. *Educational Leadership, 60*(4), 79–82.

Friend, M. (2007). The coteaching partnership. *Educational Leadership, 64*(5), 48–53.

Friend, M., & Bursuck, W. D. (Eds.). (2008). *Including students with special needs: A practical guide for classroom teachers* (5th ed.). Upper Saddle River, NJ: Pearson.

Friend, M., & Shamberger, C. T. (2008). Inclusion. In T. L. Good (Ed.), *21st century learning* (Vol. 2, pp. 124–131). Thousand Oaks, CA: Sage.

Friend, R. (2001). Effects of strategy instruction on summary writing of college students. *Contemporary Educational Psychology, 26*(1), 3–24.

Fries, S., Dietz, F., & Schmid, S. (2008). Motivational interference in learning: The impact of leisure alternatives on subsequent self-regulation. *Contemporary Educational Psychology, 33*(2), 119–133.

Fuchs, D., & Fuchs, L. (2006). Introduction to response to intervention: What, why, and how valid is it? *Reading Research Quarterly, 41*(1), 92–128.

Fuchs, D., & Fuchs, L. S. (1997). Peer-assisted learning strategies: Making classrooms more responsive to diversity. *American Educational Research Journal, 34*(1), 174–206.

Fuchs, D., Fuchs, L. S., Bahr, M. W., Fernstrom, P., & Stecker, P. M. (1990). Mainstream assistance teams: A scientific basis for the art of consultation. *Exceptional Children, 56,* 493–513.

Fuchs, D., Fuchs, L. S., & Compton, D. L. (2004). Identifying reading disability by responsiveness to instruction: Specifying measures and criteria. *Learning Disability Quarterly, 27,* 216–227.

Fuchs, D., Fuchs, L. S., & Fernstrom, P. (1993). A conservative approach to special education reform: Mainstreaming through trans environmental programming and curriculum-based measurement. *American Educational Research Journal, 30,* 149–177.

Fuchs, L., Fuchs, D., Finelli, R., Courey, S., & Hamlett, C. (2003). Expanding schema-based transfer instruction to help third graders solve real-life mathematical problems. *American Educational Research Journal, 41*(2), 419–445.

Fuchs, L., Fuchs, D., Finelli, R., Courey, S., Hamlett, C., Sones, E., & Hope, S. (2006). Teaching third graders about real-life mathematical problem solving: A randomized controlled study. *The Elementary School Journal, 106*(4), 293–312.

Fuchs, L. S., Fuchs, D., Bentz, J., Phillips, N. B., & Hamlett, C. L. (1994). The nature of student interactions during peer tutoring with and without prior training and experience. *American Educational Research Journal, 31*(1), 75–103.

Fuchs, L. S., Fuchs, D., & Karns, K. (2001). Enhancing kindergartners' mathematical development: Effects of peer-assisted learning strategies. *The Elementary School Journal, 101*(5), 495–510.

Fuchs, L. S., Fuchs, D., Karns, K., Hamlett, C. L., Katzaroff, M., & Dutka, S. (1997). Effects of task-focused goals on low-achieving students without learning disabilities. *American Educational Research Journal, 34*(3), 513–543.

Fuchs, L. S., Fuchs, D., Kazdan, S., & Allen, S. (1999). Effects of peer-assisted learning strategies in reading with and without training in elaborated help giving. *The Elementary School Journal, 99*(3), 201–221.

Fuller, B., Wright, J., Gesicki, K., & Kang, E. (2007). Gauging growth: How to judge NCLB? *Educational Researcher, 36*(5), 268–278.

Fuson, K. C. (1992). Research on whole number addition and subtraction. In D. Grouws (Ed.), *Handbook of research on mathematics teaching and learning* (pp. 243–275). New York: Macmillan.

Gabler, I. C., & Schroeder, M. (2003). *Constructivist methods for the secondary classroom.* Boston: Allyn & Bacon.

Gaddy, M. L. (1998, April). *Reading and studying from highlighted text: Memory for information highlighted by others.* Paper presented at the annual meeting of the American Educational Research Association, San Diego, CA.

Gage, N. L., & Needels, M. C. (1989). Process-product research on teaching: A review of criticism. *Elementary School Journal, 89,* 253–300.

Gagnon, G. W., & Collay, M. (2001). *Designing for learning: Six elements in constructivist classrooms.* Thousand Oaks, CA: Corwin.

Galambos, N. L., & Costigan, C. L. (2003). Emotional and personality development in adolescence. In R. M. Lerner, M. A. Easterbrooks, & J. Mistry (Eds.), *Handbook of psychology: Vol. 6. Developmental psychology* (pp. 351–372). Hoboken, NJ: Wiley.

Gall, M., Ward, B., Berliner, D., Cahen, L., Winne, P., Glashoff, J., & Stanton, G. (1978). Effects of questioning techniques and recitation on student learning. *American Educational Research Journal, 15,* 175–199.

Gallagher, C. J. (2003). Reconciling a tradition of testing with a new learning paradigm. *Educational Psychology Review, 15*(1), 83–99.

Gallagher, J. J. (1992). Gifted persons. In M. C. Alkin (Ed.), *Encyclopedia of educational research* (6th ed., pp. 544–549). New York: Macmillan.

Gamoran, A., Nystrand, M., Berends, M., & LePore, P. C. (1995). An organizational analysis of the effects of ability grouping. *American Educational Research Journal, 32,* 687–715.

Gandal, M., & McGiffert, L. (2003). The power of testing. *Educational Leadership, 60*(5), 39–42.

Gandal, M., & Vranek, J. (2001). Standards: Here today, here tomorrow. *Educational Leadership, 59*(1), 6–13.

Ganesh, T., & Berliner, D. (2004, April). *Practices of computer use in elementary education: Perceived and missed opportunities.* Paper presented at the annual meeting of the American Educational Research Association, San Diego, CA.

Garber, H. L. (1988). *The Milwaukee Project: Preventing mental retardation in children at risk.* Washington, DC: American Association on Mental Retardation.

Garcia, E., & Jensen, B. (2007). Helping young Hispanic learners. *Educational Leadership, 64*(6), 34–39.

Garcia, E., Jensen, B., & Scribner, K. (2009). The demographic imperative. *Educational Leadership, 66*(7), 8–13.

Garcia, J. (1993). The changing image of ethnic groups in textbooks. *Phi Delta Kappan, 75*(1), 29–35.

Gardner, H. (2000). *Intelligence reframed: Multiple intelligences for the 21st century.* New York: Basic Books.

Gardner, H. (2003, April). *Multiple intelligences after twenty years.* Paper presented at the annual meeting of the American Educational Research Association, Chicago.

Gardner, H. (2004). *Multiple intelligences: New horizons, in theory and practice.* New York: Basic Books.

Gardner, H., & Moran, S. (2006). The science of multiple intelligences theory: A response to Lynn Waterhouse. *Educational Psychologist, 41*(4), 227–232.

Gardner, M., & Steinberg, L. (2005). Peer influence on risk taking, risk preference, and risky decision making in adolescence and adulthood: An experimental study. *Developmental Psychology, 41,* 625–635.

Garvey, C. (1990). *Play* (enlarged ed.). Cambridge, MA: Harvard University Press.

Gathercoal, F. (2001). *Judicious discipline* (5th ed.). San Francisco: Caddo Gap Press.

Gathercole, S. E., Pickering, S. J., Ambridge, B., & Wearing, H. (2004). The structure of working memory from 4 to 15 years of age. *Developmental Psychology, 40,* 177–190.

Gay, G. (2004). The importance of multicultural education. *Educational Leadership, 61*(4), 30–34.

Gee, J., & Levine, M. (2009). Welcome to our virtual worlds. *Educational Leadership, 66*(6), 48–53.

Gelman, R. (2000). Domain specificity and variability in cognitive development. *Child Development, 71,* 854–856.

Gelman, R. (2006). Young natural-number arithmeticians. *Current Directions in Psychological Science, 15*(4), 193–197.

Gelman, R., & Brenneman, K. (1994). Domain specificity and cultural variation are not inconsistent. In L. A. Hirschfeld & S. Gelman (Eds.), *Mapping the mind: Domain specificity in cognition and culture.* New York: Cambridge University Press.

Genesee, F., Lindholm-Leary, K., Saunders, W., & Christian, D. (2005). English language learners in U.S. schools: An overview of research findings. *Journal of Education for Students Placed at Risk, 10*(4), 363–385.

Gentner, D., Loewenstein, J., & Thompson, L. (2002). Learning and transfer: A general role for analogical encoding. *Journal of Educational Psychology, 94*(2), 393–408.

George, P. S. (2005). A rationale for differentiated instruction in the regular classroom. *Theory into Practice, 44,* 185–193.

Gerdes, D., & Ljung, E.J. (2009). The students have the answers. *Educational Leadership, 67*(1), 71–75.

Gersten, R., Baker, S., Shahahan, T., Linan-Thompson, S., Collins, P., & Scarcella, R. (2007). *Effective literacy and English language instruction for English learners in the elementary grades* (NCEE 2007–4011). Washington, DC: Institute of Education Sciences, U.S. Department of Education.

Gersten, R., Chard, D., Jayanthi, M., & Baker, S. (2006). *Experimental and quasi-experimental research on instructional approaches for teaching mathematics to students with learning disabilities: A research synthesis.* Signal Hill, CA: Center on Instruction/RG Research Group.

Gersten, R., Chard, D., Jayanthi, M., Baker, S., Morphy, P., & Flojo, J. (2009). Mathematics instruction for students with learning disabilities: A meta-analysis of instructional components. *Review of Educational Research, 79*(3), 1202–1242.

Gersten, R., & Dimino, J. (2006). RTI (response to intervention): Rethinking special education for students with reading difficulties (yet again). *Reading Research Quarterly, 41*(1), 99–107.

Gersten, R., Fuchs, L. S., Williams, J. P., & Baker, S. (2001). Teaching reading comprehension strategies to students with learning disabilities: A review of research. *Review of Educational Research, 71*(2), 279–320.

Giaconia, R. M., & Hedges, L.V. (1982). Identifying features of effective open education. *Review of Educational Research, 52,* 579–602.

Giangreco, M. (2007). Extending inclusive opportunities. *Educational Leadership, 64*(5), 34–38.

Gibbons, A. S., Duffin, J. R., Robertson, D. J., & Thompson, B. (1998, April). *Effects of administering feedback following extended problem solving.* Paper presented at the annual meeting of the American Educational Research Association, San Diego, CA.

Giedd, J. N. (2004). Structural magnetic resonance imaging of the adolescent brain. In R. E. Dahl & L. P. Spear (Eds.), *Adolescent brain development. Vulnerabilities and opportunities. Annals of the New York Academy of Sciences* (Vol. 1021). New York: The New York Academy of Science.

Gijselaers, W. H., & Schmidt, H. G. (1995). Effects of quantity of instruction on time spent on learning and achievement. *Educational Research and Evaluation, 1*(2), 183–201.

Gilligan, C. (1982). *In a different voice: Sex differences in the expression of moral judgment.* Cambridge, MA: Harvard University Press.

Gilligan, C., & Attanucci, J. (1988). Two moral orientations: Gender differences and similarities. *Merrill-Palmer Quarterly, 34,* 223–237.

Ginsburg-Block, M., Rohrbeck, C., & Fantuzzo, J. (2006). A meta-analytic review of social, self-concept, and behavioral outcomes of peer-assisted learning. *Journal of Educational Psychology, 98*(4), 732–749.

Giorgis, C., & Glazer, J. I. (2009). *Literature for young children: Supporting emergent literacy, ages 0–8* (6th ed.). Boston: Allyn & Bacon.

Glantz, M. D., Johnson, J., & Huffman, L. (Eds.). (2002). *Resilience and development: Positive life adaptations.* New York: Kluwer.

Glaser, C., & Brunstein, J. (2007). Improving fourth-grade students' composition skills: Effects of strategy instruction and self-regulation procedures. *Journal of Educational Psychology, 99*(2), 297–310.

Glassman, M. (2001). Dewey and Vygotsky: Society, experience, and inquiry in educational practice. *Educational Researcher, 30*(4), 3–14.

Gleason, J. B., & Ratner, N. B. (Eds.). (2009). *The development of language* (7th ed.). Boston: Pearson.

GLSEN. (2009). *The experiences of lesbian, gay, bisexual, and transgender middle school students.* New York: Author.

Goddard, R. D., Hoy, W. K., & Hoy, A. W. (2000). Collective teacher efficacy: Its meaning, measure, and impact on student achievement. *American Educational Research Journal, 37*(2), 479–507.

Goddard, R. D., Hoy, W. K., & Woolfolk Hoy, A. (2004). Collective efficacy beliefs: Theoretical developments, empirical evidence, and future directions. *Educational Researcher, 33*(3), 1–13.

Goldberg, A., Russell, M., & Cook, A. (2003). The effect of computers on student writing: A meta-analysis of studies from 1992 to 2002. *Journal of Technology, Learning, and Assessment, 2*(1), 1–51. Available at www.jtla.org

Goldman-Segall, R., & Maxwell, J. W. (2003). Computers, the Internet, and new media for learning. In W. M. Reynolds & G. E. Miller (Eds.), *Handbook of psychology: Vol. 7. Educational psychology* (pp. 393–427). Hoboken, NJ: Wiley.

Goldschmidt, P., & Wang, J. (1999). When can schools affect dropout behavior? A longitudinal multilevel analysis. *American Educational Research Journal, 36*(4), 715–738.

Good, T., & Brophy, J. (2003). *Looking in classrooms* (9th ed.). Boston: Allyn & Bacon.

Good, T., & Brophy, J. (2008). *Looking in classrooms* (10th ed.). Boston: Allyn & Bacon.

Good, T., & Grouws, D. (1979). The Missouri Mathematics Effectiveness Project: An experimental study in fourth-grade classrooms. *Journal of Educational Psychology, 71,* 355–362.

Good, T., Grouws, D., & Ebmeier, H. (1983). *Active mathematics teaching.* New York: Longman.

Good, T. L., & Brophy, J. E. (2008). *Looking in classrooms* (10th ed.). Boston: Allyn & Bacon.

Good, T. L., Mulryan, C., & McCaslin, M. (1992). Grouping for instruction in mathematics: A call for programmatic research on small group processes. In D. Grouws (Ed.), *Handbook of research on mathematics teaching and learning* (pp. 165–196). New York: Macmillan.

Goodlad, J. I. (1983). *A place called school.* New York: McGraw-Hill.

Gordon, P. (1957). *The social system of the high school: A study in the sociology of adolescence.* Glencoe, IL: Free Press.

Gorin, J. S., & Blanchard, J. S. (2004, April). *The effect of curriculum alignment on elementary mathematics and reading achievement.* Paper presented at the annual meeting of the American Educational Research Association, San Diego, CA.

Goswami, U. (2004). Neuroscience and education. *British Journal of Educational Psychology, 74*(1), 1–14.

Gottfredson, D. C., Gottfredson, G. D., & Hybl, L. G. (1993). Managing adolescent behavior: A multiyear, multi-school study. *American Educational Research Journal, 30*(1), 179–215.

Gottfried, A. E., & Fleming, J. S. (2001). Continuity of academic intrinsic motivation from childhood through late adolescence: A longitudinal study. *Journal of Educational Psychology, 93*(1), 3–13.

Gottfried, A. E., & Gottfried, A. W. (2004). Toward the development of a conceptualization of gifted motivation. *Gifted Child Quarterly, 48*(2), 121–132.

Gottlieb, J., & Weinberg, S. (1999). Comparison of students referred and not referred for special education. *The Elementary School Journal, 99*(3), 187–200.

Gould, M., & Gould, H. (2003). A clear vision for equity and opportunity. *Phi Delta Kappan, 85*(4), 324–328.

Grafman, J. (1994). Alternative frameworks for the conceptualization of frontal lobe functions. In F. Boller & J. Grafman (Eds.), *Handbook of neuropsychology* (Vol. 9). San Diego, CA: Elsevier.

Grafman, J., Spector, L., & Ratterman, M. (2005). Planning and the brain. In R. Morris & G. Ward (Eds.), *The cognitive psychology of planning* (pp. 181–198). Hove, England: Psychology Press.

Graham, S. (2006). Strategy instruction and the teaching of writing: A meta-analysis. In C. MacArthur, S. Graham, & J. Fitzgerald (Eds.), *Handbook of writing research* (pp. 187–207). New York: Guilford Press.

Graham, S., MacArthur, C., & Schwartz, S. (1995). Effects of goal setting and procedural facilitation on the revising behavior and writing performance of students with writing and learning problems. *Journal of Educational Psychology, 87*(2), 230–240.

Graseck, S. (2009). Teaching with controversy. *Educational Leadership, 67*(1), 45–49.

Graves, D. (1983). *Writing: Teachers and children at work.* Exeter, NH: Heinemann.

Graves, M. (2007). Conceptual and empirical bases for providing struggling readers with multifaceted and long-term vocabulary instruction. In B. M. Taylor & J. E. Ysseldyke (Eds.), *Effective instruction for struggling readers, K–6* (pp. 55–83). New York: Teachers College Press.

Green, M. (1989). *Theories of human development.* New York: Prentice-Hall.

Greenberg, M. T., Weissberg, R., O'Brien, M., Zins, J., Fredericks, L., Resnick, H., & Elias, M. (2003). Enhancing school-based prevention and youth development through coordinated social, emotional, and academic learning. *American Psychologist, 58,* 466–474.

Greene, B. A., Miller, R. B., Crowson, M., Duke, B. L., & Akey, K. L. (2004). Predicting high school students' cognitive engagement and achievement: Contributions of classroom perceptions and motivation. *Contemporary Educational Psychology, 29*(4), 462–482.

Greene, D., & Lepper, M. R. (1974). How to turn play into work. *Psychology Today, 8,* 49–54.

Greene, J., & Azevedo, R. (2007). A theoretical review of Winne and Hadwin's model of self-regulated learning: New perspectives and directions. *Review of Educational Research, 77*(3), 334–372.

Greene, J. P. (1997). A meta-analysis of the Rossell & Baker review of bilingual education research. *Bilingual Research Journal, 21,* 2–3.

Greenfield, P., & Cocking, R. (Eds.). (1994). *Cross-cultural roots of minority child development.* Hillsdale, NJ: Erlbaum.

Greeno, J., & Goldman, S. (Eds.). (1998). *Thinking practices in mathematics and science learning.* Mahwah, NJ: Erlbaum.

Greeno, J. G., Collins, A. M., & Resnick, L. R. (1996). Cognition and learning. In D. C. Berliner & R. C. Calfe (Eds.), *Handbook of educational psychology* (pp. 15–46). New York: Macmillan.

Greenwood, C. R., Terry, B., Utley, C. A., Montagna, D., & Walker, D. (1993). Achievement, placement, and services: Middle school benefits of Classwide Peer Tutoring used at the elementary level. *School Psychology Review, 22*(3), 497–516.

Gregory, G. H., & Chapman, C. (2001). *Differentiated instructional strategies: One size doesn't fit all.* Thousand Oaks, CA: Corwin.

Gresham, F. (2005). Methodological issues in evaluating cognitive-behavioral treatments for students with behavioral disorders. *Behavioral Disorders, 30*(3), 213–225.

Gronlund, N. E. (2003). *Assessment of student achievement* (7th ed.). Boston: Allyn & Bacon.

Gronlund, N. E., & Brookhart, S. M. (2009). *Gronlund's writing instructional objectives* (8th ed.). Upper Saddle River, NJ: Pearson.

Gronlund, N. E., & Waugh, C. K. (2009). *Assessment of student achievement.* Upper Saddle River, NJ: Pearson.

Grusec, J. E., & Goodnow, J. J. (1994). Impact of parental discipline methods on the child's internalization of values. *Developmental Psychology, 30,* 4–19.

Guay, F., Marsh, H. W., & Boivin, M. (2003). Academic self-concept and academic achievement: Developmental perspectives on their causal ordering. *Journal of Educational Psychology, 95*(1), 124–136.

Guilfoyle, C. (2006). NCLB: Is there life beyond testing? *Educational Leadership, 64*(3), 8–13.

Gump, P. V. (1982). School settings and their keeping. In D. L. Duke (Ed.), *Helping teachers manage classrooms* (pp. 98–114). Alexandria, VA: ASCD.

Gunter, M. A., Estes, T. H., & Schwab, J. (2003). *Instruction: A models approach* (4th ed.). Boston: Allyn & Bacon.

Gureasko-Moore, S., DuPaul, G., & White, G. (2006). The effects of self-management in general education classrooms on the organizational skills of adolescents with ADHD. *Behavior Modification, 30,* 159–183.

Guskey, T. (2003). How classroom assessments improve learning. *Educational Leadership, 60*(5), 7–11.

Guskey, T. (2005). Mapping the road to proficiency. *Educational Leadership, 63*(3), 32–37.

Guskey, T. (2006). Making high school grades meaningful. *Phi Delta Kappan, 87*(9), 670–675.

Guskey, T. (Ed.). (2009). *Practical solutions for serious problems in standards-based grading.* Thousand Oaks, CA: Corwin.

Guskey, T., & Anderman, E. (2008). Students at bat. *Educational Leadership, 66*(3), 8–15.

Guskey, T. R., & Bailey, J. M. (2001). *Developing grading and reporting systems for student learning.* Thousand Oaks, CA: Corwin.

Guthrie, J., & Wigfield, A. (2000). Engagement and motivation in reading. In M. Kamil, P. Mosenthal, P. Pearson, & R. Barr (Eds.), *Handbook of reading research* (Vol. 3, pp. 403–422). Mahwah, NJ: Erlbaum.

Guthrie, J. T., & Cox, K. (2001). Classroom conditions for motivation and engagement in reading. *Educational Psychology Review, 13*(3), 283–302.

Gutiérrez, R., & Slavin, R. E. (1992). Achievement effects of the nongraded elementary school: A best evidence synthesis. *Review of Educational Research, 62*(4), 333–376.

Hadwin, A. F. (2008). Self-regulated learning. In T. L. Good (Ed.), *21st century learning* (Vol. 1, pp. 175–183). Thousand Oaks, CA: Sage.

Hakuta, K., Butler, Y. G., & Witt, D. (2000). *How long does it take English learners to attain proficiency?* The University of California Linguistic Minority Research Institute, Policy Report 2000/1.

Halford, G., & Andrews, G. (2006). Reasoning and problem solving. In D. Kuhn & R. Siegler (Eds.), *Handbook of child psychology: Vol. 2* (6th ed., pp. 557–608). Hoboken, NJ: Wiley.

Hall, R., & Greeno, J. (2008). Conceptual learning. In T. L. Good (Ed.), *21st century learning* (Vol. 1, pp. 212–224). Thousand Oaks, CA: Sage.

Hallahan, D. P., Kauffman, J. M., & Pullen, P. C. (2009). *Exceptional learners: Introduction to special education* (11th ed.). Boston: Pearson.

Hallinan, M. T. (2004). *The detracking movement.* Palo Alto, CA: Stanford University, The Hoover Institute.

Halpern, D., Aronson, J., Reimer, N., Simpkins, S., Star, J., & Wentzel, K. (2007). Encouraging girls in math and science: IES practice guide (NCER 2007-2003). Washington, DC: Institute of Education Sciences, U.S. Department of Education.

Halpern, D. F., Hansen, C., & Riefer, D. (1990). Analogies as an aid to understanding and memory. *Journal of Educational Psychology, 82,* 298–305.

Halpern, D. F., & LaMay, M. L. (2000). The smarter sex: A critical review of sex differences in intelligence. *Educational Psychology Review, 12*(2), 229–246.

Halpern, J. M., & Schulz, K. P. (2006). Revisiting the role of the prefrontal cortex in the pathophysiology of ADHD. *Psychological Bulletin, 132,* 560–581.

Hamburg, D. A. (1992). *Today's children: Creating a future for a generation in crisis.* New York: Times Books.

Hamilton, L., Stecher, B., & Yuan, K. (2008). *Standards-based reform in the United States: History, research, and future directions.* Washington, DC: Center on Education Policy.

Hamman, D., Berthelot, J., Saia, J., & Crowley, E. (2000). Teachers' coaching of learning and its relation to students' strategic learning. *Journal of Educational Psychology, 92*(2), 342–348.

Hand, B., & Treagust, D. F. (1991). Student achievement and science curriculum development using a constructive framework. *Schools, Science, and Mathematics, 91,* 172–176.

Hanline, M. F., & Daley, S. (2002). "Mom, will Haelie always have possibilities?" *Phi Delta Kappan, 84*(1), 73–76.

Hanna, G. S., & Dettmer, P. A. (2004). *Assessment for effective teaching: Using context-adaptive planning.* Boston: Pearson.

Hanson, S. L., Morrison, D. R., & Ginsburg, A. L. (1989). The antecedents of teenage fatherhood. *Demography, 26,* 579–596.

Harackiewicz, J., Barron, K., Tauer, J., & Carter, S. (2000). Short-term and long-term consequences of achievement goals: Predicting interest and performance over time. *Journal of Educational Psychology, 92*(2), 316–330.

Harackiewicz, J., & Linnenbrink, E. (2005). Multiple achievement goals and multiple pathways for learning: The agenda and impact of Paul R. Pintrich. *Educational Psychologist, 40*(2), 75–84.

Hardman, J. L., Drew, C., Egan, M., & Wolf, B. (1996). *Human exceptionality: Society, school, and family* (5th ed.). Boston: Allyn & Bacon.

Hareli, S., & Weiner, B. (2002). Social emotions and personality inferences: A scaffold for a new direction in the study of achievement motivation. *Educational Psychologist, 37*(3), 183–189.

Harpaz, Y., & Lefstein, A. (2000). Communities of thinking. *Educational Leadership, 58*(3), 54–57.

Harris, K. R., & Alexander, P. A. (1998). Integrated, constructivist education: Challenge and reality. *Education Psychology Review, 10*(2), 115–127.

Harris, K. R., & Graham, S. (1996a). *Making the writing process work: Strategies for composition and self-regulation.* Cambridge, MA: Brookline.

Harris, K. R., & Graham, S. (1996b). Memo to constructivists: Skills count, too. *Educational Leadership, 53*(5), 26–29.

Harris, K. R., Graham, S., & Mason, L. (2006). Improving the writing, knowledge, and motivation of struggling young writers: Effects of self-regulated strategy development with and without peer support. *American Educational Research Journal, 43*(2), 295–340.

Harris, K. R., Graham, S., & Pressley, M. (2001). Cognitive strategies in reading and written language. In N. N. Singh & I. Beale (Eds.), *Current perspectives in learning disabilities: Nature, theory and treatment.* New York: Springer-Verlag.

Harris, P. (2002). Learning-related visual problems in Baltimore City: A long-term program. *Journal of Optometric Vision Development, 33*(2), 75–115.

Harris, R. (2007). Virtual salt. Retrieved January 5, 2010, from www.virtualsalt.com/evalu8it.htm

Harry, B., & Klingner, J. (2007). Discarding the deficit model. *Educational Leadership, 64*(5), 16–21.

Hart, B., & Risley, T. R. (1995). *Meaningful differences in the everyday experience of young American children.* Baltimore: Brookes.

Harter, S. (1998). The development of self-representations. In W. Damon (Ed.), *Handbook of child psychology* (Vol. 3, pp. 553–618). New York: Wiley.

Harter, S., Whitesell, N. R., & Kowalski, P. (1992). Individual differences in the effects of educational transitions on young adolescents' perceptions of competence and motivational orientation. *American Educational Research Journal, 29,* 777–807.

Hartup, W. W. (2005). Peer Intraction: What causes what? *Journal of Abnormal Child Psychology, 33,* 387–394.

Haslinger, J., Kelly, P., & O'Lara, L. (1996). Countering absenteeism, anonymity, and apathy. *Educational Leadership, 54*(1), 47–49.

Haspe, H., & Baddeley, J. (1991). Moral theory and culture: The case of gender. In W. Kurtines & J. L. Gewirtz (Eds.), *Handbook of moral behavior and development* (Vol. 1, pp. 223–250). Mahwah, NJ: Erlbaum.

Hasselbring, T., & Williams-Glaser, C. H. (2000). Use of computer technology to help students with special needs. *Children and Computer Technology, 10*(2), 102–122.

Hattie, J., Bibbs, J., & Purdie, N. (1996). Effects of learning skills interventions on student learning: A meta-analysis. *Review of Educational Research, 66*(2), 99–136.

Hattie, J., & Marsh, H. W. (1996). The relationship between research and teaching: A meta-analysis. *Review of Educational Research, 66*(4), 507–542.

Hattie, J., & Timperley, H. (2007). The power of feedback. *Review of Educational Research, 77*(1), 81–112.

Hauser-Cram, P., Sirin, S. R., & Stipek, D. (2003). When teachers' and parents' values differ: Teachers' ratings of academic competence in children from low-income families. *Journal of Educational Psychology, 95*(4), 813–820.

Havens, J. (2003). Student web pages—a performance assessment they'll love. *Phi Delta Kappan, 84*(9), 710–711.

Hawkins, J. D., Guo, J., Hill, K., Battin-Pearson, S., & Abbott, R. (2001). Long-term effects of the Seattle social development intervention on school bonding trajectories. *Applied Developmental Sciences, 5,* 225–236.

Hawkins, J. D., Herrenkohl, T. I., Farrington, D. P., Brewer, D., Catalano, R. F., Harachi, T. W., & Cothern, L. (2000). *Predictors of youth violence.* Washington, DC: Office of Juvenile Justice and Delinquency Prevention.

Hay, D., Payne, A., & Chadwick, A. (2004). Peer relations in childhood. *Journal of Child Psychology and Psychiatry, 45,* 84–108.

Haycock, K. (2001). Closing the achievement gap. *Educational Leadership, 58*(6), 6–11.

Haycock, K. (2006). No more invisible kids. *Educational Leadership, 64*(3), 38–42.

Haynie, W., III, & Haynie, G. (2008). *Effects of test taking on retention learning: A meta-analysis of eight quasi-experiments.* Paper presented at the annual meeting of the American Educational Research Association, San Diego, CA.

Headley, K. (2008). Improving reading comprehension through writing. In C. Block & S. Parris (Eds.), *Comprehension instruction: Research-based best practices* (2nd ed., pp. 214–225). New York: Guilford.

Hehir, T. (2007). Confronting abelism. *Educational Leadership, 64*(5), 8–15.

Heller, K. A., Monks, F. J., Sternberg, R. S., & Subotnik, R. F. (2000). *International handbook of giftedness and talent* (2nd ed.). New York: Pergamon.

Hempenstall, K. (2008). Corrective reading: An evidence-based remedial reading intervention. *Australasian Journal of Special Education, 32*(1), 23–54.

Henig, J. (2008/2009). The spectrum of education research. *Educational Leadership, 66*(4), 6–11.

Henson, K. T. (2004). *Constructivist teaching strategies for diverse middle-level classrooms.* Boston: Pearson.

Henson, R. K. (2002). From adolescent angst to adulthood: Substantive implications and measurement dilemmas in the development of teacher efficacy research. *Educational Psychologist, 37*(3), 137–150.

Herbert, J., & Stipek, D. (2005). The emergence of gender differences in children's perceptions of their academic competence. *Applied Developmental Psychology, 26,* 276–295.

Heritage, M., & Chen, E. (2005). Why data skills matter in school improvement. *Phi Delta Kappan, 86*(9), 707–710.

Herrenkohl, T. I., Maguin, E., Hill, K. G., Hawkins, J. D., & Abbott, R. D. (2001). Developmental risk factors for youth violence. *Journal of Adolescent Health, 26,* 176–186.

Herrera, S. G., & Murry, K. G. (2005). *Mastering ESL and bilingual methods.* Boston: Allyn & Bacon.

Hersh, R. (2009). A well-rounded education for a flat world. *Educational Leadership, 67*(1), 50–53.

Hess, F. (2008/2009). The new stupid. *Educational Leadership, 66*(4), 12–17.

Hessler, G. L. (2001). Who is really learning disabled? In B. Sornson, (Ed.), *Preventing early learning failure.* Alexandria, VA: ASCD.

Heymann, S. J., & Earle, A. (2000). Low-income parents: How do working conditions affect their opportunity to help school-age children at risk? *American Educational Research Journal, 37*(3), 833–848.

Heyns, B. (2002). Summer learning. In D. L. Levinson, P. W. Cookson, Jr., & A. R. Sadovnik (Eds.), *Education and sociology: An encyclopedia* (pp. 645–650). New York: Routledge Falmer.

Hicks-Bartlett, S. (2004). Forging the chain: "Hands across the campus" in action. In W. G. Stephan & W. P. Vogt (Eds.), *Education programs for improving intergroup relations.* New York: Teachers College Press.

Hidi, S., & Harackiewicz, J. M. (2000). Motivating the academically unmotivated: A critical issue for the 21st century. *Review of Educational Research, 70*(2), 151–179.

Hiebert, E. (1983). An examination of ability groupings for reading instruction. *Reading Research Quarterly, 18,* 231–255.

Hiebert, E. H. (1996). Revisiting the question: What difference does Reading Recovery make to an age cohort? *Educational Researcher, 25*(7), 26–28.

Hiebert, J., Carpenter, T. P., Fennema, E., Fuson, K., Human, P., Murray, H., Olivier, A., & Wearne, D. (1996). Problem solving as a basis for reform in curriculum and instruction: The case of mathematics. *Educational Researcher, 25*(4), 12–21.

Hiebert, J., & Wearne, D. (1993). Instructional tasks, classroom discourse, and student learning in second grade. *American Educational Research Journal, 30,* 393–425.

Hiebert, J., Wearne, D., & Taber, S. (1991). Fourth graders' gradual construction of decimal fractions during instruction using different physical representations. *Elementary School Journal, 91,* 321–341.

Higgins, S., Falzon, C., Hall, L., Moseley, D., Smith, F., Smith, H., & Wall, K. (2005). *Embedding ICT in the literacy and numeracy strategies: Final report.* Newcastle, UK: University of Newcastle.

Hill, J., & Flynn, K. (2006). *Classroom instruction that works with English language learners.* Alexandria, VA: ASCD.

Hill, N. E. (2001). Parenting and academic socialization as they relate to school readiness: The roles of ethnicity and family income. *Journal of Educational Psychology, 93*(4), 686–697.

Hill, W. F. (2002). *Learning: A survey of psychological interpretations* (7th ed.). Boston: Allyn & Bacon.

Hinnant, J., O'Brien, M., & Ghazarian, S. (2009). The longitudinal relations of teacher expectations to achievement in the early school years. *Journal of Educational Psychology, 101*(3), 662–670.

Hirsh, S. A., & Hord, S. M. (2008). Role of professional learning in advancing quality teaching and student learning. In T. L. Good (Ed.), *21st century learning* (Vol. 2, pp. 337–350). Thousand Oaks, CA: Sage.

Hmelo-Silver, C., Duncan, R., & Chinn, C. (2007). Scaffolding and achievement in problem-based inquiry learning: A response to Kirschner, Sweller, and Clark (2006). *Educational Psychologist, 42*(2), 99–107.

Ho, A. (2008). The problem with "proficiency": Limitations of statistics and policy under No Child Left Behind. *Educational Researcher, 37*(6), 351–360.

Hock, M., Schumaker, J., & Deshler, D. D. (2001). The case for strategic tutoring. *Educational Leadership, 58*(7), 50–52.

Hodgkinson, H. (2008). *Demographic trends and the federal role in education.* Washington, DC: Center on Education Policy.

Hoerr, T. (2009). How book groups bring change. *Educational Leadership, 66*(5), 80–84.

Hoff, E. (2003). Language development in childhood. In R. M. Lerner, M. A. Easterbrooks, & J. Mistry (Eds.), *Handbook of psychology: Vol. 6. Developmental psychology* (pp. 171–193). Hoboken, NJ: Wiley.

Hoffer, T., & Nelson, C. (1993, April). *High school effects on coursework in science and mathematics.* Paper presented at the annual meeting of the American Educational Research Association, Chicago.

Höffler, T., & Leutner, D. (2006). *Instructional animation versus static picture: A meta-analysis.* Poster presented at the annual meeting of the American Educational Research Association, San Francisco.

Hoffman, D. (2009). Reflecting on social emotional learning: A critical perspective on trends in the United States. *Review of Educational Research, 79*(2), 533–556.

Hoffman, M. L. (1993). Affective and cognitive processes in moral internalization. In E. T. Higgins, D. Ruble, & W. Hartup (Eds.), *Social cognition and social development* (pp. 236–274). Cambridge, England: Cambridge University Press.

Hoffman, S. D., Foster, E. M., & Furstenberg, F. F. (1993). Reevaluating the costs of teenage childbearing. *Demography, 30,* 1–13.

Hogan, T., Rabinowitz, M., & Craven, J. A., III. (2003). Representation in teaching: Inferences from research of expert and novice teachers. *Educational Psychologist, 38*(4), 235–247.

Hoge, R. D., & Renzulli, J. S. (1993). Exploring the link between giftedness and self-concept. *Review of Educational Research, 63,* 449–465.

Hollingsworth, J., & Ybarra, S. (2009). *Explicit Direct Instruction (EDI): The power of the well-crafted, well-taught lesson.* Thousand Oaks, CA: Corwin.

Holloway, J. (2003). Grouping gifted students. *Educational Leadership, 61*(2), 89–91.

Holloway, J. H. (2000). The digital divide. *Educational Leadership, 58*(2), 90–91.

Holloway, J. H. (2001). Inclusion and students with learning disabilities. *Educational Leadership, 58*(6), 88–89.

Holt, D. G., & Willard-Holt, C. (2000). Let's get real: Students solving authentic corporate problems. *Phi Delta Kappan, 82*(3), 243–246.

Hong, G., & Raudenbush, S. (2005). Effects of kindergarten retention policy on children's cognitive growth in reading and mathematics. *Evaluation and Policy Analysis, 27*(3), 205–244.

Hong, G., & Yu, B. (2007). Early-grade retention and children's reading and math learning in elementary years. *Educational Evaluation and Policy Analysis, 29*(4), 239–261.

Hong, L. K. (2001). Too many intrusions on instructional time. *Phi Delta Kappan, 82*(9), 712–714.

Hood, M., Conlon, E., & Andrews, G. (2008). Preschool home literacy practices and children's literacy development: A longitudinal analysis. *Journal of Educational Psychology, 100*(2), 252–271.

Hoover, J. (2009). *RTI assessment essentials for struggling learners.* Thousand Oaks, CA: Corwin.

Hoover-Dempsey, K., Walker, J., Sandler, H., Whetsel, D., Green, C., Wilkins, A., & Closson, K. (2005). Parental involvement: Model revision through scale development. *The Elementary School Journal, 106*(2), 85–104.

Hopfenberg, W. S., & Levin, H. M. (1993). *The accelerated schools resource guide.* San Francisco: Jossey-Bass.

Hopkins, C. J. (1998). "I'm here to help—what do you want me to do?" A primer for literacy tutors. *The Reading Teacher, 52*(3), 310–312.

Horn, S. S., Drill, K. L., Hochberg, M. J., Heinze, J., & Frank, T. (2008). Development: 6–8. In T. L. Good (Ed.), *21st century learning* (Vol. 1, pp. 93–102). Thousand Oaks, CA: Sage.

Howard, G. (2007). As diversity grows, so must we. *Educational Leadership, 64*(6), 16–22.

Howard, P. (2000). *The owner's manual for the brain: Everyday applications from mind-brain research.* Austin, TX: Bard.

Howes, C., & Matheson, C. C. (1992). Sequences in the development of competent play with peers: Social and social pretend play. *Developmental Psychology, 28,* 961–974.

Howes, C., & Rodning, C. (1992). Attachment security and social pretend play negotiations: Illustrative study #5. In C. Howes, O. Unger, & C. C. Matheson (Eds.), *The collaborative construction of pretend: Social pretend play functions* (pp. 89–98). Albany: State University of New York Press.

Hruby, G., & Hynd, G. (2006). Decoding Shaywitz: The modular brain and its discontents. [Review of the book *Overcoming dyslexia: A new and complete science-based program for reading problems at any level.*] *Reading Research Quarterly, 41*(4), 544–566.

Hubbard, L., & Mehan, H. (1997, March). *Scaling up an untracking program: A co-constructivist process.* Paper presented at the annual meeting of the American Educational Research Association, Chicago.

Hubbard, L., & Mehan, H. (1998). Scaling up an untracking program: A co-constructed process. *Journal of Education for Students Placed at Risk, 4*(1), 83–100.

Huebner, T. (2008). Balancing the concrete and the abstract. *Educational Leadership, 66*(3), 86–88.

Huebner, T. (2009). Encouraging girls to pursue math and science. *Educational Leadership, 67*(1), 90–92.

Huey, E. D., Krueger, F., & Grafman, J. (2006). Representations in the human prefrontal cortex. *Current Directions in Psychological Science, 15*(4), 167–171.

Hughes, F. (2010). *Children, play, and development.* Thousand Oaks, CA: Sage.

Huguet, P., & Regner, I. (2007). Stereotype threat among schoolgirls in quasi-ordinary classroom circumstances. *Journal of Educational Psychology, 99,* 345–360.

Hulleman, C., Durik, A., Schweigert, S., & Harackiewicz, J. (2008). Task values, achievement goals, and interest: An integrative analysis. *Journal of Educational Psychology, 100*(2), 398–416.

Hunter, M. (1982). *Mastery teaching.* El Segundo, CA: TIP Publications.

Hunter, M. (1995). Mastery teaching. In J. H. Block, S. T. Everson, & T. R. Guskey (Eds.), *School improvement programs* (pp. 181–204). New York: Scholastic.

Hurley, E. (2000, April). *The interaction of culture with math achievement and group processes among African American and European American children.* Paper presented at the annual meeting of the American Educational Research Association, New Orleans, LA.

Hurn, C. J. (2002). IQ. In D. L. Levinson, P. W. Cookson, Jr., & A. R. Sadovnik (Eds.), *Education and sociology: An encyclopedia* (pp. 399–402). New York: Routledge Falmer.

Hurry, J., & Sylva, K. (2007). Long-term outcomes of early reading intervention. *Journal of Research in Reading, 30*(3), 227–248.

Husman, J., & Lens, W. (1999). The role of the future in student motivation. *Educational Psychologist, 34*(2), 113–125.

Hyde, J., & Mertz, J. (2009). Gender, culture, and mathematics performance. *Proceedings of the National Academy of Sciences, 106*(8), 801–807.

Hyerle, D. (1995). Thinking maps: Seeing is understanding. *Educational Leadership, 53*(4), 85–89.

Hyman, I. A., & Snook, P. A. (2000). Dangerous schools and what you can do about them. *Phi Delta Kappan, 81*(7), 488–501.

Hymel, S., Bowker, A., & Woody, E. (1993). Aggressive versus withdrawn unpopular children: Variations in peer and self-perceptions in multiple domains. *Child Development, 64,* 879–896.

Ialongo, N., Poduska, J., Wethamer, L., & Keller, S. (2001). The digital impact of two first-grade preventive interventions on conduct problems and disorder in early adolescence. *Journal of Emotional and Behavioral Disorders, 9*(3), 146–160.

Igo, L.B., Bruning, R., & McCrudden, M. (2005). Exploring differences in students' copy-and-paste decision making and processing: A mixed-methods study. *Journal of Educational Psychology, 72*(3), 165–178.

Inagaki, K., & Hantano, G. (2006). Young children's conception of the biological world. *Current Directions in Psychological Science, 15*(4), 177–181.

Inhelder, B., & Piaget, J. (1958). *The growth of logical thinking from childhood to adolescence.* New York: Basic Books.

Iran-Nejad, A., & Stewart, W. (2007, April). *What's wrong with Bloom's cognitive taxonomy of educational objectives?* Paper presented at the annual meeting of the American Educational Research Association, Chicago.

Ireson, J., & Hallam, S. (2001). *Ability grouping in education.* London: Sage.

Ivey, G., & Fisher, D. (2006). Then thinking skills trump reading skills. *Educational Leadership, 64*(2), 16–21.

Jacobs, J., Lanza S., Osgood, D., Eccles, J., & Wigfield, A. (2002). Changes in children's self-competence and values: Gender and domain differences across grades one through twelve. *Child Development, 73,* 509–527.

Jaffee, S., & Hyde, J. S. (2000). Gender differences in moral orientation: A meta-analysis. *Psychological Bulletin, 126,* 703–726.

Jagacinski, C. M., & Nicholls, J. G. (1990). Reducing effort to protect perceived ability: "They'd do it but I wouldn't." *Journal of Educational Psychology, 82,* 15–21.

Jagers, R. J., & Carroll, G. (2002). Issues in educating African American children and youth. In S. Stringfield & D. Land (Eds.), *Educating at-risk students* (pp. 48–65). Chicago: National Society for the Study of Education.

James, A. (2007). *Teaching the male brain: How boys think, feel, and learn in school.* Thousand Oaks, CA: Corwin.

James, A. (2009). *Teaching the female brain: How girls learn math and science.* Thousand Oaks, CA: Corwin.

James, W. (1912). *Talks to teachers on psychology: And to students on some of life's ideals.* New York: Holt.

Janzen, J. (2008). Teaching English language learners in the content areas. *Review of Educational Research, 78*(4), 1010–1038.

Jenkins, J. R., Peyton, J. A., Sanders, E. A., & Vadasy, P. F. (2004). Effects of reading decodable texts in supplemental first-grade tutoring. *Scientific Studies of Reading, 8,* 53–85.

Jennings, J., & Rentner, D. (2006). Ten big effects of the No Child Left Behind Act on public schools. *Phi Delta Kappan, 88*(2), 110–113.

Jennings, P., & Greenberg, M. (2009). The prosocial classroom: Teacher social and emotional competence in relation to student and classroom outcomes. *Review of Educational Research, 79*(1), 491–525.

Jensen, E. (2000). Brain-based learning: A reality check. *Educational Leadership, 57*(7), 76–80.

Jensen, E., & Nickelsen, L. (2008). *Deeper learning: Seven powerful strategies for in-depth and longer-lasting learning.* Thousand Oaks, CA: Corwin.

Jesse, D., & Pokorny, N. (2001, April). *Understanding high achieving middle schools for Latino students in poverty.* Paper presented at the annual meeting of the American Educational Research Association, Seattle.

Jetton, T. L., & Alexander, P. A. (2001). Interest assessment and the content area literacy environment: Challenges for research and practice. *Educational Psychology Review, 13*(3), 303–318.

Jimerson, S. R., Anderson, G. E., & Whipple, A. D. (2002). Winning the battle and losing the war: Examining the relation between grade retention and dropping out of high school. *Psychology in the Schools, 39,* 441–457.

Jitendra, A., Edwards, L., Sacks, G., & Jacobson, L. (2004, April). *What research says about vocabulary instruction for students with learning disabilities.* Paper presented at the annual meeting of the American Educational Research Association, San Diego, CA.

Jitendra, A., Star, J., Starosta, K., Leh, J., Sood, S., Caskie, G., Hughes, C., & Mack, T. (2009). Improving seventh grade students' learning of ratio and proportion: The role of schema-based instruction. *Contemporary Educational Psychology, 34*(3), 250–264.

Joe, S., Joe, E., & Rowley, L. (2009). Consequences of physical health and mental illness risks for academic achievement in grades K–12. *Review of Research in Education, 33,* 283–309.

Johnson, A. P. (2009). *What every teacher should know about action research.* Upper Saddle River, NJ: Pearson.

Johnson, D. W., & Johnson, R. T. (1999). *Learning together and alone: Cooperative, competitive, and individualistic learning.* Boston: Allyn & Bacon.

Johnson, D. W., & Johnson, R. T. (2001). *Teaching students to be peacemakers: A meta-analysis.* Paper presented at the annual convention of the American Educational Research Association, Seattle, WA.

Johnson, L. D., O'Malley, P. M., & Bachman, J. G. (2001). *Monitoring the future: National survey results on drug use, 1975–2000: Vol. 1, secondary school students.* Bethesda, MD: National Institute on Drug Abuse.

Johnson, P. (2009). The 21st century skills movement. *Educational Leadership, 67*(1), 8–15.

John-Steiner, V., & Mahn, H. (1996). Sociocultural approaches to learning and development: A Vygotskian framework. *Educational Psychologist, 31*(3 & 4), 191–206.

John-Steiner, V., & Mahn, H. (2003). Sociocultural contexts for teaching and learning. In W. M. Reynolds & G. E. Miller (Eds.), *Handbook of psychology: Vol. 7. Educational psychology* (pp. 125–151). Hoboken, NJ: Wiley.

Jones, M., Levin, M., Levin, J., & Beitzel, B. (2000). Can vocabulary-learning strategies and pair-learning formats be profitably combined? *Journal of Educational Psychology, 92*(2), 256–262.

Jones, S., & Dindia, K. (2004). A meta-analytic perspective on sex equity in the classroom. *Review of Educational Research, 74*(4), 443–472.

Jones, V., Dohrn, E., & Dunn, C. (2004). *Creating effective programs for students with emotional and behavior disorders.* Boston: Pearson.

Jones, V., & Jones, L. (Eds.). (2010). *Comprehensive classroom management* (9th ed.). Upper Saddle River, NJ: Merrill.

Jones, V. F., & Jones, L. S. (2004). *Comprehensive classroom management* (7th ed.). Boston: Allyn & Bacon.

Jones, V. F., & Jones, L. S. (2007). *Comprehensive classroom management* (8th ed.). Boston: Allyn & Bacon.

Jordan, W. J., McPartland, J. M., Legters, N. E., & Balfanz, R. (2000). Creating a comprehensive school reform model: The talent development high school with career academies. *Journal of Education for Students Placed at Risk, 5*(1 & 2), 159–181.

Joyce, B. R., Weil, M., & Calhoun, E. (2004). *Models of teaching* (7th ed.). Boston: Allyn & Bacon.

Juel, C. (1996). What makes literacy tutoring effective? *Reading Research Quarterly, 31,* 268–289.

Jukes, I., Dosaj, A., & Macdonald, B. (2000). *NetSavvy: Building information literacy in the classroom* (2nd ed.). ERIC No. ED450685.

Jung, J. (2010). *Alcohol, other drugs, and behavior* (2nd ed.). Thousand Oaks, CA: Sage.

Jussim, L., & Harber, K. D. (2005). Teacher expectations and self-fulfilling prophecies: Knowns and unknowns, resolved and unresolved controversies. *Personality and Social Psychology Review, 9,* 131–155.

Juvonen, J. (2000). The social functions of attributional face-saving tactics among early adolescents. *Educational Psychology Review, 12*(1), 15–32.

Juvonen, J., Nishina, A., & Graham, S. (2000). Peer harassment, psychological adjustment, and school functioning in early adolescence. *Journal of Educational Psychology, 92*(2), 349–359.

Juvonen, J., & Weiner, B. (1993). An attributional analysis of students' interactions: The social consequences of perceived responsibility. *Educational Psychology Review, 5,* 325–345.

Kagan, S. (1992). *Cooperative learning resources for teachers.* San Juan Capistrano, CA: Resources for Teachers.

Kagan, S., Kyle, P., & Scott, S. (2004). *Win-win discipline.* San Clemente, CA: Kagan Publishing.

Kagan, S., Zahn, G. L., Widaman, K. F., Schwartzwald, J., & Tyrrell, G. (1985). Classroom structural bias: Impact of cooperative and competitive classroom structures on cooperative and competitive individuals and groups. In R. E. Slavin, S. Sharan, S. Kagan, R. Hertz-Lazarowitz, C. Webb, & R. Schmuck, (Eds.), *Learning to cooperate, cooperating to learn.* New York: Plenum.

Kahlenberg, R. E. (2000). The new economic school desegregation. *Educational Leadership, 57*(7), 16–19.

Kalichman, S. C. (1996). *Answering questions about AIDS.* Washington, DC: American Psychological Association.

Kallick, B., & Colosimo, J. (2009). *Using curriculum mapping and assessment data to improve learning.* Thousand Oaks, CA: Corwin.

Kallison, J. M. (1986). Effects of lesson organization on achievement. *American Educational Research Journal, 23,* 337–347.

Kalyuga, S., Chandler, P., Tuovinen, J., & Sweller, J. (2001). When problem solving is superior to studying worked examples. *Journal of Educational Psychology, 93*(3), 579–588.

Kamil, M. L., Borman, G. D., Dole, J., Kral, C. C., & Salinger, T. (2008). *Improving adolescent literacy: Effective classroom and intervention practices* (NCEE 2008-4027). Washington, DC: Institute of Education Sciences, U.S. Department of Education.

Kamil, M. L., Intrator, S. M., & Kim, H. S. (2000). The effects of other technologies on literacy and literacy learning. In M. L. Kamil, P. B. Mosenthal, P. D. Pearson, & R. Barr (Eds.), *Handbook of reading research* (Vol. 3, pp. 771–788). Mahwah, NJ: Erlbaum.

Kane, M. S., Hambrick, D. Z., & Conway, A. R. A. (2005). Working memory capacity and fluid intelligence are strongly related concepts: Comment on Ackerman, Beier, & Boyle (2005). *Psychological Bulletin, 131*(1), 66–71.

Kannapel, P. J., & Clements, S. K. (2005). *Inside the black box of high-performing high-poverty schools: A report from the Prichard Committee for Academic Excellence.* Lexington, KY: Prichard Committee for Academic Excellence.

Kapur, S., Craik, F. I. M., Tulving, E., Wilson, A. A., Hoyle, S., & Brown, G. M. (1994). Neuroanatomical correlates of encoding in episodic memory: Levels of processing effect. *Proceedings of the National Academy of Sciences, 91,* 2008–2011.

Karges-Bone, L. (2000). *Lesson planning: Long-range and short-range models for grades K–6.* Boston: Allyn & Bacon.

Karnes, F. A., & Bean, M. (Eds.). (2001). *Methods and materials for teaching the gifted.* Waco, TX: Prufrock Press.

Karpicke, J. D., & Roediger, H. L. (2007). Repetition during retrieval is the key to long-term retention. *Journal of Memory and Language, 43,* 508–529.

Karpov, Y. V., & Bransford, J. D. (1995). L. S. Vygotsky and the doctrine of empirical and theoretical learning. *Educational Psychologist, 30,* 61–66.

Karpov, Y. V., & Haywood, H. C. (1998). Two ways to elaborate Vygotsky's concept of mediation. *American Psychologist, 53*(1), 27–36.

Karweit, N. (1989). Time and learning: A review. In R. E. Slavin (Ed.), *School and classroom organization.* Hillsdale, NJ: Erlbaum.

Karweit, N. L., & Slavin, R. E. (1981). Measurement and modeling choices in studies of time and learning. *American Educational Research Journal, 18,* 157–171.

Kasten, W. C., & Lolli, E. M. (1998). *Implementing multiage education.* Norwood, MA: Christopher–Gordon.

Katzir, T., & Paré-Blagoev, J. (2006). Applying cognitive neuroscience research to education: The case of literacy. *Educational Psychologist, 41*(1), 53–74.

Kauffman, J., McGee, K., & Brigham, M. (2004). Enabling or disabling? Observations on changes in special education. *Phi Delta Kappan, 85*(8), 613–620.

Kauffman, J. M., & Landrum, T. J. (2009). *Characteristics of emotional and behavioral disorders of children and youth* (9th ed.). Upper Saddle River, NJ: Pearson.

Kauffman, J. M., Lloyd, J. W., Baker, J., & Riedel, T. M. (1995). Inclusion of all students with emotional or behavioral disorder? Let's think again. *Phi Delta Kappan, 76*(7), 542–546.

Kauffman, J. M., Mostert, M. P., Trent, S. C., & Hallahan, D. P. (2002). *Managing classroom behavior: A reflective case-based approach* (3rd ed.). Boston: Allyn & Bacon.

Kauffman, J. M., Mostert, M. P., Trent, S. C., & Pullen, P. L. (2006). *Managing classroom behavior: A reflective case-based approach* (4th ed.). Boston: Allyn & Bacon.

Kazdin, A. E. (2001). *Behavior modification in applied settings* (6th ed.). Belmont, CA: Wadsworth.

Keenan, T., & Evans, S. (2010). *An introduction to child development.* Thousand Oaks, CA: Sage.

Kelly, N., & Norwich, B. (2004). Pupils' perceptions of self and of labels: Moderate learning difficulties in mainstream and special schools. *British Journal of Educational Psychology, 74*(3), 411–435.

Kelly, S., & Monczunski, L. (2007). Overcoming the volatility in school-level gain scores: A new approach to identifying value added with cross-sectional data. *Educational Researcher, 36*(5), 279–287.

Kemple, J. J. (1997). *Career academies: Communities of support for students and teachers: Further findings from a 10-site evaluation.* New York: MDRC.

Kenkel, S., Hoelscher, S., & West, T. (2006). Leading adolescents to mastery. *Educational Leadership, 63*(7), 33–37.

Kennedy, E. (2003). *Raising test scores for all students: An administrator's guide to improving standardized test performance.* Thousand Oaks, CA: Corwin.

Kennedy, J. H. (1990). Determinants of peer social status: Contributions of physical appearance, reputation, and behavior. *Journal of Youth and Adolescence, 19,* 233–244.

Kennedy, M. (2006). From teacher quality to quality teaching. *Educational Leadership, 63*(6), 14–19.

Kennedy, M. M. (2008). Teachers thinking about their practice. In T. L. Good (Ed.), *21st century learning* (Vol. 1, pp. 21–30). Thousand Oaks, CA: Sage.

Kerr, M., Stattin, H., Biesecker, G., & Ferrer-Wreder, L. (2003). Relationships with parents and peers in adolescence. In R. M. Lerner, M. A. Easterbrooks, & J. Mistry (Eds.), *Handbook of psychology: Vol. 6. Developmental psychology* (pp. 395–419). Hoboken, NJ: Wiley.

Kidron, Y., & Darwin, M. (2007). A systematic review of whole-school improvement models. *Journal of Education for Students Placed at Risk, 12*(1), 9–35.

Kidron, Y., & Fleischman, S. (2006). Promoting adolescents' prosocial behavior. *Educational Leadership, 63*(7), 90–91.

Kieffer, M., Lesaux, N., Rivera, M., & Francis, D. (2009). Accommodations for English language learners taking large-scale assessments: A meta-analysis on effectiveness and validity. *Review of Educational Research, 79*(3), 1168–1201.

Kiewra, K. A. (1991). Aids to lecture learning. *Educational Psychologist, 26,* 37–53.

Kilgore, S., Doyle, D., & Linkowsky, L. (1996). The modern red schoolhouse. In S. Stringfield, S. Ross, & L. Smith (Eds.), *Bold plans for school restructuring: The new American schools development corporation designs.* Mahwah, NJ: Erlbaum.

Kim, J. (2006). Effects of a voluntary summer reading intervention on reading achievement: Results from a randomized field trial. *Educational Evaluation and Policy Analysis, 28*(4), 335–355.

Kim, S. E. (2001, April). *Meta-analysis of gender differences in test performance using HLM.* Paper presented at the annual meeting of the American Educational Research Association, Seattle, WA.

King, A. (1992). Facilitating elaborative learning through guided student-generated questioning. *Educational Psychologist, 27,* 111–126.
King, A. (1994). Guiding knowledge construction in the classroom: Effects of teaching children how to question and how to explain. *American Educational Research Journal, 31*(2), 338–368.
King, A. (1997). Ask to think—tell why: A model of transactive peer tutoring for scaffolding higher level complex learning. *Educational Psychologist, 32*(4), 221–235.
King, A. (1998). Transactive peer tutoring: Distributing cognition and metacognition. *Educational Psychology Review, 10*(1), 57–74.
King, A. (1999). Teaching effective discourse patterns for small-group learning. In R. J. Stevens (Ed.), *Teaching in American schools.* Upper Saddle River, NJ: Merrill/Prentice-Hall.
King, A., Staffieni, A., & Adelgais, A. (1998). Mutual peer tutoring: Effects of structuring tutorial interaction to scaffold peer learning. *Journal of Educational Psychology, 90*(1), 134–152.
King, E. W. (2002). Ethnicity. In D. L. Levinson, P. W. Cookson, Jr., & A. R. Sadovnik (Eds.), *Education and sociology: An encyclopedia* (pp. 247–253). New York: Routledge Falmer.
Kirby, D. (2000). What does the research say about sexuality education? *Educational Leadership, 58*(2), 72–75.
Kirschner, P., Sweller, J., & Clark, R. (2006). Why minimal guidance during instruction does not work: An analysis of the failure of constructivist, discovery, problem-based, experiential, and inquiry-based teaching. *Educational Psychologist, 41*(2), 75–86.
Kirschner, P., & van Merrenboer, J. J. G. (2008). In T. L. Good (Ed.), *21st century learning* (Vol. 1, pp. 244–253). Thousand Oaks, CA: Sage.
Klahr, D., & Nigam, M. (2004). The equivalence of learning paths in early science instruction: Effects of direct instruction and discovery learning. *Psychological Science, 15*(10), 661–667.
Klein, J. D., & Schnackenberg, H. L. (2000). Effects of informal cooperative learning and the affiliation motive on achievement, attitude, and student interactions. *Contemporary Educational Psychology, 25*(1), 332–341.
Klein, P. D. (1999). Reopening inquiry into cognitive processes in writing-to-learn. *Educational Psychology Review, 11*(3), 203–270.
Klein, S. F. (1994). Continuing the journey toward gender equity. *Educational Researcher, 23*(8), 13–21.
Kleinert, H. L., & Kearns, J. F. (2001). *Alternate assessment: Measuring outcomes and supports for students with disabilities.* Baltimore: Paul H. Brookes.
Kline, P. (2001). Teaching to all of a child's intelligences. In B. Sornson (Ed.), *Preventing early learning failure.* Alexandria, VA: ASCD.
Klingner, J., & Edwards, P. (2006). Cultural considerations with response to intervention models. *Reading Research Quarterly, 41*(1), 108–117.
Knapp, M. S. (1995). *Teaching for meaning in high-poverty classrooms.* New York: Teachers College Press.
Knapp, M. S., Shields, P. M., & Turnbull, B. S. (1995). Academic challenge in high-poverty classrooms. *Phi Delta Kappan, 76*(10), 770–776.
Knapp, M. S., & Woolverton, S. (1995). Social class and schooling. In J. A. Banks & C. A. M. Banks (Eds.), *Handbook of research on multicultural education.* New York: Macmillan.
Knight, C. B., Halpin, G., & Halpin, G. (1992, April). *The effects of learning environment accommodations on the achievement of second graders.* Paper presented at the annual meeting of the American Educational Research Association, San Francisco.
Knobel, M., & Wilber, D. (2009). Let's talk 2.0. *Educational Leadership, 66*(6), 20–25.
Kobayashi, K. (2005). What limits the encoding effect of note-taking? A meta-analytic examination. *Contemporary Educational Psychology, 30*(2), 242–262.
Koch, J. (2003). Gender issues in the classroom. In W. M. Reynolds & G. E. Miller (Eds.), *Handbook of psychology: Vol. 7. Educational psychology* (pp. 259–281). Hoboken, NJ: Wiley.
Kohlberg, L. (1963). The development of children's orientations toward moral order. I: Sequence in the development of human thought. *Vita Humana, 6,* 11–33.
Kohlberg, L. (1969). Stage and sequence: The cognitive–developmental approach to socialization. In D. A. Golsin (Ed.), *Handbook of socialization theory and research* (pp. 347–380). Chicago: Rand McNally.
Kohlberg, L. (1978). Revisions in the theory and practice of moral development. In W. Damon (Ed.), *New directions for child development* (No. 2, pp. 83–87). San Francisco: Jossey-Bass.
Kohlberg, L. (1980). High school democracy and educating for a just society. In M. L. Mosher (Ed.), *Moral education: A first generation of research and development* (pp. 20–57). New York: Praeger.
Konig, A. (1995, March/April). *Maternal discipline and child temperament as contributors to the development of internalization in your children.* Paper presented at the biennial meeting of the Society for Research in Child Development, Indianapolis, IN.
Koppelman, K., & Goodhart, L. (2005). *Understanding human differences: Multicultural education for a diverse America.* Boston: Pearson.
Koppelman, K., & Goodhart, L. (2008). *Understanding human differences: Multicultural education for a diverse America* (2nd ed.). Boston: Pearson.
Kornhaber, M., Fierros, E., & Veenema, S. (2004). *Multiple intelligences: Best ideas from research and practice.* Boston: Allyn & Bacon.
Kosonen, P., & Winne, P. H. (1995). Effects of teaching statistical laws of reasoning about everyday problems. *Journal of Educational Psychology, 87*(1), 33–46.
Kounin, J. (1970). *Discipline and group management in classrooms.* New York: Holt, Rinehart and Winston.
Kozulin, A., & Presseisen, B. Z. (1995). Mediated learning experience and psychological tools: Vygotsky's and Feuerstein's perspectives in a study of student learning. *Educational Psychologist, 30,* 67–75.
Kramarski, B., & Mevarech, Z. R. (2003). Enhancing mathematical reasoning in the classroom: The effects of cooperative learning and metacognitive training. *American Educational Research Journal, 40*(1), 281–310.
Krinsky, R., & Krinsky, S. G. (1996). Pegword mnemonic instruction: Retrieval times and long-term memory performance among fifth grade children. *Contemporary Educational Psychology, 21*(2), 193–207.
Kristof, N. D. (2009, April 15). How to raise our I.Q. *The New York Times.* Retrieved July 27, 2009, from www.nytimes.com/2009/04/16/opinion/16kristof.html
Kroesbergen, E. H., Van Luit, J. E. H., & Maas, C. J. M. (2004). Effectiveness of explicit and constructivist mathematics instruction for low-achieving students in the Netherlands. *The Elementary School Journal, 104*(3), 233–251.
Krug, D., Davis, T. B., & Glover, J. A. (1990). Massed versus distributed reading: A case of forgetting helping recall? *Journal of Educational Psychology, 82,* 366–371.
Krumboltz, J. D., & Yeh, C. J. (1996). Competitive grading sabotages good teaching. *Phi Delta Kappan, 78*(4), 324–326.
Kucan, L., & Beck, I. L. (1997). Thinking aloud and reading comprehension research: Inquiry, instruction, and social interaction. *Review of Educational Research, 67*(3), 271–299.
Kugler, E., & Albright, E. (2005). Increasing diversity in challenging classes. *Educational Leadership, 62*(5), 42–45.
Kuhara-Kojima, K., & Hatano, G. (1991). Contribution of content knowledge and learning ability to the learning of facts. *Journal of Educational Psychology, 83*(2), 253–263.

Kuhn, D. (2006). Do cognitive changes accompany developments in the adolescent brain? *Perspectives on Psychological Science, 1*(1), 59–67.

Kulhavy, R. W., & Stock, W. A. (1989). Feedback in written instruction: The place of response certitude. *Educational Psychology Review, 1*(4), 279–308.

Kulik, J. A. (2003). *Effects of using instructional technology in elementary and secondary schools: What controlled evaluation studies say* (SRI Project Number P10446.001). Arlington, VA: SRI International.

Kulik, J. A., & Kulik, C.-L. (1988). Timing of feedback and verbal learning. *Review of Educational Research Journal, 21,* 79–97.

Kulik, J. A., & Kulik, C.-L. (1997). Ability grouping. In N. Colangelo & G. A. Davis (Eds.), *Handbook of gifted education* (2nd ed., pp. 230–242). Boston: Allyn & Bacon.

Kunter, M., Baumert, J., & Köller, O. (2007). Effective classroom management and the development of subject-related interest. *Learning and Instruction, 17*(5), 494–509.

Kutnick, P., Ota, C., & Berdondini, L. (2008). Improving the effects of group working in classrooms with young school-aged children: Facilitating attainment, interaction and classroom activity. *Learning and Instruction, 18*(1), 83–95.

Kyle, P., & Rogien, L. (2004). *Opportunities and options in classroom management.* Boston: Pearson.

Ladd, G. W., & Troop-Gordon, W. (2003). The role of chronic peer difficulties in the development of children's psychological adjustment problems. *Child Development, 55,* 1958–1965.

Ladson-Billings, G. (2006). From the achievement gap to the education debt: Understanding achievement in U.S. schools. *Educational Researcher, 35*(7), 3–12.

Lahaderne, H. (1968). Attitudinal and intellectual correlates of attention: A study of four sixth-grade classrooms. *Journal of Educational Psychology, 59,* 320–324.

Lampert, M. (1986). Knowing, doing, and teaching multiplication. *Cognition and Instruction, 3,* 305–342.

Land, D., & Legters, N. (2002). The extent and consequences of risk in U.S. education. In S. Stringfield & D. Land (Eds.), *Educating at-risk students* (pp. 1–28). Chicago: National Society for the Study of Education.

Land, M. L. (1987). Vagueness and clarity. In M. J. Dunkin (Ed.), *International encyclopedia of teaching and teacher education.* New York: Pergamon.

Landrum, T. J., & Kauffman, J. M. (2006). Behavioral approaches to classroom management. In C. M. Evertson & C. S. Weinstein (Eds.), *Handbook of classroom management.* Mahwah, NJ: Erlbaum.

Landrum, T. J., & McDuffie, K. A. (2008). Behavioral. In T. L. Good (Ed.), *21st century learning* (Vol. 1, pp. 161–167). Thousand Oaks, CA: Sage.

Lane, K. L., & Beebe-Frankenberger, M. (2004). *School-based interventions: The tools you need to succeed.* Boston: Pearson.

Langer, G., & Colton, A. (2005). Looking at student work. *Educational Leadership, 62*(5), 22–27.

Langer, J. A. (2001). Beating the odds: Teaching middle and high school students to read and write well. *American Educational Research Journal, 38*(4), 837–880.

Lapkoff, S., & Li, R. (2007). Five trends for schools. *Educational Leadership, 64*(6), 8–17.

Larivée, S., Normandeau, S., & Parent, S. (2000). The French connection: Some contributions of French-language research in the post-Piagetian era. *Child Development, 71,* 823–839.

Larrivee, B. (1985). *Effective teaching behaviors for successful mainstreaming.* New York: Longman.

Latham, A. S. (1997). Peer counseling: Proceed with caution. *Educational Leadership, 55*(2), 77–78.

Latham, P. (2002). Teaching and learning primary mathematics: The impact of interactive whiteboards. *BEAM Research Papers.* Retrieved September 23, 2004, from www.beam.co.uk/pdfs/RES03.pdf

Lauer, P. A., Akiba, M., Wilkerson, S., Apthorp, H., Snow, D., & Martin-Glenn, M. L. (2006). Out-of-school-time programs: A meta-analysis of effects for at-risk students. *Review of Educational Research, 76*(2), 275–313.

Laupa, M. (1991). Children's reasoning about three authority attributes: Adult status, knowledge, and social position. *Developmental Psychology, 27,* 321–329.

Lave, J. (1988). *Cognition in practice.* Boston: Cambridge Press.

Leahy, S., Lyon, C., Thompson, M., & Wiliam, D. (2005). Looking at how students reason. *Educational Leadership, 63*(3), 26–31.

Learning First Alliance. (2001). *Every child learning: Safe and supportive schools.* Washington, DC: Author.

Lee, C. (2008). Synthesis of research on the role of culture in learning among African American youth: The contributions of Asa G. Hillard, III. *Review of Educational Research, 78*(4), 797–827.

Lee, C. D. (2000, April). *The state of knowledge about the education of African Americans.* Paper presented at the annual meeting of the American Educational Research Association, New Orleans, LA.

Lee, J. (2004). Multiple facets of inequity in racial and ethnic achievement gaps. *Peabody Journal of Education, 79*(2), 51–73.

Lee, J., & Bowen, N. (2006). Parent involvement, cultural capital, and the achievement gap among elementary school children. *American Educational Research Journal, 43*(2), 193–218.

Lee, O. (2005). Science education with English language learners: Synthesis and research agenda. *Review of Educational Research, 75*(4), 491–530.

Lee, V. E., & Burkam, D. T. (2003). Dropping out of high school: The role of school organization and structure. *American Educational Research Journal, 40*(2), 353–393.

Lehr, C. A., Hansen, A., Sinclair, M. F., & Christenson, S. L. (2003). Moving beyond dropout prevention to school completion: An integrative review of data based interventions. *School Psychology Review, 32,* 342–364.

Lehr, C. A., Sinclair, M. F., & Christenson, S. L. (2004). Addressing student engagement and truancy prevention during the elementary school years: A replication study of the Check & Connect model. *Journal of Education for Students Placed at Risk, 9*(3), 279–301.

Leinhardt, G., & Steele, M. D. (2005). Seeing the complexity of standing to the side: Instructional dialogues. *Cognition and Instruction, 23,* 87–163.

Lepper, M. R. (1983). Extrinsic reward and intrinsic motivation: Implications for the classroom. In J. M. Levine & M. C. Wang (Eds.), *Teacher and student perceptions: Implications for learning* (pp. 281–317). Hillsdale, NJ: Erlbaum.

Lepper, M. R. (1985). Microcomputers in education. Motivational and social issues. *American Psychologist, 40,* 1–18.

Lepper, M. R. (1998). A whole much less than the sum of its parts. *American Psychologist, 53*(6), 675–676.

Lepper, M. R., Greene, D., & Nisbett, R. E. (1973). Undermining children's intrinsic interest with extrinsic rewards: A test of the overjustification hypothesis. *Journal of Personality and Social Psychology, 28,* 129–137.

Lessow-Hurley, J. (2005). *The foundations of dual language instruction.* Boston: Pearson.

Leu, D. J., Jr. (2000). Literacy and technology: Deictic consequences for literacy education in an information age. In M. L. Kamil, P. B. Mosenthal, P. D. Pearson, & R. Barr (Eds.), *Handbook of reading research* (Vol. 3, pp. 743–770). Mahwah, NJ: Erlbaum.

Levenstein, P., Levenstein, S., & Oliver, D. (2002). First grade school readiness of former participants in a South Carolina replication of the Parent-Child Home Program. *Journal of Applied Developmental Psychology, 23,* 331–353.

Lever-Duffy, J., McDonald, J., & Mizell, A. (2003). *Teaching and learning with technology.* Boston: Pearson.

Lever-Duffy, J., & McDonald, J. B. (2008). *Teaching and learning with technology* (3rd ed.). Boston: Allyn & Bacon.

Levin, A. V. (1996). Common visual problems in the classroom. In R. H. A. Haslam & P. J. Valletutti (Eds.), *Medical problems in the classroom: The teacher's role in diagnosis and management* (pp. 161–180). Austin, TX: Pro-Ed.

Levin, J., & Nolan, J. F. (2007). *Principles of classroom management* (5th ed.). Boston: Allyn & Bacon.

Levin, J., & Nolan, J. F. (Eds.). (2010). *Principles of classroom management: A professional decision-making model* (6th ed.). Boston: Pearson.

Levin, J. R., O'Donnell, A. M., & Kratochwill, T. R. (2003). Educational/psychological intervention research. In W. M. Reynolds & G. E. Miller (Eds.), *Handbook of psychology: Vol. 7. Educational psychology* (pp. 557–581). Hoboken, NJ: Wiley.

Levine, C., Kohlberg, L., & Hewer, A. (1985). The current formulation of Kohlberg's theory and a response to critics. *Human Development, 28,* 94–100.

Levy, S. (2008). The power of audience. *Educational Leadership, 66*(3), 75–79.

Lewin, L. (2001). *Using the Internet to strengthen curriculum.* Alexandria, VA: ASCD.

Lewis, M., & Sullivan, M. W. (Eds.). (1996). *Emotional development in atypical children.* Mahwah, NJ: Erlbaum.

Li, G., & Wang, W. (2008). English language learners. In T. L. Good (Ed.), *21st century learning* (Vol. 2, pp. 97–104). Thousand Oaks, CA: Sage.

Lin, T., & Anderson, R. (2008). Reflections on collaborative discourse, argumentation, and learning. *Contemporary Educational Psychology, 33*(3), 443–448.

Lindeman, B. (2001). Reaching out to immigrant parents. *Educational Leadership, 58*(6), 62–66.

Lindholm-Leary, K. (2004/2005). The rich promise of two-way immersion. *Educational Leadership, 62*(4), 56–59.

Linebarger, D., Kosanic, A., Greenwood, C., & Doku, N. (2004). Effects of viewing the television program *Between the Lions* on the emergent literacy skills of young children. *Journal of Educational Psychology, 96,* 297–308.

Linn, R. L. (1994). Performance assessment: Policy promises and technical measurement standards. *Educational Researcher, 23*(9), 4–14.

Linn, R. L. (2000). Assessments and accountability. *Educational Researcher, 29*(2), 4–15.

Linn, R. L., & Haug, C. (2002). Stability of school-building accountability scores and gains. *Educational Evaluation and Policy Analysis, 24*(1), 29–36.

Lissitz, R., & Schafer, W. (2002). *Assessment in educational reform: Both means and ends.* Boston: Allyn & Bacon.

Lloyd, J. W., Singh, N. N., & Repp, A. C. (Eds.). (1991). *The Regular Education Initiative: Alternative perspectives on concepts, issues, and models.* DeKalb, IL: Sycamore.

Loeber, R., & Stouthamer-Loeber, M. (1998). Development of juvenile aggression and violence. *American Psychologist, 53*(2), 242–259.

Lomawaima, K. T., & McCarty, T. L. (2002). When tribal sovereignty challenges democracy: American Indian education and the democratic ideal. *American Educational Research Journal, 39*(2), 279–305.

Lomawaima, T., & McCarty, T. (2006). *To remain an Indian: Lessons in democracy from a century of Native American education.* New York: Teachers College Press.

Lorch, R. F., Lorch, E. P., & Inman, W. E. (1993). Effects of signaling topic structure on text recall. *Journal of Educational Psychology, 85,* 281–290.

Losey, K. M. (1995). Mexican American students and classroom interaction: An overview and critique. *Review of Educational Research, 65,* 283–318.

Lou, Y., Abrami, P. C., & d'Apollonia, S. (2001). Small group and individual learning with technology: A meta-analysis. *Review of Educational Research, 71*(3), 449–521.

Lou, Y., Abrami, P. C., Spence, J. C., Poulsen, C., Chambers, B., & D'Apollonia, S. (1996). Within-class grouping: A meta-analysis. *Review of Educational Research, 66*(4), 423–458.

Loury, G. C. (2002). *The anatomy of racial inequality.* Cambridge, MA: Harvard University Press.

Loveless, T. (1998). The tracking and ability grouping debate. *Fordham Report, 2*(8), 1–27.

Lowther, D., Ross, S., & Morrison, G. (2003). *When each one has one: The influences on teaching strategies and student achievement of using laptops in the classroom.* Paper presented at the annual meeting of the American Educational Research Association, Seattle, WA.

Lubienski, S., & Lubienski, T. (2006). School sector and academic achievement: A multilevel analysis of NAEP mathematics data. *American Educational Research Journal, 43*(4), 651–698.

Lucas, S. R., & Gamoran, A. (2002). Tracking and the achievement gap. In J. E. Chubb & T. Loveless (Eds.), *Bridging the achievement gap* (pp. 171–198). Washinton, DC: Brookings.

Luckasson, R., Coulter, D., Polloway, E., Reiss, S., Schalock, R., Snell, M., Spitalnik, D., & Stark, J. (1992). *Mental retardation: Definitions, classification, and systems of supports* (9th ed.). Washington, DC: American Association on Mental Retardation.

Lundeberg, M., & Mohan, L. (2008). Gender issues and schooling. In T. L. Good (Ed.), *21st century learning* (Vol. 2, pp. 288–296). Thousand Oaks, CA: Sage.

Lyons, C. A., Pinnell, G. S., & DeFord, D. E. (1993). *Partners in learning: Teachers and children in reading recovery.* New York: Teachers College Press.

Lysynchuk, L. M., Pressley, M., & Vye, N. J. (1990). Reciprocal teaching improves standardized reading-comprehension performance in poor comprehenders. *Elementary School Journal, 90,* 469–484.

Lyytinen, H., Guttorm, T. K., Huttunen, T., Hamalainen, J., Leppanen, P. H. T., & Vesterinen, M. (2005). Psychophysiology of developmental dyslexic: A review of findings including studies of children at risk for dyslexia. *Journal of Neurolinguistics, 18,* 167–195.

Maag, J. (2001). Rewarded by punishment: Reflections on the disuse of positive reinforcement in schools. *Exceptional Children, 67,* 173–186.

Maag, J. W., Rutherford, R. B., & DiGangi, S. A. (1992). Effects of self-monitoring and contingency reinforcement on on-task behavior and academic productivity of learning disabled students: A social validation study. *Psychology in the Schools, 29,* 157–172.

MacArthur, C., Ferretti, R., Okolo, C., & Cavalier, A. (2001). Technology applications for students with literacy problems: A critical review. *The Elementary School Journal, 101*(3), 273–302.

Macedo, D. (2000). The illiteracy of English-only literacy. *Educational Leadership, 57*(4), 63–67.

MacIver, D. J., Reuman, D. A., & Main, S. R. (1995). Social structuring of the school: Studying what is, illuminating what could be. *Annual Review of Psychology, 46,* 375–400.

MacKenzie, A. A., & White, R. T. (1982). Fieldwork in geography and long-term memory. *American Educational Research Journal, 19,* 623–632.

Madden, N. A., & Slavin, R. E. (1983). Effects of cooperative learning on the social acceptance of mainstreamed academically handicapped students. *Journal of Special Education, 17,* 171–182.

Maehr, M. L., & Anderman, E. M. (1993). Reinventing schools for early adolescents: Emphasizing task goals. *The Elementary School Journal, 93*(5), 593–610.

Mager, R. F. (1975). *Preparing instructional objectives.* Belmont, CA: Fearon.

Mager, R. F. (1997). *Preparing instructional objectives.* Atlanta, GA: CEP.

Maguire, E. A., Gadian, D. G., Johnsrude, I. S., Good, C. D., Ashburner, J., Frackowiak, R. S. J., & Frith, C. D. (2000). Navigation-related structural change in the hippocampi of taxi drivers. *Proceedings of the National Academy of Sciences, 97*(8), 4398–4403.

Maheady, L., Harper, G. F., & Mallette, B. (1991). Peer-mediated instruction: Review of potential applications for special education. *Reading, Writing, and Learning Disabilities, 7,* 75–102.

Maher, F. A., & Ward, J. V. (2002). *Gender and teaching.* Mahwah, NJ: Erlbaum.

Mahony, M. (1997). Small victories in an inclusive classroom. *Educational Leadership, 54*(7), 59–62.

Malott, R., Malott, M., & Trojan, E. (2000). *Punishment.* In R. Malott, M. Malott, & E. Trojan, *Elementary principles of behavior* (4th ed., pp. 56–79). Upper Saddle River, NJ: Prentice Hall.

Malott, R. W. (Ed.). (2008). *Principles of behavior* (6th ed.). Upper Saddle River, NJ: Pearson.

Malouf, D. B., Wizer, D. R., Pilato, V. H., & Grogan, M. M. (1990). Computer-assisted instruction with small groups of mildly handicapped students. *Journal of Special Education, 24,* 51–68.

Mandeville, G. K. (1992). Does achievement increase over time? Another look at the South Carolina PET program. *The Elementary School Journal, 93*(2), 117–129.

Mandeville, G. K., & Rivers, J. L. (1991). The South Carolina PET study: Teachers' perceptions and student achievement. *The Elementary School Journal, 91,* 377–407.

Manna, P. (2008). *Federal aid to elementary and secondary education: Premises, effects, and major lessons learned.* Washington, DC: Center on Education Policy.

Manning, B. H. (1988). Application of cognitive behavior modification: First and third graders' self-management of classroom behaviors. *American Educational Research Journal, 25,* 193–212.

Manning, M. A., Bear, G. G., & Minke, K. M. (2001, April). *The self-concept of students with learning disabilities: Does educational placement matter?* Paper presented at the annual meeting of the American Educational Research Association, Seattle, WA.

Manning, M. L., & Baruth, L. G. (1995). *Students at risk.* Boston: Allyn & Bacon.

Manning, M. L., & Baruth, L. G. (2009). *Multicultural education of children and adolescents* (5th ed.). Boston: Pearson.

March, J., Gershwin, D., Kirby, S., & Xia, N. (2009). *Retaining students in grade: Lessons learned regarding policy design and implementation.* Arlington, VA: RAND.

March, T. (2005/2006). The new www: Whatever, whenever, wherever. *Educational Leadership, 63*(4), 14–19.

Marcia, J. E. (1991). Identity and self-development. In R. M. Lerner, A. C. Petersen, & E. J. Brooks-Gunn (Eds.), *Encyclopedia of adolescence* (Vol. 1, pp. 527–531). New York: Garland.

Marks, H., Doane, K., & Secada, W. (1998). Support for student achievement. In F. Newmann et al. (Eds.), *Restructuring for student achievement: The impact of structure and culture in 24 schools.* San Francisco: Jossey-Bass.

Marks, H. M. (2000). Student engagement in instructional activity: Patterns in the elementary, middle, and high school years. *American Educational Research Journal, 37*(1), 153–184.

Marsh, E., Roediger, H., Bjork, R., & Bjork, E. (2007). The memorial consequences of multiple-choice testing. *Psychonomic Bulletin & Review, 14,* 194–199.

Marsh, H. W. (1993). The multidimensional structure of academic self-concept: Invariance over gender and age. *American Educational Research Journal, 30,* 841–860.

Martella, R. C., Nelson, J. R., & Marchand-Martella, N. E. (2003). *Managing disruptive behaviors in the schools.* Boston: Allyn & Bacon.

Martin, A. (2008). Enhancing student motivation and engagement: The effects of a multidimensional intervention. *Contemporary Educational Psychology, 33*(2), 239–269.

Martin, A., & Dowson, M. (2009). Interpersonal relationships, motivation, engagement, and achievement: Yields for theory, current issues, and educational practice. *Review of Educational Research, 79*(1), 327–365.

Martin, A. J., Marsh, H. W., & Debus, R. L. (2001). Self-handicapping and defensive pessimism: Exploring a model of predictors and outcomes from a self-protection perspective. *Journal of Educational Psychology, 93*(1), 87–102.

Martinez, M. (2006). What is metacognition? *Phi Delta Kappan, 87*(9), 696–699.

Martinez, S., & Harper, D. (2008). Working with tech-savvy kids. *Educational Leadership, 66*(3), 64–70.

Marx, R., & Harris, C. (2006). No Child Left Behind and science education: Opportunities, challenges, and risks. *The Elementary School Journal, 106*(5), 467–478.

Marzano, R. (2003). Using data: Two wrongs and a right. *Educational Leadership, 60*(5), 56–60.

Marzano, R. (2009). Six steps to better vocabulary instruction. *Educational Leadership, 67*(1), 83.

Marzano, R. (2010). When students track their progress. *Educational Leadership, 67*(4), 87–88.

Marzano, R., & Kendall, J. (2007). *The new taxonomy of educational objectives.* Thousand Oaks, CA: Corwin.

Marzano, R., & Kendall, J. (2009). The new taxonomy of educational objectives (2nd ed.). Thousand Oaks, CA: Corwin.

Marzano, R., & Pickering, D. (2007). The case for and against homework. *Educational Leadership, 64*(6), 74–79.

Marzano, R. J. (2000). *Transforming classroom grading.* Alexandria, VA: ASCD.

Marzano, R. J., Pickering, D. J., & Pollock, J. E. (2001). *Classroom instruction that works: Research-based strategies for increasing student achievement.* Alexandria, VA: ASCD.

Mash, E. J., & Wolfe, D. A. (2003). Disorders of childhood and adolescence. In G. Stricker & T. A. Widigner (Eds.), *Handbook of psychology: Vol. 8. Clinical psychology* (pp. 27–64). Hoboken, NJ: Wiley.

Maslow, A. H. (1954). *Motivation and personality.* New York: Harper & Row.

Mason, D. A. (1995). Grouping students for elementary school mathematics: A survey of principals in 12 states. *Educational Research and Evaluation, 1*(4), 318–346.

Mason, D. A., & Good, T. L. (1993). Effects of two-group and whole-class teaching on regrouped elementary students' mathematics achievement. *American Educational Research Journal, 30*(2), 328–360.

Mason, L. H. (2004). Explicit self-regulated strategy development versus reciprocal questioning: Effects on expository reading comprehension among struggling readers. *Journal of Educational Psychology, 96*(2), 283–296.

Massey, C. (2008). Development: PreK–2. In T. L. Good (Ed.), *21st century learning* (Vol. 1, pp. 73–81). Thousand Oaks, CA: Sage.

Mastropieri, M. A., Scruggs, T. E., & Berkeley, S. (2007). *Educational Leadership, 64*(5), 54–60.

Mather, N., & Goldstein, S. (2001). *Learning disabilities and challenging behaviors.* Baltimore: Brookes.

Mathes, P., & Babyak, A. (2001). The effects of peer-assisted literacy strategies for first-grade readers with and without additional mini-skills lessons. *Learning Disabilities Research & Practice, 16*(1), 28–44.

Mathes, P. G., Denton, C. A., Fletcher, J. M., Anthony, J. L., Francis, D. J., & Schatschneider, C. (2005). The effects of theoretically different instruction and student characteristics on the skills of struggling readers. *Reading Research Quarterly, 40*(2), 148–182.

Mathes, P. G., Torgeson, J. K., & Allor, J. H. (2001). The effects of peer-assisted literacy strategies for first-grade readers with and without additional computer-assisted instruction in phonological awareness. *American Educational Research Journal, 38*(2), 371–410.

Mathes, P. G., Torgesen, J. K., Clancy-Menchetti, J., Santi, K., Nicholas, K., Robinson, C., & Grek, M. (2003). A comparison of teacher-directed versus peer-assisted instruction to struggling first-grade readers. *The Elementary School Journal, 103*(5), 461–479.

Matthews, J., Ponitz, C., & Morrison, F. (2009). Early gender differences in self-regulation and academic achievement. *Journal of Educational Psychology, 101*(3), 689–704.

Mattingly, D. J., Prisllin, R., McKenzie, T. L., Rodriguez, J. L., & Kayzar, B. (2002). Evaluating evaluations: The case of parent involvement programs. *Review of Educational Research, 72*(4), 549–576.

Mayer, R. (2008a). Applying the science of learning: Evidence-based principles for the design of multimedia instruction. *American Psychologist, 63*(8), 757–769.

Mayer, R. (2008b). Information processing. In T. L. Good (Ed.), *21st century learning: Vol. 1* (pp. 168–174). Thousand Oaks, CA: Sage.

Mayer, R. E. (2001). *Multimedia learning.* New York: Cambridge University Press.

Mayer, R. E. (2009). *Multimedia learning* (2nd ed). New York: Cambridge University Press.

Mayer, R. E., & Wittrock, M. C. (1996). Problem-solving transfer. In D. C. Berliner & R. C. Calfee (Eds.), *Handbook of educational psychology* (pp. 47–62). New York: Macmillan.

McCaffrey, D. F., Lockwood, J. R., Koretz, D., Louis, T. A., & Hamilton, L. (2004). Models for value-added modeling of teacher effects. *Journal of Educational and Behavioral Statistics, 29*(1), 67–101.

McCaleb, J., & White, J. (1980). Critical dimensions in evaluating teacher clarity. *Journal of Classroom Interaction, 15,* 27–30.

McCallum, R. S., & Bracken, B. A. (1993). Interpersonal relations between school children and their peers, parents, and teachers. *Educational Psychology Review, 5*(2), 155–176.

McCarthey, S. J. (2008). Writing. In T. L. Good (Ed.), *21st century learning* (Vol. 1, pp. 336–342). Thousand Oaks, CA: Sage.

McClelland, D. C., & Atkinson, J. W. (1948). The projective expression of needs: II. The effect of different intensities of the hunger drive on thematic apperception. *Journal of Experimental Psychology, 38,* 643–658.

McComb, E. M., & Scott-Little, C. (2003). *After-school programs: Evaluations and outcomes.* Greensboro, NC: SERVE.

McCombs, J. S., Kirby, S. N., & Mariano, L. T. (2009). *Ending social promotion without leaving children behind: The case of New York City.* Arlington, VA: RAND.

McCormick, C. B. (2003). Metacognition and learning. In W. M. Reynolds & G. E. Miller (Eds.), *Handbook of psychology: Vol. 7. Educational psychology* (pp. 79–102). Hoboken, NJ: Wiley.

McDaniel, M., Roediger, H., & McDermott, K. (2007). Generalized test-enhanced learning from the laboratory to the classroom. *Psychonomic Bulletin and Review, 14,* 200–206.

McDaniel, M. A., & Dannelly, C. M. (1996). Learning with analogy and elaborative interrogation. *Journal of Educational Psychology, 88*(3), 508–519.

McDermott, K. (2007). "Expanding the moral community" or "Blaming the victim"? The politics of state education accountability policy. *American Educational Research Journal, 44*(1), 77–111.

McDonnell, J., Hardman, M., & McDonnell, A. (2003). *An introduction to persons with moderate and severe disabilities.* Boston: Allyn & Bacon.

McElvany, N., & Artelt, C. (2009). Systematic reading training in the family: Development, implementation, and initial evaluation of the Berlin Parent-Child Reading Program. *Learning and Instruction, 19*(1), 79–95.

McGill-Franzen, A., & Allington, R. (2006). Contamination of current accountability systems. *Phi Delta Kappan, 87*(10), 762–766.

McHale, S. M., Dariotis, J. K., & Kauh, T. J. (2003). Social development and social relationships in middle childhood. In R. M. Lerner, M. A. Easterbrooks, & J. Mistry (Eds.), *Handbook of psychology: Vol. 6. Developmental psychology* (pp. 241–265). Hoboken, NJ: Wiley.

McKenna, M., & Walpole, S. (2007). Assistive technology in the reading clinic: Its emerging potential. *Reading Research Quarterly, 42*(1), 140–145.

McKenzie, G. (1979). Effects of questions and testlike events on achievement and on-task behavior in a classroom concept learning presentation. *Journal of Educational Research, 72,* 348–350.

McKenzie, G. R., & Henry, M. (1979). Effects of testlike events on on-task behavior, test anxiety, and achievement in a classroom rule-learning task. *Journal of Educational Psychology, 71,* 370–374.

McKeown, M. G., & Beck, I. L. (1998). Talking to an author: Readers taking charge of the reading process. In R. Calfoe & N. Nelson (Eds.), *The reading–writing connection* (pp. 112–130). Chicago: National Society for the Study of Education.

McKeown, M. G., & Beck, I. L. (2004). Transforming knowledge into professional development resources: Six teachers implement a model of teaching for understanding text. *The Elementary School Journal, 104*(5), 391–408.

McLeskey, J., & Waldron, N. L. (2002). School change and inclusive schools: Lessons learned from practice. *Phi Delta Kappan, 84*(1), 65–72.

McLoyd, V. C. (1998). Economic disadvantage and child-development. *American Psychologist, 53*(2), 185–204.

McMillan, J. (2008). *Assessment essentials for standards-based education.* Thousand Oaks, CA: Corwin.

McMillan, J. H. (2007). *Classroom assessment* (4th ed.). Boston: Allyn & Bacon.

McNeely, C. A., Nonnemaker, J. M., & Blum, R. W. (2002). Promoting school connectedness. *Journal of School Health, 72*(4), 138–146.

McPartland, J. M., Balfanz, R., Jordan, W. J., & Legters, N. (2002). Promising solutions for the least productive American high schools. In S. Stringfield & D. Land (Eds.), *Educating at-risk students* (pp. 148–170). Chicago: National Society for the Study of Education.

McVee, M., Dunsmore, K., & Gavelek, J. (2005). Schema theory revisited. *Review of Educational Research, 75*(4), 531–566.

Mead, S. (2006). *The truth about boys and girls.* Washington, DC: Education Sector.

Means, B. (2001). Technology use in tomorrow's schools. *Educational Leadership, 58*(4), 57–61.

Meek, C. (2003). Classroom crisis: It's about time. *Phi Delta Kappan, 84*(8), 592–595.

Meichenbaum, D. (1977). *Cognitive behavior modification: An integrative approach*. New York: Plenum.

Mellard, D., & Johnson, E. (2008). *RTI: A practitioner's guide to implementing Response to Intervention*. Thousand Oaks, CA: Corwin.

Mercer, J. (2010). *Child development*. Thousand Oaks, CA: Sage.

Merickel, A., Linquanti, R., Parrish, T. B., Pérez, M., Eaton, M., & Esra, P. (2003). *Effects of the implementation of Proposition 227 on the education of English language learners, K–12: Year 3 report*. San Francisco: WestEd.

Merrill, D. C., Reiser, B. J., Merrill, S. K., & Landes, S. (1995). Tutoring: Guided learning by doing. *Cognition and Instruction, 13*(3), 315–372.

Mertler, C. A., & Charles, C. M. (2011). *Introduction to educational research* (7th ed.). Boston: Pearson.

Metsala, J. L., Stanovich, K. E., & Brown, G. D. A. (1998). Regularity effects and the phonological deficit model of reading disabilities: A meta-analytic review. *Journal of Educational Psychology, 90*(2), 279–293.

Metzger, M. (2002). Learning to discipline. *Phi Delta Kappan, 84*(1), 77–84.

Mevarech, Z. R. (1991). Learning mathematics in different mastery environments. *Journal of Educational Research, 84*, 225–231.

Meyer, A., & Rose, D. H. (2000). Universal design for individual differences. *Educational Leadership, 58*(3), 39–43.

Meyer, L. A. (1984). Long-term academic effects of the Direct Instruction Project follow through. *The Elementary School Journal, 84*(4), 380–394.

Meyers, J., Gelzheiser, L., Yelich, G., & Gallagher, M. (1990). Classroom, remedial and resource teachers' views of pullout programs. *Elementary School Journal, 90*(5), 531–545.

Mickelson, R. A. (2002). Race and education. In D. L. Levinson, P. W. Cookson, Jr., & A. R. Sadovnik (Eds.), *Education and sociology: An encyclopedia* (pp. 485–494). New York: Routledge Falmer.

Midgley, C., & Urdan, T. (2001). Academic self-handicapping and achievement goals: A further examination. *Contemporary Educational Psychology, 26*(1), 61–75.

Midgley, C. M. (1993). Motivation and middle level schools. In M. L. Maehr & P. R. Pintrick (Eds.), *Advances in motivation and achievement* (Vol. 8, pp. 217–274). Greenwich, CT: JAI Press.

Miller, D., Partelow, L., & Sen, A. (2004, April). *Self-regulatory reading processes in relation to fourth-graders' reading literacy*. Paper presented at the annual meeting of the American Educational Research Association, San Diego, CA.

Miller, D. J., Glover, D., Averis, D., & Door, V. (2005). The interactive whiteboard—a literature survey. *Technology, Pedagogy, and Education, 14*(2), 155–170.

Miller, P. H. (1993). *Theories of developmental psychology* (3rd ed.). New York: Freeman.

Mills, G. E. (2007). *Action research: A guide for the teacher researcher* (3rd ed.). Upper Saddle River, NJ: Pearson.

Miltenberger, R. G. (2001). *Behavior modification: Principles and procedures* (2nd ed.). Belmont, CA: Wadsworth.

Minke, K. M., & Bear, G. C. (Eds.). (2000). *Preventing school problems—promoting school success*. Bethesda, MD: National Association of School Psychologists.

Mishel, L., & Roy, J. (2006). Accurately assessing high school graduation rates. *Phi Delta Kappan, 88*(4), 287–292.

Mitchell, K. J., & Johnson, M. K. (2009). Source monitoring 15 years later: What have we learned from fMRI about the neural mechanisms of source memory? *Psychological Bulletin, 135*(4), 638–677.

Mock, D. R., & Kauffman, J. M. (2005). The delusion of full inclusion. In J. W. Jacobson, J. A. Mulick, & R. M. Foxx (Eds.), *Fads: Dubious and improbable treatments for developmental disabilities* (pp. 113–128). Mahwah, NJ: Erlbaum.

Moors, A., & De Houwer, J. (2006). Automaticity: A theoretical and conceptual analysis. *Psychological Bulletin, 132*(2), 297–326.

Mora, J. (2009). From the ballot box to the classroom. *Educational Leadership, 66*(7), 14–19.

Moran, S., Kornhaber, M., & Gardner, H. (2006). Orchestrating multiple intelligences. *Educational Leadership, 64*(1), 22–29.

Morgan, M. (1984). Reward-induced decrements and increments in intrinsic motivation. *Review of Educational Research, 54*, 5–30.

Morris, D., Tyner, B., & Perney, J. (2000). Early steps: Replicating the effects of a first-grade reading intervention program. *Journal of Educational Psychology, 92*, 681–693.

Morris, J. E. (1999). What is the future of predominantly black urban schools? The politics of race in urban education policy. *Phi Delta Kappan, 81*(4), 316–319.

Morrow, L. M. (2009). *Literacy development in the early years: Helping children read and write* (6th ed.). Boston: Pearson.

Mosenthal, J., Lipson, M., Torncello, S., Russ, B., & Mekkelsen, J. (2004). Contexts and practices of six schools successful in obtaining reading achievement. *The Elementary School Journal, 104*(5), 343–368.

Moss, P., Girard, B., & Haniford, L. (2006). Validity in educational assessment. *Review of Research in Education, 30*, 109–162.

Mosteller, F., & Boruch, R. (Eds.). (2002). *Evidence matters: Randomized trials in educational research*. Washington, DC: Brookings.

Muñoz, M. A., Dossett, D., & Judy-Gullans, K. (2004). Educating students placed at risk: Evaluating the impact of Success for All in urban settings. *Journal of Education for Students Placed at Risk, 9*(3), 261–277.

Murawski, W., Lockwood, J., Khalili, A., & Johnston, A. (2010). A bully-free school. *Educational Leadership, 67*(4), 75–78.

Murayama, K., & Elliot, A. (2009). The joint influence of personal achievement goals and classroom goal structures on achievement-relevant outcomes. *Journal of Educational Psychology, 101*(2), 432–447.

Murdock, T. B., & Anderman, E. (2006). Motivational perspectives on student cheating: Toward an integrated model of academic dishonesty. *Educational Psychologist, 41*(3), 129–145.

Murdock, T. B., Hale, N. M., & Weber, M. J. (2001). Predictors of cheating among early adolescents: Academic and social motivations. *Contemporary Educational Psychology, 26*(1), 96–115.

Murji, S., & DeLuca, J. W. (1998). Preliminary validity of the cognitive function checklist: Prediction of tower of London performance. *Clinical Neuropsychologist, 12*, 358–364.

Murphy, K. P., & Alexander, P. A. (2000). A motivated exploration of motivation technology. *Contemporary Educational Psychology, 25*(1), 3–53.

Murphy, S., & Underwood, T. (2000). *Portfolio practices: Lessons from schools, districts, and states*. Norwood, MA: Christopher-Gordon.

Murray, H., Olivier, A., & Human, P. (1992). The development of young students' division strategies. In W. Geeslin & K. Graham (Eds.), *Proceedings of the sixteenth international conference for the psychology of mathematics instruction* (Vol. 2, pp. 152–159). Durham, NH.

Nasir, N., & Hand, V. (2006). Exploring sociocultural perspectives on race, culture, and learning. *Review of Educational Research, 76*(4), 449–476.

National Assessment of Educational Progress. (2008). *NAEP 2008 trends in academic progress*. Washington, DC: U.S. Department of Education.

National Center for Education Statistics (NCES). (2004). *Language minorities and their educational and labor market indicators—recent trends*. Washington, DC: U.S. Department of Education.

National Center for Education Statistics (NCES). (2007). *The condition of education.* Washington, DC: U.S. Department of Education.

National Education Commission on Time and Learning. (1994). *Prisoners of time: Schools and programs making time work for students and teachers.* Washington, DC: Author.

National Governors' Association. (1993). *Ability grouping and tracking: Current issues and concerns.* Washington, DC: Author.

National Information Center for Children and Youth with Disabilities. (1998). *Office of Special Education Programs' IDEA amendments of 1997 curriculum.* Retrieved December 1, 1998, from www.nichcy.org/Trainpkg/trainpkg.htm

National Institute for Literacy. (2008). *Developing early literacy.* Jessup, MD: Author.

National Institute of Allergy and Infectious Diseases. (2002). *HIV infection in adolescents: Fact sheet.* Rockville, MD: National Institutes of Health.

National Institute on Drug Abuse. (2005). *Marijuana abuse.* Bethesda, MD: Author

National Joint Committee on Learning Disabilities. (1988). (Letter to NJCLD member organization). Washington, DC: Author.

National Reading Panel. (2000). *Teaching children to read: An evidence-based assessment of the scientific research literature on reading and its implications for reading instruction.* Rockville, MD: National Institute of Child Health and Human Development.

National Research Council. (1995). *Losing generations: Adolescents in high-risk settings.* Hyattsville, MD: American Psychological Association.

National Research Council. (2000). *Improving intergroup relations among youth.* Washington, DC: Author.

National Research Council. (2001). *Non-technical strategies to reduce children's exposure to inappropriate material on the Internet.* Washington, DC: National Academies Press.

Natriello, G. (2002). At-risk students. In D. L. Levinson, P. W. Cookson, Jr., & A. R. Sadovnik (Eds.), *Education and sociology: An encyclopedia* (pp. 49–54). New York: Routledge Falmer.

Navaez, D., Getz, I., Rest, J. R., & Thoma, S. J. (1999). Individual moral judgment and cultural ideologies. *Developmental Psychology, 35,* 478–488.

Neale, D. C., Smith, D., & Johnson, V. G. (1990). Implementing conceptual change teaching in primary science. *Elementary School Journal, 91,* 109–131.

Neill, M. (2003). Leaving children behind: How No Child Left Behind will fail our children. *Phi Delta Kappan, 85*(3), 225–228.

Neill, M., & Gaylor, K. (2001). Do high-stakes graduation tests improve learning outcomes? Using state-level NAEP data to evaluate the effects of mandatory graduation tests. In G. Orfield & M. L. Kornhaber (Eds.), *Raising standards or raising barriers? Inequality and high-stakes testing in public education* (pp. 107–126). New York: Century Foundation Press.

Neisser, U., Boodoo, G., Bouchard, T. J., Boykin, A. W., Brody, N., Ceci, S. J., Halpern, D. F., Loehlin, J. C., Perloff, R., Sternberg, R. J., & Urbina, S. (1996). Intelligence: Knowns and unknowns. *American Psychologist, 51,* 77–101.

Nelson, J., & Stage, S. (2007). Fostering the development of vocabulary knowledge and reading comprehension through contextually-based multiple meaning vocabulary instruction. *Education and Treatment of Children, 30*(1), 1–22.

Nelson, J. R., & Carr, B. A. (2000). *The Think Time Strategy for schools.* Denver, CO: Sopris West.

Nesbit, J., & Adesope, O. (2006). Learning with concept and knowledge maps: A meta-analysis. *Review of Educational Research, 76*(3), 413–448.

Neufield, B., & Roper, D. (2003). *Coaching: A strategy for developing instructional capacity.* Providence, RI: Annenberg Institute.

Neuman, S. (2007). Changing the odds. *Educational Leadership, 65*(2), 16–21.

Neuman, S. B. (1995). Reading together: A community-based parent tutoring program. *The Reading Teacher, 49*(2), 120–129.

Neuman, S. B., & McCormick, S. (1995). *Single-subject experimental research.* Newark, DE: International Reading Association.

Nevin, A. (1998). Curriculum and instructional adaptations for including students with disabilities in cooperative groups. In J. W. Putnam (Ed.), *Cooperative learning and strategies for inclusion* (pp. 49–66). Baltimore: Paul H. Brookes.

Newbern, D., Dansereau, D. F., Patterson, M. E., & Wallace, D. S. (1994, April). *Toward a science of cooperation.* Paper presented at the annual meeting of the American Educational Research Association, New Orleans, LA.

Newcomb, A. F., & Bagwell, C. L. (1998). The developmental significance of children's friendship relations. In W. M. Bukowski, A. F. Newcomb, & W. W. Hartup (Eds.), *The company they keep: Friendships in childhood and adolescence* (pp. 289–312). New York: Cambridge University Press.

Newell, A., & Simon, H. (1972). *Human problem solving.* Englewood Cliffs, NJ: Prentice-Hall.

Ng, J., Lee, S., & Park, Y. (2007). Contesting the model minority and perpetual foreigner stereotypes: A critical review of literature on Asian Americans in education. *Review of Research in Education, 31,* 95–130.

Niaz, M. (1997). How early can children understand some form of "scientific reasoning"? *Perceptual and motor skills, 85,* 1272–1274.

NICHD Early Child Care Research Network. (2005). A day in third grade: A large-scale study of classroom quality and teacher and student behavior. *The Elementary School Journal, 105,* 305–323.

Nieto, S. (2009). From surviving to thriving. *Educational Leadership, 66*(5), 8–13.

Nieto, S., & Bode, P. (2008). *Affirming diversity: The sociopolitical context of multicultural education* (5th ed.). Boston: Pearson.

Niguidula, D. (2005). Documenting learning with digital portfolios. *Educational Leadership, 63*(3), 44–47.

Nitsch, K. E. (1977). *Structuring decontextualized forms of knowledge.* Unpublished doctoral dissertation, Vanderbilt University.

Noddings, N. (2008). All our students thinking. *Educational Leadership, 65*(5), 8–13.

Noonan, M. J., & McCormick, L. (1993). *Early intervention in natural environments.* Pacific Grove, CA: Brooks/Cole.

Northcutt, N., & McCoy, D. (2004). *Interactive qualitative analysis.* Thousand Oaks, CA: Sage.

Nucci, L. (1987). Synthesis of research on moral development. *Educational Leadership, 44,* 86–92.

Nucci, L. P. (2009). *Nice is not enough: Facilitating moral development.* Columbus, OH: Merrill Pearson.

Nussbaum, E. (2008). Collaborative discourse, argumentation, and learning: Preface and literature review. *Contemporary Educational Psychology, 33*(3), 345–359.

NWEA (Northwest Evaluation Association). (2003). *The state of state standards: Research investigating proficiency levels in fourteen states.* Seattle, WA: Author.

Nzinga-Johnson, S., Baker, J., & Aupperlee, J. (2009). Teacher–parent relationships and school involvement among racially and educationally diverse parents of kindergartners. *The Elementary School Journal, 110*(1), 81–91.

Oakes, J. (1985). *Keeping track: How schools structure inequality.* New Haven, CT: Yale University Press.

Oakes, J. (1995). Two cities: Tracking and within-school segregation. In L. Miller (Ed.), *Brown plus forty: The promise.* New York: Teachers College Press.

Oakes, J., & Guiton, G. (1995). Matchmaking: The dynamics of high school tracking decisions. *American Educational Research Journal, 32*(1), 3–33.

Oakes, J., & Lipton, M. (1994). Tracking and ability grouping: A structural barrier to access and achievement. In J. I. Goodlad & P. Keating (Eds.), *Access to knowledge: The continuing agenda for our nation's schools.* New York: The College Board.

Oakes, J., Quartz, K., Ryan, S., & Lipton, M. (2000). *Becoming good American schools: The struggle for civic virtue in school reform.* San Francisco: Jossey-Bass.

Oakes, J., & Wells, A. S. (1998). Detracking for high student achievement. *Educational Leadership, 55*(6), 38–41.

O'Connor, C., & Fernandez, S. D. (2006). Race, class, and disproportionality: Reevaluating the relationship between poverty and special education placement. *Educational Researcher, 35*(6), 6–11.

O'Connor, C., Hill, L., & Robinson, S. (2009). Who's at risk in school and what's race got to do with it? *Review of Research in Education, 33,* 1–34.

O'Connor, K. (2007). *A repair kit for grading: 15 fixes for broken grades.* Princeton, NJ: Educational Testing Services.

O'Connor, K. (2009). *How to grade for learning, K–12* (3rd ed.). Thousand Oaks, CA: Corwin.

O'Connor, M. C. (1998). Can we trace the "efficacy of social constructivism"? In P. D. Pearson & A. Iran-Nejad (Eds.), *Review of research in education* (pp. 25–72). Washington, DC: American Educational Research Association.

Odden, A. (2009). *10 strategies for doubling student performance.* Thousand Oaks, CA: Sage.

Odden, A., & Archibald, S. J. (2009). *Doubling student performance and finding the resources to do it.* Thousand Oaks, CA: Corwin.

O'Donnell, A. M., & Dansereau, D. F. (1992). Scripted cooperation in student dyads: A method for analyzing and enhancing academic learning and performance. In R. Hertz-Lazarowitz & N. Miller (Eds.), *Interaction in cooperative groups: The theoretical anatomy of group learning* (pp. 120–144). New York: Cambridge University Press.

O'Donnell, A. M., Dansereau, D. F., & Hall, R. H. (2002). Knowledge maps as scaffolds for cognitive processing. *Educational Psychology Review, 14*(1), 71–86.

O'Donnell, J., Hawkins, J. D., Catalano, R. F., Abbott, R. D., & Day, L. E. (1995). Preventing school failure, drug use, and delinquency among low-income children: Long-term intervention in elementary schools. *American Journal of Orthopsychiatry, 65*(1), 87–100.

Ogbu, J. (2004). Collective identity and the burden of "acting white" in black history, community, and education. *The Urban Review, 36*(1), 1–35.

Ogletree, C. J. (2004). *All deliberate speed: Reflections on the first half-century of Brown v. Board of Education.* New York: Norton.

Ohler, J. (2006). The world of digital storytelling. *Educational Leadership, 63*(4), 44–47.

Ohler, J. (2009). Orchestrating the media collage. *Educational Leadership, 66*(6), 8–13.

O'Leary, K. D., & O'Leary, S. G. (1972). *Classroom management: The successful use of behavior modification.* New York: Pergamon.

Olson, A. (2005). Improving schools one student at a time. *Educational Leadership, 62*(5), 37–41.

Olszewski-Kubilius, P. (2003). Gifted education programs and procedures. In W. M. Reynolds & G. E. Miller (Eds.), *Handbook of psychology: Vol. 7. Educational psychology* (pp. 487–510). Hoboken, NJ: Wiley.

Olweus, D. (1994). Bullying at school: Basic facts and effects of a school-based intervention program. *Journal of Child Psychology and Psychiatry, 35,* 1171–1190.

Olweus, D., & Limber, S. (1999). *Blueprints for violence prevention: Bullying prevention program.* Boulder: Institute of Behavioral Science, University of Colorado.

Oosterhof, A. (2009). Developing and using classroom assessments (4th ed.). Upper Saddle River, NJ: Pearson.

Orfield, G., & Frankenberg, E. (2007). The integration decision. *Education Week, 26*(43), 34, 44.

Orfield, G., Frankenberg, E., & Lee, C. (2003). The resurgence of school segregation. *Educational Leadership, 60*(4), 16–21.

Orfield, G., & Kornhaber, M. L. (Eds.). (2001). *Raising standards or raising barriers? Inequality and high-stakes testing in public education.* New York: Century Foundation Press.

Orfield, G., & Lee, C. (2004). *Brown at 50: King's dream or Plessy's nightmare?* Cambridge, MA: The Civil Rights Project, Harvard University.

Osguthorpe, R. T., & Scruggs, T. E. (1986). Special education students as tutors: A review and analysis. *Remedial and Special Education,* 7(4), 15–25.

Osher, D., Dwyer, K., & Jackson, S. (2004). *Safe, supportive and successful schools step by step.* Longmont, CO: Sopris West.

Osher, D., & Fleischman, S. (2005). Positive culture in urban schools. *Educational Leadership, 62*(6), 84–86.

Packard, B., & Babineau, M. E. (2008). Development: 9–12. In T. L. Good (Ed.), *21st century learning* (Vol. 1, pp. 103–112). Thousand Oaks, CA: Sage.

Padrón, Y. N., Waxman, H. C., & Rivera, H. H. (2002). Issues in educating Hispanic students. In S. Stringfield & D. Land (Eds.), *Educating at-risk students* (pp. 66–88). Chicago: National Society for the Study of Education.

Page, R. N. (1991). *Lower track classrooms: A curricular and cultural perspective.* New York: Teachers College Press.

Page, S. W. (2000). When changes for the gifted spur differentiation for all. *Educational Leadership, 58*(1), 62–65.

Page-Voth, V., & Graham, S. (1999). Effects of goal setting and strategy use on the writing performance and self-efficacy of students with writing and learning problems. *Journal of Educational Psychology, 91*(2), 230–240.

Pajares, F., Britner, S. L., & Valiante, G. (2000). Relation between achievement goals and self-beliefs of middle school students in writing and science. *Contemporary Educational Psychology, 25*(4), 406–422.

Palincsar, A. S., & Brown, A. L. (1984). Reciprocal teaching of comprehension fostering and comprehension monitoring activities. *Cognition and Instruction, 2,* 117–175.

Pallas, A. M. (2002). High school dropouts. In D. L. Levinson, P. W. Cookson, Jr., & A. R. Sadovnik (Eds.), *Education and sociology: An encyclopedia* (pp. 315–320). New York: Routledge Falmer.

Panskeep, J. (1998). Attention deficit hyperactivity disorders, psychostimulants, and intolerance of childhood playfulness: A tragedy in the making? *Current Directions in Psychological Science,* 7(3), 91–97.

Parillo, V. N. (2008). *Understanding race and ethnic relations* (3rd ed.). Boston: Allyn & Bacon.

Paris, S., Cross, D., & Lipson, M. (1984). Informal strategies for learning: A program to improve children's reading awareness and comprehension. *Journal of Educational Psychology, 76,* 1239–1252.

Paris, S. G., & Paris, A. H. (2001). Classroom applications of research on self-regulated learning. *Educational Psychologist, 36*(2), 89–101.

Parkay, F. W. (2006). *Social foundations for becoming a teacher.* Boston: Allyn & Bacon.

Parker, W. D. (1997). An empirical typology of perfectionism in academically talented children. *American Educational Research Journal, 34*(3), 545–562.

Parkhurst, J. T., & Asher, S. R. (1992). Peer rejection in middle school: Subgroup differences in behavior, loneliness, and interpersonal concerns. *Developmental Psychology, 28,* 231–241.

Parten, M. (1932). Social participation among preschool children. *Journal of Abnormal and Social Psychology, 27,* 243–269.

Partnership for 21st Century Skills. (2009). *Framework for 21st century learning.* Retrieved May 1, 2010, from www.21stcenturyskills.org

Patall, E., Cooper, H., & Robinson, J. (2008). Parent involvement in homework: A research synthesis. *Review of Educational Research, 78*(4), 1039–1101.

Patchin, J., & Hinduja, S. (2006). Bullies move beyond the schoolyard: A preliminary look at cyberbullying. *Youth Violence and Juvenile Justice, 4*(2), 148–169.

Patrick, B., Hisley, J., & Kempler, T. (2000). "What's everybody so excited about?": The effects of teacher enthusiasm on student intrinsic motivation and vitality. *Journal of Experimental Education, 68,* 217–236.

Pavan, B. N. (1992). The benefits of nongraded schools. *Educational Leadership, 50*(2), 22–25.

Pawlowski, K. F. (2001). The instructional support team concept in action. In B. Sornson (Ed.), *Preventing early learning failure.* Alexandria, VA: ASCD.

Pea, R. D. (1993). Learning scientific concepts through material and social activities: Conversational analysis meets conceptual change. *Educational Psychologist, 28*(3), 265–277.

Pearl, R., Farmer, T. W., Van Acker, R., Rodkin, P. C., Bost, K. K., Coe, M., & Henley, W. (1998). The social integration of students with mild disabilities in general education classrooms: Peer group membership and peer-assessed social behavior. *The Elementary School Journal, 99*(2), 167–185.

Pellegrini, A. D. (2002). Bullying, victimization, and sexual harassment during the transition to middle school. *Educational Psychologist, 37*(3), 151–163.

Pellegrini, A. D., & Bartini, M. (2000). A longitudinal study of bullying, victimization, and peer affiliation during the transition from primary school to middle school. *American Educational Research Journal, 37*(3), 699–725.

Pendarvis, E., & Howley, A. (1996). Playing fair: The possibilities of gifted education. *Journal for the Education of the Gifted, 19,* 215–233.

Perfetti, C. A. (2003). The universal grammar of reading. *Scientific Studies of Reading, 7*(1), 3–24.

Perfetto, G. A., Bransford, J. D., & Franks, J. J. (1983). Constraints on access in a problem solving context. *Memory and Cognition, 11,* 24–31.

Perkins, D. F., & Borden, L. M. (2003). Positive behaviors, problem behaviors, and resiliency in adolescence. In R. M. Lerner, M. A. Easterbrooks, & J. Mistry (Eds.), *Handbook of psychology: Vol. 6. Developmental psychology* (pp. 373–394). Hoboken, NJ: Wiley.

Perkins-Gough, D. (2006). Do we really have a "boy crisis"? *Educational Leadership, 64*(1), 93–94.

Perry, K., & Weinstein, R. (1998). The social context of early schooling and children's school adjustment. *Educational Psychologist, 33*(4), 177–194.

Persell, C. H. (1997). Social class and educational equality. In J. A. Banks & C. A. M. Banks (Eds.), *Multicultural education: Issues and perspectives* (pp. 87–107). Boston: Allyn & Bacon.

Peterson, L. R., & Peterson, M. J. (1959). Short-term retention of individual verbal items. *Journal of Experimental Psychology, 58,* 193–198.

Petrill, S. A., & Wilkerson, B. (2000). Intelligence and achievement: A behavioral genetic perspective. *Educational Psychology Review, 12*(2), 185–199.

Pettig, K. L. (2000). On the road to differentiated practice. *Educational Leadership, 58*(1), 14–18.

Peverly, S., Ramaswamy, V., Brown, C., Sumouski, J., Alidoust, M., & Garner, J. (2007). What predicts skill in lecture note taking? *Journal of Educational Psychology, 99*(1), 167–180.

Phelan, P., Yu, H. C., & Davidson, A. L. (1994). Navigating the psychosocial pressures of adolescence: The voices and experiences of high school youth. *American Educational Research Journal, 31,* 415–447.

Phillips, J. L. (1975). *The origins of intellect: Piaget's theory* (2nd ed.). San Francisco: Freeman.

Piaget, J. (1952a). *The language and thought of the child.* London: Routledge and Kegan-Paul.

Piaget, J. (1952b). *The origins of intelligence in children.* New York: Basic Books.

Piaget, J. (1964). *The moral judgment of the child.* New York: Free Press.

Piaget, J., & Inhelder, B. (1956). *The child's conception of space.* Boston: Routledge and Kegan-Paul.

Pietsch, J., Walker, R., & Chapman, E. (2003). The relationship among self-concept, self-efficacy, and performance in mathematics during secondary school. *Journal of Educational Psychology, 95*(3), 589–603.

Pine, J., & Aschbacher, P. (2006). Students' learning of inquiry in "inquiry" curricula. *Phi Delta Kappan, 88*(4), 308–313.

Pinker, S. (1997). *How the mind works.* New York: Norton.

Pinnell, G. S., DeFord, D. E., & Lyons, C. A. (1988). *Reading Recovery: Early intervention for at-risk first graders.* Arlington, VA: Educational Research Service.

Pinnell, G. S., Lyons, C. A., DeFord, D. E., Bryk, A. S., & Seltzer, M. (1994). Comparing instructional models for the literacy education of high risk first graders. *Reading Research Quarterly, 29,* 8–38.

Pintrich, P. (2000). Multiple goals, multiple pathways: The role of goal orientation in learning and achievement. *Journal of Educational Psychology, 92*(3), 544–555.

Pintrich, P. R. (2003). A motivational science perspective on the role of student motivation in learning and teaching contexts. *Journal of Educational Psychology, 95*(4), 667–686.

Pintrich, P. R., & Schunk, D. H. (2002). *Motivation in education: Theory, research, and applications* (2nd ed.). Upper Saddle River, NJ: Merrill/Prentice-Hall.

Pittard, V., Bannister, P., & Dunn, J. (2003). *The big picture: The impact of ICT on attainment, motivation, and learning.* London: Department for Education and Skills.

Plucker, J. A., Beghetto, R. A., & Dow, G. T. (2004). Why isn't creativity more important to educational psychologists? Potential, pitfalls, and future directions in creativity research. *Educational Psychologist, 39*(2), 83–96.

Poel, E. (2007). Enhancing what students can do. *Educational Leadership, 64*(5), 64–67.

Polite, L., & Saenger, E. B. (2003). A pernicious silence: Confronting race in the elementary classroom. *Phi Delta Kappan, 85*(4), 274–278.

Pomerantz, E., Moorman, E., & Litwack, S. (2007). The how, whom, and why of parents' involvement in children's academic lives: More is not always better. *Review of Educational Research, 77*(3), 373–410.

Pomerantz, E. M., Altermatt, E. R., & Saxon, J. L. (2002). Making the grade but feeling distressed: Gender differences in academic performance and internal distress. *Journal of Educational Psychology, 94*(2), 396–404.

Pool, H., & Page, J. A. (Eds.). (1995). *Beyond tracking: Finding success in inclusive schools.* Bloomington, IN: Phi Delta Kappan Educational Foundation.

Pope, A. W., & Bierman, K. L. (1999). Predicting adolescent peer problems and antisocial activities: The relative roles of aggression and dysregulation. *Developmental Psychology, 35,* 335–346.

Popham, J. (2005). How to use PAP to make AYP under NCLB. *Phi Delta Kappan, 86*(10), 787–791.

Popham, W. (2009). Diagnosing the diagnostic test. *Educational Leadership, 66*(6), 90–91.

Popham, W. J. (2003). *Teach better, test better: The instructional role of assessment.* Alexandria, VA: ASCD.

Popham, W. J. (2004). "Teaching to the test": An expression to eliminate. *Educational Leadership, 62*(3), 82–83.

Popham, W. J. (2006). Diagnostic assessment: A measurement mirage? *Educational Leadership, 64*(2), 90–93.

Popham, W. J. (2008). *Classroom assessment: What teachers need to know* (5th ed.). Boston: Pearson.

Potter, E. F. (1977, April). *Children's expectancy of criticism for classroom achievement efforts.* Paper presented at the annual convention of the American Educational Research Association, New York.

Poulin, F., Cillessen, A. H. N., & Coie, J. D. (1997). Children's friends and behavioral similarity in the social contexts. *Social Development, 6,* 224–236.

Powell, D. R. (1995). *Enabling young children to succeed in school.* Washington, DC: American Educational Research Association.

Premack, D. (1965). Reinforcement theory. In D. Levine (Ed.), *Nebraska symposium on motivation.* Lincoln: University of Nebraska Press.

Prensky, M. (2005/2006). Listen to the natives. *Educational Leadership, 63*(4), 8–13.

Pressley, M. (2003). Psychology of literacy and literacy instruction. In W. M. Reynolds & G. E. Miller (Eds.), *Handbook of psychology: Vol. 7. Educational psychology* (pp. 333–355). Hoboken, NJ: Wiley.

Pressley, M., & Harris, K. R. (1994). Increasing the quality of educational intervention research. *Educational Psychology Review, 6*(3), 191–208.

Pressley, M., Harris, K. R., & Marks, M. B. (1992). But good strategy instructors are constructivists! *Educational Psychology Review, 4,* 3–31.

Pressley, M., Raphael, L., & Gallagher, J. (2004). Prodience, St. Mel School: How a school that works for African American students works. *Journal of Educational Psychology, 96*(2), 216–235.

Pressley, M., Roehrig, A. D., Raphael, L., Dolezal, S., Bohn, C., Mohan, L., Wharton-McDonald, R., Bogner, K., & Hogan, K. (2003). Teaching processes in elementary and secondary education. In W. M. Reynolds & G. E. Miller (Eds.), *Handbook of psychology: Vol. 7. Educational psychology* (pp. 153–175). Hoboken, NJ: Wiley.

Pressley, M., Tannenbaum, R., McDaniel, M. A., & Wood, E. (1990). What happens when university students try to answer prequestions that accompany textbook material? *Contemporary Educational Psychology, 15,* 27–35.

Pressley, M., & Yokoi, L. (1994). Motion for a new trial on transfer. *Educational Researcher, 23*(5), 36–38.

Prichard, J., Bizo, L., & Stratford, R. (2006). The educational impact of team skills training: Preparing students to work in groups. *British Journal of Educational Psychology, 76,* 119–148.

Pugh, K., & Bergin, D. (2006). Motivational influences on transfer. *Educational Psychologist, 41*(3), 147–160.

Puma, M. J., Jones, C. C., Rock, D., & Fernandez, R. (1993). *Prospects: The congressionally mandated study of educational growth and opportunity* (Interim Report). Bethesda, MD: Abt Associates.

Puma, M. J., Karweit, N., Price, C., Ricciuti, A., Thompson, W., & Vaden-Kiernan, M. (1997). *Prospects: Final report on student outcomes.* Cambridge, MA: Abt Associates.

Puntambekar, S., & Hübscher, R. (2005). Tools for scaffolding students in a complex learning environment: What have we gained and what have we missed? *Educational Psychologist, 40*(1), 1–12.

Putnam, J. W. (Ed.). (1998). *Cooperative learning and strategies for inclusion* (2nd ed.). Baltimore: Paul H. Brookes.

Quay, H. C., & Werry, J. S. (Eds.). (1986). *Psychopathological disorders of childhood* (3rd ed.). New York: Wiley.

Radosevich, D., Vaidyanathan, V., Yeo, S., & Radosevich, D. (2004). Relating goal orientation to self-regulatory processes: A longitudinal field test. *Contemporary Educational Psychology, 29*(3), 207–229.

Radziewicz, C., & Antonellis, S. (2002). Considerations and implications for habilitation of hearing-impaired children. In D. K. Bernstein & E. Tiegerman-Farber (Eds.), *Language and communication disorders in children* (5th ed.). Boston: Allyn & Bacon.

Rafoth, M. A., Leal, L., & De Fabo, L. (1993). *Strategies for learning and remembering: Study skills across the curriculum.* Washington, DC: National Education Association Professional Library.

Raison, J., Hanson, L. A., Hall, C., & Reynolds, M. C. (1995). Another school's reality. *Phi Delta Kappan, 76*(6), 480–484.

Ramey, C. T., & Ramey, S. L. (1992). *At risk does not mean doomed.* Birmingham: Civitan International Research Center, University of Alabama.

Ramey, C. T., & Ramey, S. L. (1998). Early intervention and early experience. *American Psychologist, 53*(2), 109–120.

Ramirez, A., & Soto-Hinman, I. (2009). A place for all families. *Educational Leadership, 66*(7), 79–82.

Ramirez-Smith, C. (1995). Stopping the cycle of failure: The Comer model. *Educational Leadership, 52*(5), 14–19.

Raudenbush, S. W., Rowan, B., & Cheong, Y. F. (1993). Higher order instructional goals in secondary schools: Class, teacher, and school influences. *American Educational Research Journal, 30*(3), 523–553.

Ready, D., LoGerfo, L., Burkam, D., & Lee, V. (2005). Explaining girls' advantage in kindergarten literacy learning: Do classroom behaviors make a difference? *The Elementary School Journal, 106*(1), 21–38.

Rebell, M., & Hunter, M. (2004). "Highly qualified" teachers: Pretense or legal requirement? *Phi Delta Kappan, 85*(9), 690–696.

Reed, S. (2006). Cognitive architectures for multimedia learning. *Educational Psychologist, 41*(2), 87–98.

Reeves, D. (2003). *High performance in high poverty schools: 90/90/90 and beyond.* Cambridge, MA: Center for Performance Assessment, Harvard Graduate School of Education.

Reeves, D. (2005). "If I said something wrong I was afraid." *Educational Leadership, 62*(4), 72–75.

Reeves, D. (2006). Preventing 1,000 failures. *Educational Leadership, 64*(3), 88–89.

Reeves, D. (2008). Effective grading practices. *Educational Leadership, 65*(5), 85–87.

Reeves, D. (2009). Three challenges of web 2.0. *Educational Leadership, 66*(6), 87–88.

Reeves, D. B. (Ed.) (2007). *Ahead of the curve: The power of assessment to transform teaching and learning.* Bloomington, IN: Solution Tree.

Reid, D., & Knight, M. (2006). Disability justifies exclusion of minority students: A critical history grounded in disability studies. *Educational Researcher, 35*(6), 18–23.

Reid, R., & Lienemann, T. O. (2006). Self-regulated strategy development for written expression with students with attention deficit hyperactivity disorder. *Exceptional Children, 73,* 53–68.

Reimann, P., & Schult, T. J. (1996). Turning examples into cases: Acquiring knowledge structures for analogical problem solving. *Educational Psychologist, 31,* 123–132.

Rekrut, M. D. (1992, April). *Teaching to learn: Cross-age tutoring to enhance strategy acquisition.* Paper presented at the annual meeting of the American Educational Research Association, San Francisco.

Renkl, A. (2002). Learning from worked-out examples: Instructional explanations supplement self-explanations. *Learning & Instruction, 12,* 149–176.

Renzulli, J. S., & Reis, S. M. (1997). The schoolwide enrichment model: New directions for developing high-end learning. In N. Colangelo & G. A. Davis (Eds.), *Handbook of gifted education* (2nd ed., pp. 136–154). Boston: Allyn & Bacon.

Renzulli, J. S., & Reis, S. M. (2000). The schoolwide enrichment model. In K. A. Heller, F. J. Mönks, R. Subotnik, & R. J. Sternberg (Eds.), *International handbook of giftedness and talent* (2nd ed., pp. 367–382). New York: Pergamon.

Reschly, D. J. (2003). School psychology. In W. M. Reynolds & G. E. Miller (Eds.), *Handbook of psychology: Vol. 7. Educational psychology* (pp. 431–453). Hoboken, NJ: Wiley.

Resnick, L. (1998, April). *From aptitude to effort: A new foundation for our schools.* Paper presented at the annual meeting of the American Educational Research Association, San Diego, CA.

Rest, J., Edwards, L., & Thoma, S. (1997). Designing and validating a measure of moral judgment: Stage preference and stage consistency approaches. *Journal of Educational Psychology, 89*(1), 5–28.

Reynolds, A. (2009). Why every student needs critical friends. *Educational Leadership, 67*(3), 54–57.

Reynolds, A., Temple, J., Robertson, D., & Mann, E. (2002). Age 21 cost-benefit analysis of the Title I Chicago child–parent centers. *Educational Evaluation and Policy Analysis, 24*(4), 267–303.

Reynolds, A., & Wolfe, B. (1999). Special education and school achievement: An exploratory analysis with a central-city sample. *Educational Evaluation and Policy Analysis, 21*(3), 249–269.

Reynolds, A. J. (1991). Early schooling of children at risk. *American Educational Research Journal, 28*(2), 392–422.

Reynolds, W. M., & Miller, G. E. (2003). Current perspectives in educational psychology. In W. M. Reynolds & G. E. Miller (Eds.), *Handbook of psychology: Vol. 7. Educational psychology* (pp. 3–20). Hoboken, NJ: Wiley.

Rhode, G., Jenson, W. R., & Reavis, H.K. (1993). *The tough kid book.* Longmont, CO: Sopris West.

Rice, E. P. (1996). *The adolescent: Development, relationships, and culture.* Boston: Allyn & Bacon.

Rice, F. P., & Dolgin, K. G. (Eds.). (2008). *The adolescent: Development, relationships, and culture* (12th ed.). Boston: Pearson Education Group.

Richardson, W. (2008). Footprints in the digital age. *Educational Leadership, 66*(3), 16–19.

Richardson, W. (2009). Becoming network-wise. *Educational Leadership, 66*(6), 26–31.

Riehl, C. (2006). Feeling better: A comparison of medical research and education research. *Educational Researcher, 35*(5), 24–29

Riehl, C. J. (2000). The principal's role in creating inclusive schools for diverse students: A review of normative, empirical, and critical literature on the practice of educational administration. *Review of Educational Research, 70*(1), 55–81.

Rifkin, J. (1998). The sociology of the gene. *Phi Delta Kappan, 79*(9), 649–657.

Ritchhart, R., & Perkins, D. (2008). Making thinking visible. *Educational Leadership, 65*(5), 57–63.

Roach, A., & Elliott, S. (2006). The influence of access to general education curriculum on alternate assessment performance of students with significant cognitive disabilities. *Educational Evaluation and Policy Analysis, 28*(2), 181–194.

Robinson, D. H., Katayama, A. D., Beth, A., Odom, S., & Hsieh, Y. P. (2004). *Training students to take more graphic notes: A partial approach.* Austin: University of Texas.

Robinson, D. H., Robinson, S. L., & Katayama, A. D. (1999). When words are represented in memory like pictures: Evidence for spatial encoding of study materials. *Contemporary Educational Psychology, 24*(1), 38–54.

Robinson, D. H., & Skinner, C. H. (1996). Why graphic organizers facilitate search processes: Fewer words or computationally efficient indexing. *Contemporary Educational Psychology, 21*(2), 166–180.

Robinson, F. P. (1961). *Effective study.* New York: Harper & Row.

Robinson, T., Smith, S., Miller, M., & Brownell, M. (1999). Cognitive behavior modification of hyperactivity-impulsivity and aggression: A meta-analysis of school-based studies. *Journal of Educational Psychology, 91*(2), 195–203.

Roderick, M., & Engel, M. (2001). The grasshopper and the ant: Motivational responses of low-achieving students to high-stakes testing. *Educational Evaluation and Policy Analysis, 23*(3), 197–227.

Roderick, M., & Nagaoka, J. (2005). Retention under Chicago's high-stakes testing program: Helpful, harmful, or harmless? *Evaluation and Policy Analysis, 27*(4), 309–340.

Roeber, E., & Dutcher, P. (1989). Michigan's innovative assessment of reading. *Educational Leadership 46*(7), 64–69.

Roediger, H., & Karpicke, J. (2006). The power of resting memory: Basic research and implications for educational practice. *Perspectives on Psychological Science, 1,* 181–210.

Roeser, R., Eccles, J., & Sameroff, A. (2000). School as a context of early adolescents' academic and social-emotional development: A summary of research findings. *The Elementary School Journal, 100*(5), 443–472.

Rogers, K. B. (2009, April). *Academic acceleration and giftedness: The research from 1990 to the present: A best-evidence synthesis.* Paper presented at the annual meeting of the American Educational Research Association, San Diego, CA.

Rogoff, B. (2003). *The cultural nature of human development.* London: Oxford University Press.

Rogoff, B., & Chavajay, P. (1995). What's become of research on the cultural basis of cognitive development? *American Psychologist, 50,* 859–877.

Rogow, S. M. (1988). *Helping the visually impaired child with developmental problems: Effective practice in home, school, and community.* New York: Teachers College Press.

Rohrbeck, C. A., Ginsburg-Block, M. D., Fantuzzo, J. W., & Miller, T. R. (2003). Peer-assisted learning interventions with elementary school students: A meta-analytic review. *Journal of Educational Psychology, 94*(2), 240–257.

Rose, A., & Rudolph, K. (2006). A review of sex differences in peer relationship processes: Potential tradeoffs for the emotional and behavioral development of girls and boys. *Psychological Bulletin, 132*(1), 98–131.

Rosenberg, M., Wilson, R., Maheady, L., & Sindelar, P. (2004). *Educating students with behavioral disorders.* Boston: Pearson.

Rosenfield, D., Folger, R., & Adelman, H. F. (1980). When rewards reflect competence: A qualification of the overjustification effect. *Journal of Personality and Social Psychology, 39,* 368–376.

Rosenfield, S. A., & Gravois, T. A. (1996). *Instructional consultation teams: Collaborating for change.* New York: Guilford.

Rosenshine, B. (2008). Systematic instruction. In T. L. Good (Ed.), *21st century learning* (Vol. 1, pp. 235–243). Thousand Oaks, CA: Sage.

Rosenshine, B., & Meister, C. (1994). Reciprocal teaching: A review of research. *Review of Educational Research, 64,* 479–530.

Rosenshine, B., Meister, C., & Chapman, S. (1996). Teaching students to generate questions: A review of the intervention studies. *Review of Educational Research, 66*(2), 181–221.

Rosenshine, B.V. (1980). How time is spent in elementary classrooms. In C. Denham & A. Lieberman (Eds.), *Time to learn.* Washington, DC: National Institute of Education.

Roseth, C., Johnson, D., & Johnson, R. (2008). Promoting early adolescents' achievement and peer relationships: The effects of cooperative, competitive, and individualistic goal structures. *Psychological Bulletin, 134*(2), 223–246.

Ross, J. A., Rolheiser, C., & Hogaboam-Gray, A. (1998, April). *Impact of self-evaluation training on mathematics achievement in a cooperative learning environment.* Paper presented at the annual meeting of the American Educational Research Association, San Diego, CA.

Ross, S. M., Smith, L. J., Casey, J., & Slavin, R. E. (1995). Increasing the academic success of disadvantaged children: An examination of alternative early intervention programs. *American Educational Research Journal, 32,* 773–800.

Ross, S. M., Smith, L. J., Lohr, L., & McNelis, M. (1994). Math and reading instruction in tracked first grade classes. *The Elementary School Journal, 95*(2), 105–119.

Rosser, R. A. (1994). *Cognitive development: Psychological and biological perspectives.* Boston: Allyn & Bacon.

Rosser, R. A. (2003). Scientific reasoning. *Encyclopedia of cognitive science.* London: Nature Publishing Group.

Rosser, R. A., Stevens, S., & Ruiz, B. (2006). Cognitive markers of adolescent risk taking: A correlate of drug abuse in at-risk individuals. *The Prison Journal, 85,* 83–96.

Rossi, R. J., & Stringfield, S. C. (1995). What we must do for students placed at risk. *Phi Delta Kappan, 71*(1), 73–76.

Rossman, G. B., & Rallis, S. F. (2003). *Learning in the field: An introduction to qualitative research* (2nd ed.). Thousand Oaks, CA: Sage.

Rotberg, I. C. (2001). A self-fulfilling prophecy. *Phi Delta Kappan, 83*(2), 170–171.

Roth, W.-M., & Lee, Y.-J. (2007). "Vygotsky's neglected legacy": Cultural-historical activity theory. *Review of Educational Research, 77*(2), 186–232.

Rotherham, A., & Willingham, D. (2009). 21st century skills: The challenges ahead. *Educational Leadership, 67*(1), 16–21.

Rothstein, R. (Ed.). (2004). *Class and schools: Using social, economic, and educational reform to close the black-white achievement gap.* Washington, DC: Economic Policy Institute.

Rothstein, R., & Jacobsen, R. (2009). Measuring social responsibility. *Educational Leadership, 66*(8), 14–19.

Rotter, J. (1954). *Social learning and clinical psychology.* Englewood Cliffs, NJ: Prentice-Hall.

Rowan, B., Correnti, R., & Miller, R. (2002). *What large-scale, survey research tells us about teacher effects on student achievement: Insights from the Prospects study of elementary schools.* Philadelphia: Consortium for Policy Research in Education, University of Pennsylvania.

Rowan, B., & Miracle, A. (1983). Systems of ability grouping and the stratification of achievement in elementary schools. *Sociology of Education, 56,* 133–144.

Rowe, M. B. (1974). Wait time and rewards as instructional variables, their influence on language, logic, and fate control. I: Wait time. *Journal of Research in Science Teaching, 11,* 81–94.

Rubie-Davies, C. (2008). Teacher expectations. In T. L. Good (Ed.), *21st century learning:* (Vol. 1, pp. 254–264). Thousand Oaks, CA: Sage.

Rubie-Davies, C. M. (2007, September). *Teacher expectations, student achievement, and perceptions of student attitudes.* Paper presented at the Biennial Conference of the Educational Association for Research in Learning and Instruction, Budapest, Hungary.

Rubin, B. C. (2003). Unpacking detracking: When progressive pedagogy meets students' social worlds. *American Educational Research Journal, 40*(2), 539–573.

Rubin, D. (2007). A basic-systems model of episodic memory. *Perspectives on Psychological Science, 1,* 277–311.

Ruble, D. N., Eisenberg, R., & Higgins, E. T. (1994). Developmental changes in achievement evaluation: Motivational implications of self-other differences. *Child Development, 65,* 1095–1110.

Ruder, S. (2000). We teach all. *Educational Leadership, 58*(1), 49–51.

Rummel, N., Levin, J. R., & Woodward, M. M. (2002). Do pictorial mnemonic text-learning aids give students something worth writing about? *Journal of Educational Psychology, 94*(2), 327–334.

Rust, F. (2008). Early childhood education: Curriculum and programs. In T. L. Good (Ed.), *21st century learning* (Vol. 1, pp. 388–395). Thousand Oaks, CA: Sage.

Ryan, A. M., & Patrick, H. (2001). The classroom social environment and changes in adolescents' motivation and engagement during middle school. *American Educational Research Journal, 38*(2), 437–460.

Ryan, K., & Ryan, A. (2005). Psychological processes underlying stereotype threat and standardized math test performance. *Educational Psychologist, 40*(1), 53–63.

Ryan, K., & Shepard, L. (2008). The future of test-based educational accountability. New York: Routledge.

Ryan, R. M., & Deci, E. L. (2000). Intrinsic and extrinsic motivations: Classic definitions and new directions. *Contemporary Educational Psychology, 25*(1), 54–67.

Sachs, J. (2000). The activist professional. *Journal of Educational Change, 1*(1), 77–95.

Sackett, P., Kuncel, N., Arneson, J., Cooper, S., & Waters, S. (2009). Does socioeconomic status explain the relationship between admissions tests and post-secondary academic performance? *Psychological Bulletin, 135*(1), 1–22.

Sadker, D., & Sadker, M. (2003). *Teachers, schools, and society* (6th ed.). New York: McGraw-Hill.

Sadker, M., & Sadker, D. (1994). *Failing at fairness: How America's schools cheat girls.* New York: Charles Scribner's Sons.

Sadker, M., & Sadker, D. (2006). Questioning skills. In J. Cooper (Ed.), *Classroom teaching skills* (8th ed., pp. 104–150). Boston: Houghton Mifflin.

Sadker, M., Sadker, D., & Long, L. (1997). Gender and educational equality. In J. A. Banks & C. A. M. Banks (Eds.), *Multicultural education: Issues and perspectives* (pp. 131–149). Boston: Allyn & Bacon.

Sadker, M., & Zittleman, L. (2004). Test anxiety: Are students failing tests or are tests failing students? *Phi Delta Kappan, 85*(10), 740–744.

Safer, N., & Fleischman, S. (2005). How student progress monitoring improves instruction. *Educational Leadership, 62*(5), 81–83.

Saffran, E. M., & Schwartz, M. F. (2003). Language. In M. Gallagher & R. J. Nelson (Eds.), *Handbook of psychology: Vol. 3. Biological psychology* (pp. 595–627). Hoboken, NJ: Wiley.

Saleh, M., Lazonder, A., & de Jon, T. (2007). Structuring collaboration in mixed-ability groups to promote verbal interaction, learning, and motivation of average-ability students. *Contemporary Educational Psychology, 32*(3), 314–331.

Salend, S. (2009). *Classroom testing and assessment for ALL students.* Thousand Oaks, CA: Corwin.

Saleno, S., & Garrick-Duhaney, L. (1999). The impact of inclusion on students with and without disabilities and their educators. *Remedial and Special Education, 20*(2), 114–126.

Salganik, M. W. (1980, January 27). Teachers busy teaching make city's 16 "best" schools stand out. *Baltimore Sun,* p. A4.

Salinger, T., & Fleischman, S. (2005). Teaching students to interact with text. *Educational Leadership, 64*(1), 90–93.

Salomon, G., & Perkins, D. N. (1998). Individual and social aspects of learning. In P. D. Pearson & A. Iran-Nejad (Eds.), *Review of research in education* (pp. 1–24). Washington, DC: American Educational Research Association.

Sampson, R. (2002). *Bullying in schools.* Washington, DC: U.S. Department of Justice.

San Antonio, D., & Salzfass, E. (2007). How we treat one another in school. *Educational Leadership, 64*(8), 32–39.

Sanders, M. G., Allen-Jones, G. L., & Abel, Y. (2002). Involving families and communities in the education of children and youth placed at-risk. In S. Stringfield & D. Land (Eds.), *Educating at-risk students* (pp. 171–188). Chicago: National Society for the Study of Education.

Sanders, W. L. (2000). Value-added assessment from student achievement data: Opportunities and hurdles. *Journal of Personnel Evaluation in Education, 14*(4), 329–339.

Sandoval, J. (1995). Teaching in subject matter areas: Science. *Annual Review of Psychology, 46,* 355–374.

Sanford, J. P., & Evertson, C. M. (1981). Classroom management in a low SES junior high: Three case studies. *Journal of Teacher Education, 32,* 34–38.

Sansone, C., & Harackiewicz, J. M. (Eds.). (2000). *Intrinsic and extrinsic motivation.* Orlando, FL: Academic Press.

Sapon-Shevin, M. (2001). Schools fit for all. *Educational Leadership, 58*(4), 34–39.

Sapon-Shevin, M. (2003). Inclusion: A matter of social justice. *Educational Leadership, 61*(2), 25–28.

Sato, M., & Atkin, J. (2006/2007). Supporting change in classroom assessment. *Educational Leadership, 64*(4), 76–79.

Savell, J. M., Twohig, P. T., & Rachford, D. L. (1986). Empirical status of Feuerstein's "Instrumental Enrichment" (FIE) technique as a method of teaching thinking skills. *Review of Educational Research, 56,* 381–409.

Sax, C. L., & Thoma, C. A. (2002). *Transition assessment: Wise practices for quality lives.* Baltimore: Brookes.

Schacter, D. L. (2001). *The seven sins of memory: How the mind forgets and remembers.* Boston: Houghton Mifflin.

Schacter, J. (2000). Does individual tutoring produce optimal learning? *American Educational Research Journal, 37*(3), 801–829.

Schafer, W. D., Swanson, G., Bené, N., & Newberry, G. (2001). Effects of teacher knowledge of rubrics on student achievement in four content areas. *Applied Measurement in Education, 14,* 151–170.

Schafer, W. E., & Olexa, C. (1971). *Tracking and opportunity.* Scranton, PA: Chandler.

Scharf, M., & Hertz-Lazarowitz, R. (2003). Social networks in the school context: Effects of culture and gender. *Journal of Personal Relationships, 20*(6), 843–859.

Scherer, M. (2001). How and why standards can improve student achievement: A conversation with Robert J. Marzano. *Educational Leadership, 59*(1), 14–19.

Scheurich, J., Skrla, L., & Johnson, J. (2000). Thinking carefully about equity and accountability. *Phi Delta Kappan, 82*(4), 293–299.

Schiff, M., & Lewontin, R. (1986). *Education and class: The irrelevance of IQ genetic studies.* New York: Oxford University Press.

Schifter, D. (1996). A constructivist perspective on teaching and learning mathematics. *Phi Delta Kappan, 77*(7), 492–499.

Schirmer, B., & McGough, S. (2005). Teaching reading to children who are deaf: Do the conclusions of the National Reading Panel apply? *Review of Educational Research, 75*(1), 84–117.

Schmidt, W., & Cogan, L. (2009). The myth of equal content. *Educational Leadership, 67*(3), 44–47.

Schmoker, M. (1999). *Results: The key to continuous school improvement.* Alexandria, VA: ASCD.

Schmoker, M. (2006). *Results now: How we can achieve unprecedented improvements in teaching and learning.* Alexandria, VA: ASCD.

Schneider, B. (2002). Social capital: A ubiquitous emerging conception. In D. L. Levinson, P. W. Cookson, Jr., & A. R. Sadovnik (Eds.), *Education and sociology: An encyclopedia* (pp. 545–550). New York: Routledge Falmer.

Schneider, W. (1993). Domain-specific knowledge and memory performance in children. *Educational Psychology Review, 5,* 257–273.

Schneider, W., Roth, E., & Ennemoser, M. (2000). Training phonological skills and letter knowledge in children at risk for dyslexia: A comparison of three kindergarten intervention programs. *Journal of Educational Psychology, 92*(2), 284–295.

Schnotz, W. (2002). Towards an integrated view of learning from text and visual displays. *Educational Psychology Review, 14*(1), 101–120.

Schofield, J. W. (1995). Review of research on school desegregation's impact on elementary and secondary school students. In J. A. Banks & C. A. M. Banks (Eds.), *Handbook of research on multicultural education.* New York: Macmillan.

Schraw, G., Flowerday, T., & Lehman, S. (2001). Increasing situational interest in the classroom. *Educational Psychology Review, 13*(3), 211–224.

Schunk, D. (2000). *Learning theories* (3rd ed.). Upper Saddle River, NJ: Merrill/Prentice-Hall.

Schunk, D. (2005). Self-regulated learning: The education legacy of Paul R. Pintrich. *Educational Psychologist, 40*(2), 85–94.

Schunk, D. H. (2004). *Learning theories: An educational perspective* (4th ed.). Columbus, OH: Merrill/Prentice-Hall.

Schunk, D. H., & Pajares, F. (2004, April). *Self-efficacy in education: Issues and future directions.* Paper presented at the annual meeting of the American Educational Research Association, San Diego, CA.

Schunk, D. H., & Zimmerman, B. J. (1997). Social origins of self-regulatory competence. *Educational Psychologist, 32*(4), 195–208.

Schunk, D. H., & Zimmerman, B. J. (2003). Self-regulation and learning. In W. M. Reynolds & G. E. Miller (Eds.), *Handbook of psychology: Vol. 7. Educational psychology* (pp. 59–78). Hoboken, NJ: Wiley.

Schutz, A. (2006). Home is a prison in a global city: The tragic failure of school-based community engagement strategies. *Review of Educational Research, 76*(4), 691–744.

Schutz, P. A., & Davis, H. A. (2000). Emotions and self-regulation during test taking. *Educational Psychologist, 35*(4), 243–246.

Schwartz, N. H., Ellsworth, L. S., Graham, L., & Knight, B. (1998). Assessing prior knowledge to remember text: A comparison of advance organizers and maps. *Contemporary Educational Psychology, 23*(1), 65–89.

Schweinhart, L. J., & Weikart, D. P. (1998). High/Scope Perry Preschool Program effects at age twenty-seven. In J. Crane (Ed.), *Social programs that work* (pp. 148–162). New York: Russell Sage Foundation.

Scriffiny, P. (2008). Seven reasons for standards-based grading. *Educational Leadership, 66*(2), 70–74.

Scruggs, T. E., White, K. R., & Bennion, K. (1986). Teaching test-taking skills to elementary-grade students: A meta analysis. *Elementary School Journal, 87,* 69–82.

Secada, W. G., Chavez-Chavez, R., Garcia, E., Munoz, C., Oakes, J., Santiago-Santiago, I., & Slavin, R. (1998). *No more excuses: The final report of the Hispanic dropout project.* Washington, DC: U.S. Department of Education.

Selman, R. L. (1981). The child as a friendship philosopher. In S. R. Asher & J. M. Gottman (Eds.), *The development of children's friendships* (pp. 242–272). Cambridge, UK: Cambridge University Press.

Semb, G. B., & Ellis, J. A. (1994). Knowledge taught in school: What is remembered? *Review of Educational Research, 24,* 253–286.

Semmel, M. I., Gerber, M. M., & MacMillan, D. L. (1994). Twenty-five years after Dunn's article: A legacy of policy analysis research in special education. *Journal of Special Education, 27,* 481–495.

Sénéchal, M., & Young, L. (2008). The effect of family literacy interventions on children's acquisition of reading from kindergarten to grade 3: A meta-analytic review. *Review of Educational Research, 78*(4), 880–907.

Senko, C., & Miles, K. (2008). Pursuing their own learning agenda: How master-oriented students jeopardize their class performance. *Contemporary Educational Psychology, 33*(4), 561–583.

Sethi, S., Drake, M., Dialdin, D. A., & Lepper, M. R. (1995, April). *Developmental patterns of intrinsic and extrinsic motivation: A new look.* Paper presented at the annual meeting of the American Educational Research Association, San Francisco.

Shaffer, D., Squire, K., Halverson, R., & Gee, J. (2005). Video games and the future of learning. *Phi Delta Kappan, 87*(2), 104–111.

Shanahan, T. (1998). On the effectiveness and limitations of tutoring reading. In P. D. Pearson & A. Iran-Nejad (Eds.), *Review of research in education* (pp. 217–234). Washington, DC: American Educational Research Association.

Shanker, A. (1994/1995). Full inclusion is neither free nor appropriate. *Educational Leadership, 52*(4), 18–21.

Sharan, S., Kussell, P., Hertz-Lazarowitz, R., Bejarano, Y., Raviv, S., & Sharan, Y. (1984). *Cooperative learning in the classroom: Research in desegregated schools.* Hillsdale, NJ: Erlbaum.

Sharan, S., & Shachar, C. (1988). *Language and learning in the cooperative classroom.* New York: Springer.

Sharan, Y., & Sharan, S. (1992). *Expanding cooperative learning through group investigation.* New York: Teachers College Press.

Shavelson, R. J., Baxter, G. P., & Pine, J. (1992). Performance assessments: Political rhetoric and measurement reality. *Educational Researcher, 21*(4), 22–27.

Shaywitz, S. (2003). *Overcoming dyslexia: A new and complete science-based program for reading problems at any level.* New York: Knopf.

Shaywitz, S., & Shaywitz, B. (2004). Reading disability and the brain. *Educational Leadership, 61*(3), 7–11.

Shaywitz, S., & Shaywitz, B. (2007). What neuroscience really tells us about reading instruction: A response to Judy Willis. *Educational Leadership, 64*(5), 74–78.

Shepard, L. (2005). Linking formative assessment to scaffolding. *Educational Leadership, 63*(3), 66–71.

Shepard, L. A. (1995). Using assessment to improve learning. *Phi Delta Kappan, 52*(5), 38–43.

Shepard, L. A. (2000). The role of assessment in a learning culture. *Educational Researcher, 29*(7), 4–14.

Shih, M., & Sanchez, D. (2005). Perspectives and research on the positive and negative implications of having multiple racial identities. *Psychological Bulletin, 131*(4), 569–591.

Shih, S. (2005). Taiwanese sixth graders' achievement goals and their motivation, strategy use, and grades: An examination of the multiple goal perspective. *The Elementary School Journal, 106*(1), 39–58.

Shih, S., & Alexander, J. (2000). Interacting effects of goal setting and self- or other-referenced feedback on children's development of self-efficacy and cognitive skill within the Taiwanese classroom. *Journal of Educational Psychology, 92*(3), 536–543.

Shore, R. (2008). *The power of pow! Wham!* New York: Sesame Workshop.

Shuler, C., (2007). *D is for digital.* New York: Sesame Workshop.

Shulman, J., Lotan, R. A., & Whitcomb, J. A. (1998). *Groupwork in diverse classrooms: A cookbook for educators.* New York: Teachers College Press.

Shulman, L. S. (2000). Teacher development: Roles of domain expertise and pedagogical development. *Journal of Applied Developmental Psychology, 21,* 129–135.

Siegel, L. S. (2003). Learning disabilities. In W. M. Reynolds & G. E. Miller (Eds.), *Handbook of psychology: Vol. 7. Educational psychology* (pp. 455–486). Hoboken, NJ: Wiley.

Siegler, R. (2006). Microgenetic analyses of learning. In D. Kuhn & R. Siegler (Eds.), *Handbook of child psychology: Vol. 2* (6th ed., pp. 464–510). Hoboken, NJ: Wiley.

Siegler, R. S. (1998). *Children's thinking* (3rd ed.). Upper Saddle River, NJ: Prentice Hall.

Silver-Pacuilla, H., & Fleischman, S. (2006). Technology to help struggling students. *Educational Leadership, 63*(5), 84–85.

Simmons, D. C., Fuchs, L. S., Fuchs, P., Mathes, P., & Hodge, J. P. (1995). Effects of explicit teaching and peer tutoring on the reading achievement of learning-disabled and low-performing students in regular classrooms. *The Elementary School Journal, 95*(5), 387–408.

Simpkins, M., Cole, K., Tavalin, F., & Means, B. (2002). *Increasing student learning through multimedia projects.* Alexandria, VA: ASCD.

Sinclair, M. F., Christenson, S. L., Evelo, D. L., & Hurley, C. (1998). Dropout prevention for high-risk youth with disabilities: Efficacy of a sustained school engagement procedure. *Exceptional Children, 65*(1), 7–21.

Singer, J., Marx, R. W., Krajcik, J., & Chambers, J. C. (2000). Constructing extended inquiry projects: Curriculum materials for science education reform. *Educational Psychologist, 35*(4), 165–178.

Sins, P., va Joolingnen, W., Savelsbergh, E., & van Hout-Wolters, B. (2008). Motivation and performance within a collaborative computer-based modeling task: Relations between students' achievement goal orientation, self-efficacy, cognitive processing, and achievement. *Contemporary Educational Psychology, 33*(1), 58–77.

Sio, U., & Ormerod, T. (2009). Does incubation enhance problem solving? A meta-analytic review. *Psychological Bulletin, 135*(1), 94–120.

Sireci, S., Scarpati, S., & Li, S. (2005). Test accommodations for students with disabilities: An analysis of the interaction hypothesis. *Review of Educational Research, 75*(4), 457–490.

Sirin, S. (2005). Socioeconomic status and academic achievement: A meta-analytic review of research. *Review of Educational Research, 75*(3), 417–453.

Sirotnik, K. A. (2002). Promoting responsible accountability in schools and education. *Phi Delta Kappan, 83*(9), 662–673.

Skiba, R. (2000). *Zero tolerance, zero evidence: An analysis of school disciplinary practice.* Bloomington: Indiana Education Policy Center.

Skinner, E., & Greene, T. (2008). Perceived control, coping, and engagement. In T. L. Good (Ed.), *21st century learning* (Vol. 1, pp. 121–130). Thousand Oaks, CA: Sage.

Slavin, R., & Lake, C. (2008). Effective programs in elementary mathematics; A best-evidence synthesis. *Review of Educational Research, 78*(3), 427–515.

Slavin, R. E. (1986). The Napa evaluation of Madeline Hunter's ITIP: Lessons learned. *Elementary School Journal, 87,* 165–171.

Slavin, R. E. (1987a). Ability grouping and student achievement in elementary schools: A best-evidence synthesis. *Review of Educational Research, 57,* 293–336.

Slavin, R. E. (1987b). Grouping for instruction in the elementary school. *Educational Psychologist, 22,* 109–127.

Slavin, R. E. (1990). Ability grouping and student achievement in secondary schools: A best-evidence synthesis. *Review of Educational Research, 60,* 471–499.

Slavin, R. E. (1991). Cooperative learning and group contingencies. *Journal of Behavioral Education, 1,* 105–115.

Slavin, R. E. (1994a). *Using student team learning* (4th ed.). Baltimore: Johns Hopkins University, Center for Research on Elementary and Middle Schools.

Slavin, R. E. (1994b). School and classroom organization in beginning reading: Class size, aides, and instructional grouping. In R. E. Slavin, N. L. Karweit, B. A. Wasik, & N. A. Madden (Eds.), *Preventing early school failure: Research on effective strategies.* Boston: Allyn & Bacon.

Slavin, R. E. (1995a). *Cooperative learning: Theory, research, and practice* (2nd ed.). Boston: Allyn & Bacon.

Slavin, R. E. (1995b). Cooperative learning and intergroup relations. In J. Banks (Ed.), *Handbook of research on multicultural education.* New York: Macmillan.

Slavin, R. E. (1996). Neverstreaming: Preventing learning disabilities. *Educational Leadership, 53*(5), 4–7.

Slavin, R. E. (1997/1998). Can education reduce social inequality? *Educational Leadership, 55*(4), 6–10.

Slavin, R. E. (2002). The intentional school: Effective elementary education for all children. In S. Stringfield & D. Land (Eds.), *Educating at-risk students* (pp. 111–127). Chicago: National Society for the Study of Education.

Slavin, R. E. (2003). A reader's guide to scientifically based research. *Educational Leadership, 60*(5), 12–16.

Slavin R. E. (2008a). Comprehensive school reform. In C. Ames, D. Berliner, J. Brophy, L. Corno, & M. McCaslin (Eds.), *21st century education: A reference handbook* (pp. 259–266). Thousand Oaks, CA. Sage.

Slavin, R. E. (2008b). What works? Issues in synthesizing educational program evaluations. *Educational Researcher, 37*(1), 5–14.

Slavin, R. E. (2009). Cooperative learning. In G. McCulloch & D. Crook (Eds.), *International encyclopedia of education.* Abington, UK: Routledge.

Slavin, R. E. (2010). Cooperative learning. In P. Peterson, E. Baker, & B. McGaw (Eds.), *International encyclopedia of education* (3rd ed.). Oxford, UK: Elsevier.

Slavin, R. E. (in press). Classroom applications of cooperative learning. In K. Harris, S. Graham, & T. Urdan (Eds.), *APA educational psychology handbook.*

Slavin, R. E., & Cheung, A. (2005). A synthesis of research on language of reading instruction. *Review of Educational Research, 75*(2), 247–284.

Slavin, R.E., Cheung, A., Groff, C., & Lake, C. (2008). Effective reading programs for middle and high schools: A best evidence synthesis. *Reading Research Quarterly, 43*(3), 290–322.

Slavin, R. E., & Fashola, O. S. (1998). *Show me the evidence: Proven and promising programs for America's schools.* Thousand Oaks, CA: Corwin.

Slavin, R. E., Holmes, G., Madden, N., Chamberlain, A., & Cheung, A. (2010). *Effects of a data-driven district-level reform model.* Baltimore: Center for Research and Reform in Education, Johns Hopkins University.

Slavin, R. E., & Karweit, N. L. (1982, August). *School organizational vs. developmental effects on attendance among young adolescents.* Paper presented at the annual convention of the American Psychological Association, Washington, DC.

Slavin, R. E., & Karweit, N. L. (1984, April). *Within-class ability groupings and student achievement: Two field experiments.* Paper presented at the annual convention of the American Educational Research Association, New Orleans, LA.

Slavin, R. E., Karweit, N. L., & Wasik, B. A. (1994). *Preventing early school failure: Research on effective strategies.* Boston: Allyn & Bacon.

Slavin, R. E., Lake, C., Chambers, B., Cheung, A., & Davis, S. (2009). Effective reading programs for the elementary grades: A best-evidence synthesis. *Review of Educational Research, 79*(4), 1391–1465.

Slavin, R. E., Lake, C., Davis, S., & Madden, N. (2009). *Effective programs for struggling readers: A best-evidence synthesis.* Manuscript submitted for publication.

Slavin, R. E., Lake, C., & Groff, C. (2009). Effective programs in middle and high school mathematics: A best-evidence synthesis. *Review of Educational Research, 79*(2), 839–911.

Slavin, R. E., & Madden, N. A. (1987, April). *Effective classroom programs for students at risk.* Paper presented at the annual convention of the American Educational Research Association, Washington, DC.

Slavin, R. E., & Madden, N. A. (Eds.). (2001). *One million children: Success for All.* Thousand Oaks, CA: Corwin.

Slavin, R. E., Madden, N. A., Chambers, B., & Haxby, B. (Eds.). (2009). *Two million children: Success for All.* Thousand Oaks, CA: Corwin.

Slavin, R. E., Madden, N. A., & Karweit, N. L. (Eds.). (1989). *Effective programs for students at risk.* Boston: Allyn & Bacon.

Slavin, R. E., Madden, N. A., & Leavey, M. (1984a). Effects of team assisted individualization on the mathematics achievement of academically handicapped and nonhandicapped students. *Journal of Educational Psychology, 76,* 813–819.

Slavin, R. E., Madden, N. A., & Leavey, M. B. (1984b). Effects of cooperative learning and individualized instruction on mainstreamed students. *Exceptional Children, 84,* 409–422.

Slavin, R. E., Madden, N. A., & Stevens, R. J. (1994). Cooperative integrated reading and composition: Applications for the language arts classroom. In R. J. Stahl (Ed.), *Cooperative learning in language arts: A handbook for teachers.* Boston: Addison-Wesley.

Slavin, R. E., & Stevens, R. J. (1991). Cooperative learning and mainstreaming. In J. W. Lloyd, N. N. Singh, & A. C. Repp (Eds.). *The regular education initiative: Alternative perspectives on concepts, issues, and models* (pp. 177–191). Sycamore, IL: Sycamore.

Slotte, V., & Lonka, K. (1999). Review and process effects of spontaneous note-taking on text comprehension. *Contemporary Educational Psychology, 24*(1), 1–20.

Smagorinsky, P., & Smith, M. W. (1992). The nature of knowledge in composition and literary understanding: The question of specificity. *Review of Educational Research, 62*(3), 279–305.

Smith, D. D., (2001). *Introduction to special education: Teaching in an age of opportunity.* Boston: Allyn & Bacon.

Smith, D. D., & Tyler, N. C. (Eds.). (2010). *Introduction to special education* (7th ed.). Upper Saddle River, NJ: Merrill.

Smith, H., Higgins, S., Wall, K., & Miller, J. (2005). Interactive whiteboards: Boon or bandwagon? A critical review of the literature. *Journal of Computer-Assisted Learning, 21,* 91–101.

Smith, K. (2009). From test takers to test makers. *Educational Leadership, 67*(3), 26–31.

Smith, L., & Land, M. (1981). Low-interference verbal behaviors related to teacher clarity. *Journal of Classroom Interaction, 17,* 37–42.

Smith, L. J., Ross, S. M., & Casey, J. P. (1994). *Special education analyses for Success for All in four cities.* Memphis, TN: University of Memphis, Center for Research in Educational Policy.

Smith, S. S. (2002). Desegregation. In D. L. Levinson, P. W. Cookson, Jr., & A. R. Sadovnik (Eds.), *Education and sociology: An encyclopedia* (pp. 141–149). New York: Routledge Falmer.

Smith, T. E. C., Polloway, E. A., Patton, J. R., & Dowdy, C. A. (2008). *Teaching students with special needs in inclusive settings* (5th ed.). Boston: Allyn & Bacon.

Smutny, J. (2003). *Gifted education: Promising practices.* Bloomington, IN: Phi Delta Kappan.

Snell, M. E., & Janney, R. (2000). *Collaborative teaming.* Baltimore: Brookes.

Snow, C. (2006). Cross-cutting themes and future research directions. In D. August and T. Shanahan (Eds.), *Developing literacy in second-language learners* (pp. 631–652). Mahwah, NJ: Erlbaum.

Snow, C. E., Burns, S. M., & Griffin, P. (Eds.). (1998). *Preventing reading difficulties in young children.* Washington, DC: National Academies Press.

Snow, R. E. (1992). Aptitude theory: Yesterday, today, and tomorrow. *Educational Psychologist, 27*(1), 5–32.

Snowman, J. (1984). Learning tactics and strategies. In G. Phye & T. Andre (Eds.), *Cognitive instructional psychology.* New York: Academic Press.

Snyderman, M., & Rothman, S. (1987). Survey of expert opinion on intelligence and aptitude testing. *American Psychologist, 42,* 137–144.

Solso, R. L. (2001). *Cognitive psychology* (6th ed.). Boston: Allyn & Bacon.

Somekh, B., Haldane, M., Jones, K., Lewin, C., Steadman, S., Scrimshaw, P., Sing, S., et al. (2007). *Evaluation of the primary schools whiteboards expansion project: Report to the Department for Education and Skills.* Manchester, UK: Manchester Metropolitan University.

Sornson, N. (2001). Vision and learning. In B. Sornson (Ed.), *Preventing early learning failure.* Alexandria, VA: ASCD.

Sorrells, A. M., Rieth, H., & Sindelar, P. (2004). *Critical issues in special education: Access, diversity, and accountability.* Boston: Pearson.

Sousa, D. (2001). *How the brain learns* (2nd ed.). Boston: Allyn & Bacon.

Sousa, D. (2005). *How the brain learns to read.* Thousand Oaks, CA: Corwin.

Sousa, D. (2008). *How the brain learns mathematics.* Thousand Oaks, CA: Corwin.

Specht, L. B., & Sandling, P. K. (1991). The differential effects of experiential learning activities and traditional lecture classes in accounting. *Simulation and Games, 2,* 196–210.

Spector, J. E. (1992). Predicting progress in beginning reading: Dynamic assessment of phonemic awareness. *Journal of Educational Psychology, 84*(3), 353–363.

Speece, D., Case, L., & Molloy, D. (2003). Responsiveness to general education as the first gate to learning disabilities identification. *Learning Disabilities: Research and Practice, 18*(3), 147–156.

Spencer, M. B., Noll, E., Stoltzfus, J., & Harpalani, V. (2001). Identity and school adjustment: Revisiting the "acting white" assumption. *Educational Psychologist, 36*(1), 21–30.

Sperling, G. A. (1960). The information available in brief visual presentations. *Psychological Monographs, 74*(498).

Spiegel, D. L. (2005). *Classroom discussion: Strategies for enhancing all students, building higher-level thinking skills, and strengthening reading and writing across the curriculum.* New York: Scholastic.

Spielberger, C., & Vagg, P. (Eds.). (1995). *Test anxiety: Theory, assessment, and treatment.* Washington, DC: Taylor & Francis.

Sprenger, M. (2009). Focusing the digital brain. *Educational Leadership, 67*(1), 34–39.

Squires, D. A. (2009). *Curriculum alignment: Research based strategies for increasing student achievement.* Thousand Oaks, CA: Corwin Press.

Stahl, K. A. D., Keane, A., & Vukovic, R. (2009, April). *Investigating the effects of a Response to Intervention framework in New York City.* Paper presented at the meeting of the American Educational Research Association, San Diego, CA.

Stallings, J., & Krasavage, E. M. (1986). Program implementation and student achievement in a four-year Madeline Hunter follow-through project. *Elementary School Journal, 87,* 117–138.

Stallings, J. A., & Kaskowitz, D. (1974). *Follow-through classroom observation evaluation 1972–73.* Menlo Park, CA: Standard Research Institute.

Stanovich, K. E., Siegel, L. S., & Gottard, A. (1997). Converging evidence for phonological and surface subtypes of reading disability. *Journal of Educational Psychology, 89*(10), 114–127.

Stansbury, M. (2009, July 21). *What educators can learn from brain research.* Retrieved July 27, 2009, from www.eschoolnews.com

Starfield, B. (1997). *Quality of primary care: A services perspective.* Primary Care Center Policy White Paper.

Starnes, B. A. (2006). Montana's Indian education for all: Toward an education worthy of American ideals. *Phi Delta Kappan, 88*(3), 184–189.

Starratt, R. (2003). Opportunity to learn and the accountability agenda. *Phi Delta Kappan, 85*(4), 298–303.

Stecher, B., Hamilton, L., & Gonzalez, G. (2003). *Working smarter to leave no child behind.* Santa Monica, CA: RAND.

Steel, P. (2007). The nature of procrastination: A meta-analytic and theoretical review of quintessential self-regulatory failure. *Psychological Bulletin, 133*(1), 65–94.

Stein, B. S., Littlefield, J., Bransford, J. D., & Persampieri, M. (1984). Elaboration and knowledge acquisition. *Memory and Cognition, 12,* 522–529.

Stein, M. K., Leinhardt, G., & Bickel, W. (1989). Instructional issues for teaching students at risk. In R. E. Slavin, N. L. Karweit, & N. A. Madden (Eds.), *Effective programs for students at risk.* Boston: Allyn & Bacon.

Stein, N. (2000). Listening to—and learning from—girls. *Educational Leadership, 57*(4), 18–20.

Steiner, H. H., & Carr, M. (2003). Cognitive development in gifted children: Toward a more precise understanding of emerging differences in intelligence. *Educational Psychology Review, 15*(3), 215–246.

Stephan, W. G., & Vogt, W. P. (Eds.). (2004). *Education programs for improving intergroup relations.* New York: Teachers College.

Sternberg, R. (2008). Applying psychological theories to educational practice. *American Educational Research Journal, 45*(1), 150–165.

Sternberg, R., Jarvin, L., & Grigorenko, E. (2009). *Teacing for wisdom, intelligence, creativity, and success.* Thousand Oaks, CA: Corwin.

Sternberg, R. J. (2002). Raising the achievement of all students: Teaching for successful intelligence. *Educational Psychology Review, 14*(4), 383–393.

Sternberg, R. J. (2003). Contemporary theories of intelligence. In W. M. Reynolds & G. E. Miller (Eds.), *Handbook of psychology: Vol. 7. Educational psychology* (pp. 23–45). Hoboken, NJ: Wiley.

Sternberg, R. J. (2007). Who are the bright children? The cultural context of being and acting intelligent. *Educational Researcher, 36*(3), 148–155.

Sternberg, R. J., & Bhana, K. (1986). Synthesis of research on the effectiveness of intellectual skills programs: Snake-oil remedies or miracle cures? *Educational Leadership, 44*(2), 60–67.

Stevens, R., Van Meter, P., Garner, J., Warcholak, N., Bochna, C., & Hall, T. (2008). Reading and Integrated Literacy Strategies (RAILS): An integrated approach to early reading. *Journal of Education for Students Placed at Risk, 13*(4), 357–380.

Stevens, R. J., Madden, N. A., Slavin, R. E., & Farnish, A. M. (1987). Cooperative Integrated Reading and Composition: Two field experiments. *Reading Research Quarterly, 22,* 433–454.

Stevens, R. J., & Slavin, R. E. (1995a). The cooperative elementary school: Effects on students' achievement, attitudes, and social relations. *American Educational Research Journal, 32,* 321–351.

Stevens, R. J., & Slavin, R. E. (1995b). The effects of Cooperative Integrated Reading and Composition (CIRC) on academically handicapped and non-handicapped students' achievement, attitudes, and metacognition in reading and writing. *Elementary School Journal, 95*(3), 241–262.

Stiggins, R. (2004). New assessment beliefs for a new school mission. *Phi Delta Kappan, 86*(1), 22–27.

Stiggins, R. (2007). Assessment through the student's eyes. *Educational Leadership, 64*(8), 22–26.

Stiggins, R. J. (2000). *Student-involved classroom assessment* (3rd ed.). Bloomington, IN: Phi Delta Kappan.

Stinson, D. (2006). African American male adolescents, schooling (and mathematics): Deficiency, rejection, and achievement. *Review of Educational Research, 76*(4), 477–506.

Stipek, D. (2002). *Motivation to learn: Integrating theory and practice* (4th ed.). Boston: Allyn & Bacon.

Stipek, D. (2006). No Child Left Behind comes to preschool. *The Elementary School Journal, 106*(5), 455–466.

Stipek, D., de la Sota, A., & Weishaupt, L. (1999). Life lessons: An embedded classroom approach to preventing high-risk behaviors among preadolescents. *The Elementary School Journal, 99*(5), 433–452.

Strand, S., Deary, I. J., & Smith, P. (2006). Sex differences in cognitive abilities test scores: A UK national picture. *British Journal of Educational Psychology, 76,* 463–480.

Streifer, P. (2002). *Using data to make better educational decisions.* Lanham, MD: Scarecrow Education & American Association of School Administrators.

Stringer, E. (2008). *Action research in education* (2nd ed.). Upper Saddle River, NJ: Pearson.

Stringfield, S., Millsap, M. A., Herman, R., Yoder, N., Brigham, N., Nesselrodt, P., Schaffer, E., Karweit, N., Levin, M., & Stevens, R. J. (1997). *Special strategies studies final report.* Washington, DC: U.S. Department of Education.

Strong, R. W., Silver, H. F., & Perini, M. J. (2001). *Teaching what matters most.* Alexandria, VA: ASCD.

Strout, M. (2005). Positive behavioral support on the classroom level: Considerations and strategies. *Beyond Behavior, 14,* 3–8.

Struzziero, P. (2009, April). *Does RTI help first graders at risk for reading problems?* Paper presented at the annual meeting of the American Educational Research Association, San Diego, CA.

Stuebing, K. K., Fletcher, J. M., LeDoux, J. M., Lyon, G. R., Shaywitz, S. E., & Shaywitz, B. A. (2002). Validity of IQ discrepancy classifications of reading disabilities: A meta-analysis. *American Educational Research Journal, 39*(2), 469–518.

Stumpf, H., & Stanley, J. C. (1996). Gender-related differences on the College Board's advanced placement achievement tests 1982–1992. *Journal of Educational Psychology, 88*(2), 353–364.

Summers, J. (2006). Effects of collaborative learning in math on sixth graders' individual goal orientations from a socioconstructivist perspective. *The Elementary School Journal, 106*(3), 273–290.

Summers, J. (2008). Cognitive approaches to motivation in education. In T. L. Good (Ed.), *21st century learning* (Vol. 1, pp. 113–120). Thousand Oaks, CA: Sage.

Supovitz, J. A., & Brennan, R. T. (1997). Mirror, mirror on the wall, which is the fairest test of all? An examination of the equitability of portfolio assessment relative to standardized tests. *Harvard Educational Review, 67*(3), 474–505.

Supovitz, J. A., Poglinco, S. M., & Snyder, B. A. (2001). *Moving mountains: Successes and challenges of the America's Choice comprehensive school reform design.* Philadelphia: University of Pennsylvania, Consortium for Policy Research in Education.

Susman, E. J., Dorn, L. D., & Schiefelbein, V. L. (2003). Puberty, sexuality, and health. In R. M. Lerner, M. A. Easterbrooks, & J. Mistry (Eds.), *Handbook of psychology: Vol. 6. Developmental psychology* (pp. 295–324). Hoboken, NJ: Wiley.

Sutherland, K., Wehby, J., & Copeland, S. (2000). Effect of rates of varying behavior-specific praise on the on-task behavior of students with EBD. *Journal of Emotional and Behavioral Disorders, 8,* 2–8, 26.

Suzuki, L. A., Ponterotto, J. G., & Meller, P. J. (Eds.). (2000). *Handbook of multicultural assessment* (2nd ed.). San Francisco: Jossey-Bass.

Swann, W., Chang-Schneider, C., & McClarty, K. (2007). Do people's self-views matter? *American Psychologist, 62*(2), 84–94.

Swanson, H. (2001). Research on interventions for adolescents with learning disabilities: A meta-analysis of outcomes related to higher-order processing. *The Elementary School Journal, 101*(3), 331–348.

Swanson, H., & Jerman, O. (2006). Math disabilities: A selective meta-analysis of the literature. *Review of Educational Research, 76*(2), 249–274.

Swanson, H. L., & Hoskyn, M. (1998). Experimental intervention research on students with learning disabilities: A meta-analysis of treatment outcomes. *Review of Educational Research, 68*(3), 277–321.

Swanson, H. L., Mink, J., & Bocian, K. (1999). Cognitive processing deficits in poor readers with symptoms of reading disabilities and ADHD: More alike than different? *Journal of Educational Psychology, 91*(2), 321–333.

Swanson, M. C., Mehan, H., & Hubbard, L. (1995). The AVID classroom: Academic and social support for low-achieving students. In J. Oakes & K. H. Quartz (Eds.), *Creating new educational communities.* Chicago: University of Chicago Press.

Swartz, E. (2009). Diversity: Gatekeeping knowledge and maintaining inequalities. *Review of Educational Research, 79*(2), 1044–1083.

Sweeney, D., & Hoffman, L. (2004). Research issues in autism spectrum disorders. In R. Rutherford, M. Quinn, & S. Mathur (Eds.), *Handbook of research on emotional and behavioral disorders* (pp. 302–317). New York: Guilford.

Sweller, J., van Merrienboer, J. J. G., & Paas, F. G. W. C. (1998). Cognitive architecture and instructional design. *Educational Psychology Review, 10*(3), 251–296.

Swisher, K., & Schoorman, D. (2001). Learning styles: Implications for teachers. In C. F. Diaz (Ed.), *Multicultural education in the 21st century.* New York: Longman.

Tangney, J., & Dearing, R. (2002). Gender differences in morality. In R. Bornstein & J. Masling (Eds.), *The psychodynamics of gender and gender role.* Washington, DC: American Psychological Association.

Tate, M. L. (2003). *Worksheets don't grow dendrites: 20 instructional strategies that engage the brain.* Thousand Oaks, CA: Corwin.

Tate, W., IV. (2008). "Geography of opportunity": Poverty, place, and educational outcomes. *Educational Researcher, 37*(7), 397–411.

Taylor, B., Pearson, P., Clark, K., & Walpole, S. (2000). Effective schools and accomplished teachers: Lessons about primary-grade reading instruction in low-income schools. *The Elementary School Journal, 101*(2), 121–166.

Taylor, C. (1994). Assessment for measurement or standards: The peril and promise of large-scale assessment reform. *American Educational Research Journal, 31*(2), 231–262.

Taylor, D., & Lorimer, M. (2003). Helping boys succeed. *Educational Leadership, 60*(4), 68–70.

Teeter, P. A. (2000). *Interventions for ADHD.* New York: Guilford.

Tenenbaum, H., & Ruck, M. (2007). Are teachers' expectations different for racial minority than for European American students? A meta-analysis. *Journal of Educational Psychology, 99*(2), 253–273.

Tennyson, R. D., & Park, O. (1980). The teaching of concepts: A review of instructional design literature. *Review of Educational Research, 50,* 55–70.

Terman, L. M., & Oden, M. H. (1959). The gifted group in mid-life. In *Genetic studies of genius* (Vol. 5). Stanford, CA: Stanford University Press.

Texas Center for Educational Research. (2007). *Evaluation of the Texas technology immersion pilot: Findings from the second year.* Austin, TX: Author.

Theodore, L., Bray, M., Kehle, T., & Jenson, W. (2001). Randomization of group contingencies and reinforcers for reducing classroom disruptive behavior. *Journal of School Psychology, 39,* 267–277.

Thoma, S. J., & Rest, J. R. (1999). The relationship between moral decision making and patterns of consolidation and transition in moral judgment development. *Developmental Psychology, 35*(2), 323–334.

Thomas, D., & Stevenson, H. (2009). Gender risks and education: The particular classroom challenges for urban low-income African American boys. *Review of Research in Education, 33,* 160–180.

Thomas, E. L., & Robinson, H. A. (1972). *Improving reading in every class: A sourcebook for teachers.* Boston: Allyn & Bacon.

Thomas, M. D., & Bainbridge, W. L. (2001). "All children can learn": Facts and fallacies. *Phi Delta Kappan, 82*(9), 660–662.

Thompson, R. A., Easterbrooks, M. A., & Padilla-Walker, L. M. (2003). Social and emotional development in infancy. In R. M. Lerner, M. A. Easterbrooks, & J. Mistry (Eds.), *Handbook of psychology: Vol. 6. Developmental psychology* (pp. 91–112). Hoboken, NJ: Wiley.

Thompson, R. A., & Wyatt, J. M. (1999). Current research on child maltreatment: Implications for educators. *Educational Psychology Review, 11*(3), 173–202.

Thompson, R. F. (2000). Memory: Brain systems. In A. E. Kazdin (Ed.), *Encyclopedia of psychology* (Vol. 5, pp. 175–178). Washington, DC: American Psychological Association.

Thompson, S. (2001). The authentic standards movement and its evil twin. *Phi Delta Kappan, 82*(5), 358–362.

Thompson, W., & Hickey, J. (2008). *Society in focus.* Boston: Pearson.

Thorkildsen, T. A. (1993). Those who can, tutor: High-ability students' conceptions of fair ways to organize learning. *Journal of Educational Psychology, 85*(1), 182–190.

Thorkildsen, T. A., & Nicholls, J. G. (1998). Fifth graders' achievement orientations and beliefs: Individual and classroom differences. *Journal of Educational Psychology, 90*(2), 179–201.

Thornburg, D. (2002). *The new basics: Education and the future of work in the telematic age.* Alexandria, VA: ASCD.

Thorsen, C. (2009). *Tech tactics: Technology for teachers* (3rd ed). Boston: Pearson.

Thousand, J. S., & Villa, R. A. (1994). *Creativity and collaborative learning: A practical guide to empowering students and teachers.* Baltimore: Paul H. Brookes.

Tileston, D., & Darling, S. (2008). *Teaching strategies that prepare students for high-stakes tests.* Thousand Oaks, CA: Corwin.

Tingley, J. (2001). Volunteer programs: When good intentions are not enough. *Educational Leadership, 68*(7), 53–55.

Tishman, S., Perkins, D. N., & Jay, E. (1995). *The thinking classroom.* Boston: Allyn & Bacon.

Tobias, S. (1992). The impact of test anxiety cognition in school learning. In K. A. Hagtvet & T. B. Johnsen (Eds.), *Advances in test anxiety research* (Vol. 7, pp. 18–31). Amsterdam: Swets & Zeitlinger.

Tobin, K. (1986). Effects of teacher wait time on discourse characteristics in mathematics and language arts classes. *American Educational Research Journal, 23,* 191–200.

Tobin, K. (1987). The role of wait time in higher cognitive level learning. *Review of Educational Research, 57,* 69–95.

Tobin, K. G., & Capie, W. (1982). Relationships between classroom process variables and middle-school science achievement. *Journal of Educational Psychology, 74,* 441–454.

Toga, A. W., & Thompson, P. M. (2005). Genetics of brain structure and intelligence. *Annual Review of Neuroscience, 28,* 1–23.

Tollefson, N. (2000). Classroom applications of cognitive theories of motivation. *Educational Psychology Review, 12*(1), 63–84.

Tomlinson, C. (2002). Invitation to learn. *Educational Leadership, 60*(1), 6–11.

Tomlinson, C. (2007/2008). Learning to love assessment. *Educational Leadership, 65*(4), 8–13.

Tomlinson, C. (2008). The goals of differentiation. *Educational Leadership, 66*(3), 26–31.

Tomlinson, C. A. (2004). Differentiating instruction: A synthesis of key research and guidelines. In T. L. Jetton & J. A. Dole (Eds.), *Adolescent literacy, research and practice* (pp. 228–250). New York: The Guilford Press.

Tomlinson, C. A., Kaplan, S. N., & Renzulli, J. S. (2001). *The parallel curriculum: A model for planning curriculum for gifted students and whole classrooms.* Thousand Oaks, CA: Corwin.

Tong, F., Lara-Alecio, R., Irby, B., Mathes, P., & Kwok, O. (2008). Accelerating early academic oral English development in transitional bilingual and structured English immersion programs. *American Educational Research Journal, 45*(4), 1011–1044.

Top, B. L., & Osguthorpe, R. T. (1987). Reverse-role tutoring: The effects of handicapped students tutoring regular class students. *Elementary School Journal, 87,* 413–423.

Topping, K., & Ehly, S. (Eds.). (1998). *Peer-assisted learning.* Mahwah, NJ: Erlbaum.

Topping, K., Samuels, J., & Paul, T. (2007). Does practice make perfect? Independent reading quantity, quality, and student achievement. *Learning and Instruction, 17*(3), 253–264.

Torrance, M., Fidalgo, R., & Garcia, J.-N. (2007). The teachability and effectiveness of cognitive self-regulation in sixth-grade writers. *Learning and Instruction, 17*(3), 265–285.

Towne, L., Wise, L., & Winters, T. (2005). *Advancing scientific research in education.* Washington, DC: National Academies Press.

Trammel, D. L., Schloss, P. J., & Alper, S. (1994). Using self-recording evaluation and graphing to increase completion of homework assignments. *Journal of Learning Disabilities, 27,* 75–81.

Trautwein, U. (2007). The homework-achievement relation reconsidered: Differentiating homework time, homework frequency, and homework effort. *Learning and Instruction, 17*(3), 372–388.

Trawick-Smith, J. (1997). *Early childhood development: A multicultural perspective.* Upper Saddle River, NJ: Merrill/Prentice-Hall.

Trawick-Smith, J. (Ed.). (2010). *Early childhood development: A multicultural perspective* (5th ed.). Upper Saddle River, NJ: Merrill/Prentice-Hall.

Trefil, J., & O'Brien-Trefil, W. (2009). The science students need to know. *Educational Leadership, 67*(1), 28–33.

Trent, W. T. (1997). Outcomes of school desegregation: Findings from longitudinal research. *Journal of Negro Education, 66*(3), 255–257.

Triandis, H. (1995). *Individualism and collectivism.* Boulder, CO: Westview.

Troop, W. R., & Asher, S. R. (1999). Teaching peer relationship competence in schools. In R. J. Stevens (Ed.), *Teaching in American schools.* Upper Saddle River, NJ: Merrill/Prentice-Hall.

Trotter, A. (2009, January 6). Students turn their cellphones on for classroom lessons. *Education Daily.* Retrieved February 1, 2009, from www.csun.edu/~krowlands/Content/Academic_Resources/Technology/cell%20phones%20in%20classroom.pdf

Trumbull, E., & Farr, B. (2000). *Grading and reporting student progress in an age of standards.* Norwood, MA: Christopher-Gordon.

Tschannen-Moran, M., & Woolfolk Hoy, A. (2001). Teacher efficacy: Capturing an elusive construct. *Teaching and Teacher Education, 17,* 783–805.

Tucker, J. A. (2001). Instructional support teams: It's a group thing. In B. Sornson (Ed.), *Preventing early learning failure.* Alexandria, VA: ASCD.

Tulving, E., & Craik, F. I. M. (Eds.). (2000). *The Oxford handbook of memory.* New York: Oxford University Press.

Turiel, E. (2006). The development of morality. In N. Eisenberg (Ed.), *Handbook of Child Psychology, Vol. 3* (6th ed., pp. 789–857). Hoboken, NJ: Wiley.

Turkeltaub, P. E., Gareau, L., Flowers, D. L., Zeffiro, T. A., & Eden, G. F. (2003). Development of neural mechanisms for reading. *Nature Neuroscience, 6,* 767–773.

Turner, L. A., & Johnson, B. (2003). A model of mastery motivation for at-risk preschoolers. *Journal of Educational Psychology, 95*(3), 495–505.

Turner, S., & Alborz, A. (2003). Academic attainments of children with Down's syndrome: A longitudinal study. *British Journal of Educational Psychology, 73*(4), 563–583.

Tyson, K., Darity, J., & Castellino, D. (2005). It's not a "black thing": Understanding the burden of acting white and other dilemmas of high achievement. *American Sociological Review, 70*(4), 582–605.

U.S. Census Bureau. (2001). *Population projections.* Retrieved January 1, 2010, from www.census.gov

U.S. Department of Education. (1994). *Sixteenth annual report to Congress on the implementation of the Individuals with Disabilities Education Act.* Washington, DC: Author.

U.S. Department of Education. (2000). *The 22nd annual report to Congress on the implementation of the Individuals with Disabilities Education Act.* Washington, DC: U.S. Government Printing Office.

U.S. Department of Education. (2002). *No Child Left Behind: A desktop reference.* Washington, DC: Author. Available at www.ed.gov/offices/OESE/reference

U.S. Department of Education. (2003). *Identifying and implementing educational practices supported by rigorous evidence: A user-friendly guide.* Washington, DC: Author.

U.S. Department of Education. (2005). *Annual report to Congress on the implementation of the Individuals with Disabilities Act.* Washington, DC: Author.

U.S. Department of Education. (2006). *Annual report to Congress on the implementation of the Individuals with Disabilities Act.* Washington, DC: Author.

U.S. Department of Education, Office of Special Education and Rehabilitation Services. (1998, September). *IDEA '97 general information.* Retrieved May 2, 2010, from www.ed.gov/offices/OSERS/IDEA/overview.html

University of Wisconsin-Madison. (2009, June 2). Culture, not biology, underpins math gender gap. *Science Daily.* Retrieved June 10, 2009, from www.sciencedaily.com/releases/2009/090601182655.htm

Unsworth, N., & Engle, R. (2007). On the division of short-term and working memory: An examination of simple and complex span and their relation to higher order abilities. *Psychological Bulletin, 133*(6), 1038–1066.

Urdan, T., & Mestas, M. (2006). The goals behind performance goals. *Journal of Educational Psychology, 98*(2), 354–365.

Usher, E., & Pajares, F. (2008). Sources of self-efficacy in school: Critical review of the literature and future directions. *Review of Educational Research, 78*(4), 751–796.

Usher, E., & Pajares, F. (2009). Sources of self-efficacy in mathematics: A validation study. *Contemporary Educational Psychology, 34*(1), 89–101.

Vacca, R. (2006). They can because they think they can. *Educational Leadership, 63*(5), 56–59.

Vadasy, P. F., Sanders, E. A., & Tudor, S. (2007). Effectiveness of paraeducator-supplemented individual instruction: Beyond basic decoding skills. *Journal of Learning Disabilities, 40*(6), 508–525.

Valencia, S. W., Pearson, P. D., Peters, C. W., & Wixson, K. K. (1989). Theory and practice in statewide reading assessment: Closing the gap. *Educational Leadership, 46*(7), 57–63.

Valenza, J. (2005/2006). The virtual library. *Educational Leadership, 63*(4), 54–59.

Vamosi, R. (2005, February 18). *Alarm over pharming attacks: Identity theft made even easier.* Retrieved October 6, 2005, from http://reviews.cnet.com/4520-3513_7-5670780-1.html

van Goozen, S., Fairchild, G., Snoek, H., & Harold, G. (2007). The evidence for a neurobiological model of childhood antisocial behavior. *Psychological Bulletin, 133*(1), 149–182.

van IJzendoorn, M. H., Juffer, F., & Klein Poelhuis, C. W. (2005). Adoption and cognitive development: A meta-analytic comparison of adopted and nonadopted children's IQ and school performance. *Pyschological Bulletin, 131*(2), 301–316.

Van Keer, H. (2004). Fostering reading comprehension in fifth grade by explicit instruction in reading strategies and peer tutoring. *British Journal of Educational Psychology, 74*(1), 37–70.

Van Laar, C. (2001). Understanding the impact of disadvantage on academic achievement. In F. Salili & R. Hoosain (Eds.), *Multicultural education: Issues, policies, and practices.* Greenwich, CT: Information Age Publishing.

Van Meter, P. (2001). Drawing construction as a strategy for learning from text. *Journal of Educational Psychology, 93*(1), 129–140.

Van Patten, J., Chao, C. I., & Reigeluth, C. M. (1986). A review of strategies for sequencing and synthesizing instruction. *Review of Educational Research, 56,* 437–471.

Van Sickle, R. L. (1986, April). *A quantitative review of research on instructional simulation gaming: A twenty-year perspective.* Paper presented at the annual convention of the American Educational Research Association, San Francisco.

Vansteenkiste, M., Lens, W., & Deci, E. (2006). Intrinsic vs. extrinsic goal contents in self-determination theory: Another look at the quality of academic motivation. *Educational Psychologist, 41*(1), 19–31.

Van Tassel-Baska, F. S. (1989). Appropriate curriculum for gifted learners. *Educational Leadership 46*(6), 13–15.

Varma, S., McCandliss, B., & Schwartz, D. (2008). Scientific and pragmatic challenges for bridging education and neuroscience. *Educational Researcher, 37*(3), 140–152.

Vaughn, S., Bos, C. L., & Schumm, J. S. (2007). *Teaching students who are exceptional, diverse, and at risk* (4th ed.). Boston: Pearson.

Vaughn, S., Levy, S., Coleman, M., & Bos, C. S. (2002). Reading instruction for students with LD and EBD: A synthesis of observation studies. *Journal of Special Education, 36*(1), 2–13.

Vavrus, M. (2008). Culturally responsive teaching. In T. L. Good (Ed.), *21st century learning* (Vol. 2, pp. 49–57). Thousand Oaks, CA: Sage.

Veenman, S. (1995). Cognitive and noncognitive effects of multi-grade and multi-age classes: A best evidence synthesis. *Review of Educational Research, 65*(4), 319–381.

Veenman, S. (1997). Combination classrooms revisited. *Educational Research and Evaluation, 3*(3), 262–276.

Vekiri, I. (2002). What is the value of graphical displays in learning? *Educational Psychology Review, 14*(3), 261–312.

Vellutino, F. R., Scanlon, D. M., Sipay, E. R., Small, S. G., Chen, R., Pratt, A., & Denckla, M. B. (1996). Cognitive profiles of difficult-to-remediate and readily remediated poor readers: Early intervention as a vehicle for distinguishing between cognitive and experimental deficits as basic causes of specific reading disability. *Journal of Educational Psychology, 88*(4), 601–638.

Vernez, G. (1998). *Projected social context for education of children.* Washington, DC: RAND.

Villa, R., & Thousand, J. (2003). Making inclusive education work. *Educational Leadership, 61*(2), 19–23.

Villegas, A., & Lucas, T. (2007). The culturally responsive teacher. *Educational Leadership, 64*(6), 28–33.

Vispoel, W. P., & Austin, J. R. (1995). Success and failure in junior high school: A critical incident approach to understanding students' attributional beliefs. *American Educational Research Journal, 32,* 277–412.

Vokoun, M., & Bigelow, T. (2008). Dude, what choice do I have? *Educational Leadership, 66*(3), 70–74.

Volkmar, F., & Pauls, D. (2003). Autism. *Lancet, 362,* 1133–1141.

Volman, M., & van Eck, E. (2001). Gender equity and information technology in education: The second decade. *Review of Educational Research, 71*(4), 613–634.

Von Drehle, D. (2007, July 26). The myth about boys. *Time.* Retrieved June 4, 2010, from www.time.com/time/magazine/article/0,9171,1647452,00.html

von Glaserfeld, E. (1996). Footnotes to the "many faces of constructivism." *Educational Researcher, 25*(6), 19.

Vuilleumeir, P. (2005). How brains beware: Neural mechanisms of emotional attention. *Trends in Cognitive Sciences, 9,* 585–594.

Vygotsky, L. S. (1978). *Mind in society.* (M. Cole, V. John-Steiner, S. Scribner, & E. Souberman, Eds.). Cambridge, MA: Harvard University Press.

Wade, S. E. (2001). Research on importance and interest: Implications for curriculum development and future research. *Educational Psychology Review, 13*(3), 243–261.

Wadsworth, B. (2004). *Piaget's theory of cognitive and affective development* (5th ed.). Boston: Pearson.

Wagmeister, J., & Shifrin, B. (2000). Thinking differently, learning differently. *Educational Leadership, 58*(3), 45–48.

Wainer, H. (2000). *Computerized adaptive testing: A primer* (2nd ed.). Mahwah, NJ: Erlbaum.

Waitoller, F., Artiles, A., & Cheney, D. (2010). The miner's canary: A review of overrepresentation research and explanations. *The Journal of Special Education, 44*(1), 29–49.

Walker, H., Colvin, G., & Ramsey, E. (2003). *Antisocial behavior in school: Evidence-based practice.* Pacific Grove, CA: Brooks-Cole.

Walker, H., Ramsey, E., & Gresham, F. (2003a). Heading off disruptive behavior. *American Educator, 27*(4), 6–21.

Walker, H., Ramsey, E., & Gresham, F. (2003b). How disruptive students escalate hostility and disorder—and how teachers can avoid it. *American Educator, 27*(4), 22–27.

Walker, H. M., & Gresham, F. M. (2003). School-related behavior disorders. In W. M. Reynolds & G. E. Miller (Eds.), *Handbook of psychology: Vol. 7. Educational psychology* (pp. 511–530). Hoboken, NJ: Wiley.

Walker, J., & Hoover-Dempsey, K. V. (2008). Parent involvement. In T. L. Good (Ed.), *21st century learning* (Vol. 2, pp. 382–391). Thousand Oaks, CA: Sage.

Walker, J. E., Shea, T. M., & Bauer, A. M. (2004). *Behavior management: A practical approach for educators* (5th ed.). Upper Saddle River, NJ: Merrill.

Walker, J. E., Shea, T. M., & Bauer, A. M. (2007). *Behavior management: A practical approach for educators* (9th ed.). Upper Saddle River, NJ: Pearson.

Walker, J. M. T., & Hoover-Dempsey, K. V. (2001, April). *Age-related patterns in student invitations to parental involvement in homework.* Paper presented at the annual meeting of the American Educational Research Association, Seattle, WA.

Walker, L. J. (2004). Progress and prospects in the psychology of moral development. *Merrill-Palmer Quarterly, 50,* 546–557.

Wallace, R. (2004). A framework for understanding teaching with the internet. *American Educational Research Journal, 41*(2), 447–448.

Wallace-Broscious, A., Serafica, F. C., & Osipow, S. H. (1994). Adolescent career development: Relationships to self-concept and identity status. *Journal of Research on Adolescence, 4*(1), 122–149.

Wallis, C., & Steptoe, S. (2007, June 4). How to fix No Child Left Behind. *Time, 169*(3), 34–41.

Walsh, J. A., & Sattes, B. D. (2005). *Quality questioning: Research-based practice to engage every learner.* Thousand Oaks, CA: Corwin.

Wang, A. Y., & Thomas, M. H. (1995). Effect of keywords on long-term retention: Help or hindrance? *Journal of Educational Psychology, 87,* 468–475.

Warger, C. L., & Pugach, M. C. (1996). Forming partnerships around curriculum. *Educational Leadership, 53*(5), 62–65.

Warikoo, N., & Carter, P. (2009). Cultural explanations for racial and ethnic stratification in academic achievement: A call for a new and improved theory. *Review of Educational Research, 79*(1), 366–394.

Warrick, P. D., & Naglieri, J. A. (1993). Gender differences in planning, attention, simultaneous, and successive (PASS) cognitive processes. *Journal of Educational Psychology, 85*(4), 693–701.

Wartella, E., & Jennings, N. (2000). Children and computers: New technology—old concerns. *Children and Computer Technology, 10*(2), 31–43.

Wasley, P. A. (2002). Small classes, small schools: The time is now. *Educational Leadership, 59*(3), 6–10.

Waterhouse, L. (2006). Multiple intelligences, the Mozart Effect, and emotional intelligence: A critical review. *Educational Psychologist, 4*(4), 207–225.

Watkins, D., & Wentzel, K. (2008). Training boys with ADHD to work collaboratively: Social and learning outcomes. *Contemporary Educational Psychology, 33*(4), 625–646.

Watkins, M., & Canivez, G. (2004). Temporal stability of WISC-III composite strengths and weaknesses. *Psychological Assessment, 16,* 6–16.

Watt, K. M., Powell, C. A., & Mendiola, I. D. (2004). Implications of one comprehensive school reform model for secondary school students underrepresented in higher education. *Journal of Education for Students Placed at Risk, 9*(3), 241–259.

Waxman, H., Padrón, Y., & Arnold, K. (2001). Effective instructional practices for students placed at risk of academic failure. In G. Borman, S. Stringfield, & R. Slavin (Eds.), *Title I: Compensatory education at the crossroads.* Mahwah, NJ: Erlbaum.

Waxman, H. C., Gray, J. P., & Padron, N. (2002). Resiliency among students at risk of academic failure. In S. Stringfield & D. Land (Eds.), *Educating at-risk students* (pp. 29–48). Chicago: National Society for the Study of Education.

Wayne, A. J., & Youngs, P. (2003). Teacher characteristics and student achievement gains: A review. *Review of Educational Research, 73*(1), 89–122.

Weaver-Hightower, M. (2003). The "boy turn" in research on gender education. *Review of Educational Research, 73*(4), 471–498.

Webb, N., & Mastergeorge, A. (2003). Promoting effective helping behavior in peer-directed groups. *International Journal of Educational Research, 39,* 73–97.

Webb, N. M. (1992). Testing a theoretical model of student interaction and learning in small groups. In R. Hertz-Lazarowitz & N. Miller (Eds.), *Interaction in cooperative groups: The theoretical anatomy of group learning* (pp. 102–119). New York: Cambridge University Press.

Webb, N. M. (2008). Learning in small groups. In T. L. Good (Ed.), *21st century learning* (Vol. 1, pp. 203–211). Thousand Oaks, CA: Sage.

Webb, N. M., & Mastergeorge, A. M. (2003). The development of students' learning in peer-directed small groups. *Cognition and Instruction, 21,* 361–428.

Webb, N. M., & Palincsar, A. S. (1996). Group processes in the classroom. In D. C. Berliner & R. C. Calfee (Eds.), *Handbook of educational psychology.* New York: Simon & Schuster Macmillan.

Webb, N. M., Trooper, J. D., & Fall, R. (1995). Constructive activity and learning in collaborative small groups. *Journal of Educational Psychology, 87,* 406–423.

Webber, J., Scheuermann, B., McCall, C., & Coleman, M. (1993). Research on self-monitoring as a behavior management technique in special education classrooms: A descriptive review. *Remedial and Special Education, 14*(2), 38–56.

Wechsler, D. (1955). *Wechsler Adult Intelligence Scale.* New York: Psychological Corporation.

Wehmeyer, M. L. (2001). *Teaching students with mental retardation: Providing access to the general curriculum.* Baltimore: Brookes.

Weigel, M., & Gardner, H. (2009). The best of both literacies. *Educational Leadership, 66*(6), 38–41.

Weinberger, E., & McCombs, B. L. (2001, April). *The impact of learner-centered practices on the academic and non-academic outcomes of upper elementary and middle school students.* Paper presented at the annual convention of the American Educational Research Association, Seattle, WA.

Weiner, B. (1992). *Human motivation: Metaphors, theories, and research.* Newbury Park, CA: Sage.

Weiner, B. (2000). Intrapersonal and interpersonal theories of motivation from an attributional perspective. *Educational Psychology Review, 12*(1), 1–14.

Weinert, F. E., & Helmke, A. (1995). Interclassroom differences in instructional quality and interindividual differences in cognitive development. *Educational Psychologist, 30*(1), 15–20.

Weinstein, C., & Mignano, A. (1993). *Organizing the elementary school classroom: Lessons from research and practice.* New York: McGraw-Hill.

Weinstein, C., & Mignano, A. (2007). *Elementary classroom management: Lessons from research and practice* (4th ed.). New York: McGraw-Hill.

Weinstein, C. E., & Hume, L. M. (1998). *Study strategies for lifelong learning.* Washington, DC: American Psychological Association.

Weinstein, C. S. (2003). *Secondary classroom management: Lessons from research and practice* (2nd ed.). New York: McGraw-Hill.

Weinstein, C. S. (2007). *Middle and secondary classroom management: Lessons from research and practice* (3rd ed.). New York: McGraw-Hill.

Weinstein, C. S., & Mignano, A. (2003). *Elementary classroom management: Lessons from research and practice* (3rd. ed.). New York: McGraw-Hill.

Weinstein, R. S. (1996). High standards in a tracked system of schooling: For which students and with what educational supports? *Educational Researcher, 25*(8), 16–19.

Weinstein, R. S., Madison, S. M., & Kuklinski, M. R. (1995). Raising expectations in schooling: Obstacles and opportunities for change. *American Educational Research Journal, 32,* 121–159.

Wells, A. S. (1995). Reexamining social science research on school desegregation. *Teachers College Record, 96*(4), 681–690.

Wells, A. S., & Crain, R. L. (1997). *Stepping over the color line.* New Haven, CT: Yale University Press.

Wells, A. S., Hirshberg, D., Lipton, M., & Oakes, J. (1995). Bounding the case within its context: A constructivist approach to studying detracking reform. *Educational Researcher, 24*(5), 18–24.

Welner, K. (2006). K–12 race-conscious student assignment policies: Law, social science, and diversity. *Review of Educational Research, 76*(3), 349–382.

Wentzel, K. R. (1993). Does being good make the grade? Social behavior and academic competence in middle school. *Journal of Educational Psychology, 85*(2), 357–364.

Wentzel, K. R. (2000). What is it that I'm trying to achieve? Classroom goals from a content perspective. *Contemporary Educational Psychology, 25*(1), 105–115.

Wentzel, K. R. (2003). School adjustment. In W. M. Reynolds & G. E. Miller (Eds.), *Handbook of psychology: Vol. 7. Educational psychology* (pp. 235–258). Hoboken, NJ: Wiley.

Wentzel, K. R., & Asher, S. R. (1995). The academic lives of neglected, rejected, popular, and controversial children. *Child Development, 66,* 754–763.

Wentzel, K. R., Barry, C. M., & Caldwell, K. A. (2004). Friendships in middle school: Influences on motivation and school adjustment. *Journal of Educational Psychology, 96*(2), 195–203.

Wentzel, K. R., & Erdley, C. A. (1993). Strategies for making friends: Relations to social behavior and peer acceptance in early adolescence. *Developmental Psychology, 29,* 819–826.

Wessler, S. L. (2001). Sticks and stones. *Educational Leadership, 58*(4), 28–33.

Westwater, A., & Wolfe, P. (2000). The brain-compatible curriculum. *Educational Leadership, 58*(3), 49–52.

Wheatley, G. H. (1991). Constructivist perspectives on science and mathematics learning. *Science Education, 75,* 9–21.

White, A. G., & Bailey, J. S. (1990). Reducing disruptive behaviors of elementary physical education students with sit and watch. *Journal of Applied Behavior Analysis, 3,* 353–359.

White, B. Y., & Frederiksen, J. R. (1998). Inquiry, modeling, and metacognition: Making science accessible to all students. *Cognition and Instruction, 16*(1), 3–118.

White, K. J., & Kistner, J. (1992). The influence of teacher feedback on young children's peer preferences and perceptions. *Developmental Psychology, 28,* 933–940.

Whitehurst, G., Crone, D., Zevenbergen, A., Schultz, M., Velting, O., & Fischel, J. (1999). Outcomes of an emergent literacy intervention from Head Start through second grade. *Journal of Educational Psychology, 91*(2), 261–272.

Whitman, S., Williams, C., & Shah, A. (2004). *Sinai Health System's community health survey: Report 1.* Chicago: Sinai Health System.

Wigfield, A., Byrnes, J., & Eccles, J. (2006). Development during early and middle adolescence. In P. Alexander & P. Winne (Eds.), *Handbook of educational psychology* (2nd ed., pp. 87–114). Mahwah, NJ: Erlbaum.

Wigfield, A., & Eccles, J. (1989). Test anxiety in elementary and secondary students. *Educational Psychologist, 24,* 159–183.

Wigfield, A., & Eccles, J. (2000). Expectancy-value theory of achievement motivation. *Contemporary Educational Psychology, 25*(1), 68–81.

Wigfield, A., Eccles, J. S., & Rodriguez, D. (1998). The development of children's motivation in school contexts. In P. D. Pearson & A. Iran-Nejad (Eds.), *Review of research in education* (pp. 73–118). Washington, DC: American Educational Research Association.

Wigfield, A. L. (1995, April). *Relationship of children's competence beliefs and achievement values to their performance and choice of different activities.* Paper presented at the annual meeting of the American Educational Research Association, San Francisco.

Wiggan, G. (2007). Race, school achievement, and educational inequality: Toward a student-based inquiry perspective. *Review of Educational Research, 77*(3), 310–333.

Wiggins, G. (1993). Assessment: Authenticity, context, and validity. *Phi Delta Kappan, 75*(3), 200–214.

Wiggins, G., & McTighe, J. (2006). Examining the teaching life. *Educational Leadership, 63*(6), 26–30.

Wilcox, R. T. (1993). Rediscovering discovery learning. In K. M. Cauley, F. Linder, & J. H. McMillan (Eds.), *Annual editions: Educational psychology 93/94.* Guilford, CT: Dushkin.

Wilens, T. E. (1998). *Straight talk about psychiatric medications for kids.* New York: Guilford.

Wiliam, D. (2007). Content then process: Teacher learning communities in the service of formative assessment. In D. B. Reeves (Ed.), *Ahead of the curve: The power of assessment to transform teaching and learning.* Bloomington, IN: Solution Tree.

Wiliam, D. (2007/2008, December /January). Informative assessment. *Educational Leadership, 65*(4), 36–42.

Wilkins, J. (2000). *Group activities to include students with special needs.* Thousand Oaks, CA: Corwin.

Willard-Holt, C. (2003). Raising expectations for the gifted. *Educational Leadership, 61*(2), 72–75.

Williams, J. E. (1995, April). *Use of learning and study skills among students differing in self-regulated learning efficacy.* Paper presented at the annual meeting of the American Educational Research Association, San Francisco, CA.

Williams, R. (2009). Black-white biracial students in American schools: A review of the literature. *Review of Educational Research, 79*(2), 776–804.

Willingham, D. (2002). Allocating student study time. *American Educator, 26*(2), 37–39.

Willingham, D. (2003). Students remember what they think about. *American Educator, 27*(2), 37–41.

Willingham, D. T. (2004). Practice makes perfect—but only if you practice beyond the point of perfection. *American Educator, 28*(1), 31–33.

Willingham, D.T. (2006). Brain-based learning: More fiction than fact. *American Educator, 30*(3), 30–37.

Willis, J. (2007). *Research-based strategies to ignite student learning: Insights from a neurologist and classroom teacher.* Reston, VA: ASCD.

Willis, J. A. (2006). Research-based teaching strategies for improving learning success. California Association of Independent Schools (CAIS) Faculty Newsletter.

Willoughby, T., Porter, L., Belsito, L., & Yearsley, T. (1999). Use of elaboration strategies by students in grades, two, four, and six. *The Elementary School Journal, 99*(3), 221–232.

Winebrenner, S. (2000). Gifted students need an education, too. *Educational Leadership, 58*(1), 52–56.

Winett, R. A., & Winkler, R. C. (1972). Current behavior modification in the classroom: Be still, be quiet, be docile. *Journal of Applied Behavior Analysis, 5,* 499–504.

Winne, P. (2006). How software technologies can improve research on learning and bolster school reform. *Educational Psychologist, 41*(1), 5–17.

Wittrock, M. C. (1991). Generative teaching of comprehension. *Elementary School Journal, 92,* 169–184.

Wittrock, M. C., & Alesandrini, K. (1990). Generation of summaries and analogies and analytic and holistic abilities. *American Educational Research Journal, 27,* 489–502.

Wittwer, J., & Renkl, A. (2008). Why instructional explanations often do not work: A framework for understanding the effectiveness of instructional explanations. *Educational Psychologist, 43*(1), 49–64.

Wong, H., & Wong, R. (2004). *The first days of school: How to be an effective teacher.* Mountain View, CA: Harry K. Wong Publications.

Wong, L.Y. S. (1995). Research on teaching: Process-product research findings and the feeling of obviousness. *Journal of Educational Psychology, 87,* 504–511.

Wood, D. J., Bruner, J. S., & Ross, G. (1976). The role of tutoring in problem solving. *Journal of Child Psychology and Psychiatry, 17,* 89–100.

Wragg, E. C., & Brown, C. (2001). *Explaining in the primary school.* London: Routledge.

Wright, J. C., Huston, A. C., Murphy, C., St. Peters, M., Pinon, M., Scantlin, R. M., & Kotler, J. A. (2001). The relations of early television viewing to school readiness and vocabulary of children from low-income families: The early window projects. *Child Development, 72,* 1347–1366.

Wulczyn, F., Smithgall, C., & Chen, L. (2009). Child well-being: The intersection of schools and child welfare. *Review of Research in Education, 33,* 35–62.

Wyra, M., Lawson, M., & Hungi, N. (2007). The mnemonic keyword method: The effects of bidirectional retrieval training and of ability to image on foreign language vocabulary recall. *Learning and Instruction, 17*(3), 360–371.

Xu, J., & Corno, L. (2003). Family help and homework management reported by middle school students. *The Elementary School Journal, 103*(5), 503–517.

Yeung, J., Linver, M., & Brooks-Gunn, J. (2002). How money matters for young children's development: Human capital and family process. *Child Development, 73,* 1861–1879.

Yonezawa, S., Wells, A. S., & Serna, I. (2002). Choosing tracks: "Freedom of choice" in detracking schools. *American Educational Research Journal, 39*(1), 37–67.

York-Barr, J., Sommerness, J., & Hur, J. (2008). Teacher leadership. In T. L. Good (Ed.), *21st century learning* (Vol. 1, pp. 12–20). Thousand Oaks, CA: Sage.

Zellermayer, M., Salomon, G., Globerson, T., & Givon, H. (1991). Enhancing writing-related metacognitions through a computerized writing partner. *American Educational Research Journal, 28,* 373–391.

Zettergren, P. (2003). School adjustment in adolescence for previously rejected, average and popular children. *British Journal of Educational Psychology, 72*(3), 207–221.

Zhao, Y. (2009). Needed: Global villagers. *Educational Leadership, 67*(1), 60–65.

Zhao, Y., & Frank, K. A. (2003). Factors affecting technology uses in schools: An ecological perspective. *American Educational Research Journal, 40*(4), 807–840.

Zigler, E., & Gilman, E. (1998). *The legacy of Jean Piaget.* Mahwah, NJ: Erlbaum.

Zigmond, M. (2003). Where should students with disabilities receive special education services? Is one place better than another? *The Journal of Special Education, 37*(3), 193–199.

Zimmerman, B. (2000). Self-efficacy: An essential motive to learn. *Contemporary Educational Psychology, 25*(1), 82–91.

Zimmerman, B. (2008). Investigating self-regulation and motivation: Historical background, methodological developments, and future prospects. *American Educational Research Journal, 45*(1), 166–183.

Zimmerman, B. J. (1995). Self-regulation involves more than metacognition: A social cognitive perspective. *Educational Psychologist, 30,* 217–221.

Zimmerman, B. J. (1998, April). *Achieving academic excellence: The role of perceived efficacy and self-regulatory skill.* Paper presented at the annual meeting of the American Educational Research Association, San Diego, CA.

Zimmerman, B. J., & Kitsantas, A. (2002). Acquiring writing revision and self-regulatory skill through observation and emulation. *Journal of Educational Psychology, 94*(4), 660–668.

Zimmerman, B. J., & Schunk, D. H. (2001). *Self-regulated learning and academic achievement* (2nd ed.). Mahwah, NJ: Erlbaum.

Zimmerman, B. J., & Schunk, D. H. (Eds.). (2003). *Educational psychology: A century of contributions.* Mahwah, NJ: Erlbaum.

Zimmerman, S., Rodriguez, M., Rewey, K., & Heidemann, S. (2008). The impact of an early literacy initiative on the long term academic success of diverse students. *Journal of Education for Students Placed at Risk, 13*(4), 452–481.

Zittleman, K., & Sadker, D. (2003). The unfinished gender revolution. *Educational Leadership, 60*(4), 59–62.

Ziv, A. (1988). Teaching and learning with humor: Experiment and replication. *Journal of Experimental Education, 57,* 5–18.

Zmuda, A. (2008). Springing into active learning. *Educational Leadership, 66*(3), 38–43.

Zohar, A., & Peled, B. (2008). The effects of explicit teaching of metastrategic knowledge on low- and high-achieving students. *Learning and Instruction, 18*(4), 337–353.

Zwiers, J. (2005). The third language of academic English. *Educational Leadership, 62*(4), 60–63.

찾아보기

:: 옮긴이 소개

강갑원

중앙대학교 대학원(교육학 박사, 교육심리 전공)

현재 대진대학교 교육대학원 상담심리 전공 교수

김정희

미국 서던캘리포니아대학교(철학 박사, 교육심리 전공)

현재 홍익대학교 교육대학원 교육학과 교수

김종백

미국 위스콘신주립대학교(철학 박사, 교육심리 전공)

현재 홍익대학교 사범대학 교육학과 부교수

박희순

계명대학교 대학원(교육학 박사, 상담심리 전공)

한남대학교 교직과 겸임교수

이경숙

미국 텍사스A&M대학교(철학 박사, 교육심리 전공)

현재 한국 교육개발원 영재교육센터 연구위원

이경화

숙명여자대학교 대학원(교육학 박사, 교육심리 전공)

현재 숭실대학교 인문대학 평생교육학과 교수